江蘇高校優勢學科建設工程資助項目
A Project Funded
by the Priority Academic Program Development of
Jiangsu Higher Education Institutions

四庫全書初次進呈存目

江慶柏等 整理

人民文學出版社

```
圖書在版編目(CIP)數據

四庫全書初次進呈存目/江慶柏等整理. —北京：人民文學出版社,2015
ISBN 978-7-02-010829-9

Ⅰ.①四… Ⅱ.①江… Ⅲ.①《四庫全書》—内容提要 Ⅳ.①Z833

中國版本圖書館 CIP 數據核字(2015)第 055671 號
```

責任編輯　李　俊
裝幀設計　馬詩音
責任印製　蘇文强

出版發行　人民文學出版社
社　　址　北京市朝内大街 166 號
郵政編碼　100705
網　　址　http://www.rw-cn.com

印　　刷　北京天來印務有限公司
經　　銷　全國新華書店等

字　　數　878 千字
開　　本　787 毫米×1092 毫米　1/16
印　　張　36.5　插頁 3
版　　次　2015 年 6 月北京第 1 版
印　　次　2015 年 6 月第 1 次印刷

書　　號　978-7-02-010829-9
定　　價　180.00 圓

如有印裝質量問題,請與本社圖書銷售中心調换。電話:01065233595

主　持　人
　　江慶柏
參加整理者（以姓氏筆畫爲序）
　　丁　林　　毛　薈　　王紅梅　　任佳佳　　李　丹　　李　佩
　　李　梅　　沈蘊旻　　宋雨婷　　武　迪　　杭　佩　　袁小龍
　　徐遠超　　高中正　　陳　蕾　　陳四海　　扈會敏　　張　念
　　張沛林　　張寧晨　　張寶倉　　萬　霞　　馮夢婕　　楊志强
　　羅　西

序

  《四庫全書初次進呈存目》爲清乾隆間敕撰。在《四庫全書》諸提要稿中，該書處於承前啓後的地位。各纂修官分工撰寫的提要即分纂稿，是四庫全書館自行撰寫的最初的提要。《四庫全書初次進呈存目》是各分纂稿的匯總稿，同時它又是在此之後形成的《四庫全書》書前提要以及《四庫全書總目》的基礎。該書中有不少《四庫全書總目》未收的提要，大多因圖書查禁而被從《總目》中撤出。因此，研究《四庫全書初次進呈存目》，可以更全面地研究《四庫全書》的纂修情況，也有助於研究《四庫全書》纂修期間的圖書查禁情況。《四庫全書初次進呈存目》原書只有抄本，藏於臺灣的圖書館中，一般讀者不容易閱讀，近日雖有臺灣商務印書館影印本，但篇幅巨大，也不方便使用，因此本書的整理出版，可为四庫學及相關研究提供便利。

  南京師範大學古典文獻專業培養古典文獻整理與研究的專門人才，歷來重視基礎理論的教學與學生實踐的結合。江慶柏老師帶領古典文獻專業2008級全體同學對該書所收1878篇提要進行標點校勘，訂正文字，有助於四庫學的研究，嘉惠學林。江慶柏老師與學生開展古文獻整理研究實踐，此前已出版《四庫全書薈要總目提要》，又有此書出版，實屬可喜，故簡言數句，祝賀他們的辛勤勞動取得的成果。

方向東

2013年9月20日

總　目　錄

目錄	1
概述	1
整理凡例	1
四庫全書初次進呈存目	1
參考文獻	494
書名索引	495
作者索引	511
後記	525

目　　錄

經　部

易類

周易集解 ………………… 1	易纂言 ………………… 14
周易舉正 ………………… 1	周易參義 ………………… 14
誠齋易傳 ………………… 2	周易文詮 ………………… 14
周易口義 ………………… 2	易圖通變、易筮通變 …… 15
了翁易說 ………………… 3	學易記 ………………… 15
易璇璣 ………………… 3	易學濫觴 ………………… 15
紫岩易傳 ………………… 3	周易集傳 ………………… 15
易小傳 ………………… 4	易象鉤解 ………………… 16
周易義海撮要 …………… 4	易修墨守 ………………… 16
周易玩辭 ………………… 5	淮海易譚 ………………… 16
童溪易解 ………………… 5	周易冥冥篇 ……………… 16
易裨傳 ………………… 6	周易全書 ………………… 17
丙子學易編 ……………… 6	古易考原 ………………… 17
復齋易說 ………………… 7	易十三傳 ………………… 17
周易輯聞、易雅、筮宗 … 7	周易大全 ………………… 17
水村易鏡 ………………… 7	周易古本 ………………… 18
朱文公易說 ……………… 8	古易彙編 ………………… 18
漢上易集傳、卦圖、叢說 … 8	易經澹窩因指 …………… 19
易學啓蒙小傳 …………… 9	周易正解 ………………… 19
周易傳義附錄 …………… 9	易筌、附論 ……………… 19
三易備遺 ………………… 10	易學飲河 ………………… 20
周易集說 ………………… 10	易經勺解 ………………… 20
易通 ………………… 11	四易通義 ………………… 20
淙山讀周易記 …………… 11	像象管見 ………………… 20
周易本義集成 …………… 12	圖書紀愚 ………………… 20
讀易考原 ………………… 12	學易舉隅 ………………… 21
大易輯說 ………………… 12	周易旁注前圖 …………… 21
易本義附錄纂疏 ………… 13	三易洞璣 ………………… 21
易學啓蒙翼傳 …………… 13	胡子易演 ………………… 22
周易本義通釋 …………… 14	易窺 ………………… 22
	易象大旨 ………………… 22
	易義古象通 ……………… 22
	古易世學 ………………… 22

周易贊義	23	尚書纂傳	32
易林疑説	23	尚書疏衍	32
易學古經正義	23	古書世學	32
玩易意見	23	書經直解	33
周易獨坐談	24	尚書揆一	33
周易象義	24	書帷別記	33
周易古文鈔	24	禹貢山川郡邑考	33
易測	24	古文尚書疏證	33
像抄	25	詩類	
四聖一心録	25	韓詩外傳	34
易就	25	詩考	34
易經頌	25	詩地理考	35
易發	25	詩總聞	35
大易衍説	26	毛詩集解	35
洗心齋讀易述	26	詩集傳	36
周易訂疑、序例、易學啓蒙訂疑、周易本義原本	26	詩緝	36
易説	26	毛詩集解	37
心易	27	詩傳通釋	37
空山易解	27	詩疑問	37
周易説略	27	詩經疏義	37
圖書辨惑	27	詩集傳名物鈔	38
易傳	27	待軒詩記	39
關氏易傳	28	詩經圖史合考	39
周易麈談	28	毛詩多識編	39
易象與知編、圖書合解	28	詩經世本古義	39
易互體例	28	詩説解頤	40
書類		詩解頤	40
尚書詳解	28	毛詩草木鳥獸蟲魚疏廣要	40
書説	29	魯詩世學	41
尚書説	29	毛詩鳥獸草木考	41
書説	30	毛詩微言	41
讀書叢説	30	詩傳	41
書纂言	30	詩説	41
尚書通考	30	詩意	42
書傳纂疏	31	詩補傳	42
書蔡傳旁通	31	毛朱詩説	42
讀書管見	31	詩經叶音辨譌	42
		詩經通義	43

詩經傳說取裁 …… 43	春秋王霸列國世紀編 …… 52
讀詩質疑 …… 43	春秋集註、綱領 …… 53
禮類	春秋傳 …… 53
太平經國之書 …… 43	春秋集解 …… 54
周禮訂義 …… 44	春秋本例 …… 54
禮記集說 …… 44	春秋意林 …… 55
禮經會元 …… 44	春秋權衡 …… 55
內外服制通釋 …… 44	皇綱論 …… 55
禮書 …… 45	春秋列國諸臣傳 …… 55
周禮集說 …… 45	左氏君子例 …… 56
儀禮集說 …… 45	春秋集解 …… 56
禮記纂言 …… 45	春秋後傳 …… 57
周禮翼傳 …… 46	春秋經筌 …… 58
三禮編繹 …… 46	春秋詳說 …… 58
周禮說 …… 47	春秋或問、春秋五論 …… 58
古周禮 …… 47	春秋五禮例宗 …… 58
禮樂合編 …… 47	春秋尊王發微 …… 59
四禮輯宜 …… 47	春秋分記 …… 59
周禮傳 …… 48	左氏詩如例 …… 60
禮記輯覽 …… 48	春秋纂言 …… 60
周禮注疏刪翼 …… 48	春秋本義 …… 60
周禮注疏合解 …… 48	春秋或問 …… 61
讀禮疑圖 …… 48	春秋集傳釋義大成 …… 61
周禮因論 …… 49	讀春秋編 …… 62
三禮考注 …… 49	春秋闕疑 …… 62
三禮纂注 …… 49	春秋讞義 …… 62
就正錄禮記會要 …… 50	春秋集傳 …… 62
周禮圖說 …… 50	春秋師說 …… 63
廣祀典議 …… 50	春秋屬辭 …… 63
讀禮問 …… 50	春秋左氏傳補注 …… 64
周禮述註 …… 51	春秋左傳句解 …… 64
半農禮說 …… 51	春秋名臣傳 …… 64
儀禮鄭注句讀、監本正誤、石經正誤 …… 51	春秋貫玉 …… 65
戴記緒言 …… 51	豐坊春秋世學 …… 65
檀弓疑問 …… 52	春秋說志 …… 65
春秋類	春秋續義發微 …… 65
春秋左氏傳說 …… 52	春秋以俟錄 …… 66
春秋通說 …… 52	春秋四傳私考 …… 66

春王正月考	66	**總經解類**	
春秋明志錄	67	經典釋文	75
春秋事義全考	67	七經小傳	75
春秋孔義	67	六經正誤	75
春秋辨義	67	刊正九經三傳沿革例	76
春秋讀意	68	六經圖	76
春秋國華	68	五經説	76
春秋私考	68	石渠意見、拾遺、補闕	76
春秋輯傳、春秋凡例	68	授經圖	76
春秋五傳平文	68	五經繹	77
春秋列傳	69	五經稽疑	77
左略	69	五經蠡測	77
春秋左翼	69	六經奧論	78
春秋麟寶	69	十三經解詁	78
春秋直解	69	程氏經説	78
春秋錄疑	69	十一經問答	79
春秋闡義	70	六經圖	79
春秋衡庫	70	石經考	79
左觿	70	九經誤字	79
豐川春秋原經	70	**四書類**	
春秋地名考略	70	論語意原	80
春秋程傳補	70	中庸指歸、中庸分章、大學發微、大學本旨	80
空山堂春秋傳	71	論語全解	81
春秋三傳纂凡表	71	論孟精義	81
春秋集解、緒餘、提要補遺	71	論孟或問	81
春秋三傳同異考	71	中庸輯略	81
春秋指掌、前事、後事	72	南軒論語解	82
杜解補正	72	論語集説	82
左傳補注	72	四書集編	82
左傳事緯	72	四書纂疏	83
春秋傳註	73	孟子集疏	83
春秋地理考實	73	論語孟子考異	83
春秋提綱	73	四書通	83
春秋傳議	73	四書通證	83
孝經類		學庸啓蒙	84
古文孝經指解	74	四書辨疑	84
孝經刊誤	74	四書集義精要	84
孝經大義	74		

中庸衍義	85	集韻	97
大學千慮	85	附釋文互注禮部韻略、貢舉條式	97
引經釋	85	佩觿	98
大學衍義通略	85	類篇	99
四書通義	85	字通	99

　　　　樂類

皇祐新樂圖記	86	漢隸字源	99
律呂正聲	86	五音集韻	100
雅樂發微	86	〔廣韻〕	100
樂經元義	87	四聲篇海	100
樂律纂要	87	龍龕手鑑	101
古樂經傳	87	六書故	101
律呂古義	87	書學正韻	102
律呂正聲	87	字鑑	102
樂書	88	六書故	102
雅樂考	88	漢隸分韻	102
八音摘要	88	古今韻會舉要	103
大樂律呂元聲、律呂考注	88	元韻譜	103
律呂纂要	89	彙雅	103
樂經內編	89	韻略易通	104
古樂書	89	青郊雜著、文韻考衷六聲會編	104

　　　　小學類

		奇字韻	104
急就篇	89	六書精蘊、音釋	104
釋名	89	童蒙習句	105
小爾雅	90	古音獵要	105
廣雅	90	俗書刊誤	105
重修玉篇	90	古叶讀	105
〔韻補〕	91	正韻彙編	106
干祿字書	92	字韻合璧	106
〔韻經〕	93	六書本義	106
九經字樣	93	集古隸韻	106
五經文字	93	六書索隱	106
説文解字篆韻譜	94	六書賦音義	107
〔説文解字〕	94	音韻日月燈	107
重修廣韻	95	〔韻會小補〕	107
爾雅注	95	字彙	108
爾雅翼	96	古今通韻	108
埤雅	96	篆字彙	108
		六書準	108

聲韻叢說、韻問	109	別史類	
韻補正	109	十六國春秋	118
類音	109	貞觀政要	118
劉凝韻原表	109	建康實錄	119
韻雅	109	三楚新錄	119
古韻通	110	五國故事	119
正字通	110	隆平集	119
隸辨	110	蜀漢本末	120
連文釋義	110	宋史紀事本末	120

史　　部

正史類		庚申外史	120
補後漢書年表	111	革朝志	120
兩漢刊誤補遺	111	建文朝野彙編	121
三國志辨誤	111	遜國君記抄、臣事抄	121
南北史合註	111	忠節錄	121
編年類		季漢書	122
漢紀	112	合訂南唐書	122
元經	113	十國春秋	122
後漢紀	113	皇元聖武親征錄	123
唐鑑	113	逸周書	123
宋九朝編年備要	114	左傳紀事本末	124
三朝北盟會編	114	雜史類	
少微通鑑節要	114	大唐新語	124
增節音註資治通鑑	114	四朝聞見錄	125
宋史全文續資治通鑑長編	114	却掃編	125
續宋編年資治通鑑	115	燕雲錄	125
皇王大紀	115	涑水紀聞	125
宋季三朝政要	115	甲申雜記、聞見近錄、隨手雜錄	126
大政記	116	儒林公議	126
鳳洲綱鑑	116	桯史	126
宋元通鑑	116	揮麈前錄、後錄、第三錄、餘話	126
後梁春秋	116	南渡錄、竊憤錄	127
人代紀要	117	己酉航海記	127
憲章錄	117	默記	127
明遺事	117	東京夢華錄	127
秘閣元龜政要	117	松漠紀聞	128
綱鑑正史約	118	夢粱錄	128
		吳越備史	128
		江南野史	129

焚椒錄	129	涪陵紀善錄	138
建炎復辟記	129	魏鄭公諫錄	138
維揚巡幸記	130	僞豫傳	138
靖炎兩朝見聞錄	130	宋名臣言行錄	138
西使記	130	伊雒淵源錄	139
夥壞封疆錄	131	己酉避亂錄	139
東林點將錄	131	乙巳泗州錄	139
閹黨逆案	131	韓魏公家傳	139
梃擊始末	131	韓魏公別錄	140
保越錄	131	韓忠獻遺事	140
聖駕南巡日錄、大駕北還錄	132	鄱陽遺事錄	140
嘉靖倭亂備抄	132	范文正年譜、補遺	140
貽清堂日抄	132	孔子編年	140
倭患考原	132	元朝名臣事略	140
倭情考略	132	米芾志林	141
野記	133	淮郡文獻志、補遺	141
韓氏事蹟、方氏事蹟	133	諸葛書	141
漢唐秘史	133	琬琰錄、續錄	142
寓圃雜記	133	忠義錄	142
貂璫史鑑	133	伊洛淵源續錄	142
平番始末	134	國寶新編	142
小史摘抄	134	東祀錄	142
邇訓	134	陋巷志	143
虐政集、邪氛集、倒戈集	134	尊聖集	143
三朝要典	135	闕里書	143
政監	135	仲志	143
紹興正人論	135	濂溪志	143
錢塘遺事	136	濂溪志	143
天鑒錄	136	程朱闕里志	144
東林朋黨錄	136	孔孟事迹圖譜	144
東林同志錄	136	宮省賢聲錄	144
東林籍貫	137	胡宗憲行實	144
詔令類		姑蘇名賢小記	144
唐大詔令集	137	宋四家外紀	144
傳記類		古今貞烈維風什	145
二梅公年譜	137	宋遺民錄	145
廉吏傳	137	七人聯句詩記	145
名臣碑傳琬琰之集	138	蘇米志林	145

漢雜事秘辛	145	君鑒	152
逸民史	146	善行錄	152
榕陰新檢	146	帝鑒圖説	153
毗陵人品記	146	史異編	153
東越文苑	146	省括編	153
黃粱遺迹志	146	閱史約書	153
夷齊錄	146	元史節要	154
夷齊志	147	詳注史略補遺大成	154
夷齊考疑	147	史説萱蘇	154
靈衛廟志	147	平巢事迹考	154
賀監紀略	147	事編内篇	154
羅江東外紀	148	經世環應編	155
明瑄彰癉錄	148	爲臣不易編	155
海珠小志	148	漢唐宋名臣錄	155
淮封日記	148	歷代内侍考	155
南遷日記	148	讀史快編	155
聖學宗傳	148	史钀	155
聖學嫡派	149	臣鑒	156
歷代守令傳	149	古今宗藩懿行考	156
壺天玉露	149	鹽梅志	156
留溪外傳	149	讀史蒙拾	156
東林列傳	150	史緯	156
嘉禾徵獻錄	150	歷代循良錄	156
劉豫事迹	150	春秋紀傳	157
謝皋羽年譜	150	兩晉南北奇談	157
希賢錄	150	時令類	
明儒林錄	151	養餘月令	157
益智錄	151	四時氣候集解	157
季漢五志	151	月令廣義	157
范文正遺迹	151	月令通考	157
言行拾遺事錄	151	節宣輯	158
褒賢集	151	月令廣義	158
草莽私乘	151	時令彙紀、餘日事文	158
史抄類		法令類	
史記鈔	152	疑獄集、補疑獄集	158
諸史品節	152	科場條貫	159
古史談苑	152	地理類	
春秋別典	152	山海經	159

洛陽伽藍記	159	南詔事略	169
北戶錄	160	西事珥	170
桂林風土記	160	嘉興府志	170
元和郡縣志	160	徽州府志	170
景定嚴州續志	161	成化杭州府志	170
佛國記	161	毘陵志	170
萬曆四川總志	162	山東通志	170
紀古滇說	162	明一統志	171
華陽宮記事	162	越嶠書	171
東南防守利便	162	吳中水利書	171
洛陽名園記	163	故宮遺錄	172
遊城南記	163	南夷書	172
嘉定赤城志	163	使交錄	173
景定建康志	163	建陽縣志、雜志、續志	173
長安志	164	金華府志	173
中吳紀聞	164	三原縣志	173
方輿勝覽	164	洞庭君山集	173
咸淳臨安志	164	萬曆廣東通志	173
會稽志、會稽續志	165	名山注	174
通鑑地理通釋	165	破山興福寺志	174
益部方物略記	165	峴山志	174
太平寰宇記	165	延壽寺紀略	174
乾道臨安志	166	師子林紀勝	174
仙都志	166	上天竺山誌	174
大滌洞天記	166	關中陵墓志	175
至元嘉禾志	167	普陀山志	175
安南志略	167	天台縣志	175
長安志圖	167	太岳太和山志	175
閣皁山志	168	長溪瑣語	175
華嶽全集	168	汝南遺事	175
萬曆嚴州府志	168	恒岳志	176
增補武林舊事	168	徑山集	176
九華山志	168	天童寺集	176
橫谿錄	168	太白樓集	176
湖州府志	169	輿地名勝志	176
定遠縣志	169	爛柯山志	176
南康府志	169	九華山志	177
順天府志	169	日本考	177

治河通考	177	增訂廣輿記	184
海語	177	江南星野辨	184
慧山記	178	塞程別紀	184
汴京遺跡志	178	青原志略	184
滇程記	178	嶺海見聞	184
滇載記	178	長河志籍考	184
全蜀藝文志	178	通元觀志	185
蜀中廣記	178	封長白山記	185
吳興備志	179	中山傳信錄	185
益部談資	179	丹霞洞天志	185
赤雅	179	謠觚	185
江漢叢談	179	羅浮山志會編	185
石鼓書院志	180	北河續紀	185
阿育王山志	180	浙西水利書	186
萬歷開封府志	180	南中志	186
豐潤縣志	180	天台山志	186
山海經釋義、圖	180	武夷山詩集	186
通州志	180	職官類	
清江縣志	180	翰苑羣書	186
滕王閣續集	181	百官箴	187
歷代山陵考	181	三事忠告	187
昌平山水記	181	唐六典	188
天府廣記	181	秘書志	188
顏山雜記	181	列卿年表	188
職方外紀	181	符司紀	189
普陀山志	182	南京工部志	189
海外紀事	182	留臺雜記	189
石柱記箋釋	182	吏部職掌	189
湘山志	182	土官底簿	189
西湖覽勝志	182	目錄類	
羅浮山志	182	遂初堂書目	190
黃山志	183	經序錄	190
廬山通志	183	金石類	
乍浦九山補志	183	嘯堂集古錄	191
滇行日記	183	紹興內府古器評	191
師宗州志	183	隸續	191
遼載前集	183	寶刻叢編	191
河紀	183	金石錄	192

天下金石志……192	玉堂雜紀……200
石鼓文正誤……192	聞見前錄……200
金陵古金石考……192	紹熙州縣釋奠儀圖……200
宣和集古印史……193	補漢兵志……200
金石文字記……193	漢制考……201
古林金石表……193	唐會要……201
求古錄……193	通祀輯略……201
昭陵六駿贊辨……193	回鑾事實……202
瘞鶴銘辨……193	建炎以來朝野雜記……202
來齋金石刻考略……194	朝野類要……202
漢甘泉宮瓦記……194	大金集禮……202
焦山古鼎考……194	元典章前集、新集……203
史評類	飲膳正要……203
史通會要……194	孔廟禮樂考……204
六朝通鑑博議……194	七國考……204
唐史論斷……194	漕書……204
通鑑問疑……195	洲課條例……204
涉史隨筆……195	古今鹺略、鹺略補……205
史評……195	太常總覽……205
雪航膚見……196	絲綸捷要便覽……205
史懷……196	海運新考……205
讀史漫錄……196	北新鈔關志……206
元羽外編……196	淮關志……206
宋紀受終考……196	餼堂考故……206
涉覽屬比……196	頖宮禮樂全書……206
元史闡幽……197	國朝諡法考……207
學史……197	安南使事紀要……207
史詮……197	人瑞錄……207
青油史漫……197	譜牒類
史通通釋……197	宋紹興十八年同年小錄……207
史記疑問……198	吳越順存集、外集……208
帝皇龜鑑……198	顧氏譜系考……208
〔史通〕……198	希姓補……208
故事類	起居注類
大唐開元禮……198	穆天子傳……208
政和五禮新儀……199	大唐創業起居注……209
太平治迹統類……199	

子 部

儒家類

荀子楊倞註	210
黃氏日抄	210
潛夫論	211
申鑒	211
新序	211
法言	211
新書	212
說苑	212
中論	212
素履子	213
延平答問、附錄	213
近思錄	213
忠經	213
女孝經	213
雜學辨、記疑	214
上蔡語錄	214
儒志編	214
帝學	214
二程外書	214
伊川粹言	215
宋先賢讀書法	215
心經附注	215
同異錄	215
學蔀通辨	215
居業錄	216
夜行燭	216
庸齋日記	216
諸儒要語	216
西田語略、續集	216
理學類編	216
東溪日談錄	217
壘庵雜述	217
程書	217
下學堂劄紀	217
儒宗理要	217
知非錄	217
理學宗傳傳心纂要	218
大呼集	218
讀朱隨筆	218
讀書日記	218
二程遺書	218
五倫懿範	219
麗澤論說	219
孔叢子	219

兵家類

將苑	219
風后握奇經	220
武經總要	220
將鑑論斷	220
百將傳	220
陰符經注	220
陰符經考異	221
海防纂要	221
籌海重編	221
將將紀	221
武備志略	222
太公兵法	222

縱橫家類

戰國策談概	222

法家類

韓子迂評	222
商子	222
詮敘管子成書	223

農家類

齊民要術	223
耒耜經	224
樹畜部、燕閒部、種植部	224
糖霜譜	224
汝南圃史	224
花史	224
瓊花譜	225
花史左編	225
筍梅譜	225

香雪林集	225	素問鈔補正	233
竹譜	225	經驗良方	233
荔支通譜	225	針灸節要	234
箋卉	225	丹溪心法附餘	234
〔羣芳譜〕	226	鍼灸大成	234

醫家類

明堂灸經	226	鍼灸問對	234
千金要方	226	圖註難經	234
千金要方	226	玉機微義	235
杜天師了證歌	227	醫史	235
銀海精微	227	類經	235
黃帝素問	227	醫津筏	235

術數類

仁齋直指	228	易林	236
壽親養老新書	228	京氏易傳	236
太平惠民和劑局方	228	元包、元包數總義	236
類證普濟本事方	228	夢占類考	237
傳信適用方	229	九圜史圖、六旬曼	237
銅人針灸經	229	羅經頂門針	237
醫說	229	算法統宗	237
鍼灸資生經	229	同文筭指前編、通編、圜容較義	238
素問病機氣宜保命集	230	易占經緯	238
難經本義	230	曉庵新法	238
脈訣刊誤、附錄	230	幾何論約	238
素問運氣圖括定局立成	230	天經或問前集	238
攝生眾妙方	231	天文大成管窺輯要	239
普濟方	231	句股引蒙	239
醫方選要	231	元珠密語	239
志齋醫論	231	太素脈法	239
針灸聚英	231	回回歷	239
急救良方	232	青羅歷	240
魯府秘方	232	正易心法	240
折肱漫錄	232	星經	240
養生類要	232	元女經	241
醫開	232	葬經	241
醫學正傳	232	宅經	241

雜藝類

衛生集	233	古畫品錄	241
圖註脈訣、附方	233	續畫品	241
袖珍小兒方	233		

歷代名畫記	242	廣川畫跋	251
法書要錄	242	五代名畫補遺	251
畫史	242	負暄野錄	252
宣和畫譜	243	學古編	252
書錄	243	金壺記	252
圖畫見聞志	243	丸經	253
廣川書跋	243	書法鈎元	253
宣和書譜	244	多能鄙事	253
海岳名言	244	野航雜著	253
畫繼	244	續畫品錄	253
蘭亭考	244	書輯	254
碧雞漫志	244	奕史	254
書苑菁華	245	司牧馬經痊驥通元論	254
洞天清錄	245	法帖釋文考異	254
圖繪寶鑑、圖繪寶鑑續編	245	印人傳	254
鐵網珊瑚	245	閑者軒帖考	255
珊瑚木難	246	江邨銷夏錄	255
奇器圖說、諸器圖說	246	書畫記	255
墨經	246	歙硯志	256
庚子銷夏記	246	壺史	256
繪事備考	246	書畫題跋記	256
書畫彙考	247	寓意編	256
北堂書鈔	247	墨林快事	256
藝文類聚	247	壺譜	256
龍筋鳳髓判	247	操縵錄	256
歲華紀麗	248	溪山琴況	257
文房四譜	248	歷代畫家姓氏韻編	257
事物紀原	248	秋仙遺譜	257
源流至論前集、後集、續集、別集	248	考證類	
歷代制度詳說	249	兼明書	257
小學紺珠	249	猗覺寮雜記	258
小字錄、補錄	249	能改齋漫錄	258
書敘指南	249	肯綮錄	258
歷代不知姓名錄	250	東觀餘論	258
後畫錄	250	西溪叢語	259
五木經	250	唐昌玉蕊	259
營造法式	250	芥隱筆記	259
蘭亭續考	251	雲麓漫鈔	259

示兒編	260	腳氣集	271
蘆浦筆記	260	癸辛雜識前集、後集、續集、別集	271
藏一話腴	260	齊東野語	271
離騷草木疏	261	仇池筆記	272
野客叢書	261	佩韋齋輯聞	273
困學記聞	261	巖下放言	273
容齋隨筆、續筆、三筆、四筆、五筆	262	義莊規矩	273
珩璜新論	263	梁谿漫志	273
學林	263	曲洧舊聞	274
正楊	263	識遺	274
名義考	264	楊公筆錄	274
讕言長語	264	仕學規範	274
南園漫錄	264	几上語、枕上語	275
正楊集	264	吹劍錄	275
巵林	265	志雅堂雜鈔	275
讀書一得	265	捫蝨新話	275
菰中隨筆	265	蕉窗雜錄	276
義門讀書記	265	書齋夜話	276
墨家類		困學齋雜錄	276
晏子春秋	266	湛淵靜語	277
名家類		千古功名鏡、拾遺	277
人物志	266	雪履齋筆記	277
雜家類		博物要覽	277
顏氏家訓	267	寰有詮	277
劉子	267	擣堅錄	278
墨客揮犀	267	澹齋内言、外言	278
師友談記	267	春寒閒記	278
嬾真子	268	楊氏塾訓	278
避暑錄話	268	青溪暇筆	278
北窗炙輠錄	268	黃氏書奕	279
寓簡	268	趙氏連城	279
老學庵筆記、續筆記	269	寒夜錄	279
獨醒雜志	269	迪吉錄	279
耆舊續聞	269	客途偶記	279
聞見後錄	270	太平清話	279
賓退錄	270	避暑漫筆	280
雞肋編	270	頤庵心言	280
清波雜志、別志	270	金臺紀聞	280

玉堂漫筆	280	養生雜纂、月覽	287
畫禪室隨筆	280	翰墨大全	287
停驂錄、續錄	280	蟹略	288
露書	281	六帖補	288
偶得紺珠	281	泉志	288
山樵暇語	281	廣卓異記	288
蓬說	281	歷代制度詳說	288
五雜組	281	海錄碎事	289
檢蠹隨筆	281	事文類聚前集、後集、續集、別集、新集、外集、遺集	289
河上楮談、汾上續談	282		
雨航雜錄	282	玉海、辭學指南	289
培壘居雜錄	282	記纂淵海	290
說頤	282	類編古今事林羣書一覽	290
黃谷瑣談	282	韻府羣玉	291
琅琊漫抄	283	詩宗集韵	291
迪庯瑣語	283	哲匠金桴	291
備忘錄	283	廣博物志	291
爲善陰隲	283	青蓮舫琴雅	292
神隱志	283	喻林	292
百寶總珍集	283	古今名賢說海	292
鐵網珊瑚	284	考古詞宗	292
筠軒清秘錄	284	博學彙書	292
神異經	284	劉氏類山	292
萬世太平書	284	唐類函	293
蔣說	284	尚友錄	293
餘庵雜錄	285	啓雋類函	293
讀書偶然錄	285	均藻	293
西峰淡話	285	蟲天志	293
後觀石錄	285	韻學事類	293
七克	285	荆川稗編	294
讀書樂趣	286	駢雅	294
居家必用事類全集	286	註釋啓蒙對偶續編	294
類書類		雜俎	294
素園石譜	286	聲律發蒙	295
韻學淵海	286	修辭指南	295
聖賢羣輔錄	286	羣書集事淵海	295
文選雙字類要	287	羣書纂類	295
詩律武庫前後集	287	原始秘書	295

兩漢博聞	296	埤雅廣要	306
古雋考略	296	談纂	306
秘笈新書、別集	296	輟耕錄	307
輿識隨筆	296	風俗通義	307
大政管窺	296	何氏語林	307
同人傳	297	夢溪筆談、續筆談、補筆談	307
三才藻異	297	祐山雜説	308
古今疏	297	筆記	308
小説家類		敝帚軒剩語、補遺	308
漢武洞冥記	297	文府滑稽	308
西京雜記	298	剪桐載筆	308
搜神記	298	筆史	309
搜神後記	298	堯山堂外紀	309
異苑	299	幽怪錄、續幽怪錄	309
述異記	299	錄異記	310
唐國史補	299	括異志	310
雲溪友議	300	譚槩	310
杜陽雜編	300	西樵野記	311
劇談錄	300	耳新	311
酉陽雜俎、續集	300	無事編	311
殘本唐語林	301	蘭畹居清言	311
春渚記聞	301	煙霞小説	311
唐闕史	301	逸史搜尋	312
甘澤謠	302	湖海搜奇、揮麈新談、白醉璅言、説圃識餘、漱石閒談	312
五色線	302	烏衣佳話	312
稽神錄	302	古今藝苑談槩	312
北夢瑣言	303	道家類	
太平廣記	303	抱朴子	312
南部新書	304	道德指歸論	313
青瑣高議前集、後集	304	淮南子	313
貴耳集、二集、三集	304	冥通記	314
茆亭客話	305	列子	314
誠齋雜記	305	仙苑編珠	315
瑯嬛記	305	道教靈驗記	315
澄懷錄	305	神仙感遇傳	316
文章善戲	306	墉城集仙錄	316
續夷堅志	306	洞天福地嶽瀆名山記	316
至正直記	306		

洞仙傳	316	陶淵明集	326
周易參同契考異	316	孟東野集	327
翊聖保德傳	317	會昌一品集、別集、外集	327
道德經解	317	盈川集	328
雲笈七籤	317	劉賓客文集、外集	328
悟真篇	318	曲江集	328
南華真經義海纂微	318	麟角集	329
南華真經新傳	319	河東集、別集、外集	329
周易參同契發揮、釋疑	319	白蓮集	329
三洞羣仙錄	320	權文公文集	329
終南山祖庭仙真內傳、終南山說經臺歷代仙真碑記	320	駱丞集	330
三元參贊延壽書	320	禪月集、補遺	330
甘水仙源錄	320	陳拾遺集	331
廣胎息經	320	樊川文集	331
元品錄	321	王子安集	331
修真捷徑	321	司空表聖文集	332
神仙通鑑	321	呂溫集	333
參同契集解	322	蘇詩摘律	333
解莊	322	集千家註杜詩	334
胎息經	322	儲光羲詩	334
真靈位業圖	323	次山集	334
龍門子凝道記	323	皮子文藪	335
西山羣仙會真記	323	杼山集	335
釋家類		鴻慶居士集	335
		忠宣文集、奏議、遺文、附錄、補編	336
武林西湖高僧事略	323	東萊詩集	336
佛祖通載	323	竹洲集	336
林子分內集	324	河南集	337
廣仁品二集	324	景迂生集	337
山谷禪喜集	324	默堂集	338
大藏一覽	324	渭南文集、劍南詩、逸稿	338
南宋元明僧寶傳	324	少陽集	339

集　部

		竹齋詩集	339
		楊誠齋集	339
別集類		秋堂集	340
楚辭集註、後語、辨證	326	可齋雜稿、續稿、續稿後	340
蔡中郎集	326	文溪存稿	340
陸士龍集	326	雪牕集	340

矩山存稿	341	道鄉集	352
范文正公尺牘	341	著作集	352
長興集	341	西塘集	353
後村集	341	太倉稊米集	353
東埜農歌集	342	王荊公詩注	353
江湖長翁文集	342	演山集	354
倚松老人集	342	西巖集	354
梅山續稿	343	雪磯叢稿	354
四六標準	343	宗忠簡集	354
止齋文集	343	文定集	355
梁谿集	344	石門文字禪	355
高峰文集	344	無爲集	355
佩韋齋集	344	慶湖遺老集	355
吾汶稿、吾汶稿摘抄	345	筠溪集	356
晞髮集、晞髮遺集、遺集補	345	雪溪集	356
咸平集	345	節孝集	356
小畜集	345	陵陽集	356
武溪集	346	劉給事集	357
徂徠集	346	眉山集	357
和靖詩集	347	龜溪集	358
文正集、別集、補編	347	華陽集	358
居士集	347	文山集	358
〔剡源集〕	348	陵陽集	359
義豐集	348	玉楮集	359
河東集	348	分類補注李太白集	359
丹淵集	348	漫塘文集	360
元豐類稿	349	網山集	360
清獻集	349	巽齋四六	360
鄱陽集	350	本堂集	360
公是集	350	鐵庵集	361
潞公集	350	樂軒集	361
宛陵集	350	梁谿遺稿	361
蔡忠惠集	351	紹陶錄	361
擊壤集	351	止齋論祖	362
龍洲集	351	方是閒居士小稿	362
野谷詩稿	351	橘山四六	362
澹庵文集	352	南塘四六	362
〔五峰集〕	352	格齋四六	362

松垣集	363	慈湖遺書、續集	374
臞軒四六	363	北溪集、外集	375
蛟峰集	363	洺水集	375
歸愚集	364	蠹齋鉛刀編	375
忠肅集	364	山谷刀筆	376
蕊閣集	364	盱江集、年譜	376
廣陵集	365	瓜廬詩	376
淮海集、後集、長短句	365	玉瀾集	377
南陽集	366	二妙集	377
四如集	366	湋南遺老集	377
和靖集	366	莊靖集	377
平齋文集	367	滏水集	378
樂圃餘藁	367	遺山集	378
騎省集	367	不繫舟漁集	378
支離子集	367	麟原文集	378
壺山四六	368	一山文集	379
楊大年全集	368	純白齋類稿	379
象山文集	368	趙仲穆遺稿	379
雲巢集	368	廬陵集	379
攻媿集	369	青陽集	380
浪語集	369	玉山璞稿	380
簡齋集	369	默庵集	380
宛邱集	369	玉井樵唱	381
注山谷詩集	370	鶴年集	381
周元公集	370	燕石集	381
龍川文集	370	黽巢集	381
虜齋續集	371	僑吳集	382
屏山集	371	栲栳山人集	382
宛陵集	371	青村遺稿	382
竹友集	372	山窗餘稿	382
艾軒集	372	玩齋集、拾遺	382
東萊集	372	居竹軒集	383
鄂州小集	373	待清遺稿	383
清獻集	373	寶峰集	383
西山文集	373	水鏡集	383
南軒集	374	林屋山人集	383
石屏集	374	雪樓集	384
雙溪集	374	定宇集、別集	384

白雲集	384	淮陽集、詩餘	394
仁山集	384	藏春集	394
靜修集	385	江月松風集	394
芳谷集	385	山林清氣集、續集	394
巴西文集	385	南湖集	394
雲林集	385	唫囈集	395
石田集	386	論範	395
樵雲獨唱	386	半軒集	395
知非堂稿	386	胡仲子集	395
檜亭集	387	荆川集	395
楊仲宏集	387	備忘集	396
黃文獻集	387	白蘇齋類集	396
淵穎集	387	水天閣集	396
滋溪文稿	388	篁墩集	396
禮部集	388	空同集	397
雲峰集	388	文肅集	397
湛然居士集	388	被褐先生稿	397
安雅堂集	388	魯望集	397
桂隱文集	389	容臺文集、詩集、別集	397
夷白齋稿、外集	389	解弢集	397
梧溪集	389	莊肅公集	398
靜春堂集	389	青箱堂集	398
養蒙集	390	端肅公集	398
秋澗集	390	世經堂集	398
待制集	390	翠屏集	398
傅與礪詩文集	390	鳴盛集	399
北郭集	391	類稿	399
雲陽集	391	鳥鼠山人集	399
傲軒吟稿	391	椒邱文集	399
蘭雪集	392	未齋集	400
黃楊集、補遺	392	何燕泉詩	400
書林外集	392	祝氏集略	400
漢泉集	392	王氏家藏集	401
清江碧嶂集	393	矯亭存稿、續稿	401
佩玉齋類稿	393	海釣遺風集	401
襄陽遺集	393	呆齋集	401
存復齋集	393	桃谷遺稿	402
松鄉文集	393	文起堂集	402

少石集	402	宋學士全集	412
楚辭集解、蒙引、考異	402	覆瓿集	412
搶榆館集	402	毅齋詩文集	413
海桑集	403	子威集	413
練中丞集	403	迪功集、談藝錄	413
杜詩分類	403	宗子相集	414
老泉文妙	403	滄溟集	414
楊忠愍集	404	桂洲集	414
青城山人集	404	泰泉集	414
玉茗堂集	404	陶學士集	414
妙遠堂集	405	説學齋稿	415
龍湖集	405	莊渠遺書	415
退庵遺稿	405	家藏集	415
坦齋文集	405	滄螺集	416
金蘭集	406	馬文莊集選	416
光庵集	406	九芝集選	416
槎翁集	406	瞿文懿集	416
雙桂集	406	檀雪齋集	417
節庵集、續稿	407	宗伯文集	417
黃給諫遺稿	407	益齋存稿	417
竹居集	407	天啓宮中詞	417
野莊集	408	瀂籬集	418
逃虛子集、類稿補遺	408	雲鴻洞續稿	418
文穆集	408	何長人集	418
高閑雲集	408	半江集	418
高子遺書	409	大復集	419
方麓集	409	東田漫稿	419
文遠集、補遺、秋旻集、秋旻二刻、秋旻續刻	409	考功集	419
		涇野集	419
王忠文公集	410	白沙集	419
龐眉生集	410	梅雪軒詩稿	420
草閣集、拾遺、筠谷詩	410	賜餘堂集	420
方洲集、讀史錄	410	竹齋集、續集	420
王襄敏集	411	周恭肅集	420
雙溪集	411	東海文集	420
西山類稿	412	白陽集	421
緱山集	412	陶詩析義	421
誠意伯文集	412	抑庵集、後集	421

甘泉集	422	松韻堂集	431
望雲集	422	始豐稿	431
王右丞詩集類箋、文集	422	朱邦憲集	432
鐘台集	423	整庵存稿	432
泫濱集	423	于忠肅集	432
東里全集、別集	423	西村集	432
省中稿、二臺稿、歸田稿	424	楊文敏集	432
雲邨文集	424	東里文集	433
集古梅花詩	424	劉彥昺集	433
王校書全集	424	震澤集	433
楓山集	425	蘇門集	433
琴溪集	425	容春堂全集、後集、續集、別集	434
陳文岡集	425	希澹園詩	434
宏藝錄	425	黃忠宣集	434
雅宜集	425	芝園定集	434
費文通集選要	426	副墨	434
赤城集	426	袁中郎集	435
春雨齋文集	426	龍谿全集	435
獨醉亭集	426	寓林集	435
少泉集	426	陽明全集、傳習錄、語錄	435
一齋集	427	甘白集	436
澹軒集	427	二須堂詩集、文集	436
石語齋集	427	佳山堂集	436
楊忠烈集	427	雙溪草堂詩集、游西山詩	436
王文肅集	428	嬾齋別集	436
古廉集	428	赤嵌集	437
嘯臺集、木天清氣集	428	笠山詩選	437
畏庵集	429	貽清堂集、補遺	437
耕石齋石田集	429	杜詩會粹	437
鳴秋集	429	杜詩詳註	437
費文憲集選要	429	禹門集	438
念初堂稿、續集	429	孜堂文集	438
珂雪齋集	430	時一吟詩	438
梅巖小稿	430	魏叔子集	439
范文忠公集	430	西堂全集	439
對山集	430	敲空遺響	440
占星堂集	431	柳村詩集	440
甫田集	431	百尺梧桐閣集	440

精華錄	440	竹垞文類	448
寒香閣詩集	440	樂圃詩集	449
耕廡文稿	440	葛莊詩鈔	449
據梧詩集	441	寒松堂集	449
憺園集	441	蕉林詩集	449
孝穆集	441	香域內外集	449
薪齋集	441	栖雲閣詩、拾遺	450
問山詩集、文集、紫雲詞	441	叢碧山房集	450
鶴侶齋集	442	夢吟集、續集	450
湯子遺書	442	安雅堂集	450
擬故宮詞	442	堯峰文鈔	451
蕭亭詩選	443	在陸草堂集	451
灌研齋集	443	萬青閣全集	451
臥象山房集	443	澹餘軒集	451
芝壇集	443	**奏議類**	
杏村詩集	443	歷代名臣奏議	452
東山草堂文集、詩集、續集	444	李忠定奏議、附錄	452
庾開府集箋注	444	左史諫草	452
古處齋集	444	包孝肅奏議	452
讀史亭詩集、文集	444	文襄公奏疏	453
志壑堂集	445	河防疏略	453
十笏草堂詩選	445	督漕疏草	453
止泉文集	445	華野疏稿	453
笑門詩集	446	**總集類**	
魏興士文集	446	六臣注文選	454
魏季子文集	446	文選纂註	454
欣然堂集	446	文選章句	454
過江集	446	文選瀹注	454
飴山詩集	446	選詩約注	455
湖海集	447	古文苑	455
古懽堂集	447	國秀集	455
遇集、蒞楚學記、奏疏	447	篋中集	456
天門詩集、文集	447	唐御覽詩	456
彙書	448	河岳英靈集	457
有懷堂詩文集	448	中興間氣集武	457
馮舍人遺詩	448	極元集	457
有懷堂詩文稿	448	詩準、附錄、詩翼	458
臨野堂文集	448	歷代吟譜	458

文苑英華辨證	458	金華文統	471
續文章正宗	459	文苑春秋	471
崇古文訣	459	六藝流別	471
吳都文粹	459	漢魏詩乘	471
古文關鍵	459	唐詩選	471
眾妙集	460	唐詩類苑	472
樂府詩集	460	唐雅	472
宋文鑑	461	唐詩紀	472
江湖小集	461	雅音會編	473
論學繩尺	462	詩學正宗	473
赤城集	462	詩歸	473
萬首唐人絕句詩	462	南華合璧集	473
唐百家詩選	463	百子金丹	473
唐文粹	463	詩女史、拾遺	473
五百家播芳大全文粹	464	皇華集	474
政府奏議	464	書記洞詮	474
宋文選	464	菊坡叢話	474
唐三體詩、續集	465	周氏遺芳集	474
兩宋名賢小集	465	文壇列俎	475
聲畫集	465	秦漢文尤	475
古賦辨體	466	古文彙編	475
文選補遺	467	新安文獻志	475
忠義集	467	吳都文粹續集、補遺	475
唐音	467	詩紀	476
庚辛唱和詩	467	漢魏六朝一百三家集	476
古樂府	467	文璨清娛	476
唐詩說	468	漢魏名文乘	477
瀛奎律髓	468	文致	477
谷音	468	元詩體要	477
天下同文集	468	宋十五家詩	477
元風雅	469	唐詩叩彈集、續集	477
草堂雅集	469	唐宮閨詩	477
元文類	469	漢詩說	478
春秋詞命	470	說唐詩	478
翰苑瓊琚	470	古詩選	478
三蘇文範	470	宋詩鈔原本	478
尺牘清裁、補遺	470	宋文鈔	479
文章正論、緒論	470	皇清詩選	479

玉臺新詠箋註	479	中山詩話	487
宋詩刪	479	後山詩話	487
臨川文獻	479	庚溪詩話	488
唐詩捿藻	480	彥周詩話	488
詩觀、別集	480	竹坡詩話	488
才調集	480	冷齋夜話	488
元音	480	紫薇詩話	489
元音遺響	481	二老堂詩話	489
諸儒文要	481	石林詩話	489
滄海遺珠	481	滄浪詩話	489
諸儒性理文錦	482	唐詩紀事	490
宋遺民錄	482	娛書堂詩話	490
搜玉小集	483	**詞曲類**	
宋名臣獻壽集	483	鳴鶴餘音	490
詩文評類		尊前集	490
詩品	483	花庵詞選	491
文心雕龍	483	羣賢梅苑	491
本事詩	484	蛻巖詞	491
詩品	484	花間集	491
詩人玉屑	485	蕉窗葢隱詞	492
懷麓堂詩話	485	詩餘圖譜	492
談龍錄	485	詞林萬選	492
聲調譜	486	詞學全書	492
碧溪詩話	486	粵風續九	492
優古堂詩話	486	南曲入聲客問	493
六一詩話	486	選聲集、詞韻簡	493
續詩話	487		

概　　述

江　慶　柏

　　《四庫全書初次進呈存目》爲清乾隆間撰。此書以下簡稱《初目》，既爲簡便起見，也還含有與《四庫全書總目》（以下簡稱《總目》）相對而言之意。
　　《初目》是一部重要的四庫學文獻。《國立中央圖書館善本書目》有著錄[1]，但一直没有得到學者的關注，直到最近方有研究者注意到此書[2]。其實這部書在四庫學研究，尤其是四庫學提要文獻研究中具有獨特的地位。
　　本書即以此爲基礎進行標點整理。兹先就相關問題作一初步的討論，討論的内容包括：
　　《初目》的基本情況。
　　《初目》是一部獨立類型的四庫提要文獻。
　　《初目》建立了《四庫全書》的圖書分類體系。
　　《初目》確立了四庫提要的基本範式。
　　《初目》與四庫學提要文獻系統的構成。
　　《初目》爲庫本提要的比較提供了依據。
　　《初目》著錄《總目》未收提要考述。

《初目》的基本情況

　　《初目》書上鈐"抱經樓"白文長方藏書印。抱經樓爲乾隆時期浙江鄞縣（今寧波市）藏書家盧址藏書處。盧址（1725—1794），字丹陛，一字青厓。錢大昕撰《抱經樓記》云："盧君青厓，詩禮舊門。自少博學嗜古，尤善聚書，遇有善本，不惜重價購之。聞朋舊得異書，宛轉借鈔，晨夕讎校。搜羅三十年，得書數萬卷，爲樓以貯之，名之曰'抱經'。"[3]

---

[1] 《國立中央圖書館善本書目》，該館編，中華叢書委員會印行，1957年，上册甲編卷二，第125頁。
[2] 臺灣大學中文系夏長樸教授在2011年10月15日北京師範大學古籍與傳統文化研究院等主辦的"第二屆中國古文獻與傳統文化國際學術研討會"上宣讀了《四庫全書總目研究的新資料——臺北"國圖"所藏四庫全書初次進呈存目》的論文。論文重點在討論《初目》的編纂時代。見《第二屆中國古文獻與傳統文化國際學術研討會會議論文集》。後夏先生在臺北《漢學研究》第30卷第2期（2012年）上發表了内容基本相同的《〈四庫全書初次進呈存目〉初探——編纂時間與文獻價值》一文。此外北京大學中文系陳恒舒的博士學位論文《四庫全書清人别集纂修研究》（2013年打印本），也注意到了這部《初目》（論文稱之爲"臺藏稿"），給以了很高評價，並用作與分纂稿、書前提要、《總目》等的比較。
[3] 錢大昕《潛研堂集》文集卷二一，上海古籍出版社，1989年，第349頁。

盧址藏書和四庫全書館有許多關係。乾隆帝爲編纂《四庫全書》向天下徵集圖書，盧址曾有獻書。乾隆三十八年四月二十八日浙江巡撫三寶奏摺云："現據寧波府稟：據鄞縣貢生盧址呈繳遺書二十餘種，除發局核對有無重複另行查辦外，並據繳出抄存《永樂大典》內《考工記》一部，計六本，稱係祖上遺留，今聞訪購，情願呈繳等語。"①鄭偉章先生《文獻家通考》記盧址事跡道："羨天一閣之有《圖書集成》也，竟至北京購得《圖書集成》底稿以歸，以爲抗衡之資。當時一爲底稿，一爲賜書，競美一時，甬人引爲藝林佳話。"②由此可見，盧址收藏乾隆抄本《初目》，並不奇怪。

　　《初目》以行楷鈔寫，四十八冊，今存二千零二十四葉（以雙面爲一頁計算）。每冊書簽分別題"四庫全書初次進呈存目×部"字樣，書口題"×部××類"字樣。今存 1878 篇提要，包括 1869 篇完整提要和 9 篇殘篇提要。內有八篇提要書名相同，但內容不同，屬於一書兩篇提要，全書有經部 365 篇，史部 425 篇，子部 467 篇，集部 621 篇。涉及圖書 1870 部。四十餘萬字。2012 年，臺灣商務印書館出版了該書的影印本，共計九冊。

　　《初目》每一類收錄的著作，大致按作者年代先後排列，不過同一朝代的作者時代往往錯亂。再如同一類提要中，可以明顯感覺到內容重要的放在前面，次要的在後面。從形式上看，凡是在前面的提要相對詳盡，後面的就較爲簡略。而較爲詳盡的提要後來大多進了《總目》中的著目，簡略的則多在存目中。還有一些不著撰人姓名的著作大都放在同一類圖書的最後。因此可以看到《初目》是經過了一定編排的，但編排尚不夠精細。此外還有一些現象值得注意。如正史類中的二十四史一部也沒有，再如清朝皇帝數量巨大的御撰書也一部沒有收錄。這不是偶然佚缺，而是當時就沒有進呈。

　　現在看到的《初目》的編次已不能反映當時的原貌，其中有一些明顯的錯亂。這個錯亂是後來在流傳過程中造成的。同時現在的《初目》已有散失，其總篇數應該不止今天所能看到的這些。但我們認爲《初目》的基本樣子還保留着，我們甚至還傾向於認爲最早的《初目》的規模與現在所見應該差距並不大，散失的數量並不多。所以可以說《初目》基本上保持着原始的樣子。

　　這部抄本應該是四庫全書纂修處的原抄本，而非後人的傳抄本。因爲如此數量的篇幅，傳抄並不容易，而且至今也沒有關於傳抄這部書的記載。所以我們認爲此《初目》是當年留存四庫館中的原物。

　　《初目》是什麼時候編纂的，這個時間很重要，因爲這關係到《初目》在四庫學提要文獻中的地位與作用問題。夏長樸教授認爲應在分纂稿編寫完成之後，《四庫全書薈要》（以下簡稱《薈要》）等編纂之前。具體說，即在乾隆四十年五月至四十一年正月之間③。劉浦江教授認爲這是截至乾隆三十九年七月爲止已進呈提要的彙編本④。

　　《初目》的抄寫和《四庫全書》書前提要、《總目》相比，略顯草率，字跡總體上沒有《四庫全書》等工整、精妙。書稿中還有不少添字、改字、倒字、跳行等形式上的錯誤。不過《初目》

---

① 《纂修四庫全書檔案》六四，第 106 頁。
② 鄭偉章《文獻家通考》，中華書局，1999 年，第 319 頁。
③ 夏長樸《四庫全書總目研究的新資料》論文，第 17 頁。
④ 劉浦江《〈四庫全書初次進呈存目〉再探》，《中華文史論叢》二〇一四年第三期，第 304 頁。

雖然存在這些問題，其學術價值、文獻價值仍然是不容忽視的。

《初目》是一部獨立類型的四庫提要文獻

四庫提要文獻，是指四庫全書纂修官爲四庫全書有關圖書撰寫的提要。《四庫全書》纂修凡例規定，纂修官要給四庫全書有關的圖書撰寫一篇提要。按照四庫全書編纂的流程，本人將提要文獻分爲分纂提要、匯總提要、刊本提要、庫本提要、總目提要五種類型。分纂提要即各纂修官分工撰寫的提要；匯總提要是指將分纂稿匯總以後形成的文獻；刊本提要即收入《武英殿聚珍版》中各書的書前提要；庫本提要也稱爲閣本提要、閣書提要或書前提要，即《四庫全書》所收各書前的提要；總目提要即《四庫全書總目》和《四庫全書簡明目錄》中收錄的提要①。這五種提要文獻相互關聯，又各有自己的特點。

長期以來，四庫學研究者通常認爲《四庫全書》只存在三種提要，即分纂提要、庫本提要、總目提要。然而我們在研究《四庫全書》這三種提要稿的關係時，會發現一個問題，即現存的由各分纂官撰寫的圖書提要，與《四庫全書》所收各書書前的提要及《總目》提要之間，除少數相同、或可以看到相互之間的承襲關係外，大部分並不相同，有些甚至是毫無關係。分纂提要與庫本提要、總目提要之間，缺乏明顯的過渡。這樣，人們勢必會產生一個疑問：書前提要、總目提要的原始根據是什麽呢？它們據以謄錄的底本又是什麽樣子呢？《初目》爲我們提供了這一問題的部分答案。

我們認爲，在分纂提要和庫本提要、總目提要之間，必有一個匯總的過程，即將各分纂稿匯集而成，經過一定的整理，然後交付謄錄人員謄寫。謄錄人員謄清的這份稿子，一部分放在《四庫全書》所抄錄的各書前，即成爲庫本提要②；而全部謄清的稿子，經過總纂官不斷的潤色、修改，即成爲《總目》③。而這個匯總稿就是《初目》。

《初目》與《總目》相比，在形式上有明顯的區別。如《初目》中每篇提要都是單獨起頁，不連抄；《總目》則各篇連續抄寫。《初目》書口僅寫部類名稱，如"經部易類"，但不分"著目"、"存目"，類別亦不標序次；《總目》則分別標注，並有"易類存目一"、"易類存目二"等序次。《初目》無卷端題名，亦未分卷次，書口也沒有標注頁碼。《初目》這樣做都是爲了方便以後修改、調換。此外，《初目》書口上沒有標注書名，説明其時對這部書的名稱可能尚未確定，也説明此書不是最後定本。我們今天稱此書爲"四庫全書初次進呈存目"，根據的是抄本每册封面的題簽，但在此書中並沒有出現這個名稱。這説明《初目》已具有《總目》的面貌，和《總目》有一定的聯繫，但尚缺乏《總目》的一些基本要素。我們還認爲後來成書的《總目》，很可能吸收了《初目》的一些形式上的東西。

此外有一個細節值得注意。現存的所有與《四庫全書》有關的正式的庫本文獻、提要文獻，如各庫書（包括《四庫全書薈要》）、各《總目》，其封面、各卷卷端、書口等均標注爲"欽定

---

① 限於篇幅，此處無法對四庫提要文獻的各種類型作具體述説，本人擬另撰文討論。
② 書前提要與所在圖書的正文不是同時、也不是同一個人抄寫的。書前提要是事先另外抄好，然後放置於相應的圖書前面的。
③ 《四庫全書簡明目錄》雖然也屬於總目提要，但該書不是《四庫全書總目》的簡單縮寫，而是重新編寫的，它與匯總提要的關係沒有如《總目》那樣密切，故本文一般不予討論。

"四庫全書"字樣。而《初目》稿本封面僅題"四庫全書初次進呈存目",表明這是一部未經皇帝審閱的書稿,故未敢逕題"欽定"二字。

至於《初目》與在此之前形成的分纂稿,無論内容還是形式,差異都是非常明顯的,無容多説。

所以説《初目》是一種有别於《總目》的獨立的提要類型。

按照四庫全書館編纂流程,分纂提要撰寫完成後,經總纂官潤色,再送總裁等審核,然後呈送皇帝審定。呈送皇帝審定的提要自然不可能一篇一篇送,也不可能將一萬篇一起送上,只能是分批呈送,這是《初目》所以能結集的原因。結集進呈皇上的提要匯總稿當時可能抄寫了不止一部。今所見《初目》,版面十分潔净,没有任何批改,無"御批"痕跡,這可能是當時留存館中的一部。我們推測書名中的"存目"即"留存之目"的意思。此外在現存的四庫學文獻中從未記載有這個書名,也未見任何四庫館臣提及這個名稱,因此我們頗懷疑"四庫全書初次進呈存目"這只是一個臨時題寫的書名。

臺灣商務印書館在影印本出版介紹中稱"這是乾隆三十八年《四庫全書》開始編修以來,各書提要第一次的彙輯",所説甚是。各書提要第一次彙輯的目的是爲了呈送皇帝御覽,但今天所見的這部《初目》則並非是經皇帝御覽過的。

《初目》建立了《四庫全書》的圖書分類體系

《初目》的重要價值之一是建立了《四庫全書》的圖書分類體系。

圖書分類就是通過圖書的序化,建立一定的知識體系,以達到提示各家學術的特點、揭示各家學術的發展源流演化過程的目的。同時也是爲了更好地指引讀者的閲讀、研究。乾隆帝最早提出所要編的這部薈萃古今圖籍的圖書採用四部分類法,並將其命名爲《四庫全書》。乾隆三十八年三月二十八日乾隆帝下諭道:"近允廷臣所議,以翰林院舊藏《永樂大典》,詳加别擇校勘,其世不經見之書,多至三四百種,將擇其醇備者付梓流傳,餘亦録存彙輯,與各省所採及武英殿所有官刻諸書,統按經史子集編定目録,命爲《四庫全書》。"①但乾隆帝没有、也不可能提出更具體的分類細目。

在《初目》之前完成的各家分纂稿,也都没有具體分類,更不用説建立分類體系了。分纂稿現存一千多篇,但存稿最多的翁方綱分纂稿也只是隨得隨寫,並未加以分類。姚鼐分纂稿也僅分爲經史子集四録,没有進一步再分細類。其餘各家因分纂稿存世極少,更無從細分類目。

《初目》是最早給提要稿進行完整系統分類的。它將類别相同的提要集中編排在一起,並通過書口標注的方式,顯示了本書的圖書分類情況。現將《初目》與《總目》的圖書分類按各自原來的順序列表對照如下,以便更清楚地看到兩部目録分類的異同之處:

《初目》分類　　《總目》分類

經部

---

① 《纂修四庫全書檔案》四三,第47頁。

易類	易類
書類	書類
詩類	詩類
禮類	禮類
春秋類	春秋類
孝經類	孝經類
總經解類	五經總義類
四書類	四書類
樂類	樂類
小學類	小學類
10 類	10 類

史部

正史類	正史類
編年類	編年類
	紀事本末類
別史類	別史類
雜史類	雜史類
詔令類	詔令奏議類
傳記類	傳記類
史抄類	史鈔類
	載記類
時令類	時令類
法令類	
地理類	地理類
職官類	職官類
	政書類
目錄類	目錄類
金石類	
史評類	史評類
故事類	
譜牒類	
起居注類	
17 類	15 類

子部

儒家類	儒家類
兵家類	兵家類
縱橫家類	
法家類	法家類

農家類	農家類
醫家類	醫家類
	天文算法類
術數類	術數類
雜藝類	藝術類
考證類	
	譜錄類
墨家類	
名家類	
雜家類	雜家類
類書類	類書類
小説家類	小説家類
道家類	釋家類
釋家類	道家類
16 類	14 類
集部	
	楚辭類
別集類	別集類
奏議類	
總集類	總集類
詩文評類	詩文評類
詞曲類	詞曲類
5 類	5 類
合計	
48 類	44 類

　　儘管《初目》現存提要僅有二千篇不到，只有《總目》所收圖書的五分之一左右，但類別和《總目》幾乎完全相同，《總目》改動的並不多。所以說《初目》的分類體系是一個相當成熟的分類體系。

　　與《總目》相比，《初目》的分類體系有一些局限。如作爲我國古代史書編纂基本體裁之一的紀事本末類，《初目》未能設立。實際上《初目》收錄有《宋史紀事本末》、《左傳紀事本末》諸書，完全可以立此一類。再如於國計民生有重要關係的政書，《初目》未能設立類目，也是重大缺陷。《初目》中收錄有大量有關儀制、職官、邦計、軍政的著作，如《漕書》、《洲課條例》、《古今鹺略》、《海運新考》、《大唐開元禮》等，這些都與"國政朝章"（《總目》政書類小序）有關，《總目》都收入於政書類，《初目》也應設立這一類目，以著錄相關圖書。再如《初目》子部有縱橫家類，實際上自秦漢以後，這一類著作並不多，《初目》所收亦僅《戰國策談掫》一種，完全沒有必要單獨立爲一類。《初目》設立墨家、名家，各收錄一部著作，也完全沒有必要。

但《初目》也有些分類比《總目》合理。最明顯的就是《初目》將書目、金石類著作分設爲目錄類、金石類。《總目》將這兩類圖書合爲目錄類，這招致許多學者的批評。而在《初目》中，目錄與金石是分爲兩類的，分別題作"史部目錄類"、"史部金石類"。

《初目》能建立完整的圖書分類體系，與《初目》撰寫者對分類作過一定的研究有關。《初目》認真研究過歷史上的圖書分類情況，在尤袤《遂初堂書目》提要中，《初目》對該書分類的訛誤及本書的價值，都作了認真的分析。在提要中，《初目》對圖書分類及具體圖書的隸屬問題，提出過不少自己的看法。如《顏氏家訓》提要云："今觀其書，大抵於世故人情，深明利害，而能文之以經訓，故《唐志》、《宋志》俱列之儒家，然其中《歸心》等篇，深明因果，不出當時好佛之習。又兼論字畫音訓，並考正典故、品第文藝，曼衍旁涉，不尚爲一家之言。今特退之'雜家'，從其類焉。"又如《曲洧舊聞》十卷提要云："《通考》列之小說家，今觀其書，雖有神怪諧謔數條，然所記多當時祖宗盛德及諸名臣言行，而於王安石之變法，蔡京之紹述、分朋角力之故，言之尤詳。蓋意在申明北宋一代興衰治亂之由，深於史事有補，實非小說家類流也。惟其中間及詩話、文評及諸考證不名一格，不可目以雜史，改入之雜家類中。"

圖書分類的一大弊端是往往不看內容，僅僅根據書名想當然地予以分類。《總目》"凡例"云"古來諸家著錄往往循名失實，配隸乖宜"，批評的就是這種現象。《初目》能注意到從圖書內容的分析入手，給圖書以恰當的分類。《初目》的這些分類說明，也爲《薈要提要》、文淵閣《四庫全書》書前提要、《總目》等接受，有些文字與《初目》全同。由此可以看到，《初目》分類體系的建立，不是偶然的。

當然《初目》與《總目》在類別名稱、類別順序上，也有一些差異，《總目》作了一些調整。對這些調整，在《總目》"凡例"第四條中，大多有說明。如經部分類，《初目》作總經解類，《總目》改作五經總義類。《總目》"凡例"有專門說明："兼詁羣經者，《唐志》題曰經解，則不見其爲羣經。朱彝尊《經義考》題曰羣經，又不見其爲經解。徐乾學通志堂所刻改名曰總經解，何焯又譏其杜撰。今取《隋志》之文，名之曰'五經總義'。"解釋了這一類別改名的原因。又如《初目》史部有詔令類，集部有奏議類，《總目》將奏議類與詔令類合併爲詔令奏議類。《總目》"凡例"云："詔令奏議，《文獻通考》入集部。今以其事關國政，詔令從《唐志》例入史部，奏議從《漢志》例亦入史部。"再如子部分類，"凡例"云："名家、墨家、縱橫家，歷代著錄各不過一二種，難以成帙。今從黃虞稷《千頃堂書目》例，併入'雜家'爲一門。"此外《初目》道家類在釋家類之上，《總目》移釋家類在道家類之上，並在釋家類卷首小序中寫道："諸志皆道先於釋，然《魏書》已稱《釋老志》。《七錄》舊目載於釋道宣《廣宏明集》者，亦以釋先於道。故今所敘錄以釋家居前焉。"這說明《總目》"凡例"既是針對圖書分類的一般情況說的，也是明確具體的針對性。"凡例"雖未明言糾正《初目》的分類，但實際上改變的就是《初目》的分類。此外在具體圖書的歸隸上，《初目》和《總目》也有不小的差異。但不管怎麼說，《總目》依據了《初目》的分類體系，這是可以肯定的。

而且我們從上述分類對照表中，還可以發現，假如將名稱不同但內容相同的類目改作一樣的名稱（如將"五經總義類"改稱"總經解類"等），並且去掉各自獨有、互不相見的類目（如《初目》的"法令類"、《總目》的"紀事本末類"等），就可以看到《總目》與《初目》的順序完全一致①。不僅順序相同，除《初目》的"雜藝類"、《總目》的"藝術類"外，其餘名稱也完全一樣。這充分説明，《總目》就是在《初目》建立的圖書分類體系的基礎上，經過部分調整而形成的。

《薈要》分爲四十二類，少於《初目》（這可能與《薈要》收録圖書數量較少有關），類目名稱與《初目》也有一些差異，但從分類體系上看仍與《初目》相近。一些類目的設置也與《初目》相同，如《初目》未設立"紀事本末類"、"政書類"，設有"縱橫家類"，《薈要》也是如此。《薈要》的"目録類"只收録書目著作，不收録金石著作，也與《初目》一致。考慮到《薈要》本書前提要有不少與《初目》相同、或基本相同，因此可以説《薈要》也是依據了《初目》的分類體系。

《總目》是我國古代最有影響的目録學著作，黄愛平先生曾對其分類體系予以高度評介，指出："《四庫全書總目》綜合吸取了諸家長處，又十分注重名實相符，因而成功地建立了一個比較嚴密、完善的分類體系。"②從上面的比較中可以看到，《總目》分類體系的形成雖然也吸收了歷史上其他圖書分類法的長處，但其直接依據則是《初目》。

《初目》確立了四庫提要的基本範式

我國古代的目録著作非常重視提要的撰寫，在編纂《四庫全書》時同樣重視這一問題，在《纂修四庫全書檔案》中，可以看到許多相關記載。《初目》就是編纂《四庫全書》時各書提要的匯集。

我們將《初目》與《總目》相比較，可以明顯感到繁簡不一，《初目》普遍比《總目》要簡略。除了因《初目》編寫時間較早，故内容較爲單薄，而《總目》則經過總纂官紀昀的反復修改這些原因外，還有很重要的一點是體例所規定。乾隆三十八年二月初六日乾隆帝諭旨道："俟移取各省購書全到時，即令承辦各員將書中要指臚括，總叙厓略，黏貼開卷副頁右方，用便觀覽。"③因爲是要黏貼在書頁上，起閲讀提示作用，則内容勢必不能過長、過於複雜，否則不便黏貼，也不便閲讀者抓住要領。而《總目》則不受此限制，可以任意發揮。

不過《初目》雖然相對較爲簡略，但四庫提要的基本範式已經建立。《初目》吸收了各分纂稿的成果，又在其基礎上進行了整飭，使得體例更爲統一、内容更爲明晰、格式更爲規範，並使得《初目》最終成爲各庫本提要、《總目》提要的基礎文本。

從提要編纂的角度看。《初目》的整飭工作主要體現在以下這些方面：

《初目》對書名之義作了辨析。《程朱闕里志》八卷，《初目》云："明歙人趙滂編輯。謂朱子係出新安，二程祖墓亦在焉，故合志之。分爲七門。闕里乃孔子里名，非推尊之號，宋咸淳五年詔婺源祠所稱'文公闕里'，已爲失實。今程子亦稱闕里，則尤承訛踵謬、習焉而不察者也。"這是批評原書書名的不當。《總目》提要與此同，也是認同了《初目》的意見。

《初目》對作者作了考辨。作者的考訂，是圖書著録的重要内容。古籍的作者情況往往非常複雜，常常有各種錯訛。《初目》盡可能作了考訂。

---

① 只有道家類、釋家類的順序是互相顛倒的，這一點在《總目》釋家類卷首小序中已有説明，見上所引文。
② 黄愛平《四庫全書纂修研究》，第353頁。
③ 《纂修四庫全書檔案》三二，第56頁。

如宋林逋撰《和靖詩集》,《初目》云:"後附《省心錄》一卷,則李邦獻所作,而誤以爲逋者。今據《永樂大典》考正,別著錄子部中。"《初目》對《和靖詩集》後附《省心錄》的作者作了考辨,並根據考辨的結果對圖書作了重新歸類。

《兩晉南北奇談》六卷,《初目》云:"江南本題曰宋王渙撰。考王渙與富弼同時爲睢陽五老之一,僅傳詩一首,不聞其著此書。《明史》,王渙,弘治中進士,象山人。明《藝文志》有渙所著《墨池手錄》三卷。此本自稱墨池王渙,與墨池號合,則此書爲明王渙所撰無疑。其稱太原,蓋舉郡望也。"這條糾正了因同姓名而造成的圖書著錄的訛誤。

《初目》在一些提要中,對圖書的版本情況作了概要的介紹。如《太平廣記》五百卷提要云:"此本爲明嘉靖中右都御使談愷所刊,卷頁間有闕佚,無從校補,今亦仍之。"

明馮惟訥撰《詩紀》一百五十六卷提要云:"是書初甄敬爲刻於陝西,剞劂頗拙,然未改原目。後吳琯等重爲校刊,去其前集、正集、外集、別集之名,通編爲一百五十六卷,即此本也。然刪其名目而未亂其卷第,猶勝乎憑臆妄作者,其所校亦比甄本差詳云。"此處客觀地分析了兩種版本各自的優缺點,這對讀者選擇版本有重要幫助。

《總目》不著錄版本,一向被人詬病。當然也有一些提要著錄了版本情況,如明呂柟《涇野集》提要云:"其集初刻於西安,既而佚缺。其門人徐紳、吳遵、陶欽重爲刪補編次,刻於真定。此本即真定刻也。"明陳獻章《白沙集》提要云:"是集爲其門人湛若水校定,萬歷間何熊祥重刊之。"而《總目》這些敘述版本的文字,實際上都來自於《初目》原文。

《初目》對圖書的真偽作了一定的考辨。《宣和集古印史》提要云:"明來行學刊。行學,字顏叔,杭州人。《自序》稱耕于石篝山畔,桐棺裂,得朱箭一函,内蜀錦重封《宣和印史》一卷,素絲玉軸,砵印墨書,蓋南渡以來好事家所寶以自殉者。考輯錄古印,今所見者始於王球《嘯堂集古錄》,其時講金石者未重焉。至元吾邱衍等,乃盛談篆製塗之法,未聞所謂《宣和印史》者。況桐棺易朽,何以南宋至明猶存?其爲依託,顯然明白。末二行附題所製印色之價,某種若干,尤爲猥鄙。屠隆作序極稱之,亦可異矣。"《初目》從歷史文獻的著錄中,説明並無此書的有關記載,從而判斷此書屬於後人的依托。

《初目》考訂了文字增刪、篇帙分合情形。如元陝西行臺御史李好文撰《長安志圖》提要云:"是本明西安守李經所鋟,列於宋敏求《長安志》之首,合而爲一。不知好文是書本不因敏求而作,强合爲一,世次紊越,既乖編錄之體。今仍分二書,各還其舊焉。"此批評明李經將李好文《長安志圖》與宋敏求《長安志》合刻之不當。《初目》認爲《長安志圖》並不是《長安志》的圖説,而是完全獨立的兩部書,所以不應當合在一起。文淵閣《四庫全書》書前提要、《總目》都沿用了這一看法。

《總目》"凡例"説明各書提要的基本內容道:"每書先列作者之爵里,以論世知人。次考本書之得失,權衆説之異同,以及文字增刪,篇帙分合,皆詳爲訂辨,巨細不遺。而人品學術之醇疵,國紀朝章之法戒,亦未嘗不各昭彰癉,用著勸懲。"可見《初目》正是按照這一要求在整飭各書提要的。

此外,《初目》還注意從對圖書内容的分析中總結出某些具有規律性的東西,而不純是對圖書的一般性介紹,《初目》注意勾勒出歷史發展的過程,扼要敘述某一方面的歷史,對歷史發展過程作系統敘述。如明童琥撰《集古梅花詩》四卷提要指出集句詩的發展情況道:"集句爲詩,始於晉之傅咸,其詩今載《藝文類聚》中,文義粗貫而已。自宋齊至唐,罕聞嗣響，宋石延年、王安石、孔平仲等始稍稍爲之。平仲所集不傳，延年、安石所集亦不多見。其裒然成編者，惟元李龏《翦綃》一集。"對集句詩的發展情況敍述得非常清楚。

《初目》注意把作家、作品放在"史"的過程中來認識。作家、作品的價值，既包括自身的價值，也包括在歷史發展過程中的價值。《初目》注意從後一個角度來評價作家作品，如宋柳開撰《河東集》提要云："宋朝變偶儷爲古文，實自開始，而體近艱澀。又尊崇揚雄太過，至比之聖人，持論殊謬，亦人多以此議之。然宋時學者最喜贊雄，雖司馬光之賢，猶不能免，蓋亦習尚使然。至《綱目》出而大義始明，於開固無足責。要其轉移風氣之功，固未可盡没耳。"顯示了柳開在宋代文學史上的真正地位。而從歷史發展的角度來評價圖書，也有助於更好地看到本書的價值。

我國古代的文學選本有力矯時弊、挽正時風的作用，對引導我國文學向健康的方向發展有過重要的貢獻①。一些有影響的文學選本在文學發展史上起了極爲積極地作用。《初目》注意到了文學選本的這種功能，其姚鉉編《唐文粹》提要云："詩文儷偶，皆莫盛於唐，盛極而衰，流爲弊格，故亦莫雜於唐。鉉是編，文賦惟取古體，而四六之文不錄，詩歌亦惟取古體，而五七言近體不錄。蓋於歐、梅未出以前，毅然矯五代之弊，與穆修、柳開相應者，寔自鉉始。"《初目》指出姚鉉用選本的形式向宋初雕琢繁縟、淫靡佚麗的形式主義文風展開了批判，從而成爲宋代古文運動的先驅。《初目》從文學發展的歷史作用方面，高度評價了《唐文粹》的作用。將這篇提要與柳開《河東集》提要結合起來，可以看到《初目》對這一階段文學發展大勢的基本看法。《初目》顯示的"史"的觀念，反映了作者深厚的學術涵養及廣博的學術視野，也反映了四庫館臣對事物本質的深度把握。

《初目》中的論述，有些還轉化爲《總目》的相關體例。

如針對宋趙鵬飛撰《春秋經筌》捨《傳》而言《經》的觀點，《初目》評說道："夫三《傳》去古未遠，學有所受。其間經師衍説，漸失本意者固亦有之，然必一舉而刊除，則《春秋》所書之人無以核其事，所書之事無以核其人。譬之聽訟者名姓不知，證佐不具，獄詞不詳，而據理以臆斷是非，恐未必遽明允也。"對"廢傳以從經"這一觀念作了明確的判説。這篇提要的基本思想，就是強調要徵實，這一思想經過了概括，被列爲《四庫全書總目》凡例中的一條。其文云："劉勰有言，意翻空而易奇，詞徵實而難巧。儒者説經論史，其理亦然。故説經主於明義理，然不得其文字之訓詁，則義理何自而推；論史主於示褒貶，然不得其事迹之本末，則褒貶何據而定。"以下舉例説明，所用正是這一篇提要中所舉的例證。

又如《寰有詮》六卷，《初目》云："明天啓中西洋人傅汎際譯。其論皆宗天主，又有《圜滿》、《純體》、《不壞》等十五篇。歐羅巴人天文推算之密，工匠製作之巧，實踰前古；其議論夸詐迂怪，則亦爲異端之尤。國家節取其技能，而禁傳其學術，具存深意。其書本不足登册府之編，然是編《明史·藝文志》中已列其名，削而不論，轉慮惑誣，故著於錄而闢斥之。又《明史》載是編於道家，今考所言，兼剽三教之理，而又舉三教全排之。變幻支離，莫可究詰，真雜學也，故存其目於雜家焉。"此書收入《總目》子部雜家類存目二，其提要後加"案語"云："案歐羅巴人天文推算之密，工匠製作之巧，實逾前古；其議論夸詐迂怪，亦爲異端之尤。國朝節取其技能，而禁傳其學術，具存深意。其書本不足登冊府之編，然如《寰有詮》之類，《明

---

① 江慶柏《論古代文學選本的意義》，《文學遺產》1986年第4期，第33頁。

史·藝文志》中已列其名,削而不論,轉慮惑誣,故著於錄而闢斥之。又《明史》載其書於道家,今考所言,兼剽三教之理,而又舉三教全排之。變幻支離,莫可究詰,真雜學也,故存其目於雜家焉。"可見"案語"幾乎全用了《初目》之語。

經過《初目》的整飭,各書提要更爲適用,四庫提要的範式基本確立,所以我們現在看到的較早寫定的《武英殿聚珍版叢書》書前提要、《薈要提要》等,大多與《初目》相近。文淵閣本書前提要也是如此,從總體上看,越是較早校上的提要,與《初目》越是相近。稍後時期形成的文津閣、文溯閣提要,如未經總纂官等修改的,大多也與《初目》類同。也有不少《初目》中的提要,考辨精審、對圖書內容有精要的概括,而被文淵閣書前提要、《總目》全部採用的,有些幾乎一字不差。如《傳信適用方》二卷提要,《初目》對這部書的作者、圖書流傳經過作了考辨,交待了本書的版本,並對圖書內容、圖書價值作了精要的說明,後來文淵閣《四庫全書》書前提要、《總目》都直接使用了此文,未作任何修改。可見《四庫全書》採用更多的是《初目》,而非分纂稿。

當然《初目》也有不少提要內容粗糙、不夠充實,這些在書前提要及《總目》中,都得到了不同程度的糾正。

《初目》與四庫學提要文獻系統的構成

《初目》的另一個重要價值在於它和其他提要構成了一個完整的四庫學提要文獻系統,使得各種提要之間的相互關係可以得到合理的說明。

在《四庫全書》諸提要稿中,《初目》處於承前啓後的地位。承前,即上承分纂稿,它是各分纂稿的匯總;啓後,即它又是構成《四庫全書》各庫本書前提要及《總目》的基礎。正因爲如此,所以《初目》具有和分纂稿及各閣書前提要、總目提要的可比性,而且只有通過這種比較,才可以更清楚地看到《四庫全書》提要不斷修改、演化的過程,並因此考察乾隆年間學人思想的差異情況及學術思想的變遷過程。

以下以宋牟巘撰《陵陽集》二十四卷爲例,分析相關提要之間的聯繫與區別(《總目》因先已著錄韓駒同名詩集,爲示區別,稱爲《牟氏陵陽集》)。

姚鼐分纂稿云:

> 牟巘,字巘之。父子才,宋端明殿學士、禮部尚書,理宗時稱爲剛直,《宋史》有傳。巘仕至大理少卿。入元不仕,閉戶三十六年,著《陵陽集》三十四卷。其《九日》五言詩序論陶潛於王宏中路具酒食事,及《題淵明圖》諸文,意皆自寫。巘嘗論世喜稱淵明入宋書甲子無年號,黃豫章亦曰"甲子不數義熙前"。然今陶集詩本無書年號者,惟《祭妹文》稱"義熙三年",此宋號也。淵明恥事裕,大節較然,此未須深論。故巘文中間有用"至元"年號者,意本此也。子才本蜀之井研人,後以蜀亂,不能歸。淳祐中居於湖州,故巘從爲湖州人,因多與趙孟頫、錢選、周密唱和。然其集猶名"陵陽"者,尊本思舊之意也。井研、仁壽二縣間有隆山,隋以此置隆州,唐避諱改陵州,山亦名陵山,"陵陽"之名蓋取諸此。巘別著《六經音考》,元時最有名,今不傳。巘子應龍,《元史》亦有傳,蓋

以文學世其家者①。

《初目》云：

  宋牟巘撰。巘，字獻之。父子才，宋端明殿學士、禮部尚書，理宗時稱爲剛直，《宋史》有傳。巘官至大理少卿。入元不仕，閉戶三十六年。故其集中《九日》五言詩序論陶潛於王宏中路具酒食事，及《題淵明圖》諸文，意皆自寓。巘又嘗云世喜稱淵明入宋書甲子無年號，黃豫章亦曰"甲子不數義熙前"。然今陶集詩本無書年號者，淵明恥事劉裕，大節較然，此未須深論。巘之言如此，故巘文中間有用"至元"年號者，意本此也。子才本蜀之井研人，後以蜀亂，不能歸。淳祐中居於湖州，故巘爲湖州人。因多與趙孟頫、錢選、周密唱和。然其集猶取蜀所居之陵山，名曰"陵陽"，蓋尊本思舊之意也。巘別著《六經音考》，元時最有名，今不傳。巘子應龍，《元史》亦有傳，蓋以文學世其家者。集爲詩六卷，雜文十八卷，前有至順二年程端學序。

《薈要提要》云：

  臣等謹案：《陵陽集》二十四卷，宋牟巘撰。巘，字獻之。父子才，宋端明殿學士、禮部尚書，在理宗時稱爲剛直，《宋史》有傳。巘官至大理少卿。入元不仕，閉戶三十六年。故其集中《九日》五言詩序論陶潛于王弘中路具酒食事，及《題淵明圖》諸文，意皆自寓。巘又嘗云世喜稱淵明入宋書甲子無年號，黃豫章亦曰"甲子不數義熙前"。然今陶集詩本無書年號者，淵明恥事劉裕，大節較然，此未須深論。巘之言如此，故巘文中間有用"至元"年號者，意本此也。子才本蜀之井研人，後以蜀亂，不能歸，淳祐中居於湖州，故巘爲湖州人，因多與趙孟頫、錢選、周密倡和。然其集猶取蜀所居之陵山，名曰"陵陽"，蓋尊本思舊之意也。巘別著《六經音考》，元時最有名，今已不傳。巘子應龍，《元史》亦有傳。蓋以文學世其家者。集爲詩六卷，雜文十八卷，前有至順二年程端學《序》。王士禎《居易錄》謂其"詩有坡、谷門風"，"雜文皆典實詳雅"。今觀所作，知士禎之論非誣矣。乾隆四十三年二月恭校上。

文淵閣《四庫全書》書前提要云：

  臣等謹案：《陵陽集》二十四卷，宋牟巘撰。巘，字獻之，湖州人。父子才，理宗朝官端明殿學士、禮部尚書，以剛直著名。巘亦登進士第，官至大理少卿。入元不仕，閉戶三十六年。故其集中《九日》五言詩序論陶潛於王宏中路具酒食事，及《題淵明圖》諸文，意皆自寓。又嘗謂世喜稱淵明入宋書甲子無年號，黃豫章亦曰"甲子不數義熙前"。然今陶集詩本無書年號者，淵明恥事劉裕，大節較然。此未須深論云云。故巘文中多書"至元"年號，意本此也。是集凡詩六卷，雜文十八卷，前有至順二年程端學序。王士禎《居易錄》稱其"詩有坡、谷門風"，"雜文皆典實詳雅"。今觀所作，知士禎之論不誣。巘本蜀之井研人，世居陵山之陽，至子才始著籍湖州。其以"陵陽"名集者，蓋不忘本也。乾隆四十六年十月恭校上。

---

① 《惜抱軒書錄》卷四，清光緒五年徐宗亮刻本，第15頁。按：其文云"字巘之"，各本均如此，恐有誤。

從以上提要的比較中可以看到，《初目》以下的幾篇提要，其内容、主旨，乃至文字表述，與姚鼐分纂稿基本相同，可見源頭都來自於姚鼐分纂稿。就這四篇提要（如加上《總目》則爲五篇）來看，與姚稿最相近的是《初目》。

當然仔細分析，各篇提要之間也還有一些細微的差異。

《初目》與姚稿相比，有兩處改動很值得注意。一是删除了一句，一是增加了一句。《初目》將姚稿中"惟《祭妹文》稱'義熙三年'，此宋號也"一句删掉了。姚鼐的原意似乎在説明陶淵明"恥復屈身後代"，所以文章中不用劉宋年號，以顯示其立場；雖然偶爾也用一下宋代年號如"義熙"，但這無虧陶淵明之"大節"。姚鼐由此説明牟巘雖然忠於宋朝，入元不仕，但偶用元帝"至元"年號，也無虧其大節。然姚鼐似乎疏忽了，《祭妹文》所稱"義熙三年"所用是東晉皇帝安帝年號，並非新朝劉裕的年號，姚鼐以此來説明牟巘的態度，所用並不合適。《初目》將其删去是完全恰當的。《初目》增加的是提要最後的一句："集爲詩六卷，雜文十八卷，前有至順二年程端學序。"這一句的增加對牟巘此書内容來説無關緊要，但對版本考查有一定意義。

《初目》的這些改動被以後的提要所接受，如所删"祭妹文"一句在以後的提要中即不再出現，而所增加的有關其書版本的一句則在以後的提要中都有出現。由此也説明，《初目》以後的提要實際都是來自《初目》，而非直接來自於分纂稿。以前研究者没有看到《初目》，所以對分纂稿與書前提要、總目提要的關係無法徹底説明。

在《初目》以後的提要中，以《薈要提要》與《初目》最爲相近。如姚稿"巘嘗論世"幾句，《初目》作"巘又嘗云世"云云，與分纂稿略有不同，而《薈要提要》則與《初目》相同，文淵閣《四庫全書》書前提要與姚稿、《初目》均不同。關於文集的命名，幾篇提要雖都指出與作者不忘蜀中故地有關，但語言表述上也是《薈要提要》與《初目》完全一樣。這些差異雖然細微，但用來考查各提要之間的相互關係，却極有説服力。

書前提要雖以《初目》爲依據，但在此基礎上也有所增加。如《薈要提要》在《初目》基礎上增加了"王士禎《居易錄》謂其'詩有坡、谷門風'，'雜文皆典實詳雅'。今觀所作，知士禎之論非誣矣"幾句，由此更加突出了牟巘著作的價值。在姚稿與《初目》中，並未涉及到對牟巘作品的評價，《薈要提要》借助王士禎之説，概括了牟巘詩文著作的藝術成就，彌補了原提要的不足，使得提要内容更爲完整、充實。《薈要提要》增加的這句話，後來又被文淵閣《四庫全書》書前提要、《總目》接受，完全用到了自己的提要中（僅有二字之差）。

文淵閣《四庫全書》書前提要與此前幾篇提要之間一脈相承的關係，已如上述。不過其中有一處增補、一處改動，均值得商討。書前提要所增加的是"巘亦登進士第"一句。這句話在此前提要中均未出現。牟巘父親、兒子均爲進士，但牟巘自己並未成爲進士，現有方志，無論是《井研縣志》還是《湖州府志》之選舉志均未著錄其人，其他相關文獻也未言其登第事。惟顧嗣立《元詩選初集》小傳稱其"擢進士第"，但不足爲凴。所以文淵閣《四庫全書》書前提要所增加的一句有誤。

改動的一句是，《薈要提要》以前提要均謂"巘文中間有用'至元'年號者"，而書前提要改作了"巘文中多書'至元'年號"。查牟巘《陵陽集》中，使用"至元"年號的共五處。其集有二十四卷之多，且其中雜文就有十八卷，然僅使用五處"至元"年號，可見並不多。書前提要説"多書"至元年號並不符合事實，而姚稿等稱"間有用"是準確的。

校上於乾隆四十七年五月的文溯閣《四庫全書》書前提要、校上於乾隆四十九年三月的文津閣《四庫全書》書前提要，與校上於乾隆四十六年十月的文淵閣《四庫全書》書前提要相同，上述文淵閣《四庫全書》書前提要的一處增補、一處改動也完全一樣。不過這兩篇提要將文淵閣本書前提要中所說"蠟本蜀之井研人"改作了"牟氏本蜀之井研人"，又在最後增加了"以韓駒詩先有是名，故此集冠以'牟氏'，用相別焉"一句。

最後成書的《總目》，其文與文溯閣、文津閣提要同，其改動完全一致。

這篇提要非常典型地反映了四庫提要之間相互承襲、又不斷改動的過程。而《初目》則在其中起着非常重要的基礎作用。

像《陵陽集》那樣，可以直接看到從分纂稿到《總目》一脈相承關係的，在現有四庫提要中，畢竟不多。更多的是，這種關係不是十分直接，但通過仔細分辨，仍能看到之間的直接的、或間接的聯係。明嵩陽馬從聘撰《四禮輯宜》提要，即屬於這種情況。

翁方綱分纂稿云：

　　《四禮輯宜》一卷，明嵩陽馬從聘編。從聘，字起莘。此書無序文及撰輯年月。分冠、婚、喪、祭四者之禮，多述文公《家禮》，意在酌其隨宜可行者。蓋《家禮》之略節耳。但存其目可也。

《初目》云：

　　《四禮輯宜》一卷，明馬從聘撰。從聘，字起莘，其書無序跋及作書年月。分冠、婚、喪、祭四類，多述朱子《家禮》之法，而酌其可行于今者。然其中亦多以意爲之。考《儀禮·士冠禮》賈《疏》，古者天子、諸侯皆十二而冠，士、庶人二十而冠，故《曲禮》稱"二十曰弱冠"。《後漢書·馬防傳》："年十六，仍自稱未冠。"此書《冠禮目錄》謂"男子年十五至二十皆可冠"，如此之類，皆于古義未協，未可據爲確論也。

《總目》云：

　　《四禮輯》一卷，明馬從聘撰。從聘，字起莘，靈壽人。萬歷己丑進士。官至右僉都御史，巡撫延綏。崇禎十一年，靈壽城破，與三子同殉節。乾隆乙未賜諡忠節。是書亦多以意爲之。考《儀禮·士冠禮》賈疏，古者天子、諸侯皆十二而冠，士、庶人二十而冠，故《曲禮》稱"二十曰弱冠"。《後漢書·馬防傳》："年十六，仍自稱未冠。"此書《冠禮目錄》謂男子年十六至二十皆可冠。如此之類，皆於古義未協，未可據爲確論也。

這一篇提要很清楚地顯示了提要間的承轉關係。

翁稿這一條内容比較簡單，除了人物小傳外，其餘内容主要就只是對本書内容的介紹，並簡單表達了對此書的評介。《初目》提要可分爲前後兩部分。前半部分直接使用了翁稿，文字差別不大。後一部分則是指出《四禮輯宜》一書的不足，這一部分内容是《初目》自己增加的。"然其中亦多以意爲之"一句，起到承上啓下作用。《初目》與翁稿的的聯係和區別非常清楚。

《總目》這一篇也可以分作前後兩部分。前半是作者小傳。這小傳是《初目》没有的，但也不是翁稿的重復，而完全是《總目》自己的成果。後半部分則逐録了《初目》的内容。

這樣，單純從表面看，翁稿與《總目》看不出任何聯係，但通過《初目》的過渡，我們可以發現它們實際上存在着一種内在聯繫。《初目》在提要稿承前啓後的作用特别明顯。

　　從以上分析可以看到,有相當一部分書前提要、《總目》直接依據的底本不是分纂稿,而是《初目》。但書前提要、《總目》與分纂稿之間存在着某種聯繫。由於在此之前人們未見《初目》,所以在討論書前提要、《總目》的文獻來源及分纂稿與書前提要、《總目》的關係時,尤其是那些看起來幾乎没有任何聯繫的提要,常常無法予以準確説明。

《初目》爲庫本提要的比較提供了依據

　　庫本提要即《四庫全書》各書前的提要,這類提要現存《摛藻堂四庫全書薈要》和文淵閣、文溯閣、文津閣、文瀾閣《四庫全書》書前的提要。除文淵閣本書前提要外,目前能夠用以比較的庫本提要匯總稿有《四庫全書薈要總目提要》、《金毓黻手定本文溯閣四庫全書提要》、《文津閣四庫全書提要彙編》。不少研究者注意到了這些庫本提要之間尤其是文淵閣、文溯閣、文津閣本提要之間的或是文字有不同、或是内容有詳略等方面的差異,並且探討了形成這些差異的原因。

　　黄愛平先生在所著《四庫全書纂修研究》中,專門用了一節討論庫本提要(該書作閣書提要)的差異問題。該書認爲造成差異的原因主要在兩方面,一是因爲《總目》本身的不斷改動,導致根據《總目》抄寫的庫本提要也相應出現了互異之處,二是鈔手任意刪節、改易。

　　陳曉華先生在其專著《"四庫總目學"史研究》中,也有專門章節討論"提要之間的關係"。該書主要指出文溯閣本書前提要"遜色"的原因是因爲"文溯閣《四庫全書》遠在瀋陽故宫,其作用只爲皇帝游幸時御覽,因成書時間倉促,故經辦大臣爲簡省了事,多以原館臣所撰提要初稿,稍加條理,隨書抄錄而成"。其文未明確説明"提要初稿"是什麽,按照本書所述,似指各分纂官所撰分纂提要。

　　以上這些説法都有一定道理。但除此以外,我們認爲還有一個很重要的原因,這就是庫本提要抄錄所依據的底本不同。從現存提要的情況來看,同一部書的提要,有些是按照《初目》抄錄的,有些是按照另外的底本抄錄的,由此造成了幾種提要之間的差異。由於以前《初目》不爲人知,所以這一原因一直未被人發現。

　　爲説明問題,兹以田雯《古懽堂集》爲例,比較文淵閣、文溯閣、文津閣本這三種提要的差異。文淵閣本書前提要云:

　　　　臣等謹案:《古懽堂集》三十六卷,附《黔書》二卷《長河志籍考》十卷,國朝田雯撰。雯,字子綸,一字綸霞,號山薑,德州人。康熙甲辰進士。授中書舍人,官至户部侍郎。是集凡文二十二卷,詩十四卷。當康熙中年,王士禎負海内重名,文士無不依附門牆,求假借其餘論,惟雯與任邱龐塏不相辯難,亦不相結納。塏《叢碧山房集》格律謹嚴而才地稍弱,雯則天姿高邁,記誦亦博,負其縱橫排奡之氣,欲以奇麗駕士禎上。故詩文皆組織繁富,鍛鍊刻苦,不肯規規作常語。趙執信作《談龍錄》,常議其詩中無人。然偏師馳突,終能自成一隊,談藝者弗能廢也。附載《黔書》二卷,其爲貴州巡撫時作。又《長河志籍考》十卷。德州古廣川地,《隋書》避煬帝諱(原作"煒",當是"諱"字誤字,今據《總目》改)改長河也。王士禎《居易録》嘗稱《黔書》篇不一格,有似《考工記》者,有似《公》、《穀》、《檀弓》者,有似《越絶書》者,如觀偓佺化人之戲。然與《長河志籍考》,實皆祖郭憲《洞冥記》、王嘉《拾遺記》之體。是亦好奇之一證，存備文章之別格云爾。乾隆四十三年七月恭校上。

文溯閣、文津閣本書前提要文字完全相同，其文如下：

臣等謹案：《古懽堂集》四十九卷，國朝田雯撰。雯，字子綸，一字綸霞，號山薑子，德州人。康熙甲辰進士。官至戶部侍郎。是集文二十二卷，詩十五卷。順治康熙之間，宋派初微，唐音競作，王士禎之清新，朱彝尊之博雅，均擅價一時。雯欲以奇麗駕其上，故其詩文皆組織繁富，鍛鍊刻苦，不肯規規作常語，其《黔書》、《長河志籍考》諸書，至摹擬郭子橫、王嘉之體。王士禎《池北偶談》嘗記其好奇，而趙執信作《談龍錄》亦議其詩中無人。然才學富贍，排奡縱橫，雖不諧於中聲，亦岸然自異之士也。

文溯閣、文津閣本提要與文淵閣本提要雖然可以看到某些聯繫，但從提要總體上看，兩者並沒有多少關係。《總目》與文淵閣本書前提要全同，僅有個別地方有差異，所以《總目》與文溯閣、文津閣本提要之間也沒有多少聯繫。

那麼，文溯閣、文津閣本書前提要是依據那種本子抄錄的呢？查一下《總目》，就可以看到，這兩種書前提要都是依據《初目》謄錄的。《初目》原文如下：

《古懽堂集》三十六卷，國朝田雯撰。雯，字子論，一字綸霞，號山薑子，德州人。康熙甲辰進士。官至戶部侍郎。是集文二十二卷，詩十四卷。順治康熙之間，宋派初微，唐音競作，王士正之清新，朱彝尊之博雅，均擅價一時。雯欲以奇麗駕其上，故其詩文皆組織繁富，鍛鍊刻苦，不肯規規作常語，其《黔書》、《長河志籍考》諸書，至摹擬郭子橫、王嘉之體。王士正《池北偶談》嘗記其好奇，而趙執信作《談龍錄》亦議其詩中無人。然才學富贍，排奡縱橫，雖不諧於中聲，亦岸然自異之士也。

文溯閣本、文津閣書前提要《初目》相比，僅有幾處地方稍作改動。如《初目》作《古懽堂集》三十六卷，是僅就田雯詩文集而言，所著《黔書》二卷、《長河志籍考》十卷未收錄在內。文溯閣本、文津閣本書前提要作四十九卷，是因其詩為十五卷、非十四卷，故多出一卷。今查其集，詩確為十五卷。又如《初目》原作"字子論"，乾隆《大清一統志》卷一百二十八本傳作"子綸"，是《初目》有誤，文溯閣本等作了改正。《初目》"王士正"，文溯閣本、文津閣本均作"王士禎"，這是各自寫法不同。除此以外，文溯閣本書前提要、文津閣本書前提要與《初目》全同。這充分說明，文溯閣本、文津閣本書前提要並不是來源於文淵閣本書前提要所依據的提要底本，而是依據《初目》謄錄的，不過個別地方對《初目》的訛誤作了訂正而已。由於《初目》比文淵閣本提要簡略，導致文溯閣本、文津閣本提要也顯得較為簡略。

上文指出，目前能夠用以比較的庫本提要匯總稿還有《四庫全書薈要總目提要》，那麼《薈要提要》與其它三種提要的關係又是如何呢？以下以宋真德秀撰《四書集編》提要為例加以說明（提要原文此處略去）。

《四書集編》現有《初目》、《薈要提要》，文淵閣、文溯閣、文津閣提要，《總目》六種提要。我們將這些提要放在一起加以比較，會發現文淵閣本、《總目》這兩種提要與《初目》完全不同。《薈要提要》則與《初目》相同，只是個別地方有所改動，但整體意思沒有改變。文溯閣、文津閣本提要均與《薈要提要》相同，這說明它們是依據《薈要提要》所據底本抄錄、而不是直接依據《初目》抄錄的。雖然如此,通過《薈要提要》的過渡,我們最終仍然可以看到和《初目》的聯繫。

這些情況説明,對一部分圖書來説,文淵閣、文溯閣、文津閣本三種提要之間的差異,不是因《總目》不斷改動而造成的,而是因爲《初目》與某些提要有差異的緣故。同樣文溯閣、文津閣本提要比文淵閣本提要簡略,許多情況下也不是鈔手任意刪節、改易造成的,而是因爲《初目》本身就相對較爲簡略的緣故。《初目》爲庫本提要的比較提供了重要依據。

這裏不準備涉及對文津閣本提要與《總目》總體優劣的評價問題,但從以上所引幾條提要來看,文津閣本(也包括文溯閣本)提要確實有獨到的價值。當然文津閣本提要等也有不少缺點。不過無論是這些突出的優點,還是缺點,有許多均直接或間接與《初目》有關係。這不僅關係到《四庫全書》庫本提要的比對,關係到對文溯閣本、文津閣本書前提要的評價,也關係到對《初目》價值評價的問題。

我們在考察以上提要時還可以特別注意到的一點是,上述文溯閣本書前提要都校上於乾隆四十七年,文津閣本書前提要都校上於乾隆四十九年,這説明這部《初目》一直在四庫館中流傳,並得到相當的重視,所以文溯閣、文津閣本得據以抄錄。

《初目》著錄《總目》未收提要考述

四庫館臣撰寫的提要稿,由於各種原因,並没有被全部收進《四庫全書總目》。但究竟有哪些没有被《總目》收錄?由於資料缺乏,已難以準確統計,我們只能根據現有資料,對此作一考索。沈津先生在《中華文史論叢》一九八二年第一輯《校理〈四庫全書總目提要〉殘稿的一點新發現》一文所附《被毁殘存及未收書目提要》中,根據上海圖書館藏《四庫全書總目提要》原稿殘本,整理出不見《總目》的未收提要六十六篇。文繁不錄。

夏長樸教授在《〈四庫全書總目〉研究的新資料》一文中,根據《初目》,整理出不見於《四庫全書薈要》、各部《四庫全書》及《四庫全書總目》的提要十五篇,分别是:清梁顯祖《大呼集》八卷、明王在晉《海防纂要》十三卷、明宋公望《樹畜部》四卷《燕閒部》二卷《種植部》十卷、明顔鯨《春秋貫玉》四卷、明陳禹謨《引經釋》五卷、金劉完素《素門病機氣宜保命集》三卷、明不著撰人《回回歷》四卷、舊題明王世貞撰《鳳洲綱鑒》二十四卷、未著撰人《三朝要典》二十四卷、明徐朝文彙輯《琬琰錄》二十四卷《續錄》十三卷、明錢世揚撰《古史談苑》三十六卷、明黃秉石《黃氏書奕》十二卷、明陳宏緒《寒夜錄》二卷、明沈長卿《蘧説》、明謝肇淛《五雜組》。不過金劉完素《素門病機氣宜保命集》三卷、明徐朝文彙輯《琬琰錄》二十四卷《續錄》十三卷(即明徐紘編《明名臣琬琰錄》及《續錄》)已見於《四庫全書》書前提要、《總目》。所以實際爲十三篇。

我們在《初目》又發現上述兩文没有提及的《總目》未收提要十四篇,另有沈津先生文章已收、但文字與之有差異的提要七篇。今略加考訂如下。

《白蘇齋類集》二十二卷,《初目》云:

> 明袁宗道撰。宗道,字伯修,號石浦,公安人。萬歷丙戌進士。歷官庶子,贈禮部侍郎。嘗與陶望齡、黃輝諸人講學於京師之蒲桃林。爲文自闢性靈,頗傷纖巧。論明詩派别者,於三袁蓋有遺議焉。三袁者,宗道及弟宏道、中道也。

此書《總目》不載，《四庫全書》未收錄。據進呈書目①記載，此書當年由多家進呈。《浙江採集遺書總錄》癸集下並有此書敍錄：

《白蘇齋集》二十二卷，刊本。右明右庶子公安袁宗道撰。宗道，字伯修，與弟宏道、中道並有才名，時稱"三袁"。朱彝尊云："嘉靖七子之派，徐文長、湯義仍、王伯穀諸人變之而不能。自袁伯修出，服習香山、眉山之結撰，首以白蘇名齋。既導其源，中郎、小修益揚其波，由是公安流派甚行。"

敍錄引用朱彝尊之言，對《白蘇齋集》一書在轉變明代文風中的作用作了很高評價。此書後來遭到了禁毀。乾隆五十五年五月初七日，浙江巡撫琅玕奏查繳違礙書籍情形摺，所附清單列有此書（《纂修四庫全書檔案》一三五〇②）。

明陶望齡撰《水天閣集》十三卷。陶望齡事迹附見《明史》卷二百十六《唐文獻傳》。雍正《浙江通志》卷一百七十六本傳略稱："周望在詞垣，與同官焦竑、黃輝講性命之學，悅慈湖、陽明、龍溪、近溪之書。萬曆中年以清新自持者，館閣中推爲眉目云。"陶望齡文集在當時江蘇、浙江都有呈送。《兩淮商人馬裕家呈送書目》著錄《水天閣集》十三卷《功臣傳》一卷，四本。《浙江省第三次書目》著錄《陶文簡公集》十三卷，五本。《江蘇採輯遺書目錄》著錄《陶歇庵集》，並云："按：望齡學宗姚江。此集詩文二十卷。"注釋云："字周望，號石簣。自言緊作課，寬作程。作《放生詩》十首。"《浙江採集遺書總錄》癸集下著錄《陶文簡公集》十三卷，云："右明國子祭酒會稽陶望齡撰。會稽陶氏以文獻世其家，望齡父恭惠公承學負經濟，歷官巡撫，終尚書。望齡掇魏科，性恬退，再預枚卜，引疾不起，于姚江之學推衍有功。所著別有《歇庵集》二十卷。"值得注意的是馬裕家呈送的圖書爲《水天閣集》十三卷《功臣傳》一卷，這與《初目》的著錄完全一致，可見《初目》的著錄是有依據的。陶望齡文集最終沒有收入《總目》，也可能與其書在乾隆年間被列爲禁書有關。乾隆四十七年八月二十八日閩浙總督陳輝祖奏第二十二次繳送應毀書籍摺，所附清單中有陶望齡著《歇庵集》十部（《檔案》九一〇）；乾隆五十四年十月浙江巡撫琅玕奏呈查繳禁書清單中有《歇庵集》七本（《檔案》一三四〇）；乾隆五十五年五月初七日，琅玕再奏查繳違礙書籍情形摺，所附清單又列有《歇庵集》四十二本（《檔案》一三五〇）。可見對其書查禁力度很大。

《總目》子部道家類存目著錄陶望齡《解莊》十二卷，其文集則不見於《總目》著錄。由此可見，當年的一般性圖書查禁主要針對的是特定圖書，同一作者的其他著作如內容沒有違礙之處、且有一定價值，仍可收入《總目》。

明段爲裒撰《搶榆館集》六卷。《武英殿第一次書目》、姚覲元《清代禁毀書目四種》有著錄。

明姚希孟撰《文遠集》二十八卷《補遺》一卷、《秋旻集》十卷《二刻》一卷《秋旻續刻》一卷。姚希孟著作總名爲《清閟全集》。《浙江採集遺書總錄》癸集下著錄姚希孟《棘門集》八卷，敍錄云："陳皇士稱其詩'春容雅麗'。崇正丁丑方震孺序。"乾隆年間其書遭到禁毀。乾隆四十二年八月初四日浙江巡撫三寶奏續交應毀書籍摺稱"語多違礙之處"（《檔案》四一

---

① 進呈書目見《四庫採進書目》，吳慰祖校訂，商務印書館1960年出版。
② 《纂修四庫全書檔案》以下簡略作《檔案》。書名後數字爲該書各件檔案順序號。

一)。乾隆四十三年十月初四日湖廣總督三寶等奏六次查獲應毀各書摺稱姚希孟《沆瀣集》"策內語多干礙"、《公槐集》"內載建州事實,語多干礙"(《檔案》五四八)。乾隆四十三年湖廣總督三寶等奏呈查繳應毀各書清單稱"內奏疏、策論、尺牘,語多干犯"(《檔案》五七九)。

明卓發之著《漉籬集》二十四卷。四庫纂修官翁方綱曾爲此書撰有提要。《初目》與翁方綱分纂稿相比較,刪去了有關卓氏家族的一段文字,因這段文字與卓發之文集無關。此書乾隆年間被禁。今收入《四庫禁燬書叢刊》。

明官撫辰撰《雲鴻洞續稿》四卷。乾隆四十三年湖廣總督三寶等奏呈查繳應毀各書清單記道:"《雲鴻洞稿》並《續稿》四部……內載明末事蹟,語多干礙。"

明何慶元撰《何長人集》八卷。此書當年曾進呈四庫館,《武英殿第二次書目》著錄《何長人集》八本。乾隆年間被禁,見英廉等編《全燬書目》。

明楊漣撰《楊忠烈集》三卷。其書在乾隆年間被嚴禁,楊漣家鄉應山縣所在的湖北一地查禁尤嚴。

關於楊漣等人的著作,清高宗曾專門有諭旨,明確指出略加刪改後可以收入四庫全書。乾隆四十一年十一月十七日上諭略云:"彼時直臣如楊漣、左光斗、李應昇、周宗建、繆昌期、趙南星、倪元璐等,所有書籍並當以此類推。即有一二語傷觸本朝,本屬各爲其主,亦止須酌改一二語,實不忍並從焚棄,致令湮沒不彰。"又云:"雖諸疏中多有乖觸字句,彼皆忠於所事,實不足罪。惟當酌改數字,存其原書,使天下後世,曉然於明之所以亡與本朝之所以興。俾我子孫永念祖宗締造之艱難,益思兢兢業業,以祈天而永命。其所裨益,豈不更大,又何必急燬其書乎?"(《總目》卷首一《聖諭》)然而清高宗的旨意最終並沒有被執行,楊漣等晚明一些作家作品最終沒有被收入《四庫全書》。這裡涉到一個四庫館臣自己的裁量權的問題。四庫館臣爲保險起見,將這類圖書全部拒之於《四庫全書》之外。

明袁中道撰《珂雪齋集》二十四卷。《浙江採集遺書總錄》云:"《珂雪齋近集》十卷。右明南京吏部郎中公安袁中道撰。末附袁祈辛詩一卷。中道十餘歲作《黃山雪賦》五千餘言,長益豪邁。朱彝尊云:'小修才遜中郎,而過于伯氏。'"乾隆年間其書被禁。

明黃汝亨撰《寓林集》三十八卷。黃汝亨曾任職江西,有政績。此書乾隆年間被禁。

清魏禧撰《魏叔子集》三十三卷。此書乾隆年間被禁,也有魏氏三兄弟魏際瑞、魏禧、魏禮的《寧都三魏集》一起查禁的,乾隆四十七年二月三十日閩浙總督陳輝祖奏繳應禁書籍摺附清單云:"《寧都三魏集》七部,刊本。是書魏際瑞等著。際瑞與叔弟禧、季弟禮號稱三魏。是集皆其兄弟所作詩文,凡序傳志銘論策中,皆多違礙。"(《檔案》八五七)沈津《被毀殘存及未收書目提要》中有魏禧《左傳經世》十卷提要,無此書提要。

清尤侗撰《西堂全集》五十六卷。書在乾隆年間被禁。乾隆四十四年八月十一日軍機大臣于敏中在奏閱看發下高樸名下書籍情形摺中明確指出該書存在的問題道:"尤侗《西堂餘稿》恭載世祖章皇帝與僧人道忞問答語,非臣下所宜刊刻流傳,其餘記載亦多失實,又有引用錢謙益詩話,應行銷毀。"(《檔案》六四三)其後,各地官員多查禁此書。然而完成於乾隆五十二年的《皇朝文獻通考》,却在《經籍考》中著錄有此書,提要云:"謹按:侗詩文類多綺靡,恒傷率易。"此語顯然即取自《初目》。據《皇朝文獻通考》"凡例",其《經籍考》即"謹遵四庫成規",又謂:"前人論斷有裨本書考訂者,亦約載數家。"《經籍考》所著錄圖書基本取之於《四庫全書總目》,《經籍考》提要也大多是約取《總目》提要文字。從《西堂全集》這部書的著錄可以看到，此書原收入了《四庫全書總目》，所以也得以著錄於《皇朝文獻通考·經籍考》。後因圖書遭禁，此書從《總目》中撤出。但《經籍考》却未能撤除，所以仍著錄有此書，且提要也與《初目》有聯繫。這條提要顯示了四庫文獻之間的多方面聯繫。

清丁煒撰《問山詩集》十卷《文集》八卷《紫雲詞》一卷。丁煒著作乾隆年間被嚴禁。先是，乾隆四十八年四月十七日，軍機大臣奏列入全書存目之《問山集》字句謬妄請即撤毁疏，云："前蒙發下丁煒所著《問山集》四本，臣等詳細閱看，其中字句謬妄之處，謹逐一簽出呈覽。查是書經兩淮採進，現在《四庫全書》內列入存目。前此該總纂等因存目書內恐有違礙應毁之本，呈請總裁奏明，派員覆閱辦理。而是書因該館提調遺漏送閱，是以未經列入匯奏應毁之數，應請即行撤毁，其存目之處一併扣除。並行文福建巡撫雅德查出板片，解京銷毁。至從前遺漏之該提調官，應請交部議處。總纂官未經查出，亦屬疎忽，應請一併交部察議。"（《檔案》九七八）乾隆四十八年五月二十六日，乾隆帝下諭內閣，要求將遺漏銷毁《問山集》之總纂等官分別罰俸處分。諭旨云："吏部奏遺漏銷毁《問山集》之總纂、提調等官罰俸一疏，內閣奉諭旨：汪如藻著罰俸六個月；孫士毅著於現任內罰俸三個月；蕭際韶、德昌著各銷去紀錄二次；曹城、瑞保、五泰、孫永清、史夢琦、陸錫熊著各銷去紀錄一次，俱免其罰俸；陳崇本著銷去紀錄一次，仍罰俸三個月；馮應榴著銷去尋常紀錄一次，其從前罰俸三個月之處，仍注於紀錄抵銷；紀昀罰俸三個月之處，著注於紀錄抵銷。"（《檔案》九八三）丁煒此書雖然影響並不大，但對該書的處置却值得重視。從軍機大臣所上奏疏可知，此書是由《四庫全書》存目中撤除的。人們通常習知從四庫著目中撤除圖書，很少了解從存目中也撤除圖書的情形。該書提供了一個樣本。此外，該書也提供了對四庫纂修官員因圖書查禁不力而進行處分的樣本。

清陳祖法撰《古處齋集》十三卷。此書乾隆年間被禁。乾隆四十年正月二十八日護湖南巡撫覺羅敦福奏查繳違背遺書請旨銷毁摺云："今據委員會同茶陵州轉據該州監生譚雲錦呈繳陳祖法所著《古處齋集》四卷四本，由府司繳送到臣。查序文係康熙年間所鍥，第四卷內如《閩中》及《秋感》二詩內有慚縲絏、泣冤旒、無明髮、擊短縷等句，語涉詆毀，不應存留。謹將原書黏簽，固封進呈，請旨銷毁。再，查書內陳祖法係浙江餘姚縣人，由順治辛卯科舉人，任本省教職及山西縣令。臣現在通飭所屬，並分咨浙江、山西等省，一體查繳。"（《檔案》二三〇）這是較早時間所上有關圖書禁毀的奏摺，對書中的"違礙"內容有具體的列舉。乾隆四十一年四月十六日，敦福在奏查繳違礙遺書請毀摺中又指出："前經繳出《古處齋集》等書，業經進呈銷毀在案。"（《檔案》三二三）乾隆四十年五月二十二日浙江巡撫三寶奏解繳續收應毀書籍版片摺，謂除繼續查繳違礙圖書外，還起出書版一千二百二十九塊，其中有《古處齋詩文集》書版一副二百塊，"臣逐一檢閱，均有字句觸礙，應行銷毀"。在所附清單中又說："《古處齋詩文集》一部。刊本。是書係國初陳祖法著，餘姚人。內分文二卷，詩二卷，共四卷。其卷首有呂留良序一篇。今查出書一部，板片一副計二百塊。"（《檔案》二六九）。這部著作不僅銷燬了圖書，還銷燬了板片。

《初目》還有七篇提要，即明許國撰《文穆集》六卷、明馬自強撰《馬文莊集選》十五卷、明曹勳撰《宗伯文集》十六卷、明王穉登撰《王校書全集》四十二卷、清魏禮撰《魏季子文集》十六卷、清魏世傑撰《魏興士文集》六卷、清魏世俲撰《耕廡文稿》十卷，沈津《被毀殘存及未收書目提要》已經著錄，但《初目》提要文字與之略有差異，可以顯示四庫提要的修改情況。

此下就許國撰《文穆集》略作說明。《文穆集》在乾隆年間被列爲禁書,乾隆五十四年十月浙江巡撫琅玕奏呈查繳禁書清單,有明許國撰《許文穆集》六本(《檔案》一三四〇)。其書遭禁原因,當與校閱名單中有葉向高等人有關。

《文穆集》"校閱姓氏"包括門人、子孫兩部分。門人中首列葉向高,以下有方從哲、朱國楨、李廷機、朱國祚、申用懋、高攀龍、林堯俞、徐應聘、焦竑、陶望齡、劉曰寧、王肯堂、朱正色、錢養廉、梅守峻等,還有後學畢懋康、金聲,共三十人。卷端則署葉向高、方從哲纂輯。

早在乾隆四十年,葉向高著作即在被禁毀之列,其《綸扉奏草》、《續綸扉奏草》、《蒼霞草》、《蒼霞續草》、《蒼霞餘草》、《蒼霞詩草》、《四夷考》、《後綸扉尺牘》等著作,各地都在查禁。乾隆四十二年五月二十日浙江巡撫三寶奏呈續獲應毀書籍摺,謂《後綸扉尺牘》"係向高在閣時與諸臣往復簡劄,多涉遼東時事,語有違礙"(《檔案》三八七)。葉向高以外,其他校閱者,其著作也多有被禁的。如乾隆四十三年五月十一日,署雲貴總督裴宗錫奏第四次查繳應禁書籍分別委員解京摺所列查禁各書清單謂:"《增定明館課》一部,一本。查與向奉查禁之《翰林館課》名雖不同,但如方從哲、鄧宗齡等諭檄,邱浚、袁袠各議,多有干礙,應請一例查禁。"(《檔案》四九八)這裏點到了方從哲之名。再如朱國楨輯的《皇明大事記》五十卷,記明代洪武迄崇正間大事。乾隆四十年九月二十五日,首先被浙江巡撫三寶奏請銷毀(《檔案》二八七)。其後各地亦多查禁此書。焦竑的《焦澹園集》、《澹園續集》及所編《明狀元策》、《歷科狀元策》、《獻徵錄》等,也被查禁。乾隆四十四年十一月初一日,湖廣總督圖思德等奏第八次查獲應毀各書解繳緣由摺附清單謂:"現經查獲應禁各種:《澹園集》二部。焦竑著。內詩傳書銘,語有干犯。《澹園續集》二部。焦竑著。碑文內語有違礙。"(《檔案》六五五)上述署雲貴總督裴宗錫查禁各書清單又謂:"《明館課續集》一部,七本。向奉查禁。書內有《翰林館課》一種,今此書名目雖殊,但查劉曰寧、王肯堂《聖武頌》,鄒德溥、王直《遼東大捷詩》,皆有干犯我朝;而方孝孺、葛曦、焦竑所擬奏疏檄議,亦多違礙。應請一例查禁。"(《檔案》四九八)乾隆四十七年十月初七日,湖北巡撫姚成烈奏解第十一次查繳應禁各書摺附清單云:"《漁村合稿》一部,刊本。係明金聲、陳際泰時文。計一本,全。內多呂留良評語,應銷毀。"又:"《試草》一部,刊本。系明金聲著。計一本,全。內《樂府歌》語有違礙,應銷毀。"(《檔案》九二一)金聲被禁圖書還有《金太史集》。陶望齡的著作遭禁,已如上述。此外,李廷機的《資治大方通鑒》、《歷史大方綱鑒》、《鑒略妥注》、《李文節集》等,申用懋的《撫薊疏草》、《署冏疏草》、《中樞疏草》等,都被查禁。

乾隆帝正式發佈禁書諭旨,是在三十九年八月五日,乾隆四十年以後,各省查繳違礙書籍的活動逐漸展開。可見,從禁書活動一開始,葉向高等人的著作即被查禁。參與《文穆集》一書校閱的門人中,有如此多的人的著作被列入查禁清單,雖然以上所提及的著作中有些後來實際未被查禁,但這仍會引起清廷的猜忌。

此外,如葉向高、朱國楨、李廷機、朱國祚、高攀龍、焦竑、陶望齡、劉曰寧等人,如《初目》所云,"皆明末位望通顯者",有相當的社會地位,也有一定的社會影響。本書卷首將其一一列出,且醒目標注"門人"、"後學",如此作法,已顯張揚,且有標榜門戶、交通聲氣之嫌。而這也是清廷極爲警覺的。由此,《文穆集》自然也難逃被禁厄運。

《初目》保存了許多《總目》未收提要,值得關注。

《初目》在文字校勘等方面也存在重要價值，同時《初目》也存在許多問題。限於篇幅，此處不再一一細述。

整理凡例

一、本書依據臺北"國圖"藏盧址"抱經樓"舊藏乾隆年間鈔本《四庫全書初次進呈存目》(以下簡稱《初目》)整理,並參考了二〇一二年臺灣商務印書館影印本。

二、《初目》今存1878篇提要,包括1869篇完整提要和9篇殘篇提要。在1869篇完整提要中,有8篇提要書名相同,但内容不同,屬於一書兩篇提要,我們將其分別計算。殘篇提要是指缺書名及開頭部分的提要。個別提要殘缺結尾部分,我們也仍將其作爲完整提要。其中經部365篇,史部425篇,子部467篇,集部621篇。《初目》涉及圖書1870部。原書約五十萬字。

明王邦直《律呂正聲》、元戴侗《六書故》、明馮應京《月令廣義》、明顧元鏡《九華山志》、唐孫思邈《千金要方》、宋呂祖謙《歷代制度詳説》、明陳耀文《正楊》(一作《正楊集》)、宋梅堯臣《宛陵集》八部書,均各有兩篇提要。因文字内容不同,仍分別著錄,未予歸併,亦未調整篇目位置。

部分提要有兩篇誤合爲一篇者,今分別成篇。如元戴表元撰《剡源集》提要,原與宋羅願撰《鄂州小集》提要抄錄在一起,今從《鄂州小集》提要中析出。

部分提要有一篇分排在兩處者,如明李本固撰《古易彙編》提要,"會即"至"二序"一百二十六字,原在《周易古本》提要後。此係今本《初目》編排錯亂所致,並非原來錯訛。凡此均合爲一篇。

《初目》部分殘篇提要缺書名及開頭部分。茲據《總目》標注書名,加六角括號〔 〕以示區別。所缺提要未予補出,僅錄所存部分。

三、《初目》每冊封面書籤題"四庫全書初次進呈存目",下按四部分類分別標注"經部"、"史部"、"子部"、"集部"字樣,並標出各部冊次。如:"四庫全書初次進呈存目 經部三"。因部分冊次已亂,也有一冊之中部類或年代有亂的,冊次已不能完全反映《初目》的本來面貌,且封面書籤也未標出類目,故整理稿不再標注冊次。

四、《初目》書口標有部類名稱,如《韓詩外傳》書口標注"經部 詩類"、《楚辭集注》書口標注"集部 別集類"等,但每一類圖書提要前面沒有標注部類。爲清眉目,茲在各類圖書前,根據書口標注,標出相應的部類名稱。

《易林》至《宅經》二十三家,書口或題"術數家類",或題"術數類",且相互交錯。其中《易林》、《京氏易傳》、《元包》《元包數總義》、《同文算指前編》《通編》《圜容較義》、《正易心法》、《星經》、《元女經》、《葬經》、《宅經》九家書口題"術數家類",《夢占類考》、《九圜史圖》《六甸曼》、《羅經頂門針》、《算法統宗》、《易占經緯》、《曉庵新法》、《幾何論約》、《天經或問前集》、《天文大成管窺輯要》、《句股引蒙》、《元珠密語》、《太素脈法》、《回回歷》、《青羅歷》十四家書口題"術數類"。今據《總目》,統一題作"術數類"。

五、由於《初目》未標頁碼,故條目多有前後錯亂的,今已無法恢復原貌。故除整體上朝代錯亂的(如集部別集類順序作宋、元、明、元、宋、金之類)、個別作家排序錯亂的(如晉陶潛撰《陶淵明集》,排在唐僧皎然撰《杼山集》之後),或部類交叉的(如子部順序作兵家類、縱橫家類、兵家類、法家類之類)、部類雜亂的(如《易象鈎解》提要,書口題"經部易類",排在"經部小學類"中之類),作適當調整外,其餘的一般不作調整。

六、在每一《初目》提要下,著錄該書在浙本《總目》中所在卷次部類及中華書局一九六五年版影印本頁碼、欄位。如書名、卷數有異,則一併列出。

七、本書按照抄本《初目》原文錄入。如有文字錯訛異同,另出"校記"。《初目》明顯的錯字,依據相關文獻予以改正;如屬異文或史實性錯誤則予以保留。此類校記一般列出文淵閣《四庫全書》書前提要、《總目》等以作比較。部分校記參照了摛藻堂《四庫全書薈要》、文溯閣《四庫全書》、文津閣《四庫全書》的書前提要。

八、關於避諱字,凡《初目》已改用他字者,即仍原文,未回改,如"曆"字因避諱改作"歷",今仍用"歷"字;又如"玄"字因避諱改作"元"字的,也未回改。凡缺筆者,則仍用此字而補足所缺筆畫,如"玄"字少末筆一點,今即用"玄"字。

九、爲敘述方便,下列常用文獻本書使用如下簡稱:

　　《四庫全書》　　如不加説明即指文淵閣本《四庫全書》
　　《總目》　　指《四庫全書總目》
　　浙本《總目》　　指浙江刻本《四庫全書總目》
　　殿本《總目》　　指武英殿刻本《四庫全書總目》
　　《薈要提要》　　指摛藻堂《四庫全書薈要》書前提要
　　《四庫全書》書前提要　　指《四庫全書》書前提要
　　文淵閣《四庫全書》書前提要　　指文淵閣本《四庫全書》書前提要
　　文津閣《四庫全書》書前提要　　指《文津閣四庫全書提要彙編》
　　文溯閣《四庫全書》書前提要　　指《金毓黻手定本文溯閣四庫全書提要》

四庫全書初次進呈存目

經　　部

易類

周易集解①**十八卷**②

　　唐李鼎祚撰。鼎祚,資州人,官至秘閣學士③。《唐書·藝文志》有李鼎祚《集注周易》十七卷,蓋即是書。世所傳卷數並同。然考鼎祚《自序》有云:"王氏《略例》,得失相參,采薛采菲,無以下體,仍附經末。式廣未聞,凡成一十八卷。"然則經末應別附《略例》爲一卷,以還其舊。漢儒説《易》,惟費直與古文同,其後馬融、鄭衆、鄭康成、荀爽、虞翻皆宗費學。晉永嘉之後亡失師傳,惟康成、王弼所注行於世。江左中興,《易》置王氏博士,太常荀崧奏請置鄭《易》博士。值王敦之亂,不果。齊專立鄭,梁、陳則鄭、王並立。至隋及唐,孔穎達據王注作《正義》,鄭學遂微。鼎祚意欲存古,故《序》稱集虞翻、荀爽三十餘家,刊輔嗣之野文,補康成之逸象。漢代經師之學,猶得傳之至今,皆是書之力也。

　　《四庫全書總目》卷一經部一易類一。3下

　　【校記】①周易集解,《初目》作"周易習解"。按:歷代文獻著録此書未見用此名,《總目》作"周易集解",今據改。　　②十八卷,《總目》作"十七卷"。《初目》作十八卷乃合正文及附録王弼《略例》而言,《四庫全書》本無附録故少一卷。《江蘇採輯遺書目録》著録李氏此書云:"凡十七卷,附《釋文》一卷,共十八卷。"卷數同《初目》,而多出一卷之内容不同。　　③官至秘閣學士,《總目》云:"鼎祚《唐書》無傳,始末未詳。惟據序末結銜,知其官爲秘書省著作郎。……朱睦㮮《序》稱爲秘閣學士,不知何據也。"

周易舉正三卷

　　唐郭京撰。京嘗爲蘇州司户參軍。據其《自序》,首言"御註《孝經》,刪定《月令》",則當爲開元以後人。《序》稱曾得王輔嗣、韓康伯手寫真本,比校今世流行本及國鄉貢學人①等本,舉正其謬。凡所改定,以朱墨書别之。《崇文總目》、《中興書目》俱列其書②。洪邁、李燾並以爲信,晁公武則謂"以繇象相正③,有闕漏處可推而知,託言得王、韓手札及石經"。趙汝楳亦詆其挾王、韓之名以更古文。王應麟又援《後漢書·左雄傳》"職斯禄薄"句,證其改《旅卦》"斯"字爲"澌"之非。今考是書,《唐志》不載,李燾以爲京開元後人,故所爲書不得著録。然但可以解舊書《經籍志》耳,若新書《藝文志》,則唐末之書無不具列,豈因開元以後

1

而遺之？疑其書出於依託,非惟王、韓手札不可信,併唐郭京之名亦在有無疑似間也。顧其説,推究文義,往往近理,故晁公武雖知其託名,而所進《易解》乃多引用。即朱子《本義》,於《坤·象傳》之"履霜堅冰"、《賁·象傳》之"剛柔交錯"、《震·象傳》之"不喪匕鬯",亦頗從其説。則亦未嘗無可取矣。宋《中興書》④載京原《序》,稱所政正者一百三十五處,二百七十三字,而洪邁《容齋隨筆》、趙汝楳《易序叢書》皆作一百三處。今本所載原《序》,亦稱差謬處一百三節,則《中興書目》所云,殆爲疏舛。又原本稱別以朱墨,蓋用《經典釋文》之例。今以行本已全以墨書,蓋非其舊。以非宏旨之所在,故乃從近本焉。

《四庫全書總目》卷一經部一易類一。4 中

【校記】①國鄉貢學人,《總目》同。其書《自序》作"國學鄉貢學人",文溯閣《全書》提要同《自序》。　　②《崇文總目》、《中興書目》俱列其書,《總目》作"其書《崇文總目》始著錄",未提及《中興書目》。　　③相正,晁公武《郡齋讀書志》卷一上作"相證"。　　④宋中興書,《總目》作"晁公武讀書志",是也。此條提要前面稱"晁公武則謂'以繇象相正,有闕漏處可推而知,託言得王、韓手札及石經'"云云,可證。且此語亦見之於《郡齋讀書志》,而《中興館閣書目》並無此文。《初目》提要下文"《中興書目》所云",《總目》改作"晁氏所云",亦同此例。

誠齋易傳二十卷

宋楊萬里撰。萬里,字廷秀,自號誠齋,吉水人。官至寶謨閣學士致仕。韓侂胄召之不起。開禧間,聞北伐啓釁,憂憤不食卒。後諡文節。是書大旨本程氏,而多引史傳以證之。初名《易外傳》,後乃改定今名。宋代書肆曾與程《傳》並刊以行,謂之《程楊易傳》。新安陳櫟極非之,以爲足以聳文士之觀瞻,而不足以服窮經士之心。吳澄作《跋》,亦有微詞。然聖人作《易》,本以吉凶悔吝示人事之所從①,舍人事而談天道,正後儒説《易》之病,未可以引史説經病萬里也。理宗嘉熙元年,嘗給札寫藏秘閣。其子長孺進狀,稱自草創至脱稿,閲十有七年而後成,亦可謂盡平生之精力矣。元胡一桂作《易本義附錄纂疏》,博采諸家,乃獨不錄此書一字,蓋以其文士輕之。然萬里文章氣節自足千古,此書亦不可磨滅,至今猶在人間。區區門户之見,亦何足爲萬里輕重哉②?

《四庫全書總目》卷三經部三易類三。14 上

【校記】①本以吉凶悔吝示人事之所從,文淵閣《全書》提要、文溯閣《全書》提要與《初目》同。《總目》其下有"箕子之貞,鬼方之伐,帝乙之歸妹,周公明著其文,則三百八十四爻,可以例舉矣"一句,文津閣《全書》提要亦有。　　②區區門户之見,亦何足爲萬里輕重哉,文淵閣《全書》提要、文溯閣《全書》提要同,文津閣《全書》提要與《總目》無此句。

周易口義十二卷

宋倪天隱述其師胡瑗之説。瑗,字翼之,泰州如皋人。以布衣用范仲淹薦,拜校書郎,歷太常博士,致仕歸。事迹具《宋史》。其説《易》以義理爲宗,邵伯溫①《聞見前錄》記程子《與謝金父書》,言讀《易》當先觀王弼、胡瑗、王安石三家。《朱子語類》亦稱"胡定安《易》,分曉正當"。《宋志》載瑗《解》十卷,《周易口義》十卷。朱彝尊《經義考》引李振裕之説云:瑗講

授之餘,欲著述而未逮,其門人倪天隱述之。以非其師手著,故名曰《口義》,後世或稱《口義》,或稱《解》,寔無二書也。其説雖古無明文,今考宋人多稱安定《易學》,而不云其有兩書。晁公武《讀書志》亦云:"胡安定《易傳》蓋門人倪天隱所纂,非其自序。故序首稱'先生曰'。"其説與《口義》合。而例于《易傳》條下,亦不另出《口義》一條,然則《易解》、《口義》爲一書明矣,《宋志》蓋誤分爲二也。

《四庫全書總目》卷二經部二易類二。5 中

【校記】①邵伯溫,《初目》原作"伯邵溫",《總目》作"邵伯溫",今據改。

了翁易説一卷

宋陳瓘撰。瓘,字瑩中,延平人。元豐二年進士甲科,建中靖國初爲右司諫,嘗移書責曾布及言蔡京、蔡卞之奸,章數十上。除名,編隸合浦以死。了翁其自號也。此本爲紹興中其孫正同所刊。馮椅謂嘗從其孫大應見了翁有《易全解》不止一卷,多本卦變,與朱子發之説相類。胡一桂則謂尚見其初刊本,題云《了翁易説》,並未分卷。此本蓋即一桂所見也。造語頗詰屈,故陳振孫謂其詞旨深晦,然邵伯溫《聞見錄》稱瓘晚得康節之學,晁公武《讀書志》謂其以《易》數言天下治忽多驗,則瓘于《易》固實有所得者,未可遽以難讀廢矣。

《四庫全書總目》卷二經部二易類二。7 上

易璇璣三卷

宋吳沆撰。沆,字德遠,臨川人。紹興十六年,與其弟澥詣行在獻書。澥所獻曰《宇内辨》,曰《歷代疆域志》,沆所獻曰《易璇璣》,曰《三墳訓義》。澥書皆不傳,沆《三墳訓義》爲太學博士王之望所駁,亦不傳。惟此書僅存,凡爲論二十有七:曰《法天》,曰《通六子》,曰《貴中》,曰《初上定位》,曰《六九定名》,曰《天地變卦》,曰《論變有四》,曰《有象》,曰《求象》,曰《明位》,曰《明君道》,曰《明君子》,曰《論養》,曰《論刑》,曰《論伐》,曰《辨聖》,曰《辨内外》,曰《辨吉凶》,曰《通卦》,曰《通象》,曰《通爻》,曰《通詞》,曰《通證》,曰《釋卦》,曰《釋繫》,曰《存互體》,曰《廣演》。每九篇爲一卷。《自序》謂:"上卷明天理之自然,中卷講人事之修,下卷備傳疏之失。"其大旨主于觀《象》,因《象》而求之卦,求之象,求之爻。其曰"璇璣"者,取王弼《易略例·明象篇》"處璇璣以觀大運"語曰。胡一桂稱沆尚有①《易禮圖説》,有《或問》六條,《圖説》十二軸,今未見其書,殆亦散佚。惟其《環溪詩話》爲門人所記②者,尚載《永樂大典》中,今別著錄於集部云。

《四庫全書總目》卷三經部三易類三。9 下

【校記】①尚有,《初目》原作"有尚"。文淵閣《四庫全書》書前提要及《總目》作"尚有",是也,今據改。　②爲門人所記,文淵閣《四庫全書》書前提要、《總目》均作"爲人所記"。按:《環溪詩話》今亦收錄於《四庫全書》,其開首一句"先環溪少時"下有注曰:"此集非門人所編,只稱先生爲環溪。"故書前提要及《總目》有此修改。

紫岩易傳十卷

宋張浚撰。紫岩者,浚自號也。其曾孫獻之《跋》云:"忠獻公潛心于《易》,嘗爲之傳,前後兩著稿。親題第二稿云:'此本改正處極多,紹興戊寅四月六日,某書始爲定本矣。'獻之

嘗繕錄之，附以《讀易雜説》，通爲十卷，藏之于家。"據此，則今書十卷，似獻之就其稿本所定①。然考獻之是《跋》在嘉定庚辰，而朱子作浚《行狀》已稱有《易解》及《雜説》共十卷，則編次者非獻之也。其書立言醇粹，凡説陰陽動靜，皆適於義理之正。末一卷即所謂《雜説》。胡一桂議其專主劉牧，今觀所論《河圖》，信然。朱子不取牧説，而作浚《行狀》②，但稱尤深於《易》、《春秋》、《論》、《孟》，不言其《易》出于牧，殆諱之歟？

《四庫全書總目》卷二經部二易類二。8上

【校記】①今書十卷似獻之就其稿本所定，《總目》作"《雜説》一卷似獻之所續附"。
②行狀，《總目》作"墓誌"，非是。張浚卒後，朱熹作《少師保信軍節度使魏國公致仕贈太保張公行狀》，見《四庫全書》本《晦庵集》卷九十五。"行狀"云張浚"尤深于《易》、《春秋》、《論》、《孟》"，此即《初目》之所本。《四庫全書》本《紫岩易傳》書前提要云："朱子作浚《行狀》，已稱有《易解》及《雜説》共十卷。"又云："朱子不取牧説，而作浚《行狀》，但稱尤深於《易》、《春秋》、《論》、《孟》。"亦其證。《總目》前稱"朱子作浚《行狀》"云云，後又説"作浚《墓誌》，但稱尤深於《易》、《春秋》、《論》、《孟》"云云，是前後失去照應。

易小傳六卷

宋沈該撰。該，字守約，一作元約，未詳孰是。吳興人。登嘉王榜進士。紹興中官至左僕射，兼修國史，故宋人稱是書爲《沈丞相易傳》。嘗剳進於朝，高宗降敕褒諭，尤稱其每卦後之論。其書以正體發明爻象之旨，以變體擬議變動之意，以求合於觀象玩詞、觀變玩占之義。其占則全用《春秋左傳》所載筮例，如蔡墨所謂"在《乾》之《姤》"曰"潛龍勿用"，《同人》曰"見龍在田"之類。林至作《易裨傳》，頗以該説爲拘攣。蓋南渡以後，道學方興，言《易》者不主程氏之理，即主邵氏之數，而該獨考究遺經，談三代以來之占法，違時尚異①，其見擯於至固宜。然左氏去古未遠，所記筮多在孔子之前。孔子贊《易》，未聞一斥其謬，毋乃太卜所掌周公以來之舊，或在此不在彼乎？陳振孫《書錄解題》稱該又有《繫詞補註》十餘則，附于卷末。今本無之，蓋已久佚矣。

《四庫全書總目》卷二經部二易類二。8下

【校記】①尚異，《總目》作"異尚"。

周易義海撮要十二卷

宋李衡撰。衡，字彥平，江都人。乾道中官秘閣修撰，尋除御史，改起居郎。先是，熙寧間蜀人房審權，病談《易》諸家，或泥陰陽，或拘象數，乃斥去雜學異説，摘取專明人事者百家，上起鄭元，下迄王安石，編爲一集，仍以孔穎達《正義》冠之。其有異同疑似，則各加評議，附之篇末，名曰《周易義海》，共一百卷。衡因其義重複，文詞冗瑣，刪削釐定，以爲此書，故名曰《撮要》。其程頤、蘇軾、朱震三家之説，則原本未收，衡所續入。第十二卷《雜論》，亦衡所補綴。故婺州教授周汝能、樓鸑《跋》稱"卷計一百，今十有一"，蓋專指所刪房本也。《書錄解題》作十卷，又傳寫之誤矣。是書成于紹興三十年，至乾道六年，衡以御史守婺州，始鋟于木。自唐以來，唯李鼎祚《周易解集》①一書合漢後三十五家之説，略稱賅備，繼之者審權《義海》而已。然考《宋史・藝文志》，但有衡書，而無審權書。陳振孫《書錄解題》亦惟

4

載殘本四卷。豈卷帙重大,當時即已散佚,抑衡書出而審權書遂廢歟？然則採擷青華②,使古書不沒于後世,衡亦可謂有功矣。

《四庫全書總目》卷三經部三易類三。12 中

【校記】①周易解集,《總目》作"周易集解"。　②青華,《總目》作"精華"。"青"當爲"菁"之訛誤,"菁華"即"精華"。

周易玩辭十六卷

宋項安世撰。安世,字平甫,江陵人①。淳熙二年進士,官秘書郎②,通判池州。陳振孫《書錄解題》稱安世當慶元時謫居江陵③,杜門不出,諸經皆有論說④,而《易》爲全書。其《自序》謂："《易》之道四,其實則二,象與辭是也。變則象之進退也,占則辭之吉凶也。不識其象何以知其變,不通其辭何以決其占？"又自述曰："安世之所學,蓋伊川程子之書也。今以其所得于《易傳》者述⑤,而其文無與《易傳》合者,合則無用述此書矣。"蓋伊川《易神》惟闡義理,安世則兼象數而求之。其意欲于《程傳》之外補所不及所。馬端臨、虞集作《序》,皆盛相推挹。而近時王懋竑《白田草堂集》⑥中有是書《跋》,獨擺斥甚力,至謂端臨等未觀其書。其殆安世自述中所謂"以《易傳》之文觀我者"歟？安世又有《項氏家說》,其第一卷亦解《易》,董真卿嘗稱之,世無傳本。今始以《永樂大典》所載合成編⑦,別著于錄。合觀兩書,安世之經學深矣,何可輕詆也。

《四庫全書總目》卷三經部三易類三。13 中

【校記】①江陵人,《總目》作"松陽人"。陳振孫《直齋書錄解題》卷一云："太府卿松陽項安世平甫撰。當慶元中得罪時宰,謫居江陵。"是項安世本爲松陽人,後家江陵。　②秘書郎,《總目》作"校書郎"。《慶元黨禁》作"項安世,校書郎"。《宋史》卷三百九十七本傳云："項安世,字平父,其先括蒼人,後家江陵。淳熙二年進士。召試,除秘書正字。……遷校書郎。"是項安世中進士後所任爲秘書正字,後遷校書郎。《初目》有誤。　③謫居江陵,《初目》原作"則居江陵"。《總目》作"謫居江陵",是也。陳振孫《直齋書錄解題》原文作"謫居"。　④諸經皆有論說,《四庫全書薈要提要》作"諸書皆有論說",是也,《直齋書錄解題》原文正作"諸書皆有論說"。　⑤述,本書項安世《自序》作"述爲此書",是也。《初目》少此三字,文意有缺。　⑥白田草堂集,《初目》原作"曰田風雅集",今據其書改。　⑦合成編,《總目》作"裒合成編"。

童溪易解①三十卷

宋王宗傳撰。宗傳,字景孟,寧德人。淳熙八年進士。官韶州教授。董真卿以爲臨安人。朱彝尊《經義考》謂是書前有寧德林焞《序》,稱與宗傳生同方,學同學,同及辛丑②第,則云臨安人者誤矣。宗傳之說,大概祧梁、孟而宋王弼,故其書惟憑心悟,力斥象數之弊,至譬於誤註《本草》之殺人。焞《序》述宗傳之論性,有"性本無説,聖人本無言"之語,不免涉于異學。蓋弼《易》祖尚元虛以闡發義理,漢學至是而始變。宋儒掃除古法,實從是萌芽。然胡、程祖其義理,而歸諸人事,故似近而醇,宗傳祖其元虛,而索諸性道,故似高而幻。以説《易》本有此一家,故過而存之,以備經學之流則焉。

《四庫全書總目》卷三經部三易類三。15 下

【校記】①童溪易解，《總目》作"童溪易傳"。　　②辛丑，《初目》原作"卒丑"。《總目》作"辛丑"，是也，今據改。

易裨傳二卷

宋林至撰。《宋史·藝文志》作一卷，《文獻通考》於二卷之外又有《外篇》一卷。是本爲元至正間陳泰所刊，總爲二卷，蓋泰①所併也。至，字德久，松江人。淳熙中進士，官至秘書郎。受《易》朱子之門。書凡三篇，曰《法象》，曰《極數》，曰《觀變》。《自序》稱《法象》本之太極，《極數》本之天地之數，《觀變》本之卦揲十有八變，皆據《易大傳》②之文。"凡論太極者，惑于四象之說，而失卦畫之本。論天地之數者，惑于圖書之文，而失參兩之宗。論揲蓍者，惑于卦扐之間，而失陰陽之變。各釐而正之。"其《外篇》則論反對、相生、世應、互體、納甲、變爻、動爻、卦氣八事。《自序》稱謂其"非《易》之道則不可，謂《易》盡③在于是則非"。今觀其書，雖未免有主持稍過之處，而所論多中說《易》之弊。其謂談象數者牽合附會，若可聽，然甚巧愈甚，其久彌遠④。又謂《易》道變化不窮，得其一端，皆足以爲說，尤至論也。

《四庫全書總目》卷三經部三易類三。15 上

【校記】①泰，《初目》原作"太"。《總目》作"泰"，是也，今據改。此即上文所說"陳泰"。　　②易大傳，《初目》原作"易大大傳"。《總目》作"易大傳"，是也，今據改。　　③盡，《初目》原作"畫"。《總目》作"盡"，是也，今據改。林至《自序》作"盡"。　　④"其謂談象數者"至"其久彌遠"，《總目》無。

丙子學易編一卷

宋李心傳撰。心傳，字微之，隆州人。寶慶二年以布衣召補從政郎，差充秘閣校勘。歷官至工部侍郎，兼秘書監。平生邃于史學，有《建炎以來繫年要錄》、《建炎以來朝野雜記》二書，爲史家所重，而經述亦極深淳①。是書成于嘉定九年，歲在丙子，於一年之内竭二百八十日②之力，排纂蕆業，故以丙子爲名。所取惟王弼、張子、程子、郭雍③、朱子五家之說，而以其父舜臣《易本傳》之說證之④，亦間附以己意。原書十五卷，其門人高斯得《跋》而刻之，今已散佚。此本爲元初俞琰⑤所抄，後有琰《跋》曰"此書係借聞德坊周家書肆所鬻者。天寒日短，老眼昏花，併日而鈔其可取者⑥"云云，蓋所存不及十三一⑦矣。然琰邃于《易》學，凡所採摭，皆其英華，則大旨猶可槩見也。心傳《自序》，稱⑧"採王氏、張子、程子與朱文公四家之傳，而間以周子、邵子及先君子之說補之，自唐以上諸儒之義⑨之異者亦附見焉"。而琰《跋》所列則周子、邵子⑩，而有郭子和。子和，郭雍之字，即著《郭氏傳家易說》者也。心傳原書不存，未詳孰是。考邵子、周子《通書》、《皇極經世》，雖皆闡《易》理，而實于《易》外別自爲說，可以引爲義疏者少。而郭雍則具有成書，或心傳之《序》傳寫有誤歟？

《四庫全書總目》卷三經部三易類三。16 中

【校記】①亦極深淳，《初目》原作"迹極深淳"，當爲"亦極深淳"之誤，今改。　　②二百八十日，《總目》作"二百八日"，非是。李心傳《丙子學易編後序》云："右《學易編》十五卷，起丙子月正元日，盡是歲除夕，凡三百八十有四日。其間齋祠賓旅寒暑疾病事役居十之三，爲功蓋二百八十日也。"所說甚明。文淵閣《四庫全書》書前提要亦作"二百八十日"。　　③郭雍，《初目》原作"郭永"，非是。本條提要下文云"子和，郭雍之

字",不誤。今因改。　④證之,《初目》原作"登之"。《總目》作"證之",是也,今據改。　⑤俞琰,文淵閣《四庫全書》書前提要同,《總目》作"俞琬",係避清仁宗顒琰諱改。　⑥鈔其可取者,《初目》原作"炒其可取者"。《總目》作"鈔其可取者",是也,今據改。　⑦十三一,《總目》作"十之一"。　⑧稱,《初目》原作"陳"。《總目》作"稱",是也,今據改。　⑨諸儒之義,《總目》作"諸儒字義",甚是。　⑩所列則周子、邵子,《總目》作"所列則無周子、邵子",甚是。《初目》失去"無"字,意思完全相反。

復齋易説六卷

宋宗室趙彥肅撰。彥肅,字子欽,復齋其號也。嘗舉進士。掌寧國軍書記,調秀州推官,移華亭縣丞,攝縣事,以內艱歸。趙汝愚奏爲寧海軍節度推官,旋病卒。蓋朱子薦之汝愚也。彥肅所著有《廣雜學辨》、《士冠禮婚禮饋食圖》,皆爲朱子所稱。惟論《易》與朱子不合,故《朱子語錄》謂其爲説太精,取義太密,或傷簡易之趣。然彥肅説《易》,在即象數以求義理,以六畫爲主,故其言曰:"先聖作《易》,有畫而已。後聖繫之,一言一字皆自畫中來。譬如畫師傳神,非畫烟雲草木比也。"然則彥肅冥思力索,固皆研搜爻義,務求其所以然耳。其沉潛于《易》中,猶勝支離于《易》外矣。

《四庫全書總目》卷三經部三易類三。13上

周易輯聞六卷易雅一卷筮宗三卷①

宋宗室趙汝楳撰。汝楳官至戶部侍郎。其父善湘亦精于《易》,汝楳述其家學以成此書,其中不盡用程朱之説,而亦不顯背之。《筮宗》一卷,參考詳至,具得要領。宋人言《易》諸家中,卓然可觀②者也。《自序》稱善湘"自始至末,于《易》凡六稿,日進日益,末稿題曰《補過》"。今考善湘之書,見於《宋史》本傳者,有《約説》、《或問》、《續問》、《指要》、《補過》五種,于六稿之數不合。蓋史家遺漏,應以汝楳之言爲據也。惜善湘之書今不可見矣。

《四庫全書總目》卷三經部三易類三。18下

【校記】①《筮宗》三卷,《總目》作"《筮宗》一卷",云:"《筮宗》一卷,朱彝尊《經義考》作三卷。蓋是書原本題《明本》第一、《述筮》第二、《先傳考》第三,彝尊以一篇爲一卷也。"　②卓然可觀,《初目》原作"桌然可觀"。今據文意改。

水村易鏡一卷

宋林光世撰。光世,字逢聖①,蒲田人。《館閣續錄》載其淳祐十一年以《易》學召赴闕,充秘書省檢校文字。十二年,教授常州,文字職事如舊。寶祐二年,補迪功郎,添差江西提舉司幹辦公事。《閩書》則謂淮東漕臣黃漢章上所著《易鏡》,由布衣召爲史館檢閲,遷校勘,改京秩,自將作丞知潮州②。開慶元年,召爲都官郎中,入爲少農少卿③,兼史館④。官階頗有異同,未詳孰是。《閩書》又稱光世景定二年賜進士出身,則在爲都官郎中後二年矣,殆特奏名歟。是書《序》⑤稱丙午,蓋成于理宗淳祐六年。大旨據《繫詞》包犧氏"仰則觀象于天,俯則觀法于地,觀鳥獸之文與地之宜,近取諸身,遠取諸物,於是作始八卦"之語,謂諸儒詁《易》,獨遺仰觀俯察之義。因居海上,測驗天文,悟天、澤、火、雷、風、水、山、地八宮之星,皆自然六

十四卦，遂以星配卦。先取《繫詞》所列，自《離》至《夬》十三卦，推闡其旨，以發大凡。蓋説《易》之人於讖緯者也。《易》道廣大，姑存以備一家可矣。

《四庫全書總目》卷七經部七易類存目一。49中

【校記】①逢聖，《總目》作"逢聖"。　②自將作丞知潮州，《總目》作"自將作出知潮州"。朱彝尊《經義考》卷三十五著錄本書，引《閩書》正作"自將作丞知潮州"。《閩書》有明崇禎刻本，但《初目》顯然是轉引自《經義考》。　③少農少卿，《總目》作"司農少卿"是也。古無少農少卿一職，司農少卿爲司農寺副貳官，掌錢谷、倉廩等事。
④史館，《初目》原作"史餘"，於義不通。《經義考》引《閩書》作"史館"，今據改。
⑤是書《序》，《初目》原作"是序書"。《總目》作"是書序"，是也，今據改。

朱文公易説二十三卷

宋朱鑑編。鑑，字子明，朱子孫也。以廕補迪功郎，官湖廣總領。朱子注《易》之書，爲目有五：曰《易傳》十一卷，曰《易本義》十二卷，曰《易學啓蒙》三卷，曰《古易音訓》二卷，曰《蓍卦考誤》一卷，皆有成秩。其朋友論難與及門之辨説，則散見《語錄》中。鑑彙而輯之，以成是編。昔鄭元箋註諸經，其孫魏侍中小同復裒其門人問答之詞爲《鄭志》十一卷。鑑之編輯諸言，亦猶此例也。考朱子初作《易傳》，用王弼本，後作《易本義》，始用呂大防①本。《易傳》《宋志》著錄，今已散佚。當理宗以後，朱子之學大行，賸語殘編，無不奉爲球璧，不應手成巨帙，反至無傳。豈非未定之説，自削其稿，故不復流布歟？鑑是書全採《語錄》之文，以補《本義》之闕。其中或門人記述，未必盡合師説，或偶然問答，未必勒爲確論，安知無如《易傳》之類爲朱子所欲刊除者？然收拾放佚以備考証，亦可云能世其家學矣。

《四庫全書總目》卷三經部三易類三。18上

【校記】①呂大防，《總目》作"呂祖謙"，是也。朱熹與呂祖謙爲莫逆之交，朱熹著作常由呂祖謙審正。《御纂周易折中》"凡例"云："《易經》二篇，《傳》十篇，在古元不相混，費直、王弼乃以傳附經，而程子從之。至呂大防、晁説之、呂祖謙諸儒，以爲應復其舊。朱子《本義》所據者，祖謙本也。"《總目》卷三《周易傳義附錄》提要云："朱子《本義》則用呂祖謙所定古本。"均其證。朱熹與呂大防則未聞有何關係。

漢上易集傳十一卷卦圖三卷叢説一卷

宋朱震撰。震，字子發，荆門軍人。政和中登進士第。南渡後趙鼎薦爲祠部員外郎①，官翰林院學士。事迹具《宋史》。是書題曰"漢上"，蓋因所居以爲名。前有震《進書表》，稱"起政和丙申，終紹興甲寅"，凡十八年而成。其説以象數爲宗，推本原源，包括異同，以救莊老虛無之説。晁公武以爲多采先儒之説，然頗舛謬。馮椅述毛伯玉之言，亦譏其卦變、互體、伏卦、反卦之説。然朱子曰："王弼破互體，朱子發用互體。""互體自左氏已言，亦有道理，只是今推不合處多。"魏了翁曰："《漢上易》太煩，却不可廢。"胡一桂亦曰："變、互、伏、反、納甲之屬，皆不可廢，豈可盡以爲失而詆之。觀其取象，亦甚有好處。但牽合處多，且文詞繁雜，使讀者茫然。看來只是不善作文爾。"是先儒已有公論矣。惟所敍圖書授受，謂："陳摶以《先天圖》傳种放，更三傳而至邵雍。放以《河圖》、《洛書》傳李溉，更三傳而至劉牧。穆修以《太極圖》傳周敦頤，再傳至程顥、程頤。厥後雍得之以著《皇極經世》，牧得之以著《易

數鉤隱圖》②,敦頤得之以著《太極圖說》、《通書》,頤得之以述《易傳》。"其説頗爲後人所疑。又宋世皆以易九數爲《洛書》,十數爲《河圖》。獨劉牧以十數爲《洛書》,九數爲《河圖》。震此書亦用其説,更不免于好異,蓋瑕瑜不掩之書也。

《四庫全書總目》卷二經部二易類二。8下

【校記】①祠部員外郎,《初目》原作"相部員外郎"。《總目》等作"祠部員外郎",是也。《宋史》卷四百三十五本傳略云:"趙鼎入爲參知政事,上諮以當世人才。鼎曰臣所知朱震。……上問以《易》、《春秋》之旨,震具以所學對。上説,擢爲祠部員外郎。"今據改。
②易數鉤隱圖,《初目》原作"象數鉤隱圖"。《總目》作"易數鉤隱圖",是也。《易數鉤隱圖》收入《四庫全書》。今據改。

易學啓蒙小傳一卷

宋稅與權撰。與權始末未詳①。據其《自序》,知爲魏了翁門人。及書末史子肇②《跋》,知其字曰巽甫。爾初,朱子作《易學啓蒙》,多發邵氏《先天圖》義。至與袁樞論《後天易》,則謂嘗以卦畫縱橫,反覆求之,竟不得文王所以安排之意,是以畏懼不敢妄爲之説。與權從魏了翁講明邵氏諸事,於《觀物篇》得《後天易上下經序卦圖》,証以《雜卦》反對及揚雄文王重《易》六爻互用兩卦十二爻,孔穎達六十四卦二二相偶、非覆即變之説。知《乾》、《坤》、《坎》、《離》、《頤》、《中孚》、《大過》、《小過》不易之八卦爲上下兩篇之幹,其互易之五十六卦爲上下兩篇之用。即其圖反覆觀之,《上》、《下經》皆爲十八卦,始終不出九數,以明羲、文之《易》,似異而同。蓋闡邵子之説,以補《啓蒙》之未備,所謂持之有故,而执之成理者也。史子肇《跋》稱因是書悟《乾》、《坤》、《納甲》之義。《乾》自甲而壬,《坤》自乙而癸,其數皆九,而疑其《乾》九能兼《坤》六,《坤》陰不能《乾》陽之説。謂六之中有一三五,則九數固藏於六,欲更與與權商之。蓋天下之數,不出奇偶,任舉一義,皆有説可通,愈推愈支,亦愈推而愈各有理,此類是矣。

《四庫全書總目》卷三經部三易類三。18中

【校記】①始末未詳,《初目》原作"始末詳"。《總目》作"始末未詳",是也,今據改。
②史子肇,《初目》原作"史子翟"。《總目》作"史子肇",是也。其書跋尾即作"史子肇"。下文云"史子肇《跋》稱因是書悟《乾》、《坤》、《納甲》之義"不誤。今據改。

周易傳義附錄十四卷

宋董楷撰。合程子之《傳》、朱子《本義》爲一書,而采二子之説附錄其下,意在理數兼通。又引程、朱之説以羽翼程、朱,亦愈于逞臆鑿空,務求奇于舊説之外者。惟程子《傳》用王弼本,而朱子《本義》則古本,楷以程子在前,遂割裂朱子①之書,散附程《傳》之後。沿及明永樂中,胡廣等纂《易大全》,亦仍其誤。以至成矩專刻《本義》,亦用程《傳》之次序。鄉塾之士,遂不復知有古經,則楷肇其端也。然楷本以經文平書,而十翼之文則下一格書之,其《本義》無所附麗者則仿諸經疏文某句至某句之例,朱書其目以明之,猶爲有別。今本經傳一例平書,而《本義》亦意爲之割綴,則愈失愈遠,又非楷所及料矣。楷,字正叔,台州臨海人。寶祐四年進士。官至吏部郎中。其學出於陳器之,器之朱子門人也,故楷于言《易》,獨以洛、閩爲宗焉。

經部　易類

《四庫全書總目》卷三經部三易類三。19下
【校記】①朱子，《初目》原作"諸子"。《總目》作"朱子"。據文意可知《總目》是也，今據改。

三易備遺十卷

宋朱元昇撰，而其子士立補葺以成之者也。元昇，字日華，里貫未詳。惟卷首載《咸淳八年兩浙提刑家鉉翁進書狀》，稱"承節郎差處州龍泉遂昌慶元及建寧松溪政和巡檢朱元昇"。卷末立士《跋》稱"咸淳庚午①《備遺》②成帙，則堂家先生用聞於朝，三載先子沒"云云，疑其即終於是官。庚午爲咸淳六年，而狀署八年，殆傳寫誤六爲八歟？其書本《河圖》、《洛書》一卷，《連山》三卷，《歸藏》三卷，《周易》三卷。元昇《自序》亦兼言三《易》。而鉉翁進狀，但稱其著《中天歸藏書》數萬言，未詳其故。豈以先天、後天皆儒者所傳述，而中天之説元昇創之，故特揭以爲言耶？元昇學本邵子，其言《河圖》、《洛書》，則祖劉牧③。其言《連山》，以卦位配夏時之氣候。其言《歸藏》，以干支之納音配卦爻。其言《周易》，則闡反對、互體之旨。雖未必真合《周官》太卜之舊，而冥心孤詣，言之鑿鑿，亦可謂好學深思者。過而存之，或亦足備説《易》者之參考耳。

《四庫全書總目》卷三經部三易類三。20中
【校記】①稱咸淳庚午，《初目》原作"咸稱淳庚午"。《總目》作"稱咸淳庚午"，據後文"庚午爲咸淳六年"可知此處當從《總目》，今據改。　②備遺，《初目》原作"備選"。《總目》作"備遺"。此即《三易備遺》之簡稱，卷末朱士立《跋》正作"備遺"。今據改。　③祖劉牧，《初目》原作"祖劉牧"。《總目》作"祖劉牧"，是也，今據改。

周易集説四十卷

宋俞琰①撰。琰，字玉吾，吳縣人。生宋寶祐初，入元不仕，至延祐初始卒。生平邃于《易》學，初裒諸家之説爲《大易會要》一百三十卷，後乃掇其精華，以著是編。始于至元甲申，至至大辛亥，凡四易稿始成。其初主程、朱之説，後乃于程、朱之外自出新義。琰嘗與孟淳講坤之六二，謂："六二既中且正，是以其德直方，惟從乾陽之大，不習坤陰之小，故无不利。"如此之類，其説頗異。至謂"《尚書·顧命》天球、河圖在東序，河圖與天球並列，則河圖亦是玉名"。如此之類，則太奇矣。然其覃精研思，積三四十年，寔有冥心獨造，發前人所未發者，不可廢也。琰又有《讀易舉要》、《讀易須知》、《易圖纂要》、《易經考證》、《易傳考證》、《六十四卦圖》、《古占法》、《卦爻象占分類》、《易圖合璧連珠》、《易外傳》②諸書。今惟《易外傳》有本別行，《讀易舉要》、《易圖纂要》，見《永樂大典》，餘皆不傳。然其自爲《後序》，稱"諸編皆舊所作，將毀之，而兒輩以爲可惜，又略加改竄而存於後"。則舊刻本附此數書，今佚之也。

《四庫全書總目》卷三經部三易類三。20下
【校記】①俞琰，《總目》避清仁宗顒琰諱改作"俞琬"；此下"琰"字，《總目》亦均作"琬"。　②易外傳，《總目》作"易外別傳"，是也。朱彝尊《經義考》卷四十引其自爲《周易集説後序》所述正作"易外別傳"。《經義考》又引俞琰子仲温跋曰："《易外別傳》一卷，先君子之所著，而附於《周易集説》之後者也。"

易通六卷

宋趙以夫①撰。以夫,字用父,宗室子。居于長樂。嘉定十年進士。歷官資政殿學士。《閩書》稱:"以夫著作《易通》,莆田黄績相與上下其論,則是書實績所參定。"以夫《自序》皆自稱"臣末有不敢自秘,將以進於上,庶幾仰裨聖學緝熙之萬一"。則擬進之本也。胡一桂云:"《易通》六卷,《或問類例圖象》四卷。"此本朱彝尊《經義考》曰:"《宋志》十卷。"又註曰:"《聚樂堂書目》作六卷。"蓋《宋志》連《或問類例②圖象》言之。聚樂堂本則惟有《易通》,此本亦止六卷,而無《或問類例③圖象》。其自聚樂堂④傳寫歟?其書大旨在以不易、變通二義明人事動靜之準,故其說曰:"奇偶七八也,交重九六也,卦畫七八不易也,爻書九六變易也。卦雖不易,而中有變易,是謂之亨。爻雖變易,而中有不易,是謂之貞。《洪範》占用二⑤貞悔,貞即靜也,悔即動也。故靜吉動凶則勿用,動吉靜凶則不處,動靜皆吉則隨遇而皆可,動靜皆凶則無所逃于天地之間。"於聖人作《易》之旨,可謂深切著明矣。

《四庫全書總目》卷三經部三易類三。16下

【校記】①趙以夫,《初目》原作"趙以扶"。《總目》作"趙以夫",是也,今據改。下文云"以夫,字用夫",不誤。趙以夫《易通》有《四庫全書》本。　②類例,《初目》原作"例例"。《總目》作"類例",是也。此即上文所說"或問類例圖象",今據改。　③類例,《初目》原作"數例"。《總目》作"類例",是也。此即上文所說"或問類例圖象",今據改。　④聚樂堂,《初目》原作"靜樂堂"。《總目》作"聚樂堂",是也,據前文可知當從《總目》,今據改。聚樂堂爲明宗室朱睦㮮藏書處,明王慎中《遵巖集》卷八有《聚樂堂記》。朱睦㮮並有《聚樂堂書目》。　⑤二,《初目》原作"三"。《總目》作"二",是也,今據改。古代筮法,合上下二體爲一卦。下體曰貞,是爲內卦;上體曰悔,是爲外卦。《尚書·洪範》:"七,稽疑,擇建立卜筮人,乃命卜筮。曰雨,曰霽,曰蒙,曰驛,曰克,曰貞,曰悔,凡七。卜五,占用二,衍忒。"後用來指占卜之法。

淙山讀周易記八卷①

宋方實孫撰。實孫爵里無可考,此書舊本但題曰《讀周易》。案朱彝尊《經義考》作《淙山讀周易記》,蓋此本傳寫脫訛。《經義考》又引曹溶之言曰:"《宋志》八卷,《澹生堂目》作十卷,《聚樂堂目》作十六卷。今本不分卷,不知孰合之。"此本仍作八卷,則猶從宋刻錄出也。其書取朱子②《卦變圖》別爲《易卦變合圖》,以補《易學啓蒙》所未備。其說多主於爻象,不空談元妙。《自序》有曰:"《易》者道也,象數也,言道則象數在其中矣。道果有耶?《繫詞》曰:'《易》無體。'道果無耶?《繫詞》曰:'《易》有太極。'是道自無而有也。"可以識其宗旨矣。其據《隨》上九爻"王用享于西山"、《升》六四爻"王用享于岐山"、《明夷象》"文王以之"、《革象》"湯武以之",證爻象非文王作,自爲確義。其據《大有》六三爻"公用享于天子"、《解》上六爻"公用射隼于高墉之上"、《小過》六五爻"公弋取彼在穴",證爻詞非周公作,則必不然。說《易》者本不云"公,周公也"。然其大旨則較諸家爲淳實矣。

《四庫全書總目》卷三經部三易類三。19中

【校記】①八卷,《四庫全書》、《總目》均作"二十一卷"。　②朱子,《初目》"朱"字原空缺,此據《總目》補。

經部　易類

周易本義集成十二卷

　　元熊良輔撰。良輔,字任重,號梅邊,南昌人。延祐四年嘗領鄉薦,其仕履未詳。嘗作是書,前有良輔《自序》,稱:"丁巳以《易》貢,同志信其僭越,閔其久勤,出工費鋟梓。"丁巳即延祐四年。元舉鄉試始於延祐甲寅,是科其第二舉也。考《元史·選舉志》是時條制,漢人、南人試經疑二道、經義一道,《易》用程氏、朱氏,而亦兼用古註疏。不似明代之制,初①限以程朱,後併祧程而兼②尊朱。故其書大旨雖主於羽翼③《本義》,而與《本義》異者亦頗多也。黃虞稷《千頃堂書目》④稱良輔是書外有《易傳集疏》,不傳。考《易傳集疏》,元熊凱撰。《江西通志》載:"凱,字堯天⑤,南昌人⑥,以明經開塾四十年,時稱遙谿先生。同邑熊良輔受業焉。"良輔《序》中亦稱受《易》于遙谿⑦熊氏,與《通志》合。截然兩人、兩書,虞稷以同姓、同里、同時,遂悞合為一耳。

　　《四庫全書總目》卷四經部四易類四。24 下

【校記】①初,《總目》作"惟"。此文云:"初限以程朱,後併祧程而兼尊朱。""初"、"後"對文,其義以《初目》為優。　②兼,《總目》作"專",據文意可知此處作"專"義優。　③羽翼,《初目》原作"羽異",誤。今改。　④千頃堂書目,《初目》原作"千頃堂書自",今改。　⑤堯天,文淵閣《四庫全書》書前提要、浙本《總目》作"舜夫",殿本《總目》作"舜臣"。雍正《江西通志》卷六十七、《大清一統志》卷二百三十九均云:"熊凱,字舜夫,南昌人。"疑以"舜夫"為是。　⑥南昌人,《初目》原作"南昌天"。《總目》作"南昌人",是也,今據改。　⑦遙谿,《初目》原作"遙峰"。前文作"遙谿",不當此處作"遙峰"。《總目》作"遙谿",是也,今據改。

讀易考原一卷

　　元蕭漢中撰。漢中,字景元,泰和人。此書成於泰定中。凡三篇,一論分卦,一論合卦,一論卦序。不敢顯攻《序卦傳》,而亦不用《序卦》之説。大旨以圓圖《乾》、《坤》、《坎》、《離》居四正為《上經》之卦主,《兌》、《艮》、《巽》、《震》居四隅為《下經》之主卦。復按圖列説,申明《上經》三十卦、《下經》三十四卦,多寡分合之不可易。及《乾》、《坤》之後受以《屯》、《蒙》,《屯》、《蒙》之後受以《需》、《訟》,次序之不可紊,其説具有條理。昔程子以陽盛陰盛之説,逐卦求合,難于辨析,朱子不取其説,亦未明言其義。漢中此書可謂發前人所未發矣。卷後論三十六宮陰陽消長之機,蓋于邵子之學亦嘗究心者也。

　　《四庫全書總目》卷四經部四易類四。25 下

大易輯説①十卷

　　元王申子撰。申子,字巽卿,蜀人②。隱居慈利州天門山,垂三十年始成此書。反覆設問,取十數為《河圖》,分緯之以畫先天;九數為《洛書》,錯綜之以位後天。同時吳澂、李琳諸人,咸稱其殫思之精。程子有云:"《説卦》所説卦位亦不能使人曉然。"朱子云:"文王八卦不可曉處極多。"蓋皆闕所疑也。至河出《圖》,洛出《書》,其文見于《易大傳》③。而相傳五位九宮,則朱震序其授受源流,謂陳摶以《先天圖》傳种放,放傳穆修,修傳李之才,之才傳邵雍。放以《河圖》、《洛書》傳李溉,溉傳許堅,堅傳范諤昌,諤昌傳劉牧。據此,則劉牧之《河

圖》、《洛書》，與邵之《先天圖》同本諸希夷。然范諤昌以《五位九宮之圖》爲伏羲所造，劉牧以九爲《圖》、十爲《書》，及乎蔡元定乃反易之。朱子引《大戴禮記·明堂》鄭注云"法龜文"，證元定之說爲確。王應麟據《北史》證《大戴禮記》寔宇文周時盧辯注，非康成。今考康成注《易》，於五位相得而各有合，顯陳一六等數相配之方。其注《乾鑿度》言八卦九宮亦甚詳，而不以爲《圖》、《書》。惟關郎《易傳》與元定符合。然關郎《易傳》朱子嘗斥爲僞書，項安世亦云阮逸所作。逸皇祐間人，則又在之才、諤昌後矣。蓋千有餘年，莫知所謂《圖》、《書》，即五位九宮之數。迨陳希夷出，始指以寔之，宜後人辨論紛紛也。是書旁通互貫，足以自達其所見，一家之說，固亦有未可廢耳。

《四庫全書總目》卷四經部四易類四。24 上

【校記】①大易輯說，《四庫全書薈要》同，《四庫全書》、《總目》作"大易緝說"。　　②蜀人，《四庫全書薈要》提要、文淵閣《四庫全書》書前提要、《總目》作"邛州人"。　　③易大傳，《四庫全書薈要》提要、文淵閣《四庫全書》書前提要均作"易傳"。

易本義附錄纂疏①十五卷

元胡一桂撰。一桂，字庭芳，號雙湖，婺源人。景定甲子領鄉薦，試禮部不第，教授鄉里以終。《元史》有傳。初，一桂父方平受學於董夢桂，夢桂受學於黃榦。榦，朱子婿也。故方平秉其師說，一以朱子爲宗，嘗作《啓蒙通釋》以闡明緒論。一桂是編復取朱子《文集》、《語錄》之及於《易》者附之，謂之《附錄》。取諸儒《易》說之合於《本義》者纂之，謂之《纂》②，務以闡明《本義》爲主。《元史》獨稱其《易》學出於朱子，蓋以此也。陳櫟稱一桂此書，於楊萬里《易傳》無半字及之。今③檢其全書，櫟說信然。蓋宋末元初講學者門戶最嚴，而新安諸儒於授受源流辨別尤甚。萬里《易傳》雖遠宗程子，而早工吟詠，與范成大、陸游齊名，不甚以講學爲事。雖嘗薦朱子、拒韓侂胄，而慶元黨禁獨不列名。一桂蓋以詞人擯之，未必盡以其書也。

《四庫全書總目》卷四經部四易類四。22 上

【校記】①易本義附錄纂疏，《四庫全書薈要》作"周易本義附錄纂註"，文淵閣《四庫全書》作"易附錄纂註"，《總目》作"易本義附錄纂疏"。　　②纂，其下當缺一字。《四庫全書薈要》、文淵閣《四庫全書》書前提要作"纂註"，《總目》作"纂疏"。據《初目》題名，此處應作"纂疏"。　　③今，《初目》原作"令"，茲據《總目》等改。

易學啓蒙翼傳四卷

元胡一桂撰。其書專發明圖書卦畫之旨。《自序》稱去朱子纔百餘年，而承學漸失。"如圖書已釐正矣，復仍劉牧之謬者有之；卜筮之數灼如丹青矣，復祖尚元旨者又有之。"因於《本義附錄纂疏》外，復輯爲是書。凡爲《內篇》者三：一曰《舉要》，以發詞變象占之義；二曰《明筮》，以考史傳卜筮卦占之法；三曰《辨疑》，以辨《河圖》、《洛書》之同異。皆發明朱子之說者也。爲《外篇》者一，則《易緯候》諸書以及京房《飛候》、焦贛《易林》、楊雄《太元》、司馬光①《潛虛》，以至邵子《皇極經世》諸法，亦附錄其槩。以其皆《易》之支流，故別之曰"外"焉。

《四庫全書總目》卷四經部四易類四。22 中

【校記】①司光，《總目》作"司馬光"。

周易本義通釋十二卷

元胡炳文撰。炳文，字仲虎，婺源人。嘗爲信州道一書院山長，再調蘭谿州學正，不赴，卒。程敏政《新安文獻志》以爲篤志朱子之學者也。其言《易》兼通理數者，有《太極賦》、《二爻反對論》、《二體相易論》、《二十四氣論》等篇，以闡發朱子之旨。復取朱子《本義》，折衷是正，旁採諸家《易》解，互相發明，以成是書。《序》題延祐丙辰，蓋仁宗之三年。初名《精義》，後病其繁冗，刪而約之，改名《通釋》。前有明潘旦《序》，稱書經兵燹，多至亡逸。其九世孫珙及弟玠募遺書，得《上》、《下經》而闕《十翼》，乃復彙蒐諸集中以補之。然則今本十翼乃珙、玠所裒錄，非炳文之舊矣。

《四庫全書總目》卷四經部四易類四。24 中

易纂言十卷

元吳澄撰。澄，字幼清，崇仁人。官翰林學士。《元史》有傳。其書從古本，分經傳。經每卦每爻俱詳著其變動，分其象占。每傳各分其章數，釋其義于句下，而註其字數、音釋、考正於末。大抵詞簡而義明，所謂"少引聖籍、多發天然"者，殆於近之。獨刪改經文，不足爲訓。而《繫辭》中十有八卦之釋指爲錯簡，移之《文言傳》末，尤不免勇於師心矣。

《四庫全書總目》卷四經部四易類四。22 中

周易參義十二卷

元梁寅撰。寅，字孟敬，新喻人。嘗辟集慶路儒學訓導，以親老辭。明初徵修禮局書成①，將授以官，以老病辭歸，猶楊維楨賦《老客婦》意也。所著有《周易參義》、《詩書演義》、《周禮考注》、《春秋考義》。學者稱曰"梁五經"。是書成於至元六年，大旨以理數合，然後可言《易》。程子論天人以明易之理，朱子推象占以究易之用，非故爲異，其詳略相因，精粗相貫，固待乎學者之自得，故融會二家，合以爲一。《陸游集》有朱氏《易傳》跋謂："元晦尊程氏至矣，而其說亦已大異。"是二家各明一義，前人已言之。寅獨旁採諸說，附以己意，參酌而去取之，其於宋儒可謂不激不隨矣。

《四庫全書總目》卷四經部四易類四。27 中

【校記】①明初徵修禮局書成，《總目》作"明初徵修禮樂書"。

周易文詮四卷

元趙汸撰。汸，字子常，休寧人。師事黃澤，受《易象》、《春秋》之學。隱居著述東山精舍以奉母。洪武二年召修《元史》，不願仕，還，未幾卒。此書略數言理，多暢發宋儒之旨。然其門人金居敬稱其"契先天內外之旨，且悟後天卦序之義"，則亦未嘗置數也。《經義考》載八卷，此本舊鈔止四卷，然首尾完具，疑後人合併也。書之上方，節節標題細字，詳其詞意，不類汸筆，或後來讀者所題記，不可考矣。

《四庫全書總目》卷四經部四易類四。27 下

易圖通變五卷易筮通變三卷

元臨川道士雷思齊撰。思齊，字齊賢，別號空山。宋遺民之不仕者也。雖爲元人託跡老氏，而一時士大夫皆與之遊。吳澄尤重其學，曾贈之以詩。二書《自序》謂《河圖》之本數四十，以當八卦，而十五①爲用，以會通于中。《筮法》則前儒所傳，亦多乖誤。因皆作《通變傳》，以明先聖之指歸。所述《河圖洛書》、《參天兩地倚數之圖》、《錯綜會變》等圖、《河圖遺論》，皆前人所未發。大旨以天一爲《坎》，地二爲《坤》，天三爲《震》，地四爲《巽》，天七爲《兌》，地六爲《乾》，天九爲《離》，地八爲《艮》，而五十則爲虛數。其説雖與先儒不同，而參伍錯綜，左右逢源，且按以"出《震》齊《巽》"之義，一一脗合。則于聖人繫《易》之旨，固不可謂無所見也。

《四庫全書總目》卷三經部三易類三。21 中

【校記】①十五，《初目》原作"五十"，非是。其書《自序》云"以其十五會通於中"，今據改。《總目》作"十五"不誤。《四庫全書薈要》提要亦誤作"五十"。

學易記九卷

元李簡撰。簡里貫未詳。其己未歲承乏倅泰安。己未爲延祐六年，蓋仁宗時也。其書所采自子夏《易傳》以逮張特立、劉肅之説，凡六十四家，一一各標姓氏。其集數人之説爲一條者，亦註曰"兼采某某"。其不註者則簡之新義矣。大抵仿李鼎祚《集解》、房審權《義海》之例。《自序》稱在東平時，與張中庸、劉佚庵、王仲徽聚諸家《易解》節取之。"張與王意在省文，劉之設心務歸一説。僕之所取，寧失之多，以俟後來觀者去取。"又稱己未歲取向所集"重加去取"。則始博終約，蓋非苟作，故所言多淳寔不支。其六十四家遺書亦多散佚①，因簡所輯猶有什一之傳，則其功亦不在鼎祚、審權下也。

《四庫全書總目》卷四經部四易類四。25 中

【校記】①散佚，《初目》原作"散秩"，今據《總目》等改。

易學濫觴一卷

元黃澤撰。澤於《易》以明象爲先，而以復古爲本。中歷陳《易》之名義、重卦之義、逆順之義、卦名之義、卦變之法、卦名、《易》數之原、《易》之詞義、《易》之占詞、蓍法、占法、序卦、脱文疑字，不能復古者十三條，大旨皆爲宋儒而發。持論平允，無説《易》家支離破碎之習，粹然儒者之言也。澤，字楚望，資州人，家于九江。大德中兩爲景星、東湖書院山長，年逾八十，著書十餘通。趙汸《易》與《春秋》之學皆自澤受之。蓋澤垂老之時，欲注《易》、《春秋》二經，恐不能成，故以此書及《春秋指要》發其例。觀卷首吳澄所題"二書蓋合爲一帙"者，惜其《春秋指要》今佚矣。

《四庫全書總目》卷四經部四易類四。24 上

周易集傳八卷

元龍仁夫撰。仁夫，字觀復，廬陵人。官湖廣儒學提舉。此書舊有至治辛酉《自序》一篇，而今抄本失之。《元史》稱其發前人之所未發。《吉安府志》①云："仁夫《周易集傳》十八卷，立説主朱子《本義》，每卦爻下各分變象辭占。"今觀所集，程朱之義爲多，意在即象詁義。

其于卦象爻象互觀析觀,無不分疏,非僅於每爻各分變象辭占也。原十八卷,今僅存八卷。然其《上下經》、《彖》、《象》及《傳》皆已全具矣。

《四庫全書總目》卷四經部四易類四。25 中

【校記】①吉安府志,《初目》原作"志安府志",今據《總目》改。

易象鈎解四卷①

明陳士元撰。士元,字心叔,應城人。嘉靖甲辰進士。是編專闡經文取象之義,前有士元《自序》稱:"朱晦庵、張南軒善談《易》者,皆謂互體、五行、納甲、飛伏之類俱不可廢。蓋文、周象爻雖非後世緯數瑣碎,而道則無不冒焉。傳註者惟以虛元之旨例之,有遺論矣。"《履卦》註又曰:"京房之學授受有自,今之學士大夫擯斥不取。使聖人不因卜筮而作《易》,惟欲立言垂訓,則畫卦揲蓍何爲哉?朱子曰:《易》之取象,固必有所自來,而其爲說必已具於太卜之官。今不可復考,亦不可謂象爲假設。然則京氏之學,安知非太卜所藏者耶?"所言不爲無見,故其論雖或不免穿鑿,而犁然有當者爲多。蓋主理之說言其當然,主象之說則言其所以然,各明一義,不妨並存也。又是書每卷標目之下,皆題《歸雲別集》卷數,自五十八至六十一。其《序》又稱:往爲《彙解》二卷,括其②

《四庫全書總目》卷五經部五易類五。30 上

【校記】①《易象鈎解》提要,《初目》原排在經部小學類《俗書刊誤》之後。抄本書口題"經部易類",是抄本誤排在彼處。今據《總目》所列位置,移錄於此。 ②"括其"以下,《初目》有缺,文淵閣《四庫全書》書前提要作:"大凡。考《明史‧藝文志》載士元《易象鈎解》四卷《易象彙解》二卷,則《彙解》亦發明象學者。今以未見其書,故不著錄焉。"

易修墨守一卷

明唐樞撰。樞,字惟鎮,歸安人。嘉靖五年進士,授刑部主事。以言李福達事,斥爲民。隆慶初復官,加秩致仕。其書專論《易經》大旨,以《連山》爲《文王八卦圖》,《歸藏》爲《伏羲方圖》,於義頗疎。前有萬歷甲戌王思宗《序》。

《四庫全書總目》卷七經部七易類存目一。54 中

淮海易譚四卷

明孫應鰲撰。鰲,字山甫。貴州清平籍,揚州如皋人。嘉靖癸丑進士。累官南京工部尚書。謚文恭。是書謂天地萬物,在在皆有《易》理,在乎人心之能明。故其說雖以離數談理爲非,又以程子不取卦變爲未是,而實則借《易》以講學,縱橫曼衍,於《易》義若離若合,務主于自暢其說而止,非若諸儒之傳,惟主于釋《經》者也。自《說卦》"乾坤六子"以下即置而不言,蓋以八卦取象之類無可假借發揮耳。其宗旨可知矣。

《四庫全書總目》卷七經部七易類存目一。55 下

周易冥冥篇四卷

明蘇濬撰。濬,字君禹,號紫溪,晉江人。萬歷丁丑進士。歷官貴州按察使①。此書存

《上》、《下經》、《繫詞》、《説卦》，刪《序卦》、《離卦》。大旨主王弼虛無之説，一切歸之於心體，非惟廢卜筮之説，乃併宋儒言理而偶及數者亦以爲执泥牽拘。訓"潛龍勿用"爲心之寂然不動，訓"大明終始"爲心之靈明不昧，而於《繫詞》之末，以《易》主忘言爲歸宿。然《易》不用以卜筮，則周官不列於太卜，而孔子亦不述其蓍策矣。濬之所言，不過晉人之餘慧，涵羲文周孔於老莊者也。

《四庫全書總目》卷八經部八易類存目二。59 中

【校記】①歷官貴州按察使，《總目》作"官至廣西布政司參政"。按：乾隆《晉江縣志》卷九本傳云："遷廣西備兵副使，尋遷其省參政。"又云："遷貴州按察使，不赴。"是蘇濬雖有貴州按察使之命，但並未赴職，故不得謂"歷官貴州按察使"。

周易全書①二十一卷

明楊時喬著。時喬，上饒人。嘉靖乙丑進士。萬歷中官吏部侍郎。此書《自序》謂隆慶庚午假居山中所著。《論例》二卷，《古文》二卷，《今文》九卷，《易學啓蒙》五卷，《傳易考》二卷，附《龜卜考》一卷。兼採自漢至明諸家之説，大旨宗程、朱而闢當時心學。所謂《古文易》從呂祖謙、朱子本，而獨《文言》列有二篇，如《繫辭傳》"鳴鶴在陰"諸章皆入之《文言》，而依上下經分之。書用古籀篆鐘鼎雜體，自以爲復古文。其《今文》九卷乃依王弼本，而錄以真書，亦可謂行怪者矣。

《四庫全書總目》卷七經部七易類存目一。56 上

【校記】①周易全書，《總目》作《周易古今文全書》。

古易考原三卷

明嘉靖中梅鷟撰。謂伏羲之《易》已有文字畫卦在前，《河圖》後出，伏羲但則之以揲蓍；大衍之數，當爲九十有九，以五十數爲體，以四十九爲用，無以中五乘十、置一不用之理。皆創論也①。鷟，旌德人，正德癸酉舉人，仕至鹽課司提舉。

《四庫全書總目》卷七經部七易類存目一。52 中

【校記】①皆創論也，《總目》作"皆臆撰也"。

易十三傳十三卷

無撰人姓氏。朱彝尊《經義考》亦云未詳誰作，第知爲嘉靖間人。其説以《乾》上九爻爲一傳，次以《姤》及《大過》十二爻，每爻爲一傳，合十三爻，共成十三傳，各証以歷代紀年，蓋倣邵氏《經世》書。而於六十四卦相生圖，則又不主邵氏之説。邵《博聞見後錄》記有邱濬者，以易數推元豐元年當《豐》卦，意其學即此術也。論多穿鑿，其於歷代事蹟亦皆附會。

《四庫全書總目》卷一百十子部二十術數類存目一。934 上

周易大全二十四卷

明胡廣等奉敕撰。《明成祖實錄》①永樂十二年十一月甲寅，命行在翰林院學士胡廣、侍講楊榮②、金幼孜修《五經四書大全》，十三年九月告成。成祖親製《序》，弁之卷首，命禮部刊賜天下。賜纂修官胡廣等鈔幣有差，仍賜宴于禮部。此六種之一也。朱彝尊《經義考》謂

廣等"就前儒成編雜爲抄錄,而去其姓名。《易》則取諸天台、鄱陽二董氏、雙湖、雲峰二胡氏,於諸書外未寓目者至多"。今③勘驗前書,良非苟論。前有《凡例》、姓氏,及《程子傳序》、《上下篇義》、《易五贊》、《筮儀》、《朱子圖說》。後附王應麟《考異》一卷,亦全錄《困學紀聞》,一字無所增損焉。

《四庫全書總目》卷五經部五易類五。28 中

【校記】①明成祖實錄,《初目》作"成明祖實錄",今據《總目》改。　②楊榮,《初目》原作"楊雄"。《總目》作"楊榮",是也。楊榮爲明成祖時翰林內閣大學士,今據改。
③至多今,《初目》作"至今多",於義無解,據《總目》改。

周易古本一卷

明無錫華兆登編。分《文王卦辭》上下、《周公爻辭》上下爲四篇。以孔子《象傳》、《彖傳》、《爻傳》、《文言》、《繫辭》、《說卦》、《序卦》、《雜卦》爲八篇,以合十二篇之數。其所謂《彖傳》即今《大象》,《爻傳》即今《小象》也。末附《古本辨》一篇、《記疑》六條,皆自述更定編次之意。按《周易》十二篇見于《漢藝文志》,其十二編之次第不可知。顏師古曰:"《上》、《下經》及《十翼》,故十二篇。"孔穎達曰:"《十翼》謂《上彖》、《下彖》、《上象》、《下象》、《上繫》、《下繫》、《文言》、《說卦》、《雜卦》、《序卦》。"自宋以來,復古《易》者甚多,皆各有更定,彼此互異,然未有以卦辭、爻辭分篇者。兆登據馬融、陸績之說,以爲爻辭周公作,故應與文王異卷,究爲單詞孤證,經、傳別無明文。且孔子明言二篇之策,今以《上》、《下經》爲四篇,亦無證據。至六爻有爻畫,見於吳仁傑之《費氏古易》,朱子已譏其重複。今用爻畫而刪初九、初六之文,則孔子《傳》內稱九六者何所自昉①?《彖》曰、《象》曰,後儒所加,去之可也。去《彖》曰、《象》曰,而并去《初九》、《初六》,亦殊未安。名爲復古,實則多逞臆說耳②。

《四庫全書總目》卷八經部八易類存目二。64 中

【校記】①何所自昉,《初目》其下原有"會即《經》《傳》十二卷"至"李維楨二序"一百二十六字,係《古易彙編》提要,錯亂在此。　②"彖曰象曰"以下,原錯亂在《古易彙編》提要下,今參稽《總目》移易於此。

古易彙編十七卷

明李本固撰。本固,字維寧,臨清州人。萬曆壬辰進士。官至太僕少卿。按《易》自費直以《十翼》解經,而鄭康成以《彖傳》連經文,於是十二篇之序始紊,如今《乾卦》是也。至王弼,又自《坤卦》以下每卦每爻取傳辭連綴經文之下,并取《文言》入《乾卦》、《坤卦》之中,即今注疏本是也。後王洙、呂大防、周燔、吳仁傑輩,遞有考核,而晁說之、呂祖謙所定爲善。故朱子《本義》參用二家。至吳澄,又謂《繫辭》內"居室"七條、"祐助"一條、"何思"十一條,實《文言》之文,由王弼既取《乾》、《坤》《文言》入《乾卦》、《坤卦》,其無可附者,後人并入《繫辭》內,而孔疏復曲爲之說。復古《易》者但取《乾》、《坤》《文言》別爲一卷,而散入《繫辭》者未之改也。故其作《易纂言》,取此諸條入《文言》。是書篇第悉依朱子本,而《文言》則用澄本,故曰"古易"。分爲三集,一曰《意辭》,二曰《象數》,三曰《變占》。《意辭》之目凡八,曰《古易》①,附見書前。曰《辭會》,即《經》、《傳》十二卷。自第十三卷以下另爲一編,有胡國鑑《序》。曰《明意》,《釋名》,曰《詳易》,曰《玩辭》,曰《誤異》,曰《易派》。《象數》之

目亦八,曰《圖書象》,曰《圖書數》,曰《總論》,曰《畫象》,曰《三易》,曰《廣象》,曰《觀象》,曰《衍數》。《變占》之目凡十,曰《蓍變》,曰《之變》,曰《反對》,曰《變例》,曰《辨成》,曰《觀變》,曰《不卜》,曰《玩占》②,曰《卜筮》,曰《斷法》。皆參稽象説,折以義理。前有高出、李維楨二《序》③。

《四庫全書總目》卷八經部八易類存目二。60 中

【校記】①古易,《初目》作"古意",原書及《總目》作"古易",今據改。　②玩占,《初目》作"玩",原書及《總目》作"玩占",今據補。　③"會即《經》《傳》十二卷"至"李維楨二《序》"一百二十六字,《初目》原在《周易古本》下,此係《初目》編排錯亂。今參稽《總目》移易於此。

易經澹窩因指八卷

明張汝霖撰。汝霖,字明若。萬曆乙未進士。歷官①江西布政司參議。其書隨文訓釋,專爲科舉制藝而作,殊無足取。

《四庫全書總目》卷八經部八易類存目二。61 下

【校記】①歷官,《總目》作"官至"。

周易正解二十卷①

明郝敬撰。敬,字仲興,京山人,萬曆己丑進士。知縉雲、永嘉二縣,歷禮、戶兩科給事中,謫宜興丞,移知江陰縣。此其所著《九經解》之一也。凡《上》、《下經》十七卷,《繫辭》以下三卷。用注疏本,以説理爲主,而兼及於象。其有不可解者,亦不免於附會。如釋《蠱卦》爲武王之事,而以先甲、後甲爲取象甲子昧爽;其他亦多實以文、武之事。蓋本"作《易》者其有憂患"一語而演之,而不自知其失之鑿。惟其以《十翼》解經,務以夫子之説印正卦爻,而於先儒言《象》處取其簡易而刪其牽強,其用意亦有可取者。敬所著尚有《易領》四卷、《問易補》七卷、《學易枝言》二卷。蓋其於《九經》雖皆有解,而平日用力於《易》爲尤深云。

《四庫全書總目》卷八經部八易類存目二。60 上

【校記】①二十卷,《初目》原作"二卷",非是。《總目》作"二十卷"。其書有明萬曆四十三年至四十七年郝千秋等刻《郝氏九經解》本,正作二十卷,今據改。

易筌六卷附論一卷

明焦竑撰。竑,字弱侯,應天上元人。萬曆十七年舉進士第一。除翰林院修撰。尋遷東宮講讀官,謫福寧州知州①。其書大旨,欲以二氏通于《易》,每雜引《列子》、《黃庭内景經》、《抱朴子》諸書以釋經。蓋習與李贄游,故學術亦與俱化耳。

《四庫全書總目》卷八經部八易類存目二。60 上

【校記】①知州,《總目》作"州同",是也。乾隆《福寧府志》卷十五《秩官》著錄焦竑萬曆十六年任福寧州州同(清福寧府,明萬曆年間爲福寧州)。乾隆《江南通志》卷一百六十五焦竑本傳亦云:"以丁酉主試北闈文體險誕,謫州同知。"乾隆《福建通志》卷二十六《職官》作福寧州知州,亦誤。

經部　易類　　　　　　　　　　　　　　　　　　　　　　四庫全書初次進呈存目

易學飲河八卷

　　明張納陛撰。納陛，字以登，宜興人。萬歷己丑進士。官禮部主事。以爭並封去官，乃閉門註《易》。其書惟註《上》、《下經》，每卦皆註互體，而不甚發互體之義。如解"亢龍有悔"，謂"處亢之時，不得不亢，不得不悔，何病乎亢龍"。解"龍戰於野"，謂"戰者，懼也，栗也。非與陽爭戰，乃疑於陽而自爲戰懼也"。如斯之類，皆頗立異説。其刪除《上》、《下經》之名，以《咸》、《恒》二卦割附《坎》、《離》二卦之末，又六十四卦惟《否》與《未濟》二卦置而不註，均未詳其義。前有錢一本《序》，其詞頗譎，大抵不得志而著書之意。則是書不必盡以經義核也。

　　《四庫全書總目》卷八經部八易類存目二。60 中

易經勺解三卷

　　明林欲楫撰。其説專主人事，論義理，而不及象數。書刻于國朝康熙己卯，乃其子華昌所錄。欲楫，字平庵。萬歷丁未進士，歷官禮部尚書，掌詹事府詹事。

　　《四庫全書總目》卷八經部八易類存目二。62 中

四易通義六卷

　　明程觀生撰。其意以説《易》者多以我解《易》，而不能以《易》解《易》，故其義轉爲傳疏所淆，因作是編，以闡四聖相發明之旨。首列《橫圖方圖圓圖合參要旨》，次《卦象爻定詞微旨》，而于每卦每爻下各系錯綜互變所在以貫通之。其大旨主於明人事。《自序》謂時當大亂，非籍四聖之力不足以救。故每發一義，必舉今之非，而折衷于《易》理之是，類多隱切明季時勢立言，蓋亦楊萬里《易傳》之類。而釋《晉》之上九，乃極稱封建爲良法，且言天地一日不改，此法終不可易，則立論未免迂僻矣。觀生，字仲孚，徽州人。流寓嘉興。朱彝尊《詩話》中載其事實頗詳。

　　《四庫全書總目》卷八經部八易類存目二。68 上

像象管見九卷

　　明錢一本撰。一本，字國瑞，武進人。萬歷十一年進士。除廬陵知縣，徵授御史，上論相、建儲二疏，以剛直罷歸。研究六經，尤邃于《易》。是書不取京、焦、管、郭之説，亦不取陳摶、李之才之義，惟即卦爻以求象，即象以明人事，故曰像象。象者天道，像其象者盡人合天之道也。大旨謂由辭得象而後無虛懸説理之病，知象爲像①而後有神明默成之學，而深闢言象遺理，言理遺象，彷彿其象而仍不知所以爲象之弊。雖間有支蔓，而篤實近理者爲多。

　　《四庫全書總目》卷五經部五易類五。31 中

　　【校記】①知象爲像，《初目》原作"知像爲像"，非是。其書《例略》云："易者象也，象也者像也。"又云："知象爲像而後有神明默成之學。"提要即用其説，今據改。《總目》作"知象爲像"。

圖書紀愚一卷

　　明莆田阮琳撰。琳，字廷佩，號晶山，成、弘間諸生。是編首載《太極》、《河》、《洛》諸

20

圖,次及六十四卦横方圖,終之以五行生克。大率因前人已有之説。

《四庫全書總目》卷七經部七易類存目一。52 上

學易舉隅六卷

明戴廷槐撰。廷槐,長泰人。隆慶中貢生①。其説謂《易》自商瞿而後,斯道遂晦,至宋三子而後大明;而槩目漢魏以下至唐諸儒,爲不知《易》,未免失之太偏。且其謂日月爲《易》,亦本《緯書》②,而《六十四卦圓圖》即《參同契》六十卦周張布爲輿之説。采用其言,而復加輕詆,真數典而忘其祖矣。

《四庫全書總目》卷七經部七易類存目一。58 上

【校記】①貢生,《初目》原作"貢士",非是。《總目》作"貢生",是也,今據改。民國《長泰新縣志》卷十六《選舉志下》隆慶間貢生著錄云:"戴廷槐,二年恩貢。"卷二十有其小傳,亦云:"隆慶二年應恩貢,入南雍。"貢士爲中國古代中央一級科舉考試(會試)中試者之稱,而挑選府、州、縣生員(秀才)中成績或資格優異者,升入京師國子監讀書者,稱爲貢生。兩者有別。《初目》作"貢士"非是。　②本《緯書》,《總目》作"本《參同契》之文"。《周易參同契》云:"日月爲《易》,剛柔相當。"此即《總目》之本。《初目》下文又提到"《參同契》六十卦"云云,若作《緯書》,則前後失去照應,可見此處以《總目》義優。

周易旁注前圖①二卷

明朱允升撰。允升,休寧人。明太祖時官翰林侍講學士。於諸經皆有旁注,前人稱其於《易》最詳②。其書本十卷,冠以《前圖》上、下二篇。上篇自《河圖洛書合一圖説》,至《三十六宮圖説》,凡八圖。下篇則全録元蕭漢中《讀易考原》之文。萬歷中姚文蔚易其旁注列於經文之下,已非其舊。此本又盡佚其注,獨存《前圖》上、下二篇。允升記云:"漢中,字景元,泰和人。書成於泰定年間。"其人別無可考,惟附允升書以傳。今允升本書殘缺,而漢中書反完,其解《易》《卦序》實多精義,允升盛推之,非妄也。

《四庫全書總目》卷七經部七易類存目一。50 中

【校記】①周易旁注前圖,《總目》作"周易旁注圖説",似非。明朱睦㮮《授經圖義例》卷四、《明史》卷九十六《藝文志》、《經義考》卷四十九,今存《四庫全書》纂修官翁方綱、姚鼐所撰分纂稿等,均作《周易旁注前圖》。明賀復徵編《文章辨體彙選》卷三百十六有明朱同《周易旁注前圖序》。其書今存明刻本,也正作《前圖》二卷。　②最詳,《初目》原作"最祥",誤。兹據姚鼐《惜抱軒書録》卷一本書提要改。

三易洞璣十六卷

明黄道周撰。道周事迹具《明史》。其書以易卦配星象,星始箕終尾,易起《復》訖《坤》。星度三百六十五度四分度之一,散布三百八十四爻中,歷法、律法皆衷于此,推《易》與《詩》《春秋》相表裏。自三代迄宋元,脩短休咎所自來,與夫大地、山河、人身經脉,無一不與卦爻相準。蓋純以數言《易》者也。首載《略例》,後《宓圖》《文圖》《孔圖》經緯各三卷,《雜圖》《餘圖》《貞圖》經緯共七卷。

《四庫全書總目》卷一百八子部十八術數類一。919 上

胡子易演十八卷

明胡經撰。經，號前岡，廬陵人。嘉靖己丑進士。《明史·藝文志》載胡經《易演義》十八卷。此本但稱《易演》，疑史衍文也。其書用注疏本，移《乾象傳》"大明終始"三句於"乃利貞"之下，謂是《周易》古本得之於師者；《蒙卦》六爻皆主君臣。凡若此類，大約喜爲新說，張雲章謂其說"好與朱子異"是也，然以尋章摘句之學，於《易》理非有所深解，而故與先儒牴牾，亦徒見其乖剌矣。

《四庫全書總目》卷七經部七易類存目一。54下

易窺無卷數

明程玉潤撰。玉潤，字鉉吉，常熟人。萬歷癸丑進士。官郎中。朱彝尊《經義考》載程玉潤《周易演旨》六十五卷，與《明史·藝文志》合，而無《易窺》之名。林增志曰："玉潤，正叔夫子裔也。"倪長玗曰："程鉉吉潛心《易》學，取正叔先生傳而增益之。"今是書止《上》、《下經》，與程子《易傳》同。玉潤意在申暢程旨，故專主義理，發明人事，而訓詁則兼用後儒，其中圓融程、朱異同處甚多。卷首無標題，惟書口有"易窺"二字，疑即《周易演旨》。但此本止十册，而《演旨》有六十五卷，又似爲二書耳。

《四庫全書總目》卷八經部八易類存目二。63中

易象大旨八卷

明薛甲著。甲，字應登，江陰人。嘉靖己丑進士。官至江西按察司副使。其書經文之外，惟《彖傳》全文分列六爻之前，《象傳》則删大象而存小象，分綴六爻之下。《文言》、《繫辭》、《說卦》、《序卦》、《雜卦》則全删焉。大旨主於因象以明理。如解《訟卦》"元吉中正"，解《升卦》"亨於岐山"①之類，頗出新意。然如解《乾卦》"潛龍勿用"爲"泯思慮，忘知識"，解《坤卦》"括囊無咎"爲"將迎意必之私，一無所容於中"之類，則闌入元妙②之説矣。

《四庫全書總目》卷七經部七易類存目一。54中

【校記】①亨於岐山，《初目》原作"享於岐山"，非是。今據《總目》改。　②元妙，《總目》作"老莊"。

易義古象通八卷

明魏濬撰。濬，字蒼水，松谿人。萬歷甲辰進士。官至湖廣巡撫。其書大旨尚主乎象，欲以象攝理數之全。首有《明象總論》八篇。

《四庫全書總目》卷五經部五易類五。31下

古易世學十七卷

明豐坊撰。坊，字存禮，鄞縣①人。嘉靖二年進士，除禮部主事，免官家居，坐法竄吳中，改名道生。其才頗高，又善篆隸。因僞作諸經古文，別爲訓詁以欺世。此其一也。書中《正音》、《略說》、《傳義》，托之於遠祖稷、曾祖慶、父熙，而己自爲考補。其實皆坊一手所作，穿鑿附會，識者皆知其非，真亦可謂作僞心勞者已。

《四庫全書總目》卷七經部七易類存目一。54 上

【校記】①鄞縣，《初目》原作"觀縣"，誤。今據《總目》改。

周易贊義七卷

明馬理撰。理，字伯循，三原①人。正德甲戌進士。仕至南京光祿寺卿。謝病歸，著述甚富，四方請業者踵接於門，稱爲溪田先生。其書雖參用鄭元、王弼及程、朱二家之説，然大旨主於多引人事以明之。朱睦㮮《序》稱此書，"發凡舉例，闡微摘隱，博求諸儒異同，得十餘萬言"。原書十有七卷，其門人涇陽龐俊繕錄藏於家，河南左參政莆田②鄭絅爲付梓。今本止七卷，《繫辭上傳》以下③佚，朱彝尊《經義考》亦云已闕。

《四庫全書總目》卷七經部七易類存目一。52 下

【校記】①三原，《初目》原作"三元"，誤。《總目》作"三原"，是也。《明史》卷二百八十二《儒林傳》云："馬理，字伯循，三原人。"沈佳《明儒言行錄》卷四云："馬理谿田先生，字伯循，陝西三原人。"今據改。　②莆田，《初目》原作"蒲田"，誤。《總目》作"莆田"，是也。明凌迪知《萬姓統譜》卷一百七云："鄭絅，字子尚，莆田人。嘉靖己丑進士。"乾隆《福建通志》卷三十六《選舉·明進士》著錄嘉靖八年己丑羅洪先榜："莆田縣：鄭絅。"今據改。　③《繫辭上傳》以下，浙本《總目》同，殿本《總目》作"《繫辭上傳》以上"。《浙江採集遺書總錄》著錄本書云："《周易贊義》六卷《繫辭上傳》一卷。以下闕。"所説非常清楚。是所缺者爲《繫辭上傳》以下的內容，而非《繫辭上傳》以上的內容。其書今有明嘉靖三十五年鄭絅刻本，亦可證《浙江採集遺書總錄》著錄。是《初目》與浙本《總目》均不誤，殿本《總目》有誤。

易林疑説無卷數

明楊瞿崍撰。瞿崍，字稚實，晉江人。萬曆丁未進士。歷官提學副使。先是，瞿崍父著《易經蒙筌》，未就而卒。瞿崍承家學，考索諸家，有疑即爲之説。其論橫圖、圓圖、逆數、順數、八卦序次、五行生剋，大旨多宗邵子之學。朱彝尊《經義考》、《明史·藝文志》俱作十卷。今此本止三冊，不分卷，蓋後人所合併也①。

《四庫全書總目》卷八經部八易類存目二。62 中

【校記】①蓋後人所合併也，《總目》作"疑就其初成藁本傳寫者也"。

易學古經正義十二卷

明天門鄒元芝撰。蓋欲復《古經》篇次，經自爲經，傳自爲傳，亦朱子《本義》之意。其訓《易》以理爲主，如訓"井之渫"，由三得九而始清，訓《未濟》"曳其輪"，謂《乾》爲下體之主，不徒而乘，亦爲有見。然不免因仍舊説太多耳。

《四庫全書總目》卷八經部八易類存目二。69 中

玩易意見二卷

明王恕撰。恕，字宗貫，三原人。正統戊辰進士，官至吏部尚書，謚端毅。玩易者，恕所搆軒名也。其書以《上經》爲一卷，《下經》合《繫辭》爲一卷。取程傳、朱義之未洽於心者，

經部　易類　　　　　　　　　　　　　　　　　　　　　　四庫全書初次進呈存目

自出意見論之，故所解非《全經》。恕亦主義理之學，於文義有不可通者，輒疑經文有訛。張雲章謂其"意在匡弼程、朱，而不免師心立説者"是也。卷前《自序》在正德丙寅，恕時年已八十有一①，其用心則可謂勤矣。

《四庫全書總目》卷七經部七易類存目一。51下

【校記】①"八十有一"，《總目》作"九十一"。正德丙寅即正德元年，《明史》卷一八二列傳云："恕陳國家大政數事，帝優詔報之。正德三年四月卒，年九十三。"由此可推算出正德丙寅年間王恕應爲"九十有一"，《初目》誤。

周易獨坐談五卷

明新都洪化昭撰。昭自號曰北居士，故亦名《日北居獨坐談》。《明史·藝文志》載之，然無卷數。今本五卷，不知何人所分也。其説以《説卦》、《序卦》、《雜卦》三傳皆爲漢儒所增入，故置而不言，惟説《上》、《下經》、《繫辭》。然雜引古事，語皆粗鄙。如周公作歌招夷齊、夷齊答歌之類，雜以俳諧，殊乖説經之體。至謂文王八卦退《乾》於西北者，乃因岐在西北，意在以天自處，尤爲無理。

《四庫全書總目》卷八經部八易類存目二。65下

周易象義十卷

明章潢撰。潢，字本清，南昌人。搆此洗堂，聯同志講學。著作甚富。嘗主白鹿書院，學者稱斗津先生。被薦，遙授順天訓導。其書主於言象，故引張行成説，以駁晁公武主理之論。大抵以《漢上易傳》爲椎輪，雜引虞翻、荀爽九家《易》及李鼎祚、鄭東卿、林栗、項安世①、馮儀之、徐大爲、呂樸卿諸家，而參以己意。其取象之例雖多，然大旨不出本體、互體、伏體三者。張雲章謂其視熊過、來知德諸家較爲近理云。

《四庫全書總目》卷三經部三易類三。62上

【校記】①項安世，《初目》作"項安節"，誤。項安世有《周易玩辭》，已見前著錄。今據改。《總目》作"項安世"不誤。

周易古文鈔二卷

明劉宗周撰。宗周與漳浦黃道周，明末俱以善《易》名。道周長于數，宗周長于理。其學多由心得，故不盡墨守傳義。其刪《説卦》、《序卦》、《雜卦》三傳，猶先儒之説①。至於經文次序，每每以意移置，另分章句，雖有説可通，亦勇于竄易聖經矣。宗周，字起東，山陰人②，萬曆二十九年進士，崇禎中，官至左都御史。南都亡，絕粒死，事迹具《明史》。

《四庫全書總目》卷八經部八易類存目二。61下

【校記】①猶先儒之説，《總目》作"雖本舊説，已失先儒謹嚴之義"。　②山陰人，《初目》作"山人陰"。《明史》卷二百五十五《劉宗周傳》云："劉宗周，字起東，山陰人。"今據改。《總目》不誤。

易測十卷

明曾朝節撰。朝節，字植齋，衡州臨武人。萬曆丁丑進士，官至禮部尚書。是編取

《註》、《疏》、程《傳》、朱子《本義》及楊氏《易傳》之説,參伍其旨,惟解《上》、《下經》、《彖》、《象》、《文言》、《繫辭》,去《説卦》、《序卦》、《雜卦》①,而倣王弼《略例》之意,自以《説凡》一卷附于末。大旨主於觀辭玩占。一切卦圖、卦變之説,悉所不取,其立言頗爲簡明。至謂周公《象傳》自爲一書,與爻辭或合或不合,不可比而通之,則朝節之剏解也。

《四庫全書總目》卷八經部八易類存目二。59 上

【校記】①雜卦,《初目》作"雜卜",誤。今據《總目》改。

像抄六卷

明錢一本撰。一曰《啟新齋易象抄》,一曰《易象抄》。凡《卦圖》二卷,《附錄書札及雜吟》二卷,《上》、《下經解》二卷。一本講《易》,以象爲主,先撰《像象管見》,續成是書,就朱子《本義》所列九圖衍爲三十二圖。圖各有説,縱橫比對,自謂言象而理在其中。然孔子所謂"象者像也",即指卦爻。朱子所列九圖,後儒已不免異同,一本又從而衍之,雖《易》包萬象,推之皆有理可通,然究非聖人設教本旨也。

《四庫全書總目》卷八經部八易類存目二。59 下

四聖一心錄六卷

明錢一本撰。亦其説《易》之書。其大旨舍數而言理,其言理舍天而言人,其言人又舍事而言心,推闡之以至於性命。體例近乎語錄。其論亦多支離①,如謂許由讓王,爲能知河洛之道。又謂《序卦傳》爲格物之學,大抵皆無根之高論也。

《四庫全書總目》卷八經部八易類存目二。59 下

【校記】①亦多支離,《初目》作"亦支多離"。今據《總目》改。

易就六卷

明徐世淳著。世淳,字中明,嘉興人。萬歷中舉人,官隨州知州。書有張溥《序》,比之王弼、胡瑗、王安石三家,而語多微詞,頗寓不滿之意。光時亨則稱《易》當從己自①性徹入,不可依傍先儒。蓋世淳命意如此。故其書似儒家之語錄,又似禪家之機鋒,非説經正軌也。

《四庫全書總目》卷八經部八易類存目二。64 上

【校記】①己自,《總目》作"自己"。

易經頌十二卷

明陳仁錫撰。仁錫,字明卿,長洲人,天啓壬戌進士第三人,歷官國子監祭酒。是書多剖析字句,以發揮其文意,亦間與《本義》異同,大抵據文意斷之處多①,而研究古訓之處少。蓋仁錫文士,於經學本非專門也。

《四庫全書總目》卷八經部八易類存目二。64 下

【校記】①大抵據文意斷之處多,《總目》作"大抵據文臆斷之處多"。

易發八卷

明董説撰。説,字雨若,湖州人。嘗師事黃道周,後爲沙門,名南潛,往來蜀中。其論

《易》專主漢學,因京氏納甲之法,而變通其間。卦氣則本於《易緯·卦氣圖》,天易、地易以及按卦分度則本於《三易洞璣》。復爲圖二百四推明之,以盡其變,參伍錯綜,極爲詳備,其生平用力甚深。然如《飛龍訓》一篇,歷引堯、禹、周、孔,謂皆以飛龍治萬世,而復舉《圓覺》、《道德》二經以爲釋迦、老子亦然,未免援儒入墨。又《黃鸝河洛徵》,謂黃鸝一聲,即《河》、《洛》之全機大用。《杏葉飛龍表》,謂黃鐘之律爲杏葉之正位。其說皆近於怪誕,蓋辨博則有之,非說《易》之正軌也。

《四庫全書總目》卷八經部八易類存目二。68 上

大易衍說無卷數

明人。《大易衍說》原本不分卷,亦未著撰人姓氏,隨文敷衍,乃鄉塾之講義,無所發明。

《四庫全書總目》卷八經部八易類存目二。69 下

洗心齋讀易述十七卷

明潘士藻撰。士藻,字去華,號雪松,婺源人。萬歷癸未進士,官至尚寶司少卿。其書《上》、《下經》十卷,《繫辭》至《雜卦》七卷。每條皆先發己意,而采綴諸儒之說於後。前有焦竑《序》,稱主理莫備於房審權,主象莫備於李鼎祚[①],士藻裒而擇之。則所據舊說,惟采《周易義海》、《周易集解》二書。然大旨多主於義理,故取《義海》者較多,《集解》[②]所載如虞翔、干寶諸家涉於象數者,率置不錄。蓋以房書爲主,而李書輔之也。案《義海》一百卷久佚,今所存者乃李衡《撮要》十五卷,非其舊本,竑《序》云云,豈萬歷中舊本猶存耶?然《宋志》已不著錄。陳振孫《書錄解題》亦云惟見四卷,其一百卷者未見,士藻安得而見之,竑殆夸飾之詞歟?

《四庫全書總目》卷五經部五易類五。31 上

【校記】①主象莫備於李鼎祚,《初目》"於李鼎祚"上原缺三字。文淵閣《四庫全書》書前提要作"主數莫備於李鼎祚",《總目》作"主象莫備於李鼎祚"。焦竑《讀易述序》及《經義考》等,均作"主象莫備於李鼎祚",今據補。　②"故取《義海》者較多,《集解》",《初目》原作"故取《義海》者較其《集者》",義不可解,今據《總目》改。

周易訂疑十卷序例一卷易學啓蒙訂疑四卷周易本義原本十二卷

國朝董養性撰。其說皆以朱子爲宗[①],自謂用力三十餘年,乃成此數編。然其所訂正者,皆村塾講義之說也。養性,字邁公,樂陵人。

《四庫全書總目》卷七經部七易類存目一。50 上

【校記】①以朱子爲宗,《初目》作"朱朱子爲宗"。今據《總目》改。

易說一卷

國朝吳汝惺撰。所論十五事,皆闡發宋儒舊說,《自序》中謂漢儒所傳三《禮》不可盡信,而致疑邵子之說,蓋亦不主圖書之學者。汝惺,字匪席,德州人。

《四庫全書總目》卷十經部十易類存目四。82 下

心易一卷

國朝戴天恩撰。自太極至八卦變六十四卦,爲圖十五,而各爲説於其後。卷末爲《象説》、《字義》、《統義》三編。其所圖所説,皆前人所有,而《統義》亦無所發明。前有康熙癸巳《自序》。天恩,字福承,蕭山人。

《四庫全書總目》卷九經部九易類存目三。78 下

空山易解四卷

國朝牛運震撰。運震,字階平,號真谷,滋陽人。雍正癸丑進士,官陝西平番縣知縣。其學博涉羣書,於金石考據爲最深,經義亦頗研究。是編務在通漢、晉、唐、宋爲一,然大旨主理不主數,故於卦氣、直日及虞翻半象、兩象等説,皆排抑之。是仍一家之學,不能疏通衆説也。

《四庫全書總目》卷十經部十易類存目四。82 上

周易説略四卷

國朝張爾岐撰。爾岐,字稷若,濟陽人,篤守朱子之學,病俗師謬誤,因作此書,以發明《本義》之旨。内惟第四卷分爲二,故亦作五卷。李焕章作《爾岐傳》云八卷者,誤也。

《四庫全書總目》卷九經部九易類存目三。71 下

圖書辨惑一卷

國朝黃宗炎撰。宗炎,字晦木,餘姚布衣。其説以《易》之圖學非古,自唐以前注疏諸家未嘗一言,故作此書以辨之。至謂陳希夷所云《河圖》、《洛書》乃養生馭氣之術,與《易》之道截然無關;周子之《太極圖説》,圖則雜以仙真,説則冒以《易》道,其學全得於老、莊、朱子,從而分析之,則更流於釋。有激而言,掊擊未免過當。然《河圖》、《洛書》,歐陽修疑之於前,薛季宣辨之於後,宋人已多有異同,宗炎之説亦未爲無稽之談也。

《四庫全書總目》卷六經部六易類六。36 下。《總目》將此書與作者《周易象辭》二十一卷、《尋門餘論》二卷合編。

易傳四卷

伊川程子撰。卷首有元符二年《自序》。考程子以紹聖四年編管涪州,元符三年遷峽州,則當成於編管涪州之後。王偁《東都事略》載是書作六卷,《宋史·藝文志》作九卷,《二程全書》通作四卷。考楊時《跋語》,稱"伊川先生著《易傳》,未及成書。將啓手足,以其書授門人張繹。未幾繹卒,故其書散亡,學者所傳無善本。謝顯道得其書於京師,以示余。錯亂重複,幾不可讀。東歸待次毘陵,乃始校正,去其重複,逾年而始完"云云,則當時本無定本,故所傳各異耳。其書但解《上》、《下經》及《彖》、《象》、《文言》,用王弼注本。以《序卦》分置諸卦之首,用李鼎祚《周易集解》之例。惟《繫詞傳》、《雜卦傳》無注,董真卿云亦從王弼。今考程子與謝金夫書[①],謂"《易》當先讀王弼、胡瑗、王安石三家",謂程子有取於弼,不爲無據。謂不注《繫辭》、《雜卦》以擬王弼,則似未盡然。當以楊時草具未成之説爲是也。邵子以數言《易》,而程子此《傳》則言理,一闡天道,一切人事。蓋古人著書,務抒所見而止,不妨各明一義。其徒更相排詆,後儒亦互有抑揚,皆門户之見也[②]。

《四庫全書總目》卷二經部二易類二。6 下

【校記】①與謝金夫書，《總目》作"與金堂謝湜書"。　②《初目》本篇多有殘缺，《總目》與此大致相同，遂據以補出。

關氏易傳一卷

題云天水趙蕤注。關朗，字子明，北魏河東人。蕤，唐梓州鹽亭人，即撰《長短經》者，李白嘗師事之。是書隋、唐《志》不錄，宋《中興書目》始有之，云："阮逸詮次刊正。"項安世曰："唐李鼎祚《易集解》盡備前世諸儒之說，獨無所謂關子明者，蓋阮逸僞書也。"何薳《春渚紀聞》及紹博①《聞見後錄》皆云"逸嘗以僞撰之稿示蘇洵"，則安世之言審矣。

《四庫全書總目》卷七經部七易類存目一。48 中

【校記】①邵博，《初目》作"紹博"，誤。邵博《聞見後錄》有《四庫全書》本，今據改。

周易塵談無卷數

原本不分卷，亦不著撰人姓氏。朱彝尊《經義考》載孫應龍有《周易塵談》十二卷，疑此本是也。應龍，字海門，餘杭人。順治丁亥進士，官隰州知州。其書多引先儒語錄，排比成文，或標曰傳，或標曰注，或標曰解。每章之中，三名叠見，義例叢脞，亦莫得而詳焉。

《四庫全書總目》卷九經部九易類存目三。71 下

易象與知編一卷圖書合解一卷

題曰天散道人①撰，不知何許人也。其書專論《河圖》、《洛書》、八卦方圓圖位及對待流行之義、五行②生成之理。大抵剿集舊說，鈔合成帙。

《四庫全書總目》卷八經部八易類存目二。70 上

【校記】①天散道人，《總目》作"天山道人"。　②五行，《初目》原作"五六"，今據《總目》改。

易互體例一卷

題曰《方舟先生易學》，門人劉伯熊編，不著姓名。明焦竑《經籍志》有李石《方舟集》五十卷，蓋石所撰也。此書原在集中，其集已佚，故《易》學及左氏諸例俱單行於世。今石遺文尚散見《永樂大典》中，其於《互體例》亦題曰"李石《方舟集》"，其爲石所撰蓋無疑矣。其書前有《自序》，以爲八卦相資爲用，以三而五而五行互體，以六而八而八卦互體。若非互體則《易》之變化內外、上下不相應。數有所窮，數窮則生成之理或熄。因取《說卦》占象與卦爻相通者爲互體，以應天地五行之數，卷後復附以《象統》、《明閏》二篇，蓋主於象數之學者。

《四庫全書總目》卷七經部七易類存目一，作《方舟易學》。48 中

書類

尚書詳解五十卷_{庶吉士汪如藻家藏本}

宋陳經撰。經，字顯之，《姓譜》云："字正甫，安福人。慶元中進士，官奉議郎，泉州泊

幹。"南宋之末，蔡《傳》已行，而此書多取古疏，間出新意，與蔡《傳》頗異。唯以後世之事證古經，雖本程氏說《易》之例，然如解說築傳巖條引伊川訪董五經事，似覺非體。又論舜放四凶云"欲安其居止，俾無所憂愁"，則於聖人懲惡之義亦有未協。前有《自序》曰"今日語諸友以讀此書之法，當以古人之心求古人之書①。吾心與是書相契而無間，然後知典謨訓誥誓命皆吾心中之所有，亦吾日用之所能行"云云，尤近於陸九淵"六經注我"之意，其爲金谿之學者歟？然其字疏句櫛，疏證詳明，於經義要不爲無補也。

《四庫全書總目》卷十一經部十一書類一。94 中

【校記】①當以古人之心求古人之書，《初目》作"當以求人之心求古人之心"，非是。今據陳經《自序》及《總目》改。

書説三十五卷

宋呂祖謙撰，其門人時瀾增修。《通考》云十卷，趙希弁《讀書附志》云六卷，悉與此不合。蓋彼乃祖謙原書未經時瀾所補者，其時尚未成編，傳鈔者隨意分卷，故二家亦互異耳。祖謙原書始《洛誥》，終《秦誓》。其《召誥》以前，《堯典》以後，則門人雜記之語錄，頗多俚俗。瀾始刪潤其文，成二十二卷。又編定原書爲十三卷，合成是編。王應麟云："林少穎《書説》至《洛誥》而終，呂成公《書説》自《洛誥》而始。"蓋之奇受學于呂居仁，祖謙又受學於之奇，本以終始其師說爲一家之學，而瀾之所續則又終始祖謙一人之說也。瀾，婺之清江人，厲鶚《宋詩紀事》收其詩一篇，而不能舉其仕履。考周必大祭瀾文，稱"從政郎差充西外睦宗院宗學教授"，而瀾《自序》則稱以西邸文學入三山監丞，蓋作是書時爲監丞，其後則以教授終也。吳師道曰：清江時①

《四庫全書總目》卷十一經部十一書類一。92 中

【校記】①吳師道曰清江時，《初目》以下缺文。《總目》作："吳師道曰：'清江時鑄字壽卿，呂成公同年進士，與弟銀率羣從子弟十餘人悉從公遊，若灃、若瀾、若涇，尤時氏之秀。成公輯《書説》，瀾以平昔所聞纂成之，今所行《書傳》是也。'然則是書一名爲《書傳》矣。又朱彝尊《經義考》是書三十五卷之外，又別出時瀾增修《書説》三十卷，並註曰存。今三十卷者未見，不知所據何本也。"

尚書説七卷

宋黃度撰。度，字文叔，號遂初，新昌人。登紹興進士，寧宗時爲御史。嘗劾①韓侂胄誤國，又劾内侍楊舜卿、陳源，又奏吳曦必反，以正直稱。累官禮部尚書、龍圖閣學士。諡宣獻。陳振孫《書錄解題》稱其篤學窮經，老而不倦。晚年制閫江淮，著述不輟。時得新意，往往晨夜叩書塾，爲友朋道之。其勤摯如此。所註有《書説》、《詩説》、《周禮説》。《詩》、《周》說今佚，惟《書説》僅存。此本乃明呂光洵與唐順之所校。前有光洵《序》，述度始末甚詳。當度之時，吳棫《書埤傳》始出，未爲世所深信，尚不知孔安國《傳》出於梅賾託名。故度作是編，其訓詁一以孔《傳》爲主。然梅賾當東晉之初，去古未遠，先儒舊義，往往而存。註《尚書》者要於諸家爲最古，度依據其文，究勝後來之臆解。至於推論三代興衰治亂之由，與夫人心、道心、精一、執中、安止、惟幾、綏猷、協一、建中、建極諸義，亦皆深切著明。以義理談經者固有取焉。

《四庫全書總目》卷十一經部十一書類一。92下
【校記】①劾，《初目》作"刻"，誤。今據《總目》改。

書說一卷

宋鄭伯熊撰。僅二十九條。其書多抒己議，不依文解詁。陳亮《龍川集》載有是書之《序》，稱與從事科舉者誦之，則亦當時程試之書。此本不載亮《序》，而有嘉定癸未雲谷胡氏一《序》，稱伯熊遠紹伊洛，而是書能探聖賢之心，識孔子之意，未免溢美之詞矣。伯熊，字景望，永嘉人。紹興十五年登第，歷官吏部郎，兼太子侍讀、宗正少卿，以直龍圖閣知寧國府。卒諡文肅。

《四庫全書總目》卷十一經部十一書類一，作《鄭敷文書說》。90下。《四庫全書》未收此書，殿本《總目》亦缺此篇提要。

讀書叢說六卷

元許謙撰。謙，字益之，號白雲，其先京兆人，由平江徙金華。受學於金履祥，屢徵不就。後賜諡文懿。是書大致似黃鎮《尚書通考》，而於名物度數之外兼銓義理。其論"七政"與蔡《傳》異，論"律呂"、"相生"，根柢《史記》、《漢書》，兼采註疏，亦不盡與蔡《傳》同。前有謙《自序》及張樞《序》。刻本久佚，外間輾轉傳抄，第二卷脫四頁，第三卷脫二頁，第五卷脫四頁，第六卷脫四頁，無從補正，今亦仍之。

《四庫全書總目》卷十二經部十二書類二。96下

書纂言四卷

元吳澄撰。古文《尚書》自貞觀敕作《正義》以後，終唐世無異說。宋吳棫及朱子始稍稍疑之。然言性、言心、言學之語，宋人據以立教者，其端皆發於古文，定以爲僞，則頗礙道學之源流，故亦無肯輕議者。其欲分編今文、古文，則自趙孟頫始。其毅然專釋今文，則自澄始。澄之《序》雖謂晉世晚出之書，別見於後。而此四卷以外，毫未釋古文一篇。朱彝尊以作①《詩疑》舉歷代相傳之古經肆意刊削者比。惟其顛倒錯簡，皆以意自爲，且不明言所以改竄之故，若經文舊本本如是者，然是則沿宋人改經之習，而變本加厲耳。

《四庫全書總目》卷十二經部十二書類二。96中
【校記】①作，《總目》此字作"非"，是也。

尚書通考十卷

元黃鎮成撰。鎮成，字元鎮，邵武人。以薦授江南儒學提舉，未上而卒。其書徵引舊說，以考四代之名物典章，而間附以論斷，頗爲詳備。其中如論閏月而牽及後代司天之書，論律而旁引京房之法，論樂而臚陳自漢至宋之樂名，皆與經義無關，失之汎濫。其他四仲、五品、五教、九疇、六府、三事之類，皆經有明文而複登圖譜，別無發明，亦爲冗瑣。又全書皆數典之文，而"曰若稽古"一條獨參訓詁，尤爲例不純。似乎隨筆記錄之稾，未經刊潤成書者。然朱子嘗言：欲作《書說》，如制度之類，衹以疏文爲本。是書雖涉煩蕪，固即朱子之志，於考證未爲無補也①。

《四庫全書總目》卷十二經部十二書類二。97 中

【校記】①"然朱子嘗言"以下，文淵閣、文溯閣、文津閣《四庫全書》書前提要同。《總目》則刪朱子之言，而引王應麟《困學紀聞》語並黃鎮成《自序》等，與此有別。

書傳纂疏六卷

元陳櫟撰。櫟，字壽翁，號定宇，新安人。宋亡之後隱居三十八年。迨延祐甲寅年六十三，復出應試。中浙江鄉試陳潤祖榜第十六名，以病不及會試。越二年上書干執政，不報，遂終於家。年八十有三。事迹具《元史·儒林傳》①。《四書大全》②中所稱新安陳氏，即其人也。是編以疏通蔡《傳》之意，故命曰"疏"；以纂輯諸家之説，故命曰"纂"。又以蔡《傳》本出朱子指授，故第一卷特標朱子訂正之目。每條之下必以朱子之説冠于諸家之前，間附己意，則題曰"愚謂"以別之。考櫟別有《書説折衷》③，成于此書之前，今已散佚，惟其《序》尚載集中，稱"朱子説《書》，謂通其可通，毋強通其所難通。而蔡氏於難通罕闕焉，宗師説者固多，異之者亦不少。予因訓子，遂撮朱子大旨及諸家之得經本義者，句釋于下。異同之説，低一字折衷之"云云，則櫟之説《書》，亦未嘗株守蔡《傳》，而是書之作乃於蔡《傳》有所增補，無所駁正，與其舊説迥殊。《自序》稱"聖朝科舉興行，諸經四書一是以朱子爲宗，《書》宗蔡《傳》，固亦宜然"云云，蓋延祐設科以後，功令如斯，故不敢有所出入也。

《四庫全書總目》卷十二經部十二書類二，作《尚書集傳纂疏》。96 中。文淵閣《全書》作《書集傳纂疏》。

【校記】①儒林傳，《總目》作"儒學傳"，是也。《元史》作"儒學傳"。　②《四書大全》，文淵閣《四庫全書》書前提要、《總目》均作"董鼎《書傳纂注》"。董鼎，元初人，其書有元武宗至大元年戊申十二月《序》。《四書大全》爲明胡廣等撰，時代在董鼎《書傳纂注》之後，故書前提要等作了修改。　③書説折衷，陳櫟自稱作"書解折衷"，《四庫全書》本陳櫟《定宇集》卷一有《書解折衷自序》，其《尚書蔡氏集傳纂疏自序》亦云"嘗編《書解折衷》，將以羽翼蔡《傳》"。

書蔡傳旁通六卷

元陳師凱撰。師凱，家彭蠡，故自題曰東匯澤。其始末則不可得詳。此書成於至治辛酉。以鄱陽董鼎《尚書輯録纂注》本以羽翼蔡《傳》，然多採先儒問答，斷以己意，大抵辨論義理，而於天文、地理、律歷、禮樂、兵刑、龜策、《河圖》、《洛書》、道德、性命、官職、封建之屬，皆在所略。遇《傳》文片言之賾，隻字之隱，讀者不免囁嚅齟齬，因作是編。於名物度數蔡《傳》所稱引而未詳者，一一博引繁稱，析其端委。其蔡《傳》岐誤之處，則不復糾正。蓋如孔穎達諸經《正義》，主於發揮注文，不主於攻駁注文也。於窮經考古之學固爲未逮，但以蔡《傳》言之，則固亦初學之津梁矣。

《四庫全書總目》卷十二經部十二書類二。97 下

讀書管見二卷

元王充耘撰。充耘，字耕野，吉水人。元統甲戌進士，授承務郎，同知永新州事。後棄官養母，著書授徒，因成是編。所説與蔡氏多異同。其中如謂《堯典》乃《舜典》之緣起，本爲一

篇,故曰《虞書》;謂"九族既睦",既當訓盡;謂"象以典刑",爲各象其罪而加之,非垂象之意;謂"逆河",以海潮逆入而得名,皆非故爲異説者。至於《洪範》錯簡之説,《伊訓》改正不改月之辨,尚未能糾正。所附《周不改月惟魯史改月》一條,尤爲强詞。大醇小疵,要當别白觀之耳。又《禹貢篇》"嶧陽孤桐"一條,語不可解。梅鷟跋稱此書得之西皋王氏,寫者草草,其末尤甚。此條疑亦當時所訛脱也。

《四庫全書總目》卷十二經部十二書類二。97下

尚書纂傳四十六卷

元王天與撰。天與,字立大,梅浦人。大德二年以薦授臨江路儒學教授。蓋天與爲贛州路先賢書院山長時,憲使臧夢解①以是書申臺省,得聞於朝,故有是命也。是書雖以孔安國傳、孔穎達疏居先,而附以諸家之解。其大旨則以朱子爲宗,而以真德秀説爲羽翼。蓋朱子考論羣經,以《書》屬蔡沉,故天與以蔡氏《傳》爲據。德秀則《書説精義》以外,復有《大學衍義》一書,所言與虞、夏、商、周之大經大法多相出入,故天與亦備采之。其進退諸家亦以二人之説爲斷,《自序》所謂"期與二先生合而已,不敢以私意去取",蓋道其寔也。所説於名物訓詁多有闕略,而闡發義理頗爲醇備②,固不失爲謹守繩墨之書也。

《四庫全書總目》卷十二卷經部十二書類二。98上

【校記】①臧夢解,文淵閣本《四庫全書》書前提要,《總目》作"臧夢麟"。按此書《通志堂經解》本書前納蘭容若《序》稱"大德中鄞人臧夢解爲憲使,以其書上於朝,得授臨江路儒學教授"。臧夢解,《元史》卷一七七有傳,稱"大德元年,遷江西肅政廉訪副使"。是《總目》有誤。　②闡發義理頗爲醇備,書前提要、《總目》作"闡發義理則特詳"。

尚書疏衍四卷

明陳第撰。第,字季立,連江人。以諸生從軍,官至薊鎮遊擊。第見聞博洽,著作甚夥,焦竑極推重之。是編於《尚書》訓詁義理,多所發明。其論《舜典》"五瑞"、"五玉"、"五器"一條,謂不得以《周禮》釋虞禮,斥注疏家牽合之非,其理確不可移。論《武成》無錯簡,《洪範》非龜文,亦各有特見,足以破宋元以來轇轕附會之習。惟篤信孔安國古文,以吳棫及朱子疑之爲非,而於梅鷟《尚書考異》、《尚書譜》二書斥之尤力,是則沿襲舊聞,未之詳考。蓋今文、古文之分,至閻若璩①《尚書古文疏證》出,乃援據分明,更無疑義。自第以前,萌於吳棫《書埤傳》,著於陳振孫《書説》,而顯别於吳澄《書纂言》,然皆泛論於文體難易之間,未足以關辨者之口。梅鷟稍能考證,亦未精詳。第之斷斷而爭,固亦其所耳。

《四庫全書總目》卷十二經部十二書類二。100中

【校記】①閻若璩,《初目》作"閻若詩",誤。今據文淵閣《四庫全書》書前提要改。

古書世學六卷

明豐坊撰。其書亦僞爲古文而箋釋之。所謂遠祖稷之《正音》,曾祖慶之《續音》,父熙之《集説》及門生姚漁之《續考》,皆坊一人所假託也。又稱正統六年慶官京師,朝鮮使臣嫣文卿①、日本使臣徐睿入貢,乞得一《典》、二《謨》及《禹貢》、《盤庚》、《泰誓》、《武成》諸篇古本。考《英宗實錄》,並無此二使臣名,則其説之妄誕可知矣。

《四庫全書總目》卷十三經部十三書類存目一。109下

【校記】①嫣文卿，《初目》作"僞文卿"，今據《經義考》、《續文獻通考·經籍考》、《總目》等改。

書經直解十三卷

明張居正撰。居正事迹見《明史》。是書爲萬歷初進講所作。時神宗幼沖，故譯以常言，取其易解，於經義無所發明。

《四庫全書總目》卷十三經部十三書類存目一。110中

尚書揆一六卷

明鄒期楨撰。其説專主蔡《傳》，而雜引諸儒之説以發明之，蓋爲科舉而作。書成於萬歷丙辰，前有高攀龍《序》，又有《讀尚書六要》，其孫陞所述。國朝康熙庚戌，其門人顧宸《序》而併刊之。期楨，字公寧，無錫人。

《四庫全書總目》卷十四經部十四易類存目二。112中

書帷別記四卷

明王樵撰。樵嘗著《尚書日記》十六卷，説者稱其該洽。此書專爲科舉而作，曰《別記》者，所以別於《日記》也。書前舊有萬歷甲申《自序》，見朱彝尊《經義考》。此本不載，蓋偶佚之。

《四庫全書總目》卷十四經部十四易類存目二。111中

禹貢山川郡邑考四卷

明王鑑撰。鑑，字汝明，無錫人。嘉定乙丑進士，歷官太僕寺卿。其書以《禹貢》水道爲主，每條用水名標目，而歷引諸書所載源流分合於下。其名爲經文所無而見於蔡氏《傳》者，並附釋之。山名亦同此例。郡邑名則專取蔡《傳》所有者釋之。然地名僅載其沿革至到，山名引書亦頗略。惟水道稍詳備，而每條略加辨論考據，未臻該博，特大致尚爲簡明。按是書朱彝尊《經義考》失載其目，《無錫志》列鑑名於《文苑傳》，亦不言其著有此書，疑爲未經訂定之稿本也。

《四庫全書總目》卷十經部十易類存目四。110下

古文尚書疏證八卷

國朝閻若璩撰。若璩，字百詩，山陽人。自署太原，從郡望也。古文《尚書》自晉魏以來絕無師説，故左氏所引，杜預皆註曰"逸《書》"。東晉之初①，其書始出。孔安國《序》蕭統雖錄於《文選》，論道經邦之語明見《周官》，而劉勰作《文心雕龍》乃謂經無論字，是齊梁時猶未盛行也。自陸德明據以作《釋文》，孔穎達據以作《正義》，遂與伏生所記二十九篇②混合爲一。雖疑經惑古如劉知幾之流，亦以《尚書》一家列之《史通》，未信古文之僞。自吳棫始有異義，朱子亦稍稍疑之。吳澄諸人本朱子之説，相繼抉摘，其僞益彰，然未能條分縷析，以抉其罅漏。至若璩乃引經據古，一一陳其矛盾之故，而究其依託之根，古文之僞乃大定。雖

流傳既久，未可遽議變更，而若璩所列一百二十八條③，言言有據。毛奇齡作《古文尚書冤詞》八卷，百計舞文，務求相軋，而遁詞終至於窮，則亦莫得而廢者矣。其書初成四卷，餘姚黃宗羲④《序》之。其後四卷，又所次第續成。若璩沒後，傳寫佚其三卷⑤。其二卷第二十八條、二十九條、三十條、七卷第一百二條、一百八條、一百九條、一百十條、八卷第一百二十二條至一百二十七條，皆有錄無書。編次後先，亦未歸條理，蓋猶草創之本。然反復釐剔，俾作僞者，幾無遁情，亦足祛千古之疑矣。若璩貫串諸經，其釋《禹貢》地理，多正傳註之悞，引淹中遺禮，可廣吳澄《逸經》所未備，所著《四書釋地》尤精核絕倫。國朝考證之學遠逾前代，實若璩與顧炎武、朱彝尊諸人爲之嚆矢云。

《四庫全書總目》卷十二經部十二書類二。101下

【校記】①東晉之初，《初目》作"東晉之書"。今據《總目》改。　②二十九篇，《初目》作"二十八篇"，非是。《漢書》卷八十八《儒林·伏生傳》云："漢定，伏生求其書，亡數十篇，獨得二十九篇。"《總目》作"二十九篇"不誤，今據改。　③一百二十八條，《初目》作"二十八條"，非是。其書所考訂即一百二十八條，《總目》不誤，今據改。　④黃宗羲，《初目》作"黃羲"，誤。今據《總目》改。　⑤三卷，《總目》作"第三卷"。其書所佚爲第三卷，即第三十三至第四十八條。

詩類

韓詩外傳十卷

漢韓嬰撰。嬰，燕人，文帝時爲博士，景帝時至常山太傅①。《漢書·藝文志》有《韓故》三十六卷、《韓內傳》四卷、《韓外傳》六卷、《韓說》四十一卷，世遠散佚。《隋志》、《唐志》惟載《外傳》十卷，即今本也。其書雜引古事古語，證以《詩》詞，與《經》義不相比附，故曰《外傳》。所采多與周秦諸子相出入，而《家語》及《晏子春秋》爲多。班固稱其"取《春秋》，采雜說，咸非本義。與不得已"，蓋譏之也。中間如"阿谷處女"一事，洪邁《隨筆》已議之。他如稱"彭祖名並堯禹"，稱"長生久視"，稱"天變不足畏"，稱"《韶》用干戚"、"舜兼二女爲非"，稱"荆蒯芮僕不恒其德"，語皆有疵。謂"柳下惠殺身以成信"，謂"孔子稱御說恤民"，謂"'舜生於鳴條'一章爲孔子語"，謂"輪扁對楚成王"，謂"冉有稱吳、楚、燕、代伐秦王"，皆非事實。顏淵、子貢、子路言志事與申鳴死白公之難事，一條而先後重見，亦失簡汰。然其中繭絲、卵雛之喻，董仲舒取之爲《繁露》。君羣、王往之訓，班固取之爲《白虎通》。精理名言，往往而有，不必盡以訓詁繩也。是書之例，每條必引《詩》詞，而未引《詩》二十八條；又"吾語汝"一條，起無所因，均疑有脫文。李善注《文選》引其漢臯二女事，韓鄂《歲華紀麗》引其草衣之花五出語，今本亦皆無之，蓋併有脫簡矣。

《四庫全書總目》卷十六經部十五詩類二。136中

【校記】①景帝時至常山太傅，《總目》作"武帝時至常山太傅"，非是。《漢書》卷八十八《儒林傳》作景帝時。

詩考一卷

宋王應麟撰。《隋書·經籍志》云："《齊詩》魏代已亡，《魯詩》亡於西晉，《韓詩》雖存，

無傳之者。"今三家詩惟《韓詩外傳》僅存,所謂《韓故》、《韓內傳》、《韓説》者,亦並佚矣。應麟檢諸書所引,集以成帙,曰《韓詩》,曰《魯詩》,曰《齊詩》,以存三家逸文。又旁搜廣討,曰《詩異字異義》,曰《逸詩》,以附綴其後。每條各著其所出。所引《韓詩》較夥,齊、魯二家僅寥寥數條,蓋韓最後亡,唐以來註書之家引其説者多也。卷末別爲補遺,以掇拾所缺。其蒐輯頗爲勤摯,明董斯張嘗摘其遺漏十九條,其中《子華子》"清風婉兮"一條,本北宋僞書,不得謂之疏略。近時會稽范家相因應麟之書撰《三家詩拾遺》十卷。其所採録,又多斯張之所未蒐。併摘應麟所録《逸詩》,如《楚詞》之《駕辨》,夏侯元《辨樂論》之《網罟》①、《豐年》,《穆天子傳》之《黃竹》,《吕氏春秋》之《燕燕》、《破斧》,葛天《八闋》,《尚書大傳》之《晳陽》、《南陽》、《初慮》、《朱于》、《苓落》、《歸來》、《縵縵》,皆子書雜説,且不當録及殷以前,所言亦不爲無理。然古書散佚,蒐採爲難,後人踵事增修,較創始易於爲力。筆路襤縷,終當以應麟爲首庸也。

《四庫全書總目》卷十五經部十五詩類一。125 下

【校記】①網罟,《初目》作"綱罟",誤。今據《詩考》原文改。

詩地理考六卷

宋王應麟撰。凡國邑地名見於《詩》辭與毛、鄭説者,悉表目以釋之。經傳相間,各隨文先後解之。其《序》則別爲一卷。考《小序》本自別行,毛萇始析置三百十一篇之首。朱子作《詩集傳》,乃又合之附於書末而爲之辨。此本以《序》居後,蓋從朱子本也。

《四庫全書總目》卷十五經部十五詩類一。126 上

詩總聞二十卷

宋王質撰。質,字景文,興國人。博通經史,善屬文。紹興三十年進士,官至樞密院編修,出通判荆南府,改吉州,皆不行。此書取《詩》三百篇,每章説其大義,復有《聞音》、《聞訓》、《聞章》、《聞句》、《聞字》、《聞物》、《聞用》、《聞跡》、《聞事》、《聞人》,凡十門。每篇爲《總聞》,又有《聞風》、《聞雅》、《聞頌》,冠於"四始"之首。自漢以來,説《詩》者多依《小序》,蘇轍《詩傳》始去取相半,其廢《序》言《詩》,則鄭樵唱而質和之也。質自謂覃精研思幾三十年始成是書。吳興陳日强序而鋟之富川,稱其"以意逆志,自成一家"。雖間涉穿鑿,亦可謂苦心立言者矣。

《四庫全書總目》卷十五經部十五詩類一。122 下

毛詩集解二十五卷

宋段昌武撰。昌武,字子武,廬陵人。始末無考,惟書首載其從子維清《請給據狀》稱"先叔朝奉昌武以《詩經》而兩魁秋貢,以累舉而擢第春官"而已。其書首載《學詩總説》,分《作詩之理》、《寓詩之樂》、《讀詩之法》三則。次載《論詩總説》,分《詩之世》、《詩之次》、《詩之序》、《詩之體》、《詩之派》五則,餘皆依章疏解,大致仿吕祖謙《讀書記》,而詞義較爲淺顯。原書本三十卷,陸元輔謂明時朱睦㮮嘗得宋刻,後没於汴梁之水。此本爲孫承澤家所鈔,僅存二十五卷。其《周頌·清廟之什》以下,並已脱佚,不可復補矣。舊本題《叢桂毛詩集解》,蓋以所居之堂名之。至"昌武"之名,焦竑《經籍志》作"文昌",朱睦㮮《授經圖》作

"武昌",蓋皆傳寫之訛,不足據也。朱彝尊《經義考》載是書三十卷,注曰"闕"。又別載《讀書總說》①一卷,注曰"存"。《讀詩總說》今未見傳本,而卷首《學詩總說》、《論詩總說》實在原目三十卷之外,疑即所謂《讀詩總記》者。或一書而彝尊誤分之,或兩書而傳寫誤合之,則莫可考矣②。

《四庫全書總目》卷十五經部十五詩類一。125 上

【校記】①讀詩總說,《初目》作"讀書總說",誤。今據《經義考》改。《總目》不誤。
②"三十"以下,《初目》原缺,兹據《總目》補。

詩集傳二十卷

宋蘇轍撰。其說以《詩》之《小序》反復繁重,類非一人之詞,疑爲毛氏之學,衛宏之所集錄。因惟存其發端一言,而以下餘文,悉從刪汰。案《詩》之《小序》,舊說多稱子夏,程子以《大序》出孔子,《小序》出國史。王得臣作《麈史》,併以《小序》第一句爲出孔子。考王應麟《韓詩考》所載如"《關雎》,刺時也"、"《芣苢》,傷夫有惡疾也"、"《漢廣》①,悅人也"、"《汝墳》,辭家也"、"《蟋蟀》,刺奔女也"、"《黍離》,伯封作也"、"《雨無極》,正大夫刺幽王也"、"《賓之初筵》,衛武公飲酒悔過也",其體例與今《小序》同。是《韓詩》有《韓詩》之序。又蔡邕書《石經》,悉本《魯詩》,邕作《獨斷》,所載《周頌》三十一章,其序之體例與今《小序》亦同,是《魯詩》有《魯詩》之序。轍斷《小序》爲毛氏之學,不爲無見。史傳言《詩序》者以《後漢書》爲近古,而《儒林傳》稱"謝曼卿善《毛詩》,乃爲其訓"。衛宏從曼卿受學,因作《毛詩序》,轍謂衛宏所集錄,亦不爲無徵。唐成伯璵②作《毛詩指說》,雖亦以《小序》爲出子夏,然其言曰"眾篇之《小序》,子夏惟裁初句耳。《葛覃》,后妃之本也,《鴻雁》,美宣王也,如此之類是也。其下皆大毛公自以《詩》中之意而繫其詞"云云,然則惟取序首一句,伯璵已先言之,不自轍矣。厥後王得臣、程大昌、李樗皆以轍說爲祖,有由也。轍《自序》又曰:"獨採其可者見於今傳,其尤不可者皆明著其失。"則轍於毛氏之學蓋亦不激不隨,務持其平者。而朱翌《猗覺寮雜記》乃曰"蘇子由解《詩》不用《詩序》",亦未識轍之本志矣。

《四庫全書總目》卷十五經部十五詩類一。121 下

【校記】①漢廣,《初目》作"江廣"。按《詩經》無《江廣》篇,王應麟《詩考》作"漢廣",今據改。《總目》作"漢廣"。 ②成伯璵,《初目》作"成瑜";下文云"伯璵",《初目》作"伯瑜",均非是。成伯璵《毛詩指說》收入《四庫全書》,今據改。《總目》不誤。

詩緝三十六卷

宋嚴粲撰。粲,字坦叔,邵武人。官清湘令。是書以呂祖謙《讀詩記》爲主,而雜采諸說以明之。舊說有未安者,則斷以己意。如論《大》、《小雅》之別,特以其體不同,較《詩序》"政有大小"之說,於理爲近。又如《邶》之《柏舟》,舊以爲賢人自比,粲則以"柏舟"爲喻國,以"汎"爲喻無維持之人①。《干旄》之"良馬四之、五之",舊以爲良馬之數,粲則以爲乘良馬者四五輩,見好善者之多。《中谷有蓷》,舊以"蓷"之暵乾喻夫婦相棄,粲則以歲旱艸枯,由此而致離散。凡若此類,皆深得詩人本意。至于音訓疑似,名物異同,考証尤爲精核,非空談解經者可比。

《四庫全書總目》卷十五經部十五詩類一。125 中

【校記】①以"汎"爲喻無維持之人,《總目》作"以'汎汎'爲喻無維持之人"。

毛詩集解四十二卷

宋李樗、黃櫄二家講義也。樗,字若林,著《毛詩詳解》三十六卷。櫄,字實夫,著《詩解》二十一卷。二人皆閩之名儒,故後人合而訂之。而李泳所校呂祖謙《釋音》亦附錄焉。陳振孫稱《詩解》博采諸家訓釋名物文義,采用己意爲論斷。今觀二家之例略同,櫄則尤于樗解未安處互爲引駁。如論《詩序》,樗取蘇氏之説,櫄則兼用王、程。論《相鼠》,樗取歐陽之説,櫄則别伸新意。其中雖不無過于偏駁之病,而疏證明白,考據家寔可取資焉。櫄淳熙中以舍選入對,升進士丙科,官南劍教授。樗自號迂仲,呂本中之弟子,常領鄉貢,學者稱爲迂齊先生。泳,字深卿,亦閩人。

《四庫全書總目》卷十五經部十五詩類一。122 上

詩傳通釋二十卷

元劉瑾撰。瑾,字公瑾,安福人。是書以《朱子集傳》爲宗,兼採諸儒之義,而亦間有所獨得。如於《周南·詩序》疑《公羊》陝東西之説,及《何彼穠矣》之詩疑齊侯或爲僖公諸説①,俱能與《集傳》相發明。又考正諸國世次、作者、時世,并辨析各章音韻,亦於《集傳》有補明。胡廣等爲《詩經大全》皆襲瑾。及朱公遷書《大全》、《行而》二書,遂徵然其剽綴之迹,説經者猶能勘驗也。

《四庫全書總目》卷十六經部十六詩類二。126 下

【校記】①疑齊侯或爲僖公諸説,《總目》作"以齊桓公爲襄公之子",非是。劉瑾原書謂"詩中所指齊侯又當爲僖公矣"。

詩疑問七卷

元朱倬撰。倬,字孟章,建昌新城人①。至正二年進士。明初歙人汪叡作《七哀辭》,稱倬爲遂安縣尹。壬辰秋,寇至,吏卒逃散,倬獨坐公所以待盡。及焚廨舍,乃赴水死。蓋亦忠節之士,而《元史》失載者。其書略舉《詩》篇大指發問,而以其説條列于下,亦有發問之下闕而不注者,蓋疑而未得,存以有待也。末有趙悳《詩辨説》一卷。悳,宋宗室。舉進士,入元隱居豫章東湖。倬之疑問,蓋師其意而廣之,斯卷殆倬所錄以附入己書者,與倬書共爲八卷。朱睦㮮《授經圖》、焦竑《經籍志》皆作六卷,與此本不同,疑有誤。

《四庫全書總目》卷十六經部十六詩類二。127 下

【校記】①建昌新城人,《薈要提要》、浙本《總目》同,文淵閣《全書》提要、殿本《總目》作"建章新城人",非是。朱彝尊《經義考》卷一百十一著錄《詩疑問》引成德《序》云:"倬爲建昌新城人。"雍正《江西通志》卷八十三《人物志》建昌府:"朱倬,字孟章,新城人。登至正壬午第。知遂安縣尹。"均可證。元代無建章路之設。《元史》卷六十二《地理志》江西等處行中書省建昌路領新城等三縣。作"建章"者,或涉其字孟章而誤。

詩經疏義①二十卷 浙江范懋柱天一閣藏本

元朱公遷撰。《江西通志》:"公遷,字克升,樂平人。至正間爲處州學正。"何英《後序》

則稱先生以特恩授校官,得正金華郡庠。二説互異。考《樂平縣志》載公遷以至正辛巳領浙江鄉試,教婺州,改處州。然則英《序》舉其始,《通志》要其終耳。是書爲發明朱子《集傳》而作,如註有疏,故曰《疏義》。其後同里王逢及逢之門人何英,又採衆説以補之。逢所補題曰《輯錄》,英所補題曰《增釋》,雖遞相附益,其宗旨一也。其説墨守朱子,不踰尺寸,而亦間有所辨證。如《卷耳》篇内朱子慎用《毛傳》舊説,以"崔嵬"爲"土山戴石",《疏義》則引《爾雅》、《説文》,明其當爲"石戴土"。又如《七月》之詩,朱子本《月令》,以流火在六月,而《疏義》推驗歲差,謂公劉時當在五六月之交,皆足以補《集傳》之闕。又《集傳》所典一一詳其出處,所引舊説如《衛風》之"趙子"註爲"趙伯循",《小雅‧斯干》篇之或曰註爲"曾氏"之類,亦足以資考訂。書成於至正丁亥,未經付梓。至正統甲子,英始取逢所授遺稿重加增訂,題作《詩傳義》,詳釋發明,以授書林葉氏刊行之。而板心又標《詩傳會通》,未喻其故,今仍從公遷舊名爲定云。

《四庫全書總目》卷十六經部十六詩類二,書名同,文淵閣《四庫全書》書前提要作《詩經疏義會通》。127 中

【校記】①詩經疏義,《總目》同。文淵閣本《四庫全書》書名作《詩經疏義會通》,而其書前提要則謂書名作《詩經疏義》,其文云:"正統甲子,英始取逢所授遺稿重加增訂,題作《詩傳義》,詳釋發明,以授書林葉氏刊行之。而板心又標《詩傳會通》,未喻其故。今仍從公遷舊名,題曰《詩經疏義》以不没其始焉。"是其疏失。　②浙江范懋柱天一閣藏本,《初目》絕少著錄圖書來源,此爲特例。《總目》著錄作"浙江吳玉墀家藏本",與《初目》不同。《浙江第四次吳玉墀家呈送書目》作《詩經疏義》二十卷,元朱公遷著,八本;《浙江省第五次范懋柱家呈送書目》作《詩傳會通》二十卷,元朱公遷著,五本。是浙江吳玉墀家、范懋柱家均呈送有此書。《浙江採集遺書總錄》作《詩傳疏義會通》二十卷,曝書亭藏刊本。

詩集傳名物鈔八卷

元許謙撰。謙,字益之,金華人。延祐初居東陽,入華山①,學者翕然從之,世所稱爲白雲先生者也。謙學有本原,故所考音釋名物頗爲詳博。然王柏好師心自用,作《二南相配圖》,移《甘棠》、《何彼穠矣》于《王風》,而去《野有死麕》,使《召南》亦十有一篇,適如《周南》之數,頗爲後儒所議。而謙篤守師説,列之卷中,寔未離門户之見。至柏所刪三十五篇②,謙疑而未敢遽從,則猶有先儒詳慎之意。吳師道《序》乃反謂已放之鄭聲,何爲尚存而不削,謬矣。各卷末《譜》作詩時世,蓋例則本之康成,而説則改從《集傳》,尊所聞也。其書多采用陸德明《釋文》及孔穎達《正義》之文,不皆己説,故名曰《鈔》。

《四庫全書總目》卷十六經部十六詩類二。126 下

【校記】①入華山,《初目》作"金華山",非是。《元史》卷一百八十九《儒學傳》、《四庫全書薈要提要》均作"入華山",今據改。　②三十五篇,文淵閣《四庫全書》書前提要、《總目》作"三十二篇",非。此指王柏所刪《詩經‧國風》所謂的"淫詩"篇目。其《詩疑》卷一云:"愚敢記其目,以俟有力者請於朝,而再放黜之,一洗千古之蕪穢云。"其下列有篇目,爲《野有死麕》、《靜女》、《桑中》、《氓》、《有狐》、《丘中有麻》、《將仲子》、《遵大路》、《有女同車》、《山有扶蘇》、《蘀兮》、《狡童》、《褰裳》、《東門之墠》、《丰》、《風

雨》、《子衿》、《野有蔓草》、《溱洧》、《大車》、《晨風》、《東方之日》、《綢繆》、《葛生》、《東門之池》、《東門之枌》、《東門之楊》、《防有鵲巢》、《月出》、《株林》、《澤陂》,共三十一篇。

待軒詩記無卷數

明張次仲撰。次仲,字元岵,海寧人。天啓辛酉舉人。其書不分卷,惟《風》以一國爲一篇,《雅》以一什爲一篇,《頌》以《周》、《魯》、《商》爲三篇。大旨祖蘇轍之説,以《小序》第一句爲本文,其下餘文爲《續序》,而雜采諸家以發明之。然所取多測度之説,不能盡有考據也①。

《四庫全書總目》卷十六經部十六詩類二。130 上

【校記】①然所取多測度之説,不能盡有考據也,《總目》云:"雖憑心揣度,或不免臆斷之私,而大致援引詳明,辭多有據,在近代經解之中猶爲典實。"評價有異。

詩經圖史合考二十卷

明鍾惺撰。取《詩經》中名物訓詁之見於諸書者,依次編類,各繫以圖,取便省覽。其中地理則備志廣輪,禽魚則必詳醜族。名同箋疏,體寔類書。蓋專爲初學者摭拾之資,于詩義殊無當也。惺,字伯敬,景陵人。萬歷庚戌進士,歷官福建提學僉事。

《四庫全書總目》卷十七經部十七詩類存目一。141 中

毛詩多識編七卷

明林兆珂撰。兆珂,字孟鳴,莆田人。萬歷甲戌進士,歷官刑部郎中,廉州、衡州、安慶三府知府。是編本陸璣《疏》而衍之,凡《草部》二卷,《木部》、《鳥部》、《獸部》、《蟲部》、《鱗介部》各一卷。多引鄭樵、陸佃、羅願之説,又兼取豐坊之僞子貢《傳》、僞申培《説》,貪多務博,蔓衍支離。其凡例稱:"鳥獸、昆蟲、草木,非《三百篇》所有不載。"然如"龍旂"之"龍"非真龍,"鸞鑣"之"鸞"非真鸞,而徵引故實,累牘連篇,此自類書,何關經義?又如因《爾雅》"荇,接余"之文,遂謂漢之婕妤取義於荇菜,其穿鑿抑又甚焉。據其凡例,尚有《外編》、《雜編》二書,此本無之,未知其爲未刻,抑爲偶佚也。

《四庫全書總目》卷十七經部十七詩類存目一。140 中

詩經世本古義二十八卷

明何楷撰。楷,字元子,晉江人。官至工科給事中,《明史》有傳。其論《詩》專主孟子"知人論世"之指,依時代爲次,故名曰《世本古義》。始於夏少康之世,以《公劉》、《七月》、《大田》、《甫田》諸篇爲首,終於周敬王之世《曹風·下泉》之詩。計三代有詩之世,凡二十八王,各爲序目於前。又仿《序卦》例作《屬引》一篇,用韻語排比成文,以著其所以論列之意,凡《小序》、朱《傳》以及僞子貢《傳》、僞申培《説》皆所采用,不主一家。亦多有無依傍而自爲考據論定者,如以《大田》爲"豳雅",《豐年》、《良耜》爲"豳頌",而即屬之於公劉之世。又如《陳風·月出》篇,據"舒窈糾兮"、"舒慢受兮"之文便以斥斥①夏徵舒之名,而盡反舊説,不免杜撰。又以《草蟲》爲《南陔》,《菁菁者莪》爲《由儀》,《縣蠻》爲《崇邱》,其説皆

39

鑿空無據,亦爲失之臆斷。且更易篇策,使《風》、《雅》、《頌》混而不分,尤爲有識者所非。然其名物、訓詁,考據詳明,引証精確,實有一長之可取。略其義理之穿鑿,而取其註釋之該洽,分別觀之,瑕瑜不掩可也。

《四庫全書總目》卷十六經部十六詩類二。129 下

【校記】①斥斥,原文如此。疑或衍一"斥"字,或爲"此斥"之誤。

詩說解頤四十卷

明季本撰。本,字明德,號彭山,會稽人。弘治丁丑進士,官至長沙府知府。本師事王守仁,著書數百萬言,皆發其師未竟之緒。是書爲《總論》二卷,《正釋》三十卷,《字義》八卷。不沿舊説,一以經文爲主,徵引該洽。其與舊説不合者,必反覆著其所以然。如以《南山》篇之"必告父母"句爲"魯桓告父母之廟"。《九罭》篇之"公歸不復"句謂以鴻北向,則不復爲興。《下泉》篇之"郇伯",爲指郇之繼封者而言。"皇父卿士"章謂以寵任爲先後,故崇卑不嫌雜陳。《頍弁》篇之"無幾相見"句,爲兄弟甥舅自相謂。如斯之類,皆足補《集傳》所未及,而異於穿鑿以矜奇者。昔宋范處義、明朱善②説《詩》皆以"解頤"爲名,此編立名亦同,而推陳出新,則較二家爲多心得焉。

《四庫全書總目》卷十六經部十六詩類二。128 下

【校記】①范處義,文淵閣《四庫全書》書前提要、《總目》均未提及此人。《宋史·藝文志》著錄有范處義《詩補傳》三十卷,此書亦收入《四庫全書》,未聞其有"解頤"之書。
②朱善,《初目》作"朱義",誤。朱善有《詩解頤》四卷,《初目》著錄於本條之下。文淵閣《四庫全書》書前提要作"朱善"不誤。

詩解頤四卷

明洪武中文淵閣大學士朱善撰。善,字備萬,豐城人。其書不載經文,但以《詩》之篇題或章次標目。衍朱子《集傳》大意而爲説,亦有間而不説者,則併篇目闕之。明人口義、講章,其體式蓋仿於此。卷末有其門人丁隆跋,稱其"每授諸弟子,於發明肯綮處輒錄之"、"不數年成集"。今觀其書,辭意條達而簡要不煩,雖考證發問不及古人,然去纖巧支離者遠矣。

《四庫全書總目》卷十六經部十六詩類二。128 中

毛詩草木鳥獸蟲魚疏廣要四卷①

明毛晉撰。考《隋書·經籍志》《毛詩草木鳥獸蟲魚疏》二卷,注云:"烏程令吳郡陸機撰",而陸德明《經典釋文·序錄》陸璣《毛詩草木鳥獸蟲魚疏》二卷,注云:"字元恪,吳郡人,吳太子中庶子烏程令",《唐書·藝文志》亦作陸璣。然則《隋志》作"機",字之悞也。是書久佚,後人於孔穎達《五經正義》内采掇其詞,輯爲二卷。明毛晉因而註之,每卷又分爲上、下。其跋疑此本非原書,其説良是。至援陳氏之説謂其書引《爾雅》郭璞《注》,則當在郭後,未必吳人,因而題曰"唐陸璣",則考證殊屬疎舛。書中於《爾雅注》僅及漢犍爲文學樊光,實無一字涉郭璞,不知陳氏何以云然也。今從《釋文》改題吳陸璣撰,晉之《廣要》捃拾頗勤,亦俾附驥以傳,而所編條目有與經文篇第錯亂者,并加改訂,以從經次焉。

《四庫全書總目》卷十五經部十五詩類一。120 下

【校記】①《毛詩草木鳥獸蟲魚疏廣要》,《四庫薈要》書名作《陸氏詩疏廣要》,但提要中稱《毛詩草木鳥獸蟲魚疏廣要》。文淵閣《四庫全書》書前提要書名作《毛詩陸疏廣要》,各卷卷端作《陸氏詩疏廣要》。《總目》作《毛詩陸疏廣要》二卷。

魯詩世學三十二卷

明豐坊撰。首列偽子貢《詩傳》,詭云石本;次列《詩序》,而以《正音》託之宋豐稷,以《續音》託之豐慶,以《補音》托之豐耘,以《正説》托之豐熙。以《考補》爲坊所自撰,譎稱祖父所傳,故曰《世學》。又附以門人何昆之《續考》爲一書。實則坊一人所撰也。其書變亂經文,抵排舊説,極爲妄誕。朱彝尊《經義考》辨之詳矣。

《四庫全書總目》卷十七經部十七詩類存目一。139 中

毛詩鳥獸草木考①二十卷

明吳雨撰,徐㷆編次之。凡《鳥考》三卷,《獸考》三卷,《蟲考》二卷,《鱗考》一卷,《草考》四卷,《穀考》一卷,《木考》三卷,《天文考》二卷終焉。惟不考地理,疑無以加於王應麟書,故置之也。曹學佺《序》稱其體本吳仁傑《離騷草木疏》。然如雞本家禽,而繁文旁衍;鼠原常物,而異種橫增,駢拇枝指,可已不已,以云多識,未見其然。

《四庫全書總目》卷十七經部十七詩類存目一。142 上

【校記】①《毛詩鳥獸草木考》,《初目》書名原無"考"字,《總目》有,今據補。《初目》提要云凡《鳥考》、《獸考》、《蟲考》等,是書名當有"考"字。

毛詩微言①二十卷

明張以誠撰。其書雜採舊説,無所發明,如豐坊偽子貢《傳》之類②,皆不辨而濫入之,其識可知矣。以誠,字君一,松江人。

《四庫全書總目》卷十七經部十七詩類存目一。140 下

【校記】①《毛詩微言》,《初目》作"毛言微詩",誤。今據《經義考》、《總目》等改。
②如豐坊偽子貢《傳》之類,《總目》作"如豐坊偽《詩傳》之類"。

詩傳一卷

舊本題曰子貢撰,實明豐坊偽作也。其説升《魯》於《邶》、《鄘》之前,降《鄭》於《鄶》、《曹》之後,《大雅》、《小雅》各分爲三,曰《續》、曰《傳》,皆與所作申培《説》同。二書皆以篆文刻之,不知漢代傳《經》悉用隸書,故孔壁蝌蚪,世不能辨,謂之古文,安得獨此二書參籀體?明郭相奎、李維禎皆爲傳刻釋文,何鏜收入《漢魏叢書》,毛晉收入《津逮秘書》,併以爲曾見宋槧,皆謬妄也。

《四庫全書總目》卷十七經部十七詩類存目一。139 中

詩説一卷

舊本題曰申培撰,亦明豐坊偽作也。何楷《詩世本古義》、黃俞邰《千頃堂書目》皆力斥之。今考《漢書·杜欽傳》稱"佩玉晏鳴,《關雎》嘆之",《後漢書·楊賜傳》稱"康王一朝晏

起,《關雎》見幾而作",注皆稱"魯詩",而此傳仍訓爲"太姒思淑女"。又《坊記》注引"先君之思,以畜寡人",爲衛定姜之作。《釋文》曰:"此是魯詩。"而此僞爲莊姜送戴嬀,培傳《魯詩》,乃用毛《傳》乎? 其僞妄不待問矣。

《四庫全書總目》卷十七經部十七詩類存目一。139 下

詩意無卷數

原本不分卷,明武進劉敬純撰。大旨宗①朱子《集傳》,亦間採諸家發明之。蓋爲科舉而設,非説經之書也。

《四庫全書總目》卷十七經部十七詩類存目一。144 上

【校記】①宗,《初目》作"宋",誤。今據《總目》改。

詩補傳三十卷

舊本題曰逸齋撰,不著名氏。朱彝尊《經義考》云"《宋史·藝文志》有范處義《詩補傳》三十卷,卷數與逸齋本相符。明朱睦㮮《聚樂堂書目》直書處義名,當有證據。處義,金華人,紹興中登張孝祥榜進士"云云,則此書爲處義所作,逸齋蓋其自號也。大旨病近世諸儒廢《序》以就己説,故《自序》稱:"以《詩序》爲據,兼採諸家之長,揆之性情,參之物理,以平易求古詩人之意。"又稱"文義有闕,補以六經史傳①;詁訓有闕,補以《説文》、《篇》、《韻》"云云。自歐陽修作《詩本義》、蘇轍作《詩傳》,漸開廢《序》之漸,漢以來相傳舊學,始稍稍放失。迨鄭樵《詩辨妄》、王質《詩總聞》出,儒者益各以新意説《詩》,其間剔抉疏通,亦未嘗無所闡發。而末流所極,至於王柏《詩疑》,乃併舉二《南》而刪之,儼然欲自居孔子上。儒者不肯信《傳》,其弊至於誣《經》,其究乃至於非聖,亦云慎矣。處義篤信先儒,務求實證,可不謂古之學者歟? 然《詩序》本毛氏之學,而處義謂孔子所筆削,則尊之太過。其引《孔叢子》所記孔子之言,以證二《南》、《柏舟》之《序》,亦失於不考。《孔叢》晚出僞書,未可據爲證佐也。

《四庫全書總目》卷十五經部十五詩類一。122 中

【校記】①六經史傳,《初目》作"六經史經",誤。今據《總目》改。

毛朱詩説一卷

國朝閻若璩撰。其論以《小序》爲不可盡信,而朱子以詩説詩矯枉過正,皆泛論兩家得失,非章句訓詁也,所引《尚書》、《左傳》以爲《詩》之本序,誠爲確鑿。其餘則多懸揣臆斷之詞,不類若璩他著作,未喻其故①。

《四庫全書總目》卷十八經部十八詩類存目二。146 下

【校記】①未喻其故,《初目》作"未喻故故"。今據《總目》改。

詩經叶音辨譌八卷

國朝劉惟謙①撰。其書本顧炎武之説,糾駁俗音之謬。然亦時有踈舛,如《還》篇之"牡"之叶"好",《蕩》篇"終"之叶"諶",與古音不合。又於入聲不知分合之原,而獨拘守四聲,故於《板》篇"蹶"、"泄"、"輯"、"洽"分作兩韻,《行葦》篇"席"、"酢"、"炙"、"膬"、

"咢"、"御"分爲兩諧。所載雙聲疊韻亦遺漏甚多,不足爲據。惟謙,字讓宗,松江人。
《四庫全書總目》卷四十四經部四十四小學類存目二。393 上
【校記】①劉惟謙,《總目》作"劉維謙"。其書有清乾隆間壽峰書屋刻本,卷首題雲間劉維謙讓宗編次。

詩經通義十二卷

國朝朱鶴齡撰。鶴齡,字長孺,吳江人。其説專主《小序》,而力駁不信《小序》之非。所采諸家,於漢用毛、鄭,唐用孔穎達,宋用歐陽修、蘇轍、呂祖謙、嚴粲,國朝用陳啟源。其言音,明用陳第,國朝用顧炎武。其他引證浩博,故往往稍傷蕪雜。前有《自序》及其門人張尚瑗《序》,又有《凡例》九條,及考定鄭氏《詩譜》,皆具有條理。
《四庫全書總目》卷十六經部十六詩類二。131 下

詩經傳説取裁十二卷

國朝張能鱗撰。能鱗,字西山,順天人。官四川按察司副使。其書以子貢《詩傳》爲主,而旁采申培《詩説》及《詩測》、《六帖》①以發明之。《明史·豐坊傳》云:坊爲《十三經》訓詁,類多穿鑿,世所傳子貢《詩傳》即坊僞纂也。坊又有《魯詩世學》,即載僞子貢《傳》於前,以盡反子夏之《序》。朱彝尊嘗譏之。能鱗不辨真僞,誤從其説,宗旨先謬,其餘不足觀矣。
《四庫全書總目》卷十八經部十八詩類存目二。144 中
【校記】①《詩測》、《六帖》,《初目》作"詩帖六測",義不可解。按其書卷首《自序》云:"乃得《詩測》以解傳,更得《六帖》以衍説。""凡例"云:"凡傳文、説文俱極頂書,而《詩測》、《六帖》等落一字書之。"是其文本當作《詩測》、《六帖》,今乃改。《總目》云"及詩六帖以發明之","詩"下脱"測"字。

讀詩質疑四十七卷

國朝常熟嚴虞惇撰。虞惇,字寶成。康熙丁丑進士第二人,官至太僕寺少卿。是書以學《詩》者墨守《集傳》,古義漸湮,乃旁采博徵,以成是註,大旨以《小序》爲宗,而參考先儒,衷以己意,於《集傳》不爲苟同,亦不爲苟異,説《詩》家之有根據者。其弁首十五卷,援引繁富而義例簡明。其主陳第《毛詩古音考》及顧炎武《音學五書》以定古音,亦足糾吳棫諸人之謬。
《四庫全書總目》卷十六經部十六詩類二。134 上

禮類

太平經國之書十一卷

宋鄭伯謙傳。伯謙,字節卿,永嘉人。其書專解《周禮》,兼舉後代官制,互相比勘。於三代紀綱法度,皆能櫽括大要。爲"目"三十,爲"論説"三十有二篇,各設問答,以釋其疑。蓋以《漢書·藝文志》列《周官經》六篇,不曰《周禮》,凡禮皆因官所職掌及之,故伯謙是書,惟推本於設官分職之本意,以爲治世經法,與諸儒之專事訓詁者稍有不同。然自俞庭椿以

後，倡爲《冬官》不亡，變亂《周禮》者十餘家。伯謙獨一一發某官屬某不可遷易之，故可以杜紛更者之口。即以解經而論，亦爲有功矣。

《四庫全書總目》卷十九經部十九禮類一。151 中

周禮訂義八十卷

宋紹定中樂清王與之次點撰。其書纂輯漢唐注疏及宋儒劉敞以下四十五家之說，斷以己見。真德秀爲之《序》。淳祐初直煥章閣趙汝騰奏上之，敕付秘書省。始淳熙間，俞庭椿作《復古編》，謂《冬官》不亡，特散見五官之中，乃割裂綴合，以足其數。古經于是乎始亂。與之是書亦以爲《冬官》不亡，尚不出俞氏之錮見。又五篇之中，官屬官職，舊本分序，是書乃引而合之，亦爲竄改古經，不可以訓。特搜羅頗廣，有資採擇，而諸家注本不傳于今者，亦頗賴是書以存云。

《四庫全書總目》卷十九經部十九禮類一。152 中

禮記集説一百六十卷

宋衛湜撰。湜，字正叔，崑山人①。其書始作於開禧、嘉定間，自言"日編月削，幾二十餘載而後成"。寶慶初，爲武進令，始表上之，由是得直秘閣。紹定辛卯，趙善湘曾爲鋟版。後越九年，湜復加覈訂，定爲此本。蓋首尾已閱三十餘載，故採摭羣言，最爲詳博。自鄭《注》而下，所取凡一百四十四家。其他書之涉於《禮記》者，亦悉採錄，不在此數焉。湜自作《後序》有云："他人著書，惟恐不出於己，予之此編，惟恐不出於人。後有達者，毋襲此編所已言，沒前人之善也。"其後慈谿黃震《讀禮記日抄》，新安陳櫟《禮記集義詳解》，皆取湜書刪節，附以己見。黃氏融匯諸家，猶出姓氏於下方，陳氏則不復標出，亦可見用心之厚薄矣。

《四庫全書總目》卷二十一經部二十一禮類三。169 中

【校記】①崑山人，《總目》作"吳郡人"。其書《自序》稱"寶慶丙戌七月既望吳郡衛湜正叔敘"。

禮經會元四卷

宋葉時撰。時，字秀發，錢塘人。理宗朝進龍圖閣學士、光祿大夫致仕，卒諡文康。是書舉《周禮》中大指爲目凡百，因著論百篇，旁推交通，以暢其說。不章註字釋，蓋自成一家言者。時與朱子友善，深詆王安石新法，其言《冬官》不必補，而訾河間獻王取《考工記》附《周禮》，適以啓武帝之忽略是經甚，且以爲壞《周禮》自鄭康成始，皆過於非議古人，未免自立門戶之習。其他臆斷處亦所時有，然其立論深切，亦頗有可施於寔用者焉。

《四庫全書總目》卷十九經部十九禮類一。151 上

內外服制通釋七卷

宋車垓著。垓，字經臣，天台人。與從兄若水講學，以著書立言爲務，學者稱雙峰先生。咸淳中，以特科授迪功郎、浦城縣尉，不赴。德祐二年卒。是書一仿文公《家禮》而補其所未備。有《圖》，有《說》，有《名義》，有《提要》。凡正服、義服、加服、降服，皆明簡易行，亦士庶家所不可廢者。原書九卷，今本第八卷及九卷所附《深衣疑義》，皆有錄無書，蓋久佚矣。其

甥婿馬良驥所作《行狀》,稱《深衣》之"續衽",先儒未有定論,垓則用《註疏》改正"續衽"爲裳之上衣之旁,而後深衣之制始得其宜。尚可考其一班云。

《四庫全書總目》卷二十經部二十禮類二。167 下

禮書一百五十卷

宋陳祥道撰。《宋史·陳暘傳》載暘兄祥道所著《禮書》,元祐中朝廷給筆札畫工錄其書以付太常,則所作甚爲當時所重。今觀其書,貫通經傳,鴻纖悉具,前説後圖,猶見三代遺榘,洵有功於禮。其中掊擊鄭《箋》處甚多。如論廟制引《周官》、《家語》、《荀卿》、《穀梁》,謂天子皆七廟,與康成天子五廟之説異;論禘祫謂圜丘自圜丘,禘自禘,力破康成禘即圜丘之説;論禘大於祫并祭及親廟,攻康成禘小祫大,祭不及親廟之説;辨上帝及五帝,引《掌次》文,闢康成上帝即五帝之説。□□□①肯苟同者,雖其中精駁互見,要亦深心,稽古之士未可以依附王安石父子,遂廢其考禮之功也。

《四庫全書總目》卷二十二經部二十二禮類四。178 下

【校記】①□□□,此處原缺三字。

周禮集説十一卷

不著撰人姓氏。元初陳友仁得其本於沈則正,因附益以諸家論説,梓而傳之。《序》題"丙子後九歲"。丙子爲宋亡之歲,不題至元年號而上溯丙子以係年,友仁蓋宋之遺老也。卷首有《總綱領》、《官制總論》各一篇。其《凡例》一篇,分條闡説,極爲賅洽。每官之前,又各爲《總論》一篇,所引《注疏》及諸儒之説,俱能擷其精粹,而於王安石《新經義》采摘尤多。《考工記》後附以俞庭椿《周禮復古編》一卷,不肯變易古經而兼存其説,以待後人論定,亦深得闕疑之意,非奮臆改竄者可比。原缺《地官》二卷,其《春官總論》亦佚。朱彝尊《經義考》①云"關中劉儲秀嘗補注以行"。今未之見。友仁,字君復,湖州人。

《四庫全書總目》卷二十經部二十禮類一。153 上

【校記】①朱彝尊《經義考》,《總目》作"黃虞稷《千頃堂書目》"。

儀禮集説十七卷

元大德中長樂敖繼公撰。繼公,字君善,《姓譜》又曰字長壽,莫之詳也①。寓居吳興,趙孟頫嘗師之。其書多立新意,蓋亦好爲深湛之思者。其《自序》云:"鄭康成《注》疵多而醇少,刪其不合于經者。意義有未足,則取疏記或先儒之説以補之。又未足,則附之以一得之見。"其言輕詆漢儒,甚至謂子夏《喪服傳》違悖《經》義,皆未免已甚。然條分縷析,抉摘異同,頗亦能發前人所未發。至鄭《注》簡約,間多古語,後來難以驟詳,唐人《義疏》尚未剖析無遺。繼公能逐字研求,務暢厥旨,經文注義,得以引伸,其功亦未可沒也。

《四庫全書總目》卷二十經部二十禮類二。161 中

【校記】①文淵閣《四庫全書》書前提要、《總目》均作"字君善"。

禮記纂言三十六卷

元吳澄撰。每一卷爲一篇,其説以經文龐雜,疑多錯簡,每一篇中分類相從,俾上下文義

聯屬,而標其章旨於左①。三十六篇次第,亦各以類相從。有《通禮》、《喪禮》、《祭禮》、《通論》之分。如《通禮》首《曲禮》,則以《少儀》、《玉藻》等篇附之,非復小戴之舊矣。他如《大學》、《中庸》依程朱別行,《投壺》、《奔喪》歸於《儀禮》,《冠義》六篇別輯爲《儀禮傳》,亦皆與古不同。澄頗自稱其精審,然竄改經文,論者終有異同也。

《四庫全書總目》卷二十一經部二十一禮類三。169 下

【校記】①標其章旨於左,文淵閣《四庫全書》書前提要及《總目》作"識其章句於左",非是。其書《原序》云:"章之大旨標識于左,庶讀者開卷瞭然。"可證。

周禮翼傳①二卷

明王應電撰。凡七篇。上卷曰《冬官補義》、曰《天王會通》、曰《學周禮法》、曰《治地事宜》。下卷曰《握奇經傳》、曰《非周禮辨》、曰《經傳正譌》。其《冬官補義》証以天文,參以古籍,擬補土司空、工師、梓人、器府、四瀆、匠人、䱷壁氏、巡方、考工、準人、嗇夫、柱下史、左史、右史、水泉、魚政、鹽法、豕人十八官,未免意爲揣測。其《天王會通》,以《天官書》所列諸星分配諸官,以爲王者憲天而出治,亦多涉附會。其《學周禮法》②,論《周禮》有"必不可復者",及後人③假仿之妄,舊註解釋之謬,改聲改字之非,與細務爲自古相傳之遺,官事有兼涉不擾之法,皆爲有見。餘則多錄舊文。其《治地事宜》,真欲復井田之制④,不知其勢不可行,殊失之迂。其《握奇傳》,雜參以後世之法,不知其書不可信,亦失之駁。其《非周禮辨》,駁正諸家,尚爲明析。其《經傳正譌》⑤,則所論於《周禮》以外,兼涉羣經。非惟以篆改隸,併欲以籀改篆,則拾其師魏校《六書精蘊》之説,而不知其流於隱怪者也。大抵二卷之中,醇疵互見,以有與其傳相發明者,姑並存之耳。

《四庫全書總目》卷十九經部十九禮類一。154 上

【校記】①明王應電撰《周禮翼傳》二卷、《周禮傳》十卷、《周禮圖説》二卷,《初目》分作三種圖書,分別撰有提要。《總目》合爲一種,作"周禮傳十卷圖説二卷翼傳二卷"。②學周禮法,《初目》作"讀周禮法",誤。上文列舉本書篇目時作"學周禮法",此見本書此條在卷一。《總目》不誤,今據改。　③後人,《初目》作"函人",今據《總目》改。④真欲復井田之制,《總目》作"直欲復井田之制"。"直"通"真",意爲簡直。《莊子·田子方》:"吾所學者直土梗耳,夫魏真爲我累耳。"陸德明《釋文》:"〔直〕本亦作真,下句同;元嘉本此作真,下句作直。"故兩者皆可。惟此書《四庫全書》書前提要亦作"真",《總目》改爲"直"。　⑤經傳正譌,《初目》作"經傳訛字"。按:《總目》作"經傳正譌"。其書此篇,正作"經傳正訛"。《明史》卷二百八十二《儒林傳》云:"應電又研精字學,據《説文》所載譌謬甚者,爲之訂正,名曰《經傳正譌》。"可證。又本篇提要,上文作"經傳正譌",下文不當作"經傳訛字"。今因改。

三禮編繹二十六卷

明鄧元錫撰。元錫,字汝極,南城人。嘉靖乙卯舉人,從鄒守益、劉邦采等講學踰三十年。萬歷中以翰林待詔徵,未至而卒。是篇以"三禮"爲名,而實非歷代相傳之三《禮》。一曰《曲禮》,以《禮經》所載雜儀細曲者爲《經》,以《表記》、《坊記》、《緇衣》爲《記》。二曰《儀禮》,以十七篇爲《經》,以《射義》諸篇爲《記》。三曰《周禮》,以《周官》爲《經》,而《考工

記》、《大戴禮》、《家語》及《禮記》諸篇不可分入《曲禮》者,皆彙列於後爲《記》。句下夾註,音訓頗簡,蓋非所重。其自爲發明者,則大書而附經文下,所謂"繹"也。昔俞庭椿首亂《周禮》,儒者所譏。朱子作《儀禮經傳通解》,雖列附《禮記》,而仍以《儀禮》爲主,不過引經釋經。至吳澄《禮記纂言》,始刪削其文,顛倒其次。貢汝成因而更定三《禮》,彌爲變亂紛紜。然而篇目雖移,章句如故。元錫此書,則非惟亂其部帙,併割裂經文,移甲入乙,別爲標目分屬之,甚至採掇他書竄入,古經於是乎蕩盡。非聖人而刪定六經,明人之好爲妄作,於是極矣。

《四庫全書總目》卷二十五經部二十五禮類存目三。201 下

周禮説十四卷

明徐即登撰。即登,字獻和,豐城人。其書前十三卷解五官,不載《考工記》。末一卷爲《冬官闕疑》,蓋猶取俞庭椿之説,但不敢訟言改經耳。然明言某官某官移易爲最允,某官移易爲未協,已毅然斷爲當改矣,何闕疑之云乎?

《四庫全書總目》卷二十三經部二十三禮類存目一。183 下

古周禮六卷

明郎兆玉撰。謂之"古周禮"者,自別於俞庭椿諸人之改本也。其注抄撮舊文,罕逢新義。然媛媛姝姝^①守一先生之言,視他家之變亂古經,與其妄也寧陋^②矣。兆玉,字完白,仁和人。萬曆癸丑進士。

《四庫全書總目》卷二十三經部二十三禮類存目一。184 上

【校記】①媛媛姝姝,《總目》中作"暖暖姝姝"。"暖姝"意爲自得貌,自滿貌。《庄子·徐无鬼》:"有暖姝者……所謂暖姝者,學一先生之言,則暖暖姝姝而私自説也,自以爲足矣。"成玄英疏:"暖姝、自許之貌也。"當從《總目》。　②陋,《總目》改作"拘"。

禮樂合編三十卷

明無錫黃廣撰。有崇禎癸酉自跋。其書以經典古訓與説部小史雜采成文,且每事不詳其源流本末,但舉其一語。又有并非禮樂而闌入者,殊鮮條理。所立門目,分《本紀》、《統紀》諸名,亦皆迂謬。前有鄭鄤等九人《序》,皆明末人,標榜之詞,不足據也。

《四庫全書總目》卷二十五經部二十五禮類存目三。205 中

四禮輯宜^①一卷

明馬從聘撰。從聘,字起莘,其書無序跋及作書年月。分冠、婚、喪、祭四類,多述朱子《家禮》之法,而酌其可行于今者,然其中亦多以意爲之。考《儀禮·士冠禮》賈《疏》,古者天子、諸侯皆十二而冠,士、庶人二十而冠,故《曲禮》稱"二十曰弱冠"。《後漢書·馬防傳》:"年十六,仍自稱未冠。"此書《冠禮目錄》謂"男子年十五至二十皆可冠",如此之類,皆于古義未協,未可據爲確論也。

《四庫全書總目》卷二十五經部二十五禮類存目三。208 上

【校記】①《四禮輯宜》,《總目》中作《四禮輯》,馬從聘撰《蘭臺奏疏》提要中提及此書書

名作《四禮輯疑》，均非是。《四庫館進呈書籍底簿》、《續通志》卷一百五十七《藝文略》、《續文獻通考》卷一百五十九《經籍考》著錄均作《四禮輯宜》，清陸隴其《三魚堂文集》卷八有《四禮輯宜序》，可證《初目》不誤。

周禮傳① 十卷

明王應電撰。應電，字昭明，崑山人，師事魏校。嘉靖中倭亂，避居江西，遂卒於泰和。其著書稱"師云"者，謂魏校也。應電於《周禮》學之數十年，所論寔多精密可採。陸德明謂干寶《周禮》分《序官》於各職之前。應電乃以同職相統者，區分部居，各以類從，而後載其職，蓋又少變干寶例矣。其《冬官》不錄《考工記》，而亦不用俞庭椿、吳澄、舒芬紛紜移補之說，差勝於變亂古經者。然《考工記》自漢以來，用補《冬官》久矣，毅然刪之，毋亦少橫乎？其傳略於考證而詳於義理，持論醇正，於聖人製作之意多所發明，則猶明儒之篤寔者焉。

《四庫全書總目》卷十九經部十九禮類一。154 上

【校記】①此參見王應電《周禮翼傳》"校記"。

禮記輯覽八卷

明睢陽徐養相撰。其書不載經文，惟以某節某節①標目，而循文訓釋之。蓋科舉之學，非傳經之作也。

《四庫全書總目》卷二十四經部二十四禮類存目二。193 下

【校記】①某節某節，《總目》作"某章某節"，非是。《禮記輯覽》於《禮記》各篇下分別標註各節名稱，如"'毋不敬'一節"、"'大夫七十'五節"之類。是其書僅標"節"，並未標"章"。

周禮注疏刪翼三十卷

明王志長撰。志長，字平仲，崑山人。是書刪節注疏之繇，而雜引諸家以翼之。大抵推闡義理者多，而考核訓故者少，注釋文句，取便初學而已。

《四庫全書總目》卷十九經部十九禮類一。155 上

周禮注疏合解十八卷

明張采撰。采，字受先，太倉人。崇禎戊辰進士，官臨川縣知縣，福王時爲禮部員外郎。采少與張溥齊名，爲復社領袖，天下翕然推之。然此書於經義頗爲疏淺，豈其託名於采耶？

《四庫全書總目》卷二十三經部二十三禮類存目一。184 中

讀禮疑圖六卷

明季本撰。是書辨論《周禮》賦役諸法，祖何休、林孝存之說，以爲戰國策士之所述。前三卷以其疑《周禮》者爲圖辨之。後三卷依據《孟子》立斷，因及後代徭役、軍屯之法，論其得失。大旨主於輕徭薄賦，其意未始不善，其說亦辨而可聽。然古今時勢各殊，制度亦異，有不得盡以後世情形推論前代者。至其牽合《魯頌》"公車千乘，公徒三萬"，則欲改《小司徒》"四井爲邑，四邑爲邱，四甸爲縣，四縣爲都"之文，謂四當作五；又增"四都爲同"一語，則更

輾轉舛亂矣。蓋本傳姚江之學,故高明之過,其流至於如斯也。
《四庫全書總目》卷二十三經部二十三禮類存目一。188 上

周禮因論一卷

明唐樞撰。其論以民極爲《周禮》本原,頗得經意。又以"邦汋"爲邦盜之誤,於理亦通。然其文如語錄,寥寥數條,未爲詳備。有隆慶六年陸光宅跋。
《四庫全書總目》卷二十三經部二十三禮類存目一。183 中

三禮考注六十四卷①

舊題元吳澄撰。其書據《尚書·周官》篇以改《周禮》六官之屬,分《大司徒》之半以補《冬官》,而《考工記》別爲一卷。《儀禮》十七篇爲正經,於大、小《戴記》中取六篇爲《儀禮逸經》,取十五篇爲《儀禮傳》。別有《曲禮》八篇。然澄作《尚書纂言》,不信古文,何乃據《周官》以定《周禮》? 即以澄《三禮敍錄》及《禮記纂言》考之,所列篇目亦不合。其經義混淆,先後矛盾者,不一而足。虞集作澄《墓誌》,宋濂《元史》澄本傳,皆不言澄有此書。相傳初藏廬陵康震家,後爲郡人晏璧所得,遂掩爲己作。經楊士奇等抄傳改正。然士奇《序》及成化中羅倫校刻所《序》,皆疑其爲璧所作,則當時固有異論矣。士奇又言:"聞諸長老,澄晚年於此書不及考訂,授意於其孫當,當嘗爲之而未就。"朱彝尊曾購得當所補②《周官禮》,以驗今書,多不合。則其爲僞託益明矣。
《四庫全書總目》卷二十五經部二十五禮類存目三。200 上
【校記】①《三禮考注》提要,《初目》原排在史部春秋類《春秋提綱》之後。抄本書口誤題"經部春秋類"。今據《總目》所排列位置,移錄於此。　②所補,《初目》作"所所",於義無解。朱彝尊《經義考》卷一百六十四作"所補",《總目》同,今據改。

三禮纂注四十九卷

明貢汝成撰。汝成,字玉甫,宣城人。嘉靖中官翰林院待詔。其書《周禮》六卷,主俞庭椿①《冬官》不亡、散在五官之說,而變本加厲。不惟移其次第,且點竄其字句,塗改其名目,甚至於別造經文。後附《周禮餘》二卷,則《禮記》《王制》、《月令》兩篇也。《儀禮》十六卷,以《禮記》《冠義》附《士冠禮》,《昏義》附《士昏禮》,《鄉飲酒義》附《鄉飲酒禮》,《射義》附《鄉射禮》,《燕義》附《燕禮》,《聘義》附《聘禮》,《服問》、《三年問》、《喪服四制》、《喪服小記》四篇附《士喪服》,《問喪》、《問傳》二篇附《士喪禮》,《喪大記》附《既夕禮》,《雜記》上下、《曾子問》三篇附《士虞禮》,《祭義》、《祭統》、《祭法》三篇附《有司徹》。後附《儀禮逸經》四卷,則《投壺》、《奔喪》、《文王世子》、《明堂位》四篇也。《儀禮餘》八卷,則《曲禮》上下、《内則》、《少儀》、《玉藻》、《深衣》、《大傳》、《郊特牲》、《檀弓》上下十篇也。其《禮記》十二卷,所存者《禮運》、《禮器》、《經解》、《哀公問》、《仲尼燕居》、《孔子閒居》、《坊記》、《表記》、《緇衣》、《儒行》、《學記》、《樂記》十二篇,而《大學》、《中庸》不與焉。大抵亦剽朱子及吳澄諸說。其《周禮序》自稱"如有用我,執此以往",可謂言之不怍。前有萬曆九年應天巡撫宋儀望《序》,詆賈、鄭諸人用力愈勤,大義愈晦,而稱汝成是書周公復起不能易。尤美惡倒置,不足論矣。

《四庫全書總目》卷二十五經部二十五禮類存目三。201 中
【校記】①俞庭椿，《初目》作"俞廷椿"，誤。《初目》以上提要多次提及此人，均作俞庭椿，是也。《總目》亦作"俞庭椿"。今據改。

就正錄禮記會要六卷

明宗周撰。周，字維翰，興化人。嘉靖辛卯舉人，官至四川馬湖府知府。是編於先王之制、先聖之言，多以意爲揣測斷制，臆定是非。而其義皆不考於古，其體亦近語錄，蓋鄉塾膚淺之書也。
《四庫全書總目》卷二十四經部二十四禮類存目二。193 上

周禮圖說①二卷 浙江范懋柱家天一閣藏本

明王應電撰。是書有圖說兼備者，亦有如《職方氏》九州之類有圖無說者，又有如女宮②、女奚、女奴諸辨有說無圖者。上卷《明堂表》一篇，有錄無書，蓋原本所闕。下卷《井邑》、《邱甸》諸圖，則已見《翼傳》，故不復出。其說間有舛誤，如謂社即地祇，夏日至於方澤，乃祭大社。今考《春官·司服》文，絺冕以祀社稷、五祀，序於毳冕以祀四望、山川之下，故鄭康成《酒正》注列社稷於小祭。今應電勦襲前儒謬論，以之當地祇大祭，殊於《經》義有乖。至謂"明堂即王之六寢，宗祀文王以配上帝，不得於王之寢地，當在南郊，與郊天同。迎尸則於明堂"，又謂"郊天迎尸，亦當於明堂"。考《通典》載："南郊去國五十里，明堂在國三里之外，七里之內。"則相距凡四十餘里，安有祭時迎尸，乃遠在四十里外者？《周禮·掌次》："凡祭祀，張尸次。"蓋尸幄切近壇宮，迎尸即於此幄。應電未核《注疏》，故立論如此，亦爲舛迕。他如圖南郊於朝日之前，從其序也，而圖祈穀於迎暑之後，前後失次，自亂其例，又爲小疵矣。然其《自序》謂舊《周禮圖》冕服則類爲男女之形，而章服仍不明；井邑則類爲大方隔，而溝洫仍不分。亦頗有所訂正。姑與所注《周禮》並錄而存之云。
《四庫全書總目》卷十九經部十九禮類一。154 上
【校記】①此參見王應電《周禮翼傳》"校記"。②女宮，殿本《總目》同，浙本《總目》作"女官"，誤。《女宮女奚女奴辨》見作者《周禮傳》卷一下、《周禮圖說》卷上，亦見明王志長《周禮註疏刪翼》卷五所引。

廣祀典議一卷

國朝吳肅公撰。力闢二氏及諸淫祀，持議甚正。然皆儒者之常談，可以無庸複述。
《四庫全書總目》卷九十七子部七儒家類存目三。824 上

讀禮問一卷

國朝吳肅公撰。其書取禮家喪服之制意所未喻者辨之，又雜論俗禮之不合於古者，共六十五條。間有可采，而師心之處而多①。肅公，字雨若，宣城人。
《四庫全書總目》卷二十三經部二十三禮類存目一。191 下
【校記】①而多，《總目》作"爲多"，是。《初目》此處蓋涉上"而"字而誤。

周禮述註二十四卷

國朝李光坡撰。光坡,字耜卿,號茂夫,安溪人。其書節取《注》、《疏》,旁採他說,間亦用己意。雖未典博,而頗爲簡要。

《四庫全書總目》卷十九經部十九禮類一。155 下

半農禮說十四卷

國朝惠士奇撰。奇,字仲儒,吳縣人①。康熙己丑進士,官至翰林院侍讀。研窮經學,尤長於禮。是書摘取《周官疑義》及漢唐諸儒之說所未安者,旁引曲証,互爲發明,實爲博辨。

《四庫全書總目》卷十九經部十九禮類一,作《禮說》。156 下

【校記】①吳縣人,文淵閣《四庫全書》書前提要作"長洲人"。

儀禮鄭注句讀十七卷附監本正誤石經正誤二篇①

國朝張爾岐撰。是書全錄鄭康成《注》,摘取賈公彥《疏》,而略以己意斷之。因其文古奧難通,故併爲之句讀。宋馬廷鸞稱其家有景德中官本《儀禮》②,"正經注語,皆標起止,而《疏》文列其下"。因以監本附益之,"手自點校,并取朱子禮書與其門人高弟黃氏、楊氏續補之編,分章條析,題要其上"。今廷鸞之書不傳,爾岐是編,體例略與相近。所校除監本外,則有唐開成石刻本③、元吳澄本及陸德明《音義》,朱子與黃幹所次《經傳通解》諸家。其謬誤脫落、衍羨顛倒、經注混淆之處,皆參考得寔。又明西安王堯典④所刊《石經補字》最爲舛錯,亦一一駁正。蓋《儀禮》一經,自韓愈已苦難讀,故習者愈少,傳刻之訛愈甚。爾岐兹作於學者,可謂有功矣。顧炎武《與汪琬書》極推重之,至於錄其本以去,有以也。爾岐《蒿庵集》中有《自序》一篇,稱尚有《吳氏儀禮考註訂誤》一卷,今不在此編中。

《四庫全書總目》卷二十經部二十禮類二。162 中

【校記】①二篇,《總目》作"二卷"。　②官本《儀禮》,文淵閣《四庫全書》書前提要、殿本《總目》同,浙本《總目》作"官本《儀禮疏》",是也。馬端臨《文獻通考》卷一百八十載其父馬廷鸞《儀禮注疏序》云"一日從敗篋中得景德中官本《儀禮疏》四帙",可證。③開成石刻本,文淵閣《四庫全書》書前提要、殿本《總目》同,浙本《總目》作"開成石經本"。　④王堯典,文淵閣《四庫全書》書前提要、殿本《總目》同,浙本《總目》作"王堯惠"。雍正《陝西通志》卷九十九云:"明嘉靖乙卯地震,石經倒損,西安府學生員王堯惠等,按舊文集其缺字,別刻小石,立於碑旁,以便摹補。"又云:"惟王堯惠等補字,大爲繆紕。"朱彝尊《經義考》、杭世駿《石經考異》等亦均作王堯惠。

戴記緒言四卷

國朝陸奎勳撰。奎勳,字聚緱,平湖人。康熙辛丑進士,官翰林院檢討。是書大旨以《禮記》多出漢儒,不免有附會古義之處,而鄭康成以下諸家,又往往牽合穿鑿,以就其說。乃參考諸經,旁采眾說以正之。每篇各以小序爲綱,而逐字逐句條辨於後。或采舊文,或出新義,於漢儒、宋儒,無所偏主。雖其間有自信太勇,過於疑經疑傳者,而考據精博,究非空談無根與株守一家者比也。

《四庫全書總目》卷二十四經部二十四禮類存目二。198 上

經部　春秋類　　　　　　　　　　　　　　　　　　　　　　四庫全書初次進呈存目

檀弓疑問一卷

國朝邵泰衢撰。泰衢,字鶴亭,錢塘人。官欽天監左監副。其書以《禮記》出自漢儒,《檀弓》尤多附會,乃摘其可疑者辨之。所言多中理解,非王柏諸人以臆疑經者可比。惟"乘邱之戰"一條,疑魯莊公敗績之悮。不知古人軍潰曰敗績,車覆亦曰敗績,《左傳》所謂"敗績覆壓"是也。未免疏于考據,然不害其大旨也。

《四庫全書總目》卷二十一經部二十一禮類三。174 上

春秋類

春秋左氏傳說①二十卷

宋呂祖謙撰。祖謙有《左傳類編》、《博議》二書。《類編》以十九類分別《左氏》之文,《博議》則隨事立義,以評得失。是編持論與《博議》略同,而更詳盡。陳振孫以爲"多所發明而不爲文,似一時講説"。朱子以爲"極爲詳博,然遣詞命意,亦頗傷巧"。合二家之論觀之,瑜瑕定矣。《通考》載是書爲三十卷,明張萱所見內閣藏本爲《傳説》四冊、《續説》四冊而不分卷。以《通考》之言核之,疑三十卷者實有《續説》在內。今僅存前書,故祇有此二十卷耳②。

《四庫全書總目》卷二十七經部二十七春秋類二。220 下

【校記】①《春秋左氏傳説》,《薈要提要》書名同;文淵閣《四庫全書》書前提要作《春秋左氏傳説》,各卷卷端作《左氏傳説》;殿本《總目》作《春秋傳説》,浙本《總目》作《春秋左氏傳説》。　②"今僅"句,《總目》云:"今《續説》別於《永樂大典》之中裒采成帙,以其體例自爲起訖,仍分著於錄云。"《總目》其下著錄有《春秋左氏傳續説》十二卷,題爲"永樂大典本"。

春秋通説十三卷

宋黃仲炎①撰。端平初,尚書李鳴復進其書于朝。仲炎,字若晦,溫州布衣。其書大意謂《春秋》有教有戒,其教存乎書法,其戒存乎事實,而無褒貶。蓋一掃言例之拘,而毅然直攄胸臆者。其中如論"子同生"一條,謂:"《左氏》因記太子生之禮并問名等語,故起此事,恐非經文,錄經者誤以傳文加之。"又如"宋伯姬卒"一條,謂書卿送葬故書卒,與上書宋災爲兩節。此類非一,皆不免於好爲異説。至於以後代史事評斷得失,亦非釋經正體。然其文辭條暢,議論嚴正不苟,亦有足取者。

《四庫全書總目》卷二十七經部二十七春秋類二。223 中

【校記】①黃仲炎,《初目》作"張仲炎",誤。《宋史·藝文志》著錄黃仲炎《春秋通説》一十三卷,陳振孫《直齋書錄解題》卷三同。《薈要提要》、《總目》均作"黃仲炎",今據改。

春秋王霸列國世紀編三卷

宋李琪撰。琪,字開伯,吳郡人。官國子司業。其書成於嘉定辛未。以諸國爲綱,而以其國之事見於《春秋》者類編爲目。前有《序》,後有《論斷》。第一卷爲王朝及霸國。霸國

之中黜①秦穆、楚莊,而存宋襄。又於晉文以下列自襄至定十君,而特附以魯。二卷爲周同姓之國,而特附以三恪。三卷皆周異姓之國,而列秦、楚、吳、越於諸小國後。至於譏晉文借秦抗楚,晉悼結吳困楚②,則爲徽宗之通金滅遼而言。譏紀侯鄶於讎敵而不能自強,則爲高宗之和議而發。稱魯於已滅之後至秦漢猶爲禮義之國,則又自解南渡之弱。蓋借《春秋》以發議,非必於經義一一脗合,然亦能自成一家之言者也。

《四庫全書總目》卷二十七經部二十七春秋類二。223 上

【校記】①黜,《初目》作"點",於義無解。《薈要提要》、文淵閣《四庫全書》書前提要、《總目》均作"黜",今據改。　②困,《初目》作"因",於義無解。《薈要提要》、文淵閣《四庫全書》書前提要、《總目》均作"困",今據改。

春秋集註十一卷綱領一卷

宋張洽撰。洽,字元德,清江人。嘉定初進士,官至著作佐郎。端平元年,朝廷知洽家居著書,宣命臨江軍守臣以禮延訪,齎紙札膳寫以進。書既上,除洽知寶章閣。會洽卒,諡之曰文憲。以其書付秘閣。書首有洽《進書狀》,自言"於漢唐以來諸儒之議論,莫不考覈研究,取其足以發明聖人之意者,附於每事之左,名曰《春秋集傳》。既又因此書之粗備,復倣先師文公《語》、《孟》之書,會其精意,詮次其説,以爲《集註》"云云。考《朱子語錄》,深駁胡安國夏時冠周月之説。洽此書以春爲建子之月,與《左傳》王周正月①義合,足破支離轇轕之陋。書首《綱領》一卷,體例亦頗詳明。明洪武中,以此書與胡氏《傳》同頒學官。迨永樂間,襲汪克寬《纂疏》爲《大全》。其説專主胡《傳》,洽書遂廢不行。今《集註》遺本僅存,而所爲《集傳》與《春秋歷代郡縣地里沿表》并久佚矣。

《四庫全書總目》卷二十七經部二十七春秋類二。222 下

【校記】①王周正月,《初目》作"五周正月",非是。《總目》作"王周正月",是也,《左傳》所言均作"王周正月",今據改。

春秋傳二十卷

宋葉夢得撰。夢得,字少藴,號石林,吳縣人。紹聖四年進士,南渡後官至崇信軍節度使。其書以孫復《春秋尊王發微》主於廢《傳》以從《經》、蘇轍《春秋集解》主於從《左氏》而廢《公羊》、《穀梁》,皆不免有弊。故其書參考三《傳》以求經,不得於事則考於義,不得於義則考於事,更相發明,頗爲精核。開禧中,其孫筠刊於南劍州,真德秀跋之,稱其"闢邪説,黜異端,有補世教不淺"。《宋史·藝文志》又載夢得別有《春秋考》三十卷、《讞》三十卷、《指要總例》二卷、《石林春秋》八卷。今惟《讞》、《考》二書散見《永樂大典》中,尚可得其大概,餘皆散佚,惟此《傳》猶爲完書。《南窗紀談》①載"夢得爲《春秋》書,其別有四:解釋音義曰《傳》,訂正事實曰《考》,掊擊三《傳》曰《讞》,編例凡例曰《例》②。嘗語徐惇濟曰:'吾之爲此名,前古所未有也。'吳程秉著書三萬餘言,曰《周易摘》、《尚書駁》、《論語弼》,得無近是乎'"③云云。案此《傳》不專釋音義,其説已非。至於以一字名書,古人多有。即以《春秋》而論,傳爲通名,不必言矣。如《漢志》所載鐸氏、張氏皆有《春秋微》,《公羊傳疏》有閔因《春秋敍》,《後漢書》有鄭衆《春秋删》,《隋志》④有何休《春秋議》、崔靈恩⑤《春秋序》,孫炎併先有《春秋例》。夢得博洽,安得不見?乃以爲古無此名,必非事寔。且考之《宋志》,夢得

有《春秋指要總例》十卷,亦不名曰《春秋例》,殆小説附會之詞,不足據也。

《四庫全書總目》卷二十七經部二十七春秋類二。218 中。《薈要總目》作《石林春秋傳》,《薈要提要》作《春秋傳》。文淵閣《四庫全書》書前提要作《葉氏春秋傳》。

【校記】①南窗紀談,浙本《總目》同。文淵閣《四庫全書》書前提要、殿本《總目》作《南窗紀事》,非是。《景定建康志》、《遂初堂書目》、元張鉉《(至大)金陵新志》等著録均作《南窗紀談》。　②編例凡例曰《例》,《初目》作"編例凡例",文淵閣《四庫全書》書前提要、《總目》作"編列凡例曰《例》"。據前文"其別有四:解釋音義曰《傳》,訂正事定曰《考》,掊擊三《傳》曰《讞》"可知,當從《總目》,今據改。　③"吳程"至"是乎",文淵閣《四庫全書》書前提要、《總目》"吳程"上有"惇濟曰"三字。　④隋志,《初目》作"隨志",今據文淵閣《四庫全書》書前提要改。　⑤崔靈恩,《初目》作"崔需王恩",誤。崔靈恩多見於典籍。《梁書》卷四十八《儒林傳》有崔靈恩傳,稱其有《左氏經傳義》二十二卷、《左氏條例》十卷等。文淵閣《四庫全書》書前提要不誤,今據改。

春秋集解三十卷

宋吕本中撰。舊刻題曰吕祖謙,悮也。本中,字居仁,好問之子。《宋史》載其紹興六年賜進士,擢起居舍人。八年,遷中書舍人,兼侍講,權直學士院。學者稱爲東萊先生,故趙希弁《讀書附志》稱是書爲東萊先生撰。後人因祖謙與朱子遊,其名最著,亦稱曰東萊先生。而本中以詩擅名,詩家多稱吕紫微,東萊之號稍隱,遂移是書於祖謙。不知陳振孫《書録解題》載是書,固明云本中撰也。朱彝尊《經義》嘗辨正之,惟以《宋志》十二卷爲疑。然卷帙分合,古今每異,不獨此書爲然。况振孫言:"是書自三《傳》而下,集諸儒之説,不過陸氏、兩孫氏、兩劉氏、蘇氏、程氏、許氏、胡氏數家,而採擇頗精,全無自己議論。"以此本考之亦合,知舊刻誤題審矣。惟《宋志》此書之外,别出祖謙《春秋集解》三十卷,稍爲牴牾。疑宋末刻本,已析其原卷,改題祖謙,故相沿訛異。史亦因之重出耳。祖謙年譜備載所著諸書,具有年月,而《春秋集解》獨不載,固其確證,不必更以他説疑也。本中嘗撰《江西宗派圖》,又有《紫微詩話》,皆盛行於世。世多以文士目之,而經學邃乃如此。林之奇從之受業,復以其學授祖謙。其淵源蓋有由云。

《四庫全書總目》卷二十七經部二十七春秋類二。219 中

春秋本例二十卷

宋崔子方撰。子方,字彦直,涪陵人。爲人介而有守。黄庭堅極稱其賢。紹聖中罷《春秋》取士,子方三上書乞復之,不報。其爲是書也,以爲聖人之書,編年以爲體,舉時以爲名,著日月以爲例。而日月之例又其本,乃列一十六門,皆以日月時例之,而分著例、變例二則焉。《春秋》《公》、《穀》二家專以例言,固有穿鑿破碎之病,而自啖、趙廢例言經,舉漢晉以來相傳師説一槩斥之,亦不免於憑臆自用。是書陳振孫頗議其墨守《公羊》,未始不中其失。然於舉世廢例之時,獨硜硜守先儒之舊説。雖所言不必盡合,究愈於無所師承而放言高論者。宋以後説《春秋》有此一書,亦補偏救弊之道也。

《四庫全書總目》卷二十七經部二十七春秋類二。217 下

春秋意林二卷

宋劉敞撰。敞嘗作《權衡》,論三《傳》之失,此書則自敍解經之旨。二書更相發明,以盡其意。元吳萊曰:"《左氏》言,孔子作經,從諸國赴告,故又博采他事以附經,敞乃據閔因聖人徵百二十國寶書之説。"其言非是。蓋敞是書雖欲準是非、平得失,而議論多失當,頗與《墨》道相近。百二十國之事出於《墨子》,宜敞信而用之。然其剖析精當,亦有卓然不磨者,未可盡斥也。是書《玉海》作五卷①,今本二卷,敞又別有《説》一卷,《文權》五卷,今俱佚不傳。

《四庫全書總目》卷二十六經部二十六春秋類一。215 下

【校記】①是書《玉海》作五卷,文淵閣《四庫全書》書前提要云:"今考《權衡》實十七卷,《傳》實十五卷,合以《意林》二卷,正得三十四卷,與《宋志》合。則《玉海》作五卷,傳寫誤也。"

春秋權衡十七卷

宋劉敞撰。北宋以來,出新意説《春秋》者,自孫復與敞始,復沿啖、趙之學,幾於盡廢三《傳》。敞則不盡從《傳》,亦不盡廢《傳》。是書以"權衡"爲名,蓋爲裁定三《傳》而作。陳振孫《書錄解題》曰:"原父始爲《權衡》,以評三家之得失。然後集眾説,斷以己意而爲之《傳》。傳所不盡者,見之《意林》。"然則《傳》之作在《意林》前,此書又在《傳》前。敞《春秋》之學,此其根柢矣。《自序》謂"《權衡》始出,未有能讀者",又謂"非達學通人,則必不能觀之",其自命甚高。葉夢得作《石林春秋傳》,於諸家義疏多所排斥,尤詆孫復《尊王發微》,謂其不深於禮學,故其言多自牴牾,有甚害於《經》者。雖概以禮論當時之過,而不能盡禮之制,尤爲膚淺。而於敞則推其淵源之正。蓋敞邃於禮,故是書進退諸説,往往依《經》立義,不似復之意爲斷制。此亦説貴徵實之一驗也。

《四庫全書總目》卷二十六經部二十六春秋類一。215 中

皇綱論五卷

宋王晳撰。晳生平行事無可考,諸書但言其官爲太常博士。然考龔鼎臣《東原錄》載真宗天禧中,錢惟演奏留曹利用、丁謂事,稱"晏殊以語翰林學士王晳",則不止太常博士矣。王應麟《玉海》云:"至和中,晳撰《春秋通義》十二卷,據三《傳》、《註》、《疏》及啖、趙之學。其説通者附《經》文之下,闕者用己意釋之。又《異義》十二卷,《皇綱論》五卷。"今《通義》、《異義》皆不傳。惟是書尚存。凡爲《論》二十有二,皆言夫子修《春秋》之旨,大抵總括三《傳》以後及百家論例而成,立説頗卓犖可觀。但謂自仲尼殁後千餘年至李唐,始有啖助、趙匡,其尊之亦至矣。乃復言其探聖人之意或未精,斥三《傳》之謬或未察,是其高自位置又居於二家之上,此則宋儒好爲矜詡之習也。

《四庫全書總目》卷二十六經部二十六春秋類一。214 下。文淵閣《四庫全書》書前提要、《總目》作《春秋皇綱論》。

春秋列國諸臣傳①三十卷

宋王當撰。當,字子思,眉山人。好學博覽,舉進士不第。元祐中,蘇轍以賢良方正薦,

廷對策入四等，調龍遊縣尉。蔡京知成都，舉爲學官，不就。及京爲相，遂不仕。《玉海》載其撰《春秋釋》十二卷，今佚不傳。此書所傳凡一百九十一人，各以《贊》附於後。陳振孫稱爲"議論純正，文詞簡古，於經義②多所發明"。陳造稱爲"多出新見，可與《經》、《傳》參贊③"。然持論亦不免有踳駁，如謂魯哀公如討陳恒，即諸侯可得之類，殊非聖人本意也。至其編次時世，前後証引《國語》、《史記》等書，補《左傳》闕略，該備無遺，於經傳實有補焉。《宋史·藝文志》載是書作五十一卷，與此書不合。然於當《列傳》亦云三十卷，蓋《志》悮也。《玉海》又載當同時有長樂鄭昂字尚明者，亦作《春秋臣傳》三十卷④，以人類事，凡二百十五人，而附名者⑤又三十九人。《宋志》亦著於錄，與此書同名，但無"列國"字耳。後人傳錄此書，或省文亦題《春秋臣傳》，涇昂書矣。今仍以舊名標題，俾有別焉。

《四庫全書總目》卷五十七史部十三傳記類一。518下

【校記】①《春秋列國諸臣傳》，《薈要總目》、文淵閣《四庫全書》書前提要、《總目》書名同，《薈要提要》及《四庫全書薈要》書前提要作《春秋臣傳》。　②經義，陳振孫《直齋書錄解題》作"經傳"。　③參贊，此見陳造《江湖長翁集》卷三十一《題春秋名臣傳》，原文本作"參讀"。　④三十卷，文淵閣《四庫全書》書前提要、《總目》作"五十卷"。今查《四庫全書》本《宋史》王當本傳，正作五十卷，未知《初目》所據何本。　⑤而附名者，《初目》原作"附而名者"，今據文意改。

左氏君子例一卷①

宋李石撰。以《左氏傳》有所謂"君子曰"者，又有稱"仲尼孔子曰"者，皆示後學以褒貶大法、聖人作《經》之意，因錄爲例。凡"君子"七十三條，而以"聖語"②三十二條附之。又有《詩補遺》三十六事③，皆《左氏》所採筮詞、童謠之類，亦附其後。

《四庫全書總目》卷三十經部三十春秋類存目一。245上

【校記】①宋李石撰《左氏君子例》一卷、《左氏詩如例》一卷，《初目》分作兩種圖書，分別撰有提要。《總目》加上《詩補遺》一卷，合爲一種，作"左氏君子例一卷詩如例一卷詩補遺一卷"。又《總目》云："舊載《方舟集》中，石門人劉伯熊合爲一編，題曰'左氏諸例'，實非石之舊名。今仍各標本目，其文則與《方舟易學》仍歸諸《方舟集》中，不更錄焉。"是《左氏君子例》、《左氏詩如例》等，原在李石《方舟集》中。《詩補遺》一種《初目》未另撰提要。　②而以聖語，《初目》作"而聖聖語"，今據《總目》改。　③三十六事，《總目》作"三十八事"，非是。《方舟集》卷二十四附"詩補遺"作三十六事，按語曰："右詩類共三十六事，以繼詩之刪序所不及者，附爲詩類，補六義之遺。云占筮詞八，賦一，童謠二，銘三，誦四，謳三，答一，虞箴一，古人言一，投壺詞二，欸一，歌五，謬隱語三，誄詞一，凡三十六事。"

春秋集解十二卷

宋蘇轍撰。先是劉敞作《春秋意林》，孫復作《春秋尊王發微》，皆舍《傳》以求《經》，古說漸廢。後王安石與孫覺爭名，至廢棄《春秋》不列於學宮。轍以其時《經》、《傳》并荒，乃作此書以矯之。其說以《左氏》爲主，《左氏》之說不可通，乃取《公》、《穀》、啖、趙諸家以足之。蓋以《左氏》有國史之可據，而《公》、《穀》以下則皆意測者也。《自序》稱：自熙寧間謫

居高安,爲是書,暇輒①改之。至元符元年,卜居龍川,凡所改定,覽之自謂無憾。蓋積十餘年而書始成。其用心勤懇,愈於奮臆遽談者遠矣。朱彝尊《經義考》載陳宏緒《跋》曰:"《左氏》紀事,粲然具備,而亦間有悖於道者。《公》、《穀》雖以臆度解《經》,然亦得失互見。如戎伐凡伯於楚邱,《穀梁》以'戎'爲'衛';齊仲孫來,《公》、《穀》皆以爲魯慶父;魯滅項,又皆以爲齊實滅之。顯然與《經》繆戾,其失固不待言。至如隱四年秋,翬率師會宋公、陳侯、蔡人、衛人伐鄭;桓十有四年秋八月壬申,御廩災,乙亥,嘗;莊二十有四年夏,公如齊逆女,諸如此類,似《公》、《穀》之説妙合聖人精微,而潁濱一概以深文詆之,未免因噎廢食。讀者捨其短而取其長可也。"其論是書頗允。此本②

《四庫全書總目》卷二十六經部二十六春秋類一。216下

【校記】①輒,《初目》作"轍",誤。今據本書蘇轍《自序》改。《薈要提要》等作"輒"不誤。　②"此本"以下有缺。《薈要提要》其下云:"不載,蓋刻在宏緒前也。《宋史·藝文志》稱是書爲《春秋集傳》,《文獻通考》則作《集解》,與今本合。知《宋志》爲傳寫訛矣。"文淵閣《四庫全書》書前提要、《總目》與《薈要提要》相同。

春秋後傳十二卷

宋陳傅良撰。傅良,字君舉,號止齋,溫州瑞安人。乾道八年進士,官至寶謨閣待制。事迹具《宋史》。是編有其門人周勉《跋》,稱傅良爲此書,將脱藁而病,"學者欲速得其書,俾傭書傳寫。其已削者或留其帖於編,增入是正者或揭去弗存"。是今所傳,已非傅良完本矣。趙汸《春秋集傳自序》,於宋人説《春秋》者,最推傅良。稱其《公》、《穀》之説參之《左氏》,"以其所不書實其所書,以其所書推見其所不書,得學《春秋》之要,在三《傳》後卓然名家"。而惜其惧"以《左氏》所錄爲①魯史舊文,而不知策書有體,夫子所據以加筆削者,《左氏》亦未之見。《左氏》書首所載不書之例,皆史法也,非筆削之旨。《公羊》、《穀梁》每難疑以不書發義,實與《左氏》異師②。陳氏合而求之,殊失其本。故於《左氏》所錄而《經》不書者,皆以爲夫子所筆削,則其不合於聖人者亦多"云云。考《孟子》稱"其文則史",史即策書。如汸所説,則夫子筆削者及魯史策書之外,別有所謂《春秋》,似非事實。況不修《春秋》二條,《公羊傳》尚有傳聞,不應左氏反不見,恐均不足爲傅良病。惟以《公》、《穀》合《左氏》爲切中其失耳。自王弼廢象數而談《易》者日增,自啖助廢三《傳》而談《春秋》者日盛。故解五經者,惟《易》與《春秋》二家著錄獨多。空言易騁,茲亦明效大驗矣。傅良於臆説蠭起之日,獨能根據舊文,研求聖人之上旨。樓鑰《序》稱其於諸生中擇能熟誦三傳者三人,曰蔡幼學,曰胡宗,曰周勉。遊宦必以一人自隨。遇有所問,其應如響。其考究可謂至詳。又其書雖多出新意,而每《傳》之下必註曰"此據某説"、"此據某文"。其徵引亦爲至博。以是立制,世之柺腹而談褒貶者,庶有豸乎?傅良別有《左氏章指》三十卷,樓鑰所《序》蓋兼二書言之。朱彝尊《經義考》註曰"未見"。今蒐采遺書,徧於海内,而是編亦闕焉。殆竟佚亡歟?惜矣。

《四庫全書總目》卷二十七經部二十七春秋類二。220中

【校記】①爲,《初目》作"所",誤。今據趙汸《春秋集傳自序》改。《總目》不誤。②檢《春秋集傳》原序,《總目》少"師"字。　②異師,《總目》脱"師"字,非是。趙汸《春秋集傳自序》正作"異師"。

春秋經筌十六卷

宋趙鵬飛撰。鵬飛①，綿州人。學者稱木訥先生。其意以説經者拘泥三《傳》，各護師説，多失聖人本旨，故爲此書，主於據《經》解《經》。其《自序》曰："學者當以無《傳》明《春秋》，不可以有《傳》求《春秋》。無《傳》以前，其旨安在，當默與心會矣。"又曰："三《傳》固不足據，然公吾心而評之，亦時有得聖意者也。"夫三《傳》去古未遠，學有所受。其間經師衍説，漸失本意者固亦有之，然必一舉而刊除，則《春秋》所書之人無以核其事，所書之事無以核其人。譬之聽訟者名姓不知，證佐不具，獄詞不詳，而據理以臆斷是非，恐未必遽明允也。自啖、趙以來，已開此弊，至孫復而孤行己意，舊説刊落無遺矣。鵬飛此書，亦復之流亞②。而復好持苛論，鵬飛則頗欲原情，其平允之處亦不可廢。寸有所長，存備一家可也。

《四庫全書總目》卷二十七經部二十七春秋類二。224 上

【校記】①鵬飛，《總目》作"字企明，號木訥"。　②流亞，文淵閣《四庫全書》書前提要、《總目》作"流派"。

春秋詳説三十卷

宋家鉉翁撰。鉉翁，號則堂。官至端明殿學士、簽書樞密院事。龔璛《跋》曰："至元丙子，宋亡，以則堂先生歸，置諸瀛者十年，成此書。自瀛寄宣，托于其友潘公從大藏之。"今考《宋史》本傳："元兵次近郊，鉉翁方爲祈請使留館中，聞宋亡，不食飲者數日。改館河間，以《春秋》教授弟子。"則是書信爲北遷後所作矣。其説以《春秋》主乎垂法，不主乎記事，其或詳或略，或書或不書，大率皆予奪抑揚之所繫。要當探得聖人心法所寓，然後參稽眾説而求其是。故其論平正通達，非孫復諸人所能及，而立身本末，尤足自重其言也。

《四庫全書總目》卷二十七經部二十七春秋類二。224 下

春秋或問二十卷春秋五論一卷

宋吕大圭撰。大圭，字圭叔，號樸鄉，南安人。淳祐七年進士，官至朝散大夫，行尚書吏部員外郎，兼國子編修、實錄檢討官、崇政殿説書，出知興化軍。嘗撰《春秋集傳》，今已散佚。此《或問》二十卷，皆反覆申明《集傳》之意。大旨於三《傳》之中多主《左氏》、《穀梁》，而深排《公羊》。於何休《解詁》，斥之尤力。又著《五論》，一曰《論夫子作春秋》，二曰《辨日月褒貶之例》，三曰《特筆》，四曰《論三傳所長所短》，五曰《世變》。程端學嘗稱其《五論》"明白正大，而所引《春秋》事，時與《經》意不合"。今考《或問》之中，不合《經》意者亦多，大概長於持論而短於考實。然大圭後於德祐初由興化遷知漳州，未行而元兵至。沿海都制置蒲壽庚舉城降，大圭抗節遇害。其立身本末，皎然千古，可謂深知《春秋》之義。其書所謂明分義，正名寔，著幾微，爲聖人之特筆者，侃侃推論，大義凜然，足以維綱常而衛名，又不能以章句之學錙銖①繩之矣。

《四庫全書總目》卷二十七經部二十七春秋類二。224 中

【校記】①錙銖，《初目》作"鈿銖"，今據《總目》改。

春秋五禮例宗十卷

宋湖州張大亨撰。大亨，字嘉父，登元豐乙丑乙科。何薳《春渚紀聞》、王明清《玉照新

志》并載其嘗官司勳員外郎,以王國侍讀、侍講官名與朝廷相紊,奏請改正事。陳振孫《書錄解題》載大亨《春秋通訓》及此書,則稱爲"直秘閣吳興張大亨",蓋其所終之官也。考《左傳發凡》,杜預謂"皆周公禮典";韓起見《易象春秋》,亦謂"《周禮》在魯";孫復作《春秋尊王發微》,葉夢得譏其"不深於禮學,故其言多自牴牾"。蓋《禮》與《春秋》本相表裏。大亨是編,以杜預《釋例》與《經》踳駁,兼不能賅盡,陸淳所集啖、趙《春秋纂例》,亦支離失真,因取《春秋》事蹟,分吉、凶、軍、賓、嘉五禮,依類別記,各爲總論。義例賅貫,而無諸家拘例之失。陳振孫稱爲"考究詳洽",殆非溢美。元吳澄作《春秋纂言》,分列五禮,多與此書相出入,殆未見傳本歟?朱彝尊《經義考》載此書十卷具存,而諸家寫本皆佚其《軍禮》三卷,已非彝尊之所見。然《永樂大典》作於明初,凡引此書皆吉、凶、賓、嘉四禮之文,軍禮絕無一字。則此三卷之佚久矣,彝尊偶未核檢耳。

《四庫全書總目》卷二十七經部二十七春秋類二,文淵閣《四庫全書》書前提要、《總目》均作七卷。218 上

春秋尊王發微十二卷

宋孫復撰。案李燾《續通鑑長編》曰:"中丞[①]、國子監直講孫復,治《春秋》不惑《傳》、《註》,其言簡易,得《經》之本義。既被疾,樞密使韓琦言於上,選書吏,給紙札,命其門人祖無擇即復家錄之。得書十五卷,藏秘閣。"蓋此書十二卷。《中興書目》別有《春秋總論》三卷,合之正得十五卷。今《總論》已佚,惟此書尚存。復之論,上祖陸淳,而下開胡安國,謂《春秋》有貶襃,大旨以深刻爲主。晁公武《讀書志》載常秩之言曰:"明復爲《春秋》,猶商鞅之法,棄灰於道者有刑,步過六尺者有誅。"蓋篤論也。然春秋之時,僭亂多而善行少,復所抉摘,於賊子、亂臣、暴君、稗政,亦往往能推見至隱,足爲炯戒,故見長之處多。蓋屈《經》從《傳》之弊,至復始盡破,而奮臆談經之弊,亦自復始成。其於《春秋》,固在功罪之間矣。程端學稱其《尊王發微》、《總論》二書外,又有《三傳辨失解》。其書史不著錄,今亦未見。考《宋史·藝文志》[②]及《中興書目》,均有王日休所撰《春秋孫復解三傳辨失》四卷,殆端學誤以爲復作歟?其書已佚,不可復考矣。

《四庫全書總目》卷二十六經部二十六春秋類一。214 中

【校記】①中丞,《總目》同。按:李燾《續通鑑長編》作"殿中丞",是也。殿中丞爲唐宋殿中省之司官,掌御前供奉。中丞則掌監察。《經義考》卷一百七十九所引亦作"殿中丞"。　②《宋史·藝文志》,《初目》作《樂史·藝文志》,非是。王日休著作見《宋史·藝文志》,《總目》不誤,今據改。

春秋分記[①]九十卷

宋程公説撰。説,字伯剛,號克齋,丹稜人,居於宣化。年二十五登第,官邛州教授。吳曦之亂,棄官,携所著《春秋》諸書匿安固山中修之,甫成而卒,年僅三十七。是書前有開禧乙丑《自序》,淳祐三年,其弟公許刊於宜春。凡《年表》九卷、《世譜》七卷、《名譜》二卷、《書》二十六卷、《周天王事》二卷、《魯事》六卷、《大國世本》二十六卷、《次國》二卷、《小國》七卷、《附錄》三卷。其《年表》則冠以周及列國,而后夫人以下與執政之卿皆各爲一篇。其《世譜》則王族、公族以及諸臣每國爲一篇,魯則增以婦人名、仲尼弟子。而燕則有錄無書,

59

蓋原闕也。《名譜》則凡名見於《春秋》者分五類列焉。《書》則曆法、天文、五行、疆理、禮樂、征伐、職官七門。其周、魯及列國《世本》以及《次國》、《小國》、《附錄》則各以《經》、《傳》所載分隸之。條理分明，敍述典贍。所采諸儒之說，與公說所附《序論》，亦皆醇正。誠讀《春秋》者之總②匯也。明以來其書罕傳，故朱彝尊《經義考》注曰"未見"。顧棟高作《春秋大事表》，體例多與公說相同。棟高非剽竊著書之人，知其亦未見也。此本出自揚州馬曰璐家，與《通考》所載卷數相合。內宋諱猶皆闕筆，蓋從宋刻影鈔者。劉光祖作公說墓誌，稱其所作尚有《左氏始終》三十六卷、《通例》二十卷、《比事》十卷，蓋刻意於《左氏》之學者。宋自孫復以後，人人以臆見說《春秋》，惡舊說之害己也，則舉三傳義例而廢之。又惡《左氏》所載證據分明，不能縱橫顛倒、惟所欲言也，則併舉《左傳》事蹟而廢之。譬諸治獄，務燬案牘之文，滅證佐之口，則是非曲直，乃可惟所斷而莫之爭也。公說當異說坌興之日，獨能考核舊文，使本末源流犁然具見，以杜虛辨之口，於《春秋》可謂有功矣。

《四庫全書總目》卷二十七經部二十七春秋類二。222 上

【校記】①《春秋分記》，文淵閣本《四庫全書》題簽、各卷卷端作"春秋分記"，前有乾隆"御製題宋版春秋分記"五言律詩。書前提要作"春秋分紀"。《總目》亦作"春秋分紀"。　②誠讀《春秋》者之總，《初目》以下原缺，今據《總目》補。

左氏詩如例一卷①

宋李石撰。蓋其《方舟集》中之一種也。大旨以《左氏傳》引《詩》不皆與今說《詩》者同。因取所載一篇一句，悉裒集而闡論之，以蘄合於斷章取義之旨。凡一百六十八條。

《四庫全書總目》卷三十經部三十春秋類存目一。245 上

【校記】①此參見李石《左氏君子例》"校記"。

春秋纂言十二卷

元吳澄撰。采摭諸家傳註，而間以己意論斷之。又於十二公前先分七例，其天道、人紀二例，澄所刱作。餘吉、凶、軍、賓、嘉五例，則與宋張大亨《春秋五禮例宗》互相出入，疑澄未見大亨書也。然大亨之書，今佚《軍禮》一卷，而此本五禮皆完具，固不能以彼廢此矣。至於《經》文行款多所割裂，而《經》之闕文亦皆補以方空，體例亦爲未協。蓋澄雖邃於經學，而亦勇于變古，所注諸經皆然，不但《春秋》也。讀是書者取所長而置其所短可矣。

《四庫全書總目》卷二十八經部二十八春秋類三。225 下

春秋本義三十卷

元程端學撰。端學，字時叔，號積齋，慶元人。至治六年①舉進士第二。官國子助教，遷翰林國史院編修。出爲筠州幕，有循良稱。在國學時，以《春秋》未有歸一之說，乃取前代百三十家②，折衷同異，以作此書。又作《辨疑》以訂三《傳》之舛戾，作《或問》以明諸說之去取。又有《綱領》一卷，揭著書大意。凡二十餘年而成，至元中下有司鋟板集慶路。端學與兄端禮同師四明史蒙卿，傳朱子之學。嘗發明朱子讀書法，作《讀書工程》③，國子監取之以式學者。其淵源甚正，故立說具有本末。今《辨疑》已缺，惟《或問》及此書存。

《四庫全書總目》卷二十八經部二十八春秋類三。226 中

【校記】①至治六年，《總目》作"至治元年"。按：元英宗至治僅三年，《初目》作"六年"明顯有誤。《總目》作"元年"亦可商。程端學考中進士的時間，《元史·儒學傳》認爲在至治元年。歐陽玄撰《積齋程君墓志銘》（《新安文獻志》卷七十一）、宋褧《燕石集》卷三《同年程時叔内翰还浙東》詩等，均可證程端學考中進士是在泰定元年，而非至治元年。　　②百三十家，《總目》作"一百七十六家"。今檢原書，則《總目》是。於此亦可窺見二書先後之承續。　　③"端學"至"工程"，按《初目》之意，《讀書工程》一書爲端學與兄端禮同著。考《元史·儒林傳》云："端禮獨從史蒙卿游，以傳朱氏明體適用之指，學者及門甚衆。所著有《讀書日程》，國子監以頒示郡邑校官，爲學者式。"是著《讀書日程》者爲程端學之兄程端禮。其書被國子監取之以式學者亦指端禮。《讀書日程》，《欽定續通志》卷五百五十三《儒林傳·元》作"讀書工程"。歐陽玄撰《積齋程君墓志銘》亦云："敬叔發明朱子之法，有《讀書工程》若干卷，國子監取其書頒示四方郡縣教官，以式學者。"（明程敏政撰《新安文獻志》卷七十一）敬叔，程端禮之表字，亦謂《讀書工程》爲程端禮撰。是《初目》此處所説有誤。《薈要提要》云："端學有兄端禮，與端學同師其鄉史蒙卿，實傳朱子之學，《元史》有傳。嘗發明朱子讀書之法，作《讀書功程》，國子監取之以式學者。"則以此書爲程端禮著，而非端學與兄端禮同著，所説甚明。《讀書工程》、《讀書功程》、《讀書日程》，當爲一書。《總目》著錄有"讀書分年日程三卷"，題程端禮撰，提要云："史稱所著有《讀書工程》，國子監以頒示郡縣，即此書也。"

春秋或問十卷

元程端學撰。端學既輯《春秋本義》，復歷舉諸説得失，以明去取之意，因成此書。蓋與《本義》相輔而行者也。其指擊諸説多否少可，於張洽《傳》攻之尤力。然如論《春秋》不當以一字爲褒貶，又謂《春秋》多筆削以後之闕文，又謂《春秋》不書祥瑞，而災異不當强舉其事應，皆具有卓識。其他持論亦正大。惟謂《左氏》事實多出僞撰，又堅主夏時之説，力詆左氏周正之《傳》，雖至於春書無冰，亦以爲建寅之月，而穿鑿《周禮》、《豳詩》以解之，殆未免於矯枉過正矣。

《四庫全書總目》卷二十八經部二十八春秋類三。226 中

【校記】①指擊，文淵閣《四庫全書》書前提要作"掊擊"，疑是。

春秋集傳釋義大成十二卷

元俞皋撰。皋，字心遠，新安人。初，其鄉人趙良鈞，宋末進士及第，授修職郎、廣德軍教授，宋亡不仕，以《春秋》教授鄉里。皋從良鈞受學，因以所傳著是書。《經》文之下，備列三《傳》。其胡安國《傳》亦與同列。吴澄《序》謂兼列胡氏以從時尚，"四傳"之名亦權輿於澄《序》。胡《傳》日尊，此其漸也。然皋雖以四傳并列，而於胡《傳》之過偏過激者寔多所匡正。澄《序》所謂"玩《經》下之《釋》，則四《傳》之是非不待辨而自明，可謂專門而通者"，固亦持平之論矣。觀皋《自序》，稱所定十六例，又引程子所謂"微詞隱義"，"時措時宜"，悉以程子《傳》爲宗。於義不同而詞同、事同而詞不同者，反復申明不可例拘之意。又稱學者宜熟玩程《傳》，均無一字及安國。蓋其師之學本出於程子，特以程《傳》未有成書，而胡《傳》方爲當代所傳習，故取與三《傳》并論之。統核全書，其大旨固可概見耳①。

《四庫全書總目》卷二十八經部二十八春秋類三。225 中

【校記】①概見，《總目》其下云："固未嘗如明代諸人竟尊胡傳爲經也。"

讀春秋編十二卷

元陳深撰。深，字子微，吴人。自以宋之遺民，終身不仕。天歷間奎章閣臣以能書薦，匿不肯出。是書標題以"清全齋"冠之，著其志也。其説大抵以胡氏爲宗，而兼采《左氏》事寔。蓋左氏身爲魯史，言必有據，非公羊、穀梁傳聞疑似者比。自宋人喜以空言説《春秋》，遂併其事實而疑之，幾於束之高閣。是書雖無新異之説，而獨能考據事實，不爲虛憍恃氣之高論。可謂篤實君子，固未可以平近忽之也。

《四庫全書總目》卷二十七經部二十七春秋類二。225 上

春秋闕疑四十五卷

元鄭玉撰。其書采《左氏傳》列於前，《公》、《穀》二家以下，合於理者取之。其或《經》有脱誤，無從質證則缺之，間附己論。如開卷"夏正、周正"，其事易明，存而不論，慎之至也。其《序》謂："《春秋》有魯史之舊文、聖人之特筆。不可字求其義，亦不可謂全無其義。"持論至爲平允。至於《朱子綱目》體例本倣《春秋經傳》，而作《序》乃謂以經爲綱，以傳爲目，仿朱子之體例，則所言不免倒置耳。玉，字子美，歙縣人。元末除翰林待制，以疾辭。明兵入徽州，守將要致之，玉不屈死。與宋吕大圭及同時李廉均可謂能明大義，不愧於治《春秋》矣。

《四庫全書總目》卷二十八經部二十八春秋類三，作《春秋經傳闕疑》。227 下

春秋讞義九卷

元王元杰撰。元杰，字子英，吴江人。至正間領薦，兵興不仕，教授於其鄉。昔程子作《春秋傳》未成，朱子之於《春秋》亦無專書。元杰乃輯其緒言，分綴《經》文之下，復刪掇胡安國《傳》以盡其意。安國之書在朱子前，而其説皆列朱子後，欲别所尊，故不以時代拘也。其間如隱公四年"州吁"條下，備録朱子《邶風·擊鼓》篇傳，於《春秋》書法無關，亦意所推崇，一字不欲芟削耳。三家之末，元杰以己意推闡，别標曰"讞"。如桓公四年"紀侯大去"條下，程子以"大"爲紀侯之名，意主責紀不責齊。元杰之《讞》則委曲恕紀，不從程子之説。而全書之内，於朱子無一異詞，其宗旨概可見矣。昔葉夢得作《春秋讞》，多得經意。元杰蓋未見其書，故名與相複，其所論斷亦不及夢得之精，而守一先生之言，不踰尺寸，所見雖淺，所學猶爲篤寔，差勝明代諸儒無師瞽説，以至洸瀁自恣者。原書十二卷，久無刊板。今諸家傳寫之本并闕後三卷，既無從校補，姑仍舊本繕録焉。

《四庫全書總目》卷二十八經部二十八春秋類三。227 上

春秋集傳十五卷

元趙汸撰。有汸《自序》及其門人倪尚誼《後序》。尚誼稱是書："初藁始於至正戊子。一再刪削，迄丁酉成編。既而復著《屬詞》，義精例密。乃知《集傳》初藁，更須討論。而序文中所列史法經義，猶有未至。""歲在戊寅①，重著是《傳》。草創至昭公二十八年②，乃疾疢難危，閣筆未續。"至洪武己酉，遂卒。自昭公二十八年以下，尚誼據《屬詞》義例續之。《序》中

所謂策書之例十有五、筆削之義八者,亦尚誼更定,而原本有訛誤疏遺者,亦補正焉。則此書實成於尚誼之手③,然義例一本於汸,猶汸書也。汸《自序》曰:"學者必知策書之例,然後筆削之義可求。筆削之義既明,則凡以虛詞説經者皆不攻而自破。"可謂得説之要領矣。

《四庫全書總目》卷二十八經部二十八春秋類三。228 上

【校記】①歲在戊寅,文淵閣《四庫全書》書前提要、《總目》同。查倪尚誼《後序》,作"歲在壬寅"。按:據倪尚誼《後序》,趙汸至洪武己酉,遂卒。洪武己酉即洪武二年(1369)。趙汸卒年,《總目》卷四《周易文詮》提要亦謂:"洪武二年召修《元史》,不願仕,乞還,未幾卒。"趙汸《東山存稿》卷首汪仲魯撰原《序》云:"洪武二年冬,休寧趙君子常以史事召至京師,既竣事歸,未逾月以疾終。明年春二月,葬于里之東巖。"據此,均可知趙汸卒於洪武二年。倪尚誼《後序》所説的"歲在壬寅",按以上時間推算,應是至正二十二年(1362)。若依《初目》所説"歲在戊寅",則應在洪武三十一年(1398)了。是明顯有誤。文淵閣《四庫全書》書前提要、《總目》均照錄《初目》之文,而未注意其間的錯誤。②草創至昭公二十八年,文淵閣《四庫全書》書前提要、《總目》同。倪尚誼《後序》作"草創至昭公二十七年",似應以此爲準。　③成於尚誼之手,文淵閣《四庫全書》書前提要、《總目》同。《初目》原作"成於思誼之手",誤。今據改。

春秋師説三卷

元趙汸撰。汸常師九江黃澤,其初一再登門,得《六經疑義》千餘條①以歸。已復往留二載,得口授六十四卦大義與學《春秋》之要。故題曰《師説》,明不忘所自也。汸作《左傳補注序》曰:"黃先生論《春秋》學以左邱明、杜元凱爲主。"又作澤《行狀》,述澤之言曰:"説《春秋》須先識聖人氣象,則一切刻削煩碎之説自然退聽。"又稱:"嘗考古今禮俗之不同,爲文十餘通,以見虛詞説《經》之無益。"蓋其學有原本,而其論則持以和平,多深得聖人之旨。汸本其意,類爲十一篇。其門人金居敬又集澤《思古十吟》,與吳澄②二序及《行狀》附錄於後。《行狀》載澤説《春秋》之書,有《元年春王正月辨》、《筆削本旨》、《諸侯取女立子通考》、《魯隱不書即位義》、《殷周諸侯禘祫考》、《周廟太廟單祭合食説》、《作邱甲辨》、《春秋指要》。朱彝尊《經義考》又載有《三傳義例考》。今皆不傳。惟賴汸此書,尚可識黃氏之宗旨。是亦讀孫覺之書,得見胡瑗之義者矣。

《四庫全書總目》卷二十八經部二十八春秋類三。228 上

【校記】①千餘條,文淵閣《四庫全書》書前提要、《總目》作"十餘條",非是。本書金居敬跋云:"乃往九江見黃先生稟學焉,盡得其所舉《六經疑義》千餘條以歸,所輯《春秋師説》蓋始於此。"趙汸《東山存稿》附錄詹烜撰《東山趙先生汸行狀》云:"乃得授《六經疑義》千餘條以歸。"《明史》卷二百八十二《儒林傳》本傳云:"汸一再登門,乃得《六經疑義》千餘條以歸。"他如沈佳《明儒言行錄》卷一、朱彝尊《經義考》卷一百九十八等,亦均作"千餘條"。　②吳澄,《初目》作"吳徵",誤。本書所附《六經辨釋補注序》、《易學濫觴春秋指要序》均作"吳澄"。文淵閣《四庫全書》書前提要等不誤,今據改。

春秋屬辭十五卷

元趙汸撰。汸於《春秋》用力至深。至正丁酉,既定《集傳》初稿,又因《禮記·經解》之

語,悟《春秋》之義在於比事屬詞,因復推筆削之旨,定著此書。其爲例凡八:一曰存策書之大體,二曰假筆削以行權,三曰變文以示義,四曰辨名實之際,五曰謹內外之辨,六曰特筆以正名,七曰因日月以明類,八曰詞從主人。其說以杜預《釋例》、陳傅良《後傳》爲本,而亦多所補正。夫史家義例,有定褒貶乃明。聖人則因事立文,如化工肖物,有義而無例。後人推經生例,因以例繩經,譬之以賢者之守經測聖人之達權,彌近似而彌相遠。自漢以來,惟《公》、《穀》兩家爲甚,汸刪除繁瑣,區以八門,較諸家爲有緒。然目多者失之糾紛,目少者失之強配,其病亦略相等。而日月一例,不出《公》、《穀》之窠臼,尤嫌繳繞,宜爲卓爾康①所譏。顧其書淹通貫串,據《傳》求《經》,多由考證得之,終不似他家之臆說。故附會穿鑿不能盡免,而宏綱大旨則可取者爲多。前有宋濂《序》,所論《春秋》五變,均切中椓腹游談之病。今併錄之,俾憑臆說經者知情狀不可揜焉。

《四庫全書總目》卷二十八經部二十八春秋類三。228 中

【校記】①卓爾康,《初目》作"卓爾",誤。卓爾康所譏之語見其所著《春秋辨義》。文淵閣《四庫全書》書前提要、《總目》等不誤,今據改。

春秋左氏傳補注十卷

元趙汸撰。汸尊黃澤之說,《春秋》以《左氏傳》爲主,注則宗杜預。《左》所不及者,以《公羊》、《穀梁》二傳通之;杜所不及者,以陳傅良《左傳章指》通之。是書即采傅良之說,以補《左傳集解》所未及。其意以杜偏於《左》,傅良偏於《公》、《穀》①。若用陳之長以補杜之短,用《公》、《穀》之是以救《左傳》之非,則兩者兼得。筆削義例,觸類貫通;傳注得失,辨釋悉當。不獨有補於杜解,爲功於《左傳》,即聖人不言之旨,亦灼然可見。蓋亦春秋家持平之論也。至杜預《釋例》,自孔穎達散入《疏》文,久無單行之本。《永樂大典》僅存一卷,亦非完書。陳傅良之《章旨》,世尤未睹。汸所採錄,略存梗槩。是固考古者所亟取矣。

《四庫全書總目》卷二十八經部二十八春秋類三。228 下

【校記】①傅良偏於《公》、《穀》,文淵閣《四庫全書》書前提要、《總目》作"傅良偏於《穀梁》"。按:《總目》卷二十七陳傅良《春秋後傳》提要云:"其以《公》、《穀》之說參之《左氏》。"趙汸《春秋集傳自序》云:"陳君舉(陳傅良字君舉)始用二家之說,參之《左氏》。"均謂陳傅良說春秋在用《公》、《穀》兩家之說,非僅用《穀梁》。《初目》是。

春秋左傳句解三十五卷

元朱申撰。是書惟解《左傳》,不參以《經》文,蓋猶用杜預以前之本。其一事而始末別見者,各附注本文之下,端委亦詳。惟《傳》文頗有刪節,是其所短。如隱公之首刪"惠公元妃孟子"①一節,則隱桓兄弟之故何自而明哉?

《四庫全書總目》卷三十經部三十春秋類存目一。245 中

【校記】①惠公元妃孟子,《總目》作"惠公元配孟子",蓋抄寫誤也。今《左傳》正作"惠公元妃孟子"。

春秋名臣傳十三卷

明姚咨撰。咨,字舜咨,無錫人。初,其邑人邵寶爲是書未竟,咨續成之。始于周之辛

伯,迄于虞之宫之奇,凡一百四十八人,傳末各附以小讚。大指與宋王當《春秋列國臣傳》相出入,而其義例乃譏當書用魯史編年之非。然既標以《春秋》,則自應用《春秋》之年月。若各從列國,轉致錯互難明,以是議當,未爲允也。

《四庫全書總目》卷六十二史部十八傳記類存目四。557下

春秋貫玉四卷①

明顏鯨撰。鯨,字應雷,慈溪人。嘉靖丙辰進士,累官湖廣副使。是書以《左氏傳》博記錯陳,因取江夏進士劉用熙《左傳類解》互相參校。別周魯與列國之事,各以類次爲之標目,而排比聯綴之。因取《周禮·弁師》注"繅采貫玉"之義,以名其書。體殊繁碎。所列世系,以周冠列國,而以孔子冠周,欲尊聖而不知所以尊,謬妄殊甚。

【校記】①今殿本、浙本《總目》無此提要。沈津《〈四庫全書總目〉提要〉殘稿》著錄有此書提要,云:"明顏鯨撰。鯨,字應雷,慈溪人。嘉靖丙辰進士,官至湖廣按察司副使,忤張居正,降山東布政司參議,終於太僕寺卿。事蹟其《明史》本傳。是書以氏傳博記錯陳,因取江夏進士劉用熙《左傳類解》互相參校,別周魯與國之事,各以類次爲之標目,而排比聯綴之,故取《周禮》弁師注,繅采貫玉之義以名其書。鯨面折貴幸,氣節震一世,海瑞至以異才薦於朝,其丰采可想。是書體例繁碎,殊無可觀。所列世系,以周冠列國,而又以孔子冠周,亦仍沿用熙之謬例,弗能改也。"(《中華文史論叢》一九八二年第一輯)

豐坊春秋世學三十二卷

明豐坊撰。自稱即其先世宋御史中丞稷之《案斷》而爲之釋義,故曰"世學"。然《案斷》之名,宋人書目及《宋·藝文志》皆不載,向來說《春秋》者亦所未聞。忽出坊家,蓋即坊所托也。

《四庫全書總目》卷三十經部三十春秋類存目一。247上

春秋說志五卷

明呂柟撰。其書務爲新說苛論。凡所譏刺,皆假他事以發之,而所書之本事反置不論。如以"盟蔑"、"祭伯來"、"盟唐"、"鄭人伐衛"、"衛人殺州吁",皆爲平王之罪。又如"叔孫豹卒",謂《經》不書餓死,乃爲賢者諱。謂"郯子來朝",以其知禮錄之。大抵褒貶迂刻,不近情理。至謂書"季孫意如之卒",爲見天道之左,則聖人併怨天矣。其失不止於穿鑿也。

《四庫全書總目》卷三十經部三十春秋類存目一。246中

春秋續義發微十二卷

明鄭良弼撰。良弼,字子宗,號肖巖,淳安人。此編取胡安國《傳》所未及者,拾遺補闕,續明其義。一步一趨,皆由安國之義而推之,故其得失亦與安國相等。朱彝尊《經義考》載良弼有《春秋或問》十四卷、《存疑》一卷,並《續義》三卷,俱云"未見"。今此書分十二卷,與所記卷數不符,殆彝尊未見而誤載也。

《四庫全書總目》卷三十經部三十春秋類存目一。248下

經部　春秋類

春秋以俟錄一卷

明瞿九思撰。九思，字睿夫，黃梅人。萬歷癸酉舉人。薦授翰林待詔，不受。詔有司歲廩給之，終其身。是書穿鑿附會，如十二公配十二月，二百四十年配二十四氣之類，皆迂謬不情，與洪化昭《易獨坐談》，皆明儒之行怪者也。

《四庫全書總目》卷三十經部三十春秋類存目一。247下

春秋四傳私考十三卷

明徐浦撰。浦，字伯源，浦城人。官監察御史。是書舉《左氏》、《公》、《穀》、胡《傳》之異同，衷以己意。於胡《傳》之深刻者多所駁正，持論頗平允。然每就事論事，不相貫串。如"宋公和卒"，謂不書薨以示褒。不知外諸侯《經》皆書卒也。又凡浦無所論斷之條，皆不存《經》之原文，似乎刪節聖經，亦非體例。

《四庫全書總目》卷三十經部三十春秋類存目一。247中

春王正月考二卷

明張以寧撰。以寧，晉安人①。元泰定丁卯進士。官至翰林侍講學士。入明仍故官。洪武二年奉使冊封，卒于安南②，是書即在安南所作也。三正疊更，時月並改，《經》書正月繫之於王，則爲周正不待辨。正月、正歲二名載於《周禮》，兩正互用，足以滋疑③。左氏發《傳》，特曰"王周正月"，則正月建子，亦無疑。自程子泥于"行夏之時"一言，而衆説紛紜，遂輾轉辨難而不解。以寧獨徵引五經，參以《史》、《漢》，著爲一書，決數百載之疑案，可謂卓識。至於當時帝王之後，許用先代正朔，故宋用商正，見於長葛之《傳》。諸侯之國，亦或用夏正。故《傳》載晉事，與《經》皆有兩月之差。古書所紀，時有參差。後儒執爲論端者，蓋由於此。以寧尚未及抉其本④。又《伊訓》、《泰誓》⑤諸篇皆出古文，本不足據。以寧尚未及窮其僞。而《周禮》正歲、正月之兼用，僅載鄭注數語，亦未分析暢言，以袪疑似。於持論皆爲少疎。然大綱既正，此固不足爲之病也。

《四庫全書總目》卷二十八經部二十八春秋類三。229中

【校記】①晉安，《總目》作"古田"。按：據《明一統志》卷七十四《福州府》記載，古田縣在府城北二百八十里，本漢東侯官縣地，晉屬晉安郡。唐永泰初始置古田縣，屬福州。《明史》卷二百八十五《文苑傳》本傳云："張以寧，字志道，古田人。"　②卒于安南，《總目》據《明史》本傳作"奉使冊封安南王，還，卒於道"。　③兩正互用，足以滋疑，《總目》作"兩正并用，皆王制也"。　④以寧尚未及抉其本，文淵閣《四庫全書》書前提要、《總目》作"以寧尚未及抉其本原"，於義爲長。　⑤泰誓，《初目》、文淵閣《四庫全書》書前提要均作"秦誓"，非是。查《春王正月考》"書"下所列，《伊訓》之後，爲《泰誓》上、《泰誓》中兩篇，並無《秦誓》。《秦誓》、《泰誓》均爲《尚書·周書》篇目。先秦百篇尚書中，原有《泰誓》。漢初伏生二十八篇無《泰誓》。漢武帝時，河內女子獻上《泰誓》，後漢馬融等以爲是僞作，後皆以《泰誓》三篇爲梅氏所獻的僞古文。馬融《書序》曰："《泰誓》後得，案其文似若淺露。"《伊訓》亦古文《尚書》，而唐宋以來，世多以所傳《尚書》凡五十八篇：其自《堯典》以下至於《秦誓》三十三篇，世以爲今文《尚書》；自

《大禹謨》以下至於《冏命》二十五篇,世以爲古文《尚書》。據上文"又《伊訓》、《秦誓》諸篇皆出古文",可知此當爲"泰誓"。《總目》作"泰誓",是也,今據改。

春秋明志錄十二卷

明熊過撰。過,字叔仁,富順人。嘉靖八年進士,累官祠祭司郎中。過注《周易》,主於明象,論者與來知德並稱,蓋不主先儒舊説者。此書卓爾康亦稱其"頗出新裁,時多微中,亦《春秋》之警策"。惟惜其牴牾左氏,寔有未安。今核其書,雖不免用思少過,而大旨尚持平允,視其所作《易》注,近實多矣。

《四庫全書總目》卷二十八經部二十八春秋類三。231 中

春秋事義全考十六卷

明姜寶撰。寶,字廷善,號鳳阿,丹陽人。嘉靖癸丑進士。官至南京禮部尚書。朱彝尊《經義考》載是書云二十卷①,而此少四卷,考其篇帙,未見有缺,疑《經義考》誤也。其大旨以胡《傳》爲本,間出己意。襄公、昭公以下,胡《傳》多闕,亦胥爲補葺。中間地名以今証古,間有考訂,皆無以甚異於諸家。惟謂孔子於周王、魯侯事有非者,直著其非。後人説《經》用惡字、罪字、譏貶字,皆非聖人之意。其言明白正大,爲從來説《春秋》者所未及,可謂闡筆削之微旨,立名教之大防矣。

《四庫全書總目》卷二十八經部二十八春秋類三。232 上

【校記】①朱彝尊《經義考》載是書云二十卷,《總目》云"《明史·藝文志》、朱彝尊《經義考》俱載是書二十卷"。按此書後有明鄭良弼跋文,稱此書"卷分十六帙"。是原書刻本即十六卷。

春秋孔義十二卷

明高攀龍撰。攀龍,字存之,無錫人。萬曆十七年進士。官至左都御史。事迹具《明史》。是書斟酌於左氏、公羊、穀梁、胡安國四家之《傳》,無所考証,亦無所穿鑿。意主於以《經》解《經》,凡《經》無《傳》有者不敢信,《傳》無《經》有者不敢疑,故名曰"孔義",明爲孔子之義而非諸儒之臆説。雖持論稍拘,較之破碎繳繞橫生異議者,猶説《經》之謹嚴者矣。朱彝尊《經義考》此書之外別有李攀龍《春秋孔義》十二卷,注曰"未見"。書名卷數並同,而攀龍之名又相同,不應如是之巧合。考李攀龍以詩名當世,不以經術聞,其墓誌、本傳亦不云嘗有是書。豈諸家書目或有以攀龍名同,誤高爲李者,因而未及考核,誤分爲二歟?

《四庫全書總目》卷二十八經部二十八春秋類三。233 上

春秋辨義三十九卷①

明卓爾康撰。其説經分六義:曰經義、曰傳義、曰書義、曰不書義、曰時義、曰地義。其論皆平正,凡總論九卷,經注三十卷。爾康,杭州人,嘗爲浚儀縣教官。

《四庫全書總目》卷二十八經部二十八春秋類三。233 中

【校記】①春秋辨義三十九卷,《總目》同。文淵閣《四庫全書》書前提要作"三十八卷"。又,《初目》謂"凡總論九卷",文淵閣《四庫全書》卷首總論爲八卷。

春秋讀意一卷

明唐樞撰。其論《春秋》，以爲不當以褒貶看聖人，秖備錄是非，使人自見。説頗平通，然大致甚簡略。前有隆慶庚午潘季馴《序》。

《四庫全書總目》卷二十八經部三十春秋類存目一。247 上

春秋國華十七卷

明嚴訥撰。訥，字敏卿，常熟人。嘉靖辛丑進士，官至武英殿大學士。是書以《春秋》所書周及列國之事分隸其國，而仍以魯十二公之年編之，雜采三傳附於經下，亦間及《國語》、《史記》諸書。前有其甥陳瓚《序》，稱訥請沐三月而成是書。故但抄錄舊文，無所發明考證。

《四庫全書總目》卷三十經部三十春秋類存目一。247 中

春秋私考三十六卷

明季本撰。本不信三傳，故釋經處謬戾不可勝舉。如言"惠公仲子非桓公之母"，"盜殺鄭三卿，乃晉人使刺客殺之"，"季孫行父爲奸深刻忌之人，結晉仇齊以專魯之政"，"晉文公歸國，非秦伯納之"。諸如此類，皆無稽之甚。其以"尹氏卒爲主鍾巫之尹氏"之類，則牽合頗巧，然愈巧愈非解經之正矣。

《四庫全書總目》卷三十經部三十春秋類存目一。246 下

春秋輯傳十三卷春秋凡例二卷

明王樵撰。樵，字明遠，金壇人。嘉靖二十六年進士，官至右都御史。是編朱彝尊《經義考》作十五卷，又別出《凡例》二卷，註曰"未見"。此本凡《輯傳》十三卷，前有《宗旨》三篇、《附論》一篇，共爲一卷，與十五卷之數不符，蓋朱彝尊偶誤。又《凡例》二卷，今實附刻書中，彝尊亦偶未檢也。其《輯傳》以朱子爲宗，博采諸家，附以論斷，未免或失之冗，然大旨猶爲醇正。其《凡例》則比類推求，不涉穿鑿，較他家特明簡焉。

《四庫全書總目》卷二十八經部二十八春秋類三。231 下

春秋五傳平文四十一卷

明張岐然編。岐然，字秀初，錢塘人。其書采《左傳》、《公羊傳》、《穀梁傳》、胡安國《傳》而益以《國語》。《國語》亦稱《春秋外傳》，故①謂之"五傳"。曰"平文"者，取平心之義也。其《自序》曰："嘗與虞子仲皜泛覽《春秋》七十二家之旨，蓋鮮有不亂者。及觀近時經生家之説，殆不可復謂之《春秋》。究其弊，率起於不平心以參諸家而過尊胡氏。久之，惟知有胡氏《傳》，更不知有他氏。又久之，惟從胡《傳》中牽合穿鑿，併不知有《經》。此所謂亂之極也。"考胡安國當高宗之時，以《春秋》進講，皆準南渡時勢以立言。所謂喪欲速貧，死欲速朽，爲南宮敬叔、桓魋言之者也。元延祐設科，以其源出程子，遂用以取士。迨明修《五經大全》，胡廣等拙於纂修，又竊襲汪克寬《胡傳纂疏》，苟且應詔，三百年來遂爲不刊之典。實則安國作《傳》之時所不及料。岐然指陳流弊，深切著明，可謂切中明代治經之病。故其書雖以"五傳"爲名，實則以四《傳》救胡《傳》之失，雖去取未必盡當，其識要不可及矣。

《四庫全書總目》卷三十經部三十春秋類存目一。251 中
【校記】①故，《初目》作"放"，義不可通，今據《總目》改。

春秋列傳五卷

明劉節撰。節，字介夫，大庾人。取《春秋內外傳》所載列國諸臣，類次行事，各爲之傳。始祭公謀父，終蔡朝吳，凡二百有二人。全本舊文，無所參益，鄒縣潘榛爲之訓釋，簡陋尤甚。

《四庫全書總目》卷六十一史部十七傳記類存目三。551 上

左略一卷

明曾益撰。益，字予謙，會稽人，即注《昌谷詩集》者也。其書專摘《左傳》所言兵事，凡五十六條，每條標以名目。明人輯《左傳》論兵爲書者，始王世德之《左氏兵法》，陳禹謨之《左氏兵略》，率皆援引他書，疏通證解。此但摘錄傳文，殊無可采。

《四庫全書總目》卷一百子部十兵家類存目。845 下

春秋左翼四十三卷

明王震撰。震，字子省，烏程人。其書繫傳於經文之下，凡先經起義、後經終事者，悉撮爲一。《左傳》中稱號不一者，皆改從經文稱名。有經無傳者，采他書補之。前後編次，亦間有改易。案朱彝尊《經義考》有王氏《春秋左翼》，不著撰人名字，亦不載卷數，而所錄焦竑《序》與此卷首《序》合，當即此書。

《四庫全書總目》卷三十經部三十春秋類存目一。249 上

春秋麟寶六十三卷

明余敷中輯。全錄《左》、《國》、《公》、《穀》之文於《經》文之下。《左》、《國》則錄其全，《公》、《穀》則除其複。《國語》事有在《春秋》前者，別爲首卷於前，然無所訓釋，亦無所論斷。前有萬曆乙卯《自序》，言夫子獲百二十國寶書作《春秋》，而絕筆於獲麟，故名其書曰《麟寶》，其取義亦可謂迂謬矣。

《四庫全書總目》卷三十經部三十春秋類存目一。248 下

春秋直解十五卷

明郝敬撰。前有《讀春秋》五十餘條。其言曰："今讀《春秋》，勿主諸《傳》先入一字。但平心觀理，聖人之情自見。"蓋即孫復等廢傳之學而又加甚焉。末二卷題曰《非左》，凡三百三十餘條，皆摘傳文之紕繆。穿鑿附會，殊乖謹嚴之旨。

《四庫全書總目》卷二十九經部二十九春秋類四。248 上

春秋錄疑十六卷

明趙恒撰。恒，字志貞，晉江人。嘉靖戊戌進士，官至姚安府知府。是書本胡氏《傳》而敷衍其意，專爲科舉而設。故經文可爲試題者，每條各於講義之末總括二語，如制藝之破題。其合題亦附於後，標所以互勘對舉之意。

《四庫全書總目》卷三十經部三十春秋類存目一。247 上

春秋闡義十二卷

明曹學佺撰。學佺,字能始,侯官人。萬曆乙未進士,官至陝西按察司副使。其書朱彝尊《經義考》注曰"未見",蓋不甚傳。大抵捃摭舊文,非能真有所闡發,徒以其人重耳。

《四庫全書總目》卷三十經部三十春秋類存目一。248 中

春秋衡庫三十卷

明馮夢龍撰。夢龍,字猶龍,蘇州人。其書爲科舉而作,故惟以胡《傳》爲主,雜引諸說發明之,所列《春秋前事》、《後事》,欲於經所未書、傳所未盡者,原其始末,亦殊沓雜。

《四庫全書總目》卷三十經部三十春秋類存目一。249 下

左觿一卷

明邵寶撰。記其讀《左傳》所得者,雜論書法及註解,然寥寥無多,蓋隨意標於《左傳》文上者,亦其《簡端錄》之類。其數條解說之善者,顧炎武《左傳補注》已採之。

《四庫全書總目》卷三十經部三十春秋類存目一。246 中

豐川春秋原經四卷

國朝王心敬撰。其說以爲因讀《孟子》而悟《春秋》之由作,故題曰《原經》。且謂孔子刪盡事蹟,只提綱示戒,而《左氏傳》摭拾影響,不探刪去事蹟之旨,《公》、《穀》依《左氏》而加例,胡氏又因三《傳》而加鑿。其於漢唐以來諸儒之論,無不排詆,所主惟明唐順之、郝敬數家,然於唐、郝亦有所譏。蓋自古至今,無一人當其意者,其亦近於妄矣。

《四庫全書總目》卷三十一經部三十一春秋類存目二。260 上。浙本《總目》作"春秋原經二卷",殿本《總目》作"春秋原經四卷"。

春秋地名考略十四卷

國朝高士奇撰①。康熙乙丑,士奇以詹事府少詹事奉敕撰《春秋講義》,因考訂地理,併成是書奏進。其書以《春秋經》、《傳》地名分國編次,皆先列國都,次及諸邑。每地名之下,皆先列經文、傳文及杜預註,而復博引諸書,考究其異同,砭正其疏舛,頗爲精核。惟時有貪多炫博,轉致瑣屑者。如"魯莊公築臺臨黨氏",遂立"黨氏臺"一條,殊于地理無關。又如"晉以先茅之縣賞胥臣",遂立"先茅之縣"一條,不能指爲何地,但稱猶云蘇忿生之田,則亦安貴於考耶?是亦過求詳備之失也。

《四庫全書總目》卷二十九經部二十九春秋類四。238 中

【校記】①國朝高士奇撰,《總目》云:"據閻若璩《潛邱劄記》稱,秀水徐勝敬可爲人作《左傳地名》記,問余'成公二年鞌之戰'云云,則實士奇倩勝代作也。"

春秋程傳補二十卷

國朝孫承澤撰。以程子《春秋傳》非完書,集諸儒之說以補之。其詞義高簡者重爲申

明,缺略者詳爲補綴。書成於康熙九年。按:伊川《春秋傳》,《宋志》一卷。陳亮《龍川集》有《跋》云:"伊川先生之序此書也,蓋年七十有一矣,四年而先生没。今其書之可見者,纔二十年。"陳振孫《書録解題》云:"略舉大義,不盡爲説,襄、昭後尤略。"考程子《春秋傳序》作於崇寧二年,書未定而黨論興,至"桓公九年"止。門人間取《經説》續其後,此陳亮所謂"可見者二十年也"。是書"桓公九年"以前全載程《傳》。"十年"以後,以《經説》補之,《經説》所無者,采諸家之説補之。皆大書分注,中取諸新安汪克寬《纂疏》者居多。《纂疏》即明《大全》所本也。宋胡安國《春秋傳》本於程《傳》,而義例不能盡合。今此本采取雖博,而所補之傳皆不出姓氏,于原文又多所芟改,其"桓公九年"以前,有程子無傳者亦爲補之。則是自爲一書矣。陳亮又云:"先生於是二十年之間,其義甚精,其類例甚博,學者苟優柔饜飫,自得於意言之表。"不必惜其缺也。觀此則程《傳》正不必補耳。
《四庫全書總目》卷三十一經部三十一春秋類存目二。252 上

空山堂春秋傳十二卷
國朝牛運震撰。運震所居名"空山堂",故所作《易傳》及是編皆以是名冠之。其説經不信三《傳》,動相駁難,蓋宋劉敞、孫復之流。由其記誦淹通,足以濟其博辨,故異論往往而生也。
《四庫全書總目》卷三十一經部三十一春秋類存目二。259 中

春秋三傳纂凡表四卷
國朝盧軒撰。軒,字六以,海寧人。其書以三《傳》所言書法之例,彙而爲表。經文直書爲經,傳文橫書爲緯。凡分三格,以《左氏》居上格,《公羊》居中格,《穀梁》居下格,皆但列舊文,而於其同異是非不加考證。蓋軒欲作《三傳擇善》一書,故先纂此表,以便檢閱,尚未有所發明也。
《四庫全書總目》卷三十一經部三十一春秋類存目二。257 中

春秋集解十二卷緒餘一卷提要補遺一卷
國朝應撝謙撰。撝謙,字嗣寅,錢塘諸生。康熙戊午舉博學宏詞。於六經多所著述。是書節録四《傳》原本,援引諸家之説,而以己意折衷之。前有《自序》,末附《校補春秋集解緒餘》一卷,則其門人錢塘凌嘉邵所補輯也。凡撝謙之説稱曰"應氏",而嘉邵之説則退一格以别之,皆摘論經中疑義。又附《春秋提要補遺》一卷,如軍賦、祭祀等事,分門類紀,不書撝謙姓氏,當亦嘉邵所著耳。
《四庫全書總目》卷三十一經部三十一春秋類存目二。255 上

春秋三傳同異考一卷
國朝吴陳琰[①]撰。其書取三傳人名、地名相異及事之不同者,各著於篇。又辨别三傳義例得失,而斷以己意。琰,字寶崖,錢塘人。
《四庫全書總目》卷三十一經部三十一春秋類存目二。258 下
【校記】①吴陳琰,浙本《總目》作"吴陳琬",殿本《總目》"琰"字缺末筆,皆避清嘉慶帝

顯琰名諱改。

春秋指掌三十卷前事一卷後事一卷

國朝儲欣、蔣景祁同撰。於《左氏》、《穀梁》、《公羊》、胡氏四傳之外，多取馮夢龍《春秋指月》、《春秋衡庫》二書之說，蓋科舉之學，非窮經之作也。末附《春秋前事》一卷，皆《國語》之文；《後事》一卷，備錄《左傳》"小邾射來奔"以下諸事，亦用馮氏之例。欣，字同人，康熙庚午舉人；景祁，字京少，皆宜興人。

《四庫全書總目》卷三十一經部三十一春秋類存目二。256 中

杜解補正三卷

國朝顧炎武撰。炎武以杜預《左傳集解》時有闕失，而賈逵、服虔之注，樂遜之《春秋序義》，今又不傳。於是博稽載籍，作爲此書。雖邵寶《左觿》等書，苟有合者，亦皆采輯。若"室如懸磬"，取諸《國語》；"肉謂之羹"，取諸《爾雅》；"車之有輔"，取諸《呂覽》；"田祿其子"，取諸《楚詞》；"千畝原之在晉州"，取諸鄭康成；"祐爲廟主"，取諸《說文》；"石四爲鼓"，取諸王肅《家語注》；"祝其之爲萊蕪"，取之《水經注》。凡如此之類，皆有根據。昔隋劉炫作《杜解規過》，其書不傳，惟散見孔穎達《正義》之中。然孔疏之例，務主一家，故凡炫所規，皆遭排斥，未協至公。炎武此書，可謂掃除門戶，能持是非之平矣。

《四庫全書總目》卷二十九經部二十九春秋類四，文淵閣《四庫全書》書前提要、《總目》作"左傳杜解補正"。235 中

左傳補注六卷

國朝惠棟撰。其書以杜預《左傳集解》間有違異，而樂遜《序義》、劉炫《規過》諸書又已久佚，乃述其家世舊聞，博采古書，爲之補注。引據精詳，較顧炎武《杜解補正》更爲詳賅。其排杜預"短喪"之說，尤於風教有裨。惟其中多稱《世本》，而《世本》久已亡佚，今所引用，皆自他書摘錄，乃不著所出，仍署本名，頗覺無徵不信。如斯之類，未免體例少疏耳。

《四庫全書總目》卷二十九經部二十九春秋類四。241 中

左傳事緯二十卷

國朝馬驌撰。取《左傳》中事類，分爲百有八篇，篇加論斷，凡十二卷。首載晉杜預、唐孔穎達《序論》及自作《邱明小傳》一卷、《辨例》三卷[①]、《圖表》一卷、《覽左隨筆》一卷、《名氏譜》一卷、《左傳字寄》[②]一卷，合《事緯》爲二十卷。內《地輿》有說無圖，蓋未成也。驌伸《左氏》於《公》、《穀》之上，所陳義例，未敢必其悉合經旨，要之條分縷析，自抒所見，時有可觀。至其《圖表》之類，考訂詳密，亦可謂深於《左氏》者。驌，字宛斯，鄒平人，順治己亥進士。官靈壁[③]知縣。

《四庫全書總目》卷二十九經部二十九春秋類四。237 上

【校記】①《辨例》三卷，《辨例》分上中下卷，故曰三卷。文淵閣《四庫全書》書前提要、浙本《總目》同作三卷。殿本《總目》作一卷，則合上中下卷爲一卷。　②左傳字寄，文淵閣《四庫全書》書前提要、《總目》作"左傳字奇"。查原書並無此卷，疑此即爲該書

前集卷八《左傳事釋》，該卷主要分析《左傳》之字音、字義。作者《左傳事緯例略》云："六書不明，豕亥致紊，附以《左傳字釋》，用爲考訂之助焉。"是前集卷八《左傳事釋》即《左傳字釋》之誤。至於提要所說"左傳字寄"、"左傳字奇"，或有一誤，或兩者均誤，因不能明，故録以俟考。　　③靈壁，《總目》作"靈璧"。靈壁爲古地名，《史記·高祖本紀》："與漢大戰彭城靈壁東。"張守節《正義》云："在徐州符離縣西北九十里。"

春秋傳註三十六卷

國朝嚴啓隆撰。啓隆，字爾泰，烏程人。其說謂孔子欲討陳恒①而不得，故作《春秋》，以戒三家。不始惠公而始隱公者，以隱有鍾巫之難，特託以發凡。不終于陳恒、簡公之事而終以獲麟者，欲以諱而不書，陰愧三家之心。又謂《春秋》治大夫，非治諸侯，以三十六君之事爲經，而其餘爲緯。以文公以前爲賓，而以後爲主。經之義當明，緯之義可以不問。主之義當明，賓之義可以不問。又謂《春秋》一字一句，皆史舊文，聖人並無筆削。其意蓋深厭說《春秋》者之穿鑿，欲一掃而空之，而不知矯枉過直，反自流於偏駁也。

《四庫全書總目》卷三十一經部三十一春秋類存目二。252 中

【校記】①陳恒，《初目》作"陳桓"，誤。陳恒，春秋齊國大臣。《總目》作"陳恒"不誤，此提要下文亦謂"不終于陳恒"，今據改。

春秋地理考實四卷

國朝江永撰。所採不甚博，而能確指今爲何地，辨證乃多精確。前有《自序》云："中間或遺或誤，知所不免。"然考求經傳，不厭加詳，固可與徐善、高士奇之書參考並行也。

《四庫全書總目》卷二十九經部二十九春秋類四。242 下

春秋提綱十卷

舊本題鐵山先生陳則通撰。不著爵里，亦無時代。其始末未詳。朱彝尊《經義考》列之劉莊孫後①、王申子前，然則元人也②。是書分門凡四：曰《征伐》，曰《朝聘》，曰《盟會》，曰《雜例》。每門中又區分其事，以類相從，而題之曰"例"。然大抵參校其事之始終，而考究其成敗得失之由。雖名曰"例"，實非如他家之說《春秋》以書法爲例者。故其言閎肆縱橫，純爲史論之體，蓋說經家之別成一體者也。其《雜例》門中論《春秋》爲用夏正，不免拘於舊解。至其《災異例》中深排事應之說，則賢于董仲舒、劉向遠矣。

《四庫全書總目》卷二十八經部二十八春秋類三。225 中

【校記】①劉莊孫後，《初目》作"劉莊孫復"，誤。文淵閣《四庫全書》書前提要、《總目》作"劉莊孫後"，是也。《經義考》中，陳則通即列於劉莊孫之後。今據改。　　②然則元人也，《初目》作"然則人也"，於義無解。今據《總目》等補。

春秋傳議四卷

本朝處士張爾岐撰。是書意在折衷三傳，歸於至當，然發明胡《傳》之處居多。同時有李煥章者，爲爾岐作傳云："著《春秋傳議》，未輟而卒。"今此本缺略甚多，殆未成之蒿與？

《四庫全書總目》卷三十一經部三十一春秋類存目二。253 上

孝經類

古文孝經指解一卷

宋司馬光撰,而附以范祖禹説。真德秀曰:"自唐明皇《御注孝經》出世,不復知有古文。先正司馬公作《指解》,太史范公爲之説,學者始得見此經舊文。"據其所説,二書蓋相因而作,故合編也。光書至和元年所進,祖禹書元祐中所進,雖皆本明皇所注,而文字增減仍用古文。如"仲尼閒居,曾子侍坐",明皇本無"閒"、"坐"二字。"子曰:參先王有至德要道",明皇本無"參"字。"夫孝者德之本,教之所由生",明皇本二句俱有"也"字。其章次,則"曾子曰敢問聖人之德"、"子曰父子之道天性"、"子曰不愛其親而愛他人者"三章,與明皇本去二"子曰"而合爲一章者亦異。至於《閨門》一章,則又明皇本所無①也。蓋唐代刊定之時,司馬貞恐觸忌諱,欲削《閨門》一章,故不得不以古文爲僞。不知《閨門》章,漢初長孫氏傳今文即有之。劉向以顏本考定,雖云"去其繁惑",然謂經文大較相似,則《閨門》章未嘗削矣,豈得謂後人依託耶?光增入而訓注之,説者謂"古文得著,光之力也"。

《四庫全書總目》卷三十二經部三十二孝經類。264 上

【校記】①所無,《初目》原作"無所",於義無解。此謂《閨門》一章爲唐明皇御注本刪去,故謂"所無"。今因據文意改。《四庫全書》本《古文孝經孔氏傳》、《古文孝經指解》,均有《閨門》章。

孝經刊誤一卷

朱子撰。《孝經》自漢以來,儒者奉爲孔子所作,朱子疑爲曾子門人所記,其後儒者復取諸書之語,增益其間,是以精粗相雜。而以文義論之,亦時有離析隔礙之病。故刊定其誤以相傳。既久,不敢刪削,但以所疑之字加圍於外記之,而詳論於其下,蓋其慎也。書成于孝宗淳熙十三年丙午,是時朱子主管華州雲臺觀,年五十七矣。末有朱子《自記》,謂其説略因於衡山胡侍郎及汪端明。侍郎蓋謂胡宏①,高宗時爲禮部侍郎,老居衡州,故稱衡山。汪端明者,玉山汪應辰也,孝宗時爲端明殿學士。

《四庫全書總目》卷三十二經部三十二孝經類。264 下

【校記】①胡宏,《初目》作"胡寅",非是。文淵閣《四庫全書》書前提要、《總目》均作"胡宏",提要云:"後有自記曰:熹舊見衡山胡侍郎論語説。"注釋道:"案:胡宏高宗時爲禮部侍郎,居衡州,故曰衡山。所著有《五峰論語指南》一卷。"《直齋書錄解題》卷三著錄道:"《五峰論語指南》一卷,監南嶽廟胡宏仁仲撰。"《論語指南》今收入胡宏《五峰集》卷五,有《四庫全書》本。今據改。

孝經大義一卷

元董鼎撰。鼎,字季亨,鄱陽人,黃幹之弟子也。其書因朱子所定《孝經刊誤》之本,更爲訂正,刪去二百餘字,區分經傳,使秩然成文。又作爲注解以發明之。蓋爲初學而設,故詞皆顯易明白,頗便誦習。熊禾爲之《序》。

《四庫全書總目》卷三十二經部三十二孝經類。265 上

總經解類

經典釋文三十卷

唐陸元朗撰。元朗，吳人，字德明，以字行。《唐書》言其論撰甚多，今皆不傳，僅此書尚存。前有《自序》，云："癸卯之歲，承乏上庠。"因"撰集五典、《孝經》、《論語》及《老》、《莊》、《爾雅》等音。古今並錄，經註畢詳，訓義兼辯，示傳一家之學"。考癸卯為陳後主至德元年，豈德明年甫弱冠即能如是淹博？或積久成書之後，追紀其草創之始也。其例於諸經皆摘字為音，惟《孝經》、《老子》錄全句。凡漢魏六朝以來為音訓者二百三十餘家，皆采撮菁華，使後人於舊藉散佚之餘，尚得見其梗概，厥功甚偉。惟《孟子》無音，而乃有《老》、《莊》二子。蓋自唐以前，《孟子》不列於經，而《老》、《莊》則自西晉以來為士大夫所推尚。德明狃當時之習，不足怪也。書中《易》、《書》、《詩》、《三禮》、《春秋》三傳、《論語》、《爾雅》等音義，宋以來刻注疏者已散入各經下，然分裂改竄，多非原文，且或溷於注中，不能分別，惟此本尚仍德明原文之舊云。

《四庫全書總目》卷三十三經部三十三五經總義類。270 上

七經小傳三卷

宋劉敞撰。吳曾《能改齋漫錄》曰："慶曆以前，學者多守章句註疏之學。至原甫為《七經小傳》，始異諸儒之說。王荊公修《新義》，實本於此。"曾蓋以此病敞。然此書朱子嘗極稱之。今觀其說，如釋《詩》"以雅以南"，謂"南"即《左傳》"《象箾》、《南籥》"；釋《論語》"宰予晝寢"，謂即《禮記》"君子不晝居於內"之意，皆卓然有補于經傳，非有心立異者比也。

《四庫全書總目》卷三十三經部三十三五經總義類。270 中

六經正誤六卷

宋毛居正撰。居正，字誼父，衢州人，晃之子也。晃嘗著《增韻》及《禹貢指南》諸書。居正承其世業，嘉定中嘗承命刊正經籍，因編是書，校勘異同，訂正訛謬，殊有補於六經。雖其中辨論既多，不免疏舛。如"勑"古文作"敕"，隸變作"勑"。居正乃因高宗御書石經誤寫作"勑"，遂謂"來"字中從兩"人"，不從兩"人"。"享"字古文作"亯"，隸變作"享"，或省作"亨"。居正乃謂"享"字訓祭，"亨"字訓通，兩不相溷。"坤"，古從土從申，隸別為"巛"，居正乃謂"巛"是古字，乾、離、坎等俱有古文，如卦畫之形。"遲"、"遟"古本一字，《說文》以為"遲"籀文作"遟"者是也。居正乃謂兩字是非相半，不敢擅改。"賴"字古從貝從剌，俗誤書作"頼"。居正乃謂"頼"從束從負。其於六書皆未確。又《禮‧大行人》"立當前疾"，"疾"乃"痰"字之誤。痰在車轅前，鄭康成所謂"車轅前胡，下垂拄地者"是也。居正乃以為應作"軓"。軓，前揜板，實與痰不涉。如此類者，于經義亦不合。然許氏《說文解字》、陸德明《經典釋文》亦不免小有出入，為後人所撅拾，在居正又烏能求備焉？要其考核審定之功，自不可沒也。

《四庫全書總目》卷三十三經部三十三五經總義類。271 中

經部　總經解類　　　　　　　　　　　　　　　　　　　　四庫全書初次進呈存目

刊正九經三傳沿革例一卷

宋岳珂撰。初，廖剛刊正《九經》，當時稱爲善本，其沿革所由，具見於總例。珂又取廖本《九經》，增以《公》、《穀》二傳，校刊于相臺書塾。並爲述其《總例》，補所未備。一曰書本，二曰字畫，三曰註文，四曰音釋，五曰句讀，六曰脫簡，七曰考異。辨証精博，有功經學。其論"字畫"一條，酌古準今，尤爲通人之論也。

《四庫全書總目》卷三十三經部三十三五經總義類。271下

六經圖六卷

宋楊甲撰。《中興書目》曰：甲，紹興中布衣。其書每經別爲一卷，"乾道中毛邦翰復增補之。《易》七十，《書》五十有五，《詩》四十有七，《周禮》六十有五，《禮記》四十有三，《春秋》二十有九，合爲圖三百有九"。今考此本，止《易》、《書》二經圖與《中興書目》數相合。《詩》則四十有五，《禮記》四十有一，皆較原數少二。《周禮》六十有八，較原數多三。《春秋》四十有三，較原數多十四。陸元輔所序篇次亦同。惟《詩圖》稱四十五而標題仍曰"四十七"，則疑字誤也。其增損原本之故，序未明言，不知出誰氏手矣。

《四庫全書總目》卷三十三經部三十三五經總義類。271上

五經説七卷

元熊朋來著。朋來，字與可。登宋咸淳甲戌進士，仕元爲福清縣判官。《元史》有傳。其學恪守宋儒，故《易》亦言先天後天、《河圖》、《洛書》，《書》亦言《洪範》錯簡。蓋當時老師宿儒，相傳之説如是也。其書言禮之處爲多，疏證明白，秩然不紊，足爲一家之言。昔人謂朋來於《三禮》最深，故當世言禮者皆宗之，諒矣。至所論古音及六書，則往往語多出入，瑕瑜互見，亦各不相掩爾。

《四庫全書總目》卷三十三經部三十三五經總義類。273上

石渠意見四卷拾遺二卷補闕一卷①

明王恕撰。恕，字宗貫，三原人。正統中進士。官至吏部尚書，贈太師，諡端毅。《明史》有傳。恕初致仕在成化二十二年。孝宗立，復召用，後與邱濬不合，求去，以弘治六年閏五月復致仕。自是家居，凡十五年。此本首篇自題云"己未季秋"，據《七卿表》，當在弘治十二年，則是書作於第二次致仕時。故《自序》稱作《意見》時八十四，作《拾遺》時八十六，作《補闕》時八十八。可謂耄而好學矣。其書大意以《五經》、《四書》傳註列在學官者，于理或有未安，故以己意詮解而筆記之。間有發明可取者，而語無考證，純以臆測，武斷之處亦多。至謂《左傳》爲子貢等所作，尤爲遊談無稽也。

《四庫全書總目》卷三十四經部三十四五經總義類存目。282上

【校記】①補闕一卷，《欽定續通志》卷一百五十《藝文略》、《欽定續文獻通考》卷一百五十七《經籍考》同，《總目》作"補闕二卷"。

授經圖二十卷①

明朱睦㮮撰。按：《崇文總目》有《授經圖》，敘《易》、《詩》、《書》、《禮》、《春秋》三家之

學,其書不傳。睦㮮萬卷堂藏書最富,乃本宋章俊卿《考索圖》而增定之。首敍授經世系,次諸儒列傳,次諸儒著述、歷代經解名目卷數。每經四卷。舊無刊本。國朝黃虞稷、朱彝尊始同校定付刻②,彝尊因之以撰《經義考》,於經學授受源流,燦然備具矣。前有睦㮮《自序》及子勤芙③《跋》,又有彝尊、虞稷二《序》,龔翔麟、高士奇二《跋》。

《四庫全書總目》卷八十五史部四十一目錄類一。731 中

【校記】①《授經圖》,《總目》同,《四庫全書》本作《授經圖義例》。　②國朝黃虞稷、朱彝尊始同校定付刻,文淵閣《四庫全書》書前提要云:"舊無刊板,惟黃虞稷家有寫本,康熙中虞稷乃同錢塘龔翔麟校而刻之。"此語見本書黃虞稷《序》,云:"是集未經鋟版,黃徵君俞邰向藏寫本,龔主事蘅圃、高舍人澹人刻之白下。"是此書由黃虞稷與龔翔麟等合刻。《授經圖》見朱彝尊《經義考》卷二百四十九,然朱氏並未言及自己與黃虞稷一起刊刻此書之事。《初目》此説有誤。　③勤芙,《初目》作"勤羮",誤。文淵閣《四庫全書》書前提要、《總目》作"勤芙",注云:"案:芙字原本誤作羮,今改正。"今據改。

五經繹十五卷

明鄧元錫撰。凡《易》五卷,《書》二卷,《詩》三卷,《三禮》四卷,《春秋》一卷。元錫先有《三禮編繹》二十卷別行,故此編惟摘錄其中自作發明之語,而刪其經文及註語。《書》、《詩》、《春秋》亦不載經文,惟存篇目。其所詮釋,多支蔓之空談。《易》則雖載經文而頗更其次第①。如《乾卦》"元亨利貞"句下,繼以"大哉乾元"至"萬國咸寧"五十七字,又繼以"元者善之長也"至"故曰乾元亨利貞"六十四字,又繼以"乾元者"至"天下平也"五十七字,又繼以"天行健"十字,乃繼以六爻及《小象》,《小象》以後復繼以《文言》"初九曰"以下之文。皆元錫以意更定。其《繫辭》、《說卦》、《序卦》、《雜卦》則全刪傳文,而自撰《天圖原》等三卷以代之。其憑意妄作,亦與《三禮編繹》等耳。

《四庫全書總目》卷三十四經部三十四五經總義類存目。282 中

【校記】①雖載經文,《初目》作"雖經經文",於義無解。《總目》作"雖載經文",今據改。

五經稽疑五卷

明朱睦㮮撰。睦㮮,字灌甫,號西亭,周定王橚六世孫,襲封鎮國中尉。萬歷初舉宗正。是編于《五經疑義》參考異同,斷以己意。中如郭京《易舉正》之類,亦未免誤采偽書,如《春秋》"邾義父爲邾命卿"之類,亦未免太涉臆斷。而大致平允,詞簡而明,亦説經家當考之書也。惟《禮記》之末,附以明代《典禮》八條,則殊乖説經之體。

《四庫全書總目》卷三十三經部三十三五經總義類。274 中。《總目》作六卷,文淵閣《四庫全書》書前提要及《全書》作八卷。

五經蠡測六卷

明蔣悌生撰。悌生,字仁叔①,福寧州人。洪武初舉明經,任本州訓導。嘗以先儒訓釋經傳有未洽于心之處,因推究本旨,旁通諸説,以証明之。其中雖不能盡無瑕疵,然詞必稽古,語必自得,不爲支離附和之説,亦可謂能卓然自立者也。

《四庫全書總目》卷三十三經部三十三五經總義類。273 下

【校記】①仁叔,文淵閣《四庫全書》書前提要、《總目》均作"叔仁",非是。此書原《序》稱"洪武庚戌八月甲子後學蔣悌生仁叔序",是蔣悌生字仁叔之證。乾隆《福建通志》卷五十一《文苑傳》云:"蔣悌生,字仁叔,福寧人。洪武間舉明經,任本州訓導,著《五經蠡測》五卷。"《千頃堂書目》卷三、顧鎮《虞東學詩》卷二、李清馥《閩中理學淵源考》卷九十一等著錄,亦均作仁叔。惟《欽定續文獻通考》卷一百五十七《經籍考》作"悌生,字叔仁",因此書多據《總目》著錄之故。

六經奧論六卷

明黎溫序以爲宋鄭樵撰。朱彝尊《經義考》曰:"其書議論與《通志略》不合。樵嘗上書自述其著作,臚列名目甚晰,而是書曾未之及,則非樵所著審矣。"今檢其六卷"天文辨"中引及樵說,稱"鄭夾漈先生",其非樵書,益爲明證。或原本佚其名字,後人以其辨論諸經,好高立異,近于夾漈之學,故附會于樵。抑是書前代無聞,至明乃出于旴江危邦輔家,或即邦輔所托名,未可定也。第相傳既久,所論亦頗有可采者,錄而存之,而闕其所疑焉可耳。

《四庫全書總目》卷三十三經部三十三五經總義類。272 中

十三經解詁四十七卷①

明陳深撰。深,字子淵,長興人。是書凡《易》三卷、《書》三卷、《詩》四卷、《周禮》六卷、《儀禮》四卷、《禮記》十卷、《左傳》十四卷、《公羊傳》三卷、《穀梁傳》二卷、《論語》一卷、《孝經》一卷、《爾雅》三卷、《孟子》二卷。其《易》惟取程《傳》及《本義》,各標其名。《書》惟取孔《傳》、蔡《傳》,不復分別。《詩》取《小序》及朱子《傳》,而僞《子貢詩傳》尤所深信。《周禮》分《序官》于各職之前,使長屬相統,用王應電本,稱曰"古本"。《禮記》增入《夏小正》一篇,置于《曾子問》前。《左傳》力主夏正之說,謂用周正爲誣。《論語》、《孝經》、《孟子》俱無註,惟《孟子》加以評點,用世所稱蘇洵本。餘亦皆鈔錄舊註,無所發明,蓋鄉塾至陋之本也。

《四庫全書總目》卷三十四經部三十四五經總義類存目。282 上

【校記】①四十七卷,《總目》作"五十六卷"。今據提要所述各書卷數相加,實爲五十六卷,《初目》似不審也。

程氏經說七卷

不知何人所輯。案《通考》載此書。凡《易·繫辭說》一卷、《書解》及《改正武成》一卷、《詩解》二卷、《春秋傳》一卷、《論語說》一卷,皆伊川所著。又明道、伊川《改定大學》二本合一卷,統爲七卷,與此本合。其中若《詩》《書解》、《論語說》,本出一時雜論,異於專著。若《春秋傳》則欲爲專著而未成之書,觀所爲崇寧二年《自序》可見。至《繫辭說》一卷,或因所著《易傳》不及《繫辭》,將以之補其闕歟?然《說》止於此,則亦未成也。明徐必達編《二程全書》,併《詩解》二卷爲一卷,而別增《孟子解》一卷、《中庸解》一卷,共八卷。然《經義考》引康紹宗之言,謂《孟子解》乃後人纂集《遺書》外書而成,非程子手著,及《中庸解》之出呂大臨,朱子辨證甚明,不得仍於《程氏經說》增此一種。故今所錄,仍用宋本之舊焉。

《四庫全書總目》卷三十三經部三十三五經總義類。270 下

十一經問答五卷

題曰何異孫撰,不詳何代人,明楊士奇嘗稱之,意其人在元明間也。其書皆設爲論難,以相答問。其編次以《論語》、《孝經》爲首,次以《孟子》,又次以《大學》、《中庸》、《書》、《詩》、《周禮》、《儀禮》、《春秋三傳》、《禮記》,而不及《周易》。其解雖或與朱、程、蔡、陳諸家相出入,而《大學》分經傳綱領條目,則一以朱子爲準。蓋亦傳新安之學者也。黃俞邰以爲科場發問、對策之書。然宋人程試所習,如利彎孫《春秋透天關》等,大抵淺鄙不足觀,獨此於經義時有發明,視他書爲較善。

《四庫全書總目》卷三十三經部三十三五經總義類。273 中。書名殿本《總目》同,書前提要、浙本《總目》等作《十一經問對》。

六經圖十六卷

國朝江爲龍等編輯,附以《增定四書圖》,皆於先儒經書諸圖中摘抄成書,並無新義。爲龍,江南桐城人。康熙三十九年進士,官吏部主事。

《四庫全書總目》卷三十四經部三十四五經總義類存目。285 下

石經考一卷

國朝顧炎武撰。考石經七種,裴頠所書者無傳,開元以下所刻,亦無異議。惟漢魏二種,以《後漢書·儒林傳》之訛,遂使一字、三字爭如聚訟。歐陽修作《集古錄》,疑不能明。趙明誠作《金石錄》,洪适作《隸釋》,始詳爲核定,以一字爲漢,三字爲魏。然考證雖精,而引據未廣,論者尚有所疑。炎武此書,博列衆說,互相參校。其中如據衛恒《書勢》以爲《三字石經》非邯鄲淳所書,又據《周書·宣帝紀》、《隋書·劉焯傳》以正《經籍志》自鄴載入長安之誤,尤爲發前人所未發。至於洪适《隸續》尚有《漢儀禮》一碑,《魏三體石經》數碑,又《開封石經》雖已汨於河水,然世傳拓本,尚有二碑,炎武偶然未考,竟置不言,是亦千慮一失耳。

《四庫全書總目》卷八十六史部四十二目錄二。741 中

九經誤字一卷

國朝顧炎武撰。炎武以明國子監所刊諸經字多譌脫,而坊刻之誤又甚於監本,乃考石經及諸舊刻作爲此書。其中所摘監本、坊本之誤,諸經尚不過一二字,惟《儀禮》脫誤比諸經尤甚。如《士昏禮》"視諸衿鞶"下脫"婿之綏姆辭曰未教不足與爲禮也"十四字,《鄉射禮》"各以其物獲"下脫"士鹿中翿旌以獲"七字,《燕禮》"享于門外東方"下脫"其牲狗也"四字,《特牲饋食禮》"長皆答拜"下脫"舉觶者祭卒觶拜長皆答拜"十一字,"振之三"下脫"以授尸坐取簞興"①七字。其一兩字之脫,尚十九處。皆賴炎武此書校明,今本得以補正,則於典籍不爲無功矣。惟所引石經"子朝奔郊"四字,字體與唐不類。考《左傳·昭公二十二年》:"王師軍於京楚,辛丑,伐京。"《注》云:"京楚,子朝所在。"又《昭公二十三年》:"王子朝入於尹。"《注》云:"自京入尹氏之邑。"則子朝無奔郊之事,此四字爲王堯惠等妄加明矣。炎武亦復采之,未免泥古之過,然不以一眚掩也。

《四庫全書總目》卷三十三經部三十三五經總義類。276 中

【校記】①簞興,《初目》原作"簞與",誤。今據《儀禮·特牲饋食禮》改。

四書類

論語意原二卷

宋鄭汝諧撰。汝諧以二程、張子、楊時、謝良佐之說尚未足以盡《論語》之蘊,乃作此書。雖與朱子同時而不及見《集注》,故多有不合。如以"攻乎異端"謂"攻之反足爲害",以"使民戰栗"爲哀公之語,以"君子懷德"爲嘆亂世,以"君子居之"爲指箕子,以"三嗅而作"爲"三嘆",以"靈公問陳"爲非不可對,乃有託而行,以"見善如不及"一節連下齊景公、伯夷叔齊爲一章,殊有未安。而精密之處寔多,故真德秀極稱之。《朱子語錄》曰:"鄭舜舉侍郎《論語解》亦有好處。"然則朱子亦不以異己廢之矣。舜舉,汝諧字也。汝諧紹興中登進士,仕至徽猷閣待制。又《宋史·藝文志》別有《論語意原》一卷,陳振孫《書錄解題》云"未詳撰人",其名偶同,非一書也①。

《四庫全書總目》卷三十五經部三十五四書類一。295 上

【校記】①《總目》云:"陳振孫《書錄解題》載《論語意原》一卷,不著撰人。《宋志》因之,似乎尚別有一書適與同名。然振孫載《詩總聞》訛爲三卷,亦云不知撰人,及核其解題,則確爲王質之書。疑所載者即汝諧此書,偶未考其名也。"則《總目》認爲陳氏所載此書即鄭汝諧所撰也。

中庸指歸一卷中庸分章一卷大學發微一卷大學本旨一卷

宋黎立武撰。立武,字以常,新喻人。咸淳中舉進士第三,仕至軍器少監,國子司業。宋亡不仕,閒居三十年以終。官撫州時校文,舉吳澄充貢士,故澄誌其墓,自稱曰門人。又稱立武官秘省時,閱官書,愛二郭氏《中庸》。郭游程門,新喻謝尚書仕夷陵,嘗傳其學。將由謝溯程以嗣其傳,故言《大學》、《中庸》等書,間與世所崇尚者異義。蓋《中庸》之學傳自程子,後諸弟子各述師說,門徑遂岐。游酢、楊時之說爲朱子所取,而郭忠孝《中庸說》以中爲性,以庸爲道,亦云程子晚年之定論。立武《中庸指歸》皆闡此旨。至其《中庸分章》,則以"天命之謂性"以下爲一章,"仲尼曰"以下爲二章,"君子之道費而隱"以下爲三章,"道不遠人"以下爲四章,"君子素其位而行"以下爲五章,"君子之道辟如行遠"以下爲六章,"鬼神之爲德"以下爲七章,"哀公問政"以下爲八章,"誠者天之道也"以下爲九章,"惟天下至誠"以下爲十章,"誠者自成也"以下爲十一章,"大哉聖人之道"以下爲十二章,"仲尼祖述堯舜"以下爲十三章,"惟天下至聖"以下爲十四章,"《詩》曰衣錦尚絅"以下爲十五章。皆發明郭氏之旨,所言亦具有條理。其《大學》則《發微》一卷,謂曾子傳道在一貫,悟道在忠恕,造道在《易》之《艮》。大旨以止至善爲歸,而以誠意爲要。《本旨》一卷,仍用古本,皆以爲曾子之書,不分經傳,而以所稱曾子爲曾晳之言。要其歸宿,與程、朱亦未相牴牾,異乎王守仁等借古本以伸己說者也。惟其謂《中庸》、《大學》皆通於《易》,列圖立說,絲連繩貫而排之,則未免務爲高論耳。此四書本合編,前有大德八年趙秉政《序》。其先《中庸》後《大學》,蓋亦從《禮記》原次。別本從今本《四書》之序,移《大學》于《中庸》前,而以秉政之序介於《四書》之間,失其舊第矣。

《四庫全書總目》卷三十五經部三十五四書類一。297 中

論語全解十卷

宋陳祥道撰。祥道,字用之。李薦《師友談記》載其本末甚詳。晁公武《讀書志》云:"王介甫《論語注》,子雱《口義》,其徒陳用之《解》,紹聖後皆行於場屋,爲當時所重。"又引或人言,謂用之書乃鄒浩所著,託之用之,考《宋史·藝文志》有鄒浩《論語解義》十卷,而祥道此書不著于錄,則其言亦非無因也[①]。此本有祥道《自序》,首題"門人章粹校勘",卷卷皆題曰"入經論語解"[②],未詳其義。殆傳抄之訛,抑爾時嘗以是爲經義通用之書,故云然耶?

《四庫全書總目》卷三十五經部三十五四書類一。292 下

【校記】①"又引"句,文淵閣《四庫全書》書前提要、《總目》作:"又引或人言,謂用之書乃鄒浩所著,托之用之。考《宋史·藝文志》別有鄒浩《論語解義》十卷,則浩所著原自爲一書,並未托之祥道,疑或人所言爲誤。"《初目》引"或人"之言,疑陳祥道此書爲鄒浩所著。書前提要等則認爲陳祥道、鄒浩各自都有著作,否定了"假托"之說。　②"卷卷皆題曰'入經論語解'",文淵閣、文溯閣、文津閣《四庫全書》書前提要作"每卷皆標曰'重廣陳用之真本入經論語全解'",語義較爲明白。"重廣",浙本、殿本《總目》均作"重慶",當爲誤字。其書今存明抄本,均題"重廣"可證。

論孟精義三十六卷

朱子撰。集程、張諸儒之說,凡十一家。《論語》二十卷,《孟子》十四卷,又各有《綱領》一卷。書成於乾道八年壬辰,時朱子四十三歲。是書初名《要義》,作序時名《精義》,最後改名《集義》。今刊本仍稱《精義》,因序名也。

《四庫全書總目》卷三十五經部三十五四書類一。294 中

論孟或問三十四卷[①]

朱子撰。朱子於淳熙四年丁酉成《論語孟子集註》,又疏其去取諸說之意,設爲《問答》以明之。凡《論語》二十卷,《孟子》十四卷。其年朱子四十八歲,主管武夷冲祐觀時也。其後《集註》屢有改修,至老未已,而《或問》則無暇重編。故《集註》、《或問》間有異同,後人或執《或問》疑《集註》,則昧其著書之先後矣。

《四庫全書總目》卷三十五經部三十五四書類一,作《四書或問》三十九卷。294 上

【校記】①《總目》有《四書或問》三十四卷,包括《大學》二卷《中庸》三卷《論語》二十卷《孟子》十四卷,未單獨著錄《論孟或問》。

中庸輯略二卷

朱子撰。初,新昌石𡼖采二程子及其門人之說作《中庸集解》,朱子《序》之,謂其謹密詳審,事在淳熙十年癸卯[①],朱子五十四歲,主管台州崇道觀時。後六年己酉,《中庸章句》成,乃刪定其書,改名《輯略》。首猶存《集解》舊序,著功之始於𡼖也。𡼖,字子重,由太常寺主簿奉祠除知南康軍,未及赴,其沒也。朱子爲誌其墓。

《四庫全書總目》卷三十五經部三十五四書類一。294 下

【校記】①淳熙十年癸卯,文淵閣《四庫全書》書前提要、《總目》作"乾道癸巳"。此指朱

熹爲石㦧《中庸集解》作序時間。朱熹《中庸集解序》見《晦庵集》卷七十,題"乾道癸巳九月辛亥新安朱熹謹書"。是作序時間爲乾道癸巳即乾道九年(1173),非淳熙十年(1183)。下《初目》云"後六年己酉",書前提要等作"越十有六年淳熙己酉",此謂朱熹作《中庸章句》成之時間。因記《中庸集解》作序時間有十年之差,故此記《中庸章句》成之間隔時間也有十年之差。

南軒論語解十卷

宋張栻撰。其書成於乾道九年,朱子所謂《癸巳論語解》者也。栻因程子《餘論》推廣以著是編。朱子爲之抉摘瑕疵,集中所載多至一百一十八條,又訂其誤字二條。今所行本僅改正二十三條,似乎斷斷不合者。然"父在觀其志"一章,朱子謂舊有兩説,當從前説爲順,反覆辨論,至於二百餘言。而今本《集註》乃竟用何晏所引孔安國義,與栻説同。蓋古人朋友切磋,苟一義未安,不憚極言辨難,斷不敢苟且雷同。及久,而是非論定乃不復回護其前説。此大儒至公之心所由,異於門戶之見也。然則此一百一十八條者,特講習商榷之言,未可以是爲栻病。且二十三條之外,栻不復改,朱子亦不復爭,更不必以朱子之説相難矣。

《四庫全書總目》卷三十五經部三十五四書類一,作《癸巳論語解》。295 中

論語集説十卷

宋蔡節撰。淳祐五年,嘗表進于朝,姜文龍爲刊于湖頖。其書博采前人諸説而附以己意,大旨本之于程、朱,亦間有與《集註》不合者。如訓"賢賢易色",則謂"賢人之賢,而爲之改容更貌";訓"吾猶及史闕文",則謂"有馬者借人乘之"句即史闕文。後人往往述之,然終非確論也。至其編輯諸説,辭旨詳明,深得傳注之體。節,永嘉人。官至太府卿、兼樞密副承①。

《四庫全書總目》卷三十五經部三十五四書類一。297 上

【校記】①官至太府卿、兼樞密副承,文意未完。此係據該書進表結銜所題,查《中華再造善本》影印宋淳祐六年湖頖刻本《論語集説》,作"淳祐伍年伍月日朝散郎試太府卿兼樞密副都承旨",可參看。又其進表結銜,《經義考》卷二百十九引、浙本《總目》與此同,文淵閣《四庫全書》書前提要作"書首淳祐五年進表結銜稱朝散郎大府卿兼樞密右承旨"。據《宋史·職官志二》所記,樞密院長官爲都承旨,副都承旨爲都承旨之貳。

四書集編二十六卷

宋真德秀撰。中惟《大學》一卷、《中庸》一卷,爲德秀所手定。其《論語》十卷,《孟子》十四卷,則德秀之子志道因其點校之本而雜采其《讀書記》及《文集》、《衍義》諸書以續成之者也。朱子《四書章句集註》以畢生之力爲之,至精至密。一字一句,儒者皆奉爲指歸。然《章句》多出新意,《集注》則鎔鑄成書,其所以去取眾説之意,散見《或問》、《輯略》、《語類》、《文集》中,不能一一載也。而《或問》、《語類》、《文集》又多一時未定之説與門人記錄失真之處,故先後異同、重複,讀者往往病焉。是編博采朱子之説以相發明,復間附己見,以折衷訛異。德秀自稱有銓擇刊潤之功,殆非虛語也。後祝宗道有《四書附錄》,蔡模有《四書集疏》,吳真子有《四書集成》,大旨與是編相出入。然所學不及德秀,故精審亦遜之。

《四庫全書總目》卷三十五經部三十五四書類一。296 中

四書纂疏二十六卷
　　宋趙順孫撰。順孫,字格庵,括蒼人。其父雷,嘗師事朱子門人滕璘。故順孫之學,一本朱子。是書備引朱子之説,以暢《章句集註》之旨。所旁引者,黄榦、輔廣、陳淳、陳孔碩、蔡淵、蔡沉、葉味道、胡泳、陳埴、潘柄、黄士毅、真德秀、蔡模,凡一十三家,皆爲朱子之學者也。論此書者頗以冗濫爲病。然經師著述,體例各殊。註者辭尚簡明,疏者義存曲證。順孫書以"疏"爲名,而《自序》云"陪穎達、公彦後",則固疏體矣。繁而不殺,於理亦宜。略其蕪雜,取其宗旨之正可矣。
　　《四庫全書總目》卷三十五經部三十五四書類一。297 下

孟子集疏十四卷
　　宋蔡模撰。先是朱子《集注》于先儒舊説多所改定,論者或有異同。蔡氏三世皆傳朱子之學,至模信之益篤。此書蓋本其父沉之志而成。沉嘗謂模云:"學《論》、《孟》者,求諸《集注》而已足。但《集注》氣象涵蓄,語言精密,尤未易讀。當取《集義》、《或問》及張、吕諸賢門人高弟往復問答之語,蒐輯疏証,乃可薪于語脉分明,宗旨端的。"模承其訓,因與弟杭①互相商確,以成是書。杭爲之《序》。
　　《四庫全書總目》卷三十五經部三十五四書類一。296 下
　　【校記】①杭,文淵閣本《總目》、書前提要同,浙本《總目》作"抗"。

論語孟子考異二卷
　　宋王應麟撰。凡注疏諸儒之説與《集注》互異者,各爲考訂。應麟,字伯厚,慶元人。淳祐元年進士,官至尚書。應麟著作傳世者多,而此書諸家無言及者,疑莫能明也。然其説頗有可采者。
　　《四庫全書總目》卷三十七經部三十七四書類存目。308 下

四書通二十六卷
　　元新安胡炳文撰。先是蔡模有《四書纂疏》,吴真子有《四書集成》,皆闡朱子之學。炳文謂其尚有與朱子相戾者,因重爲刊削,附以己説,以成此書。所取于《纂疏》、《集成》者凡十四家,增於二書又四十五家。《自述》云"會其同而辨其異。會之不失其宗,辨之不惑于似。"已盡著作之意矣。觀其《凡例》,於一字之筆誤,刊本先後之差別,悉加考正,則用心亦勤且密也。又朱子《章句集註》所引凡五十四家,今多不知爲誰,是書尚一一載其名字,亦足資考證云。
　　《四庫全書總目》卷三十六經部三十六四書類二。299 下

四書通證六卷
　　元張存中撰。存中,字德庸,新安人。初,胡炳文作《四書通》,釋詳義理而略名物①。存中因排纂舊説成此書,以附其後,故名曰《四書通證》。炳文爲之《序》,稱:"北方杜㬎山有

《語孟旁通》,平水薛壽之有《四書引證》,皆失之太繁。"存中能"刪冗從簡,去非取是"。又曰:"學者於余之《通》,知《四書》用意之深;於《通證》,知《四書》用事之審。"推之甚至。今核其書,引經數典,字字必著所出。而"夏曰瑚,商曰璉"承包氏之誤者,乃置此一條,不引《禮記》以證之,蓋不免有所回護。不知朱子之學在明聖道之正傳,區區訓詁之間,固不必爲之諱也。又如"三讓"引《吳越春秋》,泛及雜説。而歷代史事乃置正史而引《通鑑》,亦非根本之學。然大概徵引詳明,於人人習讀不察者一一具標出處,可省檢閲之煩,于學者不爲無補也。

《四庫全書總目》卷三十六經部三十六四書類二。299 下

【校記】①釋詳義理而略名物,文淵閣《四庫全書》書前提要作"釋義理而略名物",《總目》作"詳義理而略名物"。《初目》當衍一"釋"或"詳"字。

學庸啓蒙二卷

元景星撰。星,餘姚人,號訒庵。其書矩矱朱子,而兼采羣言以發明之,條分縷析,示人易曉,故題曰"啓蒙"。其於《大學傳》之五章,附識矩堂董氏之説,《中庸》首章,并引雙峰饒氏之論,與《章句》之旨間有不同,亦能掃除門户之見者。《大學》先刊行,《中庸》則明人夏時得、蔣驥寫本,始爲補刻。驥,錢塘人,曾受業于星者也。

《四庫全書總目》卷三十六經部三十六四書類二,作《大學中庸集説啓蒙》。301 中

四書辨疑十五卷

舊本不著作者、時代、姓氏。書中稱"自宋氏播遷江表,南北分隔,纔百五六十年,經書文字已有不同",則元初人所撰矣。蘇天爵《安熙行狀》云:"國初有傳朱子《四書集注》至北方者,潯南王公雅以辨博自負,爲説非之。趙郡陳氏獨喜其説,增多至若干言。"是書多引王若虚説,殆寧晉陳天祥書也。朱彝尊《經義考》曰:"《四書辨疑》,元人凡有四家:雲峰胡氏,偃師陳氏,黄巖陳成甫氏、孟長文氏。""成甫、長文並浙人,雲峰一宗朱子,其爲偃師陳氏之書無疑。"所説當矣。其曰偃師者,《元史》稱天祥因兄祐①仕河南,自寧晉徙家洛陽,嘗居偃師南山故也。天爵又謂安熙爲書以辨之,其後天祥深悔而焚其書。今此本具存,或天爵欲張大其師學,所言未足據也。其書大意主于闕疑而不貴穿鑿,故所列三十餘條②,皆平心剖析,實非有意立異,規規爲門户之爭者。各尊所聞,各行所知。朱子亦嘗言之,是編固不妨與《集注》並存耳。

《四庫全書總目》卷三十六經部三十六四書類二。299 上

【校記】①兄祐,文淵閣《全書》提要同,《總目》作"兄祐"。《元史》卷一百六十八有《陳祐傳》,中華書局校點本據《秋澗集》等,校改作"陳祐"。 ②三十餘條,《薈要提要》、文淵閣《四庫全書》書前提要作"三百餘條",是也。《總目》云:"凡《大學》十五條,《論語》一百七十三條,《孟子》一百七十四條,《中庸》十三條。"合計三百七十五條。

四書集義精要二十八卷

元劉因撰。因,字夢吉,容城人,學者稱靜修先生。世祖至元十九年,徵拜承德郎右贊善大夫,未幾,辭歸。再以集賢學士徵,不起。自朱子爲《四書集注》,後人又取朱子《或問》、

《語類》、《文集》所説,萃爲《集義》,文頗繁冗。是書刪其複雜,最得要領。原本三十卷,今存二十八卷,止於《孟子·滕文公上篇》,其後二卷蓋佚之久矣。

《四庫全書總目》卷三十六經部三十六四書類二。299 上

中庸衍義十七卷

明夏良勝撰。良勝,字於中,南城人,事迹具《明史》。自宋真德秀作《大學衍義》,明孝宗初,邱濬進《大學衍義補》而未及《中庸》。良勝是書,成於嘉靖間謫戍遼海之時,自性、道、教、達道、達德、九經、三重之屬,推廣演繹,一仿真德秀《大學衍義》之體,而多引邱濬之説。至於崇神仙,好符瑞,改祖制,抑善類數端之弊,尤惓惓言之,蓋皆爲世宗時事發也。良勝於正德、嘉靖間兩以直言杖謫,其爲人世所重。是編宗旨醇正,亦不愧儒者之言。

《四庫全書總目》卷九十三子部三儒家類三。793 中

大學千慮一卷

明穆孔暉撰。孔暉,字元庵,堂邑人。弘治十八年進士,官至太常寺卿①,諡文簡。是書就《章句》、《或問》引申其説,中引佛遺教經,以爲儒釋一本。可謂小言破道,不足窺正學之津梁者矣。

《四庫全書總目》卷三十七經部三十七四書類存目。310 上

【校記】①官至太常寺卿,《總目》作"官至翰林院侍講學士",非是。黄宗羲《明儒學案》卷二十九《文簡穆玄庵先生孔暉傳》云:"歷司業、侍講、春坊庶子、學士、太常寺卿。"雍正《山東通志》卷二十八本傳亦云:"嘉靖初進學士掌院,以忤權相,改南尚寶司卿給事中,尋遷南太常寺卿,致仕歸。"

引經釋五卷①

明陳禹謨撰。以四書中所引諸經爲綱,而雜引諸家訓詁列其後。既非釋四書,又非釋經,徒費簡編,無所取義,所徵引亦殊寡陋。

《四庫全書總目》卷三十七經部三十七四書類存目。311 中

【校記】①本書《總目》未單獨列出,而包括在《經言枝指》一百卷中,提要云:"其《引經釋》則以四書所引經文爲綱,而雜采訓釋以附之。既非釋四書,又非釋五經,莫究其何所取義。"

大學衍義通略三十一卷

明王諍輯。其書取楊廉《大學衍義節略》、邱濬《大學衍義補》合爲一編。凡《節略》十卷、《補略》二十一卷。間亦釋字証義,取便檢閲,無所發明。諍,號竹巖,永嘉人。嘉靖二十九年進士,官御史。

《四庫全書總目》卷九十五子部五儒家類存目一。806 上

四書通義二十卷

明劉剡撰。初,元倪士毅以吳真子《四書集成》汎濫無當,乃取陳櫟所著《發明》,參以胡

炳文《四書通》,訂其訛舛,名曰《輯釋》。至正辛巳刊於建陽,後士毅慮有未盡,復爲重訂,稿成而卒。明正統間,其邑人金德玹於黟縣汪士濓家得舊本,傳之於剡。剡更益以金履祥《疏義》、《指義》,朱公遷《通旨》、《約說》,程復心《章圖》,史伯璿《管窺》,王善《通考》①及當時諸儒著述,參互考正,定爲是編。士毅,字仲宏,剡,字用章,並休寧人。

《四庫全書總目》卷三十七經部三十七四書類存目。309 上

【校記】①王善《通考》,殿本《總目》同,浙本《總目》作王元善《通考》。

樂類

皇祐新樂圖記三卷

宋阮逸、胡瑗奉敕撰。仁宗景祐三年二月,以李照樂穿鑿,特詔較定鐘律。依《周禮》及歷代史志立議範金,至皇祐五年,樂成,奏上。此其圖記也。舊本從明文淵閣錄出,後有宋陳振孫嘉定己亥跋云:"借虎邱寺本錄。"蓋當時所賜藏之名山者。又有元天歷二年吳壽民跋,明萬歷三十九年趙開美跋,敍是書源委頗詳。瑗等定樂一事,眾說紛紜,殆成聚訟。《宋史·樂志》僅撮其綱,此書敍述詳明,猶備見一家之學。

《四庫全書總目》卷三十八經部三十八樂類。320 下

律呂正聲六十卷

明王邦直撰。邦直,字子魚,即墨人。李維楨《序》以爲曾官鹽山縣縣丞,林增志《序》則以爲鉛山縣縣丞。二《序》同時,自相矛盾。考《明世宗實錄》實作"鹽山",則增志序誤也。其書以卦氣定律呂,推步準之《太元經》,分寸準之《呂覽》。故大旨主李文利黃鐘三寸九分之說,而獨糾其誤。以左律爲右律,又以三分損益,隔八相生,截然兩法,而力辨古來牽合爲一之非。援引浩繁,其說甚辨。自漢司馬遷至明韓邦奇諸家,皆有節取,而無一家當其意。蓋邦直當嘉靖間上書論時政,坐是閒廢,閉戶二十年乃成書。其用心良篤,然維楨《序》述其"欲比孔子自衛反魯,使雅頌得所",邦直《自序》亦稱"千載之謬可革,往聖之絕學不患於無繼",亦未免僭且妄矣。

《四庫全書總目》卷三十九經部三十九樂類存目。334 中

雅樂發微八卷

明張敔撰。敔,字叔成,鄱陽人①。以舉人官禮部主事,署員外郎致仕。是書自元聲正半律諸法以逮樂器、樂歌、懸圖、舞表,分門畢具。後又作《雅義》三卷,附之六十律、八十四調、十六鐘以及累黍生尺之法,無不悉究。其《序》謂:"論琴律本之朱子,論笛制本之杜夔,論旋宮本之《周禮》,論鍾鎛本之《國語》。"于樂制頗有考訂。然如論蕤賓生大呂主《呂覽》、《淮南子》"上生"之說,不知律呂相生定法,上生與下生相間,故左旋與右旋相乘。今應鐘既上生蕤賓,而蕤賓又上生大呂,與上下相生之序極爲錯迕。敔此書乃取先儒已廢之論,殊不足據。其他議論尚多守古,與詆斥經傳、妄立新說者有間也。

《四庫全書總目》卷三十九經部三十九樂類存目。330 下

【校記】①鄱陽人,《總目》作"饒州人"。

樂經元義八卷

明劉濂撰。第一卷曰律呂篇,二卷曰八音篇,三卷曰萬舞篇,四卷至第七卷曰古詩音調篇,八卷曰微言篇。其論律呂也,專駁《樂記》與《周禮·大司樂》。其論音調也,謂《三百篇》之中,宮、商近雅,徵、羽近淫。每篇每章,分出某宮某律,又於其中分列,有和有亂。其論頌,又極駁圜鐘、函鐘。大都自任臆見,無所師承。前有嘉靖二十九年《自序》,稱上下數千年,閱歷聖哲不知凡幾,皆不見及此。亦狂且悖矣[①]。

《四庫全書總目》卷三十九經部三十九樂類存目。332 上

【校記】①亦狂且悖矣,《總目》作"亦慎之甚矣"。

樂律纂要一卷

明季本撰。凡十三篇。觀其《自序》,蓋亦無所師承,以意考究而得之。其論聲氣之源,欲舍古尺而治以耳,亦不甚取候氣之法。其論律管圍徑,頗以祖沖之密率疑胡瑗三分四釐六毫有奇之說。其論黃鐘生十一律,以蕤賓生大呂非本法。其論十二律寸法,以六變律補《鐘律解》之闕。其論正變倍半,駁但用四清聲之非。其論五聲相生,不取沈括《筆談》。論二變聲,不取杜佑《通典》。後附趙彥肅所傳《開元詩譜》十二章。其說簡明,猶論樂家之切實者。

《四庫全書總目》卷三十九經部三十九樂類存目。331 下

古樂經傳三卷

明湛若水撰。其《補經》[①]一篇,若水所擬。《古樂正傳》十篇,則錄其門人呂懷之書。《古樂本傳》一篇,即《樂記》原文。《別傳》一篇,皆《周禮》所言樂事。《雜傳》一篇、《律傳》一篇,則雜採《孟子》以下及歷代論樂語也。是書以論度數為主,以論義理為後,故以己所作者反謂之"經",而《樂記》以下古經反謂之"傳"。然古之度數其密率已不可知,非聖人聲律身度者,何由於百世之下闇與古合,而實可以播金石管弦之器。若水遽定為書,未免自信之過矣。

《四庫全書總目》卷三十九經部三十九樂類存目。331 下

【校記】①補經,《總目》作"補樂經"。國家圖書館藏明嘉靖三十四年祝廷滂刻本《古樂經傳》作《擬補古樂經》。

律呂古義三卷

明呂懷撰。懷,廣信永豐人。湛若水之弟子。官至南京太僕寺少卿。此編前載《總序》,後列七圖,分律本、律變、候氣、納音等門。並載《雜說》內外篇及《答問》數條。其中心統之說頗近釋氏。所論亦時多附會,未能得律呂之本也。

《四庫全書總目》卷三十九經部三十九樂類存目。333 上

律呂正聲六十卷[①]

明王邦直撰。邦直,字子魚,即墨人。明嘉靖中為鹽山縣丞。《史記》、《漢書》皆言黃鐘長九寸,獨《呂氏春秋》言黃鐘長三寸九分。邦直據以為說,蓋與李文利之書互相表裏。然

文利説迄不能行,明人已著論以排之。李光地《古樂經傳》直謂《吕覽》亦當作九寸三分,與《史記》、《漢書》同。特"九"、"三"二字,傳本互舛,文利等不及辨也。是書之末復仿太元元虛之體,爲稽疑測辭,是併蹈僭經之戒矣。

《四庫全書總目》卷三十九經部三十九樂類存目。334 中

【校記】①王邦直《律吕正聲》提要已見上,此處重出,而文字頗有同異。

樂書十卷

明李文察撰。文察初官遼州同知,嘉靖十七年表進所著《樂書》四種,以羲文卦畫及禹疇箕範爲樂理之原,作《四聖圖解》二卷;以《樂記》陳澔集説未能詳盡,作《補説》二卷;以蔡元定《律吕新書》配以《河洛理數》,作《補注》一卷;以古樂可復,作《興樂要論》三卷。當時禮官稱其論樂理、樂原多前人所未發。又欲按人聲以考定五音,爲制律候氣之本,與宋人楊傑之義合,乃授太常典簿。後又上《青宫樂調》一卷、《古樂筌蹄》一卷,凡樂器、樂舞、樂容,悉爲考定。先是莆人李文利著《律吕元聲》,獨以黄鍾爲極清,管長三寸九分,説與古悖,文察力糾其謬。而所論按人聲以定五音之説,《明史·樂志》亦謂其終不能行。蓋二人論樂皆以意據理而談,非有所授受於古也。

《四庫全書總目》卷三十九經部三十九樂類存目。321 上

雅樂考十卷

明韋焕撰。焕,常熟人。嘉靖間官福建仙游縣教諭。是書雜引前代論樂之事,抄撮成編。前三卷題曰《經書》。皆引六經言樂之文,《論語》、《孟子》一字及樂者亦詳載。而《左傳》惟引"初獻六羽"、"季札來聘"二條,《儀禮》則不錄一字。四卷題曰《諸子》。自《太公六韜》以至《莊子》、《列子》皆取一二條。五卷爲《五聲》,六卷、七卷爲《六律》,八卷、九卷爲《律制》,十卷至十二卷爲《八音》,十三卷至十六卷爲《樂制》,皆剽剟習見之言。十七卷至末皆明之樂章,併教坊曲令亦載焉。全書毫無發明,惟"六羽"條下稱祀孔子當增武舞耳,俚儒之陋者也。

《四庫全書總目》卷三十九經部三十九樂類存目。334 上

八音摘要二卷

明瓊州諸生汪浩然撰。浩然能協琴瑟之聲爲八音,嘗譜大成樂,奏之廣州學宫,湛若水爲作記。是書凡二十五目,上卷自《歷代樂議》、《旋相爲宫議》以下爲十五目,下卷分列八音及舞圖歌譜爲十目。大抵亦撫拾邱濬、黄佐之緒餘,未見有特識也。

《四庫全書總目》卷三十九經部三十九樂類存目。332 下

大樂律吕元聲六卷附律吕考注四卷

明李文利撰。文利,字乾遂,號兩山,莆田人。官思南府教授。其書本劉恕《通鑑外記》、長孫無忌《隋志》並《吕氏春秋》諸説,以駁司馬遷黄鍾九寸之誤,其詞甚辨。然《明史·藝文志》載黄積慶《樂律管見》二卷,注云"正李文利之非",則當時已有異議矣。

《四庫全書總目》卷三十九經部三十九樂類存目。330 下

律呂纂要二卷

無撰人名氏時代。亦無序目。分上下二篇,每篇各十有三説。大意以律呂之要,在審其聲音之高下長短。上篇則發明高下之節,下篇則發明長短之度。於律呂度數,頗足以資稽考。

《四庫全書總目》卷三十九經部三十九樂類存目。338 中

樂經内編二十卷

國朝張宣猷撰。雜採諸經書言樂之文,排纂成書,無所考正。《自序》又稱採諸史者謂之外編。今外編未見,非完書也。

《四庫全書總目》卷三十九經部三十九樂類存目。336 下

古樂書二十四篇

國朝應撝謙撰。撝謙,字嗣寅,錢塘人。其書不分卷,凡二十四篇。其論十二律圍徑皆同,則據鄭康成《月令註》。其論五聲二變主《漢志》及《國語》註,而孔疏異同處亦參取之。其論倍律則主《通典》正律較半律爲倍之説,力斥李之藻説之非。議論多平正可取。

《四庫全書總目》卷三十八經部三十八樂類。327 中

小學類

急就篇四卷①

漢黃門令史游撰。《漢志》作"《急就》一篇",《隋志》作"《急就章》一卷",《唐》、《宋志》與《隋志》同。舊有曹壽、崔浩、劉芳、顏之推註,今皆不傳。惟顏師古注一卷存。王應麟又補注之,釐爲四卷。師古本比皇象碑多六十三字,而少《齊國》、《山陽》兩章,止三十二章。應麟《藝文志考證》標"真定常山"至"高邑"句,以爲此二章起於東漢,最爲精確。其註亦考證典核,足補師古之闕。是書皇象、師古二本外,又有黄庭堅本②、李壽本、朱子越中本。應麟所補字句多從顏本云。

《四庫全書總目》卷四十一經部四十一小學類二。344 中

【校記】①《急就篇》,文淵閣《四庫全書》書前提要同,《總目》作"《急就章》"。
②黃庭堅本,《初目》原作"黄應堅本",今據文淵閣《四庫全書》書前提要、《總目》改。

釋名四卷

漢劉熙撰。熙,字成國,北海人。其書二十篇,以音聲髣髴,推論稱名辨物之意,中間頗傷於穿鑿。然去古未遠,所釋器物有可因以推求古人制度之遺者。如《楚辭·九歌》"薜荔拍兮蕙綢",王逸云:"拍,搏辟也。"今併"搏辟"二字,亦莫名其物。觀是書《釋牀帳》篇,乃知"搏辟"爲"以席搏著壁"。孔穎達《禮記義疏》以深衣十二幅皆交裁謂之"衽",是書《釋衣服》篇云:"衽,襜也。在旁襜襜然也。"則與《玉藻》言衽當旁合。《釋兵》篇云:"刀室曰削。室口之飾曰琫。下末之飾曰琕。"又足正《毛詩詁訓傳》之訛,其有資考證非一也。別本或題

曰《逸雅》，蓋明郎奎金取是書與《爾雅》、《小爾雅》、《廣雅》、《埤雅》合刻，名曰"五雅"。以四書皆有雅名，遂改題《逸雅》以從類。非其本目，今不從之。

《四庫全書總目》卷四十經部四十小學類一，作八卷。340下

小爾雅一卷

《漢·藝文志》有《小爾雅》一篇，無撰人名氏。《唐書·藝文志》載李軌注《小爾雅》一卷，今亦佚。今所傳《小爾雅》則《孔叢子》第十一篇抄出別行者也。分《廣詁》、《廣言》、《廣訓》、《廣義》、《廣名》、《廣服》、《廣器》、《廣物》、《廣鳥》、《廣獸》十章，而益以《度》、《量》、《衡》為十三章。頗可以資考據，然亦時有舛迕。如《廣量》云："豆四謂之區，區四謂之釜。"本諸《春秋傳》"四升為豆，各自其四以登于釜"之文。下云："釜二有半謂之藪。"與《儀禮》"十六斗曰藪"合。而其下云："藪二有半謂之缶，缶二謂之鍾。"則實八斛，《春秋傳》所謂陳氏新量，非齊舊量六斛四斗之鍾。是豆、釜、區用舊量，鍾則用新量也。《廣衡》云："兩有半曰捷，倍捷曰舉，倍舉曰鋝。"即漢賈逵稱"俗儒以鋝重六兩"者是也。若出於古小學遺書，逵必不以俗儒目之。他如謂"鵠中者謂之正"則併正鵠之名不辨。謂"四尺謂之仞"，則《考工》"澮深二仞"，與"洫深八尺"無異[①]。

《四庫全書總目》卷四十三經部四十三小學類存目一。370中

【校記】①按：《初目》以下缺。《總目》與此文基本相同，其下云："漢儒說經皆不援及，迨杜預注《左傳》，始稍見徵引。明是書漢末晚出，至晉始行，非《漢志》所稱之舊本。晁公武《讀書志》以為孔子古文，殆循名而失之。相傳已久，姑存其目，若其文則已見《孔叢子》，不複錄焉。"

廣雅十卷

魏博士張揖撰。其書因《爾雅》舊目，博採漢儒箋註及《三蒼》、《說文》諸書，以增廣之，於楊雄《方言》亦備載無遺。隋曹憲為之音，避煬帝諱，改名《博雅》。據揖《上廣雅表》云："凡萬八千一百五十文，分為上中下。"《隋書·經籍志》亦作三卷，與表所言合。《唐書》乃作四卷。《館閣書目》又云"今逸，但存《音》三卷"。憲所註《博雅》，《唐志》作十卷，《隨志》作《廣雅音》四卷。諸書所載，參錯不同。以意考推，揖書本三卷，其或作四卷者，殆以曹憲之《音》別為一卷附後，故統為四。憲註蓋一本，《音》與書分，即《隋志》所言一本散音於句下，析為十卷，一本又嫌十卷煩碎，併為三卷。如今刊陸德明《經典釋文》、司馬貞《史記索隱》、朱子《韓文考異》皆一本，註文別行，一本散註入句下，是其例也。然則《館閣書目》所謂逸者，乃逸其無註之本，所謂"存《音》三卷"者，即存散註句下之本。揖原文實附註以存，未嘗逸，亦未嘗闕。惟今本十卷與三卷之說不合，則又後人復析之，以合《唐志》耳。考唐元度《九經字樣序》，稱音字改"反"為"切"，實元度刱始。憲雖自隋入唐，至貞觀時尚在，然遠在元度之前。今本乃往往云某字某切，頗為疑竇，殆傳刻臆改，又非憲本之舊與。

《四庫全書總目》卷四十經部四十小學類一。341上

重修玉篇三十卷

梁大同九年黃門侍郎兼太學博士顧野王撰，唐上元元年富春孫強增加字，宋大中祥符六

年陳彭年、吳銳、邱雍等重修。凡五百四十部①。今世所行凡三本。一爲張士俊所刊,前有野王《序》一篇,《啓》一篇,後有神珙《反紐圖》及《分毫字樣》。朱彝尊《序》之,稱上元本。一爲曹寅所刊,與張本一字無異,惟前多大中祥符《敕牒》一道,稱重修本。一爲明内府所刊,字數與二本同,而每部之中次序不同,註文稍略,亦稱大中祥符重修本。按《文獻通考》載《玉篇》三十卷,引晁公武《讀書志》曰:"梁顧野王撰,唐孫強又嘗增字釋,神珙《反紐圖》附於後。"又載《重修玉篇》三十卷,引《崇文總目》曰:"翰林學士陳彭年與史館校刊吳銳、直集賢院邱雍等重加刊定。"是宋時《玉篇》原有二本。彭年等《進書》稱:"肅奉詔條,俾從詳閱,訛謬者悉加刊定,敷淺者仍事討論。"其《敕牒》後所列字數稱:"舊一十五萬六百四十一言②,新五萬一千一百二十九言,新、舊總二十萬九千七百七十言。註四十萬七千五百有三十字。"是彭年等大有增刪,已非復孫強之舊,故明内府本及曹本均稱"重修"。張本既與曹本同,則亦重修本。乃刪去重修之《牒》,詭稱上元本,而大中祥符所改"大廣益會"之名及卷首所列字數仍未及削改,可謂拙於作僞。彝尊乃謂勝於今行大廣益本,殆亦未見所刊,而以意漫書歟?考《永樂大典》每字之下皆引顧野王《玉篇》云云,又引宋《重修玉篇》云云,二書並列,是明初上元本猶在。而其"篇"字韻中所載《玉篇》全部,乃仍收《大廣益會》本,而不收③。野王書舊本遂不可考。殆以重修本註文較繁,故以多爲貴也。當時編纂之無識,此亦一端矣。

《四庫全書總目》卷四十一經部四十一小學類二。347 上

【校記】①凡五百四十部,《薈要提要》、文淵閣《全書》提要、殿本《總目》同,浙本《總目》作"凡五百四十二部"。顧野王撰《玉篇序》云:"凡五百四十二部。"宋王應麟撰《玉海》卷四十五、清倪濤撰《六藝之一錄》卷一百七十等引,均同此數。今據本書卷首總目著錄各卷部數統計,亦爲五百四十二部。《總目》卷四十三小學類存目一著錄《四聲篇海》提要"是編以《玉篇》五百四十二部,依三十六字母次之"云云,亦可證。 ②舊一十五萬六百四十一言,《薈要提要》、文淵閣《全書》提要、殿本《總目》同,浙本《總目》作"舊一十五萬八千六百四十一言",多"八千"二字,是也。據新、舊本總數計算,正好是二十萬九千七百七十言,如缺"八千"二字,則總字數有誤。《玉篇序》有此"八千"二字。 ③而不收,以下疑有闕文。文淵閣《四庫全書》書前提要、《總目》作"而不收上元舊本",是也。此係批評《永樂大典》只收錄後出的《大廣益會》本,而不收在此之前的上元舊本。《薈要提要》與《初目》同,亦誤。

〔韻補五卷〕①

類爲此書所無者,不可殫舉。《兔罝》篇"仇"音渠之反,以與"逑"叶。此書乃據《韓詩》"逑"作"仇"音渠尤反,以與"仇"叶,顯相背者亦不一。又《朱子語錄》稱"棫音'務'爲蒙,音'嚴'爲莊",此書有"務"而無"嚴"。周密《齊東野語》稱朱子用棫之説,"以'艱'音巾,'替'音天",此書有"艱"而無"替"。則朱子所據非此書明甚。蓋棫音《詩》、音《楚詞》,皆據其本文推求古讀,尚能互相比較,得其本音,故朱子有取焉。此書則泛取旁搜,無所持擇。所引書五十種中,下逮歐陽修、蘇軾、蘇轍諸作與商英②之僞《三略》③,及《黃庭經》、《道藏》諸歌,與《吳子》、《淮南子》、《白虎通》、《釋名》等之似韻非韻者,故參錯冗雜,漫無體例,迥非所音詩騷之比。至於韻部之下《上平》註文、殷、元、魂、痕通真,寒、桓、刪、山通先;《下平》忽註侵通

真,覃、談、咸、銜通先④,鹽、沾、嚴、凡通刪⑤;《上聲》又註梗、耿、靜、迥、拯、等六韻通軫,寢亦通軫,感、敢、琰、忝、豏、檻、儼、范通銑;《去聲》又註問、焮通震,而願、恩、恨自爲一部,諫、襉通霰,而翰、換自爲一部,勘、闞通翰,豔、梧、㲻通霰,陷、覽、梵通諫,割爲三部;《入聲》又註勿、迄、職、德、緝通質爲一部,曷、末、黠、夏、屑、薛、葉、帖、業、乏通月爲一部。顛倒錯亂,皆亙古所無之臆説,世儒不察,乃執此書以誣朱子,慎亦甚矣。

《四庫全書總目》卷四十二經部四十二小學類三。360 上

【校記】①《韻補》五卷,《初目》本篇提要爲殘篇,缺書名及開頭部分。兹據《總目》標注書名,所缺提要未予補出,僅録所存部分。　②商英,文淵閣《四庫全書》書前提要、《總目》等作"張商英",是也。　③三略,文淵閣《四庫全書》書前提要、殿本《總目》同,浙本《總目》作"三墳",非是。此書卷首著録《韻補書目》云:"三略,世傳黄石公書,文既簡古,亦多用古韻,恐非秦漢時人所能作。"是其證。　④覃、談、咸、銜通先,文淵閣《四庫全書》書前提要、殿本《總目》同,浙本《總目》作"覃、談、咸、銜通刪"。查《四庫全書》本《韻補》,正作"覃、談、咸、銜通刪"。　⑤鹽、沾、嚴、凡通刪,文淵閣《四庫全書》書前提要、殿本《總目》同,浙本《總目》作"鹽、沾、嚴、凡通先"。查《四庫全書》本《韻補》,作"鹽、沾、嚴、凡通嚴"。

干禄字書一卷

唐顔元孫撰。元孫,杲卿之父,真卿之諸父也。官至滁、沂、濠三州刺史,贈秘書監。大歷九年,真卿官湖州時,嘗手書是編勒石。宋紹興壬戌勾詠復摹刻於蜀中①。今湖本已泐缺,蜀本僅存。此本爲宋寶祐丁巳,衡陽陳蘭孫以湖本鋟木②,而國朝揚州馬曰璐翻雕者。然證以蜀本,率多謬誤,如卷首序文本元孫作,所謂伯祖故秘書監,乃師古也。蘭孫以元孫亦贈秘書監,遂誤以爲真卿稱元孫,而以序中元孫二字改爲真卿以就之。曰璐亦承其訛,殊爲失考。其他缺誤亦處處有之。今以蜀本互校,補缺文八十五字,改訛體十六字,刪衍文二字,始稍還顔氏之舊。是書爲章表書判而作,故曰"干禄"。其例以四聲隸字,又以二百六部排比字之後先。每字分俗、通、正三體,頗爲詳核。其中如虫、蟲、畾、圖、商、啇、凍、涷,截然兩字,而以爲上俗下正。又如皃古貌字,而云貌正皃通。氐之作互,韭之作韭,㗊之作䓿、䓿,直是俗字而以爲通用。雖皆不免千慮之失,然其書酌古準今,實可行用,非詭稱復古,非篆非隸,以奇怪釣名者比。元孫《序》曰:"自改篆行隸,漸失本真。若總據《説文》,便下筆多礙,當去泰去甚,使輕重合宜。"其言本諸《顔氏家訓》,可謂通方之論,非一隅之見矣。

《四庫全書總目》卷四十一經部四十一小學類二。347 中

【校記】①宋紹興壬戌勾詠復摹刻於蜀中,文淵閣《四庫全書》書前提要、《總目》作"開成四年楊漢公復摹刻於蜀中"。紹興壬戌爲紹興十二年。《干禄字書》在唐宋年間,曾三次刻石。首次刻石在唐大歷九年(七七四年),《初目》已言之:"大歷九年,真卿官湖州時,嘗手書是編勒石。"因傳拓既多,剥損乃甚,唐開成四年(八三九年),湖州刺史楊漢公重摹勒石。南宋紹興十二年(一一四二年),府尹宇文公復刻於潼川,梓學教授成都勾詠爲之題跋。《干禄字書》三次刻石,唐大歷九年、開成四年所刻皆稱湖本,宋紹興十二年重刻稱蜀本。《初目》所述缺開成四年所刻本,但謂紹興壬戌勾詠復摹刻於蜀中則不誤。文淵閣《四庫全書》書前提要等稱"開成四年楊漢公復摹刻於蜀中",則將唐開

成本與宋紹興本這兩種刻石本誤作了一本刻石本。文淵閣《四庫全書》書前提要等誤，余嘉錫先生《四庫提要辨證》卷二已經指出。惟因余先生未見《初目》，故未能作進一步的比較。　②衡陽陳蘭孫以湖本鋟木，文淵閣《四庫全書》書前提要、《總目》作"衡陽陳蘭孫始以湖本鋟木"，多一"始"字，非是。余嘉錫先生謂："《干祿字書》之鋟木，南宋初已有蜀本，《提要》謂自理宗寶祐五年陳蘭孫始，亦非。"所說甚是。但《初目》並無"始"字，此字爲後來所加。

〔**韻經五卷**〕①

見其書，而但以其名勸説也。朱彝尊《重刊廣韻序》云："近有嶺外妄男子僞撰沈約之書，信而不疑者有焉。"考王士禎《居易錄》，記康熙庚午廣東香山縣監生楊錫震自言得沈約《四聲譜》古本於廬山僧今稭，因合吳棫《韻補》，詳考音義，博徵載籍，爲《古今詩韻註》凡二百六十一卷，赴通政司。疏上之，奉旨付內閣，與毛奇齡所進《古今通韻》訂其同異。彝尊所指當即是人。今內府書目但有奇齡之書，而錫震之書不著錄，未知其門目何如，疑其所據即正棫此本也。

《四庫全書總目》卷四十四經部四十四小學類存目二。382 下

【校記】①《韻經》五卷，《初目》本篇提要爲殘篇，缺書名及開頭部分。兹據《總目》標注書名，所缺提要未予補出，僅錄所存部分。

九經字樣①一卷

唐開成中翰林待詔唐元度撰。考《唐會要》稱："太和七年二月，敕唐元度覆定石經字體。十二月，敕於國子監講論堂兩廊創立石九經。"元度《字樣》蓋作於是時。凡四百二十一字，依仿《五經文字》，爲七十六部。開成二年八月牒云："准太和七年十二月敕覆九經字體者，今所詳覆，多依司業張參《五經文字》爲准。諸經之中別有疑闕，古今體異，隸變不同。如總據《説文》，則古體驚俗；若依近代文字，或傳寫乖訛。今與校勘官同商較是非，取其適中，纂錄《新加九經字樣》一卷，請附於《五經字樣》之末。"蓋二書相輔而行，當時即列石壁九經之後。明嘉靖乙卯地震，二書同石經並損缺。馬曰璐得宋拓本而刊之，猶屬完善。其間轉寫失真及校者意改，往往不免。今更依石刻殘碑，詳加覆訂，各以案語附之下方。《五經文字》音訓多本陸德明《經典釋文》，或注"某反"，或注"音某"，元度時避言"反"字。無同音字可注者，則云某平某上，就四聲之轉以表其音。是又二書義例之異云爾。

《四庫全書總目》卷四十一經部四十一小學類二。348 上

【校記】①九經字樣，《初目》作"九字經樣"，兹據該書書名改。

五經文字三卷

唐張參撰。考《後漢書》，熹平四年春三月，詔諸儒正《五經》文字，刻石立於太學門外。參書立名，蓋取諸此。凡三千二百三十五字，依偏旁爲百六十部。劉禹錫《國學新修五經壁記》云："大歷中，名儒張參爲國子司業，始詳定《五經》，書於論堂①東西廂之壁。積六十載，祭酒皥、博士公肅再新壁書。乃析堅木，負墉而比之。其製如版牘而高廣，背施陰關，使衆如一。"觀此言可以知《五經文字》初書於屋壁，其後易以木版，至開成間又易以石刻。朱彝尊

《跋》云《五經文字》獨無雕本,爲一闕事。考《册府元龜》,稱周顯德二年②,尚書左丞兼判國子監事田敏"獻印版書《五經文字》",奏稱:"臣等自長興三年校勘雕印《九經》書籍。"然則此書雕本在印版書甫創之初已有之,特其本不傳耳。今馬曰璐《新刊版本跋》云:"舊購宋拓石經中有此,因依樣繕寫,雕版於家塾。"然曰璐雖稱摹宋拓本,今以石刻校之,有字畫尚存而其本改易者,又下卷幸部脫去"罩"字註十有九字,"盎"字併註凡八字。今悉依石刻補正,俾不失其真焉。

《四庫全書總目》卷四十一經部四十一小學類二。347下

【校記】①論堂,文淵閣《四庫全書》書前提要同。《薈要提要》、殿本《總目》作"講堂",浙本《總目》作"講論堂"。按:劉禹錫《國學新修五經壁記》原文作"論堂"。諸書所引,如《困學紀聞》、《玉海》、《唐文粹》、《經義考》等,亦均作"論堂"。 ②顯德二年,《薈要提要》、《總目》同,文淵閣《四庫全書》書前提要作"顯德三年"。按:此爲《初目》引《册府元龜》,然查該書卷六百一作"廣順三年,獻印版《九經》書、《五經文字》",卷六百八作"廣順三年六月,敏獻印板書《五經文字》"。宋王應麟《玉海》卷四十三作"後周廣順三年六月,田敏進印板《九經》書、《五經文字》樣各二部,一百三十册"。是田敏獻印板書《五經文字》在廣順三年,《初目》作顯德二年有誤。《薈要提要》等又沿襲了《初目》之誤。

説文解字篆韻譜五卷

南唐徐鍇撰。其書取許慎《説文解字》,以四聲部分,編次成書。凡小篆皆有音訓,凡其無音訓者皆慎書所附之重文。註"史"字者籀書,註"古"字者古文也。鍇別有《説文繫傳》四卷,疏通六書之義。此特取便檢尋,故注文殊略。前後有其兄鉉《序》二篇,《後序》稱"《韻補》既成,廣求餘本,孜孜讐校,頗有刊正。今承詔較定《説文》,更與諸儒精加研覈,又得李舟所著《切韻》,殊有補益。其間有《説文》不載而見於序例、注義者,必知脱漏,並從編錄,疑者則以李氏《切韻》爲正"。是此書鉉又更定,不僅出鍇一手也。下平聲比諸韻多三宣一部,意其亦從李舟《韻》①歟?自分隸遞興,字體屢變,執《説文》以改行楷,勢必不能。好名者設議紛更,適成隱怪。至於小篆一家,則許氏之書纖毫不可以出入,於體乃純。鉉兄弟重爲編次,使下筆之時,循聲而覓,可不病五百四十部之繁,於學者深爲有功。後來李燾所作,取慎書及新附之字一例顛倒混淆之,則非徐氏之指矣。

《四庫全書總目》卷四十一經部四十一小學類二。346中

【校記】①李舟《韻》,文淵閣《四庫全書》書前提要、《總目》作"李舟《切韻》"。

[説文解字三十卷]①

中兼收籀古,李燾已疑爲呂忱所加②。至於隸書、章草③,則各爲一體,摯生轉變,時有異同,不能悉以小篆相律。顏之推《家訓》所論最得其平④。戴侗等乃以篆入楷,詭激取名,亦非慎本意,又所引《五經文字》與今本多不相同,如"江有汜"復作"江有沜"之類,亦時時自相違異,蓋漢人師説,本不一家,各尊所聞,不爲慎累。好奇者或據之以改經,則謬戾甚矣。

《四庫全書總目》卷四十一經部四十一小學類二。344下

【校記】①《説文解字》三十卷,《初目》本篇提要爲殘篇,缺書名及開頭部分。兹據《總

目》標注書名，所缺提要未予補出，僅錄所存部分。　　②李燾已疑爲呂忱所加，此謂李燾已疑本書兼收籀古，爲呂忱所加。《薈要提要》同。文淵閣《四庫全書》書前提要、《總目》稱"（李）燾以《説文》古、籀爲呂忱所增，誤之甚矣"。　　③至於隸書、章草，《薈要提要》、文淵閣《四庫全書》書前提要、《總目》作"至於隸書、行書、草書"。　　④顔之推《家訓》所論最得其平，《薈要提要》作"故顔元孫《干祿字書》曰：'自改篆行隸，漸失其真。若總據《説文》，便下筆多礙。當去泰去甚，使輕重合宜。'其持論最爲平允"。文淵閣《四庫全書》書前提要、《總目》與《薈要提要》義同，文字與之略有差別。

重修廣韻五卷

宋陳彭年、邱雍等奉敕撰。初，隋陸法言、呂靜等六家韻書各有乖互，因與劉臻、顏之推、魏淵、盧思道①、李若、蕭該、辛德源、薛道衡八人撰爲《切韻》五卷，書成於仁壽元年。唐儀鳳二年，長孫訥言爲之註。後郭知元、關亮、薛峋、王仁煦、祝尚邱遞有增加。天寶十載，陳州司法孫愐重爲刊定，改名《唐韻》。後嚴寶文、裴務齊、陳道固又各有添字。宋景德四年，以舊本偏旁差訛，傳寫漏落，又注解未備，乃命重修。大中祥符四年書成，賜名《大宋重修廣韻》，即是書也。舊本不題撰人。以丁度《集韻》考之，知爲彭年、雍等爾。其書二百六韻，仍陸氏之舊。所收凡二萬六千一百九十四字。考唐封演②《聞見記》載陸法言《韻》凡一萬二千一百五十八字，則所增凡一萬四千三十六字矣。此本爲蘇州張士俊從宋槧翻雕。中間已缺欽宗諱，蓋建炎以後重刊。朱彝尊《序》之，力斥劉淵《韻》合《殷》於《文》、合《隱》於《吻》、合《焮》於《問》之非。然此本實合《殷》、《隱》、《焮》於《文》、《吻》、《問》，彝尊未及檢也。註文凡一十九萬一千六百九十二字，較舊本爲詳，而冗漫頗甚。如"公"字之下載姓氏至千餘言，殊乏剪裁。"東"字之下，稱東宮得臣爲齊大夫，亦多紕繆。考孫愐《唐韻序》，稱異聞、奇怪、傳說、姓氏原由③、土地、物產、山河、草木、鳥獸④、蟲魚，備載其間，已極蔓引。彭年等又從而益之，丁度譏其"一字之左，兼載他切，既不該盡，徒釀細文"。又"姓望之出，廣陳名系，既乖字訓，復類譜牒"。其說當矣。潘耒《序》乃以註文繁複爲可貴，是將以韻書爲類書也。著書各有體例，豈可以便利於剽剟，遂推爲善本哉？流傳既久，存以備韻書之源流可矣。

《四庫全書總目》卷四十二經部四十二小學類三。358下

【校記】①盧思道，《初目》原作"慮思道"，誤，今據《薈要提要》等改。　　②封演，《初目》原作"封寅"，誤，今據《薈要提要》等改。　　③原由，文淵閣《四庫全書》書前提要、浙本《總目》同，殿本《總目》作"原田"，非是。此謂其書記姓氏來源，即孫愐《唐韻序》所說"姓望之出，廣陳名系"之意。殿本《總目》作"原田"，或因其認爲此與下文"土地"有關聯而誤。《原本廣韻原序》、宋章如愚《羣書考索》卷十一所引，亦均作"原由"可證。　　④鳥獸，文淵閣《四庫全書》書前提要、《總目》作"禽獸"，非是。孫愐《唐韻》原序、《原本廣韻原序》、宋章如愚《羣書考索》卷十一所引等均作"鳥獸"。

爾雅注三卷

宋鄭樵撰。樵以説經者拘牽文義，多失本旨，乃掃除箋釋，以經解經。可通者説之，不可通者則闕之。故其書文似簡略，而無穿鑿附會之失，於説《爾雅》家爲善本。中亦間有駁正，如《後序》中所列，籩餬、訊言、襦袍、袞黼四條，莪莪、丁丁、嚶嚶三條①；註中所列《釋詁》台、

朕、陽之"予"爲"我",賚、畁、卜之"予"爲"與"一條;閱閱、嘩嘩當入《釋訓》一條;《釋親》據《左傳》辨正"娣姒"一條;《釋天》謂"景風"句上脱文一條,星名脱寔沈、鶉首、鶉尾三次一條;《釋水》天子造舟一條;《釋魚》鯉鱣一條;《釋蟲》食根蟊一條,蝮虺首大如臂一條。皆極精確。惟魚謂之丁一條,務牽引假借,以就其《六書略》之説。據涷雨一字[②],謂《爾雅》作於《離騷》後,又堅執作《爾雅》者江南人,凡郭璞所云"蜀語"、"河中語"者,悉駁辨之,是則偏執[③]之過爾。

《四庫全書總目》卷四十經部四十小學類一。339 中

【校記】①三條,《初目》原作"二條",文淵閣《四庫全書》書前提要同,《總目》已改作"三條",今據改。此謂"哉哉、丁丁、嚶嚶"三條。　　②涷雨一字,文淵閣《四庫全書》書前提要作"涷雨二字",非是。《初目》所説一字,是指"涷"字。鄭樵《爾雅注後序》云:"《離騷》云:'令飄風兮先驅,使涷雨兮灑塵。'故《釋風雨》云:'暴雨謂之涷。'此句專爲《離騷》釋,知《爾雅》在《離騷》後,不在《離騷》前。"鄭樵的意思是説《爾雅·釋天》"暴雨謂之涷"這句是專門用來解釋《離騷》"使涷雨兮灑塵"這句詩的,所以説《爾雅》產生在《離騷》之後。因"涷"字用來指"暴雨",非常特殊,所以用來作爲判斷成書先後的標誌。文淵閣《四庫全書》書前提要因見"涷雨",遂改一字爲二字,而未細辨其所指。

③偏執,《總目》作"偏僻"。

爾雅翼三十二卷

宋羅願撰,元洪焱祖音釋。願,字端良,歙縣人。孝宗時爲鄂州守。焱祖,字潛夫,亦歙縣人,官休寧縣尹。是書卷端有願《自序》、王應麟《序》,後有方回及焱祖《跋語》。應麟《序》謂以淳熙庚午刻之郡齋,而其所爲《玉海·藝文志》內乃失載,蓋偶疎也。焱祖《後跋》稱《釋草》八卷,凡一百二十名;《釋木》四卷,凡六十名;《釋鳥》五卷,凡五十八名;《釋獸》六卷,凡七十四名;《釋蟲》四卷,凡四十名;《釋魚》五卷,凡五十五名。今按之全書,名數皆合。惟謂《釋獸》七十四名,今書乃有八十五,疑原《跋》字畫有誤,或後人有所附益,非復焱祖舊本矣。其書考據精博,在陸佃《埤雅》之上。應麟《序》稱其"即物精思,體用相涵,本末靡遺",非溢美也。

《四庫全書總目》卷四十經部四十小學類一。342 中

埤雅二十卷

宋陸佃撰。佃,字農師,越州山陰人。少從學於王安石。熙寧三年擢甲科,授蔡州推官,選爲鄆州教授,召補國子監直講,歷轉至左丞。未幾,罷爲中大夫,出知亳州,卒於官。史稱其精於禮家名數之學,著書二百四十二卷,如《埤雅》、《禮象》、《春秋後傳》,皆傳於世。王應麟《玉海》記其修《説文解字》,子宰作《埤雅序》,又稱其有《詩講義》、《爾雅注》,今惟《爾雅新義》及是書傳。其書《釋魚》二卷,《釋獸》三卷,《釋鳥》四卷,《釋蟲》二卷,《釋馬》一卷,《釋木》二卷,《釋草》四卷,《釋天》二卷。刊本[①]《釋天》之末注"後缺"字,然則原書不止此矣。陸宰記佃神宗時預修《説文》,進書召對,言及物性,因進《説魚》、《説木》二篇,後乃益加筆削,初名《物生門類》。後註《爾雅》畢,更修此書,易名《埤雅》,言爲《爾雅》之輔也。其説諸物,大抵略於形狀,而詳於名義,尋究偏旁,比附形聲,務求其得名之所以然。而蔓衍縱

横,旁推其理以申之。多引王安石《字說》。蓋佃以不附新法,故復②入元祐黨籍,其學問則未嘗異安石。晁公武謂其不專主王氏,亦似特立,是惧以論其人者論其書也。

《四庫全書總目》卷四十經部四十小學類一。342 上

【校記】①刊本,《薈要提要》作"別本",文淵閣《四庫全書》書前提要作"刊本"。

②復,《薈要提要》作"得",文淵閣《四庫全書》書前提要作"後"。

集韻十卷

宋丁度等奉敕撰。凡平聲四卷,上聲、去聲、入聲各二卷。前有度等《韻例》,末有景祐元年宋祁等奏疏殘文。其書因陳彭年等《廣韻》重修。熊忠《韻會舉要》稱:舊韻但作平聲一、二、三、四,《集韻》乃改爲上、下平。今考是書,忠言殊誤。惟《廣韻》所注通用、獨用,封演《見聞記》①稱爲唐許敬宗定者,改併舊部,則實自度始。考范鎮《東齋紀事》稱,"景祐初,以崇政殿說書賈昌朝②言,詔度等改定韻窄③者十三處,許令附近通用"。今以《廣韻》互校,平聲併"殷"於"文",併"嚴"於"鹽"、"添",併"凡"於"咸"、"銜"。上聲併"隱"於"吻"。去聲併"廢"於"隊"、"代",併"㤈"於"問"。入聲併"迄"於"物",併"業"於"葉"、"帖"④。凡得九韻,不足十三。然《廣韻》平聲"鹽"、"添"、"咸"、"銜"⑤、"嚴"、"凡",與入聲"葉"、"帖"、"洽"、"狎"、"業"、"乏",皆本書部分相應,與《集韻》異。而上聲併"儼"於"琰"、"忝",併"范"於"豏"、"檻";去聲併"釅"於"豔"、"㮇",併"梵"於"陷"、"鑑",皆與本書不應,而乃與《集韻》相同。知此四韻亦《集韻》所併,而重刊《廣韻》者誤以《集韻》移其第也。其駁《廣韻》注繁省失當,及多引姓氏,有類譜牒,誠爲允協。惟刪其字下之互註,則音義俱別與義同音異之字難以遽明,亦爲省所不當省。而韻主審音,不主辨體,乃重文複見,有類字書,是亦繁所不當繁。則與彭年亦互有得失耳。

《四庫全書總目》卷四十二經部四十二小學類三。359 上

【校記】①封演《見聞記》,《薈要提要》、文淵閣《四庫全書》書前提要、《總目》同。

②賈昌朝,《初目》原作"賈昌言","言"字涉下文而誤。今據《薈要提要》等改。　③韻窄,《初目》原作"韻穿","穿"爲"窄"字之誤。今據《薈要提要》、文淵閣《四庫全書》書前提要等改。　④"併'業'於'葉'、'帖'",《薈要提要》、文淵閣《全書》提要、殿本《總目》同,浙本《總目》其下尚有"併'乏'於'洽'、'狎'"一句,是也。提要云"凡得九韻"。然據《初目》等統計,僅得八韻,加"乏"韻,方得九韻。　⑤銜,文淵閣《四庫全書》書前提要、《總目》同,《薈要提要》脫去此字。

附釋文互注禮部韻略五卷附貢舉條式一卷 侍讀紀昀家藏本①

《禮部韻略》,舊本不題撰人。晁公武《讀書志》云"丁度撰"。今考所併舊韻十三部,與度所作《集韻》合,當出度手。其上平聲三十六"桓"作"歡",則南宋重刊所改。觀卷首載郭守正《重修條例》,稱紹興本尚作"桓",是其證也。此書爲宋代官韻,行之最久。然收字頗狹,如"歡"韻漏"判"字,"添"韻漏"尖"字之類,嘗爲俞文豹《吹劍錄》所議。故紹興中朝散大夫黃積厚、福州進士黃啓宗、淳熙中吳縣主簿張貴謨、嘉定中嘉興府教授吳杜皆屢請增收,而楊伯嵒亦作《九經補韻》以拾其遺。然每有陳奏,必下國子監看詳,再三審定,而後附刊韻末,故較他韻書特爲謹嚴。然當時官本已不可見,其傳於今者題曰《附釋文互註禮部韻略》。

經部　小學類

每字之下皆列官註於前，其所附互註則題一"釋"字別之。凡有二本，一本爲康熙丙戌曹寅所刻，冠以余文熩所作歐陽德隆《押韻釋疑序》一篇，郭守正《重修序》一篇、《重修條例》十則，淳熙《文書式》一道。考守正所重修者名《紫雲韻》，今尚有傳本，已別著錄。則此本非守正書。又定正《條例》[2]，稱德隆註疴僂其捌[3]之辨，似失之拘。今此本無此註，則亦非德隆書。觀守正《序》稱書肆板行，漫者凡幾，一漫則一新，必增數註釋，易一標題。然則當日《韻略》非一本，此不知誰氏所刊，而仍冠以舊序及《條例》。其《條例》與書不相應，而淳熙《文書式》中乃有理宗御名，是則移掇添補之明證也。一本爲常熟錢孫保家影鈔宋刻，前五卷與曹本同，但首無《序文》、《條例》，而末附《貢舉條式》一卷，凡五十三頁，所載上起元祐[4]五年，下至紹熙[5]五年，凡一切增刪韻字、廟諱、祧諱、書寫試卷格式以及考校章程，無不備載，多史志之所未備，猶可考見一代典制。視曹本特爲精善。惟每卷之末各以當時避諱不收之字附錄一頁，據《跋》乃孫保所加，非原書所有，今削去不載，以存其舊。至曹寅所刻不完之本，則附見於此，不別著錄焉。

《四庫全書總目》卷四十二經部四十二小學類三。360 下

【校記】①侍讀紀昀家藏本，《總目》作"兵部侍郎紀昀家藏本"。　②定正《條例》，當爲"守正《條例》"之誤。此指本書卷首所載郭守正《重修條例》。其所稱"稱德隆註疴僂其捌之辨，似失之拘"之語，正見於該《條例》最後一條。文淵閣《四庫全書》書前提要亦誤作"定正"，《總目》已改作"守正"。　③捌，或作"枊"。　④元祐，《初目》原作"元元"，今據其書所列改。文淵閣《四庫全書》書前提要、《總目》不誤。　⑤紹熙，《初目》原作"紹興"，今據其書所列改。文淵閣《四庫全書》書前提要、《總目》作"紹熙"不誤。

佩觿三卷

宋郭忠恕撰。忠恕[1]，字恕先，河南洛陽人。周廣順初，召爲宗正丞[2]兼國子書學博士。宋建隆初，貶乾州司戶參軍。太宗初，召授國子監主簿，令刊定歷代字書[3]。蘇軾爲作小傳，載其始末甚詳。此書上卷列造字、四聲、傳寫三科。中下以四聲分十條，曰平聲自相對，曰平聲、上聲相對，曰平聲、去聲相對，曰平聲、入聲相對，曰上聲自相對，曰上聲、去聲相對，曰上聲、入聲相對，曰去聲自相對，曰去聲、入聲相對，曰入聲自相對。俱取字體之小異者，兩兩剖別。又有與《篇》、《韻》音義異者十五字，及所辨證舛誤者一百十九字，均載卷後。蓋忠恕洞解六書，故所言具中條理。其辨"逢"姓之"逢"音皮江反，不得讀如逢遇本字。證之《漢隸字源》"逢"字下引《逢盛碑》通作"逢"，則姓氏之"逢"雖通作"逢"，亦仍作皮江反也[4]。又若辨"角里"本作"甪里"，與角亢字無異。證之漢四老神位神祚几石刻[5]，甪里本作角里，則知忠恕所據實爲精確矣。

《四庫全書總目》卷四十一經部四十一小學類二。348 下

【校記】①忠恕，《初目》原作"恕"，今據《總目》等補。　②宗正丞，《初目》原作"宗正"，今據《宋史》卷四百四十二《文苑四》本傳改。《總目》卷四十一《汗簡》提要作"宗正丞"。　③令刊定歷代字書，《初目》原作"今刊定歷代字書"，今據《宋史》卷四百四十二《文苑四》本傳改。　④"其辨'逢'姓之'逢'音皮江反"以下，"逢"、"逢"二字《初目》多錯亂，茲錄文淵閣《四庫全書》書前提要相關文字如下，以作比較："如辨

'逢'姓之'逢'音皮江反,不得讀如逢遇本字。証之《漢隸字源》'逢'字下引《逢盛碑》通作'逢',則姓氏之'逢'雖通作'逢',亦仍作皮江反。"　　⑤神祚几石刻,文淵閣《四庫全書》書前提要同,《總目》作"神胙几石刻"。

類篇四十五卷

舊本題司馬光撰。然書後有《附記》曰:"寶元二年十一月,翰林學士丁度等奏:'今修《集韻》,添字既多,與顧野王《玉篇》不相參協。欲乞委修韻官將新韻添入,別爲《類篇》,與《集韻》相副施行。'時修韻官獨有史館檢討王洙在職,詔洙修纂。久之,洙卒。嘉祐二年九月,以翰林學士胡宿代之,三年四月,宿奏乞光禄卿直秘閣掌禹錫、大理寺丞張次立同加校正。六年九月,宿遷樞密副使又以翰林學士范鎮代之。治平三年二月,范鎮出知陳州,又以龍圖閣直學士司馬光代之。時已成書,繕寫未畢。至四年十二月上之。"然則光於是書監繕寫經奏進而已,傳爲光修,非其實也。書凡十五卷,每卷各分上、中、下①,故稱四十五卷。末一卷爲目錄,用《説文解字》例也。凡分部五百四十三,爲文三萬一千三百一十九,重音二萬一千八百四十六。其編纂之例有九:一曰同音而異形者皆兩見,二曰同意而異聲者皆一見,三曰古意之不可知者皆從其故,四曰變古而有異義者皆從今,五曰變古而失真者皆從古,六曰字之後出而無據者皆不特見,七曰字之失故而遂然者皆明其由,八曰《集韻》之所遺者皆載,九曰字之無部分者皆以類相聚。

《四庫全書總目》卷四十一經部四十一小學類二。349 下

【校記】①每卷各分上、中、下,《初目》原作"每卷各分上、下",缺"中"字。按書凡十五卷,每卷各分上中下,故有四十五卷。若只分上下,則僅爲三十卷。文淵閣《四庫全書》書前提要作"每卷各分上、中、下",今據改。

字通一卷

宋李從周撰。其書以點畫偏旁分類爲目,而質以古文。蓋欲以古文正今文也。自秦漢以來,籀、篆、分隸、行、草遞相轉變,各有體裁,繩以一格,勢不可行。故熊忠《韻會舉要》凡例稱舊本純用《説文》,施用頗駁。然存以考六書之義,固未可盡廢也。前有魏了翁《序》,亦頗稱之。

《四庫全書總目》卷四十一經部四十一小學類二。351 上

漢隸字源六卷

宋樵李婁機彥發撰。前有洪邁《序》。其書前列綱目,分考碑、分韻、辨字三例。次《碑目》一卷,凡漢碑三百有九,魏晉三十有一,既紀其年月地里、書人姓名,而即以其次第之數爲碑字注,以省繁文。次以《禮部韻略》二百六部,分爲五卷,按部配字,皆以真書標目,而以隸文同異排比於下,其有異同需考證者,亦隨字附注。五卷之末,韻不能載者十有四字終焉。雖屢經傳寫,未必盡肖其真形,而點畫偏旁終存大概。越今四五百年,舊刻多不可見,得機是編,猶窺彷彿,誠考古者之所必資。近人續作《隸辨》頗摘其訛,然白璧微瑕,不足爲機病也。

《四庫全書總目》卷四十一經部四十一小學類二。350 下

經部　小學類　　　　　　　　　　　　　　　　　　　　　　　　四庫全書初次進呈存目

五音集韻十五卷

　　金韓道昭撰。道昭，字伯暉，真定松水人。世稱以等韻顛倒字紐始於元黃公紹《韻會》①，然是書以三十六母各分四等，排比諸字之先後，已在其前。所收之字，大抵以《廣韻》爲藍本。考《廣韻》卷首云："凡二萬六千一百九十四言。"是書云："凡五萬三千五百二十五言，新增二萬七千三百三十言。"合較其數，僅少一字，殆傳寫偶脫。《廣韻》注十九萬一千六百九十二字，是書云："注三十三萬五千八百四十言，新增十四萬四千一百四十八言。"其增多之數，則適相符合，是其依據《廣韻》，足爲明證。又《廣韻》注獨用、同用，實仍唐人之舊，封演《聞見記》言許敬宗奏定者是也。終唐之世，下迄宋景祐四年，功令之所遵用，未嘗或改。及《禮部韻略》頒行，始因賈昌朝請改併韻窄有十有三處。今《廣韻》各本，"儼"移"豏"、"檻"之前，"釅"移"陷"、"鑑"之前。獨用、同用之註，如通"殷"於"文"，通"隱"於"吻"，皆因《韻略》頒行後，竄改致舛。是書改二百六韻爲百六十，而併"忝"於"琰"，併"檻"於"豏"，併"儼"於"范"，併"㮇"於"𪒠"，併"鑑"於"陷"，併"釅"於"梵"，足證《廣韻》上、去聲末六韻之通爲二，與平聲、入聲不殊。其餘如"廢"不與"隊"、"代"通，"殷"、"隱"、"焮"、"迄"不與"文"、"吻"、"問"、"物"通，尚仍《唐韻》之舊，未嘗與《韻略》②錯互。故十三處③

《四庫全書總目》卷四十二經部四十二小學類三。362上

【校記】①世稱以等韻顛倒字紐始於元黃公紹《韻會》，《四庫全書》書前提要同，《總目》作"世稱以等韻顛倒字紐始於元熊忠《韻會舉要》"。　②《韻略》，文淵閣《四庫全書》書前提要同。《總目》作"《集韻》"。　③"故十三處"以下，《初目》原缺，文淵閣《四庫全書》書前提要作："犁然可考，尤足訂重刊《廣韻》之訛。其等韻之學，亦深究要眇。或以顛倒音紐之次第，過相詬病，非通方之論矣。"浙本《總目》作："犁然可考，尤足訂重刊《廣韻》之訛。其等韻之學，亦深究要眇。雖用以顛倒音紐，有乖古例，然較諸不知而妄作者，則尚有間矣。"殿本《總目》作："犁然可考，尤足訂重刊《廣韻》之訛。其等韻之學，亦深究要眇，未可以世不行用而置之也。"文字有差異。

[廣韻五卷]①

　　字作於身切，"欣"字作許巾切，亦借《真韻》中字取音，並無一字通文。此本注"殷"獨用重修本，始注"欣"與"文"通，尤確非宋韻之一徵。考《唐志》、《宋志》皆載陸法言《廣韻》五卷，而陸德明《莊子釋文》亦引《廣韻》，則《廣韻》之名實在《唐韻》之前。又孫愐以後陳彭年等以前修《廣韻》者，尚有嚴寶文、裴務齊、陳道固三家，重修本中皆顯列其名氏。此本當即三家之一。故彭年等之本不曰"新修"，而曰"重修"，明先有此本也。彝尊精於考證，乃以原書爲在後，不免千慮之一失矣。

《四庫全書總目》卷四十二經部四十二小學類三。358中

【校記】①《廣韻》五卷，《初目》本篇提要爲殘篇，缺書名及開頭部分。茲據《總目》標注書名，所缺提要未予補出，僅錄所存部分。

四聲篇海十五卷

　　金韓孝彥撰。孝彥，字允中，真定松水人。以《玉篇》五百四十二部，依三十六字母次之。更取《類篇》及《龍龕手鑑》等書，增雜部三十有七，共五百七十九部。凡同母之部又辨

其四聲爲先後,以便於檢尋。其部每部之内①,則計其字畫之多寡爲先後,以便於檢尋。其字書成於明昌、承安間,迄泰和戊辰,孝彦之子道昭改併爲四百四十四部,韓道昇爲之《序》。殊體僻字,靡不悉載,然舛謬寔多,徒增繁碎。道昇《序》稱:"泰和八年,歲在强圉單閼。"考泰和八年乃戊辰,而曰强圉單閼,則丁卯矣。刻是書者又記其後云:"崇慶己丑,新集雜部,至今成化辛卯,刪補重編。"考崇慶元年壬申明年即改元至寧,曰"己丑"者亦誤。道昭又因《廣韻》改其編次,爲《五音集韻》十五卷。明成化丁亥僧文儒等校刊二書,合稱《篇韻類聚》。"篇"謂孝彦②所編,以《玉篇》爲本;"韻"謂道昭所編,以《廣韻》爲本。二書共三十卷,較之他本,多《五音類聚徑指》目録,餘無所增損云。

《四庫全書總目》卷四十三經部四十三小學類存目一。371 下

【校記】①其部每部之内,《總目》作"每部之内"。　　②孝彦,《初目》原作"考彦",今據《總目》改。

龍龕手鑑四卷

遼僧行均撰。行均,字廣濟,俗姓于氏。晁氏《讀書志》謂此書卷首僧智光《序》題云"統和十五午丁酉"。按《紀年通譜》,遼主隆緒嘗改元統和,丁酉,宋至道三年也。沈括言:"熙寧中,有人自契丹得此書,入傅欽之家,蒲傳正取以刻版。其末舊題云'重熙二年序',蒲公削去之。"今按此本爲影抄遼刻,智光原序尚存卷首。其標年實爲"統和",非"重熙",與晁《志》相合,知括誤記。又《通考》載此書三卷,而智光序明云四卷,則《通考》亦誤。蓋皆由罕得其書,但據傳聞記載也。其書卷次以平、上、去、入爲序,各部復用四聲列之,每字之下必詳列正俗今古及或作諸體。計二萬六千四百三十餘字,注一十六萬三千一百七十餘字,并注總一十八萬九千六百一十餘字。於《説文》、《玉篇》之外,多所搜輯,雖行均尊其本教,每引《中阿含經》①、《賢愚經》中諸釋典,以補文字所未備。又間有②

《四庫全書總目》卷四十一經部四十一小學類二。351 下

【校記】①中阿含經,《初目》、文淵閣《四庫全書》書前提要均誤作"中阿舍經",今據《總目》改。　　②"以補文字所未備。又間有"以下《初目》原缺,文淵閣《四庫全書》書前提要、《總目》作:"以補六書所未備。然不專以釋典爲主。沈括謂其集佛書中字爲《切韻》訓詁,殊屬不然,不知括何以云爾也。括又謂契丹書禁至嚴,傳入別國者法皆死。故有遼一代之遺編,諸家著録者頗罕。此書雖頗參俗體,亦間有舛訛,然吉光片羽,幸而得存,固小學家所宜寶貴矣。"

六書故三十三卷

元戴侗撰。侗,永嘉人。其説謂字義明則貫通羣籍,理無不明。故是書尚以六書明字義,分爲九部。一曰數,二曰天文,三曰地理,四曰人,五曰動物,六曰植物,七曰工事,八曰雜,九曰疑。全變《説文》之部份,寔自侗始。吾邱衍詆其依附俗字,僞造籀文,頗中其病。其註皆以篆入楷,不古不今,冀以駭俗釣名,尤爲詭激。然其中援據該洽,於字義多所發明,惡知其美亦可存以備一解焉。

《四庫全書總目》卷四十一經部四十一小學類二。351 中

經部　小學類

書學正韻三十六卷

　　元楊桓撰。古韻二百六部，桓併"臻"於"真"，爲二百五部。每部以所收之字分隸字母，兼考正篆隸省譌之體。其字下注釋簡略殊甚，蓋意在形聲不在訓詁也。桓，字武子，兗州人。中統四年，以郡諸生補濟州教授，歷太史院校書，監察御史，國子司業。博覽羣籍，著《六書統》、《六書泝源》及此書行於世。大抵皆祖述許慎之說而參以己見云。

　　《四庫全書總目》卷四十四經部四十四小學類存目二。383 上

字鑑五卷

　　元長洲李文仲撰。自題稱吳郡學生。文仲世父伯英①以六書惟假借難明，輯《類韻》三十卷，而韻內字畫尚有未正者。文仲續成其志，以《說文》篆增韻之誤，以六書明諸家之失，依二百六部韻編之。辨正點畫，刊除俗謬，深爲詳核。久無傳本，秀水朱彝尊鈔自古林曹氏，以付吳門張士俊刊行之。前有顏堯煥、干文傅、張模、唐泳涯四人原《序》。

　　《四庫全書總目》卷四十一經部四十一小學類二。352 下

　　【校記】①文仲世父伯英，文淵閣《四庫全書》書前提要、《總目》作"文仲從父世英"。朱彝尊《字鑑序》云："元至治間，長洲李世英伯英受其父梅軒處士之旨……輯《類韻》一書凡三十卷，其從子文仲復輯《字鑑》五卷。"《千頃堂書目》卷三"補"著錄李世英《韻類》三十卷，注："字伯英，長洲人。"又著錄李文仲《字鑑》五卷，注："世英從子。"乾隆《江南通志》卷一百六十五《人物志·文苑》云："李世英，字伯英，長洲人。精書學，作《韵類》三十卷。……凡十年成書，從子文仲又本《說文》作《字鑑》五卷。"是世英爲名，伯英爲表字。《初目》稱"文仲從父世英"，雖亦無誤，但不合文獻著錄人物之通例。

六書故三十三卷①

　　元永嘉戴侗撰。其說主於以六書明字義，字義明則貫通羣籍，理無不明。分爲九部，一曰數，二曰天文，三曰地理，四曰人，五曰動物，六曰植物，七曰工事，八曰雜，九曰疑。盡變《說文》之部分，實自侗始。其論假借之義，謂前人以"令"、"長"爲假借，不知二字皆從本義而生，非由外假。若"韋"本爲韋背，借爲韋革之韋，"豆"本爲俎豆，借爲豆麥之豆。凡義無所因，特借其聲者，然後謂之假借。說亦頗辯。惟其文皆從鐘鼎，鐘鼎所無，則采小篆以足之，已爲雜糅。而其註既用今文，又皆改從篆體。非今非古，頗礙施行。元吾邱衍作《學古編》，力詆是書，不爲無見。然其苦心考據，亦有不可盡泯者。略其怪僻而取其精華，於六書不無一得也。

　　《四庫全書總目》卷四十一經部四十一小學類二。351 中

　　【校記】①《六書故》提要已見上，此處重出。內容與上有別，今照錄于此，不作合併，亦未調整順序。

漢隸分韻七卷

　　無撰人姓氏，亦無時代。考其分韻，以一東二冬三江等標目，是元韻非宋韻矣。其書取洪适等所集漢隸依次編纂，又以各碑書法異同縷列辨析，可以備隸書之考證。近人顧藹吉作《隸辨》八卷，體例略與此同。蓋由未見此本耳。

《四庫全書總目》卷四十一經部四十一小學類二。353 中

古今韻會舉要三十卷

元熊忠撰。楊慎《丹鉛錄》謂蜀孟昶有《書林韻會》，元黃公紹舉其大要而成書，故以爲名。然此書以《禮部韻略》爲主，而佐以毛晃、劉淵所增併，與孟昶書實不相關。舊本凡例首題黃公紹編輯，熊忠舉要，而第一條即云"今以《韻會》補收闕遺，增添注釋"，是《韻會》別爲一書，熊忠用之①明矣。其前載劉辰翁《韻會序》，正如《廣韻》之首載陸法言、孫愐序耳，亦不得指《舉要》爲公紹也。其書雖本《韻略》，而一遵壬子新刊，不存丁度之舊部。其排比字紐，一以七音、四等、三十六母爲序，而顛倒唐宋舊譜之次。蓋景祐變獨用、通用而未更其部，平水併部而未移其字。至是書而古韻始變。其《字母通考》之首，力排江左吳音。《洪武正韻》之鹵莽，此已胚其兆矣。又其中今韻、古韻漫無分別，如"東"韻收"窗"字、"先"韻收"西"字之類，雖舊典有徵，而施行頗駭。子註文繁例雜，亦病榛蕪。惟其援引浩博，足資考證。而一字一句，必舉所本，無臆斷僞撰之處。較後來明人韻譜，尚有典型耳。公紹，字直翁②，熊忠，字子中，皆昭武人。

《四庫全書總目》卷四十二經部四十二小學類三。362 中

【校記】①用之，《薈要提要》作"因之"。　　②直翁，《初目》原無"翁"字，今據《薈要提要》補。《總目》卷一百六十五《在軒集》提要云："宋黃公紹撰。公紹，字直翁。"可證當有"翁"字。

元韻譜五十四卷

明喬中和撰。中和，字還一，中邱人。是書以上平爲陽，下平爲陰，上聲爲陰，去聲爲陽，入聲爲陰極而陽生。刪三十六母爲十有九，四重之爲七十六，去蒙音四，得七十有二。而七十二母之中，又析之爲柔律、柔呂、剛律、剛呂。又據律法十二宮分十有二佸，以佸統母，以母統各韻之字。凡始"英"終"穀"五十有四韻。條分縷析，似乎窮極要眇，而實則純用俗音，沈、陸以來之舊法蕩然俱盡。如以東、冬併入"英"韻、岑、林併入"寅"韻之類，雖《洪武正韻》之乖謬，尚未至是也，可謂不知而作者矣。

《四庫全書總目》卷四十四經部四十四小學類存目二。387 中

彙雅二十卷

明張萱撰。萱，字孟奇，廣東博羅人。萬曆壬午舉人。官中書舍人，歷戶部郎中。萱學術通博，熟於典故，著書頗多。此書每篇皆列《爾雅》，次以《小爾雅》、《廣雅》、《方言》之屬。下載注疏，附以萱所自釋，亦頗有發明。其中間有詳略失宜者，若《釋詁》"肅、延、誘、薦、餤、晉、寅、藎，進也"，郭注"寅"未詳。萱於他注義未詳者無所證據，而"晉"之爲"進"，疇人易解，萱反詳之，殊失體要。又若《釋詁》"祂，祖也"，萱釋之曰："祂，遠祖也。親在高曾之上危矣。"此義尤爲未安。蓋明人不尚確據，而好出新意，其流弊率至於此也。

《四庫全書總目》卷四十三經部四十三小學類存目一。《總目》另有《續編》二十八卷。370 下

經部　小學類　　　　　　　　　　　　　　　　　　　　　　　　　　　四庫全書初次進呈存目

韻略易通二卷

明蘭廷秀撰。廷秀，字止菴，正統中人。爵里未詳。其書併平聲爲二十部，三聲隨而隸之，以東、洪、江、陽、真、文、山、寒、端、桓、先、全、庚、晴、侵、尋、緘、咸、廉、纖有入聲者十部爲上卷。以支、辭、西、微、居、魚、呼、模、皆、來、蕭、豪、戈、何、家、麻、遮、蛇、幽、樓無入聲者十韻①爲下卷。又併字母爲二十攝，以"東風破早梅，向暖一枝開。冰雪無人見，春從天上來"二十字括之。盡變古法，以就方音。其凡例稱："惟以應用便俗字樣收入，讀經史者當取正於本文音釋，不可泥此。"則亦自知其陋矣。

《四庫全書總目》卷四十四經部四十四小學類存目二。384 中

【校記】①十韻，《總目》作"十部"，是也。提要云："其書併平聲爲二十部。"又云："有入聲者十部爲上卷。"則此處自宜作"無入聲者十部爲下卷"。

青郊雜著一卷文韻考衷六聲會編十二卷

明桑紹良撰。紹良，字遂父，永州人①。前列《青郊雜著》一卷，發凡起例。舊韻爲東、江、侵、覃、庚、陽、真、元、歌、麻、遮、皆、灰、支、模、魚、尤、蕭十八部。又以重、次重、輕、次輕分爲四科。以喉、舌、齶、齒、脣分爲五位。以啓、承、進、止、衍分爲五品。以浮平、沉平、上仄、去仄、淺入、深入分爲六聲。以"國開王向德，天乃賚禎昌。仁壽增千歲，苞盤民弗忘"分爲二十母，又衍爲三十母、七十二母之說。皆支離破碎，憑臆而談。尊蘭廷秀《韻略易通》，而詆徐鉉兄弟、韓道昭父子爲蟊賊，其詞甚悖。觀其稱《集韻》爲司馬光作，又稱《廣韻》每聲分五十餘部，《唐韻》約爲三十，蓋不學妄作之人也。

《四庫全書總目》卷四十四經部四十四小學類存目二。388 上

【校記】①紹良，字遂父，永州人，文淵閣《四庫全書》書前提要、《總目》作"紹良，字遂叔，零陵人"。零陵爲永州府附郭縣。《青郊雜著》，民國《零陵縣志》卷十三《藝文·書目》著錄。

奇字韻五卷

明楊慎撰。其書分韻編載別體之字，或從篆籀，或雜訛文，大抵捃拾《說文》、《廣韻》、《集韻》所列重文，亦有並非奇字而闌入，如冬韻之禮、江韻之窗、魚韻之歟、元韻之邨者，不一而足，尤爲無謂。入聲一卷，自一屋至五物皆闕，檢刊板所列頁數，蓋原本已然。然龐雜饾飣之書，雖損失亦不足惜也。

《四庫全書總目》卷四十一經部四十一小學類二。353 下

六書精蘊六卷音釋一卷

明魏校撰。校，字子才，崑山人。自號莊渠。弘治十八年進士，官至太常寺卿。卒謚恭簡。事蹟具《明史·儒林傳》。是書《自序》謂："因古文正小篆之訛，擇小篆補古文之缺。"又謂："惟祖頡而參諸籀斯篆，可者取之，其不可者釐正之。"然古來文字輾轉滋生，雖六義相因，而諸體各別，大同小異，原不一端。元以來好異之流以篆入隸，如熊忠《韻會舉要》所譏者，已爲駭俗。校更層累而高，求出其上，以籀改小篆之文，而所用籀書都無依據，名曰復古，實則師心，其說恐不可訓也。末附《音釋》一卷，乃其門人徐官所作，以釋註中奇字者。書有

104

難解，假註以明，而其註先需重譯，則乖僻可矣。

《四庫全書總目》卷四十三經部四十三小學類存目一。373 上

童蒙習句一卷

明趙撝謙撰。是書凡列一字，必載篆、隸、真、草四體。然小篆及真書各有定格，而隸、草變體至多，不能賅備，姑見崖略而已。撝謙本以小學名，此則鄉塾訓課之作，非其精義所在也。

《四庫全書總目》卷四十三經部四十三小學類存目一。373 上

古音獵要五卷①

明楊慎撰。其書以今韻之部分配入古音，謂之叶讀。今韻部中之字，在古人又爲別音，是齊本而未齊其末。又三百篇以至漢魏，音隨時易，亦各不同，一概謂之古音，互相牽混，是齊末而未齊其本。自吳棫以來，率多昧此，慎此書亦沿其失。至於兼收奇字，絕無關於古音，體例益雜矣。

《四庫全書總目》卷四十二經部四十二小學類三。364 上

【校記】①古音獵要，《初目》原誤作"古音臘要"。今據此書書名改。文淵閣《四庫全書》書前提要、《總目》不誤。又，《古音獵要》五卷，文淵閣《四庫全書》書前提要、《總目》作《古音叢目》五卷《古音獵要》五卷《古音餘》五卷《古音附錄》一卷，《總目》云："是四書雖各爲卷帙，而核其體例，實本一書。特以陸續而成，不及待其完備，每得數卷，即出問世，故標目各別耳。"

俗書刊誤十二卷

明焦竑撰。竑，字弱侯。萬曆乙未進士第一人。官翰林修撰。其書第一卷至第四卷類分四聲，刊正訛字，若"丰"之非"丯"、"容"不從谷是也。第五卷《略記字義》①，若"赤"之通"尺"、"鼬"之同"猶"是也。第六卷《略記騈字》，若"句婁"之不當作"岣嶁"、"辟歷"之不當作"霹靂"是也。第七卷《略記字始》，若"對"之改"口"從"士"本於漢文、"疊"之改"晶"從"畾"本於新莽是也。第八、第九卷《音同字異》，若"庖犧"之爲"炮羲"、"神農"之爲"神由"是也。第十卷《字同音異》，若"敦"有九音、"苴"凡兩讀是也。第十一卷《俗用雜字》，若"山岐曰岔，水岐曰汊"是也。第十二卷《論字易訛》，若禾之與禾、支之與支是也。其辨最詳，而又非不可施用之僻論，愈於拘泥篆文、不分字體者多矣。

《四庫全書總目》卷四十一經部四十一小學類二。354 下

【校記】①略記字義，《初目》原作"記字義"，今據該書卷五題目改。《總目》等不誤。

古叶讀五卷

明龔黃撰。自屈原《離騷》及漢、晉以後詞賦，皆徵引參證，大抵以吳棫《韻補》爲指歸。陸德明《經典釋文》謂古人韻緩，不煩改字。顏師古注《漢書》始有協音之説。協即叶也。末代沿流，漸失本音，惟宋鄭庠、明陳第尚能知古音之本原。吳棫書輾轉牽合，皆臆説也。黃此書奉爲圭臬，失之遠矣。

《四庫全書總目》卷四十四經部四十四小學類存目二。388 上

正韻彙編四卷

明周嘉棟編。棟，字隆之，黃州人。官御史。其書取《洪武正韻》以偏旁分八十部，所分之部與部中所列之字皆以字畫多少爲序。每字之下仍各註曰"某韻"。特因韻書之本文編成爲字書，以便檢尋，無所損益。其分部亦多乖忤，至于"乃"字"丹"字之類，以爲無偏旁之可歸，編爲雜部，附于末，尤爲固陋。

《四庫全書總目》卷四十三經部四十三小學類存目一。375 下

字韻合璧二十卷

不著撰人姓氏，明鄞東朱孔陽訂正刊行。編中分上、下二層，上辨音韻，下別偏傍[①]，而謬悠舛誤，不可枚舉。如"天音添"，則以兩韻爲一聲；"吳"作"吴"，則以俗字爲正體。分韻則從《洪武》併合之本，分部則紊許慎《説文》之例。蓋于六書之義，茫乎未窺者也。

《四庫全書總目》卷四十三經部四十三小學類存目一。378 下

【校記】①偏傍，《初目》原作"傍傍"。今據《總目》改。

六書本義十二卷

明餘姚趙撝謙著。撝謙，原名古則，仕至瓊山縣教諭。是編《六書論》及《六書相生》諸圖，大抵祖述鄭樵之説。其《凡例》有曰："《説文》元作五百四十部，今定爲三百六十部，不能生者，附各類後。"今以其説考之，若《説文》"甾"字爲一部，以"蓄"字爲子，而《本義》則併入《田部》。《説文》"包"字爲一部，以"胞、匏"字爲子，而《本義》并入《勹部》。《説文》"玆"字爲一部，以"幾、幽"字爲子，而《本義》并入《幺部》。凡若此類，以母生子，雖不過二三，而未嘗無所生之子，與《凡例》所云不能生者不同，乃概并之，似未當也。又若《説文·儿部》"儿"讀若"人"，"充"、"兌"諸字從之，與"人"字異體，而《本義》則并入《人部》；《説文·夲部》"皋"字從"夲"從"白"，而《本義》誤以從"白"爲從"自"，附入《自部》，則於字體尤舛。第是書於各部之下，辨別六書之體，頗爲詳晰，其苦心研索之功，亦不可沒焉。

《四庫全書總目》卷四十一經部四十一小學類二。353 下

集古隸韻五卷

明方仕撰。仕，字伯行，寧波人。其書以漢碑隸書分四聲編次，全襲宋婁機《漢隸字源》而變其一、二、三、四等目，以《千字文》"天地元黄"諸字編之，體例甚陋。又摹刻拙謬，多失本形。前有嘉靖丙戌市舶太監賴恩《序》。蓋仕爲恩題射廳榜，恩因爲捐貲刻之。又有浙江進士章滔《序》，亦頌恩之功。

《四庫全書總目》卷四十三經部四十三小學類存目一。373 下

六書索隱五卷

明楊慎撰。《自序》謂"取《説文》所遺，彙萃成編。以古文籀書爲主，若小篆則舊籍已著，予得而略"云，蓋專於爲古篆之學者。然其中所載古文、籀書，實多略而未備。如首卷東

韻"工"字,考之鐘鼎文字,若乙酉父丁彝、穆公鼎、龍敦、九工鑑之類,各體不同,而是書均未載及。又如"共"字止載汾陰鼎,而好峙鼎、上林鼎、綏和鼎之類,亦均不取。且古文罕見者,必著所自來,乃可傳信,而是書不註所出者十之四五,使考古者將何所據依乎?

《四庫全書總目》卷四十三經部四十三小學類存目一。373下

六書賦音義三卷

明張士佩撰。士佩,號濂濱,韓城人。萬曆辛丑進士①,官至右都御史②。是書取《洪武正韻》所收諸字,依字書偏旁分爲八十五部。每部之字皆仿周興嗣《千字文》體,以四言韻語聯貫之,文義或屬或不屬,取便誦讀而已。每字皆粗具訓詁,疏明大義。凡字有數體者,惟載一體,而各體皆附於後。有數音者亦然。蓋專爲初學而設。然其所分諸部,不遵《説文》、《玉篇》之舊。如"月"字入"肉部","戶"字入"尸部","支"字入"支部"之類,皆與六書不合。又如"源"字音"於權切"、"江"字音"居良切"、"沂"字音"延知切"之類,亦皆沿《正韻》之誤,於聲韻多乖。其注釋亦多譌誤,無足觀者。

《四庫全書總目》卷四十三經部四十三小學類存目一。374下

【校記】①萬曆辛丑進士,《總目》作"嘉靖丙辰進士",是也。雍正《陝西通志》卷三十《選舉志》著錄嘉靖三十五年丙辰諸大綬榜進士,卷五十七上《人物志》亦云:"張士佩,字玫父,韓城人。嘉靖丙辰進士。" ②官至右都御史,《總目》作"官至南京戶部尚書",是也。《千頃堂書目》卷二十四著錄張士佩《達意稿》二卷,注云:"字玫夫,韓城人。南京戶部尚書。"乾隆《韓城縣志》卷二《塚墓》有宮保南京戶部尚書張士佩墓。

音韻日月燈七十卷

明呂維祺撰。維祺,字介孺,一字豫石,新安人。萬曆癸丑進士,官至南京兵部尚書。諡忠節。事迹具《明史》。是書凡《韻母》五卷、《同文鐸》三十卷、《韻鑰》三十五卷。其説譏沈約知"縱"有四聲,而不知"衡"有七音,司馬光知"衡"有七音,而不知"縱"有四等,故作此三書以正其謬。總名《音韻日月燈》,象三光也。亦名《正韻通》,以遵用《洪武正韻》及續刊《洪武通韻》二書也。其韻母以一百六韻爲經,以三十六母四等爲緯,而以開口、合口標於部上,獨音、衆音註于字旁。其《同文鐸》舉一百六部之字,以三十六母易其先後。大致本之《韻會》,而註則稍减,蓋《通韻》即孫吾與《韻會定正》之改名也。所註古韻通轉,則吳棫《韻補》之緒餘耳。其《韻鑰》則仍以《同文鐸》所收之字,删其細註,但互註其字共幾音幾叶,似便檢尋,故名曰"鑰"。《自序》稱《同文鐸》如編年,此如紀傳是也。維祺于等韻之學頗有所見,而今韻古韻之源流,則茫乎不知。觀其稱古韻二百六部,沈約併爲一百六部,則其他不足與辨矣。

《四庫全書總目》卷四十四經部四十四小學類存目二。386上

〔韻會小補三十卷〕①

有甚於前人者,亦非無故云然矣。

《四庫全書總目》卷四十四經部四十四小學類存目二。386下

【校記】①《韻會小補》三十卷,《初目》本篇提要爲殘篇,缺書名及開頭部分。兹據《總

目》標注書名，所缺提要未予補出，僅錄所存部分。此條原在"子部類書類"《聖賢羣輔錄》之下，今依《總目》順序移動於此。

字孿二卷

明葉秉敬撰。秉敬，字敬君，號寅陽，衢州西安人。萬歷辛丑進士，歷官參政。留心六書之學，以楷法日趨簡易，偏旁溷淆，因作是編。以《説文》爲主，取字形相似，義實懸殊者，一一詳列而論辨之。剖析毫芒，抉摘訛謬，括以四言韻語。簡約詳明，於小學深有裨助。名曰"字孿"，蓋以孿生之子貌相類而實不同，故以爲喻云。

《四庫全書總目》卷四十一經部四十一小學類二，作四卷。355 上

古今通韻十二卷

國朝毛奇齡撰。其書爲排斥顧炎武《音學五書》而作。創爲五部、三聲、兩界、兩合之説。五部者，東、冬、江、陽、庚、青、蒸爲一部。支、微、齊、佳、灰爲一部。魚、虞、歌、麻、蕭、肴、豪、尤爲一部。真、文、元、寒、删、先爲一部。侵、覃、鹽、咸爲一部。三聲者，平、上、去三聲相通，而不與入通。其與入通者謂之"叶"。兩界者，以有入聲之東、冬、江、陽、庚、青、真、蒸、文、元、寒、删、先、侵、覃、鹽、咸十七韻爲一部，無入聲之支、微、齊、佳、灰、魚、虞、歌、麻、蕭、肴、豪、尤十三部爲一部。兩不相通，其相通者謂之"叶"。兩合者，以無入十三韻之去声，與有入十七韻之入声通用，而不與平、上通。其與平、上通者謂之"叶"。按奇齡論例，既云所列五部，分配五音，雖欲增一減一而有所不可。乃又分爲兩界，則五音之例亂矣。既分兩界，又以無入十三韻之去聲，與有十七韻之入聲同用，則兩界之例又亂矣。至三声之例，本云平、上、去通者，淆亂古者尤甚。至于以許敬宗之所定指爲約，以陳彭年之所音指爲孫愐，又不足深論矣。

《四庫全書總目》卷四十二經部四十二小學類三。368 中

篆字彙十二卷

國朝佟世男編。其書本梅膺祚《字彙》，各繫以篆文。篆文所無之字，則以意爲之。其依楷造篆，頗似戴侗《六書故》。然侗書訓詁考証尚多精確，其所僞撰不過吾邱衍所譏十許字。此則摭拾成編，真贗錯雜，于六書之旨，蓋百無一當矣。

《四庫全書總目》卷四十三經部四十三小學類存目一。380 中

六書準四卷

國朝馮調鼎撰。調鼎，字雪鷗，華亭人。其書分象形、指事、會意、諧聲四類，每類分平、上、去、入，而假借、轉注即見於四類之中。然其書雖力闡古義，而於六書本旨多所未明。如"社"之一字，《説文繫傳》从①示土聲，此是②不見《繫傳》，乃以"社"爲會意字；又如"風"之一字，《説文》从虫凡聲，此是不知"風"之古音，而以爲从蟲省聲，則其他概可知矣。

《四庫全書總目》卷四十三經部四十三小學類存目一。379 上

【校記】①从，《初目》作"双"，當是字形相近而誤。今據《總目》改。　②此是，《總目》作"此書"，意思更明確。下一句"此是"，《總目》亦作"此書"。此書指《六書準》。

聲韻叢説一卷韻問一卷

國朝毛先舒撰。雜論三百篇及古詩歌并有韻之文,凡四十條,所見略與柴紹炳《古韻通》同。其《韻問》一卷,則設爲問答以自暢其説也。先舒,字稚黄,錢塘人。

《四庫全書總目》卷四十四經部四十四小學類存目二。389 上

韻補正一卷

國朝顧炎武撰。案《宋志》吳棫有《毛詩叶韻補音》十卷,又《韻補》五卷。陳振孫《書録解題》亦同。其《叶韻補音》惟釋《詩》三百篇,《韻補》則泛濫無律,所采凡五十家,下至歐陽修、蘇轍所用,亦據爲古音,殊不足取。後人不察,泛稱朱子作《詩集傳》,尊用其説,遂不敢稍議棫書。不知朱子所據者乃十卷之《叶韻》,非五卷之《韻補》,又不知《朱子語録》有"吳才老補音甚詳,然亦有推不去者"之説也。炎武精别古音,故獨摘其謬,然亦不辨棫有二書。世人以此冒彼,致誣朱子之誤,則尚偶未檢耳。

《四庫全書總目》卷四十二經部四十二小學類三。368 中

類音八卷

國朝潘耒撰。耒,字次耕,號稼堂,吳江人。康熙己未舉博學鴻詞,授檢討。耒受業於顧炎武。炎武韻學欲復古人之遺,耒之韻學則務窮後世之變。其法增三十六母爲五十母,每母之字横播爲開口、齊齒、合口、撮口四呼,四呼之字各縱轉爲平、上、去、入四聲,四聲之中各以四呼分之。惟入聲十類,餘三聲皆二十四類。凡有字之類二十二,有聲無字之類二。以有字者排爲韻譜,平聲得四十九部,上聲得三十四部,去聲得三十八部,入聲得二十六部,共爲一百四十七部。蓋以等韻之法推求,以至於微密。於古不必合,於今不必可施用,而剖析分刌諸聲之變畢該,亦獨成一家之言者也。

《四庫全書總目》卷四十四經部四十四小學類存目二。390 下

劉凝韻原表一卷

國朝劉凝撰。凝,字二至,南豐人。初作《文字韻原》一編,謂《説文》以形相次,《韻原》以聲相從。又以《韻原》限於篇幅,其層次排列未免間斷,而生生之序不見,乃倣史遷諸表之例,從各字偏旁,序其世系,分其支派,以濟《韻原》之窮。然篆隸屢更,變化不定,必一一謂某生於某,固未免失之于穿鑿也。

《四庫全書總目》卷四十三經部四十三小學類存目一,作《韻原表》。379 上

韻雅五卷

國朝施何牧撰。何牧,蘇州人。其書仍用劉淵之部分,以收字必從經典,故以"雅"爲名。所載《古通》,不甚謬誤,而引據皆非其根柢。其《雜論》十則語多影響。至謂元之取士,不以詩而以曲,謬戾殊甚。又末附《識餘》數十條,每韻下雜采故事,挂一漏萬,似乎欲爲韻府而不成者,益無體例矣。

《四庫全書總目》卷四十四經部四十四小學類存目二。391 上

經部　小學類　　　　　　　　　　　　　　　　　　　　　四庫全書初次進呈存目

古韻通八卷

　　國朝柴紹炳撰。紹炳，字虎臣，仁和人。其書大旨即今韻部分立三法，以求古韻之通。一曰全通，"東"、"冬"、"江"之類是也。二曰半通，"元"入"寒"，"刪"、"先"、"魂"、"痕"入"真"、"文"之類是也。三曰旁通，則俗所謂叶韻是也。分平、上、去，爲十一部，分入聲爲七部。其引據甚繁，其考證亦甚辨。然今韻以今韻讀之，則一部之內字字相諧，如以古音讀之，則字字各歸本音，難復齊以今部。如"支"部之"儀"字古實音"俄"，"齊"部之"西"字古實音"先"。概曰"支"與"齊"通，寔已使"俄"與"先"叶，則紹炳所謂全通、半通者與古韻皆大相刺謬。又今韻固與古殊，古韻亦自與古別。如"東"、"冬"、"江"自爲部，至漢而"東"已通"陽"。"魚"、"虞"、"尤"自爲部，至魏晉而"虞"、"魚"兼通"灰"①。輾轉漸移，各隨時代。紹炳乃上薄風雅，下迄晉宋，凡未定四聲以前，總名之曰"古韻"，餖飣掇拾，雜然附編。此讀甫諧，彼音已碍，紛紜轇轕，條例滋繁。所謂旁②

　　《四庫全書總目》卷四十四經部四十四小學類存目二。388 中

　　【校記】①"虞"、"魚"兼通"灰"，《總目》無"魚"字。　　②"所謂旁"以下，《初目》原缺。《總目》云："通者，淆亂古音尤甚。至於以許敬宗之所定，指爲沈約，以陳彭年之所音指爲孫愐，又其小節矣。"

正字通十二卷

　　舊本或題明張自烈撰，或題國朝廖文英撰，或題自烈、文英同撰，未詳孰是。以意推之，大抵自烈之草創，而文英稍潤飾之。其前列國書十二字母，自烈之時未見也。其書視梅膺祚《字彙》考據稍博，然徵引繁蕪，論多泛濫，又喜排斥許慎《說文》，尤不免穿鑿附會。自烈，字爾公，南昌人。文英，字百子，連州人。康熙中官南康府知府。

　　《四庫全書總目》卷四十三經部四十三小學類存目一。378 中

隸辨八卷

　　國朝長洲顧藹吉撰。初，宋婁機輯《漢隸字源》，與洪适《隸釋》、《隸續》實相表裏。藹吉謂其"舩船、禹禹體或不分，血皿、朋多形常莫別"，乃重加考核，正訛補闕，定爲是編。前五卷分四聲，附以疑字。又《偏旁》一卷，《碑考》二卷，以《隸八分考》及《筆法》綴于末。其碑字皆出手摹，修短肥瘠，不失本真，亦鋟本中之最善者。

　　《四庫全書總目》卷四十一經部四十一小學類二。357 上

連文釋義一卷

　　國朝王言撰。言，字慎旃，仁和人。凡二字連文及一名而兼兩義與兩字各爲一義者，各爲分別訓釋，分爲十門。詞頗淺近，蓋爲課蒙而作，視方以智《通雅》所載，相去不啻倍蓰矣①。

　　《四庫全書總目》卷四十三經部四十三小學類存目一。371 中

　　【校記】①相去不啻倍蓰矣，《總目》作"相去遠矣"。

史 部

正史類

補後漢書年表十卷

宋迪功郎、權澧州司戶參軍熊方撰。初,范蔚宗作《東漢史》,僅畢紀傳,以十志付謝儼搜撰。蔚宗敗後,儼悉蠟以覆車,遂無傳本。宋乾興初,孫奭判國子監,始建議以劉昭所注司馬彪《志》補之,其表仍闕,至方乃補作之。其篇目檗曰"同姓、異姓諸侯表",而各書其狀于始封之下,則以功、以親明于指掌。至百官之制雖多,因西漢而輕重廢置不一,班史各以所屬約爲十四等表之。今取劉昭之《志》,自太傅至河南尹,凡二十又三等①,以繫于年,而除拜薨免之實自見。郡縣蕃夷之官不與焉。蓋義例精審,實足以補范、劉之未備,而資益于史學者多矣。

《四庫全書總目》卷四十五史部一正史類一。402 中

【校記】①等,《初目》作"以",蓋涉下而誤。今據《總目》改。

兩漢刊誤補遺十卷

宋吳仁傑撰。仁傑,字斗南,一字南英,別號蠹隱居士,崑山人。其稱河南者,舉郡望也。登淳熙進士,歷官國子學錄。宋時著《漢書》刊誤者數家,張泌、余靖而外,劉攽因仁宗讀《後漢書》"墾田",字皆作"懇",命國子監刊正。攽爲學官,遂撰《刊誤》二卷。又嘗與兄敞及姪奉世撰《漢書標注》六卷。仁傑此書,搜所未備,故名《補遺》。凡姓氏、邑里及字畫、音訓、句讀、指意之有乖,皆爲辨明。即援據偶誤,亦詳加釐定。朱彝尊謂其補劉氏之遺,而文多于劉,足徵博洽。前載曾絳《序》,後載林瀛《跋》。當時周必大亦稱之。馬端臨《經籍考》中載原書十七卷,今止十卷,疑後來傳寫合併也。

《四庫全書總目》卷四十五史部一正史類一。403 上

三國志辨誤一卷①

不詳撰人姓名。辨晉陳壽《三國志》及裴松之注之誤,凡五十四條。如論《王肅傳》評末附劉寔語當是裴注所引混入,又駁裴注以妖賊張修爲張衡之非,皆極審核。書中于"是"字皆缺筆,則不知何所諱也。

《四庫全書總目》卷四十五史部一正史類一。404 上

【校記】①《三國志辨誤》一卷,《總目》作《三國志辨誤》三卷,文淵閣《四庫全書》書前提要作《三國史辨誤》一卷。

南北史合註一百五卷①

明李清撰。清,字心水,號映碧。先世由句容徙居興化。崇禎辛未進士,官至給事中。

清以南北朝諸史並存,冗雜特甚,李延壽雖併爲一書,而眾説並行,仍多矛盾。嘗與張溥議,欲仿裴松之《三國志注》例,合宋、齊、梁、陳四史于南,魏、齊、周、隋四史于北,未就而溥殁。後清簡閲佛藏,見《三寶記》載有北魏文帝大統中遺事,《感通錄》載有齊文宣、隋文帝遺事,《高僧傳》載有宋孝武、梁武帝遺事。因思卒前業。乃博搜諸書,以成此注。考訂異同,辨析極審,而原書之失當者亦略爲改定其文。如高歡、宇文泰未簒而前,史書之爲帝者,皆改稱名。後梁之附《北史》者,改附《南史》。宋武帝害零陵王,直書爲弒。魏馮、胡二后以弒君故,編作"逆后",與"逆臣"同書。又二史多讖緯佛門事,以非史體,悉改入注。此皆清之特識。又止注紀傳而不注志,凡志所載者,皆采其精要,散入本紀、列傳中,義例詳明而徵引與博,誠潛心史學之作也。

【校記】①《總目》未著錄。此書後從《四庫全書》中撤出。參見《總目》附錄《四庫撤燬書提要》。1839 上

編年類

漢紀三十卷

漢潁川荀悦撰。《後漢書·荀淑傳》曰:孫悦,字仲豫,獻帝時官秘書監。"帝以班固《漢書》文繁難省,乃令悦依《左氏傳》體爲《漢紀》三十卷,文約事詳。"唐劉知幾《史通·六家篇》以悦書爲"左傳家"之首,其《二體篇》又稱其"歷代寶之,有踰本傳。班、荀二體,角力爭先"。其推之甚至。故唐人試士,以悦《紀》與《史》、《漢》爲一科。宋李燾跋曰:"悦爲此《紀》,固不出班書,亦時有所删潤,而諫大夫王仁、侍中王閎諫疏,班書皆無之。"又稱司馬光編集《資治通鑑》,書太上皇事及五鳳郊泰時之月,"皆舍班而從荀,蓋以悦修《紀》時,固書猶未舛訛。而'君蘭'、'君簡'、'端'、'瑞'、'與'①、'譽'、'寬'、'竟',皆兩存之"。是宋人亦甚重其書也。其中所附諸論亦皆純正。他若壺關三老茂,《漢書》无姓,悦書云"姓令狐"。朱雲諸②上方劍,《漢書》作"斬馬",悦書乃作"斷馬"③。證以唐詩,知《漢書》字誤④。資考證者亦不一而足。顧炎武作《日知錄》始排詆之,亦好高之過矣。是書考李燾《跋》,自天聖中已無善本。此本爲明黃姬水所刊,亦間有舛訛。

《四庫全書總目》卷四十七史部三編年類。419 上

【校記】①與,《薈要提要》等作"興"。《文獻通考》卷一百九十三《經籍考》二十引李燾語亦作"興"字。　②諸,《薈要提要》等作"請",是也。《漢書》卷六十七《朱雲傳》云:"臣願賜尚方斬馬劍,斷佞臣一人,以厲其餘。"朱雲謂"願賜",即"請"之意,作"諸"則於義無解。　③"《漢書》作'斬馬',悦書乃作'斷馬'"句,《初目》此說或有誤。《漢書》作"斬馬",即上引《朱雲傳》所説"臣願賜尚方斬馬劍"之語,然《漢紀》所記朱雲語,與《漢書》全同,是亦作"斬馬"未作"斷馬",《初目》説"悦書乃作'斷馬'"未知根據何在。《初目》所説有誤。　④"證以唐詩,知《漢書》字誤"句,《初目》未指出唐詩的具體詩句,所説不夠清楚。文淵閣《四庫全書》書前提要則指出了所在詩句,謂:"證以唐張渭詩'願得上方斷馬劍,斬取朱門公子頭'句,知《漢書》字誤。"按:書前提要此説有誤。"願得上方斷馬劍,斬取朱門公子頭",明曹學佺編《石倉歷代詩選》卷三十、《全唐詩》卷一百五十六,均作王翰《飛燕篇》詩句,並非張渭所作。又《初目》、文淵閣《四庫

《全書》書前提要等以唐人詩句用"斷馬"，以此來證《漢書》、《漢紀》亦應作"斷馬"，也未必盡然。

元經十卷

舊本題隋王通撰，唐薛收傳，宋阮逸注。其書自晉太熙元年，終隋開皇九年，凡九卷，稱爲通之原書。末一卷自隋開皇十年迄唐武德元年，稱收所續。《唐·藝文志》及《崇文總目》俱不著錄，故晁公武、陳振孫疑即爲阮逸所託。陳振孫謂唐人諱淵，故《晉書》稱戴淵字。《元經》作於隋世，何爲書曰"戴若思"？或以是書晉成帝咸和八年，書張公庭爲鎮西大將軍，康帝建元元年書石虎侵張駿。公庭即駿之字，謂其書名書字，原可互通。然如寧康三年書"神虎門"爲"神獸門"，則顯襲《晉書》，更何所置辨乎？且於周大定元年直書楊堅輔政，通生隋世，義必不然。何薳《春渚紀聞》、邵博《聞見後錄》並稱逸作是書，嘗以稿本示蘇洵，諒不誣矣。逸，字天隱。《宋史·胡瑗傳》，"景祐初，更定雅樂，與鎮東軍節度推官阮逸同校鐘律"者，即其人。《文獻通考》載是書本十五卷，今止十卷，自魏太和以後，往往數十年不書一事，蓋又非阮逸偽本之全矣。

《四庫全書總目》卷四十七史部三編年類。419 下

後漢紀三十卷

晉袁宏撰。宏，字彥伯，事蹟具《晉書·文苑傳》。劉知幾《史通·正史篇》曰："先是晉東陽太守袁宏抄撮漢氏後書，依荀悅體著《後漢紀》三十篇。世言漢中興史者，惟袁、范二家。"宏《自序》稱："見張璠所撰書，言後漢事差詳，故復探而益之。"考《隋書·經籍志》載璠《後漢紀》三十卷，《史通·六家篇》列璠書於"左傳家"，次于荀悅書後。是宏此紀，非惟體例因璠，即卷帙亦因璠也。其書之作實在范蔚宗以前，以體用編年，故范書獨列于正史。觀宏《自序》稱"史傳之興，所以通古今而篤名教"，其論勝蔚宗多矣。晁公武亦謂比他家爲精密也。

《四庫全書總目》卷四十七史部三編年類。419 中

唐鑑二十四卷

宋范祖禹撰。祖禹，字純甫，華陽人。嘉祐八年進士，歷官龍圖閣學士，出知陝州。治平中，司馬光奉詔編輯《通鑑》，祖禹爲編修官，分掌唐史，以其所自得者著成此書。上自高祖，下迄昭宣，撮取大綱，繫以論斷，爲卷十二。元祐初，爲著作佐郎，表上之後，呂祖謙註之，分爲二十四卷。是書極爲伊川程子所稱，謂"三代以後無此議論"。朱子則謂其"議論弱，又有不相應處"。然其取武后臨朝二十一年繫之中宗，自謂比《春秋》"公在乾侯"之義。且曰雖得罪君子，亦所不辭，蓋指司馬光《通鑑》言之。朱子作《綱目》，書"帝在房州"，實仍其例。又如論白馬之禍，謂裴樞本附朱全忠以爲相，非忠於唐室者，不主歐陽修"樞等不死，必不以國與人"之論。朱子亦以爲非歐公所及，則朱子非不取之也。其他持議類皆探本尋源，以明治亂之由。雖或瀾於事情，而大旨嚴正，固可與孫甫《唐史論斷》並傳焉。

《四庫全書總目》卷八十八史部四十四史評類。751 下

宋九朝編年備要三十卷

宋陳均撰。均，字平甫，號雲巖，莆田人。是書取當時日歷、實錄及李燾《續通鑑長編》，刪繁撮要，勒成一篇。兼採司馬光、徐度、趙汝愚等十數家之書，博攷互訂。始太祖，至欽宗，凡九朝事實。欲其篇帙省約，便於尋閱，故非安危所係，則略而不書。端平初，有言其書于朝者，敕下福州宣取，賜均官迪功郎，均辭不受。馬端臨《文獻通考》中載均著有《編年舉要》三十卷、《備要》三十卷。是書前有紹定二年真德秀、林岊、鄭性之三《序》及均《自序》。德秀《序》稱《皇朝編年舉要》與《備要》合若干卷，則當時二書固合爲一部，不知何時分而爲二。今則《舉要》亡，而獨存《備要》矣。林岊謂取司馬氏之綱而時有修飾；取李氏之目而頗加節文。然其大要則宗朱子綱目之法，特據事直書，不加褒貶耳。觀均《自序》可以見矣。《通考》載均又有《中興舉要》十四卷、《備要》十四卷，今亦佚。

《四庫全書總目》卷四十七史部三編年類，426 中。《四庫全書》書前提要作《九朝編年備要》。

三朝北盟會編二百五十卷

宋直秘閣清江徐夢莘撰。分上、中、下三帙。上爲政、宣①二十五卷，中爲靖康七十五卷，下爲炎、興，百五十卷。所引書一百二種，雜考私書八十四種，金國諸錄十種。凡事涉北盟者，悉爲詮次，并無去取，亦無所論斷。蓋非並見，同異互存，以備後來之史材，故曰《會編》，非自著一書者比也。夢莘後又以前載不盡者五家，續編次于中、下二帙，以補其闕。靖康、炎興各爲二十五卷，名曰《北盟集補》。此本無之，意當時或二本各行耶？

《四庫全書總目》卷四十九史部五紀事本末類。438 上

【校記】①政、宣，《初目》原作"宣、政"，誤。此謂宋徽宗宣和、政和年間，今據文淵閣《四庫全書》書前提要、《總目》改。

少微通鑑節要五十卷

宋江贄刪本。贄，字叔直，崇安人。政和中，太史奏少微星見，朝命舉遺逸之士，徵聘不起，賜號少微先生。是本爲明正德中所刊，前有武宗御製《序》。考羅願《集》①末載王瓚《月山錄跋》，結銜稱"《通鑑節要》纂修官"，疑正德時又爲重修歟。

《四庫全書總目》卷四十八史部四編年類存目。432 中

【校記】①《集》，《總目》作"《鄂州小集》"。

增節音註資治通鑑一百二十卷

宋陸唐老刪本。以《通鑑》文繁，故節其綱要，以爲科舉之資。唐老，會稽人，淳熙中進士第一，故稱《陸狀元通鑑》。其內間有音註，然寥寥不詳，語並淺近。首有《總例》云："學者未能徧曉出處，則于詞賦一場未敢引用。"足以見其大旨矣。

《四庫全書總目》卷四十八史部四編年類存目。432 下

宋史全文續資治通鑑長編三十六卷

不著撰人名氏。世別本或稱爲李燾書。商邱宋犖跋云："宋李燾有《通鑑長編》百六十

八卷，《續長編集要》六十八卷，《續宋編年》十八卷。今世藏書家往往求之甚渴。此三十六卷是元人所刻。卷首割去著書人姓氏，卷末割去'大元'字，其爲元胡宏《續通鑑長編》無疑。"今觀是書，前有李燾進表，在宋孝宗乾道四年，而編中所載乃至宋末，其非燾作本無疑義。然原刻未著宏名，犖之所云亦未有確證。《永樂大典》于李燾《長編》、李心傳《繫年要錄》多附引之，皆但稱《宋史全文》，不著作者。疑以傳疑，闕所不知可矣。

《四庫全書總目》卷四十七史部三編年類，作《宋史全文》。428 上

續宋編年資治通鑑十五卷

宋國史院編修劉時舉撰。始高宗建炎元年，迄寧宗嘉定十七年。紀載簡約，條理燦然。間有論斷，如張浚①之不附和議，而特著其黨汪黃、攻李綱、引秦檜之罪，辨李綱之被謗遠謫，而不諱其庇翁彥國、陷宋齊愈之失。褒貶至公，非偏執臆見者比也。前有朱彝尊《跋》，稱其過于王宗沐、薛應旂所撰云。

《四庫全書總目》卷四十七史部三編年類。426 中

【校記】①張浚，《初目》原文如此，文淵閣《四庫全書》書前提要、《總目》"張浚"前有一"論"字，是也。此謂本書論張浚之功過以寓褒貶之意，缺"論"字則文意難通。

皇王大紀八十卷

宋胡宏撰。宏，字仁仲，號五峰，崇安人。安國之季子也。幼事楊時、侯仲良，而卒傳其父之學。紹興中嘗上書數千言，忤秦檜意，以蔭補承務郎，久不調。檜死，始召用，辭疾不赴。是書成於紹興辛酉紹定間，嘗宣取入秘閣。所述上起盤古，下迄周末。前二卷皆粗存名號事迹。帝堯以後，始用《皇極經世》編年，博採經傳，而附以論斷。陳振孫《書錄解題》譏其悞取《莊子》寓言，及敘邃古之初，無徵不信。然古帝王名號可考，統系斯存，典籍相傳，豈得遽爲芟削。至其採摭浩繁，雖不免小有出入，較之羅泌《路史》，則切實多矣。故陳亮極重是書，而朱子亦取之，未可以一眚掩也。朱彝尊《曝書亭集》有是書《跋》，稱近時鄒平馬驌撰《繹史》，體例頗相似。疑其未見是書，正可並存不廢。今考驌書，多引《路史》而不及《皇王大紀》一字，彝尊以爲未見，理或有然。至於此書體用①

《四庫全書總目》卷四十七史部三編年類。423 上

【校記】①"體用"以下，《初目》原缺。文淵閣《四庫全書》書前提要作："編年，《繹史》則每事標題，而雜引古書之文排比論次，略如袁樞紀事本末之法。體例固截然不同，不知彝尊何以謂其相似，殆偶未詳檢驌書歟？"

宋季三朝政要六卷

不著撰人名氏。卷首《題詞》稱理宗國史爲元載入北都，無復可考，故纂集理、度二朝及幼主本末，附以廣、益二王事。其體亦編年之流，蓋宋之遺老所爲也。然理宗以後國史，修《宋史》者實見之，故《本紀》所載反詳於是書。又是書得於傳聞，不無舛誤。其最甚者，謂寶慶元年趙葵、趙范、全子才建守河據關之議，遣楊誼、張迪據洛陽與北軍戰，潰歸。按寶慶元年葵、范名位猶微，其後五年，范始爲安撫副使，葵始爲淮東提刑。討李全，子才乃爲參議官。至端平元年滅金，子才乃爲關陝制置使、知河南府、西京留守，有洛陽潰敗之事，上距寶慶元

年九年矣。所紀非實也。其餘敍次,亦乏體要。然宋末軼事頗詳,多有史所不載者,存之亦可備參考。卷末論宋之亡,謂君無失德,歸咎權相,其論頗正。而忽推演命數,兼陳因果,轉置人事爲固然,殊乖勸戒之①

《四庫全書總目》卷四十七史部三編年類。427 下

【校記】①"勸戒之"以下,《初目》原缺,文淵閣《四庫全書》書前提要、《總目》作:"旨。殆欲附徐鉉作李煜墓誌之義而失之者歟。"

大政記三十六卷

明朱國楨撰。國楨,字文寧,烏程人。萬曆十七年進士,官至文淵閣大學士。卒,贈太傅,諡文肅。是書始洪武元年戊申,終隆慶六年壬申。編年紀載,繁簡多有未當。

《四庫全書總目》卷四十八史部四編年類存目。435 下

鳳洲綱鑑二十四卷

舊本題明王世貞撰,閩人陳臣忠、浙人張濬卿重加纂輯。又採陳仁錫《通鑑評》綴於其上,前列輿圖沿革,而世系次第、官制異同附焉。以易於檢閱,故世多傳之。然紀載簡略,不爲善本,且綱目、通鑑體例迥殊,合以稱名,尤爲乖舛。疑書肆所爲,託名於世貞也。

【校記】按:此書不見於《四庫全書總目》。當年曾進入四庫全書館,見《武英殿第二次書目》。後遭到各地查禁。乾隆四十五年六月十五日《護陝西巡撫尚安奏繳應禁違礙書籍摺》(《纂修四庫全書檔案》六九八)、乾隆四十六年六月初十日《直隸總督袁守侗奏匯繳應禁書籍情形摺》(同上七九七)、乾隆四十六年九月二十八日《署雲南巡撫劉秉恬奏遵旨查繳應禁書籍並請展限一年摺》(同上八〇八)等,都將此書列入查繳應禁違礙書籍清單。

宋元通鑑一百五十七卷①

明薛應旂撰。以續司馬光之書。起宋太祖建隆元年,迄元順帝之末,所載凡四百六十九年之事。光作《通鑑》,以畢生精力爲之,又得劉攽諸人爲之輔翼,其詳博精密,固非應旂所可幾。況《宋史》冗雜,《元史》潦草,又不及唐前諸史敍述精詳,應旂復刪撮成書,宜其多形踈漏。然應旂識趨頗正,於史家勸戒之旨未嘗有失。又自宋以來爲《通鑑》者,如李燾之《長篇》未免太繁,而劉時舉《中興通鑑》之類或嫌太略,固不若是編所載差爲適中,宋元故事端緒,尚易尋覽也。應旂,字仲常,武進人。嘉靖乙未進士。官至陝西按察副使。

《四庫全書總目》卷四十八史部四編年類存目,作《宋元資治通鑑》。434 中

【校記】①乾隆四十七年十月初七日《湖北巡撫姚成烈奏解第十一次查繳應禁各書並繕單呈覽摺》將此書列爲禁毀書,並且列出了禁毀的理由:"《宋元通鑑》一部,刊本。係明薛應旂輯,陳仁錫評。天啓丙寅年刻。計三十六本,全。內論遼金事蹟,語有干礙,應銷毀。"(《纂修四庫全書檔案》九二一)

後梁春秋二卷

明國子生海鹽姚士粦叔祥撰。士粦以後梁主督爲武帝冢孫,宜嗣梁祚。武帝奪嫡而立

簡文,卒致覆滅。而詧附魏立國,凡歷三主三十三年而亡,能保其祀。《北史》及《周》、《隋》二史記載頗略,故爲此書,欲以詧續梁正統。用編年之法,採取史傳,旁摭文集,因時表事,因事附人,排比頗詳。中間如詧通魏後即用北魏紀年,而不書太清之號,以絕元帝於梁。又於陳諸帝皆直書其名,此其命意所在也。然詧爲昭明第三子,原非必應得國之人,其時弟兄搆釁,同氣相屠,湘東固已不仁,岳陽亦爲太忍,幸而借魏朝兵力,獲奉宗祧。而區區守江陵三百里之地,身爲附庸,北面事人,固無可稱道者。士奘此書以比《南唐書》、《江表志》,爲史家之別乘,猶足以備參考。若必於進退予奪間求之,則失之遠矣。士奘又嘗爲《西魏春秋》若干卷,蓋亦以補魏收書之缺,今佚不傳。

《四庫全書總目》卷六十六史部二十二載記類存目。591 中

人代紀要三十卷

明顧應祥撰。應祥,字惟賢,長興人。弘治乙丑進士。累官南京刑部尚書,贈太子少保。是書體例編年紀事,雖無事必書其年。蓋合《甲子會紀》、《大事記》而一之。然繁簡失倫,多未盡當。其中無年可編者,亦往往隨意科配。如荀悅著《漢紀》、《申鑒》,皆强係之獻帝乙酉年,恐必不然也。

《四庫全書總目》卷四十八史部四編年類存目。433 下

憲章錄①四十七卷

明薛應旂撰。其書起洪武,迄正德,用編年之體,意以續所作《宋元通鑑》。然所載事頗蕪雜。惠帝遜國,前人以爲傳疑,應旂乃於正統五年十二月書思恩州土知州岑瑛送建文入京,號爲老佛。豈史氏闕文之義耶。

《四庫全書總目》卷四十八史部四編年類存目。435 上

【校記】①憲章錄,《初目》原作"憲意錄",非是。今據《總目》改。明焦竑《國史經籍志》卷一、《明史·藝文志》、清阮元《文選樓藏書記》卷五等均著錄薛應旂《憲章錄》四十六卷。《總目》作四十七卷。

明遺事三卷

不載撰人姓氏。專記明太祖初起之事,始壬辰六月,蓋當元順帝之至正十二年,於時徐壽輝僭稱帝二年矣。是書止於洪武元年四月壬戌,至正之二十八年也。所載皆未定元都時事,編年紀月亦頗詳悉。而多錄小説瑣事,如以酒飯蛇之類,皆荒誕不足信,非史體也。

《四庫全書總目》卷一百四十三子部五十三小説家類存目一。1224 中

秘閣元龜政要十六卷

不著撰人姓名。書中已稱成祖,則嘉靖以後人作也。所紀皆明太祖事,然起於元順帝至正十六年張士德取常熟,終於洪武二十八年。首尾皆不完具,疑前後各佚一册。今本卷第又傳寫者所改題也。大致與《太祖實錄》相出入,別無異聞。

《四庫全書總目》卷四十八史部四編年類存目。435 中

史部　別史類　　　　　　　　　　　　　　　　　　　　　　　　四庫全書初次進呈存目

綱鑑正史約三十六卷

明顧錫疇撰。錫疇，字九疇，崑山人。萬曆四十七年進士，官至禮部尚書。是書編年紀載，于歷代故實粗存梗概，蓋鄉塾訓蒙之書。綱者，謂朱子《綱目》；鑑者，謂司馬光《資治通鑑》。兩書各割一字爲名，冠於正史之上，亦未脫書肆陋習。

《四庫全書總目》卷四十八史部四編年類存目。436 上

別史類

十六國春秋一百卷

舊本題魏崔鴻撰，寔則明嘉興屠喬孫、項琳之僞本也。鴻作《十六國春秋》一百二卷，見《魏書》本傳，《隋志》、《唐志》皆載之，宋初李昉等作《太平御覽》獨引之。《宋·藝文志》始不著錄[①]，南宋諸家書目亦不載[②]，是亡於北宋也。明何鏜《漢魏叢書》載鴻書十六篇，國各一錄，卷帙寥寥，與舊史所記不合，世疑其僞。萬曆以後此本乃出，莫知其所自來。證以《藝文類聚》諸書所引，一一相同，遂行於世。論者或疑鴻身仕北朝，而仍用晉宋年號。今考劉知幾《史通·探賾》[③]篇曰："鴻書之紀綱，皆以晉爲主，亦猶班《書》之載吳項必繫漢年，陳《志》之述孫劉皆宗魏世。"喬孫等正巧附斯義，以售其欺，所摘者未中其疾。惟《魏書》載鴻子子元奏稱刊著越、燕、秦、夏、梁、蜀遺載，爲之贊序。而此本無贊序。《史通·表歷》篇稱："晉氏播遷，南據揚、越；魏宗勃起，北雄燕、代。其間諸僞，十有六家。不附正朔，自相君長。崔鴻著表，頗有甄明。"而此本無表，是則檢閱偶疎，失於彌縫耳。然其文皆聯綴古書，非由杜撰。考十六國之事者，固宜以是編爲總匯焉。

《四庫全書總目》卷六十六史部二十二載記類。584 中

【校記】①《宋·藝文志》始不著錄，《薈要提要》、文淵閣《四庫全書》書前提要同，《總目》作"《崇文總目》始佚其名"。　②南宋諸家書目亦不載，《薈要提要》、文淵閣《四庫全書》書前提要同，《總目》作"晁、陳諸家書目亦皆不載"，是也。《十六國春秋》猶見南宋尤袤撰《遂初堂書目》，不得謂"南宋諸家書目亦不載"。《總目》所說較謹嚴。　③《史通·探賾》，《初目》原作"《史通·探頤》"，誤。今據《史通》本書改。文淵閣《四庫全書》書前提要同《初目》作《史通·探頤》，《薈要提要》、《總目》作《史通·探賾》。

貞觀政要十卷

唐吳兢撰。兢，汴州浚儀人。開元中累官太子左庶子。《中興書目》曰："兢於《太宗實錄》外，采其與羣臣問對之語，用備觀戒，總四十篇。歷代寶傳，至今無闕。"我皇上御製《樂善堂集》開卷首篇即邀褒詠千年舊籍，榮荷表章，倍徵是書之可重矣。兢表上是書，未著年月，其《序》所稱侍中安陽公者乃源乾曜，中書令河東公者乃張嘉貞。考《元宗本紀》，乾曜爲侍中，嘉貞爲中書令，皆在開元八年，則兢上此書，在開元八年後矣。元至順四年，戈直始爲作註。又採唐柳芳，晉劉昫，宋宋祁、孫甫、歐陽修、曾鞏、司馬光、孫洙、范祖禹、馬存、朱黼、張九成、胡寅、呂祖謙、唐仲友、葉適、林之奇、真德秀[①]、陳惇修、尹起莘、程祁[②]及呂氏《通鑑精義》二十二家之說附之，名曰《集論》。吳澄、郭思貞皆爲《序》。直，字伯敬，臨川人。澄之門人也。

《四庫全書總目》卷五十一史部七雜史類。463 上

【校記】①真德秀,《初目》原作"直德秀",此爲形近而誤。兹據《貞觀政要》戈直《集論》改。《薈要提要》、文淵閣《四庫全書》書前提要等不誤。　②程祁,《薈要提要》同。文淵閣《四庫全書》書前提要、《總目》作"程奇",恐非是。此見本書卷一《政體》第二《集論》所引,作"程氏祁"可證。

建康實錄二十卷

宋高陽許嵩撰。記六朝事蹟,起漢興平元年,終陳禎明三年,凡二十卷。南朝六代四百年君臣行事,略備于是。

《四庫全書總目》卷五十史部六別史類。447 中

三楚新錄三卷

宋修仁令周羽翀編。三楚者,長沙馬殷、武陵周行逢、江陵高季興據楚地稱王者三家也。一國爲一卷。歐陽修《五代史記》亦撮其大綱。

《四庫全書總目》卷六十六史部二十二載記類。586 中

五國故事二卷

不著撰人名氏。五國謂吳楊行密,南唐李昇①,蜀王建、孟知祥,漢劉䶮、閩王審知也。鄭樵《通志》列之《霸史類》中,余寅作《序》,頗譏之。以爲歐陽修之棄餘,蓋小說家類流,非史體也。中於南漢稱彭城,於留從効姓稱婁。錢塘厲鶚跋,以爲吳越後人入宋所作,避武肅王諱。然此書體例叢雜,本無一定。閩王延翰傳內稱其妻爲博陵氏,未聞吳越諱崔也。蓋不可考矣。

《四庫全書總目》卷六十六史部二十二載記類。587 上

【校記】①李昇,《初目》原作"李昇",非是。今據《五國故事》原書改。

隆平集二十卷①

舊題宋曾鞏撰。紀太祖至英宗五朝之事。凡分目二十有六,體似會要。又立傳二百八十四,各以其官爲類。前有紹興十二年趙伯衛《序》。其記載簡略瑣碎,頗不合史法。晁公武摘其記《太平御覽》之訛,疑其非鞏所作。今考鞏本傳,不載此集。曾肇作鞏行狀及韓維撰神道碑,臚述所著書甚詳,亦並無此集之名。據《玉海》元豐四年七月,鞏充史館修撰,書實非鞏作也。向有明萬曆間刻本,久而漫漶。康熙四十年,南豐彭期重刊行之,亦多脫佚。

《四庫全書總目》卷五十史部六別史類。447 下

【校記】①按:《隆平集》至《左傳紀事本末》十四條,書口均題"史部別史類",原在第十一册"史部雜史類"《松漠紀聞》之下,下接第十二册"史部雜史類"。此係《初目》排列有誤。今移至第十册"史部別史類"《五國故事》下,與其歸併爲一類。《總目》亦均在"別史類"。

蜀漢本末三卷

元趙居信撰。居信,字季明,許州人,至治三年以丞相拜扎薦徵拜翰林學士承旨。是書宗《資治通鑑綱目》之說,以蜀爲正統。起桓帝延熹四年昭烈之生,終晉太始七年後主之亡。末有《總論》一篇,稱至元九年戊子所作,其成書則至元十二年辛卯也。前序一篇不知誰作,稱朱子出而筆削《綱目》,有以合乎天道而當乎人心,信都趙氏復因之,廣其未備之文,參其至當之論。然是書所取議論,不出胡宏、尹起莘諸人之內。至于事蹟,則載于《三國志》者,所取尚十不及五。特于《資治通鑑綱目》中斷取數卷,略爲點竄字句耳,不足當著書之目也。

《四庫全書總目》卷五十史部六別史類存目。454 上

宋史紀事本末二十八卷

明陳邦瞻撰。先是臨朐馮琦仿宋袁樞《通鑑紀事》例,取《宋史》而論次之,凡例粗具,未有成書。邦瞻得其遺稿,重爲增輯。始自陳橋,訖于厓山,凡一百九門,綜核三百餘年行事。詞簡事核,頗爲詳備。邦瞻,字德遠,高安人。萬歷戊戌進士,累官吏部左侍郎①。

《四庫全書總目》卷四十九史部五紀事本末類。439 上

【校記】①累官吏部左侍郎,《總目》作"官至兵部左侍郎",是也。《明史》卷二百四十二本傳云:"拜工部右侍郎,未上,改兵部,進左。"是陳邦瞻官至兵部左侍郎,

庚申外史二卷

明權衡撰。衡,字以制,號葛溪,吉安人。元末隱彰德黃華山,不求仕進。明初歸江西,寓居臨江①。是書紀元順帝即位後三十六年治亂大綱②。以順帝庚申年生,故稱庚申帝,蓋在明祖未加諡以前也。所言與《元史》多相合,而如順帝誅博囉,與秀才徐思菴謀之,博囉誅,思菴不受賞,逃去,及危素爲權臣草詔等事,間亦有史所不載,可補佚遺。特文章蕪蔓,不合史法。後有宋濂跋。陳繼儒曾刊入《秘笈》中,書前別附一序,稱洪武二年迪簡受命訪庚申帝史事云云。詳其文,所序乃《庚申帝大事記》,非此書。後人誤編卷中。而原書已亡,亦不知迪簡爲何姓矣。

《四庫全書總目》卷五十二史部八雜史類存目一。474 下

【校記】①寓居臨江,《總目》作"寓居臨川",《續文獻通考》卷一百六十三《經籍考》同。民國《廬陵縣志》卷十九下本傳作"寓臨川以終"。　②是書紀元順帝即位後三十六年治亂大綱,《總目》作"所紀皆元順帝即位以後二十八年治亂大綱"。《總目》有誤。《庚申外史》記述癸酉元統元年元順帝即位(1333)至至正二十八年元亡(1368)三十六年間史事,其文亦云"帝在位三十六年",可證。

革朝志十卷

明許相卿撰。相卿,字伯台,海寧人。正德丁丑進士,歷官禮科給事中。是編記建文一朝君臣始末。仍用紀傳之體,而以門目分褒貶。一曰《君紀》;二曰《閫宮傳》,記后妃、諸王;三曰《死難列傳》,記方孝孺等四十八人;四曰《死事列傳》,記鐵鉉等四十人;五曰《死志列傳》,記黃鉞等八人;六曰《死遁列傳》,記彭與明等十六人;七曰《死終列傳》,記王度等三人;八曰《傳疑列傳》,記王璡等十二人;九曰《列傳》①,記沐春等六人;十曰《外傳》,記李景隆等

二十五人。其説仍主出亡爲僧,故有《死遁》一傳。其持論非不正,而革除年號,當時朝廷之上,格於祖宗,不敢遽復。相爲明臣而私復之,亦異乎《春秋》内魯之意矣。

《四庫全書總目》卷五十三史部九雜史類存目二。480 中

【校記】①列傳,《總目》作"别傳",非是,南京圖書館藏明刻本作"名臣列傳"。

建文朝野彙編二十卷

明屠叔方撰。叔方,秀水人。萬歷丁丑進士。官至監察御史。其書分《遜國編年》、《報國列傳》、《建文傳疑》①、終《建文定論》等目,蓋雜採野史傳聞之説,以成是編。遜國之事,《御批通鑑輯覽》備斥其妄。是書沿襲訛傳,蓋不足道。至摭《從信録》之謬説,謂宣宗爲惠帝之子,尤無忌憚矣。

《四庫全書總目》卷五十四史部十雜史類存目三。485 中

【校記】①建文傳疑,《初目》作"建文傳",非是。《建文朝野彙編》有明萬曆刻本,卷十九作"建文傳疑",其後序云:"已上建文君,或云自焚,或云出亡,或云出而復歸,其所作詩皆不知真僞,附會傳疑。"所説甚明。今據補。《總目》作"建文傳紀",亦非是。

遜國君記抄一卷臣事抄六卷

《君記抄》記建文君及太后、皇后、儲貳、諸王等。《臣事抄》分爲十類,曰《首事并諫死》,曰《謀國死》,曰《戰守死》,曰《守義死》,曰《事後圖報死》,曰《出隱死》,曰《論逮死》,曰《事後自盡死》,曰《隱避傳》,曰《外傳》。題曰鹽官淡泉翁編,勾吴潛庵子訂。淡泉,鄭曉之别號。其書多與《吾學編》相出入,蓋因曉之書而增改者。觀其中載隆慶六年詔書,則潛庵子爲明季人,但不知名氏爲誰耳。其辨湯宗曾事文皇,終於宣德之世,足正《吾學編》、《表忠記》之悮。而於建文紀事載皇子育宫中一事,則隱取《兩朝從信録》宣宗爲建文帝子之説,殊妄誕不足取矣。

《四庫全書總目》卷五十四史部十雜史類存目三。487 中

忠節録六卷

明南京鴻臚寺卿海州張朝瑞撰。以宋端儀《革除録》至郎瑛《萃忠集》記遜國諸臣事者凡十七家,互有舛漏,因輯此書。載當時昭雪之旨於卷首,明非私撰。自第一卷至五卷,記徐輝祖以下凡一百六十三人,附録十六人。以官階爲敘,不分差等。第六卷曰《考誤》。如辨建文於天順中由滇至京,唯太監吴誠①識之。當時三楊皆其舊臣,不應僅一吴誠能識舊主。而建文時年六十四,亦不得有九十餘歲。蓋於建文出亡一事,兩存其説,亦闕疑之義也。所列諸書之外,尚有高璧之《幽光録》、陸時中之《逸史》、姜清之《秘史》、王會之《野史》、袁裒之《奉天刑賞録》等書,朝瑞未及蒐考,然大旨備於此矣。又江西張芹所著《備遺録》,世或亦稱《忠節録》,與此書所記同,其名亦同,然寔非一書。

《四庫全書總目》卷六十二史部十八傳記類存目四。549 中

【校記】①吴誠,《總目》作"吴亮",非是。《忠節録》今有明萬曆刻本,卷六《考誤》云:"有中官吴誠者俾驗之,亦不識。"可證。

史部　別史類　　　　　　　　　　　　　　　　　　　　　　　　　　　四庫全書初次進呈存目

季漢書六十卷[①]

　　明謝陛撰。黜魏帝蜀之説,始於習鑿齒《漢晉春秋》,而定於朱子《通鑑綱目》。其著書以改陳壽之志者,陛之前宋有蕭常,元有郝經。據沈穎符《敝帚軒剩語》,常之先又有吳尚儉。吳氏書久佚,郝氏書今僅散見《永樂大典》中,蕭氏書尚有寫本,而傳布頗稀。故陛復有此作,凡蜀《本紀》、《内傳》二十卷,魏、吳《世家》、《外傳》三十六卷,袁紹、吕布等《載記》、《雜傳》四卷。陛,字少連,歙縣人。

　　《四庫全書總目》卷五十史部六別史類存目。456下

　　【校記】①六十卷,《總目》作"五十六卷"。按:《季漢書》今有明萬曆刻本,作六十卷。《總目》著録五十六卷未知何據。《千頃堂書目》卷四作謝陛《季漢書》六十六卷《正論》五篇《問答》二十篇。

合訂南唐書二十五卷[①]

　　明李清撰。以陸游書爲主,而以馬令書及羣史附之。雖欲取南唐紹長安正統,立説殊偏,而祖述陸書,非其自作。其立《契丹列傳》,亦涉氾濫,而以樊若水等人之《叛臣》中,實深合《春秋》斧鉞之義。至於文獻闕遺,多所考證,勝《江南野録》[②]、《江表志》諸書遠矣。

　　【校記】①李清《合訂南唐書》原收入《四庫全書》,故撰有提要。乾隆五十二年(1787),因清高宗在李清所撰《諸史同異録》中查出有違礙言論,遂將《合訂南唐書》等提要從《四庫全書總目》中撤出。《四庫全書簡明目録》附録"補遺"中,收有本書提要,其文云:"《南唐書合訂》二十五卷,明李清撰。以陸游書爲主,以馬令書及諸家所録參之,多所補正。大旨以南唐紹長安正統,申陸游之謬説,殊爲乖舛。其考證之詳核,則與《南北史合註》可並稱焉。"　　②《江南野録》,當爲"《江南野史》"之誤。

十國春秋一百十四卷

　　國朝吳任臣撰。任臣以歐陽修作《五代史》,於霸國仿《晉書》例爲《載記》,每略而不詳,乃採諸霸史、雜史以及小説家言,並證以正史,彙成是書。凡《吳紀傳》十四卷,《南唐》二十卷,《前蜀》十三卷,《後蜀》十卷,《南漢》九卷,《楚》十卷,《吳越》十三卷,《閩》十卷,《荆南》四卷,《北漢》五卷,《十國紀元世系表》各一卷[①],《地理志》[②]二卷,《藩鎮表》一卷,《百官表》一卷。又仿裴松之《三國志注》例,於本文之下,自爲之注,載别史之可存者。或有虚誣,亦爲辨證。如田頵擒孫儒年月則從吳《録》而不從薛《史》,呂師周奔湖南年月則從《通鑑》而不從《九國志》,南唐烈祖家世[③]則從劉恕《十國紀年》及歐史而不從《江南野史》、《吳越備史》,皆確有所見。他類是者甚多。五表考訂尤精,可稱淹貫。特無傳之人,僅記名字,亦列諸卷之末,則史無此例,未免作古耳。任臣,字志伊,仁和人。康熙己未舉博學鴻嗣[④],官翰林院檢討。

　　《四庫全書總目》卷六十六史部二十二載記類。588下

　　【校記】①《十國紀元世系表》各一卷,文淵閣《四庫全書》書前提要、殿本《總目》同,浙本《總目》作"《十國紀元世系表》合一卷",非是。《十國春秋》中,卷一百九爲《十國紀元表》,卷一百十爲《十國世系表》,是《紀元表》、《世系表》各爲一卷,非合爲一卷。
　　②《地理志》,文淵閣《四庫全書》書前提要、《總目》同。《十國春秋》原書實作"地理

122

表",見卷一百十一、卷一百十二。其卷首小序亦謂"徵其沿革得失,作《十國地理表》"。提要下文云"五表考訂尤精",即指紀元、世系、地理、藩鎮、百官五表。史書類目多作"地理志",罕有作"地理表"的,四庫館臣或因"地理志"習見而誤。　③南唐烈祖家世,文淵閣《四庫全書》書前提要、殿本《總目》同,浙本《總目》作"南唐烈祖世家",非是。南唐烈祖即李昇,爲南唐開國君主,自當列入本紀,豈可列入世家。《十國春秋》中,李昇見卷十五《南唐》一《烈祖本紀》,是其證。所謂"南唐烈祖家世",指李昇之家族世系。《烈祖本紀》吳任臣注云:"按:劉恕《十國紀年》云:昇復姓附會祖宗,故非唐後。而吳越與唐人響敵,《備史》亦非。《實錄》:昇少孤遭亂,莫知其祖系。昇曾祖超,祖志,乃與義祖之曾祖、祖同名,知其皆附會也。歐陽史曰:昇世本微賤,父榮,遇唐末之亂,不知其所終。今從之。"此即"南唐烈祖家世則從劉恕《十國紀年》及歐史,而不從《江南野史》、《吳越備史》"之意。　④博學鴻詞,《初目》原作"博學鴻嗣",誤。今據文淵閣《四庫全書》書前提要、《總目》等改。

皇元聖武親征錄一卷

不著撰人名氏。載元太祖初起及太宗時事。自金章宗泰和三年壬戌始紀甲子,迄於辛丑,凡四十年。史載元世祖中統四年,參知政事修國史王鶚,請延訪太祖事蹟付史館。此卷疑即當時人所撰上者。其書序述無法,詞頗蹇拙。又譯語訛異,往往失真,遂有不可盡解者。然以《元史》較之,所紀元初諸事實,大概本此書也。史言太祖滅國四十,而其名不具,是書亦不能悉載。知太祖時事,世祖時已不能詳,非盡宋濂、王禕之掛漏矣。

《四庫全書總目》卷五十二史部八雜史類存目一,殿本《總目》書名同,浙本作《元聖武親征錄》。474 上

逸周書十卷

舊本題曰《汲冢周書》。考《隋·經籍志》、《唐·藝文志》,俱稱此書以晉太康二年得於魏安釐王冢中。則汲冢之說,其來已久。然《晉書·武帝紀》及《荀勖》、《束晳傳》載汲郡人不準所得《竹書》七十五篇,具有篇名,無所謂《周書》。杜預《春秋集解後序》載汲冢諸書,亦不列《周書》之目。是《周書》不出汲冢也。故《漢書·藝文志》先有《周書》七十一篇,今本比班固所紀惟少一篇。陳振孫《書錄解題》稱凡七十篇,《敍》一篇在其末。京口刊本始以《敍》散入諸篇,則篇數仍七十有一,與《漢志》合。司馬遷紀武王克商事,亦與此書相應。許慎作《說文》,引《周書》"大翰蓋肇雉"①,又引《周書》"獂有爪而不敢以撅";馬融註《論語》,引《周書·月令》;鄭元註《周禮》,引《周書·王會》,又引《周書》"以門"②。皆在汲冢前,知爲漢代相傳之舊。李善《文選註》所引,皆稱《逸周書》,知唐初舊本尚不題"汲冢"。其相沿稱爲汲冢者,殆以梁(以下原稿少一頁,缺三百零四字)德》、《月令》十一篇。餘亦文多佚脫。洪邁《容齋隨筆》謂《漢書》所引"天予不取,反受其咎",及"毋爲權首,將受其咎"③,以爲《逸周書》之文者,今本無之。蓋即逸篇之文。觀李燾所跋,已有脫爛難讀之語,則其來亦久矣。

《四庫全書總目》卷五十史部六別史類。445 下

【校記】①大翰蓋肇雉,文淵閣《四庫全書》書前提要、《總目》作"大翰若肇雉"。此爲許慎《說文》羽部"翰"字下所引《周書》之文,原文作"大翰若肇雉"。《初目》所引有誤。

②引《周書》"以門",文淵閣《四庫全書》書前提要、浙本《總目》均作"引《周書》'北唐以閒'"。此爲鄭玄注《儀禮》所引之文。鄭玄所引見《儀禮注疏》卷五《鄉射禮》,作"北唐以閒"。《初目》有誤。又殿本《總目》作"引《周書》'比黨州閭'",亦未知所據。
③毋爲權首,將受其咎,文淵閣《四庫全書》書前提要同,《總目》作"無爲創首,將受其咎"。此爲《漢書》卷三十五《荆燕吳傳》"贊曰"所引,《四庫全書》本作"毋爲權首,將受其咎"。顏師古注曰:"此《逸周書》之言,贊引之者。"《隋書》卷五十六《盧愷列傳》"史臣曰"、《北史》卷七十四列傳"論曰"等所引,亦均作"毋爲權首,將受其咎"。且《四庫全書》所引此語,除《總目》一處外,未有作"無爲創首,將受其咎"的,是《總目》所引有誤。

左傳紀事本末五十三卷

國朝高士奇撰。士奇,嘉興人。仕至詹事府詹事。此書列目五十有三,附載各類又五十餘條。倣宋袁樞《通鑑紀事本末》之體,凡春秋大事,悉綜指始末,彙從其類,列國分紀,不復編年。其間旁採《公》、《穀》、《國語》諸書與《左氏》相表裡者,補其闕逸,校其同異,辯其謬悮。兼載前人訂正之説,謂之《考証》。間亦附以己見,謂之《發明》。每卷之末,又各有總論。用力可謂勤矣。然比事乃其宗旨,屬詞不過餘文,此史氏之附庸,非經學之本業也。

《四庫全書總目》卷四十九史部五紀事本末類。444 中

雜史類

大唐新語十三卷

唐元和中登仕郎守江州潯陽縣主簿劉肅撰。所記起武德之初,迄大歷之末。凡分三十門,皆取軼文舊事有裨勸戒者。前有《自序》。後有《總論》一篇,稱:"昔荀爽紀漢事可爲鑒戒者,以爲《漢語》,今之所記,庶嗣前修。"蓋雜史之流,非若《世説新語》諸書徒爲談助者比。惟其中《諧謔》一門,體雜小說,未免自亂其例耳①。是書本名《新語》,新、舊《唐書·藝文志》並同。明馮夢禎、俞安期等因與李垕《續世説》合刻,遂改題曰《唐世説》,殊爲臆撰。商濬②刻入《稗海》,併於肅《自序》中增入"世説"二字,益僞妄矣。卷末總論一篇,《稗海》佚之,又佚其"政能"第八之標題,皆爲疎舛。今以諸本參校,定爲書三十篇,《總論》一篇,而復名爲《大唐新語》,以存其舊焉。

《四庫全書總目》卷一百四十子部五十小説家類一。1183 中

【校記】①"惟其中"句,文淵閣《四庫全書》書前提要作:"然其中《諧謔》一門繁蕪猥瑣,未免自穢其書,有乖史家之體例。今退置小說家類,庶協其實。"《總目》同。　②商濬,文溯閣、文津閣《四庫全書》書前提要及浙本《總目》同,文淵閣《四庫全書》書前提要、殿本《總目》作商維濬。《四庫全書》、《總目》商濬、商維濬互見。如《古今評錄》提要,浙本、殿本《總目》均作:"明商維濬撰。維濬,字初陽,會稽人。世所傳商氏《稗海》,即所輯也。"《初目》也是兩者互見,如《儒林公議》提要云"商維濬刻《稗海》以此跋爲宋無名氏所撰",即是。

四朝聞見錄五卷

宋葉紹翁撰。紹翁,自署龍泉人。又載程公許與論真德秀諡議手柬,字之曰靖逸。而厲鶚《宋詩紀事》稱其字嗣宗,建安人,與自述互異。考書中又載《高宗航海》一條,自稱本生祖曰李穎士,建之浦城人,則建安其祖籍歟?所錄分甲、乙、丙、丁、戊五集,凡二百有七條。甲、乙、丙、戊四集,皆雜敘高、孝、光、寧四朝軼事,各有標題,不以時代爲先後。惟丁集所記僅寧宗受禪、慶元黨禁二事始末,不及其他。紹翁與真德秀游,故其學一以朱子爲宗。持論頗正,又留心掌故,多識耆舊,故朝廷大政往往能訂俗説之訛,考諸説之異。南渡以後,諸野史足補史傳之闕者,惟王明清之《揮麈錄》、李心傳之《建炎以來朝野雜記》號爲精核,餘惟紹翁是書可相伯仲。王士禎《居易錄》謂其頗涉煩碎,不及李心傳書,是誠有之,然不可以是廢也。紹翁仕履無考,觀所記庚辰京城災周朝端諷其論事一條,及與真秀私校殿試卷一條,則似亦嘗爲朝官矣[①]。

《四庫全書總目》卷一百四十一子部五十一小説家類二。1201 上

【校記】[①]此書《總目》列入小説家類,其文云:"惟王士禎《居易錄》謂其頗涉煩碎,不及李心傳書。今核其體裁,所評良允。故心傳書入史部,而此書則列小説家類焉。"

却掃編三卷

宋徐度撰。度,字敦立,穀熟人。父處仁,靖康時宰相。書中稱先公者,皆處仁也。度南渡後,官至吏部侍郎。此編所紀,皆國家典章、前賢故事,言頗詳核,説部中之有裨於史學者。陸游《渭南集》有是書跋,曰:"此書之作,敦立猶少年,故大抵無紹興以後事。"蓋其書成於高宗初年也。王明清《揮麈後錄》載明清訪度於雪川,度與考定創置右府與撰路議政分合因革,筆於是書。又載其論《哲宗實錄》及論秦檜刊削建炎航海以後《日歷》、《起居》、《時政記》諸書二事。則度之究心史學,可以槩見。至度謂《新唐書》載事倍於舊書,皆取小説,因欲史官博采異聞,則未免失之泛濫。此書上卷載葉夢得所記俚語一條,中卷載王鼎嘲謔一條,下卷載翟巽詼諧一條,爲例不純,自穢其書,是亦嗜博之證矣。然大致纂述舊聞,足資掌故,與《揮麈》諸錄、《石林燕語》可以鼎立,而文簡於王,事核於葉,則似爲勝之云。

《四庫全書總目》卷一百二十一子部三十一雜家類五。1041 下

燕雲錄一卷

宋趙子砥撰。子砥本宋宗室,官鴻臚寺丞。靖康丁未隨徽、欽二帝北行,建炎戊申遁還。持徽宗御札謁高宗於揚州,仍前官。子砥在金嘗密刺其國事,備知情狀,又與續歸之楊之翰互相參証。然所述金事一曰陷沒宗室從官,二曰陷沒百姓,三曰金人族帳所出與設官之實,四曰政事之紀,五曰虛實之情,六曰南北離潰之情。皆非機密,惟其末稱金人必不可和,則其後驗如操券,可謂真得情狀矣。

《四庫全書總目》卷五十二史部八雜史類存目一。470 下

涑水紀聞十卷

宋司馬光撰。光嘗與劉恕議取寔錄正史,旁採異文,作《資治通鑑後紀》。此編蓋以備後紀之用也。其中間載流俗傳聞之説,朝士詼諧之語,不必盡關史事者,疑當日隨筆劄記,尚

未及一一刊削也。後其曾孫侍郎伋以所書呂夷簡事，欲燬其板，而陳振孫《書錄解題》又深以伋之燬板爲非。聚訟紛紜，迄無定論。要其可據者，多未可以一二小節廢也。此書世有二本，一本不分卷，一本作十卷，與《通考》合。

《四庫全書總目》卷一百四十子部五十小說家類一。1189 下

甲申雜記一卷聞見近錄一卷隨手雜錄一卷

俱宋王鞏撰。鞏，字定國，莘縣人。同平章事旦之孫，工部尚書素之子。嘗倅揚州，坐與蘇軾遊，謫監筠州鹽稅。罷還，官至宗正丞。自號清虛先生。所著雜事三篇，紀東都舊聞，言多有據。乾道間，其從曾孫王從復得《見聞》、《甲申》二錄別本，校所闕者二十六事，附於《隨手雜錄》之末。從，字正夫。嘗知信州。所著有《三近齋餘錄》。

《四庫全書總目》卷一百四十子部五十小說家類一。1192 下

儒林公議一卷

宋田況撰。況，字元均。當慶歷初以言兵進，自陝西經略判官遷右正言，管勾國子監，權修《起居注》。遂知制誥，後官至樞密使。此書記建隆以迄慶歷士大夫行事得失甚詳，褒貶尚爲平允。況曾爲夏竦幕僚，好水川之役。況嘗上疏極論之。竦不出師，蓋用況之策。卷中不肯自言，但云竦不甚主，嫌於自譽也。卷末有嘉靖庚戌陽里子柄一跋，不知何許人，論此書頗詳。商維濬《稗海》以爲宋無名氏所撰，誤也。

《四庫全書總目》卷一百四十子部五十小說家類一。1189 中

桯史十五卷

宋岳珂撰。珂，武穆王飛之孫，敷文閣待制霖之子。歷官至戶部尚書，淮東總領制置使。是書命名頗僻，案《考工記》，車蓋之杠謂之"桯"，豈以久典外郡，成書於道途間耶？其於朝政得失，人才出處，以及俳優詼謔之辭無不載。考其時，當成於寧、理二宗之間，故所記皆嘉定以前事也。

《四庫全書總目》卷一百四十一子部五十一小說家類二。1200 上

揮麈前錄四卷後錄十一卷第三錄三卷餘話二卷

宋朝請大夫汝陰王明清撰。《前錄》爲乾道丙戌奉親會稽時所紀，多國史中未見事。自跋謂"記憶殘缺，以補冊府之遺"是也。末附沙隨程迥、臨汝郭九德二跋，李壁一簡，及慶元元年寔錄院移取《揮麈錄》牒文二道。《後錄》爲紹熙甲寅武林官舍中所紀，有海陵王禹錫跋。《第三錄》爲慶元初請外時所紀，於高宗東狩事獨詳。《餘話》兼及詩文碑銘，補前後所未備，有浚儀趙不譾跋。晁公武《讀書志》云"總二十三卷"，今止二十卷。《文獻通考》云"《前錄》三卷"，今四卷。《後錄》自跋云"釐爲六卷"，今多五卷。蓋久經後人分併，故卷帙不齊如此。明清，銍之子，曾紆之外孫。紆爲曾布第十子，故是錄於布多溢美之詞。其記王安石歿，有神人幢蓋來迎，而於米芾極醜詆，似亦軒輊之詞云。

《四庫全書總目》卷一百四十一子部五十一小說家類二。1197 下

南渡錄二卷竊憤錄一卷

此二書所載,語並相似。舊本或題無名氏,或並題爲辛棄疾撰。蓋本出一時之手所僞託,所載之事乃全無事寔。按金太宗年號天會,十三年崩。熙宗襲舊號,兩年乃改元,故天會止於十五年。今此錄乃謂爲金太宗年號天輔,天輔乃金太祖年號,止於七年。是時宋汴京無恙也。此錄既不知天會之號,又妄謂天輔十七年改元天眷,其謬甚矣。金太宗生日在十月,名"天清節"。金熙宗生日在正月,名"萬壽節"。此錄記天輔十一年,徽、欽二帝在雲州,正月值金主生日作宴。是徒聞金主生日有在正月者,而不知年事之不合也。金太宗天會五年三月,以宋二帝至燕,十月徙之中京。六年七月,徙之上京。八月,以見太祖廟,封徽宗昏德公,欽宗爲重昏侯。十月,徙之韓州。熙宗天會十四年,昏德公薨。皇統元年,改昏德公爲天水郡王,重昏侯爲天水郡公。事並見《金本紀》。是天水之封,乃在徽宗殂後。此錄乃云靖康二年五月至燕京,見金主封太上爲天水郡公,帝爲天水郡侯。後徙安肅軍,又徙雲州。天輔十一年三月,徙西漢州。十四年,徙五國城。率與史不合。此蓋閭閻小人所爲,故無所考稽,而語皆謬妄。宋徽、欽不能死社稷,固已辱矣,然何至如二錄所言之甚耶?此必南宋時有怨於高宗者僞造此書,肆爲醜詆。悖逆虛訛,不合傳錄。而明時文士乃不能辨,或於詩文引用,是可嗤也。

《四庫全書總目》卷五十二史部八雜史類存目一。471 上

己酉航海記一卷

宋李正民撰。亦曰《乘桴記》。正民,字方叔。高宗時中書舍人。建炎三年己酉七月,高宗在金陵,聞金兵深入,遂趨平江,歷越州、明州,十二月乘舟航海,避兵台、溫之間。正民時以中書舍人從行,按日記駐蹕之所,蓋起居注體也。正民尋奉使通問隆祐宮,故所記止於四年正月二十一日。蓋非完稿。《北盟會編》一百三十四卷、王明清《揮麈三錄》第一卷,皆全載其文。明清記尤袤謂高宗東狩四明數月之間,排日不可稽考。後於茂苑得此書,所記頗備。蓋當日國史,實藉此書考定矣。

《四庫全書總目》卷五十二史部八雜史類存目一。470 中

默記三卷

宋王銍撰。銍,字性之,汝陰人,自稱汝陰老民。紹興初以薦詔視秩史官,給札奏御,爲樞密院編修官。嘗著有《雪溪集》。此編多載汴都朝野雜事,末一條乃考正陳思王《感甄賦》事,所記皆有依據,可信者多。惟王朴引周世宗見火輪小兒,及宋太祖以周世宗子賜潘美二事,似出附會。又李清嘗以銍所引《江南野史》李後主、小周后事參校,本書無此文,蓋亦徵引之誤。

《四庫全書總目》卷一百四十一子部五十一小説家類二。1197 中

東京夢華錄十卷

宋孟元老撰。《通考》謂元老不知何許人。此書自都城、坊市、節序、風俗及當時典禮、儀衛,靡不核載。所紀與《宋志》頗有異同。如《宋志》南郊儀注,郊前三日,但云齋於大慶殿、太廟及青城齋宮。而是書載車駕宿大慶殿儀,駕宿太廟奉神主出室儀,駕詣青城齋宮儀,

委曲詳盡。又如郊畢解嚴，《宋志》但云御宣德門肆赦，而是書載下赦儀，亦極周至。惟行禮儀注，《宋志》有皇帝初登壇，上香奠玉幣儀，既降盥洗，再登壇然後初獻。而是書奏請駕登壇即初獻，無上香獻玉帛儀。又太祝讀冊，《宋志》列在初獻時，是書初獻之後再登壇，始稱讀祝，則不及《宋志》之密。然參互考核，不可謂無稗史學也。

《四庫全書總目》卷七十史部二十六地理類三。624 中

松漠紀聞二卷

宋洪皓撰。皓，字光弼，鄱陽①人。政和五年進士。建炎中以徽猷閣待制使於金，留十五年。歸時屢忤秦檜，謫死南徼。尋復贈官，諡曰忠宣。是書乃皓留金時隨筆纂錄。及歸，懼為金人搜獲，悉付諸火。既被謫遣②，乃始追述一二，名曰《松漠紀聞》。尋有私史之禁，亦秘不傳。紹興末，其長子适始校刊，為正續二卷。乾道中，仲子遵又增補所遺十一事。

《四庫全書總目》卷五十一史部七雜史類。464 下

【校記】①鄱陽，《初目》作"番陽"，今據文淵閣《四庫全書》書前提要等改。　②謫遣，《總目》等作"譴謫"。

夢梁錄①二十卷

宋錢塘吳自牧撰。全用《東京夢華錄》之體，以紀南宋郊廟宮殿，下至百工雜戲之事。周密《武林舊事序》云，欲如"孟元老《夢華》而近雅"，固謂《夢華錄》不足於雅馴矣。而自牧是書之俚俗，殆有甚於《夢華錄》者。然其言自質實，與《武林舊事》詳略互見，可資以稽考故事。首有《自序》云："緬懷往事，殆猶夢也，故名《夢梁錄》。"末署"甲戌歲中秋日書"。考甲戌為度宗咸淳十年，其時宋未亡也。意"甲戌"字傳寫舛誤歟？新城王士正集載是書《跋》云："《夢梁錄》二十卷，不著名氏。"蓋士正所見抄本又脫此序，故不知為自牧耳。今檢《永樂大典》所引題自牧字也②。

《四庫全書總目》卷七十史部二十六地理類三。625 下

【校記】①夢梁錄，《初目》原作"夢粱錄"。按：吳自牧本書《自序》云："昔人臥一炊頃，而平生事業敷歷皆遍。及覺，則依然故吾。始知其為夢也，因謂之黃粱夢。矧時異事殊，城池苑囿之富，風俗人物之盛，焉保其常如疇昔哉？緬懷往事，殆猶夢也，名曰《夢梁錄》云。"明其所用乃"黃粱一夢"故事，是書名應作"夢粱錄"。《四庫全書》、《總目》均作"夢梁錄"，今據改。提要下文又云"故名《夢梁錄》"、"《夢梁錄》二十卷"，亦均據改。　②今檢《永樂大典》所引題自牧字也，《初目》抄本原文作"題"字前有"所"字，又刪去此"所"字。文淵閣《四庫全書》書前提要作"今檢《永樂大典》所引亦題自牧之名"。

吳越備史四卷

舊本題宋武勝軍節度使①掌書記范坰、巡官林禹撰。載錢鏐以下累世事蹟，依年紀事，可補《五代史‧吳越世家》之缺。卷首列《年號世系圖》、《諸王子弟官爵封諡表》、《十三州考》②等目。今惟存《十三州考》，餘俱闕。後附《補遺》一卷，不詳作者姓氏。前四卷訖太祖戊辰，《補遺》訖太宗丁亥，與《中興書目》所載"前十二卷盡開寶元年，後增三卷，盡雍熙四

年"者正合,特卷帙繁簡不同耳。陳振孫謂"今書止石晉開運",前缺三卷。《文獻通考》亦引其説,則是書在宋季已無完本矣。錢曾《敏求記》云:"今本爲鏐十七世孫德洪③嘉靖間刊本。"《序》稱《補遺》爲其門人馬蓋臣所續,序次紊亂。如衣錦城、建金籙醮及迎釋迦等事,皆失載。今是書咸備無缺,則非德洪重刊本也。至以《補遺》爲馬蓋臣所續,别無證據。蓋臣曾撰《吴越世家疑辨》,《自序》謂曾作《備史》圖表,豈既補其闕,又續其後耶?又考陳振孫《書録解題》,錢俶之弟儼著《吴越遺事》,有開寶五年《序》,謂《備史》亦儼所作,託名林、范。今是書四卷之末,有嘉靖元年四代孫錢中孚、紹興二年七代孫林涣題跋。按子孫録先世纂輯之書,輒以世數冠於名上,則以《備史》爲儼撰,似得其實。又《補遺》序云不知作自何人,蓋用本傳及《家王故事》爲之。繹其語氣,當即中孚等所題,則謂蓋臣所續者,非也。

《四庫全書總目》卷六十六史部二十二載記類。588 上

【校記】①武勝軍節度使,《初目》原作"武勝節節度使",今據文淵閣《四庫全書》書前提要、《總目》等改。②《十三州考》,文淵閣《四庫全書》書前提要同。《總目》作"《十三州圖》、《十三州考》",未知所據。③十七世孫德洪,文淵閣《四庫全書》書前提要、《總目》同。此引錢曾《讀書敏求記》語,該書原文作"十九世孫德洪"。《總目》提要正文作"十七世孫德洪",又有注云:"案:《吴越世家疑辨》作十九世孫,未詳孰是。"

江南野史十卷

宋龍衮撰。其書皆紀南唐事,用紀傳之體,而不立紀傳之名。第一卷爲先主昇,第二卷爲嗣主璟,第三卷爲後主煜,而附以宜春王從謙及小周后,第四卷以下載宋齊邱以下僅三十人,陳陶、孟賓于諸人有傳,而查文徽、韓熙①諸人,乃悉不載。考鄭樵《通志略》載此書,原二十卷,此本僅十卷,殆佚其半歟。敍次冗雜,頗乖史體。然其中如孫晟、林文肇諸傳,與《五代史》頗有異同,可資考証。馬令作《南唐書》,亦多采之。流傳既久,固亦未可廢焉。

《四庫全書總目》卷六十六史部二十二載記類。585 中

【校記】①韓熙,文淵閣《四庫全書》書前提要、《總目》作"韓熙載",是也。韓熙載爲南唐官吏,南唐李昇時任秘書郎,輔太子于東宮。李璟即位,遷吏部員外郎,史館修撰,拜中書舍人。據其事跡,應在書中立傳。

焚椒録一卷

遼觀書殿學士王鼎撰。紀道宗懿德皇后蕭氏爲宫婢單登搆陷事。前有大安五年《自序》,稱待罪可敦城,蓋謫居鎮州時也。明姚士粦跋云:鼎本傳"清寧五年擢進士第,乃本紀八年放進士王鼎等,則五年爲誤。不然豈有兩王鼎耶"?

《四庫全書總目》卷五十二史部八雜史類存目一。473 中

建炎復辟記一卷

《通考》註曰無名氏。敍苗傅、劉正彦事始末,文頗繁冗。末敍世忠戰功特詳,疑即韓氏之客所爲。世又有《建炎紀事》一書,題李心傳撰者,與此書一字不異。蓋妄人僞託,改其名以炫俗也①。

《四庫全書總目》卷五十二史部八雜史類存目一。470 下

【校記】①"世又有《建炎紀事》一書，題李心傳撰者，與此書一字不異。蓋妄人偽託，改其名以炫俗也"，《總目》無此文。

維揚巡幸記一卷

記建炎三年金兵至天長，高宗自揚州奔杭州事。起正月十三日，盡二月十五日。大意罪汪伯彥、黃潛善之苟且晏安，變生倉卒而不知也。此本《北盟會編》一百二十三卷全載之，亦後人錄出別行者。

《四庫全書總目》卷五十二史部八雜史類存目一。470 中

靖炎兩朝見聞錄二卷

舊本題曰陳東撰。記徽、欽北遷①，高宗改元時事特詳，未及紹興以後事，亦足資考據。然東以建炎元年八月見殺，何由得記紹興後事？蓋傳本闕撰人，而後人不考，誤題為東也。

《四庫全書總目》卷五十二史部八雜史類存目一。470 上

【校記】①記徽、欽北遷，殿本《總目》同，浙本《總目》作"記徽宗北遷"，非是。本書記道：靖康二年正月十日，金人"邀皇帝車駕出郊外"。二月九日，"邀太上皇帝暨皇后"等出郊林。"四月一日退師，擁二帝皆北去。"可見本書所記金人所擄北去者為徽、欽二帝，並非僅是徽宗一人。

西使記一卷

元真定劉郁撰。記常德西使皇弟錫里庫軍中往返道途之所見。考《元史·憲宗紀》，二年壬子秋，遣錫喇往西域蘇丹諸國，是歲錫喇薨。三年癸丑夏六月，命諸王錫里庫及烏蘭哈達帥師征西域法勒噶、巴哈台等國。八年戊午，錫里庫討回回法勒噶①，平之，擒其王，遣使來獻捷。考《世系表》，睿宗十一子，次六曰錫里庫，而諸王中別無錫喇。《郭侃傳》，侃壬子從錫里庫西征，與此《記》所云壬子歲皇弟錫喇統諸軍奉詔西征凡六年，拓境幾萬里者相合，然則錫喇即錫里庫。因《元史》為明代所修，故譯音訛舛，一以為錫喇，一以為錫里庫，誤分二人。而《憲宗紀》二年書錫喇薨，三年重書錫里庫西征，遂相承誤載也。此《記》言常德西使在己未正月，蓋錫里庫獻捷之明年所記。雖但據見聞，不能考證古迹，然亦時有異聞。《郭侃傳》所載與此略同，惟譯語時有訛異耳。我皇上神武奮揚，勘定西域，崑崙月骷②，盡入版圖。計常德所經，今皆在屯田列障之內，業已《欽定西域圖志》，昭示億齡。郁所記錄，本不足道，然據其所述，亦足參稽道里，考証古今之異同，故仍錄而存之焉。

《四庫全書總目》卷五十八史部十四傳記類二。530 上

【校記】①法勒噶，書前提要、殿本《總目》同，浙本《總目》作"法勒噶巴"，非是。《元史·憲宗紀》云：八年戊午"諸王錫里庫討回回法勒哈，平之"。法勒哈即法勒噶，音譯之異。浙本《總目》作"法勒噶巴"，蓋涉上文"法勒噶、巴哈台"而誤。　　②月"骷"，殿本《總目》作"堀"。按：此兩字音義均不同。"堀"同"窟"。月窟，傳說中月的歸宿處。"崑崙月堀"，泛指邊遠之地，《四庫全書》中也常抄寫作"崑崙月窟"，如《總目》卷四十一《欽定西域同文志》提要云："又削平諸回部，崑崙月窟，咸隸黃圖。"宋郭知達編《九家集注杜詩》卷十五《魏將軍歌》云："崑崙月窟東崭巖。"《初目》為文淵閣、文溯閣、

文津閣《四庫全書》書前提要、《總目》等提要的原始底本，《初目》有誤，文淵閣書前提要等亦照抄未改。殿本《總目》所改甚是。

夥壞封疆錄一卷

明興化魏應嘉撰。前有應嘉《自序》，稱取劉方壺所臚列未盡者，具名於左。其詞甚狂謬。所列執政一人、司禮大璫一人、部堂五人、卿寺三人、翰林七人、臺諫十六人、部署二人。書後有《跋》，詆應嘉爲京、卞、惇、確，不知何人所作。

《四庫全書總目》卷六十二史部十八傳記類存目四。559 中

東林點將錄一卷

明王紹徽撰。紹徽，陝西咸寧人。萬曆戊戌進士，官至吏部尚書。黨於魏忠賢，崇禎初列於逆案。其書以《水滸傳》晁蓋及宋江等一百八人天罡、地煞之名，分配當時縉紳。今本闕所配孔明、樊瑞、宋萬三人，蓋後人傳寫佚之。卷末有《跋》，稱甲子乙丑於毘陵見此《錄》，傳爲鄒之麟作，所列尚有沈應奎、繆希雍二人，與此本不同。蓋其時門戶蔓延，各以恩怨爲增損，不足爲怪。又稱許其孝、陳保泰、楊春茂、郭鞏四人，後列逆案，不知何以廁名。或作此書時，四人尚未附忠賢耶？

《四庫全書總目》卷六十二史部十八傳記類存目四。559 下

閹黨逆案一卷

明崇禎二年正月大學士韓爌等所定。分別首從，擬爲等次。每名之下，各著罪狀，皆當日之爰書。其夾註科分籍貫，則似乎後人附益也。

《四庫全書總目》卷五十四史部十雜史類存目三。487 下

梃擊始末一卷

明陸夢龍撰。記張差事始末，明末三案之一也。夢龍，字君啓，會稽人。《明史》有傳。時爲刑部員外郎。所敘一時諸人牽就彌縫情狀甚詳。顧史稱王之寀首發其姦，持之甚力。而夢龍自敘，則此案寔所力持，緣此外遷廣西僉事，於之寀轉多微詞。蓋明末縉紳喜談名節，即同類之內，亦多相軋以爭名。雖所錄大概得實，而詞氣抑揚，則所不免也。

《四庫全書總目》卷五十四史部十雜史類存目三。487 中

保越錄一卷

不著撰人名氏。載元順帝至正十九年明師攻紹興事。是時明將爲胡大海，禦之者張士誠將呂珍也。凡攻三月，卒不能下，乃還。是《錄》稱士誠兵曰"我軍"，稱珍曰"公"，殆士誠未亡時紹興人所紀。其中稱明爲"大軍"，及"太祖高皇帝"字，則疑士誠亡後，明人傳鈔所改耳。紹興自是以後，猶保守八年。及至正二十六年，方歸於明。珍亦至是年湖州之敗，乃降於徐達。雖初事非主，晚節不終，而在紹興則不爲無功矣。大海攻紹興挫衄，及其縱兵淫掠，發宋陵墓諸惡蹟，《明史》皆不載。所錄張正蒙妻韓氏、女池奴、馮道二妻抗節事，《明史》亦皆不書，尤足補史傳之遺也。

《四庫全書總目》卷五十八史部十四傳記類二。530 中

聖駕南巡日錄一卷大駕北還錄①一卷

明陸深撰。明世宗嘉靖十八年南幸承天，相度顯陵。深時官學士，命掌行在翰林院印扈行。是編乃紀其往返程頓，自二月癸丑至四月壬子，凡六十日之事。《南巡錄》②中載有《永樂後內閣諸老歷官年月》一篇，乃得之於孫元者。深最留心史學，故隨所見而錄之。

《四庫全書總目》卷五十三史部九雜史類存目二。480 上

【校記】①聖駕南巡日錄、大駕北還錄，《總目》作"南巡日錄"、"北還錄"。此係貶抑明朝皇帝、並避免與清帝"聖駕南巡"相提並論而改。然《四庫全書》中，仍可見著錄此書之原名，如《明史·藝文志》著錄陸深《聖駕南巡錄》一卷《北還錄》一卷。《總目》卷一百二十三陸深《儼山外集》提要謂，舊刻本四十卷，今簡汰《南巡日錄》、《大駕北還錄》等錄六種，別存其目。清王士禛《池北偶談》卷十一《趙州畫水》謂："陸儼山《大駕北還錄》云，宣德間定州何生作也。"　②《南巡錄》，《總目》作《南巡日錄》，是也。參見上述校記。

嘉靖倭亂備抄二卷

不著撰人名氏。始嘉靖二十三年日本入貢，終於四十五年閏十月，凡倭之搆亂以及平戢始末皆載之。敘事之中，間以論斷。大抵謂倭亂始於謝氏之通海，成於嚴嵩之任用非人，功罪顛倒。所言比正史爲詳。蓋著全史者撮綱要，記一事者備曲折。史家體例，各有所當也。

《四庫全書總目》卷五十三史部九雜史類存目二。484 中

貽清堂日抄不分卷

明錢養廉撰。原本不分卷。養廉，字國維，仁和人。舉萬曆己丑進士。官至吏部考功司郎中。所記萬曆時縉紳門戶甚詳。考養廉以爭范謙贈蔭忤大學士張位削籍，故是書之首即列戊戌落職一條，蓋亦所謂發憤著書者。於諸事往往醜詆，當不免有恩怨之詞矣。

《四庫全書總目》卷一百四十三子部五十三小說家類存目一。1223 上

倭患考原二卷

明黃俣卿撰。自題曰閩人，不知爵里。嘉、隆間福建瀕海郡縣嘗被倭患，故爲是書，以推其致禍之由。上溯洪武初年遣使通倭，下終萬曆初廣賊林鳳之亂。下卷《恤援朝鮮》，則紀宋應昌、楊鎬東征事也。又《倭俗考》亦附于後，其中所載閩事居多。草野傳聞，殊爲簡略。

《四庫全書總目》卷五十四史部十雜史類存目三。485 下

倭情考略一卷

明揚州知府武昌郭光復①撰。嘉靖中，東南屢中倭患，而揚州當江海之衝，被害尤甚。光復以爲必得其情始可籌備禦之術，因考次所聞爲此編。首總論，次事略，次倭患，次倭術，次倭語，次倭好，次倭船，次倭刀。載其情狀頗詳，蓋亦知己知彼之意。而得諸傳聞，未必一一確寔也。前有揚州推官徐鑾《序》，稱合《倭患考》、《策倭議》並梓之。

《四庫全書總目》卷一百子部十兵家類存目。844 中

【校記】①武昌郭光復，《總目》著錄其籍貫同。按：嘉慶《揚州府志》卷三十七《秩官三》記萬曆年間揚州知府郭光復云："固安人，進士。"《倭情考略》卷首郭光復《自序》，署作"萬曆丁酉夏四月方城郭光復書于維揚公署"，卷端亦題"方城郭光復纂集"。方城，西漢置，治所即今河北固安縣西南方城。故郭光復自署"方城"，即用固安縣之古稱。故郭光復實爲固安人。

野記四卷

明祝允明撰。允明，字希哲，長洲人。壬子舉人。除興寧知縣，遷應天府通判。是書所記多委巷之談。如記張太后遺詔復建文年號一事，張朝瑞《忠節記》已辨之。至謂《永樂大典》修輯未成而罷，則他事失實可知。朱孟震《河上楮談》亦稱允明所撰志怪及此書，可信者百中無一。

《四庫全書總目》卷一百四十三子部五十三小說家類存目一。1219 下

韓氏事蹟一卷方氏事蹟一卷

明劉文進編輯。不知其爵里。所記乃韓林兒、方國珍二家事蹟。分年編載，略如紀事本末體例，而引吳朴、張時泰、邵相、周德恭諸人論斷，系之各條之下。凡詔檄奏疏之文，皆跳行另書，如坊間所行演義之式，蓋明人陋習如此。又以明太祖奉韓林兒年號，比之事殷之德，取喻不倫，亦爲無識。

《四庫全書總目》卷六十六史部二十二載記類存目。591 下

漢唐秘史二卷

明寧王權撰。《自序》云："洪武二十九年奉命纂輯，成於辛巳六月。"考是年爲建文三年，權已爲燕軍所劫，故不書建文年號。而其弟安王楹跋，亦第書歲在壬午，蓋正當革除時也。是書以劉三吾等洪武間進講漢唐事實編次成書，故詞多通俗。其諸帝論贊，皆太祖御撰。唐末繫《司馬光論》，亦奉敕載入，故特題曰"欽取"。大旨以後世之亂亡，皆推本于貽謀之不善。所論不爲無理，而擇焉弗精，多取委巷之談，如高帝斬蛇、蛇後轉生王莽之類，皆僞妄不足辨也。

《四庫全書總目》卷五十二史部八雜史類存目一。475 下

寓圃雜記十卷

明王錡撰。錡，字元禹，別號夢蘇道人，長洲人。書載明洪武迄正統間朝野事蹟，於吳中故實尤詳。其大者多已見正史，餘皆瑣屑細故，掇拾成編，無關考據。

《四庫全書總目》卷一百四十三子部五十三小說家類存目一。1219 中

貂璫史鑑四卷

明四川安許兵備道張世則撰。萬曆二十年進呈，得旨禮部知道，禮部覆疏附焉。書凡六條：一曰《主君》，首載明太祖禁抑內臣不得干預外事，然後敍歷代寵閹之弊。二曰《弼臣》，

載歷朝相臣與宦寺離合之迹。三曰《妍範》,載閹之賢者。四曰《媸戒》,載閹之惡者。五曰《國祚》,載秦漢以來寺人之尤能亂國者。六曰《沿革》,則閹宦職官志也。宦寺賢者,萬中不得一二,世則方指陳炯戒,將以啓迪君心。而所列《妍範》一條,如勃鞮之斬袪、繆賢之薦士、裴寂之宮人私侍、高力士之贊立太子,皆目爲佳事,殊多謬戾。又列及明代寺人,而以阮安①預其間,益不可訓矣。

《四庫全書總目》卷六十二史部十八傳記類存目四。558 中

【校記】①阮安,《初目》作"院安",非是。阮安事見《貂璫史鑑》卷三《妍範》"不蓄私帑"條,亦見《明史》卷三百四《宦官列傳》。《總目》作"阮安",是也,今據改。

平番始末一卷

明許進撰。始,弘治七年,土魯番阿黑麻攻陷哈密,執忠順王陝巴去。進爲甘肅巡撫,潛師襲復其城。致仕後,因檢閱奏稿案牘,編爲此書。嘉靖九年,子誥爲太常卿,具疏進之,詔付史館。其述用兵始末及西番情事頗詳。今《明史》《土魯番》、《哈密》諸傳,大略本之於此。前有霍韜《序》,後有胡世寧《跋》。進,字秀升,靈寶人。成化二年進士,官至兵部尚書,謚襄毅。誥,字廷綸,進次子。弘治十二年進士,官至南京戶部尚書。

《四庫全書總目》卷五十三史部九雜史類存目二。479 下

小史摘抄二卷

不載撰人名氏。《明史·藝文志》亦未著錄。蓋洪、永間人所編。專載明太祖瑣事,末附建文遺事八條。大抵多委巷之説。如李文忠納款於張士誠、劉基死後焚屍揚灰,皆必無之事。其謬妄固不待辨也。

《四庫全書總目》卷五十二史部八雜史類存目一。476 中

邇訓二十卷

明方學漸撰。學漸,字達卿,桐城人。是書專載其鄉人物行誼,及其先世事之可爲法者。以近在桑梓,故名《邇訓》。凡分四十一類,門目繁碎,隸事亦不詳所出。

《四庫全書總目》卷一百四十三子部五十三小説家類存目一。1221 下

虐政集一卷邪氛集一卷倒戈集一卷

不著撰人姓名。皆載天啓中閹禍始末,各以年月編次。《虐政集》則專記東林黨人先後被難之事。《邪氛集》則專記閹黨諸人進擢柄用之事。《倒戈集》則以閹黨既盛,其徒自相攻擊,旋被逐而去者,因併記之。每條有綱有目,備載當時所行詔旨,而間爲評論。如"知縣唐紹堯逮治"一條,稱實刑曹姚誠立下手,而猶翱翔藩臬。又"御史方大任"一條,稱大任如此受苦而竟忘之。此必在崇禎初韓爌等既定逆案之後,被禍者皆得牽復,而斥逐起用,猶有所未盡,故爲是言以議之。然明季門戶喧呶,黨同伐異之習,實有牢不可破者,固未可據一人好惡之口,而概以爲定論也。

《四庫全書總目》卷五十四史部十雜史類存目三。487 下

三朝要典二十四卷①

明天啓六年所定。首有熹宗御製《序》。《明史》載魏忠賢用霍維華、楊所修言,修《三朝要典》,以顧秉謙、黄立極、馮銓爲總裁。凡梃擊、紅丸、移宫三案諭旨、章奏,彙輯成編,加以評斷。其書顛倒是非,變亂黑白,又穢史之不若。然光熹之間,名臣章奏或有散佚,轉賴此書彙載。作史者得有所考,殆亦如元祐黨籍賴蔡京之碑以存也。

【校記】①《三朝要典》,見《武英殿第二次書目》著錄,《總目》未收。崇禎元年五月,編修倪元璐亟言其書當毁(見《倪文貞奏疏》卷一《請毁要典疏》)。江陰陳鼎《東林列傳》卷八《倪元璐傳》記其事道:"臣觀梃擊、紅丸、移宫三案,起於清流,而《要典》一書成於逆豎,其議固可兼行,而其書則當速毁。"乾隆四十年三月十九日,浙江巡撫三寶奏陳續獲應毁各書及遵旨再行逐户購覓摺附清單稱:"《三朝要典》二十四卷。明大學士顧秉謙等纂。刊本。是書專述明代梃擊、紅丸、移宫三案始末,語多失實。"(《纂修四庫全書檔案》二五二)

政監三十二卷

明夏寅撰。寅,字正夫,華亭人。正統戊辰進士。官山東右布政使。是書首列經傳《尚書》、《春秋》,次及自漢迄元史事。分條件繋,各加評斷。皆前人緒言,無大闡發,間亦不免偏僻。

《四庫全書總目》卷八十九史部四十五史評類存目一。759 下

紹興正人論一卷①

題云湘山樵夫②撰。未詳其名。叙列張浚、趙鼎、胡銓、胡寅、連南夫、張戒、常同、吕本中、張致遠、魏矼、張絢、曾開、李彌遜、晏敦夫③、王庶、毛叔度、范如圭、汪應辰、許忻、方廷寶④、韓訓、陳鼎、許時行⑤、李光、洪皓、沈長卿⑥、張燾、陳康伯、陳括、陳剛中三十人,皆以不附和議而貶謫者。每人之下,略具事實,少者一二語,多亦不過三四行。按《通考》載《紹興正論》二卷,註曰序稱瀟湘野人,不著名氏,錄文武官不附和議及忤秦檜得罪者。又載《紹興正論小傳》二十卷,則樓昉以《正論》中姓名仿《元祐黨傳》爲之者。所謂二卷者,當即此書。而書名、撰人名皆大同小異,卷數亦不相符。

《四庫全書總目》卷六十一史部十七傳記類存目三。547 下

【校記】①紹興正人論,此書今已不存,但文獻多作《紹興正論》,如《浙江採集遺書總錄》著錄等,惟《欽定續文獻通考》卷一百六十五《經籍考》之《慶元黨禁》一卷四庫館臣按語云:"又《紹興正人論》一卷,則題湘山樵夫撰。其號與此大同小異,似出一人之手。"然《總目》之《慶元黨禁》提要仍作《紹興正論》。李裕民謂《紹興正論》"並非原本,而是抄自《三朝北盟會編》卷二二五的節本(此點,陳樂素《求是集》頁三〇二已指出)"(《四庫提要訂誤(增訂本)》,2005年中華書局出版,第89頁)。　②湘山樵夫,《總目》同。《郡齋讀書志》卷五上云:"但云瀟湘樵夫《序》,不知其爲誰也。"(《四庫全書》本)《直齋書錄解題》卷五上作:"《序》稱瀟湘野夫,不著名氏。"與此不同。　③晏敦夫,《三朝北盟會編》作"晏敦復",是也。敦復爲晏殊曾孫。官至吏部尚書兼江淮等路經制使。反對秦檜議和。　④方廷寶,《三朝北盟會編》同,誤,應爲"方廷實"。方廷

實,徽宗政和五年進士。任御史臺檢法官、監察御史等,出爲提點福建路、廣南東路刑獄。　　⑤許時行,當爲馮時行。馮時行,徽宗宣和六年進士,紹興年間任左朝奉議郎等職。曾奏稱金人議和不足信。　　⑥沈長卿,《三朝北盟會編》同。《總目》作沈正卿,非是。沈長卿,字文伯,號審齋居士,浙江歸安(今湖州市)人。高宗建炎二年進士,紹興年間曾通判常州,改嚴州。官至左朝奉郎主管台州崇道觀。

錢塘遺事十卷

元杭州劉一清撰。其書雖以錢塘爲名,而實記南宋一代之事。高、孝、光、寧四朝,所載頗略,理、度而後,敘錄最詳。凡軍國大政,以及奸賢進退,條分縷晰,多有正史所不及者。蓋宋之遺民,目擊其僨敗之故,追述而成,故刺賈似道者居多。第九卷全錄嚴光大所紀德祐丙子《祈請使行程》,第十卷全載南宋科目條格故事,而是書終焉,亦借以寓刺士大夫也。孔齊《至正直記》①列元朝典文可爲史館之用者,一清是書居其一。蓋當時已甚重之矣。是書前後無序跋。惟卷端題識數行,惜南宋不都建康而都於杭,士大夫湖山歌舞,視天下事如度外,卒至納土賣國。不署名氏,殆亦宋之遺民歟？

《四庫全書總目》卷五十一史部七雜史類。466 上

【校記】①至正直記,《初目》原作"王正直記",非是。今據文淵閣《四庫全書》書前提要、《總目》改。《至正直記》亦收入《總目》小説家類存目。

天鑒錄①一卷

不著撰人名氏。題下註曰:"真心爲國,不附東林,橫被排斥,久抑林野,及冷局外轉者,凡一百三人"。皆魏忠賢之黨也。

《四庫全書總目》卷六十二史部十八傳記類存目四。560 上

【校記】①天鑒錄,殿本《總目》同,浙本《總目》作"天監錄",非是。諸書目如《千頃堂書目》卷五、《續文獻通考·經籍考》等著錄,諸文獻如《明史紀事本末》卷七十一、《明儒學案》卷五十八、《明史·閹黨列傳》等徵引,均作《天鑒錄》。其書存清李文田抄本等,亦可爲證。

東林朋黨錄一卷

不知撰人名氏。前載趙南星等九十四人,後列東林脅從顧秉謙等五十三人。各繫以科分、籍貫、座主姓名,而註以"已處"、"未處"及"在籍"、"現任"字。蓋魏忠賢之黨所爲。其中如顧秉謙依附忠賢,以取相位,又錢謙益、惠世揚、周延儒等皆身敗名裂,爲世僇笑,而亦廁跡於清流,則亦賢奸雜糅矣。不必以名列是《錄》,即一概目曰"正人"也。

《四庫全書總目》卷六十二史部十八傳記類存目四。560 上

東林同志錄一卷

不知撰人名氏。題下註曰"續點將錄"。所列"政府"韓爌以下六人,"詞林"孫慎行以下十九人,"部院"李三才以下五十七人,"卿寺"顧憲成以下七十三人,"臺省"魏大中以下七十六人,"部曹"王象春以下四十一人,"藩臬郡邑"顧大章以下二十六人,"貲郎武弁山

人"吴養春以下二十一人。
《四庫全書總目》卷六十二史部十八傳記類存目四。560 上

東林籍貫一卷

不知撰人名氏。所列北直八人，南直四十一人，浙江十一人，江西十六人，湖廣二十人，河南七人，福建五人，山東十三人，山西十五人，陝西十八人，四川五人，廣東、雲南、貴州各一人。其北直郭鞏、陝西薛貞[①]，後皆名麗逆案，則亦不盡正人。

《四庫全書總目》卷六十二史部十八傳記類存目四。559 下

【校記】①薛貞，《初目》原作"薛員"，誤。《總目》、國家圖書館藏清李文田抄本《東林籍貫》正作"薛貞"，今據改。《明史》卷二百五十四《喬允升傳》云："薛貞以奄黨抵死。"雍正《陝西通志》卷三十《選舉》記載，薛貞，韓城人，萬曆二十九年進士，官刑部尚書。

詔令類

唐大詔令集一百三十卷

宋宋敏求撰。敏求，字次道，綬之子。官至龍圖閣學士。嘗預修《唐書》，又私撰唐武宗以下實錄一百四十八卷，於唐代史事最熟。此集則本其父綬手輯之書，重加緒正，爲三十類。一代號令文章，粲然具備，洵稽掌故者所必資也。內闕卷第十四至二十四、八十七至九十八，凡二十三卷。參校諸本並同。其脫佚蓋已久矣。

《四庫全書總目》卷五十五史部十一詔令奏議類。495 上

傳記類

二梅公年譜二卷

宋宣城梅詢，字昌言；其從子堯臣，字聖俞。當真宗、仁宗時皆有名當代。淳熙中，有陳天麟爲詢作《年譜》一卷，元至元中張師曾又續編《堯臣年譜》一卷。二人皆其同邑人也。明萬曆中，梅一科合而刊之。又於詢《譜》後載《詩略》一卷、《附錄》一卷，堯臣《譜》後載《文集拾遺》一卷、《附錄》一卷。

《四庫全書總目》卷五十九史部十五傳記類存目一。537 上

廉吏傳二卷

宋費樞撰。樞，字伯樞，成都人。以藝學中高第。是書《文獻通考》作十卷，今本祇分上下卷。斷自列國，訖于隋唐，凡百十有四人。各係之以評論。卷首有東萊辛次膺《序》，末有宣和中知彭州軍事何邦基題跋。但編內如華歆、褚淵，皆極爲揚搉，褒貶殊失謹嚴。惟載公孫宏並著其忌賢之謀，載牛僧孺亦書其朋黨之罪，斯爲議論去取，不諛不隱者矣。

《四庫全書總目》卷五十七史部十三傳記類一。560 中

史部　詔令類　傳記類　　　　　　　　　　　　　　　　　　四庫全書初次進呈存目

名臣碑傳琬琰之集上二十七卷中五十五卷下二十五卷

宋杜大珪撰。大珪，眉州人。南渡後舉進士。歷官無可考。其書起自建隆、乾德，迄於建炎、紹興，搜輯甚廣。三集目次，雖不分體製，而大都上集神道碑，中集誌銘行狀，下集傳爲多。所採皆本命人文集①，亦間及於實錄、國史。中間如丁謂、王欽若、呂惠卿、章惇、曾布等，皆世所稱奸邪小人，而並得與名臣之列，去取未能悉當。然其於一代事蹟特詳，可據以補史之缺遺，而正其舛誤，于史學正不爲無助也。

《四庫全書總目》卷五十七史部十三傳記類一。520 上

【校記】①所採皆本命人文集，文義難通，《總目》作"多採諸家別集"。

涪陵紀善錄一卷

宋馮忠恕錄其師和靖處士尹焞言行而作也。忠恕，臨汝人。紹興初官黔州節度判官。其父理，師事伊川程子，與焞爲同門友。忠恕又師事焞。焞自金人圍洛，脫身奔蜀，紹興四年止於涪。時忠恕官峽中，及遷黔州，往來必過涪，得聞伊川之學於和靖。紹興六年，焞被召赴都。明年，忠恕以鞫獄來涪，抽繹舊聞，輯而錄之。忠恕之侍焞多在涪，涪又程子舊止之地，而是書成編又適在涪，故以《涪陵紀善錄》爲名。前有忠恕自敍頗詳。《宋史·尹焞傳》稱焞言行見於《涪陵紀善錄》爲詳，則是書固先儒言行之所係，有以補史傳之未備矣。

《四庫全書總目》卷五十九史部十五傳記類存目一。536 下

魏鄭公諫錄五卷

唐王方慶撰。方慶，名綝，以字行。考《唐書·宰相世系表》，萬歲通天元年并州長史王方慶爲鸞臺侍郎、同鳳閣鸞臺平章事，而此云"尚書吏部郎中"，蓋在高宗時也。此書《藝文志》以爲魏徵諫事，司馬光《通鑑書目》以爲魏元成故事。標題互異，實本一書。元至順中，翟思忠又作《續錄》二卷，世罕流傳。故明蘇州彭年採《通鑑》、《唐書》補爲一卷。今思忠所續已於《永樂大典》鈔出刊行，則年書寥寥數條，殊爲贅設。今刪年所補，仍以思忠原本附綴並行焉。

《四庫全書總目》卷五十七史部十三傳記類一。514 中

僞豫傳一卷

宋從政郎楊克弼撰。述劉豫降金僭號始末。其《序》以豫逆臣，不當稱僞齊，故削其國號而名稱之，以示貶也。《傳》中載豫阜昌八年，遣宣義郎楊克弼乞師大金，克弼他辭，乃改差韓元美。是克弼亦嘗仕豫，豫廢後乃復歸宋者。陳振孫《書錄解題》作《逆臣劉豫傳》，楊堯弼、楊載等撰，與此本不同。"克"、"堯"字形相近，未知孰是也。

《四庫全書總目》卷六十四史部二十傳記類存目六。577 上

宋名臣言行錄七十五卷

朱子所輯八朝諸臣事蹟，分前後二集，凡二十四卷。其後《續集》八卷，《別集》二十六卷，又錄道學諸人爲《外集》十七卷，則廬陵李幼武所補編，合之凡七十五卷。晁公武《讀書附志》作七十二卷，誤也。朱子《自序》謂讀近代文集及紀傳之書，多有裨於世教，於是掇取

其要,聚爲此書。乃編中所錄如趙普之陰險,王安石之堅僻,與韓、范諸臣並列,不免後人之疑。明楊以任謂是書各臚其實,亦《春秋》勸懲之旨,非必專以取法。又解"名臣"之義,以爲名以藏僞,有敗有不敗者,皆曲爲之説耳。然是書所采其人,雖未必盡無可訾,而其中足爲士大夫坊表者,不可悉數。凡修身繕性之方,致君理國之具,無不備載,則不容以一端之失概之也。幼武,字士英,宋史無傳,以《續集序》知其爲理宗時人。

《四庫全書總目》卷五十七史部十三傳記類一,作《名臣言行錄》。519下

伊雒淵源錄十四卷

朱子撰。記周子以下及程子交遊門弟子言行。其身列程門而言行無所表見,甚若邢恕之反相濟害者,亦具錄其名氏以備考。其後《宋史》《道學》、《儒林》諸傳多據此爲之。蓋宋人談道學宗派自此書始,而宋人分道學門户亦自此書始。厥後聲氣攀援,轉相依附。其君子各執意見,或醸爲水火之爭;其小人假借因緣,或無所不至。葉紹翁《四朝聞見錄》曰:"程源爲伊川嫡孫,無聊殊甚,嘗鬻米於臨安新門之草橋。後有教之以干當路者,著爲《道學正統圖》。自考亭以下,勒入當事姓名。遂特授初品,因除二令。又以輪對改合入官,遷寺監丞。"是直以伊洛爲市矣。然朱子著書之意,則固以前言往行矜式後人,未嘗逆料及是。或因是併議此書,是又以噎而廢食也。

《四庫全書總目》卷五十七史部十三傳記類一。519中

己酉避亂錄一卷

亦宋胡舜申撰。建炎己酉,金兵攻平江,宣撫周望出走。舜申之兄舜陟時爲參謀,舉家避難,舜申次爲此錄。其言頗詆韓世忠,末復載世忠攜妓一事。似有宿憾之言,未必實錄也。此書與《乙巳泗州錄》,王明清《玉照新志》皆全載其文。

《四庫全書總目》卷六十四史部二十傳記類存目六。571上

乙巳泗州錄一卷①

宋胡舜申撰。舜申,新安人,舜陟之兄。宣和乙巳,舜申在泗州,親見朱勔父子往來及徽宗幸泗州事,爲此錄。語殊寥寥,無可采擇。

《四庫全書總目》卷六十四史部二十傳記類存目六。571上

【校記】①《四庫全書總目》卷六十四史部二十傳記類存目六《乙巳泗州錄》著錄在前,《己酉避亂錄》著錄在後,是也。乙巳爲宣和七年(1125),己酉爲建炎三年(1129)。《初目》《乙巳泗州錄》有作者胡舜申小傳,《己酉避亂錄》則云"亦宋胡舜申撰",是其書提要原在《乙巳泗州錄》之後之證。今仍據抄本順序排列,未作調整。

韓魏公家傳二卷

記宋韓琦平生行事。不著撰人姓名。陳振孫以爲是其家所傳,而晁公武直以爲其子忠彥所撰錄也。隨年排次,文筆頗爲繁冗。陳瓘嘗謂魏公名德,在人耳目如此,豈假門生子姪區區自列。蓋緣飾張大之詞,爲家乘者皆所不免。然琦之勳德,固不必以是爲重輕耳。

《四庫全書總目》卷五十九史部十五傳記類存目一。535中

韓魏公別錄三卷

宋涇州觀察判官王巖叟撰。巖叟嘗在韓琦幕府,每與琦語,輒退而書之。琦歿後,乃次爲《別錄》三篇。其上篇皆琦在朝廷奏對之語,中篇乃琦平日緒言,下篇則雜記其所聞見也。

《四庫全書總目》卷五十九史部十五傳記類存目一。535 下

韓忠獻遺事一卷

宋羣牧判官、尚書職方員外郎强至撰。至,字幾聖,錢塘人。刻苦工詩。韓琦嘗禮之爲上客,故此編所紀琦佚事頗詳。世所傳琦《重陽詩》"且看寒花晚節香"①之語,亦至所表出也。

《四庫全書總目》卷五十九史部十五傳記類存目一。535 下

【校記】①且看寒花晚節香,文淵閣《四庫全書》書前提要、《總目》作"且看黃花晚節香"。

鄱陽遺事錄一卷

宋天台陳貽範撰。范仲淹嘗守鄱陽,有善政,饒人爲之立祠。紹聖乙亥,貽範爲通判,因取仲淹在饒日所修創堂亭遺蹟及其游賞吟咏之地,採而輯之,以志遺愛。自《慶朔堂》至《長沙王廟記》,凡十有三目。前有貽範《自序》。

《四庫全書總目》卷五十九史部十五傳記類存目一。537 中

范文正年譜一卷補遺一卷

宋四明樓鑰撰。取參知政事范仲淹事蹟,編年分繫。其《補遺》不知何人所作。前有《自識》一條,謂取《舊譜》所未載者,見之各年之下。所摭《前譜》闕遺頗多,足以互相考證。元天歷三年,仲淹八世孫國儁與《文集奏議》同刊行之。

《四庫全書總目》卷五十九史部十五傳記類存目一。536 中

孔子編年五卷

宋胡仔撰。仔,字元任,號苕谿漁隱,績溪人。其書本《史記·孔子世家》,參考諸書,以《論語》斷其同異,頗爲簡核。舊本以前有其父舜陟《序》,遂題曰舜陟撰。今考序中所言,寔舜陟命仔爲之,非所自作,舊題悞矣。

《四庫全書總目》卷五十七史部十三傳記類一。513 中

元朝名臣事略十五卷

元蘇天爵撰。天爵,字伯修,真定人。由國子學生試第一,釋褐,授從仕郎、薊州判官①,終江浙行省②參知政事。天爵爲學博而知要,長於紀載,所著有《滋溪集》、《元文類》、《遼金紀年》等書。此則專記其本朝名臣事寔,始穆呼里,終劉因,凡四十七人。各據名人文集百家行狀碑誌傳贊敍述及他文可徵信者,一一註其所出。蓋即仿《名臣言行錄》,而小變其體例,信足補史家所未備,非意爲筆削者可比。元蘇霖作《有官龜鑑》,於當代事跡皆采是書,

可見其爲世所重也。

《四庫全書總目》卷五十八史部十四傳記類二。523 中

【校記】①薊州判官，《總目》誤作"蘇州判官"。《元史》本傳云："釋褐，授從仕郎、大都路薊州判官。"　②江浙行省，《總目》誤作"浙江行省"。元朝無浙江行省之設。

米芾志林十三卷①

元嘉興范明泰撰。以米芾逸事編爲《世系》、《恩遇》、《顛絕》、《潔癖》、《嗜好》、《書學》、《畫學》、《麈談》、《譽羨》、《書評》、《畫評》、《雜記》、《考據》十三門，採摭亦頗賅備。蓋好事者流，標榜以明宗尚，無所關於紀載也。後附刻《襄陽遺集》一卷，則明泰所輯；《海岳名言》、《寶章待訪錄》、《研史》各一卷，則芾之遺書。而明泰合刊之，皆非所著。今析出分隸子部、集部，從其本類焉。

《四庫全書總目》卷六十史部十六傳記類存目二。542 下

【校記】①米芾志林十三卷，如加上析出別行之《襄陽遺集》等四種，實爲十七卷。《總目》著錄《米襄陽外紀》十二卷、《米芾志林》十六卷兩種。兩種實即同一書。《初目》著錄之十三卷本係據明范明泰刻本。《總目》著錄《米襄陽外紀》十二，係據明崇禎刻《宋四家外紀》本，其順序與《米芾志林》十三卷本不同，且缺《世系》一門。《總目》著錄《米芾志林》十六卷本，實即《初目》著錄之十三卷本，惟缺《寶晉英光集》一種。

淮郡文獻志二十六卷補遺一卷

明山陽潘塤撰。《自序》謂自春秋以來至明正德，上下數千年，德業文章，會於一書。今考其書，掃捨陳編，未見決擇。其最謬者，至收入宋龔開所作宋江等三十六人之《贊》，此何關於文獻而錄之耶？不經甚矣。

《四庫全書總目》卷六十一史部十七傳記類存目三。553 中

諸葛書十卷

明楊時偉編。初，太倉王士騏撰《武侯①全書》十六卷，時偉病其蕪累，更撰是書，存其《連吳》、《南征》、《北伐》、《調御》、《法檢》、《遺事》六卷，而增《年譜》、《傳略》、《紹漢》、《雜述》四卷，共十卷。昔陳壽所進《諸葛亮集》二十四篇，其文久佚，惟其目尚見亮傳末。世別傳朱璘所編亮集四卷，文多依託。時偉考正其訛，如《梁父吟》、《黃陵廟記》之類，皆駁辨精審，所敘遺文軼事，亦皆詳贍有條理，足正流俗之失。是書本名《忠武靖節二公合編》，此書之後又有《陶靖節集》，以北齊僕射陽休之所編者較蕭統所編多兩卷，乃併其卷帙，易其次第。《自序》謂雖非昭明八卷之舊，而符其數。又別編蕭統所作傳及集序、顏延之所作《誄》、吳仁傑所作《年譜》爲一卷，蘇軾《和陶詩》爲二卷，附錄于後，與今本無大異同。特以兩人合編，寓意言進則當爲亮，退則當爲潛耳。二書備載亮、潛始末，皆爲其人而作，不爲其文而作。故從其本志，附之傳記類，而《潛集》仍別著錄焉。

《四庫全書總目》卷五十七史部十三傳記類一，作《諸葛忠武書》。516 下

【校記】①武侯，《初目》原作"武候"，今據文淵閣《四庫全書》書前提要等改。

史部　詔令類　傳記類　　　　　　　　　　　　　　　　　　　　四庫全書初次進呈存目

琬琰錄二十四卷續錄十三卷①

明徐朝文彙輯洪武迄弘治九朝諸君臣事蹟,凡碑銘誌傳言行錄之屬,皆采錄之。先列作者姓名爵里,次其書其文,蓋仿宋杜大珪《碑傳琬琰集》之例。雖諸臣事蹟已具史傳,而論世考獻,亦有可取。前有弘治乙丑張詡《序》。

《四庫全書總目》卷五十八史部十四傳記類二,作《明名臣琬琰錄》。524 中

【校記】①續錄十三卷,文淵閣《四庫全書》書前提要、《總目》作"續錄二十二卷"。

忠義錄十四卷

明王冀撰。冀,字時禎,江西金谿人。正統辛未進士。歷官浙江按察使。是書纂史傳忠義之事,分類編輯。以伯夷以下五百九十七人爲上,張良以下五百七人次之。各節錄事實。有祠墓可考者,並詳其地。孟達等八十七人,或失節於前,或死不足贖;解文卿以下十人,或事非其主,或言非其時,皆不以忠義予之,持論頗正。其王充以下一百四人,始終一姓,忠義皎然,乃私意區分,曲爲排抑,則悖謬甚矣。又自謂此書旁搜諸子百家,庶幾全備。而唐宋間如成三朗、蘇安恒、韓通、張旦輩,俱未及載,則亦未能無遺漏也。

《四庫全書總目》卷六十一史部十七傳記類存目三。549 中

伊洛淵源續錄六卷

明謝鐸撰。鐸,字鳴治,台州太平人。天順甲申進士,歷官禮部右侍郎。是書蓋繼朱子《伊洛淵源錄》而作,以朱子爲宗主,始於羅從彥、李侗,朱子之學所自來也。佐以張栻、呂祖謙,朱子友也。自黃榦而下,終于何基、王柏,皆傳朱子之學者也。然所載言行甚略,未見授受之精微。

《四庫全書總目》卷六十一史部十七傳記類存目三。549 中

國寶新編一卷

明顧璘撰。璘,字華玉,吳縣人。弘治丙辰進士。知廣平縣,終刑部尚書。是書凡錄李夢陽、何景明、祝允明、徐禎卿、朱應登、趙鶴、鄭善夫、都穆、景暘、王韋、唐寅、孫一元、王寵十三人①,人爲之傳,傳爲之贊。蓋感於知交凋謝而作。略綴數語,以存其人,亦柳宗元《先友記》類也。

《四庫全書總目》卷六十一史部十七傳記類存目三。551 上

【校記】①十三人,《初目》原作"十二人",誤。原書所列爲十三人,提要所列亦爲十三人。《總目》不誤,今據改。

東祀錄一卷

明李東陽著。東陽,字賓之,茶陵人,以戍籍居京師。天順八年進士。歷官華蓋殿大學士,諡文正。《明史》有傳。此《錄》乃弘治十七年重建闕里廟成,奉使往祭時,道途經行所作記、序、銘文、奏疏、詩章等篇,自爲編次。而冠以敕文祝詞,又以《記行志》附於後,已載《懷麓堂集》中。此其別行之本也。

《四庫全書總目》卷六十四史部二十傳記類存目六。572 上

陋巷志八卷

明正德中提學副使陳鎬、萬曆中御史楊光訓先後編輯，而海鹽呂兆祥重爲訂定者也。顏子陋巷，在曲阜孔子廟東北六百武。所載皆歷代崇祀典禮，而冠以《退省》、《從行》諸圖，近於鄙褻，非作志之體。

《四庫全書總目》卷五十九史部十五傳記類存目一。533 下

尊聖集四卷

明大埔教諭陳堯道編。分《圖像》、《世家》、《事蹟》、《遺澤》、《制敕》、《譔述》、《封事》七門，亦《闕里志》之類。刊於嘉靖三十七年。廣東提學僉事李遜爲之《序》。

《四庫全書總目》卷五十九史部十五傳記類存目一。532 中

闕里書八卷

明江寧沈朝陽編輯，海鹽陳之伸增定。雜采聖賢事迹，湊合成篇。每篇各繫以贊，詞意膚淺，考訂甚疏。如《越絕書》所載子貢事之類，皆無所辨正。

《四庫全書總目》卷五十九史部十五傳記類存目一。533 中

仲志五卷

明嘉靖中總河都御史劉天和撰。以濟寧仲家淺有先賢仲子祠，故志其建置之由，而並及其生平行事大略，名之曰《令名志》。崇禎間，有仲子裔孫于陛等復校舊本，增刊易以今名。繪象列圖寘之卷首，殊猥雜，不足觀①。

《四庫全書總目》卷五十九史部十五傳記類存目一。532 下

【校記】①殊猥雜不足觀，《總目》作"殊不雅馴"。

濂溪志九卷

明李楨①撰。專紀周子敦頤事。首載《太極圖說》、《通書》，次墓志及諸儒議論、歷代褒崇之典，次古今紀述，次古今題咏並祭謁文。楨，字維卿，安化人，隆慶五年進士，官至刑部尚書②。

《四庫全書總目》卷六十史部十六傳記類存目二。541 下

【校記】①李楨，《總目》同，《明史》卷二百二十一本傳作"李禎"。　　②官至刑部尚書，《總目》作"官至南京刑部尚書"，是也。《明史》卷二百二十一本傳云："久之，起南京刑部尚書。"明代實行二都制，南京爲留都。自永樂十九年至明亡，南京俱保留一套中央政府機構。南京刑部尚書不同於北京中央機構的刑部尚書。

濂溪志十三卷

明李嵊慈撰。嵊慈，字元穎，龍城人。官道州知州。濂溪舊有李楨所作《志》，嵊慈訂補之，爲是書。

《四庫全書總目》卷六十史部十六傳記類存目二。542 上

史部　詔令類　傳記類　　　　　　　　　　　　　　　　　　　四庫全書初次進呈存目

程朱闕里志八卷

明歙人趙滂編輯。謂朱子系出新安，二程祖墓亦在焉，故合志之。分爲七門。闕里乃孔子里名，非推尊之號，宋咸淳五年詔婺源祠所稱"文公闕里"，已爲失實。今程子亦稱闕里，則尤承訛踵謬、習焉而不察者也。

《四庫全書總目》卷六十史部十六傳記類存目二。543 上

孔孟事迹圖譜四卷

明季本撰。是書前說後譜，於孔孟事實頗有考核。如云孔子未嘗至楚見昭王，孟子先至齊而後梁。此一二條皆有所見，然其餘大抵習聞者多。

《四庫全書總目》卷五十九史部十五傳記類存目一。532 上

宮省賢聲錄四卷

明楚府右長史澄海高曰化撰。以楚府承奉嶷陽郭倫事楚王華奎佐理有功，因紀其前後乞休挽留之事。凡啓請文牒及明人稱頌之作，並錄之。華奎以非楚恭王子，爲宗人所告訐。郭正域力主其事，內外交訌者數年始定。其真偽迄不能明。是書體例既猥雜，而所言倫之功亦未可盡信也。

《四庫全書總目》卷六十四史部二十傳記類存目六。574 中

胡宗憲行實不分卷

宗憲子桂奇所編。宗憲，字汝貞，號梅林，績溪人。嘉靖十七年進士。歷官浙江巡撫，加操江都御史，晉兵部尚書。坐嚴嵩黨，逮問瘐死。宗憲平倭之功，載在史冊，不容湮沒。至其貪詐貪緣，比附嚴、趙，公論亦不可掩。此書出其後人之手，殆難徵信。

《四庫全書總目》卷六十史部十六傳記類存目二。541 中

姑蘇名賢小記二卷

明文震孟撰。震孟，字文起，長洲人，天啓二年進士第一人。歷官東閣大學士，追謚文肅。震孟立朝以剛介稱。是書大意，以當世目吳人爲輕柔浮靡，而不知①清修苦節之士可爲矜式者不少，故擇長洲、吳二縣人物卓絕者各爲之傳，而繫以贊。首高啓，終王敬臣，凡五十人。既以表前賢，又以勵後進也。震孟以天啓二年及第，而是書成於萬曆甲寅，蓋其未遇時命意已如此。順治壬辰，其孫然重校刊之。

《四庫全書總目》卷六十二史部十八傳記類存目四。562 下

【校記】①不知，《初目》原作"而知"，不可解。《總目》作"不知"，今據改。

宋四家外紀四十九卷

宋四家者，蔡襄、蘇軾、黃庭堅、米芾也。襄、軾、庭堅各有本集，芾亦略具《宋史》本傳。明人復拾其逸事瑣言，分類編纂，題爲《外紀》。《蔡紀》成於徐𤊹，《蘇紀》成於王世貞，《黃紀》成於陳之伸，《米紀》成於范明泰。明泰元人。本名《米襄陽志林》。各自爲書，明人掇而

合之也。

《四庫全書總目》卷六十史部十六傳記類存目二。544 下

古今貞烈維風什四卷

明許有穀撰。有穀,字子仁,宜興人。其書大旨爲表揚貞烈而作。按輿志區分,各以人繫其地。由古迄明,每地分列傳標題、列名不標題二類。其標題者各題七言絕句,不標題者粗舉事迹而已。凡例稱:"詞雖淺俚,意取勸揚。"是書長短,有穀已自道之矣。

《四庫全書總目》卷六十二史部十八傳記類存目四。562 中

宋遺民錄十五卷

明程敏政撰。敏政,字克勤,休寧人。十歲舉神童,成化二年進士及第。官至禮部右侍郎。此書前列王炎午、謝翱、唐珏三人事迹以及其遺文,而後人詩文之爲三人作者並類列焉,未免失之泛濫。七卷以後,則附錄張宏毅、方鳳、吳思齊①、龔開、汪元量、梁棟、鄭思肖、林德賜等八人。第十五卷紀元順帝爲宋瀛國公子,引余應之詩、袁忠徹之記實之。至謂虞集私侍文宗之妃,説甚妄誕支離,所引亦自相矛盾。蓋文宗時嘗下詔書,以順帝非明宗之子,斥居靜江,好事者因造爲此言。其荒唐本不待辨,敏政亦從而信言,然識甚矣。

《四庫全書總目》卷六十一史部十七傳記類存目三。549 下

【校記】①吳思齊,《初目》原作"吳世齊",非是。今據《宋遺民錄》卷九改。《總目》作"吳思齊"不誤。

七人聯句詩記一卷

明楊循吉撰。循吉,字君謙。成化甲辰進士。官禮部主事。是編乃循吉與王仁甫、徐寬、陳章、王弼、侯直、趙寬六人會飲聯句,因成是記。後列六人小傳,而以己所自撰小傳附其後。復以《會中盛事》繫之卷末。蓋偶然寄興作也。所載勝事,以六官一隱者爲一大奇,亦未能免俗矣。

《四庫全書總目》卷六十四史部二十傳記類存目六。572 上

蘇米志林三卷

明毛晉撰。掇蘇軾瑣言碎事集中所遺者,編爲二卷。又以米芾《寶晉齋集》不傳於世,搜其軼事爲一卷。以資談助而已,二人初不假是爲重輕。

《四庫全書總目》卷六十史部十六傳記類存目二。543 中

漢雜事秘辛一卷

不著撰人名氏。楊慎《序》稱得於安寧土知州萬氏。沈德符《敝帚軒剩語》曰:"即慎所僞作也。"敍漢桓帝懿德皇后被選及冊立之事。其與史舛謬之處,明胡震亨、姚士粦辨之甚詳。其文淫豔,亦類傳奇。

《四庫全書總目》卷一百四十三子部五十三小説家類存目一。1215 下

史部　詔令類　傳記類　　　　　　　　　　　　　　　　　　　　　　　　　四庫全書初次進呈存目

逸民史二十二卷

明陳繼儒編。自周至元,雜采史傳郡志隱逸之士爲是書。其末二卷,以《元史》逸隱不詳,搜取志銘之類,輯爲《元史隱逸補》。然是書所載,如張良、兩龔①之類,皆策名登朝、未嘗隱處者;若吾邱衍、王冕之類,皆淹蹇不遇、並非高逸者。皆濫入之,未免擇之不精也。

《四庫全書總目》卷六十二史部十八傳記類存目四。562 下

【校記】①兩龔,《初目》原作"兩翼龔",非是。其書卷二有"兩龔"一條,其文云:"兩龔,皆楚人也。勝字君賓,舍字君倩。二人相友,並著名節。"今據改。《總目》作"兩龔"不誤。

榕陰新檢八卷

明徐𤊹撰。𤊹,初字惟起,更字興公,閩縣人。聚書至數萬卷,朱彝尊嘗稱其"考據精核"。茲編採摭古事,分《孝行》、《忠義》、《貞烈》、《仁厚》、《高隱》、《方技》、《名儒》、《神仙》八門。所載多①閩中事,大旨在表章其鄉人也。

《四庫全書總目》卷六十二史部十八傳記類存目四。561 下

【校記】①多,《初目》原作"名",於義無解,今據《總目》改。

毗陵人品記十卷

明吳亮即毛憲所輯舊本而增修之。自商周迄明,采摭①頗富。然十卷之中,歷代居六,而明乃居其四,雖曰時近易詳,亦少乖謹嚴之旨矣。至於泰伯、仲雍,未免借材;梁武子孫,亦殊泛載。皆未免地志之②舊習也。

《四庫全書總目》卷六十二史部十八傳記類存目四。561 上

【校記】①采摭,《初目》原作"悉摭",於義無解,今據《總目》改。　②志之,《初目》原作"之志",於義無解,今據《總目》改。

東越文苑六卷

明陳鳴鶴撰。紀閩中文人行實,起唐神龍,迄明萬歷,爲傳四百一十一篇。唐、五代五十人,宋、元三百八十五人,明百有六人。鳴鶴,字汝翔,侯官人。

《四庫全書總目》卷六十二史部十八傳記類存目四。562 下

黃粱遺迹志①一卷

明巡按直隸御史開封楊四知撰。黃粱遺迹已詳唐沈既濟《枕中記》,四知復增以明人序記數篇,元明詩若干首,次成是書。殊爲寥簡。

《四庫全書總目》卷六十四史部二十傳記類存目六。573 下

【校記】①黃粱遺迹志,《初目》原作"黃梁遺迹志",提要亦同,非是。今據《總目》等改。

夷齊錄五卷

明張玭撰。玭,字席玉,山西①人。嘉靖十四年進士。官至順天巡撫②。永平府城西十八里孤竹故城有清德廟,以祀夷、齊。玭守永平時,因搜輯歷代祀典、諸家藝文,編爲一帙。

其圖則傳抄佚之矣。

《四庫全書總目》卷五十九史部十五傳記類存目一。532 中

【校記】①山西,《總目》作"石州"。雍正《山西通志》卷一百十四《人物志》本傳云:"張 玭,石州人。嘉靖乙未進士。"　②官至順天巡撫,《總目》作"官至南京户部右侍郎"。雍正《山西通志》卷一百十四《人物志》本傳又云:"遷順天府府尹,轉南京户部右侍郎,召爲兵部右侍郎。中途疾作,至延津卒。"

夷齊志六卷

明白瑜撰。瑜,字紹明,永平人。萬曆二十三年進士。官至兵科給事中①。此書乃因張玭《夷齊錄》損益而成,所載視舊《錄》加詳。

《四庫全書總目》卷五十九史部十五傳記類存目一。532 下

【校記】①官至兵科給事中,《總目》作"官至刑部左侍郎"。按:《明史》卷二百四十二本傳云:"白瑜,字紹明,永平人。萬曆二十三年進士,選庶吉士,授兵科給事中。"是兵科給事中爲白瑜初授官職。本傳又云:"天啓二年由通政使拜刑部右侍郎,署部事。……明年,進左侍郎。卒官,贈尚書。"《總目》是。

夷齊考疑四卷

明胡其久撰。謂好事者詳載夷齊世系、名字,皆據《韓詩外傳》、《吕氏春秋》而附會之,並以扣馬、耻粟等事亦多不實,各爲之辨,而以先賢論定之語及傳記詩文附其後。其議論亦有特識。然傳聞既久,往事無徵,疑以傳疑可矣,不必盡以臆斷也。

《四庫全書總目》卷五十九史部十五傳記類存目一。532 下

靈衛廟志一卷

明夏賓撰。宋建炎三年,金兵攻臨安,守臣康允之弃城走。錢塘令①朱蹕偕縣尉金勝、祝威,率民兵力戰死之。杭人賴其捍禦,得乘隙以逃,爲立祠於死所。是書以建廟封侯本末,並祀典碑記彙爲一編。見有功必報之禮,亦風起忠烈之志也。

《四庫全書總目》卷六十史部十六傳記類存目二。544 中

【校記】①錢塘令,《初目》原作"錢塘令",誤。兹據《總目》改。

賀監紀略四卷

明聞性善①暨弟性道所編。性善,字與同,性道,字天迺,寧波人。其書備摭賀知章遺文軼事及唱酬題咏之詞類彙爲一編,采擷頗富。然如唐明皇帝《送知章詩》有二本,方回《瀛奎律髓》②具載朱子之説。又韋縠《才調集》所載《楊柳枝詞》,誤以劉采春女所唱題知章之名。皆未考定,則亦多疏舛矣。徵引古書,每事必造一標題,尤有小説習氣。

《四庫全書總目》卷六十史部十六傳記類存目二。544 下

【校記】①明聞性善,《總目》作"國朝聞性善"。　②瀛奎律髓,《初目》原作"瀛奎律體",今據《總目》改。

史部　詔令類　傳記類　　　　　　　　　　　　　　　　　　　四庫全書初次進呈存目

羅江東外紀三卷

明①烏程閔元衢撰。元衢自以終身不第，有似羅隱，故作此書。蓋一時自寓之作。前有元衢《自序》，稱以此書與謝翱《晞髮集》合刻。玩其詞意，似以"隱"寓"不遇"、以"翱"寓"不仕"也。

《四庫全書總目》卷六十史部十六傳記類存目二。544 下

【校記】①明，《總目》作"國朝"。

明璫彰癉錄①一卷

明淮安顧爾邁撰。采撮《實錄》、《憲章錄》、《中官考》諸書，而自加評斷。所記止成化中汪直擅政之事，似非完本。

《四庫全書總目》卷六十一史部十七傳記類存目三。551 下

【校記】①明璫彰癉錄，《初目》原作"明璫彰癉錄"，誤。其書今存抄本，作"明璫彰癉錄"，今據改。《總目》不誤。

海珠小志五卷

明李韡撰。廣州城外珠江有海珠石屹立水中。宋學士李昂英①嘗讀書其地，捐資創寺曰慈度，後人即寺祠焉。明萬歷中，昂英裔孫武定守韡輯爲《小志》四卷。國朝康熙，其後人文燿重加校刻，增以近人諸作，凡五卷。一卷載圖像、諸記、行實、祭文，後四卷則遊覽謁祠詩詞也。

《四庫全書總目》卷六十史部十六傳記類存目二。543 上

【校記】①李昂英，《初目》原作"李昂英"，誤。李昂英，字俊明，號文溪，廣東番禺人。南宋名臣。卒諡忠簡。其《文溪集》卷末有《修復李忠簡公海珠祠像記》、《海珠祠像成闔郡大夫祭文》等。《總目》不誤，今據改。以下"昂英裔孫"亦改。

淮封日記一卷

明陸深撰。深於正德七年以編修充册封淮府副使，隨日排志爲是書。其紀程至蘇州而止，不言所封者爲何人。據深子楫所爲《年譜》，乃封淮王於饒州。而《明史・諸王世表》，淮定王祐榮，弘治十八年已襲封，至嘉靖三年卒，不應正德中始行册禮。與譜不同，莫能詳也。記中錄馬中錫撫賊事，較史所載尤備，可資參考。

《四庫全書總目》卷六十四史部二十傳記類存目六。572 中

南遷日記一卷

明陸深撰。嘉靖中，深以祭酒侍經筵，因爭閣臣改竄講章獲罪，謫延平府同知。紀其南行所經歷。以舟中日讀《漢書》，故評史之語亦雜載其間，蓋仿歐陽修《于役志》而作。

《四庫全書總目》卷六十四史部二十傳記類存目六。572 中

聖學宗傳十八卷

明周汝登編。汝登，紹興人①。是書大旨以王守仁爲宗，故首載《黃卷正系圖》。其

《序》自伏羲傳至伊川程子，下分二支。一支朱子之下，不繫一人；一支則陸九淵之下繫以王守仁。並稱卷是圖信陽明篤，敘統系明，與《聖學宗傳》足相發明②云。

《四庫全書總目》卷六十二史部十八傳記類存目四。558 中

【校記】①紹興人，《總目》作"嵊縣人"。據《明史》卷四十四《地理志五》，紹興府領縣八，嵊縣爲所屬縣之一。明清時期舉人物籍貫例注其州縣名，此處以《總目》著錄爲好。②發明，《初目》原作"登明"，於義無解。《總目》作"足相發明"，今據改。

聖學嫡派四卷

明過庭訓撰。庭訓，字成山，平湖人。萬曆甲辰進士。官至福建按察使，擢應天府丞，未及上而卒。其書自漢董仲舒至明羅洪先，所取纔三十六人。各略錄其言行，皆昭昭耳目，無煩復爲表章者。

《四庫全書總目》卷六十二史部十八傳記類存目四。560 下

歷代守令傳二十四卷

明魏顯國撰。自宓不齊、仲由至劉秉直，爲《歷代循吏》二十一卷。又自郅都至敬羽，爲《歷代酷吏》三卷。皆載史傳原文，間有增入，亦多蕪雜。顯國，字汝忠，南昌人。嘗輯歷代相傳刻之，見鄧以誥所作《序》。

《四庫全書總目》卷六十二史部十八傳記類存目四。556 下

壺天玉露四卷

明錢陞撰。陞，字元履，海鹽人。其書亦費樞《廉吏傳》之流而兼收隱逸，爲例小殊。所載始於春秋，終於明之萬曆。所錄凡二百九十六人。去取踳駁，毫無義例。如解揚、申包胥、尉遲敬德當以忠論①，莊周、列禦寇當以隱論，田基當以節論，江上丈人、侯嬴當以俠論，趙括母當以識論，西門豹當以術論，概以廉稱，未當其實。又公孫宏之詐儉、楊雄之失節、華歆之佐逆，濫與斯列，亦殊混淆。至舟之僑、介之推合爲一事，則誤從《說苑》，嚴君平、嚴遵分爲二人，則不考《後漢書》，尤疏舛之顯然者也。是書以《壺天玉露》爲名，而序文題爲《壺天玉露廉鑒》，每卷之首亦各別標"廉鑒"字，豈《壺天玉露》乃其著書之總名，《廉鑒》乃其一種歟？末又附《清士》一卷，自豎缺而下六十餘人，各爲小傳而繫以詩。卷端亦題"壺天玉露"字，殆其中之又一種也。

《四庫全書總目》卷六十二史部十八傳記類存目四。561 中

【校記】①解揚、申包胥、尉遲敬德當以忠論，《總目》作"解揚、申包胥當以忠論，尉遲敬德當以勇論"，分爲兩類。

留溪外傳十八卷

國朝陳鼎撰。鼎，字定九，江陰人。就其見聞所及，自明季至國初，凡忠孝廉節之士，各爲分類立傳。蓋亦表微闡幽之意。然其中有爲浮名所惑，不加詳覈輒事揄揚者，未足盡據爲徵信也。

《四庫全書總目》卷六十三史部十九傳記類存目五。567 中

東林列傳二十四卷

國朝陳鼎撰。明萬歷間,無錫顧憲成與高攀龍重修宋楊時東林書院,講學其中。聲氣蔓延,趨附者幾遍天下。互相標榜,自立門戶,而憲成等遂爲黨魁。天啓中,閹禍既興,一時誅斥殆盡,籍其名頒示天下。崇禎初始,大加收錄,而閹黨、東林搆郤日甚。水火報復,迄明亡而未已。此編所載一百八十餘人,蓋即本於東林黨人榜及沈淮、温體仁等《雷平》、《蠅蚋》諸錄。以伏節死難者,彙集於前。餘亦分傳並列,臚載事迹頗詳。其中醇品卓行,固所不乏,而附和既衆,實難免於雜廁薰蕕。卒致黨論糾紛,是非蠭起,賢奸並盡,而國亦隨之。讀者論世而知其人,固可以爲永鑒也。

《四庫全書總目》卷五十八史部十四傳記類二。527 下

嘉禾徵獻錄四十六卷

國朝秀水盛楓撰。所紀皆明代嘉興人物。冠以《妃主》一卷,後皆以職官分紀。凡京朝官二十二卷,外吏十八卷,世職及死事諸將三卷,附以《儒學》一卷、《文苑》一卷。其子孫不能自爲傳,則以史例附其祖父下。敍述頗詳賅。其人非善類者,則有名而闕傳,亦頗見予奪。惟錄名徵獻而冠以《妃主》,殊乖體例。

《四庫全書總目》卷六十三史部十九傳記類存目五。569 上

劉豫事迹一卷

國朝曹溶撰。本楊克弼《僞豫傳》,又雜採他書附益之,視原《傳》所述較詳。

《四庫全書總目》卷六十四史部二十傳記類存目六。577 中

謝皋羽年譜一卷

國朝徐沁撰。沁,字埜公,會稽人。嘗刊謝翱《晞髮集》,因復搜採遺事,爲作是譜。中間如楊輦真加①發宋陵事,以《元世祖本紀》參核,當在②至元戊寅,不當在乙酉。沁則據周密《癸辛雜識》,定爲乙酉。黃宗羲爲作《序》,頗疑其非。又姜夔乞正雅樂,在寧宗慶元間,而《譜》以爲理宗時,亦沁之誤。然徵據明晰,其表章之志亦可尚也。

《四庫全書總目》卷六十史部十六傳記類存目二。545 上

【校記】①楊輦真加,《總目》作"扎木楊喇勒智",附注云:"原作楊輦真加,今改正。"
②在,《初目》原作"左",當是抄寫形近而誤,今據《總目》改。

希賢錄五卷

國朝朱顯祖撰。顯祖,字雪鴻,江都人。其書載自周至明儒者言行而繫以論斷。其意蓋欲仿《伊洛淵源錄》,然去取寡識,進退無據。抑邵子、司馬光於朱子後,升張栻、呂祖謙於范仲淹前,未免妄示予奪。其列明儒以薛、曹、邱、胡爲冠,配宋之周、程、張、朱。邱者,邱濬也,斯亦不足與辯者矣。

《四庫全書總目》卷六十三史部十九傳記類存目五。566 中

明儒林錄十九卷

國朝張恒撰。恒,字北山,松江人。是集紀明代兩浙諸儒言行,所載未爲詳備。而附采語錄之類,亦過於繁冗。

《四庫全書總目》卷六十三史部十九傳記類存目五。567下

益智錄二十卷

國朝孫承澤撰。起周迄明,凡聖賢名人言行可錄者,銓次爲二十卷。而載明人事居三之一。間有敍事之後附以論斷者。承澤崇禎庚午鄉試出姚希孟之門,辛未會試出何如寵之門。故其附東林也甚力。是書爲萬曆、天啓間諸人傳尤詳。然其中容有愛憎之言,未必盡寔也。

《四庫全書總目》卷六十三史部十九傳記類存目五。565下

季漢五志十二卷

國朝王復禮撰。復禮,字需人,錢塘人。以陳壽《三國志》昭烈止於作傳,諸葛、關、張、趙雲等傳亦失之簡略。他如王隱《蜀記》諸書,荒謬尤多。乃援據正史、參考羣籍而成是編。首《昭烈本紀》,次《諸葛》以下四傳,前冠以《總記》,中附雜事雜文。將以補《陳志》之闕。獨是《三國演義》乃坊肆不經之書,何煩置辯。而諄復不休,適傷大雅,亦可已而不已矣。

《四庫全書總目》卷五十史部六別史類。459下

范文正遺迹一卷

不著撰人姓名。范仲淹本出吳中,而長於山東,如洛陽、陝西、睦池、饒潤等地,皆其宦迹所至,後人多有建亭立祠以識不忘者。因輯其名目爲一編,間附以前人題咏碑刻。至於西夏堡寨,亦並載之。中有《文正書院》等六圖,爲裔孫安松所繪。蓋此書亦其後人所編也。

《四庫全書總目》卷五十九史部十五傳記類存目一。537中

言行拾遺事錄四卷

不題撰人姓氏。記范仲淹言行事迹爲行狀、墓志所未載者,故曰《拾遺》。大抵取諸《實錄》、《長編》、《東都事略》、《九朝通略》諸書,而說部之可採者亦附列焉。其第四卷所錄,則仲淹子純佑、純仁、純禮、純粹四人遺事也。

《四庫全書總目》卷五十九史部十五傳記類存目一。537中

褒賢集五卷

不題撰人姓名。取宋元人著作之有關范仲淹事及朝廷所降文牒等類,合爲一書。蓋亦本文集附錄之例而別行者。其一卷爲傳、碑銘、祭文,二卷爲優崇典禮,三、四卷爲碑記,五卷爲諸賢贊頌、論疏。中間載及元順帝至正間,疑明初人所編也。

《四庫全書總目》卷六十史部十六傳記類存目二。538下

草莽私乘一卷

舊本題明陶宗儀輯。凡錄胡長孺、王惲、許有壬、虞集、劉因、李孝光、金炯、楊維楨、林清

源、龔開、周仔肩、揭傒斯、貢師泰、汪澤民十四人雜文二十首,皆紀當時忠孝節義之作。《王世貞集》有此書跋語云:係宗儀手抄。然孫作《滄螺集》載有宗儀小傳,紀所作書目,有《説郛》一百卷、《書史會要》九卷、《四書備遺》二卷、《輟耕錄》三十卷,無此書之名,疑好事者依托也。

《四庫全書總目》卷六十一史部十七傳記類存目三。548 下

史抄類

史記鈔六十五卷

明茅坤編。坤,字順甫,號鹿門,歸安人。嘉靖戊戌進士。官至大明兵備副使。是編刪削《史記》之文而略施評點。坤雖能講古文[1],恐未必能刊正司馬遷也。

《四庫全書總目》卷六十五史部二十一史鈔類。580 中

【校記】[1]坤雖能講古文,《總目》作"坤雖好講古文"。

諸史品節三十九卷

明陳深編。深,字子淵,湖州人。所采自《國語》以及《後漢》,隨意雜鈔,漫無體例。

《四庫全書總目》卷六十五史部二十一史鈔類。580 上

古史談苑三十六卷[1]

明常熟錢世揚撰。其書雜采古事,分門編錄。多入於神怪因果之説,非儒者立言垂教之義。

【校記】[1]《古史談苑》三十六卷,《總目》未收錄。

春秋別典十五卷

明薛虞畿編輯。題作粵人,爵里未詳。虞畿爲此書,未脱稿而殁,其弟虞賓續成之。錄春秋軼事,起隱至哀,凡《左氏內外傳》及《公》、《穀》所書,概不登載,別取子史百家之言,彙爲一編。采輯極博,惟各條下不疏明引用書名,未免簡略。朱彝尊題識頗譏其失。然抄撮詳明,可與三傳相表裏。前有虞畿《自序》,後有虞賓《跋》。

《四庫全書總目》卷五十史部六別史類。451 下

君鑒五十卷

明景帝御撰。景泰四年成書,有御製《序》。亦分善可爲法、惡可爲戒二類,與宣宗《臣鑒》體同。而自二十九卷及三十五卷皆紀明祖宗之事,不免溢美。

《四庫全書總目》卷一百三十一子部四十一雜家類存目八。1118 上

善行錄八卷

明張時徹撰。采輯史傳所載善行共二百九十人。大旨教人輕財利而篤仁義。時徹,字唯靜,鄞縣人。嘉靖癸未進士。歷官兵部尚書[1]。

《四庫全書總目》卷六十一史部十七傳記類存目三。554 中

【校記】①歷官兵部尚書,《總目》作"官至南京兵部尚書"。《總目》是。《明史》卷二百一《張邦奇傳》附《張時徹傳》云:"族父時徹少邦奇二十歲,受業於邦奇,仕至南京兵部尚書。"是其證。

帝鑒圖説不分卷

明大學士張居正、吕調陽進御之書也。取堯舜以來善可爲法者八十一事,惡可爲戒者三十六事,每事前繪一圖,後錄傳記本文,而爲之直解。華亭陸樹聲作《序》。前有隆慶六年十二月進疏一篇,蓋當神宗諒闇時也。疏云:"善爲陽爲吉,故數用九九①;惡爲陰爲凶,故數用六六②。"取唐太宗"以古爲鑒"之語名之。書中所載皆史册所有,神宗方冲齡,語取易曉,故不免於俚俗。

《四庫全書總目》卷九十史部四十六史評類存目二。761 下

【校記】①故數用九九,《初目》原作"故數用九二"。按:此爲隆慶六年十二月張居正等進疏中語,原文作"故數用九九",《總目》亦作"九九"今據改。 ②故數用六六,《初目》原作"故數用六二"。此亦張居正等進疏中語,原文作"故數用六六",《總目》亦作"六六"。今據改。

史異編十七卷

明晉江俞文龍撰。其書以諸史所載灾祥神怪彙爲一編。既非占驗之書,又無與學問之事,徒見其好怪而已。

《四庫全書總目》卷六十五史部二十一史鈔類。582 上

省括編二十三卷

明姚文蔚撰。所采自春秋迄於元季,凡史傳中先機應變之迹,彙爲一編,分言、事、兵爲三類。以"省括"名編,蓋取《太甲》"若虞機張,往省括於度則釋"之義。然兵亦事也,分類未允。間有論評,未見卓識,特書生好談作用者耳。文蔚,字元素,錢塘人。官給事中。《明史》有傳。

《四庫全書總目》卷一百三十二子部四十二雜家類存目九。1123 下

閲史約書五卷

明王光魯撰。專爲讀史者考訂之用。《地圖》一卷,皆朱書今地名而墨書古地名,以著古今沿革之異。《地理直音》二卷,圖所不能具者,又詳於此。《歷代事變官制圖譜》一卷,則世表、年表、百官表之類。《古語訓略》一卷。《元史備忘錄》①一卷,以元代同名人最多,易相混淆,故紀錄重名,以便區別。《自序》稱商評人物者易,語名物制度者難,頗自矜其用力之勤。然其書祇便於初學尋檢,未爲精深,又不無舛誤。至《訓略》一篇,用《釋名》、《廣雅》體以訓釋史文,既不能賅備,則徒然支贅而已。

《四庫全書總目》卷五十史部六別史類存目。457 中

【校記】①元史備忘錄,《初目》原作"元史備志錄",誤。清李文田《元秘史注》卷一、清

劉錦藻《清續文獻通考·經籍考》均作"元史備忘錄"。清張之洞《書目答問》著錄此書有《借月山房彙鈔》本。《總目》不誤，今據改。

元史節要十四卷

明張九韶撰。九韶以洪武中爲國史院編修官。因當時所修《元史》板藏內府，人間多不得見，於是仿曾先之①《十八史略》例，節其要爲一書。其編年繫事，則仍用《通鑒》之體。前有洪武甲子《自序》一篇。然紀載多不具首尾，未爲該備。且此書成於洪武間，而《順帝紀》內多有稱"明太祖高皇帝"者，疑亦經後人所改竄也。

《四庫全書總目》卷六十五史部二十一史鈔類存目。579 下

【校記】①曾先之，《初目》原作曾克之，誤。《十八史略》今存元至正二年四明郡庠刻本，卷端作"曾先之"。《總目》不誤，今據改。《初目》以下《詳注史略補遺大成》一條，亦誤作"曾克之"。

詳注史略補遺大成十卷

明李紀編。初，元進士曾先之①嘗刪節諸史、撮其大略爲一書，以授初學，名《十八史略》。明初有梁孟寅者益以元史，號《十九史略》。紀復爲增益，稍加訓釋而成是編。以上下數千年事，僅括以十卷之書，而遽以大成自題，其亦陋且妄矣。先之，字子野，廬陵人。孟寅，臨川人。

《四庫全書總目》卷五十史部六別史類。455 上

【校記】①曾先之，《初目》原作曾克之，誤。今據《總目》等改。參見"元史節要"條校記。下文亦改過。

史說萱蘇一卷

明黃以陞撰。以陞，字孝義，龍溪人。是書取史事之相類者，隨筆記載，間加評騭。《自序》謂皋蘇釋勞，萱草忘憂，故以萱蘇爲名。大旨與方氏《古事比》相似，而所採多闕漏。前有常熟魏浣初《序》。

《四庫全書總目》卷一百三十八子部四十八類書類存目二。1173 中

平巢事迹考一卷

明茅元儀撰。元儀，字止生，歸安人。崇禎初，以薦授翰林院待詔，參孫承宗軍務，改副總兵，以兵譁謫戍。元儀見明季流賊猖獗，官兵不能禦，建策欲用宣大降丁剿之。因謂唐黃巢發難時，沙陀五百，即能殲其衆，而唐人疑不肯用，迄至亡國。故敍錄其事，冀世之鑒其禍而用己之說。其大旨見《自序》中，蓋亦一偏之見。而所載事迹，則全本正史抄撮而成，別無考據也。

《四庫全書總目》卷五十四史部十雜史類存目三。488 下

事編內篇八卷

明孫慎行撰。采史傳中名臣事迹，自公孫僑至王守仁，凡十八人。隱逸六人，以隱寓行

藏之旨。附以張瑋、薛寀評語，亦儒生恒論。慎行《自序》云尚有《外篇》、《雜篇》。然檢其子士元所作《凡例》，則但刊《内篇》，其《外篇》、《雜篇》未刊也。慎行，字聞斯，武進人。萬曆乙未賜進士第二人。歷官禮部尚書，諡文介。

《四庫全書總目》卷六十二史部十八傳記類存目四。560 中

經世環應編八卷

明錢繼登撰。所采皆史籍權變之術。繼登，字爾先，又字龍門，嘉善人。萬曆丙辰進士。官至僉都御史。

《四庫全書總目》卷一百三十二子部四十二雜家類存目九。1125 下

爲臣不易編不分卷

明黃廷鵠撰。取古來名臣自皋陶至文天祥凡百人，各爲之傳，不分卷帙。前有序，後有贊。廷鵠事迹不著。首載周延儒《序》，稱與延鵠定交，是編即夙昔所共討論云。

《四庫全書總目》卷六十二史部十八傳記類存目四。561 下

漢唐宋名臣錄五卷

明李廷機撰。廷機，字爾張，晉江人，萬曆十一年進士。仕至禮部尚書、東閣大學士。是書自漢文翁至宋杜衍，止錄六十人。黃吉士《序》謂其錄取嚴而用意微，蓋借以諷當時廷臣，有爲而發，故不求全備云。

《四庫全書總目》卷六十二史部十八傳記類存目四。558 下

歷代内侍考十卷

明毛一公撰。一公，字震卿，遂安人，萬曆十七年進士。官至給事中。其書取古來閹寺事迹緝爲一編，自春秋迄宋，以時代次之。各序其善惡而加以論斷，大旨褒少而貶多。一公，一鷺之兄也。一鷺黨魏忠賢，事具《明史》。其兄此書，儻亦有爲而作乎？

《四庫全書總目》卷六十二史部十八傳記類存目四。559 上

讀史快編四十四卷

明趙維寰撰。就前史删截割裂，擇其新異可喜者錄之。始於《史記》，迄《新唐書》，去取之間，初無義意。維寰，字無聲，平湖人。萬曆二十八年舉人。

《四庫全書總目》卷六十五史部二十一史鈔類存目。581 中

史臠二十五卷

明余文龍編。文龍，字起潛，古田人，萬曆二十九年進士。官南京工部主事。其書雜錄舊史，絶無義例，餖飣割裂，殊不足觀。與《讀史快編》正同。但《快編》止於唐，此則抄至金元耳。

《四庫全書總目》卷六十五史部二十一史鈔類存目。581 中

臣鑒三十七卷

明宣宗御撰①。有宣德元年四月御製《序》。取春秋迄金元人臣事迹，分善可爲法、惡可爲戒二類。而宋之張俊、劉光世②俱③在善可爲法類，品第似未盡允也。

《四庫全書總目》卷一百三十一子部四十一雜家類存目八。1118 上

【校記】①宣宗御撰，《總目》作"宣宗皇帝撰"。　②劉光世，《總目》刪去此人。　③俱，《總目》作"亦"。

古今宗藩懿行考十卷

題曰潞王編輯，不著其名。按：《明史·諸王年表》，穆宗隆慶五年，封嫡四子翊鏐爲潞王。萬曆四十六年，翊鏐庶子常淓襲封。此書成於崇正九年，則當爲常淓所輯也。所採皆歷代宗臣之賢者，自周迄明，凡百餘人。各著事迹梗概，加以評論。中間如劉歆附王莽爲國師公，傾覆宗邦而得與其數，殊乖襃鉞之公。又曹彰、司馬孚等雖非無可節取，而儼然與周、召並列，亦擬不於倫矣。

《四庫全書總目》卷六十二史部十八傳記類存目四。563 下

鹽梅志二十卷

明李茂春輯。茂春，字蔚元，河南人。采取歷代賢相嘉言善行，錄成一編。始於皋陶，終於范純仁，凡六十六人。

《四庫全書總目》卷六十二史部十八傳記類存目四。558 下

讀史蒙拾一卷

國朝王士祿輯。凡史志所載新穎之語，隨所披閱，標數字爲題，而錄本文於後。書止一卷，聊以寓意而已。曰《蒙拾》者，取劉勰"童蒙者拾其香草"句也。士祿，字子底，號西樵，新城人。順治十二年進士①。官吏部考功司員外郎。

《四庫全書總目》卷六十五史部二十一史鈔類存目。582 上

【校記】①順治十二年進士，《總目》作"順治壬辰進士"。壬辰爲順治九年。據清朝進士題名碑，王士祿爲順治十二年乙未科進士。

史緯三百三十卷

國朝陳允錫撰。允錫字亹齋，晉江人。浙江平湖知縣。是書蓋仿呂祖謙《十七史詳節》爲之。自三皇迄元末，刪葺諸史，彙爲一編。卷帙浩繁，而義例未爲精要。

《四庫全書總目》卷六十五史部二十一史鈔類存目。582 上

歷代循良錄一卷

國朝孫蕙撰。采歷代循良事迹彙成此集。載縣令而不及他官，其意謂令與民最近也。自秦漢以迄近代，僅盈一卷，去取可謂謹嚴，然挂漏亦所不免。蕙，字樹百，號泰岩，又號笠山，淄川人。順治辛丑進士。官至給事中。

《四庫全書總目》卷六十三史部十九傳記類存目五。565 中

春秋紀傳五十一卷

國朝李鳳雛撰。變編年之體,從史遷之例。以周爲本紀,列國及孔子爲世家,卿大夫爲列傳。又爲周、魯列國世系圖。其徵引以《左傳》、《國語》爲主,輔之以《公》、《穀》、《檀弓》、《國策》、《家語》等書。搜羅考核,頗爲詳備。惟採摭繁富,而皆不著其出典,是其所短耳。鳳雛,字梧岡,東陽人,康熙中由拔貢生官曲江知縣。

《四庫全書總目》卷五十史部六別史類存目。459 中

兩晉南北奇談六卷

江南本題曰宋王渙撰。考王渙與富弼同時爲睢陽五老之一,僅傳詩一首,不聞其著此書。《明史》,王渙,弘治中進士,象山人。明《藝文志》有渙所著《墨池手錄》三卷。此本自稱墨池王渙,與墨池號合,則此書爲明王渙所撰無疑。其稱太原,蓋舉郡望也。書中雜采兩晉以下雜事。皆史冊所有,無可采錄。

《四庫全書總目》卷六十五史部二十一史鈔類存目。579 下

時 令 類

養餘月令二十九卷

明戴羲撰。羲,字馭長,崇禎中嘗官光祿寺簿。其書分紀歲序,而附以蠶、魚、竹、牡丹、芍藥、蘭、菊諸《譜》。抄撮舊籍,無所發明。

《四庫全書總目》卷六十七史部二十三時令類存目。593 下

四時氣候集解四卷

明李泰輯。以《月令》諸書紀載時物僅得其大略,前人訓釋又互有異同,因蒐采羣籍以爲考證。然篇幅太隘,未能詳覈。前有洪熙元年《自序》[①],鏤板頗工。泰,字淑通,鹿邑人。洪武丁丑進士。

《四庫全書總目》卷六十七史部二十三時令類存目。593 中

【校記】①前有洪熙元年《自序》,《總目》作"是書成於洪熙元年"。

月令廣義二十四卷

明馮應京撰,其門人戴任爲之增釋。首《圖說》,次《歲令》,次《月令》,次《晝夜令》[①],次《時令》,各分細目。蒐采不爲不博,而體裁叢雜,且多鄙誕。如諸神誕辰之類,分日臚載,尤爲委巷之談。應京,字可大,盱眙人。萬曆壬辰進士。歷官湖廣按察使僉事。

《四庫全書總目》卷六十七史部二十三時令類存目。593 中

【校記】①晝夜令,《初目》原作"畫夜令",今據《總目》改。

月令通考十六卷

明盧翰撰。翰,字子羽,潁州[①]人。此書萬曆時所作。分十二月,每月雜採故事,兼及流

俗舊聞。每月首記天道,次治法,次地利,次民用,次攝生,次涓吉,次占候,次迹往,次考言,次擴聞,謂之十例。龐雜猥陋之説,無所不錄。其《自序》云:"因見《家塾事親》一書而廣之爲此。"

《四庫全書總目》卷六十七史部二十三時令類存目。593 中

【校記】①潁州,《初目》原作"穎州",今據《總目》改。

節宣輯四卷

明上洛王朝㙉撰。朝㙉,周定王橚七世孫。成化三年,橚曾孫同鏕始分封上洛。萬曆三十二年,朝㙉襲封。其書尚記時令,多襲舊文。

《四庫全書總目》卷六十七史部二十三時令類存目。593 下

月令廣義二十四卷①

明馮應京撰,戴任續成之。卷端有任《敍由》一篇,稱應京初爲《士民月令》一卷,凡十有二令。今益以閏月而增《五紀篇》,冠以圖,統之以《歲總》。約十二月文義之同者,括爲《每月令》,領於《春令》之前。復概每月三十日所同者立《晝夜令》,而一十二時區爲《時令》,係諸篇中。共爲卷二十有五。則應京原著衹一卷,此本皆任所增加。而卷首馮露《紀略》乃稱應京在鎮撫司作此書二十四卷,應京《自序》又稱任僅增三之二。大抵二人先後成之,而彼此均欲據以爲功,故其説矛盾也。其書較盧氏《月令通考》差詳備,而亦多猥雜。如諸神誕辰之類,雖本道書,要非可筆之儒籍者也。應京,字可大,號慕崗,盱眙人。萬曆壬辰進士。官至湖廣按察司僉事,事迹具《明史》。任,不知其始末。卷端刊其二私印,一曰"肩吾父",一曰"新安布衣"。

《四庫全書總目》卷六十七史部二十三時令類存目。593 中

【校記】①《月令廣義》提要,《初目》有兩篇,一篇已見上。《總目》所採用者爲此篇,文字有改動。又,二十四卷,《總目》作二十五卷,係正文二十四卷,另加卷首一卷。《初目》提要亦謂"共爲卷二十有五"。

時令彙紀十六卷餘日事文四卷

國朝朱濂編。所采皆四時十二月事實詩賦,全用《藝文類聚》之體。復以是書但分節候而無日次,故更作《餘日事文》四卷。每月三十日,皆摭拾事實詩賦以補之。然所引神仙降誕飛升之期既爲荒誕,又多以古人行記如范成大《吳船錄》之類,所載某日至某處者,皆取爲其日之故實,亦多假借。以是例之,將古來編年日歷諸事,何者不可配入乎?

《四庫全書總目》卷六十七史部二十三時令類存目。594 上

法令類

疑獄集四卷補疑獄集六卷

《疑獄集》,五代時宰相和凝與其子中允㠓撰。前有㠓《序》及至元十六年杜震《序》①。其後集乃明張景所續增。共一百二十八條②。景,字光啓,號西墅,汝陽人。嘉靖③二年官監

察御史。書中間有按語稱"訥曰"者,又"包拯杖吏"一條後稱"桂氏取以載入篇中,愚特取以終篇"。所云"訥"及"桂氏"不知何人,疑亦先有撰補之本,景特因而續成耳。

《四庫全書總目》卷一百一子部十一法家類。848 下

【校記】①至元十六年杜震《序》,文淵閣、文溯閣、文津閣《四庫全書》書前提要及《總目》均作"至正十六年杜震《序》"。今查文淵閣《四庫全書》本,杜震《序》作於至元十六年,未知此書前提要等何以有誤。　②一百二十八條,此爲張景《補疑獄集》六卷的條目數量,文津閣《四庫全書》書前提要同。文淵閣、文溯閣《四庫全書》書前提要及《總目》均作"一百八十二條",非是。今查該書,確實是一百二十八條。　③嘉靖,《初目》原作"喜靖",今據《總目》改。

科場條貫一卷

明陸深撰。紀洪武至嘉靖間科舉條式,於前後損益之制臚識頗詳。

《四庫全書總目》卷八十三史部三十九政書類存目一。716 上

地理類

山海經十八卷

晉郭璞註。《山海經》之名始見《史記·大宛傳》,司馬遷但云"所言怪物,余不敢道",而未言爲何人作。《列子》稱:"大禹行而見之,伯益知而名之,夷堅聞而志之。"似乎即指是書,而不言其名《山海經》。《隨書·經籍志》云:"蕭何得秦圖書,後又得《山海經》,相傳夏禹所記。"而劉秀校上《山海經》奏,直斷以爲伯益作,趙曄《吳越春秋》所說亦同。疑皆因《列子》附會也。書中明載夏后啓、周文王及秦漢長沙、象郡、餘暨、下雋諸地名,斷不作于三代以上。朱子謂出於《楚詞》之後,所記乃附會《楚詞》,非《楚詞》用《山海經》,得其實矣。隋、唐二《志》皆云郭璞註《山海經》二十三卷,今本乃少五卷,疑後人併其卷帙,以就劉秀奏中一十八篇之數,非闕佚也。隋、唐《志》又有郭璞《山海經圖讚》二卷。今其《贊》猶載璞集中,其《圖》則《宋志》已不著錄,知久佚矣。舊本前列劉秀奏,所言一十八篇,與《漢志》稱十三篇不合。《七略》即歆所定,不應自相牴牾,疑其贗託。然璞《序》已引其文,相傳既久,今仍併錄焉。

《四庫全書總目》卷一百四十二子部五十二小說家類三。1205 上

洛陽伽藍記五卷

後魏楊衒之撰。別本"楊"或作"羊"。《魏書》無傳,莫之詳也。衒之仕魏,官撫軍司馬。太和十七年,魏作都洛陽。一時篤崇佛法,刹廟甲于天下。及永熙之亂,城郭邱墟。武定五年,衒之行役洛陽,感念廢興,因捃拾舊聞,追敍故蹟。其書以城內及四門之外,分敍五篇。敍文①之後先,以東面三門、南面三門②、北面二門③各署其新舊之名,以提綱領,體例絕爲明晰。其文穠麗秀逸,煩而不厭,可與酈道元《水經注》肩隨。其兼敍爾朱榮等變亂之事,委曲詳盡,與史傳相發明。其他古蹟藝文及外國土風道里,採摭繁富,皆廣異聞。趙逸論符生一條,劉知幾《史通》云:"秦人不死,知苻生之厚誣;蜀老猶存,知葛亮之多枉。"蜀老事見

《魏書·毛修之傳》，秦人事即用此書趙逸一條也。他如考解魏文之《苗茨碑》，糾戴延之《西征記》，考據亦皆精審。惟以高陽王雍之樓爲即古詩所謂"西北有高樓，上與浮云齊"者，則未免固於説詩，爲是書之瑕纇矣。又《史通·補注篇》稱是書有銜之自注，今本無之，不知佚於何時。

《四庫全書總目》卷七十史部二十六地理類三。619 上

【校記】①敍文，文淵閣《四庫全書》書前提要同，《總目》作"敍次"。按：此處作"敍文"亦可通，但不若以"敍次"爲長。且楊衒之"自叙"云："先以城内爲始，次及城外。表列門名，以遠近爲五篇。"是其原意亦爲"敍次"。　　②南面三門，楊衒之《洛陽伽藍記自叙》"南面三門"後尚有"西面四門"，分別爲西明門、西陽門、閶闔門、承明門。《初目》缺，文淵閣、文津閣《四庫全書》書前提要及《總目》亦均缺。惟文溯閣《四庫全書》書前提要在"南面三門"後著録有"西面四門"。　　③北面二門，文淵閣《四庫全書》書前提要、殿本《總目》同。浙本《總目》作"北面三門"，非是。楊衒之《自叙》謂"北面有二門"，西頭曰大夏門，東頭曰廣莫門。

北戶録三卷

唐萬年縣尉段公路撰。公路，臨淄人。同平章事文昌之孫也。少即强學能文。後南至五嶺，采其民風土俗異于中原者，纖悉畢誌，而載物産爲尤詳。其註稱登仕郎前參軍龜圖撰，不署姓氏。考據訓釋，具有條理。雖體例似乎小説，實則輿地之書也。

《四庫全書總目》卷七十史部二十六地理類三。623 上

桂林風土記一卷

唐莫休符撰。桂林自秦始置郡，歷漢至唐。昭宗光化二年，休符以檢校散騎常侍守融州刺史，撰爲此記。《新唐書·藝文志》作三卷，今存者一卷。卷中目録四十六條，今缺"火山"、"採木"二條，蓋非完書矣。朱彝尊《曝書亭集》有此書跋云："閩謝在杭小草齋所録，舊藏徐惟起家。"跋稱獲自錢塘沈氏，是洪武十五年抄傳。此本小草亭題識及洪武年月，與彝尊所言合，蓋即所見也。又言中載張固、盧順之、張叢、元晦、路單、韋瓘、歐陽賾、李渤諸人詩，向未著于録，亟當發其幽光。今觀諸詩外尚有楊尚書、陸宏休二首，亦唐代軼篇，均可採録也。

《四庫全書總目》卷七十史部二十六地理類三。623 上

元和郡縣志四十卷

唐李吉甫撰。吉甫，字宏憲，趙郡人。官中書侍郎，同中書門下平章事。此書《自序》云：起京兆府，盡隴右道，凡四十七鎮。每鎮皆圖在篇首，冠于序事之前。並《目録》二卷，共成四十二卷。馬端臨《經籍考》止載四十卷，《目録》、《地圖》已佚。今本又缺第十九卷、二十卷、二十三卷、二十四卷、二十六卷、三十六卷。其第十八卷佚其半，二十五卷亦缺二頁，又非宋時之舊矣。《唐書》載是書爲五十四卷，證之原序不合。按吉甫撰有《唐十道圖》十卷、《元和百司舉要》二卷，或合三者成五十四卷也。其書體例先列建置，次列疆域，以下詳列屬邑，而山川、古蹟、土貢附之。後來地志均本于斯，惟樂史《太平寰宇記》增以人物，始稍變其

例焉。

《四庫全書總目》卷六十八史部二十四地理類一。595 下

景定嚴州續志十卷

宋嚴州教授鄭瑤[①]、學錄方仁榮仝撰。郡人方逢辰爲之《序》。所紀始于淳熙,訖於咸淳。標題惟曰《新定續志》,不著地名。蓋刊附紹興舊志之後,而舊志今佚[②]也。嚴州於宋爲遂安軍,度宗嘗領節度使。即位之後,升爲建德府。故卷首載立太子詔及升府省劄,體裁視他志稍殊。惟"物產"之外,別增"瑞產"一門,但紀景定"麥秀四岐"[③]一條;"鄉飲"之外,別增"鄉會"一門,但紀楊王主會一條。則皆乖義例耳。然敍述簡潔,猶興記中之有古法者。其戶口門中載寧宗楊皇后爲嚴人,而鄉會門中亦載主集者爲新安郡王、永寧郡王。新安者楊谷,永寧者楊石,皆后兄楊次山之子也。而《宋史》乃云后會稽人,當必有悮。此尤可訂史傳之訛矣。

《四庫全書總目》卷六十八史部二十四地理類一。600 中

【校記】①鄭瑤,文淵閣《四庫全書》書前提要及各卷卷端、文津閣《四庫全書》書前提要同,文溯閣《四庫全書》書前提要、《總目》作"鄭瑤",誤。瑤,即"寶"之古字,與"瑤"音義均不同。《初目》云"宋嚴州教授鄭瑤"等撰,查萬曆《嚴州府志》卷九《秩官志》府學教授景定年間任,正作鄭瑤,注云:"元年任。纂修《新定續志》。"今存姚鼐分纂稿亦作"鄭瑤"不誤(《惜抱軒書錄》卷二《史錄》)。《中國地方志聯合目錄》、《中國古籍善本書目》等均誤作"鄭瑤"。 ②今佚,《初目》誤作"今帙",兹據《總目》改。 ③麥秀四岐,文溯閣《四庫全書》書前提要作"麥秀兩岐"。按:《景定嚴州續志》卷二《瑞產》云:"景定壬戌夏四月九日,郡民孔文桂等言'麥秀兩岐'在東郊公田中。"可見文溯閣《四庫全書》書前提要改作"麥秀兩岐"爲是。

佛國記一卷

宋釋法顯撰。杜佑《通典》引之作法明《佛國記》,則中宗諱顯,唐人以明字代之也。《文獻通考》載:"義熙中有沙門法顯,自長安遊天竺,經三十餘國。還到京,與天竺禪師參互辨定。"蓋即此書。《隋志》地理類中載《佛國記》一卷,《雜傳類》中又載《法顯傳》一卷,《法顯行傳》二卷。此本末有宋僧跋語,爲當名《佛國記》。明胡震亨跋語則以爲當名《法顯傳》。今考此書所云"於此順嶺西南行十五日"以下八十九字,又"恒水上流有一國王"[①]以下二百七十六字,皆與《水經注》所引字句全同,則酈道元所據當即此本,而皆稱曰《法顯傳》,則震亨之説爲有據。然《隋志》有《佛國記》名,則兼稱亦未爲無本也。其書以天竺爲中國,以中國爲邊地。蓋釋氏自尊其教,其誕謬不足與争。至所載道里、山川,則頗可資考證。而述敍古雅,亦足尚焉。書中稱宏始三年[②],歲在己亥。案《晉書》姚萇宏始二年,爲晉隆安四年,當稱庚子,所紀較前差一年。然《晉書》本紀載趙石虎建武六年,當隆安三年[③],歲在己亥。而《金石錄》載趙《橫山李君神碑》及《西門豹祠殿基記》乃均作建武六年庚子,復後差一年。蓋其時諸國紛争,或踰年改元,或不踰年改元,漫無定制。又南北隔絶,而傳聞異詞,未可斷史之必是,此之必非。今仍其舊文,以從闕疑之義云。

《四庫全書總目》卷七十一史部二十七地理類四。630 上

【校記】①恒水上流有一國王，文淵閣《四庫全書》書前提要、《總目》所引，均無"王"字。按：此處"王"字不可少。《佛國記》原文云："恒水上流有一國王，王小夫人生一肉胎。"《水經注》作"恒水上流有一國王，國王小夫人生肉胎"。可證原文"王"字重出。②宏始三年，《初目》原作"宏治三年"，誤。弘始爲後秦姚興年號，清修《四庫全書》，避乾隆帝諱改作宏始。《總目》不誤，今據改。　　③隆安三年，文淵閣《四庫全書》書前提要、《總目》作"咸康五年"，是也。趙石虎建武六年，當東晉成帝咸康五年，歲在己亥，公元爲三三九年。隆安爲東晉安帝年號，三年，歲在己亥，公元爲三九九年，其時後趙早已滅亡。

萬曆四川總志三十四卷

明敍州府同知魏樸如、成都府推官游樸、諸生童良等同撰，提學副使南海郭棐裁正之。凡《省志》四卷，《郡縣志》十四卷，《經略志》附以《雜記》共十四卷，《文》八卷，《詩》四卷。其書於尹吉甫、商瞿、董永、楊時之類舊志悮收者，頗有駁正；於趙戒、張商英之類舊志溢美者，亦頗有簡汰。惟《職官》不載守令，未免疏略。而以先代《帝紀》列於前，亦輿記之體①。

《四庫全書總目》卷七十四史部三十地理類存目三。644下

【校記】①亦輿記之體，《總目》作"亦非輿記之體"。按：以有"非"字爲是。《帝紀》是對一國而言，而《四川總志》是一方之志，以《帝紀》置於方志之首，自是不倫，故曰"非輿記之體"。又從行文看，自"惟《職官》"以上爲稱讚該書取去之精善，"惟《職官》"以下則指出該書體例上之不足。若以《初目》之文，先肯定該志，又指出其不足，再肯定該志，則行文頗爲不順。

紀古滇說一卷

宋張道宗撰。道宗，雲南人。其書錄滇地遺事，上起唐虞，迄宋咸淳。歷記方域、年運、謠俗、服叛，記載頗詳。往往與《史記》、前後《漢》《西南夷傳》詳略互異。卷首題曰宋張道宗撰，而前有明都督僉事沐朝弼《序》，稱爲元張道宗。然卷末題曰宋咸淳元年春正月八日，爲宋度宗年號，自當爲宋人。

《四庫全書總目》卷七十八史部三十四地理類存目七。678中

華陽宮記事一卷

宋僧祖秀撰。祖秀，蜀人。靖康元年閏十一月汴城陷時，隨都人避兵艮岳，因紀其邱壑池館之勝，敍述極詳。末歸其過於朱勔、梁師成，而推原禍本於蔡京。

《四庫全書總目》卷七十二史部二十八地理類存目一。635下

東南防守利便三卷

宋陳克、吳若同撰。考《宋史·呂祉傳》，祉知建康，與吳若等共議，作此書上行在。大略謂立國東南，當聯絡淮甸、荊蜀之勢，蓋專爲東南立言者也。此本刊於明崇禎間。前有祉進書繳狀一篇，稱吳若爲本府通判，蓋其幕屬云。

《四庫全書總目》卷七十五史部三十一地理類存目四。656上

洛陽名園記一卷

宋李格非撰。格非,字文叔,濟南人。元祐末爲國子博士,紹聖初進禮部郎,提點京東刑獄,以黨籍罷。是書記洛中園圃①,自富弼以下十九所。格非《自跋》云:"天下之治亂,候於洛陽之盛衰;洛陽之盛衰,候於園圃之興廢。"蓋追思當時賢佐名卿勳業盛隆,能享其樂,非徒誇臺榭池館之美也。《書錄解題》、《郡齋讀書志》俱載李格非撰。惟《津逮秘書》題曰"華州李廌"。考邵博《聞見後錄》第十七卷全載此書,不遺一字,題標格非之名。同時之人,不應有悞,知毛晉之誤題審矣。

《四庫全書總目》卷七十史部二十六地理類三。620 上

【校記】①園圃,文淵閣《四庫全書》書前提要同,《總目》作"園囿"。以下引李格非《自跋》,文淵閣《四庫全書》書前提要、《總目》亦分别作"園囿"、"園囿"。按:"園囿"、"園圃"義有區别。其書卷末邵博《跋》所論及所引李格非之語,均作"園圃",是《總目》改"園圃"非是。

遊城南記一卷

宋張禮撰。禮,字茂中,浙江人。元祐元年與其友陳微明遊長安城南,訪唐舊蹟,因作此記,而自爲之注。凡門坊、寺觀、園圃、村墟及前賢舊址見於載籍者,敍錄甚備,考據亦頗典核。又有續注者,不知何人所作,蓋以補前注之遺。中稱金代年號,則元初人也。

《四庫全書總目》卷七十一史部二十七地理類四。629 中

嘉定赤城志四十卷

宋陳耆卿撰。台州本梁赤城郡,轄臨海、黃巖、天台、仙居、寧海五縣。嘉定中,耆卿創修此《志》。分十五門,爲四十卷。據馬端臨《通考》,《志》前爲《圖》十有三,今未之見也。《通考》又載吳子良《續志》八卷,林表民《三志》四卷。今亦不傳。耆卿,字壽老,號篔窗,臨海人。以進士官國子司業。文學爲葉適所推云。

《四庫全書總目》卷六十八史部二十四地理類一。599 中

景定建康志五十卷

宋馬光祖幕客周應合撰。建炎二年,改江寧府爲建康府,高宗嘗駐蹕焉。茲編首載《留都錄》四卷,次分圖表志傳四十五卷,末附《拾遺》一卷。以乾道、慶元二志合而爲一,補闕正訛,復增入慶元以後之事。援據詳核,條理井然。自來傳本絕少,朱彝尊訪之三十年,晚乃從曹寅①家借抄得之。應合,武寧人。淳祐間舉進士。嘗爲實錄院修撰官。光祖《序》稱爲博物洽聞,學力充瞻,不誣也。

《四庫全書總目》卷六十八史部二十四地理類一。600 中

【校記】①曹寅,《初目》原作"曹溶",非是。朱彝尊康熙四十六年十一月作《景定建康志跋》云:"今年秋九月,過曹通政子清真州使院,則插架存焉。亟借歸錄之。"曹通政,即曹寅,字子清。康熙四十四年,玄燁第五次南巡,加曹寅通政使司通政使銜。文淵閣《四庫全書》書前提要、《總目》作曹寅,今據改。

史部　地理類　　　　　　　　　　　　　　　　　　　　　　　　　　　四庫全書初次進呈存目

長安志二十卷

宋龍圖閣學士宋敏求次道撰。敏求以三輔多漢唐遺蹟，而唐韋述《西京記》疎略不備，因博採羣籍而成。凡城郭、官府、山水、津梁、郵馹①、橋道以至風俗、物產、宮室、寺院，纖悉畢具。其坊市曲折及唐盛時士大夫第宅所在，皆一一能舉其處，粲然如指諸掌。司馬光嘗以爲考之韋《記》，其詳不啻十倍。今韋氏之書雖不傳，而要其精博宏贍，實非他地志所能及，洵可稱典核之最者矣。晁公武謂此書前有趙若彥《序》，今抄本無之。

《四庫全書總目》卷七十史部二十六地理類三。619下

【校記】①郵馹，文淵閣《四庫全書》書前提要、《總目》作"郵驛"。

中吳紀聞六卷

宋龔明之撰。明之，字希仲，號五休居士，崑山人。紹興間以鄉貢廷試，授高州文學。淳熙初，舉經明行修，授宣教郎，致仕。是書採吳中故老嘉言懿行及其風土人文爲新舊《圖經》、范成大《吳郡志》所不載者，仿范純仁《東齋紀事》、蘇軾《志林》之體，編次成帙。本末該貫，足裨風教。書成於淳熙九年，明之年已九十有二，亦可謂耄而好學者矣。宋末書已罕傳，元至正間，武寧盧熊修《蘇州志》，訪求而校定之。明末常熟毛晉始授諸梓，亦多舛謬。其子扆後得葉盛菉竹堂藏本相校，第六卷多翟超一條，其餘頗有異同。何焯假以勘定，極爲精審。然盧熊跋稱其子昱所撰行實附後，今兩本皆無之，則葉本亦不免於脫佚也。

《四庫全書總目》卷七十史部二十六地理類三。624下

方輿勝覽七十卷

宋迪功郎建陽祝穆和甫撰。前有嘉熙己亥新安呂午《序》。其書分十七路，各係所屬府州軍於下，而以行在所臨安府爲首。維時中原不入職方，所述者惟南渡州郡而已。所載《藝文》爲獨多，蓋爲詞翰而設，不爲考據而設也。午《序》稱穆本新安人，朱子母黨。《建寧府志》稱穆父康國從朱子居崇安。穆，少名丙，與弟癸同受業朱子。宰執程元鳳、蔡杭錄所著書以進，除迪功郎，爲興化軍涵江書院山長。景定中知軍徐直諒復上其學行于朝。穆不樂仕進，竟謝歸。

《四庫全書總目》卷六十八史部二十四地理類一。596下

咸淳臨安志一百卷

宋潛說友①撰。說友，字君高，處州人。官中奉大夫、權戶部尚書、知臨安軍府事，封縉雲縣開國男。其書前十五卷爲行在所錄，記宮禁曹司之事。自十六卷以下，乃爲府志。體例井然，可爲都城紀載之法。其宋代詔令編於前代之後，則用徐陵《玉臺新詠》置梁武於第七卷例也。朱彝尊謂宋人地志幸存者，若宋次道之志長安，梁叔子之志三山，范致能之志吳郡，施武子之志會稽，羅端良之志新安，陳壽老之志赤城，每患其太簡，惟潛氏此志獨詳。然此書舊無完帙。彝尊從海鹽胡氏、常熟毛氏先後得宋槧本八十卷，又借鈔一十三卷，其七卷終闕，今亦姑仍其舊焉。

《四庫全書總目》卷六十八史部二十四地理類一。600下

164

【校記】①宋潛説友,文淵閣《四庫全書》書前提要、《總目》作"元潛説友"。潛説友爲南宋淳祐元年進士,以樞密院編修官兼權刑部郎官,兼權右司郎官,除秘書丞。後在福州降元,任宣撫使。故《初目》謂其是宋人,《總目》等以其爲元人。

會稽志二十卷會稽續志八卷

宋通判紹興府事吳興施宿,郡人馮景中、陸子虚、朱霈、王度等同撰。前《志》成於嘉泰辛酉。陸游爲之《序》,稱其書雖本《圖經》,《圖經》出於先朝,非藩郡所可附益,故用長安、相臺、河南、成都爲比,名《會稽志》。書中不分大小類,共爲細目一百十有七。如求遺書等事,皆別標爲一條,敘次有法,頗稱詳贍。《續志》八卷,則寶慶元年梁國張淏所撰。淏《自序》稱世本中原,僑寓是邦,因記嘉泰辛酉後事,爲之正譌廣略,復增進士題名,以補前《志》之遺。明時鏤板已亡,正德庚午郡人王縕復訪求舊本校刊之,今亦久矣①。

《四庫全書總目》卷六十八史部二十四地理類一。599 上

【校記】①今亦久矣,於義難通,文淵閣《四庫全書》書前提要作"今板並久佚"。

通鑑地理通釋十四卷

宋禮部尚書浚儀王應麟撰。首州域,次都邑,次十道山川,次歷代形勢,而終以石晉十六州。考證最爲明確,敘列朝分據戰攻,尤一一得其要領,於史學最爲有功。原書無序,後人以書後應麟自跋移冠於前。所云上章執徐橘壯之月,乃元世祖至元十六年庚辰之八月。是時宋亡已三年,蓋用陶潛但書甲子之義。書内稱梓慎爲梓謹,亦猶爲宋諱云。

《四庫全書總目》卷四十七史部三編年類。421 下

益部方物略記一卷

宋宋祁撰。祁,字子京,安陸人。以文學稱於時。嘉祐二年由端明殿學士吏部侍郎知益州,因東陽沈立①所撰《劍南方物》二十八種,補其闕遺,共得六十五種。刊而圖之②,各繫以贊,而附記其形狀於題下。贊居前,題列後,古書體例往往如斯,今本《爾雅》猶此式也。其圖已佚。贊皆古雅,蓋力摹郭璞《山海經圖贊》云。

《四庫全書總目》卷七十史部二十六地理類三。623 下

【校記】①沈立,《初目》原作"沈邱",非是。本書作者《自序》云:"嘉祐建元之明年,予來領州,得東陽沈立所録劍南陽物二十八種。"是原書作者爲"沈立"之證。此或因"立"、"丘"(邱)形近而誤抄。文淵閣《四庫全書》書前提要、《總目》均作沈立,今據改。②刊而圖之,文淵閣《四庫全書》書前提要、《總目》作"列而圖之",疑是。此謂其著書形式,而不是説其刊書形式。

太平寰宇記一百九十三卷

宋太常博士直史館樂史撰。史事蹟具《宋史·文苑傳》。宋太宗時,始平閩、越,併晉。史上此書。始於東京,迄於四裔。然是時幽、媯、營、檀州縣並未入興圖。史第因賈耽《十道志》、李吉甫《元和郡縣志》之舊,概列入之,不謂其於時事不合也。史進書《敘》,譏賈耽、李吉甫爲漏闕,故其書采摭繁富,備登人物。至於古蹟、名人題詠,若張祐①《金山詩》之類,皆

載焉。後來地志必列人物、藝文者,其體皆始於史。是書原二百卷,舊多殘闕,惟浙江汪啓淑本所闕自一百十三卷至一百十九卷,僅闕七卷。又每卷末閒附校正一頁,不知何人所作,辨晰頗詳。此最爲善本,今據用之。馬端臨《通考》作《太平寰宇志》,今本作《太平寰宇記》。史進書序亦作"記"字,疑馬氏誤也。

《四庫全書總目》卷六十八史部二十四地理類一。595 下

【校記】①張祜,《初目》原作"張祐",非是。張祜《金山詩》見《全唐詩》卷五百十。文淵閣《四庫全書》書前提要、《總目》不誤,今據改。

乾道臨安志三卷

宋右文殿修撰知臨安府周淙撰。臨安自南渡後建爲行都。淙于乾道五年再任杭帥,始創爲之志。凡十五卷,見於《宋史·藝文志》。其後淳祐間施諤、咸淳①間潛説友歷事編纘,皆有成書。今惟潛志尚存抄帙,周、施二志世已無傳。此本爲杭州孫仰曾家所藏宋槧本。卷首但題作《臨安志》,而中閒稱高宗爲光堯太上皇帝,孝宗爲今上,紀牧守至淙而止,其爲《乾道志》無疑。惜其自第四卷以下俱已缺佚,所存者僅什之一二也。第一卷紀宮缺官署,題作"行在所",以別於郡志。體例最善,後潛志寔遵用之。二卷分沿革、星野、風俗、州境、城社、户口、廨舍、學校、科舉、軍營、坊市、界分、橋梁、物產、土貢、税賦、倉場、館驛等諸子目,而以亭堂樓觀閣軒附其後。敍録簡括,深有體要。三卷紀自三國吳至宋乾道中諸牧守,詳略皆極得宜。淙,字彦廣,湖州人。其尹京時撩湖浚渠,頗著政績,故所著述亦具有條理。今其書雖殘闕不完,而於南宋地志中爲最古之本。考武林掌故者,要必以是書稱首焉。

《四庫全書總目》卷六十八史部二十四地理類一。597 下

【校記】①咸淳,《初目》原缺"咸"字,今據文淵閣《四庫全書》書前提要、《總目》補。

仙都志二卷

元道士陳性定①撰。仙都山古名縉雲山,唐天寶中敕改今名。志分六門:曰山川,曰祠宇,曰神仙,曰高士,曰草木,曰碑碣題詠。前《序》題至正戊子,不署姓名。以《序》及志中祠宇門考之,蓋元延祐中給道士趙嗣祺五品印,提點是山玉虛宮。羽流榮之,因撰是志也。

《四庫全書總目》卷七十六史部三十二地理類存目五。658 中

【校記】①陳性定,《初目》原作"陳定性",誤。此書今存明正統刻《道藏》本,卷端正題作陳性定,今據改。《總目》不誤。

大滌洞天記三卷

元錢塘鄧牧編輯。大滌洞天在杭州,其天柱峰下有洞霄宮。晉唐以來修真者多居之。宋熙寧初設有提舉。南都後宮觀益盛。其祠事例以宰執之罷官者領之。先是政和閒唐子霞有《真鏡録》,端平中亦嘗輯《志》,後俱不傳。元大德九年道士沈多福屬牧别與道士孟宗寶蒐討舊聞,輯爲此書。上卷敍宮觀,中卷敍山水,下卷皆前人碑碣敍記之作。多福《序》稱訂作《洞霄圖志》,則原本尚應有圖,今已佚矣。

《四庫全書總目》卷七十七史部三十三地理類存目六。668 上

至元嘉禾志三十二卷

元徐碩撰。宋淳熙中，秀州守張元成延聞人伯紀始修《嘉禾志》。後岳珂守郡，復延郡人關棫①續脩。珂改調，遂中輟，僅存五卷。至元中，碩爲嘉興路教授，經歷單慶延之纂輯，因踵棫舊本增成之。而郭晦、唐天麟爲之《序》，劉傑、翟汝弼爲之刊刻。舊分二十五門，中分江海、湖泖、浦漵、溪潭、陂塘、河港、涇溝、堰牐爲八類。眉列掌具，體例甚當。又分樓閣、堂館、亭宇亦分爲三類，則强析名目，未免瑣碎。而考證精詳，所採碑碣、題詠皆近代耳目所罕見，固徵文獻者所不廢也。《志》兼及松江、華亭，蓋元時本隸嘉興路，明初始析置云。

《四庫全書總目》卷六十八史部二十四地理類一。601 上

【校記】①關棫，文淵閣《四庫全書》書前提要、《總目》作"關栻"。朱彝尊《曝書亭集》卷四十四《至元嘉禾志跋》亦作"關栻"。

安南志略十九卷

元黎崱撰。崱，字景高，號東山，安南國人。東晉交州刺史阮敷之後。世居愛州，幼與黎瑋爲子。九歲試童科，仕其國至侍郎，遷佐靜海軍節度使陳鍵幕。至元中，世祖伐安南，鍵率崱等出降。其國邀擊之，鍵殁於軍，崱入朝①，授奉議大夫，居於漢陽。以鍵志不伸而名泯，乃撰此志，以致其意。元明善、許有壬、歐陽元皆爲之《序》②。所紀安南事實與《元史》列傳多有異同，如李公蘊所奪，是黎非丁，張懷侯爲國叔，張憲侯爲日烜兄子，俱非婿，遭興道王之難者，乃③明誠侯而非義國侯，皆可證史氏之訛。又史於至元一十三年詔書內，數安南罪，有"戕害遺愛"語，而不著其事。今志載："至元十九年，授柴椿都元帥④，以兵千人，送遺愛就國。至永平界，安南勿納，遺愛懼，夜先逃歸，世子廢遺愛爲庶人。"更足明史有脫漏。其他如山川、人物敍述亦皆詳贍，洵可爲參稽互考之助云。

《四庫全書總目》卷六十六史部二十二載記類。588 中

【校記】①入朝，《初目》原作"入廟"，於義難通。文淵閣《四庫全書》書前提要、《總目》等作"入朝"，今據改。　②元明善、許有壬、歐陽元皆爲之《序》，《總目》有此句。文淵閣《四庫全書》書前提要無此語，《四庫全書》書前也無此三人之《序》。　③"有異"至"者乃"三十八字，《初目》原缺。《初目》每行頂格爲二十一字，提要正文低二格抄，實際每行十九字。此缺三十八字，當是漏抄二行。今據文淵閣《四庫全書》書前提要補。　④柴椿都元帥，文淵閣《四庫全書》書前提要、《總目》均作"柴椿元帥"，恐非是。《安南志略》卷三云："至元十八年，加授柴椿行安南宣慰都元帥，李振副之，領兵送遺愛就國。"卷十三云："十九年，授柴椿行安南宣慰使都元帥，以兵千人衛送遺愛就國。"是柴椿爲"都元帥"而非"元帥"。《元史》卷九十一《百官志七》云："宣慰司，掌軍民之務。有邊陲軍旅之事，則兼都元帥府。"

長安志圖三卷

元陝西行臺御史李好文撰。此書作於至正初。《自序》稱圖舊有碑刻，元豐三年呂大防爲之跋，謂之《長安故圖》。蓋即陳振孫所稱《長安圖記》，大防知永興軍時所訂者也。好文本此書，芟除譌駁，更爲補訂。又以漢之三輔及元奉元所屬者附入。凡漢唐宮闕、陵寢及渠涇沿革、制度皆在焉。總爲圖二十有二。渠涇圖說詳備明晰，尤有裨於民事。有西臺御史號

樵隱者爲之《序》,蓋即好文之同僚也。是本明西安守李經所鋟,列於宋敏求《長安志》之首,合而一之。不知好文是書本不因敏求而作,強合爲一,世次紊越,殊乖編錄之體。今仍分二書,各還其舊焉。

《四庫全書總目》卷七十史部二十六地理類三。620 下

閤皁山志二卷

明俞策撰。閤皁山在江西新淦縣,相傳爲張道陵、葛孝先、丁令威修煉之所。茲編上卷紀載形勝,下卷編列藝文。策自載其詩數首,亦非佳作。

《四庫全書總目》卷七十六史部三十二地理類存目五。663 上

華嶽全集十三卷

明華陰令貴陽馬明卿撰。萬歷丙申,陝西兵備副使張維新因嘉靖中李時芳所輯《華山志》闕略,令明卿重加編次。前載圖説、形勝、物產、靈異、封號,後紀碑紀、銘頌、詩賦等作。後壬寅歲,河間馮嘉會爲令,復輯遺文數篇補之。

《四庫全書總目》卷七十六史部三十二地理類存目五。661 上

萬歷嚴州府志二十四卷

是書爲萬歷甲寅所修。首頁題名叢雜,或曰主修,或曰同修,或曰纂修,或曰續修,或曰彙集,莫知主名爲誰。前載舊志凡例,頗見體裁,是志乃不肯遵用之,多所更張,務求諧俗,則其書可知矣。

《四庫全書總目》卷七十四史部三十地理類存目三。647 上

增補武林舊事八卷

明朱廷煥輯。廷煥,字中白,單縣人。崇禎甲戌進士,官至工部主事。是書因元周密《武林舊事》,少爲增益。未載災異,則原書所無之例也。

《四庫全書總目》卷七十七史部三十三地理類存目六。672 下

九華山志八卷

明顧元鏡撰。元鏡,浙江歸安人。萬歷四十七年進士,官池州府知府。是書所載大半皆當代詩文。內有王守仁贈周金和尚偈,其語甚陋。蓋山僧僞託之,元鏡不能辨也。

《四庫全書總目》卷七十六史部三十二地理類存目五。662 下

橫谿錄八卷

明徐鳴時[①]撰。鳴時,字君和,吳縣人。橫谿鎮一曰橫塘,在蘇州府城西南十三里。水自城中來,西南橫流過鎮而入太湖,故名。是志分十九門,體例略如郡縣志。然如古蹟類中多列先賢舊宅,又云其址無考。夫使遺墟猶在,自應深憑弔之思。否則既生是鄉,自必人人有宅,安能一一虛列乎?宜其一鄉之志曼衍至於八卷也。

《四庫全書總目》卷七十六史部三十二地理類存目五。663 上

【校記】①徐鳴時，《初目》原作"徐時鳴"，今據該書卷端署名改。以下小傳"鳴時"，《初目》亦作"時鳴"，今並改。《總目》不誤。

湖州府志十四卷

明嘉靖間郡水①唐樞撰。其書分土地、人民、政事三門。每門各綴以條目，與他志小異。然如沿革之中，參述祥異，體例亦未能精當也。

《四庫全書總目》卷七十四史部三十地理類存目三。642 中

【校記】①郡水，費解，疑爲"郡人"之誤。唐樞爲湖州府歸安縣人（見《總目》著錄唐樞撰《易脩墨守》提要），故稱爲"郡人"。《初目》著錄方志，如作者爲本地人，則原有作"某人"之例，如《建陽縣志》提要即云"明景泰元年縣人黃璿撰"。他如明湖州歸安人張睿卿撰《峴山志》，因山在湖州烏程縣境，故卷端即題"郡人稚通張睿卿葺"。此爲湖州府志，故作"郡人"。

定遠縣志十卷

明嘉靖乙未知縣山陰高鶴撰。《自序》稱"杜門三日而成"。世無此理，殆夸飾也。其書簡略，而體例乃頗冗雜。列疆域、道路於建置、沿革之前，是未出縣名，先臚縣境，所謂四界八至，不知爲何地而言，端緒殊覺倒置。至於屯田一門僅四行，惠政一門僅三行，又職官題名之下各書其人之字號，如書肆宦籍之式，亦皆非體。

《四庫全書總目》卷七十四史部三十地理類存目三。644 上

南康府志十二卷

明萬歷癸巳知府延平田琯撰。門目雖繁，而條貫有序，猶與記中之有體例者。

《四庫全書總目》卷七十四史部三十地理類存目三。646 中

順天府志六卷

明萬歷癸巳府尹謝杰撰，沈應文續成之。簡陋殊甚。所立金門圖、京兆圖諸名，尤粉飾傷雅。

《四庫全書總目》卷七十四史部三十地理類存目三。646 中

南詔事略一卷

明顧應祥撰。應祥，字惟賢，長興人。弘治己丑進士，官至南京刑部尚書。是書爲應祥巡撫雲南時所撰，大約摭拾各史蠻夷傳及滇中舊志參訂而成。其諸書與史互異者，皆別作按語考証之。詮註敍次，頗爲簡潔。至所載鄭氏世次及一切事實，皆《五代史》及《五代會要》、《通考》諸書所未載，亦足稗史氏之闕也。惟六詔創置，載於各史及《三通》諸事者，名號俱符，著滇中志乘者悉引爲依據。茲書以越析詔作治麼些，澄賧詔作鄧賧，並炎閣子盛羅皮之作晟羅皮，與史傳悉異，而未著所據之書，未免少爲疏漏耳。

《四庫全書總目》卷六十六史部二十二載記類存目。590 中

西事珥八卷

明魏濬①撰。是書蓋其官遊粵西時作。尚記嶺外故事，兼及土風、物產。第猶信遜國之說，以程濟之事爲真。蓋明代傳聞相沿已久故也。

《四庫全書總目》卷七十七史部三十三地理類存目六。672 上

【校記】①魏濬，《初目》原作"魏璿"，誤。其書今存，正作"魏濬"，因改。《總目》作"魏濬"不誤。

嘉興府志三十二卷

明弘治①五年知府儀真柳琰②撰。以府與所屬七縣各爲一志，其例皆分二十一門。詳略參差，未見體要。

《四庫全書總目》卷七十三史部二十九地理類存目二。638 下

【校記】①弘治，《初目》原文如此，"弘"字未改作"宏"字，亦未缺筆。《總目》作"宏治"，係避乾隆皇帝名諱改。　②柳琰，《初目》原文如此，"琰"字未改作"琬"字，亦未缺筆。浙本《總目》作"柳琬"，殿本《總目》"琰"字缺末筆，均係避嘉慶皇帝名諱改。

徽州府志十二卷

明弘治①壬戌郡人汪舜民撰。其書分目過多，如沿革之外又出郡名一門，人物至分爲十四類，皆傷煩碎。又風俗、形勝二門，皆標題夾註，有似類書，亦乖體例。

《四庫全書總目》卷七十三史部二十九地理類存目二。639 上

【校記】①弘治，《初目》"弘"字缺末筆。

成化杭州府志六十三卷

此本殘缺特甚，撰人名氏及原書卷帙皆不可考①。然五十九卷以下皆題爲"紀遺"，而"紀遺"終于明人。則是書首尾尚完，特秩其序目耳。所收頗冗濫，如載凌雲翰嘲兄弟析產小詞之類，皆非地志之體。其凡例完者尚半葉，稱所引用諸書多係簡節全文，或因而足以己意，故皆不著所出。其大槩可知矣。

《四庫全書總目》卷七十三史部二十九地理類存目二。638 上

【校記】①撰人名氏不可考，《總目》作："明夏時正撰。時正，字季爵，仁和人。"

毘陵志四十卷

明成化庚寅郡人翰林學士王㒜撰。體例頗爲詳整。惟齊高、梁武雖從斯郡發祥，然奄有江東，各存國史，修郡志者但可載其軼聞舊蹟，以備考徵。乃于人物之首，冠以二帝，附以諸王，揆以斷限之法，于義爲濫。蓋興記務侈土風，而不知著書各有體例也。

《四庫全書總目》卷七十三史部二十九地理類存目二。638 中

山東通志四十卷

明陸釴①撰。釴，字鼎儀，號舉之②，崑山人。天順八年進士，廷試第二人。官至太常寺少卿兼侍讀。釴少與太倉張泰、陸容齋③名號婁東三鳳。是編在地志之中，號爲佳本。體例

170

不務新奇,而中間頗多核有法。惟《海事④常變圖》稍嫌枝蔓,變現無定之形,豈繪畫所可該括也。

《四庫全書總目》卷七十三史部二十九地理類存目二。641 中

【校記】①此嘉靖《山東通志》作者陸鈇,《總目》作鄞縣人,其文云:"按明有兩陸鈇。其一崑山人,見《明史·文苑傳》。此陸鈇字舉之,號少石子,鄞縣人。正德辛巳進士。官至山東提學副使,與其兄銓並附見《明史·王慎中傳》。"《總目》是也。雍正《浙江通志》卷一百八十人物《文苑三》寧波府云:"陸鈇,字舉之,鄞人。正德庚辰進士,廷試第二。官編修。""出爲湖廣僉事,轉山東副使,督學政,敦本抑末,士風爲之一變。山東舊無通志,歎曰:海岱山川之宗,聖賢人物之望,六經文章之祖,惟茲一方之志,而天下古今之事備焉,吾當任兹役。遂考古諏今,補遺正譌,窮日夕不懈,踰年志成。"此志今存,作者自敘題作"四明陸鈇"。四明爲山名,在寧波西南,此以代指寧波、鄞縣。《初目》誤作崑山人,以下所記,亦多爲崑山陸鈇之事跡。　②舉之,《初目》原作"舉人",此爲鄞縣陸鈇表字之誤録。今改。又《初目》云陸鈇"字鼎儀,號舉之",此誤合崑山陸鈇(字鼎儀)、鄞縣陸鈇(字舉之)名號爲一。　③陸客齋,當爲"陸容"或"陸容式齋"之誤。陸容,字文量,號式齋。陸鈇、張泰、陸容被稱爲婁東三鳳,正德《姑蘇志》卷五十二《人物志》即將三人先後排列在一起。　④海事,《總目》作"海市"。

明一統志九十卷

明吏部尚書李賢等撰。明成祖命儒臣撰《一統志》,至天順中乃成。始自京畿、中都,次十三布政使司。爲府一百六十,州二百三十四,縣一千一百一十六。其書考証沿革、分畫地形皆爲疎略,遠不及《元和郡縣》、《太平寰宇》、《元豐九域》諸書。

《四庫全書總目》卷六十八史部二十四地理類一。596 下

越嶠書二十卷

明李文鳳撰。文鳳,字廷儀,宜山人。嘉靖壬辰進士。官至雲南按察司僉事。其書大概取元黎崱《安南志略》爲本,而益以洪武至嘉靖事迹。朱彝尊嘗稱爲"有倫有要,于彼國山川、郡邑、風俗、制度、物產以及書詔、制敕、移文、表奏之屬,無不備載,而建置、興廢之故,亦皆編次詳明"。

《四庫全書總目》卷六十六史部二十二載記類存目。591 上

吳中水利書二十八卷

明張國維撰。國維,字九一,《明史》作東陽人。天啟壬戌進士,福王時官至吏部尚書。是書先列東南七府水利總圖,凡五十二幅。次標水源、水脉、水名等目。又輯詔敕、章奏,下逮論議、敍記、祝歌謠①。所記雖止明代事,然指陳詳切,頗爲有用之言。凡例謂②崇明、靖江二邑,浮江海之中,地脉不相聯贅③,自昔不混東南水政之内。今按二邑形勢,所說不誣,足以見其明確矣。

《四庫全書總目》卷六十九史部二十五地理類二。613 中

【校記】①祝歌謠,文淵閣《四庫全書》書前提要、《總目》作"歌謠"。　②謂,《初目》

原作"爲",於義難通,今據《總目》改。　　③聯贅,文淵閣《四庫全書》書前提要同。本書凡例作"聯貫"。

故宫遺録一卷

明蕭洵撰。洵,廬陵人。洪武初,爲工部郎中。奉命毀元故宫,因記其制度。洵後爲湖州長興令,欲刊未果,其本歸於吕山高氏家。洪武丙子,松陵吴節從高氏鈔傳。萬曆中,武進趙琦美得之,以張浙門家鈔本互校,因行於世。其書次序典核,朱彝尊《日下舊聞》全采之,故今不重録焉。

《四庫全書總目》卷七十二史部二十八地理類存目一。635下

南夷書一卷

明張洪撰。考明永樂四年,緬甸宣慰使那羅塔劫殺孟養宣慰使刀木旦①及思樂發而據其地。洪時爲行人,齎敕往諭,因撰是書。所載皆洪武初至永樂四年平雲南各土司事,略而不詳。其於雲南郡建置始末,亦未能敍述明晰。如南詔爲蒙氏改部闡府,歷鄭、趙、楊三姓,始至大理段氏;孟養、麓川,各有土司,書中皆遺之②。唯元梁王拒守及楊苴乘隙諸事,史所未載。瀾滄之作蘭滄③,思樂發之作思鷟發④,與史互異,亦足資考証之一二也⑤。洪,字宗海,常熟人。洪熙初,召入翰林,官修撰。

《四庫全書總目》卷七十八史部三十四地理類存目七。678下

【校記】①刀木旦,《初目》原作"刀查",《總目》作"刁查",均非是。刀木旦爲雲南土司,《明史》卷三百十五《雲南土司傳三》云:"孟養,蠻名迤水,有香柏城。元至元中,於孟養置雲遠路軍民總管府。洪武十五年,改爲雲遠府。……成祖即位,改雲遠府爲孟養府,以土官刀木旦爲知府。永樂元年,刀木旦遣人貢方物及金銀器,賜賚遣歸。二年,改陞軍民宣慰使司,以刀木旦爲使,賜誥印。"此書提要稿原爲纂修官程晉芳撰。其原稿題寫在浙江巡撫三寶所進范懋柱家藏明抄本上,其書今藏國家圖書館,並收入《四庫全書存目叢書》史部。查程晉芳纂修稿,先寫作"刀查",後將"查"字劃去,旁寫"木旦"二字。今因改。　　②孟養、麓川,各有土司,書中皆遺之,《總目》同。杜澤遜《四庫存目標注》云:"不知書中已載孟養土司,唯遺麓川土司耳,不得謂'皆遺之'也。"(第1224頁)程晉芳提要稿原文作"孟養、麓川,各有土司,而敍次未詳",於義爲長。　　③瀾滄之作蘭滄,《總目》作"瀾滄江之作蘭滄江",非是。王叔武《〈南夷書〉箋注並考異》(《雲南民族學院學報(哲學社會科學版)》2001年第3期)云:"《總目提要》誤改爲'瀾滄江作蘭滄江',蓋本書只言'蘭滄衛',未涉及'蘭滄江'。《太祖實録》卷241說:'(洪武二十八年九月壬子),調雲南中衛於北勝州,置瀾滄衛。'明初瀾滄衛治在今永勝縣,與瀾滄江無涉。"是《南夷書》所言爲衛所名,非江名。《南夷書》記道:洪武二十六年,"乃立雲南左、右、中三護衛,以雲南後衛爲廣南衛,中衛爲蘭滄衛。"又記道:"二十九年,蘭滄衛指揮王佐言永寧州土官阿烏訴其下卜八如甲率衆叛去。"可證。程晉芳纂修稿即作"瀾滄之作蘭滄",並無"江"字。　　④思樂發之作思鷟發,程晉芳纂修稿同,《總目》作"思樂發作思鷟發"。王叔武《〈南夷書〉箋注並考異》謂"末'發'字當作'法'"。蓋《明實録》、《明史》作'思鷟發',本書(指《南夷書》)作'思鷟法'"。　　⑤亦足資考証

之一二也,程晉芳纂修稿同,《總目》作"蓋亦譯語對音之故也"。

使交錄十八卷

明錢溥撰。溥,字原溥,華亭人。正統四年進士。官至南京吏部尚書,諡文通。是書乃其天順六年爲翰林院侍讀學士時出使安南所作。其書多載贈答詩文,而其山川形勢,土俗人情,乃略而不詳。

《四庫全書總目》卷六十四史部二十傳記類存目六。572 上下

建陽縣志四卷雜志三卷續志一卷

明景泰元年縣人黃璿撰。卷首於輿圖之外,增以先賢畫像十二。傳刻失真,殆可不必。《雜記》三卷亦璿所作,而題曰《知非子黃景衡集》。景衡即璿之字,見前志劉童目錄序中。蓋其書乃修志之餘摭拾佚事,自同于小說家流,故署其字也。《續志》一卷,乃弘治甲子邑人袁銛所撰。名繼前志,實則體例各殊。

《四庫全書總目》卷七十三史部二十九地理類存目二。638 上

金華府志三十卷

不著撰人名字。前列成化庚子商輅《序》,稱爲知府周宗智撰。而志中乃載及隆萬時事。豈後來又因宗智之本稍益以近事耶?

《四庫全書總目》卷七十三史部二十九地理類存目二。638 中

三原縣志十六卷

明成化辛丑常州朱昱撰。其書分類太繁,例多叢脞。如戶口列之食貨門,參雜不倫,縣治、官制①俱列之公署門,亦綱目倒置。人物分十七類,甲科、鄉貢、封贈、蔭敍悉隸焉,而獨以顯達一類別爲一卷冠於前,其識趣可知矣。

《四庫全書總目》卷七十三史部二十九地理類存目二。639 上

【校記】①官制,《初目》原作"官志",非是。此縣志條目名稱作"官制",今據改。

洞庭君山集三卷

明胥文相撰文。文相,巴陵人。官柳州府知府。纂輯屈原而後歷代題詠湖山及岳陽樓者,以成此書。自載所作二詩,淺陋殊甚。蓋特好事者流也。

《四庫全書總目》卷一百九十二集部四十五總集類存目二。1744 中

萬曆廣東通志七十二卷

明光祿寺卿郭棐、光祿寺丞王學曾、參議袁昌祚同撰。爲藩省志十三卷、郡縣志四十九卷、藝文志三卷、外志七卷。其藩省志輿圖之後,即列《事紀》五卷,茫無端緒。惟《仙釋》、《寺觀》列之外志,較他志體例爲協。又增《罪放》、《貪酷》二門,以示譏貶,則彷彿嘉靖《江西志》例云。

《四庫全書總目》卷七十四史部三十地理類存目三。644 中

名山注不分卷

明潘之恒撰。之恒,字景升,歙人。少倜儻好遊,晚而僑寓金陵。嘗師事王世貞。是編首《江上山志》,次《蜀山志》,次《淮上雜志》,次《新安山水志》,次《越中山水志》,次《三吳雜志》。或載前人行紀、志傳、題詠,或自爲傳紀。其他名勝,漏略尚多,疑就其所遊歷者述之。其書不分卷帙,前後亦無序跋,而"名山注"三字僅題於簽,恐非完本。

《四庫全書總目》卷七十八史部三十四地理類存目七。676 中

破山興福寺志四卷

明程嘉燧撰。常熟縣西北十里有破山,其麓有寺,曰興福,乃齊梁間所建。是書一卷、二卷記山中古迹,而詩文附焉。三卷志建置,四卷志禪宗。序次雅潔,爲山志中差善之本。嘉燧,字孟陽,休寧人,僑居嘉定。《明史》稱其工詩善畫,與婁堅、唐時升並稱曰"練川三老"。

《四庫全書總目》卷七十七史部三十三地理類存目六。669 中

峴山志六卷

明張睿卿撰。山在烏程縣境。是書猥雜頗甚。如山川非城邑郡縣之比,而首曰《建置》,名寔已不相副。次曰《勝槩》,而多與建置互見,不過雜載詩文。三曰《遺愛》,敘古名賢王右軍以下數人,終於王鳳洲,皆湖之大吏,與山不甚相涉。四曰《社會》,五曰《放生》,六曰《藝文》,而藝文又先散載各門,蓋漫不知著書體例者也。睿卿,字稚通①,湖州人②。

《四庫全書總目》卷七十六史部三十二地理類存目五。662 中

【校記】①稚通,浙本《總目》同,殿本《總目》作"雅通",非是。《峴山志》卷首《自敘》及各卷卷端所題均作"稚通",王士禛《池北偶談》卷十六《杼山集牒》亦云"張睿卿稚通所編《吳興唐五家集》略同"。 ②湖州人,《總目》作"歸安人"。

延壽寺紀略一卷

明釋圓復撰。延壽寺在鄞縣南三里,舊號保恩院,宋祥符間改爲延壽寺。是書詳述知禮禪師本末及宋相曾公亮置買莊田舊事,他無所載。蓋自備古刹之典故而已。

《四庫全書總目》卷七十七史部三十三地理類存目六。669 上

師子林紀勝二卷

明釋道恂撰。師子林在蘇州府城中。元至正間,天如禪師隱居寺中,倪瓚爲之疊石成山。地址偪仄,而起伏曲折,有若穹谷深巖,遂爲勝地。頂一石,狀若狻猊,故名曰師子林。勝流來往,題詠至多。道恂裒而編之,以成是集。自翠華南幸,繪圖題句,奎藻輝煌,一邱一壑,藉以千古。回視斯編,又不啻爝火之光矣。

《四庫全書總目》卷一百九十三集部四十六總集類存目三。1762 中

上天竺山誌十五卷

明釋廣賓撰。天竺爲東南巨刹,舊有李金庭誌,廣賓以其附會舛譌,甚至偽撰明太祖

《竺隱説》一篇以炫俗,乃刪補而成此書。曰《普門示現品》,曰《尊宿住持品》,曰《器界莊嚴品》,曰《帝王檀越品》,曰《宰官外護品》,曰《風範隆污品》,曰《詩文紀述品》:凡七門。其《風範隆污》一品,於寺僧污行備書不隱,較他志獨存直筆。據總目尚有卷首一卷,此本已佚不存。

《四庫全書總目》卷七十六史部三十二地理類存目五。662 下

關中陵墓志二卷

明祁光宗撰。光宗督學陝西,於歷代陵墓詳加考證,各爲之圖而係之以説。其距諸州縣城之方隅道里皆備志之,亦《皇覽聖賢冢墓記》之流也。

《四庫全書總目》卷七十七史部三十三地理類存目六。668 下

普陀山志六卷

明吏部侍郎周應賓撰。應賓,寧波人。普陀山在浙之定海。是編因舊志重輯,始於敕諭宸翰,訖於詩類,凡六卷十五門。而應賓《序》自稱五卷十七門。勘驗卷帙,並無闕佚,未審何以矛盾也。

《四庫全書總目》卷七十六史部三十二地理類存目五。660 中

天台縣志二十卷

明萬歷乙卯全州胡來聘爲天台令,因前令靈璧張宏代所纂舊本增修。前十三卷隨事立類,爲大目十一、小目五十有八。詩文別爲七卷,附於後。

《四庫全書總目》卷七十四史部三十地理類存目三。647 上

太岳太和山志十七卷

明太監田玉輯。太和山即湖廣均州之武當山,相傳爲北極元武修真地。明成祖靖難時自謂得神祐,因尊爲太岳,敕建宮觀,常遣內臣司其香火。嘉靖中提督太監王佐始剏爲志,太監呂評續增之。萬歷癸未,玉復增廣爲此本。前載修建廟宇始末事寔並仙蹟、徵應、物產,後紀唐宋①元明序記詩賦等作。

《四庫全書總目》卷七十六史部三十二地理類存目五。660 中

【校記】①唐宋,《初目》原作"唐宗",今據《總目》改。

長溪瑣語一卷

明謝肇淛輯。肇淛,字在杭,長樂人。萬歷壬辰進士。官至廣西右布政使。長溪今之福寧府。是書雜載山川名勝及人物故事,間及神怪,蓋亦志乘之流也。

《四庫全書總目》卷七十七史部三十三地理類存目六。672 上

汝南遺事二卷

明李本固撰。字叔茂,汝寧人。萬歷中居臺省,以言事罷歸。郡守黃鄰初屬修《汝南志》,志成,其削草未經收綠者,復輯爲是書。蓋當時志乘裁斷,或不能盡出己意,故己以此

續之，以示不忍割棄之意。然多引小說仙鬼事，其論次同時人亦多溢美。

《四庫全書總目》卷一百四十三子部五十三小說家類存目一。1223 中

恒岳志二卷

明汜水趙之韓撰。恒山在大同之渾源州，《水經》謂之元嶽。萬曆壬子之韓知州事，與山陰縣舉人王瀇初撰成此志。分上下卷，卷其目十一，曰《外紀》、《星紀》、《山紀》、《廟紀》、《祀紀》、《事紀》、《物紀》、《游紀》、《仙紀》、《文紀》、《詩紀》。搜考頗稱詳核。又以自宋以來皆祠北嶽於上曲陽，故復取曲陽嶽廟詩附於卷末。後五年，知州衡陽張述齡爲刻而行之。其《文紀》有目無書，已非完本。

《四庫全書總目》卷七十六史部三十二地理類存目五。661 下

徑山集三卷

明釋宗淨撰。書上卷記寺之建置。中卷①記寺之禪宗，自開山至明正德己卯凡八十代。下卷則唐以來藝文，以張祐詩爲首。前有萬曆四年僧方一《序》，謂其魯魚亥豕屢出，爲白璧蠅玷云。徑山在杭州臨安境天目山東北，唐代宗時爲僧法欽建寺。

《四庫全書總目》卷七十七史部三十三地理類存目六。668 中

【校記】①中卷，《初目》原作"中宗"，於義無解，今據《總目》改。

天童寺集二卷

明楊明撰。寺在浙江鄞縣東六十里。晉永康間，義興禪師居此山，有童子來供薪水，久之辭去，自稱太白星。因是山名太白，寺名天童。茲編前紀形勝，次編藝文。前序無姓名，疑即明所自作。中稱撰爲七卷，今止兩卷，似尚非完帙也。

《四庫全書總目》卷七十七史部三十三地理類存目六。669 中

太白樓集十卷

明蔡鍊編次。鍊，字懋成，餘姚人。官工部主事。樓在濟寧城東南。濟寧即唐任城，賀知章爲令時太白嘗從之游，故遺跡尚存。鍊集後人題詠爲是集。篇什甚少，又同時之作居多。

《四庫全書總目》卷一百九十二集部四十五總集類存目二。1743 下

輿地名勝志一百九十三卷

明曹學佺撰。學佺，字能始，侯官人。學佺以博洽聞，著述甚富。是書則由雜采而成，頗無倫次，時亦舛訛，又多不著出典，未爲善本。

《四庫全書總目》卷七十二史部二十八地理類存目一。636 下

爛柯山志二卷

明徐日炅撰。山在浙江衢州府城南三十里，因晉樵者王質遇仙于此，觀棋柯爛，因以爲名。日炅，衢州人①，居與山近，因纂輯晉、唐迄明詩賦雜文，以成是編。

《四庫全書總目》卷七十六史部三十二地理類存目五。662下

【校記】①衢州人，《總目》作浙江西安人。明代浙江西安縣屬衢州府。

九華山志八卷

明崇禎己巳池州府知府顧元鏡撰。前列《全圖》及《十八景圖》，次列《山水》、《建置》、《物產》、《人物》①、《文翰》五門，門復各立子部。意主誇多，故山分爲六，水分爲八，《寺院》、《庵觀》區爲二名②，《樓閣》、《亭館》別爲兩類。標目頗爲煩碎。又杜荀鶴之污僞命、宋齊邱之運③姦謀，列之流寓，以爲山水之光，殊乏簡擇。又王守仁游蹤僅至，亦列寓公，併偽撰其贈周金和尚一偈，斯尤地志之積習矣。

《四庫全書總目》卷七十六史部三十二地理類存目五。662下

【校記】①人物，《初目》原缺。按：其書物產下有人物一門，《總目》亦有，今據補。②《寺院》、《庵觀》區爲二名，《初目》原作"《寺院》、《庵》區爲二名"，《總目》作"《寺院》、《庵》區爲三名"，均非是。此志《建置》一門，二曰寺院，三曰庵觀，是"區爲二名"。今據原書補"觀"字。③運，《總目》作"逞"。

日本考五卷

明臨淮侯李言恭撰。言恭，字惟寅。岐陽武靖王文忠之裔孫，以萬曆二年襲封。工詩好文，折節寒素，歷典環衛，守備南京。是書乃其督京營戎政時，與右都御史都杰同輯。專記日本國山川地理及其世次土風，而于字書譯語臚載尤詳。其時倭患頗劇，故言恭據所聞錄之。後倭陷朝鮮，封貢議起，杰以力爭不合，徙南京。而言恭子宗城卒爲石星所薦，充正使往封。至釜山而倭情中變，易服逃歸，被劾論戍。蓋徒恃紙上空言，宜其不能悉知情偽也。杰，字彥輔，蔚州人。嘉靖三十五年進士。官至南京兵部尚書。

《四庫全書總目》卷七十八史部三十四地理類存目七。680中

治河通考十卷

明河南巡撫吳山撰。大旨謂河雖經數省，而自龍門下趨，則梁地當其衝，故河患爲甚。前有《自序》云："近日所刻《治河總考》，疎漏混複，乃重加較校，彙分序次。"一卷曰《河源考》，二卷曰《河決考》，三卷至九卷曰《議河治河考》，末卷曰《理河職官考》。上沂夏周，下迄明代，總爲十卷。前有崇禎戊寅其曾孫士顔①序略，蓋重刊所作也。

《四庫全書總目》卷七十五史部三十一地理類存目四。651中

【校記】①士顔，《初目》原作"士顧"，誤。此書有明崇禎十一年吳士顔刻本。

海語三卷

明黃衷著。衷，字子和，南海人。正德間進士。官至兵部侍郎。晚年致政，家居近海。海外之國暹羅、滿剌加，賈舶常通，熟聞其山川風土。乃敍而錄之，分四類，曰《風俗》，曰《物產》，曰《畏途》，曰《物怪》。筆致高簡，時寓勸戒，足廣異聞。

《四庫全書總》目卷七十一史部二十七地理類四。632中

慧山記三卷

明邵寶撰。寶所居近慧山，今山中多其遺蹟。是編亦名《九龍山記》，考証精審，體例簡潔，頗爲典雅。蓋寶學有原本，故所作不苟如此。

《四庫全書總目》卷七十六史部三十二地理類存目五。659 上

汴京遺跡志二十四卷

明李濂輯。濂，字川父，祥符人。舉正德八年鄉試第一，明年成進士。官至山西僉事。少負俊才，嘗作《理情賦》，李夢陽大爲嗟賞。罷官，益肆力於學，遂以古文名於時。濂以歷代都會皆有專志，獨汴無之，又宋孟元老《東京夢華錄》蕪穢猥瑣無足觀，遂摭拾舊聞，編次成書。徵引典核，皆見根據，體例亦釐然有法。宋敏求《東京記》今已不傳，得此書而大梁遺事乃略備矣。

《四庫全書總目》卷七十史部二十六地理類三。621 上

滇程記一卷

明楊慎著。慎以議大禮謫戍永昌，此其紀程之書。其中若記崇寧寺僧滿空遺像一節可備掌故，若記段思平遺蹟及叫狗山故事，可徵異聞。而辨晃州之非夜郎，尤見考證。其餘誌山川、表里俗、採風謠，均足補梁益《圖經》之所未及。末有附錄一篇，則又慎得之於醫士張姓者，又可以補此書所未及云。

《四庫全書總目》卷六十四史部二十傳記類存目六。573 上

滇載記一卷

明楊慎著。是書統紀滇域原始及各部域種類，可與唐樊綽《蠻書》、元李京《雲南志略》參互考覈，足備滇地掌故。

《四庫全書總目》卷六十六史部二十二載記類存目。590 下

全蜀藝文志六十四卷

明周復俊撰。復俊，嘉靖時爲四川按察司副使。博採漢魏以降詩文之有關於蜀者，彙爲此書。包括網羅，極爲賅備。所載如王象之《輿地紀勝碑目》、羅泌《姓氏譜》、元費著《古器譜》，其書多不傳於今。又如李商隱《重陽亭銘》，今本集亦失載，皆可以備考核。諸篇之後，復俊亦間附辨證，如漢初平五年《周公禮殿記》，載洪适《隸釋》，並載史子堅《隸格》，詳略異同彼此互見，非同他地志之泛泛采摭。若曹丕《告益州文》，與魏人《檄蜀文》，僞詞虛煽，顛倒是非，於理可以不錄。然此志蒐羅旣宽，例主全收，非同編錄總集有所去取，善惡並載，亦未足爲復俊病。惟編末不著貶駁之詞，以申公義，是則誠疏耳。

《四庫全書總目》卷一百八十九集部四十二總集類四。1717 上

蜀中廣記一百八卷

明曹學佺撰。學佺，字能始，侯官人。萬曆二十三年進士。官終禮部尚書，殉國難。學佺嘗爲四川右參政按察使，是書當成於是時。目凡十二，曰《名勝》，曰《邊防》，曰《通釋》，

曰《人物》，曰《方物》，曰《仙》，曰《釋》，曰《游宦》，曰《風俗》，曰《著作》，曰《詩話》，曰《畫苑》。蒐輯宏博，考證精核，蜀中興記之特出者也。其中間有與史異者，如敍州府之高州，《明·地理志》云："洪武五年，由州改縣，正德十三年復爲州。珙及筠、連二縣隷焉。"此書仍稱高州爲縣，二縣亦不爲之屬。又成都府之資陽縣，《明·地理志》屬簡州，此書不屬簡州，而列於仁壽、井研二縣後。皆未詳其何故。然全體之精博，則不以是相掩也。

《四庫全書總目》卷七十史部二十六地理類三。627 中

吳興備志三十二卷

明董斯張著。分二十六徵，曰《帝胄》，曰《宮閫》，曰《封爵》，曰《官師》，曰《人物》，曰《竿褘》，曰《寓公》，曰《象緯》，曰《建置》，曰《巖澤》，曰《田賦》，曰《水利》，曰《選舉》，曰《戰守》，曰《賑恤》，曰《祥孽》，曰《經籍》，曰《遺書》，曰《金石》，曰《書畫》，曰《清閟》，曰《方物》，曰《瑑》，曰《詭》，曰《匡籍》。采摭極博，於吳興掌故略備。每門皆徵引古書，載其原文，有所考正，則附著於下。後來朱彝尊《日下舊聞》蓋用其體例也。

《四庫全書總目》卷六十八史部二十四地理類一。603 中

益部談資三卷

明夔州通判何宇度撰。所紀皆西蜀山川、物產及古今軼聞，分上、中、下三卷。序次雅潔，頗資采擇。後有李維楨跋，推爲善本。以體例不似圖經，故署曰"談資"，蓋自居于說部也。

《四庫全書總目》卷七十史部二十六地理類三。627 中

赤雅一卷

明鄺露撰。露，字湛若，南海人。嘗遊廣西，徧歷岑、藍、胡、侯、槃五姓土司，爲猺女執兵符者雲䩦孃掌書記。歸著是書，記其山川物產，詞藻簡雅，序次典核，可稱佳本。惟中間敍岑氏猺女被服名目，溪峒中必無此綺麗，露蓋摭古事以文飾之。又敍猩猩一段，太不近情，亦不免類於小說。是則文士之積習也。鈕琇《觚賸》載露爲諸生，應歲試，題爲"文行忠信"，乃四比立格，以眞、草、隷、篆四體書之，坐是被斥。蓋亦放誕之士。及國朝順治初，王師入粵，露義不改節，竟抱所寶古琴不食而死。王士禎詩所謂"南海畸人死抱琴"者，即爲露作也。其見重於世，蓋不獨以才藻云。

《四庫全書總目》卷七十一史部二十七地理類四。633 上

江漢叢談二卷

不著撰人姓氏，題曰環中迂叟，《說郛》①稱陳士元著。是書於楚地故實設爲問答，加以考證。若童士疇《沔志》，以楚之風城非伏羲後，是書則引《路史》伏羲之後封國者十有九，而風國居其首，不得謂伏羲之後無風國。又疑《山海經》爲伯益所作，長沙、零陵乃秦漢郡名，知其爲後人附益。又辨槃瓠非犬種，皆甚精確。惟隋侯得珠、孟宗得笋之類，輾轉徵引以寔之，未免失之固耳。

《四庫全書總目》卷七十史部二十六地理類三。626 下

【校記】①《說郛》，文淵閣《四庫全書》書前提要、《總目》作"續說郛"，是也。《江漢叢談》未收入《說郛》。

石鼓書院志二卷

明李安仁撰。書院在衡州石鼓山。宋景祐間賜額，爲四大書院之一。安仁爲衡州守，因舊志重修，分上下部。上部紀地理、室宇、人物、名宦，下部載唐宋元明詩歌、序記等作，採據頗詳。安仁，字裕居，遷安人。

《四庫全書總目》卷七十七史部三十三地理類存目六。668 下

阿育王山志十卷

明兵部尚書泰和郭子章輯。阿育王山在浙江寧波府，去府治四十里。山有阿育王寺、舍利塔，相傳爲地中湧出。志凡十類，多盛傳釋氏之顯應，不主於考證地興也。

《四庫全書總目》卷七十六史部三十二地理類存目五。660 上

萬歷開封府志三十四卷

明兵部右侍郎曹金撰。體例略同別志，惟以《仙釋》①居前，《官蹟》居後，而《仙釋》、《官蹟》之間，又介以《藝文》，編次殊爲無法。

《四庫全書總目》卷七十四史部三十地理類存目三。643 下

【校記】①仙釋，《初目》原作"釋仙"，然下文又云"仙釋"，篇目名稱前後不一。《總目》上下文都作"仙釋"，今據改。

豐潤縣志十三卷

明隆慶庚午縣人石邦政撰。其書門目冗雜，絕無義例，且于歷代帝王妄爲區別，以行款高下示其予奪，尤爲無理。

《四庫全書總目》卷七十四史部三十地理類存目三。645 上

山海經釋義十八卷圖二卷

明王崇慶著。崇慶，字德徵，大名人。其書全載郭璞注，崇慶間有論說，詞皆膚淺。其圖亦書肆俗工所臆作，不爲典據。

《四庫全書總目》卷一百四十四子部五十四小說家類存目二。1227 上

通州志八卷

明南直隸、北直隸皆有通州，此編南通州志也。萬歷丁丑寧波沈明臣撰，其《秩官》、《科第》諸門，皆括之以表，于例頗善。

《四庫全書總目》卷七十四史部三十地理類存目三。645 下

清江縣志八卷

明無錫秦鏞撰。清江向無志，崇禎壬午鏞爲令，始創修之。每卷爲大目一，凡八目，視他

志稍簡明。

《四庫全書總目》卷七十四史部三十地理類存目三。647 中

滕王閣續集十九卷

明李嗣京撰。嗣京崇禎中官南昌推官。巡撫解學龍屬其取明中葉以後閣中賦咏諸作，編成此集，以續正德間董遵所輯之本。

《四庫全書總目》卷一百九十三集部四十六總集類存目三。1763 下

歷代山陵考一卷

明王在晉撰。字明初，黎陽人。是書僅從《廣輿記》、《一統志》諸書抄出，無所考證。況既名山陵，而趙宣子、孟嘗君輩遺塚亦與其內，殊非體也。

《四庫全書總目》卷七十七史部三十三地理類存目六。668 下

昌平山水記二卷

國朝顧炎武撰。炎武博極羣書，足跡幾徧天下，故最明于地理之學。是書雖第舉一隅，然辨證皆多精確。惟長城以外，爲炎武目未所經，所敍時多舛誤。如稱塞外有鳳州，不知蘇轍詩所云"興州東谷鳳州西"者，乃回憶鄉關之語，《唐書》、《遼志》均無鳳州之名。又如古北口楊業祠，炎武據《宋史》辨其偽，然劉敞、蘇轍皆有《過業祠詩》，在托克托修史之前幾二百載。必執後代傳聞以駁當年之目見，亦過泥史傳之失也。

《四庫全書總目》卷七十六史部三十二地理類存目五。663 中

天府廣記四十四卷

國朝孫承澤撰。承澤嘗著《春明夢餘錄》一書，專載都城故事，可資考據。是編大旨與相出入，凡《建置》、《形勝》以及《宮殿》、《壇廟》、《官署》、《川渠》、《名蹟》互相有詳略。惟《人物》一門及前人詩賦著作，《春明夢餘錄》均置不錄，而此獨臚載無遺。蓋二書義例稍殊，而彼此檢覈，於考證俱有裨益，固相輔而行，不可偏廢者也。

《四庫全書總目》卷七十七史部三十三地理類存目六。673 中

顏山雜記四卷

國朝孫廷銓撰。廷銓，字伯度，又字枚先，號沚亭，益都人。明崇禎庚辰進士。國朝官至秘書院大學士。益都有顏神鎮，山水特秀。廷銓于家居時，記其鄉之山川、城市、人物、風土及其友朋題贈之作爲此書。王士正稱其記山蠶、琉璃、窰器、煤井、鐵冶等，文筆奇峭，蓋酷摹《考工記》而神似者。

《四庫全書總》目卷七十史部二十六地理類三。627 下

職方外紀五卷

國朝西洋艾儒略撰。據其自敍，稱利氏齋進《萬國圖誌》，龐氏奉命翻譯，儒略更爲增補以成之。雖其立意亦在於尊天主，而所載海外諸國山川、風俗、人物、畜產之類，頗爲詳悉，亦

足以廣異聞焉。

《四庫全書總目》卷七十一史部二十七地理類四。632下

普陀山志十五卷

國朝朱謹、陳璿因舊志而增損之。補陀山在定海縣東海中，佛經稱爲觀音大士道場。自梁迄明，代有興建。志中所述本末頗具，而敘事庸沓無法。

《四庫全書總目》卷七十六史部三十二地理類存目五。666上

海外紀事六卷

國朝釋大汕著。大汕，廣東長壽寺僧。康熙乙亥春，大越國王阮福週聘往說法，越歲而歸。因記其國之風土，以及大洋往來所見聞。大越國者，其先世乃安南贅婿，分藩割據，遂稱大越。卷前有阮福週《序》，題丙子蒲月，蓋康熙三十五年也。

《四庫全書總目》卷七十八史部三十四地理類存目七。681中

石柱記箋釋五卷

國朝鄭元慶撰。元慶，字芷畦，湖州人。初湖州有石柱，記述其山川、陵墓、古蹟、古器之目。孫覺守湖州時貯之墨妙亭中，其記不署年月姓名。歐陽修《集古錄跋尾》以字畫奇偉，定爲顏真卿書。然《唐志》載湖州領縣五，而記僅載烏程、長城、安吉三縣。國朝朱彝尊更摭德清、武康二縣事迹補之，元慶並爲之注，考證頗爲詳核。

《四庫全書總目》卷七十史部二十六地理類三。622上

湘山志八卷

國朝徐泌撰。泌，字鶴汀，衢州人。康熙中爲全州知州。以州有湘山寺，祀無量壽佛，率郡人謝允復等考佛出身本末，竝山水、古蹟、藝文，輯爲是書。

《四庫全書總目》卷七十六史部三十二地理類存目五。666上

西湖覽勝志①十四卷

國朝夏基因嘉靖中田藝蘅本重修，凡八卷，附《題詠》六卷。基，字樂只，杭州人。

《四庫全書總目》卷七十六史部三十二地理類存目五。667下

【校記】①西湖覽勝志，《皇朝文獻通考》卷二百二十四《經籍考》同，《總目》作"西湖覽勝"。

羅浮山志十二卷

羅浮山在廣東博羅縣。舊有黎惟敬所作志，國朝康熙間，知縣江寧陶敬益，以僧塵異之《名峰圖說》，重爲補輯。然首有《圖經》矣，又有《名峰圖》，又有《巖洞志》，殊繁複無義例也。

《四庫全書總目》卷七十六史部三十二地理類存目五。666中

黄山志七卷

國朝閔麟嗣撰。麟嗣,字賓連,歙縣人。其書首列《山圖》,次《形勝》,次《建置》,次《山產》,次《人物》,次《靈異》,次《藝文》,次《詩賦》,蒐輯頗博。

《四庫全書總目》卷七十六史部三十二地理類存目五。663 中

廬山通志十二卷

國朝釋定暠撰。明嘉靖間,桑喬因廬山舊志重加纂輯,名曰《廬山紀事》。定暠此編即以喬本增損之,無大發明考正也。

《四庫全書總目》卷七十六史部三十二地理類存目五。664 下

乍浦九山補志十二卷

國朝李確撰。確,字潛初,平湖人。自號龍湫山人。乍浦在嘉興府東南,屬平湖縣境。九山者,雅山、苦竹山、湯山、觀山、龍湫山、暈頂山、高公山、蓋山、獨山也。平湖舊有九峰之名,而不得其地。確始考而定之,因著是編。凡分十二門,曰《圖譜》、《山水》、《古跡》、《寺觀》、《邱墓》、《土產》、《碑碣》、《烽寨》、《石塘》、《變怪》、《人物》、《題詠》。

《四庫全書總目》卷七十六史部三十二地理類存目五。663 中

滇行日記二卷

國朝李澄中撰。澄中于康熙庚午典試雲南,道中隨筆所記。凡八十有四日,于山川、風土、古蹟、故寔,無不詳載。

《四庫全書總目》卷六十四史部二十傳記類存目六。576 上

師宗州志二卷

國朝康熙丁酉知州武進管棆撰。分九《圖》、五《紀略》、九《考》、四《傳》。師宗舊無志,是書草創簡略,粗具大綱。附藝文于各門中,用宋人舊例。惟多錄己作,殆成紀遊之集。

《四庫全書總目》卷六十四史部二十傳記類存目六。648 下

遼載前集二卷

國朝林本裕撰。本裕,字益長,奉天人。是編備載盛京故事,《自序》云折衷于《盛京志》。《前集》則仿龍門志乘,《後集》則仿涑水編年。今《後集》未見,此其《前集》也。首《總論》,次《圖考》,餘分二十一門,亦頗勤于蒐采。然留都記載,而地名仍題前代之稱,於體例終為乖忤,是亦不檢之過也。

《四庫全書總目》卷七十四史部三十地理類存目三。648 下

河紀二卷

國朝孫承澤撰。其書紀黃河遷徙始末,兼及畿輔水利,大旨為籌畫漕運而作也。

《四庫全書總目》卷七十五史部三十一地理類存目四。653 下

增訂廣輿記二十四卷

明陸應陽有《廣輿記》，國朝蔡方炳稍刪補之，抄撮成書。大抵本《明一統志》，無所考正。自列其父於《人物》中，亦乖體例。方炳，字九霞，崑山人。蔡懋德之子也。

《四庫全書總目》卷七十二史部二十八地理類存目一。637 上

江南星野辨一卷

國朝葉燮撰。燮，字星期，吳江人。其書歷引《周禮》、《爾雅》及星經、史志所載揚州吳越分野，獨推劉基《清類天文分野之書》，爲得郡邑分度之詳。案，星土之説，雖本《周禮·保章氏》，亦見於《左傳》諸占，然先儒已不得其傳，解多附會。術家用以推驗，偶應者十之一，不應者十之九。況疆域既已非古，而猶執二十八宿尺尺寸寸而拓之，其乖迕殆不可辨。輿圖所列，大抵具文，博引繁稱，徒爲枝贅而已。

《四庫全書總目》卷七十七史部三十三地理類存目六。674 下

塞程別紀一卷

國朝余寀撰。寀，字同野，山陰人。其書記自京出古北口，至喀爾倫一千五百餘里。其時道路初開，未能有所考證，僅述風土、氣候、山川、草木之屬而已。

《四庫全書總目》卷六十四史部二十傳記類存目六。576 上

青原志略十三卷

國朝釋大然撰，宣城施閏章補輯。青原爲吉州名勝，自唐行思禪師開山説法以後，遂爲巨刹。至明，王守仁、羅洪先、歐陽德諸人於此講學。故第三卷特立《書院》一門，略記當時問對之語。而其所采錄皆理之近於禪宗者，則緇流援儒入墨，借以自張其教也。

《四庫全書總目》卷七十七史部三十三地理類存目六。670 上

嶺海見聞四卷

國朝錢以墢撰。以墢，字蔗山，嘉善人。康熙中歷任茂名、東莞二縣知縣，凡居廣東者八年。記錄聞見，以成此書，梁佩蘭爲之序。其書欲仿《水經注》、《伽藍記》之體，而才不逮古[①]，又採錄冗雜，無所限斷。記陸賈使粵，乃泛及作《新語》事；記南漢事甚略，乃闌載劉鋹入宋後事。皆與嶺海無關。其他雜採小説，不核真偽。如《述異記》、《開元天寶遺事》之類，與聞見亦無涉。至于"荔枝"、"銅鼓"，前後各出二條，尤無體例矣。

《四庫全書總目》卷七十七史部三十三地理類存目六。675 下

【校記】①才不逮古，殿本《總目》同，浙本《總目》作"才不逮古人"。

長河志籍考十卷

國朝田雯撰。漢廣川郡，隋煬帝時避諱改曰長河，今德州、景州、棗强皆其地，故雯作德州地志，以長河爲名。其書多記古蹟、雜事，所辨九河故道，在州東南二十餘里，執董仲舒爲德州人，皆茫無確証。其文體奇詭，則仍其結習云。

《四庫全書總目》卷一百七十三集部二十六別集類二十六。1526 下

通元觀志二卷

國朝吳陳琰等撰。觀在浙江錢塘縣。宋紹興中,劉鹿泉請于高宗,建爲修真之所。嘉靖中,姜南始志之,陳琰等以姜志未備,更爲此書。陳琰,字寶厓,錢塘人。

《四庫全書總目》卷七十七史部三十三地理類存目六。670 中

封長白山記一卷

國朝方象瑛撰。記康熙十六年封長白山事。象瑛,字渭仁,遂安人。康熙丁未進士,己未博學鴻詞,官翰林院編修。

《四庫全書總目》卷五十四史部十雜史類存目三。491 上

中山傳信錄六卷

國朝徐葆光撰。康熙五十七年,奉詔冊封琉球國世子尚貞爲國王,以葆光爲副使,歸奏上是書。繪圖列説,記述頗詳。葆光,字澄齋,吳江人。康熙壬辰一甲三名進士,官翰林院編修。

《四庫全書總目》卷七十八史部三十四地理類存目七。681 中

丹霞洞天志十七卷

國朝蕭韻撰。丹霞洞天,即麻姑山,在建昌府南城縣,唐顏真卿爲作《麻姑仙壇記》者是也。明萬歷中,知府鄔齊雲嘗屬郡人太常少卿左宗郢爲之志。久而板燬,康熙中湖東道羅森復令韻增補成之。首系以圖,次列考、表、志、記諸目,而于題咏、詞賦爲尤詳。韻,字明彝,南城舉人。

《四庫全書總目》卷七十七史部三十三地理類存目六。670 下

譎觚一卷

國朝顧炎武撰。時有樂安李煥章,僞稱與炎武書,駁正地理十事,故炎武作是書以辨之。其論孟嘗君之封于薛,及臨淄之非營邱諸條,皆與地理之學有所補正。

《四庫全書總目》卷七十七史部三十三地理類存目六。673 中

羅浮山志會編二十二卷

國朝宋廣業撰。廣業,字澄溪,長洲人。官山東濟東道。後因其子志益爲端州守,就養官署。以羅浮爲嶺南勝地,而舊志簡略未備,遂重爲考訂。網羅缺逸,增于舊者十之五。陳元龍《序》謂其搜材博,起例精,備而不煩,詳而有體云。

《四庫全書總目》卷七十六史部三十二地理類存目五。666 中

北河續紀八卷

國朝閻廷謨撰。廷謨,孟津人。順治丙戌進士。以工部主事督理河工,因謝在杭舊志而修之。分爲八卷,又附録古蹟、藝文于其後。廷謨《自序》,謂"刪其不宜于今者,增其正行于

浙西水利書一卷

不題編次人姓名。錄前代治水文字,凡奏記、書狀、疏論、或問之類並列焉。計宋文十九首,元文十五首,明文十二首。而宋以前不採,疑爲未成之書。其明文載至弘治間而止,則當在正德時所撰集也。

《四庫全書總目》卷七十五史部三十一地理類存目四。651 上

南中志一卷

舊本題曰晉常璩撰。前有顧應祥《序》,云"此書附在《華陽國志》,近世無傳。升庵楊太史謫居於滇,以其舊所藏本手錄見示"云云。考隋以來《經籍》、《藝文》諸志,並無此書。漢王恢攻南越在建元六年,張騫使大夏在元狩元年,此云"騫以白帝東越攻南越,大行王恢救之"。年分之先後既殊,事蹟亦不知何據。又晉泰始七年分益州置寧州,而此誤云六年。牂牁郡下元鼎六年亦悞作二年。考訂不精,引用無據,或慎所僞撰,未可知也。

《四庫全書總目》卷七十八史部三十四地理類存目七。678 上

天台山志一卷

不著撰人名氏。末稱世祖皇帝封道士王中立爲仁靖純素真人,知爲元人作。又稱前至元間,知爲順帝時矣。其書頗典雅可觀,惟"七十二福地"一條,不引杜光庭書而引《記纂淵海》,則未免稗販之學耳。

《四庫全書總目》卷七十六史部三十二地理類存目五。658 下

武夷山詩集一卷

不著撰人名氏。前《總錄》一篇,述山之得名及歷代興建、封號之事。後雜錄詩二卷,皆游人題詠之什。唐惟李商隱一首,餘宋元人作也。前有後至元三年薩都拉《序》,云"萬年宮提舉張一村攜示"。似即一村所纂輯,其人無可考矣。

《四庫全書總目》卷一百九十一集部四十四總集類存目一。1737 中

職官類

翰苑羣書二卷[①]

宋學士承旨洪遵輯。後有乾道九年遵題記,曰:"翰苑秩清地近[②],沿唐及今[③],爲薦紳榮。遵世蒙國恩,父子兄弟接武而進,爲千載幸遇[④]。曩嘗粹《遺事》一編,遏來建業,以家舊藏李肇、元積、韋處厚、韋執誼、楊鉅、丁居晦洎我宋數公,凡有紀於此[⑤],併梓之木。仍以國朝《年表》、《中興題名》附。"陳振孫《書錄解題》曰:"自李肇而下十一家,及《年表》、《中興後題名》,共爲一書。"此本上卷爲李肇《翰林志》、元積《承旨學士院記》、韋處厚《翰林學士記》、韋執誼《翰林院故事》、楊鉅《翰林學士院舊規》、丁居晦《重修承旨學士壁記》、李昉《禁

林宴會集》,凡七家。下卷爲蘇易簡《續翰志》⑥、蘇耆《次翰林志》⑦、《學士年表》、《翰苑題名》、《翰苑遺事》,凡五種⑧。其《遺書》⑨爲遵所續,不在其數,實止四家。然則《年表》、《題名》之外,所收不過九家,與振孫所記不合。又是書本三卷,此本止上、下二卷。按《文獻通考》所載,尚有張唐著《翰林盛事》一卷、宋李宗諤《翰苑雜記》一卷,若合此二家,正足十一家。豈原本有之,而今佚其一卷耶?

《四庫全書總目》卷七十九史部三十五職官類。683 中

【校記】①二卷,浙本《總目》同,文淵閣《四庫全書》書前提要、殿本《總目》作十二卷。此係篇卷分合不同,內容無差異。　②秩清地近,殿本《總目》同,浙本《總目》作"秩清地禁"。洪遵題記原文作"秩清地禁"。文淵閣《四庫全書》書前提要未引用此洪遵題記。　③及今,殿本《總目》同,浙本《總目》作"迄今"。洪遵題記原文作"迄今"。　④爲千載幸遇,殿本《總目》同,浙本《總目》作"實爲千載幸遇"。洪遵題記原文有"實"字。　⑤凡有紀於此,殿本《總目》同,浙本《總目》作"凡有紀於此者"。洪遵題記原文作"凡有紀於此者"。　⑥續翰志,文淵閣《四庫全書》書前提要、《總目》作"續翰林志",《翰苑羣書》亦作"續翰林志"。　⑦次翰林志,文淵閣《四庫全書》書前提要、《總目》作"次續翰林志",《翰苑羣書》亦作"次續翰林志"。　⑧凡五種,《初目》"種"字上空缺三字。《總目》作"凡五種",今據補。《初目》云:"其《遺書》爲遵所續,不在其數,實止四家。"此語承上而言,除去一家,尚剩四家,知上文所説確爲五家。然《初目》空缺三字,未知何故。　⑨遺書,文淵閣《四庫全書》書前提要、《總目》作"遺事"。

百官箴六卷

宋許月卿著。月卿,字太空,後更字宋士,婺源人。始以軍功補校尉,後換文資就舉,以《易》魁江東,廷對賜進士及第。官至浙西運幹。是書仿揚雄《官箴》而爲之,分曹列職,各申規戒。考《宋史·百官志》,經筵乃言路兼官,二府掾乃樞密中書屬吏,參知政事以門下中書侍郎爲之,登聞院隸①諫議,進奏院隸給事中,俱轄於門下省;軍器監、文思院俱轄於工部。是書既有諫臣,復有經筵,既有後省,復有參知政事,既有工部,復有文思院等官,蓋以殊事區分,非複出也。前有進表,稱"百官箴並發凡、言例共七帙"。而今止六卷。校以次第,實無遺漏。蓋傳錄者合併之耳。

《四庫全書總目》卷七十九史部三十五職官類。687 中

【校記】①隸,《初目》原作"穎",於義無解,文淵閣《四庫全書》書前提要、《總目》作"隸",今據改。

三事忠告不分卷

元張養浩撰。養浩,字希孟,號云莊,濟南人。官至禮部尚書,參議中書省事。天歷中,拜陝西行臺中丞。養浩爲縣令時,著《牧民忠告》。爲御史時,著《風憲忠告》。入中書時,著《廟堂忠告》。本各爲一書,洪武間,黃士宏合三編爲一,而題曰《三事忠告》。所論頗切于實用。

《四庫全書總目》卷七十九史部三十五職官類。687 下

唐六典三十卷

舊本題開元御撰，李林甫奉敕注。書以三師、三公、三省、九寺、五監、十二衛列其職司官佐，敍其品秩，以擬《周禮》。《書錄解題》引韋述《集賢記注》曰："開元十年，起居舍人陸堅被旨修是書。帝手寫白麻紙六條，曰理、教、禮、政、刑、事，令以類相從，撰錄以進。張說以其事委徐堅，思之經歲，莫能定。又委毋煚①、余欽、韋述，始以令式入六司，其沿革並入注中。後張九齡又委苑咸，二十六年奏草上。迄今在書院，亦不行用。"范祖禹《唐鑑》亦曰："既有太尉、司徒、司空，又有尚書省，是政出於二也。既有尚書省，又有九寺，是政出於三也。"蓋自唐虞至周，有六官而無寺監。自秦迄陳，有寺監而無六官。獨此書兼之，故官多重複。今考是書，如林甫注中以諸州祥瑞預立條格，以待奏報之類，誠爲可哂。然一代典章，粲然具備。觀王溥《會要》所載請事者往往援據，韋述謂不②

《四庫全書總目》卷七十九史部三十五職官類。682 上

【校記】①毋煚，文淵閣《四庫全書》書前提要、殿本《總目》同，浙本《總目》作"毋嬰"。　②"韋述謂不"以下，《初目》原缺，文淵閣《四庫全書》書前提要與《初目》此條提要相同，因迻錄如下："施行，未必實錄。祖禹之論則疑以元豐官制全用是書，有激而言，亦非定論也。又《會要》載開元二十三年九齡等撰是書，而《唐書》載九齡以開元二十四年罷知政事，則書成時九齡猶在位，後至二十七年林甫乃注成獨上之。宋陳騤《館閣錄》載書局有經修經進、經修不經進、經進不經修三格，說與九齡蓋所謂經修不經進者。卷首獨著林甫，未爲至公。今仍改題九齡名，以從其實。舊本如是，今亦姑仍之耳。"

秘書志①十一卷

元著作郎王士點、著作佐郎商企翁仝撰。士點，字繼志，東平人。企翁，字繼伯，曹州人。其書成于順帝至正中。凡至元以來建置②沿革、典章故事，無不具載，司天監亦附錄焉。蓋元制司天監隸秘書省也。後列職官題名，以及直長令史，皆識悉詳錄，尤可以資考核。朱彝尊③嘗據以辨吳鄹即張應珍，以大德九年改名，歷秘書少監，非宋遺民，證《吉安府志》之誤。則有稗史學亦多矣，固可以《宋館閣錄》並傳也。

《四庫全書總目》卷七十九史部三十五職官類。684 中

【校記】①秘書志，《欽定續文獻通考》卷一百六十九《經籍考》同，文淵閣《四庫全書》書前提要、《總目》作"秘書監志"。朱彝尊有《書元秘書監志後》，見《曝書亭集》卷四十四。　②建置，《初目》原缺"置"字，今據文淵閣《四庫全書》書前提要等補。　③朱彝尊，《初目》原作"朱尊彝"，今改正。

列卿年表一百三十九卷①

明雷禮撰。禮，字必進，豐城人。嘉靖壬辰進士。官至工部尚書。其書臚列明代職官姓名，起自洪武初，終於嘉靖四十五年。凡內而內閣部院，以至府司寺監長官，外而總督、巡撫，共爲目一百三十有九。皆以拜罷年月爲次，上標人名，而各著其出身里籍於下。每篇各冠以小序，俱稱行實見《事記》，勳德爲《列傳》，似當別有此二書。而今僅存《年表》，蓋欲爲私史未成者。其撰次之體，頗仿志乘，題名雖稱爲"表"，寔不用諸史旁行斜上例也。

《四庫全書總目》卷六十一史部十七傳記類存目三。554 中

【校記】①《列卿年表》一百三十九卷,《總目》著錄有《列卿紀》一百六十五卷,提要云:"是書臚列明代職官姓名,起自洪武初,終於嘉靖四十五年。凡內而內閣部院以至府司寺監長官,外而總督、巡撫,皆以拜罷年月爲次。上標人名,而各著其出身里籍於下爲《年表》。又於《年表》之後附載其居官事蹟爲《行實》。《年表》但以次題名,不用旁行斜上之例。《行實》略仿各史《列傳》,而又不詳具始末,止書其事之大者而已。"其書今存明萬曆徐鑒刻本,篇前有《序》,《年表》、《行實》俱在。《初目》云:"每篇各冠以小序,俱稱行實見《事記》,勳德爲《列傳》,似當別有此二書。而今僅存《年表》。"是《列卿年表》爲《列卿紀》之一部分,而《初目》所見之本僅有《年表》,無《行實》。

符司紀六卷

明尚寶司卿劉日升所輯尚寶司志也。具載典璽事規及各官牙牌,各府衛金牌、令牌之制。後有附錄一卷,則尚寶司丞秦嘉楨所續輯者。日升,廬陵人。嘉楨,德清人。

《四庫全書總目》卷八十史部三十六職官類存目。691 上

南京工部志十八卷

明天啓初編輯。時修兩朝《實錄》,博採志乘。諸部寺舊無志者,咸創爲之。南工部則尚書何熊祥總其事,使南監生上海朱長芳屬草焉。熊祥,字元谷,新會人。萬曆二十年進士。

《四庫全書總目》卷八十史部三十六職官類存目。691 下

留臺雜記八卷

明符驗撰。驗,字大克,號松巖,黃巖人。嘉靖戊戌進士。廣西按察司僉事。是編乃其爲巡按南直隸御史時所作,專記南京御史臺故事。因以上溯列朝設官命職之由,分爲十類,曰《天文》,曰《院址》,曰《院臺》,曰《官制》,曰《職守》,曰《俸秩》,曰《廨宇》,曰《職官表》,曰《宸翰》,曰《碑記》。驗自爲《序》,敘其凡例。然輿地之書動陳星野,已屬影響之談;一官一署而首志天文,其亦迂而鮮要矣。

《四庫全書總目》卷八十史部三十六職官類存目。690 上

吏部職掌無卷數

原本不分卷。其書爲明嘉隆間考功郎黃養蒙、方九功,文選郎王篆先後編輯。詳于各司庶務,累朝沿革,自萬曆以後缺如。蓋猶今之則例也,尚書張瀚爲之《序》。

《四庫全書總目》卷八十史部三十六職官類存目。690 中

土官底簿二卷

朱彝尊《跋》但云抄之鄭氏,不載撰人姓氏。明正德以前雲貴諸省,土司爵氏因襲皆載焉。觀其命名與繕寫之式,疑當時案牘之文,好事者錄存之也。所載雲南百五十一家,廣西百六十七家,四川二十四家,貴州一十五家,湖廣五家,廣東一家,共三百六十三家。其官雖世及,而請襲之時,必以並無世襲之文上請,所奉進止,亦必以姑准任事,仍不世襲爲詞。蓋

欲以是示駕馭之權也。中有相承自元者，亦有謹守邊界流傳以逮今日者。文雖俚淺，而建置源委，一一可徵，存之亦足資考證焉。

《四庫全書總目》卷七十九史部三十五職官類。685 上

目錄類

遂初堂書目一卷

宋尤袤撰。袤，字延之，無錫人。紹興十八年進士。仕至禮部尚書。謚文簡。陳振孫稱其遂初堂藏書爲近世冠。楊萬里集有爲袤作《益齋書目序》，其名與此不同。然《通考》引萬里《序》列《遂初堂書目》條下，知即一書。今此本無此《序》，而有太末毛开平仲一《序》，魏了翁、陸友仁二《跋》。其書分經爲九類，曰《經總類》、《周易類》、《尚書類》、《詩類》、《禮類》、《樂類》、《春秋類》、《論語孝經孟子類》、《小學類》。分史爲十八類，曰《正史類》、《編年類》、《雜史類》、《故事類》、《雜傳類》、《僞史類》、《國史類》、《本朝雜史類》、《本朝故事類》、《本朝雜傳類》、《實錄類》、《職官類》、《儀注類》、《刑法類》、《姓氏類》、《史學類》、《目錄類》、《地理類》。子分爲十二類，曰《儒家類》①、《雜家類》、《道家類》、《釋家類》、《農家類》、《兵書類》、《數術家類》②、《小説類》③、《雜藝類》、《譜錄類》、《類書類》、《醫書類》。集分爲五類，曰《別集類》、《章奏類》、《總集類》、《文史類》、《樂曲類》④。其例略與史志同。惟一書而兼載數本，以資互考，則與史志小異耳。諸書皆不載卷數及撰人，疑傳寫者所刪削，非其原書。其子部別立《譜錄》一門，以收香譜、石譜、蟹錄之類無類可附者，爲例最善。間有分隸未安者，如《元經》本史，而入《儒家》；《錦帶》本類書，而入《農家》；《琵琶錄》本雜藝，而入《樂》之類。亦有一書偶然複見者，如《大歷浙東聯句》一入《別集》，一入《總集》之類。又有姓名訛異，如《玉瀾集》本朱槔作，而稱朱喬年之類。然宋人目錄存於今者，《崇文總目》已無完書，惟此與晁公武志爲最古，固考證家之所必資矣。

《四庫全書總目》卷八十五史部四十一目錄類一。729 下

【校記】①《儒家類》之下，《初目》原直接《數術家類》。按：《遂初堂書目》尚有《雜家類》、《道家類》、《釋家類》、《農家類》、《兵書類》五家。提要云"子分爲十二類"，而所列僅七家，所缺正爲五家。今據補。文淵閣《四庫全書》書前提要、《總目》不誤。　②數術家類，《總目》同，文淵閣《四庫全書》書前提要作"術家類"，文淵閣《四庫全書》書中所錄亦作"術家類"。　③小説類，文淵閣《四庫全書》書前提要、殿本《總目》同，浙本《總目》作"小説家類"。按文淵閣《四庫全書》書中所錄亦作"小説類"。　④樂曲類，文淵閣《四庫全書》書前提要、《總目》均作"樂典類"，誤。文淵閣《四庫全書》書中所錄即作"樂曲類"。

經序錄五卷

明朱睦㮮撰。睦㮮既作《授經圖》，又取諸家説經之書，各采篇首一序編爲一集，以誌其概。頗嫌挂漏，其中如《春秋繁露》實非箋釋訓詁之書，故諸志列之於儒家。茲沿馬氏《通考》之誤，以名列之於《春秋》，亦未免失倫。

《四庫全書總目》卷八十七史部四十三目錄類存目。744 下

金石類

嘯堂集古錄二卷

宋王俅撰。字子弁,一作球,字夔玉,米芾《畫史》又作夔石,未詳孰是。陳振孫《書錄解題》謂李邴《序》祇稱故人長孺之子,未詳其爲何王氏。考邴《序》稱與長孺同鄉關,邴籍濟州任城,則俅爲齊人可知。是編錄古尊彝敦卣之屬,自商迄漢,凡數百種,摹其款識,各以今文釋之。中有古印章數十,其一曰"夏禹"。元吾邱衍謂係漢巫厭水災法印,世俗傳有渡水佩禹字法,此印乃漢篆,故知之。衍精于鑒古,當得其實。又以滕公墓銘"鬱鬱"作兩字書,與古法疊字止作二小畫者不同,因斷其偽。則是書固真贋雜糅,而以資考鑒,尚可與《博古圖》等並存也。

《四庫全書總目》卷一百十五子部二十五譜錄類。982下

紹興內府古器評二卷

宋張掄撰。上卷凡九十八事,下卷凡九十七事。所評皆漢以前物,漢以後者惟梁中大同博山鑪一器而已。考證款式甚詳,而往往不免於附會。如《商木觚》條引王安石說,以木爲仁類,燕享王於仁,故銘以"木"之一字,迂謬難通。其他牽合名字,亦大抵與《博古圖》相等。然所記形製名目,則後來賞鑒家之所據也。掄,字材甫[①],高宗時嘗與曾覿、吳琚以填詞供奉禁庭云。

《四庫全書總目》卷一百十六子部二十六譜錄類存目。996中

【校記】①材甫,《初目》原作"林甫"。按:其書署作"張掄才甫"。"掄"與"才"義相關,"掄才"亦作"掄材"。才甫與材甫同,《總目》作"材甫",今據改。

隸續二十卷

宋洪适撰。适,初名造,後更今名,字景伯。皓之長子。紹興十二年中博學宏詞科。孝宗朝歷尚書右僕射、中書門下同平章事兼樞密使。諡文惠。嘗取古今石刻之存于世者,以今文爲之釋,名曰《隸釋》。此篇蓋補《隸釋》之所備者。其物象、圖式、碑形、字體,無不悉具。魏初近古者亦附焉。地里、年月、姓氏、朝代,考核頗詳,且篆隸體勢悉倣古字,較婁機之《漢隸字源》爲精善。惜九卷、十卷已散佚,非完書矣。

《四庫全書總目》卷八十六史部四十二目錄類二。735中

寶刻叢編二十卷

宋陳思撰。思,臨安書賈。以諸家集古書錄用《九域志》京府州縣繫其名物,而昔人辨証審定之語具著其下。其刻石地里之可考者按各路編纂,未詳所在者附于卷末。宋敏求有《寶刻叢章》三十卷,亦聚古人詩歌石刻,凡一千一百三十篇,今其書不傳。思生南宋之季,雖中原古蹟多出傳聞,然亦可謂典核矣。抄本流傳,第四卷京東北路,第九卷京兆府下,十一卷秦鳳路[①]、河東路,十二卷淮南東路、西路,十六卷荊湖南路、北路,十七卷成都路並佚。十五卷江南東路饒州以下至江南西路,亦佚其半。十八卷梓州利州路惟有渠、巴、文三州,而錯

入京東西路、京西北路。淮南路諸碑。其餘亦多錯簡,今訛者釐正之,而缺者則仍其故焉。

《四庫全書總目》卷八十六史部四十二目錄類二。737 上

【校記】①秦鳳路,《初目》原作"廉鳳路",文淵閣《四庫全書》書前提要、殿本《總目》亦作"廉鳳路"。浙本《總目》作"秦鳳路"。按《寶刻叢編》卷十一作"陝西秦鳳路"。宋無廉鳳路,有秦鳳路,見《宋史》卷八十七《地理志三》陝西。今據改。

金石錄三十卷

宋趙明誠撰。明誠,字德父,諸城人。趙挺之之子。宋自歐陽修集金石文一千卷作《集古錄》後,惟明誠此書最稱該博。是錄前十卷其所得金石文之目錄也,後二十卷明誠所自爲跋尾也。首有明誠《自序》,後有劉跂《後序》及其妻李清照《跋》。明誠集金石文二千卷,而錄中有跋尾者止五百二卷,或以爲未成之書。觀李清照跋中云"二千卷中有題跋者五百二卷耳",蓋當時原非卷卷有題跋也。又考洪邁《容齋四筆》云,《金石錄》龍舒郡庫刻其書,而清照《序》不見取。比獲見元藁於王順伯,因爲撮述大槩,識於是書。據此是宋時刊本原無清照之《跋》。今所傳者乃與《容齋四筆》所載文同,蓋後人即取邁所刪潤而附入之,非其原本矣。

《四庫全書總目》卷八十六史部四十二目錄類二。733 下

天下金石志不分卷

明于奕正撰。奕正,字司直,宛平諸生。是書凡二冊,不分卷帙類別。各省具載金石之所在,搜剔頗勤。其中舉元以前碑刻,一一詳其所在,而略注撰書人姓名,間及年月。蓋陳思《寶刻叢編》之流也。其中間有可議者,如《衡方碑》在山東,而以爲在陝西;唐《顏氏家廟碑》今在西安府儒學,而以爲在曲阜。又杭州府學有宋高祖御書石經,而此志皆遺之,未免太疎。然辨正處亦多可採。奕正初以手稿授楊補,補後付奕正子刻之。前有金鉉《序》,又有劉侗《略述》六則,詞頗儇佻,蓋染竟陵、公安之習者。獨其稱孫雪居誤以李翕《郙閣頌》在冀郡,潁川《荀淑碑》在潁上;周少魯不載董仲舒《漢贊》於真定、《天寧寺隋碑》於宛平,均爲舛謬。奕正此書,正孫本者十四,正周本者十七。則尚爲公論云。

《四庫全書總目》卷八十七史部四十三目錄類存目。748 上

石鼓文正誤二卷

明陶滋撰。滋,字時雨,絳州人。以薛尚功、鄭樵、施宿等石鼓訓釋不免舛謬,因躬詣石鼓旁,詳加考定,用力甚勤。惟其《後序》踵楊慎之説,謂曾見蘇軾摩本六百一十一字,不知其本乃慎僞造,詭云得之李東陽,實則東陽集中固云未見全本也。滋乃據而用之,失考甚矣。

《四庫全書總目》卷四十三經部四十三小學類存目一。374 上

金陵古金石考一卷

明顧起元撰。起元,字太初,江寧人。萬歷戊戌進士第三。官至吏部侍郎,兼翰林院侍讀學士。謚文莊。其書於金陵所有古金石,以年代排纂,各紀所在及撰人、書人姓名,殊鮮考証發明之處。

《四庫全書總目》卷八十七史部四十三目錄類存目。747 中

宣和集古印史八卷

明來行學刊。行學,字顏叔,杭州人。《自序》稱耕于石篝山畔,桐棺裂,得朱箭一函,內蜀錦重封《宣和印史》一卷,素絲玉軸,硃印墨書,蓋南渡以來好事家所寶以自殉者。考輯錄古印,今所見者始於王球《嘯堂集古錄》,其時講金石者未重焉。至元吾邱衍等,乃盛談篆刻製塗之法,未聞所謂《宣和印史》者。況桐棺易朽,何以南宋至明猶存?其爲依託,顯然明白。末二行附題所製印色之價,某種若干,尤爲猥鄙。屠隆作《序》極稱之,亦可異矣。

《四庫全書總目》卷一百十四子部二十四藝術類存目。979 中

金石文字記六卷

國朝顧炎武撰。其書采摭賅備,多出歐陽修、趙明誠二家之外,所正二家訛誤亦皆精審。于唐代石經尤辨別詳悉,勝《金薤琳琅》、《石墨鐫華》諸書。

《四庫全書總目》卷八十六史部四十二目錄類二。740 下

古林金石表三卷

國朝曹溶撰。載古碑存於今者八百餘種。《自序》云:"經以碑,緯以撰者、書者之姓名,及所立之地與世與年,合而成表。"較他家志金石者,特簡要而有條理。

《四庫全書總目》卷八十七史部四十三目錄類存目,書名作《金石表》。748 上

求古錄一卷

國朝顧炎武撰。炎武周流天下,搜金石之文,手自抄纂。凡已見方志者不錄,現有拓本者不錄,近代文集尚存者不錄。上自漢《曹全碑》,下至明建文《霍山碑》,共五十五事。每刻必載全文,蓋用洪适《隸釋》之例。仍皆誌其地里,考其建立之由。古文篆隸,一一注釋其中,官職年月,多可與正史相參,如荼荼、准準、張弨等字,亦可以補正字書之訛。炎武集中別有《金石文字記》,不若此編之詳明也。惟《曹全碑》中平二年十月丙辰干支與《後漢書》不合,炎武未及考論,亦千慮之一失耳。

《四庫全書總目》卷八十六史部四十二目錄類二。740 下

昭陵六駿贊辨一卷

國朝張弨撰。弨,字力臣,山陽人。以《昭陵六馬圖贊》或以爲歐陽詢書,或以爲殷仲容書,趙崡諸家輾轉訛異,因親至其側勘驗。以趙明誠《金石錄》爲據,著爲此編,以訂其誤。

《四庫全書總目》卷八十七史部四十三目錄類存目。748 下

瘞鶴銘辨一卷

國朝張弨撰。弨嘗親至焦山揭原銘,較宋黃長睿、董逌所載者多得八字。其文載汪士鋐所作《瘞鶴銘考》中。

《四庫全書總目》卷八十七史部四十三目錄類存目。748 下

來齋金石刻考略無卷數

國朝侯官林侗于野撰。朱書爲之序。大率與顧炎武《金石文字記》規橅略近,特就其所見著之於書,漢刻如《西峽》等頌皆未及收也。篇首以《岣嶁碑》爲真,亦信古太過矣。

《四庫全書總目》卷八十六史部四十二目錄類二,書名作《來齋金石考》。741 下

漢甘泉宮瓦記一卷

國朝侯官林佶撰。瓦之文曰"長生未央"四字,今拓本具存。而王士正詩注及此卷末張潮跋,均以爲"長生甘泉"四字誤也。瓦爲佶兄侗得於陝西石門山中者。

《四庫全書總目》卷一百六十子部二十六譜錄類存目。1000 上

焦山古鼎考一卷

題云王士祿圖釋,林佶增益,寔則張潮所輯也。鼎在鎮江焦山。士祿所據者程邃之本,佶所據者徐燉之本。二本互有得失,潮則又就寺中重刻石本爲之,益失真矣。

《四庫全書總目》卷一百六十子部二十六譜錄類存目。997 上

史 評 類

史通會要三卷

明陸深撰。深嘗以唐劉知幾《史通》本多訛誤,爲校定之,凡補殘刊謬若干言。又以其《因習》上篇缺佚,乃訂正《曲筆》、《鑒識》二篇錯簡,類爲一篇以還之。復采其中精粹者別纂爲《會要》三卷,而附以後人論史之語,時亦以己見參之。深集中別載《史通》二跋,大略言知幾是非任情,往往捃摭賢聖,是其所短;至於評隲文體亦可謂當。又言知幾嘗謂國史敍事以簡爲主,而其書之冗長乃不少。其議論如此,亦可以見其去取之微旨[①]也。

《四庫全書總目》卷八十九史部四十五史評類存目一。757 上

【校記】①微旨,《總目》無"微"字。

六朝通鑑博議十卷

宋李燾撰。其書詳載三國六朝勝負攻守之跡,而繫以論斷,亦《江東十鑑》[①]之類,專爲南宋立言者。然《十鑑》徒侈地形、張虛詞以厲戰氣。此則得失兼陳,法戒具備,主於修人事以自強,較李心傳所論切實多矣。

《四庫全書總目》卷八十八史部四十四史評類。753 中

【校記】①江東十鑑,《初目》原作"江夏十鑑",文淵閣《四庫全書》書前提要、《總目》作"江東十鑑"。此當指宋李舜臣《江東十鑑》。《四庫全書》本《六朝事迹編類》書前提要、《總目》云"固與《江東十鑑》之虛誇形勝者較爲切實矣",亦可爲證。今據改。

唐史論斷三卷

宋孫甫撰。甫,字之翰,陽翟人。舉進士。歷右正言,遷天章閣待制、河北轉運使兼侍

讀。甫以劉昫《唐書》猥雜失體,改用編年法著《唐記》七十五卷。其間善惡分明可爲龜鑑者,復著論以明焉。甫沒後,《唐記》宣取留禁中,世遂不得見,惟《論斷》獨傳于今。紹興二十七年嘗鋟板于南劍州,端平間蜀板不存,復刻于東陽郡。甫生平自重此書,至于盥手啓笥。卷末載曾鞏、歐陽修所作《墓誌》、《行狀》及司馬光《題跋》、蘇軾《答李廌書》,皆推重之。朱子亦稱其議論勝《唐鑑》也。

《四庫全書總目》卷八十八史部四十四史評類。751 下

通鑑問疑一卷

宋劉羲仲①記其父恕與司馬光答問之語。光修《資治通鑑》時,自請恕爲局僚,遇史事紛錯難治者,輒以委恕。其後《通鑑》成,恕已先沒。羲仲恐後人不知當日往來論說之詳,故作此書。後又附羲仲與范祖禹問難《通鑑》八條,然不載祖禹答辭,豈羲仲之意猶以爲未然耶？觀其所記云,道原在書局,止類事跡,是非予奪之際,一出君實,不備知凡例,蓋隱謂其父所論之例與光不合。然恕所著《通鑑外紀》多采上古久遠難信之事,恕之學誠博矣,其識終不逮光也。

《四庫全書總目》卷八十八史部四十四史評類。752 中
【校記】①劉羲仲,《初目》原作"劉義仲",《直齋書錄解題》、《宋史》及文淵閣《四庫全書》書前提要、《總目》等作"劉羲仲",今據改。提要下文亦並改。

涉史隨筆一卷

宋葛洪撰。洪,字容父,自號蟠室老人,婺州東陽人。從呂祖謙學,登淳熙十一年進士第。歷官至資政殿學士提舉洞霄宮,進大學士,謚端獻①。《宋史》本傳載其②杜範"稱其侃侃守政,有大臣風"。是編《自序》稱於諸史中擇其有裨廟論者,作爲二十六篇,蓋各爲時事而發,亦胡寅《讀史管見》之類。其中論田歆一條,謂"歆果介然自立,人自不敢干之以私。貴戚請託,仍歆之罪",論韋澳一條,謂"是非雖當順乎人情,亦當斷以己見"。皆具有卓識,不可謂之深文,餘則儒者之常談也。

《四庫全書總目》卷八十八史部四十四史評類。753 上
【校記】①歷官至資政殿學士提舉洞霄宮,進大學士,謚端獻,文淵閣《四庫全書》書前提要、《總目》作:"嘉定間官至參知政事觀文殿學士,卒謚端簡。事迹具《宋史》本傳。"按:《宋史》卷四百十五本傳謂"以資政殿學士提舉洞霄宮進大學士","謚端獻"。《初目》所述與之相合。李裕民謂《總目》"《提要》'觀文殿學士'之說不知從何而來。本傳及《故鄉錄》卷一二均稱'卒謚端獻',《提要》作'端簡'亦誤"(《四庫提要訂誤(增訂本)》,2005 年中華書局出版,第 175 頁)。　②其,疑爲衍文。

史評十卷

明范光宙撰。光宙,字霽陽,石門人。自春秋迄南宋,人各爲評,多襲前人緒論,罕所發明。

《四庫全書總目》卷八十九史部四十五史評類存目一。760 下

雪航膚見十卷

明趙弼撰。弼,字輔之,南平人,雪航乃其號也。是書成於正統、景泰間,雜論史事。上自羲農,下及有宋,論多迂闊。卷首有胡肅、陳華、余鐸、陳儀四《序》,亦均村塾陋語也。

《四庫全書總目》卷八十九史部四十五史評類存目一。760 上

史懷十七卷

明鍾惺撰。其書上自《左傳》、《國語》,下及《三國志》,隨事摘錄,斷以己見。雖間有創獲,而偏駁者多。

《四庫全書》卷九十史部四十六史評類存目二。763 下

讀史漫錄十四卷

明于慎行撰。其書評論歷代史事,起伏羲氏,至遼金元,所論無甚乖舛,亦無所闡發。前有萬歷甲寅黃體仁《序》。目錄後有門人郭應寵《題識》,稱是書先梓於閩,未經讐校。後其子君圖與《筆麈》同鋟以行。應寵又於慎行遺稿中搜得讀史五十通補入云。

《四庫全書》卷九十史部四十六史評類存目二。762 下

元羽外編①四十六卷

明眉州張大齡著。集中《史論》四卷,首《正統論》,次雜論延陵季子、晏平仲等二十餘人。又《説史雋言》十八卷,分《禎應》至《雅譚》爲二十四類。雜採史文,斷以己説。又《晉五胡指掌》②六卷,《唐藩鎮指掌》六卷,皆抄撮《晉書·載記》、《唐書·藩鎮傳》而成。《隨筆》八卷,《支離漫語》四卷,俱評騭史事,大都穿鑿附會,無所發明。其論正統,欲以漢配夏,以唐配商,以明配周,而盡黜晉與宋③,尤爲紕繆。

《四庫全書》卷九十史部四十六史評類存目二。764 上

【校記】①《元羽外編》,浙本《總目》同,殿本《總目》書名誤作《左羽外編》。 ②《晉五胡指掌》,爲避忌,《總目》改作"《晉十六國指掌》"。 ③宋,殿本《總目》同,浙本《總目》作"宋元"。

宋紀受終考三卷

明程敏政撰。敏政《篁墩集》中有《宋太祖太宗授受辨》一篇,專辨僧文瑩《湘山野錄》誣太宗燭影劃斧之事。末自注云,猶恐考核未精,故別成是書。然觀《野錄》所言,並非確指,徒以太宗即位以後,凡所作爲,皆足以啓他人之附會,故雖李燾《長編》亦因文瑩之言,遂成疑案。宋濂、黃溍始首辨其誣。敏政是書,又博採諸書同異,一一辨證以明之,實可以不必也。

《四庫全書總目》卷八十九史部四十五史評類存目一。760 中

涉覽屬比四卷

明朱文撰。文,睢州人。末有自跋,稱書成於正德乙巳。然正德紀年無乙巳,或己巳誤也。是書每條以古人二事相似者合而論之,事皆習見,議論亦膚淺。自跋謂:"事之同異,未

得以類而論；時之先後，弗克以次而序，以是爲歉。"蓋欲爲類書而未成云。

《四庫全書總目》卷一百三十七子部四十七類書類存目一。1166 中

元史闡幽一卷

明許浩撰。浩，字復齋，餘姚人。以貢生官桐城教諭。前有弘治十七年錢如京《序》。大抵皆取《續綱目》所書而論斷之，凡五十二條。持論雖正，不免迂僻[①]，蓋亦張時泰、周禮之流也。

《四庫全書總目》卷八十九史部四十五史評類存目一。760 中

【校記】①不免迂僻，《總目》作"不免於偏駁"。其下"蓋亦張時泰、周禮之流也"句，《總目》無。

學史十三卷

明邵寶撰。其書乃寶提學江西時所作。自周迄元，凡讀史所得則記之。寶自名"日格子"，取程子"日格一物"之義。論皆平正，不失爲儒者之言。

《四庫全書總目》卷八十八史部四十四史評類。755 上

史詮五卷

明程一枝撰。一枝，字巢父，休寧人。是編專釋《史記》字句，校考諸本，頗有發明。惟參雜時人評語，頗近鄉塾陋本。體例亦有過於膠固者，如欲據《荀子》、《樂記》刪改《禮書》、《樂書》之類，皆不可據爲定論也。

《四庫全書總目》卷四十六史部二正史類二。416 下

青油史漫二卷

明茅元儀撰。其書雜論史事，多爲明季而發。如稱漢高祖令吏敬高爵，則爲當時輕武而言。詆魏徵抑法以沽直，太宗矯情以聽諫，則爲當時科道橫議而言。論西漢亡於元帝，東漢亡於章帝，則爲神宗而言。亦胡寅《讀史管見》借事抒議之類，而矯枉過正，故其詞多失之偏僻。

《四庫全書總目》卷九十史部四十六史評類存目二。764 下

史通通釋二十卷

國朝浦起龍撰。起龍，字二田，無錫人。《史通》注本，舊有郭延年、王維儉、黃叔琳三家，遞相增損，互有短長。起龍是注，較三家爲晚出，雖亦仍有疎漏，如"秦人不死"事不知出《洛陽伽藍記》，"蜀老猶存"事不知出《魏書·毛修之傳》，"闌單失力"字不知出《清異錄》之類。然大致引據詳明，足稱該洽。惟輕於改竄古書，往往失其本旨。如《六家篇》內《尚書》條中，"語無可述"四字之下，"若此"二字之上，乃有脫句，而改"此"字爲"止"，又爲增一"有"字。又如《列傳篇》內"項王立傳而以本紀爲名"句，"立"字不誤，而乃臆改爲"宜"。此類至多，皆失詳慎。又句解章評，參差夾註，如選刻制藝之例，于註書之體亦乖。惜其不一評一註，鼇爲二書，使離之雙美也。

《四庫全書總目》卷八十八史部四十四史評類。751 中

史記疑問一卷

國朝邵泰衢撰。《史記》采衆説以成書，援引浩博，不免牴牾。班固嘗議其宗旨之乖，劉知幾頗摘其體例之謬。至其敍述之罅漏，先儒雖往往疑之，而未有專著一書抉其疎舛者。泰衢獨旁引異同，而一一斷之以理，足祛讀《史》之惑，不但如吳縝之糾《新唐書》，祇求之字句間也。是書本與所作《檀弓疑問》合爲一編。今以《檀弓疑問》入《經部》，而是書析入《史部》，俾各從其類焉。

《四庫全書總目》卷四十五史部一正史類一。400 下

帝皇龜鑑三十四卷

舊本題宋王欽若撰。前有欽若《自序》。考宋以來史志書目皆不著録，詳檢其文，即《策府元龜》中帝王一部，其序即欽若等總論也。僞妄剽竊之書，本不足辨，而既有傳本，恐滋疑誤，是以存而論之。

《四庫全書總目》卷一百三十一子部四十一雜家類存目八。1116 上

[史通二十卷][1]

孔實爲狂談，雖瑕瑜不掩，未可以此遽廢其書，亦不必執浦起龍之説一一曲爲之詞也。此書初行郭延年本，後行王惟儉本，後行黃叔琳本，近多行浦起龍本。雖訛字闕文，各有校正，而竄亂者亦復不少，浦本改字尤甚。此本爲内府所藏舊刻，未有注文，視諸家猶爲近古。其中《點煩》一篇，諸本並佚其朱點，此本亦同，無可校補，姑仍之焉。

《四庫全書總目》卷八十八史部四十四史評類。750 下

【校記】[1]《史通》二十卷，《初目》本篇提要爲殘篇，缺書名及開頭部分。兹據《總目》標注書名，所缺提要未予補出，僅録所存部分。

故事類

大唐開元禮一百五十卷

唐太子太師同中書門下三品兼中書令蕭嵩等奉敕撰。杜佑《通典》及新、舊《唐書·禮志》稱："唐初禮司無定制，遇有大事，輒制一儀，臨時專定。開元中，通事舍人王嵒上疏，請刪削《禮記》舊文，益以今事。集賢學士張説奏：'《禮記》不刊之書，難以改易，請取貞觀、顯慶禮書，折衷異同，以爲唐禮。'乃詔右散騎常侍徐堅、左拾遺李鋭、太常博士施敬本撰述，歷年未就。至蕭嵩爲學士，復奏起居舍人王仲邱等撰次成書，由是唐之五禮始備。"即此本[1]也。其書卷一至卷三爲《序例》，卷四至七十八爲《吉禮》，卷七十九、八十爲《賓禮》，卷八十一至九十爲《軍禮》，卷九十一至一百三十爲《嘉禮》，卷一百三十一至一百五十爲《凶禮》。凶禮古居第二，而退居第五者，用貞觀、顯慶之舊制也。貞元中，詔以其書設科取士，習者先授太常官，以備講討，則唐時已列之學官矣。新、舊《唐書·禮志》皆取材是書，而所存僅十之三四。杜佑撰《禮典》[2]，別載《開元禮纂類》[3]三十五卷，比《唐志》差詳，而即目亦多未備。

獨此書討論古今,斟酌損益,粲然一代典章。故周必大《序》稱:"朝廷有大疑,稽是書而可定。國家有盛舉,即是書而可定④。"誠考禮者所必資矣⑤。又《新唐書·藝文志》載修《開元禮》者尚有張烜、陸善經、洪孝昌諸人名,而《通典·纂類》中所載五嶽、四瀆名號及《衣服》一門,間有與此書相出入者,亦並足以備參考云。

《四庫全書總目》卷八十二史部三十八政書類二。701 下

【校記】①此本,文淵閣《四庫全書》書前提要、殿本《總目》同,浙本《總目》作"此書"。②禮典,文淵閣《四庫全書》書前提要、《總目》作"通典"。文淵閣《四庫全書》書前提要等是就杜佑所著全書而言,《初目》是就杜佑《通典》中一個門類而言。　③開元禮纂類,《總目》同,文淵閣《四庫全書》書前提要作"開元禮纂",脫"類"字。《通典》卷一百六《禮》六十六至《通典》卷一百四十《禮》一百,爲《開元禮纂類》三十五卷。　④可定,文淵閣《四庫全書》書前提要、《總目》作"可行",與周必大《序》同。《初目》有誤。⑤所必資矣,文淵閣《四庫全書》書前提要、《總目》作"之圭臬也"。

政和五禮新儀二百二十卷

宋徽宗時議禮局官、知樞密院鄭居中等撰。前有徽宗御製《序》,題"政和新元三月一日",蓋政和改元之年。錢曾《讀書敏求記》誤以"新元"爲"心元",遂以爲不知何解,謬也。次列局官隨時酌議科條及逐事《御筆指揮》,商榷損益,如凡例然。次列《御製冠礼》,蓋當時頒此十卷爲格式,故以冠諸篇。次爲《目錄》六卷。次爲《序例》二十四卷,禮之綱也。次爲《吉禮》一百一十一卷;次爲《賓禮》二十一卷;次爲《軍禮》八卷;次爲《嘉禮》四十二卷,升《婚儀》于《冠儀》前,徽宗所定也。次爲《凶禮》十四卷,惟官民之制特詳焉。是書頗爲朱子所不取。自《中興禮書》既出,遂格不行,故流傳絕少。今本第七十四卷、第八十八卷至九十卷、第一百八卷至一百十二卷、第一百二十八卷至一百三十七卷、第二百卷,皆已佚。第七十五卷、九十一卷、九十二卷亦佚其半。然北宋一代典章,如《開寶禮》、《太常因革禮》、《禮閣新儀》,今俱不傳,惟是書僅存,亦考掌故所必資也。

《四庫全書總目》卷八十二史部三十八政書類二。702 中

太平治迹統類不分卷

宋彭百川撰。百川,字叔融,眉山人。是書凡八十八門,皆宋代典故。《通考》載《前集》四十卷,又《後集》三十三卷,載中興以後事。此本乃朱彝尊自焦竑家抄傳,但有《前集》,不分卷數。又中間訛不勝乙。彝尊跋謂焦氏"卷帙次第爲裝訂者所亂,備書人不知勘正,別用格紙抄錄①,以致接處文理不屬"也②。初,紹興中江少虞作《皇朝事實類苑》,□□中□□③又作《皇朝事實》,與百川此書,皆分明④隸事。少虞書採摭雖富,而俳諧瑣事,一一兼載,體例頗近小說。□□書⑤於典制特詳,記事頗略,且久無傳本,僅散見《永樂大典》中。惟此書於朝廷大政及諸臣事迹,敍述特詳,多可與史傳相參考。雖傳寫久訛,而規模終具。闕其斷爛之處,而取其可以考見端委者,固與李心傳《建炎以來朝野雜記》,均一代記載之林也。

《四庫全書總目》卷五十一史部七雜史類。465 上

【校記】①抄錄,文淵閣《四庫全書》書前提要、殿本《總目》缺此二字,浙本《總目》有。

朱彝尊《曝書亭集》卷四十五《眉山彭氏太平治迹統類跋》有此二字。　②也，殿本《總目》同，浙本《總目》無此字。文淵閣《四庫全書》書前提要作"是也"。　③□□中□□，《初目》此處空缺四字，文淵閣《四庫全書》書前提要等作"李攸"。　④分明，文淵閣《四庫全書》書前提要、《總目》作"分門"，甚是。　⑤□□書，《初目》此處空缺二字，文淵閣《四庫全書》書前提要、《總目》作"攸書"。

玉堂雜紀二卷

宋周必大撰。《自序》稱"兩入翰苑，首尾十年，自權直院至學士承旨，皆徧爲之"，故於一朝掌故言之最詳。舊編入《平園集》中。然觀紹熙中丁朝佐、蘇森二跋，則當日亦自別行也。

《四庫全書總目》卷七十九史部三十五職官類。683下

聞見前錄二十卷

宋邵伯溫撰。伯溫，字子文，邵子之子。猶及見元祐諸耆舊，故於當時朝政，具悉端委。是書成於紹興二年，前十六卷記太祖以來故事，而於王安石新法始末及一時同異之論，載之尤詳。其論洛、蜀、朔三黨相攻，惜其各立門戶，授小人以間。又引程子之言，以爲變法由於激成，皆平心之論。其記燈籠錦事出文彥博之妻，於事理較近。其記韓、富之隙由撤簾不由定策，亦足以訂強至《家傳》之訛。周必大跋《呂獻可墓誌》，謂伯溫是書"頗多荒唐，凡所書人及其歲月，鮮不差誤"。殆好惡已甚之詞，不盡然也。十七卷多記雜事，其洛陽、永樂諸條，多寓麥秀黍離之感。十八卷至二十卷皆記邵子之言行，而殤女轉生、黑猿感孕，意欲神奇其父，轉涉妖誣。又記邵子之言，謂老子得《易》之體，孟子得《易》之用，文中子以佛爲西方聖人，亦不以爲非，似乎附會。至投壺一事，益猥瑣不足紀。蓋亦擇焉不精者，取其大旨可爾。

《四庫全書總目》卷一百四十一子部五十一小説家類二。文淵閣《四庫全書》書名作《聞見錄》。1198中

紹熙州縣釋奠儀圖一卷

宋淳熙中朱子守南康，申請頒下州縣釋奠儀式。嗣以其書多牴牾，復於臨漳條奏，長沙刪定，牒學施行在紹熙五年，即此編也。前載二項指揮一段，後從祀列周子以下至呂祖謙，載咸淳三年改定位次，則又後人因原書而續編者。其出自誰手，無可考矣。

《四庫全書總目》卷八十二史部三十八政書類二。702下

補漢兵志一卷

宋錢文子撰。文子，字文季，樂清人。紹興三年由上舍釋褐出身，由吏部員外郎兼國史院編修官，歷宗正少卿。後退居白石山下，自號白石山人。宋初懲五代之弊，收天下甲兵，悉萃京師，謂之禁軍。輾轉增益，至於八十餘萬。而虛名冒濫，寔無可用之兵。南渡以後，倉皇補苴，招聚彌多，而冗費亦彌甚。文子以漢承三代之後，去古未遠，猶有寓兵於農之意，而班史無志，因摭其本紀、列傳及諸志之中載及兵書者，裒而編之，附考證論斷，以成此書。卷首

有其門人陳元粹《序》,述其作書之意甚詳。蓋爲宋事立議,非爲《漢書》補亡也。朱彝尊跋稱"其言近而旨遠,詞約而議該,非低頭拱手,高談性命之學者所能"。然兵農既分以後,其勢不可復合。必欲强復古制,不約以軍律,則兵不足恃;必約以軍律,則兵未練而農先擾。故三代以下,但可以屯種之法寓農于兵,不能以井田之制寓兵于農。文子所論,所謂言之則成理,而試之則不可行者。即以宋事而論,數十萬之衆,久已仰食于官。如一旦汰之歸農,勢不能靖。如以漸而損之,則兵未能遽化爲農,農不能遽化爲兵。倉卒有事,何以禦之。此又明知其弊而不能驟革者也。以所論切中宋制之弊,而又可補《漢志》之闕,故仍錄之,以備參考焉。

《四庫全書總目》卷八十二史部三十八政書類二。710 下

漢制考四卷

宋禮部尚書王應麟撰。以漢人經注、吳韋昭《國語注》及《説文》所載漢制摘出編次,以補兩《漢書》之遺。漢人説經,多以當代之事證明古典,唐時爲疏義者,時異事殊,方言迥異,往往不得其詳。如《周禮疏》不知"步䌛"、"假紒"及"五夜",《儀禮疏》不知"偃領"之類,不一而足。應麟爲旁引證明,其説甚善。又《周禮·太史職》注云"太史抱式",疏謂"占文謂之式"。應麟則别引《藝文志·羡門式法》以解之。考式者,候時之儀器。《史記·日者傳》"旋式正棊",《漢書·王莽傳》"天文郎按拭於前,日時加某",皆指此器。應麟所引其義爲長。惟《士師職》[①]注云:"三公出城,郡督郵盜賊道。"蓋漢時郡掾分部屬縣爲督郵,其分治各曹者亦名督郵,故《朱博傳》云"爲督郵書掾"。此督郵盜賊,蓋掾主捕盜賊者。其不加"掾"字,猶《巴郡太守張納碑陰》書"督盜賊枳李街"也。此職又主爲三公導行,疏乃謂"使舊爲盜賊之人,督察郵行往來",於義爲誤。應麟亦用其説,則偶未考證爾。

《四庫全書總目》卷八十一史部三十七政書類一。696 上

【校記】① 士師職,文淵閣《四庫全書》書前提要、殿本《總目》同,浙本《總目》作"鄉士",是也。此注見《周禮·鄉士》注。

唐會要一百卷

宋司空同平章事監修國史王溥等撰。初唐蘇冕嘗次高祖至德宗九朝之事爲《會要》四十卷,宣宗大中七年,又詔楊紹復等次德宗以來事爲《續會要》四十卷,以崔鉉監修。而宣宗以後尚闕,溥因復採宣宗至唐末事續之,爲新編《唐會要》一百卷。建隆二年正月奏御,詔藏史館。書凡分條目五百十有四,於唐代沿革損益之制,極其詳核。官號内有識量、忠諫、舉賢、委任、崇獎諸條,亦頗載事跡。其細項典故之不能概以定目者,則别爲雜錄,附於各條之後。又間載蘇冕駁議,義例該備,有裨考證。今僅傳抄本,脱誤頗多。八卷目爲"郊儀",而所載乃南唐事;九卷目爲"雜郊儀",而所載乃唐初奏疏,皆與目不相應。七卷、十卷亦多錯入他文。此必原本已缺,而後人妄行竄入者也。

《四庫全書總目》卷八十一史部三十七政書類一。694 中

通祀輯略三卷

不知何人所編。載歷代尊事孔子一切禮儀,起魯哀公,迄宋咸淳三年,凡三卷。上卷分

《謚號》、《廟祀》、《殿額》、《坐像》、《冕服》、《封爵》、《位序》、《配享》八門；中卷分《從祀》、《鄉賢》二門；下卷分《釋奠》、《樂章》、《曲阜廟》、《幸學謁廟》、《告遷奉安》五門。

《四庫全書總目》卷八十三史部三十九政書類存目一。715 上

回鑾事實一卷

宋万俟卨撰。紹興十二年，宣和太后至自金。卨新爲參知政事，紀事獻頌，稱爲千載一時之榮遇。蓋貢諛之詞，非其事實也。

《四庫全書總目》卷五十二史部八雜史類存目一。471 上

建炎以來朝野雜記四十卷

宋工部侍郎李心傳撰。其書有甲乙二集，各二十卷，分《上德》、《典禮》、《制作》、《朝事》、《時事》、《故事》、《雜事》、《官制》、《取士》、《財賦》、《兵馬》、《邊防》十二門[①]。雖以"雜記"爲名，實會要體也。心傳所作《建炎以來繫年要錄》記載最詳，此更補《要錄》所未及，多有馬端臨《文獻通考》、章俊卿《山堂考索》及《宋史》所遺者，亦一朝掌故之書也。故《通考》稱爲"南渡以來野史之最詳者"。又張端義《貴耳三集序》稱心傳告以《朝野雜記》丁、戊二集將成[②]，則是書尚不止於二集，今不可見矣。

《四庫全書總目》卷八十一史部三十七政書類一。695 中

【校記】①"分……十二門"，文淵閣《四庫全書》書前提要、《總目》作："甲集二十卷分《上德》、《郊廟》、《典禮》、《制作》、《朝事》、《時事》、《故事》、《雜事》、《官制》、《取士》、《財賦》、《兵馬》、《邊防》十三門。乙集二十卷，少《郊廟》一門，而末卷別出《邊事》，亦十三門。" ②告以《朝野雜記》丁、戊二集將成，文淵閣《四庫全書》書前提要、《總目》同。宋張端義《貴耳集》卷上云："余從江湖遊，接諸老緒餘，半生鑽研，僅得《短長錄》一帙。秀巖李心傳先生見之，則曰余有《朝野雜錄》至戊、己矣，借此以助參訂之闕。"所説與此不同。

朝野類要五卷

宋趙昇撰。昇，字文昌，爵里無考。觀其書三稱慶元條格，則寧宗以後人也。其書徵引朝廷故事，以類相從。一《班朝》，二《典禮》，三《故事》，四《稱謂》，五《舉業》，六《醫卜》，七《入仕》，八《職任》，九《法令》，十《政事》，十一《帥幕》，十二《降免》，十三《憂難》，十四《餘紀》。逐事又各標小目，而一一詳詮其說，體例近蔡邕《獨斷》。宋至今五六百年，其一時吏牘之文與縉紳沿習之語，多與今殊，是書逐條解釋，開卷瞭然，亦有功於考證者也。

《四庫全書總目》卷一百十八子部二十八雜家類二。1024 上

大金集禮四十卷

是書無編輯年月姓氏。考金世宗時嘗命官參校唐宋故典沿革，彙次上之。至章宗明昌初書成，凡四百餘卷，名曰《金纂修雜錄》。今其書不傳，此書則又在明昌之前，惟見于《金史·張行簡傳》。而纂輯之詳弗著，以其時核之，當是大定末年所編次也。自尊號、冊謚以及祠祀、朝會、燕饗諸儀節燦然悉備。《金史》諸志全本於此，而賴是書補闕者尚多。若祭方

邱儀,是書有前祭二日太尉告廟之儀,而《金史》則未之載。又《金史》云:"設饌幕於內壇東門之外,道北南向。"考之此書,則陳設饌幕乃有東門、西門二處。蓋壇上及神州東方、南方之饌陳於東門外,西方、北方之饌陳於西門外。《金史》獨載設於東門外者,于禮爲舛,未若此本之完善也。惟第十卷載夏至日祭方邱儀,而"圜邱郊天儀"獨闕。考金自天德以後,並祀南北郊,大定、明昌,其制漸備。編書者既載北郊儀注,不應反遺南郊,當爲脫佚無疑耳。

《四庫全書總目》卷八十二史部三十八政書類二。703 上

元典章前集六十卷新集未分卷

元英宗時官撰。《前集》載世祖即位至延祐七年英宗初政。其綱凡十,曰《詔令》,曰《聖政》,曰《朝綱》,曰《臺綱》,曰《吏部》,曰《戶部》,曰《禮部》,曰《兵部》,曰《刑部》,曰《工部》。其目凡三百七十有三,每目之中又各分條格。《新集》體例略仿《前集》,皆續載英宗至治元二年事。此書始末,《元史》不載,惟載至治二年金帶御史[①]李端言:"世祖以來以定[②]制度,宜著爲令,使吏[③]不得爲奸,治獄有所遵守。"英宗從之。書成,名曰《大元通制》,頒行天下,凡二千五百三十九條。計其時代,正與此書相同,而二千五百三十九條之數,則與此書不相應。卷首所載中書省劄亦不相合。蓋各爲一編,非《通制》也。所載皆案牘之文,兼雜方言俗語,觀省劄中有"置簿編寫"之語,知此書乃吏胥鈔記之條格,冗雜特甚,蓋有由矣。

《四庫全書總目》卷八十三史部三十九政書類存目一。713 下

【校記】①金帶御史,姚鼐分纂稿並《總目》均同。按:《元史》卷二十八《本紀英宗二》至治二年十一月戊申云:"賜戍北邊萬戶、千戶等官金帶。御史李端言:'朝廷雖設起居注,所錄皆臣下聞奏事目。上之言動,宜悉書之,以付史館。世祖以來所定制度,宜著爲令,使吏不得爲奸,治獄者有所遵守。'並從之。"是"金帶御史"不當連讀,金帶非御史所服腰帶。陳垣《元典章校補》卷首《四庫全書總目提要》校語指出:"'金帶'二字應屬上爲句。"(1931 年國立北京大學研究所國學門鉛印本,第 1 頁)所說甚是。明陳邦瞻《元史紀事本末》卷二謂"英宗至治二年十一月御史李端言"云云,"御史"之上即無"金帶"二字。然姚鼐分纂稿此條已誤作"金帶御史"(《惜抱軒書錄》卷二《史錄》)。陳垣《元典章校補》卷首《姚惜抱書錄》校語云:"金帶御史之誤,《四庫總目》實沿自姚氏。"(第 2 頁)　②以定,《元史》作"所定",姚鼐分纂稿、《總目》亦作"所定"。　③使吏,《初目》原作"使史",非。姚鼐分纂稿作"使吏",甚是。使吏,即給使役的吏。《荀子》卷七《王霸篇》云:"尺寸尋丈,莫得不循乎制數度量然後行,則是官人、使吏之事也。"楊倞注道:"官人,列官之人;使吏,所使役之吏。"李端所說即此意,《初目》作"使史"則於義無解。《元史》、《總目》亦作"使吏"。今據改。

飲膳正要三卷

元飲膳太醫哈斯罕[①]撰。前有天歷三年哈斯罕進書奏,稱世祖[②]設掌飲膳太醫四人,於《本草》內選無毒,無相反,久食補益藥味,與飲食相宜,調和五味[③]。及以每日所造珍品御膳,所職何人,所用何物,標注于歷,以驗後效。哈斯罕自延祐間選充是職[④],因以進用奇珍異饌、湯膏煎造及諸家本草名醫方術,並日所必用穀肉果菜,取其性味補益者,集成一書。虞集奉敕爲之序。所言皆當時之制,其中如鄒店井水之類,頗足以資考證。惟"神仙服食"一

門,詞多荒誕。

《四庫全書總目》卷一百十六子部二十六譜錄類存目。1001 下

【校記】①哈斯罕,《總目》作"和斯輝",並有注云:"原作忽思慧,今改正。"其書今有明景泰七年內府刻本,卷首"進書奏"署名作"忽思慧"。 ②世祖,《初目》原作"世補",於文無解。"進書奏"、《總目》作"世祖",今據改。 ③五味,《初目》原作"五味味",衍一"味"字。"進書奏"、《總目》均作"五味",今據刪。 ④是職,《初目》原作"職是",今據《總目》改。

孔廟禮樂考六卷

明瞿九思撰。九思,字睿夫,黃梅人。事迹具《明史》本傳。是書於孔廟禮樂沿革同異考證頗詳,勝他家抄撮舊文有同簿籍者。惟二卷以從祀諸弟子編爲歌括,殊乖體例。

《四庫全書總目》卷八十三史部三十九政書類存目一。717 中

七國考十四卷

明董説撰。載秦、齊、楚、趙、韓、魏、燕七國事迹。分《職官》、《食貨》、《都邑》、《宫室》、《國名》、《羣禮》、《音樂》、《器服》、《雜記》、《喪制》、《兵制》、《刑法》①。載記事迹者較多,記其典故者殊少。是書以《會要》之體,彙其制度,洵能留心考據者。説所著書最多,大都博而未純,惟此可稱盡善。

《四庫全書總目》卷八十一史部三十七政書類一。697 下

【校記】①刑法,文淵閣《四庫全書》書前提要、《總目》其下尚有"《災異》、《瑣徵》等十四門"數字。《七國考》十四卷,卷各一類,《初目》所列僅十二類,所缺即《災異》、《瑣徵》兩類。

漕書一卷

明張鳴鳳撰。鳴鳳,字羽王,豐城人。官至府通判郎,嘗撰《桂勝》及《西遷注》者。是書專論漕運利弊,分爲八篇,曰《漕政》、《漕司》、《漕軍》、《漕河》、《漕海》、《漕船》、《漕倉》、《漕刑》,力主海運之利。又以漕船工料不堅,入水易破,欲採木川湖,大治萬餘艘,斥餘材以支數十年用。又以丹陽、京口並出於江,水淺船多,欲別開運道,由孟瀆趨白塔河至揚州。其説類多難行。

《四庫全書總目》卷八十四史部四十政書類存目二。722 下

洲課條例一卷

明南京工部營繕司員外郎王侹撰,主事莊朝賓爲之序。明代自鎮江至九江,沿江洲課,皆隸南工部。後以其有影射吞占之弊,復設官以董之。《明史·食貨志》未詳其法,蓋以其併入地糧內也。是編乃嘉靖中侹爲督理時所輯。首載敕諭及課銀數目、取用條例,次載奏准事例八條,部司酌議事宜九條,可以考見一時之制。

《四庫全書總目》卷八十四史部四十政書類存目二。722 下

古今鹺略九卷鹺略補九卷

明汪珂玉[①]撰。珂玉,字玉水,新安人,僑居嘉興。崇禎中官山東鹽運使判官。是書前後兩編,卷首皆有《自序》。《鹺略》九卷,凡分《生息》、《供用》、《職掌》、《會計》、《政令》、《利弊》、《法律》、《徵異》、《雜考》九門,名曰《九府》。《鹺略補》亦按九門分類拾遺。珂玉當明季匱乏之時,欲復漢牢盆之制,而用宋轉般之法。其意雖善,而於勢恐不可行。其所徵引,務爲浩博,多蒐古典,未必切於後來,旁及遐荒,亦無關於中國。儒生之論,以爲談助可矣。

《四庫全書總目》卷八十四史部四十政書類存目二。724下

【校記】①汪珂玉(《初目》原作"汪珂王","王"字乃"玉"字之誤,今改),《總目》作"汪砢玉",並注云:"《明詩綜》作珂玉,字之悞也。"其《古今鹺略》前後兩編今存清抄本,其《自序》均作"汪砢玉"。其《珊瑚網》四十八卷收入《四庫全書》,亦作"汪砢玉"。然《欽定續通志》卷一百五十九《藝文略》、《欽定續文獻通考》卷一百六十八《經籍考》均作"汪珂玉"。

太常總覽無卷數

明金賁仁編。原本不分卷,凡爲四冊。賁仁本道流,嘉靖初爲太常寺少卿,以當時所行祀禮,分別圖註上之。書雖詳明,然大抵其時黷祀也。

《四庫全書總目》卷八十三史部三十九政書類存目一。716下

絲綸捷要便覽一卷

不知何人編輯。乃明萬歷、天啟中內閣票旨成式,以曹司爲次,分類標載。蓋兩房中書舍人所抄撮而成者。末載秋審題本,亦一時案牘之文。然觀其所措施,可以知其政矣。

《四庫全書總目》卷五十六史部十二詔令奏議類存目。504上

海運新考三卷

明梁夢龍撰。夢龍,字乾吉,真定人。嘉靖癸丑進士。歷官吏部尚書,諡貞毅[①]。隆慶末,夢龍巡撫山東,適徐、邳間漕河淤塞,廷議請復海運。下夢龍任其事,檄青州道潘允端[②]等履勘試行之。南自淮安端至膠州[③],北自海倉口至天津,三千三百餘里[④],運米二千石,舟行無礙,因爲條具以奏。既而運道報復,夢龍亦遷秩去,其議遂寢。因取前後疏議、奏記、考說輯成是書。其論海道曲折,頗爲詳備。自邱濬爲《大學衍義補》[⑤]極言海運之利,明人多主其說,而迄無成效。亦可見一時權宜之法,未可恃爲永計也。

《四庫全書總目》卷八十四史部四十政書類存目二。723上

【校記】①貞毅,《總目》作"貞敏",是也。張廷玉等修《明史》卷二百二十五本傳云:"崇禎末追諡貞敏。" ②潘允端,《初目》原作"潘允"。按:本書今存明萬曆刻本,卷上"咨訪海道二"所記爲"青州兵備道副使潘允端",今據補。《總目》作"潘允端"。 ③南自淮安端至膠州,《初目》原作"南自自安端至膠州",於義無解。本書卷上《海運蠡測》云"南自淮安至膠州",《總目》與此同,今據改。 ④三千三百餘里,《總目》作"三千二百餘里",非是。其書卷下《海防覆議》等處,多次說到"自淮安起至天津止,共

計三千三百餘里"。　⑤大學衍義補，《初目》原作"大學衍義"。按：邱濬所著名"大學衍義補"，《總目》即作此名。今據補。

北新鈔關志十六卷

明萬曆己未丹陽荆之琦撰。分十六門，其《建置》、《命遣》、《禁令》、《經制》、《則例》、《課額》、《責委》、《鈴轄》、《區行》、《利弊》、《因革》、《宦蹟》、《公署》、《人役》十五門①，皆關政之所當考。其《藝文》一門，亦沿《淮關志》之例。

《四庫全書總目》卷八十四史部四十政書類存目二。724 中

【校記】①十五門，《總目》作"十四門"。按：此處列舉門類，確爲十四，如加《藝文》一門，則全書總共應爲十五門。然《初目》、《總目》均稱全書"分十六門"，未知何故。其書今已不存，門類及名稱已無從考究。

淮關志八卷

明嘉靖丁未南京戶部員外郎馬麟撰。凡分八門，其《建置》不敘淮關之始末，而泛引歷代征商典故，綴爲一卷，殊爲汗漫。又《地理志》列《藝文》一門，原爲風土而設。此志不過徵榷之條，一關之外，皆格非所屬。而亦濫載藝文，尤無體例矣。

《四庫全書總目》卷八十四史部四十政書類存目二。722 中

饌堂考故①一卷

明張鼐撰。鼐，字世調②，華亭人。萬曆甲辰進士。官至南京吏部侍郎，掌詹事府事。此其爲司業時所述明代國學典故兼及軼事，大旨主於端師範，抑倖進，其言多切要中理。惟所載"國學官陳言國事"一條於義未允。師儒之官，掌教化而已，必以與聞朝政爲美談，是未見宋季三學之弊也。

《四庫全書總目》卷八十三史部三十九政書類存目一。718 上

【校記】①饌堂考故，《總目》作"鑪堂考故"。杜澤遜《四庫存目標注》云："饌字《總目》作鑪，誤。""明崇禎二年刻《寶日堂初集》三十二卷，其中卷二十八有《饌堂考故》。""《都察院副都御史黃交出書目》：'《饌堂考故》，明張鼐，一本。'"（第1283、1284頁）《欽定續文獻通考·經籍考》著錄亦誤作張鼐《鑪堂考故》一卷。《饌堂考故》張鼐小序云："饌堂退食之暇，考太學舊志及列卿表殿記諸書……略而紀之。"可見著書之意。②明張鼐撰。鼐，字世調，《初目》原作"明張鼐字撰字世調"，有漏字。張鼐有《吳淞甲乙倭變志》，《總目》云："鼐，字世調。"今據以補改。

頖宮禮樂全書十六卷

國朝張安茂撰。安茂，字蓼匪，松江人。順治間爲浙江提學僉事。其書分《學校》、《褒崇》、《廟制》、《釋奠》、《從祀》、《祀禮》、《釋詁》、《祀樂》、《樂律》、《樂譜》、《樂舞》、《釋菜》、《啓聖祠》、《名宦鄉賢祠》十四門。大抵祖李之藻《頖宮禮樂疏》、王煥如《文廟禮樂書》少增損之。其凡例稱"李博而富，其失也滯；王簡而通，其失也弱"。然觀其所作，亦無以遠勝二書也①。

《四庫全書總目》卷八十三史部三十九政書類存目一。719 上
【校記】①"其凡例"至"二書也"，浙本《總目》同，殿本《總目》無。

國朝謚法考一卷

國朝王士正撰。始於國初，下迄康熙三十四年，大臣之賜謚者咸錄焉。凡親王十八人，郡王十五人，貝勒十二人，貝子十二人，鎮國公十一人，輔國公十六人，鎮國將軍五人，輔國將軍七人，妃三人，公主二人，額駙二人，藩王七人，民公九人，侯伯十四人，大學士二十七人，學士四人，詹事一人，尚書二十七人，侍郎九人，都御史三人，八旗大臣一百六人，總督十七人，巡撫十七人，殉難監司三人，提督十一人①，總兵官八人，前代君臣二十六人，外藩一人，皆已具載《五朝國史》中。

《四庫全書總目》卷八十三史部三十九政書類存目一。719 上
【校記】①提督十一人，殿本《總目》同，浙本《總目》作"提督十七人"。按：清康熙刻本《國朝謚法考》記錄"提督謚號"者爲田雄、馬得功、梁化鳳等十人。

安南使事紀要四卷

國朝李仙根撰。康熙七年，仙根以內秘書院侍讀偕兵部職方司主事楊兆傑使安南。還，備載宣諭事宜爲其書。其①詞多質樸少文，蓋隨筆紀錄，未及刪潤也。仙根，字南津，遂寧人。順治辛丑進士第二。官至戶部侍郎。

《四庫全書總目》卷五十四史部十雜史類存目三，書名作《安南使事記》。490 中
【校記】①其，《初目》原作"多"，疑涉下文而誤。《總目》作"其"，今據改。

人瑞錄一卷

國朝孔尚任撰。記康熙二十七年天下奏報壽民自七十歲至百歲以上者，統三十七萬有奇，以著太平生息之盛。尚任，字東塘，曲阜人。官戶部郎中。

《四庫全書總目》卷六十三史部十九傳記類存目五。569 中

譜牒類

宋紹興十八年同年小錄①一卷

是編明弘治中會稽王鑑之得句容江氏本重校刻于紫陽書院者。後有鑑之跋，稱晦庵先生同年錄，以明是錄因朱子存也。考宋時廷試放榜唱名後，謁先聖先師，赴聞喜宴，列敍名氏、鄉貫、三代之類具書之，謂之同年小錄。高宗南渡後，自建炎二年李易榜至是七設科矣。是科凡三百三十人。又特奏名四百五十七人，其四百五十六人缺，《錄》內僅存一人。首載前一年御筆手詔，三年一科取進士既爲定制，而猶必以手詔先之，此蓋宋制也。次載策問及執事官名，又次則進士榜名，末乃載諸進士字號、鄉貫、三代。後又有《附錄》，記董德以下三十二人之事始末。而狀元王佐等三人對策之語亦載其略，皆附會和議甚力，不知何人所記。疑宋元間相續②而成，非出一人之手也。

《四庫全書總目》卷五十七史部十三傳記類一。519 上

【校記】①宋紹興十八年同年小録，殿本《總目》書名同，浙本《總目》、文淵閣《四庫全書》書名均無"宋"字。此書今存明刻本、清抄本等，書名亦均無"宋"字。　②相續，文淵閣《四庫全書》書前提要、殿本《總目》同，浙本《總目》作"相率"。

吳越順存集三卷外集一卷

國朝吳允嘉撰。其書輯吳越錢氏詩文誥冊逸事，併詳考其子孫之以文學仕宦顯者，薈萃成書。允嘉，字志上，錢塘人。

《四庫全書總目》卷六十三史部十九傳記類存目五。568 上

顧氏譜系考一卷

國朝顧炎武撰。是書考據雖詳，然姓氏之書，最爲叢雜。自唐以後，譜學失傳，掇拾殘文，未必源流盡合。姑存其説可也。

《四庫全書總目》卷六十三史部十九傳記類存目五。565 下

希姓補五卷

國朝單隆周撰。初，明楊慎撰《希姓》二卷，隆周以其尚有缺誤，撰此補之，亦仍以四聲編次。每韻先列原編，次列補人補姓以及訂誤。自唐以後，譜學失傳，訛異日增，紀載難徧。隆周之書亦但就所見録之，未必遂無舛錯漏也。隆周，字昌其，蕭山人。

《四庫全書總目》卷一百三十九子部四十九類書類存目三。1177 下

起居注類

穆天子傳六卷

晉郭璞注。前有荀勖《序》。按《束晳傳》云，太康二年，汲郡①人不準盜發魏襄王墓，得《竹書·穆天子傳》五篇，又雜書十九篇：《周食田法》、《周書》、《論楚事》、《周穆王美人盛姬事》。按今盛姬事載《穆天子傳》第六卷，蓋即《束晳傳》所謂雜書之一篇也。尋其文法，應歸此傳，《束晳傳》別出之，非也。此書紀事有月日而無年，又文多斷缺。今以《紀年》較之：《紀年》載十二年冬，王北巡狩，遂征犬戎，事在《傳》之第一卷。十四年夏，王畋於軍邱，五月作范宮、作虎牢，事在《傳》之第五卷。十五年作重璧臺，冬王觀於鹽澤，事在《傳》之第六卷。十七年王西征昆侖邱，見西王母，事在《傳》之第二卷、第三卷、第四卷。以紀年之序論之，當移五卷、六卷於二卷之前。蓋竹書零散，編者不能得其次也②。是書所紀，雖多夸言寡實，然所謂西王母者，不過西方一國君；所謂縣圃者，不過飛鳥百獸之所飲食尋常圃澤之名，非有神仙怪異之説。是此傳較《山海經》、《淮南子》猶爲近寔，而註家不悟，反取二書以解此《傳》，失其旨矣。《列子·周穆王篇》所載，與此《傳》相出入，未知《列子》與此傳孰前後。要其文辭之古，必出周人，非後世所能僞也。

《四庫全書總目》卷一百四十二子部五十二小説家類三。1205 中

【校記】①汲郡，文淵閣《四庫全書》書前提要、《總目》作"汲縣"。按：《晉書·束晳傳》作"汲郡"。　②"此書"至"次也"，殿本《總目》略同，浙本《總目》無此文。

大唐創業起居注三卷

　　唐温大雅撰。大雅,字彦寵,并州祁人。官禮部尚書,封黎國公。唐、宋《志》作三卷,《通考》作五卷,此三卷與唐、宋《志》合。本傳稱高祖兵興,引大雅爲記室參軍,主文檄。則此書記三百五十七日之事,所得於見聞,當獨真。今取是書與《高祖本紀》相較,若劉仁恭爲突厥所敗,煬帝驛繫高祖。此書稱高祖謂秦王曰:"今遭羑里之厄,爾昆季須會盟津之師。"是興師由高祖,而《本紀》則謂舉事由秦王。又此書載隋少帝以夏四月詔曰:"今遵故事,遜於舊邸。"而《本紀》則繫之五月戊午。凡此之類,皆疑此書爲得實,未可與尋常稗史一槩而論也。

　　《四庫全書總目》卷四十七史部三編年類。420 中

子 部

儒家類

荀子楊倞註二十卷

趙人荀況撰，亦曰荀卿。漢人或稱曰孫卿，宣帝諱詢，以同音避也。《漢志·儒家》載《荀卿》三十三篇。王應麟《考證》謂當作三十二篇。劉向《校書序錄》稱孫卿書凡三百三十三篇[①]，以相校除重複[②]二百九十篇，定著三十二篇[③]，爲十二卷，題曰《新書》。唐楊倞分易舊第，編爲二十卷，復爲之註，更名《荀子》，即今本也。考劉向《序錄》，卿以齊宣王時來游稷下。後仕楚，春申君死而卿廢。然《史記·六國年表》載春申君死，上距宣王之末凡八十七年。《史記》稱卿年五十始游齊，則春申君死之年，卿年當一百三十七矣。於理不近。晁公武《讀書志》謂《史記》所云年五十爲年十五之訛，意或然也。宋濂《荀子》書後又以爲"襄王時游稷下"，亦未詳所本。況之著書，主於明周孔之教，崇禮而勸學。惟其恐人恃質不學，遂創爲性惡之説。又疾諸儒之橫議，故《非十二子》一篇，併子思、孟子而排之，遂爲後人口寔。寔則不悖於聖人，未可盡非也。韓愈謂其大醇而小疵，其論當矣。楊倞爲註，亦多詳洽。見[④]《唐書·藝文志》以倞爲楊汝士子，而《宰相世系表》則楊汝士三子，一名知溫，一名知遠，一名知至，無名倞者，何以互異也？

《四庫全書總目》卷九十一子部一儒家類一。770上

【校記】①三百三十三篇，《薈要提要》同，文淵閣《四庫全書》書前提要、《總目》作"三百二十三篇"。 ②重複，文淵閣《四庫全書》書前提要、《總目》作"重復"。宋王應麟撰《漢藝文志考證》、宋陳振孫撰《直齋書錄解題》、清嚴可均輯《全漢文》卷三十七等所引劉向《孫卿書錄》，均作"復重"（"複重"）。 ③三十二篇，文淵閣《四庫全書》書前提要、《總目》作"定著三十三篇"。文溯閣《四庫全書》書前提要同文淵閣《四庫全書》書前提要、《總目》，文津閣《四庫全書》書前提要同《初目》。按：上述陳振孫等所引，均作定著三十二篇，未有作定著三十三篇的，是作三十三篇者有誤。今本《荀子》爲三十二篇。 ④見，《薈要提要》等均無此字。

黃氏日抄九十五卷

宋黃震撰。震，字東發，慈溪人，官至浙東提舉。其書本九十七卷：凡讀經者三十卷，讀三傳及孔氏書者各一卷，讀諸儒書十三卷，讀史者五卷，讀雜史、讀諸子者各四卷，讀文集者十卷，計六十八卷，皆論古人；其六十九卷以下，凡奏劄、申明、公移、講義、策問、書記、序、跋、啓、祝文、祭文、行狀、墓誌，著錄者計二十九卷，皆所自作之文。其中八十一卷、八十九卷原本併缺，其存者實九十五卷[①]也。震與楊簡同鄉里，簡爲陸氏學，震則自爲朱氏學，不相附和。是編以所讀諸書隨筆劄記，而斷以己意。有僅摘切要數語者，有不摘一語而但存標目者，併有不存標目而採錄一兩字者。大旨於學問排佛老，由陸九淵、張九成以上溯楊時、謝良

佐,皆議其雜禪。雖朱子校正《陰符經》、《參同契》,亦不能無疑。於治術排功利,詆王安石甚力。雖朱子謂《周禮》可致太平,亦不敢遽信。其他解說經義,或引諸家以翼朱子,或舍朱子而取諸家,亦不堅持門戶之見。蓋震之學朱,一如朱之學程,反覆發明,務求其是,非中無所得而徒假借聲價者也。

《四庫全書總目》卷九十二子部二儒家類二。786 上

【校記】①其中八十一卷、八十九卷原本併缺,其存者實九十五卷,《總目》同。文淵閣《四庫全書》書前提要作"其中八十一卷、八十九卷、九十二卷原本並缺,其存者實九十四卷",所錄即缺此三卷。

潛夫論十卷

漢王符撰。符,字節信,安定臨涇人。好學耿介,不仕以終。史稱符隱居著書三十六篇,以譏當時得失。不欲彰顯其名,故號曰《潛夫論》。然其末有《姓氏》一篇,寥寥僅數十條,則未詳其何所取義。史又稱其《貴忠》①、《浮侈》、《實貢》、《愛日》、《述赦》等五篇,足以觀見當時風政,因錄入本傳。以今校之,其文互有異同,晁公武謂范氏寔潤益之,理或然也。

《四庫全書總目》卷九十一子部一儒家類一。772 下

【校記】①貴忠,《後漢書》本傳、《總目》同,文淵閣《四庫全書》書前提要等作"忠貴"。

申鑒五卷

漢荀悅撰。悅,字仲豫,潁川①人。仕獻帝朝,爲黃門侍郎,侍講禁中。悅雖爲曹操所辟,然未嘗以一言效于操。以是時政柄下移,悅乃申漢故事以爲帝鑒,一曰《政體》,二曰《時事》,三曰《俗嫌》,四曰《雜言上》,五曰《雜言下》。引據詳明,皆有關於治化。明正德間,黃省曾爲之註,王鏊作《序》,稱其博洽精密,多得悅旨。省曾,字勉之,吳縣舉人。

《四庫全書總目》卷九十一子部一儒家類一。773 上

【校記】①潁川,《初目》作"穎川",誤。顔師古撰《前漢書敘例》云:"荀悅,字仲豫,潁川人。"文淵閣《四庫全書》書前提要亦作"潁川",今據改。

新序十卷

漢劉向撰。班固《藝文志》稱向所序六十七篇,《新序》、《說苑》、《世說》、《列女傳頌圖》也。《隋志》:"《新序》三十卷《錄》一卷。"《唐志》亦同。而曾鞏《校書序》乃云:"今可見者十篇。"鞏與歐陽修同時,所言卷帙,何以懸殊?豈修等襲《隋志》之舊未及改定耶。今本存《雜事》五卷,《刺奢》一卷,《節士》二卷,《善謀》二卷,蓋猶曾鞏校定之舊。《崇文總目》云,所載皆戰國、秦漢間事。以今考之,春秋時事尤多,漢事不過數條也。

《四庫全書總目》卷九十一子部一儒家類一。772 上

法言十卷

漢楊雄撰,晉李軌,唐柳宗元,宋宋咸、吳秘、司馬光五家註,凡十三篇。按:《隋志》楊子《法言》十五卷《解》一卷,李軌註;又十三卷,宋衷註。《唐志》宋註十卷,李註三卷,又別有楊子《法言》六卷。今本多作十卷,而篇仍十三,不知起於何時。陳振孫云:"十三篇,篇各有

序,本在卷末,如班固《敍傳》。其分冠篇首。自宋咸始。"今流傳之本皆如此。宋衷之註溫公以不及見,因集四家之註,附以己意。自言李軌註本及音義最詳,宋、吳亦據之,而文多異同。又參之《漢書》,取其通者以爲定本。其用心可謂勤矣。

《四庫全書總目》卷九十一子部一儒家類一,作《法言集注》。772 中

新書十卷

漢長沙王太傅賈誼撰。凡五十六篇。宋《崇文總目》云:"本七十二篇,劉向刪定爲五十八篇。隋、唐《志》皆九卷,別本或爲十卷。"考今隋、唐《志》皆作十卷,則九卷之説必誤。而五十八篇,不知何時又佚其二也。陳振孫云:"今書首載《過秦論》,末爲《弔湘賦》,且略節誼本傳於第十一卷中,必非誼本書。"今本無十一卷,亦不載《弔湘賦》,惟附錄誼本傳於卷末。蓋傳刻又小異矣。其書與誼傳所載諸篇,文相出入,而割裂其章段,顛倒其次序,疑後人裒集殘稾爲之,未必誼所手定也。

《四庫全書總目》卷九十一子部一儒家類一。771 中

説苑二十卷

漢中壘校尉劉向撰。成帝時向典秘書,因采傳記百家之言可爲法戒者,以類相從,凡二十篇。隋、唐《志》皆同。《崇文總目》云:"今存者五篇①,餘皆亡。"曾鞏《校書序》云:得十五篇於士大夫家,"與舊爲二十篇"。晁公武《讀書志》云:劉向《説苑》"以《君道》、《臣術》、《建本》、《立節》、《貴德》、《復恩》、《政理》、《尊賢》、《正諫》、《法誡》、《善説》、《奉使》、《權謀》、《至公》、《指武》、《談叢》②、《雜言》、《辨物》、《修文》爲目,陽嘉四年上之③,闕第二十卷。曾子固所得之二十篇,止是④析十九卷作《修文》上下篇耳。"今本第十《法誡》篇作《敬慎》,而《修文》篇後有《反質》篇。陸游《渭南集》記李德芻之言,謂得高麗所進本補成完書。則宋時已有此本,晁公武偶未見也。

《四庫全書總目》卷九十一子部一儒家類一。772 上

【校記】①五篇,各本《四庫全書》書前提要及《總目》同。《崇文總目》卷五《儒家類》《説苑》提要作"五卷"。　　②談叢,晁公武《郡齋讀書志》《説苑》提要、《總目》同。文溯閣《四庫全書》書前提要(401)、文津閣《四庫全書》書前提要(3·7)作"叢談"。文淵閣《全書》本《説苑》提要作"談叢",卷十六當卷篇名作"説叢"。《四部叢刊》本《説苑》曾鞏序後附目錄作"叢談",但當卷篇名作"談叢"。　　③陽嘉四年,各本《四庫全書》書前提要及《總目》同。晁公武《讀書志》作"鴻嘉四年",當從。　　④止是,《初目》作"正是",今據晁公武《讀書志》原文改。

中論二卷

魏太子文學徐幹撰。幹,字偉長,北海劇人,建安七子之一。是書隋、唐《志》皆作六卷,《崇文總目》同。今本分爲上、下二卷,不知何人所合,然晁公武所見已如此矣。書凡二十篇,前有原序,不題名字,陳振孫云同時人所作。曾鞏《校書序》云:"始見館閣《中論》二十篇,以爲盡於此矣。及觀《貞觀政要》,太宗稱嘗見幹《中論·復三年喪》篇,今書獨闕此。又考之《魏志》,文帝稱幹著《中論》二十餘篇,乃知館閣本非全書。"晁公武云李獻民見別本有

212

《復三年》《制役》二篇。然則宋時二篇尚未亡，特鞏未見耳，今則不可復考矣。

《四庫全書總目》卷九十一子部一儒家類一。773 中

素履子三卷

唐大理評事張弧撰。以《履道》《履德》《履忠》《履孝》等名分篇，凡十四篇。其論雖未極精深，而援引經史，無悖聖賢垂訓之旨，蓋亦儒家者流矣。弧，《唐書》無傳。宋晁說之謂世所傳子夏《易傳》乃弧偽作，未詳何時人。其書《宋史·藝文志》作一卷，今本疑後人所分也。

《四庫全書總目》卷九十一子部一儒家類一。775 中

延平答問一卷附錄一卷

朱子撰。程子之學，一傳為楊時，再傳為羅從彥，又再傳為李侗。侗，字愿中，延平其所居也，侗於朱子為父執。紹興二十三年，朱子二十四歲，將赴同安主簿任，往見侗於延平，始從受學。紹興三十年冬，同安任滿，再見侗，僅留數月餘。又閱四載而侗沒。計前後相從，不過數月，故書札來往問答為多。後朱子輯而錄之，又載其與劉平甫二條，以成是書。朱子門人又取朱子平昔論延平語及祭文、行狀，附錄於後，別為一卷。

《四庫全書總目》卷九十二子部二儒家類二。780 中

近思錄十四卷

朱子撰。所採皆周、程、張子切要之言，以類相從，俾學者易于循覽。是時為淳熙二年乙未，朱子四十六歲，家居建陽，適呂祖謙來訪，遂留數十日，共成此書。前載祖謙題語，則在次年丙申也。朱子嘗云："義理精微，《近思錄》詳之。"而祖謙所題，猶以陰陽性命之說錄於首卷，而致知力行之方反錄于後，懼學者先騖于高遠，諄諄以躐等為戒。蓋朱子所敘從源及流，乃編次之體例，而祖謙所戒由近及遠，則讀是書之法也。

《四庫全書總目》卷九十二子部二儒家類二。780 下

忠經一卷

題云後漢南郡太守馬融撰，大司農鄭元注。擬《孝經》為十八章，經與注率多排偶，隋、唐《志》皆不著錄，殆後人依託也。

《四庫全書總目》卷九十五子部五儒家類存目一。801 上

女孝經一卷

唐朝散郎侯莫陳邈妻鄭氏撰。侯莫陳三字複姓也。前載《進書表》稱：姪女策為永王妃，因作此以戒。《唐書·藝文志》不載，《宋史·藝文志》始載之。《宣和畫譜》載孟昶時有石恪畫《女孝經像》八，則五代時乃盛行於世也。其書倣《孝經》分十八章，章首皆假班大家以立言，《進表》所謂不敢自專，因以班大家為主是也。陳振孫直以為班昭所撰，誤矣。

《四庫全書總目》卷九十五子部五儒家類存目一。801 上

雜學辨一卷記疑一卷[①]

《雜學辨》一卷，朱子撰，以斥二蘇、張九成、呂希哲諸人雜儒於佛、老者也。末有乾道丙戌何鎬跋。鎬，字京叔，何兌之子。丙戌爲乾道二年，朱子三十七歲，監嶽廟家居時也。《記疑》一卷，則辨程子門人如游酢、謝良佐等記錄師説，傅以己意，因而流入二氏者。其書作於淳熙二年丙申三月，朱子方在婺源，距作《雜學辨》時十年矣。朱子門人以附《雜學辨》後，併爲一書。

《四庫全書總目》卷九十二子部二儒家類二。781 中

【校記】①記疑，《初目》原作"記"。按：以下提要作《記疑》一卷，文淵閣《四庫全書》書前提要、《總目》均作《雜學辨》一卷附《記疑》一卷是也。今據補。

上蔡語録二卷[①]

宋胡安國撰，朱子重刪正之。上蔡者，謝良佐所居地也。良佐受學程子，安國嘗從之游，記其説爲語録二篇。朱子謂嘗得《上蔡語録》數本，獨胡氏本爲善，故考定爲二卷。又疑世傳本所有而胡氏本所無者，多非其真，別刪削存之爲一卷，共三卷。是時紹興二十九年己卯也。後九年爲乾道四年戊子，復加刪定爲今本，並記向所削者果出於江民表《辨道録》，而非上蔡之語。民表者，江公望之字，徽宗時左司員外郎。

《四庫全書總目》卷九十二子部二儒家類二。779 下

【校記】①二卷，提要作"共三卷"，是也。《四庫全書》本即作三卷。

儒志編一卷

宋王開祖講學之語，而明王循所輯録也。開祖，字景山，皇祐五年進士。試秘書省校書郎，佐處州麗水縣。既而退居郡城東山，設塾授徒，席下嘗數百人。學者尊之爲儒志先生。年三十二而卒，故所著書多不傳。循守永嘉，乃搜輯以成此集。當開祖之時，濂、洛之説未起，而能無所依附，講明聖賢之學，亦豪傑之士也。循，字進之，休寧人。弘治丙辰進士，官順天府通判。著有《仁峰集》。

《四庫全書總目》卷九十一子部一儒家類一。775 下

帝學八卷

宋范祖禹撰。祖禹，字淳父，華陽人，嘉祐八年進士，歷官翰林學士。是書乃哲宗元祐初，祖禹在經筵時所進。建炎四年，謝克家又劄進于朝，所述皆帝王典學求師之事，自伏羲迄宋神宗，每條後間附論斷，自上古至漢唐二卷，自宋太宗至神宗六卷，蓋於宋諸帝陳述尤詳，以啓法祖務學之意耳。

《四庫全書總目》卷九十一子部一儒家類一。775 下

二程外書十二卷

二程門人所記，而朱子編次之。其曰《外書》，則朱子《序》所謂取之之雜，或不能審其所自來者也。黃震《日抄》謂："李參録《拾遺》以望道未見爲望治道太平而未見，恐於本文有增。"時氏本《拾遺》首章以《老子》"天地不仁，以萬物爲芻狗"之説爲是，凡若此類均有可

疑。今本不載,蓋朱刊除之矣。
《四庫全書總目》卷九十二子部二儒家類二。777 下

伊川粹言二卷

舊本題宋楊時所錄,張栻編次。宋濂《潛溪集》有此書《跋》,謂前序不著姓氏,相傳爲張南軒栻撰。而此本序文乃題爲栻,乾道丙戌正月十有八日所作,與濂所跋不同。考栻《南軒集》但載《二程遺書跋》而無此《序》,使果栻作,不應諱而削之也。蓋併編次之説,皆在影響之間矣。
《四庫全書總目》卷九十五子部五儒家類存目一。803 上

宋先賢讀書法一卷

無撰人名氏。所采宋儒之説凡十二家,而朱子爲多。其法始以熟經,繼以玩味,終以身體力行。明萬歷丙午,莆田訓導江震鯉序而重刊之。
《四庫全書總目》卷九十六子部六儒家類存目二。817 下

心經附注四卷①

《心經發語》一卷,本宋真德秀撰。見陳振孫《書錄解題》,其書集諸經論心之語,《書》一條、《詩》二條、《易》五條、《論語》三條、《中庸》二條、《大學》二條、《樂記》三條、《孟子》十二條,接以《周子》二條、《程子》一條、《范氏》一條、《朱子》三條,其餘歷代諸儒之語,皆不與焉。蓋直以宋儒續六經也。明程敏政以其注中或稱《西山讀書記》,疑非德秀自作,又程朱警切之言多不采錄,乃補輯之,釐爲四卷,名曰《附注》。前後皆有敏政《序》,《序》末私印文曰"伊洛淵源",蓋敏政自稱程子裔云。
《四庫全書總目》卷九十五子部五儒家類存目一。806 上
【校記】①《心經附注》四卷,《總目》同,《千頃堂書目》卷十一作三卷。

同異錄二卷

明陸深撰。採漢以來名臣奏疏、雜文有關于典章政事之大者,節而錄之,分爲二卷。上篇曰《典常》,下篇曰《論述》。每條之末,復以己見爲折衷。大旨欲取古人成説,相其緩急,而通之于當世之急務。其書始脱稿於閩中,及提學山西,重加詮次,欲奏上之。既而不果。其進書原序,猶存卷首。書中凡原文有陛下云云者,俱空白二字,而註其下云"前朝臣子尊君上之文,義當避闕"。疑當時體制如此,然亦可見其敬謹也。
《四庫全書總目》卷九十六子部六儒家類存目二。809 下

學蔀通辨十二卷

明陳建撰。大旨以佛與陸、王爲學之三蔀,分《前編》、《後編》、《續編》、《終編》。每編又自分上、中、下,而采取朱子《文集》、《語類》、《年譜》諸書以辨之。前有嘉靖戊申《自序》云:"專明一實,以抉三蔀。《前編》明朱、陸早同晚異之實,《後編》明象山陽儒陰釋之實,《續編》明佛學近似惑人之實,而以聖賢正學不可妄議之實終焉。"按朱、陸之書具在,其異同

本不待辨。王守仁輯《朱子晚年定論》，專取朱子議論與象山合者爲説，固不免矯誣。然建此書痛詆陸氏，至以欺狂失心目之，亦未能平允。觀朱子集中與象山諸書，其言溫藹，深得朋友相勸之義，正無事摭拾微細，徒啓爭端也。

《四庫全書總目》卷九十六子部六儒家類存目二。813 中

居業錄八卷

明胡居仁撰。居仁，字叔心，餘干人。其學以主敬爲宗，故號曰靜齋。所言皆平正篤實，可媲薛瑄《讀書錄》，故明代稱醇儒者首稱二人。後有張吉者刪削其書，名《居業錄要語》，今未見，其《序》則附載此編中。

《四庫全書總目》卷九十三子部三儒家類三。791 上

夜行燭不分卷

明曹端撰。端，字正夫，號月川，澠池人。永樂六年舉人，官霍州學正。爲明初理學之冠。始以其父崇事佛、老，因採經傳格言切于日用者爲書，名《夜行燭》以進，父欣然從之。書分類編纂，爲目十有五。

《四庫全書總目》卷九十五子部五儒家類存目一。807 下

庸齋日記八卷

明徐三重撰。三重，字伯同，松江人。凡《易義》一卷、《大學義》一卷、《論語義》二卷、《中庸義》二卷、《孟子義》二卷。名曰日記，蓋皆平日講授之語。説理頗平粹，然多掇拾先儒緒言，少心得處。

《四庫全書總目》卷九十六子部六儒家類存目二。815 下

諸儒要語九卷

明王化振輯。化振，字宇春，滁州人。萬曆己酉舉人，歷官戶部主事。周汝登之門人也。是編節取諸儒語錄，編次而成。于宋則周、程、張、朱而外，取陸九淵、楊簡二人，于明則取薛瑄、羅汝芳及汝登三人而已。寥寥數則，於先儒要旨未能該備。

《四庫全書總目》卷九十六子部六儒家類存目二。817 下

西田語略二十三卷續集二十九卷

明樊深撰。其書雜抄先儒語類，無所發明。深，字希淵。嘉靖壬辰進士，官至刑部侍郎。本河間人，明大同衛僑置河間，深世隸衛籍，故鄉貫署衛名。《明史》遂以爲大同人，誤矣。

《四庫全書總目》卷九十六子部六儒家類存目二。813 上

理學類編八卷

明張九韶撰。九韶，字美和，清江人。洪武十年，以薦爲國子助教。陞翰林編修致仕。茲編則至正丙午未入明時所作也。其書取諸家論説有關性理者，輯爲五類。其大旨以周、程、張、朱爲主，於每篇之末繹以己見。而異端一門，於陰陽、相術、讖緯諸家斥駁尤明，足以

破俗儒之惑焉。

《四庫全書總目》卷九十三子部三儒家類三。790 上

東溪日談錄十八卷

明周琦撰。琦，字廷璽，馬平人。成化辛丑進士。歷官南京戶部員外郎。其學出自河東薛瑄，所著《日談錄》，自性道理氣，以至文詞闢異，分門別類，一以濂、洛爲宗。《廣西志》載其著《日談錄》十八卷，又著《儒正篇》論薛河東之學。今《儒正》在第十五卷，非此錄之外又有《儒正篇》也。呂景蒙《序》謂書刻于嘉靖丁酉，而此書乃抄本，則或其板已佚歟。

《四庫全書總目》卷九十三子部三儒家類三。791 下

罍庵雜述二卷

國朝朱朝瑛撰。朝瑛，字康流，海寧人。崇禎十三年進士，官旌德縣知縣。歸田後究心典籍，不窺園者三十年。所著有《七經箋注》。兹編則隨其所偶得雜然書之者也。朝瑛受業於黃道周之門，故每喜以數理言，而於朱、陸之間能持其平，不規規於門戶之見。頗多心得之言，雖亦語錄之流，而淹通博雅，非空談性命者比也。

《四庫全書總目》卷九十六子部六儒家類存目二。820 中

程書五十一卷

國朝程湛編。按：宋朱子原輯《遺書》二十五卷、《附錄》一卷、《外書》十二卷，今湛所編，止《遺書》、《外書》，卷帙相同，益以明道先生文一卷。《遺書》、《外書》已刊《二程全書》中，湛所序次，亦非朱子之舊。

《四庫全書總目》卷九十五子部五儒家類存目一。803 中

下學堂劄紀三卷

國朝熊賜履撰。自順治戊戌，至康熙甲子，共得三百三十三條，議論悉衷宋儒。《自序》謂呫嗶之餘，偶有所測，輒筆之於楮，以備采証。末又附下學堂規數條。

《四庫全書總目》卷九十七子部七儒家類存目三。825 中

儒宗理要二十九卷

國朝張能鱗輯。取宋五子著述，分類編錄，《周子》二卷，《張子》六卷，《程子》六卷，《朱子》十五卷。書前各有小序一首，本傳一篇，別無發明。其以周、張、程、朱爲次者，以張子於二程爲表叔也。

《四庫全書總目》卷九十七子部七儒家類存目三。824 中

知非錄一卷

國朝鄧鍾岳撰。鍾岳，字東長，號悔廬，聊城人。康熙辛丑進士第一，官至禮部侍郎。生平留心講學，是編皆述其自得之言。

《四庫全書總目》卷九十八子部八儒家類存目四。831 中

理學宗傳傳心纂要八卷

國朝孫奇逢撰,漆士昌、魏裔介所編。奇逢,字啓泰,號鍾元,容城人。是編首錄《通書》及張子《正蒙西銘》、邵子《觀物》內外篇,以至程朱以下,訖明顧憲成語錄,皆節錄之。其第四卷則裔介以奇逢之語續入,所謂理學宗傳者也。但置朱子于程子之前,似爲倒置。第五卷以下,則所謂傳心纂要者,自董仲舒至羅汝登皆錄焉。士昌,江陵人。裔介,字石生,柏鄉人,順治丙戌進士,官至大學士。

《四庫全書總目》卷九十七子部七儒家類存目三,作《理學傳心纂要》。823 上

大呼集八卷①

國朝梁顯祖撰。其書采先儒緒論,薈粹成編,大旨在于辨邪正、明是非、別真僞、析疑義、釋妖妄、破積習,故取大聲疾呼之義,以名其書。其宗旨甚正,而所錄皆習見之詞。

【校記】①大呼集,《總目》未著錄。此見《都察院副都御史黃交出書目》、《武英殿第一次書目》。後遭禁毀,見清軍機處編《禁書總目‧軍機處奏准全燬書目》。今收入《四庫禁燬書叢刊》。

讀朱隨筆四卷

國朝陸隴其撰。於《朱子大全集》中,撮其精蘊而引伸之。自三十卷起,至別集八卷止。條分詳註,議論皆極醇正。隴其,字稼書,平湖人。康熙庚戌進士。授嘉定令,再補靈壽令。治行稱最,行取爲御史。雍正二年,詔從祀孔子廟庭。

《四庫全書總目》卷九十四子部四儒家類四。798 下

讀書日記六卷

國朝劉源淥撰。源淥,字崑石,號直齋,安邱人。其書《記疑》五卷,《冷語》一卷,皆讀書劄記之言。大旨以朱子爲宗,其《記疑》本二十四卷,《冷語》本五卷,後歸安陸師爲之刪定,更以今名。李瀅,又有《源淥讀書日記補編序》,今未之見。

《四庫全書總目》卷九十八子部八儒家類存目四。830 上

二程遺書二十八卷

是編爲二程子門人所記,而朱子復次錄之。考黃震《日抄》載遺書卷目,呂與叔《東見錄》及《附東見錄》均次爲第二卷,而此本①則次《附東見錄》爲第三卷。又《日抄》所載至十七卷而止,均與此本異,疑震書或有脫文。又此本《附錄》一卷,明道先生行狀之屬,凡八篇,其中《年譜》一篇,朱子自謂竊取《實錄》所書、文集內外書所載,與凡他書之可證者以爲年譜。而《日抄》則謂朱子訪其事于張繹、范域②、孟厚、尹焞而成,或傳聞異詞歟?

《四庫全書總目》卷九十二子部二儒家類二。777 中

【校記】①此本,《初目》作"次本",今據《總目》改。 ②范域,文淵閣《四庫全書》書前提要同,《總目》作范棫。《四庫全書》范域、范棫兩見,但多作范棫。

五倫懿範八卷

題曰天台鹿門子撰,不著名氏。前有康熙五年《自序》一篇,又有康熙十年四明山人控鶴子《序》一篇,皆不知何許人。其書以五倫爲綱,而各分子目。一目爲論一篇,反復申勸誠之旨。詞多淺易,蓋意求通俗也。

《四庫全書總目》卷一百二十五子部三十五儒家類存目二。1084 下

麗澤論説十卷

宋呂祖儉輯其兄祖謙之語①,而其子喬年編次之。凡《易説》二卷,《詩説拾遺》、《周禮》、《禮記》、《論語》、《孟子説》各一卷,《史説》一卷,《雜説》二卷。據喬年題記,則此書多門人記録。未盡合祖謙之意。然喬年久稱其大義奧旨猶賴以存,則金華緒論終當於是求之,在知所別擇而已。

《四庫全書總目》卷九十二子部二儒家類二,文淵閣《四庫全書》書前提要、《總目》作《麗澤論説集録》。783 上

【校記】①宋呂祖儉輯其兄祖謙之語,文淵閣《四庫全書》書前提要作"宋呂祖謙門人雜録其師之説"。

孔叢子三卷

孔子八世孫鮒撰。鮒,字子魚。仕陳涉爲博士。嘗蒐輯仲尼而下子上、子高、子順之言行,列爲六卷,凡二十一篇。漢孝武朝太常孔臧,以其所著賦與書上下二篇合爲一卷,綴之于末,名曰《連叢》,統名之曰《孔叢子》。蓋言有善而叢聚之也。晁公武云:"《漢志》無《孔叢子》,儒家有《孔臧》十篇,雜家有孔甲《盤盂書》二十六篇。今《獨治篇》,鮒或稱孔甲,意者《孔叢子》即孔甲《盤盂》,《連叢》即《孔臧》書。"①《朱子語録》謂《孔叢子》"文氣軟弱,不似西漢文字",蓋其後人集先世遺文而成之者。今考《孔叢子》第十一篇即《小爾雅》,《唐·藝文志》載李軌嘗註而別行之,則其來已久矣。書凡二十三篇,與《通考》所載同,舊作七卷,此分上、中、下三卷,不知何人所併。

《四庫全書總目》卷九十一子部一儒家類一。770 中

【校記】①晁公武云云,《薈要提要》同,文淵閣《四庫全書》書前提要、《總目》謂"公武未免附會"。

兵家類

將苑一卷

舊本題漢諸葛亮撰。前有明僉都御史甯仲升《序》,謂出於士人周源所藏。考晁公武《讀書志》,《諸葛亮十六策》一卷,公武已據陳壽所進亮集目録斷其依託。此書前史不著録,至明焦竑《經籍志》乃有亮《心書》、《六軍鏡心訣》、《兵機法》及此書,皆稱亮撰,蓋又僞書之晚出者。

《四庫全書總目》卷一百子部十兵家類存目。841 中

子部　兵家類

風后握奇經一卷

題曰漢平津侯丞相公孫宏解，後載晉奉高侯西平太守馬隆述讚及宋高似孫論。陳氏《書錄解題》云："馬隆本奇作機。"又云："永嘉薛士龍季宣校定。"今薛季宣《浪語集》中所載又與此本不同，未之詳也。考《漢書·藝文志》列《風后》十三篇，《圖》二卷，班固自注斷爲"依託"，並無《握奇經》之名。今是書所謂經者僅三百餘字，其注及讚既爲漢晉人作，不應漢、隋、唐《志》兵家皆不載也。殆好事者爲之乎？

《四庫全書總目》卷九十九子部九兵家類，作《握奇經》。835 中

武經總要四十卷

宋仁宗敕曾公亮等監修。其書分前、後二集。前集《制度》十五卷、《邊防》五卷，而十六卷、十八卷各分上下。後集《故事》十五卷、《占候》五卷。仁宗賢主，然武事非其所長，公亮等亦未嫻將略。所言陣法戰具，其制彌詳，其拘牽彌甚。觀沈括《夢溪筆談》記當時甲制擁腫，難勝可知。宋兵之所以弱矣。至於諸蕃形勢，皆出傳聞，所言道里山川，以今日考之，亦多刺謬。然前集備一朝之制度，後集具歷代之得失，亦有足資考證者。南渡以後又有《御前軍器集模》一書，今惟《造甲法》二卷、《造神臂弓法》一卷尚載《永樂大典》中，其餘久佚。《宋·藝文志》亦不載，併附錄其名，見宋代武備之槩焉。

《四庫全書總目》卷九十九子部九兵家類。838 上

將鑑論斷十卷

宋戴少望撰。其書自戰國以迄五代，取善用兵者九十三人。始于孫武，終於郭崇韜。各以時代爲次，每人之下皆以一語評其得失，爲之標目，而反覆論其所以然。《序》題紹興辛酉，實宋高宗之十一年，故其語多爲渡江後時事而發。如第一條詆孫武之徒能滅楚，終於恃強以亡吳，蓋隱以比靖康之事。第二條稱范蠡能復吳讎，爲春秋大夫第一，則又陰激南渡諸將之心。而耿弇一條，竇憲一條，尤三致意焉。然大旨主于尚仁義，賤權謀，尊儒者，抑武臣，至以爲能讀《三略》之書者始可以立功，則真書生之見，難以施諸寔用也。

《四庫全書總目》卷九十六子部六儒家類存目二。841 下

百將傳一百卷

宋張預撰，翟安道註。其書采歷代名將百人，始於周太公，終於五代劉鄩[1]，各爲之傳，而綜論其行事。凡有一節與孫武書合者，皆表而出之，別以《孫子兵法》題其後。蓋欲述古以規時，亦戴少望《將鑑博議》之類。然其分配多未確當，立說亦未免近迂。預，字公立，東光人。安道，字居仁，安陽人。

《四庫全書總目》卷一百子部十兵家類存目。843 上

【校記】[1]劉鄩，《初目》作"劉詞"，今據《總目》改。劉鄩，傳見《舊五代史》卷二十三、《新五代史》卷二十二。

陰符經注一卷[1]

舊本題伊尹、太公、范蠡、鬼谷子、諸葛亮、張良、李筌六家注。有《序》一篇，稱諸葛亮

撰。考晁公武《讀書志》，唐少室山人李筌注《陰符經》一卷，黃庭堅嘗跋其後云："《陰符》出於李筌，熟讀其文，知非黃帝書也。"又妄說太公、范蠡、鬼谷、張良、諸葛亮訓註，尤可笑。是則太公以下諸家，皆李筌所僞托，唐宋以來已有其書矣。今此本又增伊尹一人，彌爲妄誕，未詳始自何得。

【校記】①《四庫全書總目》無與此對應之書，惟卷一百四十六子部道家類著錄《陰符經解》一卷與此略近。然其提要雖亦云"太公、范蠡、鬼谷子、張良、諸葛亮、李筌六家注"，而作者則作"舊本題黃帝撰"，與此"舊本題伊尹"不同。提要内容與此亦不相同。

陰符經考異一卷

朱子撰。《陰符經》出唐李筌。《崇文總目》曰："筌好神仙，嘗於嵩山虎口巖石壁得黃帝《陰符》本，題云魏道士寇謙之傳諸名山。"《郡齋讀書志》引黃庭堅曰："《陰符經》出於李筌，熟讀其文，知非黃帝也。"朱子以其時有精語，故頗爲考定論說。黃瑞節所附錄亦詳備。朱子序此書謂"非深於道者不能作"。然《語類》又記云"兵家祖老子之説《陰符經》是也"，則又以爲兵書矣。蓋其辭隱略，人各以其意推之，皆可通也。

《四庫全書總目》卷一百四十六子部五十六道家類。1241 下

海防纂要十三卷①

明王在晉撰。在晉，字岵雲，黎陽人。事迹具《明史》。其書專爲備倭而作，分十六總類：一曰山海輿地圖，二曰沿海事宜，三曰外國考程途針路，四曰朝貢通考，五曰朝鮮復國經略，六曰禦倭方略，七曰船器攻圍法，八曰經略事宜，九曰大捷考，十曰獲夷紀略，十一曰行軍法令，十二曰功令，十三曰祭禱，十四曰醫藥，十五曰選日，十六曰占驗。體例頗爲龐雜。

【校記】①海防纂要，《總目》未著錄。此見《江蘇省第一次書目》、《兩淮商人馬裕家呈送書目》、《都察院副都御史黃交出書目》等。後遭禁毁，見英廉等編《全燬書目》（《清代禁燬書目四種》）。今收入《四庫禁燬書叢刊》。沈津《〈四庫全書總目〉提要〉殘稿》（《中華文史論叢》一九八二年第一輯）著錄有此書提要，除作者小傳與此《初次存目》之小傳有異外，"其書專爲備倭而作"以下文字與此全同。沈氏標注此條提要見《總目》卷七十五史部地理類存目四。

籌海重編十卷

明鄧鍾撰。萬曆二十年，倭大入朝鮮，海上傳警。總督蕭彥命鍾①取崑山鄭若曾《籌海圖編》，刪其繁冗，重輯成書。冠以各處海圖，次記奉使朝貢之事。又分按沿海諸省，記其兵防制變各事宜，而以經略諸條終之。於前代舊事，亦間有引証。前有彥《序》一篇，極稱胡宗憲功，亦當時公論也。

《四庫全書總目》卷七十五史部三十一地理類存目四。657 上

【校記】①命鍾，《初目》作"鍾命"，今據《總目》改。

將將紀二十四卷

明李材撰。大旨專重御將，而首卷至九卷詳載漢、唐、宋七帝本紀之文，牽連並書，殊無

斷制。十卷至二十一卷分别得失，用爲法戒。上自虞、夏，迄於南宋，各綴數條，亦未完備。二十二卷至二十四卷援撼經文，旁及子史，議論尤迂。材，字孟誠，豐城人。嘉靖壬戌進士，累官僉都御使，巡撫鄖陽。

《四庫全書總目》卷一百子部十兵家類存目。844 上

武備志略五卷[①]

國朝傅禹撰。惟抄撮武經諸書及明茅元儀《武備志》，别無特見。禹，字服水，義烏人。

《四庫全書總目》卷一百子部十兵家類存目。846 中

【校記】①按：《武備志略》、《太公兵法》兩條提要，書口均題"子部兵家類"，原在"子部縱橫家類"《戰國策談棷》之下。今移至《將將紀》下，與其歸併爲一類。

太公兵法一卷

首列天陣、地陣、人陣之名，其說出於《六韜》。而風雲、日星等占皆以七言詩句爲歌訣，辭甚鄙俚。按《太公六韜》，《隋志》已著於錄，前人尚稱其僞，則此書更不待辨矣。

《四庫全書總目》卷一百子部十兵家類存目。840 下

縱橫家類

戰國策談棷十卷

明張文爌輯。文爌，字維昇，仁和人。是書全用吳師道補正鮑彪之本，惟增入李斯《諫逐客書》、《楚人以弱弓微繳說頃襄王》、《中山君饗都士大夫》三章，爲吳本所無。註中國名、人名，或間補數言，餘皆采諸家評語，書之簡端，冗雜特甚。所謂談棷，即指是也。"棷"，《集韻》"蘇后切"，與"藪"同。"談棷"即"談藪"，蓋變易其字，欲以博洽炫俗耳。

《四庫全書總目》卷五十二史部八雜史類存目一。468 上

法家類

韓子迂評二十卷

舊本題曰門無子撰。《自序》稱得元何犿校本而折衷之。前列至元三年秋七月庚午奎章閣侍書學士臣犿進《序》一首。考元世祖、順帝俱有至元年號，而三年七月，皆無庚午日。又奎章閣學士院設於文宗天歷二年，止有大學士二員，尋陞爲學士院，始有侍書學士。犿里居亦無可考，則《序》固未足爲據也。其評語淺陋，亦無足取。前有萬歷六年陳深子淵《序》，稱門無子，俞姓，吳郡人，篤行君子。然志乘皆不載，其人名佚無考。

《四庫全書總目》卷一百一子部十一法家類存目。850 上

商子五卷

秦商鞅撰。鞅事迹具見《史記》。鞅封於商，號商君，故《漢志》稱《商君》二十九篇。今

本題《商子》,從《隋志》名也。陳振孫云:"今二十八篇,已亡其一。"晁公武云:"今亡者三篇。"然《讀書志》成於紹興二十一年,既云已缺三篇,《書錄解題》成於宋末,不應反多二篇。疑陳振孫所云一篇即三篇之訛也。此本自《更法》至《定分》,目凡二十有六,似即晁氏之本。然第十六篇、第二十一篇又皆有錄無書,則亦非宋本之舊矣。

《四庫全書總目》卷一百一子部十一法家類。848 上

詮敘管子成書十五卷

明梅士享撰。因唐房齡[①]注本,增以詮敘。劉績、趙用賢之說,間亦附錄。所云《管子》書真偽相雜,良爲有見。然所分列上下格者,則未必一一盡確也。士享,字伯獻,宣城人。

《四庫全書總目》卷一百一子部十一法家類存目。849 下

【校記】①房齡,當作房玄齡。《四庫全書總目》卷一百一《管子》提要云:"舊有房元齡註,晁公武以爲尹知章所託。然考《唐書‧藝文志》,元齡註管子不著錄,而所載有尹知章註《管子》三十卷,則知章本未託名,殆後人以知章人微元齡名重,改題之以炫俗耳。"

農家類

齊民要術十卷

後魏高平太守賈思勰[①]撰。《自序》稱:"起自耕農,終于醯醢,資生之樂[②],靡不畢書,凡九十二篇。"今本乃終于五穀果蓏非中國物者。《自序》又稱:"商賈之事,闕而不錄。"今本《貨殖》一篇,乃列于第六十二,莫知其義。中第三十篇爲《雜說》,而卷端又列《雜說》數條,不入篇數。一名再見,於例殊乖,其詞亦鄙俗不類,疑後人所竄入。然陳振孫《書錄解題》稱其"治生之道,不仕則農"爲名言,則宋本已有之,未能詳也。思勰《序》不言作注[③],亦不云有音。今本句下之註有似自作,然多引及顏師古者。考《文獻通考》載李燾[④]《孫氏要術音義解釋序》曰:"奇字錯見,往往艱讀。今運使秘丞孫公爲《音義解釋》略備。"則今本之注,蓋孫氏之書名,不可考耳。錢曾《讀書敏求記》云:"嘉靖甲申,刻《齊民要術》于湖湘,首卷簡端《周書》曰云云,原係細書夾註,今刊作大字。"毛晉《津逮秘書》亦然。今以第二篇至六十篇之例推之,其說良是。蓋又以孫氏之註爲思勰之書矣。蓋書多奇字,自王世貞已費檢核,輾轉訛脫,理果有所不免也[⑤]。

《四庫全書總目》卷一百二子部十二農家類。852 上

【校記】①後魏高平太守賈思勰,《總目》同。陳振孫《直齋書錄解題》卷十作"後魏高陽太守賈思勰"。考本書原刻本,即題"後魏高陽太守賈思勰撰",今文淵閣《全書》本無此題。　②資生之樂,《總目》同。賈思勰《齊民要術‧自序》作"資生之業"。按:陳振孫《直齋書錄解題》卷十、徐光啓《農政全書》卷一等引此《自序》,均作"資生之業",馬端臨《文獻通考》卷二百十八《經籍考》引陳振孫《直齋書錄解題》同。此指農民所從事之生業,自當以"業"爲是。文淵閣《四庫全書》書前提要已改作"業"亦可證。　③作注,及下文"今本之注",兩"注"字《初目》均作"証",非是。今據《薈要提要》、文淵閣《四庫全書》書前提要等改。　④李燾,《初目》作"李濤",非是。《文獻通考》稱"巽岩李氏",是其人當爲李燾。《薈要提要》、文淵閣《四庫全書》書前提要等不誤。　⑤

理果有所不免也》,《薈要提要》作"固有所不免也",文淵閣《四庫全書》書前提要作"理固有所不免也"。

耒耜經一卷[①]

唐陸龜蒙撰。篇内記犁製特詳。犁與耒耜,今古異名也。次及鑱,因又及爬與礰礋,而以磟碡終焉。借事立文,其辭有足觀者。舊載《笠澤叢書》中,故唐、宋《藝文志》皆不載。馬端臨《文獻通考》始自出一條[②],意宋末乃别行也。

《四庫全書總目》卷一百二子部十二農家類存目。854下

【校記】①按:本條原在"子部雜家類"《義門讀書記》後,今依類移至此。　②馬端臨《文獻通考》始自出一條,《總目》作"陳振孫《書錄解題》始自出一條"。按:《文獻通考》、《書錄解題》均未著錄《耒耜經》一書,未知所説何據。

樹畜部四卷燕閒部二卷種植部十卷[①]

《樹畜部》言農家樹畜之事,《燕閒部》言居處玩好之事,皆明宋詡撰;《種植部》明宋公望撰。其後人懋澄集而編之。詳其命名之義,似欲如《齊民要術》著爲農家之書,二人相續爲之而未成,僅得此三子部,非完帙也。詡,字久夫;公望,字天民,皆華亭人。

《四庫全書總目》卷一百二十三子部三十三雜家類七。1058中

【校記】①"樹畜部"等,文淵閣《四庫全書》書前提要、《總目》未單獨立目,而合著爲《竹嶼山房雜部》三十二卷,提要云:"是書凡《養生部》六卷、《燕閒部》二卷、《樹畜部》四卷,皆明華亭宋詡撰;《種植部》十卷、《尊生部》十卷,詡子公望撰。公望之子懋澄合而編之。"

糖霜譜一卷

宋王灼撰。論甘蔗所在皆植,而結蔗爲霜,止福唐、四明、番禺、廣漢、遂寧五地。五郡之中,遂寧爲冠。凡七篇,後有紹興甲戌僧守元跋。灼,字晦叔,遂寧人,自號頤堂。

《四庫全書總目》卷一百十五子部二十五譜錄類。990中

汝南圃史十二卷

明周文華撰。文華,自含章,蘇州人。前有萬曆庚申陳元素《序》,稱之曰光禄君。不知爲光禄何官也。文華《自序》,稱因見允齋《花史》,嫌其未備,補葺是書。凡分月令、栽種、花果、木果、水果、木本花、條刺花、草本花、竹木、草、蔬菜、瓜豆十二門,皆敍述栽種之法,間以詩詞。大抵就江南所有言之,故河北頻婆、嶺表荔支之屬,亦不著錄。較他書剽剟陳言,侈陳珍怪者較爲切寔。惟分部多有未確,如西瓜不入瓜豆而入水果,杞枸不入條刺而入菜蔬,皆非其類。

《四庫全書總目》卷一百十六子部二十六譜錄類存目。1004中

花史十卷

明吳彥匡撰。蓋本常熟蔣養庵《花編》、松江曹介人《花品》二書推而廣之,得百十餘種,

每一花爲一類,各加神品、妙品、佳品、能品、具品、逸品標目,附以前人遺事及咏花詩歌。大都以意爲之,所第①不必皆確也。

《四庫全書總目》卷一百十六子部二十六譜錄類存目。1004 下

【校記】①所第,《總目》作"所品第"。

瓊花譜一卷

明楊端撰。採摭前人瓊花篇什,彙爲一編,以備故寔。首冠杜斿《瓊花記》,故名之曰《杜斿瓊花譜》,其寔非斿所作也。斿,宋人,字叔高,端平初以布衣召入館閣校讎。

《四庫全書總目》卷一百十六子部二十六譜錄類存目。1002 下

花史左編二十七卷

明王路撰。每卷自爲一門,始花之品,終花之器。標題纖巧,不免儇佻之譏。陳繼儒《序》極稱之,其氣類相近故耳。路,字仲遵,秀水人。

《四庫全書總目》卷一百十六子部二十六譜錄類存目。1004 中

筍梅譜二卷

明釋眞一著。眞一居江南法華山龍歸塢,其地多筍,梅花亦極盛,因爲作譜。成於天啓七年,後有處州釋能授跋。

《四庫全書總目》卷一百十六子部二十六譜錄類存目。1003 下

香雪林集二十六卷

明王思義輯。凡《梅圖》二卷,《詠梅詩詞文賦》二十二卷,終以《畫梅圖譜》二卷。首有萬歷乙巳其父圻所爲《序》。

《四庫全書總目》卷一百十六子部二十六譜錄類存目。1003 上

竹譜一卷

國朝陳鼎撰。記竹之異者六十條。

《四庫全書總目》卷一百十六子部二十六譜錄類存目。1004 上

荔支通譜十六卷

明鄧慶寀撰。慶寀,字道協,晉安人。是書以諸家荔支譜輯爲一編,故曰"通譜"。凡蔡襄譜一卷,徐𤊹譜七卷,慶寀所自爲譜六卷,附宋珏譜一卷,曹蕃譜一卷。蔡譜尚已,徐譜所收如《十八娘別傳》之類,鄧譜所收如《鮑山荔支夢》之類,皆近傳奇。宋譜"福業"諸說,不脫明人小品習氣。曹譜差簡質,猶有古格。

《四庫全書總目》卷一百十六子部二十六譜錄類存目。992 下

箋卉一卷

國朝吳菘撰。菘,字綺園,歙縣人。黃山僧雪花嘗以黃山所產諸卉繪爲圖,宋犖爲題句,

子部　醫家類

此則爲圖作箋也。凡三十五條。
《四庫全書總目》卷一百十六子部二十六譜錄類存目。1004 上

〔羣芳譜〕
土苴矣。象晉，字蓋臣，山東新城人。萬歷甲辰進士。官至浙江右布政使。王士正之祖也①。
《四庫全書總目》卷一百十六子部二十六譜錄類存目。1004 上
【校記】①按：這段文字原在《初目》著錄明海瑞撰《備忘集》提要之後，另起一頁。經考查，此爲明王象晉《羣芳譜》提要中語，《初目》錯頁。《羣芳譜》不見於今存《初目》，因將此段文字單作一條，並按《總目》順序排列於此。

醫家類

明堂灸經八卷
題曰西方子撰，不知何許人。與《銅人針灸經》俱刊於山西平陽府。其書專論灸不及針。《銅人》有正背左右人形，此則兼及側伏，較更詳密。錢曾《讀書敏求記》云："昔黃帝問岐伯以人之經絡，盡書其言，藏於靈蘭之室。洎雷公請問，乃坐明堂以授之。後世言明堂者以此。今醫家記鍼灸之穴，爲偶人點志，其處名明堂，非也。"然考《唐書·經籍志》，已有明堂經脈類，則相傳固已久矣。
《四庫全書總目》卷一百三子部十三醫家類。860 下

千金要方九十三卷
唐孫思邈撰。思邈，華原人。周宣帝時隱居太白山，隋文帝以國子博士徵不起。唐太宗、高宗屢召入京，授以爵祿，皆不受。至永淳元年乃卒。嘗謂人命至重，貴于千金，一方濟之，德踰于此，故所著方書以"千金"名之。又作《翼方》，以補所未及。考晁、陳諸家著錄《千金方》、《千金翼方》各三十卷。錢曾《讀書敏求記》亦同，又稱宋仁宗命高保衡①、林億等校正刊行，後列《禁經》二卷。合三書計之，僅六十二卷。此本增多三十一卷，疑後人復取思邈《千金髓方》、《千金月令方》二書合併爲一也。雖非北宋校刊之舊，而類聚部分，犁然詳備，亦醫學之淵海也。《太平廣記》載思邈救昆明池龍，得龍宮仙方三十首，散入《千金方》三十卷中；《酉陽雜俎》諸書記思邈事亦多神怪。殆小說家因其工醫多壽而附會之，均無足深辨焉。
《四庫全書總目》卷一百三子部十三醫家類一。859 上。文淵閣《四庫全書》書前提要書名同，正文卷端作《備急千金要方》。
【校記】①高保衡，《初目》作"高宗衡"，非是。錢曾《讀書敏求記》及《四庫全書》書前提要、《總目》均作"高保衡"，今據改。

千金要方九十三卷①
唐孫思邈撰。思邈，華原人。博通經傳，善談老莊，兼明醫術。周宣帝時隱居太白山，隋

文帝以國子博士徵不起。洎唐太宗高宗屢召,詣京師,授以爵位,固辭不就。卒於永淳元年。相傳以爲仙去,莫之詳也。思邈嘗謂人命至重,貴於千金,一方濟之,德踰於此,故所著方書以"千金"名。凡胗治之訣,針灸之法,以至尊引養生之術,無不周悉。猶慮有缺遺,更撰《翼方》輔之。考晁、陳諸家著錄,載《千金方》、《千金翼方》各三十卷。錢曾《敏求記》所載卷數亦同,又謂宋仁宗命高保衡、林億等校正刊行,後列《禁經》二卷。合二書計之,止六十二等。此本增多三十一卷,疑後人復以《千金髓方》、《千金月令方》諸書合併詮次,故卷帙滋多也。《太平廣記》載思邈曾救昆明池龍,得龍宮仙方三十首,散入《千金方》各卷之中。蓋小說家類附會之談,固無足深辨焉。

《四庫全書總目》卷一百三子部十三醫家類一。859 上

【校記】①按:此篇提要原在北周衛元嵩撰《元包》下,彼處所錄均爲子部術數類著作,此書書口題爲醫家類,類別不同,當是錯雜其間者,兹移載於此。此書提要《初目》重出。兩篇提要文字不盡相同,故並錄與此。文溯閣《四庫全書》書前提要(乾隆四十七年三月校上)、文津閣《四庫全書》書前提要(乾隆四十九年閏三月校上)同以上《千金要方》提要之一。文淵閣《四庫全書》書前提要(乾隆四十八年二月校上)據以上《千金要方》提要之二增補。《總目》同文淵閣《四庫全書》書前提要。

杜天師了證歌一卷

舊本題唐杜光庭撰,蓋託名也。其註稱宋人高氏,未詳其名。後附《持脈備要論》三十篇,亦不知誰作。所言粗爲明晰,而不知王叔和自有《脈經》,乃以世傳《脈訣》爲依據,則亦俗醫所作耳。

《四庫全書總目》卷一百五子部十五醫家類存目。882 下

銀海精微二卷

舊本題唐孫思邈撰。考唐、宋《藝文志》皆不著錄,蓋依託也。蘇軾《雪詩》有"凍合玉樓寒起粟,光搖銀海炫生花"句,註家謂道書以肩爲玉樓,以目爲銀海。是編皆目疾之方藥,故以"銀海"爲名。其法補瀉兼施,立論頗爲明晰。明人嘗刻之薛己醫案中,此本乃其別刻單行者。前有齊一經《引》,稱官①河北道時得于同僚李氏云。

《四庫全書總目》卷一百三子部十三醫家類一。

【校記】①官,文淵閣《四庫全書》書前提要、《總目》作"管"。859 下

黃帝素問二十四卷

唐王冰注。《漢書·藝文志》載《黃帝內經》十八篇,無《素問》之名。後漢張機《傷寒論》引之,始稱《素問》。晉皇甫謐《甲乙經序》,稱《鍼經》九卷,《素問》九卷,皆爲《內經》,與《漢志》十八篇之數合,則《素問》之名起於漢、晉間矣,故《隋書·經籍志》始著於錄也。然《隋志》所載祇八卷,全元起①所注已闕其第七。冰爲寶應中人,乃自謂得舊藏之本,補足此卷。宋林億等校正,謂《天元紀大論》以下,卷帙獨多,與《素問》餘篇絕不相通,疑即張機《傷寒論》序所稱《陰陽大論》之文,冰取以補所亡之卷,理或然也。其《刺法論》、《本病論》則冰本亦闕,不能復補矣。冰本頗更其篇次,然每篇之下必注全元起本第幾字,猶可考見其舊第。

所注排抉隱奧,多所發明。其稱大熱而甚寒之不寒,是無水也,大寒而甚熱之不熱,是無火也。無火者不必去水,宜益火之源以消陰翳,無水者不必去火,宜壯水之主以鎮陽光。遂開明代薛己諸人探本命門之一法,其亦深於醫理者矣。冰名見《新唐書·宰相世系表》,稱爲京兆府參軍,林億等引《人物志》,謂冰爲太僕令。未知孰是。然醫家皆稱王太僕。晁氏《讀書志》獨作王砅,《杜甫集》亦有此名。然唐、宋《志》皆作冰,而世傳宋槧本亦作"冰"字,或公武因杜詩而悮歟。

《四庫全書總目》卷一百三子部十三醫家類一。856 上

【校記】①全元起,《初目》作"金元起",誤。全元起,南朝時齊梁間人。《南史》載其就砭石一事造訪王僧孺事。《南史》卷五十九《王僧孺傳》云:"僧孺工屬文,善楷隸,多識古事。侍郎全元起欲注《素問》,訪以砭石。"《新唐書·藝文志》著錄全元起《注黄帝素問》九卷,此爲我國最早對《素問》之注解。該書雖佚,但宋林億等在校正《黄帝內經》時,尚得見其書,並引錄其《內經素問》篇名次序。《初目》提要下文云"每篇之下必注全元起本第幾字",亦作全元起可證。《薈要提要》等不誤。今據改。

仁齋直指二十卷

宋楊士瀛撰。士瀛,字登父,福州人。景定中以醫名。其書前有《自序》,稱明白易曉謂之直,發蹤以示謂之指。後明朱崇正校刻之,又附以遺方。

《四庫全書總目》卷一百三子部十三醫家類一。868 上

壽親養老新書四卷

第一卷爲宋元豐時泰州興化令陳直所撰。本名《養老奉親書》。第二卷以下則元鄒鉉所續,與直書合爲一編,更題今名,已啓後來淆亂古書之漸。其書具載老人食治之方、醫藥之法、攝養之道。前有元危徹孫、黄應紫、張士宏三《序》。直書一卷,《通考》著錄稱《奉親養老書》,此本則題曰《養老奉親書》。然此本猶屬舊刊,不應標題有誤,蓋《通考》傳寫倒置也。

《四庫全書總目》卷一百三子部十三醫家類一。861 下

太平惠民和劑局方十卷①

宋庫部郎中提轄措置藥局陳師文等校正。晁公武《讀書志》云:"大觀中,詔通醫刊正藥局方書,閲歲,書成,校正七百八字,增損七十餘方。"即此書也。陳振孫《書錄解題》云:"二十一門,二百九十七方,其後時有增補。"此本止十四門,而方乃七百八十八。中有紹興寶慶淳祐續添者,與陳氏之說相合,蓋南宋本也。末附《用藥總論指南》三卷,皆從圖經本草抄撮增入,又非原書之舊,不知何人所加。

《四庫全書總目》卷一百三子部十三醫家類一。

【校記】①劑,《初目》作"濟",非是。書目著錄均作"劑",今據改。864 下

類証普濟本事方十卷

宋許叔微撰。叔微,字知可,揚州人。紹興中進士。是書載經驗諸方,兼記醫案,故以本事爲名,猶詩家之有本事詩也。叔微於診治之術最爲精詣,其所論"廣絡原野以冀一獲"之

説,尤救弊之篤論。醫家所稱許學士者,即指叔微。其書屬詞簡雅,不諧於俗,故明以來不甚傳布。此本從宋槧鈔出,其中凡"丸"字皆作"圓",猶是漢張機《傷寒論》、《金匱要略》舊例也。

《四庫全書總目》卷一百三子部十三醫家類一。864 中

傳信適用方二卷

舊本不著撰人名氏。《宋史·藝文志》載此書,亦不云誰作,而別有劉禹錫《傳信方》二卷。考此書每方之下皆註"傳自某人",中有引及《和劑局方》者,必非禹錫書也。馬端臨《文獻通考》有《傳道適用方》二卷,陳振孫云"稱拙庵吳彥夔淳熙庚子"撰,與此卷帙正同。知此即彥夔之書,《通考》屢經傳寫,訛"信"為"道"也。此本由宋槧影寫,前後無序跋。所錄皆經驗之方,最可依據。中有"八味圓問難"一條,尤深得制方之旨。其餘各方,雖經後人選用,而采擇未盡者尚多。末附夏子益《治奇疾方》三十八道。其書罕見單行之本,明李時珍《本草綱目》所載,疑或從此鈔出也。

《四庫全書總目》卷一百三子部十三醫家類一。865 中

銅人針灸經七卷

不著撰人名氏。前題山西平陽府刊,亦不紀年月。《宋史·藝文志》有王惟一《新鑄銅人腧穴針灸圖經》三卷,其書久佚,未審此本異同。錢曾《讀書敏求記》云:"《銅人針灸經》傳來已久,而竇氏秘傳內有金津玉液、大小骨空、八風八邪、髁骨八法,此俱不載。"蓋疑之矣。又第三卷論巨門一穴,引皇甫謐《甲乙經》語,然今《甲乙經》"巨門"俱作"石門",恐此因"巨""闕"字相近而誤。末卷推三旬人神所在,誤針灸者各致其疾,即今時憲書所載逐日人神所在不宜針灸之說。唯初六日在咽,而時憲書作在手,蓋術數之傳,古今亦有小異也。

《四庫全書總目》卷一百三子部十三醫家類一。860 中

醫說十卷

宋張杲撰。杲,字季明,新安人。是書前有淳熙十六年羅頊①《序》,稱杲伯祖子充以醫顯京洛間,受知於范純仁。其祖子發師之,父彥仁繼之,杲又繼之。所謂三世醫也,故其言皆深切中理矣。

《四庫全書總目》卷一百三子部十三醫家類一。865 下

【校記】①羅頊,《初目》作"羅頌",誤。今據改其書前羅頊《序》改。文淵閣《四庫全書》書前提要、《總目》作"羅頊"不誤。

鍼灸資生經七卷

宋王執中撰。執中,字叔權,永嘉人。其書第一卷總載諸穴,二卷至末卷論諸症。經緯相資,明白易曉。前有嘉定庚辰徐正卿初刊《序》,稱東嘉王叔權作。又有紹定四年趙綸重刊《序》,稱澧陽郡博士王執中作,而疑叔權為執中字。以字義推之良是。舊本冠以徽宗崇寧中陳承、裴元、陳師文等校奏醫書一表,與序與書皆不相應。考此本題曰葉氏廣勤書堂新刊,驗其板式乃麻沙本,必書肆移他書進表置之卷端,欲以官書取重也。

《四庫全書總目》卷一百三子部十三醫家類一。866上

素問病機氣宜保命集三卷

金劉完素①撰。完素,字守真,自號通元子,河間人。承安間徵召不起,賜號高尚先生。完素著書凡三種,後人裒之,號曰《河間三書》。此其三書之一也,分三十二門。原本《內經》,標舉綱要。其論病多歸于火,喜用寒涼峻利之劑,故張介賓諸人往往排之。然較張子和《儒門事親》之三法,則和平多矣。病態百端,言各有當,必盡廢之,是亦一偏之見也。

《四庫全書總目》卷一百四子部十四醫家類二,作《病機氣宜保命集》。869中。文淵閣《四庫全書》書前提要作《保命集》。

【校記】①劉完素,此書作者應爲張元素,文淵閣《四庫全書》書前提要、《總目》等辨之甚詳。

難經本義二卷

元滑壽撰①。壽,字伯仁,許州人,寄居鄞縣。張翥《序》稱壽家去東垣近,早傳李杲之學,遂名於醫。《難經》八十一篇,《漢‧藝文志》不載,隋、唐《志》始載《難經》二卷,秦越人著,吳太醫令呂廣嘗註之。則其文當出三國前。廣書今不傳,未審即此本否。然唐張守節註《史記‧扁鵲列傳》所引《難經》,悉與今合,則今書猶古本矣。其曰"難經"者,謂經文有疑,各設問難以明之。其中有此稱經云而《素問》、《靈樞》無之者,則經脫簡也②。其文辨析精微,詞致簡遠,讀者不能遽曉,故歷代醫家多有註釋。壽所採摭凡十一家,今惟壽書傳於世。其書首列《彙考》一篇,論書之名義源流;次列《闕誤總類》一篇,記脫文誤字;又次《圖説》一篇,皆不入卷數。其註則融會諸家之説而以己意折衷之,辨論精核,考證亦極詳審。蓋壽本儒者,能通解古書文義,故所註比他本爲善也。

《四庫全書總目》卷一百三子部十三醫家類一。856下

【校記】①元滑壽撰,《薈要提要》、文淵閣《四庫全書》書前提要同,《總目》作"周秦越人撰,元滑壽註"。 ②則經脫簡也,《薈要提要》等作"則今本《內經》傳寫脫簡也",是也。《初目》有脫字。

脈訣刊誤二卷附錄二卷

元戴啓宗撰。以世所傳《脈訣》歌括辭指鄙淺,非王叔和本書,因集諸書之論,詳爲辨正。明祁門汪機又取諸家脈書要語、及自撰《矯世惑脈論》別爲二卷,付錄于後。啓宗,字同父,金陵人。官龍興路儒學教授。

《四庫全書總目》卷一百四子部十四醫家類二。872中

素問運氣圖括定局立成一卷

元熊宗立①撰。其書以《素問》五運六氣之説編爲歌辭。又有天符歲會之説,以人所生之歲甲子,觀其得病之日氣運盛衰,次其生死②。醫家未有用其法者,蓋本《素問》之説而衍之,初無徵驗也。

《四庫全書總目》卷一百五子部十五醫家類存目。881上

【校記】①元熊宗立，《總目》作"明熊宗立"，應是。《總目》云："劉剡之門人也。"其下注道："剡，永樂中人，有《四書通義》，已著錄。"劉剡爲永樂中人，則其門人熊宗立自應是明人。　　②次其生死，《總目》作"決其生死"。

攝生眾妙方十一卷

明鄞縣張時徹輯。分四十七門，標目繁碎。《自序》云："每見愈病之方，輒錄而藏之。"蓋隨時抄集而成，未爲賅備。

《四庫全書總目》卷一百五子部十五醫家類存目。885 中

普濟方一百六十八卷①

明周定王橚所輯，而教授滕碩、長史劉醇等同考論之。凡一千九百六十論、二千一百七十五類、七百七十八法、六萬一千七百三十九方、二百三十九圖，可謂集方書之大全矣。李時珍《本艸綱目》采錄其方至多。然時珍稱爲周憲王，蓋誤書其謚。《明史·藝文志》作六十八卷，則又誤脱"一百"二字也。橚，太祖第五子，洪武三年封吳王，十一年改封周。

《四庫全書總目》卷一百四子部十四醫家類二。872 下

【校記】①一百六十八卷，文淵閣《四庫全書》書前提要、《總目》作"四百二十六卷"。按：《浙江採集遺書總錄》著錄本書，與《初目》同，是本書進呈四庫館時即作一百六十八卷。又《千頃堂書目》卷十四，《續通志》卷一百六十一《藝文略》、《續文獻通考》卷一百八十四《經籍考》著錄，亦均作一百六十八卷。《總目》及《四庫全書》作四百二十六卷，當是篇卷分合不同，並非內容有異。《浙江採集遺書總錄》謂本書爲"天一閣寫本"，《總目》著錄本書來源於"浙江范懋柱家天一閣藏本"，則本是同一部書，卷帙不應有差。

醫方選要十卷

明周文采輯。文采爲蜀獻王椿侍醫，獻王命撰是書刊行。每門皆鈔錄古方，而各冠以論。嘉靖二十三年，通政使顧可學奏進，詔禮部重錄付梓，仍行兩京各省翻刻。前有獻王《序》及文采《自序》，併載禮部尚書費寀題覆疏二篇，蓋亦翻刻本也。李時珍《本草綱目序例》引作周良采，誤。

《四庫全書總目》卷一百五子部十五醫家類存目。884 中

志齋醫論二卷

明高士撰。上卷專論痘疹，下卷雜論陰陽六氣、血脈虛實。其説云，今之醫者多非丹溪，而偏門方書盛行。則亦以朱氏爲宗者也。士，字志齋，鄞縣人。

《四庫全書總目》卷一百五子部十五醫家類存目。886 上

針灸聚英四卷

明高武撰。以經絡窌穴類聚爲一卷，各病取穴治法爲一卷，諸論針艾法①爲一卷，各歌賦爲一卷。凡諸書與《素問》、《難經》異同者，取其同而論其異，故以"聚英"名書。其所蒐采，惟《銅人》、《明堂》、《子午》及《竇氏流注》等書，餘皆不錄。泥古非今，亦非十全之術。

《四庫全書總目》卷一百五子部十五醫家類存目。887 中

【校記】①諸論針艾法，殿本《總目》同，浙本《總目》作"諸論針灸法"。其書今存，《凡例》即作"諸論針艾法"。此卷前論"針法"，後論"艾法"，浙本《總目》改作"諸論針灸法"非是。

急救良方二卷

明張時徹輯。分三十九門，專爲荒村僻壤之中不諳醫術者而設。故藥取易求，方皆簡易，亦有資民用之書也①。

《四庫全書總目》卷一百五子部十五醫家類存目。885 下

【校記】①亦有資民用之書也，《總目》作"不甚推究脈證也"。

魯府秘方四卷

明魯王侍醫劉應泰輯。分《福》、《壽》、《康》、《寧》四集。首載五言贊一首，以頌魯王。其餘皆分類隸方，亦罕奇秘。末載延年勸世等箴，尤與醫藥無關。前有萬曆甲午魯王《序》。考《明史》諸王傳，魯荒王檀八世至敬王壽鏛，于萬曆二十二年嗣封，是年歲在甲午。蓋即壽鏛，故其《序》自稱魯王八代孫也。

《四庫全書總目》卷一百五子部十五醫家類存目。887 上

折肱漫錄六卷

明黃承昊撰。承昊，字履素，號闇齋，秀水人。洪憲之子。萬曆丙辰進士，官至福建按察使。承昊體羸善病，因參究醫理，疏其所得，以著是書。分《養神》、《養氣》、《醫藥》三門。其論專主于補益，未免有偏。

《四庫全書總目》卷一百五子部十五醫家類存目。887 中

養生類要二卷

明吳正倫撰。上卷載導引訣、衛生歌及煉紅鉛、秋石之法，下卷分春夏秋冬諸症宜忌合用方法，蓋兼涉乎道家之說者。正倫，字子敍，自號春巖子，歙縣人。鄭若庸爲作傳。

《四庫全書總目》卷一百五子部十五醫家類存目。886 上

醫開七卷

明王世相撰。其書自"本草精義"至"四時藥例"，凡二十四類。首載或問數條，謂醫學至丹溪而集大成，蓋亦主滋陰之說者。所論多述舊文，別無闡發。前有馬理、馮惟訥二《序》。世相，字季隣，號清溪，山西蒲州人。嘗受業呂柟，官陝西延川令。

《四庫全書總目》卷一百五子部十五醫家類存目。885 上

醫學正傳八卷

明虞摶撰，其從孫守愚校定。首載《醫學或問》五十三條①，辯論頗詳。《自序》有私淑丹溪之語，其于諸病，悉以《丹溪心法》及所著諸方冠于首。雖亦兼采諸家，而大旨以補陰爲

主也。搏,字天民,義烏人,自稱恒德老人。守愚,字惟明,嘉靖癸未進士,官御史。

《四庫全書總目》卷一百五子部十五醫家類存目。885 中

【校記】①醫學或問五十三條,《總目》作"復爲《或問》五十條以申明之"。經查本書,卷一標題下作"凡五十三條",正文内容實際爲五十條。

衛生集四卷

明周宏撰。前有正德庚辰宏《自序》,復繫以五言律詩一章,詞頗近俚。其論外感法仲景,内傷法東垣,濕熱法河間,雜病法丹溪,尚屬持平之論。然亦大略如是,未可執爲定法也。

《四庫全書總目》卷一百五子部十五醫家類存目。885 中

圖註脈訣四卷附方一卷

明張世賢撰。案宋林億等校上晉王叔和《脈經》十卷,凡九十七篇。世有刊本,而文句古雅,非俗醫所通。故或獵其大略,編爲歌括,亦題曰王叔和作。宋熙寧間,有道真子者,始辨其僞,作《脈訣機要》三卷、《脈要新括》一卷以正之。而僞書通俗易行,且詞雖鄙淺,而無大悖謬,故至今猶傳習之。世賢此編,蓋亦未見《脈經》舊本也。書末附方一卷,皆因脈以用藥。然脈止七表八裏九道,而病則變現無方,因緣各異,非二十四格所能盡。限以某脈某方,非圓通之論矣。

《四庫全書總目》卷一百五子部十五醫家類存目。882 中

袖珍小兒方十卷

明徐用宣撰。其書以脈訣爲首,方論、針灸圖形次之。總七十二門,六百二十四方,蒐采頗備。惟論斷一本前人,無獨闢之見。書作於永樂間,嘉靖十一年,贛撫錢宏重刊,以是書原本宋錢乙也。用宣,衢州人,《藝文志稿》作徽州人。

《四庫全書總目》卷一百五子部十五醫家類存目。884 中

素問鈔補正十二卷

明丁瓚編。初元滑壽著《素問鈔》,歲久傳寫多訛,瓚因其舊本重爲補正,復間采王砅①原注以明之。凡十二門,悉依壽書舊例。又以《五運六氣主客圖》並《診家樞要》附于後。瓚,字點白,鎮江人。嘉靖丁丑進士,官至溫州府知府。

《四庫全書總目》卷一百五子部十五醫家類存目。881 上

【校記】①王砅,《總目》作"王冰"。按:此王砅,當即註釋《黃帝素問》之王冰,《初目》《黃帝素問》提要云:"晁氏《讀書志》獨作王砅,《杜甫集》亦有此名。然唐、宋《志》皆作'冰',而世傳宋槧本亦作'冰'字,或公武因杜詩而悞歟。"《初目》既已以"王砅"爲誤,此處仍作王砅,是失前後照應。

經驗良方十一卷①

明陳仕賢輯。仕賢,字邦憲,福清人。嘉靖壬辰進士②,官至副都御史。其書首載醫指脈訣藥性,別爲一卷。餘皆抄錄舊方,無所論説。《自序》云,與通州醫官孫字③考定而成。

子部　醫家類

《四庫全書總目》卷一百五子部十五醫家類存目。886 上

【校記】①十一卷,《千頃堂書目》卷十四作"十卷"。　②嘉靖壬辰進士,《總目》作"嘉靖壬戌進士",非是。《明嘉靖十一年進士題名碑錄》、乾隆《福建通志》卷三十八《選舉志》均作嘉靖十一年壬辰科進士。　③孫宇,《總目》作"孫宇"。

針灸節要三卷

明高武撰。以《難經》、《素問》爲主。《難經》首取行針補瀉,次取井滎俞經合,次及經脈。《素問》首九針,次補瀉,次諸法,次病刺,次經脈空穴①。俱顛倒後先,于經文多所割裂。

《四庫全書總目》卷一百五子部十五醫家類存目。887 下

【校記】①經脈空穴,該書《凡例》作"經脈髎穴"。

丹溪心法附餘二十四卷

明方廣輯。因程用光所訂朱震亨《丹溪心法》贅列附錄,與震亨本法或相矛盾,乃削除附錄,以成一家之言。別以諸家方論與震亨相發明者,分綴各門之末,名曰附餘。然終非震亨之原書矣。廣,字約之,號古庵①,休寧人。

《四庫全書總目》卷一百五子部十五醫家類存目。886 上

【校記】①古庵,《總目》、《欽定續文獻通考》卷一百八十四《經籍考》均作"古齋"。按:其書卷首嘉靖十五年賈詠《序》云:"方君名廣,字約之,古庵其號。"其書卷端作"休寧東山古庵方廣約之類集",是方廣號古庵,不作古齋。

鍼灸大成十卷

明醫官楊繼洲輯。萬曆間,山西巡按趙文炳得痿痺疾,繼洲針之而愈,因取其家傳《衛生針灸元機秘要》一書,補輯刊刻,易以今名,文炳爲序。本朝順治丁酉,平陽府知府李月桂以舊板殘缺,復爲補綴。其書以《素問》、《難經》爲主,又肖銅人像,繪圖立説,亦頗詳贍。惟議論繁冗,未若《明堂》、《子午》之簡要。

《四庫全書總目》卷一百五子部十五醫家類存目。886 中

鍼灸問對三卷

明汪機撰。機,字省之,祁門人。是書上、中二卷論針法,下卷論灸法及經絡穴道。皆設爲問答,語簡而明。其論針能治有餘之病,不能治不足之病;詳辯《内經》虛補寔瀉之説爲指虛邪實邪。又論古人充寔,病中於外,故針灸有功;今人虛耗,病多在内,針灸不如湯液。又論誤針誤灸之害與巧立名目之誣,尤術家所諱不肯言者,其説可謂篤寔矣。

《四庫全書總目》卷一百四子部十四醫家類二。874 上

圖註難經八卷

明張世賢撰。世賢,字天成,寧波人。正德中以醫名於時。《難經》舊有吳呂廣、唐楊德操諸家註。宋嘉祐中,丁德用始于文義隱奧者各爲之圖,元滑伯仁作《本義》,亦有數圖,然皆不備。世賢是編,雖所註僅詮釋文句,未極精深,而八十一篇,篇篇有圖。凡註所累言不盡

者,可以披圖而立解,其功亦不可廢矣。
　　《四庫全書總目》卷一百五子部十五醫家類存目。881 下

玉機微義五十卷
　　《明史·藝文志》作劉純撰。考卷首楊士奇《序》,實徐用誠所輯,而純續爲增益也。用誠,字彥純,會稽人;純,字宗厚,咸寧人,俱洪武中名醫也。其書本名《醫學折衷》,于病因治法頗爲詳備。但去元未遠,故一宗朱震亨之學,不無過用寒涼之失。
　　《四庫全書總目》卷一百四子部十四醫家類二。873 上

醫史十卷
　　明李濂撰。其書取史傳名醫事實抄錄成帙,間亦采之諸家文集。其醫術可傳而尚無紀載者,則爲之補傳,共得七十有二人[①]。前有嘉靖丁未《自序》。濂,字川父,祥符人。正德甲戌進士,官至山西按察使僉事。
　　《四庫全書總目》卷一百五子部十五醫家類存目。885 上
　　【校記】①共得七十有二人,《總目》作:"是編采錄古來名醫,自《左傳》醫和以下,迄元李杲,見於史傳者五十五人。又采諸家文集所載,自宋張擴以下,迄於張養正,凡十人。其張機、王叔和、王冰、王履、戴原禮、葛應雷六人,則濂爲之補傳。"所計得七十一人。按:《總目》誤。其書今在,實爲七十二人。《總目》漏計葛應雷子乾孫一人。

類經三十二卷
　　明張介賓編。其書以《素問》、《靈樞經》分類相從。一曰攝生,二曰陰陽,三曰藏象,四曰脈色[①],五曰經絡,六曰標本,七曰氣味,八曰論治,九曰疾病,十曰鍼刺,十一曰運氣,十二曰會通,共三百九十條。又益以《圖翼》十一卷,《附翼》四卷。雖不免割裂古書,而條理井然,易于尋覽,其註亦頗有發明。介賓,字會卿,號景岳,會稽人。明末良醫也。
　　《四庫全書總目》卷一百四子部十四醫家類二。876 下
　　【校記】①脈色,《初目》作"脈包",誤。今據本書卷五所題改。《總目》作"脈色"不誤。

醫津筏一卷[①]
　　國朝江之蘭撰。之蘭,字含徵[②],歙縣人。業醫。其書凡十四篇,每篇以《內經》數語爲主,而分條疏論於其後。
　　《四庫全書總目》卷一百五子部十五醫家類存目。890 上
　　【校記】①醫津筏,清道光吳江沈氏世楷堂刻《昭代叢書》本作《醫津一筏》。　②含徵,《皇朝文獻通考》卷二百二十九《經籍考》、《總目》作"含微",非是。《昭代叢書》本《醫津一筏》卷端署名作"含徵"。

術　數　類[①]

　　【校記】①以下《易林》至《宅經》二十三家,書口或題"術數家類",或題"術數類",今據

子部　術數類　　　　　　　　　　　　　　　　　　　　四庫全書初次進呈存目

《總目》，題作"術數類"。

易林十六卷

漢焦贛撰①。黃伯思《東觀餘論》據後漢《小黃門譙君碑》稱贛之裔，疑爲譙姓。然史傳無不作焦，漢碑多假借通用，如歐陽之作歐羊者，不一而足，未可執爲確論也。贛，字延壽②，梁人。官小黃令。京房師也，《漢書》附見于《房傳》。贛嘗從孟喜問《易》，京房以爲贛即孟氏學。劉向校書爲以諸《易》學說，惟京氏爲異黨。贛得隱士之說，託之孟氏。薛季宣曰："漢儒傳《易》明于占候者，如焦贛、費直、許峻、崔篆、輅管數家俱有'林'，惟焦氏今傳于世。"其書以一卦變六十四，六十四卦之變共四千九十有六，各繫以詞。或疑《漢·藝文志》所載《易》十三家，蓍龜十五家，不及焦氏，《隋·經籍志》始著錄，唐王俞始序而稱之，似乎後人所附會。然薛季宣引《東觀漢記》曰："孝明帝永平五年，少雨。上御雲臺，自卦③遇蹇，以京氏《易林》占之，繇曰：蟻封定戶，天將下雨。沛獻王輔用體說卦，謂蟻穴居知雨。京房，延壽弟子。今書蹇繇，實在震林。'林'爲焦氏，可不疑也。"宋黃伯思記王佖占，程迥記宣和、紹興二占，皆有奇驗。伯思《東觀餘論》：《易林》非直日法。而薛季宣集第三十卷有《易林序》，以爲《易林》正用直日法，辨伯之說爲謬，並爲圖例以明之，其說甚辨。今錄季宣《序》與王俞《序》，以存一家之言。俞《序》本名《大易通變》，疑亦後來卜筮家所改也。此書隋、唐、宋《志》俱作十六卷，今本四卷，不知何時所併。季宣《序》稱每卷四林，每林六十四卦。今仍據以分卷，存其舊焉。

《四庫全書總目》卷一百九子部十九術數類二。923 下

【校記】①漢焦贛撰，文淵閣《四庫全書》書前提要、《總目》作"漢焦延壽撰"。　②贛字延壽，文淵閣《四庫全書》書前提要、《總目》作"延壽字贛"。焦氏名字，文獻記載不一。《漢書》卷八十八《儒林傳》云："京房受《易》梁人焦延壽。"顏師古注曰："延壽其字，名贛。"《漢書》卷七十五《京房傳》云："京房……治《易》，事梁人焦延壽。延壽，字贛。"《易林》卷首《較定易林原序》云："焦延壽者，名贛，梁人。"　③自卦遇蹇，薛季宣《浪語集》卷三十《敍焦氏易林》同，《經義考》卷六載薛季宣《序》作"自爲卦遇蹇"。

京氏易傳三卷

漢京房撰，吳陸績注。隋、唐《志》俱不錄。晁公武《讀書志》云："題曰《京氏積算易傳》者，疑隋、唐《志》之錯卦是也；《雜占條例法》者，疑《唐志》之《逆刺占災異》是也。""《積算易傳》三卷、《雜占條例法》一卷，或共題《易傳》四卷。"今考《隋志》載京房書有《周易占》十二卷、《守林》三卷、《飛候》九卷又六卷、《四時候》四卷、《錯卦》七卷、《混沌》四卷、《委化》四卷、《逆刺占災異》十二卷。《唐志》乃以《逆刺占災異》屬之費直，而京氏錯卦作八卷，《逆刺》三卷，晁公武所說似未盡然。今《雜占條例法》久佚，獨此三卷論世應、飛伏、游魂、納甲之法，京氏學粗可考見者惟此耳。今占筮家咸周之，雖無當《易》之精義，然亦一家之學也。

《四庫全書總目》卷一百九子部十九術數類二。924 中

元包五卷元包數總義二卷

北周衛元嵩撰，唐蘇源明傳，李江注。其《總義》二卷，宋張行成撰也。元嵩見《北史·

藝術傳》，稱其"好言將來事"。楊楫嘗序其書云："元嵩，益州成都人。明陰陽歷算。獻策後周，賜爵持節蜀郡公。"宋《崇文總目》及《中興館閣書目》並以爲唐人，悮也。是書體例近《太元》，序次則用《歸藏》，首坤而繼以乾、兌、艮、離、坎、巽、震卦，凡七變，合本卦，共成八八六十四。自繫以辭，言多詰屈，好用古文僻字，難以猝讀。觀源明之傳與江之注，乃可粗得其音訓，亦好異之士也。宋紹興中，臨邛張行成以蘇、李二氏徒言其理，未知其數，復編采《易》說以通其旨，著爲《總義》二卷。然數術家從無用以占卜者，徒以古書存之而已。

《四庫全書總目》卷一百八子部十八術數類一。914 下

夢占類考十二卷

明張鳳翼撰。鳳翼，字伯起，長洲人。嘉靖甲子舉人。取六經子史及稗官野乘所言夢兆之事，編次成書，分爲三十四類。大抵撼集原文，略採後人之論，及以己見附之。《周官》太卜掌三夢之法，占夢占六夢之吉凶。《漢志》有《黃帝長柳占夢》十一卷、《甘德》十卷，《隋志》有京房《占夢書》三卷。古法相沿，列於史卜之職，故鳳翼亦以夢占名書。然自唐以來，其術久廢。是編所載，僅據其善惡徵驗已然之跡，而於所謂占事知來者茫乎未得其術，則亦僅撮抄故事之書，而不可據以候際吉凶。於占之名，頗無當也。

《四庫全書總目》卷一百一十一子部二十一術數類存目二。951 下

九圜史圖一卷附六匀曼一卷

明趙宧光①撰。宧光嘗撰《說文長箋》，別見經部小學類。又著《圖誌譜考辨說》六部，此書即六部之一也。其圖曰三儀，謂日月地②也；曰須彌，謂四大州也；曰六匀平，即以四州之地平鋪而觀之；曰六匀轉，即以四州之地從地球兩面觀之；曰北極出地，從勾陳大星與北極五星之間作識以爲北辰；曰合朔遠近，謂衡岳和林鐵勒北海諸處時刻不同也；曰春秋晝夜，謂日南日北早晚不一也。惟北極一圖與渾天儀合，餘皆撼拾陳編，參以浮屠之說。其六匀曼則泛論天地之廣，荒誕不經，蓋③無可徵驗矣。

《四庫全書總目》卷一百七子部十七天文算法類存目。912 上

【校記】①趙宧光，《初目》作"趙宦光"，誤。今改。　②日月地，《總目》作"日月星"。③蓋，《總目》作"益"。

羅經頂門針二卷

明建溪諸生徐之鏌撰。專論指南針法，以當時堪輿家羅經之制，僅主二十四向，而略先天十二支之位爲非，因著論詳辨。復繪之爲圖，分三十三層，各有詳說。後附圖解一卷，則其門人朱之相所作也。

《四庫全書總目》卷一百一十一子部二十一術數類存目二。942 上

算法統宗十七卷

明程大位撰。大位，字汝思，徽州人。珠算之名始見甄鸞《周髀注》，則北齊已有之，然所說與今頗異。宋人《三珠戲語》始有算盤珠之說，則是法盛行於宋矣。此書專爲珠算而作，其法皆適於民用，故世俗通行。惟拙於屬文，詞多支蔓，未免榛枯勿剪之譏。

《四庫全書總目》卷一百七子部十七天文算法類存目。913 中

同文算指前編二卷通編六卷圜容較義一卷

明李之藻撰。專用西法,于損益乘除錯綜變化之理,頗爲詳密。之藻,字振之,仁和人。累官工部員外郎,與徐光啓同修崇禎曆書,蓋得利瑪竇之傳者。前編有光啓《序》,通編有楊廷筠《序》,《圜容較義》則之藻所《自序》也。

《四庫全書總目》卷一百七子部十七天文算法類二。907 上

易占經緯四卷

明韓邦奇著。邦奇,字汝節,朝邑人。正德三年進士,官至兵部尚書,謚恭簡。茲編專闡卜筮之法,以三百八十四變爲經,四千九十六變爲緯。經者《易》之爻辭,緯取焦氏《易林》附之,占則一以孔子占變爲主,蓋言數而流於藝術者也。《經義考》載其門人王賜紱《序略》,而此本不錄。別有濟南金城《序》,殊不及原序之詳。

《四庫全書總目》卷一百一十一子部二十一術數類存目二。945 中

曉庵新法六卷

國朝王錫闡撰。錫闡,字寅旭,吳江人。曉庵其號也。其書前一卷述句股割圜諸法。後五卷皆推步七政交食凌犯之術。觀其《自序》,是蓋成于明之末年,故以崇禎元年戊辰爲曆元,以南京應天府爲里差之元。其分周天爲三百八十四,更以分弧爲逐限,加減爲從消。創立新名,雖頗涉臆撰,然其時徐光啓等主持西學,聚訟盈庭,錫闡獨閉戶著書,以存古法。雖疏密互見,要亦可資參考。故其說之合者多見於《御製數理精蘊》,未可盡廢也。又書中於法有未備者,每稱別見遺補。然此本止於六卷,實無所謂補遺者,意其有佚篇耶?

《四庫全書總目》卷一百六子部十六天文算法類一。899 上

幾何論約七卷

國朝杜知耕撰。歐邏巴幾何之學,蓋出於九數之句股而變化其法,取以徑捷。明萬曆中,利瑪竇始傳於中國,然中西語異,譯書者又拙於文,故其說轉繁,猝難知通。知耕取《天學初函》中《幾何原本》六卷,刪除蕪冗,又於原題百八十二、丁氏利氏增題十六之外,以己意推闡立題凡十。辭約而術備,於筭數頗有發明。

《四庫全書總目》卷一百七子部十七天文算法類二。908 上

天經或問前集不分卷[①]

國朝游藝撰。藝,字子六,福建人[②]。其書凡前後二集,此其前集也。凡天地之象,日月星之行,薄蝕朒朓之故,與風雲雷電雨露霜霧虹霓之屬,皆設爲問答,一一推闡其所以然。詞意簡明,不悖於經。至於術家一切占驗之法,穿鑿附會、徒惑民聽者,悉屏不言,尤爲有識。

《四庫全書總目》卷一百六子部十六天文算法類一。899 下

【校記】①不分卷,文淵閣《四庫全書》書前提要作四卷,《總目》作一卷。　②福建人,文淵閣《四庫全書》書前提要、《總目》作"建寧人"。

天文大成管窺輯要八十卷

國朝黃鼎撰。鼎,字玉耳,六安人。明末以諸生從軍,積功至總兵官。入本朝,官至提督。晚年集古今天文占候,分門編錄①。大學士范文程序之。大旨主災祥而不主推步,繁稱博引,多參以迂怪荒唐之說。

《四庫全書總目》卷一百一十子部二十術數類存目一。939 中

【校記】①分門編錄,《初目》原作"分門綠綠",後圈去上一"綠"字,義不可通。今據《總目》改。

句股引蒙不分卷①

國朝陳訐撰。訐,字言揚,海寧人。其書起加減乘除、籌算、筆算,次平方、立方,次勾股和較,次勾股測量、三角測量。大旨祖述唐順之、顧應祥、李之藻、梅文鼎之說,括其精要。末有《八線表》,以一萬爲半徑大數。凡《算法》所謂線面體者,是書皆舉其綱領,具有條理。

《四庫全書總目》卷一百七子部十七天文算法類二。908 下

【校記】①不分卷,《總目》作"五卷"。

元珠密語十七卷

舊本題唐王冰撰。冰自號啓元子,嘗爲太僕令,醫家所謂王太僕者是也。考冰注《素問》二十四卷,見《新唐書·藝文志》而不載此書。鄭樵《通志略》始載此書十卷,而不云冰作。其書本《素問》五運六氣之說而敷衍之。始言醫術浸淫,及於測望占候。前有《自序》,稱爲其師元珠子所授,故曰《元珠密語》。又自謂以啓問於元珠,故號啓元。然考冰所註《素問》二十四卷,義蘊宏深,文辭典雅,不似此書之迂怪。且《序》末稱傳之非人,殃墮九祖,乃粗野道流之言。《序》中又謂余於百年間不逢志求之士,亦不敢隱沒聖人之言,遂書五本藏之五嶽深洞中。是直言藏此書時,其年已在百歲外,居然自號神仙矣,尤怪妄不可信也。意此書必唐末道士如杜光庭輩者所爲而隱其名姓,故鄭樵雖著于錄,尚不題撰人。後人因運氣之說出於《素問》,而冰註《素問》最有名,故託①

《四庫全書總目》卷一百一十子部二十術數類存目一。937 上

【校記】①故託,其下有缺文。

太素脈法一卷

不著撰人名氏。原序稱唐末有樵者於崆峒山石函得此書,凡上下二卷,云仙人所遺。其說荒誕,蓋術者所依託。此本秖一卷,或經合併,或佚其下卷也。其法以脈辨人貴賤吉凶,蓋即秦醫和視晉侯而知趙武將死之術,於理亦或有之。然其書皆七言歌括,鄙俚粗淺,決非古人之秘義,故今操是術者,亦百無一驗。姑存其名,以備一家之說可矣。

《四庫全書總目》卷一百一十一子部二十一術數類存目二。951 上

回回曆四卷①

不著撰人名氏。前一卷載步算之術,後三卷皆立成表也。《明史》載回回算術唐代已入

中國,所謂九執歷者是也。元札瑪里迪音復有萬年歷,皆以土盤立算,仍用其本國之書。此本爲明洪武中所譯,《明史》所紀回回法即從此采出。然譯者拙於屬文,詞多鄙野,又傳寫訛脫,轉足滋疑。其精華已略載《明史》中,可無庸復錄其糟粕矣。

【校記】①按:本書《總目》未收。《初目》提要云:"其精華已略載《明史》中,可無庸復錄其糟粕矣。"此書當年由浙江進呈,《浙江採集遺書總錄》著錄《回回歷法》四冊,寫本,提要云:"右書卷末有承德郎南京欽天監副具琳(按:應爲"貝琳"之誤)誌云:此書上古未有也。洪武十一年,遠夷歸化,獻土盤座法,預推六曜干犯,名曰《經緯度》。時度歷官元統去土盤,譯爲漢算,而書始行於中國,歲久堙沒。予任監副於成化六年,具奏修補蒙准。至十三年,而書始備。"然《總目》雖未收本書,其書內容實已見於《四庫全書》所收《七政推步》中。

青羅歷不分卷

不著撰人名氏。考陳振孫《直齋書錄解題》云:"《青羅立成歷》一卷,司天監朱奉奏。據其歷起貞元十年甲戌入歷,至今乾寧丁巳,則是唐末人。"疑即此書也。其法列一年十二月爲定表,用節氣紀太陽、太陰宿次。又以年經月緯縱橫立表,各定年數,爲五星周而復始之期。案月日經天有常度,亦有差分,故月有大小,閏有常期。若一槩限以節氣太陽,倘連值十五日之節,尚可遷就。太陰用三十日爲定策,則必不能齊。至五星躔度,各有遲速,其周天之數,贏縮不能畫一,拘以足定數①,亦類刻舟。又日月五星謂之七曜。曜者,光曜之謂也。月孛、羅、計、紫炁,雖有躔次,實無其形。此書立十一曜之名,已爲未協。至論月孛一條,乃有披金甲及背上插箭之語,一若親睹其行者。大抵剿襲道家符籙等書,而不知其荒唐已甚也。

《四庫全書總目》卷一百七子部十七天文算法類存目。910 中

【校記】①拘以足定數,《總目》作"拘以定數"。

正易心法一卷

舊本題曰麻衣道者撰①。朱子云:"麻衣道者本無言語,秖因小說有陳希夷問錢若水骨法一事,遂有南康軍戴師愈僞造《正易心法》一書以托之。"胡一桂云:"《正易心法》四十二章,章四句,句四言,題希夷先生受并消息。"蓋未可爲據云。

《四庫全書總目》卷一百一十子部二十術數類存目一。932 上

【校記】①舊本題曰麻衣道者撰,《初目》作"舊本題宋麻衣道者撰"。

星經二卷

不著撰人姓名,或歸之甘石。《文獻通考》列《甘石星經》一卷,引晁氏云:"漢甘公、石申撰。以日月、五星、三垣、二十八舍①恒星圖象次舍,有占訣以候休咎。"《隋書·經籍志》石氏《星簿經讚》一卷,《星經》二卷,甘氏《四七法》一卷。是書卷數雖與《隋志》合,而多舉隋、唐州名,必非秦漢間書也。所載星象,今亦殘缺不全。

《四庫全書總目》卷一百七子部十七天文算法類存目。910 上

【校記】①二十八舍,衢本《郡齋讀書志》同,《文獻通考》卷二百十九《經籍考》引"晁氏"、殿本《總目》亦均作"二十八舍"。浙本《總目》作"二十八宿",所據當是袁本《郡齋

讀書志》。

元女經一卷

題云《黃帝授三子元女經》,蓋術數家依託所爲。《隋書·經籍志》有《元女戰經》一卷,《黃帝問元女兵法》四卷,列之兵家。又有《元女式經要法》一卷,列之五行家。此卷詳於論嫁娶日辰,其發端以天一所在占日之吉凶,以天罡加臨占與人期會,蓋當屬之五行類,然無以證其即《元女式經要法》否也。此本爲毛晉所刻,字多脫誤,殆不可讀。

《四庫全書總目》卷一百一十一子部二十一術數類存目二。947 下

葬經一卷

題云《青烏先生葬經》,大金丞相兀欽仄注。經與注似出一手,淺近膚末,蓋皆依托爲之。郭璞《葬書》引經曰若干條,皆見於此本,然字句頗有異同。蓋依托者獵取璞書以自證,而又稍移其文以泯剽襲之跡耳,未可據爲考驗也。

《四庫全書總目》卷一百一十一子部二十一術數類存目二。940 上

宅經二卷

舊本題曰《黃帝宅經》。然書內明指黃帝二《宅經》及《淮南子》、李淳風、呂才等《宅經》二十有九種,則"黃帝"二字殆後人轉寫僞加也。其法分二十四路考尋休咎,以八卦之位向乾坎艮震及辰爲陽,巽離坤兌及戌爲陰。陽以亥爲首,巳爲尾,陰以巳爲首,亥爲尾。而主於陰陽相得,不得謂無義理。文辭亦不流於卑俗,猶術數之近古者也。

《四庫全書總目》卷一百九子部十九術數類二。921 上

雜藝類

古畫品錄一卷

南齊謝赫撰。赫不知何許人。姚最《續畫品錄》稱其寫貌人物,不須對看,所須一覽,便歸操筆。點墨研精,意存形似,目想豪髮,比無遺失,則亦畫家名手矣。是書等差畫家之優劣,分爲六品,晁氏謂分四品者誤也。大抵謂畫有六法,兼善者難。自陸探微以下,以次品第,各爲序引。其意頗矜慎,得二十七人。陳姚最嘗譏其未允,謂如長康之美,擅高往策,矯然獨步,終始無雙,列於下品,尤所未安。李嗣真亦譏其黜衛進曹,有涉貴耳之論。然所言六法,畫家宗之,至今千載不易也。

《四庫全書總目》卷一百一十二子部二十二藝術類一。952 中

續畫品一卷

舊本題陳吳興姚最撰。今考書中稱梁元帝爲湘東殿下,則作是書時猶在江陵即位之前。蓋梁人而入陳者,猶《玉臺新詠》作於梁簡文在東宮時,而今本皆題陳徐陵耳。其書繼謝赫《古畫品錄》而作,而以赫所品高下多失其寔,故但敍時代,不分品目。所錄始于梁元帝,終于解蒨,凡二十人,各爲論斷。中嵇寶鈞、聶松合一論,釋僧珍、僧覺合一論,釋迦佛陀、吉底

俱①、摩羅菩提合一論,凡爲論十六則。名下間有附註,如湘東殿下條註曰:"梁元帝初封湘東王,嘗畫《芙蓉圖》、《醮鼎圖》②。"毛棱條下註曰:"惠秀姪。"似是最之本文。張僧繇條下註"五代梁時吳興人",則決不出最之手,或註皆後人所益也。凡所論斷,多不過五六行,少或止于三四句,而出以儷詞,氣體雅儁,確爲唐以前人之語,非後人所能依託也。

《四庫全書總目》卷一百一十二子部二十二藝術類一。952 下

【校記】①吉底俱,《初目》作"吉辰俱",非是。《續畫品》原文作"吉底俱",今據改。文淵閣《四庫全書》書前提要、《總目》不誤。　　②《芙蓉圖》、《醮鼎圖》,《四庫全書》本《續畫品》原文、《叢書集成初編》影印《津逮秘書》本《續畫品》原文均作《芙蓉湖醮鼎圖》。唐裴孝源《貞觀公私畫史》、明朱謀垔《畫史會要》卷一著錄同。《佩文韻府》卷七之六"醮鼎圖"條下注云:"《續畫品》:梁元帝初封湘東王,嘗畫《芙蓉湖醮鼎圖》。"或作《芙蓉醮鼎圖》,見《佩文齋書畫譜》卷二十一《歷代帝王畫》引《歷代名畫記》、明董斯張《廣博物志》卷三十引《名畫記》。《初目》著錄有誤。文淵閣《四庫全書》書前提要、《總目》提要全同《初目》,此處亦均作"《芙蓉圖》、《醮鼎圖》",與《初目》同誤。

歷代名畫記十卷

唐張彥遠撰。姓字詳見《法書要錄》。《自序》謂家世藏法書名畫,收藏鑒識,自謂有一日之長,所述極爲賅備。然如上古河圖之類一槩列之於名畫,未免不論,是亦好博之過也。晁公武《讀書志》載彥遠《名畫獵精》六卷,記歷代畫工名姓,自始皇以降,至唐朝,及論畫法並裝背褾軸之式,鑒別閱玩之方。虞山毛晉謂彥遠《自序》止云《歷代名畫記》,不及此書,意其大略相似。今觀是書,惟敍歷代畫家及其畫之可傳者,所謂畫法、裝褾、鑒別絕不及之,則《獵精》當別是一書,今不復傳,未可定爲相似也。且郭若虛《圖畫見聞志》曾引是書,乃謂無名氏撰,則併晁氏之説亦未足據矣。

《四庫全書總目》卷一百一十二子部二十二藝術類一。954 中

法書要錄十卷

唐張彥遠撰。彥遠,字愛賓,河東人。能工文字學,隸書外尤喜作八分書。其家累世積圖書,鍾、張、衛、王,每至成軸。此書具載古人論書語,起於漢代,迄今會昌。以九等品第能書人,較庾肩吾諸家所評特爲精審。

《四庫全書總目》卷一百一十二子部二十二藝術類一。954 上

畫史一卷

宋米芾撰。芾,吳人。《宋史》有傳,稱其妙於翰墨繪畫,自名一家,尤精鑒裁。此書輯本朝公卿士庶家藏名畫,一一論次其優劣,蓋舉其生平所覩者也。中論五聲一條,謂沈約求其宮聲而不得,乃分平聲爲上下,不知其何所本。其論唐五王之功業,不知薛稷二鶴①,則顚甚矣。

《四庫全書總目》卷一百一十二子部二十二藝術類一。957 中

【校記】①不知薛稷二鶴,《總目》作"不如薛稷二鶴"。此爲提要概述《畫史》卷首米芾題詞之語,當以"如"字爲是。

宣和畫譜二十卷

記宋徽宗朝內府所藏諸畫。前有宣和庚子御製《序》。然《序》中稱今天子云云，乃類臣子之頌詞，疑標題誤也。所載共二百三十一人，計六千三百九十六軸。分爲十門：一道釋，二人物，三宮室，四蕃族，五龍魚，六山水，七鳥獸，八花木，九墨竹，十蔬果。其以道釋爲首，蓋當神霄寶冊、凝思禮神之時也。毛晉敍錄一一穿鑿先後之故，引馬遷作史先黃老而後六經，復引楊雄六經濟道之文以附會其説，妄之甚矣。

《四庫全書總目》卷一百一十二子部二十二藝術類一。958 下

書錄三卷①

宋董更撰。更，字良史②。其書分上中下三篇。上篇載宋藝祖至高宗，後二篇載臣庶之能書者。有見輒抄於帙，凡評議題跋亦復彙記。更爲外篇附卷末，亦載數人，蓋倣《華陽國志》寰儒貧女有可紀者莫不咸具例也。前有《自序》，已殘缺。後有自跋，言書成于理宗淳祐壬寅，後景定元年庚申燬于火。度宗咸淳元年乙丑，從章氏得其書本，乃重編此集。今此本輾轉傳抄，中間又多訛脱矣。

《四庫全書總目》卷一百一十二子部二十二藝術類一。961 中

【校記】①三卷，文淵閣《四庫全書》書前提要、殿本《總目》同，浙本《總目》作"三卷外篇一卷"。按：作三卷者，外篇即附於書後，並非缺佚。 ②宋董更撰。更，字良史，文淵閣《四庫全書》書前提要、殿本《總目》同。浙本《總目》作"宋董史撰。史字更良"。按：今本《書錄》各卷卷端均作"董更"。

圖畫見聞志六卷

《經籍考》作《名畫見聞志》，宋郭若虛撰。若虛不知何許人，陳振孫云，《自序》在元豐中，"稱大父司徒公，未知何人。郭氏在國初無顯人，但有郭承祐耳"。然今考史傳並郭承祐亦不載，莫之詳也。晁公武謂若虛以張愛賓之《畫記》絶筆唐末，因續之，歷五代，止熙寧七年，分敍論①、記藝、故事、近事四門。馬氏《經籍考》以爲看畫之綱領。蓋當時固重其書矣。

《四庫全書總目》卷一百一十二子部二十二藝術類一。956 中

【校記】①敍論，《郡齋讀書志》同，文淵閣《四庫全書》書前提要作"敍事"，非是。此爲其書卷一內容，包括敍諸家文字、敍國朝求訪、敍圖畫名意、論製作楷模、論衣冠異製、論用筆得失等條，故稱爲"敍論"。

廣川書跋十卷

宋董逌撰。逌，字彥遠，東平人。題曰廣川，從郡望也。逌政和中官徽猷閣待制，王明清《玉照新志》載宋齊愈《獄牘》，稱司業董逌在坐，則靖康末尚官司業矣。丁特起《孤臣泣血錄》並記其受張邦昌僞命，爲之撫慰太學諸生事，其人蓋不足道者。然其書畫賞鑒，則至今推之。是編皆古器款識及漢、唐以來碑帖，末亦附宋人數帖，論斷考証，皆極精審。其據《左傳》成有岐陽之蒐，定石鼓文爲成王作，雖未必確，而説亦甚辨。然能知孫叔敖碑不可信，而滕公石椁銘乃信《博物志》、《西京雜記》之語。又如以紀爲裂繻之國，不知其是卿非侯；以

"窗中列遠岫"爲謝靈運詩,不知其爲謝朓,亦多疎舛。要不害其鑒別之精也。
《四庫全書總目》卷一百一十二子部二十二藝術類一。959 中

宣和書譜二十卷

宋徽宗時集内府所藏名帖成之。首列帝王諸書爲一卷,次列篆隸爲一卷,次列正書四卷,次列行書六卷,次列草書七卷,末列分書一卷,而制誥附焉。敍述頗詳,非若《博古圖》之動輒舛謬也。
《四庫全書總目》卷一百一十二子部二十二藝術類一。959 上

海岳名言一卷

宋米芾撰。皆論書之語,大抵高自標置而詆呵古人,其掊擊顏真卿尤力,蓋其宗旨異也。然其精微之語,書家至今奉爲圭臬。惟詭稱神人夢授一條,隱欲自比蔡邕之事,則所見頗陋耳。
《四庫全書總目》卷一百一十二子部二十二藝術類一。958 中

畫繼十卷

宋鄧椿撰。椿,雙流人。祖洵武,政和中知樞密院。其時最重畫學,椿以家世聞見,綴成此書。先是,唐張彥遠作《畫記》,起軒轅,止唐會昌元年;宋郭若虛作《畫誌》,起會昌元年,止宋熙寧七年。椿作此繼之,起熙寧七年,止乾道三年。上而王侯,下而工技,九十四年之中凡二百一十九人。一卷至五卷以人分,曰聖藝,曰侯王貴戚,曰軒冕材賢,曰縉紳韋布,曰道人衲子,曰世胄婦女及宦者。六卷、七卷以畫分,曰仙佛鬼神,曰人物傳寫,曰山水林石,曰花竹翎毛,曰鳥獸蟲魚,曰屋木舟車,曰蔬果藥草,曰小景雜畫。八卷曰銘心絕品,記所見奇跡愛不能忘者。九卷、十卷曰雜說論遠、雜說論近。
《四庫全書總目》卷一百一十二子部二十二藝術類一。959 下

蘭亭考十二卷

宋桑世昌編。世昌,字澤卿,淮海人,世居天台。此書始名"博議",高文虎序之。葉適《水心集》亦有《蘭亭博議跋》,云:"字書自蘭亭出,上下數千載,無復倫擬,而定武石刻遂爲今世大議論。桑君此書,信足以垂名矣。君事事精習,詩尤工。其《即事》云:'翠添鄰塹竹,紅照屋山花。'蓋着色畫也。"案,世昌爲陸游之甥,故學有原本如是。其書本十五卷,後文虎之子似孫又爲刪定,去其《集字》、《附見》二篇。《集字》者後人集蘭亭帖字以爲文,《附見》者羲之各種書蹟也。似孫削之,論者或以爲非。然著作之體自有斷限,《集字》無與于羲之,《附見》無與于蘭亭,似孫所削,其識過世昌遠矣。
《四庫全書總目》卷八十六史部四十二目錄類二。736 中

碧雞漫志一卷

宋王灼撰。灼,字晦叔,遂寧人。其書核敍樂府源流,最爲詳析,猶可以考見宋代歌詞梗概,實亦《樂府解題》之類也。

《四庫全書總目》卷一百九十九集部五十二詞曲類二。1826 上

書苑菁華二十卷

宋錢塘陳思編輯。思乃臨安書賈，讀書能詩，多與士大夫遊。嘗著《寶刻叢編》二十卷。此編復採歷來論書之文，輯爲一書，分書法、書勢、書狀、書體、書旨、書品等三十一門，徵引頗爲詳備。

《四庫全書總目》卷一百一十二子部二十二藝術類一。961 上

洞天清錄一卷

宋開封趙希鵠撰。取古琴、舊硯、名畫、法書及鐘鼎彝器、茶香、紙墨等類分爲十門，辨別考訂，具有鑒裁。曹溶嘗採其書載入《續藝圃蒐奇》中，卷數與此正同，當是原本。明錢塘鍾人傑輯《唐宋叢書》別載一本，與此本迥異。而其中有楊慎之説，寧庶人宸濠之名，及永樂、宣德、成化諸年號，其爲明人所僞撰無疑也。希鵠，宋宗室子。《宋史·世系表》別其名於燕王房下，蓋太祖之後。

《四庫全書總目》卷一百二十三子部三十三雜家類七。1057 下

圖繪寶鑑五卷圖繪寶鑑續編一卷

元夏文彥撰。採古今能畫者，自軒轅至於有元，旁及外國，得一千五百餘人，合補遺、續補爲五卷。文彥嗜古，精繪事，爲楊維楨所稱。其家多藏古蹟，又于見聞所及廣搜博識，加以品藻，輯爲是編。《續編》一卷，明韓昂所纂。起明初，訖正德，百五十年間，採輯得一百七人，而冠以仁、憲、孝三宗[①]御筆。昂官欽天監副，書成於正德十四年。

《四庫全書總目》卷一百一十二子部二十二藝術類一。962 中

【校記】①仁、憲、孝三宗，文淵閣《四庫全書》書前提要作"宣、憲、孝三宗"，《總目》作"宣宗、憲宗、孝宗三朝"。按韓昂其書具在，開卷作"宣廟御筆有山水有人物"云云，此下爲"憲廟及孝廟御筆皆神像"云云，是所謂冠首者爲宣宗、憲宗、孝宗三宗，《初目》有誤。

鐵網珊瑚十六卷

題曰朱存理撰。中分《畫品》六卷、《書品》十卷。末有萬曆中常熟趙琦美跋，稱原從秦四麟家得《書品》、《畫品》各四卷，後從焦竑得一本，卷帙較多。因兩本互校，增爲《書品》十卷、《畫品》六卷。其先後次序，則琦美隨定，而又以所見真跡續於後。稱秦氏原本，無撰人姓名。別有跋，記作者姓名。後佚去，不復記，然非朱存理也。據此，則是書趙琦美所編次增補，題朱存理撰爲誤矣。雍正六年，年希堯嘗[①]刊此書。跋稱別有一本十四卷者，傳爲存理原本，今亦未見。又世傳有存理所作《珊瑚木難》四卷[②]，所載名蹟，末皆有自跋語，與此本體例不相類，則此書非出存理手愈可知也。

《四庫全書總目》卷一百一十三子部二十三藝術類二，作《趙氏鐵網珊瑚》。963 中

【校記】①嘗，《初目》作"當"，文氣不順。文淵閣《四庫全書》書前提要作"嘗"，今據改。②四卷，文淵閣《四庫全書》書前提要、《總目》均作"八卷"。按：《初目》下一條著錄《珊

瑚木難》，即作八卷。

珊瑚木難八卷

明朱存理撰。存理，字性父，長洲人。朱彝尊《詩話》謂："存理自少至老，未嘗一日忘學。聞人有異書，必從訪求，以必得爲志。所纂集凡數百卷，既老不厭。坐貧無以自資，其書旋亦散去。"茲編悉載所見字畫，題跋其卷中。前人詩文世所罕見者，亦附錄焉，間加評品。所採皆甚雅馴。前載文徵明、文嘉、王穉登、王騰程四人姓氏，蓋出於其家收藏者爲多。世別有《鐵網珊瑚》，亦稱存理作，遂或混是書而一之，非也。

《四庫全書總目》卷一百一十三子部二十三藝術類二。963 上

奇器圖説三卷諸器圖説一卷

《奇器圖説》，歐羅巴人鄧玉函撰。《諸器圖説》，明王徵撰。中述奇器，無所不備，而於農器及水法爲尤詳。西洋之學，堅僻偏駁，本不足道，而其制器之巧，則甲於古今。寸有所長，自宜節取。且是編所載皆裨益民生之具，其法至便，而其用至溥。錄而存之，固可備一家之學也。

《四庫全書總目》卷一百一十五子部二十五譜錄類。984 上

墨經一卷

原本題曰晁氏撰，不著時代、名字。諸書引之，亦但曰《晁氏墨經》。考何薳《春渚紀聞》云："晁季一生平無他嗜，獨見墨喜動眉宇，其所製銘曰：'晁季一寄寂軒造者，不減潘、陳。'"又稱其與賀方回、張秉道、康爲章"皆能精究和膠之法，其製皆如犀璧"。此書中論膠云："有上等煤而膠不如法，墨亦不佳。如得膠法，雖次煤能成善墨。"與所言精究和膠亦合，疑爲晁季一作也。

《四庫全書總目》卷一百一十五子部二十五譜錄類。986 中

庚子銷夏記二卷

國朝孫承澤撰。其書彙集前人書畫，自晉唐以至明代，各爲評隲，最稱精審。後來賞鑒諸家，皆籍爲考據之資焉。

《四庫全書總目》卷一百十三子部二十三藝術類二。968 上。《四庫全書》書前提要、《總目》均作八卷。

繪事備考八卷①

國朝王毓賢撰。毓賢，字星聚。官湖廣按察使。茲編採輯舊記，自史皇而下，歷代畫家，一一紀其姓名、爵里，各著其所長。其序歷數前代諸書載紀舛悮，知其考正之間頗爲不苟矣。

《四庫全書總目》卷一百十三子部二十三藝術類二。968 上

【校記】①繪事備考，《初目》作"繪事通考"。按：文獻著錄，如《佩文齋書畫譜·纂輯書籍》、《欽定八旗通志·藝文志》等，均作"繪事備考"。《四庫全書》書前提要、《總目》亦作"繪事備考"，今據改。

書畫彙考六十卷

國朝卞永譽撰。永譽，字令之，鑲紅旗漢軍。官至刑部左侍郎。永譽精於賞鑒，所藏書畫至富。是編采摭繁博，凡前人詩文題跋，一一掆載而彙列之。朱彝尊稱集中所收視《雲煙過眼錄》、《鐵綱珊瑚》獨爲詳備，亦游藝者所不可少之書也。

《四庫全書總目》卷一百十三子部二十三藝術類二，作"式古堂書畫彙考"。968 下

北堂書鈔一百六十卷

唐虞世南撰。北堂者，秘書省之後堂，此書蓋世南在隋爲秘書郎時所作也。分八十部，凡八百一類。《唐志》作一百七十三卷，晁公武《讀書志》因之；《中興書目》作一百六十卷，《宋志》因之，今本卷帙與《中興書目》同，豈原書在宋已有亡佚耶？王應麟云："二館舊闕《書鈔》，惟趙安仁家有本，真宗命內侍取之，手詔褒美。"蓋前代甚珍其書矣。是編爲明萬歷間陳禹謨所校刻。錢曾《讀書敏求記》云："世行《北堂書鈔》攪亂增改，無從訂正。向聞嘉禾收藏家有原書，尋訪十餘年而始得，繙閱之，心目朗然。"今嘉禾本不可見，猶幸禹謨所增每條各註補字，尚有踪迹可尋，其妄爲刪改者則莫可究詰矣。

《四庫全書總目》一百三十五子部四十五類書類一。1142 上

藝文類聚一百卷

唐太子率更令、弘文館學士歐陽詢撰。觀其《自序》，亦奉詔作也。《序》稱："《流別》、《文選》，專取其文；《皇覽》、《徧略》，直書其事。文義既殊，尋檢難一。"是書"比類相從"，"事居於前，文列於後，俾覽者易爲功，作者資其用"。於諸類書中，體例最善。凡爲類四十有八，雖其中門目頗有繁簡失宜、分合未當者，如山水部五岳存三，四瀆缺一；帝王部三國不錄蜀漢，北朝惟載高齊；儲宮部公主附太子，而諸王別入職官；雜文部附紙、筆、硯；而武部外又別出刀、匕首等爲軍器一門；道路宜入地部，壇宜入禮部，而列之居處；鍼宜入器物，錢宜附寶玉，而列之產業；案、几、杖、扇、塵尾、如意之類宜入器物，而列之服飾；疾病宜入人部，而列之方術；夢、魂魄亦宜入人部，而列之靈異；以及茱萸、黃連入木部；芙渠、菱、藤入艸部；鴻之外又別出雁，蚌之外又別出蛤，鶴之外別出黃鶴，馬之外別出駒騄。如斯之類，皆不免叢脞少緒。然隋以前遺文秘籍，迄今十九不存。得此一書，尚略資考証。宋周必大校《文苑英華》多引是集，而近代馮惟訥《詩紀》、梅鼎祚《文紀》、張溥《百三家集》從此采出者亦多。亦所謂殘膏賸馥，沾溉百代者也。

《四庫全書總目》卷一百三十五子部四十五類書類一。1141 下

龍筋鳳髓判四卷

唐張鷟撰。鷟，字文成，自號浮休子，世所稱青錢學士是也。博聞洽見，以駢體擅名。此乃所著判語，組織極工。蓋唐人以身、言、書、判銓試選人，諸家文集率有擬作，今見於《文苑英華》者尚多。鷟復臚比官曹，條件①撰次成集。洪邁《容齋隨筆》嘗譏其堆垛故事，不切于蔽罪議法。然唐時朝廷號令文章多尚偶儷，況此私編程式，不付施行，自以綴文爲重，固不得指爲鷟病也。注爲明武定劉允鵬所輯，採撮頗詳，未見精博。允鵬本名繼先，字敬虛，嘉靖辛

卯舉人。嘗著有《續事類賦》。

《四庫全書總目》卷一百三十五子部四十五類書類一。1142 中

【校記】①條件，《總目》作"條分件繫"。

歲華紀麗四卷

唐韓鄂撰。《唐書·宰相世系表》載韓休之弟殿中丞倩，倩之子河南兵曹參軍滌，鄂乃滌之曾孫也。《歲華紀麗》者，自元正訖於除夕，擇其事之新艷者，編爲駢句，分彙各時之下。馬端臨載其目於《經籍考》"歲時類"中，然實類書也。近王士正謂是書乃海鹽胡孝轅偽造。又按錢曾《讀書敏求記》云："《歲華紀麗》舊鈔，卷終闕字數行，又失去末葉。後見章邱李中麓藏宋刻本，脫落正同。"是此書確係舊傳之本，但胡震亨爲刻行耳。士正所聞殆未審也。

《四庫全書總目》卷一百三十七子部四十七類書類存目一。1160 中

文房四譜五卷

宋蘇易簡撰。易簡字太簡，梓州銅山人。官知制誥，遷參知政事，出知陳州。編中集古今筆硯紙墨原本及其故實，繼以辭賦詩文。前載徐鉉《序》，末有雍熙三年九月《自序》，謂因閱書秘府，集成此譜。蓋亦類書之體也。其搜採頗博，如梁元帝《忠臣傳》、顧野王《輿地志》等書，今皆久亡矣。凡《筆譜》二卷，《硯》、《紙》、《墨譜》①各一卷，而以筆格、水滴附焉。尤氏《遂初堂書目》作《文房四寶譜》，又有《續文房四寶譜》。此止題《文房四譜》，蓋後人嫌其不雅，刪去一字耳。

《四庫全書總目》卷一百十五子部二十五譜錄類。984 中

【校記】①墨譜，《初目》作"筆譜"，非是。按：《筆譜》已見卷一、卷二，其書作《墨譜》，今據改。《四庫全書》書前提要、《總目》不誤。

事物紀原十卷

宋高承撰。分五十五部，每事考其原委。趙希弁《讀書附志》云："承，開封人。自天地生植，與夫禮樂、刑政、經籍、器用，下至博弈嬉戲之微，蟲魚飛走之類，無不考其所自來。雙溪項彬爲之序。"陳振孫《書錄解題》云："不著名氏，《中興書目》十卷，高承撰。元豐中人。凡二百七十事①。"是編爲明正統間南昌貢生閻敬所刊。卷帙與《中興書目》同，而隸事以千計，疑後人又有所附益也。敬序亦云作者逸其姓氏，蓋未及考二家之說。

《四庫全書總目》卷一百三十五子部四十五類書類一。1146 上

【校記】①二百七十事，文淵閣《四庫全書》書前提要、《總目》引陳振孫《書錄解題》作"二百十七事"，非是。《書錄解題》原書作"二百七十事"。

源流至論前集十卷後集十卷續集十卷別集十卷

《前》、《後集》、《續集》，宋林駉撰。《別集》，宋黃履翁撰。駉，字德頌，履翁，字吉父，皆閩人。宋自神宗罷詩賦，以策論取士，學者咸務典博。故是編於經史百家之異同，歷代制度之治革，分類編纂，以備采用。雖專爲科舉而設，而宋一代之朝章國典，分門別類，序敘詳明，多有諸書不載者。亦考證家所取資，未可以體例近俗廢也。

《四庫全書總目》卷一百三十五子部四十五類書類一。1151 中。《總目》書名同,文淵閣《四庫全書》書前提要作《古今源流至論》。

歷代制度詳説十二卷

宋吕祖謙撰。分十二門,始于科目,終于馬政。每門列制度于前,而各爲詳説于後。多引經史及《通典》、《會要》之文,大略與類書相似。蓋祖謙之學,主于體用兼該,故欲取古今制度沿革損益之宜,折衷變通而見之施行,非泛爲撿拾典故可比。宋時其書未顯,本傳及《藝文志》俱失載。元代書肆始刊行之,有泰定三年廬陵彭飛《序》,今亦僅存抄本矣。

《四庫全書總目》卷一百三十五子部四十五類書類一。1148 上

小學紺珠十卷

宋王應麟撰。其書比數以紀事,前有方回、牟應龍二《序》,稱其天地萬物之名數莫不具備。然亦多有凌亂疏漏者。如《律歷類》首序六律、六吕,以至度量權衡,次序四時、八正、二氣、十二月之類,蓋由律及歷也。而其後復序五音、六十四聲[1]、八十四調,其後復序七閏、八會之類,前後殊無倫次。又如五卜、三兆、四兆、九筮之類,應麟《玉海》系之《藝術》,而此書收入《律歷》,亦自亂其例。至于《天文類》中既載《淮南·天文訓》之八紘八極[2],而東西南北中之五官,子午、丑未、寅申、卯酉、辰戌、巳亥之六府乃不見錄。《器用類》中既載《周官》之八尊,而賈疏之十有六尊乃不見錄;既載《春秋傳》禘餕宴之三卺,而《儀禮疏》之牲有二十一體乃不見錄。亦皆未爲詳賅。蓋此書爲應麟偶然記錄之本,尚未及詳定編次也。

《四庫全書總目》卷一百三十五子部四十五類書類一。1151 下

【校記】[1]五音六十四聲,《四庫全書》書前提要、《總目》同,《小學紺珠》原書此條作"五音十四聲"。　　[2]《天文類》中既載《淮南·天文訓》之八紘八極,《四庫全書》書前提要、《總目》同,《小學紺珠》原書此見《地理類》。

小字錄一卷補錄六卷[1]

宋成忠郎,緝熙殿、國史實錄院、秘書省搜訪陳思輯。思,理宗時臨安書賈,《寶刻叢編》、《書苑菁華》皆所輯也。是書取史傳所載小字集爲一編,較陸龜蒙《侍兒小名錄》捃摭稍廣。其補錄六卷則明萬歷中沈宏正撰。宏正,字公路,嘉定人。

《四庫全書總目》卷一百三十五子部四十五類書類一。1150 中

【校記】[1]《補錄》六卷,《總目》未著錄。《千頃堂書目》卷十著錄有沈宏正《小字錄補》六卷。

書敍指南二十卷

宋任廣撰。廣,字德儉,浚儀人。宋人重簡札啓事之文,此書乃爲削牘者取材而作,故名《書敍指南》。明浦南金改題曰《修詞指南》,非其本也。書中摭拾雖未爲廣博,而每句皆標注出典,令讀者可以知所由來,其體視他類書較善。北宋嘗有刊本,毀於靖康之世。有俞氏者攜本至吳,世世守之,後流傳完本頗多[1]。國朝康熙初,金券得寫本於韓氏,重抄未竟而夭,遂失原本第十卷。雍正三年,金滙得宋刊本不全本抄補,而此書復完。

《四庫全書總目》卷一百三十五子部四十五類書類一。1146下

【校記】①後流傳完本頗多,《四庫全書》書前提要作"世所傳完帙頗少",《總目》作"其後輾轉傳寫多非完帙"。

歷代不知姓名錄十卷

明李清撰。其書皆取古來紀載有事迹而無姓名者。惟晨門、荷蕢之類人所習見者不錄,其餘自忠孝節義、儒學技術,以至妖妄鬼物,無不備錄。分爲五十四類,體例新刱,亦博古者之一助,蓋其史學之餘也。

此見《四庫全書抽燬書提要》,《總目》未收。

後畫錄一卷

唐沙門彦悰撰。彦悰①序自稱爲帝京寺錄,就所見長安名畫,係以品題,凡三十七人。蓋以續姚最之書者。彦悰,太宗時人,故題閻立本猶爲司平太常伯也。

《四庫全書總目》卷一百十四子部二十四藝術類存目。972下

【校記】①彦悰,《初目》作"彦宗",誤。本條提要另兩處作"彦悰"是也,今據改。彦悰,唐代僧人,貞觀末學于玄奘之門。《總目》不誤。

五木經一卷①

唐李翱撰。記樗蒲之戲,元革爲之注。其法有圖有例。故陳氏《書錄解題》及馬氏《文獻通考》,皆列《五木經》一卷並圖例。今圖例已佚,非全書矣。五木之製,詳見陳大昌《演繁露》,兹不更及云。

《四庫全書總目》卷一百十四子部二十四藝術類存目。981上

【校記】①五木經,《初目》作"五本經",非是。其提要中作"五木經",是也,今據改。《總目》作"五木經"不誤。

營造法式三十四卷

宋通直郎試將作少監李誡撰。初熙寧中,敕令將作監官編修《營造法式》,至元祐六年①成書。紹聖四年,以所修之本祇是料狀,別無變造制度,難以行用,命誡別加撰輯。誡乃考究羣書,並與人匠講說,分立類例,以元符三年奏上之。崇寧二年,復請用小字鏤版頒行。誡所《總看詳》中稱,今編修海行《法式》"總釋"、"總例"共二卷,"制度"十五卷,"功限"十卷,"料例"並"工作"等共三卷,"圖樣"六卷,"目錄"一卷,總三十六卷,計三百五十七篇。內四十九篇,係於經史等羣書中檢尋考究。其三百八篇係自來工作相傳經久可用之法,與諸作諳會工②詳悉講究。蓋其書所言,雖止藝事,而能考證經傳,參會衆說,以合於古者飭材庀事之義。故陳振孫以爲遠出喻皓《木經》之上。考陸友仁《硯北雜志》載,誡所著尚有《續山海經》十卷,《古篆說文》十卷,《續同姓名錄》二卷,《琵琶錄》三卷,《馬經》三卷,《六博經》三卷。則誡博洽之士,故所撰述具有條理。惟友仁誠③字明仲,而書其名作"誠"字。然范氏天一閣影抄宋本及《宋史志》、《文獻通考》俱作"誡"字,疑友仁誤也。此本前有誡所奏《劄子》及《進書序》各一篇,其第三十一卷當爲"木作制度圖樣"上篇,原本已缺,而以《看詳》一卷

錯入其中。檢《永樂大典》內亦載有此書,其所缺二十餘圖並在。今據以補足,而仍移《看詳》於卷首。又《看詳》內稱書總三十六卷,而今《制度》一門較原目少二卷,僅三十四卷。《永樂大典》所載不分卷數,無可參訂,而詳核其前後篇目又別無脫漏。疑爲後人所併省,今亦姑仍其舊云。

《四庫全書總目》卷八十二史部三十八政書類二。712下

【校記】①元祐六年,《初目》作"元祐二年",非是。其書卷首載李誠《劄子》作"至元祐六年方成書",《四庫全書》書前提要、《總目》亦均作"元祐六年",今據改。　②工,文淵閣《四庫全書》書前提要、《總目》作"工匠"。李誠《總諸作看詳》作"與諸作諳會經歷造作工匠"云云,是應以"工匠"爲是。　③"誠"上《初目》缺一字,《總目》作"稱"。

蘭亭續考二卷

宋俞松撰。松,字壽翁,錢塘人。桑世昌先有《蘭亭考》,故此曰《續考》。前一卷合松所藏與他人所藏者,後一卷則皆松所藏。有蜀人李心傳跋。考史載心傳淳祐二年罷詞職,又三年卒。是編所載跋,皆淳祐元年至三年所題。蓋心傳居錢塘,與松往還,故盡題其所藏。松歷官無考,惟心傳跋高宗臨本內稱爲"承議郎臣松"。又朱彝尊嘗謂考中跋語條暢,不類董逌葷之晦澀。蓋亦鑒賞家所當考也。

《四庫全書總目》卷八十六史部四十二目錄類二。737上

廣川畫跋六卷

宋董逌撰。逌在宣和中與黃伯思均以考據賞鑑擅名。毛晉嘗刊其《書跋》十卷,而《畫跋》則世罕傳本。此本爲元至正乙巳華亭孫道明所鈔,云從宋末書生寫本錄出,則爾時已無鋟本矣。紙墨歲久剝蝕,然僅第六卷末有缺字,餘尚完整也。古圖畫多作故事及物象,故逌所跋皆考證之文。其論山水者,惟王維一條,范寬二條,李成三條,燕肅二條,時記室所收一條而已。其中如辨正《武皇望仙圖》、《東丹王千角鹿圖》、《七夕圖》、《兵車圖》、《九主圖》、《陸羽點茶圖》、《送窮圖》、《乞巧圖》、《勘書圖》、《擊壤圖》、《沒骨花圖》、《舞馬圖》、《戴嵩牛圖》、《秦王進餅圖》、《留瓜圖》、《王波利獻馬圖》,引據皆極精核。《封禪圖》一條立義未確,《媼魚圖》一條附會太甚,《分鏡圖》一條拘滯無理,《地獄變相圖》誤以盧棱伽爲在吳道元前。皆偶然小疵,不足以爲是書累也。

《四庫全書總目》卷一百十二子部二十二藝術類一。959中

五代名畫補遺一卷

舊本題宋劉道醇①撰。考晁公武《讀書志》曰:"《五代名畫補遺》一卷,皇朝劉道成纂。符嘉應撰敍曰:胡嶠嘗作《梁朝名畫錄》,因廣之,故曰《補遺》。"又別載《宋朝名畫評》三卷,亦注劉道成纂,符嘉應《序》②。則劉道醇當作道成。又陳振孫《書錄解題》曰:"《五代名畫記》③一卷,大梁劉道醇撰。嘉祐四年陳洵直敍。"則"補遺"字又當作"記"。然此本爲毛晉汲古閣影摹宋刻,楮墨精好,纖毫無缺。不應卷首標名乃作訛字。蓋本此一書,振孫誤題書名,公武誤題人名。馬端臨作《文獻通考》,又偶未見其書,但據兩家之目,遂重載之。觀卷首陳洵直敍,嘉應敍又即洵直敍中語,知公武並以《宋朝名畫評》④敍誤注此條,不但"成"字

251

之訛也。胡嶠名見《五代史·契丹傳》，其錄今不傳。道醇不知其仕履，此所錄凡二十四人。公武所謂《宋朝名畫評》者，今亦未見。

《四庫全書總目》卷一百十二子部二十二藝術類一。955下

【校記】①劉道醇，《初目》原作"刻道醇"，誤。茲據本篇提要及《總目》改。　②符嘉應，《初目》作"符應"，蓋抄錄時遺漏一字。晁公武《讀書志》作"符嘉應"，文淵閣《四庫全書》書前提要、《總目》同，今據補。　③五代名畫記，《初目》原作"五代明畫記"，誤。茲據陳振孫《直齋書錄解題》改。　④宋朝名畫評，《初目》"朝"上原空一格，茲據《四庫全書》書前提要、《總目》補。

負暄野錄二卷

舊本題曰陳槱撰，不著時代。卷末有至正七年王東跋，乃云不知何人所述。是當時所見之本，未署名也。今考書中秦璽一條，稱槱嘗聞諸老先生議論，則其人名槱無可疑，但不知何據而題爲陳姓。案《閩書》，陳槱，陳幾之孫，長樂人。紹熙元年進士。書中秦璽條內稱"近嘉定己卯"。光宗紹熙元年①，下距寧宗嘉定己卯，首尾三十年。又西漢碑條內亦稱聞之梁溪尤袤，惜不再叩之。袤亦當光、寧之時，疑即此陳槱也。其書上卷論石刻及諸家書格，下卷論學書之法及紙、墨、筆、研諸事。皆源委分明，足資考証。至所載《鼠鬚筆》詩一首，《宋文鑑》題爲蘇過作。其時《斜川集》尚存，必無舛誤。而槱稱"昨見邵道豫賦《鼠鬚筆》，殊有風度，今載於此"云云，則考失之甚矣。

《四庫全書總目》卷一百二十三子部三十三雜家類七。1057下

【校記】①光宗紹熙元年，《初目》"元年"上有"首尾三十"四字而又塗去，今據《四庫全書》書前提要、《總目》補"光宗紹熙"四字。

學古編一卷

元吾邱衍撰。衍，字子行，號竹房，衢州人，徙家錢塘。其學無所不通，而尤工篆隸。是書專爲篆刻印章而作。首列三十五舉，詳論書體正辨及篆寫摹刻之法。次合用文籍①品目，一小篆品，二鐘鼎品，三古文品，四碑刻品，五用器品，六辨謬品，七隸書品，八字源七辨②，凡四十六條。又以洗印法、印油法附於後。其間辨論訛謬，剖析頗精。所列小學諸書，各爲評斷，亦多考核。其論漢隸條下，稱寫法載前卷十七舉下，此不再敷。是原本當爲上、下二卷，今合爲一卷，蓋後人所并也。

《四庫全書總目》卷一百十三子部二十三藝術類二。971上

【校記】①文籍，《總目》同。文淵閣《四庫全書》本《學古編》書前提要作"文籍"，但正文作"文集"，恐非是。此處所說"文籍"，即提要所說"所列小學諸書"，非指文人之詩文著作。　②字源七辨，《總目》作"字源九辨源"。《學古編》原書條目作"字源八辯字"，所辨則爲科斗書、籀文、小篆、秦隸、八分、漢隸、款識七類。若依原書作"八辯"，則"合用文籍品目"所列共有四十七條了，與"凡四十六條"不合。

金壺記三卷

宋釋適之撰。《拾遺記》周時浮提國獻書生二人，有金壺，壺中墨汁灑水石，皆成篆籀或

科斗文字。記之取名,蓋出於此。適之原有《金壺字考》一卷,取書之異音者以類相從,標題二字而音其下,其書頗有條理。是書雜述書體及能書人名,體例雖仍《字考》而反不逮。如項籍"記姓名"、楊雄"心畫"之類,雜敍於五十六種書體內,殊爲不類。又皆不著出處,亦乖傳信之道。

《四庫全書總目》卷一百十四子部二十四藝術類存目。973 下

丸經二卷

不著撰人姓名。《序》稱宋徽宗、金章宗皆愛捶丸。《序》末云述爲《丸經》,增注簡諒①,則經注本一人所作。其書借擊毬之事以寓意,文詞頗有可觀。《序》稱龍集壬午,似爲元至正二年作也。

《四庫全書總目》卷一百十四子部二十四藝術類存目。981 上

【校記】①簡諒,《總目》作:"簡(原註:案"簡"字句意未完,疑下脱一"中"字,謹附識於此),諒好事者從而詠歌之"。

書法鈎元四卷

元蘇霖撰。霖,字子啓,鎮江人。撮取前人論書大略,始漢陽雄①,終元劉辰翁②,凡六十五條。未爲該備。

《四庫全書總目》卷一百十四子部二十四藝術類存目。974 上

【校記】①陽雄,《總目》作"楊雄"。　②元劉辰翁,《總目》作"宋劉辰翁"。《總目》著録劉辰翁評《班馬異同評》一書提要云:辰翁"後召入史館,及除太常博士,皆不就。宋亡後隱居以終"。是其本宋人而入元者。《總目》著録多作宋劉辰翁,惟清趙殿成撰《王右丞集箋注》提要云:"皆以元劉辰翁評本所載爲斷。"

多能鄙事十二卷

相傳爲明誠意伯劉基撰。書凡二十卷,卷首有嘉靖十九年訓導程法序,凡飲食、器用、方藥、農圃、牧養、陰陽、占卜之卦無不備載,頗適于用。然體近瑣碎,若小兒四季關、百日關之類俱見臚列,殊失雅馴。立名取孔子之言,亦屬僭妄。殆托名于基者也。

《四庫全書總目》卷一百三十子部四十雜家類存目七。1113 下

野航雜著一卷

明朱存理撰。存理即作《鐵網珊瑚》者也。素精賞鑒,喜藏畫書,故此本皆所作題跋之文。自成化壬辰至弘治甲子,凡三十三年,所存僅三十一條。

《四庫全書總目》卷一百七十集部二十三別集類二十三,作《樓居雜著》。1491 上

續畫品録一卷

舊本題唐李嗣真撰。嗣真,武后時御史中丞,知大夫事。史言其多藝數。是書名載《唐·藝文志》,然此本稱梁元帝爲湘東殿下,仍襲姚最之文。又張彥遠《歷代名畫記》引李嗣真云:"曹不興以一蠅輒擅重價,列于上品,恐爲未當。況拂蠅之事一説楊修,謝赫黜衛進

曹,是涉貴耳之論。"是嗣真之書本有論斷,此乃無一語,其爲依托審矣。

《四庫全書總目》卷一百十四子部二十四藝術類存目。972 下

書輯二卷①

明陸深撰。深書學精邁,跨壓一時,因博搜六書旨義及歷代名家書論撰爲此編,以示學者。分爲六篇：一曰述通,二曰典通,三曰釋通,四曰筆通,五曰體位,六曰古今訓。凡所採用諸書②,皆臚列於首,而復以《法帖源流》③一篇附其後。嘗自書勒石以傳。其用筆辨體一本古人之法,而變通之立論,最爲精確,蓋其生平得力具在于是矣。書成于正德戊寅,有前後《自序》各一篇。

《四庫全書總目》卷一百十四子部二十四藝術類存目。974 下

【校記】①二卷,《總目》作"三卷",《千頃堂書目》卷三作"一卷"。　②諸書,《初目》原作"諸位",又將"位"字劃去,遂使文意有缺。《總目》作"諸書",今據補。　③法帖源流,《初目》原作"法帖一篇",又將"一篇"二字劃去。今據《總目》補"源流"二字。

奕史一卷

明王穉登撰。登,字百穀,吳縣人。以詩名。是編歷述古來奕品,敘次頗爲簡潔。其末附《辯論》一則,駁諸書附會神奇之説,尤爲有識。

《四庫全書總目》卷一百十四子部二十四藝術類存目。980 中

司牧馬經痊驥通元論六卷

舊本題東原獸醫卞管勾集注。有三十九論,四十六説,于馬之病源治訣,簡明賅備。前有正德元年陝西苑馬寺卿太原車霆序①。《明史·藝文志》不著錄,惟高儒《百川書志》有之,卷帙與此本合。所謂卞管勾者,其名則不可考矣。

《四庫全書總目》卷一百五子部十五醫家類存目。891 上

【校記】①車霆,《初目》原作"序霆",又將"序"字劃去。《總目》作"車霆",今據補。

法帖釋文考異十卷

明顧從義撰。其書述《淳化閣帖》源流及釋文同異,考証頗詳。乾隆二十五年,皇上以秘府所藏畢士安家初搨本,命内廷諸臣校勘勒石,於諸家所釋多所訂正,是編亦多采取焉。從義,字汝和①,上海人,官至按察司副使。

《四庫全書總目》卷八十六史部四十二目錄類二。739 中

【校記】①汝和,《初目》原作"和和",又將上一"和"字劃去。乾隆《江南通志》卷一百七十《人物志·藝術》云："顧從義,字汝和,上海人。"《總目》亦作"汝和",今據補。

印人傳三卷①

國朝周亮工撰。亮工,本名亮,字元亮,號櫟園,又號減齋,祥符人。前明崇禎庚辰進士。國朝官至户部右侍郎。亮工喜集印章,工於鑒別。所編《賴古堂印譜》,至今爲篆刻家模範。是書則譜之題跋,别編爲傳者也。首載文天祥、海瑞、顧憲成②三印,次及其父、其弟及其友

許宰故印,次則文彭以及李穎,凡六十人。附傳三人,又不知姓名一人。其有名而無傳者又朱簡等六十一人。自宋以前,以篆名者不一,以印名者絕無之。元趙孟頫、吾邱衍等始稍稍有鐫,遂爲士大夫之一藝。明文彭、何震而後,專門名家者遂多,而宗派亦復岐出。其源流正變之故,則亮工此傳括其大略矣。

【校記】①《總目》未著錄。此書後從《四庫全書》中撤出。參見《總目》附錄《四庫撤燬書提要》。1842 中。　②顧憲成,《初目》原作"顧天成",又將"天"字劃去。《四庫全書抽燬書提要》所收本書提要與此完全相同,作"顧憲成",今據改。然仍有疑。《印人傳》其書今存,此篇題作《書東林書院印後》,其文云:"右東林書院印,顧涇陽先生家故物也。"似此印爲"東林書院"印,而非顧憲成(別號涇陽)私人印章。《印人傳》首載《書文信國鐵印後》、《書海忠介泥印後》二文,所記爲文天祥、海瑞二印,由此亦可証《書東林書院印後》非記顧憲成之印。

閑者軒帖考一卷

國朝孫承澤撰。所記自《蘭亭》而下至文徵明之《停雲館帖》,凡三十有八種。一一考其源流,品其次第。書成于順治丁亥,在《庚子銷夏記》之前,故所記互有詳略。

《四庫全書總目》卷八十七史部四十三目錄類存目。748 中

江邨銷夏錄三卷

國朝詹事①高士奇輯。士奇退居平湖之日,以所見法書、名畫,考其源流,紀其絹素長短廣狹,後人題跋圖記,一一誌載。以視《鐵網珊瑚》之類,其詳審②殆爲過之。所記自晉王羲之及明人文、沈諸家皆具,惟無董其昌。其凡例云,董文敏書畫另爲一卷,豈當時未及刊行耶?

《四庫全書總目》卷一百十三子部二十三藝術類二。968 下

【校記】①詹事,《初目》作"詹士",又將"士"字劃去。高士奇曾官詹事府少詹事,今據補。　②詳審,《初目》原作"詳蜜",誤。兹據《總目》改。

書畫記六卷①

國朝吳其真②撰。其真,字公一,徽州人。以生平賞鑒書畫真蹟,隨手劄錄,各注所見。年月始自乙亥,爲崇禎八年;其末條稱丁巳,則康熙十六年也。中間如載閻次平《寒巖積雪圖》,稱其題識③爲大歷辛丑。閻次平乃南宋畫苑中人,不應有大歷年號,其真乃不爲駁正,考據稍疏。然臚采甚博,於行款、題跋、印記、紙色、裝潢④、卷軸,皆一一詳誌⑤之。間爲評隲真贋,多可據依,頗足爲鑑古之助。

【校記】①《總目》未著錄。此書後從《四庫全書》中撤出。參見《總目》附錄《四庫撤燬書提要》。1842 上。　②吳其真,《四庫全書抽燬書提要》作"吳其貞"。其下"其真",《四庫全書抽燬書提要》同作"其貞"。傳記文獻通作"吳其貞"。　③題識,《初目》作"圖識",又劃去"圖"字。《四庫全書抽燬書提要》作"題識",今據補。　④裝潢,《初目》作"裝演",於此無解。《四庫全書抽燬書提要》作"裝潢",今據改。　⑤詳誌,《初目》作"祥誌",非是。今據意改。

歙硯志三卷

明江貞撰。貞,字吉夫,婺源人。官紹興府儒學教授。其書以饒州守葉良貴與其弟東昌守良器所撰《硯志》及其族祖遜《硯譜》參訂增修,大約皆本宋治平《歙硯譜》、紹興間知徽州洪适《硯說》而增益之者也。

《四庫全書總目》卷一百十六子部二十六譜錄類存目。998 下

壺史三卷

明郭元鴻撰。以投壺為射禮之遺,為之考訂。首引羣書,次載司馬光譜,次列所創新名。前有萬歷丁丑《自序》。元鴻,泰和人。

《四庫全書總目》卷一百十四子部二十四藝術類存目。981 上

書畫題跋記十六卷

明嘉興郁逢慶撰。取所見前人書畫題跋詩文,彙輯成秩,不加考證。凡前集四卷,後集十二卷。

《四庫全書總目》卷一百十三子部二十三藝術類二,作《郁氏書畫題跋記》十二卷《續記》十二卷。965 中

寓意編一卷

明都穆撰。記載書畫真贋及當時珍藏之家,鑒別頗詳。然考穆所著《鐵網珊瑚》內已全載此卷,或先有此稿,其後歸入全書也。

《四庫全書總目》卷一百十三子部二十三藝術類二。963 中

墨林快事十二卷

明紹興通判安世鳳撰。以所見古器、古刻、古書畫各為跋語,凡六百九十五則。多涉議論,頗乏考據之功。

《四庫全書總目》卷一百三十子部四十雜家類存目七。1114 下

壺譜一卷

明李孝元撰。孝元,字松橋,滑縣人。嘉靖中官都司經歷。其書以投壺之法,圖之為譜。凡十八目,一百三十餘式。雖非禮經古制,亦技藝之一種也。

《四庫全書總目》卷一百十四子部二十四藝術類存目。981 上

操縵錄十卷

國朝胡世安撰。專辨絲音,雜引古書為証,兼及詩賦。分為四門:曰離音弋載,統論聲律;曰樂統博稽,論琴;曰遺音綴筆,論瑟;曰絲系衍記,論琴瑟[①]、箏、箜篌。絲音可謂大備。然主於泛收故實,未必能通懸解也。世安,字處靜,井研人。前明崇禎進士,本朝官至大學士。

《四庫全書總目》卷一百十四子部二十四藝術類存目。979 上
【校記】①琴瑟，《總目》作"琵琶"，是也。查《操縵錄》，其《絲系衍記》卷上首論琵琶，包括辨制、取材、名徵等内容；其次論阮。卷下論箏、箜篌。

溪山琴况一卷

國朝太倉徐谼撰。共二十四則，專論琴聲。然皆俗工之議，非能深契琴理者。
《四庫全書總目》卷一百十四子部二十四藝術類存目。979 上

歷代畫家姓氏韻編七卷

國朝顧仲清撰。仲清，字咸三，號松壑，嘉興諸生。工繪事，尤長于蝴蝶，人稱顧蝴蝶。有咏蝶詩三百首。此書首卷爲帝王藩封之善畫者，末爲釋道、閨秀、外國，其中則取畫家姓氏，依韻編次，取便尋檢，無所考證也。
《四庫全書總目》卷一百十四子部二十四藝術類存目。977 下

秋仙遺譜十二卷

無撰人名氏，皆弈圖也。前冠以馬融《圍棋賦》、班固《弈旨》、張擬《棋經》、劉仲甫《棋法》及《圍棋》十訣。前集八卷，後集四卷。驗其板式，蓋明刊本也。
《四庫全書總目》卷一百十四子部二十四藝術類存目。980 下

考證類

兼明書五卷

唐邱光庭撰①。光庭，烏程人。官太學博士。《續百川學海》以爲宋人。考羅隱有贈光庭詩，《宋·藝文志》亦以爲唐人。晁氏《讀書志》同以爲宋人者，誤也。是編體略略近《白虎通》、《獨斷》，詮釋經義自出所見。如辨《史記》以放勛、重華、文命爲堯、舜、禹名之非，頗具卓識。於社稷之制，辨之尤詳②。又謂隸書不始於程邈，以士文伯論二首六身之説証之。他如釋《易》之莧陸，釋《書》之包匭菁茅，釋《詩》雎鳩之爲鶚而非白鷹，釋《春秋》則譏《史通》用夏正之誤，皆非汎然立論者。唯三江仍以爲入於震澤，未免拘泥舊説耳。光庭詩僅《補新宮》三章、《草邸》四章傳于世，今第二卷載焉，蓋編詩者從此抄出。其曰《兼明書》者，于羣書各有所發明也。
《四庫全書總目》卷一百十八子部二十八雜家類二。1016 下
【校記】①唐邱光庭，文淵閣《四庫全書》書前提要作"五代邱光庭"，其對作者時代所作考辨道："《兼明書》五卷，五代丘光庭撰。陳振孫《書錄解題》稱光庭爲唐人，《續百川學海》及《彙秘笈》則題曰宋人。考書中'世'字作'代'，當爲唐人。然羅隱集有贈光庭詩，則當已入五代。"但文淵閣《四庫全書》各卷卷端均作"唐邱光庭"。此即書前提要與正文之差異。《總目》作"五代邱光庭"。　②詳，《初目》原作"祥"，當爲誤書，兹據文意改。

猗覺寮雜記二卷

宋朱翌撰。翌，字新仲，號灊山居士，舒州人。黃州教授載上之子。政和中登第，南渡後直館閣，爲中書舍人。有《灊山集》三卷。此編上卷皆詩話，止於考證典據，而不評文字之工拙；下卷雜論文章，兼及史事。前載與丞相洪适求序書。開卷第一行引杜牧詩改"四皓"爲"四老"，當以寫本與适，避其父諱也。厥後适弟邁爲之序，稱其窮經考古，上撐風雅，旁弋史傳。《劉後村集》中亦極稱之。今觀其書，言必有據，論亦持平，雖皆辨析之詞，而不涉穿鑿，可與洪邁《容齋隨筆》相肩隨，宜邁之相引重也。

《四庫全書總目》卷一百十八子部二十八雜家類二。1018 上

能改齋漫錄十五卷

宋吳曾撰。曾，字虎臣，官奉常簿，入爲玉牒檢討官，終於吏部郎[①]。能改齋乃其自謂云。此書分辨誤、事寔、沿襲、地理等門。後載其子復紹興十七年《序》，稱原書二千餘條，以類相從，疏爲十八卷。今止十五卷，非完書也。趙彥衛《雲麓漫抄》言曾於秦檜當國時，上所業得官，秦卒後不敢出其第十九卷。則原書十八卷亦非曾全本矣。此本篇端無序，而開卷即論樓羅字，似書首即已有闕，傳抄者改題其卷數耳。其書援據該博，辯論詳覈，考証家之有本末者，雖不完，未可廢也。

《四庫全書總目》卷一百十八子部二十八雜家類二。1018 中

【校記】①終於吏部郎，《總目》作"遷工部郎中，出知嚴州，致仕卒"。

肯綮錄一卷

宋趙叔問撰。叔問，自號西隱老人，未詳出處。宋《玉牒》魏王廷美下有叔字，蓋亦宗室子也。是書元陳世隆《藝圃蒐奇》亦載之，首辨俚俗字義[①]，于陸法言[②]《唐韻》中摘錄以備考證。然《唐韻》爲孫愐作，法言隋時人，所著乃《切韻》非《唐韻》，開卷先悮。又謂孟子名應讀口箇切，不知韓愈《石鼓歌》正押平聲。其他辯証亦多說部習見之文，無可採錄。

《四庫全書總目》卷一百二十六子部三十六雜家類存目。1086 下

【校記】①俚俗字義，《初目》作"理俗字義"，非是。其書所錄正作"俚俗字義"，《總目》同，今據改。　②陸法言，《初目》作"陸唐法言"，衍"唐"字。其書謂"因從陸法言《唐韻》摘世間所常用者以示兒曹"，《總目》作"陸法言"，今據改。

東觀餘論二卷

宋黃伯思撰。伯思，字長睿，號霄賓，又自號雲林子，邵武人。政和中官至秘書郎。伯思歿時年僅四十，而學問淹通。李綱誌其墓，稱經史百家之書，天官、地理、歷律、卜筮之說，無不精詣。又好古文奇字，鍾鼎彝器款式體製，悉能了達辨正。劉攽、董逌亦極推之。所著有《法帖刊誤》二卷，《古器說》四百二十六篇。紹興丁卯，其子訒與其所著論辨題跋合而刊之，總名曰《東觀餘論》。然訒[①]跋稱共十卷，今本只二卷，所載古器亦不足四百二十六條，疑有散佚，未之詳也。其書頗譏歐陽修不精考核，而樓鑰跋中乃摘其史籀書一條，異苑一條，王獻之璇題一條，匆匆一條，甘蔗帖一條。蓋考證之學，本無盡藏，遞行掎摭，不能免也。要其精博，勝《集古錄》多矣。

《四庫全書總目》卷一百二十一子部三十一雜家類五。1048 上

離騷草木疏四卷

宋吳仁傑撰。卷末有仁傑慶元丁巳自敍。謂梁劉杳有《草木疏》二卷，見於本傳。其書已亡。杳疏凡王逸所集者皆在焉，仁傑獨取二十五篇疏之。今觀其書徵引鴻富，辨論典核，洵足補王逸所未及①。其大旨謂《離騷》之文多本《山海經》，故書中引用每以《山海經》爲斷。若辨"夕攬中洲之宿莽"②，王逸舊注之之③引《山海經》"朝歌之山有莽草焉"爲據，而《本草》之收莽草入木部者其爲沿誤，亦不辨自明，洵有資於考証也。卷後又有慶元庚申方燦識語，並羅田縣學校正姓氏三行。蓋仁傑官國子學錄時，嘗屬燦刊之于羅田，此則其影抄本也。

《四庫全書總目》卷一百四十八集部一楚辭類。1268 中

【校記】①未及，《初目》作"未見"，又劃去"見"字。《四庫全書》書前提要、《總目》作"未及"，今據補。　②夕攬中洲之宿莽，《四庫全書》書前提要、《總目》無"中"字，是也。此爲《離騷》中句，《離騷》原文及吳仁傑《離騷草木疏》原文均作"夕攬洲之宿莽"。《初目》引文衍字。　③之之，《四庫全書》書前提要、《總目》作"之非"。

野客叢書十二卷①

宋王楙撰。楙，字勉夫，長洲人。少孤養母，杜門著書。嘗以文謁范成大，一見爲之擊節。當時稱爲講書君，蓋亦好古博雅之士。是書於經史疑義、詩文典故，悉爲隨事辨正，櫛解肉肼，援據該洽。又以其父所記朝廷舊事別編一卷，附錄于後。《自序》稱自慶元以來凡經三筆，繼觀他書，間有暗合，屢加竄易。蓋其命意不肯苟同如此，故所論俱極精確，可與沈括、洪邁相頡頏。後有嘉泰壬戌高郵陳造跋。明嘉靖中其十世孫穀祥嘗梓行之。舊本尚有李性傳序，范成大跋，今皆不存。

《四庫全書總目》卷一百十八子部二十八雜家類二。1021 下

【校記】①十二卷，《四庫全書》書前提要、《總目》作三十卷，云："書本三十卷，見於《自序》。陳繼儒《秘笈》所刻僅十二卷，凡其精核之處多遭刪削。今仍以原本著錄，而繼儒謬本則不復存目。"

困學紀聞二十卷

宋王應麟撰。其書凡說經八卷，天道、地理、諸子二卷，考史六卷，評詩文三卷，雜說一卷。首有《自序》云："幼承義方，晚遇囏屯。炳燭之明①，用志不分。"是亦其入元後所筆記也。應麟好學疆識，而約以儒者之義，故博雅多聞，理軌於正。其間有辨正朱子語誤數條，如《論語》注"不舍晝夜""舍"字之音，《孟子》注"曹交、曹君之弟"，及謂《大戴禮》爲鄭康成注等語，雖考証是非，不相阿附，而辭氣謙謹質實，得後學於先師之體。非妄人陋學，恃其雜博，敢訛大儒者可比。前有牟應龍、袁桷兩《序》。近時閻若璩、何焯皆嘗校正之，各有評注，有足與應龍之說相發明者。今並依刊本錄其語，附於各條本文之下，以備參考焉。

《四庫全書總目》卷一百十八子部二十八雜家類二。1024 中

【校記】①炳燭之明，《初目》作"炳燭之分"，又將"分"字劃去。今據此書卷首作者《自

子部　考證類

序》(書上作"題識",《薈要提要》作"自題")補。《薈要提要》、《四庫全書》書前提要等不誤。

容齋隨筆十六卷續筆十六卷三筆十六卷四筆十六卷五筆十卷

　　宋洪邁撰。邁,字景盧,鄱陽人。皓之子。紹興十五年進士①,歷官端明殿學士。《宋史》有傳。其書先成《隨筆》十六卷,刻於婺州。淳熙間傳入禁中,孝宗稱其有好議論②。邁因重刻爲《續筆》、《三筆》、《四筆》、《五筆》。《續筆》有隆興三年《自序》,《三筆》有慶元二年《自序》,《四筆》有慶元三年《自序》,亦各十六卷。而《五筆》止十卷,則未成之書也。其中自經史諸子百家以及醫卜星筭之屬,凡意有所得,即隨筆劄記。辨証考據,甚爲精確。如論《易‧説卦》"寡髮"之爲"宣髮",論《豳風》"七月在野,八月在宇"之文爲農民出入之時,非指蟋蟀,皆於經義有神。尤熟於宋代掌故。如以宋自翰林學士入相者非止向敏中一人,而③駁沈括《筆談》④之悮,又引國史《梁灝傳》而証《遯齋閒覽》所記灝八十二歲及第之説爲不實,皆極審核。惟《自序》稱作《一筆》首尾十八年,《二筆》十三年,《三筆》五年,《四筆》不費一歲,蓋其晚年撰《夷堅志》,於此書不甚關意,草創促速,未免少有牴牾。如謂劉昭注《後漢書》五十八卷,《補志》當在其中,而不知所注乃《續漢書志》⑤。又駁《宣和博古圖》釋雲雷磬⑥所引臧文仲⑦以玉磬告糴⑧之文,謂《左傳》並無其説,不知出自《國語》,頗爲失檢。又如史家本末及小學字體,皆無所發明,而綴爲一條,徒取速成,不復別擇。然其大致,自爲精博。南宋説部,終當以此爲首焉。前有嘉定壬申何異《序》,明李瀚、謝三賓⑨先後刊行之。考《永樂大典》所載應俊合輯《琴堂諭俗編》中有引《容齋隨筆》所論服制一條,而今無之,豈尚有所脱佚歟⑩?

《四庫全書總目》卷一百十八子部二十八雜家類二。1019下

【校記】①紹興十五年進士,文溯閣《四庫全書》書前提要、文津閣《四庫全書》書前提要、《總目》同。文淵閣《四庫全書》書前提要作"紹興十六年進士",非是。《宋史》卷三百七十三本傳云:"紹興十五年始中第。"　②有好議論,文溯閣《四庫全書》書前提要、文津閣《四庫全書》書前提要同,文淵閣《四庫全書》書前提要、《總目》作"有議論"。按:《容齋續筆》卷一洪邁《自序》云:"淳熙十四年八月在禁林日,入侍至尊壽皇聖帝清閒之燕。聖語忽云:'近見甚齋隨筆。'邁竦而對曰:'是臣所著《容齋隨筆》,無足采者。'上曰:'煞有好議論。'"是其書原作"有好議論",提要亦以有"好"字爲是。　③而,文溯閣《四庫全書》書前提要、文津閣《四庫全書》書前提要同有此字,文淵閣《四庫全書》書前提要、《總目》無此字。　④沈括《筆談》,《初目》"沈括"二字原抄寫作"括沈",後劃去。今據《四庫全書》書前提要等補。　⑤續漢書志,文溯閣《四庫全書》書前提要、文津閣《四庫全書》書前提要同,文淵閣《四庫全書》書前提要、殿本《總目》作"續司馬彪《漢書志》",浙本《總目》作"司馬彪《續漢書志》"。　⑥雲雷磬,《初目》作"雲雷鏧",誤。今據《容齋三筆》卷十三《再書博古圖》原文及《四庫全書》書前提要、《總目》等改。　⑦臧文仲,《初目》作"藏文仲",誤。今據《容齋三筆》卷十三《再書博古圖》原文及《四庫全書》書前提要、《總目》等改。　⑧告糴,文淵閣《四庫全書》書前提要、《總目》同,文溯閣《四庫全書》書前提要、文津閣《四庫全書》書前提要作"告糴"。按:《再書博古圖》原文作"告糴"。提要謂此見《國語》,查《國語》卷四《魯語上》,

作"文仲以蔡圭與玉磬如齊告糴"。是《初目》等作"告糴"不誤。　　⑨謝三賓，文溯閣《四庫全書》書前提要、文津閣《四庫全書》書前提要同，文淵閣《四庫全書》書前提要、《總目》作"馬元調"。按：作馬元調是也。此謂《容齋隨筆》明崇禎三年馬元調刻本，此本卷首有謝三賓《序》，但非謝三賓刻本。　　⑩文溯閣《四庫全書》書前提要、文津閣《四庫全書》書前提要均到此爲止，文淵閣《四庫全書》書前提要、《總目》其下尚有"明人傳刻古書，無不竄亂脱漏者，此亦一證矣"一句。

珩璜新論一卷

宋孔平仲撰。一曰《孔氏雜説》。吴曾《能改齋漫録》亦引作《雜説》，而此本卷末有淳熙庚子吴興沈詵《跋》，稱渝川丁氏刊板，已名《珩璜論》。則宋時原有二名①。今刊本皆題《雜説》，而鈔本皆題《珩璜新論》，蓋各據所見本也。是書蓋考証舊文②，亦間托故事以發議，其説多精核可取。蓋清江三孔在元祐、熙寧之間皆卓卓然以文章名，非言無根柢者可比也。卷末附録《雜説》七條，在詵跋之前，皆此本所佚，疑爲詵之所補鈔，今並附入以成完書。至"珩璜"之名，詵已稱莫知所由，又以或人碎玉之解爲未是。考《大戴禮》載曾子曰："君子之言，可貫而佩。"珩璜皆貫而佩者，豈平仲本名《雜説》，後人推重其書，取貫佩之義③，易以此名歟④？

《四庫全書總目》卷一百二十子部三十雜家類四。1037 中

【校記】①原有二名，《初目》作"原名二名"，又劃去"名"字。今據《總目》補。　　②舊文，《四庫全書》書前提要作"舊聞"。　　③者豈平仲本名雜説後人推重其書取貫佩之義，《初目》原缺此一行十九字，今據《四庫全書》書前提要補。　　④易以此名歟，《初目》作"易此此名歟"，今據《四庫全書》書前提要改。

學林四卷①

宋王觀國撰。觀國，長沙人。《宋史》無傳。賈昌朝《羣經音辨》有觀國《跋》一篇，作於紹興己未②，則南渡後人。又跋作於汀州，而自稱長此邦，則嘗之汀州軍事者也。其書專事考據，尤長訓詁之學，於辨析音義極爲精審。以六經《史》《漢》爲主，旁及諸書。凡注疏箋釋之家，莫不臚其異同。折衷至當，多有諸儒所未發者。視孫奕《示兒編》，殆爲過之。宋代諸儒，大抵義理詳而考證略。若此書與王應麟《困學紀聞》，可謂博洽之士，卓然特出者矣。

《四庫全書總目》卷一百十八子部二十八雜家類二。1019 中

【校記】①四卷，《四庫全書》書前提要、《總目》作十卷。　　②己未，《四庫全書》書前提要、《總目》作"壬戌"。賈昌朝《羣經音辨》有《四庫全書》本，其書卷末王觀國撰《羣經音辨後序》作"紹興壬戌秋七月"。是《初目》誤記。

正楊四卷

明陳耀文撰。凡一百五十條，皆糾楊慎之訛者。書成于隆慶己巳。前有李袞《序》及耀文《自叙》。慎於正德、嘉靖之間以博稱，而亦好矜名以求勝①，往往僞托古書，以自伸其説。又晚謫永昌，無書可檢，惟憑記憶，未免多疎。耀文考証其非，不使轉滋疑惑，于學者不爲無功。然釁起爭名，語多攻訐，醜詞惡謔，無所不加。雖古人挾怨搆爭如吴縝之糾《新唐書》

者,亦不至是,殊乖著作之體。又書成之後,王世貞頗有違言。耀文復增益其書,反唇辨難,喧同詬詈②,慎若寇讎。數十年後,《正正楊》亦續出焉,豈非露才揚己有以激之哉？觀其書者,取其精博,亦不可不戒其浮囂也。

《四庫全書總目》卷一百十九子不二十九雜家類三。1026下

【校記】①以求勝,《初目》作"以求勝往"。按:"勝往"不詞,"往"字疑涉下文"往往"而衍。文溯閣、文津閣《四庫全書》書前提要與此同,作"以求勝",無"往"字可證。今據刪。　　②喧同詬詈,文溯閣、文津閣《四庫全書》書前提要同,文淵閣《四庫全書》書前提要、《總目》作"語同詬詈"。

名義考十二卷

明周祈撰。祈,蘄州人。其書凡天部二卷、地部二卷、人部四卷、物部四卷,各因其名義而訓釋之。其有異同,則雜引諸書,參互辯証。雖條目浩博,不無譌誤,如論月星則不知推步之術,論河源則全據傳聞之訛,論鮮卑以柳城爲柳州,論肉刑以漢文爲魏文,論箜篌爲即琵琶,論杜甫詩竹根爲酒杯,牴牾者往往而有。然訂謬析疑,可取之處爲多。

《四庫全書總目》卷一百十九子不二十九雜家類三。1027中

讕言長語一卷

明曹安撰。安,字以寧,松江人。正統甲子舉人。官安邱學教諭。安素負才名,著述甚富,詩文集俱失傳。此書集其生平所見聞,而辨証其缺誤。自以爲暇日手錄,皆零碎之詞,無益于事,故以逸言剩語比之。然詞有原本,足備參考。其論讀經一卷,尤切中明代俗學之弊。末有任順①跋,稱安嘗爲《憲宗寔錄》總裁官,蓋當時著作多聘取儒士爲之,故不拘資格。然安之見重于時,亦可知矣。

《四庫全書總目》卷一百二十二子部三十二雜家類六。1053中

【校記】①任順,《初目》作"任政"。按:《四庫全書》書前提要及其書均作"任順",今據改。

南園漫錄十卷

明張志淳撰。卷首數條,引洪邁《容齋隨筆》之語而辨其是非。後皆述所見聞,各爲考證。所論如江神一條,論將一條,北岳一條,邱濬著書一條,地理一條,元年一條,詔語一條,立義皆極正大。其避諱一條,寧馨一條,桂辨一條,張籍詩意一條,考據亦皆詳明。惟王文正一條,和詩一條,字義一條,王孫一條,項羽本紀一條,元順帝一條,不免疵累。然不害其宏旨也。

《四庫全書總目》卷一百二十二子部三十二雜家類六。1054中

正楊集四卷

明陳耀文撰。取成都楊慎所著述,別爲徵引,以正其疎謬,共百五十條。前有文彰《序》。慎記誦既博,著作亦富。貪多騖廣,心力難周,不免有疎舛之處。又喜僞引古書,以伸己説,子虛烏有,往往而然。耀文是集雖涉於有意求瑕,不必盡當,而抉剔訛謬,所得亦多,

未可全以爲輕詆也。耀文,字晦伯,碻山人。嘉靖庚戌進士。累官太僕寺卿。
《四庫全書總目》卷一百十九子不二十九雜家類三。1026 下
【校記】按:本書提要已見上,題《正楊》,此處重出。兩篇提要文字不同。文溯閣《四庫全書》書前提要(乾隆四十七年五月校上)、文津閣《四庫全書》書前提要(乾隆四十九年閏三月校上)與《正楊》提要一同,文淵閣《四庫全書》書前提要(乾隆四十九年八月校上)、《總目》與《正楊》提要一同而内容有增補。

卮林十一卷

明周嬰著。嬰,字方叔,莆田[①]人。官上猶知縣。是書體近類書,而考訂經史,證辨頗爲該洽。其中如駁王僧虔之紀次仲,及論杜詩之西川杜鵑等處,亦未免於執滯。然所刊正處甚多。若《水經注》以絳陽爲新田,而嬰引司馬貞之説,謂《地理志》無絳陽,《漢表》作終陵,絳陽不足以證新田。凡此類皆有依據,非率爾讀書者可比。其每條以兩字標目,而各引原撰書之人姓以系之,如《質魚》、《諮杜》之類,蓋用王充《詰墨》[②]、《刺孟》等篇目之例也。
《四庫全書總目》卷一百十九子不二十九雜家類三。1028 中
【校記】①莆田,《初目》誤作"蒲田"。今據乾隆《福建通志》卷五十一《文苑傳》等改。《四庫全書》書前提要、《總目》不誤。　②王充《詰墨》,《總目》作"《孔叢子·詰墨》",是也。《詰墨》爲《孔叢子》中篇目,非王充所作,《初目》誤。

讀書一得四卷

明黃訓著[①]。訓,新都人。由進士歷官按察司副使。此編蓋每讀一書,即摘取其中一兩事,論其是非,積久編而成帙,共一百九十三條。亦有一書數見者,雖各題曰讀某書,寔非如序錄題跋類也。其言議論多而考證少,近乎王世貞之《讀書後》而又不逮焉。三卷之末,附載嘉靖甲申大同兵變一事,與全書不類,亦未免爲例不純也。
《四庫全書總目》卷一百二十七子部三十七雜家類存目四。1098 上
【校記】①黃訓,《初目》誤作"著訓"。其書今存,作"黃訓",《總目》不誤。今據改。

菰中隨筆三卷

國朝顧炎武撰[①]。炎武本精考證之學,此編以讀書所得,隨時紀載,即常言俗諺,及生平問答之語,亦瑣碎記入。雖亦有足資參考者,然編次不倫[②],餖飣無緒,當爲偶錄藁本,後人以名重存之耳。
《四庫全書總目》卷一百二十六子部三十六雜家類存目三。1090 下
【校記】①顧炎武,《初目》作"顧朝武",誤。其書今存,作"顧炎武",《總目》不誤。今據改。　②不倫,《初目》作"不論",不確。今據《總目》改。

義門讀書記五十八卷

國朝蔣維鈞輯錄何焯校正文也。焯,字屺瞻,長洲人。康熙四十一年,用直隸巡撫李光地薦,以拔貢生入直内廷。尋特賜進士出身,改庶吉士,授編修。後坐事褫職,仍校書武英殿。康熙六十一年復原官,贈侍讀學士[①]。焯文章負盛名,而無所著作傳於世。沒後,其從

子堂哀其點校諸書之語爲六卷，維鈞益爲蒐輯，編爲此書。凡《四書》六卷，《詩》二卷，《左傳》二卷，《公羊》、《穀梁》各一卷，《史記》二卷，《漢書》六卷，《後漢書》五卷，《三國志》二卷，《五代史》一卷，《韓愈集》五卷，《柳宗元集》三卷，《歐陽修集》二卷，《曾鞏集》五卷，蕭統《文選》五卷，《陶潛詩》一卷，《杜甫集》六卷，《李商隱集》二卷。考證皆極精審，其兩《漢書》及《三國志》，乾隆五年禮部侍郎方苞[2]校勘經史，頗采其說。

《四庫全書總目》卷一百十九子部二十九雜家類三。1030 下

【校記】①贈侍讀學士，《初目》無"贈"字，此據《四庫全書》書前提要、《總目》補。清沈彤《翰林院編修何先生焯行狀》云：康熙六十一年，"遂復原官，特贈侍讀學士"。（《碑傳集》卷四十七），是其證。　②禮部侍郎方苞，文淵閣、文溯閣《四庫全書》書前提要作"廷臣"，文津閣《四庫全書》書前提要、《總目》復作"禮部侍郎方苞"。

墨家類

晏子春秋六卷[1]

舊本題齊晏嬰撰。晁公武《讀書志》云："嬰相景公，此書著其行事及諫諍之言。"《崇文總目》謂"後人采嬰行事爲之"，非嬰所撰。然則是書所記，乃唐人魏徵《諫錄》、李絳《論事集》之流，特失其編次者之姓名耳。題爲嬰者，依托也。劉向、班固俱列之儒家中，唯柳宗元以爲墨子之徒有齊人者爲之。其旨多尚兼愛、非厚葬父喪者，又往往言墨子聞其道而稱之。薛季宣[2]又以爲《孔叢子‧詰墨》諸條，今皆見其《晏子》書中，則退之墨家於義爲允。其書《漢志》作八篇，但名《晏子》。《隋志》、《唐志》作七卷，始有《春秋》之名。劉知幾《史通》稱晏子、虞卿、呂氏、陸賈，其書篇第本無年月，而亦謂之《春秋》，其名亦舊矣。至陳氏、晁氏書目，皆分作十二卷，又與前志不合，今卷數又減其半，篇帙更改，已全非其舊。明烏程閔氏刊本更以一事而《內篇》、《外篇》複見、所記大同小異者，悉移而夾注《內篇》下，益變亂無緒矣。今仍從內、外篇互見之本，庶幾略近古焉。

《四庫全書總目》卷五十七史部十三傳記類一。514 上

【校記】①六卷，文淵閣《四庫全書》書前提要、《總目》作八卷。《總目》卷五十九史部十五傳記類存目一著錄有《別本晏子春秋》六卷。　②薛季宣，《初目》原作"薛季"，今據《總目》等補。薛季宣，字士龍，永嘉人。宋代學者。《宋史》卷四百三十四有傳。

名家類

人物志三卷

魏劉邵[1]撰，凉劉昞注。邵，字孔才，邯鄲人。仕魏爲散騎侍郎，遷常侍。嘗受詔集五經羣書。正始中賜爵關內侯。昞，字彥明，燉煌人，官儒林祭酒。晁公武云："邵以人之才識，志當不同，當以九徵、八規審察而任使之，凡十六篇。"然今本自《九徵》以至《釋爭篇》止十二，豈有散佚與？是編爲明萬歷間河間劉元霖刊本，蓋即隆慶壬申歸德守鄭旻所刻而新之。前有具題"晉阮逸撰"。阮逸，宋人，其謬誤殆不待辨。卷末載文寬夫跋，稱隋、唐《志》皆十

二篇。以今考之，隋、唐《志》止有卷數而無篇數，其言亦屬無稽。又節錄邵、晒二傳，題爲《廣平宋詳記》，殆亦卷首阮逸序類也。

《四庫全書總目》卷一百十七子部二十七雜家類一。1009 下

【校記】①劉邵，文淵閣《四庫全書》書前提要、《總目》作"劉卲"。

雜家類

顏氏家訓二卷

舊本題北齊黃門侍郎顏之推撰。考陸法言《切韻序》作於隋仁壽中，所列同定八人，之推與焉，則實終於隋。舊本所題，蓋據作書之時也。陳振孫《書錄解題》云："古今家訓，以此爲祖。"然李翱所稱《太公家訓》，雖屬僞書，至杜預《家誡》之類，則在前久矣，特雜卷帙較富耳。晁公武《讀書志》云："之推本梁人，所著凡二十篇，述立身治家之法，辨正時俗之謬，以訓子孫。"今觀其書，大抵於世故人情，深明利害，而能文之以經訓，故《唐志》、《宋志》俱列之儒家，然其中《歸心》等篇，深明"因果"，不出當時好佛之習。又兼論字畫音訓，並考正典故、品第文藝，曼衍旁涉，不尚爲一家之言。今特退之"雜家"，從其類焉。又是書《隋志》不著錄，《唐志》、《宋志》俱作七卷，今本乃止二卷。錢曾《讀書敏求記》載有宋鈔淳熙七年嘉興沈揆本七卷，以閣本、蜀本及天台謝氏所校五代和凝本參定，末附《考證》二十三條，別爲一卷，且力斥流俗併爲二卷之非。今沈本不可復見，無由知爲分卷之舊，姑從明人刊本錄之。然其文既無異同，則卷帙分合亦爲細故。惟《考證》一卷佚之，可惜耳。

《四庫全書總目》卷一百十七子部二十七雜家類一。1010 下

劉子十卷

北齊劉晝①撰，唐播州錄事參軍袁孝政注。凡五十五篇。《唐志》作劉勰撰，陳振孫、晁公武俱系之晝。陳氏云："孝政爲《序》。"稱："晝傷己不遇，天下陵遲，播遷江表，故作此書。時人莫知，謂爲劉勰，或曰劉歆、劉孝標作，終不知書爲何代人。"按：晝，字孔昭，渤海阜城人，高才不遇，見《北史·儒林傳》。陳氏偶未考。今本仍題劉勰，蓋相沿之誤。《漢魏叢書》所收，又改其名曰《新論》，莫詳所本，疑何鏜輩以意爲之。

《四庫全書總目》卷一百十七子部二十七雜家類一。1010 中

【校記】①劉晝，《總目》未作肯定，謂"劉晝之名則介在疑似之間，難以確斷"。

墨客揮犀十卷

宋彭乘撰。按宋仁宗時，有翰林學士彭乘，華陽人，真宗時進士。此彭乘則嘉祐中尚爲舉人，仕宦在哲宗時，非華陽之彭乘矣。書內所稱引當時事蹟、詩話，皆足資聞見。又多稱引蘇、黃，而自述嘗居嶺外，意亦黨籍中人歟？

《四庫全書總目》卷一百四十一子部五十一小說家類二。1195 下

師友談記一卷

宋李廌撰。廌，字方叔，陽翟人。少以文字見知於蘇軾。嘗與范祖禹謀薦於朝，不果。

所著有《濟南集》。是書,晁公武謂薦記蘇子瞻、范純夫及四學士談論,故曰"師友"。所載多名言格論,非小說瑣錄之比。其述秦觀論賦之語,反覆數條,曲盡工巧,而終以爲場屋之賦不足重,可謂不阿所好。書中稱哲宗爲今上,蓋作於元祐中。末記蘇軾爲兵部尚書及帥定州事。軾到定州不久,即南遷,則書成又當在元祐諸人貶斥之後,知其推重諸人,固非以勢相附者。又以潦倒場屋之人,於新經義盛行之時,遵之可以立致科第,而獨載排斥笑謔之語,不肯少遜其言,亦介然有守者矣。

《四庫全書總目》卷一百二十子部三十雜家類四。1038 上

嬾真子五卷

宋馬永卿撰。永卿,字大年,揚州人。書中自稱爲夏縣令。《廣信府志》:永卿登大觀三年進士,退居鉛山,撰《論語解》、《易拾遺》諸編。是書見《宋史·藝文志》,而晁、陳二氏書目俱未之及。《書錄解題》惟載永卿嘗仕亳州永城主簿,從劉安世學,撰《元城語錄》三卷。故是編多紀元城事,蓋有由也。其他考證舊聞,紀載時事,亦頗稱博洽。

《四庫全書總目》卷一百二十一子部三十一雜家類五。1040 中

避暑錄話二卷

宋葉夢得撰。陳振孫云紹興五年所作。晁公武《讀書志》作十五卷,與此不同。然《文獻通考》已作二卷。毛晉《津逮秘書》跋云:"得宋刻,迥異坊本,亦作二卷。"則必非近人所迸矣。夢得,字少蘊,吳縣人。紹聖五年進士,官至崇信軍節度使。夢得藏書三萬卷,學問淹通,故所論多有根柢。惟狃於禪悅,時爲援儒入墨之說,又以門戶之故,多陰抑元祐而曲解紹聖。如"論詩賦"一條爲王安石罷詩賦解;"葉源"一條爲蔡京禁讀史解;"王姬"一條爲蔡京改帝姬解,而深斥蘇洵《辨奸論》,則尤其顯然者也。

《四庫全書總目》卷一百二十一子部三十一雜家類五。1041 上

北窗炙輠錄二卷[①]

宋施德操撰。德操,字彥執,海昌人,生不婚宦,病廢而沒。嘗與張九成、張璇爲友,里人稱持正先生。所記多當時前輩盛德之事,有益於立身行己可爲士大夫觀法者,蓋儒者之言也。中多稱道二程,間一及蘇氏而不甚推重。其第一條即言王氏新法由於激成,其微意可知。惟稱林靈素有活人心,未免好爲高論。而解《孟子》"萬物皆備"一條,尤近於性惡之旨,不可爲訓耳。朱彞尊嘗得是編於海鹽借抄者,始稍稍流播,而《海昌志·人物》莫有舉其姓名者,則其湮沒,固已久也。

《四庫全書總目》卷一百四十一子部五十一小說家類二。1199 下

【校記】①二卷,《四庫全書》書前提要、《總目》均作一卷。按:其書分上下卷,故或作一卷、或作二卷。

寓簡十卷

宋沈作喆撰。作喆,字明遠,吳興人。丞相該之猶子也。紹興五年進士,嘗爲右江漕司屬官。書中有自稱所作《試宏詞表》中語,而王應麟辭科題名內無作喆名,殆應試而未入選

者歟。是編《自序》云："屏居山中,無與晤語,有所記憶,寓諸簡牘。"故以"寓"爲名。末題甲午歲,以長歷推之,蓋孝宗淳熙元年作也。前四卷辨証經史,後六卷則多及宋代前賢遺事,而參以己說。於程子有迂避之目,而詞氣縱橫,多類蘇軾,蓋亦傳眉山之學者。然持論多剴切近理,記載亦多可備考覈。王士禎《居易錄》摘其誤記許詢爲梁人,小小疎舛,不足累其大旨也。作喆所著,別有《寓山集》,今不傳。陳振孫《書錄解題》稱其中"《哀扇工歌》,罵而非諷",蓋作喆以是詩忤洪帥魏良弼,被劾,奪三官也。其詩今見周煇《清波別志》中。語雖近訐,然觀其所述,良弼之貪橫淫縱,毒民實甚。作喆直陳其事,亦可謂守正不阿者,宜是書之中多侃侃之論矣。

《四庫全書總目》卷一百二十一子部三十一雜家類五。1042 下

老學庵筆記十卷續筆記二卷

宋陸游撰。所記皆軼聞故事,不及朝廷大政,故罕所指斥,亦不采委巷猥談,故不涉荒唐。敍述雅潔,在諸家說部之上。間有考證詮釋,亦言有根柢。惟以陸佃爲王安石客,所作《埤雅》,多引《字說》,故于《字說》無貶詞,于王安石亦無譏語,而安石曾布"得龍一體"之說,即佃所載於《埤雅》者。又謂"蔚藍"爲隱語天名,以韓駒詩語爲誤。考《度人經》所載,實帝名鬱鑾,非天名蔚藍。又謂宋初人尚《文選》,"草必稱王孫,梅必稱驛使,月必稱望舒,山水必稱清暉"。考昭明所錄,竟無陸凱之詩。如斯之類,固亦不必爲之諱耳。

《四庫全書總目》卷一百二十一子部三十一雜家類五。1046 上

獨醒雜志十卷

宋曾敏行所筆記,其子三聘編次並以行狀題跋附於後。敏行,字達臣,自號浮雲居士,又曰獨醒道人,又曰歸愚老人,吉水人。吉水本屬廬陵郡,故又自題曰廬陵。曾祖孝先、祖君彥,皆當熙寧之時,不肯以所學干科第,故敏行守其家法,多與正士遊。胡銓、楊萬里、謝諤皆其友也。年二十病廢不仕進,專意學問,積所聞見成此書。楊萬里序之,謝諤跋之。其卒也,銓爲哀詞,後趙汝愚、周必大、樓鑰亦皆爲之跋。書中多志前言往行,可補史傳之闕。記南渡後劉、岳諸將,皆極推崇,而於秦檜則惟記與翟汝文詬爭一事,亦不甚置是非。其秦熺登第一事,則借崔欣以寓之。蓋敏行卒於淳熙二年,去檜未遠,猶有所避也。其書頗可垂法戒。惟車戰之說迂而難通,萬里顧極稱之,儒者之見,可存而不論也。

《四庫全書總目》卷一百四十一子部五十一。1200 中

耆舊續聞十卷

題曰南陽陳鵠錄正,又一本題陳鵠西塘撰,蓋南陽人而號曰西塘者,特不知其時代爵里。書中載有陸游、辛棄疾諸人遺事,則開禧以後人也。所記自汴京故老及南渡後名人嘉言懿行,捃拾頗多,間或於條下夾注書名、人名,蓋亦雜採於諸家說部者。其間又如政和三年,與外弟趙承國論學數條,乃出呂好問手帖而雜入諸條中,頗不可辨。又稱朱翌爲待制公、陸軫爲太傅公,沿用其家傳語,不復追改,皆其體例之未審者。然舊京典故及詩文瑣語,亦略具一斑焉。

《四庫全書總目》卷一百四十一子部五十一小說家類二。1200 下

聞見後錄三十卷

宋邵博撰。蓋續其父伯溫之書，故曰《後錄》。中如論"復孟后"諸條，亦有與《前錄》重出者。然伯溫所記多朝廷大政，可裨史傳，是書兼及經義、史論、詩話，又參以神怪俳諧，不過雜家流耳。又伯溫書盛推二程，博乃力排程氏而宗蘇軾。觀所記游酢、謝良佐之事，蓋康節沒後，程氏之徒尊其師而抑邵，故博有激以報之，皆非平心之論也。至其彙輯疑孟諸説之盈三卷，説外丙、仲壬與《皇極經世》相違，記王子飛事稱佛法之靈，記湯保衡事推道教之驗，論晏殊薄葬之非，詆趙鼎宗洛學之謬，皆有乖邵子之家學。他若以元稹詩作黃巢之類，引據亦頗疎略。惟其辨宣仁之誣，載司馬光集外章疏之類，可資考訂。議《通鑑》削屈原之非，駁王安石取馮道之謬，辨《伊川易傳》非詆垂簾，証紹興玉璽寔非和璧，論皆有見，談詩亦多可采。宋人説部完美者稀，節取焉可矣。

《四庫全書總目》卷一百四十一子部五十一小説家類二。1199 中

賓退錄十卷

宋趙與旹撰。所紀皆北宋事，兼及詩話。前有《自序》，云生平聞見，喜爲客誦，賓退則筆於牘，故以"賓退"爲名。是書馬氏《經籍考》及宋《藝文志》俱不著錄，與旹史亦無傳。考寶祐五年陳宗禮《原序》稱大梁趙與旹，字德行，嘗從慈湖先生問學，則楊簡之及門也。書中所載詩話頗非當行，記事則時有可采。他如辨《雲仙散錄》之僞，謂胡寅《讀史管見》皆有爲而發[①]，訂鮑彪《戰國策注》東西周之悞，皆足資考證。他如洪邁《夷堅》三十二編，凡三十一序，不相重復，今惟存支甲至支戊五編，惟與旹此書尚見三十一序之大略，是亦可資談柄也。

《四庫全書總目》卷一百十八子部二十八雜家類二。1023 中

【校記】①《讀史管見》皆有爲而發，《初目》作"讀史管皆見有爲而發"，語倒。胡寅書名作《讀史管見》，今改。

雞肋編無卷數[①]

宋莊季裕撰。季裕，名綽，以字行，清源人。官鄂州府。薛季宣《浪語集》有爲綽作《筮法新儀序》，其書今不傳，惟此書僅存。是本不分卷數，凡百餘條。雖隨筆劄記，間涉猥瑣，徵引亦未甚淹博，而亦有足資考証者，猶在《輟耕錄》諸書上也。《説郛》所載止十之二三，且多訛錯，此編猶爲全本。

《四庫全書總目》卷一百四十一子部五十一小説家類二。1199 上

【校記】①無卷數，《四庫全書》書前提要、《總目》均作三卷。按：其書分上中下卷，故或作無卷數、或作三卷。

清波雜志十二卷別志二卷

宋周煇撰。所載皆朝野遺事、名賢言行，得之目見耳聞者。煇，字昭禮，邦彥之子。紹熙間寓臨安府之清波門，因以名書。厲鶚《宋詩紀事》云："舊本《清波雜志》有張貴謨《序》，書中煇俱作煒，應從之。"按是編爲影宋精本，書中俱作煇，張貴謨《序》亦存，恐鶚所見者或轉是訛本。煇自題曰"淮海人"，而《兩浙名賢錄》載之。書中有"祖居錢塘後洋街"語，則煇實

自浙遷淮也,末有章斯中①、張訢、陳晦、楊寅、張巖、龔頤正②、徐似道等七跋,皆同時人。似道稱煇爲處士,然煇曾試宏博奏名,亦見之書中,或當時未就官耶?

《四庫全書總目》卷一百四十一子部五十一小説家類二。1198 下

【校記】①章斯中,《初目》及文淵閣《四庫全書》書前提要、《總目》等,均作"張斯中",非是。今考本書卷末跋尾,作"章斯中";《天禄琳琅書目》卷四《影宋鈔史部》著録本書,所記書後作跋之人兩處亦均作"章斯中"。今據改。　②龔頤正,《初目》原作"龔以正"。按:本書卷末跋尾,及文淵閣《四庫全書》書前提要、《總目》、《天禄琳琅書目》卷四著録等,均作"龔頤正"。今據改。

腳氣集一卷①

宋車若水撰。若水,字清臣,號玉峰山民,黃巖人。此書成於咸淳間。因病腳氣,作書自娱,隨所見而録,彙記成編,遂目之曰《腳氣集》。編中發明《論》、《孟》之旨,訂正經史之誤,平隲詩文,多有特見。蓋若水與其從弟垓家居講學有年,語皆心得,故不同他説之輾轉稗販也。

《四庫全書總目》卷一百二十一子部三十一雜家類五。1047 下

【校記】①一卷,文淵閣《四庫全書》書前提要、《總目》等均作二卷。然文淵閣本所收此書,實爲一卷。

癸辛雜識前集一卷後集一卷續集二卷別集二卷

宋周密撰。密,字公謹,濟南人。其先隨高宗南渡,因居湖州之弁山,自號弁陽老人。後復寓杭州癸辛街,遂以名書。大抵南渡後事居多,亦間有考證。明商濬刻之《稗海》中,以《齊東野語》誤作《前集》①,以《別集》誤作《後集》,而《後集》、《續集》則全闕,又併其《自序》佚之。後烏程閔元衢於金閶小肆中購得抄本,毛晉刻之,始見完書。晉跋以《輟耕録》、《芥隱筆記》擬之。《輟耕録》敍述猥雜,非此書之比。《芥隱筆記》多訂訓詁,與此書體例迥殊。晉説非也。密在淳祐中嘗爲義烏令②,國亡,抱節以終,詳見連文鳳《百正集》所作輓詩及王行《半軒集》所作畫像贊。是書雖成於元初,而終以宋二十一帝及宋十五朝御押二條,寓意皆可想見。故從陶潛繫晉之意,仍題曰宋人。其書中每詆道學,如董敬庵③之類,殆於惡謔,蓋末流之弊,有以激之。至於新安、建陽諸大儒,則未嘗不推重也。

《四庫全書總目》卷一百四十一子部五十一小説家類二。1201 中

【校記】①前集,《初目》"集"字前原空缺一字,今據文淵閣《四庫全書》書前提要、《總目》補"前"字。　②義烏令,《初目》原作"義烏今",誤。《總目》載周密《武林舊事》提要云:"淳祐中嘗官義烏令。"是其證,今據改。　③董敬庵,《初目》原作"董苟庵"。按:董敬庵事見本書《續集》卷上,今據改。文淵閣提要、《總目》不誤。

齊東野語二十卷

宋周密撰。密家本濟南,流寓吳興,居弁山,自號弁陽老人。因其父嘗云"身雖居吳,心未嘗一飯不在齊",故作是書,以"齊東"爲名。所記多軼聞故事,間亦考証古義,蓋雜家者流。然所記如張浚三戰本末、紹熙内禪、誅韓本末、端平入洛、端平襄州本末、胡明仲本末、李

全本末、朱漢章本末、鄧友龍[①]開邊、安丙矯詔、淳紹歲幣、岳飛逸事、巴陵本末、曲端本末[②]、詩道否泰、景定公田、朱唐交奏、趙葵辭相、二張援襄、嘉定寶璽、慶元開禧六壬[③]、張仲孚反間諸條，皆足以補史傳之闕。明商惟濬《稗海》以此書混入《癸辛雜識》，十失其五。毛晉得舊本刻之，其書乃完。前有密《自序》及戴表元《序》，又有明正德間胡文璧、盛京二《序》。

《四庫全書總目》卷一百二十一子部三十一雜家類五。1048 下

【校記】①鄧友龍，《初目》原作"鄧文龍"，文淵閣《四庫全書》書前提要、殿本《總目》同，非是。《齊東野語》二十卷，有明正德十年（1515）胡文璧刻本，為此書今存最早刻本。其書卷十一即作"鄧友龍開邊"。鄧友龍事《宋史》多有記載，今據改。浙本《總目》作"鄧友龍開邊"。　②曲端本末，浙本《總目》作"曲壯閔本末"。正德本《齊東野語》卷十五作"曲壯閔本末"，其文謂："曲端，字平甫，鎮戎軍人。知書，善屬文，作字奇偉，長於兵略，屢戰有聲。"被張浚陷害，受酷刑死於恭州。後諡壯閔。文淵閣《四庫全書》書前提要、殿本《總目》此處作"鄧文龍本末"，非是。　③慶元開禧六壬，"六壬"，文淵閣《四庫全書》書前提要、《總目》等作"六士"，是也。此謂因上書而遭貶斥之士人。《四庫全書》本《齊東野語》卷二十《慶元開元六士》云："慶元間趙忠定去國，太學生周端朝、張衜、徐範、蔣傅、林仲麟、楊宏中，以上書屏斥，遂得六君子之名。開元間丁大全用事，以法繩多士，陳宜中與權、劉黻聲伯、黃鏞器之、林則祖興周、曾唯師孔、陳宗正學，亦以上書得謫，號六君子。"即記此事。惟《初目》、文淵閣《四庫全書》書前提要、《總目》等作"開禧"、《四庫全書》本《齊東野語》作"開元"，均非是。宋帝無"開元"年號，作"開禧"也有誤。《宋史》卷四百七十四丁大全本傳云："嘉熙二年舉進士。"嘉熙為宋理宗年號，二年為公元1238年。開禧為宋寧宗年號（1205—1207），其時間尚在前，其時丁大全尚未中進士，自然不可能貶斥陳宜中等人。《宋史》卷四百七十四丁大全本傳又云："寶祐六年拜參知政事，四月拜右丞相兼樞密使，進封公。初大全以袁玠為九江制置副使，玠貪且刻，逮繫漁湖土豪，督促輸錢甚急。土豪怒，盡以漁舟濟北來之兵。太學生陳宗、劉黻、黃鏞、曾唯、陳宜中、林則祖等六人伏闕上書訟大全，臺臣翁應弼、吳衍為大全鷹犬，鈐制學校，貶逐宗等。"《宋季三朝政要》卷二理宗寶祐四年丙辰記道："太學生陳宜中等上書攻丁大全，大全怒，取旨，陳宜中、黃鏞、林則祖、曾唯、劉黻並削籍。"是陳宜中等六士遭貶在寶祐四年（1256）。朱菊如等撰《齊東野語校注》謂"宋無開元年號。據《宋史》卷四七四《丁大全傳》應為'開慶'"（華東師範大學出版社，1987年出版，第390頁）。然《宋史·丁大全傳》並未明言此事在開慶年間。正德本《齊東野語》目錄作"慶元開六士"，正文標題作"慶元開慶六士"。又《初目》謂"毛晉得舊本刻之，其書乃完。"查毛晉刻《津逮秘書》，即已誤作"開元"。

仇池筆記二卷

舊本題宋蘇軾撰。疑好事者集其雜帖為之，未必出軾之手著。觀下卷"杜甫詩"一條云："杜甫詩固無敵，然自'致遠'已下句甚村陋也。"其為偶閱杜詩批於"致遠終恐泥"句上之語，顯然無疑。他可以類推矣。又如"蒸豚詩"一條記醉僧事，及"解杜鵑詩"一條解杜鵑有無義，亦皆不類軾語。疑併有附會竄入也。然相傳引用已久，亦間可以備考証。此書陶宗儀《說郛》亦收之，而刪節不完。明萬歷壬寅趙進美嘗刊其全本，板已久佚。此本前有進美

《序》,蓋從趙本錄出者。書中與《志林》互見者,皆但存標題,而下注"見《志林》"字,疑亦進美所竄改也。

《四庫全書總目》卷一百二十子部三十雜家類四。1037 上

佩韋齋輯聞四卷

宋俞德鄰撰。其書多考論經史,間及於當代故實及典籍文字,所記皆詳核可據,不同於泛爲摭拾者。第四卷則專説"四書",頗出新意。如論"九合諸侯",謂自莊十五年,再會於鄄,齊桓始霸,至葵邱而九,故曰九合。其北杏及鄄之始會,霸業未成,皆不與焉。又謂"子在齊聞《韶》,三月不知肉味",爲憂陳氏强而齊將亂;又謂"飽瓜繫而不食",爲繫以濟涉,引《衛風》及《莊子》爲証;又謂"子擊磬於衛",爲磬以立辨,欲其辨上下之分。其説皆與諸儒不同,雖不能盡免穿鑿,然亦可見其用心之勤也。

《四庫全書總目》卷一百二十一子部三十一雜家類五。1048 中

巖下放言三卷

宋葉夢得撰。夢得,字少藴,吳縣人。紹聖四年進士,累官龍圖閣直學士,帥杭郡。南渡後爲江東安撫使,移知福州,提舉洞霄宫,自號石林居士。是書乃休官後居吳興弁山時所作。《通考》作一卷,此爲上、中、下三卷,蓋後人所分也。説頗閎辨,而大意皆主佛老,如所云古之至理不謀而冥契者,吾儒之言,易佛氏之言禪,蓋欲合三教而一之。其他議論亦多與《避暑錄話》相同者,特所記東京舊事聞見較真,猶可以資參核耳。

《四庫全書總目》卷一百二十一子部三十一雜家類五。1041 中

義莊規矩一卷

宋參知政事范仲淹嘗買田置義莊於蘇州,以贍其族,創立規矩,刻之板牓。後其法漸隳,治平中,其子純仁知襄邑縣,奏乞降指揮下本州,許官司受理,遂得不廢。南渡後五世孫左司諫之柔復爲整理,續添規式,族人皆守其約,遵行至今。此本爲范氏後人所錄。凡皇祐二年仲淹初定規矩十條,又熙寧、元豐、紹聖、元祐、崇寧、大觀間,純仁兄弟續增規矩二十八條。其慶元二年十二條,則之柔所增定。其中稱"二相公"者謂純仁,"三右丞"者謂純禮,"五侍郎"者謂純粹,蓋皆其子孫之詞也。

《四庫全書總目》卷五十九史部十五傳記類存目一。536 中

梁谿漫志十卷

宋進士費袞撰。袞,字補之,無錫人。其書雜記見聞,足資考証,在宋人説部中頗稱精審。其論史事數條,亦多前人所未發。如謂漢田蚡、唐崔器之得疾,涉於禍福報應,史家當削而不書;辨漢高祖即臥内奪韓信軍爲不足信;論姚崇序進郎吏,明皇不應爲怠心之萌,皆是有特識。《宋史·藝文志》作一卷,而是書卷末附《開禧初國史院牒文》已作十卷,則《宋志》一字誤也。

《四庫全書總目》卷一百二十一子部三十一雜家類五。1045 中

曲洧舊聞十卷

宋朱弁撰。弁，字少張，朱子之從父也。事跡具《宋史》。《文獻通考》載弁《曲洧舊聞》一卷、《雜書》一卷、《骫骳説》一卷。此本獨《曲洧舊聞》已十卷，然此本後宋槧影鈔，每卷末皆有"臨安府太廟前尹家書籍鋪刊"字，又"惇"字避光宗諱，皆缺筆。蓋南宋舊刻，不應有悮，必《通考》訛十卷爲一卷也。案：弁以建炎丁未使金被留，越十七年乃歸，而書中有臘月八日清涼山見佛光事，云歲在甲寅；又記祕魔岩事，其地在燕京；又記其友述定光佛語，云俘囚十年，則書當作於留金時。然皆追敍北宋遺事，無一語及金，故曰"舊聞"。《通考》列之小説家，今觀其書，雖有神怪諧謔數條，然所記多當時祖宗盛德及諸名臣言行，而於王安石之變法，蔡京之紹述、分朋角力之故，言之尤詳。蓋意在申明北宋一代興衰治亂之由，深於史事有補，實非小説家類流也。惟其中間及詩話、文評及諸考證不名一格，不可目以雜史，改入之雜家類中。

《四庫全書總目》卷一百二十一子部三十一雜家類五。1039 下

識遺十卷

宋羅壁撰。壁，字子蒼，是書前後序跋皆不著壁爲何時人，《宋史》亦無其傳。明隆慶三年吳岫跋，謂其考據精而論斷審。今觀其引經述史，頗有訂正，但若論養老之制，直謂《禮記》"袒而割牲"、"執醬而饋"、"執爵而酳"數語爲委巷之談，殊屬無稽。又謂班史原於劉歆，引葛洪《西京雜記後敍》，不知洪敍謂"劉子駿有《漢書》一百卷"，証之劉歆本傳，並無其據。凡此徵引僞書，亦失別擇，然在宋人雜説中猶爲言有根柢者也。

《四庫全書總目》卷一百十八子部二十八雜家類二。1024 下

楊公筆錄一卷

宋楊延齡[①]撰。延齡，里居未詳。書中自稱"元豐中爲山陰尉"，又曰"任隰州司戶"，又曰"元豐八年秋爲滏陽令"，又曰"爲虢倅"，又曰"爲江寧上元移宰常州武進"，而卷首題曰"朝奉郎致仕"，其始末亦略可見。頗稱引王安石、陸佃之説，而所辨字音字義，惟引《字説》一條，餘皆引《説文》，亦稱"過洛見程子"，則似非王氏學矣。又以"四詩風雅頌"對"三光日月星"句，世皆傳爲蘇軾事，而延齡自紀乃其待試興國時夢中所得，亦可以証小説多附會也。

《四庫全書總目》卷一百二十子部三十雜家類四。1038 上

【校記】①楊延齡，《續文獻通考》卷一百七十七《經籍考》、《總目》、《四庫全書簡明目錄》等同，《遂初堂書目》、《玉海》卷四十、《文獻通考·經籍考》、《宋史·藝文志》、《千頃堂書目》卷十二、《天祿琳琅書目》卷一、文淵閣《四庫全書》書前提要、《四庫全書考證》卷五十三等作"楊彥齡"。宋陳振孫《直齋書錄解題》卷三著錄《春秋二十國年表》提要云："按《館閣書目》有《年表》二卷，元豐中楊彥齡撰。"所指亦爲此人。文淵閣《四庫全書》所收《春秋年表》書前提要亦作"楊彥齡"。按著錄情況看，宋人著作都作楊彥齡，後人書目亦多從之。作"楊延齡"者或有誤，而其始則源自《初目》。

仕學規範四十卷

宋張鎡撰。字功甫，官奉議郎、直秘閣。是書故分爲學、行己、涖官、陰德、作文、作詩六

類,統載宋儒臣事狀,並著出典。若所採《九朝名臣傳》諸書,皆爲修史者所據依,故多與史合,且可補其遺缺。如所錄范仲淹鎮青社時,設法免青民輦置之苦,青民至爲立祠;又趙抃治越州,歲荒,令貯米者反增價糶之,而其後賤民胥全活,均云出《四科事實》。又張方平知昆山縣,收餘賦以給貧民,而止民數十年侵越之訟,云出《哲宗名臣傳》。今其書皆不傳,而三人本傳亦未載,此類頗多,均可以資考証。蓋與朱子《名臣言行錄》體例雖殊,而於當代文獻均爲有關者也。

《四庫全書總目》卷一百二十三子部三十三雜家類七。1061 中

几上語一卷枕上語一卷

宋施清臣撰。清臣,號東洲,淳祐間人,自稱赤城散吏。是書皆宗二氏之旨,而以儒理附會之。詞多儷偶,明代屠隆陳繼儒一派,濫觴於斯。其謂《易》可通修煉之旨,亦魏伯陽等之緒餘,無足采錄。

《四庫全書總目》卷一百二十四子部三十四雜家類存目一。1066 上

吹劍錄一卷

宋俞文豹撰。文豹,字文蔚,括蒼人,其出處不可考。此書作於淳祐三年,前有《自序》。《莊子》:"吹劍首者,映而已。"文豹蓋取此義以自寓其説之不足重。然議論實多紕繆,於古人多所訛詞,如諸葛亮、韓愈、程顥皆有不滿之詞,又不滿朱子《綱目》帝蜀之説。至譏孟子好勝,比之於王安石,尤無忌憚,似有所憤嫉而恃氣逞辯而爲之者,故偏駁至此,固不如外集之稍覺純正也。

《四庫全書總目》卷一百二十七子部三十七雜家類存目四。1094 中

志雅堂雜鈔一卷①

元周密撰。密嘗著有《雲烟過眼錄》、《癸辛雜識》等書。是編分爲九類,所載皆與二書相出入,而詳略互殊,疑是初時未經删潤稿本,爲後人裒綴,別成此書者。其間惟論殷玉鉞一條,知元時劈正斧亦宣和內府之物,可補史闕。其他多不出二書之外也。

《四庫全書總目》卷一百二十七子部三十七雜家類存目四。1094 下

【校記】①按:此書原在元戴啓宗撰《脈訣刊誤》下,彼處所錄均爲子部醫家類著作,周氏此書爲雜家類著作,類別不同,不當列於其間。兹按《總目》著錄位次,移載於此。

捫蝨新話十五卷

宋陳善撰。善,字敬甫,號秋塘,淳熙間人。其書考論經史詩文,兼及雜事。別類分門,頗爲冗瑣,持論尤多踳駮。大旨以佛氏爲正道,以王安石爲宗主,故訛歐陽修,訛楊時,訛陳東、歐陽澈,而訛蘇洵、蘇軾、蘇轍尤力,至謂轍比神宗於曹操。於古人訛韓愈,訛孟子。誤讀《論語》,甚至謂江西馬師在孔子上。而於周邦彥諛頌蔡京之詩,所謂"化行《禹貢》山川外,人在周公禮樂中"者,則無譏焉。必紹述餘黨之子孫,不得志而著書者也。

《四庫全書總目》卷一百二十七子部三十七雜家類存目四。1093 中

子部　雜家類　　　　　　　　　　　　　　　　　　　　　　四庫全書初次進呈存目

蕉窻雜錄一卷①

　　舊本題曰宋稼軒居士撰。稼軒,辛棄疾號也,故凡遇"宋"字必加"皇"字於上,以明其爲真棄疾作。而其書乃引楊慎《丹鉛錄》、王鏊《震澤長語》、都穆《聽雨紀談》、焦竑《類林》、王世貞《藝苑卮言》,其妄殆不足辨。其所自增數條,如謂木筆名辛夷,芍藥一名辛夷,云出《山海經》類,更爲無稽。

　　《四庫全書總目》卷一百二十七子部三十七雜家類存目四。1093 下

　　【校記】①《蕉窻雜錄》提要,《初目》原排在子部雜藝類《學古編》之後。抄本書口題"子部雜家類",是抄本誤排在彼處。今據《總目》所排列位置,移錄於此。

書齋夜話四卷

　　元俞琰①撰。琰在宋即以詩賦稱,入元後隱居不出,潛心《易》理。其刊入《通志堂經解》曰《大易集說》②,今從《永樂大典》裒輯者《學易舉要》③,俱精切可傳,別著錄經部中。又喜講道家之説,嘗注《參同契》、《陰符經》,殊有條理。惟説部諸事,間及於修煉吐納之術,如《席上腐談》等類④,頗不免有怪於正。此書則其平日雜論經義之語,隨所得而筆記之。卷一皆辨論經義,卷二、卷三皆闡先儒之説,多及於圖書及先天太極之旨,四卷皆論作文軌度。其斥孔安國稱《洛書》錫禹之非,確爲有見。於諸經字義正訛析疑,尤見該洽。如《論語》"富與貴"當就"不以其道"爲句,《孟子》"少艾"爲慕愛少衰之意,當讀"少"字爲上聲。其説皆前人所未發,亦頗足資參證云。

　　《四庫全書總目》卷一百二十一子部三十一雜家類五。1048 下

　　【校記】①元俞琰,文淵閣《四庫全書》書前提要、殿本《總目》作"宋俞琰",《總目》作"宋俞琬"。俞琰爲宋末元初時人,在宋以詩賦稱,入元後隱居不出,故其時代有宋、元之異。作"俞琬"者,則係避清嘉慶帝顒琰諱改。　　②大易集説,元白珽《湛淵集》有《大易集説序》。《千頃堂書目》、《經義考》等作《周易集説》。此書收入《四庫全書》,亦名《周易集説》。　　③學易舉要,文淵閣《四庫全書》、《總目》等均作"讀易舉要"。
④席上腐談等類,《初目》原作"席上腐等談類","談等"字倒,今乙正。《席上腐談》爲俞琰所著書,收入《四庫全書》。

困學齋雜錄一卷

　　元鮮于樞撰①。所記當時詩話、雜事爲多,原本不著名氏,故嘉靖中袁褧跋稱撰人未詳。曹溶以鮮于樞有困學齋,遂以此爲樞所撰。考邵遠平《續宏簡錄》載樞字伯機,號困學民②,漁陽郡人,官太常典簿,所著詩文名《困學齋集》,是編爲樞撰無疑矣。厲鶚謂"卷中金源人詩,可補劉祁《歸潛志》之缺,存之亦可以資采錄"。然開卷引李平、許楮③二事,無所論斷,未詳其意,而趙復初二詩前後兩見,亦有異同。蓋亦偶然雜錄,未經編定之本也。

　　《四庫全書總目》卷一百二十二子部三十二雜家類六。1049 中

　　【校記】①鮮于樞撰,《初目》誤作"鮮于撰撰"。本書作者爲鮮于樞,今因改。《總目》等不誤。　　②困學民,《初目》原作"困學名"。陶宗儀《書史會要》、《總目》等均作"困學民",今據改。　　③許楮,文淵閣《四庫全書》書前提要、殿本《總目》同,均非是。浙本《總目》作"許褚",是也。《困學齋雜錄》謂"許褚長八尺餘",又謂"軍中以褚有力如

276

虎而癡”,是其證。

湛淵靜語二卷

元白珽著。珽,字廷玉,錢塘人。少孤貧力學,既仕,喜推挽後進,當時南北知名之士多與之遊。生平詩文百卷,此書乃其筆談一種也。考訂折衷,頗有根據。其"論儒"一條,評隲極當,惟以《匡謬正俗》爲顔魯公書,則筆誤而未及檢正耳。

《四庫全書總目》卷一百二十二子部三十二雜家類六。1049 下

千古功名鏡十二卷拾遺一卷

元吳大有編。大有,字勉道,號松壑,嵊縣人。寶祐間遊太學,率諸生上書言賈似道姦狀。不遂,退處林泉,與林昉、仇遠、白珽等以詩酒相娛。元初辟爲國子檢閱不赴。是書首陰德,訖人力,分爲十五類。又《拾遺》一卷,所記皆陰陽感應之説,蓋以警世勸善,亦《尚書》惠迪從逆、《大易》降祥降殃之旨也。然有所爲而爲之,假以誘掖愚蒙則可,若士君子之學,爲所當爲,則固無取於是焉。

《四庫全書總目》卷一百二十四子部三十四雜家類存目一。1066 中

雪履齋筆記一卷

元郭翼撰。翼,字羲仲,號東郭生,因以東郭先生故事名其齋曰"雪履"。嘗獻策張士誠,不用,歸耕婁上。老得訓導官,偃蹇而終。范陽盧熊題其墓曰"遷善先生",又爲撰墓志,載翼卒於至正二十四年。後人謂翼至洪武初,嘗徵授學官者,悮也。是編乃江行舟中所紀,隨手雜録,漫無銓次,然議論多有可採者。如解《商書》"兼弱"、"攻昧"二句,取張九成説;解《論語》"犬馬有養",取何晏舊注説;駁張九齡《金鑑録》之僞,辨蔡氏"三仁"之類,皆爲有識。其論謝師直語一條、論詩一條,亦有義理。惟解《論語》"怪力亂神"一條,"爲力不同科"一條,過信古注,則未免好奇耳。

《四庫全書總目》卷一百二十二子部三十二雜家類六。1052 中

博物要覽十六卷

明谷泰撰。泰,字寧宇,官蜀王府長史。其書一卷紀碑刻,二卷紀書,三卷紀畫,四卷紀銅器,五卷紀窰器,六卷紀硯,七卷紀黃金,八卷紀銀,九卷紀珠,十卷紀寶石,十一卷紀玉,十二卷紀瑪瑙、珊瑚,十三卷紀琥珀、蜜蠟、玻璃等物,十四卷紀水晶、玳瑁、犀象等物,十五卷紀香,十六卷紀漆器、奇石。隨所見摭録,未能該備,論碑板書畫尤爲簡陋。書成於天啓間,而中有稱明太祖者,蓋後人傳寫所改也。

《四庫全書總目》卷一百三十子部四十雜家類存目七。1115 上

寰有詮①六卷

明天啓中西洋人傅汎際譯。其論皆宗天主,又有《圜滿》、《純體》、《不壞》等十五篇。歐羅巴人天文推算之密,工匠製作之巧,實踰前古;其議論夸詐迂怪,則亦爲異端之尤。國家②節取其技能,而禁傳其學術,具存深意。其書本不足登冊府之編,然是編《明史·藝文

志》中已列其名,削而不論,轉慮惑誣,故著於錄而闢斥之。又《明史》載是編於道家,今考所言,兼剽三教之理,而又舉三教全排之。變幻支離,莫可究詰,真雜學也,故存其目於雜家焉。

《四庫全書總目》卷一百二十五子部三十五雜家類存目二。1081 中

【校記】①寰有詮,《千頃堂書目》、殿本《總目》等同,浙本《總目》作"寰有銓",誤。其書有明崇禎元年靈竺玄樓刻本,書名作《寰有詮》。 ②國家,《總目》作"國朝"。

擣堅錄二十四卷

明朱廷旦撰。廷旦,字爾兼,一號旋庵子,武水①人。是書分一百類,每類各爲小序,陳勸誡之旨,而徵引故實列於後,其末又綴以評論。其凡例謂"主於破疑掃疾,故刺惡之條,溢於獎善"。稱"擣堅"者,謂如病之刺其堅也,所言多主禍福,蓋欲世俗易省耳。

《四庫全書總目》卷一百三十二子部四十二雜家類存目九。1128 上

【校記】①武水,《千頃堂書目》、《總目》等作"嘉善"。

澹齋內言一卷外言一卷

明楊繼益著。繼益,字茂謙,松江人。是書《內言》間有考證,《外言》則語錄也。議論皆宗二氏,其解邵子"三十六宮都是春"句,誤以爲宮闈之"宮",殊爲疏陋。欲刪《元史》一條尤悖謬,惟解《孟子》"泄泄沓沓"一條,引《說文》呭訓多言,引《荀子》諸諸而沸亦謂多言,證呭沓皆多言之意,足備一解耳。末有陳繼儒跋,稱其學道有得,益①爲禪學言之也。

《四庫全書總目》卷一百二十八子部三十八雜家類存目五。1106 上

【校記】①益,《總目》作"蓋"。

春寒閒記一卷

不著撰人名氏。卷末自跋稱"辛酉三月二十五日記",署曰"德水"。又有錢塘厲鶚跋,謂是書頗有可觀,而疑德水爲德州盧氏子,蓋疑盧世㴶字德水也。其書多錄前人佳事雋語,然推尊李贄,其宗旨可知矣。

《四庫全書總目》卷一百二十八子部三十八雜家類存目五。1106 下

楊氏塾訓六卷

明楊兆坊撰。兆坊,字思說,杭州人。其書分門編次,自居家至交友、服官,每類各分經史成語以爲法式,蓋家塾童蒙之訓。然較《少儀外傳》諸書,不及遠矣。

《四庫全書總目》卷一百三十二子部四十二雜家類存目九。1129 上

青溪暇筆三卷

明姚福撰。福,字世昌,江寧人,自號守素道人。是編皆就讀書所得及當時聞見所及雜錄之。其首卷所述明初軼事,多正史所不載。惟"體用"字見《周易正義》,福乃以爲宋儒以前無此字,出於佛典。至其取鄭謐之說,謂異姓可以爲後,而深駁陳北溪之論,其爲乖剌又不止訓詁間矣。

《四庫全書總目》卷一百二十八子部三十八雜家類存目五。1104 上

黃氏書奕十二卷[①]

明黃秉石撰。自天象、地輿,以逮經史、詁訓,各立篇名以冠於前,體裁詭異。又各於上闌標評數字,亦村書陋格。後附《雜纂》一卷,即其所作雜文也。前有《自序》,稱角勝負於萬卷中,故以"奕"名,亦庸且妄矣。秉石,字復子,江寧人。萬歷中官至嚴州府同知。

【校記】①《黃氏書奕》,《總目》未收錄。清代《軍機處奏准全燬書目》、《應繳違碍書籍各種名目》均著錄此書,見姚覲元編《清代禁毀書目四種》(《咫進齋叢書》本)。清王士禎《古夫于亭雜錄》卷二引《書奕》"小説載人蔆果亦有據"一條、《居易錄》卷二十九引《書奕》所轉引"《春秋元命包》云姜嫄遊閟宮履大人跡而生稷"一條。清王初桐《奩史》卷九十八仙佛門二引《書奕》"羿夢與洛水虙妃交,故《天問》曰'妻彼洛濱'"一條。

趙氏連城十八卷

明趙世顯撰。世顯,字仁甫,閩人。是書中分三種,一爲《客窗隨筆》六卷,前有孫昌裔《序》;一爲《芸圃叢談》六卷,前有謝肇淛《序》;一爲《松亭晤語》六卷,前有林材《序》。《連城》則其總名也,以世顯《自序》弁之。其書或引古事而稍附以己説,時或自作數語,近乎語錄,又或但引古事一條,無所論斷,似乎類書,蓋全無著作之體者。凡意所不合之事,無論巨細,輒云恨不縛之生飼豺虎,蓋躁妄人也。

《四庫全書總目》卷一百二十八子部三十八雜家類存目五。1102 下

寒夜錄二卷[①]

明陳宏緒撰。宏緒,字士業,新建人。是書雜論文章,間亦考證經史,旁及古今逸事,而加以品題。大旨多憤激無聊而託之於禪。至謂堯舜不以天下與子,周公爲王室誅其兄,皆爲禪學,則妄矣。雖其間多可采者,功過要不相補也。

【校記】①《寒夜錄》二卷,《總目》未收錄。

迪吉錄九卷

明顏茂猷壯其撰。前有崇禎辛未林釬《序》。分官鑑、公鑑二門,所錄皆因果之事,詞頗近鄙。

《四庫全書總目》卷一百三十二子部四十二雜家類存目九。1128 中

客途偶記一卷

明鄭與僑撰。與僑,字惠人,號荷澤,又號確庵,濟寧人。崇禎丙子舉人,《自序》云:"浪跡東南,客舟旅館,時爲筆記。"中有《濟寧守禦》、《濟寧倡義》二記,載當時事跡頗詳。

《四庫全書總目》卷一百四十三子部五十三小説家類存目一。1225 上

太平清話四卷

明陳繼儒撰。繼儒,字仲醇,華亭人。其書雜記古今瑣事,徵引舛錯,不可枚舉。當時稱繼儒能識古書畫,然如所載耐辱居士墨竹筆銘,証以《唐書·司空圖傳》,乖舛顯然,殊不能

知其僞也。

《四庫全書總目》卷一百四十三子部五十三小説家類存目一。1224 中

避暑漫筆二卷

明無錫談修撰。修少習舉業，不獲仕進，因掇取先進言行可爲師法，及近代風俗澆薄可爲鑒戒者，臚序成編。其書成於萬曆中，當時世道人心皆極獎壞，修特發憤著書，故其詞往往過激。

《四庫全書總目》卷一百四十三子部五十三小説家類存目一。1223 下

頤庵心言一卷

國朝喬大凱撰。大凱，德州人，頤庵其自號也。是編皆自記其心得之語，所論辯頗近拘迂。

《四庫全書總目》卷一百二十五子部三十五雜家類存目二。1085 下

金臺紀聞二卷

明陸深撰。自正德乙酉至戊子，深官翰林，雜記四年中所聞朝廷故事及朋友論説，爲上下二卷。前有自題小序一首。

《四庫全書總目》卷一百四十三子部五十三小説家類存目一。1220 下

玉堂漫筆三卷

明陸深撰。乃在翰林時記其每日所得，而於考核典故爲尤詳。其載楊士奇子稷得罪事，爲出於陳循所搆陷，亦修史者所未及知也。

《四庫全書總目》卷一百四十三子部五十三小説家類存目一。1220 中

畫禪室隨筆四卷

明董其昌撰。第一卷論書。第二卷論畫，中多微論，由於斯時解悟深也。第三卷分《記遊》、《記事》、《評詩》、《評文》，如四部。中如記楊成以蔡經爲蔡京之類，頗涉輕薄。以陸龜蒙《白蓮詩》爲皮日休，亦未免小悮。評文多談制藝。四卷亦分子部四，《雜言》上、下，皆小品閒文，然多可采。《楚中隨筆》，其冊封楚王時所作。末爲《禪悦》，而宗旨乃在李卓吾，蓋明季士大夫所見往往如是。

《四庫全書總目》卷一百二十二子部三十二雜家類六。1055 上

停驂錄一卷續錄三卷

明陸深撰。皆其罷山西提學僉事南歸時所著。凡詩話文評、朝章國典，粹而錄之，於經義亦間爲考証。《續錄》中所載《孟子》"爲長者折枝"當解作肢體之"肢"；又《論語》"詩書執禮"，"執"疑是"藝"之誤，凡此之類，頗足以廣異文。《前錄》成於嘉靖九年，《續錄》成於十一年。

《四庫全書總目》卷一百二十七子部三十七雜家類存目四。1096 下

露書十四卷

明莆田姚旅園客撰。其書分《核篇》、《二韻篇》、《三華篇》、《雜篇》、《跡篇》、《風篇》、《錯篇》、《人篇》、《政篇》、《籟篇》、《諧篇》、《規篇》、《枝篇》、《異篇》各一。雜舉經傳，旁証俗説，取東漢王仲任所謂"口務明言，筆務露文"之意，名曰《露書》。然語氣猥薄，頗乖著書之體。其《核篇》所論經義，率毛舉掃拾，無關大指。《韻篇》亦猥雜不倫，《諧》、《異》諸篇尤多鄙俚，至謂屈原宜放，馬遷宜腐，以其文之繁也。慎亦甚矣。

《四庫全書總目》卷一百二十八子部三十八雜家類存目五。1105 中

偶得紺珠一卷

明黃秉石撰。秉石，字復子，嘗以薦爲推官。是編雜采諸書，餖飣少緒，或註出典，或不註出典，間亦自作議論。蓋隨手筆記之書，未有詮次體例也，然亦有數條足資考証者。

《四庫全書總目》卷一百三十二子部四十二雜家類存目九。1126 中

山樵暇語十卷

明俞弁撰。集中雜録古今瑣事及詞章典故，間加考據，亦有全採古書原文者。蓋偶隨所得而録之，故前後並無倫序，亦多疏舛。如稱唐韋莊上書浙帥之類，不一而足也。

《四庫全書總目》卷一百三十二子部四十二雜家類存目九。1128 下

蘧説十卷[①]

明沈長卿撰。長卿，字復漢，鄞縣人。採古今雜説，自爲評論，自《緯象》至《連珠》，凡七十三篇，所言大致多淺陋。至其論十二屬，疑雞當屬丑屬卯，午當屬牛之類，則尤近於愚矣。

【校記】①《蘧説》十卷，《總目》未收録。此書當年曾進呈四庫館，《兩淮商人馬裕家二次呈送書目》、《浙江省第六次呈送書目》、《武英殿第二次書目》等都著録有此書。後被查禁，乾隆四十五年九月初八日浙江巡撫李質穎奏查繳違礙書籍摺所附第十九次查繳應毀各書清單記録有此書(《纂修四庫全書檔案》七〇八)。

五雜組十六卷[①]

明謝肇淛撰。分天、地、人、物、事五部，取五色相雜成文之義。書中或自發議論，或徵引故實，俱龐雜無倫。肇淛，字在杭，長樂人。萬歷壬辰進士，歷官廣西布政使。

【校記】①《五雜組》，也作《五雜俎》，《總目》未收録。此書當年曾進呈四庫館，《江蘇省第一次書目》、《浙江續購書》等都著録有此書。後被查禁，乾隆四十三年二月初三日雲貴總督李侍堯等奏查出已禁未禁各書一併解京摺附清單、乾隆四十三年閏六月十二日山西巡撫巴延三奏查獲《六柳堂集》並匯繳違礙書籍摺附清單(《纂修四庫全書檔案》四七〇、五一五)等，都記録有此書。

檢蠹隨筆三十卷

明楊宗吾著。宗吾，字伯相，成都人。官錦衣指揮慎之孫也。是書始《天文》，終《古

字》,爲類二十四。採掇瑣碎,分條編載,體近類書,而當時邸報及其祖父遺事亦間附焉。又有數條,乃駁陳耀文《正楊》之非及陳建《通紀》載楊廷和事之悞。又《麗句》、《瑣語》二門,專取詩文詞藻編次,與全書體例皆不相類,殊爲猥雜。《自序》稱"不問人之棄取,惟意是採,今古駁雜,積成數卷",蓋亦道其實也。萬曆乙巳,上海王尚修季高刊行之,有沈子木、胡心得二《序》。

《四庫全書總目》卷一百三十二子部四十二雜家類存目九。1126 上

河上楮談三卷汾上續談一卷

明朱孟震撰。孟震,字秉器,新淦人。隆慶戊辰進士。除南京刑部主事,歷官山西巡撫。是書述舊聞逸事,間亦評論詩文,考證典籍,亦頗涉神怪。其《停雲小志》一卷,記當時文士頗詳,所載詩篇多可采錄。其論文宗王世貞,推爲明代第一,則當時耳目所染,無足深怪。其辨王禕、吳雲事,甚有典據。而遜國一事,則全沿史彬《致身錄》之訛,引証愈多,舛謬愈甚,與所論元順帝出宋後事,同一誤信之失。其論《史記》訛字最確。而"前輩博雅"一條,不知《清江集》之現存,又誤以《孔傳六帖》爲三孔所作,疏駁亦甚矣。《續談》所錄尤猥瑣,惟"安南試錄"一條,王士正嘗采之,然亦不知信否也。

《四庫全書總目》卷一百二十八子部三十八雜家類存目五。1100 下

雨航雜錄二卷

明馮時可撰。時可,字敏卿,松江華亭人。隆慶辛未進士。除刑部主事,歷官湖廣參政。是書雜論詩文,兼及學問人品。上卷語多醇正,下卷乃闌及佛老神怪,如出二手者。

《四庫全書總目》卷一百二十二子部三十二雜家類六。1054 下

培塿居雜錄四卷

明鄭端允輯。端允,字思孟,海鹽人。鄭曉之曾孫也。是書雜采諸家勸誡之言,旁及《太上感應篇》,亦所不遺。雖意主誨訓,而其言不盡出於儒者,蓋雜家流也。

《四庫全書總目》卷一百三十二子部四十二雜家類存目九。1126 中

說頤八卷

明余懋學撰。懋學,字行之,婺源人。隆慶二年進士。官南京戶科給事中。是書凡三百五十二則,每則徵引古事相類或相反者二條,撮爲四字標題,而以論斷數語綴其末。旁見側出,頗得連珠遺意。然引事不標出典,置論亦多庸膚。

《四庫全書總目》卷一百二十八子部三十八雜家類存目五。1101 中

黃谷瑣談四卷

明李袞著。袞,字于田[①],內鄉人。嘉靖癸丑進士。由翰林檢討歷官提學副使。其書雜綴瑣聞,間有考證,而立論多與朱子爲難,偏駁不少。如首條引宋儒"心如穀種"之說以爲祖《華嚴經》,又以仲弓持敬、顏子克復爲頓、漸二義,又以朱注"天理人欲,同行異情"之語爲自中峰和尚《山堂夜話》中來。皆所謂援儒入墨,害理之甚者也。

《四庫全書總目》卷一百二十七子部三十九雜家類存目四。1098下

【校記】①于田，《總目》同，恐非是。明陳耀文《正楊》卷首有李蓘《序》，稱"子田甫"。清孫奇逢《中州人物考》卷八、雍正《河南通志》卷六十五《文苑》俱云："李蓘，字子由，內鄉人。"《總目》卷一百七十八集部三十一別集類存目五著錄有李蓘撰《李子田文集》四卷。是其表字應爲"子田"而非"于田"。

琅琊漫抄一卷

明文林撰。林，字宗儒，長洲人。成化壬辰進士。歷官溫州府知府。是書雜記瑣聞逸事，間亦考證經史，凡四十八則，無甚可采。其"三皇"一條，至謂司馬貞祖邵子之説而成之，則唐宋不辨矣。末有文徵明跋。林，徵明父也。

《四庫全書總目》卷一百二十七子部三十九雜家類存目四。1095下

逌旃瑣語一卷

明蘇佑著。佑，字允吉，一字舜澤，濮州人。嘉靖丙戌進士。官至兵部尚書。是書雜記碎事，而引據多踈。如以唐昭宗"紇干山頭"之句謂左克明不及見，而不知左書止于六朝；以插箭嶺曬甲石指爲楊六郎之真跡，而不知爲委巷所託；以《衡山碑》爲真禹書，而不知後人所僞作；以正五九月不上官爲元制，而不知北齊以至唐均有此説；以《賀王參元失火書》爲韓愈，而不知其爲柳宗元。如斯之類，不一而足。其餘亦多鄙猥之談，不足采錄。

《四庫全書總目》卷一百二十七子部三十九雜家類存目四。1098上

備忘錄二卷

明梅純撰。純，字損齋，駙馬都尉殷之元孫。前載洪武及靖難事數條，後雜論詩文等事。卷帙甚少，所論亦絕無新義。

《四庫全書總目》卷一百二十七子部三十九雜家類存目四，作《損齋備忘錄》。1095下

爲善陰隲十卷

明永樂十三年官撰頒行。前有成祖自製《序》。所采共百六十五條，各以四字標題，加之論斷，並系以詩。

《四庫全書總目》卷一百三十一子部四十一雜家類存目八。1119上

神隱志二卷

明寧王權撰。多言神仙隱逸攝生之事。權本封大寧，爲燕王所劫置軍中，使草檄。永樂元年改封南昌。會有謗之者，乃退講黃老之術，自號"臞仙"，別構精廬，顔曰"神隱"，併爲此書以明志。永樂六年上之，蓋借此韜晦以免患，非真樂恬退者也。

《四庫全書總目》卷一百四十七子部五十七道家類存目。1263上

百寶總珍集十卷

不著撰人名氏。考其書中所記，乃南宋臨安市賈所編也。所載金珠玉石以及器用等類，

具詳出產、價值及真僞形狀。每種前載七言絕句一首,取便記誦,詞皆猥鄙。首載"玉璽"一條,非可估易之物,尤爲不倫。

《四庫全書總目》卷一百十六子部二十六譜録類存目。998 上

鐵網珊瑚二十卷

明都穆撰。穆,字元敬,吳縣人。弘治己未進士。歷官禮部郎中,乞休,加太僕少卿,致仕。朱彝尊嘗稱穆所著書"事必稽核,蓋篤學之士也"。茲編首二卷皆古書跋,次及書畫真蹟,及琴、硯、鼎彝、古玩之類,一一彙列而題品之。其《翰墨真跡》、《石刻》、《古畫辨》三篇尤爲精核。

《四庫全書總目》卷一百三十子部四十雜家類存目七,作《都氏鐵網珊瑚》。1113 下

筠軒清秘録三卷

明董其昌撰。其昌,字元宰,松江華亭人。萬曆己丑賜進士出身第一。改庶吉士,歷官禮部尚書,謚文敏。其昌精於鑒古,儲藏家多以所言爲準則。是書乃其中年所輯,後欲增定,未就。分上中下三卷,列細目二十有九,凡玉石、銅、窰、法書、名畫之類,辨析甚爲詳審。前有陳繼儒《序》,謂可與項元汴《蕉林清課》並稱①。

《四庫全書總目》卷一百三十子部四十雜家類存目七。1114 中

【校記】①《初目》認爲此書確爲董其昌所作,《總目》認爲乃張應文作,爲書商冒董其昌之名刊行,謂:"今考其書,即張應文所撰《清秘藏》,但析二卷爲三卷。"又謂:"書賈以其昌名重,故僞造繼儒之《序》,以炫俗射利耳。"

神異經一卷

舊本題漢東方朔撰,所載皆荒外之言,怪誕不經,共四十七條。《隋志》列之地理,《唐志》列之神仙,並稱晉張華注。《漢書》本傳敘朔撰述,末言"凡劉向所録朔書具是","世所傳他事皆非也",贊又言"後世好事者取奇言怪語附著之朔"。按:班固時即有此說,則是書之贗當不始于隋。張華《注》宋時猶存,今未之見。

《四庫全書總目》卷一百四十二子部五十二小說家類三。1205 下

萬世太平書十卷

國朝勞大與①撰。大與,字貞山,石門人。其書勦劉先儒緒論,所得殊爲膚淺。且非專明治道,而題以"萬世太平",名寔亦迂。

《四庫全書總目》卷一百二十五子部三十五雜家類存目二。1084 中

【校記】①勞大與,《總目》作"勞大輿"。史志勞大與、勞大輿互見。如《總目》卷七十七著録勞大輿撰《甌江逸志》一卷,陸廷燦撰《續茶經》卷上之一、卷下之四所引則作"勞大與《甌江逸志》"。

蔣說二卷

國朝蔣超撰。超,字虎臣,金壇人。順治丁亥進士第三人,官編修、提督、順天學政,後移

疾歸入峨嵋山爲僧以終。王士正紀其始末甚詳。"蔣説"者,蓋因其姓以名書,如僧肇著書名曰"肇論"之類也。而觀其《自序》,乃轉讀"菰蔣"之"蔣",已爲詭僻。其書雜記聞見,別類分門,附以議論,大旨明鬼而尚儉,尤尊佛氏,至以儒童菩薩化生孔子爲實。然其論時政三十餘條,欲復封建一説,尤迂謬難行。惟卷末記節烈數十條,或可備志乘采擇耳。

《四庫全書總目》卷一百二十九子部三十九雜家類存目六。1108 上

餘庵雜錄三卷

國朝陳恂撰。恂,字子木,本姓曹,海鹽人。前明崇禎壬午舉人。是書雜說經義詩文,兼載碎事,頗少新義。其論禹治水順行一條,全攘鄭樵之説,不言所自。其引伊世珍《瑯嬛記》一條"范雎裹足不入秦"語爲女子纏足之証,亦失之不經。蓋掇摭成書,非深于考證之學者①。

《四庫全書總目》卷一百二十八子部三十八雜家類存目五。1107 中

【校記】①《總目》無"頗少新義"、"蓋掇摭成書,非深于考證之學者"等句。《初目》對此書評價較低,《總目》刪去了貶低此書的句子。

讀書偶然錄十二卷

國朝程正揆撰。正揆,字端伯,湖北孝感人。明崇禎四年進士。入翰林,進尚寶司卿,順治中授光祿寺丞,累官至工部侍郎。正揆博涉經史,尤長書畫。是編於讀書時隨筆登記,議論考證,兼而有之。間出新意,而頗不免踳駁。如以武王"上祭于畢"爲畢星,引《蘇竟傳》爲証;縱囚事不始于唐太宗,説皆有理。至論聯句詩二條,一以爲始于《柏梁》,一以爲起于《式微》,一書之中,自相矛盾。又解杜甫《丹青引》據"先帝天馬玉花驄"句,以爲"至尊含笑"、"圉僕惆悵"乃深譏肅宗不軫羹墻之念,而斥舊説之非,則不考明、肅、代三朝受終年月,而以情事所必無者妄爲穿鑿,可謂固于説詩者矣。

《四庫全書總目》卷一百二十八子部三十八雜家類存目五。1107 上

西峰淡話四卷

明茅元儀撰。元儀,字止生,歸安人。崇禎初以薦授翰林院待詔,擢副總兵官,旋以兵譁論戍。是書多論明末時政。元儀蓋留心經世之學者,其論有明制度多本於元,尤平情之公議,非明人挾持私見、曲相排抑者可比。

《四庫全書總目》卷一百四十三子部五十三小説家類存目一。1224 中

後觀石錄一卷

國朝毛奇齡撰。紀其所藏壽山諸石,凡三十五條。因其友人曾作《觀石錄》,故題曰"後觀石錄"。

《四庫全書總目》卷一百十六子部二十六譜錄類存目,作《觀石後錄》。999 下

七克七卷

國朝西洋龐迪我撰。雖多勸善之言,而宗旨仍遵其本教,究爲異學。

讀書樂趣八卷

國朝伍涵芬撰。首載朱子《四時讀書樂》歌以見命名之意，然四詩本集不載，實翁森所作也。中分《盥智》、《澄心》、《澹緣》、《怡情》、《論文》、《勵業》、《品詩》七類。而《怡情類》半載花譜，《品詩類》附入己作，亦龐雜之甚。涵芬，字芝軒，於潛人。康熙丁卯舉人。

《四庫全書總目》卷一百三十三子部四十三雜家類存目十。1132 中

居家必用事類全集十卷

不載撰人名氏。載歷代名賢格訓及居家日用事宜，以十干分集，體例頗爲簡潔。"辛"集中有大德五年吳郡徐元瑞《吏學指南序》，"聖朝"字俱跳行。又《永樂大典》屢引用之，其爲元人書無疑。黃虞稷《千頃堂書目》云或謂熊宗立撰，恐未必然也。

《四庫全書總目》卷一百三十子部四十雜家類存目七。1113 下

類書類

素園石譜四卷[①]

明林有麟輯。有麟，字仁甫，松江人。性愛石，於所居素園闢元池館以聚奇石，因採宣和以後石之見於往籍者凡百種，俱繪爲圖，綴以前人題詠。始蜀中永寧石，終於松江普照寺達摩石。頗多意爲摹寫，未必能一一酷肖也。前有黃經《序》。

《四庫全書總目》卷一百十六子部二十六譜錄類存目。999 下

【校記】①按：此書原在明張介賓編《類經》下，彼處所錄均爲"子部醫家類"著作，林有麟所輯此書，書口題"子部類書類"，類別不同，不當列於其間。兹按《初目》類別，移載於此。

韻學淵海十二卷

題李攀龍撰，唐順之校。其書前無序例，名曰《新刊增補古今名家韻學淵海大成》，蓋取攀龍所著《韻學事類》、《詩學事類》二書合併成編。中所敍韻有上、下平，而無上、去、入，目錄亦然，蓋專爲近體而設，取諧俗耳。

《四庫全書總目》卷一百三十七子部四十七類書類存目一。1168 上

聖賢羣輔錄二卷[①]

一名《四八目》，舊附載《陶潛集》中。唐宋以來相沿引用，承訛踵謬，莫悟其非。邇以編錄遺書，始蒙睿鑒高深，斷爲僞托。臣等仰承聖訓，詳悉推求，乃知今本《潛集》爲北齊僕射陽休之編。休之序錄稱：其集先有兩本，一本六卷，排比顛亂，兼復缺少。蕭統所撰八卷，又少《五孝傳》及《四八目》[②]。今錄統所闕併序目等，合爲十卷。是《五孝傳》及《四八目》寔休之所增，蕭統舊本無是也。統《序》稱深愛其文，故加搜校，則八卷以外，不應更有佚篇，其爲晚出僞書已無疑義。且集中與子儼等疏稱子夏爲孔子四友，而此錄四友乃爲顏回、子貢、子路、

子張。又《五孝傳》引"孝乎惟孝,友於兄弟"之文,句讀尚從包咸註,知未見古文《尚書》,而此錄"四岳"一條,乃引《孔安國傳》。出其兩手,尤自顯然。至書以"聖賢羣輔"爲名,而魯三桓[③]、鄭七穆、晉六卿、魏四友以及仕莽之唐林、唐遵,叛晉之王敦並列簡編,名寔相迕,理乖風教,亦決非潛之所爲。昔宋庠校正斯集,僅知八儒、三墨二條爲後人所竄入,而全書之贋竟不能明。潛之受誣已逾千載,今逢右文聖世,得以辨別而表章之,賜白璧無瑕、流光奕葉,是亦潛之至幸矣。

《四庫全書總目》卷一百三十七子部四十七類書類存目。1160 上

【校記】①按:《聖賢羣輔錄》書口題"子部類書類"(第一頁誤寫作"子部雜書類",第二頁不誤),原在"雜家類"《義門讀書記》之下,《初目》排列有誤。今與"類書類"歸併。
　　　　②四八目,《初目》原作"四八百",爲形近而誤,今改。《總目》不誤。　　③魯三桓,《初目》原作"魯三恒",爲形近而誤。春秋時魯國大夫孟孫(仲孫)、叔孫、季孫,因都是魯桓公的後代,世稱"魯三桓"。

文選雙字類要三卷

宋蘇易簡撰。取《文選》中藻麗之語,分類編輯。其中語出經史,偶爲漢以來詞賦采用者,亦即以采用之篇註爲出典。易簡名臣,不應荒陋至此。陸游《老學庵筆記》稱宋初崇尚《文選》,"草必稱王孫,梅必稱驛使,月必稱望舒,山水必稱清暉",方爲合格。疑其時科舉之徒輯爲此書,托易簡之名以行也。

《四庫全書總目》卷一百三十七子部四十七類書類存目一。1160 下

詩律武庫前後集三十卷

舊稱宋東萊呂祖謙編輯。於經史百家中採文人所引用者,分類標題,徵引故實,大抵皆習見之事,在類書中最爲淺近。《宋史·藝文志》及《馬氏通考》俱無其名,蓋依託也。

《四庫全書總目》卷一百三十七子部四十七類書類存目一。1161 中

養生雜纂二十二卷附月覽二卷

宋周守忠撰。守忠先取諸書所載養生宜忌之事,按月編錄,名曰"月覽",分爲上下二卷。嗣又爲《雜纂》二十二卷,首總敍三篇,次分天文、地理等十有三部,後人與《月覽》合刻,亦名"養生雜類"。前有嘉定壬午二月四日守忠《自序》。守忠,號榕庵,爵里無考。

《四庫全書總目》卷一百三十一子部四十一雜家類存目八。1116 中

翰墨大全一百二十五卷

宋鄉貢進士劉應李撰。采摭詞章典故供文翰之用,仿祝穆《事文類聚》之例,輯爲是編。分二十五門,始於疏、奏、箋、啓,以及冠、昏、喪、祭,近是人倫日用,遠至天地萬物,各取大略,分綴於篇。其中不乏名人鉅製,而采錄極爲蹐駁,鄙俚之詞亦多。至若對聯套語,紛紛闌入,尤爲穢瑣。

《四庫全書總目》卷一百三十七子部四十七類書類存目一。1162 上

子部　類書類

蟹略四卷

宋高似孫撰。似孫,字續古,餘姚人。文虎之子。淳熙十一年進士。官校書郎,守處州。以傅肱所撰《蟹譜》未備,復爲是編,以廣見聞。然所紀僅一物之微,無關博雅。俞文豹《吹劍錄》稱"草泥行郭索,雲木叫鉤輈"本林逋詩,而似孫誤以爲杜甫。今檢其《郭索傳》中所引,信然,則考證亦未爲精審矣。

《四庫全書總目》卷一百十五子部二十五譜錄類。995 上

六帖補二十卷

宋楊伯岩撰。以增補白居易、孔傳《六帖》所未備,起《天文》、《地理》,訖《伶樂婢皂》,凡二十類。中多割引宋人詩句,徵事頗不詳賅,蓋二書所有即不複也。書中所載古事多不著明出處,是其一病。呂午《序》稱其能知"雲璈"字出《太平廣記》,然《廣記》寔引《漢武內傳》,伯岩不舉本書而僅舉類書之名,知其學亦捃摭之功,故往往不得事始。特其於白、孔二家拾遺補闕,亦不爲無功焉。伯岩,字彥瞻,號泳齋,代郡人。淳祐間以工部郎守衢州。著有《九經補韻》等書,此其一也。

《四庫全書總目》卷一百三十五子部四十五類書類一。1152 中

泉志十五卷

宋洪遵撰。遵,鄱陽人。洪皓中子。官資政殿學士。是書分九品,凡皇、王、偏霸、荒外之國所有貨泉,莫不畢載。奇文異識,依類爲圖,頗爲詳博。遵《自序》云"嘗得古泉百有餘品",是遵所自驗,宜爲之圖。他如周太公泉形圜函方,猶有《漢·食貨志》可據,若虞、夏、商泉,何由識而圖之?且《漢志》云太公爲圜函方形,則前無是形可知。遵乃使虞、夏、商、周作周泉形,不亦謬耶?至道書天帝用泉,語本俚妄,遵亦以意而繪形,則其陋彌甚矣。

《四庫全書總目》卷一百十六子部二十六譜錄類存目。998 上

廣卓異記二十卷

宋樂史撰。史字子正,撫州宜黃人。仕南唐爲秘書郎,入宋復登進士。官員外郎,判西京留司御史台。嘗以唐李翱《卓異記》述唐君臣超異之事多所遺漏,雖以撰《續卓異記》,亦止書唐代,摭錄未廣,乃復採漢魏以降,至於五代,並唐之人,總爲一集,名曰《廣卓異記》。搜輯博奧,足備稽考。然後二卷所采,如錢起、石勒諸事,殊無所取。又增《神仙》一門,雜引小説,頗覺猥濫。其亦貪博之弊歟?

《四庫全書總目》卷六十一史部傳記類存目三。547 中

歷代制度詳説十二卷

宋呂祖謙撰。凡分十三門:一曰《科目》,二曰《學校》;第三門原本缺頁,佚其標題,所言乃考課之事;四曰《賦役》,五曰《漕運》,六曰《鹽法》,七曰《酒禁》,八曰《錢幣》,九曰《荒政》,十曰《田制》,十一曰《屯田》,十二曰《兵制》,十三曰《馬政》。皆前列制度,敍述簡賅,後爲詳説,言皆明切。元泰定三年嘗刊行,前有廬陵彭飛《敍》,稱爲祖謙未竟之書,故止于此。刊版久佚,此本輾轉傳寫,又多訛缺。其《錢幣》門中脱二頁,《荒政》門中脱二頁,今悉

據《通考》所引補足。中間悮字亦考正之。惟第二卷脱去標題之數頁，則無可檢補，故仍其舊。彭飛《敍》稱："紫陽浙學功利之論，其意蓋有所指。永嘉諸君子未免致疵議焉。祖謙以中原文獻之舊，巍然爲渡江後大宗，紫陽倡道東南，祖謙寔羽翼之。性命道德之原，講之已洽，而尤潛心於史學，似欲合永嘉、紫陽而一之。"可謂知其著書之旨矣。

《四庫全書總目》卷一百三十五子部四十五類書類一。1148 上

海錄碎事二十二卷

宋葉廷珪撰。廷珪，字嗣忠，崇安人。政和五年進士。知德興縣。紹興中爲大常寺丞，與秦檜悍①，以左朝請大夫出知泉州軍州事。其書分十六部，凡五百八十四門，而《自序》乃稱百七十五門。又《文獻通考》載此書，作三十三卷，此本乃少十一卷。疑此爲後人所分併，非原書也。然軼聞瑣事，往往而在，尚足以資考證云。

《四庫全書總目》卷一百三十五子部四十五類書類一。1146 下

【校記】①悍，文淵閣《四庫全書》書前提要、《總目》作"忤"。悍通"捍"，有抗拒之意，忤有違逆、觸犯之意。《閩中理學淵源考》卷十四葉廷珪傳云："召爲太常寺丞。……高宗嘗問方今禮樂之事，廷珪以兵革未息，禮樂未遑爲對。秦檜聞之不説，未幾出知泉、漳二州。"厲鶚《宋詩紀事》卷三十九亦云："中興召爲太常寺丞。與秦檜不合，出知泉州。"是以作"忤"爲是。

事文類聚前集六十卷後集五十卷續集二十八卷別集三十二卷新集三十六卷外集十五卷遺集十五卷

《前》、《後》、《續》、《別》四集，並宋祝穆撰。是書首有淳祐丙午自敍。其編載凡十三部，部分小類，每類首以"羣書要語"，次"古今事實"，次"古今文集"，大抵與《藝文類聚》、《初學記》體例相似。但諸書載古人詩文率多刪摘，獨穆是書所載必舉全篇，故古人遺失之文閒有於是可徵者。亦其體裁之一善也。《新集》、《外集》，富大用字時可所編。《遺集》，祝淵字宗禮所編。俱依穆《前》、《後集》之體。大用及淵事無考，觀其紀載，及元而止，意爲元時人歟？

《四庫全書總目》卷一百三十五子部四十五類書類一，作《古今事文類聚》。1148 下

玉海二百卷附辭學指南四卷

宋王應麟撰。其書分《天文》、《律象》①、《地理》、《帝學》、《聖文》②、《藝文》、《詔令》、《禮儀》、《車服》、《器用》、《郊祀》、《音樂》、《學校》、《選舉》、《官制》、《兵制》、《朝貢》、《宮室》、《食貨》、《兵捷》、《祥瑞》③二十一門。每門各分子目，凡二百四十餘類。宋自紹興置宏辭科，大觀改辭學兼茂科，至紹興而定爲博學宏辭之名，重立試格。於是南宋一代通儒碩學多由此以進，號稱得人，而應麟尤爲博洽。其作此書蓋本爲詞科④應用而設，故條目皆取與試題切近者，而不及夫祥異變怪、器物瑣屑之事。然其所引自經史子籍、百家傳記，無不賅具。以至漢魏以後文人撰述，單詞偶句，亦彙而錄之。其貫串奧博，宋以後類書家亦未有能過之者。其書元時嘗刊於慶元路，板已久佚。今江寧有明南京⑤國子監刊本，以應麟所著《詩考》、《詩地理考》、《漢藝文志考》、《通鑑地理通釋》、《王會篇解》、《漢制考》、《踐阼篇

解》、《急就篇解》、《小學紺珠》、《姓氏急就篇》、《周易鄭注》、《六經天文篇》、《通鑑答問》等書附梓於後。案：明貝瓊《清江集》有所作應麟孫王厚墓誌[6]，稱應麟著《玉海》，未脫稿而失，後得之，中多闕誤。厚考究編次，請於閩帥鋟梓，並他書十二種以傳。據此則諸書附梓實始於元代慶元，初刻之時惟瓊誌十二種，而今爲十三種。慶元刊書原敍亦言公書鋟於郡學者凡十有四，《玉海》其一，則十三種爲不誤，或《清江集》傳寫之訛也。又，卷首載浙東道宣慰司刊書牒文，稱《玉海》實二百卷，而今本乃合《辭學指南》[7]爲二百四卷。婺郡文學李桓敍所列卷目已與今同，疑即當時校刊者所附入。然相沿已久，今亦仍之。至他書之附刻者，則各從其類，別著於錄焉。其曰"玉海"者，本於張融集名，實則仿梁武所集《金海》之例，而變其稱也。

《四庫全書總目》卷一百三十五子部四十五類書類一。1151 中

【校記】①律象，文淵閣《四庫全書》書前提要、《總目》作"律憲"，《四庫全書》本《玉海》作"律歷"。　②聖文，文淵閣《四庫全書》書前提要、殿本《總目》同，浙本《總目》作"聖製"。《四庫全書》本作"聖文"。　③祥瑞，浙本《總目》同，文淵閣《四庫全書》書前提要、殿本《總目》作"祥符"。《四庫全書》本作"祥瑞"。　④詞科，《初目》原作"詞料"，於義無解。玆據《總目》改。　⑤明南京，文淵閣《四庫全書》書前提要、浙本《總目》作"南京"，殿本《總目》作"前明"。　⑥應麟孫王厚墓誌，此墓誌見貝瓊《清江文集》卷三十《故福建儒學副提舉王公墓誌銘》，云："按狀：公諱厚，字叔載。"胡玉縉謂王應麟孫名厚孫（《四庫全書總目提要補正》，上海古籍出版社，1998年出版，第1068頁），是也。雍正《浙江通志》卷一百八十《人物·文苑三》寧波府六有王厚孫傳，略謂："王厚孫，嘉靖《寧波府志》：字叔載，尚書應麟孫。有《遂初集》三十卷。"上述貝瓊撰《墓誌銘》謂："子二人，長陞，次隋。隋爲弟寧孫後。寧孫通《春秋》、《詩》二經，早卒。"亦可爲證。《千頃堂書目》卷二十九著錄："王厚孫《遂初稿》三十卷。"注云："字叔載，鄞人，王應麟孫。福建路儒學副提舉。"　⑦辭學指南，《初目》原作"辭指南"，今據《玉海》目錄補"學"字。

記纂淵海一百卷

宋教授金華潘自牧撰。其《郡縣部》，首臨安府，次江浙諸州郡。而開封、應天、河南等府，宋之舊京，乃次於嶺南諸州郡之後。蓋自牧編此書時其地不隸版圖久矣。《職官》、《科舉》諸部，載宋制頗備，足以互考史事。又，《人道》、《性行》、《識見》等部，分晰詳盡，亦他類書所無有，蓋猶在《合璧事類》、《錦繡萬花谷》之上也。

《四庫全書總目》卷一百三十五子部四十五類書類一。1149 上

類編古今事林羣書一覽十卷

元人撰。止有《地理》一門，蓋未成之書也。體例與宋祝穆《方輿勝覽》相近，卷首遂題爲穆撰[1]。所載自燕大興府外，僅江南諸路。目錄後有"陸續梓行"[2]之語，似即從穆書節錄，而江北諸路未經補綴耳。

《四庫全書總目》卷一百三十七子部四十七類書類存目一。1164 中

【校記】①穆撰，查今存該書元刻本，目錄下題"建安祝穆和父編"，並無"穆撰"字樣。

②陸續梓行,《總目》同,今查該書目錄後,爲"陸續板行"之語。

韻府羣玉二十卷

元陰時夫撰,其弟中夫註之。昔顏真卿編《韵海鏡源》,爲以韻隷事之祖。後蜀孟昶《書林韵會》亦踵其例。今二書已佚,惟時夫是編以諧俗獨傳。明以來通行之韵,去聲併嶝于徑者,亦從是編抄出。康熙中,徐可先之婦謝瑛①又取其書重輯之,名《增删韻玉定本》②。今書肆所刊皆瑛書也。此本猶時夫原書,前有時夫《自序》及滕王霄《序》。

《四庫全書總目》卷一百三十五子部四十五類書類一。1152 中

【校記】①徐可先之婦謝瑛,文淵閣《四庫全書》書前提要、浙本《總目》作"河間府知府徐可先之婦謝瑛",殿本《總目》作"河間知府徐可先之妾謝瑛"。此書今存清康熙間豫章四友堂刻本,卷首徐可先《序》云:"兒子人鳳手捧一函曰:此母氏于東牟郡署所密授,而諭勿輕示人者。"又記自己與兒子人鳳之言曰:"秘而不示人者而母之閫範,梓而公于世者予老人之夙願。"據此,謝瑛似爲徐可先之婦而非妾。 ②增删韻玉定本,《初目》原作"曾删韻玉定本",《總目》作"增删韻玉定本",今據改。此書清康熙間豫章四友堂刻本名《增删韻府羣玉定本》。

詩宗集韵二十卷

題曰裴良甫編,不著時代。每卷末皆有"淦川宋季用校正"一行,疑即刊書者姓名。其書用宋官韻,如"殷"改"欣","桓"改"歡"之類,蓋南宋書肆本也。所採爲杜甫、李白、高適、韓愈、柳宗元、孟郊、歐陽修、蘇軾、王安石、曾鞏、黄庭堅、陳師道①十二家詩。依韵分載,顛倒割裂,又削去原題,使覽者茫然,編次殊無義例。

《四庫全書總目》卷一百三十七子部四十七類書類存目一,作《十二先生詩宗集韻》。1162 下

【校記】①陳師道,《初目》原作"陳思道",今據《總目》改。其書有宋刻本,正作"陳師道"。

哲匠金桴五卷

明楊慎撰。採摘漢魏以後詩人雋句及賦頌之類,分韵編録,大指以爲修詞之助。而徵引龐雜,掛漏亦多,不足重也。

《四庫全書總目》卷一百三十七子部四十七類書類存目一。1167 上

廣博物志五十卷

明董斯張撰。晉張華有《博物志》,五代晉李石又有《續博物志》,斯張以爲未備,從而廣之,特沿舊名。所分二十有二類,俱不用本書門目也。所采上自古初,及唐而止。于二氏之書,多所捃摭,每條皆注出處。其久佚古籍蓋從他書轉引之,而諱所來,惟標本目,是一陋也。斯張,字遐周,烏程人。

《四庫全書總目》卷一百三十六子部四十六類書類二。1156 下

青蓮舫琴雅四卷

明林有麟輯。凡古琴之制度、名稱、典故、賦詠，悉爲采錄，而琴譜反黜不用，蓋隸事之書，非審音之作也。有麟，字仁甫，松江人。是編爲萬曆癸丑遊西泖時所作。青蓮舫，蓋其舟名。《自序》云"就行笥中書籍采錄"，然一舟所貯卷軸幾何？其言似未可信也。

《四庫全書總目》卷一百十四子部二十四藝術類存目。978 下

喻林一百二十卷

明徐元太撰。元太，字汝賢，華亭人。官刑部尚書。是書分門紀載，所採皆漢魏以來古籍，非惟一一註出典，且一一註其篇名、卷第。蓋用程大昌《演繁露》引《通典》例，較之《初學記》、《藝文類聚》、《太平御覽》諸書，體例頗爲精審。然卷帙浩博，摭拾多舛，其中間有錯謬者。如以杜預、何休、范甯皆爲漢人，以韋昭爲唐人，以陳壽爲魏人，以李善爲隋人，皆時代乖迕。又如《禽經》、《申培詩說》、《三墳》、《天祿閣外史》、《武侯心書》、《武侯十六策》，皆近代僞書，亦不能辨別。又如《廣成子》乃蘇軾自《莊子》摘出作註，亦列爲一書，《無能子》云不知何代人，皆爲疎陋。又所引儒籍不過一百七十餘種，而所引釋藏、道藏乃二百三十餘種，尤爲舍本而逐末。不過董斯張《廣博物志》之流，究不能與古人類書比也。

《四庫全書總目》卷一百三十六子部四十六類書類二。1154 中

古今名賢說海二十二卷

不知何人編輯。前有隆慶辛未《序》一首，自稱飛來山人。所錄皆明人說部，分始甲、終癸十集。自陸粲《庚巳編》以下凡二十二種，種各一卷，蓋皆刪節存之者，非全本也。

《四庫全書總目》卷一百三十一子部四十一雜家類存目八。1121 下

考古詞宗二十卷

明況叔祺撰。取《爾雅》、《左腴》、《漢雋》、《書敘指南》、《文選雙字類要》五書，分類採摘。自天文以至藝術，爲部二十，爲類四十，爲篇八百有二。以部統類，以類統篇。每書所採仍各自爲篇，不相淆亂，頗易省覽。然因人成事，沾漑于殘膏賸馥之間，不足尚也。叔祺，字吉甫，高安人。嘉靖庚戌進士，歷官貴州提學副使。

《四庫全書總目》卷一百三十七子部四十七類書類存目一。1168 下

博學彙書十二卷

明來集之撰。凡讀書所得隨筆記錄，不分門目，惟以類相從，鱗次櫛比，俾可互證。視他書叢雜①無次者，較爲過之。但所采多小說家，如《拾遺》、《洞冥》諸記亦取以爲據，未免寡識耳。前有康熙壬戌毛奇齡《序》。集之，字元成，蕭山人。崇禎庚辰進士。官兵部主事。

《四庫全書總目》卷一百三十二子部四十二雜家類存目九。1127 上

【校記】①叢雜，《初目》原作"業雜"，於義無解，今據《總目》改。

劉氏類山十卷

明劉嗣昌撰。自《象緯》以至《刑赦》，爲目七十。所載之事自唐而止，大抵轉相稗販，未

見該洽。嗣昌,字燕及,桐城人。萬曆中官至興化府知府。
　　《四庫全書總目》卷一百三十八子部四十八類書類存目二。1173 下

唐類函二百卷
　　明俞安期撰。取唐人類書,刪除重複,彙爲一函,分四十三部。每部皆列《藝文類聚》於前,而《初學記》、《北堂書鈔》、《六帖》次之。取材不濫,於諸類書中爲近古。惟《時令》兼取韓鄂《歲華紀麗》,未免非前四書之倫。而事關政典者,既剟取杜佑《通典》補之,又寥寥數條,挂一漏萬,體例皆爲未善。且顛倒補綴,訛舛亦多。同時吳允兆亦有是編,但無《六帖》。議者謂兩書並出,殊爲無謂,允兆遂舉以讓安期。其中體例亦有兼采允兆書者,安期凡例嘗自言之。
　　《四庫全書總目》卷一百三十八子部四十八類書類存目二。1173 中

尚友錄二十二卷[①]
　　明廖用賢輯。蒐采古人事寔,以韻爲綱,以姓爲目,其例一如《萬姓統譜》。諸所紀載詳略失宜,無所考證。蓋亦爲應俗作也。用賢,字賓于,建寧人。
　　《四庫全書總目》卷一百三十八子部四十八類書類存目二。1175 上
　　【校記】①《尚友錄》提要,《初目》原排在子部雜家類《寒夜錄》之後。抄本書口題"子部類書類",是抄本誤排在彼處。今據《總目》所排列位置,移錄於此。

啓雋類函一百九卷
　　明俞安期編。首《職官考》五卷,次載牋、疏、表、啓,分古體二卷,近體一百二卷。近體又分二十九部,上自諸王、宰相,下逮丞簿、教職,終以婚書及募緣疏引,大旨皆爲應俗設也。安期自作凡例,云:"江陵秉政,凡牋啓中得一二警語,立躋顯要。"可知當時所尚矣。安期,初名策,字公臨,既更今名,改字羨長,吳江人。
　　《四庫全書總目》卷一百九十三集部四十六總集類存目三。1761 下

均藻四卷
　　明楊慎撰。其書乃《韵府羣玉》之流。"均"即"韻"字,《鶡冠子》"五韵"作"五均",慎蓋本此,然亦太粉飾矣。
　　《四庫全書總目》卷一百三十七子部四十七類書類存目一。1167 上

蟲天志十卷
　　明嘉定沈宏正撰。集鳥獸蟲魚異事,分爲六部。《莊子》云:"惟蟲能蟲,惟蟲能天。"書之命名,蓋取于此。
　　《四庫全書總目》卷一百十六子部二十六譜錄類存目。1005 中

韻學事類十二卷
　　題明李攀龍撰。分韻隸事,惟有上下平聲,蓋以備律詩之用者。龐雜弇陋,疑僞託也。

是書爲胡文煥校刊,末附《文會堂詩韻》五卷,即文煥所編。文煥,字德甫,錢塘人。曾刊《格致叢書》百餘種,隨意印行,旋刊目錄,異同多寡,本本各殊,世無藏其全書者。是書板式相同,當即其中之一種矣。

《四庫全書總目》卷一百三十七子部四十七類書類存目一。1168 上

荆川稗編[①]一百二十卷

明唐順之輯。順之,字應德。嘉靖己丑進士。官至淮揚巡撫。是書首有茅坤敍,謂其平生所最鐫刻者六經,所欲以經世者六官,故其考次爲獨詳[②]。六經所不能盡,則條次之以諸家之學,曰法,曰名,曰墨,曰縱橫,曰雜,曰兵,曰農,曰圃,曰賈,曰工,曰天文,曰歷,曰地理,曰理數,曰術數,曰醫,曰道,曰釋。又次之以文藝,曰史,曰詞賦,曰文,曰書法,曰畫,曰古器,曰琴,曰射,曰弈。六官所不能盡,則條次之以天下之大,曰君,曰相,曰將,曰謀,曰諫,曰政,曰后,曰儲,曰宗,曰戚,曰主,曰官,曰倖,曰奸,曰篡,曰封建,曰鎮,曰亂,曰夷,曰名世,曰節,曰俠,曰隱逸,曰烈婦,曰方技。末復終之,曰吏,曰戶,曰禮,曰兵,曰刑,曰工,其所述足盡此書之概。坤又謂惜乎"編次雖勤,而自爲折衷其至,猶未之考見"。亦此書之定評矣。

《四庫全書總目》卷一百三十六子部四十六類書類二。1154 上

【校記】①荆川稗編,《初目》原作"荆州稗編",誤。今據其書書名改。文淵閣《四庫全書》書前提要、《總目》不誤。　②獨詳,《初目》原作"獨祥",於義無解。今據其書卷首萬曆九年辛巳茅坤《序》改。

駢雅七卷

明朱謀㙔撰。謀㙔,字鬱儀,明江西宗室。生於萬歷間,事附《明史·寧王傳》中。謀㙔博通羣籍,箸書目二十種,此其一也。自《釋詁》、《釋訓》以至《蟲魚》、《鳥》、《獸》,分爲十二篇,皆取古語連聚之。其說曰:"聯二爲一,駢異爲同,故曰'駢雅'。"間有雜以俗稱,頗乏典據者,如謂都御史爲大司憲,詹事爲端尹之屬。又有解說古語而舛誤者,如藻井乃屋中方井,刻爲藻文,而謀㙔以爲刻扉之屬。然搜輯異語,於詞章亦不爲無補也。

《四庫全書總目》卷四十經部小學類一。342 下

註釋啓蒙對偶續編四卷

明嘉靖中孟紱撰,崇禎中鄭以誠註。按韻屬對,自一二字至十餘字不等,每韻三則,蓋鄉塾啓蒙之書也。國朝康熙間以誠子僑柱爲四川總兵,官始刊刻之。前有周燦《序》,謂"書稱續編,必原有初編而逸之矣"。

《四庫全書總目》卷一百三十八子部四十八類書類存目二。1170 中

雜俎十卷

明劉鳳撰。鳳,字子威,長洲人。嘉靖庚戌進士,官御史,終河南僉事。分書八類,曰《元覽》、《稽度》、《地員》、《兵謀》、《藻覽》、《原化》、《問水》、《詞令》。威爲文好剌取隱僻以爲奇,故是編皆摘錄故書詞藻以爲行文之助。原書出處或載或否,並無義例。

《四庫全書總目》卷一百三十七子部四十七類書類存目一。1168 下

聲律發蒙五卷

明大庾劉節撰。高儒《百川書志》云："《聲律啓蒙》二卷,元博陵安平隱者祝明文卿撰。自一字、七字至隔句各押一韵,對偶渾成,音響自合,共九十首。"是篇有正德辛巳節《自序》,稱前二卷爲祝所作,後三卷爲潘瑛所續,節又爲之校訂,增補至三百首,蓋非祝氏原書矣。每一韵先列韵字與註,而後列雜言對屬之語,蓋爲初學發蒙而作,無所當於著述也。

《四庫全書總目》卷一百三十七子部四十七類書類存目一。1164 下

修辭指南二十卷

明國子監助教蘇州浦南金編。取《爾雅》、《左腴》、《漢雋》、《書敘指南》四書,彙爲一編,分二十部,四十類。輾轉稗販,無可觀者。

《四庫全書總目》卷一百三十七子部四十七類書類存目一。1167 中

羣書集事淵海四十七卷

不著撰人姓名。《明史·藝文志》以爲弘治時人編,蓋據《百川書志》所載也。今考李東陽《懷麓堂集》中有所作此書《後序》,稱："國初人所輯,内官監左少監賈性在司禮購得之,捐資鏤板。病其字太小,募善書者錄之,稍拓其式。"是此書本出自明初,《百川書志》①特據賈姓重刻之本,遂誤以爲弘治間人耳。其書自《名臣》而下至《外國》,爲門十,爲目五百七十二,集諸書事略,自春秋訖戰國,凡數千條。條下各注所出,徵引頗詳,而分析條目多不當。又其中立"宦者"一門,備載前代宦官事蹟,尤諸書罕見之利②。疑此書本爲閹人而作,故賈性爲之刊行也。

《四庫全書總目》卷一百三十七子部四十七類書類存目一。1166 中

【校記】①百川書志,《初目》原作"百川善志",誤。今據上文所説改。《總目》不誤。
②利,於義無解,因無他本可以校正,故仍其舊。

羣書纂類十二卷

明袁均哲輯。因臨江張九韶《羣書備數》,補其缺遺,加以註釋。凡十三門,百二十三事,千四百三十四條。自經史子集,百家衆技,以及野史外傳,凡事物之有類可舉者,次第纂輯,皆《小學紺珠》之支流也。均哲,字庶明,建昌人。正統中官郴州知州。

《四庫全書總目》卷一百三十七子部四十七類書類存目一。1166 上

原始秘書十卷

明寧王權撰。是書類別衆門,各求原起,與《事物紀原》相類,而荒謬特甚。如謂醜婦始嫫母,妒婦始尹吉甫妻,淫婦始柳宗元《河間傳》婦者,不一而足。甚謂自縊始①申生,飲酖始叔牙,自刎始吳王夫差,其陋殆不足辨也。

《四庫全書總目》卷一百三十七子部四十七類書類存目一。1165 下

【校記】①始,《初目》原作"死",非是。此書係各求事物之原起,即求其之"始",故上下文均謂某某始某某,此處自亦爲"始"字。《總目》作"自縊始申生",是也,今據改。

兩漢博聞十二卷

明嘉靖中黄魯曾刊本,不著撰人名氏。考《文獻通考》,乃宋楊侃所編也。侃,錢塘人。端拱中進士,官至集賢院學士,晚爲知制誥。避真宗舊諱,更名大雅。晁公武《讀書志》云:"景德中,侃讀兩《漢書》,取其名數及前儒釋解,編爲此書,以資①涉獵。"其書不依篇第,不分門類,惟摘兩《漢書》中字句、故實列爲標目,而節取顏師古及章懷太子李賢注,列于其下。凡《前漢書》七卷,《後漢書》五卷。宋代文體自歐陽修始變,元祐以前皆沿西崑之餘派,以典麗爲工,故蘇頌、劉攽皆摘鈔《文選》,而侃亦鈔兩《漢書》。此編雖於史學無關,然較他類書採摭雜説以入文章者,究爲雅馴,由其取材者古也。《後漢書》中間有引及《前漢書》者必標顏師古字,而所引梁劉昭《續漢志註》乃與章懷註無別,體例未免少疎。至所列紀傳篇目往往多有訛舛者,則傳刻之悮耳。

《四庫全書總目》卷六十五史部史鈔類。577 下

【校記】①以資,《初目》原作"此資",今據晁公武《郡齋讀書志》改。

古雋考略六卷

明顧充撰。標列古籍中雋語佳字,附以注釋,爲類三十有四,間有考證,率多淺陋。前有蕭大亨①、傅光宅、祁光宗、李之藻四《序》。充,字仲達,號迴瀾,上虞人。隆慶丁卯舉人。歷官工部郎中。是編末有《重刻自跋》,云:"始集《古雋》於定海學宮,鏤板行之,而嫌其未備,更加增輯。"即是本也。又,康熙四十八年其孫芳宗有重訂本,王掞爲《序》。

《四庫全書總目》卷一百三十八子部四十八類書類存目二。1170 下

【校記】①蕭大亨,《初目》原作"蕭大享",今據此書卷首蕭大亨《序》改。

秘笈新書十三卷別集三卷

明吳道南輯。《自序》以爲本謝枋得未及付梓之書,爲之增補。然所載皆職官故寔,故標題有"簪纓必用"字。別集首爲《君道》,二卷、三卷爲《類姓》,割裂瑣碎,尤多挂漏,非枋得所作。蓋後人假其名以取重,道南未及詳考耳。道南,字會甫,崇仁人。萬曆己丑進士第二人。累官文淵閣大學士。謚文恪。

《四庫全書總目》卷一百三十八子部四十八類書類存目二。1172 上

輿識隨筆一卷

明楊德周撰。德周,字孚先,寧波人。其書雜采經史奇字,抄撮成帙。多引原註,發明甚少。

《四庫全書總目》卷一百三十八子部四十八類書類存目二。1172 下

大政管窺四卷

明人所撰,不著姓氏。皆科舉之策略也。其書分《敍吏》、《敍戶》、《敍禮》、《敍經》,六曹舉其三,而四部舉其一。體例無所取義,必非完書,蓋經生家偶存之殘稿耳。

《四庫全書總目》卷一百三十八子部四十八類書類存目二。1177 上

同人傳四卷

國朝陳祥裔撰。自秦、漢以迄元、明,有同姓氏者採集成冊,末附父子同名字者數人。采撫頗詳。惟不著所出之書,是其所短。如《太平廣記》中再生之王翰與唐詩人王翰相同,《通幽記》神婚之李伯禽與唐李伯禽相類,事既不經,人無可考。今概不錄,知非漫無別擇,愛奇嗜瑣者也。又《序》稱梁元帝有《同姓名錄》一卷,邱光庭有《同姓字錄》一卷,今皆不傳。然元帝之書今已於《永樂大典》中採出,著錄秘府之藏,祥裔固無由睹耳。

《四庫全書總目》卷一百三十九子部四十九類書類存目三。1179 下

三才藻異三十三卷

國朝屠粹忠撰。取故實可備題詠者,分類標題,其目盈萬,各括以四言二韻,蓋類書之支流,而《蒙求》之變體也。然襞積餖飣,繁蕪無當。《自序》謂歷二十四載而成,亦勞而無補矣。粹忠,字芝巖,浙江定海人。順治戊戌進士。歷官兵部尚書。

《四庫全書總目》卷一百三十九子部四十九類書類存目三。1178 中

古今疏十五卷

國朝朱虛撰。其書倣《廣雅》、《釋名》之例,自天地日月至蟲魚草木,各自爲篇,加以解釋。但徵引浩繁,不詳所出,使舊文新義,無自而分,縱有依託,末由考證,是則抄撮著書之通病也。虛,字邵齋[①],號介庵,濟陰人。

《四庫全書總目》卷一百三十九子部四十九類書類存目三。1178 上

【校記】①邵齋,《總目》同。本書清順治萬卷樓刻本卷端作"劭齋",錢謙益本書《序》亦云"今讀劭齋此疏"。

小說家類

漢武洞冥記四卷

後漢郭憲撰。憲,字子橫,汝南人。官至光祿勳。是書《隋志》止一卷,《唐志》始作四卷,《文獻通考》有《拾遺》一卷。晁公武引憲《自序》,謂:"漢武明雋[①]特異之主,東方朔因滑稽浮誕以匡諫,洞心於道教,使冥跡之奧昭然顯著[②],故曰'洞冥'。"陳振孫云:"其《別錄》又於《御覽》中抄出,則四卷亦非全書。"《別錄》當即《拾遺》也。今憲《序》與《拾遺》俱已佚。書中所載皆怪誕不根之語,然所言"影娥池"事,唐上官儀用以入詩,時稱博洽,後代文人詞賦引用尤多。蓋以字句妍華,足供采撫。至今不廢,良以是耳。

《四庫全書總目》卷一百四十二子部五十二小說家類三。《四庫全書》本題作《洞冥記》。1207 上

【校記】①明雋,《初目》原作"時雋",非是。此書有明正德嘉靖間顧氏刻《顧氏文房小說》本,郭憲《自序》作"明雋",文淵閣《四庫全書》書前提要、《總目》同,今據改。
②顯著,《初目》原作"顯序",郭憲《自序》、晁公武《郡齋讀書志》、《總目》等,均作"顯著",今據改。

西京雜記六卷

舊本題晉葛洪撰。隋、唐《志》皆稱二卷,《宋志》稱六卷,《通考》則云"一作二卷,一作六卷"。今書分卷與《宋志》同。《隋志》不著撰人姓氏,《唐志》、《宋》皆稱葛洪撰。考張鷟《朝野僉載》記庾信作詩用《西京雜記》事,既而曰此吳均語,不足據也①,故晁公武《讀書志》直以爲吳均依托爲之。今本仍題葛洪,相沿之悞也。是書卷後載葛洪自跋,謂劉子駿《漢書》百卷,班固全取之,所不取者二萬許言,"今鈔出爲二卷","以裨②《漢書》之缺"。今觀其所記,破碎夸靡,蓋不足道。徐堅采之入《初學記》③,李善引之註《文選》,段成式《酉陽雜俎》據以載上林草木名,黃伯思《東觀餘論》又糾其悞,以歆爲洪,均未及考耳。其記虎子一條頗與鄭元《周官注》合,而謂"以玉爲之"則不經寔甚,他何論耶? 然自唐以來流傳已久,詞賦家據爲故寔,未可竟廢,姑與王嘉、郭子橫書一例存之。

《四庫全書總目》卷一百四十子部五十小説家類一。1182 上

【校記】①"張鷟"等,《初目》以"庾信作詩用《西京雜記》事"出自張鷟《朝野僉載》,非。《朝野僉載》並無記載此事。文淵閣《四庫全書》書前提要、《總目》均謂見於段成式《酉陽雜俎》記載,王應麟《困學紀聞》卷十二等所記,亦謂見於《酉陽雜俎》。 ②裨,文淵閣《四庫全書》書前提要、《總目》均作"補"。按:此爲本書葛洪跋中之語,原文作"裨"。 ③入《初學記》,《初目》原作"初入《學記》",今據文意改。

搜神記二十卷

舊本題曰晉干寶撰。寶,字令升,新蔡人。元帝時以著作郎領國史,遷散騎常侍。《本傳》稱寶感父婢再生事,遂撰集古今靈祇神異、物人變化爲一書。其《自序》一篇,併載《本傳》。是書隋、唐《志》皆著錄,而宋晁公武、陳振孫諸家皆不載。王應麟《玉海》引《崇文總目》云:"《搜神總記》十卷,不著撰人名氏。或云干寶撰,非也。"又胡震亨跋云:"此書有謝鎮西之稱。考謝尚于穆帝永和間加鎮西將軍,寶書成,嘗示劉惔,惔卒于明帝大寧間,則鎮西之號去書成時尚後二十餘年,疑亦經後人附益,非寶之舊。"今考《太平寰宇試》"青陵臺"條下引《搜神記》韓憑化蛺蝶事,此本無之,勘驗《太平廣記》所引,又一一與此本合。二書皆宋初所修,不知何以互異,疑樂史所引乃寶書,李昉所引乃《總記》。後人傳寫,每卷析而爲二,故與《崇文總目》十卷之數不合耳。

《四庫全書總目》卷一百四十二子部五十二小説家類三。1207 中

搜神後記十卷

舊本題曰晉陶潛撰。中記《桃花源記》①事一條,全錄《集》所載詩序。又載干寶父婢事,亦全錄《晉書》。剽掇之迹,顯然可見。明沈士龍跋謂潛卒于元嘉四年,而此有十四、十六年事;《陶集》多不稱年號,以干支代之,而此書②題永初、元嘉。其爲僞託,固不待辨。然《隋書·經籍志》已著於錄③,而陸羽《茶經》、《封演見聞記》所引皆與今本合,則猶唐以前人所爲也。

《四庫全書總目》卷一百四十二子部五十二小説家類三。1208 上

【校記】①桃花源記,《初目》原作"桃源花記","桃源花"三字誤倒,今改。又《總目》作

"桃花源",無"記"字。書前提要、《總目》改。　②此書,《初目》原作"次書",誤。今據文淵閣《四庫全書》改。　③陸,於義無解,或為"錄"字之誤。

異苑十卷

宋劉敬叔①撰。《隋志》十卷,與今本合,所言皆神怪事,而詞旨簡澹,無後來小說猥瑣之習,非六朝以後所能爲也。敬叔,《宋書》、《南史》俱無傳,明胡震亨始采諸事補作之,稱其元嘉②三年爲給事黃門郎③。又稱劉毅爲南平公世子。毅以憾奏免敬叔官。此書記義熙中劉毅鎮江州,爲盧循④所敗,褊躁逾劇云云。其書憾未平,略見于辭,傳所言蓋不誣云。

《四庫全書總目》卷一百四十二子部五十二小說家類三。1208 中

【校記】①劉敬叔,《初目》原作"劉孫叔",誤。文淵閣《四庫全書》書前提要、《總目》作"劉敬叔",今據改。《初目》下文云"敬叔,《宋書》、《南史》俱無傳",亦可爲證。梁宗懍《荊楚歲時記》、明曹學佺《蜀中廣記》等,均引用有劉敬叔《異苑》之文。　②元嘉,《初目》原作"原嘉",誤。今據文淵閣《四庫全書》書前提要、《總目》改。　③黃門郎,《初目》原作"黃明郎",誤。今據文淵閣《四庫全書》書前提要、《總目》改。　④盧循,《初目》原作"盧脩",誤。今據本書所記盧循事改。

述異記二卷

梁新安太守任昉撰。昉,字彥升,樂安人。家藏書三萬卷,率多異本,因采輯先世軼聞,以成此書。亦《拾遺》、《洞冥》之流,但語差簡質,稍近人情。隋、唐《志》皆作祖冲之撰,《文獻通考》引晁氏之說以史爲誤。然史作十卷,或祖氏別有是書,其名適同,亦未可知。卷末有宋慶歷四年《序》一首,不知何人所作。

《四庫全書總目》卷一百四十二子部五十二小說家類三。1214 中

唐國史補三卷

唐李肇撰。首題尚書左司郎中,而肇所作《翰林志》又題翰林學士左補闕,結銜互異。案:王定保《唐摭言》稱肇爲元和中中書舍人,而《新唐書·藝文志》則云翰林學士,坐薦柏耆自中書舍人左遷將作少監。以唐官制考之,蓋肇自左司改補闕入翰林,後爲中書舍人,坐事左遷,而此書則肇官左司時所作也。書中皆載開元至長慶間事,乃續劉餗小說而作。上卷、中卷各一百三條,下卷一百二條,每條以五字標題。所載如謂王維取李嘉祐"水田白鷺"①之聯,今李集無之。又記"霓裳羽衣曲"一條,沈括亦辨其妄。又謂李德裕清直無黨,謂陸贄誣于公異,皆爲曲筆。然論張巡則取李翰之傳,與記左震、李汧、李廣、顏真卿、陽城②、歸登、鄭絪、孔戣、田布、鄒待徵妻、元載女諸事,皆有裨於風教。又如李舟天堂地獄之說,楊氏、穆氏兄弟賓客之辨,皆有名理。末卷所說諸典故及下馬陵、相府蓮③義,亦資考據。餘如"挎蒲④盧雊"之訓,可以解劉裕事件,"劍南燒春"⑤之名,可以解李商隱詩,可采者不一而足。《自序》謂:"言報應,敘鬼神,徵夢卜,近惟箭,則去之;紀事實,探物理,辨疑惑,示勸戒,采風俗,助談笑,則書之。"歐陽修作《歸田錄》,自稱以是書爲式,良有以也。

《四庫全書總目》卷一百四十子部五十小說家類一。1183 上

【校記】①水田白鷺,《初目》原作"水田白露",誤。文淵閣《四庫全書》書前提要、《總

目》作"水田白鷺",今據改。"水田白鷺"見本書卷上。　②陽城,《初目》原作"楊城",誤。此見書中所記,作"陽城",今因改。文淵閣《四庫全書》書前提要、《總目》不誤。　③相府蓮,《初目》原作"相府連",誤。此見卷下所記,作"相府蓮",今因改。文淵閣《四庫全書》書前提要、《總目》不誤。　④挐蒲,《初目》原作"樗蒲",誤。此見卷下所記,作"挐蒲",今因改。文淵閣《四庫全書》書前提要、《總目》不誤。　⑤劍南燒春,《初目》原作"南燒春",文淵閣《四庫全書》書前提要、《總目》作"劍南燒春",是也。此見卷下所記,今據補"劍"字。

雲溪友議三卷

唐范攄撰。載唐時瑣事一百二十五條,每事標三字以爲題,有上、中、下三卷。內《南陽錄》一條與姚汝能所纂《祿山事蹟》小異,其餘亦多委巷之談,然後人往往引用之,蓋小説易流傳耳。攄自號五雲溪人,故以"雲溪"名其書。

《四庫全書總目》卷一百四十子部五十小説家類一。1185 下

杜陽雜編三卷

唐蘇鶚撰。案:《唐書·藝文志》鶚字德祥,光啓中進士第。嘗撰《演義》十卷,考證名物典故,極爲精核。此編所記上起代宗廣德元年,下盡懿宗咸通十四年,凡十朝之事,皆以三字爲標目。其中述奇技寶物,類涉不經,大抵祖述王嘉之《拾遺》、郭子橫之《洞冥》,雖必舉所聞之人以寔之,恐亦俗語之爲丹青也。然鋪陳縟艷,詞賦家多所取材,固小説家之以文采勝者。讀者挹其葩藻,遂亦忘其夸飾,至今沿用,厥有由矣。其曰"杜陽雜編"者,晁公武《讀書志》謂鶚居武功之杜陽川,蓋因地以名其書云。

《四庫全書總目》卷一百四十二子部五十二小説家類三。1209 中

劇談錄三卷

唐康駢撰。《唐書·藝文志》作康軿①,以其字駕言證之。二字義皆相合,未詳孰是。然諸書引之皆作"駢",疑《唐志》誤也。駢,志陽人。乾符中登進士第。官至崇文館校書郎。是書成于乾寧二年,皆記天寶以來瑣事,亦間以議論附之,凡四十條。今以《太平廣記》勘之,一一相合,非當時全部收入,即後人從《廣記》抄合也。此本末有"臨安府陳道人書籍鋪刊行"字,蓋猶影抄宋本。如"潘將軍"一條注中"鶻碑"字,今本《劍俠傳》訛爲"鶴碎",遂不可解。知此本爲善矣。

《四庫全書總目》卷一百四十二子部五十二小説家類三。1210 上

【校記】①康駢,《初目》原作"康軿"。此考辨本書作者姓名與《新唐書·藝文志》著錄的差異,不應上文作康駢,此處仍作康軿。考《唐書·藝文志》作康軿,文淵閣《四庫全書》書前提要、《總目》同,今據改。

酉陽雜俎二十卷續集十卷

唐段成式撰。首有《自序》,云:"凡三十篇,爲二十卷。"今自《忠志》至《肉攫部》,凡二十九篇。其《語資》篇後有云客徵鼠蝨事,余戲撮作《破蝨錄》。今無《破蝨錄》,蓋脫去一

篇,獨存其首篇引語耳。又,《酉陽續記》六十篇,卷合前集爲三十卷。胡應麟《筆叢》云:《酉陽雜俎》世有二本,"皆二十卷,無所謂續者"。近于《太平廣記》中抄出《續記》,不及十卷,而前集漏軼者甚多,悉抄入《續記》中爲十卷,俟好事者刻之。此蓋即應麟①所抄者。式成,字柯古,段文昌之子,仕至太常卿。史稱其博學強記,多奇篇秘籍,是書足以徵之。然語多浮誕,如謂馬燧既立勳業,嘗有陶侃之意,語殆誣托。至其《諾皋記》載諸鬼神荒怪之事,益無足論矣。盛宏之《荆州記》:"小酉山上石穴中有書千卷,秦人嘗於此學,因留之,湘東王賦'訪酉陽之逸興'。""酉陽"語本此。諾皋者,吳曾《能改齋漫錄》以爲語本《抱朴子》,諾皋,太陰神名也。

《四庫全書總目》卷一百四十二子部五十二小說家類三。1214下
【校記】①應麟,《初目》原作"應臨",誤。今據《薈要提要》、文淵閣《四庫全書》書前提要、《總目》改。

殘本唐語林二卷內廷藏本①

不著撰人名氏,以《永樂大典》所載考之,即王讜之書,佚其八卷耳。前有明嘉靖間桐城齊之鸞《序》,亦稱所得非善本。今已採掇《永樂大典》,重爲補綴成帙,別著②。此殘缺之本,已爲土苴。以其爲讜之原書,久行於世,故仍附存其目焉。

《四庫全書總目》卷一百四十三子部五十三小說家類存目一。1217上
【校記】①內廷藏本,《總目》統一作"內府藏本"。　②別著,《總目》其下有"於錄"二字。

春渚記聞①**十卷**

宋何薳撰。薳,蒲城人,自號韓青老農。其書分《雜記》五卷,《東坡事寔》一卷,《詩詞事略》②一卷,《雜書琴事》附《墨說》一卷,《記研》一卷,《記丹藥》一卷。明陳繼儒《秘笈》所刊僅前五卷,乃姚士粦得于沈虎臣者。後毛晉得舊本,補其脫遺,始爲完書,即此本也。薳父曰去非,嘗以蘇軾薦得官,故記軾事特詳。其雜記多引仙鬼報應,兼及瑣事。如稱劉仲甫③奕棋無敵,又記祝不疑勝之,兩條自相矛盾,殊不爲檢④。其記張有作章則有⑤,疑傳寫悞也。

《四庫全書總目》卷一百二十一子部三十一雜家類五。1040下
【校記】①春渚記聞,《宋史·藝文志》同,《總目》作"春渚紀聞"。文淵閣《四庫全書》書前提要作"春渚記聞",本書各卷卷端作"春渚紀聞"。　②詩詞事略,《初目》原作"詩詞自略",誤。今據此書卷七標題改。文淵閣《四庫全書》書前提要、《總目》作"詩詞事略"不誤。　③劉仲甫,《初目》原作"劉甫",今據本書改。劉仲甫見卷二"雜記""劉仲甫國手碁"條。文淵閣《四庫全書》書前提要、《總目》不誤。　④殊不爲檢,文淵閣《四庫全書》書前提要、《總目》作"殊爲不檢"。　⑤章則有,文淵閣《四庫全書》書前提要、《總目》作"章有則","則"字從下讀。

唐闕史二卷

唐高彥休撰。彥休,不知何許人。陳振孫《書錄解題》曰:"彥休自號參寥子。"《唐書·藝文志》注亦同。考《李白集》有《贈參寥子》詩一篇,然時代不相及,蓋別一人,而號偶相襲

也。是書《宋史·藝文志》、《文獻通考》皆作三卷,今止上下二卷,似從他書抄撮而成,非其原本。而《自序》言共五十一篇,分爲上下二卷,又似非有□□[1]者。或《宋志》及《通考》傳誤寫二爲三歟？黃伯思《東觀餘論》有此書跋云:"敍稱甲辰歲編次,蓋僖宗中和四年也。而其間有已書'僖'號者,或後人追改之。"今考《序》中自言乾符甲子生。乾符無甲子,當爲甲午[2]之訛。下距中和四年僅十年,不應即能著書。由是以後,惟晋開運元年爲甲辰,上推乾符元年甲午生,年當七十一歲,尚有著書之理。然則彥休或五代人歟？其辨"白居易母墮井"一事,足以雪小人之謗。宋賈長卿亦嘗續用其説,而張耒《宛邱集跋》"長卿所作,乃以二人之辨爲多事",蓋憤激之詞,不爲定論。若王士禛《居易録》譏其首載"李師道之黨丁約獻俘闕下、臨刑幻化仙去"事,以爲導逆,則其説當矣。

《四庫全書總目》卷一百四十二子部五十二小説家類三。1210 中

【校記】①□□,《初目》此處二字殘缺,文淵閣《四庫全書》書前提要、《總目》作"脱遺",但從《初目》殘缺部分看,似非此二字。　②甲午,《初目》原作"甲子"誤。按:上文已稱"乾符無甲子",此處豈能再作"甲子"。文淵閣《四庫全書》書前提要、《總目》作"甲午",且提要下文亦云"上推乾符元年甲午生",今據改。

甘澤謠一卷

唐袁郊撰。晁公武《讀書志》云:"載譎異事九章,咸通中久雨卧疾所著。"陳振孫《書録解題》述其《自序》云:以雨澤應期,"有甘澤成謠之語","以名其書"。今《序》已佚矣。明毛晉得華陰楊儀本,謂篇數與《文獻通考》合。今以校《太平廣記》所引,亦無少異,疑後人從《廣記》録出,裒合成帙,故不得其序耳。葉夢得《避暑録話》云:《飲中八仙歌》,惟焦遂不見書傳。今遂名寔見此書,則亦有資考証也。儀《序》稱郊爲唐祠部郎中,考《新唐書·宰相世系表》,郊字子乾。寔官至虢州刺史。

《四庫全書總目》卷一百四十二子部五十二小説家類三。1210 下

五色線二卷

不知何人所輯。載于《中興館閣書目》。是書雜引諸小説新誕之語,或不紀所出,割裂、訛謬處甚多,至謂"楚襄王夢神女出《史記》",其庸妄可知矣。未知果《中興書目》舊本否也。

《四庫全書總目》卷一百四十四子部五十四小説家類存目二。1228 中

稽神録六卷

宋徐鉉撰。專記神怪之事。晁公武《讀書志》云:"《序》稱自乙未歲至乙卯,凡二十年,僅得一百五十事。楊大年云:江東布衣蒯亮,好大言夸誕,鉉喜之,館于門下。《稽神録》中事,多亮所言。"陳振孫《書録解題》云:"元本十卷,此無卷第,當是他書中録出者。"今本卷止于六,而事寔反有一百七十餘條,及拾遺數則,與晁氏、陳氏所云卷數、條數俱不合,疑是録全載《太平廣記》中,後人録出成帙[1]。而三大書徵引浩博,門目[2]叢雜,所列諸事,凡一名叠見者,《太平御覽》皆作"又"字,《文苑英華》皆作"前名"、"前題"字,《廣記》皆作"同上"字,其中前後相連、以甲蒙乙者,往往而是,或緣此多録數十條,亦未可知耳。

《四庫全書總目》卷一百四十二子部五十二小說家類三。1211 中

【校記】①帙，《初目》原作"秩"，誤。今據《總目》改。　　②門目，《初目》原作"間目"，於義無解。文淵閣《四庫全書》書前提要、《總目》作"門目"，今據改。

北夢瑣言二十卷

宋孫光憲撰。光憲，字孟文，自號"葆光子"。《十國春秋》作貴平人，而自題乃稱富春。考光憲《自序》言"生自岷峨"，則當爲蜀人。其言富春，蓋舉郡望也。仕唐爲陵州判官，旋依荆南高季興爲從事，以文學知名。後勸高繼沖①以三州歸，宋太祖嘉之，授黄州刺史以終。舊以爲五代人，悞也。所著有《荆臺集》、《橘齋集》、《玩筆傭集》②、《鞏湖編玩》、《蠶書》、《續通歷》紀事③等部，皆久亡④，惟是獨傳於後⑤。以《左傳》有"田於江南之夢"，而荆州在江北，故以命名。所載皆唐及五代時士大夫逸事，每條多載某人所説，以示徵信。雖詮次微傷叢碎，實可資史家考證之助。宋李昉等編《太平廣記》，采綴尤多。明商濬⑥刻入《稗海》中，而所據本脱誤特甚。今所傳乃元時華亭孫道明所藏，則猶宋時陝西刻本之舊也。

《四庫全書總目》卷一百四十子部五十小說家類一。1188 上

【校記】①高繼沖，《初目》原作"高繼興"。按：孫光憲勸高繼沖以三州歸事，《宋史全文》有詳細記載。《宋史》卷一《太祖本紀》乾德元年三月甲午亦記載道："慕容延釗入荆南，高繼沖請歸朝，得州三、縣十七。"《薈要提要》、文淵閣《四庫全書》書前提要、《總目》作"高繼沖"，今據改。　　②玩筆傭集，《薈要提要》、文淵閣《四庫全書》書前提要、殿本《總目》同，浙本《總目》作"筆傭集"。按：宋明文獻著錄孫光憲著作，均作《筆傭集》。參見江慶柏等整理：《四庫全書薈要總目提要》，第337頁。　　③《續通歷》紀事，《薈要提要》同。文淵閣《四庫全書》書前提要、《總目》作"《續通歷》"，是也。《宋史》卷四百八十三《孫光憲傳》云："又譔《續通歷》，紀事頗失實，太平興國初詔毀之。"是孫光憲所撰著作書名中並無"紀事"二字。　　④亡，《初目》原作"忘"，於義無解。《薈要提要》作"亡"，今據改。　　⑤獨傳於後，《初目》原作"獨傳傳於後"，今據《薈要提要》删去一"傳"字。　　⑥商濬，《總目》作"商維濬"。

太平廣記五百卷

宋李昉奉敕監修，同修者扈蒙、李穆、湯悦、徐鉉、宋白、王克貞、張洎、董淳、趙隣幾、陳鄂、吕文仲、吴淑十二人也。以太平興國三年八月表進，六年正月勑雕板印行。凡分五十五部，所采書三百四十五種，古來軼聞瑣事、僻笈遺文咸在焉。卷帙輕者，往往全部收入，蓋小說家類之淵海也。後以言者謂"非後學所急"，收板貯之太清樓，故《崇文總目》不載。鄭樵號爲博洽，亦未見其書。《通志·藝文略》①中遂謂《太平廣記》乃《太平御覽》中别出《廣記》一書，專記異事，悞矣。其書雖多談神鬼，而采摭繁富，名物典故，錯出其間，詞章家恒所取資。又如《皇覽》、《三輔決錄》、《三國典略》、《晉陽秋》、《晉中興書》、《齊春秋》、《唐歷》、《益部耆舊傳》、《汝南先賢傳》、《會稽先賢傳》、《古文瑣語》、《琴清英》、《世語》、《符子》、《金樓子》諸書，世所不傳者，斷簡殘編，尚間存其什一，尤足貴也。此本爲明嘉靖中右都御使談愷所刊，卷頁間有闕佚，無從校補，今亦仍之。

《四庫全書總目》卷一百四十二子部五十二小說家類三。1212 上

【校記】①《通志·藝文略》，文淵閣《四庫全書》書前提要同，《總目》作《通志·校讎略》。按：鄭樵《通志·藝文略》著錄《太平廣記》五百卷，注云："李昉編。《御覽》之外採其異而爲《廣記》。"《通志·校讎略》中《泛釋無義論一篇》云："《太平廣記》者乃《太平御覽》別出《廣記》一書，專記異事。"是此作《通志·藝文略》亦有根據，而所錄文字則見於《通志·校讎略》。

南部新書十卷

宋錢易撰。舊本卷首題籤後人，蓋以姓譜載"錢氏①出籤鏗也"。易，字希白，吳越王錢倧②之子。真宗官至翰林學士。是書乃其大中祥符間知開封縣時所作，皆記唐時故事，間及五代。多錄軼聞瑣事，而朝章國典，因革損益之故，亦雜載其中。故雖小說家言，而實有裨於史學。晁公武《讀書志》作五卷，焦竑《國史經籍志》作十卷。今考其標題，自甲至癸，以十干爲紀，則作十卷是也。世所行本多非完書，兼有從曾慥《類說》中摘錄成帙、半經刪削者。此本共八百餘條，首尾完具，猶爲全本。

《四庫全書總目》卷一百四十子部五十小說家類一。1189 上

【校記】①錢氏，《初目》原作"戴氏"。按：此記錢易著書，與戴氏無涉，文淵閣《四庫全書》書前提要、《總目》作"錢氏"，是也，今據改。　②錢倧，《初目》、文淵閣《四庫全書》書前提要原作"錢悰"，《總目》作"錢倧"。按：錢倧，原名弘倧，字隆道，五代臨安人。吳越王錢元瓘第七子。其兄弟有名弘僎、弘儀、弘侑、弘佐、弘俶、弘億等。錢倧爲吳越國君。《宋史》卷四百八十《吳越錢氏世家》道："元瓘卒，子佐嗣。佐卒，弟倧嗣。"《宋史》卷三百十七《錢易傳》云："易字希白。始，父倧嗣吳越王。"《初目》作錢悰者非是，今據改。

青瑣高議前集十卷後集十卷

不題撰人姓名。《宋史》載之，以爲劉斧所作。前有孫副樞《序》，不稱名而舉其官，他書亦無此例也。所紀皆宋時怪異事蹟及雜傳記，辭意淺近。每條下各爲七字標目，如"張乖崖明斷分財"、"回處士磨鏡題詩"等語，尤爲鄙穢。間有稱"議曰"者，寥寥數言，亦多陳腐，疑非斧之本書也。

《四庫全書總目》卷一百四十四子部五十四小說家類存目二。1227 下

貴耳集一卷二集一卷三集一卷

宋張端義撰。集各有《自序》。《初集》成于淳祐元年，《序》略言生平，接諸老緒餘，著《短長錄》一秩，得罪後爲婦所火，因追舊事記之，名《貴耳集》。以耳爲人至貴，言由音入，事由言聽，古人有"入耳著心"之訓，且有"貴耳賤目"之説也。《二集》成于淳祐四年，《三集》成于淳祐八年。其書多記朝廷軼事，兼及詩話，亦有考証數條。《二集》之末綴"王排岸女孫"一條，始涉神怪。《三集》則多記異事，故其《序》有"稗官虞初"之文也。書中于張栻、呂祖謙①皆有不滿之詞，至以《大學》、《中庸》爲出自漢儒，其説皆過。然如記先天、太極二圖及元祐君子，不應分黨相攻，則非無見也。端義，字正夫，號荃翁，鄭州人，居姑蘇。端平中應詔三上書，韶州安置。自作小傳，附《初集》之末，云："尚有詩五百首，詞二百首②，雜著三百

篇,曰《茖翁集》。"今皆不傳。

《四庫全書總目》卷一百二十一子部三十一雜家類五。1047 上

【校記】①呂祖謙,《初目》原作"品祖謙",今據本書所記改。　　②二百首,《初目》原作"二首",今據本書所記改。

茆亭客話十卷

宋黃休復撰。晁公武《讀書志》云:"茅亭①,休復所居也。暇日,賓客話言及虛無變化、謠俗卜筮,雖異端而合道,旨屬懲勸者皆錄之。"陳振孫《書錄解題》以其"所記多蜀事,別有《成都名畫記》",疑爲蜀人。然李畋爲《益州名畫錄》②《序》,稱爲"江夏黃氏休復,字端本③",豈振孫未見歟?今本亦題曰"江夏",豈畋《序》作於景德三年,其時去唐末五代未遠,猶以郡望相稱歟?《序》中不見流寓成都之意,振孫所疑,或未必無據也。

《四庫全書總目》卷一百四十二子部五十二小說家類三。1212 上

【校記】①茅亭,《初目》原作"茅停",誤。今據晁公武《郡齋讀書志》之文改。　　②益州名畫錄,《初目》原作"益州名錄",今據《四庫全書》收錄該書書名改。文淵閣《四庫全書》書前提要、《總目》作"益州名畫錄"不誤。　　③端本,《益州名畫錄》李畋《序》作"歸本",《益州名畫錄》之文淵閣《四庫全書》書前提要、《總目》提要引《益州名畫錄》李畋《序》,亦均作"歸本"。

誠齋雜記二卷

舊本題曰元林坤撰。前有永嘉周達卿①《序》,稱坤字載卿,會稽人。曾官翰林,所著書凡二十種②,此乃其一。誠齋,坤所自號也。作《序》年月題丙戌嘉平,不署紀元,書中引聶碧窗詩,與古人並列。聶爲元初道士,則是書在後久矣。中間剽掇各家小說,餖飣割裂而不著出典。"崑崙奴磨勒"一事,分於五處載之,其編次無法可知矣。

《四庫全書總目》卷一百三十一子部四十一雜家類存目八。1117 下

【校記】①周達卿,《總目》同。按:《誠齋雜記》今有明崇禎虞山毛氏汲古閣刻《津逮祕書》本,卷首《誠齋雜記敘》署作"永嘉周達觀撰"。　　②二十種,《誠齋雜記敘》作"十二種",《總目》亦作"十二種"。

瑯嬛記三卷

題曰元伊世珍席夫撰。語皆荒誕猥瑣,大雅之士無取焉。所言時與楊慎同,疑竊取慎語,託名元人耳。書首載張華爲建安從事,遇仙人引至石室,多奇書,問其地,曰"瑯嬛福地也"。注出"元觀手抄"。其命名之義蓋取乎此。然元觀手抄亦不知爲何書,其餘所引書名,大抵真偽相雜,蓋《雲仙雜錄》①之類也。

《四庫全書總目》卷一百三十一子部四十一雜家類存目八。1117 下

【校記】①雲仙雜錄,《總目》作"雲仙散錄"。

澄懷錄二卷

元周密①撰。採唐宋諸人所記登涉之勝與曠達之語,彙爲是編,皆節載原文,而注書名

其下。亦《世説新語》之流別，而稍變其體例者也。明人喜摘録清談，目爲小品，濫觴所在，蓋在此書矣。

《四庫全書總目》卷一百三十一子部四十一雜家類存目八。1117 上

【校記】①元周密，《總目》作"宋周密"。

文章善戲一卷

元鄭持正撰。倣韓退之《毛穎傳》例，于筆、墨、紙、硯，悉加封號，而擬爲制表之詞，又益以宋无《文房十八學士制》、吳必大《歲寒三友》、無腸公子《除授集》、鄭楷《擬封花王冊》，而張敏《頭責子羽文》、沈約《修竹弹甘蕉文》等篇，亦附載焉，蓋以爲談助所資，然不免失之輕薄矣。末有元統元年古雍樊士寬《後序》一首，謂："集文房茶具圖贊①、羅氏十夫八仙爲一卷，籤曰《房闥羣珍》，刻之介然堂。"與書名不相應，疑此書寔本樊氏而附益之者也②。

《四庫全書總目》卷一百四十四子部五十四小説家類存目二。1233 下

【校記】①圖贊，《總目》作"圖贊"。　②疑此書寔本樊氏，而附益之者也，《總目》作"未詳何故也"。

續夷堅志二卷

元元好問①撰。蓋續宋洪邁《夷堅志》而作，所紀皆金泰和、貞祐間神鬼怪異之事。前有《自序》，見于《遺山集》，而此本佚之。後有宋无子虛跋。

《四庫全書總目》卷一百四十四子部五十四小説家類存目二。1228 下

【校記】①元元好問，《總目》作"金元好問"。

至正直記四卷

一曰《靜齋類稿》，元孔齊撰。齊，字行素，號靜齋。曲阜裔，隨父居溧陽，元末避兵四明。父字退之，爲建康書掾。是書亦陶宗儀《輟耕録》之類，所記多猥瑣。中一條記"元文宗皇后"事，已傷國體；至其稱"年老多蓄婢妾，最爲人之不幸。辱身喪家，陷害子弟，靡不有之，吾家先人晚年亦坐此患"，則并播家醜矣。所謂直記，亦証父攘羊之直歟？

《四庫全書總目》卷一百四十三子部五十三小説家類存目一。1218 上

埤雅廣要二十卷

明蜀藩護衛千戶牛衷撰。蜀王以陸佃《埤雅》未爲盡善，令衷補正爲此書。然佃雖以引用王安石《字説》爲陳振孫等所譏，而其博奧之處要不可廢。衷所補龐雜飣餖，殆不成文，甚至字謎小説，雜然並載，爲薦紳之所難言。乃輕詆佃書，殊不知量。今退而列于小説家，俾以類從。衷《序》所稱蜀王不著其名，考《明史·諸王年表》：蜀和王悦𬭚以宣德十年進封，薨于天順五年。衷《序》爲天順元年作，則王當爲悦𬭚審矣。

《四庫全書總目》卷一百四十四子部五十四小説家類存目二。1234 上

談纂二卷

明都穆撰。穆，字元敬，吳縣人。弘治己未進士。授工部主事，歷礼部郎中，乞休，加太

僕少卿致仕。是書記録元明以來逸事,然多涉神怪,不足徵信。書中"龔泰"、"軒輗"、"張仙"三條,注稱"采曰"者,乃其門人陸采附記。蓋此書采所編次,故原本題曰《都公談纂》云。

《四庫全書總目》卷一百四十四子部五十四小說家類存目二。1228 下

輟耕録三十卷

明陶宗儀撰。宗儀,字九成,黃岩人。元末教授松江。張士誠據吳,署爲軍諮不就。洪武初,舉人才不赴,晚歲乃出,爲教官。是書紀元一代制度及末年戰爭之事,可參稽史氏。至于考訂書畫文藝,亦詳悉可喜。惜多附俚俗戲謔之語,自穢其書,遂不爲後人所重耳。首有至正丙午孫作《序》,謂其居松江時,有田一廛,作勞之餘,時書所見,故名《輟耕録》。丙午者,至正二十七年,明太祖始稱吳元年,故其稱明猶曰集慶軍,或曰江南游軍云。

《四庫全書總目》卷一百四十一子部五十一小說家類二。1203 下

風俗通義十卷

漢泰山太守應劭撰。前有《自序》一篇,大指謂俗間行語,人多習而不察,故舉其所知,以類相從。其名《風俗通義》者,言通於流俗之過謬,而事該之于義理也。《隋志》作三十一卷,《唐志》作三十卷,而《序》乃稱十一卷,疑有脱字。是書至宋惟存十卷,陳振孫謂其餘略見廖仲容《子鈔》。今《子鈔》亦佚,惟《永樂大典》尚載其《姓氏》一篇,云出馬總《意林》。然今本《意林》無此篇,而陳彭年註《廣韻》、王應麟①自註《姓氏急就篇》乃多引之,疑宋時十卷中尚有此篇,今又佚也。劭,字仲遠,汝南南頓人。史稱其文雖不典,後世服其洽聞。

《四庫全書總目》卷一百二十子部三十雜家類四。1033 上

【校記】①王應麟,《初目》原作"王應臨",誤。《總目》作"王應麟"。王應麟注《姓氏急就篇》,見《宋史》卷四百三十八本傳。今據改。

何氏語林①三十卷

明何良俊撰。良俊,字元朗,華亭人。官翰林院孔目。是書倣劉義慶《世說》體例,凡例二千七百餘事。旨尚雋永,尤多名言,註亦蒐羅詳博,間附己說,考証甚精,非稗官小說可比。

《四庫全書總目》卷一百四十一子部五十一小說家類二。1204 中

【校記】①何氏語林,《初目》原作"何氏女林",今據《四庫全書》收録本書書名改。

夢溪筆談二十六卷續筆談二卷補筆談一卷

宋沈括撰。其書分目十七,曰故事,曰辨證,曰樂律,曰象數,曰人事,曰官政,曰權智,曰藝文,曰書畫,曰技藝,曰器用,曰神奇,曰異事,曰謬誤,曰譏謔,曰雜志,曰藥議。《自序》云:"退處林下,思平日與客言者,時記一事于筆,則若有所晤言,所與談者,惟筆硯而已。"故曰"筆談"。其中如"辨雞舌香"及"筝杜詩古柏"之類,前人亦議之,然括執于掌故,又精天文律筭之學,故所言多精,確有本末。括,字存中,錢塘人。以吳縣籍登嘉祐八年進士。陳振孫《書録解題》云①:括好功名,坐城永樂事,閒廢。晚歲乃以光祿卿分司京口,卜居夢溪,因以自號。

《四庫全書總目》卷一百二十子部三十雜家類四。1036 中

【校記】①陳振孫《書錄解題》云,此文不見於今《書錄解題》。今本云:"沈括存中撰。其《序》言退居絶過從,所與談者惟筆硯而已。"與《初目》所引不同,未知其所據。

祐山雜説一卷

明馮汝弼撰。汝弼,字汝良①,平湖人。嘉靖壬辰進士。官工科給事中,以言事謫潛山丞,遷知太倉州,調揚州府同知,不赴。隆慶中追贈布政司參政。是書自記生平瑣事,率涉夢卜機祥,其所記他人事亦多不出此。末載種植數方,尤與全書不類。

《四庫全書總目》卷一百四十四子部五十四小説家類存目二。1229 下

【校記】①汝良,《總目》作"惟良"。雍正《浙江通志》卷一百六十七本傳引《獻徵錄》亦云"字惟良"。

筆記一卷

明連鑛撰。鑛,字抑武,常熟人。嘉靖中官安陸縣知縣。兹編就其生平聞見,隨筆紀載,其目曰《兩京舊聞》,曰《先輩故實》,曰《鄉邑舊事》,曰《宦游約記》,曰《隨手筆餘》,卷末附以《倭變紀略》九則。頗多傳聞失寔之詞,不足據爲徵信也。

《四庫全書總目》卷一百四十三子部五十三小説家類存目一。1222 上

敝帚軒剩語三卷補遺一卷

明沈德符撰。德符,字虎臣,一字景伯,一字景倩,秀水人。萬歷戊午舉人。其書雜記神怪俳諧,事多猥鄙。至記"林潤劾①嚴世蕃論死,世蕃②爲厲鬼以報潤",則又顛倒是非之甚矣。

《四庫全書總目》卷一百四十四子部五十四小説家類存目二。1231 上

【校記】①劾,《初目》原作"刻",於義無解。《總目》作"劾",是也。林潤劾嚴世蕃事見《明史》卷二百十《林潤傳》等。今因改。 ②世蕃,《初目》原作"世番",誤。此即上文所説"嚴世蕃",今據改。

文府滑稽十二卷

明鄒迪光撰。取諸書詼諧隱喻之文,彙次成編。分文部八卷,説部四卷,游戲之作,無關者述①。迪光,字彥吉,無錫人。萬歷甲戌進士。歷官提學副使。

《四庫全書總目》卷一百九十三集部四十六總集類存目三。1754 下

【校記】①無關者述,疑爲"無關著述"之誤。

剪桐載筆一卷

明王象晉撰。象晉①,字子進,又字藎臣,濟南新城人。萬歷甲辰進士。官至浙江右布政使②。是書因奉使册封途中所作,故取義于"剪桐"。所載皆嘉言善行,然多涉因果。其《四公厚德解》等篇,體近于戲。卷首列"賀登極"一表、"賀惠王陞位"③一啓,尤不倫也。

《四庫全書總目》卷一百四十三子部五十三小説家類存目一。1223 中

【校記】①象晉,《初目》作"象進",或係涉下文"字子進"而誤。今據《初目》小傳體例

改。　②浙江右布政使，《初目》原作"浙江左布政司"誤。《初目》所存《羣芳譜》殘文、《總目》卷一百十六子部二十六譜錄類存目著錄《羣芳譜》小傳，及朱彝尊《明詩綜》六十四王象晉小傳、雍正《山東通志》卷二十八本傳等，均云"浙江右布政使"，今據改。③陞位，《初目》原作"陞惠"，於義無解。查此書原文，作"陞位"，意義甚明，今據改。《總目》作"陞位"不誤。

筆史二卷

明①楊忍本②撰。忍本，字因之，江西建昌人③。其書《內編》一卷，分《原始》、《定名》、《屬籍》、《結撰》、《效用》、《膺秩》、《寵遇》、《引退》、《考成》④九門。《外編》一卷，分《徵事》上下及《述贊》三門。大旨由韓愈《毛穎傳》而推衍之，雜引典故⑤，抄撮爲書，不以著作論也。

《四庫全書總目》卷一百四十四子部五十四小說家類存目二。1235 下

【校記】①明，《總目》作"國朝"。按：《筆史》今存清抄本，國家圖書館藏。卷首有萬曆乙卯（四十三年）丘兆麟《筆史題辭》，此本卷末有纂修官鄭際唐分纂稿，亦云作者爲"明"人。楊思本侄孫楊日升康熙十三年甲寅作《榴館初函集選序》："蓋先生生神熹間。"清曾燠編《江西詩徵》卷六十四明二十六楊思本小傳云："思本，字因之，號十學，新城人。崇正中諸生。"清王士禛《古夫于亭雜錄》卷四："順治初有太原進士趙瑾，字懿侯，官長洲知縣；江西新城進士楊思本，字因之，其詩皆似《才調集》。"又《漁洋詩話》卷上："學《才調集》，無如江都宗元鼎定九、建昌楊思本因之、太原趙瑾懿侯。"又其《感舊集》卷三收錄楊思本詩十四首。是《筆史》一書成於明代，而楊思本其人則生活到清朝。②楊忍本，《總目》同。按：楊忍本，似當作"楊思本"。清抄本《筆史》卷端題"盱郡楊思本因之纂"。此書卷首有《筆史紀事》，稱"吾兄"云云，末署"甲寅朱夏弟思貞頓首書"。其弟名思貞，則其兄似應名思本爲是。鄭際唐分纂稿即作"楊思本"。又《總目》卷一百八十集部三十三別集類存目七著錄《榴館初函集選》十二卷，提要云："明楊思本撰。思本有《筆史》，已著錄。"均其証。"忍本"或是"思本"形近之誤。　③江西建昌人，鄭際唐分纂稿作"建昌新城人"，《總目》作"南城人"。《明史》卷四十三《地理志四》："明初，設肇昌府，旋改建昌府，轄南城、南豐、新城、廣昌、瀘溪五縣。"　④考成，《總目》同。《筆史》原書作"告成"，鄭際唐分纂稿亦作"告成"。　⑤典故，《總目》作"故典"。

堯山堂外紀一百卷

明蔣一葵撰。一葵，字仲舒，常州人。堯山，其讀書堂名也。是書取記傳所載古人事蹟稍僻而中有韵語可採者，輯而錄之。起黃虞，而迄元明，每代俱以人名標目，而各註出處。舛漏殊多，以明諸帝分編入各卷中，體例尤爲未協。

《四庫全書總目》卷一百三十二子部四十二雜家類存目九。1127 上

幽怪錄一卷續幽怪錄一卷

《幽怪錄》，唐①牛僧孺②撰。僧孺事蹟具《唐事》③，此書《唐志》載十卷，今止存一卷。

晁氏云：“僧孺爲宰相，有聞於世，而著此等書。《周秦行紀》④之謗，蓋有以致之也。”末附李復言《續錄》一卷，考《唐志》及《館閣書目》⑤皆作五卷，《通考》則作十卷，云分《仙術》、《感應》三門⑥，今僅殘篇數頁，並不成卷，蓋俱非完本矣。疑二書已經久佚，後人於《太平廣記》中抄撮成編，故寥寥如是，然志怪之書，無關風教，其完否亦不足深考也。

《四庫全書總目》卷一百四十四子部五十四小說家類存目二。1227 上

【校記】①唐，《初目》原作"僧"，誤。牛僧孺爲唐代宰相，非僧人。《總目》作"唐"，今據改。　②牛僧孺，《初目》原作"牛僧儒"，誤。《總目》作"牛僧孺"，今據改。下云"僧孺事蹟"、"僧孺爲宰相"，《初目》亦誤作"僧儒"，今並改。　③唐事，當爲"唐書"之誤。　④周秦行紀，《初目》原作"周泰行紀"，誤。《周秦行紀》亦見《總目》，今據改。　⑤館閣書目，《初目》原作"廣閣書目"，誤。世無"廣閣書目"之書，《總目》作"館閣書目"，是也，今據改。　⑥《通考》則作十卷，云分《仙術》、《感應》三門，按：此見《文獻通考》卷二百十五《經籍考》四十二，謂晁公武所言。《文獻通考》提要云："晁氏曰：李復言續僧孺書，分《仙術》、《感應》三門。"清黃丕烈《士禮居藏書題跋記》（清光緒十年滂喜齋刻本）卷四著錄宋本《續幽怪錄》四卷引晁公武言亦作"分《仙術》、《感應》三門"。考晁公武《郡齋讀書志》原文，正作"分《仙術》、《感應》三門"。《總目》引《通考》此文，作《仙術》、《感應》二門。今所見此書已不分類，蓋後人加以合併而去其門類。然此條提要既稱見《通考》，則自應以《通考》所作分《仙術》、《感應》三門爲是。

錄異記八卷

蜀杜光庭撰。《宋志》作十卷，與今本異。卷首沈士龍題辭，謂杜光庭以方術事蜀孟昶，故成此書以取悅。然其記蜀丁卯年會昌廟城壕側龜著金書"王"①字"大吉"字，則王建天復七年也。又稱蜀皇帝乾德元年己卯七月十五日庚辰降誕廣聖節，王彥徽得白龜以進，則王衍元年也。凡此皆爲前蜀王氏誕陳符瑞，以云悅昶，似不相涉也。

《四庫全書總目》卷一百四十四子部五十四小說家類存目二。1227 下

【校記】①王，殿本《總目》同，浙本《總目》作"玉"。按：《錄異記》今存明抄本，此記事見於卷五"異龜"，其文作"王"字，是浙本《總目》有誤。

括異志十卷

舊本題宋張師正撰。師正，字不疑，熙寧中爲辰州帥。《文獻通考》載："師正擢甲科。後遊宦四十年不得志，於是推變怪之理，參見聞之異，得二百五十篇，魏泰爲之序。"①此本不載魏《序》，蓋傳寫佚之。然王銍《默記》以是書即魏泰作，蓋泰爲曾布之婦兄，而銍則曾紆之婿，猶及識泰，其言當必不誣也。

《四庫全書總目》卷一百四十四子部五十四小說家類存目二。1227 下

【校記】①按：此爲《文獻通考》引晁公武《郡齋讀書志》之語。

譚槩三十六卷

明馮夢龍撰。夢龍，字猶龍，長洲人，由貢生選壽寧知縣。是書分類彙輯古事，頗資談劇。近體俳諧，無關大雅，亦小說家流也。

《四庫全書總目》卷一百三十二子部四十二雜家類存目九。1124 中

西樵野記四卷

明侯甸[①]撰。甸,蘇州人。《明史·藝文志》載是書作十卷,此本卷數不符,疑有散佚,然原《序》稱一百七十餘條,計數無缺,或《明史》誤也。《序》又稱所載悉幽怪之事,此本所載乃有不涉幽怪者二十三條,爲例未免不純。其女子詠錢一詩,見沈括《筆談》,撫爲近事,又疏舛矣。

《四庫全書總目》卷一百四十四子部五十四小説家類存目二。1229 上

【校記】①侯甸,《初目》原作"侯甸言",誤。《明史·藝文志》、《總目》均作侯甸《西樵野記》;其書今存,即作"侯甸"。今據改。下文《初目》云"甸言,蘇州人",亦改。

耳新十卷

明鄭仲夔撰。仲夔,字龍如,信州人。是書雜記瑣事,多及仙鬼因果,亦《輟耕錄》之流亞。中記魏忠賢事,蓋明末人也。

《四庫全書總目》卷一百四十四子部五十四小説家類存目二。1230 下

無事編二卷

明[①]項真撰。真,字不損,秀水人。是書撫拾成文,漫無風旨,雜引故寔,皆仍其原文,今古不辨,甚至以喬知之爲晉人,疏陋可知矣。

《四庫全書總目》卷一百三十三子部四十三雜家類存目十。1130 上

【校記】①明,《總目》作"國朝",提要云:"前明諸生,入國朝官景陵縣知縣。"

蘭畹居清言[①]十卷

明鄭仲夔撰。仲夔,字龍如,江西人。其書采錄僻事雋語,自漢魏以迄嘉隆,分門別類,一如劉義慶《世説》之例。其已見劉孝標注及王世貞所補者,則不復載。又以一人編中錯見、名字爵諡不一其稱者[②],別爲《釋名》,以附于前。

《四庫全書總目》卷一百四十三子部五十三小説家類存目一。1224 中

【校記】①蘭畹居清言,《初目》原作"蘭畹居清",缺"言"字。今據《總目》補。其書今有明萬曆四十五年刻《玉麈新譚》本,其卷端、書口及各家序言,均作"清言"。　②"一人"至"稱者",《初目》原作"一人編見錯見、名字爵諡不一其稱者",《總目》作"一人編中錯見、名字爵諡不一其稱者",一作"編見",一作"編中"。按:《總目》是也。其書"凡例"云:"編中一人錯見者、名地爵諡不一其稱。"是其證。

煙霞小説二十二卷

明蘇州陸貽孫輯。所取稗官雜記,凡十二種。中如楊循吉《吳中故語》、黃暐《蓬軒記》、馬愈《日抄》、杜瓊《紀善錄》、王凝齋《名臣錄》、陸延枝《説聽》六種,逸事瑣聞,尚資考論。至陸粲《庚巳編》,徐禎卿《異林》,祝允明《語怪編》、《猥談》,楊儀《異纂》,陸灼《艾子後語》六種,則神怪不經之事矣。諸書亦多摘抄,並非完本,前有嘉靖己未寧波范欽《序》。

《四庫全書總目》卷一百三十一子部四十一雜家類存目八。1120 下

逸史搜尋[①]不分卷

明新安汪雲程撰。其書雜采漢唐迄宋稗官小說一百四十種，彙爲一編，中分十集。大抵皆猥鄙荒怪之説，無可采錄。

《四庫全書總目》卷一百四十四子部五十四小説家類存目二。1231 中

【校記】①逸史搜尋，《總目》作"逸史搜奇"。按：《明史·藝文志》著錄汪雲程《逸史搜奇》十卷。此書今存明刻本，作《逸史搜奇》一百卷。

湖海搜奇二卷揮麈新談二卷白醉璅言二卷説圃識餘二卷漱石閒談二卷[①]

皆明王兆雲撰。兆雲，字元楨[②]，麻城人。所著筆記多談怪異，而各自立名，亦《夷堅志》十干分部十例也。

《四庫全書總目》卷一百四十四子部五十四小説家類存目二。1230 下

【校記】①湖海搜奇二卷揮麈新談二卷白醉璅言二卷説圃識餘二卷漱石閒談二卷，《總目》連同《烏衣佳話》四卷，皆收入《王氏雜記》十四卷。　②元楨，《初目》原作"元禎"。按：王兆雲撰有《明詞林人物考》十二卷，《總目》著錄其小傳，作"字元楨"。王兆雲撰《烏衣佳話》，《初目》亦作"字元楨"，今據改。

烏衣佳話四卷[①]

明王兆雲撰。兆雲，字元楨，麻城人。是書《明史·藝文志》載八卷，此本分前後二集，每集僅分爲上下卷，數目不符，或合或併或缺佚，未之詳也。所紀多當異聞，頗陳仙鬼，亦搜神志怪之流，真僞不足深辨。惟其記"張孚敬晚遇"一條，謂廷臣議追封大礼，拘於俗説濮園之非，則未免有所左祖矣。

《四庫全書總目》卷一百四十四子部五十四小説家類存目二。1230 下

【校記】①烏衣佳話四卷，《總目》收入《王氏雜記》中。

古今藝苑談槩上集六卷下集六卷

題曰俞文豹撰。文豹，宋人。所著《吹劍錄》及《續錄》尚有傳本可考。此編多引明代諸書，非姓名偶同即僞託也。其書雜採故實，無所辨論，每條下各列書名，而疏舛特甚，如鄒忌妻妾事出《戰國策》，而註曰《十二國春秋》；列子攫金于市事，末增"吏大笑之"四字。蓋不學者抄撮説部而爲之。

《四庫全書總目》卷一百三十一子部四十一雜家類存目八。1116 下

道家類

抱朴子內外篇八卷

晉葛洪撰。洪，字稚川，丹陽句容人。躭嗜元術[①]，嘗聞餌丹砂可延年，自乞爲句漏令。後退居羅浮山，煉丹著書，推明導養黃白之術，自號"抱朴子"，因以名書。《自序》謂《內篇》

二十卷,《外篇》五十卷,而《隋志》、《唐志》及《通志》、《通考》所載卷數,率多互異,疑傳寫者分晰②不同。晁公武謂《晉書》內外有一百一十六篇,今世所傳者四十篇③。陳振孫又謂《館閣書目》有外篇五十卷,未見。又《永樂大典》所載目校今本,失去《丹砂法》等八篇,是宋元間流傳全本已尟。此本乃明烏程盧舜治以所得宋本及王府、《藏》經二本參校付刊,視他本獨少闕略,所刊篇數與洪《自序》卷數相符,知洪當時蓋以一篇爲一卷也,特晁氏所云一百十六篇者,未知何所據耳。其書《外篇》言時政得失、人事臧否,旁引曲喻,饒有名理。《內篇》則論神仙、吐納、符籙之事,先儒或斥其不經,然詞旨辨博,文④

《四庫全書總目》卷一百四十六子部五十六道家類。1250 中

【校記】①元術,文淵閣《四庫全書》書前提要同,《薈要提要》作"仙術"。　②分晰,《初目》原作"分析"。　③晁公武謂洪書內外有一百一十六篇,今世所傳者四十篇,《薈要提要》、文淵閣《四庫全書》書前提要同;《總目》作:"晁公武《讀書志》作內篇二十卷,外篇十卷。"《初目》所說見衢本《郡齋讀書志》卷十二雜家類。《總目》所說見袁本《郡齋讀書志》卷三上道家類。　④文,《初目》以下原缺。《薈要提要》、文淵閣《四庫全書》書前提要與《初目》本書提要完全相同,其下爲:"藻贍麗,實非六朝以後所能作,未可以其出於道家者言而檗置之也。"

道德指歸論六卷

舊本題曰漢嚴遵撰。《新唐書·藝文志》有嚴遵《指歸》四十卷,馮廓注《指歸》十三卷。宋晁公武《讀書志》云:《老子指歸》十三卷,題谷神子注,不顯姓名,未知即廓書否也。今註俱不存,毛晉所刊,止存六卷。錢曾《讀書敏求記》云:曾得錢叔寶①鈔本,"自七卷至十三卷,前有總序,後有'人之饑也'至'信言不實'四章。"今皆失去。又引鬼谷子②《序》云:"《道德指歸論》,陳隋之間,已逸其半。""今所存者③止《論德篇》,近代嘉興刻本,列卷一之卷六,與序文大相逕庭。"則毛晉此本即據嘉興本也。考曹學佺作《元羽外編序》,稱:"近刻嚴君平《道德指歸論》,乃吳中所偽作。"又《通考》載是書原有經文。《陸游集》有是書跋,稱爲《道德經指歸》古文,亦以經文爲言,與此本體例互異。而所引《莊子》,今本無者十六七,不應遵之所取皆郭象之所棄。學佺所言未必無據,疑以傳疑,姑存以備道家言耳。

《四庫全書總目》卷一百四十六子部五十六道家類。1242 中

【校記】①錢叔寶,《初目》原作"錢敍寶",誤。《初目》所引見《讀書敏求記》卷三之上,原文即作"錢叔寶"。《總目》不誤,今據改。　②鬼谷子,《總目》作"谷神子",疑《初目》有誤。此指《道德指歸論》之序言,《讀書敏求記》原文作"谷神子"。　③存者,《初目》原作"在者",今據《讀書敏求記》原文改。《總目》作"在者"。

淮南子二十一卷

漢淮南王劉安撰,高誘注。凡二十一篇。班固《藝文志》:《淮南》內二十一篇,外三十三篇。今所存者,蓋內篇也。《隋志》有許慎註,《唐志》始有高誘註。按誘《自序》言:此書"大較歸之於道,號曰'鴻烈'"。後世以《鴻烈》稱《淮南子》蓋始於此。晁公武《讀書志》稱:《崇文總目》亡三篇,李淑《邯鄲圖書志》亡二篇,其家本惟存《原道》、《俶真》、《天文》、《地形》①、《時則》、《覽冥》②、《精神》、《本經》、《主術》③、《繆稱》、《齊俗》、《道應》、《氾論》、《詮

313

子部　道家類　　　　　　　　　　　　　　　　　　　　　　　四庫全書初次進呈存目

言》、《兵略》④、《説林》、《説山》十七篇，亡其四篇。高似孫《子略》稱讀《淮南》二十篇，然則是書在宋已鮮完本。惟洪邁《容齋隨筆》稱"今所存者二十一卷"，與今本同。然白居易《六帖》引"烏鵲填河"事，祝穆《事文類聚》引"雙南金"事，皆云出《淮南子》，而今本無之，則尚有脱文也。公武謂許慎註稱"記上"。陳振孫謂今本題許慎註，"而詳序文即是高誘，殆不可曉"。蘆泉劉績又謂"記上"猶言標題進呈，並非慎爲之注。然《唐志》許氏、高氏二註並列，又何説也？今本已無題慎"記上"者，蓋後人考正之⑤。誘，涿郡人，盧植之弟子。建安中，辟司宫掾⑥，歷官東郡濮陽令，遷河東監。皆見《自序》中。

《四庫全書總目》卷一百十七子部二十七雜家類一。1009 中。《四庫全書薈要》、文淵閣《四庫全書》作"淮南鴻烈"。

【校記】①地形，《郡齋讀書志》及《淮南子》原書均作"墬形"。墬，即古文"地"。
②覽冥，《初目》原作"覽宜"，爲形近而誤。今據本書目録改。《總目》作"覽冥"不誤。
③主術，《初目》原作"三術"，爲形近而誤。今據本書目録改。《總目》作"主術"不誤。
④兵略，《初目》原作"邱略"，爲形近而誤。今據本書目録改。《總目》作"兵略"不誤。
⑤考正之，《薈要提要》作"考正而削去之"，於文氣更順。　⑥司宫掾，《薈要提要》、文淵閣《全書》提要同。《總目》作"司空掾"，是也。《後漢書·百官志》無司宫掾之職。《初目》稱高誘其仕履"皆見《自序》中"，查高誘《自序》，云："建安十年，辟司空掾。"可證《初目》等有誤。

冥通記四卷

梁周子良撰。《隋志》作一卷，《宋志》作十卷①，與今本皆不同。然第四卷目録末云："大凡四卷，真本書雜色，合六十五番，或真或草行。"所言乃與今本合，則《宋志》悮也。首有陶宏景所作子良傳，稱子良字元歛，本汝南縣人，寓居丹陽。年十二從宏景于永嘉受《仙靈録》、《老子五千文》、《西嶽公禁虎豹符》，十一年從還茅山，受《五嶽圖》、《三星内文》，十四年乙未歲五月二十三日遂通真靈，後一年卒，年二十。其説荒誕不經，此書乃子良所記冥通之事，起乙未五月十三日，至丙申七月末，逐日纂載，亦宏景《真誥》之流也。

《四庫全書總目》卷一百四十七子部五十七道家類存目。1258 中。

【校記】①《宋志》作十卷，《總目》同。按：文淵閣《四庫全書》本《宋史·藝文志》實際作"四卷"，未知《初目》所説之依據。

列子八卷

周列禦寇撰。劉向校定爲八篇，以禦寇爲鄭穆公時人。唐柳宗元辨爲繻公時人，考據極確。唐天寶元年尊爲《沖虛真經》，宋①景德間加"至德"之號。宗元謂其書亦多增竄，非其實。高似孫《子略》以《莊子·天下篇》歷敍墨翟以下諸子，不及禦寇，司馬遷亦不傳列子，遂謂後人薈萃而成之，皆於理或近。似孫又謂出于《莊子》之寓言，並無其人，則太臆斷矣。晉張湛嘗爲之註，詞旨簡遠，可亞於王弼注《老》、郭象註《莊》，其註煉石補天之類，皆妙得寓言之旨。葉夢得乃詆其遂事爲解，反多迷失。蓋夢得僻於佞佛，欲取《列子》書一一比附于禪學，故於湛之註，合己説者則以爲微知其意，不合己説者則惡其害己而排之，非篤論也。其《楊朱》、《力命》二篇，宗元以所稱魏牟、孔穿皆在列子以後，疑爲楊朱之書。然劉向以來並無是説,今亦不取焉。

《四庫全書總目》卷一百四十六子部五十六道家類。1245 上

【校記】①宋,《初目》原作"宗",非是。此謂景德年間加《列子》"至德"之號,景德乃宋朝皇帝年號。《薈要提要》作"宋"。

仙苑編珠三卷

唐王松年撰。以古來聖帝明王並在仙籍,與後世修真學道者並數,得三百餘人。倣《蒙求》體,以四字比韻,撮舉事要,而附箋註于下。《通考》作二卷,又序文及《通考》所舉人數,皆與今書不符,疑其徒有所附益也。松年,天台道士。《通考》以爲唐人,書中乃道及梁開平二年①事,其唐之遺民歟?

《四庫全書總目》卷一百四十七子部五十七道家類存目。1259 中

【校記】①開平二年,《總目》作"開成二年",誤。孫猛謂此書《道藏八種》本有敍梁開平三年事,《四庫總目》"開成"當"開平"之誤(《郡齋讀書志校證》卷第十四《仙苑編珠》,上海古籍出版社,1990 年,第 674 頁)。所説甚是。《仙苑編珠》卷下"沖寂焚香"條,即記華嶽道士謝沖寂梁開平三年(909)二月清晨乘雲升天事。又記天台縣人厲歸真天祐三年(906)十一月白日沖天事,亦在開成二年(837)之後。惟《初目》謂"書中乃道及梁開平二年事",稍有舛訛。

道教靈驗記十五卷

唐杜光庭①撰。光庭,蜀王建時道士,號廣成先生。其書歷述奉道之顯應,以自神其教。凡《宫觀靈驗》三卷,《尊像靈驗》二卷,《天師靈驗》一卷②,《真人王母等神靈驗》一卷,《經法符籙靈驗》③三卷,《鐘磬法物靈驗》一卷,《齋醮拜章靈驗》二卷。以光庭《自序》及宋徽宗《序》考之,尚缺五卷④。張君房《雲笈七籤》所載,僅六卷一百十八條,缺略更多。

《四庫全書總目》卷一百四十七子部五十七道家類存目。1259 中

【校記】①唐杜光庭,《總目》作"蜀杜光庭",以下"神仙感遇傳"、"墉城集仙録"、"洞天福地嶽瀆名山記"諸條同。《總目》卷一百四十七《道教靈驗記》提要云:"舊本題曰唐人。考朱子《通鑑綱目》書王建以道士杜光庭爲諫議大夫,而光庭《廣成集》中又有《謝户部侍郎表》,則非惟入蜀,且仕蜀矣。故今改題焉。"《直齋書録解題》卷十二著録本書即作"蜀道士杜光庭撰"。　②《天師靈驗》一卷,明正統《道藏》本《道教靈驗記》其上尚有《老君靈驗》二卷。按:《初目》著録《道教靈驗記》十五卷,然細數所列各卷數目,僅有十三卷,加上《老君靈驗》二卷,方爲十五卷,是《初目》有脱漏。《總目》所列亦脱去《老君靈驗》二卷。　③經法符籙靈驗,《初目》作"經法符籙靈驗",《總目》作"經法附録靈驗",均非是。明正統《道藏》本《道教靈驗記》作"經法符籙靈驗",今據改。　④以光庭《自序》及宋徽宗《序》考之,尚缺五卷,《總目》同。按:此書宋徽宗《序》云:"因覽杜光庭所集《道教靈驗記》二十卷。"杜光庭《自序》云:"今訪諸耆舊,採之見聞,作《道教靈驗記》凡二十卷。"《直齋書録解題》卷十二亦作二十卷。然明正統《道藏》本《道教靈驗記》作十五卷,《初目》因有"尚缺五卷"之説。其説非是。考《道藏》本,此書卷三(《宫觀靈驗》)題"四同卷",卷五(《尊像靈驗》)題"六同卷",卷七

(《老君靈驗》)題"八同卷",卷九(《真人王母等神靈驗》)題"十同卷",卷十一(《經法符籙靈驗》)題"十二同卷"。是《道藏》本雖爲十五卷,實際則爲二十卷,原書有五卷已合併入相應卷次。故實際卷數不缺。

神仙感遇傳五卷

唐道士杜光庭撰。記古來遇仙之事。《雲笈七籤》所載凡四十四條,此本凡七十五條,第五卷末尚有闕文。

《四庫全書總目》卷一百四十七子部五十七道家類存目。1259 下

墉城集仙錄六卷

唐道士杜光庭撰。記古今女仙,凡三十七人。云墉城者,以女仙統于王母,而王母居墉城①也。張君房《雲笈七籤》所載與此本互異,然此本前數卷皆襲《漢武內傳》、陶宏景《真誥》之文,真偽蓋不可知。荒唐悠謬之談,亦無足深辯耳。

《四庫全書總目》卷一百四十七子部五十七道家類存目。1259 下

【校記】①墉城,《總目》作"金墉城"。按:墉城爲傳說中西王母的居處。《水經注·河水一》云:"承淵山,又有墉城,金臺玉樓,相似如一……西王母之所治,真官仙靈之所宗。"宋張君房《雲笈七籤》卷之一百一十四裳五載杜光庭《墉城集仙錄叙》云:"女仙以金母爲尊,金母以墉城爲治。編記古今女仙得道事實,目爲《墉城集仙錄》。"此《序》亦載《全唐文》卷九百三十二。金墉城則爲魏明帝於洛陽城西北所築之城,《水經注》卷十六"穀水"有記載。

洞天福地嶽瀆名山記一卷

唐杜光庭撰。首仙山,次五嶽,次十大洞天,附以青城山,次五鎮海瀆,次三十六精廬,次三十六洞天,次七十二福地,次靈化二十四,皆道家言也。

《四庫全書總目》卷一百四十七子部五十七道家類存目。1259 下

洞仙傳一卷

不知撰人姓名①。馬氏《經籍考》亦未著錄,而《太平廣記》嘗引之,則宋以前人作也。自元君迄姜伯,凡爲傳七十有七,《雲笈七籤》第十卷及十一卷內全載之②。

《四庫全書總目》卷一百四十七子部五十七道家類存目。1259 下

【校記】①不知撰人姓名,按:《舊唐書·經籍志》、《新唐書·藝文志》、《宋史·藝文志》、鄭樵《通志·藝文略》等均著錄見素子撰《洞仙傳》十卷,未知是否即此書。 ②《雲笈七籤》第十卷及十一卷內全載之,《總目》同。按:《洞仙傳》見《雲笈七籤》卷一百一十廿十、卷一百一十一棠一。

周易參同契考異一卷

朱子撰。陳振孫謂朱子以《參同契》"詞韻皆古奧,雅難通,讀者淺聞,妄輒更改,比他書尤多舛悞。合諸本更相讐正,其諸同異,皆並存之"。其附記則廬陵黃瑞節語也。《年譜》載

慶元三年，黨禁方急，蔡沈將編管道州，與朱子會宿寒泉精舍，夜論《參同契》。蓋旁討外學，亦格物窮理之一端，而究謂不可立訓。故《參同契註》，終以廋詞隱姓名，瑞節遂謂其師弟子有脱屣世外之意，則過論矣。

《四庫全書總目》卷一百四十六子部五十六道家類。1249 上

翊聖保德傳三卷

宋王欽若撰。初，澶淵之役，欽若忌寇準功，以孤注之説進，真宗以爲恥，乃謀以符命誇四裔。於是天書之事起，東封西祀，諸説並興。欽若嘗自言少時見天中赤文成"紫微"二字。復於褒城道見異人，告以他日當位至宰相，視其剌，乃唐裴度。自以爲深達道教，遂創修醮儀，領校道書，凡增六百餘卷。復自著道書數種，此《傳》其一也。《傳》中所言翊聖真君降盩厔民張守真家，太祖太宗皆崇信之，事殊怪妄。蓋自張魯之教有三官，天地之外，獨有水官，而木、金、火、土不與，故道家獨尊元武。此所謂翊聖真君，即元武也。欽若小人，借神怪之説以固寵，不足多責，至著而爲書，則無忌憚之甚矣。

《四庫全書總目》卷一百四十七子部五十七道家類存目。1260 中

道德經解二卷

宋蘇轍撰。蘇氏之學，本出入於釋老之間。故是書大旨，主于二氏同源，而又引《中庸》之理以相比附，欲合儒筆而一之。朱子作《雜學辨》，深詆其非。然儒者説經明道，不可不辨別毫釐。若註二氏之書，則各就彼法以言之，不必定以儒理求也。《老子》既不可廢，轍《解》亦不妨並存矣。

《四庫全書總目》卷一百四十六子部五十六道家類。1243 中

雲笈七籤一百二十二卷

宋尚書度支員外郎、充集賢校理張君房撰。祥符中，君房自御史臺謫官寧海。適真宗崇尚道教，盡以秘閣道書付杭州，稗戚綸、陳堯臣①校正。綸等同王欽若薦君房主其事，乃君房編次，得四千五百六十五卷，進之。復撮其精要，總萬餘條以成是書。其稱"雲笈七籤"者，蓋道家之言，"三洞經"總成七部，"天寶君説洞真"爲上乘，"靈寶君説洞元"爲中乘，"神寶君説洞神"②爲下乘，又太元、太平、太清爲"輔經"③，又正一法文，爲遍三乘④，別爲一部，統稱"三洞真文"。君房以道經總旨不出於此，故以名之。《自序》所謂"掇《雲笈》七部之英略，寶蘊諸子之奧"者是也。詮敘之例，自一卷至二十八卷，總論經教宗旨及仙真位籍之事；二十九卷至八十六卷，則以道家服食煉氣、內丹外丹、方藥、符圖、庚申、尸解諸食術⑤，分類纂載；八十七至一百二十二卷，則前人文字及詩歌傳記之屬，凡有涉於道家者，悉編入焉。大都摘錄原文，不加論説。其引用《集仙錄》、《感遇傳》等，亦間有脱遺。然類例既明，指歸略備，綱條科格，無不兼該，足爲道家總彙。博學之士，咸取材焉，誠不可廢矣。《文獻通考》作一百二十卷，此本爲明中書舍人張萱所刊，中多二卷，蓋《通考》脱誤也⑥。

《四庫全書總目》卷一百四十六子部五十六道家類。1252 中

【校記】①陳堯臣，文淵閣《四庫全書》書前提要、《總目》同。張君房《雲笈七籤原序》作"漕運使、今翰林學士陳堯佐"。陳堯佐，《宋史》卷二百八十四有傳。　②神寶君説

洞神，《初目》原作"神寳君説洞"，今據文淵閣《四庫全書》書前提要、《總目》補。《雲笈七籤》卷二《道教三洞宗元》云："其三洞者謂洞眞、洞玄、洞神是也。天寳君説十二部經爲洞眞教主，靈寳君説十二部經爲洞玄教主，神寳君説十二部經爲洞神教主。故三洞合成三十六部尊經。第一洞眞爲大乘，第二洞玄爲中乘，第三洞神爲小乘。"可以爲証。　　③輔經，《初目》原作"輔神經"，非是。《雲笈七籤》卷二《道教三洞宗元》云："太玄、太平、太清爲輔經。太玄輔洞眞，太平輔洞玄，太清輔洞神。"今據改。文淵閣《四庫全書》書前提要、《總目》作"輔經"不誤。　　④正一法文，爲遍三乘，文淵閣《四庫全書》書前提要、《總目》作"正一法文，遍陳三乘"。　　⑤庚申、尸解諸食術，文淵閣《四庫全書》書前提要、《總目》作"守庚申、尸解諸術"。按：《雲笈七籤》卷八十一至卷八十三爲"庚申部"，卷八十四至八十六爲"尸解"，"庚申"上無需加"守"字。　　⑥"文獻"至"誤也"，此以明張萱刻本《雲笈七籤》爲一百二十二卷，以説明《文獻通考》作一百二十卷有"脱誤"，恐未必是。張君房《雲笈七籤原序》即云"總爲百二十卷"，宋趙希弁撰《郡齋讀書後志》卷二、《文獻通考·經籍考》、《宋史·藝文志》等著録，亦均作一百二十卷。作一百二十二卷者，乃後來有所衍出。

悟眞篇五卷

宋張伯端撰。伯端，一名用成，字平叔，天台人。熙寧間遇異人于成都，傳其道而著是編。凡五七言詩及《西江月》詞百篇，皆闡發内丹之旨。末卷兼涉禪宗，蓋二氏本出一源故也。所言姹女嬰兒皆道家之寓名，非後世所謂容成術者。原書本一卷，葉士表、袁公輔爲之注，分爲五卷。

《四庫全書總目》卷一百四十六子部五十六道家類。1252 下

南華眞經義海纂微一百六卷

宋褚伯秀撰。伯秀，杭州道士，其書成於咸淳庚午，下距宋亡僅六年。周密①《癸辛雜識後集》載至元丁亥九月，與伯秀及王磐隱游閱古泉，則入元尚在也。其書纂郭象、吕惠卿、林疑獨、陳祥道、陳景元、王雱、劉槩、吴儔、趙以夫、林希逸、李士表②、王旦、范元應③十三家説，而斷以己意，謂之管見。中多引陸德明《經典釋文》而不列於十三家中，以是書主義理而不主音訓也。成元英《疏》、文如海《正義》④、張潛夫《補注》皆間引之，亦不列於十三家，以從陳景元書采用也。范元應乃蜀中道士，本未注《莊子》，以其爲伯秀之師，故多述其緒論焉。蓋宋以前解《莊子》者，梗槩略具於是，其間如吴儔、趙以夫、李士表、王旦諸家，今皆罕見傳本，實賴是書以傳，則伯秀編纂之功亦不可没矣。前有劉震孫、文及翁、湯漢三《序》，皆咸淳初作。

《四庫全書總目》卷一百四十六子部五十六道家類。1247 上

【校記】①周密，《初目》原作"周蜜"，非是。今據其作《癸辛雜識》原書改。　　②李士表，《初目》原作"學士表"。按：《南華眞經義海纂微》所引作李士表，且下文亦稱"李士表"，今據改。文淵閣《四庫全書》書前提要、《總目》不誤。　　③范元應，文淵閣《四庫全書》書前提要、《總目》同。按：范元應，應作"范應元"。范氏爲褚伯秀之師，書中或稱西蜀無隱范講師，或稱西蜀無隱范先生、無隱范先生。本書卷一百六褚伯秀云："師

諱應元,字善甫,蜀之順慶人。學通内外,識究天人。"葛萬里《别號録》卷一録有"無隱,范應元,善甫"。均其證。　　④文如海,《初目》原作"問如海",今據《南華真經義海纂微》所引改。《宋史·藝文志》著録有"文如海莊子正義十卷"。文淵閣《四庫全書》書前提要、《總目》不誤。

南華真經新傳二十卷

宋王雱撰。雱,字元澤,安石子。未冠登進士。累官龍圖閣直學士,事迹具《宋史》。是書體例略仿郭象之註,而更約其詞,標舉大意而不詮文句。謂内七篇皆有此序論貫①。其十五外篇、十一雜篇,不過藏②内篇之宏綽幽廣。後附《拾遺》、《雜説》一卷,以盡其義。史稱雱睥睨一世,無所顧忌,其狠愎本不足道,顧卒其傲然自恣之意,與莊周之滉漾肆論、破規矩而任自然者,性若相近,故往往能得其微旨。孫應鰲《序》謂取言不以人廢,諒矣。《文獻通考》作十卷③,此本倍之,疑《通考》誤脱"二"字,或明人重刊,每卷分爲二也。

《四庫全書總目》卷一百四十六子部五十六道家類。1246 中

【校記】①皆有此序論貫,文淵閣《四庫全書》書前提要、《總目》作"皆有次序綸貫"。此謂《莊子》内篇七篇均有内在緊密聯繫,《初目》作"此序"恐非是。孫應鰲《序》云:"此論著之綸貫,皆括於内篇七篇。"所説甚明。　　②藏,文淵閣《四庫全書》書前提要、《總目》作"藏",非是。孫應鰲《序》云:"其十五外篇、十一雜篇,或激而宣憤,或詭而樹矯,或放而遣滯,或深而造朴,不過藏内篇之宏綽幽廣已爾。"此謂外篇、雜篇不過是用來説明内篇的"宏綽幽廣"而已。《總目》等作"藏"恐爲形近之誤。　　③《文獻通考》作十卷,文淵閣《四庫全書》書前提要、《總目》作"晁公武《讀書志》作十卷"。《文獻通考·經籍考》三十八著録"王元澤《注莊子》十卷",下注:"晁氏曰:皇朝王雱字元澤撰。"考宋趙希弁撰《郡齋讀書後志》卷二著録道:"王元澤《注莊子》十卷。"下注:"右皇朝王雱撰。元澤,其字也。"是《初目》據後來之書目著録,《總目》等則據原始書目著録。

周易參同契發揮九卷釋疑三卷

元俞琰撰①。琰,字玉吾,吴縣人。隱居洞庭山,好言《周易》,有《集説》、《舉要》諸書。又以爲養生家言源於易理,著《易外别傳》一卷。是書以一身之水火陰陽,發揮丹道。論者以爲遜于彭曉、陳顯微、陳致虚三注,然取材甚博。其《釋疑》三卷,考核異同,較朱子尤爲詳備。明白雲霽《道藏目録》謂二書共十四卷,焦竑《經籍志》則作十二卷。毛晉《津逮秘書》以琰注與曉等三家註合爲一編,已非其舊,又併其《釋疑》佚之。此本每卷俱有圖,猶係舊刻,其卷帙亦與《經籍志》合,蓋即竑所見之本也。

《四庫全書總目》卷一百四十六子部五十六道家類,作《周易參同契發揮》三卷《釋疑》一卷。1249 中

【校記】①元俞琰撰,文淵閣《四庫全書》書前提要、《總目》作"宋俞琬撰"。按:俞琰爲宋末元初時人,在宋以詩賦稱,入元後隱居不出,故其時代有宋、元之異。《初目》著録俞琰著作,《周易集説》四十卷作宋俞琰撰,《書齋夜話》四卷、《林屋山人集》一卷作元俞琰撰,亦不統一。《總目》著録其年代,作宋、作元者都有。

三洞羣仙錄二十卷

宋江陰道士陳葆光撰。採摭古來仙人事寔，集爲四字儷語而自註之，蓋蒙求之體。然所載但取怪異，不盡仙人事也。

《四庫全書總目》卷一百四十七子部五十七道家類存目。1260 下

終南山祖庭仙真內傳二卷①附終南山説經臺歷代仙真碑記一卷

《終南山祖庭仙真內傳》二卷，元道士李道謙編。《終南山説經臺歷代仙真碑記》一卷，元道士朱象先纂。終南山樓觀爲尹喜故居，故其徒目曰"祖庭"。是編載歷代羽流居是觀者，道謙所編皆金元人，象先所纂則自尹喜而下、周漢以來人也。象先自跋云：樓觀先師傳者，尹喜之弟尹軌所撰。至唐有尹文操者，續紀三十人，各列一傳，爲書三卷。今碑記僅一卷，而有三十五人，蓋象先②節錄文操所傳，又增入文操等五人耳。所言多涉神怪事，異學之徒自尊其教，不足究詰真僞也。

《四庫全書總目》卷一百四十七子部五十七道家類存目。1262 上

【校記】①終南山祖庭仙真內傳二卷，殿本《總目》同，浙本《總目》作"三卷"。按：明白雲霽《道藏目錄詳註》卷三著錄作三卷，清修《續通志·藝文略》、《續文獻通考·經籍考》著錄此書均作二卷。此書今存清抄本，凡三卷，缺卷下。實存二卷。　②象先，《初目》原作"免先"，爲形近而誤。此謂本書作者，當作"象先"，今據改。《總目》不誤。

三元參贊延壽書五卷

元李鵬飛撰。鵬飛，至元間人。自稱九華澄心老人。所言皆攝生之事，凡節嗜欲、慎飲食、神仙導引之法、俚俗陰陽之忌、因果報應之説，無不悉載。其説頗爲叢雜。要其指歸，則道家流也。前有《自序》，亦稱得之飛來峰下道士云。

《四庫全書總目》卷一百四十七子部五十七道家類存目。1261 下

甘水仙源錄十卷

元道士李道謙撰。自老子言清静，佛言寂滅，神仙家言養生術，而張魯等教人以符籙祈禱之事，四者各別。至金源初，咸陽人王喆①棄家學道，狀若狂疾。正隆中，自稱遇仙人於甘河鎮，飲神水疾愈，遂自號重陽子。大定中，聚徒寧海州，立三教平等會，以《孝經》、《心經》、《老子》教人諷誦，而自名其教曰全真。元興之後，其教益盛。至元中道謙集文士所爲碑記詩歌，合爲此編，以其源出重陽子，故取甘河鎮神水之事名焉。

《四庫全書總目》卷一百四十七子部五十七道家類存目。1262 中

【校記】①王喆，通常作"王嚞"。喆、嚞，即"哲"字。《説文·口部》："嚞，古文哲，從三吉。"王嚞，號重陽子。爲全真教創始人。乾隆《大清一統志》卷一百三十七云："重陽子，姓王，名嚞。"雍正《山西通志》卷一百六十《仙釋》："王嚞，字知明，號重陽子。"《總目》作"王嘉"，誤。

廣胎息經二十二卷

不著撰人姓名，題爲宋人。其書皆稱養浩生問而丹庭真人答，分却病、延年、成真、了道

四部,論吐納之法,兼及容成之術,非道家正傳也。其二十一卷中引及洪先[①]、陳獻章語,則明季羽流所作,云宋人者悞矣。

《四庫全書總目》卷一百四十七子部五十七道家類存目。1261 上

【校記】①洪先,《總目》作"羅洪先"。

元品錄五卷

元張雨撰。雨,字伯雨,一字天雨,別號貞居子,錢塘人。宋崇國公九成後也。年二十餘棄家爲道士,往來華陽、雲石[①]間,自稱句曲外史。能詩詞,當時虞集、楊維楨亟稱之。是編載歷代道家者流,起周迄宋,列爲十品,曰道品、道權、道化、道儒、道術、道隱、道默、道言、道質、道華,得百三十五人。然書名"元品",自應以清净爲宗,故曹參、張良之流可以類入。至於神仙方士,別自成家,隱士逸人,各爲一傳,溷而一之,已昧老氏之宗。乃至范蠡權謀之士,鬼谷捭闔之師,亦復借材,未知其可。蒐羅雖富,難免蕪雜之譏矣。又雨《自序》中稱題曰《元史》,標題之目與序不同,豈書改名[②]而序則偶未及改歟?

《四庫全書總目》卷一百四十七子部五十七道家類存目。1262 中

【校記】①雲石,《總目》作"雲右",非是。顧嗣立《元詩選初集》卷六十六"句曲外史張雨傳"云:"往来華陽、雲石間,作黄篾樓儲古圖史甚富,世稱句曲外史。"清姚之駰《元明事類鈔》卷十九《道士》、清曾廉《元書》卷九十一《隱逸傳》同。　②書改名,《總目》作"豈書後改名"。按:兩者皆可説通。

修真捷徑九卷

元至元中建安余覺華撰。覺華,字榮甫。其書輯道家服氣煉神歌訣。論皆篤寔,大旨闡發"谷神不死"之説者也。

《四庫全書總目》卷一百四十七子部五十七道家類存目。1261 下

神仙通鑑[①]六十卷

明薛大訓[②]撰。按:元浮雲山道士趙道一有《歷代真仙體道通鑑》前後集,是編蓋做其體例,書刊于崇禎庚辰。後有姚之典跋,稱大訓寓秣陵時,搜羅茅山道藏遺書而成。然所采殊爲蕪雜。大訓,字六詀,松江人[③]。

《四庫全書總目》卷一百四十七子部五十七道家類存目,作《列仙通紀》。1265 上

【校記】①《神仙通鑑》,《總目》題作"《列仙通紀》",提要云:"蓋先刊於明,名《神仙通鑑》。至國朝板燬重刊,改此名云。"　②明薛大訓,《總目》作"國朝薛大訓"。按:同治《蘇州府志》卷一百五《人物志》三十二"吳江縣·明"本傳云:"薛大訓,字六詀,本姓任,越來溪人,遷吳縣。父世德,字遂初,諸生。乙酉絶粒死。大訓崇禎丙子中副榜,以賢良方正授成都府通判,有政績。……福王時擢湖州知府,未至,聞已納款,聞道歸。詢知父以不食斃獄中,乃假爲匄者,負父屍,殯於丙舍。廬其側,旦夕悲號。已爲道士,服號紫光居士。疾亟,盡焚平日所著。卒年四十六。"崇禎丙子爲明崇禎九年。其父乙酉絶粒死,此爲清順治二年。是大訓生於明代,卒時已入清。同治《蘇州府志》將其列爲明人,或因其入清未仕。《初目》將其作爲明人,或以其書初刻于明代。《總目》或因其

子部　道家類

人卒於本朝，故標作清。《清史稿·藝文志》著錄《列仙通紀》六十卷，是亦視其爲清人。　　　　③松江人，《總目》作"吳縣人"。同治《蘇州府志》謂其本姓任，越來溪人，遷吳縣，又將其列入"吳江縣"，未知何故。

參同契集解二卷①

明餘姚蔣一彪撰。葛洪《神仙傳》云：魏伯陽作《參同契》，凡九十篇。徐氏景休爲之箋注，桓帝時以授同郡淳于叔通，因行于世②。彭曉爲之解。朱子謂此書後漢能文者爲之，其用字皆根括古書，非今人所能解，以故皆爲後人妄改，因著《參同契考異》一卷。明成都楊慎以九十章爲彭曉所分，經註紊亂，稱南方有掘地得石函，中有古文《參同契》上中下三篇，敍一篇，徐景休《箋注》亦三篇，《後序》一篇。淳于叔通《補遺三相類》上下二篇，《後序》一篇，自謂見朱子所未見。然《神仙傳》即有九十篇之文，則慎言亦未可信也。一彪以楊本爲主，復取彭曉、陳顯微、陳致虛、俞琰③四家之註，散于各段之下，以《參同契》爲上卷，《箋注三相類》爲下卷。

《四庫全書總目》卷一百四十六子部五十六道家類，作《古文參同契集解》。1249下

【校記】①《參同契集解》二卷，文淵閣《四庫全書》書前提要、《總目》作三卷。《初目》云："以《參同契》爲上卷，《箋注三相類》爲下卷。"文淵閣《四庫全書》書前提要分卷與此亦有異。　　②"葛洪"至"于世"，此謂"葛洪《神仙傳》"云云，係轉引自宋趙希弁撰《郡齋讀書後志》卷二所引《神仙傳》，而非直接引自葛洪《神仙傳》。葛洪《神仙傳》卷二《魏伯陽傳》云："伯陽作《參同契》，五行相類，凡三卷。"與此有異。　　③俞琰，文淵閣《四庫全書》書前提要同。殿本《總目》"琰"字缺末筆，浙本《總目》作"琬"，均係避嘉慶帝諱改。

解莊十二卷①

明陶望齡撰。僅寥寥數則，歸安茅兆河取與郭正域所評合刻，均無所發明。望齡，字周望，會稽人，萬歷己丑進士第三。歷官國子監祭酒，諡文簡。

《四庫全書總目》卷一百四十七子部五十七道家類存目。1256中

【校記】①此書原在明程大位撰《算法統宗》下，彼處所錄均爲"子部術數類"著作，此書書口題"子部道家類"，類別不同，當是錯雜其間者。茲按《初目》類別，移載於此。

胎息經一卷

題云幻真先生注，不知何人。經與注似出一人。大旨本老子"谷神不死"一章，而暢發其義。其曰①"爲之生爲之死"，"爲"當作"謂"，傳寫訛舛耳。經云："神行即氣行，神住即氣住。"注云："神爲氣子，氣爲神母。"在彼法中，亦爲探本之論矣。

《四庫全書總目》卷一百四十七子部五十七道家類存目。1260上

【校記】①"其曰"以下，《總目》無此文。按：《胎息經》今存明崇禎虞山毛氏汲古閣刻《津逮秘書》本，其文與《初目》所述多有不同。《初目》謂："其曰'爲之生爲之死'，'爲'當作'謂'，傳寫訛舛耳。"《津逮秘書》本無此文。《初目》又謂："經云：'神行即氣行，神住即氣住。'注云：'神爲氣子，氣爲神母。'"《津逮秘書》本"神爲氣（作"炁"）子，氣

（作"炁"）爲神母",乃經文"氣從有胎中息"之注。

真靈位業圖一卷

舊本題陶宏景撰。宏景事蹟見《梁書》本傳。其爲《真誥》,見於唐、宋《志》。朱子謂其竊佛家至鄙至陋者,此書又《真誥》之不若矣。其用緯書靈威仰、赤熛怒、曜魄寶、含樞紐之名,已屬附會。而易"叶光紀"爲"隱侯局",尤爲無據。至以孔子爲"第三左位大極上真公",顏回爲"明晨侍郎",秦始皇爲"酆都北帝上相",曹操爲"太傅",周公爲"西明公"、"比少傅",周武王爲"鬼官北斗君",則誕妄殆不足辨。王世貞、胡震亨乃取《真誥》及《玉檢大錄》諸書詳爲考核,殆亦好奇之過矣。

《四庫全書總目》卷一百四十七子部五十七道家類存目。1258 中

龍門子凝道記二卷

明宋濂撰。濂于元至正間入小龍門山著是書,有"四符"、"八樞"、"十二微",總二十有四篇,蓋道家言也。舊載《潛溪集》中,嘉靖丙辰與劉基《郁離子》合刻于開封,李濂爲之《序》。

《四庫全書總目》卷一百四十七子部五十七道家類存目。1263 中

西山羣仙會真記五卷

舊本題華陽真人施肩吾撰。肩吾,字希聖,洪州人。唐元和十年進士。隱洪州之西山,好事者以爲仙去。此書中引海蟾子語。海蟾子劉操,遼時燕山人,在肩吾之後遠矣,殆金元間道流所依托也。其書凡五卷,卷各五篇,曰《識道》、《識法》、《識人》、《識時》、《識物》,曰《養生》、《養形》、《養氣》、《養心》、《養壽》,曰《補內》、《補氣》、《補精》、《補益》、《補損》,曰《真水火》、《真龍虎》、《真丹藥》、《真鉛汞》、《真陰陽》,曰《鍊法入道》、《鍊形化氣》、《鍊氣成神》、《鍊神合道》、《鍊道入聖》。其大旨本於《參同契》,附會《周易》,參以醫經。戒人溺房帷,餌金石,收心斂氣,存神固命,有合於清净之旨,猶道書之不甚荒唐者。

《四庫全書總目》卷一百四十七子部五十七道家類存目。1259 上

釋家類

武林西湖高僧事略一卷

宋僧元敬、元復同撰。初,西湖僧了性采自晉至宋高僧卓錫錢塘者二十四人,建閣祀之,功未竟而去。元敬嗣蔵其事,因屬東嘉僧元復撫二十四人行寔爲此書。後又續得六人,元敬補爲傳贊。寶祐丙辰,吳郡莫文文爲之《序》。

《四庫全書總目》卷一百四十五子部五十五釋家類存目。1240 上

佛祖通載二十二卷

元釋念常撰。其書以甲子紀年,以年繫事,自七佛以下至傳法諸祖,宗派井然,可以考釋氏之典故。而自紀其教之始末,無所矜張,與《釋氏通鑑》務排儒道二教者不同,尚緇流之篤

實者也。念常姓黃氏,號梅屋,華亭人。居嘉興路①大中祥符禪寺。猶及見虞集。集爲作是書序,稱其博極羣書二十餘年,始克成編。其文《道園集》不載,然考其詞氣,似非偽託,或偶佚之歟。

《四庫全書總目》卷一百四十五子部五十五釋家類存目。《總目》書名同,文淵閣《四庫全書》作《佛祖歷代通載》。1239 中

【校記】①嘉興路,文淵閣《四庫全書》書前提要、《總目》作"嘉興"。

林子分內集十卷

明林兆恩①撰。其書主三聲一流之説,非粹然儒者之言,殆龍湖之餘支,而溫陵之別派歟。

《四庫全書總目》卷一百二十五子部三十五雜家類存目二,著錄《林子全集》四十卷。1079 上

【校記】①林兆恩,《初目》原作"林兆思",誤。《總目》卷一百二十五子部三十五雜家類存目二著錄《林子全集》四十卷,明林兆恩撰。今據改。《總目》提要云:"生平立説,欲合三教爲一,悠謬殆不足與辨。"又云:"是編乃其門人涂元輔彙刻,分元、亨、利、貞四集,每集十冊。"此《林子分內集》,當是其中之一集。《武英殿第一次書目》著錄有"林子分內集,十本"。《林子全集》今存明崇禎刻本,卷首有題"子谷子龍江兆恩"撰《林子全集自序》,下注:"錄分內集舊文。"其貞部共十冊,第一冊《分內集宗教至法身無法》三卷,第二冊《分內集性命至聖賢禽獸之分》三卷,第三冊《分內集問仁至時人按劍》三卷等。又,《林子全集》,殿本《總目》書名同,浙本《總目》誤作"林全子集"。

廣仁品二集不分卷

明末李長科編。長科初集《仁品》,嗣又廣之爲此書。大抵因應果報及佛家戒殺之説爲多。長科,字小有,興化人。

《四庫全書總目》卷一百三十二子部四十二雜家類存目九。1128 下

山谷禪喜集二卷

明陶元柱編。於黃庭堅集中錄其闡發禪理者別爲一書。蓋欲以配《東坡禪喜集》也。明人小品之習,往往如斯。觀其所選,可知其學與識矣。

《四庫全書總目》卷一百七十四集部二十七別集類存目一。1538 下

大藏一覽十卷

明寧德陳寔原編。寔原以藏經浩繁,難于尋覽,因錄其大要,以成是書。分八門六十品,系以因緣一千一百八十一則。

《四庫全書總目》卷一百四十五子部五十五釋家類。1240 上

南宋元明僧寶傳十五卷

國朝釋自融撰,其門人性磊補輯。始自宋建炎丁未,至國朝順治丁亥,凡五百二十一年,

采録共九十七人。不載禪門宗系,人自爲傳,並係之以贊。蓋續宋僧德洪所撰《僧寶傳》也。

《四庫全書總目》卷一百四十五子部五十五釋家類。1240 下

集　部

別集類

楚辭集註八卷後語六卷辨証二卷

　　朱子撰。以後漢王逸《章句》及洪興祖《補註》二書詳于訓詁，未得意旨，乃櫽括舊編，定爲《集註》。以屈原所著二十五篇爲《離騷》，宋玉以下十六篇爲《續離騷》。又刊定晁補之《續楚辭》、《變離騷》二書，錄荀卿至呂大臨凡五十二篇爲《後語》，而訂証舊註之繆誤者爲《辨證》二卷附焉。《楚詞》舊本有東方朔《七諫》、王褒《九懷》、劉向《九歎》、王逸《九思》，晁本刪《九思》一篇。是編并削《七諫》、《九懷》、《九歎》三篇，益以賈誼二賦。至于《後語》去取，視晁本爲嚴，而揚雄《反騷》爲舊錄所不取者，乃反收入，殆存其文，以著其罪，非自相牴牾也。

　　《四庫全書總目》卷一百四十八集部一楚辭類。1268 中

蔡中郎集六卷

　　後漢蔡邕撰。《文獻通考》載《中郎集》十卷。此本爲雍正中陳留所刊。卷數既少，而文與詩共得九十四首，轉多于舊。考之婁東張氏刻本，多寡增損不同，然張本採輯爲詳。歐陽靜序論姜伯淮、劉鎭南碑斷非邕作，以年月考之良然。婁東本乃刪去鎭南碑，而以伯淮爲邕前輩，宜有邕文，遂改建安二年爲熹平二年，近于武斷矣。張本又載《薦董卓表》，而陳留本無之，不知何據。范書並無此事，其爲後人贗作無疑也。

　　《四庫全書總目》卷一百四十八集部一楚辭類。1272 中

陸士龍集十卷

　　晉清河內史吳郡陸雲撰。雲事蹟具《晉書》本傳，此集卷數與馬氏《經籍考》相合，然史稱所著文詞三百四十九篇，今此集僅錄二百餘篇，已非足本。蓋本集亡佚，而後人從他書摘抄以行者。敍次頗爲叢雜，如《答兄平原》詩二首，其"行矣怨路長"一首乃機贈雲之作，故馮惟訥《詩紀》收入機詩內。而此本誤作雲答機之詩。又"綠房含青蕤"四語及"逍遙近南畔"二語，皆自《藝文類聚》"芙蕖"部、"嘯"部中摘出逸句，故《詩紀》以爲失題，系之卷末。此本乃直標其題曰"芙蕖"、曰"嘯"，亦失之附會矣。

　　《四庫全書總目》卷一百四十八集部一楚辭類。1273 下

陶淵明集八卷

　　晉陶潛撰。案北齊陽休之序錄，潛集行世凡三本。一本八卷，無序；一本六卷，有序目，而編比顛亂，兼復闕少；一本爲蕭統所撰，亦八卷，而少《五孝傳》及《四八目》。《四八目》即《聖賢羣輔錄》也。休之參合三本，定爲十卷，已非蕭統之舊。又宋庠《私記》稱《隋·經籍

志》潛集九卷,又云梁有五卷,録一卷。《唐志》作五卷。庠時所行,一則爲蕭統八卷本,以文列詩前。一爲陽休之十卷本。其他又數十本,終不知何者爲是。晚乃得江左舊本,次第最若倫貫。今世所行,即庠稱江左本也。然蕭統去潛世近,已不見《五孝傳》、《四八目》,不以入集,陽休之何由續得?且《五孝傳》及《四八目》所引《尚書》自相矛盾,决不出于一手,當必依託之文,休之誤信而增之。以後諸本,雖卷帙多少、次第先後各有不同,其竄入僞作則同一轍,寔自休之所編始。庠《私記》但疑"八儒"、"三墨"二條之誤,亦考之不審矣。今《四八目》已經睿鑒指示,灼知其贋,别著録于子部類書而詳辨之。其《五孝傳》①文義庸淺,决非潛作。既與《四八目》一時同出,其贋亦不待言,今並刪除。惟編潛詩文仍從蕭統爲八卷,雖統本舊第今不可考,而黜僞存真,庶幾猶爲近古焉。

《四庫全書總目》卷一百四十八集部一別集類一。1273 下

【校記】①五孝傳,《初目》作"五孝經",非是。其上文作"五孝傳",《四庫全書》書前提要、《總目》同,今據改。

孟東野集十卷

唐孟郊撰。宋宋敏求編。前有敏求《序》,稱世傳其集,汴①吳鏻本五卷一百二十四篇,周安惠本十卷三百三十一篇。蜀人蹇濬所纂凡二卷一百八十篇,取韓愈贈郊句,名之曰《咸池集》。自餘諸家所雜録,不爲編秩。諸本各異,敏求總括遺逸,刪除重複,分十四類編輯,得詩五百一十一篇。又以雜文二篇附于後,共爲十卷,即此本也。郊詩託興深微,而結體古奥,唐人自韓愈以下,莫不推之。自蘇軾"空螯小魚"之詩,始有異詞,元好問《論詩絶句》乃有"東野窮愁死不休,高天厚地一詩囚"之句。當以門徑不同,故是丹非素。究之郊詩品格,不以二人之論減價也。

《四庫全書總目》卷一百五十集部三別集類三。《總目》書名同,《四庫全書》書前提要作《孟東野詩集》。1292 中

【校記】①汴,《總目》其上有"編"字,誤。宋敏求《序》云:"東野詩世傳汴吳鏻本。"是原本並無此字,《總目》誤衍。《四庫全書》書前提要亦無"編"字。

會昌一品集二十卷別集十卷外集四卷

唐李德裕撰。《會昌一品集》皆武宗時制誥,《外集》皆賦詩雜文,《窮愁志》則遷謫以後閒居論史之文也。此本《正集》二十卷,《別集》十卷,《外集》四卷即《窮愁志》。晁公武《讀書志》所載相合,意即蜀本之舊。較明時袁州所刻僅《會昌一品集》十卷、《外集》四卷者尚爲完備。陳振孫《書録解題》稱《衛公備全集》五十卷,《年譜》一卷,又稱蜀本之外有《姑臧集》①五卷,《獻替録》、《辨謗略》諸書共十一卷。則其本不傳久矣。史言德裕在穆宗朝爲翰林學士,號令大典册咸出其手,而文多不傳。意皆在五十卷内也。《會昌一品集序》,鄭亞所作,李商隱集所謂滎陽公者②是也。其文亦見商隱集,稱代亞作,而兩本異同者不一。考尋文義,皆以此集所載爲長,蓋亞所改定之本云。

《四庫全書總目》卷一百五十集部三別集類三。1294 下

【校記】①姑臧集,《初目》作"姑藏集",誤。陳振孫《書録解題》作"姑臧集",《四庫全書》書前提要、《總目》同。今據改。　②滎陽公者,《初目》作"榮陽公者",非是。滎

集部　別集類　　　　　　　　　　　　　　　　　　　　　　　　　　　　　四庫全書初次進呈存目

陽公即鄭亞，見徐樹穀箋、徐炯註《李義山文集箋註》。今據改。

盈川集十卷

　　唐楊炯撰。炯，華陰人。舉神童，授校書郎，遷盈川令。博學善屬文，爲唐初四傑之一。張説評其文，謂"如懸河酌之不竭"。其才實出王勃、盧照鄰之上。所著如《渾天賦》、《冕服議》，該洽精詳，具有原本。文集本三十卷，宋時已多亡逸。《通考》著錄者二十卷，今亦不存。此本乃明萬歷中龍游童佩從諸書裒集，得詩賦四十二首，序、表、碑銘、誌狀、雜文三十九首，詮次成編。別爲《附錄》一卷，皇甫汸《序》而刊之。

　　《四庫全書總目》卷一百四十九集部二別集類二。1278 上

劉賓客文集三十卷外集十卷

　　唐劉禹錫撰。禹錫，字夢得，彭城人。貞元九年進士，登博學宏詞科。歷官檢校禮部尚書，兼太子賓客。其集亦名《中山集》。陳振孫稱原本四十卷，宋初佚其十卷，"宋次道裒其遺詩四百七篇、雜文二十二首，爲《外集》，然未必皆十卷所逸也"。禹錫在元和初以附王叔文被貶，爲八司馬之一，又喜以詩詞調謔，人頗嫉之，以是屢起屢躓。然韓愈獨與之友善，集中有《上杜黃裳書》，歷引愈言爲重。又《外集》有所作《子劉子自傳》一篇，敘述前事，亦不甚詆諆叔文①。蓋其人本急于功名，致爲群邪②所詿誤者。其文章恣肆宏辨，近杜牧之流。而詩律尤精，白居易盛推之，至謂其"在在處處有神物護持"。陳師道稱蘇軾詩初學禹錫，呂本中亦謂蘇轍"晚年令人學禹錫詩，以爲用意深遠，有曲折處"。劉克莊《後村詩話》稱其詩多感慨，惟"在人雖晚達，于樹似冬青"十字差爲閒婉，似非篤論也。始禹錫所與唱和者，白居易及令狐楚、李吉甫等，皆一時名人。嘗編其唱和詩爲《彭陽集》、《吳蜀集》、《汝洛集》，有夢得所作序引，皆在《外集》中。而其書在宋已佚，惟正集文二十卷、詩十卷，明時曾有刊本，頗行于世。而獨無《外集》，故亦罕流傳。今揚州所進本有明毛晉汲古閣所藏抄本，紙墨精好，蓋猶從宋時刊本錄存者。謹合爲一編，著之于錄，用還《文獻通考》卷目之舊焉。

　　《四庫全書總目》卷一百五十集部三別集類三。1290 上

　　【校記】①叔文，《初目》作"叔亦"，誤。《薈要提要》、《四庫全書》書前提要、《總目》等均作"叔文"，是也。此指王叔文，今據改。　　②群邪，《初目》作"郡邪"，誤。《薈要提要》等均作"群邪"，今據改。"群邪"指王叔文集團諸人。

曲江集二十卷

　　唐張九齡撰。九齡事迹具《唐書》。徐堅嘗論其文"如輕縑素練，寔濟時用，而窘邊幅"。柳宗元則謂其"兼攻詩文，但不能究其極"。然九齡《感遇》諸什，可與陳子昂方駕。文筆典寔，具有大雅之規。堅與宗元所言①，蓋文人抑揚之詞，非定論也。是編卷首有明蘇轍《序》，蓋轍守韶州，得其本於邱濬家而梓行之。核其卷數，與馬端臨《通考》所載相符，蓋猶宋以來之舊本也。

　　《四庫全書總目》卷一百四十九集部二別集類二。1279 中

　　【校記】①堅與宗元所言，按：《初目》所引徐堅、柳宗元之言，均有貶抑張九齡詩文之意。《總目》未引柳宗元之言，或爲回護之。

328

麟角集二卷

唐王棨撰。棨,字輔之,福清人。咸通三年進士,仕至水部郎中。黃巢亂後,不知所終。是集皆其程試詩賦,題曰"麟角"者,蓋取《顏氏家訓》"學如牛毛,成如麟角"之義,以及第比登仙也。集中佳作,已多載《文苑英華》中。雖科舉之文,無關著述,而一朝選舉之式,略具於斯。錄而存之,亦足備文章之一格也。

《四庫全書總目》卷一百五十一集部四別集類四。《四庫全書》書前提要、《總目》均作一卷,另有《附錄》。1300 中

河東集四十三卷別集二卷外集二卷

唐柳宗元撰。宗元事迹具《唐書》。陳振孫《書錄解題》謂劉禹錫《序》,稱編次其文爲三十二通。韓愈之墓誌祭文附第一通之末。今世所行皆作四十五通,或後人追改也。其後葛陰、葛嶠又益以《別錄》二卷、《摭異》二卷、《音釋》一卷、《附錄》二卷、《事迹本末》一卷。與方崧卿集所校《韓愈集》同刊于安南,今其本不傳。此本爲明正統戊辰所刻,凡四十三卷,附《非國語》二卷,題曰《別集》,又賦雜文三篇、墓誌三篇、表十三篇、牋一篇、啓四篇,分爲二卷,題曰《外集》,末爲《附錄》一卷。穆脩、沈晦諸《序》並在焉,題曰南安童宗註釋、新安張敦頤音辯、雲間潘緯音義,前有乾道三年吳郡陸之淵《序》。似猶舊本。

《四庫全書總目》卷一百五十集部三別集類三,作《詁訓柳先生文集》。1305 下

白蓮集十卷

唐釋齊己撰。齊己,益陽人。自號衡岳沙門。宋人註杜甫《己上人茅齋》詩,謂齊己與甫同時,其謬不待辨。舊本題爲人,亦悞。考齊己嘗依高季興爲龍興寺僧正。季興雖嘗受梁官,然齊己爲僧正時當龍德元年辛巳,在唐莊宗入洛之後矣。集中已稱南平王,安得謂爲梁人耶？是集爲其門人西文所編,首有天福三年孫光憲《序》。前九卷爲近體,後一卷爲古體。古體之後又有絕句四十二首,疑後人采輯附入也。唐代緇流能詩者衆,其有集傳于今者,惟皎然、貫休及齊己。皎然清而弱,貫休豪而粗。齊己七言律詩不出當時之習,五七言古詩以盧仝、馬異之體縮爲短章,詰屈聱牙,尤不足取。惟五言律詩居全集十分之六,雖頗沿武功一派,而風格獨遒。如《劍客》、《聽琴》、《祝融峰》諸篇,猶有大歷以還遺意。其絕句中《庚午年十五夜對月》詩曰:"海澄空碧正"①

《四庫全書總目》卷一百五十一集部四別集類四。1304 上

【校記】①"海澄空碧正",《初目》以下原缺,《總目》作:"'團團,吟想元宗此夜寒。玉兔有情應記得,西邊不見舊長安。'惓惓故君,尤非他釋子所及,宜其與司空圖相契矣。"

權文公文集十卷

唐權德輿撰。德輿,字載之,天水人。事迹具《唐書》。德輿嘗自纂《制集》五十卷,楊憑序之。其孫憲又編其詩文爲五十卷,楊嗣復序之。今《制集》已佚,文集亦久無傳本。此本乃明嘉靖二十年楊慎得之于滇南,僅存目錄及詩賦十卷。劉大謨序而刻之,又刪其無書之目錄。德輿文集遂不可考,惟《文苑英華》及《唐文粹》中時時散見耳。考王士禛《居易錄》載

《權文公集》五十卷,註曰詩賦十卷、文四十卷、碑銘八卷、議論二卷、記二卷、集序三卷、贈送序四卷、策問一卷、書二卷、疏表狀五卷、祭文三卷。稱無錫顧宸藏本,劉體仁之子凡寫之以貽士禎者。然則德輿全集康熙中猶存,不識何以今所傳者皆楊慎之殘本。第士禎所註卷目,以數計之,乃八十卷,與五十卷之說不合,又不識其何故也。

《四庫全書總目》卷一百五十集部三別集類三,作《權文公集》。1287 上

駱丞集四卷

唐駱賓王撰。賓王,義烏人。仕至侍御史,左遷臨海丞。後與徐敬業傳檄討武后,兵敗,不知所終,事跡具《唐書》本傳。中宗時詔求其文,得百餘篇,命郗雲卿編次之。《書錄解題》引雲卿舊序,稱"光宅①中,廣陵亂,伏誅",蓋據李孝逸奏捷之語。孟棨《本事詩》則云:"賓王落髮,偏遊名山。"宋之問遊靈隱寺作詩,嘗爲續"樓觀滄海日,門對浙江潮"之句。今觀集中,與之問蹤跡甚密,在江南則有投贈之作,在兗州則有餞別之章,宜非不相識者,何至覿面失之。封演爲天寶中人,去賓王時甚近,所作《聞見記》中載之問此詩,證月中桂子之事,並不云出賓王。棨書晚出,乃有是說。蓋武后開唐爲周,人心共憤,敬業、賓王之敗,世②頗憐之,故造是語。棨不考而誤載也。其集新、舊《唐書》皆作十卷。《宋·藝文》又載有《百道判》三卷,今並散佚。此本四卷,蓋後人之所裒輯。其註則明給事中顏文選所作,援引疏舛,殆無可取。以文選之外別無註本,而其中亦尚有一二可採者,故姑並錄之,以備參考焉③。

《四庫全書總目》卷一百四十九集部二別集類二。1278 中

【校記】①光宅,《初目》作"光澤",誤。光宅爲武后之年號,《薈要提要》、《四庫全書》書前提要、《總目》等均作"光宅",今據改。　②世,《初目》作"武",誤。《薈要提要》、《四庫全書》書前提要、《總目》等均作"世",今據改。作"武"字,當爲抄手涉上"武后"而誤。　③"給事中顏文選"以下,《初目》原誤排在元鄭元祐撰《僑吳集》之後,今移錄於此。

禪月集二十五卷補遺一卷

唐釋貫休撰。貫休,字德隱,姓姜氏,蘭谿人。舊本題曰梁人。案貫休初以乾寧三年依荊帥成汭,後歷遊高季興、錢鏐間,晚乃入蜀依王建,乾德癸酉卒①,年八十一。終生實未入梁,舊本誤也。其集初曰《西岳集》,皆居荊州時作,吳融序之。貫休歿後,其門人曇域編次歌詩文贊爲三十卷,自爲《後序》,題曰《禪月集》。此本爲宋嘉熙四年蘭谿兜率寺僧可燦所刊,毛晉得而重刊之。僅詩二十五卷,豈佚其文贊五卷耶?《補遺》一卷,亦晉所輯。然所收佚句,如"朱門當大道,風雨立多時"一聯,乃《贈乞食僧》詩。今在第十七卷之首,但"道"作"路"、"雨"作"雪"耳。晉不辨而重收之,殊爲失檢。《文獻通考》別載《寶月集》一卷,亦云貫休作,今已不傳。然曇域不云有此集,疑馬端臨或悞。毛晉又云《西岳集》或作《南岳集》。考貫休作生平未登太華,疑南岳之名爲近之,"西"字或傳寫誤也。又書籍刊版始於唐末,然皆傳布古書,未有自刻專集者。曇域《後序》作於王衍乾德五年,稱"檢尋槀草及闇記憶者,約一千首,雕刻成部",則自刻專集自是集始,是亦可資考證也②。

《四庫全書總目》卷一百五十一集部四別集類四。1304 上

【校記】①乾德癸酉卒,文淵閣、文津閣《四庫全書》書前提要、殿本《總目》同,文溯閣

《四庫全書》書前提要、浙本《總目》作"乾德癸未卒",均非是。陳垣《釋氏疑年錄》卷五貫休條已指出其誤,其文云:"梁乾化二年卒,年八十一。"注云:"《四庫提要》別集四,作蜀乾德五年癸未卒,蓋誤以曇域撰《禪月集後序》之年爲休卒年,而不知《序》中明言壬申歲卒,癸酉置塔也。"　　②"書籍刊版始於唐末"以下文字,《初目》原缺,兹據《總目》補。

陳拾遺集十卷

唐陳子昂撰。子昂,字伯玉,梓州射洪人。武后時官至右拾遺,事具《唐書》本傳及盧藏用所爲別傳。唐初文章,不脱陳、隋舊習,子昂始奮發自爲,追古作者。韓愈詩云"國朝盛文章,子昂始高蹈",柳宗元亦謂"張説工著述,張九齡善比興,兼備者子昂而已"。馬端臨乃謂子昂惟"詩語高妙,其他文則不脱偶儷卑弱之體"。韓、柳之論不專稱其詩,皆所未喻。今觀其集,惟諸表序猶沿排儷之習,若論事書疏之類,寔疏樸近古,韓、柳之論未爲非也。子昂嘗上書武后,請興明堂、太學。宋祁以爲"薦圭璧于房闥,以脂澤汙漫之"。其文今載集中。《文苑英華》八百二十二卷別有《大崇福觀記》一篇,稱武士彠爲"太祖孝明皇帝"。集中不載,疑自削也。今特補入,以爲文士貢諛之戒。又此本傳寫多訛脱,第七卷闕兩葉,據目錄尋之,《禡牙文》、《禜海文》在《文苑英華》九百九十五卷,《弔塞上翁文》在九百九十九卷,《祭孫府君文》在九百七十九卷,又《送崔融等序》之後據目錄尚有《餞陳少府序》一篇,此本亦佚。今《文苑英華》七百十九卷有此文,亦並葺補,俾成完本焉。

《四庫全書總目》卷一百四十九集部二別集類二。1278 下

樊川文集二十卷

唐杜牧撰。其甥裴延翰①所編。《唐·藝文志》作二十卷。而晁氏《讀書志》又載《外集》一卷。新城王士禎謂舊藏杜集止二十卷,後見宋版本雕刻甚精,而多數卷。考劉克莊《後村詩話》云:"樊川有《續別集》三卷,十八九皆許渾詩。牧仕官不至南海,而別集乃有《南海府罷》之作。"則宋本《外集》之外,又有《續別集》三卷。此本僅附《外集》、《別集》各一卷,有宋熙寧六年田概《序》,較之後村所見《別集》尚少二卷,而《南海府罷》之作不收焉。則又經後人刪定,非克莊所見本矣。牧嘗稱元、白歌詩傳播,使子父女母交口誨淫,恨吾無位,不得以法绳之,其持論甚峻。《後村詩話》則謂"牧風情不淺,如杜秋娘、張好好諸詩,青樓薄倖之句,街吏②平安之報,未知去元、白幾何",比之"以燕伐燕"。是亦公論。然牧詩風骨寔出元、白之上。其古文縱橫奧衍,《罪言》一篇,宋祁作《新唐書·藩鎮傳論》,實全錄之,亦非元、白所可及也。

《四庫全書總目》卷一百五十一集部四別集類四。1296 中

【校記】①裴延翰,原作"裴廷翰",《薈要提要》同。《總目》作"裴延翰",是也。《樊川文集》卷首有裴延翰原序,裴延翰亦見陳振孫《直齋書錄解題》等。今據改。　　②街吏,《初目》作"衛吏",非是。《後村詩話》及《薈要提要》、《總目》等均作"街吏",今據改。

王子安集十六卷

唐王勃撰。勃,字子安,絳州龍門人。通之孫。仕虢州參軍,坐事除名,以渡海溺死,見

《唐書·文苑傳》。文思敏贍①,爲四傑之冠。本傳稱其有文集三十卷,而《楊炯集序》則謂分爲二十卷,具諸篇目。洪邁《容齋隨筆》亦稱今存者二十卷,蓋猶舊本。明以來其集已佚,原目遂不可考。世所傳《初唐十二家集》,所載勃集僅詩賦二卷而已。此本乃明崇禎中閩人張燮搜輯《文苑英華》諸書②,編爲一十六卷,已非唐宋③之舊,而視別本之闕略者則較爲完善。勃文爲四傑之冠,以當時爲裴行儉所譏,後代遂以爲口實。然行儉但論其器識,非論其文藝。杜甫嘗比以"江河萬古",又比以"龍文虎脊"、"歷塊過都",韓愈作《滕王閣記》,亦稱"得三王所爲序、賦、記等,壯其文詞",又稱"竊喜載名其上,詞列三王之次,有榮耀焉"。杜詩、韓筆皆弁冕有唐,而其持論如是,則耳食者亦可以息喙矣。

《四庫全書總目》卷一百四十九集部二別集類二。1277 下

【校記】①敏贍,《初目》作"敏瞻",不詞。今據《薈要提要》改。　②諸書,《初目》作"諸事",於義無解,今據《薈要提要》、《四庫全書》書前提要等改。　③唐宋,《初目》作"唐家",於義無解,今據《薈要提要》、《四庫全書》書前提要等改。

司空表聖文集十卷

唐司空圖撰。表聖,圖字也。圖于僖宗時知制誥,爲中書舍人,旋解職去。晚自號耐辱居士。朱全忠召之,力拒不出。及全忠僭位,遂不食而死。《唐書》列之《卓行傳》。圖所著詩曰《一鳴集》,別行於世。此十卷其文集也①,尚有唐代舊格,無五季猥雜之習。集內《韓建德政碑》,《五代史》謂"乾寧三年昭宗幸華州所立,還朝乃封建潁川②郡王"。而碑稱爲乾寧元年立,已書建爲潁川郡王,蓋史之誤。其時建方強橫,昭宗不得已而譽之。圖奉敕爲文,詞多誡飭,足見其剛正之氣矣。又集內《解縣新城碑》爲王重榮作,《河中生祠碑》爲其弟重盈作。宋祁遂謂重榮父子雅重圖,嘗爲作碑。今考其文,亦皆奉敕所爲,事非得已,不足以爲圖病也。陳繼儒《太平清話》載耐辱居士《墨竹筆銘》,此集無之。其銘序云:"咸通二年,余登進士,叨職史館。"按唐制進士無即入史館者。圖成進士在咸通末,出依王凝爲幕職,本傳甚明,焉有職史館之事?又云:"自後召拜禮部員外郎,遷知制誥,尋以中書舍人拜禮、戶二侍,無日不與竹對。"按《序》稱墨竹種於長安,圖知制誥、中書舍人乃僖宗次鳳翔時,其爲兵部侍郎又當昭宗在華州時,何由得與竹對?況圖身爲唐死,年七十二,而《序》乃云"今爲梁庚寅,余年八十有二",其爲僞撰益明矣。是編舊本前後八卷,皆題爲"雜著",六卷、七卷獨題曰"碑"③,寔則他卷亦有碑文,例殊叢脞,今併削之。

《四庫全書總目》卷一百五十一集部四別集類四。1301 中

【校記】①"圖所著詩曰《一鳴集》,別行於世。此十卷其文集也",《四庫全書》書前提要同,《總目》作"所著詩集別行於世,此十卷乃其文集,即唐志所謂《一鳴集》也"。前者以所著詩集名《一鳴集》,後者以所著文集名《一鳴集》。宋陳振孫《直齋書錄解題》卷十六著錄《一鳴集》十卷,云:"蜀本但有雜著無詩,自有詩十卷別行。"此或《總目》以《一鳴集》爲司空圖文集名稱之所本。然《新唐書·藝文志》著錄司空圖《一鳴集》三十卷,並未明言爲文集、詩集,或詩文合集。至《全唐詩》卷六百三十二司空圖小傳云"有《一鳴集》三十卷,內詩十卷",則以《一鳴集》內有詩亦有文。據此可認爲最初《一鳴集》三十卷當爲詩文合集。　②潁川,《初目》作"潁州",誤。今據《四庫全書》書前提要、《總目》改。下文"潁川",《初目》誤作"穎川",並改。　③六卷、七卷獨題曰

呂溫集十卷

唐呂溫撰。溫，字和叔，一字化光，河中人。貞元十四年進士，仕至刑部郎中，兼侍御史。後謫道州刺史，徙衡州。溫從陸質①治《春秋》、梁肅爲文章。劉禹錫編次其文，稱斷自《人文化成論》至《諸葛武侯廟記》爲上篇。此本先詩賦，後雜文，已非禹錫編次之舊。又②第六卷、七卷誌銘已缺數篇，目錄取《英華》、《文粹》所載者補入此本。卷末有屏守居士跋，紀薈萃成編之由。屏守居士，常執馮舒之別號，蓋舒所編也。其文如《與族兄皋書》，深有得于六經之旨；《送薛天信歸臨晉序》，洞見文字之原；《裴氏海昏集序》，論詩亦殊精邃；《古東周城銘》，能名君臣之義，以糾左氏之失；其《思子臺銘序》，謂遇一物可以正訓于世者，秉筆之士未嘗闕焉，其文章之本可見矣。惟《代伊僕射度女爲尼表》③可以不作，而《諸葛武侯廟記》④以爲有才而無識，則好奇論，而失之迂論。分別觀之可矣。

《四庫全書總目》卷一百五十集部三別集類三，作《呂衡州集》。1290 中

【校記】①陸質，本名淳，避憲宗名改。質有經學，尤深於《春秋》，著有《春秋集傳纂例》、《春秋微旨》、《春秋集傳辨疑》等。文淵閣、文溯閣《四庫全書》書前提要及《總目》均作"陸淳"，當是用其本名。文津閣《四庫全書》書前提要作"陸贄"，則爲音同而誤。②又，《初目》作"史"，無義，今據《四庫全書》書前提要、《總目》改。 ③《代伊僕射度女爲尼表》，見《呂衡州集》卷五，作《代伊僕射奏請女正度狀》。又，"伊僕射"，文津閣《四庫全書》書前提要同，文淵閣、文溯閣《四庫全書》書前提要及《總目》均作"尹僕射"。按作"尹僕射"者誤。此伊僕射，即伊慎，新、舊《唐書》均有傳。《新唐書》本傳云："憲宗即位，以兵付其子宥，身入朝，拜尚書右僕射。"即是。其子伊宥，《呂衡州集》卷五有《代伊僕射謝男宥授安州刺史表》。 ④《諸葛武侯廟記》，《四庫全書》書前提要同，《總目》此處作"諸葛侯廟記"，脫去"武"，非是，其上文引劉禹錫語作"諸葛武侯廟記"不誤。

蘇詩摘律六卷

題長垣縣知縣無錫劉宏集註，不詳時代①。惟取蘇軾集七言律詩注之，簡陋殊甚。

《四庫全書總目》卷一百七十四集部二十七別集類存目一。1537 下

【校記】①不詳時代，《總目》同。按：黃虞稷《千頃堂書目》卷三十二著錄此書，注云："字超遠，無錫人。（中闕）舉人，官東平知縣。"萬斯同《明史》（清鈔本）卷一百三十七志一百十一與同。《千頃堂書目》收入《四庫全書》，《初目》與《總目》未能細考。另明毛憲《毘陵人品記》（明萬曆刻本）卷七有劉弘傳，云："劉弘，字超遠，無錫人。正統甲子鄉貢。歷長垣知縣，順天推官，東平知州致仕。弘氣高，視世俗瑣屑，輒訾薄之，政尚嚴明，文亦奇古。"明秦夔《五峰遺稿》（明嘉靖元年刻本）卷二十一有《明故奉直大夫東平州知州致仕劉公壙誌》，云："以成化十三年某月日考終於家，享年六十。"成化十三年（1477）卒，年六十，則生年爲永樂十六年（1418）。

集部　別集類　　　　　　　　　　　　　　　　　　　　　　四庫全書初次進呈存目

集千家註杜詩[①]二十卷

不著編輯人名氏。前載王洙、王安石、胡宗愈、蔡夢弼四《序》。所採不滿百家,而題曰千家,蓋自誇摭拾之富,如魏仲舉《韓柳集註》亦虛稱五百家也。其句下篇末之評,悉劉辰翁之語,朱彝尊謂夢弼所編入。然夢弼所撰,本名《草堂詩箋》,其《自序》內標識注例甚詳,與此本不合。宋犖謂杜詩評點自劉辰翁始。劉本無註,元大德間有高楚芳者,刪存諸註,以劉評附之。此本疑即楚芳編也。辰翁評所見至淺,其標舉尖新字句,殆于竟陵之先聲。王士正乃比之郭象註《莊》,殆未爲篤論矣。

《四庫全書總目》卷一百四十九集部二別集類二。1281下

【校記】①《集千家註杜詩》,《總目》書名同,《薈要提要》作《集千家註杜工部集》,文淵閣《四庫全書》書前提要作《集千家註杜工部詩集》。

儲光羲詩五卷[①]

案陳振孫《書錄解題》載《儲光羲詩》五卷,唐監察御史魯國儲光羲撰。與崔國輔、綦母潛皆同年進士。天寶末任僞官,貶死。《唐書·藝文志》儲光羲《政論》下注曰:"兗州人,開元進士第,又詔中書試文章,歷監察御史。安祿山反,陷[②]賊自歸。"與振孫所敍爵里同,而任僞官事已小異。又《包融集》[③]條下注曰:"融與儲光羲皆延陵人,與丁仙芝等十八人皆有詩名。殷璠[④]彙次其詩,爲《丹陽集》者。"則併其里籍亦異,自相矛盾,莫之詳也。《唐志》載其集七十卷,是集前有顧況序,亦稱所著文篇賦論七十卷。辛文房[⑤]《唐才子傳》稱其又有《九經分疏義》二十卷,與所作《政論》十五卷並傳。今皆散佚,存者惟此詩五卷耳。其詩源出陶潛,質樸之中有古雅之味,位置于王維、孟浩然間,殆無愧色。殷璠《河岳英靈集》稱其"削盡常言,得浩然之氣",非溢美也。

《四庫全書總目》卷一百四十九集部二別集類二。1283中

【校記】①儲光羲詩,《總目》原作"儲光義詩",今據《四庫全書》所收其集書名改。《總目》作《儲光羲詩》五卷,與《初目》同,文淵閣《四庫全書》作《儲光羲詩集》五卷。又此書提要《初目》原排在宋黃希旦撰《支離子集》之下,排序有誤。今按《總目》順序,移錄至此。　　②陷,《初目》原作"蹈"。按:《新唐書·藝文志》作"陷",文淵閣《四庫全書》書前提要、《總目》同,今據改。　　③包融集,文淵閣《四庫全書》書前提要、《總目》同,《新唐書·藝文志》作"包融詩"。　　④殷璠,《初目》原作"殷璘",誤。今據文淵閣《四庫全書》書前提要等改。下文作"殷璠"不誤。　　⑤辛文房,《初目》原缺"辛"字,今據所著《唐才子傳》作者名改。文淵閣《四庫全書》書前提要、《總目》不誤。

次山集十二卷

唐元結撰。結,字次山。天寶十三年進士[①],官至邕管經略使。結所著有《元子》十卷,李商隱爲作序;《文編》十卷,李紓爲作序;又《猗玕子》一卷。並見《唐志》,今皆不傳。所傳者惟此本,而書名、卷數皆不合,蓋後人捃拾散佚而編之,非其舊本。觀洪邁謙所記二十國事,如方國、圓國、言國、相乳國、無手國、無足國、惡國、忍國、無鼻國、觸國之類,見于《容齋隨筆》者,此本皆無之。則其佚篇多矣。結性不諧俗,亦往往跡涉詭激。初居商餘山,稱"元子"。及逃難猗玕,同[②]稱"猗玕子"。又或稱"浪士",或稱"聱叟",或稱"漫叟",爲官後稱

334

"漫郎"。頗類于古之狂者。然制行高潔,有閔時憂世之心。文章亦戛戛自異,力變排偶綺靡之習。杜甫嘗和其《舂陵行》,稱其可爲天地萬物吐氣。晁公武謂其文如古鐘磬,不諧俗耳。高似孫謂其文章奇古,不蹈襲。蓋唐文在韓愈以前毅然自爲者,自結始,亦可謂耿介拔俗之姿矣。皇甫湜嘗題其《浯溪中興頌》曰:"次山有文章,可惋只在碎。然長于指敘,約潔有餘態。心語適相應,出句多分外。於諸作者間,拔戟成一隊。"其品題亦頗近寔也。

《四庫全書總目》卷一百四十九集部二別集類二。1283 下

【校記】①進士,《初目》"進"字下缺"士"字,今據《薈要提要》補。 ②同,《薈要提要》作"因",疑是。

皮子文藪十卷

唐皮日休撰。日休,字襲美,襄陽人。隱鹿門山,自號醉吟先生。登咸通八年進士。官太常博士。舊傳其降于黃巢,後爲所害。而陸游《老學庵筆記》獨據皮光業碑以爲日休終於吳越,並無陷賊之事。舊説疑失實也。是編乃其文集。《自序》稱:"咸通丙戌不上第,退歸州墅,編次其文。發篋叢萃,繁如藪澤,因名《文藪》。凡二百篇。"宋晁公武謂其尤善箴銘。今觀集中書序論辨諸作,亦多能原本經術。其《請孟子爲學科》、《請韓愈配饗太學》二書,在唐人尤爲卓識,不得僅以詞章目之。集中詩僅一卷。蓋已見《松陵唱和集》者不復重編,亦如《笠澤叢書》之例耳。

《四庫全書總目》卷一百五十一集部四別集類四。1300 中

杼山集十卷

唐僧皎然撰。案《唐書·藝文志》,皎然,字清晝,湖州人。靈運十世孫。居杼山。顏真卿爲刺史,集文士撰《韻海鏡源》,預其論著。貞元①中,集賢御書院取其集以藏之,刺史于頔爲序。此集卷數與《唐志》合,頔序亦存,蓋猶舊本。又有贊寧所爲傳,末有毛晉所補集外詩及跋語。皎然及貫休、齊己皆以詩名,故贊寧爲作三高僧傳。今觀所作,弱於齊己而雅於貫休,在中唐作者之間,可厠末席。集末附載雜文數篇,則聊以備體,非其所長也。別本附刊《杼山詩式》一卷。按《唐志》,《晝公詩式》、《詩評》皆載文史類中,不附本集,今亦以二書別著錄焉②。

《四庫全書總目》卷一百四十九集部二別集類二。1284 下

【校記】①貞元,《初目》作"中貞",無義,今據文淵閣《四庫全書》書前提要、《總目》改。②今亦以二書別著錄焉,此謂《晝公詩式》、《詩評》二書另見。今本《初目》未見此二書提要。

鴻慶居士集四十二卷

宋孫覿撰。覿,字仲益,晉陵人。徽宗末,蔡攸薦爲侍御史。靖康初,蔡氏已敗,乃率御史極劾之。當金人初圍汴時,李綱罷御營使,太學生伏闕爭之復職。覿復劾李綱要君,又言諸生將再伏闕。朝廷以其言不實,斥守和州。既而李綱去國,復召覿爲御史,專附和議,進至翰林學士。金人破汴都,覿受金人女樂,乃爲欽宗草表上金主,極其筆力以媚金。建炎初,貶峽州,再謫嶺外。黃潛善、汪伯彥復引之,使掌誥命。其後又以贓罪斥提舉鴻慶宮,故其文稱

《鴻慶居士集》。孝宗時，洪邁修《國史》，謂靖康時人獨覿在，請詔下覿，使書所見聞靖康時事上之。覿於是於所不快①諸正人如李綱輩，率加誣辭。邁遽信之，載於《欽宗實錄》。其後朱子與人言及，以爲恨，謂小人不可使執筆，蓋誠然也。覿《宋史》無傳，其事散見於他書者如此，故陳振孫以爲覿生於元豐辛酉，卒於乾道己丑，年八十九，"可謂耆宿矣，而其生平出處，則至不足道"②。

《四庫全書總目》卷一百五十七集部十別集類十。1355下

【校記】①不快，《初目》作"不怏"，不詞。《四庫全書》書前提要、《總目》作"不快"，今據改。　　②"酉卒"以下，《初目》原缺，今據《四庫全書》書前提要、《總目》補。

忠宣文集二十卷奏議二卷遺文一卷附錄一卷補編一卷

宋尚書右僕射范純仁撰。純仁，字堯夫，仲淹次子。元祐間相哲宗，事蹟具載《宋史》。文集凡二十卷。前五卷爲詩，後十二卷皆雜文。其末三卷爲國史本傳及李之儀所撰行狀，則元姪孫之柔於刊集時所附入也。前有嘉定五年樓鑰《序》，後有之柔及知永州沈圻、廖視，永州教授陳宗衛四跋。鑰稱其文根柢六經，切於論事。蓋其氣體本自深厚，固不徒以人重耳。又《奏議》二卷，自治平元年爲殿中侍御史，至元祐八年再相前後所奏封事，凡七十三首。又《遺文》一卷，載純仁文七首，附以其弟純禮文二首、純粹文十九首，乃裔孫能濬據舊本重加刪補者。又《附錄》一卷，爲諸賢論頌十三首。《補遺》一卷，載純仁尺牘一首，附以制詞、題跋等十二首。亦能濬所編訂。康熙丁亥其二十世孫時崇與仲淹集合刻行之。其《書錄解題》所載《純仁言行錄》二十卷，在宋世已佚。又《彈事》五卷、《國論》五卷，今亦不傳矣。

《四庫全書總目》卷一百五十三集部六別集類六。1324下

東萊詩集二十卷

宋呂本中撰。本中，字居仁，尚書右丞好問長子。紹興中嘗以排和議忤秦檜，見擯於朝。官至中書舍人，故宋人稱爲呂紫薇，又稱東萊先生。祖謙即其孫也。本中詩法出於黃庭堅，嘗作《江西宗派圖》，推庭堅爲始師。胡仔謂其詩"清駛可愛"，敖陶孫謂如"散聖安禪，自能奇逸"，皆極推重。朱子亦稱"本中論詩欲字字響，而暮年詩多啞"。然尊江西派者，終推本中爲幟①。此集有慶元二年陸游《序》、乾道二年曾幾《後序》。《文獻通考》載有《集外詩》二卷。今此本無之。又陸游《序》稱"嗣孫祖平悉裒集他文爲若干卷"，今此本有詩無文。獨其《草趙鼎遷右僕射制詞》所云"合晉楚之成，不若尊王而賤伯；散牛李之黨，未如明是而去非"之語，以秦檜惡之，載於日歷，尚爲世所傳誦。其他文多泯沒不傳矣。

《四庫全書總目》卷一百五十八集部十一別集類十一。1360上

【校記】①幟，《四庫全書》書前提要作"赤幟"。

竹洲集二十卷

宋吳儆撰。附《棣華雜筆》一卷，亦儆遺稿也。儆，字益恭，初名偁，避秀邸諱改名。休寧人。紹興二十七年第進士。歷朝散郎、廣南西路安撫使，主管台州崇道觀。卒，諡文肅。生平孝行醇備，晚與張栻①相切磋，朱子亦推重之。集首有端平乙未敷文閣學士程珌②《序》，稱其文"峭直而紆餘，嚴潔而平澹，質而非俚，華而不雕"。今觀詩文，皆近陳師道，蓋

以元祐諸人爲法者③。其《上蔣樞密書》論戰和守之俱非,《與汪楚材書》論伊川之徒,皆有卓識。其《芻言》中《豪民黠吏》一條,與《論邕州以互市劫制化外》一條,亦具吏才,非但以文章重也。

《四庫全書總目》卷一百五十九集部十二別集類十二。1367 下

【校記】①張栻,《初目》作"張試",誤。今據《總目》改。萬斯同《儒林宗派》卷十一列吳儆於張氏(栻)學派門人中。《萬姓統譜》卷十《吳儆傳》亦云:"張栻薦之朝,召對,便陳恢復大計。" ②程玼,《初目》作"程秘",誤。今據其集卷首程玼《序》改。《四庫全書》書前提要、《總目》不誤。 ③今觀詩文,皆近陳師道,蓋以元祐諸人爲法者,《總目》作:"今觀其詩文,皆意境劖削,於陳師道爲近。雖深厚不逮,而模範略同,蓋以元祐諸人爲法者。"

河南集二十七卷

宋尹洙撰。前二十五卷爲詩文,後二卷則《五代春秋》也。洙,字師魯,河南人。天聖中進士。以薦爲館閣校勘,累遷右司諫,知渭州,兼領涇原路經略公事。其卒也,歐陽修爲墓誌,韓琦爲墓表,而范仲淹爲其集《序》。其文繼柳開、穆修之後,一挽五代浮靡之習,邵伯溫《聞見錄》稱:"錢維演①守西都,起雙桂樓,建臨園驛,命歐陽修及洙作記。修文千餘言,洙止用五百字。修服其簡古。""修早工偶儷之體,及官河南,得洙,始出韓愈之文讀之。"蓋有宋古文修爲巨擘,開之者寔洙也。《聞見錄》又稱:"修作《五代史》,嘗約與洙分撰,今集中《五代春秋》二卷,紀事亦詳核有法,應即其時所作。"是集二十七卷,與洙傳所載同。晁公武《郡齋讀書志》云二十卷者,誤也。其《雙桂樓臨園驛記》,集中未載,疑編錄時其文已佚云。

《四庫全書總目》卷一百五十二集部五別集類五。1311 下

【校記】①錢維演,通作"錢惟演",但文獻亦有作"錢維演"的。文淵閣《四庫全書》書前提要作"錢維演",《總目》作"錢惟演"。

景迂生集二十卷

宋晁說之撰。說之,字以道,開封人。少慕司馬光爲人,故自號景迂。年未三十,蘇軾以著述科薦之,官至徽猷閣待制。元符中,因上書居邪等。說之博極羣籍,尤長經術。著書數十種,靖康中遭兵毀不存。其孫子健訪輯遺亡,復編爲十二卷,廣爲二十卷。前三卷爲奏議,四卷至九卷皆詩,十卷爲《易元星紀譜》,十一卷《易規》十一篇、《堯典中氣中星》、《洪範》小傳各一篇,《詩序論》四篇,十二卷《中庸傳》及《讀史》數篇,十三卷《儒言》,十四卷雜著,十五卷書,十六卷記,十七卷序,十八卷後記,十九、二十卷傳、墓表、誌銘、祭文。其中辨証經史,多極精當。《星紀譜》乃取司馬光《元歷》、邵雍《元圖》而合譜之,以七十二候、六十四卦相配而成,蓋《潛虛》之流。《儒言》則力攻荆舒之學,黨禁以後所作也。陳振孫《書錄解題》曰:"劉跂斯立墓誌,景迂所撰,見《學易集》①後。此集無之,計其佚者多矣。"此本當即陳氏所見,而訛誤頗甚。《洪範小傳》及十七卷序文內兼有佚簡。又有別本,題曰《嵩山集》,所錄詩文與此本並同,卷帙亦合,蓋一書而兩名耳。

《四庫全書總目》卷一百五十四集部七別集類七。1334 中

【校記】①學易集,《初目》作"樂易集",誤。《總目》作《學易集》,是也,今據改。按:《學

集部　別集類　　　　　　　　　　　　　　　　　　　　　　　　　　　　　四庫全書初次進呈存目

易集》爲劉跂文集名，收入《四庫全書》。

默堂集二十二卷浙江鮑士恭家藏本

宋陳淵撰。淵，字知默，一字幾叟，沙縣人。楊萬里《序》稱爲瓘之猶子，而集乃自稱瓘之姪孫。疑萬里筆誤也。受學于楊時之門。紹興七年詔舉直言敢諫①之士，以胡安國薦，除②御史，官至宗正少卿。嘗榜所居之室曰默堂，其門人沈度編次詩文，因以名集。凡文十二卷，詩十卷。淵傳程氏之學，故《上殿劄子》首闢王安石。又如詆秦檜、糾莫將、鄭億年，論宰執不職，皆侃侃不阿。其他議論時政，亦多切實。爲詩不甚彫琢，然時露真趣，異乎宋儒之③以詩談理者。惟與翁子靜論陶淵明，以不知義責④淵明，未免道學諸人好爲高論之⑤。又力崇程氏之學，而于陳瓘之事佛獨津津推獎之，亦未免牽于私情不爲至公耳。《宋史·藝文志》載淵集二十六卷，詞三卷，此本止二十二卷，未知爲傳寫脫佚，或《宋史》⑥之誤⑦。又別本十二卷，題曰《存誠齋集》。蓋淵嘗以"存誠齋銘"示學者，故後人以名其集。有文無詩，第一卷末較此本少啓三篇，第九卷末較此本少書二篇，字亦多所訛缺，未若此本之完善也。

《四庫全書總目》卷一百五十八集部十一別集類十一。1363下

【校記】①直言敢諫，《總目》同。文淵閣《四庫全書》書前提要作"直言極諫"。按：《宋史》卷三百七十六《陳淵傳》云："七年，詔侍從舉直言極諫之士。"　②除，《初目》作"徐"，誤。《宋史》卷三百七十六《陳淵傳》云："九年，除監察御史。"今據改。《四庫全書》書前提要、《總目》作"除"不誤。　③之，《初目》作"子"，於此無義，今據《總目》改。　④責，《初目》作"貴"，於此無義，今據《總目》改。　⑤高論之，《總目》下有"錮習"二字。　⑥宋史，《初目》作"宗吏"，不詞。今據《總目》改。　⑦之誤，《總目》作"字誤"。

渭南文集五十卷劍南詩八十五卷逸稿二卷①

宋陸游撰。文集爲其子遹所編。游晚封渭南伯，故以爲名。第一卷至四十一卷皆古文。第四十二卷爲《天彭牡丹譜》、《風俗記》、《致語》。《風俗記》者，記蜀道天彭花事之盛；《致語》者，擬樂人頌祝之詞，宋人燕享所通用也。四十三卷至四十八卷爲《入蜀記》。四十九卷至五十卷皆詩餘。陳氏《書錄解題》《渭南集》三十卷，此本多二十卷。詩集爲其少子虡②校定。稱"劍南"者，游嘗樂劍南之風土，有終焉之志故也。《逸稿》則明毛晉所蒐輯附之集末者。游晚年爲韓侂胄作《閱古泉》、《南園》二記，以此失名，其文不載于集中，惟葉紹翁《四朝聞見錄》有其全文。晉輯逸稿，乃取以附入。又羅鶴應庵《任意錄》載郭用端家藏游墨蹟有《蓬萊館》二絕句云："桐葉吹殘蕉葉黃，驛窗微雨送淒涼。長安許史無平素，莫恨栖栖立路旁。""古驛蕭條獨倚闌，角聲吹晚雨吹寒。殘年會合知無"③

《四庫全書總目》卷一百六十集部十三別集類十三。1381上、1380下

【校記】①《渭南文集》五十卷《劍南詩》八十五卷《逸稿》二卷，《四庫全書》、《總目》作《渭南文集》五十卷《逸稿》二卷、《劍南詩稿》八十五卷，分爲兩書。　②虡，《初目》作"虞"，誤。此據《劍南詩稿》陸虡跋改。《四庫全書》書前提要、《總目》不誤。　③"殘年會合知無"以下，《初目》缺文。《四庫全書》書前提要、《總目》與此篇提要不同，所缺已無從補出。今姑仍其舊。

少陽集五卷附錄五卷①

宋太學生陳東撰。東,字少陽,鎮江丹陽人。事蹟詳《宋史》本傳。其集刻於元大德中者曰《盡忠錄》,凡八卷,編次頗嫌錯雜。刊於國朝康熙中者,曰《少陽文集》,凡十卷。前五卷皆東遺文,後五卷則本傳、行狀及他書論贊。今存②遺文五卷,行狀一篇,及欽宗省敕一篇,高宗諭旨七篇,併魏了翁《序》一篇,他皆汰之。東以諸生憤切時事,伏闕上書,糾蔡京、童貫諸人,可謂直矣。第於時國步方危,而煽動十餘萬人,震驚庭陛,至於壞院鼓,籲中涓,迹類亂民,亦乖大體。後應詔再出,卒以此爲黃潛善所搆,亦前事有以致之也。第以心在國家,言皆切直,故南宋以來世以忠義予之,而遺文亦至今傳述③焉,蓋略迹而原其心也。

《四庫全書總目》卷一百五十七集部十別集類十。1357 下

【校記】①《少陽集》五卷《附錄》五卷,《總目》作《少陽集》十卷。文淵閣《四庫全書》書前提要作《少陽集》五卷《附錄》一卷。　②今存,《初目》作"今古",於義無解,今據文淵閣《四庫全書》書前提要改。　③傳述,《初目》作"傳迹",於義無解,今據文淵閣《四庫全書》書前提要、《總目》改。

竹齋詩集四卷

宋裘萬頃撰。萬頃,字元量,新建人。淳熙十四年進士。歷官大理寺司直,請外任,添差江西撫幹。楊簡誌其墓,以默識稱之。陳宏緒《寒夜錄》稱萬頃在當時,與胡桐原、萬澹庵、徐竹堂往來唱和,號爲四傑。今三人俱已湮沒,惟萬頃集存。劉克莊《後村集》有《裘元量司直詩跋》,稱"其標致高勝,有顏氏之臞,龔生之潔"。又稱"其猶子南昌理掾應材,攜竹齋遺墨古律詩三首,其季元齡又手錄四十二首。其言若近而遠,若淡而深。近而淡者可能,遠而深者不可能。爲人自貴重,恥表襮,惟詩亦然。世知竹齋者多,而見其詩絕少。理掾盍鋟諸梓,與同志共之"云云。則元量之詩,克莊時尚無專集。此本爲康熙己丑其裔孫錦縣知縣奏所刊,凡詩三卷,末一卷附錄誥敕誌銘,不知何人所編。近時工部尚書裘曰修又重刊之。曰修亦萬頃裔也。

《四庫全書總目》卷一百六十一集部十四別集類十四。1387 下

楊誠齋集一百二十卷

宋楊萬里撰。萬里,字廷秀,吉州吉水人。官終寶謨閣學士。當韓侂胄北伐時,憂恚不食卒。贈光祿大夫,諡文節。事具《宋史·儒林傳》。此集則嘉定元年,其子長孺所編也。萬里立朝多大節,若乞留張栻、力爭呂頤浩等配饗及栽變、應詔諸奏,今具載集中,丰采猶可想見。生平以詩擅名,有《江湖集》七卷、《荊溪集》五卷、《西歸集》二卷、《南海集》四卷、《朝天集》六卷、《江西道院集》二卷、《朝天續集》四卷、《江東集》五卷、《退休集》七卷。今併在集中。方回稱其"一官一集,每集必變一格,雖沿江西詩派之末流,不免有類唐粗俚之處,而才思健拔,包孕宏富,自爲南宋一作手,非後來四靈、江湖諸派可得而並稱也"。萬里別有《易傳》二十卷,元陳櫟詆其因學文以求道,于經學終非本色。胡一桂作《易本義附錄纂註》,博收諸家之說,獨不采萬里一字。然萬里《易傳》實本程子之①

《四庫全書總目》卷一百六十集部十三別集類十三,作《誠齋集》一百三十二卷。1380 中

【校記】①"程子之"以下,《初目》缺文。《薈要提要》及文溯閣、文津閣《四庫全書》書前提要與《初目》同,其下云:"說,而引申之以通於人事,未嘗無可取者。諸儒以其門戶之見排之,亦未爲篤論矣。"文淵閣書前提要、《總目》與《初目》文字有差異。

秋堂集三卷

宋柴望撰。望,字仲山,號秋堂,衢州江山人。嘉熙間除中書,奏名。淳祐六年元日日食,上《丙丁龜鑑》,忤時相,下府獄,後得免放歸。尋以薦授迪功郎、國史編校,辭歸山中。自稱宋逋臣,元至元十七年卒。其從弟隨亨、元亨、元彪俱宋舊臣,亦不仕,世號柴氏四隱焉。望所著有《道州台衣集》、《詠史詩》、《西涼鼓吹》。此集蓋後人雜裒而成者。詩末尚有《道州台衣集序》,其《夢傅說》以下十一絶,疑即《詠史詩》中者也。詩格頗近晚唐,無宋人椎榾之習,非惟其人足重,其詩文亦足自傳云。

《四庫全書總目》卷一百六十八集部十八別集類十八。1412 中

可齋雜稿三十四卷續稿八卷續稿後十二卷

宋李曾伯撰。曾伯,字長儒,丞相邦彦之孫,寓居嘉興。由著作郎兩分漕節,七開大閫,儒而知兵,所至皆有功績,終觀文殿學士。集中多奏疏、表狀之文,論事極通達,可見諸施行,惟詩詞頗不入格。《雜稿》編於淳祐壬子,《續稿》編於寶祐甲寅,皆有曾伯《自序》。其子杓嘗彙三稿刻之荆州。湖北倉使劉黻又刻之武陵,翰林學士尤焴爲之序。咸淳庚午書肆又爲小本刊行,其序即杓所作。至元《嘉禾志》稱爲《可齋類稿》,蓋合三集而言之也。

《四庫全書總目》卷一百六十三集部十六別集類十六。1400 下

文溪存稿二十卷

宋李昂英撰。昂英,字俊明,番禺人。寶慶丙戌廷對第三。淳祐初官吏部郎,累擢龍圖閣待制、吏部侍郎,歸隱文溪。卒,諡忠簡。昂英生平以氣節顯,其劾史嵩之、趙與籌,直聲動天下,人以方唐介,文天祥尤推重之。是集爲元至元間其門人李春叟所輯,凡奏稿、雜文一百二十二篇、詩詞一百五十五首,編次付梓。明成化時重刻,陳獻章爲之序。其文質實簡勁,蓋如其爲人。詩間有粗疎之語,不離宋格,而骨力遒健,亦非靡靡之音也。

《四庫全書總目》卷一百六十四集部十七別集類十七。文淵閣《四庫全書》書前提要作《文溪集》。1402 中

雪牕集二卷附錄一卷

宋孫夢觀撰。夢觀,字守叔,號雪牕,慈溪人。寶慶二年進士。歷官至吏部侍郎。後求外補,以集英殿修撰知建寧府。是編乃明嘉靖間其裔孫應奎所校刻,有劉教《後序》,云:"凡集二卷,曰《奏議》,曰《故事》。"其誌贊誄文爲《附錄》一卷。故事者徵引古書于前,而附列議論于後。更番進御,因事納規。同時李曾伯集亦嘗載之,蓋當時朝制如此也。其奏議自嘉熙庚子以迄寶祐丙辰,正宋政極弊之時。其言皆剴切激昂,洞達時務。如謂理宗能容直言而不能用,又謂士大夫有寬厚之虛名,非國之福,尤切中宋末之弊,與當時迂濶之論固不可同日而語矣。

《四庫全書總目》卷一百六十三集部十六別集類十六。1401 中

矩山存稿五卷

宋徐經孫撰。經孫,字仲立,初名子柔,豐城人。宋寶慶二年進士。歷官刑部侍郎、太子詹事,拜翰林學士,知制誥。忤賈似道,罷歸。家在洪、撫之間,有山方正,因號曰矩。閑居十年乃卒。熊朋來銘其墓曰:"是在烏臺而不權畏貴者,是在鸞臺而不畏近侍者。"其立朝風節可知已。是集前後無序跋,惟附錄劉克莊贈其先人文集序一篇。謂經孫於朝廷文字溫潤精切,而詩書之澤推本於其先人。今觀其集,體裁清峻,多指陳時事及彈劾貴倖之文。詩則非其所長,以其人重之可耳。

《四庫全書總目》卷一百六十三集部十六別集類十六。1401 中

范文正公尺牘三卷

宋范仲淹撰。皆平生所作手簡,爲家書三十六首、交游八十一首。蓋其家子孫所輯,宋時已於集外別行。後有張栻及朱子所作《文正書帖跋語》二則,當亦後人所附入。原本五卷,今止三卷,則陳振孫所改編也。

《四庫全書總目》卷一百七十四集部二十七別集類存目一。1536 上

長興集十卷[①]

宋翰林學士沈括存中撰。陳振孫《書錄解題》稱:"括於文通爲叔,而年少於文通,世傳文通常稱括叔。"王安石及沈遠所作誌墓可考,援據甚明。乃元人修《宋史》,於邁傳仍稱括爲從弟,蓋未及旁考陳氏之説,故沿宋四朝國史之訛,不能改正也。括學問奧博,於天文、方志、律算、音樂、醫卜之術,無所不通。其論著極多,文章亦典贍有法。集本四十一卷,今抄本流傳,缺其首十二卷,後十九卷,惟第十三卷至二十二卷未佚,所存僅十之二三而已。

《四庫全書總目》卷一百五十四集部七別集類七。1333 下

【校記】①長興集十卷,文淵閣《四庫全書》書前提要、《總目》作"十九卷"。按:《長興集》原爲四十一卷,見陳振孫《直齋書錄解題》、馬端臨《文獻通考》著錄。《初目》下云:"今抄本流傳,缺其首十二卷,後十九卷,惟第十三卷至二十二卷未佚。"據此計算,缺三十一卷,存十卷。文淵閣《四庫全書》書前提要、《總目》云:"惜流傳既久,篇帙脫佚,闕卷一至卷十二,又闕卷三十一,又闕卷三十三至四十一,共二十二卷。"據此計算,缺二十二卷,存十九卷。

後村集五十卷

宋劉克莊撰。克莊,字潛夫,莆田人。以蔭入仕,官終龍圖閣直學士。謚文定。克莊受業於真德秀,而晚節不終,頗爲當時所譏。詩派近楊萬里,大抵詞病質俚,而意傷淺露,故方回作《瀛奎律髓》極不滿之。然其清新獨到之處,要亦有未可盡廢者。《律髓》載其《十老詩》,最爲俗格。今《南岳第二稿》惟存三首,而刪其七,則此集亦嘗經訂定矣。文章古潔,較勝其詩。坊本所刻詩十六卷,詩話、詩餘各二卷。毛晉《津逮秘書》又刻其題跋二卷,而文集三十卷並闕焉。此爲抄傳足本。第四十三、四十四兩卷載《玉牒初草》,紀寧宗嘉定十一、十

二年事,蓋用韓集編《順宗實錄》例也。前有淳祐九年林希逸《序》。

《四庫全書總目》卷一百六十三集部十六別集類十六。1400 下

東埜農歌集一卷①

宋戴昺撰。昺,字景明,號東野,黃巖人②。宋嘉定己卯應舉登第③。授贛州法曹參軍。昺爲詩人復古之從孫,復古登陸游之門,而昺傳其法。復古嘗稱其"不學晚唐體,曾聞大雅音"者也。所著詩本號《東埜農歌集》,今錄宋詩者並以《農歌集》稱之。而此卷但題云《東埜詩》,卷首又題云"石屏詩集附錄",蓋必原附入復古《石屏集》末,而後人抄出另爲一編者。第今選本所錄多不出此卷中。又卷內有"寶祐改元癸丑修禊日自跋"云:"抖擻破囊,凡百篇錄之。"然則昺詩原止此百篇,故仍以"東埜農歌"標目著於錄焉。

《四庫全書總目》卷一百六十三集部十六別集類十六。1398 下

【校記】①《東埜農歌集》一卷,文淵閣《四庫全書》書前提要、《總目》作"東野農歌集五卷"。書前提要云:"其詩世有二本:一爲兩淮所進,題曰《戴東野詩》,祇一卷,乃附錄《石屏集》後者。一爲浙江所進,分爲五卷,其編次稍有條理,而詩視兩淮本較少數篇。今以浙江本爲主,據兩淮本增入詩十三首,又據《宋詩抄》增入詩二首,凡百有餘篇。與《自序》所云篇數相合,殆可以稱足本矣。"《總目》所說與此略有差異。據此可知《初目》本,乃兩淮所進本。　②黃巖人,文淵閣《四庫全書》書前提要、《總目》作"天台人"。《宋史》卷八十八《地理志》兩浙路云:"台州,縣五:臨海、黃巖、寧海、天台、仙居。"是黃巖、天台均爲台州所領縣。故所謂的"天台黃巖人","天台"或即"台州"之意。　③宋嘉定己卯應舉登第,文淵閣《四庫全書》書前提要同,《總目》作"嘉定十二年登進士第"。

江湖長翁文集四十卷

宋陳造撰。造,字唐卿,高郵人。淳熙二年進士。仕至淮浙安撫使參議。遭宋不競,事多齟齬,自號江湖長翁。淮南自秦觀而後,惟造有名於時。其文皆指切實事,不徒托之空言。遺集四十卷,明萬曆中仁和李之藻與秦觀集並刻之①。

《四庫全書總目》卷一百六十一集部十四別集類十四。1384 下

【校記】①明萬曆中仁和李之藻與秦觀集並刻之,《總目》作"明崇禎中李之藻以淮南自秦觀而後惟造有名於時,始與觀集同刻之於高郵云"。按:《江湖長翁文集》四十卷有明萬曆四十六年李之藻刻本,國家圖書館有藏,是《總目》謂崇禎中始刻其集有誤。文淵閣《四庫全書》書前提要作"明季之藻"將其集與秦觀集同刻之於高郵,非是。

倚松老人集二卷

宋饒節著。節,字德操,本撫州士人。嘗爲曾布客。後與布書論新法不合,乃祝髮爲浮屠。更名如璧,挂錫靈隱①。晚主襄陽之天寧寺。嘗作偈云:"閒携經卷倚松立,試問客從何處來?"遂號倚松道人。集中詩大半爲僧後所作。呂本中稱其蕭散似潘邠老。《宋史·藝文志》:《倚松集》十四卷。今止存抄本二卷,末有"慶元己未校官黃汝嘉重刊"一行,蓋猶沿②宋刻之舊。又今所傳此集與謝薖、韓駒二集,卷首標目下俱別題"江西詩派"四字,與他詩集

不同，疑即宋人所編《江西詩派集》一百三十七卷內之一種，而後人析出單行者也。

《四庫全書總目》卷一百五十四集部七別集類七。《總目》書名同，文淵閣《四庫全書》本作《倚松詩集》。1333 下

【校記】①靈隱，《初目》原作"靈陰"，誤。宋費袞撰《梁谿漫志》卷九《二儒爲僧》云：德操"至江浙，樂靈隱山川，因挂錫焉"。文淵閣《四庫全書》書前提要、《總目》均作"靈隱"，今據改。　　②沿，《初目》原作"没"，於義無解，今據《總目》改。《四庫全書》書前提要作"是宋刻已然"。

梅山續稿十七卷①

宋姜特立撰。特立，字邦傑，麗水人。靖康中父綬殉難，蔭補承信郎。孝宗名爲太子春坊，累官浙東馬步軍副總管、慶遠軍節度使。有《梅山稿》，此其晚年官春坊以後之作，故名《續稿》。特立在當時恃光宗藩邸之舊，頗攬權勢，屢爲廷臣所糾。而詩格獨見超曠，自然流露，不事雕琢。後附雜文、詩餘。其《上梁文引》自述其生平最悉，有云"百首之清詩夜上，九重之丹詔晨頒"。所云"百首"者，此集不載，當在正稿中。是編爲休寧汪森所錄，森《序》謂其稿流傳絕少，故繕寫以儕于有宋諸家，則知其正稿失傳久矣。

《四庫全書總目》卷一百六十一集部十四別集類十四。1388 中

【校記】①十七卷，《總目》、《簡明目錄》同，文淵閣《四庫全書》書前提要作"十八卷"。

四六標準四十卷

宋李劉撰，明丹陽孫雲翼箋釋。劉，字公甫，崇仁人。嘉定七年進士。歷官寶章閣待制。博極羣書，尤工儷語，所著有《類藁》、《續類稿》、《梅亭四六》等書。此本乃其門人羅逢吉，以劉初年館何異家，及在湖南、蜀中所作彙梓行之。題曰"標準"，蓋門弟子尊其師之詞也。凡分七十一目，一千九十六首。宋時制告表啓之文皆用四六，迄於南渡，其風彌盛。孫覿、汪藻等皆以此擅名，而劉獨爲晚出。所作專以流麗穩貼爲宗，頗傷冗蔓，於前人典重沉博之體，未免去之稍遠。然其隸事親切，措辭曉暢，頗便於學者剽掇模擬之用，故當時盛行其書。錄而存之，可以見妃青儷白之詞，其風會亦自有升降耳。至雲翼之注，蕪雜特甚，今從刊削焉。

《四庫全書總目》卷一百六十三集部十六別集類十六。1396 中

止齋文集五十一卷

宋陳傅良撰。傅良，字君舉，永嘉人。官至寶謨閣待制。傅良研精經史，貫穿百家，立朝多大節。其詩文密栗堅峭，自有高逸之氣，亦如其爲人。此集爲其門人曹叔遠①所編，前有叔遠《序》②。所取斷自乾道丁亥，迄於嘉泰癸亥，凡乾道以前之少作盡削不存，故所錄特爲精審。世有《止齋論祖》一書，錄傅良科舉之文，皆叔遠子③棄餘也。末一卷附錄樓鑰所作神道碑，蔡幼學所作墓誌，葉適④所作行狀，而又有雜文八篇⑤綴其後，不知誰所續入者。明弘治乙丑王瓚《序》稱澤州張璉欲掇拾遺逸，以爲外集。其璉重刻時所竄入歟？

《四庫全書總目》卷一百五十九集部十二別集類十二。1370 下

【校記】①曹叔遠，《總目》同，文淵閣《四庫全書》書前提要作"陳叔遠"，非是。此集卷首有《序》，正作"曹叔遠"。曹叔遠爲陳傅良門人，《宋史》卷四百十六《曹叔遠傳》云：

"少學於陳傅良。" ②叔遠《序》,《初目》原作"叔遠集",非是。今據此集卷首及文淵閣《四庫全書》書前提要、《總目》改。 ③子,未詳其義,或爲"之"字之誤。 ④葉適,《初目》原作"葉通",誤。葉適所作行狀見本書附錄,今據改。文淵閣《四庫全書》書前提要、《總目》作"葉適"不誤。 ⑤八篇,《初目》原作"八扁",誤。今據文淵閣《四庫全書》書前提要、《總目》改。

梁谿集一百八十卷附錄六卷①

宋李綱撰。綱,字伯紀,邵武人。寓常州無錫梁谿,因以爲號。政和初進士。歷官至右僕射。卒,贈太師,謚忠定,事具《宋史》本傳。是集首載宋少保觀文殿大學士陳俊卿《序》,謂綱少子秀之裒集其表章奏劄八十卷,而詩文不與焉。又按晁公武《讀書志》作一百五十卷,馬端臨《通考》作一百二十卷,蓋皆已有詩文者。今本賦四卷、詩二十八卷、雜文一百三十八卷、《靖康傳信錄》三卷、《建炎進退志》四卷、《建炎時政記》三卷,末附年譜、行狀之類六卷。與晁、馬皆不合,未知何人所編。綱之生平大節固不待論,即其詩文均有雄爽之氣,亦非尋常文士所及也。

《四庫全書總目》卷一百五十六集部九別集類九。1344 下

【校記】①附錄六卷,文淵閣《四庫全書》書前提要、《總目》同。文淵閣《四庫全書》本附年譜一卷、行狀三卷,實際爲四卷。

高峰文集十二卷

宋廖剛撰。剛,字用中,順昌人。紹興中爲御史中丞,出提舉明道宮,致仕。高峰其號也。《朱子語類》論龜山門人,謂剛爲助和議。今觀其集,若《漳州被召上殿》、《乞約束邊將》諸劄,其說誠然。然《宋史》本傳載金人敗盟,剛乃有責鄭億年以百口保金人之語,又欲起舊相有德望者,以是爲檜所惡,致斥奉祠。而集中《與秦相公書》,亦以和議爲失。前後如出兩人,豈至是乃悟其謬歟①?《史》以剛與張九成、胡銓同傳,固爲不倫,然視怙過黨惡者,則有間矣。其他奏議,指陳當時利弊,頗可採。《答陳幾叟書》,論知制誥之失,尤爲切當。至其《乞設親軍劄子》,舍大慮小,所見殊陋。又諫止高宗節序拜欽宗事,于君臣兄弟之義,亦皆未協。《宋史》乃獨采之,去取未免失倫。是集久無刻本,傳寫多誤,脫字或至數行。無從校補,今亦姑從舊本錄之。

《四庫全書總目》卷一百五十九集部十二別集類十二。1367 下

【校記】①歟,《初目》原作"與",今據文淵閣《四庫全書》書前提要、《總目》改。

佩韋齋集二十卷

宋俞德鄰撰。德鄰,字宗大,自號太玉山人,永嘉人,徙居京口。咸淳九年進士。生平作文多不留稿,子庸裒集得五百餘首,釐爲十六卷,建安熊禾爲序。詩體格清拔,駢體亦以雅贍稱。後人復取所著《輯聞》四卷附之集後,非其原第,今析出別於子部著錄焉①。

《四庫全書總目》卷一百六十五集部十八別集類十八。1415 中

【校記】①按:此謂俞德鄰撰《佩韋齋集》二十卷,又謂俞德鄰子俞庸裒集其文釐爲十六卷,後人復取所著《輯聞》四卷附之集後。此二十卷實包括其詩文十六卷及《輯聞》四

卷。《輯聞》析出,《初目》别於子部著録。文淵閣《四庫全書》書前提要稱"《佩韋齋文集》十六卷",然卷前目録及正文均作二十卷,第十七卷至二十卷目録及正文均題曰"輯聞",而文淵閣《四庫全書》本另有《佩韋齋輯聞》四卷,是内容重復。

吾汶稿十卷吾汶稿摘抄二卷

宋王炎午撰。炎午,初名應梅,字鼎翁,後改今名,安成人。宋末爲太學生。以孝友節義聞於時。咸淳間,文天祥募兵勤王,炎午杖策謁之,留置幕府,旋以母老辭歸。入元後終身不出。因所居汶源里名其稿曰"吾汶",亦以示不仕異代之義。揭溪斯、歐陽元皆爲之序。其生祭文丞相文,尤稱傑作,世爭傳誦。稿爲文九卷,《附録》一卷,明宣德中始出。正德中裔孫偉刻之南京,後板散佚。萬曆中裔孫伯洪乃摘抄爲二卷而重刊之,僅録文二十八首、詞二首,又自以雜文數首綴於末。去取簡略,殊不足觀。其全集僅存抄本而已。

《四庫全書總目》卷一百六十五集部十八别集類十八。1418 上

晞髮集十卷晞髮遺集二卷遺集補一卷

宋參軍謝翱皋羽撰。又附《天地間集》一卷,則翱所録宋故臣遺老詩也。南宋之末,文體卑弱,獨翱詩文桀驁有奇氣,而行誼亦卓然可傳。其集本二十八卷,明弘治間已散佚。儲巏所刻,僅得其半。萬曆中有歙縣張氏重刊本,益以降乩之作,殊爲穢雜。此本爲平湖陸大業以家藏抄本刊行,云尚從舊本録出者。卷第已亂,大業以意釐定之,校他本差完善云。

《四庫全書總目》卷一百六十五集部十八别集類十八。1413 下

咸平集三十卷

宋田錫撰。錫,字表聖,四川洪雅人。其先京兆人,唐末徙蜀錫。宋初與胡旦、何士宗齊名,登興國三年進士第。歷相州、桐廬、淮陽、海陵四郡守,知制誥。終於諫議大夫,贈工部侍郎。嘗慕魏徵、李絳之爲人,以獻替爲己任。《國老談苑》記太宗幸龍圖閣閱書,指西北架一漆函,上親自署鑰者,謂學士陳堯叟曰:"此田錫章疏也。"愴然者久之,則當時已重其言矣。故其沒也,范仲淹爲作墓誌,司馬光爲作神道碑陰,而蘇軾序其《奏議》,亦比之賈誼,則其爲人可知也。是集載奏議一卷,書三卷,賦五卷,論三卷,箴銘二卷,詩六卷,頌策笏記表狀七卷,制誥考詞三卷[①],凡三十卷。《通考》載錫集五十卷,疑此或非完書,然亦足見錫之槩矣。

《四庫全書總目》卷一百五十二集部五别集類五。1305 下

【校記】①制誥考詞三卷,《總目》同,文淵閣《四庫全書》書前提要作"制考詞三卷",非是。其集卷二十八、二十九爲《制誥》。

小畜集三十卷

宋王禹偁撰。禹偁,字元之,鉅野人。太平興國八年進士。官至翰林學士、知制誥。屢以事謫守郡,終於知蘄州。嘗自次其文,以《易》筮之,得乾之小畜,因以名集。晁公武《讀書志》、陳振孫《書録解題》皆作三十卷,與今本目次正同。《宋志》云二十卷者,字有脱誤也。宋承五代之後,文體纖儷,禹偁始爲古雅簡淡之作,其奏疏尤極醇茂。《宋史》採入本傳者,議論皆英偉可觀。在詞垣時所爲應制駢偶之文,亦多閎麗典贍,洵一時作手,正不獨史所稱

"直躬行道"爲足重也。集凡賦二卷,詩十一卷,文十七卷。紹興丁卯,歷陽沈虞卿嘗序而刊之黃州。明代未有刊本,故世多鈔傳其詩,而全集罕覯。近有趙埶典者,始求得宋槧本刻于平陽,而中亦頗有闕字。陳振孫又謂禹偁尚有《外集》三百餘首,《承明集》十卷,《奏議集》三卷,今皆不傳矣。

《四庫全書總目》卷一百五十二集部五別集類五。1306 下

武溪集二十卷

宋余靖撰。靖,字安道,韶州曲江人。天聖二年進士。累官工部尚書,贈少師。謚曰襄。初爲臺諫,與范仲淹、歐陽修、尹洙有四賢之目。後從狄青討平儂智高,磨崖築京觀,作記以旌武功。當時咸重其文,故所作銘誌、碑碣居多。嘗奉使契丹,其《契丹官儀》一篇,可備史略。他如論史、序潮諸作,亦多卓然可傳。集本乃其子屯田員外郎①仲荀所編,凡古律詩一百二十、碑誌記五十、議論箴碣表五十三、制誥九十八、判五十五、表狀啟七十五、祭文六卷。目與歐陽修所撰墓誌相合。尚有奏議五卷,已不傳。集首有宋屯田郎中周源《序》,明成化中邱濬抄自內閣,始刊行之。今所傳則嘉靖甲午都御史唐冑重刊本也。

《四庫全書總目》卷一百五十二集部五別集類五。1311 上

【校記】①員外郎,《初目》原作"郎外郎",誤。今據文淵閣《四庫全書》書前提要、《總目》改。

徂徠集二十卷

宋石介撰。介,字守道,兗州奉符人。天聖中進士及第。直集賢院,終通判濮州。魯人號爲徂徠先生,因以名集。《宋史》本傳稱其篤學有大志,樂善疾惡,遇事奮然敢爲。嘗作《慶曆聖德詩》,所頌皆一時名臣。其言大奸則夏竦也,又著《怪說》、《中國論》,皆有心世道之言。而於排斥佛老爲尤力。所作《唐鑑》實出范祖禹之前,惜其序存而書佚矣。歐陽修墓誌稱"所爲文章曰某集者若干卷"①,又曰"某集者若干卷",凡重言之,似原本有分別。此則統名《徂徠集》。蓋後人所合編也。第四卷內《寄元均》、《叔仁》,《讀易堂》、《永軒暫憩》四詩已佚②。

《四庫全書總目》卷一百五十二集部五別集類五。1312 上

【校記】①所爲文章曰某集者若干卷,《初目》原作"所爲文章曰某序者若干卷",非是。查《徂徠集附錄》歐陽修撰《徂徠石先生墓誌銘》云:"其所爲文章曰某集者若干卷,曰某集者若干卷。"是前一句亦作"所爲文章曰某集者若干卷"。文淵閣《四庫全書》書前提要、《總目》不誤,今據改。 ②"第四卷內《寄元均》、《叔仁》,《讀易堂》,《永軒暫憩》四詩已佚",文淵閣《四庫全書》書前提要、《總目》作"第四卷內《寄元均》、《叔仁》,《讀易堂》、《永軒暫憩》四詩有錄無書,則傳寫脫佚"。按:這四首詩在文淵閣《四庫全書》本《徂徠集》第四卷內,《叔仁》當爲《叔文》之誤,《永軒暫憩》當爲《水軒暫憩》之誤(參見王嵐《宋人文集編刻流傳叢考》,鳳凰出版社,2003 年出版,第 77 頁)。《寄叔文》詩有"幾年持筆事征西,未省尊前略展眉"等句。《讀易堂》詩題全稱《赴任嘉州初登棧道寄題姜潛至之讀易堂》,詩作"連雲棧外四千里,讀易堂中一帙書"云云。《水軒暫憩》詩題全稱《入蜀至左綿路次水軒暫憩》,詩作"水軒聊得恣吟哦,拂拭衣裳塵土多"云云。

是所説四詩有三首都在,不能説"傳寫脱佚"。《寄元均》一詩見清吳之振編《宋詩鈔》卷十四《石介徂徠詩鈔》,詩作"君爲儒者豈知兵,何事欣隨璧馬行"云云。而在《徂徠集》第四卷未收此詩,確實是"傳寫脱佚",但此詩不僅缺内容,連標題也未出現,所以也不存在"有録無書"的説法。

和靖詩集四卷

宋林逋撰。逋,字君復,錢塘人。隱西湖之孤山,真宗聞其名,詔長吏歲時勞問。和靖,其賜謐也。所爲詩澄澹高逸,正如其人。史稱其就藁輒棄去,好事者往往竊記之。今所傳尚三百餘篇,兹集篇數與本傳相合。蓋當時所收止此,其他逸句往往散見于説部及真蹟中。劉克莊《後村詩話》謂逋"一生苦吟,自摘出五言十三聯。今惟五聯見集中。如'隱非秦甲子[①],病有晉春秋'、'水天雲黑白,霜野樹青紅'、'風回時帶笛,烟遠忽藏村'。如'郭索'、'鉤輈'之聯,皆不在焉。七言十七聯,集逸其三。使非《摘句圖》旁證,則皆成逸詩矣。"今《摘句圖》亦不傳,則其失于編輯者固不少也。是集前有皇祐五年梅堯臣《序》,康熙中長洲吳調元校刊之。後附《省心録》一卷,則李邦獻所作,而誤以爲逋者。今據《永樂大典》考正,別著録子部中。

《四庫全書總目》卷一百五十二集部五別集類五。1308 上

【校記】①隱非秦甲子,《總目》作"隱非唐甲子",非是。劉克莊《後村詩話》卷三原文作"隱非秦甲子"。

文正集二十卷別集四卷補編五卷

宋范仲淹撰。仲淹,字希文,其先邠人,徙蘇州。官至樞密副使,参知政事。事蹟詳載《宋史》。所著詩文本名《丹陽集》,凡詩賦五卷,二百六十八首;雜文十五卷,一百六十五首。元祐四年蘇軾爲之序。淳熙丙午鄱陽[①]從事綦焕校定舊刻,又得詩文三十七篇爲《遺集》附於後,即今《别集》。其《補編》五卷,則國朝康熙中裔孫能濬所蒐輯也。仲淹貫通經術,平生以傳道自任。集中所載《易義》二十餘條,皆深得經旨。其他議論政治之文,類皆明白切當,可起而行。蘇軾稱其天聖中所上執政萬言書,"天下傳誦","考其平生所爲,無出此者"。可謂有本之言矣。其集元明累有刊本,久而不存。康熙乙酉,二十一世孫時崇爲廣西巡撫,屬族人校正,與奏議、尺牘等合刻行之。

《四庫全書總目》卷一百五十二集部五別集類五。1311 中

【校記】①鄱陽,《初目》原作"翻陽",今據文淵閣《四庫全書》書前提要、《總目》改。

居士集五十卷

宋歐陽修撰。修於晚年手定平生詩文爲是集,以居士名之。前列蘇軾《序》及《年譜》,乃後人所益也。舊本每卷有"熙寧五年子發等編定"數字,而軾《序》謂得於其子棐,"乃次而論之"。蓋《序》作於元祐六年,時發已卒,故《序》中不及耳。慶元中,周必大編次修集,自《居士集》外,有《外集》等九種,通一百五十三卷。此編僅三之一,然出自手輯。葉夢得謂其一篇至數十過,有累日不能決者,則其選擇爲最審已。此本乃取淳熙間孫益謙所校重鐫,卷末列諸本字句異同,極爲詳核。又一本爲明代朝鮮所刊,校正亦極精審。江西別有新刊本,

347

集部　別集類　　　　　　　　　　　　　　　　　　　　　　　　　四庫全書初次進呈存目

不及此之完善也。
　　《四庫全書總目》卷一百七十四集部二十七別集類存目一。1536 下

〔剡源集三十卷〕①
　　〔元戴表元撰。表元,字帥初,一字曾伯,慶元〕②奉化人。宋咸淳中登進士乙科。教授建康,遷臨安。元大德中以薦除信州教授,調婺川,以疾辭,後被薦,卒不起。所著《剡源集》,明初上之史館,宋濂曾序而刻之,凡二十八卷,其板久佚。此本乃嘉靖間四明周儀得其舊目,廣爲蒐輯,釐爲三十卷。表元之後裔洄復梓行之。王士禎《居易錄》稱海寧刻《剡源集》四卷,爲黃宗羲所定,非完書也。表元少受業于王應麟、舒岳祥之門,其學博而肆。爲文清深雅潔,與柳貫齊名,趙孟頫極推重之。詩亦深穩,無宋季粗浮之習,大德延祐之間卓然一作手也。
　　《四庫全書總目》卷一百六十六集部十九別集類十九。1424 中
　　【校記】①剡源集三十卷,《初目》本篇提要原題書名作"鄂州小集六卷",開頭並有小傳"宋羅願撰願字端良別號存齋新安人"十五字。按:此誤抄宋羅願《鄂州小集》提要。因"鄂州小集"另有條目,此處將上述文字刪去,並據《總目》另標書名,補錄作者小傳所缺部分。　②"元戴表元撰。表元,字帥初,一字曾伯,慶元",以上文字《初目》原缺,今據《總目》補。

義豐集一卷
　　宋王阮著。阮,字南鄉,德安人。王韶之曾孫。隆興元年進士。仕至撫州守。召入奏。韓侂冑欲見之,卒不往。怒,使奉祠,歸廬山以終。阮少謁朱子於考亭,朱子知南康時,阮又從遊,故集中有唱酬之作。阮之歸也,朱子惜之,謂其才氣術略過人,而流落不偶。集首有淳祐癸卯吳愈《序》,謂其"文無一字無來處","論邊事則晁、賈其倫,爲記銘則韓、柳其亞"。今所存僅詩一卷而已。岳珂云阮學詩於張紫微,紫微者,張孝祥也。
　　《四庫全書總目》卷一百五十九集部十二別集類十二。1374 中

河東集十六卷
　　宋柳開撰。開①,大名人。開寶六年進士。歷典州郡,終如京使。開少時慕韓愈、柳宗元爲名,因名肩愈,字紹先。既而更易今名,字仲塗,自以爲能開聖道之塗也。集中《東郊野夫》、《補亡先生》二傳,自述甚詳。集原十五卷,乃門人張景所編。今合景所撰行狀一卷,共十六卷。宋朝變偶儷爲古文,實自開始,而體近艱澀。又尊崇楊雄太過,至比之聖人,持論殊謬,亦人多以此議之。然宋時學者最喜贊雄,雖司馬光之賢,猶不能免,蓋亦習尚使然。至《綱目》出而大義始明,於開固無足責。要其轉移風氣之功,固未可盡沒耳。
　　《四庫全書總目》卷一百五十二集部五別集類五。1305 下
　　【校記】①開,《初目》原作"門",今據《總目》改。

丹淵集四十卷
　　宋文同撰。同,字與可,梓潼人。漢文翁之後,故人以石室先生稱之。皇祐元年進士。

348

解褐爲邛州軍事判官,後歷知陵州、洋州,改湖州,未至而卒。至今畫家稱文湖州,從其終而言之也。遺文五十卷,其曾孫篤編爲四十卷。慶元中曲沃家誠之守邛州,以同嘗三仕於邛,多遺蹟,因取其集,重加釐正,而卷帙則仍其舊。所增《拾遺》①二卷及卷首年譜、卷末附錄司馬光、蘇軾等往來詩文一卷,則誠之所輯也。同未第時即以文章受知文彦博。其詩如"美人却扇坐,羞落庭下花"諸篇,亦盛爲蘇軾所推。特以墨竹流傳,遂爲畫掩,故世人不甚稱之。然馳驟于黃、陳、晁、張②之間,未嘗不頡頏上下也。集中稱蘇軾爲胡侯,或曰蘇子平,見誠之跋中。蓋其家避忌蜀黨而改之,今亦姑仍其舊云。

《四庫全書總目》卷一百五十三集部六別集類六。1318 上

【校記】①所增《拾遺》,《初目》原作"所遺《拾增》",文意不通。文淵閣《四庫全書》書前提要、《總目》作"所增《拾遺》",今據改。　②黃、陳、晁、張,文淵閣《四庫全書》書前提要、《總目》同,《四庫全書簡明目錄》作"黃、秦、晁、張"。黃、陳、晁、張指黃庭堅、陳師道、晁補之、張耒四人,秦指秦觀。黃、秦、晁、張被稱爲"蘇門四學士",加上陳師道、李廌,又被並稱爲蘇門六君子。兩篇提要所提及的五人中,秦觀以詞著稱,而文同《丹淵集》,均爲詩文之作,與詞並無關係。而陳師道以詩著稱,被尊爲江西詩派"一祖三宗"之一宗。故與之相比者,以黃、陳、晁、張爲合適,《四庫全書簡明目錄》將陳師道改爲秦觀,非是。

元豐類稿十五卷

宋曾鞏撰。鞏,字子固,建昌軍南豐人。嘉祐二年進士及第。累官中書舍人,賜服金紫。鞏師事歐陽修,早以文章名天下。考《宋史》本傳,尚有《續稿》四十卷、《外集》十卷,今未之見。世所傳《書魏鄭公傳後》諸佚文見于《宋文選》者,當即《外集》、《續集》所載也。明成化六年,南豐知縣楊參嘗刊其集,前有元豐八年三槐王震《序》,後有大德甲辰東平丁思敬《序》。又有年譜序二篇,無撰人姓名,而年譜已佚,蓋非宋本之舊。

《四庫全書總目》卷一百五十三集部六別集類六。1319 中

清獻集十卷

宋趙抃撰。抃,字閱道,衢州西安人。神宗時參知政事,以爭新法去位。此本詩、文各五卷,所載多關時事,其所論陳執中、王拱辰疏皆七八上,可以知其抗直。而宋庠、范鎮亦皆見之彈章。古所稱羣而不黨,抃庶幾焉。其詩皆婉多姿,乃不類其爲人。王士禎《居易錄》稱其《暖風》、《芳草》、《杜鵑》、《寒食》、《觀水》五言律詩五首,以文彦博擬之,故非過論。殆亦淵明《閑情》之比也。此本乃仿宋嘉定本重刊,前有陳仁玉①《序》。仁玉,字碧棲,台州仙居人。第進士。開慶中官禮部郎中,歷浙東提刑,入直敷文閣。

《四庫全書總目》卷一百五十二集部五別集類五。1315 下

【校記】①陳仁玉,《初目》原作"陳仁王"。按:《總目》作"陳仁玉",是也,提要下文即稱"仁玉",可証。今據改。《總目》卷一百十五《菌譜》提要云:"宋陳仁玉撰。仁玉,字碧棲,台州仙居人。擢進士第。開慶中官禮部郎中,浙東提刑,入直敷文閣。嘉定中重刊《趙清獻集》,其《序》即仁玉所作。"

集部　別集類　　　　　　　　　　　　　　　　　　　　　　　　　　四庫全書初次進呈存目

鄱陽集十二卷

宋彭汝礪撰。汝礪,字器資,饒州鄱陽人。治平中舉進士第一。歷官權吏部尚書,出知江州。立朝多大節,極言敢諫,史稱其"詞命雅正,有古人風"。《東都事略》載所著《易義》、《詩義》、奏議①、詩文五十卷。《宋史·藝文志》:《鄱陽集》四十卷。此本乃其詩集,止十二卷,已非完本。又古詩中錯入律詩一首,律詩中錯入古詩二首,《武岡驛》一首有目無詩,《寄佛印》一首重見。疑皆後人所亂也。

《四庫全書總目》卷一百五十三集部六別集類六。1322 中

【校記】①奏議,《初目》原作"奏義",非是。文淵閣《四庫全書》書前提要、《總目》均作"奏議",今據改。此見《東都事略》卷九十四所載,原文正作"奏議"。

公是集六卷

宋劉敞①撰。敞,字原父,袁州人。慶歷中舉進士,廷試第一,編排官王堯臣以親嫌寘第二。累遷知制誥、知永興軍。史稱其"學問淵博","為文尤敏贍"②。公是乃其私諡,因以名集。葉夢得《避暑錄話》記敞集一百七十五卷,《通考》載七十五卷,已亡大半,至明代併佚不存。此本乃錢塘吳允嘉志上從諸事中搜輯而成,所存不及什之一。考《宋文鑑》尚有敞所作《續諡法》一篇,唐順之《右編》有奏議六篇,此集均未收入。又誤載劉攽詩,及詩文重複、文同題異者數篇。又《舜讓禹》以下三篇抄錄舛錯,原目亦頗失先後之序。編次殊未精審,故稍加釐訂,而著之于錄焉。

《四庫全書總目》卷一百七十四集部二十七別集類存目一,作《別本公是集》。1536 中

【校記】①劉敞,文獻中多作"劉敞",亦有作"劉敞"的。宋謝維新《古今合璧事類備要外集》卷二十一"偽冒官戶"條注釋所引即作"劉敞"。提要下文或作"敞",或作"敞",今未作統一。　②為文尤敏贍,《宋史》卷三百十九本傳作"為文尤贍敏"。

潞公集四十卷

宋文彥博撰。彥博,字寬夫,汾州介休人。由進士歷事仁、英、神、哲四朝,官至平章軍國重事,封潞國公,諡忠烈,事蹟具載《宋史》。其集分賦頌二卷、詩六卷、論一卷、表啓一卷、序一卷、碑記墓誌一卷、雜文一卷,其十四卷以後則皆奏議、劄子之文也。此本卷數與馬氏《經籍考》同,而尚缺《補遺》一卷。葉夢得《序》稱"兵興以後,久經殘佚",蓋在南渡時已非全書矣。彥博不以詩名,而風格秀佚,情文相生。王士禎稱其"婉麗濃嫵,絕似西崑"。嘗掇其佳句,載之《池北偶談》。文章不事雕飾,而議論通達,卓然經濟之言。奏劄下多注年月,亦可與正史相參考。

《四庫全書總目》卷一百五十三集部六別集類六。1321 下

宛陵集六十卷

宋梅堯臣撰,堯臣,字聖俞,宣城人。少以蔭補為吏,官至都官員外郎。集凡詩五十九卷,記一首、序一首、賦十九首共一卷。堯臣以詩擅名,王曙嘆為三百年無此作。與歐陽修交最善,天下有"歐梅"之稱,以擬韓孟。蓋宋初時派靡麗①,修與堯臣始起而振之,一變為清新遒上之格,故所作獨觀一時。迨蘇黃出,而其名稍掩。然黃庭堅亦深服其詩,嘗有句云:"梅

350

翁事清切,石齒漱寒瀨。""又如食橄欖,意味久愈在。"②其傾倒於堯臣者至矣。劉克莊推爲"有宋詩家開山鼻祖",不虛也。自宋迄明,嘗再刻于宣城。有紹興十年汪伯彥、正統己未楊士奇二跋。後板久闕,康熙壬午,蘇州徐七來復爲校刊,而宋犖序之,其③《書錄解題》所稱吳郡宋積臣④一序已佚。

《四庫全書總目》卷一百五十三集部六別集類六。1320 中

【校記】①宋初時派靡麗,《初目》原文如此,或有脫字。　②"然黃庭堅"等句,此爲歐陽修詩,句見《文忠集》卷二《居士集》二《水谷夜行寄子美聖俞》。《初目》誤作黃庭堅詩。　③其,《初目》原作"其其",衍一"其"字,今刪。　④宋積臣,《書錄解題》所稱作"宋績臣",《文獻通考·經籍考》引《書錄解題》同作"宋績臣"。

蔡忠惠集四十卷

宋蔡襄撰。襄,字君謨,仙遊人。舉進士。事仁宗、英宗,歷官端明殿學士,屢典大郡。忠惠其謚也。初,襄校勘館閣,時范仲淹、余靖、尹洙、歐陽修同時坐貶,修之貶由高若訥。襄爲作《四賢一不肖》詩,世服其剛正。乾道中,王十朋編其文集,取置卷首。襄工書法,遂掩其文名,然所作多名言碩畫,歐陽修所稱清遒粹美,不虛也。

《四庫全書總目》卷一百五十二集部五別集類五。1312 中

擊壤集二十卷

宋邵雍著。前有治平丙午《自序》,後有元祐辛卯邢恕《序》。晁公武《讀書志》云:"雍邃於《易》數,歌詩蓋其餘事。"亦頗切理。楊時《語錄》記其"須信畫前原有《易》,自從刪後更無《詩》"二語,此本無之,則當時尚有佚篇矣。

《四庫全書總目》卷一百五十三集部六別集類六。1322 上

龍洲集十四卷

宋劉過撰。過,字改之,廬陵人。當宋光宗、寧宗時,以詩遊謁江湖。韓侂胄嘗欲官之,使金國而漏言,卒以窮死,蓋終身爲遊客也。其詩文多粗豪感激之氣,與陳亮略相近。集凡十四卷,後附宋以來諸人所題詩文二卷,合十六卷。過嘗叩閽上書,請光宗過宮。又屢陳恢復大計,謂中原可不戰而取。故楊維禎弔其墓詩云:"讀君舊日伏闕疏,喚起開禧無限愁。"今集中是疏已遺失矣。

《四庫全書總目》卷一百六十二集部十五別集類十五。1391 上

野谷詩稿六卷

宋宗室趙汝鐩撰。汝鐩,袁州人,或曰汴都人。登寧宗嘉泰二年進士,授館職。嘉定中分司鎮江筦榷。其時汴京久屬於金,當爲袁州人無疑。其曰汴都,蓋以宗室追溯而言,猶之稱郡望也。王士正論次南宋諸家詩,首取汝鐩律句數聯,而謂劉克莊賞其古體歌行似建安、黃初爲太過。要之,其詩與四靈之倫亦足相埒。士正所見,乃黃虞稷家抄本,尚有劉克莊《序》,此本無之。

《四庫全書總目》卷一百六十二集部十五別集類十五。1392 下

集部　別集類　　　　　　　　　　　　　　　　　　　　　　　　　　　四庫全書初次進呈存目

澹庵文集六卷

　　宋廬陵胡銓著。銓,字邦衡。高宗朝以言事遠謫。孝宗即位,特擢用之,終資政殿學士,謚忠簡。銓師蕭楚,明于《春秋》,故集中嘉言讜論,多本《春秋》義例。其于南渡大政,尤多補救。考銓本傳,高宗時,嘗請誅秦檜。閱集中《論撰賀金國啓》,則于孝宗時,又嘗請誅湯思退矣。《孝宗本紀》:隆興元年三月,金以書來索四州,未報。八月,又齎書兩省。及閱集中《玉音問答》一篇,則知答金人書,孝宗已與銓定于五月三日。遲至八月未遣,必湯思退有以持之,是亦足考①。

　　《四庫全書總目》卷一百五十八集部十一別集類十一。1360 中
　　【校記】①是亦足考,《初目》此處文意未完。其下有"一書"至"節也"三十八字,爲《五峰集》提要之文,《初目》誤合於此,今析出另行。

〔五峰集五卷〕

　　一書,自乞爲嶽麓書院山長。蓋其時檜方力引之,而宏詞婉意嚴,不肯少屈其志,尤可見其大節也①。

　　《四庫全書總目》卷一百五十八集部十一別集類十一。1360 下
　　【校記】①"一書"至"節也",《初目》原誤錄在《澹庵文集》提要中,此爲胡宏《五峰集》提要之文,今析出另行。

道鄉集四十卷

　　宋鄒浩撰。浩,字志完,常州晉陵人。元豐五年進士,官終直龍圖閣,贈寶文閣學士。謚曰忠。事蹟具《宋史》。此集乃其子柄栩所輯,凡詩十四卷,文二十六卷。李綱嘗爲之序,此本失載。《東都事略》載浩集三十卷,疑此亦後人所分也。浩于元符二年以上疏諫立劉后編管新州,當時已焚燬其稿。徽宗初,蔡京重理浩罪,求其疏不得,仍僞作浩疏宣示之。今集中具載原疏,蓋自《徽宗寶錄》浩傳中採出者。又集載疏共四首,而李燾《長編》內尚有元符元年《論執政大臣不和》一疏,不見集中。又論章惇凡四疏,集亦祗載其三。而高俅轉官一制乃存而不刪。蓋編類之時,蒐采未備,去取亦未盡當也。柄等鏤板,宋末已燬,明成化間,其裔孫鄒量始得內閣抄本。萬歷中,錢塘令鄒忠允亦浩之裔,乃再刊行之。王士禎《居易錄》稱其古詩似白居易,律詩似葉夢得。又稱其受學程門,而特嗜禪禮,詩文多宗門語,其《括蒼易傳序》服膺荊舒之學,亦駁而不醇。夫浩之大節,可謂不愧師門矣。語言文字小小異同,未足爲累,蓋所學在此不在彼也,以是吹求,是亦不揣其本矣。

　　《四庫全書總目》卷一百五十五集部八別集類八。1337 上

著作集八卷

　　宋王蘋撰。蘋,字信伯,福清人。早登河南程氏之門。紹興初,平江守孫佑以德行薦于朝,召對,賜進士。累官著作郎。蘋學有師承,識通時務,故立朝多所獻納。其集在宋寶祐中,曾孫思文刊于吳學,盧鉞爲序。《文獻通考》作四卷。明弘治間蘋十一世孫觀因舊本編次,首列《傳道支派圖》,次載劄子、雜文十餘篇,三卷以下全取像贊、題跋及門人私誌語錄之

類附入,末有祝允明跋。蘋之著述當不止此,疑非《通考》之舊。正德間蘋裔孫世顒翻刻以行,徐源爲序,即是本所從錄也。

《四庫全書總目》卷一百五十七集部十別集類十,作《王著作集》。1357 上

西塘集十卷

宋鄭俠撰。俠,字介夫,福清人。熙寧中以監門吏抗疏,極論新法之害,發馬遞上《流民圖》,劾呂惠卿奸狀,直聲振朝野,而竟以此獲譴。時所存惟一拂,自號一拂先生。茲集明季重刊,葉向高《序》謂即宋本重加刪汰。存奏疏、雜文八卷,詩一卷,附本傳、諡議、祠記①等爲一卷,則已非原本之舊矣。然如《景定建康志》載俠劾②呂惠卿論西夏事及上《君子小人事業圖》諸疏,今俱不存,則向高之去取亦未爲至當矣。王士禎《居易錄》稱其文似石介,"而無其怒張叫呶之習",古詩在白居易、孟郊之間。良爲不誣,惜不得而全見之。是則前明隆、萬歷③以來輕削古書之失也。

《四庫全書總目》卷一百五十四集部七別集類七。1334 上

【校記】①祠記,《初目》原作"詞記",非是。文淵閣《四庫全書》書前提要、《總目》作"祠記"。其書附錄有《一拂先生祠上梁文》,此即"祠記"。今據改。　②劾,《初目》原作"客",於義無解。文淵閣《四庫全書》書前提要、《總目》作"劾",今據改。《初目》作"客"字,或因上文爲"俠"字因而誤寫作"俠客"之故。　③前明隆、萬歷,《總目》作"前明隆、萬"。文淵閣《四庫全書》書前提要無此句。

太倉稊米集七十卷

宋周紫芝撰。紫芝,字少隱,宣城人。紹興中登第。歷官樞密院編修官,出知興國軍,自號竹坡居士。是集樂府詩四十三卷,文二十七卷。前載唐文若、陳天麟及紫芝《自序》。文若稱"前輩文采,專以格健①爲高",天麟亦謂紫芝詩"先嚴格律,然後及句法",其宗旨蓋可知也。紫芝又有《竹坡詩話》行於世,觀所自作,可謂不愧所言矣。

《四庫全書總目》卷一百五十八集部十一別集類十一。1366 上

【校記】①格健,本書卷前唐文若《序》作"格致"。

王荆公詩注五十卷

宋李壁撰。考諸刊本或從玉作璧,然璧①爲李燾第三子②,其兄曰垕、曰塾,其弟曰壆,名皆從土,則作"璧"誤也。壁,字季章,號雁湖居士。初以蔭入官,後登進士。寧宗朝累遷禮部尚書、同樞密院事,諡文懿。是書乃其謫居臨川時所作。劉克莊《後村詩話》嘗譏其注"歸腸一夜繞鍾山"句,引《韓詩》不引《吳志》。注"世論妄以蟲疑冰"句,引《莊子》不引盧鴻一、唐彥謙語,指爲疎漏。然大致捃摭蒐采,務求來歷,疑則闕之,非穿鑿附會者比。原版流傳絕少,故近代藏書家俱不著于錄。海鹽張宗松得元人槧本,始爲校刊。集中古今體詩,以世俗所行《臨川集》較之,增多七十二首。其所佚者,附錄卷末。壁奉使於金,附和韓侂胄之意,詭稱可伐,遂啓開禧喪師之釁,墮其家聲。其人殊不足重,而箋釋之功,足裨後學,固與安石之詩均不以人廢云。

《四庫全書總目》卷一百五十三集部六別集類六。1325 中

【校記】①壁,此字文淵閣《四庫全書》書前提要、《總目》均作"璧",是也。　②第三子,《初目》原作"第三弟",誤。《明一統志》卷七十一云:"李壁,燾第三子。"文淵閣《四庫全書》書前提要、《總目》不誤,今據改。

演山集六十卷

宋黃裳撰。裳,字冕仲,南平人。元豐五年進士第一。累官禮部尚書,贈資政殿大學士,諡忠文。嘗自稱紫元翁。同時莊念祖《述方外志》謂"裳爲紫微天官九真人之一。因誤校籍,墮人間"云云,説殊誕妄。蓋裳素喜道家元秘之書,又往往喜作塵外語,故從而附會之爾。茲編爲乾道初其季子玠裒輯,建昌軍教授廖挺訂証舛誤,刻於軍學。前有王悦《序》,稱其淵源六經,議論一出於正云。

《四庫全書總目》卷一百五十五集部八別集類八。1336 上

西巖集一卷

宋翁卷撰。卷,字續古,一字靈舒,永嘉人。登淳祐癸卯鄉薦。與趙師秀、徐照、徐璣同擅詩名,當時有四靈之目。其流派多學晚唐,又從九僧而降之,喜爲槎牙蕭颯之語,不免寒瘦。然其苦意淬煉,要亦能自成一家。卷詩,葉適序之,稱其"自吐性情,靡所依傍"。而劉克莊集有贈卷詩云:"非止擅唐風,尤於選體工。有時千載事,祗在一聯中。"其傾許之者至矣。卷別有《葦碧軒集》,未見。厲鶚《宋詩紀事》載卷詩四首,皆題作《葦碧軒集》。今以校此集,惟《寄遠》一首不載,餘皆相同。可知二集特互有出入,非截然兩本也。

《四庫全書總目》卷一百六十二集部十五別集類十五。1390 上

雪磯叢稿五卷

宋樂雷發撰。雷發,字聲遠,寧遠人。累舉不第,門人姚勉登科,以讓第。疏上,理宗詔親試,對選舉八事,賜特科第一人。歸隱雪磯,自號雪磯先生。雷發平生頗留心當世之務,以折衝禦侮爲己任。今集中所載《烏烏歌》,猶足見其捄時之志也。

《四庫全書總目》卷一百六十四集部十七別集類十七。1405 上

宗忠簡集八卷

宋宗澤撰。澤,字汝霖,義烏人。元祐六年進士。靖康初,知磁州。勤王兵起,以澤爲副元帥。累遷延康殿學士兼開封尹,留守東京,贈觀文殿學士,諡忠簡。是編自一卷至六卷皆劄子、狀疏、詩文、雜體。七卷、八卷爲遺事、附錄,皆後人紀澤事寔及誥敕、銘記之類。澤忠義凜然,載在史冊。其請高宗還汴疏,凡二十八上,史傳不盡錄其文,今見集中者得十八篇。其集乃嘉定間樓昉編輯,明季熊人霖復刊行之。此則國朝義烏令王廷曾①重編,又增入《止割地》一疏,而以樓昉及明方孝孺《序》冠於篇首。

《四庫全書總目》卷一百五十六集部九別集類九。1344 中

【校記】①王廷曾,文淵閣《四庫全書》書前提要、《總目》作"王庭曾",非是。《四庫全書》本《宗忠簡集》卷七末有其人識語,正作王廷曾。嘉慶《義烏縣志》卷八《官師》有王廷曾,注云:"宛平人,由壬子貢監。康熙二十七年任。"卷九《宦績》有傳,稱其"公務之

餘，勤於興廢舉墜"，"而刊宗忠簡、黃文獻、王忠文集，尤見仕優則學，爲不可沒云"。所記與刊刻《宗忠簡集》正相一致。

文定集十二卷

宋汪應辰撰。應辰，字聖錫，信州玉山人。紹興五年進士第一。官至端明殿學士。少受知喻樗，復從張九成游。集中有朱子跋《授經圖》，自稱從表姪，是於朱子爲丈人行，而交契極密。張栻、呂祖謙亦推重之。集本五十卷，明初已佚，惟內閣尚有其書。弘治中，程敏政借出摘抄，爲廷試策一卷，奏議二卷，內制一卷，雜文八卷。嘉靖間，其鄉人夏浚刻之，又附以遺事、志傳等文凡二卷。應辰文筆醇正，論事可見施行，考據並見精核。其與朱子書謂蘇氏之學，雖不能無疵，"而與王氏同貶，恐或太甚"，亦最平允。乃程敏政作《蘇氏檮杌》，至謂眉山父子罪浮安石，敏政既有取其文，而立論復異同如此，曾不自知其言之過，何耶？

《四庫全書總目》卷一百五十八集部十一別集類十一，作二十四卷。1363 上。《四庫全書》亦作二十四卷。

石門文字禪三十卷

宋僧德洪撰。德洪，字覺範，初名惠洪，筠州人。嘗撰《冷齋夜話》、《天廚禁臠》諸書，頗以談詩自任。是集爲其門人覺慈所編，釋氏編入《大藏支那著述》中。許顗稱其著作似文章巨工，仲殊、參寥輩皆不能及。陳振孫亦謂"其文俊偉，不類浮屠氏語"。方回《瀛奎律髓》則頗詆讖之。平心而論，德洪之失在於自許過高，求名過急。至於假託黃庭堅詩以自標榜，故頗爲當代所譏，至有"浪子和尚"之目。要其詩邊幅雖狹，而時有清新之致，未可盡排也。集中有《寂音自序》一篇，述其生平出處甚悉。而晁公武所謂張商英"聞其名，請住峽州天寧寺"者，獨不之及。蓋德洪竄謫，寔爲商英所累，故諱而不書耳。德洪別有《物外集》三卷，《筠溪集》十卷，今不傳。

《四庫全書總目》卷一百五十四集部七別集類七。1331 下

無爲集十五卷

宋楊傑撰。傑，字次公，無爲人。自號無爲子。嘉祐四年進士。元豐中官太常時，議典禮因革，傑討論精確。集中如《補正三禮圖》、《皇族服制圖》諸序，以及《禘袷》、《明堂》、《樂律》諸奏，皆有關於典制。賦二卷，詩五卷，文八卷，紹興十七年，知無爲軍趙士粲所編。士粲《序》云："刪除蕪類，取有補於教化者。""若釋道二家詩文，則見諸別集云。"今別集不傳。

《四庫全書總目》卷一百五十三集部六別集類六。1321 上

慶湖遺老集九卷

宋賀鑄撰。鑄，字方回，衛州人。唐諫議知章之後。因賀氏世居慶湖，故自號慶湖遺老。謝承《會稽先賢傳》謂慶湖以王子慶忌得名，後訛爲鏡湖，即慶湖也。編詩自元祐己卯以前凡九卷，自製序文，是爲《前集》；己卯以後者爲《後集》。合前後集共二十卷，同時程俱爲之敍。今止存《前集》，無《後集》。鑄子檁云《後集》經兵火散失，其明證也。《通考》所載與現存卷數同。元方回作《瀛奎律髓》，稱鑄每詩題下必詳註作詩年月，與其人之里居姓氏。今

觀此本誠然。鑄以填詞名家,世傳其"梅子黃時雨"句,有"賀梅子"之稱。而詩工緻修潔,時有逸氣。格雖不高,而無宋人悍獷之習。陸游《老學庵筆記》稱其文尤高,今則無傳矣。

《四庫全書總目》卷一百五十五集部八別集類八。1339 下

筠溪集二十四卷

宋李彌遜撰。彌遜,字似之,連江人,居吳縣。與兄彌大、弟彌正俱負重名。大觀三年上舍第一。高宗朝試中書舍人,再試戶部侍郎。以爭和議忤秦檜,乞歸。事載《宋史》本傳。集首有樓鑰《序》,稱其歸隱西山十六年,"不復有仕宦意,詠詩自娛,筆力愈偉"。朱子嘗跋其《宿觀妙堂詩》後,亦傾倒甚至。彌遜自號筠溪子,乃其歸連江時所居之地。集中有《筠溪圖跋》,可證。《宋史·志》亦作《筠溪集》,今本稱竹溪者,誤也。

《四庫全書總目》卷一百五十六集部九別集類九。1350 上

雪溪集五卷

宋①王銍撰。銍,字性之,汝陰人。昭素五世孫、莘之子也,嘗撰《七朝國史》。紹興初,詔視秩史官,給劄奏御,會秦氏柄國,中止。《宋史·藝文志》、《經籍考》載其集目八卷,今尚少三卷,似非全本。銍詩格頗近溫、李,王士禎《居易錄》詆其詩不甚工,而獨稱其附載廬山僧可和詩一篇,似非篤論。惟銍以博洽名,乃集中《白頭吟序》,不引《西京雜記》,而引吳兢語,已迷其本;又稱《宋志》載文君詩云云,不知《宋志》作古詞,不作文君也。此亦千慮之一失也。

《四庫全書總目》卷一百五十八集部十一別集類十一。1359 中

【校記】①宋,《初目》原作"宗",今據本書改。

節孝集三十二卷①

宋徐積撰。積,字仲車,山陽人。天惟②篤孝,從胡瑗學,爲高弟。治平中舉進士,耳疾不能仕。元祐初,以薦除揚州司戶參軍,就充楚州教授,尋加秩和州防禦推官,改宣德郎。崇寧二年,除監中岳廟。節孝,其賜諡也。積以學行稱于時,蘇軾等皆敬憚之。軾嘗稱其詩文怪放如盧仝。其語固多奇縱,然未至如仝之甚。其《復河說》欲求九河故道而穿之,未免失之迂僻也。集首《事寔》一卷,集三十卷,後附《語錄》一卷,朱子嘗採入《四書集注》及《小學·外篇》。景定甲子淮安州學教授翁蒙正合編梓行,明嘉靖間淮安兵備副使劉祐重刻之。

《四庫全書總目》卷一百五十三集部六別集類六。1323 中

【校記】①《節孝集》三十二卷,文淵閣《四庫全書》書前提要、《總目》均作三十卷附錄一卷,附錄即《事實》。文淵閣《四庫全書》本實際收錄爲三十二卷,正文三十卷,卷三十一爲《語錄》,題注"門人江端禮、李恭錄",卷三十二爲《事實》,題注"附錄"。文淵閣《四庫全書》書前提要與正文內容不符。　　②"天惟"不詞,"惟"字疑爲"性"字之鈔誤。

陵陽集四卷

宋韓駒撰。駒,字子蒼,蜀之仙井監人。政和中召試,賜進士出身①。累除中書舍人,權直學士院。南渡初,知江州。其學原出蘇氏,呂本中強之入江西派,駒頗不樂。然駒詩磨淬

剪截,亦頗涉豫章之格。其不願寄黃氏②門下,亦猶陳師道瓣香南豐,不忘所自爾,非必其宗旨之迥別也。陸游跋其詩草,謂"反覆塗乙,又歷疏語所從來"。"詩成,既以予人③,久或累月④,遠或千里,復追取更定,無毫髮恨⑤乃止。"亦可謂苦吟者矣。晁公武《讀書志》謂王黼嘗命駒題其家藏《太乙真人圖》,傳盛一時。今其詩具在集中,有"玉堂學士今劉向"之句,推許甚至。劉克莊謂"子蒼諸人,自鬻其技至貴顯",蓋指此類。其亦陸游《南園記》之比乎？要其文章不可掩也。

《四庫全書總目》卷一百五十七集部十別集類十。1354 上

【校記】①進士出身,《初目》原作"進出士身",今乙正。　②黃氏,文淵閣《四庫全書》書前提要、殿本《總目》同。浙本《總目》作"王氏",誤。此黃氏即上文所說"亦頗涉豫章之格"之"豫章",指黃庭堅。　③予,文淵閣《四庫全書》書前提要、殿本《總目》同。浙本《總目》作"與",其意可通,然陸游《渭南文集》卷二十七《跋陵陽先生詩草》原文作"予"。　④久或累月,《初目》原缺"月"字,今據陸游《跋陵陽先生詩草》補。　⑤恨,文淵閣《四庫全書》書前提要、殿本《總目》同。浙本《總目》作"憾",其意可通,然陸游《跋陵陽先生詩草》原文作"恨"。

劉給事集五卷

宋劉安上撰。安上,字元禮,永嘉人。紹聖四年進士丙科。由錢塘尉歷擢殿中侍御史,賜五品服。疏劾蔡京,不報,乃與石公弼等廷論之。後以劾京之故,浮沉外任十六年,以知舒州乞祠,得提舉鴻慶宮。靖康元年致仕,建炎二年卒於家。薛嘉言行狀①稱其有詩五百首、制誥雜文三十卷。此集乃兵燹之餘後人裒集,朱彝尊自河南劉體仁家抄得其半,後得福建林佶抄本足成之。其詩醞釀未深,而格意在中、晚唐間,文筆亦皆修潔,無粗獷拉雜之習。蓋不惟其人足重,即文章亦殊可觀也。

《四庫全書總目》卷一百五十五集部八別集類八。1341 中

【校記】①薛嘉言行狀,《初目》原作"薛嘉行言狀",殊不可解。文淵閣《四庫全書》書前提要、《總目》作"薛嘉言作安上行狀",今據改。薛嘉言撰《行狀》見劉安上《給事集》卷五附錄。

眉山集二十二卷①

宋唐庚撰。庚,字子西,眉州丹陵②人。紹聖中進士。調利州治獄掾,遷閬中令,入爲宗學博士。張商英薦,除提舉京畿常平。商英拜相,庚賦《內前行》,卒以此貶,安置惠州六年。會赦,復官承議郎,歸蜀,道卒。劉克莊《後村詩話》云:"唐子西詩文皆高,不獨詩也。其出稍晚,使及坡門,當不在秦、晁以下。"徐度《卻掃編》記庚自言"爲文章學司馬遷,爲詩當學杜甫,其自命甚高"。今觀所作,雖不逮其所言,而文章議論,詩亦工緻,嶺南諸作,太學競相傳寫,稱小東坡,至刊板以行。宣和間,其弟庾併取其舊作編入。史載本集二十卷,疑即庚所編也。明徐燉從何楷得抄本,亦二十卷。雍正間歸安汪亮采校刊,分爲詩十四卷、文八卷,其末附《三國雜事》二卷。《雜事》世有單行本,今別著于錄,惟以詩文共爲二十二卷焉。

《四庫全書總目》卷一百五十五集部八別集類八。1342 上

【校記】①《眉山集》二十二卷,文淵閣《四庫全書》書前提要同。《總目》作《唐子西集》

二十四卷,因文末綴以《三國雜事》二卷,故爲二十四卷。然《總目》卷八十八史部四十四史評類已著錄《三國雜事》(浙江范懋柱家天一閣藏本),並抄入了《四庫全書》中,且《唐子西集》提要亦云:"宋唐庚撰。庚有《三國雜事》已著錄。"則《唐子西集》條不當再收入《三國雜事》二卷。　②丹陵,文淵閣《四庫全書》書前提要、《總目》作"丹稜"。丹陵,四川眉州屬縣,《元和郡縣志》卷三十三作丹陵,爲眉州五屬縣之一,《宋史·地理志》作丹稜。今作丹稜。

龜溪集十二卷

宋沈與求撰。與求,字必先,德清人。政和五年進士。高宗朝歷官知樞密院事,謚忠敏。史稱與求歷御史三院,知無不言。前後幾四百奏,其言切直。今所存僅十之三四,類多深中時弊。制誥典雅,亦有唐人之風。集爲紹熙中其孫詵所刊,有觀文殿大學士吳興李彥穎、湖州教授永嘉張叔椿二《序》,

《四庫全書總目》卷一百五十七集部十別集類十。1352下

華陽集四十卷

宋張綱撰。綱,字彥正,金壇人。大觀、政和間試舍法,三中首選。初與蔡京、王黼不合,二人每擠抑之。及南渡後,登瑣闥,復與秦檜隙,遂致仕。檜殁,乃召用,終參知政事。生平爲文,每一落紙,都人輒傳播。遭建炎兵燬,什不存一。值①檜柄國,懼言禍,絕意著述,以故流傳不多。嗣子堅蒐輯,得八百餘篇。至孫釜始刊板寘郡學。以其自號華陽老人,即以名集。洪邁爲之序,凡文三十三卷,詩五卷,詞一卷,後附行狀一卷。詩文典雅麗則,講筵所進故事,因事納忠,亦皆剴切。至南宋之初,盡革紹述之弊,凡元祐諸臣之後,無不甄錄。轉相標榜,頗茲僞冒。綱乃復有劄子,論黨籍推恩太濫,尤可謂卓然特立,毫無門戶之見者矣。

《四庫全書總目》卷一百五十六集部九別集類九。1350上

【校記】①值,《初目》原作"植",今據《總目》改。

文山集二十一卷

宋文天祥撰。天祥,字聖瑞,一字履善,廬陵人。寶祐四年登進士第一。歷官右丞相兼樞密院使,封信國公。景炎三年,督兵惠州①,被執,死柴市。事蹟備載史傳。天祥負忠義大節,而著作亦極贍富,生平以數十大冊自隨,被難後盡失之。元貞間,其鄉人搜訪,陸續編次,爲《前集》三十二卷,《後集》七卷,書中有道體堂跋語者是也。明初散佚,尹鳳岐從內閣得其本,重加編次,而韓雍刻之,張應祥又爲重刊。凡詩文十七卷,起寶祐乙卯,迄咸淳甲戌,皆通籍後及贛州以前之作。又《指南前錄》一卷、《後錄》一卷,則自德祐丙子奉使北營,間道浮海,以至誓師閩、粵,羈留燕邸,患難中手自編定者。又《紀年錄》一卷,亦在獄時自述,後人②復采集眾說以附之。《別集》二卷,前錄遺文數篇,以他人序紀等作綴於後。《附錄》一卷,則其家子孫所錄天祥父儀及弟璧、璋等碑銘也。

《四庫全書總目》卷一百六十四集部十七別集類十七。1407下

【校記】①惠州,文淵閣《四庫全書》書前提要作"潮州"。按:《文山集》卷二十一文天祥自述《紀年錄》戊寅宋景炎三年記道:"二月,進兵惠州海豐縣。""十一月,進屯潮州潮陽

縣。十二月十五日,移屯,趨海豐。二十日爲敵騎追及於道,軍潰被執。"是其先督兵惠州,後督兵潮州。　②後人,文淵閣《四庫全書》書前提要、殿本《總目》同。浙本《總目》作"後又",非是。《紀年錄》爲文天祥在獄時自述,而"復采集眾說以附之"者非文天祥自己,而是他人所爲。據《紀年錄》卷前附記所言,《平宋錄》正文乃文天祥獄中手書,集註則雜取宋禮部侍郎鄧光薦所撰《丞相傳》附傳《海上錄》等。

陵陽集二十四卷

宋牟巘撰。巘,字獻之。父子才,宋端明殿學士、禮部尚書,理宗時稱爲剛直,《宋史》有傳。巘官至大理少卿,入元不仕,閉戶三十六年。故其集中《九日》五言詩序論陶潛於王宏中路具酒食事,及《題淵明圖》諸文,意皆自寓。巘又嘗云世喜稱淵明入宋書甲子無年號,黃豫章亦曰"甲子不數義熙前"。然今陶集詩本無書年號者,淵明恥事劉裕,大節較然,此未須深論。巘之言如此,故巘文中間有用至元年號者,意本此也。子才本蜀之井研人,後以蜀亂,不能歸。淳祐中,居於湖州,故巘爲湖州人。因多與趙孟頫、錢選、周密唱和。然其集猶取蜀所居之陵山,名曰"陵陽",蓋尊本思舊之意也。巘別著《六經音考》,元時最有名,今不傳。巘子應龍,《元史》亦有傳,蓋以文學世其家者。集爲詩六卷、雜文十八卷,前有至順二年程端學《序》。

《四庫全書總目》卷一百六十五集部十八別集類十八,作《牟氏陵陽集》。1413 上

玉楮集八卷

宋岳珂著。珂,字肅之,號亦齋,又號倦翁。鄂忠武王飛之孫,官敷文閣待制,歷戶部侍郎、淮東總領。此集起自戊戌,迄于庚子,凡三歲,所作共三百八十五篇①。取《列子》"刻玉爲楮,三年不成"②之意,自爲序而錄之。考珂於紹定癸巳元夕京口觀燈,因作詩及佑陵事。韓正倫疑其借端諷己,遂搆怨,陷③以他罪。會事白得釋,至戊戌復召用。故首篇有"五年坐奇謗"之語,他詩亦屢及此時。詩止錄此三年者,其意實原于此。敍云:"木以不材壽,雁以不鳴棄,犧尊以青黃喪,大瓠以浮游取。"蓋有慨乎其言之也。雖時傷淺露,少詩人一唱三歎之致,而軒爽磊落,氣格亦有可觀者焉。

《四庫全書總目》卷一百六十四集部十七別集類十七。1403 下

【校記】①所作共三百八十五篇,文淵閣《四庫全書》書前提要、《總目》同,其集卷首《自序》作三百五十八篇,其文云:"予自戊戌西遡沔鄂,庚子東游當塗,歲凡三周,裒彙詩稿,得三百五十有八。"　②刻玉爲楮,三年不成,文淵閣《四庫全書》書前提要同。《總目》作"刻玉爲楮葉,三年而成"。按:《列子》卷八《說符》原文云:"宋人有爲其君以玉爲楮葉者,三年而成。"岳珂《玉楮集原序》亦云:"昔宋人有刻玉爲楮,三年而成一葉。"是《列子》原書及作者原序均作"三年有成"。此謂經三年,其詩集已成集,故不得謂"三年不成"。《初目》原文有誤,文淵閣書前提要亦誤,《總目》則已予以改正。　③陷,《初目》原作"限",義不可解,今據文淵閣《四庫全書》書前提要、《總目》改。

分類補注李太白集三十卷

宋楊齊賢注。元蕭士贇復刪其謬誤,補其闕遺,仍以"齊賢曰"、"士贇曰"各標識之。杜

甫集自北宋以來，注者不下數十家，李白集注，惟此本行世而已。康熙中，吳縣繆曰芑翻刻宋本《李翰林集》，前二十卷爲歌詩，後十卷爲雜著①。此本前二十五卷爲古賦樂府歌詩，後五卷爲雜文，且分標門類，未知爲齊賢改編，抑士贇改編也。士贇，字粹可②，寧都人。立等之子，篤學工詩，與吳澄友善。

《四庫全書總目》卷一百四十九集部二別集類二。1280 中

【校記】①前二十卷爲歌詩，後十卷爲雜著，《薈要提要》同，文淵閣《四庫全書》書前提要、《總目》作"前二十三卷爲歌詩，後六卷爲雜著"。按：此處所説繆刻本情形均有誤。經查，繆刻本第一卷爲有關李白集的序文及李白墓誌文，如李陽冰《草堂集序》、魏顥《李翰林集序》、李華《故翰林學士李君墓誌》等，並非李白之作。第二卷至第二十四卷爲歌詩，第二十五卷至三十卷爲雜著。 ②粹可，《初目》原作"粹中"。雍正《江西通志》卷九十四《人物》本傳："蕭士贇，字粹可，立等仲子。著《詩評》二十餘篇及《冰崖集》、《李白詩補註》行於世。"《薈要提要》、文淵閣《四庫全書》書前提要、《總目》亦均作"粹可"，今據改。

漫塘文集三十六卷

宋劉宰撰。宰，字平國，金壇人。紹熙元年進士。仕至浙東倉司幹官，自引去，屏居漫塘三十年，屢召不出。時方禁讀周、程氏書，宰堅不署狀。所與遊多朱子門人，而不及登朱子門，故集中三致意焉。淳祐初，王遂哀其遺稿，十僅得四五，名曰《前集》。理宗收入秘閣。明正德間，大學士靳貴從閣中抄出，授王臬鋟梓，爲三十六卷。本傳載宰別有《語錄》行世，今不存。

《四庫全書總目》卷一百六十二集部十五別集類十五。1389 上

網山集八卷

宋林亦之撰。亦之，字學可，號月魚，又號網山，福清人。林光朝講學莆之紅泉，亦之繼其席。趙汝愚帥閩，嘗以亦之行業上於朝。景定間謚文介，贈迪功郎。其集林希逸、劉克莊爲作序，皆極推之。然詩凡二卷，而挽詩居一卷，文凡六卷，而祭文居二卷，祝文、聘書居一卷，青詞、募緣疏居一卷。求如克莊所謂"明周公之意，得少陵之髓者"，殊不槩見也，則亦未免阿私所好矣。

《四庫全書總目》卷一百五十九集部十二別集類十二。1370 上

巽齋四六一卷

宋危昭德撰。昭德，字子恭。寶祐元年進士，官至權工部侍郎。所著有《春山集四六》。僅存四十九首，非全本也。

《四庫全書總目》卷一百七十四集部二十七別集類存目一。1543 上

本堂集九十四卷

宋陳著撰。著，字子微，號本堂，鄞人。寶祐四年進士。官著作郎，出知嘉興，忤賈似道，改臨安通判。集爲詩三十四卷、詞五卷、雜文五十五卷。宋末著作之富而獲存於今者，殆無

過於茲集。然其詩多作理學語，麤疎不可讀，文亦近僞楚面目，且獎借二氏太甚，殊無剪裁。蔣巖跋以"雄深"稱之，乃一時推許之虛詞，非定評也。原目尚有《講義》二卷，今本已闕。

《四庫全書總目》卷一百六十四集部十七別集類十七。1408 中

鐵庵集三十六卷

宋方大琮撰。大琮，莆田人，號壺山。理宗時，官寶章閣直學士。因論濟王冤及史彌遠罪狀，坐貶，今集首第一疏、第二疏是也。馬氏《經籍考》、《宋史·藝文志》均未著於錄。集中奏議分《諫院》、《右螭》、《西掖》，各爲一卷，蓋在當時頗負直聲。然詞多激烈，失於粗豪，他文亦皆順筆揮掃，不甚煅煉，詩尤未工。

《四庫全書總目》卷一百六十三集部十六別集類十六。1397 中

樂軒集八卷

宋陳藻撰。藻，字樂軒，福清人，林亦之之高弟也。集有劉克莊《序》，稱其遇甚窮，而讀書講學浩乎自得，蓋亦知道之士。集中分詩三卷，文五卷。詩境真樸，觕率亦所不免。後有策問數十篇，以讀書疑義，設爲問難，大都引而不發，似當時開門授徒私試之作也。

《四庫全書總目》卷一百五十九集部十二別集類十二。1372 下

梁谿遺稿一卷

宋尤袤撰。袤，字延之，無錫人。紹興十八年進士。官至禮部尚書。與范成大、陸游、蕭德藻俱以詩名，稱四大家[1]。其遂初堂藏書爲當時冠。《宋史》本傳載《遂初小藁》六十卷、《內外制》三十卷。馬氏《經籍考》載《梁谿集》五十卷。今《遂初堂書目》尚存，而集已久佚。國朝康熙中，翰林侍講長洲尤侗，自以爲袤之後人，因裒輯遺詩刊行之，即此本也。然蒐採未博，故所收僅止於此。

《四庫全書總目》卷一百五十九集部十二別集類十二。1369 上

【校記】[1]"與范成大、陸游、蕭德藻俱以詩名，稱四大家"，文淵閣《四庫全書》書前提要、《總目》則引方回作尤袤詩跋稱"中興以來言詩必曰尤、楊、范、陸"。《直齋書錄解題》卷十八著錄《千巖擇稿》七卷《外編》三卷《續編》四卷，云："知峽州三山蕭德藻東夫撰。嘗宰烏程，後遂家焉。楊誠齋序其集曰：近世詩人若范石湖之清新、尤梁谿之平淡、陸放翁之敷腴、蕭千巖之工緻，皆余所畏也。"此即《初目》以尤袤與范、陸、蕭並稱四大家之所本。而書前提要等以尤、楊、范、陸四家並稱，則更爲人所熟悉。

紹陶錄二卷

宋王質撰。質，字景文，號雪山，其先鄆州人，後徙興國。紹興三十年進士。孝宗朝爲樞密院編修官，出判荆南府，改吉州。淳熙間奉祠山居，絕意祿仕。嘗以陶潛、宏景皆棄官遺世，其同時唐汝舟、鹿何可繼其風，因作爲《紹陶錄》。上卷載栗里、華陽二譜，而各摘其遺文遺事爲題，別爲詞以詠之。下卷紀唐、鹿事，而附以山中詠物寓意之詩。題曰《山友詞》、《山友續詞》，蓋言以鳥獸草木爲山中之友也[1]。皆一時寄興之作，不可以詩格論者。

《四庫全書總目》卷五十七史部十三傳記類一。515 中

【校記】①"附以"至"友也",文淵閣《四庫全書》書前提要、《總目》作:"附以林居詠物之詩。其曰《山友詞》者,皆詠山鳥;曰《水友詞》者,皆詠水鳥;曰《山友續詞》者皆詠山草;曰《水友續詞》者,皆詠水草;曰《山水友續詞》者,則雜詠禽蟲諸物。"書前提要等是也。作者所詠有"山友"、"水友",非僅爲"山友"。

止齋論祖五卷

宋永嘉陳傅良撰。傅良初講城南茶院時,以科舉舊學,人無異辭,於是芟除宿說,標發新穎,學者翕然從之。此論五卷,蓋即爲應舉而作也。首列《作論要訣》八章,中分《四書》、《諸子》、《通鑑》、《君臣》、《時務》五門,凡爲論九十二篇。考《止齋文集》卷末附錄雜文數首,編內《守令》、《文章》、《民論》三篇存焉,餘皆削而不錄。疑傅良當日自悔其少作,故當門人編次時,不以入集,而仍別錄此本,以存梗槩耳。

《四庫全書總目》卷一百七十四集部二十七別集類存目一。1541 下

方是閒居士小稿二卷

宋劉學箕撰。學箕,字習之,崇安人。通判興化軍子翬之孫,玶之子也。子翬爲宋名儒,學箕能承其家學。其集刊本久佚,元至正間,其從元孫張偶得於邑士家,因重鐫之,今亦止存抄本。前有嘉定中劉淮、趙蕃、趙必愿三《序》。淮稱其"筆力豪放,詩摩香山之壘,詞拍稼軒之肩",未免推之過甚,然亦仿佛有二人之一體也。

《四庫全書總目》卷一百六十二集部十五別集類十五。1394 中

橘山四六二十卷

宋李廷忠撰。廷忠,字居厚,別號橘山,於潛人。中淳熙八年進士。仕至夔路轉運通判。廷忠官無爲時,即有薦其文章典麗可備著作者。今所傳《橘山四六》,皆應酬之作也,明萬曆中丹陽孫雲翼爲箋釋之。

《四庫全書總目》卷一百六十一集部十四別集類十四。1387 上

南塘四六一卷

宋趙汝談撰。汝談,字履常,太宗八世孫,居於餘杭。淳熙十二年進士。官至權刑部尚書。詩名甚著,歷掌制誥,以典雅稱。其嘉定《賀玉璽表》有"函封遠致,不知何國之白環;璿刻孔彰,咸曰寧王之大寶"四語,王應麟極稱之,今全篇在集中。至《賀滅金》①一首,則不免誇張失實矣。

《四庫全書總目》卷一百七十四集部二十七別集類存目一。1541 下

【校記】①《賀滅金》,清鈔《五家四六》本《南塘先生四六》作《賀滅殘金》。又《初目》"至《賀滅金》一首,則不免誇張失實矣"一句,《總目》作"然他作不盡如是也"。《總目》迴避了"滅金"等敏感字眼。

格齋四六一卷

宋王子俊撰。子俊,字才臣,廬陵人。爲周必大、楊萬里所賞識,引入幕,代草牘奏書記。

成都安丙嘗辟爲制置司屬官。四六凡一百二首。朱彝尊謂其漸近自然,蓋尚有汪藻之餘風,而純雅終不及也。子俊又著有《三松集》,今不傳。

《四庫全書總目》卷一百五十九集部十二別集類十二。1371 上

松垣集十一卷

宋幸元龍撰。元龍,字震父,高安人。舉進士。理宗朝任朝奉郎、鄞州通判。以論史彌遠罷歸。是集目錄、像贊及傳並闕。第十一卷有斷岳武穆、万俟卨子孫爭田案跡,乃後人纂敍附錄之文,疑即集中稱濱谷居士者所爲。濱谷,名鳴鶴,自謂元龍後裔,搜輯遺稿,編成此帙。詩文繫以評語,註釋頗陋。題曰"幸清節公",其得謚亦無可考。首篇《論國是疏》內自引所作與陳晐、劉之傑二律,而終之曰"二詩之意切矣",殊非臣子對君之體。疑亦贗本。首有萬曆丙辰《鳴鶴自序》一首,乃神宗之四十四年也。

《四庫全書總目》卷一百七十四集部二十七別集類存目一。1542 中

臞軒四六二卷

宋王邁撰。邁,建寧人,登進士第。仕於紹定。端平之間以直言觸時忌,不得美選。嘗爲南外宗學教授,又嘗入湖南、廣東帥幕。文凡一百五首,不事組織,而間傷冗仗,於裁剪爲疎。考劉克莊《千家詩選》載邁詩十三首,《全芳備祖》載邁詩一首,意當時必別有詩集專行,今不可考矣。

《四庫全書總目》卷一百七十四集部二十七別集類存目一。1542 下

蛟峰集七卷

宋方逢辰撰。逢辰,淳安人。初名夢魁,淳祐十年進士第一,御筆改今名。累官兵部侍郎,國史修撰。宋亡後,教授鄉里,學者稱蛟峰先生。《宋史》不立傳。明邵經邦《宏簡錄》爲補傳,以道學目之。逢辰秉節鯁亮,歷官亦多政績可紀,詳見黃溍所作《墓表》,今載入文獻集中。是編乃明天順間,其七世從孫玉山知縣中所裒輯[①],請錢溥[②]序而刊之者。所錄奏剳,惟寶祐三年《請除內豎》一疏尚存。餘若論雷變、論邊備、論吳潛去位、賈似道匡敗諸剳子,皆平生建白之最著者,《墓表》略見大槩,而集中反不載。其所掇拾,大抵案牘簡札之文爲多,而策問一首至並考官評語載之。蓋散佚之餘,區區搜輯而成,故不免識小而遺其大矣。後附逢辰弟逢振詩文二十四首,逢振,字君玉。亦以進士官太府寺簿。國亡,與兄俱守節不屈,所稱山房先生者也。又逢辰歷官誥敕及投贈詩文,爲《外集》四卷,亦附於後。

《四庫全書總目》卷一百六十五集部十八別集類十八,作《蛟峰文集》八卷《外集》四卷。1412 下

【校記】①"是編"至"裒輯",《初目》所說是編,即《蛟峰集》七卷。文淵閣《四庫全書》書前提要、《總目》著錄《蛟峰文集》八卷《外集》四卷,提要謂《蛟峰文集》:"是集乃其五世從孫蒙城知縣淵等所輯。"又謂《外集》四卷:"外集四卷則其七世從孫玉山知縣中所續輯。"按:明木活字本《蛟峰方先生集》卷末明弘治十六年胡拱辰跋云:"《蛟峰方先生文集》八卷,自一至七,先生之文,其五世從孫淵字文淵所集。其八,先生之弟山房先生之文,其六世從孫輔字廷臣所集,而併刻於七世從孫中字大本。其板則大本之子天雨字

集部　別集類　　　　　　　　　　　　　　　　　　　　　　　　　　　　　　　　　四庫全書初次進呈存目

濟南藏之家塾。文淵嘗屬拱辰序之。"卷首明景泰三年商輅《序》云："茲先生裔孫淵膺貢來京,偕其侄兵科給事中輔,持先生遺文見示,俾爲之序。"明天順七年錢溥《序》云："先生七世從孫中,舉天順丁丑進士,擢令玉山,嘗得諸族所采詩文爲《蛟峰先生集》。茲復累當時敕誥並存沒所贈詩文爲《蛟峰外集》。"據此可知,《蛟峰方先生集》《正集》前七卷爲方逢辰詩文,由方逢辰五世孫方淵輯集;卷八爲方逢辰弟方逢振詩文,由方逢辰六世孫方輔輯集。《外集》四卷,由方逢辰七世從孫方中續輯。《初目》謂《蛟峰集》七卷由其方逢辰七世從孫方中所裒輯,誤。文淵閣《四庫全書》書前提要等謂《蛟峰文集》八卷"乃其五世從孫蒙城知縣淵等所輯",也不準確。　②錢溥,《初目》原作"錢濤",誤。今據本書錢溥《序》改。

歸愚集十卷①

宋葛立方撰。立方,字常之,丹陽人。勝仲之子,丞相邲之父。集凡詩四卷,詞一卷,樂府雜文一卷,外制二卷,表、啓各一卷。立方以紹興八年登第。仕至吏部侍郎,出知袁州。故此本題《侍郎葛公集》。《文獻通考》作二十卷,今止十卷,殆非完書,故止有近體而無古詩也。立方嘗著《韻語陽秋》,論詩頗詳,而所作殊靡靡少格。七律學江西派,而才地窘弱,彌形淺拙。又外制之首,有何㮚《進官制》。㮚相徽宗,從北狩,何由得至南宋?此必誤入之文,並非其本真矣。

《四庫全書總目》卷一百九十八集部五十一詞曲類一。1816 中

【校記】①《總目》未收錄《歸愚集》,僅有《歸愚詞》一卷。文淵閣《四庫全書》本收錄與《總目》同。《總目》著錄《歸愚詞》提要謂"立方(按:殿本《總目》誤作"方立")有《歸愚集》,已著錄",乃爲誤記。文淵閣《四庫全書》書前提要作"立方有《韻語陽秋》,已別著錄",甚是。又葛立方集有宋刻本,題《侍郎葛公歸愚集》二十卷,今存卷五至卷十三。

忠肅集三卷

宋傅察撰。察,字公晦,濟源人。晁公休爲作行狀,言生于元祐四年,年十七舉進士,則崇寧五年。周必大《序》作十八,則大觀元年登第也。初,察舉進士時,蔡京欲以女妻之,察固辭。後娶趙挺之女,以外家恩例爲青州司法參軍,歷轉吏部員外郎。宣和七年,借宗正少卿接伴金使。適金兵至韓城鎮,挾以行,不屈死。贈徽猷閣待制①。此本稱《忠肅公集》,則乾道中所贈謚,而其孫伯壽裒集遺文時所題也。周必大《序》稱"文務體要,詞約而理盡,詩尤溫純該貫,間作次韻,愈多而愈工"。今觀其詩,古體學韓不成,近體亦乏深致。文則皆表啓儷偶之詞,不出當時應酬之格。而《請東封》、《頌西封》,以及青詞、疏文、祝文,尤宣、政間道教盛行,隨俗所作,皆不足爲典要。必大所云,蓋以其人重之,又曲狗其孫之請耳。

《四庫全書總目》卷一百五十五集部八別集類八。1343 下

【校記】①徽猷閣待制,《初目》原作"徽猷閣侍制",此爲形誤,今據文淵閣《四庫全書》書前提要、《總目》改。

蕊閣集一卷①

舊題宋辛棄疾撰。集六朝及唐人詩句,爲五、七言近體,各用東至咸韻次序爲三十首。

前有棄疾《自序》。今按《唐韻》及《宋禮部韻》皆上平二十八部,下平二十九部。至理宗末,平水劉淵始併爲上下平各十五部。棄疾當高、光、寧之朝,平水韻未出,安得而用其部分乎?且平韻分上下,自梁已然,集中顧以一先爲十六先,至咸韻爲三十,此向來韻書所無,亦不知何所據依也。至集句始於晉傅咸,宋時王安石、孔武仲皆工其體,今序首即云"《集韻》非古",又舍王、孔而獨舉陳后山、林莆田,尤極疎舛。文筆亦頗類明竟陵一派,此絕非棄疾手筆,蓋明末人僞爲之以欺世者耳。

《四庫全書總目》卷一百七十四集部二十七別集類存目一。1540下

【校記】①按:舊題宋辛棄疾撰《蕊閣集》至宋朱樟撰《玉瀾集》共四十條,原在元柳貫撰《待制集》之下,前後朝代錯亂,今移至此處。

廣陵集三十卷

宋王令撰。令,元城人。幼隨其叔祖乙居廣陵,遂爲廣陵人。初字欽美,後王莘字之曰逢原。少不檢,既而折節力學,王安石以妻吳氏之妹妻之。年二十八卒。遺腹一女,適吳師禮,生子曰說。其集即說所編。凡詩賦十八卷、文十二卷,又拾遺一卷,墓誌、事狀及交遊、投贈、追思之作皆附焉。令才思奇軼,所爲詩磅礴奧衍,大率以韓爲宗,而出入于盧仝、李賀、孟郊之間。雖不免縱橫太過,特得年不永,未能鍛鍊以老其材。而視局促剽竊者流,相去不啻霄壤。其《於忽操》三章,明馮惟訥編《古詩紀》收入古逸詩中,以爲龐德公作。亦由其氣格遒上,幾與古人相亂也。古文如《性說》等篇,識力超邁,自成一家言。王安石於人少許可,而最重令。同時勝流如劉敞等,並推服之,固非阿私所好者。今集祇有抄本。

《四庫全書總目》卷一百五十三集部六別集類六。1325下

淮海集四十卷後集六卷長短句三卷

宋秦觀撰。觀,字少游,高郵人。以秘書省正字,通判杭州、坐黨籍遠貶。載《宋史·文苑傳》。觀與兩弟覯、覿皆知名於時,而觀集獨傳,《宋史》稱其文麗而思深。《苕溪漁隱叢話》載蘇軾薦觀於王安石,安石答書,述葉致遠之言,以爲清新婉麗,有似鮑、謝。敖陶孫《詩評》則謂其詩如時女步春,終傷婉弱。元好問《論詩絕句》因有"女郎詩"之譏。今觀其集,少年所作,神鋒太儁或有之,槩以爲靡曼之音,則詆之太甚。呂本中《童蒙訓》曰:"少游'雨砌墮危芳,風櫺①納飛絮'之類,李公擇以爲謝家兄弟不能過也。遊嶺以後詩,高古嚴重,自成一家,與舊作不同。"②斯公論矣。觀《雷州詩》八首,後人誤編之《東坡集》中,不能辨別。安得槩目以小石調乎?《文獻通考·別集類》載觀《淮海集》三十卷,又《歌詞類》載《淮海集》一卷。《宋史》則作四十卷。今本卷數與《宋史》相同,而多《後集》六卷,《長短句》分爲三卷。蓋嘉靖中高郵張綖以黃瓚本及監本重爲編次云。

《四庫全書總目》卷一百五十四集部七別集類七。1330下

【校記】①風櫺,《薈要提要》、文淵閣《四庫全書》書前提要、《總目》同。秦觀此詩見《淮海集》卷三《春日雜興十首》,作"風軒"。宋人詩話如胡仔《苕溪漁隱叢話》、魏慶之《詩人玉屑》、阮閱《詩話總龜》等所引,亦多作"風軒"。　②呂本中《童蒙訓》,此見宋胡仔《苕溪漁隱叢話前集》卷五十所引,《四庫全書》本所收呂本中《童蒙訓》無此語。

集部　別集類　　　　　　　　　　　　　　　　　　　　　　　　四庫全書初次進呈存目

南陽集三十卷附錄一卷

　　宋韓維撰。維，字持國，潁昌人。絳之弟。以蔭入仕，英宗朝，累除知制誥。神宗即位，爲翰林學士。元祐初，拜門下侍郎，以太子少傅致仕。紹聖中，坐元祐黨，謫均州安置。元符初，復官，卒。嘗封南陽郡公，故以名集。《通考》載二十卷。陳振孫云："沈晦元用其外孫也，跋其後。卷首載鮮于綽所述行狀。"是本詩十四卷，内制一卷，外制三卷，《王邸記室》二卷，奏議五卷，表章、雜文、碑誌各一卷，手簡、歌詞共一卷，附錄一卷。其稱"王府記室"者，邵伯溫《聞見前錄》謂神宗開潁邸，韓琦擇宫僚，"用王陶、韓維、陳薦、孫國①、孫思恭、邵亢"。維于是時掌西宫牋奏所作也。目錄首列行狀，而行狀乃與沈晦跋俱載卷末，似非原本。又第三十卷與附錄一卷，參差訛脱，幾不可辨，蓋沈晦作跋之時，已云文字舛駁，不可是正。後人又經傳寫，宜其愈謬也。今考定其可知者，其原缺字句則②

　　《四庫全書總目》卷一百五十三集部六别集類六。1323上

　　【校記】①孫國，文淵閣《四庫全書》書前提要、《總目》作"孫國忠"。按：邵伯溫《聞見錄》卷三云："神宗開潁邸，英宗命韓魏公擇宫僚，用王陶、韓維、陳薦、孫固、孫思恭、邵亢，皆名儒厚德之士。"是作"孫固"。《宋史》卷三百四十一《孫固傳》云："治平中，神宗爲潁王（按：當作頴王），以固侍講。及爲皇太子，又爲侍讀。"《東都事略》等所記同。《宋史》無孫國、孫國忠其人，是《初目》、書前提要、《總目》等均誤。　②按：《初目》其下原缺，文淵閣《四庫全書》書前提要、《總目》此處作："謹考定其可知者，其原缺字句，無可校補，則姑仍其舊焉。"

四如集五卷

　　宋黄仲元撰。仲元，字善甫，號四如居士，改名淵，字天叟，莆陽人。咸淳辛未進士，官國子監簿。宋亡，隱居不仕。宋濂序其集，稱仲元門人詹清子類次《六經四書講義》爲六卷，仲元子梓又分記、序、墓銘、字訓爲五卷。其曾孫至又裒其遺文爲十卷，而請濂序之。今此集止文四卷，附錄一卷，蓋即梓所輯之本。至其所續輯之十卷，世已失傳。濂序特後人于濂文集①中摘出錄入者耳。集内各文俱有註釋，疑梓所爲。文章不事馳騁，尚見勁楛之氣。有咸淳甲戌余謙一敍。所作《夢筆記》一篇附在集末。又有至治三年清源傅定保《序》。

　　《四庫全書總目》卷一百六十五集部十八别集類十八。1414中

　　【校記】①濂文集，《初目》原作"濂溪集"。按：宋濂所作文集名《潛溪集》。文淵閣《四庫全書》書前提要作"濂文集"，今據改。

和靖集八卷

　　宋徽猷閣待制河南尹焞撰。焞，字彦明。年二十歲進士舉策問議誅元祐黨籍，不對而出。靖康初，賜號和靖處士。後以范沖、張浚薦入經筵，列侍從，旋乞致仕。集凡八卷，首列《年譜》一卷，奏劄、詩文各三卷。《壁帖》一卷，是其手書聖賢治氣養心之要，粘之屋壁以自警惕。又《師説》一卷，其門人王時敏編輯。考《朱子語錄》，謂焞文字甚有關朝廷者多門人代作，今亦不可復考。然指授點定，亦必焞所自爲。《會昌一品集序》雖李商隱作，究以鄭亞改本爲勝，正不必盡自己出也。

　　《四庫全書總目》卷一百五十七集部十别集類十。1357上

平齋文集三十二卷

宋洪咨夔撰。咨夔,字舜俞,於潛人。嘉泰二年進士,理宗朝累官刑部尚書,翰林學士、知制誥,加端明殿學士,謚忠文。是集經筵進講及制誥之文居多,詩歌雜著僅十之三。咨夔官御史時,忠言讜論,力挽時弊,其略見於《宋史》本傳。而集中奏疏不錄,是其佚篇尚多矣。考《宋史》稱咨夔爲嘉定二年進士,而厲鶚《宋史紀事》據《咸淳臨安志》謂嘉定無二年榜,因斷爲元年。今考集中《題陶崇詩卷》云:"某與宗山同壬戌進士。"按嘉定以戊辰改元,其二年爲己巳。若壬戌則係嘉泰二年,史特誤"泰"爲"定"。鶚未詳考,而以咨夔爲嘉定元年進士,非也。

《四庫全書總目》卷一百六十二集部十五別集類十五。1393 上

樂圃餘藁十卷

宋朱長文撰。長文,字伯原,蘇州吳人。未冠登進士乙科,以足疾不仕。築室樂圃坊,著書閱古。蘇軾等薦起本州教授。召爲太常博士,遷秘書省正字。生平著述甚富,所撰詩、詞、賦、辨、表章、雜說凡百卷,號《樂圃集》。南渡後盡燬于兵,其從孫知漢陽軍思哀集遺文,得詩百六十有三、記五、序六、啓七、墓誌五、雜文六,類爲十卷。又以墓誌、表傳等爲附錄一卷,鋟諸木[①]。歲久僅存寫本。康熙壬辰,其裔孫岳壽重刊行之,附補遺詩一、贊一,則明嘉定陸嘉穎所蒐補也。稿中墓銘皆署其父公綽名銜,蓋長文少作,從石刻中錄出者,亦可見思當時搜討之勤矣。

《四庫全書總目》卷一百五十五集部八別集類八。1335 中

【校記】①鋟諸木,《初目》原作"鋟諸本",文淵閣《四庫全書》書前提要作"鋟諸木"。鋟諸木即刊刻之意,鋟諸本則於義無解,今據改。

騎省集三十卷

宋徐鉉撰。鉉,字鼎臣,洪州新建人。仕南唐,至右僕射。與弟鍇並負重名。宋師南伐,鍇卒於圍城中。鉉入宋爲散騎常侍,終靜難軍節度行軍司馬。集三十卷,前二十卷仕南唐時作,後十卷皆歸宋後作。其婿吳淑所編也。天禧中都官員外郎胡克順得其本於陳彭年,刊刻表進,始行于世。鉉博學多藝,詩以才調勝,文有六朝、初唐之體。五季之末,古文未行,以當時文格而言,亦巋然一巨手也。李煜之歿,太宗詔鉉爲銘墓,鉉請得伸故主之誼。其文措詞有體,尤爲所稱誦云。

《四庫全書總目》卷一百五十二集部五別集類五。1305 中

支離子集一卷

一曰《竹堂集》。宋道士黃希旦撰。希旦,邵武人。或言名晞,字姬仲,支離子其自號也。熙寧中嘗召至京師,典太乙宮事。後病卒,其徒傳爲仙去。此集爲淳祐己酉九龍觀道士危必升所編,後附小傳。云希旦爲九天彌羅真人,掌上帝章奏,語甚怪妄。其詩亦凡近無深致,不類出世有道者之言。且希旦沒於熙寧甲寅,不云有詩。越一百七十五年,是集忽出於羽流,則非惟仙去之說事涉荒誕,併此詩集殆亦其徒所依託云。

《四庫全書總目》卷一百七十四集部二十七別集類存目一。1538 上

壺山四六一卷

不著撰人姓名。凡四六七十餘篇，核其詞，似皆官福建轉運使時與僚友往來啓牘。中間《自序》有云"莆之鄙人"，又云"僻居於莆"。按朱子弟子莆田黃士毅，字子洪，別號壺山，嘗以館職督漕於閩。是本當即士毅所撰也①。

《四庫全書總目》卷一百六十三集部十六別集類十六。1397 下

【校記】①按：本書作者，文淵閣《四庫全書》書前提要、《總目》考定爲福建莆田方大琮。所説可從。

楊大年全集二十卷①

宋楊億撰。億，字大年，建州人。淳化中賜進士第。官至翰林學士。陳振孫《書錄解題》云：楊文公《武夷集》二十卷《別集》十二卷，"按本傳，所著《括蒼》、《武夷》、《潁陰》、《韓城》、《退居》、《汝陽》、《蓬山》、《冠鼇》等集及《內外制》、《刀筆》，共一百九十四卷。《館閣書目》猶有一百四十六卷。今所有者，惟此而已。《武夷新集》者，億初入翰苑，當景德丙午，明年，條次十年詩筆而序之。《別集》者，祥符五年，避讒歸陽翟時所作。"按今所傳二十卷，無錫翟詩文，當是《武夷新集》無疑，則《別集》又不可得矣。《古今詩話》："楊大年、錢文僖、晏元獻、劉子儀爲詩，皆宗李義山，號西崑體。後進效之，多竊取義山詩句。"今觀此集良然。然包孕宏富，氣象澗遠，終非宋末江湖諸人琤琤細響可比也。

《四庫全書總目》卷一百五十二集部五別集類五。1307 下

【校記】①《楊大年全集》二十卷，文淵閣《四庫全書》書前提要、《總目》作《武夷新集》，卷數同。書前提要、《總目》云："別本或題曰《楊大年全集》，誤也。"宋陳振孫《直齋書錄解題》卷十七著錄《武夷集》二十卷《別集》十二卷。

象山文集六卷

宋陸九淵撰。門人傅子雲編次。前二卷爲年譜，爲講學，爲語錄，後四卷皆所著雜文。考九淵年譜云：開禧元年，長子持之編遺文二十八卷、外集六卷，楊簡序之。又云：嘉定五年袁燮重刊，凡三十二卷。紹定四年，袁甫又摹舊本刊行。馬氏《通考》亦二十八卷，並載燮《序》。知燮所摹舊本即持之原編，是宋時此集祇二本。此本通年譜、語錄乃僅六卷，與舊數皆不相合，未詳其故。卷首傅文兆《序》云：集經七刻，殊無善本。友人周希旦乃求全書，刻之金陵。又云："集中不敢删削一字。"則又似屬完書。豈二本之外，又有子雲節錄一本，如黃庭堅之《精華錄》耶？

《四庫全書總目》卷一百七十四集部二十七別集類存目一，作《別本象山文集》。1541 中

雲巢集三卷

宋沈遼撰。遼字睿達。邁之親弟。以兄任入官，爲審官西院主簿，太常寺奉禮郎。後以事謫池州，築室齊山，自號雲巢，遂不復起。文章雄奇峭麗，尤長於歌詩。曾鞏、蘇軾、黃庭堅

皆與往來唱和。集本十卷,今止存詩三卷。其雜文皆已佚之。遼集共邁、括二集,宋世刊於括蒼,號曰《吳興三沈集》。今世所傳抄本卷末皆有從事郎處州司理參軍高布重校一行,蓋即括蒼合刻之舊也。

《四庫全書總目》卷一百五十四集部七別集類七,作《雲巢編》十卷。1334 中

攻媿集一百二十卷

宋樓鑰撰。鑰,字大防,鄞人。隆興元年進士。歷官參知政事,諡宣獻。《宋史》有傳,其集目諸家著錄不同,或作百卷,或作八十五卷,或作三十二卷。此本一百二十卷,與陳氏《書錄解題》同,乃足本也。集有真德秀《序》,至此之於三辰五星、泰華喬岳,而深服爲有本之文。蓋其氣格閎敞,筆力既高,而典博該洽,言皆有物,在南渡諸集中實爲罕覯,宜爲時所推敬如此。

《四庫全書總目》卷一百五十九集部十二別集類十二。1373 中

浪語集三十五卷

宋薛季宣撰。季宣,字士龍,號艮齋,永嘉人。年十七即起從荆南帥幕辟,歷官大理正,出知湖州,改常州。事蹟載《宋史·儒林傳》。季宣私淑于河南程氏之門,經術最爲深邃。所著《中庸》、《大學解》及考證《握奇經》,今皆在集中。又有《古文周易》、《古詩說》、《書古文訓》、《春秋經解》、《春秋旨要》、《論語直解》、《小學》①諸書,今集中亦具載其本序。蓋季宣學最淹博,自六經諸子,旁及名物象數,無不通貫,故其持論精醇,考古審核,無所依傍,卓然成家。於詩尤工七言,極踔厲縱橫之致。說者惜其年止四十,著作未多,然即所存者觀之,亦足以凌跨餘子矣。

《四庫全書總目》卷一百六十集部十三別集類十三。1379 下

【校記】①《小學》,文淵閣《四庫全書》書前提要、《總目》同,此即指《論語小學》。《浪語集》卷三十五附陳傳良撰《薛公行狀》、《宋史·藝文志》等,均作《論語小學》。宋葉適撰《水心集》卷二十九有《題薛常州論語小學後》。而《浪語集》卷三十有《論語少學序》,朱彝尊《經義考》卷二百十八亦著錄《薛氏(季宣)論語少學》。

簡齋集十五卷

宋陳與義撰。與義,字去非,洛陽人。簡齋其號也。官至參知政事。事蹟詳《宋史》本傳。集本十四卷,第十五卷爲附錄。《外集》前後載賦及雜文僅九篇,餘皆詩詞。當與義之時,北宋詩人蘇軾、黃庭堅、陳師道等皆已盡故,與義獨以詩雄出於南渡之初。其詩以杜甫爲宗,故風格特爲遒上,時見劖削刻露之致,當世亦罕有過之者。與義少嘗作《墨梅詩》,見知于徽宗。其後有"客子光陰詩卷里,杏花消息雨聲中"句,亦爲高宗所賞。紹興中遂至執政,可謂南宋詩人之最達者。

《四庫全書總目》卷一百五十六集部九別集類九。1349 上

宛邱集七十六卷

宋張耒撰。耒,字文潛,楚州淮陰人。弱冠第進士。仕至起居舍人。後坐黨籍落職,

耒[①]爲蘇軾門下士，與黃庭堅、秦觀、晁補之號蘇門四學士。後諸人多早歿，耒獨後亡。其著作傳於世者尤多，蘇軾嘗稱其文"汪洋沖澹[②]有一唱三嘆之音"。晚歲詩務平淡效白居易，樂府效張籍，故楊萬里謂"肥仙詩自然"。肥仙，南宋人稱耒之詞也。《通考》作《柯山集》一百卷，茲集少二十四卷，似已殘闕。查慎行注蘇軾詩云："嘗見耒詩二首，而今本無之。"則所佚固已多矣。

《四庫全書總目》卷一百五十四集部七別集類七。文淵閣《四庫全書》書前提要作《柯山集》五十卷。1330 中

【校記】①耒，《初目》原作"未"，於義無解。今據意改作"耒"。　②沖澹，《初目》原作"中澹"，於義無解。蘇軾所稱見《宋史》卷四百四十四《文苑·張耒傳》，作"汪洋沖澹"，今據改。文淵閣《四庫全書》書前提要、《總目》不誤。

注山谷詩集三十七卷

《山谷詩前集》二十卷，宋新津任淵注；《後集》十七卷，宋青神史容注。淵，字子淵，注《陳後山詩》及此，而二見《文獻通考》。陳振孫稱其"不獨注詩[①]，而兼注意，用工爲深"。容，字儀甫，號䕌室居士。所注《後集》，疏扶大意，一仿《前集》爲之。二注不可偏廢。蓋淵與容並去山谷時代未遠，耳目相接。其間初本改本之與同，與一時交游諸人之爵里，作詩之本事，皆有所考。是以注獨精詳，與施宿之注東坡詩，俱足爲注家準則。《前集》有目錄並年譜，今已俱佚。其第十三卷首頁注亦闕。陳振孫謂任注前有鄱陽許尹《序》，今亦無存，要未害其爲完書也。

《四庫全書總目》卷一百五十四集部七別集類七，作《山谷內集注》二十卷《外集注》七卷。1328 下

【校記】①不獨注詩，陳振孫《直齋書錄解題》作"不獨注事"。

周元公集十卷[①]

宋濂溪周敦頤撰。是集馬端臨《經籍考》作七卷，陳振孫《書錄解題》謂"遺文纔數篇，爲一卷，餘皆附錄"。此本次列圖譜二卷，首遺書、雜著二卷[②]，其後五卷[③]則皆諸儒議論及誌傳、祭文。與宋本不甚相合，而大致亦不甚相遠，蓋後人亦微有附益也。明嘉靖間，漳浦王會曾爲刊行。國朝康熙初，其裔孫周沈珂又重鐫之。後附《遺芳集》五卷，乃彙輯後裔之著述、事蹟，今別入之總集類中。

《四庫全書總目》卷一百五十三集部六別集類六。1323 上

【校記】①十卷，文淵閣《四庫全書》書前提要作"八卷"，《總目》作"九卷"。　②"此本"以下，《總目》作"凡遺書、雜著二卷，圖譜二卷"。《初目》語序顛倒。文淵閣《四庫全書》書前提要作"此本首遺書、雜著一卷，次圖譜一卷"。　③其後五卷，按：加上前面所說"四卷"，共九卷，與本條所說《周元公集》十卷不符。

龍川文集三十卷

宋陳亮撰。亮，字同甫，婺州永康人。紹興四年進士第一。終建康軍節度判官。端平初，追諡文毅。亮才氣雄毅，有志事功，而能上追元祐之遺風，近接考亭之緒論。故雖爲縱橫

之學,而持論一出于正。集中所載,大抵議論之文爲多。《宋名臣言行錄》謂:"孝宗朝六達帝廷,上書論大計。"今集中獨有上孝宗四書及《中興論》。考《宋史》所載亦同。又《言行錄》謂:"垂拱殿成①,進賦以頌德。又進《郊祀慶成賦》。"今集中均不載。葉適《序》謂亮集凡四十卷,今此本僅存三十卷,蓋非當時之舊帙,其佚失多矣。

《四庫全書總目》卷一百六十二集部十五別集類十五。《四庫全書薈要》本、《四庫全書》本作《龍川集》。1391 上

【校記】①垂拱殿成,《初目》原作"垂撰殿成",誤。今據《宋名臣言行錄外集》卷十六改。文淵閣《四庫全書》書前提要、《總目》不誤。

鬳齋續集三十卷

宋林希逸撰。希逸,字肅翁,福清人。仕理宗、度宗朝,歷官翰林,權直兼崇政殿說書、直秘閣。所著有《鬳齋前集》六十卷,久佚不傳。世惟有其《續集》,所謂《竹溪十一稿》①者尚存,即此三十卷是也。劉克莊嘗謂乾淳間林光朝始好深沉之思,爲文極鍛鍊。一傳爲林亦之,再傳爲陳藻,三傳爲希逸。比其師,槁乾中見華滋,蕭散中見嚴密,窘狹中見紆徐。所以推許之者甚至。然觀其集,與克莊言頗不相稱。又多以應酬諛頌之作編入集中,凡啓劄二卷、挽詩一卷、省試詩二卷。其上賈似道啓極口稱譽,至以趙普、文彥博比之,尤爲可鄙。惟集末載《學記》六卷,所論學問②文藝之事,時有可取。然解《太元經》者居其半,其說亦不能盡純云。

《四庫全書總目》卷一百六十四集部十七別集類十七。1409 上

【校記】①《竹溪十一稿》,文淵閣《四庫全書》收錄本書,書名即作《竹溪鬳齋十一藁續集》。　②學問,《初目》原作"學門",今據文淵閣《四庫全書》書前提要、《總目》改。

屏山集二十卷

宋劉子翬撰。子翬,字彥冲,崇安人。劉韐之季子。嘗通判興化軍,以疾歸,築室屏山。朱子其門人也。此集乃其嗣子玶編次,朱子重加訂正,爲之序。其談理之文,辨析明快,曲折盡意,無語錄之習。論事之文,洞悉時事,亦無迂濶之見,如《聖傳論》、《維民論》及《論時事劄子》諸篇,皆明體達用之作。古詩風格高秀①,惟七言近體,宗派頗雜江西。蓋子翬嘗與呂本中遊,故格律時復似之耳。

《四庫全書總目》卷一百五十七集部十別集類十。1355 上

【校記】①高秀,《初目》原作"高季",今據文淵閣《四庫全書》書前提要、《總目》改。

宛陵集六十卷附錄一卷

宋梅堯臣撰。堯臣,字聖俞,宣城人。官屯田都官員外郎。其詩初爲謝景初所輯,僅十卷。歐陽修得其遺稿,增併之,亦止十五卷。其增至五十九卷,又他文賦一卷,未詳何人所編。陳振孫謂即景初舊本,修爲作序者,未詳考修序文耳。《通考》載《正集》六十卷,外又有《外集》十卷。此本爲明姜奇芳所刊,卷數與《通考》合。惟無《外集》,衹有補遺三篇及贈答詩文、墓誌一卷,亦不知何人所附。陳振孫謂《外集》多與《正集》複出,或後人刪汰重複,故所錄者止此耶?宋初,詩文尚沿唐末五代之習,柳開、穆修欲變文體,王禹偁欲變詩體,皆力

有未逮。歐陽修崛起爲雄,力復古格。其時曾鞏、蘇洵、蘇軾、蘇轍、陳師道、黃庭堅等,皆尚未顯。其佐修以變文體者尹洙,佐修以變詩體者則堯臣也。其詩旨趣古淡,惟修深賞之。邵博《聞見後錄》載傳聞之說,謂修忌堯臣出己上,〔每商榷其詩,多故刪其最佳者〕①。

《四庫全書總目》卷一百五十三集部六別集類六。1320 中

【校記】①每商榷其詩,多故刪其最佳者,《初目》原缺。文淵閣《四庫全書》書前提要與《初目》同,今據補。

竹友集四卷

宋謝薖撰。薖,字幼槃,臨川人。逸之從弟。江西詩派二十五人之一也,與逸齊名,號曰二謝。逸所撰《溪堂集》,世久不傳,僅散見《永樂大典》中,惟薖集猶存。然王士禎《居易錄》載《竹友集》十卷,詩七卷、雜文三卷。此本乃止詩四卷,則又佚其六卷矣。士禎評其詩曰:"在江西派中,亦清逸可喜。然涪翁沉雄豪健之氣,則去之遠矣。"又稱《顏魯公祠堂①》、《十八學士圖》諸長歌及"尋山紅葉半旬雨,過我黃花三徑秋"句,"靡靡江蘺只喚愁"一詩,持論皆允。至所稱"挼挲蕉葉展新綠,從臾榴花開晚紅","瘦藤拄下萬峰頂,老鶴歸來千歲巢②",則殊不盡薖所長。蓋一時興到之言,非篤論也。

《四庫全書總目》卷一百五十五集部八別集類八。1339 上

【校記】①祠堂,《初目》原作"詞堂",誤。今據《竹友集》卷一詩題改。文淵閣《四庫全書》書前提要、《總目》不誤。　②歸來,文淵閣《四庫全書》本《竹友集》卷五《喜董彥速自仙峁歸》、王士禎《居易錄》卷十一所引,及文淵閣《四庫全書》書前提要、《總目》等,都作"來歸"。又:此句《竹友集》原詩作"野鶴來歸千歲巢",王士禎所引同,文淵閣《四庫全書》書前提要、《總目》作"老鶴來歸千歲巢"。

艾軒集九卷附錄一卷

宋林光朝撰。光朝,字謙之,莆田人。登隆興元年進士。歷官國子祭酒,兼太子左諭德。除中書舍人,兼侍讀,以集英殿修撰知婺州,卒。光朝爲鄭俠之婿,又嘗從陸子正游,學問氣節,俱有自來。長朱子十六歲,朱子兄事之。其爲舍人日,繳還謝廓然詞頭一事,尤爲當世所稱。平生不喜著書,既沒後,其族孫同叔哀其遺文爲十卷,陳宓序之。後其外孫方之泰搜求遺逸,輯爲二十卷,刻于鄱陽,劉克莊序之。至明代,宋刊已佚,僅存抄本。正德辛巳,光朝鄉人鄭岳擇其尤者九卷,附以遺事一卷,題曰《艾軒文選》,是爲今本。而所謂十卷、二十卷者,今遂皆不可見。王士禎《居易錄》稱:"嘗從黃虞稷借觀其全集,憾未抄錄。"未審即此本否也。然即此本觀之,學問氣節亦可見其一班。舊本間有評語,蓋明林俊所附入,皆無所發明,故今悉刪汰焉。

《四庫全書總目》卷一百五十九集部十二別集類十二。1368 中

東萊集四十卷

宋呂祖謙撰。祖謙,字伯恭。夷簡七世孫,世爲開封望族。南渡後,家於婺,以祖恩補將仕郎。末上,登隆興元年進士,又中博學宏詞科。歷官至著作郎,權禮部郎官。以末疾奉祠,卒。年四十有五。其弟祖儉、從子喬年先後刊補遺稿,釐爲文集十五卷;又以家範、尺牘之類

爲別集十六卷,程文之類爲外集五卷,年譜、遺事則爲附錄三卷;又附錄拾遺一卷,總名爲《東萊集》云。祖謙嘗與朱子同輯《近思錄》,又有《家塾讀詩記》及《大事記》、《歷代制度詳說》、《左氏博議》等書,皆別行。其《詩律武庫》則僞本也。

《四庫全書總目》卷一百五十九集部十二別集類十二。1370 中

鄂州小集六集

宋羅願撰。願,字端良,別號存齋,新安人。以蔭補承務郎中。乾道二年進士。通判贛州,尋攝州事,改知鄂州,卒。州佐劉清之爲刊其遺藁,名《鄂州小集》,止六卷。史稱十卷,與本集不合。然此本編次無法,又以《新安志》中小序二篇入之,疑後人復掇拾而成之,非其舊也。願學問淵博,有《爾雅翼》傳於世。爲文章有先秦西漢風,《淳安社壇記》,朱子至自謂不如,亦南渡後之傑出者也。後二卷附願兄頌、頎、侄似臣之文。末又有明人《月山錄》一卷,冗雜鄙陋,蓋願之疏族,因刊是集而竄入之,冀附驥以傳也。今仍存頌、頎、似臣之文[①],而所謂《月山錄》者則從汰焉。

《四庫全書總目》卷一百五十九集部十二別集類十二。1368 上

【校記】①存頌、頎、似臣之文,《初目》原作"存頌、似臣之文",缺"頎"。按:文淵閣《四庫全書》書前提要作"存頌、頎及似臣之文",《總目》作"存頌、頎、似臣之文",《鄂州小集附錄》有《羅頎遺文》,今據補。

清獻集二十卷

宋杜範撰。範,字成己[①],黃巖人。嘉定元年進士。淳祐中拜右丞相。清獻其謚也。《宋史》有傳。史載範所著古律詩五卷,今此本四卷。又雜文六卷,今此本亦四卷。又奏稿十卷,今此本多一卷。又外制三卷、進故事五卷、經筵講義三卷,今俱不存,而有行狀、本傳、祠記[②]等一卷附於卷首,爲二十卷。蓋後人重輯之本。史稱範有公輔才,其奏議極明暢剴切,多可考見當時國是焉。

《四庫全書總目》卷一百六十二集部十五別集類十五。1393 下

【校記】①成己,文淵閣《四庫全書》書前提要、《總目》同。楊武泉據萬曆《黃巖縣志》卷五《人物志·儒林·杜範傳》,謂當作字"成之"(《四庫全書總目辨誤》,上海古籍出版社,2001 年出版,第 223 頁)。按:宋陳思編《兩宋名賢小集》卷二百五十五、《宋史》卷四百七本傳,及國家圖書館藏清抄本《杜清獻公集》卷首所收《宋史列傳》、危素《文獻書院記》、程公許《杜清獻公祠堂記》、冀中德《重建清獻公祠堂記》等文,均作字成之。
②祠記,《初目》原作"詞記",誤。國家圖書館藏清鈔本《杜清獻公集》卷首有程公許《杜清獻公祠堂記》、冀中德《重建清獻公祠堂記》,此即"祠記",今據改。文淵閣《四庫全書》書前提要、《總目》不誤。

西山文集五十五卷

宋真德秀撰。考《宋史》本傳。德秀所著有《西山甲乙稿》、《對越甲乙集》、《經筵講義》、《端平廟議》、《翰林詞草四六》、《獻忠集》、《江東救荒錄》、《清源雜志》、《星沙集志》諸書。此本爲明萬曆中福建巡撫金學曾所刊,國朝浦城縣知縣王允元又補葺之。所載詩賦而

373

外,惟《對越甲乙稿》、《經筵講義》、《翰林詞草》三種自分卷帙,其餘序記等作,但以類次,不別分名目,或即本傳所謂《西山甲乙稿》者,未可知也。他如《端平廟議》諸書俱不編入,疑其闕佚尚多。然馬端臨《通考》所載亦作五十六卷,則此本所少僅一卷,殆宋時刊本即未嘗以《端平廟議》諸書編入集内耶。

《四庫全書總目》卷一百六十二集部十五別集類十五。1391 下

南軒集四十四卷

宋張栻撰。栻,字敬夫,廣漢人。丞相浚之子。孝宗時官左司員外郎,出知嚴、袁等州,靜江、江陵等府。生平與朱子交最善,朱子於浚多怨詞,以栻故也。卒後,朱子手定其集,序而歸其弟杓刻之,即今本。

《四庫全書總目》卷一百六十一集部十四別集類十四。1386 上

石屏集二卷

宋戴復古撰。復古,字式之,天台人。所居有石屏山,因以爲號,遂以名其集。卷端載①其父敏詩十首,蓋復古幼孤,勉承家學,故搜訪其先人遺稿,以冠己集前。有趙汝騰、趙汝談、趙以夫、樓鑰、吳子良、真德秀諸序跋。鑰謂其登陸游之門而詩益進,德秀論其高處不減孟浩然,且以不能邀入殿廬中爲愧。其爲當時所重若此。

《四庫全書總目》卷一百六十一集部十四別集類十四,作六卷。1384 中

【校記】①載,《初目》原作"戴",非是。今據文淵閣《四庫全書》書前提要、《總目》改。

雙溪集二十七卷

宋王炎撰。炎,字晦叔,別號雙溪,婺源人。乾道五年進士。仕至著作郎、軍器少監,出知饒州、湖州。炎《宋史》無傳,集亦不見於馬端臨《通考》。此本爲萬歷間沈一貫從內府抄出刻之。南宋士大夫或好爲空談,炎能以經術爲世用,如論郊社、經筵、和糴、造甲諸篇,可謂明於典禮洞悉時務者矣。於時有兩王炎,其一淳熙間爲觀文殿大學士。

《四庫全書總目》卷一百六十集部十三別集類十三。1376 上

慈湖遺書十八卷續集二卷

宋龍圖學學士楊簡敬仲撰。簡爲陸九齡高弟①,朱子亦嘗薦之於朝。所爲文章以講學爲主,不事粉飾。其論治務最急者五事,次急者八事,大旨欲罷科舉以復鄉舉里選,限民田以復井田,説頗難行。而歷官治蹟行誼多有可紀者,蓋其生平得力有在,固非同於空談性命也。本傳載簡所著有《甲稿》、《乙稿》、《冠記》、《昏記》、《喪禮家記》、《家祭記》②、《釋菜禮記》、《石魚家記》及《己易》、《啓蔽》等書,其目甚多。陳振孫《書錄解題》則稱簡《遺書》止有三卷,此本多十五卷,又合《續集》爲二十卷,多寡俱不相合。而集中《家記》内各條,又有別標稱"見《遺書》"者,疑《遺書》本其著作之一種,各自單行。後人因裒輯其《甲》、《乙稿》等部類成此集,而仍以《遺書》名之,非陳氏所見之本矣。其書六卷以前爲雜文及詩,七卷至十六卷皆《家記》,雜載論經史治道之説,如語錄體。十七卷紀先訓,十八卷乃錢時《行狀》及真德秀跋。又編雜文一卷及《孔子閒居解》一卷於後爲《續集》。明嘉靖間巡按江西御史秦鉞刊

行之。

《四庫全書總目》卷一百六十集部十三別集類十三。1377 上

【校記】①簡爲陸九齡高弟,按:《宋史》卷四百七《楊簡傳》云:"會陸九淵道過富陽,問答有所契,遂定師弟子之禮。"是楊簡爲陸九淵弟子,而非陸九齡弟子。 ②《家祭記》,文淵閣《四庫全書》書前提要、《總目》均作"《祭記》",非是。《慈湖遺書》附錄門人錢時撰《寶謨閣學士正奉大夫慈湖先生行狀》、《宋史》卷四百七《楊簡傳》、朱彝尊《經義考》卷二十七、雍正《江西通志》卷六十三《楊簡傳》著錄楊簡著作,均作《家祭記》。《初目》不誤。

北溪集五十卷外集一卷①

宋陳淳撰。淳,字安卿,漳州龍溪人。事迹具《宋史·道學傳》。其詩其文皆如語錄,前有至正元年王環翁《序》,以其嘗學於朱子,遂推爲載道之文。然其謂:"讀淳之文,當如布帛菽粟,可以濟乎人之飢寒。苟律以古文馳驟,聯篇累牘,風形露狀,能切日用乎否?"則固不以文章論也。末載《外集》一卷,皆陳宓、黃必昌等所作墓誌、祭文,與古人摭拾遺文謂之外集者,體例亦異。

《四庫全書總目》卷一百六十一集部十四別集類十四,作《北溪大全集》。1386 下

【校記】①按:本條《初目》原排在清孫光祀撰《澹餘軒集》之後,順序錯亂。今依《總目》順序,移動於此。

洺水集三十卷

宋程珌撰。珌,字懷古,休寧人。先世居洺水,自號洺水遺民。紹熙中進士。累官禮部尚書、端明殿學士,贈少師。立朝以經濟自任,明邵經邦《宏簡錄》載其同史彌遠矯詔立理宗後,受楊后緘金之賜,彌遠以是銜之。今觀集中上執政書,議其壅蔽朝廷,不公賞罰,疑當以是忤彌遠,《宏簡錄》所載未必確也。珌詩詞皆不甚擅場。至於論備邊、蠲稅諸疏,則拳拳於國計民瘼,言有關係。其跋洪邁《萬首絕句》,以爲不當進於朝,而跋張載《西銘》,則以其欲復井田爲不可。蓋方正而達於事理者也。序言集本六十卷,散失者半。此本乃崇禎己巳①其裔孫至遠所刻。

《四庫全書總目》卷一百六十二集部十五別集類十五。1390 下

【校記】①崇禎己巳,文淵閣《四庫全書》書前提要同,《總目》作"崇禎乙巳",誤。崇禎朝無乙巳年,崇禎己巳即崇禎二年。此刻本卷首趙時用序題"崇禎己巳孟夏"可證。然據程至遠崇禎元年戊辰撰《重刻洺水文集小引》,此書實刻於崇禎元年。

蠹齋鉛刀編三十二卷

宋周孚撰。孚,字信道,濟南人。寓家丹徒。乾道二年進士。官真州教授。集有陳珙《序》,稱三十卷。《儀真縣志》並同,全集本實三十二卷,與《序》不符,疑後人所分。又《宋詩紀事》云,孚卒後,辛棄疾刊其集。今所傳本乃淳熙己亥孚友人平陽解百掄所刊,目錄末有百掄跋語可證。或當時原有兩刻也。孚七歲通《春秋》,爲詩初學陳師道,進而學黃庭堅,俱得其遺矩。文章不事雕繢。末二卷駁正鄭樵《詩辨妄》之悞,立論俱極詳允。

375

集部　別集類

《四庫全書總目》卷一百五十九集部十二別集類十二。1375 上

山谷刀筆二十卷

宋黃庭堅所著之尺牘也。以年爲次。自初仕至館職四卷，居憂時三卷，在黔州三卷，戎州七卷，荆渚二卷，宜州一卷，皆於全集中摘出別行者。然是編向有宋槧本，非後人所爲，蓋當時風氣有此一體云。

《四庫全書總目》卷一百七十四集部二十七別集類存目一。1538 上

盱江集三十七卷年譜一卷附錄三卷

宋李覯撰。覯，字泰伯，建昌南城人。事跡具《宋史·儒林傳》。考覯年譜稱慶曆三年癸未集《退居類稿》十二卷，又皇祐四年庚辰集《皇祐續稿》八卷。此集爲明南城左贊所編，凡詩文雜著三十七卷，前列《年譜》一卷，後以制誥薦章之類爲《外集》三卷。蓋非當日之舊。宋人多稱覯不喜孟子，余允文《尊孟辨》中載覯常語十七條。而此集所載僅《仲尼之徒無道桓文之事》及《伊尹廢太甲》、《周公封魯》三條，蓋贊諱而刪之。集首載祖無擇《退居類稿序》，特以孟子比覯。又集中《答李覯書》①云："孟氏、荀、楊醇疵之説不可復輕重。"其他文中亦頗引及《孟子》，與宋人所記種種相反。以所刪常語推之，毋亦贊所竄亂歟？覯之格次于歐、曾，其論治體，悉可見于實用，故朱子謂覯文實有得於經。其不喜《孟子》，特偶然偏見，與歐陽修不喜《繫詞》同，可以置而不論。贊必欲委曲彌縫，務滅其跡，所見陋矣。集中《平土書》、《明堂》、《五宗》皆別有圖，今佚不傳。覯在宋代②不以詩名，然王士禎《居易錄》嘗稱其《王方平》③、《璧月》、《梁帝》、《送僧送廬山》④、《憶錢塘江》五絕句，以爲風致似義山。今觀諸詩，惟《梁帝》一首不免儈父面目，餘皆不愧所稱，亦可謂廣平之賦《梅花》⑤矣。

《四庫全書總目》卷一百五十三集部六別集類六。1316 上

【校記】①答李覯書，《初目》原作"答李覯書"，誤。今據本書篇目改。姚鼐分纂稿、文淵閣《四庫全書》書前提要、《總目》等不誤。　　②宋代，《初目》原作"宋伐"，今據文意改。　　③王方平，文淵閣《四庫全書》書前提要、《總目》同。此詩見《盱江集》卷三十六，《四部叢刊》景明成化本《直講李先生文集》、《四庫全書》本《盱江集》，詩題作"方平"。此係王士禎誤衍"王"字。後清厲鶚《宋詩紀事》卷十九、清曾燠《江西詩徵》卷八亦均誤作《王方平》。《初目》此係據王士禎《居易錄》所引，未及查檢原書。　　④送僧送廬山，文淵閣《四庫全書》書前提要、《總目》作"送僧還廬山"，均非是。此詩見《盱江集》卷三十六，《四部叢刊》景明成化本《直講李先生文集》、《四庫全書》本《盱江集》，詩題作"送僧遊廬山"。明曹學佺《石倉歷代詩選》卷一百六十五宋詩四十二、清陳焯《宋元詩會》卷十一、清王士禎《居易錄》卷十一、清厲鶚《宋詩紀事》卷十九等，亦均作"送僧遊廬山"。　　⑤廣平之賦《梅花》，文淵閣《四庫全書》書前提要、《總目》作"淵明之賦《閒情》"。

瓜廬詩一卷

宋薛師石撰。師石，字景石，永嘉人。博學多能，工楷法篆草。築屋會昌湖西，題曰瓜廬。與"永嘉四靈"倡酬最密。四靈集中俱有《題瓜廬詩》。趙師秀"野水多於地，春山半

是雲"之句即爲瓜廬作也。是］①集止一卷，皆《江湖集》所有。後附王綽爲師石作誌銘一篇，併宋人諸題跋。

《四庫全書總目》卷一百六十二集部十五別集類十五。1390 中

【校記】①按："野水多"下《初目》脫去一行，今據《總目》補出"於地春山半是雲之句即爲瓜廬作也是"十六字。《初目》一行抄寫十九字，因《總目》與《初目》此處有差異，所缺字無法完全補出。

玉瀾集一卷

宋朱槔撰。槔，字逢年，松之弟也。其詩不出當時之格。後有尤袤跋，稱其《春風》一篇、《感事》①三首，然亦皆無可取。明弘治癸亥任邱鄺璠得其本於睢陽陳性之，附刻《韋齋集》後。故至今附其兄詩以行。

《四庫全書總目》卷一百五十七集部十別集類十。1354 上

【校記】①感事，《初目》原作"盛事"，殿本《總目》同，浙本《總目》作"即事"。按：此爲尤袤撰《玉瀾集跋》之語。其書及所附尤袤跋、《行狀》均作"感事"。今據改。

二妙集八卷

金稷山段克己及其弟成己所作也。克己，字復之，號曰遁庵。金末嘗舉進士。成己，字誠之。正大進士。授宜陽簿。並以文章名，尚書趙秉文目曰"二妙"，並書"雙飛"二字名其里。金亡皆不仕，一時士大夫咸尊禮之。克己之孫輔合輯其遺文爲此集。吳澄《序》言其詩有感於興亡之會，故陶之達、杜之憂，其詩兼而有之。

《四庫全書總目》卷一百八十八集部四十一總集類三。1706 下

滹南遺老集四十五卷

金王若虛撰。若虛，字從之，藁城人。金承安二年經義進士。歷官左司諫，轉延州刺史，入爲翰林直學士。金亡後十年，遊泰山。及山之半，坐大石凝然而逝，時年七十。吳澄稱若虛"博學卓識，見之所到，不苟同於眾。遺言緒論之流傳，足以警發後進"。蘇天爵作《安熙行狀》云："國初有傳朱子《四書集注》至北方者，滹南王公雅以辨博自負，爲説非之。"今集中《論語》、《孟子》《辨惑》四卷①即其書也。陳天祥作《四書辨疑》多引之，蓋亦毅然自信之仕矣。

《四庫全書總目》卷一百六十六集部十九別集類十九。1421 上

【校記】①論語孟子辨惑四卷，按：今集中卷四至卷七爲《論語辨惑》，分別標註"論語辨惑一"至"論語辨惑四"；卷八爲《孟子辨惑》，合計共五卷。文淵閣《四庫全書》書前提要、《總目》作"《論語辨惑》五卷"，乃將卷三《論語辨惑序》一卷合併計算在內。然書前提要云："第三卷惟《論語辨惑序》一篇、《總論》一篇，僅三頁有奇，與他卷多寡懸殊。疑傳寫佚此一卷，後人割第四卷首三頁改其標題以足原數。"是已疑其並非獨立之一卷。

莊靖集十卷

金李俊民撰。俊民，字用章，澤州人。少通程氏之學。承安五年進士第一。應奉翰林文

字。旋棄官隱居,自號鶴鳴道人。元世祖以安車召見,仍乞還山。卒,諡莊靖。澤守段正卿嘗刊其集,詩七卷,文三卷。首有李仲紳、劉瀛、王特升、史秉直四《序》。明正德間,郡人李瀚重刊行之。今板已久佚,止存抄本。俊民出處不愧所學,集中於入元後祇書甲子,隱然自比陶潛。故所爲詩文類多清虛冲澹,不染塵壒。詩末間有註語,《序》不言何人所加,或即俊民所自注歟。

《四庫全書總目》卷一百六十六集部十九別集類十九。1421 中

滏水集二十卷

金趙秉文撰。秉文,字周臣,磁州滏陽人。大定二十五年進士。歷官翰林侍讀學士,拜禮部尚書。《金史》有傳,稱其自幼至老,未嘗一日廢書。生平著作甚多。其爲文長於辨析,極所欲言而止,不以繩墨自拘。七言長篇,筆勢縱放,不拘一律。律詩壯麗,小詩清逸,多以近體爲之,五言古詩尤沉鬱頓挫。所著詩文史稱三十卷,此本止二十卷,蓋《金史》以字畫相近而誤也。

《四庫全書總目》卷一百六十六集部十九別集類十九。1420 下

遺山集四十卷

金元好問撰。凡爲詩十四卷,文二十六卷。好問才高而學贍①,金元之介屹然爲文章大宗。所撰《中州集》,意在以詩存史,去取尚未盡精。至所自作,則興象深遠,風格遒上,無宋南渡末江湖諸人之習,亦無江西流派生拗粗獷之失。有元一代詩人,雖虞、楊、范、揭,未能凌跨其上也。此本爲明太僕寺卿儲巏所藏,弘治戊午沁州御史李瀚重刻。集末附錄一卷,即巏所裒輯。前有李冶、徐世隆二《序》,後有王鶚、杜仁傑二《跋》。

《四庫全書總目》卷一百六十六集部十九別集類十九。1421 下

【校記】①學贍,《初目》原作"學瞻",形近而訛。今據文淵閣《四庫全書》書前提要、《總目》改。

不繫舟漁集九卷

元陳高撰。高,字子上,溫州平陽人。至正十四年進士。授慶元路錄事。未二年,輒自免去。平陽陷,棄妻子往來閩浙間,自號不繫舟漁者。明初,蘇伯衡訪其遺集,釐定成編,題曰《子上存稿》。豫章揭汯稱其文"上本遷固,下獵諸子,詩則上溯漢魏,而齊梁以下弗論",推許未免太過。然核其全集,文格頗雅潔。詩惟七言古體不擅場,絕句不甚經意,其五言古體源出陶潛,近體律詩格從杜甫,面目稍別,而神思不遠,亦元季之錚錚者矣。

《四庫全書總目》卷一百六十八集部二十一別集類二十一。1452 中

麟原文集二十四卷

元王禮撰。禮,字子尚,後更字子讓,廬陵人。元末爲廣東元帥府照磨。明興不仕,聘爲考官,亦不就。前後集各十二卷。前有李祁、劉定之二《序》。定之《序》謂其:"託耕鑿以棲跡於運去物改之餘,依麟蘗①以逃名於头童齒豁之際。"其文"奇气硨砆胸臆,以未裸將周京故也"。有與子讓同出元科目,佐幕府,"其氣亦有掣碧海、弋蒼旻之奇。及攀附龍鳳,自擬

留文成。然有所作。噫唔鬱伊②,捫舌騂顏,曩昔豪氣,澌泯無餘矣"。意蓋借禮以詆劉基,未盡肖其爲文。祁《序》稱其"藹然仁義之詞,凜然忠憤之氣,深切懇至,無不可人意者",斯得之矣。

《四庫全書總目》卷一百六十八集部二十一別集類二十一。1460 中

【校記】①齕藜,《總目》同,文淵閣《四庫全書》書前提要作"齕藜",非是。此引劉定之《序》文,原文作"齕藜"。　②鬱伊,《總目》同,文淵閣《四庫全書》書前提要作"鬱抑",義同,但劉定之《序》原文作"鬱伊"。

一山文集九卷

元李延興撰。延興,字繼本,東安人。占籍北平。至正丁酉進士。授太常奉禮,兼翰林檢討。此集李敏《序》,稱其子方曙、方煦①所輯,而景泰中黎公穎則曰其孫容城教諭伸所編,意其父子相繼爲之也。詩文俱有前人法,而長歌尤爲擅場。中有學李白不成流爲盧仝、馬異格調者。好高之過,固愈於卑靡不振者矣。

《四庫全書總目》卷一百六十八集部二十一別集類二十一。1456 中

【校記】①方煦,文淵閣《四庫全書》書前提要、《總目》同。文淵閣《四庫全書》本書李敏《序》作"方昫"。《一山文集》今存清抄本,李敏《序》亦作"方昫"。

純白齋類稿二十卷附錄二卷

元胡助撰。助,字履信,一字古愚,婺之東陽人。始舉茂才。爲建康路儒學學錄。歷美化書院山長、溫州路儒學教授。用薦再爲翰林國史院編修官。秩滿,授承信郎、太常博士,致仕歸。時至正五年也。自訂著述共三十卷,曰《純白齋類稿》。歷年既久,殘缺失次。今所存賦一卷、詩十六卷、雜文三卷,附錄當時投贈詩文二卷,凡二十二卷。仍名《類稿》,蓋明正德中,其六世孫淮所重編者。助詩文皆尚平易。別著《鑾坡小錄》、《升學祭器文》,有鄧文原、吳澄跋語。今本無之,蓋在亡軼卷中矣。

《四庫全書總目》卷一百六十七集部二十別集類二十。1448 中

趙仲穆遺稿一卷

元趙雍撰。雍,字仲穆,孟頫子也。凡詩十七首、詞十七首,卷末題"延祐元年春正月寄呈德璉姊丈"。復有文徵明跋,稱此卷"行楷兼作,轉益妍美,從烏程王天羽借觀,因題其後",蓋從墨迹抄出者。詩詞皆淺弱,如所謂"坐對荷花三兩朵,紅衣落盡秋風生"者,殊不多得。疑或依託也。徵明跋文又云:"德璉,孟頫婿王國器也,長於樂府,楊鐵崖亟稱之。"

《四庫全書總目》卷一百七十四集部二十七別集類存目一。1545 中

廬陵集二卷①

元張昱撰。昱,字光弼,廬陵人。少從虞集學詩,官至行樞密院判官。元亡,隱居西湖。明太祖徵至京,憫其老,曰:"可閒矣。"因自號可閒老人。集首有楊士奇《序》,稱嘗從給事中夏時得昱詩一帙,授其外孫浮梁丞時昌,付梓以傳。久而散佚,國初,金侃復從常熟毛氏求得之。集中有考証題曰"侃案"者,蓋即其所校定也。昱詩近體爲多,其中如《輦下曲》、《宮中

詞》等篇，於元季遺聞佚事亦有可備參考者。然其他類多應酬之作，頗傷率易，晚節尤頹唐自放矣②。

《四庫全書總目》卷一百六十八集部二十一別集類二十一。1463 中

【校記】①《廬陵集》二卷，文淵閣《四庫全書》書前提要、《總目》作"可閑老人集四卷"。《總目》云："國朝金侃得毛晉家所藏別本，改題曰《廬陵集》。侃復爲校正，間附案語於下方。然其本亦從此本傳錄，非兩書也。" ②晚節尤頹唐自放矣，按：《四庫全書簡明目錄》云："其下者或失於頹唐，其上者蒼茫雄肆，有古直悲涼之槩。"

青陽集四卷

元余闕撰。闕以淮南行省左丞守安慶，殉節甚烈。事具《元史》。故集中所著，皆有關當世安危。其《上賀丞相》四書，言蘄、黃禦寇之策，尤痛切。使策果行，則友諒未必能陷江東西也。其第二書謂往時泰哈布哈、曼濟哈雅並力攻蘄、黃，賊幾就滅。忽檄散各軍，止有布延特穆爾①駐劄蘭溪。盜之復陷沿江諸郡，實人謀不臧。證以布延特穆爾本傳，知丞相托克托雖有功於江淮，而實階亂於蘄、黃之地。又第四書曰蘭溪之功，布延特穆爾平章爲最，曼濟哈雅中丞特因之成事，《布延特穆爾傳》亦采用之。則是非之公，信諸後代者也。其詩以漢魏爲宗，優柔沈涵，在元人中別爲一格，在闕中又爲餘事矣。

《四庫全書總目》卷一百六十七集部二十別集類二十。1447 下

【校記】①泰哈布哈、曼濟哈雅、布延特穆爾，文淵閣《四庫全書》書前提要、殿本《總目》同，浙本《總目》依次作泰不華、蠻子海牙、卜顏帖木兒。文淵閣《四庫全書》書前提要、殿本《總目》在三人名下依次有注，云："泰哈布哈（原作泰不華，今改正）"、"曼濟哈雅（原作蠻子海牙，今改正）"、"布延特穆爾（原作伯顏帖木兒，今改正）"。

玉山璞稿一卷

元顧瑛撰。瑛一名阿瑛，字仲瑛，世居崑山。舉茂才，署會稽教諭，辟行省屬官，皆不就。卜築玉山草堂。所撰有《玉山草堂集》，皆輯錄同時文士之作，此集則所自作也。瑛生元季，當詩格綺靡之時，亦未能自拔於俗。而清麗芊緜，出入於溫岐、李賀間，亦復風流自賞，未可槩以詩餘斥也。集末附《步虛詞》四章，體摹《真誥》；又小詞二首；文二篇，《拜石壇記》頗踈峭，《玉鸞》一傳，爲楊維楨得簫而作，摹擬《毛穎》、《革華》，則不免陳因窠臼矣。

《四庫全書總目》卷一百六十八集部二十一別集類二十一。1460 上

默庵集五卷

元安熙撰。熙，字敬仲，藁城人。少慕劉因之名，欲從之游，因亦願傳所學於熙。會因卒，不果。然所學一以因爲宗。其門人蘇天爵作熙行狀，稱朱子《四書集注》初至北方，滹南王若虛起而辨之，陳天祥益闡其說。熙力與爭，天祥遂焚其書，今天祥之書故在。焚之之說雖涉於夸飾，然熙之力崇朱學，固於是可見也。熙沒之後，天爵輯其詩文，而虞集爲之序。詩頗有格調，雖時作理語，而不涉語錄。惟《冬日齋居》五首及《壽李翁八十詩》不入體裁。雜文皆篤實力學之言，而傷於平沓，蓋本無意於求工耳。天爵《行狀》稱集十卷，目錄後熙子塾附記亦云《內集》五卷、《外集》五卷。此本僅存詩文五卷、附錄一卷①，或舊本散佚，後人重

爲編綴歟。

《四庫全書總目》卷一百六十六集部十九別集類十九。1432下

【校記】①"此本僅存詩文五卷、附錄一卷",《總目》同,文淵閣《四庫全書》本無附錄一卷,其書前提要亦改作"此本僅存詩文五卷"。

玉井樵唱三卷

元尹廷高撰。廷高,字仲明,別號六峰,遂昌人。嘗掌教於永嘉,秩滿至京,謝病歸。其詩氣格雖不高,而神思清儁。卷首自記載其父詩一聯,蓋即戴復古《石屏集》以其父遺詩冠首之意。

《四庫全書總目》卷一百六十六集部十九別集類十九。1435下

鶴年集一卷

元丁鶴年撰。鶴年,字鶴年,本回回人。祖父世爲顯官,鶴年獨不仕。尚節操,有孝行。烏斯道、載良爲作傳,以申屠蟠擬之。元亡避地四明,後歸老武昌山中。所爲詩本名《海巢集》,此本但題《丁鶴年先生集》,不知何人所編。以各體分載合爲一卷,後有鶴年長兄淛東僉都元帥吉雅摩迪音詩九首、次兄翰林應奉阿里沙詩三首,又鶴年表兄樊川吳惟善詩五首,蓋皆後人所附入也。鶴年於詩用工極深,尤長於五七言。近體沉鬱頓挫,無元季纖靡之習。集中順帝北狩以後諸作,纏綿悱惻,不忘故君,其志尤有足悲者云。

《四庫全書總目》卷一百六十八集部二十一別集類二十一,作《丁鶴年集》。1455下

【校記】①回回人,《總目》作"色目人"。

燕石集十五卷

元宋褧撰。褧,字顯夫,大都人。泰定甲子進士。歷官翰林直學士,諡文清。褧少敏悟,博覽羣籍,與兄本後先入館閣,時人以"大、小宋"擬之。其詩務去陳言,其文溫潤完潔。首載至正八年御史臺咨浙江行中書省於有學校錢糧內刊行褧集咨呈一道,次載歐陽元、蘇天爵、許有壬、呂思誠、危素五《序》,極推重之。是編爲其姪太常奉禮郎巎編次,詩十卷,文五卷,謚議、墓誌、祭文、挽詩附於後,末有洪武中何之權、呂熒二跋。

《四庫全書總目》卷一百六十七集部二十別集類二十。1445中

龜巢集十七卷

元武進謝應芳子蘭撰。應芳性耿介,尚節義,至正初舉三衢清獻書院山長,阻兵居吳,築室松江之旁。洪武初,歸隱橫山,自號龜巢老人。其集一卷爲賦,二卷至五卷爲詩,六卷至十一卷爲雜文,十二卷爲詩餘,十三卷至十五卷又爲雜文,十六、七卷又爲詩。編次無緒,疑後人亂之,或前後二集後人併之也。其詩頗雅潔可觀,文則應酬之作較多,然其中如《上周郎中論五事啓》、《上奉使宣撫書》、《與王氏諸子書》、《上周參政正風俗書》、《上何太守書》、《上武進樊大尹書》、《與林掌論請建先賢祠書》,固皆有關於國計民生、風俗人心之作也。

《四庫全書總目》卷一百六十八集部二十一別集類二十一。1456下

集部　別集類　　　　　　　　　　　　　　　　　　　　　　　　四庫全書初次進呈存目

僑吳集十二卷

　　元鄭元祐撰。元祐，字明德，處州遂昌人。父希遠徙錢塘，元祐復寓平江。從之學者雲集，優遊吳中幾四十年，終江浙儒學提舉。元祐幼傷右臂，每左手作書，自號尚左生。崑山顧瑛爲玉山文酒之會，記序之作多所推屬。東吳碑志爭得其言以爲重。嘗自輯在吳中所作詩文，名《僑吳集》，以授謝徽而序之。今此本後有弘治丙辰張習跋語，稱元祐本有《遂昌山人集》與《僑吳集》，多繁蕪重出，因通錄之，得詩文之精純者併爲十二卷，仍名《僑吳集》，用梓以傳。據此，則其集已屬習所重訂，非元祐手編原本也。集爲文六卷、詩六卷。文頗疎宕有氣，詩亦蒼古。惟蘇大年墓志、盧熊郡志皆稱元祐以大府薦，兩爲校官，而集中《與張德常書》有"僕贊郡無補"、"蒙移檇李"之語，又似嘗爲他官。豈大年等有所諱而不書？抑元祐代人作而誤入之者耶？俱不可考矣。集[①]

　　《四庫全書總目》卷一百六十八集部二十一別集類二十一。1453 上
　　【校記】①集，此下《初目》有缺文，今無從補錄，姑仍其舊。

栲栳山人集二卷

　　元岑安卿撰。安卿，字靜能，餘姚人。所居近栲栳峰，故以自號。岑氏多以科名顯，安卿獨淪落不偶，而志行高潔不屑。自獻其詩有云"老成愧苟得，童稚羞無官"，又云"結交慎攀援"。其節操可想見矣。此集爲安卿邑人宋禧編輯，禧初名元禧，洪武間召修《元史》，曾爲安卿題像，述其生平梗概，今附載集末。

　　《四庫全書總目》卷一百六十七集部二十別集類二十。1450 下

青村遺稿一卷

　　元金涓撰。涓，字德原，義烏人。本姓劉，先世避錢武肅王鏐[①]嫌名，改姓金。受業許謙之門，復從黃溍游。宋濂、王禕皆其同學也。累辭薦辟，教授青村。著有文集四十卷，已佚，是編其六世孫魁、七世孫江蒐羅散佚，僅存什一於千百。詩格清約，雖乏縱橫排奡之才，而自諧雅度。嘗有和王禕詩一百九十韻，極爲宋濂所稱，今亦不存。

　　《四庫全書總目》卷一百六十八集部二十一別集類二十一。1455 下
　　【校記】①鏐，《初目》原作"繆"，誤。今據文淵閣《四庫全書》書前提要、《總目》改。

山窗餘稿一卷

　　元甘復撰。復，字克敬，餘干人。元季與甘彥初、張可立從張仲舉游。仲舉少許可，獨推重三人爲士林遺逸。復篇什散漫，僅存手墨於同里趙石蒲家。明成化間，石蒲之孫琥始付梓行世。顧嗣立《元詩選》載有邑人劉憲《序》，稱其詩俊逸清奇。今憲《序》不存，止存琥跋。文僅數十篇，詩十餘首，雖非完帙，然詩文清遠而簡潔，未可以殘缺廢之也。

　　《四庫全書總目》卷一百六十八集部二十一別集類二十一。1457 上

玩齋集十卷拾遺一卷

　　元貢師泰撰。師泰，字泰甫，宣城人。集賢直學士奎之子，官至戶部尚書。事迹具《元史》。師泰少承家學，繼登吳澄之門，復與虞集、揭傒斯諸人游，其學具有淵源。所著有《友

迁集》，余闕序之;《玩齋集》，黃溍序之;《東軒集》，程文序之;又有《夔夔集》、《閩南集》見於李國鳳之序。其門人謝肅、劉欽類爲一編。明天順間，寧國守會稽，沈性重加蒐輯，得詩文六百五十三首，釐爲十卷，又補遺一卷，其年譜之類別爲一卷附之，即今本也。師泰以政事著，而文章亦足凌厲一時。嘉靖中，李默作是集後跋，稱元亡，師泰實仰藥死。則師泰又以節義著矣。

《四庫全書總目》卷一百六十八集部二十一別集類二十一。1451 下

居竹軒集四卷[①]

元處士成廷珪撰。廷珪，字原常，一字元章，又字禮執，揚州人。好學工詩，居市廛，植竹庭院間，因扁其軒曰"居竹"。歿後，其故人鄔肅、劉欽蒐輯遺稿刻之。肅稱其"五言自然，不事雕劂，七言律合唐人之體"[②]。然其七言古詩亦遒麗，惟五言古詩竟無一篇，疑其佚遺，或知不擅長而不作也。

《四庫全書總目》卷一百六十八集部二十一別集類二十一。1452 下

【校記】①按：此條書口題"集部別集類"，原排在"集部詞曲類"《蕉窗蒠隱詞》下。部類明顯不符，且字體與前後條目相異，當是錯雜其間者。茲按《總目》著錄位次，移載於此。　②肅稱云云，文淵閣《四庫全書》書前提要、《總目》作"劉欽常稱廷珪"云云。按：以下所說"五言自然"等語，均見鄔肅《序》，書前提要等作劉欽語，非是。

待清遺稿二卷

元潘音撰。音，字聲甫，天台人。自宋末隱居不仕。題其居曰待清軒，學者遂稱爲待清先生。嘉靖間，其後人從敗簏中得遺稿，屬徐雲卿校定而序之。

《四庫全書總目》卷一百七十四集部二十七別集類存目一。1544 上

寶峰集二卷

元趙偕撰。偕，字子永，慈谿人。宋宗室子。入元不仕，以道學鳴于時。隱居大寶山東麓，學者稱寶峰先生。外孫顧恭編次其集，中更兵燹散失。嘉靖間，其嗣孫廣東僉事繼宗，得于楊昔濟、向純夫處，重梓行之。今所抄傳即其本也。偕學宗楊簡，詩文亦復類之。上卷多與邑令陳文昭所論治縣規條;下卷古今體詩，不免陳腐。

《四庫全書總目》卷一百七十四集部二十七別集類存目一。1543 下

水鏡集一卷

元元淮撰。又名《金囦集》。淮，字國泉，號水鏡，臨川人。至元初以軍功顯於閩，官至溧陽路總管。其詩有《擊壤集》之風，而理趣又不逮焉。

《四庫全書總目》卷一百七十四集部二十七別集類存目一。1545 下

林屋山人集一卷

元俞琰玉吾撰。琰自謂生平有讀《易》癖，寒暑不輟。今所撰惟《周易集說》一書，其他著述甚多，半佚不存。詩僅一冊，附雜文數首，率淺俗不足觀。如《題楊妃圖》一絕，又《食鰻

集部　別集類　　　　　　　　　　　　　　　　　　　　　　　　　　　　　　　　四庫全書初次進呈存目

辨》一篇，尤鄙俚之甚者。
　　《四庫全書總目》卷一百七十四集部二十七別集類存目一。1544 下

雪樓集三十卷

　　元程鉅夫撰。鉅夫名文海，以字行，號雪樓，建昌人。至元初，由宿衛轉任館閣，累官翰林學士承旨，授光祿大夫，追封楚國公。謚文憲。《元史》有傳。鉅夫宏才博學，歷事四朝，忠亮鯁直，爲時名臣。其文渾雄典雅，一洗宋季萎靡之習。累朝實錄詔制、紀功銘德之作，多出其手。所著有《玉堂集類稿》、《奏議存藁》及詩文雜著。其子大本輯錄爲四十五卷，門人揭傒斯校正之。此本併作三十卷，乃至正癸卯其曾孫潛①所重編。刊校未竟，至洪武甲戌詔取其書入秘閣，越次年乃刊成之。
　　《四庫全書總目》卷一百六十六集部十九別集類十九。1433 下
　　【校記】①潛，文淵閣《四庫全書》書前提要、浙本《總目》同，殿本《總目》作"濳"，誤。明洪武二十八年刻本有清宣統民國間陽湖陶氏涉園影印本，卷末有洪武二十八年程潛跋。

定宇集十六卷別集一卷 浙江鮑士恭家藏本

　　元陳櫟撰。櫟所作《書傳纂疏》，別著錄。是集爲其族孫嘉基所刊。凡文十五卷，詩及詩餘一卷。別集一卷，則附錄、序記、誌狀之類。櫟生朱子之鄉，亦力崇朱子之學。集中如《澄潭贊》曰："惟千載心，秋月寒水，儒釋同處，我聞朱子。"附會《齋居感興詩》句，以強合于禪，未免疵累。然集中諸文，大抵皆醇正質實，不涉異說。如《深衣考》之類，雖未必盡合古制，而援據考證，究與空談説經者有間。惟詩作"擊壤集"派，多不入格。如顧嗣立《元詩選》中所稱"笑渠拄笏看山色，容我扶筇聽水聲"、"柳枝水洒一溪月，豆子雨開千嶂烟"諸句，皆沙中金屑，不能數數遇之也。
　　《四庫全書總目》卷一百六十七集部二十別集類二十。1437 中

白雲集四卷

　　元許謙撰。謙，字益之，號白雲，婺源人。事迹具《元史》。謙受業黃榦之門，講明道學。其詩理趣之中妙含興象，五言古體尤諧雅音，非《濂洛風雅》諸作惟涉理路者比。文亦醇雅有古風。惟《與王申伯》一詩，宗旨入於莊、老，乃以冠集；跋《黃石公素書》一篇，不能知其爲僞託；而《求補儒史》一書，代人干乞，可不必編置集中，爲有道之累耳。
　　《四庫全書總目》卷一百六十六集部十九別集類十九。1432 上

仁山集四卷

　　元金履祥撰。履祥，字吉父，婺之蘭溪人。仁山其別號也。宋德祐初，以迪功郎史館編校徵不就。入元不仕，至正中賜謚文安。履祥受學於王柏，柏受學於何基，基受學於黃榦，號爲得朱子之傳。其詩乃仿佛《擊壤集》，不及朱子遠甚。王士禎《居易錄》極稱其《箕子操》一篇，然亦不工。其文《百里千乘說》、《深衣小傳》、《中國山水總說》、《次農說》諸篇，則固具有根柢。他作亦醇潔有法度，不失爲儒者之言焉。
　　《四庫全書總目》卷一百六十五集部十八別集類十八。1419 中

384

靜修集三十卷[①]

元劉因撰。因,字夢吉,容城人。至元十九年,以布呼密薦爲右贊善大夫,教宮學近侍子弟。未幾辭歸。後復以集賢學士徵,固辭不就。卒年四十有五。因早歲詩文才情馳騁,既乃自訂《丁亥詩集》五卷,盡取他文焚之。卒後門人故友哀其軼藁,得《樵庵詞集》一卷,《遺文》六卷,《遺詩》六卷,《拾遺》七卷。最後楊俊民又得《續集》二卷。其中或有因所自焚者,未可知也。房山賈彝增入《附錄》二卷,合之凡三十卷。至正中,官爲刊行。因所居齋名之曰靜修,自號雷溪真隱,又號樵庵、牧溪翁、汎翁。延祐中追封容城郡公,諡文靖。

《四庫全書總目》卷一百六十六集部十九別集類十九。1430 中

【校記】①《靜修集》三十卷,《總目》同,文淵閣《四庫全書》書前提要作《靜修集》二十五卷《續集》三卷,合計爲二十八卷。二十八卷者,包括《丁亥詩集》五卷、《樵庵詞集》一卷、《遺文》六卷、《遺詩》六卷、《拾遺》七卷、《續集》三卷。三十卷者,另加房山賈彝所增入《附錄》二卷。《附錄》二卷,文淵閣《四庫全書》未收。又,《初目》、《總目》均謂"楊俊民又得《續集》二卷",文淵閣《四庫全書》所收實爲三卷,且如爲二卷,與總數三十卷亦不合,是其著錄有誤。

芳谷集二卷

元徐明善撰。明善,字志友,德興人。芳谷其別號也。至元中嘗官隆興教授,又嘗爲行省掾告歸。集有文無詩,亦無前後序。文凡一百二十篇,頗談性理,而大致雅潔,猶爲不失矩矱。其《汪標墓銘》一首已闕,《河南廉訪使吳公墓銘》一首全佚。又《平章董士選三代贈官制》三首,乃誥命代言之詞,明善未嘗官翰林,不當有此文。考蘇天爵《元文類》載有董士選三制,其文與此正同,乃元明善作。此必編《芳谷集》者因見有明善之名,遂不加考核而誤收入之者也[①]。

《四庫全書總目》卷一百六十六集部十九別集類十九。1434 上

【校記】①按:文淵閣《四庫全書》書前提要其下尚有"今特加刪削,而併爲訂正於此焉"一句,《總目》其下作"今姑仍原本錄之,而訂其舛謬於此焉"。今查文淵閣《四庫全書》,《平章董士選三代贈官制》三首已刪去。

巴西文集一卷

元鄧文原撰。文原,字善之,綿州人,徙錢唐。至元間,辟爲杭州路儒學正,累官集賢直學士,兼國子監祭酒,贈浙江行省參知政事。諡文肅。是編錄其記序、碑誌等文七十餘首,無序目,似非全本,亦不知何人所編。近時藏書家所有皆同,則全集之佚久矣,吉光片羽亦可寶也。其文精深典雅,極爲義烏黃溍所稱云。

《四庫全書總目》卷一百六十六集部十九別集類十九。1426 中

雲林集六卷

元貢奎撰。奎,字仲章,宣城人。官集賢直學士,追封廣陵郡侯,諡文靖。李黼爲之狀,馬祖常奉敕撰碑,皆天下重望也。所著有《雲林小藁》、《聽雪齋記》、《青山漫吟》、《倦遊

集》、《豫章藁》、《上元新錄》、《南州紀行》，凡百二十卷。明永樂間徵入秘府，家無副本，惟《雲林小藁》宋濂所序者，尚存裔孫蘭家。洪熙中，三山陳巙復序而傳之，後弘治間其曾孫元禮復采諸書所載奎詩及遺文二篇，附益成編，是爲今本。詩格在虞、楊、范、揭之間，爲元人巨擘。王士禎《居易錄》論其"境地未能深造"，殆專以神韻求之歟。吳澄跋其文稿，稱其"溫然粹然，得典雅之體，視求工好奇，而卒不工不奇者，相去萬萬"。惜今不可得見矣。卷末增載《見婦人》、《偶興》二首，鄙俚穢褻，必委巷附會之語。蓋元禮不知而誤入之者也。

《四庫全書總目》卷一百六十七集部二十別集類二十。1438 上

石田集十五卷

元馬祖常撰。前五卷載詩歌、騷賦，後十卷則制詔、表牋、箴贊、章疏、序記、銘誌諸體也。祖常，字伯庸，光州人。延祐出廷試第二人。應奉翰林文字，累官樞密副使。諡文貞。祖常爲文章精贍閎麗，一洗柔曼卑冗之習，而振之以氣骨，故當時能文之士極推服之。集中詩如《都門壯游》諸作，長篇巨製，迴薄奔騰，不受羈靮，其才尤不可及。陳旅嘗稱其"古詩似漢魏，律句入盛唐，散語得西漢之體"。聞者皆以爲定評焉。至元間，蘇天爵既選其詩二十首、文二十首入《元文類》，又請於朝刊行其集，而自爲之序。其云"石田"者，以祖常所居石田山房名之也。

《四庫全書總目》卷一百六十七集部二十別集類二十。1440 上

樵雲獨唱六卷

元葉顒撰。顒，字景南，金華人。志行高潔。結廬城山東隅，名其地曰雲顒，自號雲顒天民。《自序》所作詩以爲"薪桂老而雲山高寒，音調古而巖谷絕響"，故名曰《樵雲獨唱》。序凡二篇①，皆題至正甲午。而集中多載入明詩，第二篇乃明興後語，疑年月誤也。其詩寫閒適之懷，頗有流於頹唐者。而胸次超然，殊有自得之趣，固不必以繩削求也。考顒生於大德庚子，至洪武元年戊申，年已六十有九。又洪武六年七十五歲誕日，詩尚純作林泉語，則入明始終未出。或謂其登洪武中進士，官行人司副，恐不足據。又《震澤編》有東山葉顒，以鄉貢爲和靖書院山長；登科錄建文庚辰榜有葉顒，亦金華人。則皆同姓名者耳。

《四庫全書總目》卷一百六十八集部二十一別集類二十一。1457 下

【校記】①序凡二篇，文淵閣《四庫全書》書前提要、《總目》同。按：文淵閣《四庫全書》實存序一篇，題"至正甲午重九前四日雲顒天民景南葉顒序"。民國十三年永康胡氏夢選廔刻《續金華叢書》本有序二篇，一篇已見《四庫全書》本，另一篇題"至正甲午十一月既望雲顒天民序於城山西隱之牧心齋"。

知非堂稿六卷

元何中撰。中，字太虛，臨川人。至大初攜所著書來京師，公卿列薦之，命未下而歸。茲編乃其古近體詩，前有中《自序》，稱有《知非堂稿》十七卷，《外稿》十六卷。顧嗣立《元詩選》載《知非堂稿》十七卷，與《自序》合。王士正《居易錄》作十六卷，亦與《自序》《外稿》合。此集止六卷，似非完書。然嗣立之所錄與士正之所稱已均在焉，未之詳也。中《自序》載所著尚有《易類象》三卷①、《書傳補遺》十卷、《通鑑綱目測海》三卷、《通書問》一卷、《吳才老叶

韻補遺》[2]一卷、《六書綱領》一卷、《補六書故》三十二卷、《蘇邱述游錄》一卷、《揩頤錄》十卷等書，今皆不傳。

《四庫全書總目》卷一百六十七集部二十別集類二十。1438 上

【校記】①《易類象》三卷，文淵閣《四庫全書》書前提要、《總目》同。何中《知非堂稿》《四庫全書》本、清抄本卷首《自序》均作二卷。　②《吳才老叶韻補遺》，文淵閣《四庫全書》書前提要、《總目》同。何中《知非堂稿》《四庫全書》本、清抄本卷首《自序》均作《吳才老叶韻補疑》。

檜亭集九卷

元丁復撰。復，字仲容，天台人。延祐初，被薦不就，放情詩酒，浪跡江淮間，遂家金陵。平生所作不下數千篇，脫藁即棄去，故散佚不少。其婿饒介之及門人李謹之先後蒐輯，介之所編稱《前集》，謹之所編稱《續集》。其合爲九卷，則至正十年南臺監察御史張惟遠也。復詩不事雕琢，自然超逸。前有中山李桓、永嘉李孝光、臨川危素、上元楊翮四《序》。桓稱其詩初類太白，後乃漸變，將自爲一家，獨得其寔云。

《四庫全書總目》卷一百六十七集部二十別集類二十。1442 上

楊仲宏集八卷

元楊載撰。載，字仲宏，浦城人。延祐二年進士。授饒州路同知浮梁州事，遷寧國路總管府推官。載與虞集、范梈齊名，而集亦載酒詣載問詩法，切磋甚至。史稱其"文章一以氣爲主"，"而於詩尤有法度"，"自其詩出，一洗宋季之陋"云。

《四庫全書總目》卷一百六十七集部二十別集類二十。1441 上

黃文獻集十卷

元黃溍撰。溍，字晉卿，婺州義烏人。延祐中進士。以馬祖常薦，入應奉翰林文字，官至侍講學士、同知經筵事，贈江西行省參知政事，追封江夏郡公。諡文獻。溍與同郡柳貫及虞集、揭徯斯稱"儒林四傑"。爲文原本經術，應繩引墨，動中法度。學者承其指授，多有所成就。宋濂、王禕爲明一代文宗，皆溍有以啓之也。濂《序》稱所著《日損齋稿》二十五卷，溍沒後，縣尹胡惟信鋟梓以傳。又有危素所編本爲二十三卷。此本題曰"虞守愚、張儉同校"，爲詩二卷，文八卷，共止十卷。每卷篇番甚多，蓋即守愚等併省其卷數而重刊之者。今仍依其目，而於七、八、九、十四卷內各析爲上下卷，以便繙檢焉。

《四庫全書總目》卷一百六十七集部二十別集類二十。1443 上

淵穎集十二卷

元吳萊撰。萊，字立夫，浦陽人。集賢大學士直方之子，七歲善屬文，長益窮諸書奧旨。延祐中以《春秋》舉，上禮部試不利，退居深褭山中，著書至十餘種。御史薦長薌書院山長，未上，卒。年四十有四。門人私諡淵穎先生。萊於黃溍、柳貫輩行稍後，然溍等皆推服之，以爲所作不減秦、漢。金華宋濂出其門，有明一代之文，萊寔啓之。遺藁甚夥，濂爲摘其有關學術論議之大者編爲斯本，青田劉基序之。碑文、諡議一卷，別爲附錄。

集部　別集類　　　　　　　　　　　　　　　　　　　　　　　　　　　四庫全書初次進呈存目

《四庫全書總目》卷一百六十七集部二十別集類二十。1442下

滋溪文稿三十卷

元蘇天爵撰。天爵，字伯修，真定人。由國子學生試名第一，釋褐，官至吏部尚書，參議中書省事。《元史》本傳謂天爵"身任一代文獻之寄，討論講辨，雖老不倦"。其爲文長於序事，平易溫厚，成一家言。學者因其所居稱之爲滋溪先生。生平著作甚多，茲集乃元進士永嘉高明臨川葛元哲所類次，趙汸序之。

《四庫全書總目》卷一百六十七集部二十別集類二十。1447中

禮部集二十卷

元吳師道撰。師道，字正傳，婺州蘭溪人。至治元年進士。少與許謙從金履祥游，講明朱子之學，故其學問文章得有統緒。仕至國子博士。張樞撰《墓表》，杜本撰《墓誌》，皆稱致仕後授奉議大夫禮部郎中。而宋濂所作《墓碑》則稱以禮部郎中致仕，《元史》本傳亦同。蓋《元史》即濂所撰，故與碑合。然樞與本皆師道舊友，不應有悞，濂記錄未真也。此集本名《蘭陰山房類稿》，今題曰《禮部》，蓋後人以所進之官稱之。師道著述甚富，尚有《易雜説》二卷、《書雜説》六卷、《詩雜説》二卷、《春秋胡氏傳附正》十二卷、《戰國策校注》十卷、《絳守居園池記校注》一卷、《敬鄉錄》二十三卷，今多散佚。惟《戰國策注》、《敬鄉錄》行於世。此集詩九卷，文十一卷，乃王士正從徐秉義抄傳之，蓋僅存焉。

《四庫全書總目》卷一百六十七集部二十別集類二十。1444下

雲峰集十卷

元胡炳文撰。集本二十卷，已佚。此雜著八卷，附錄二卷，明弘治己酉，其七世孫用光、八世孫濬所裒輯，而汪舜民爲之編次者也。炳文，字仲虎，自號雲峰，婺源人。謚文通。平生篤信朱子之學，以《易》名家，尤潛心於《四書》。所著《周易本義通釋》、《四書通》，皆恪守成説，不逾尺寸。其文醇雅近古，亦粹然儒者之言云。

《四庫全書總目》卷一百六十六集部十九別集類十九。1433上

湛然居士集十四卷

元耶律楚材撰。楚材，字晉卿，遼東丹王八世孫。事跡具《元史》。耶律又作移剌，蓋譯語之訛，焦竑《經籍志》以爲兩人，非也。是集所載詩爲多，惟第八卷、第十三、十四卷稍以書序、碑記錯雜其中。史稱其旁通天文、地理、術數及二氏、醫卜之説，宜其多有發揮。而文止於斯，不敵詩之三四，知其必有佚遺也。今編詩十二卷，文二卷，俾稍有次序，仍符卷數之舊云。

《四庫全書總目》卷一百六十六集部十九別集類十九。1421下

安雅堂集十三卷

元莆田陳旅眾仲撰。旅幼孤力學，以薦爲閩海儒學官。中丞馬祖常亟稱之，後以趙世延薦除國子助教，遷監丞。史稱"其文典雅峻潔，必求合於古作者，不徒徇世好而已"。此本乃

其子所編，前有至正九年翰林修撰張翥及至正十一年林泉生《序》。

《四庫全書總目》卷一百六十七集部二十別集類二十。1446 中

桂隱文集四卷

元處士劉詵撰。詵，字桂翁，廬陵人。生於宋末，猶及見諸遺老，學爲賦論。入元又從事進士科，肆力於名物、度數、注牋、訓釋之學。十年不第，乃爲古學。學歐陽修之文，屢以館職、遺逸薦，皆不報。歿後賜謚文敏。此集爲其門人羅如箎所編，有虞集、歐陽元二《序》。元《序》稱其文温柔敦厚似歐，明辨雄雋似蘇。至論其妙，非相師，非不相師。又稱其尤長於詩，詩尤長於五言古體短篇，皆公論也。又有羅如箎跋，稱先刻其詩十四卷，今本乃止四卷，豈有佚遺耶？或傳寫衍一"十"字也。

《四庫全書總目》卷一百六十六集部十九別集類十九，作《桂隱文集》四卷《詩集》四卷。1425 下

夷白齋稿三十五卷外集一卷

元陳基著。基，字敬初，臨海人。元季從其師黃溍至京師，授經筵檢討。嘗爲人草諫章，幾獲罪，引避歸。張士誠據吳，引爲學士，書檄多出其手。明興，太祖召入，與修《元史》，賜金而還。寓舍有夷白齋，故以名其稿。《内集》詩十一卷、文二十四卷，《外集》詩文合一卷，大抵皆元世所作。基能傳溍之學，故所爲詩文馳騁操縱，而有雍容紆餘氣象。其同門友戴良作序極稱之。

《四庫全書總目》卷一百六十八集部二十一別集類二十一。1462 下

梧溪集七卷

元王逢撰。逢，字原吉，自號席帽山人，江陰人。當至正間，被薦不就，避地吳淞江，築室上海之烏涇。適張氏據吳，東南之士咸爲之用，逢獨高蹈遠引。及洪武初，徵召甚迫，又以老疾辭。逢少學詩於陳漢卿，得虞集之傳，才氣宏敞而不失謹嚴。集中載宋元之際忠孝節義之事甚備。每作小序以標其崖略，足補史傳所未及，蓋其微意所寓也。是書①傳本差稀，王士禎屬其鄉人楊名時訪得明末江陰老儒周榮起手錄本，乃盛傳於世。榮起，號硯農，究心六書，毛晉汲古閣刊板，多其所校云。

《四庫全書總目》卷一百六十八集部二十一別集類二十一。1457 中

【校記】①是書，文淵閣《四庫全書》書前提要同，《總目》作"是詩"，非是。其書卷六爲雜文，卷七有雜文、有詩。

靜春堂集四卷

元袁易撰。易，字通甫，長洲人。不求仕進。爲石洞書院山長，罷歸，居吳淞具區之間，築堂名曰靜春。聚書萬卷，手自校定。是集乃易歿之後屬其子泰所編。延祐四年，龔璛爲之序，推之甚至。然以王安石擬之，殊不相類。卷末有屬鶚跋，擬以黃、陳，亦未盡然。易詩吐言天拔，於陳與義爲近，與黃庭堅、陳師道則門徑各別者也。有元作者，綺繢居多，易詩雖所傳不多，風骨遒上，亦足以雄視一時矣。

《四庫全書總目》卷一百六十七集部二十別集類二十。1439 上

養蒙集十卷

元張伯淳撰。伯醇，字師道，嘉興崇德人。宋末舉童子科，入元仕至翰林侍講學士。虞集序其集，述其生平甚悉，以漢賈誼比之。鄧文原序至擬之以陸贄。然所稱論事數十條者，今不可考。其文則源出韓愈，多謹嚴峭健，得立言之體，惟冊詔駢詞及詩尚不出宋格耳。王士正《居易錄》槩以膚淺詆之，非公論也。此集爲其子采所編刊，板久佚，輾轉傳抄，殘缺頗甚。此本凡文六卷，詩三卷，詞一卷，乃錢塘厲鶚鈔自繡谷吳氏者。鶚頗爲校正，然脫簡弗能補矣。

《四庫全書總目》卷一百六十六集部十九別集類十九。1425 上

秋澗集一百卷

元王惲撰。惲，字仲謀，汲縣人。元世祖時，官翰林學士承旨。事迹具載《元史》。惲文章自謂學於元好問，故其波瀾意度皆不失前人矩矱。詩篇筆力堅渾，亦能嗣響遺山。史稱惲有才幹，集中關係政治諸作尤爲疏達詳明，瞭如指掌。凡詩文七十七卷。又《承華事略》二卷，乃裕宗在東宮時所撰以進者。裕宗甚喜其書，令諸皇孫傳觀焉。《中堂事紀》三卷，載中統元年九月在燕京隨中書省官赴開平議事，至明年九月復回燕京之事。於時政綴錄極詳，可補史闕。《烏臺筆補》十卷，乃爲監察御史時所輯御史臺故事。《玉堂嘉話》八卷，則於至元戊子所作，乃追記在翰林日所聞見者。凡文章得失，典制沿革，皆彙而錄之，甚稱精核。所論遼、金不當爲載記之說，尤爲平允，即當時所取以作《遼》、《金史》者也。

《四庫全書總目》卷一百六十六集部十九別集類十九。1433 上

待制集二十卷

元柳貫撰。貫，字道傳，浦江人。大德間爲江山教諭，官至翰林待制。貫少受經於金履祥，復從方鳳、吳思齊諸人游，爲文原本經術，擇而後語，故精湛閎肆，卓然成爲大家。程鉅夫嘗許以文章正印，陳旅亦稱其龐巍隆凝，爲天歷以來海內所宗。所著有《西漚》、《容臺》、《鍾陵》、《蜀山》諸稿。其歿後，門人宋濂、戴良擇其尤雅者次爲是集，凡古今體詩五百六十七首、雜文二百九十四首。余闕爲之序，濂爲後記云。

《四庫全書總目》卷一百六十七集部二十別集類二十。1443 中

傅與礪詩文集二十卷[①]

元傅若金撰。若金，字汝礪，改字與礪，江西新喻人。幼力學，爲同郡范梈所知，得其詩法。虞集、宋褧以異材薦之臺省，館閣交稱無異辭，佐使安南。歸除廣州文學教授。所著詩集有《南征藁》、《使還新稿》、《牛鐸音》等編，范、虞諸人皆嘗爲之序。至正間，其弟若川彙鋟之，名曰《清江集》。至明洪武中，又刻其文集十一卷，附錄一卷。今詩文總爲一編[②]不知何時所併[③]。若金當元極盛之時，親承宿老指授，故其詩極有軌度。王士禛《居易錄》稱其"歌行得老杜一鱗片甲，七律亦有格調"，蓋非濫許。其文亦和平雅正，無棘吻螯舌之音。雖不能雄視詞壇，然亦可以劘諸家之壘矣。

《四庫全書總目》卷一百六十七集部二十別集類二十。1446 中

【校記】①按：元傅若金撰《傅與礪詩文集》至題元歐陽起鳴撰《論範》共二十條，原在宋傅察撰《忠肅集》之下，前後朝代錯亂，今移至此處。　②一編，《初目》原無"一"字，今據文淵閣《四庫全書》書前提要、《總目》補。　③不知何時所併，《初目》原作"不知知何時所併"，重一"知"字，今據《總目》刪。又文淵閣《四庫全書》書前提要此句與《初目》同，《總目》作"不知何人所併也"。

北郭集六卷

元許恕撰。恕，字如心，江陰人。博學能文，至正中，薦授澄江書院山長。是集其子禮部主事節所輯。范餘慶跋稱其後張簡編爲七卷，今考定原本爲六卷。是今本六卷乃其原數。特補遺四首，不知何時編入耳。顧嗣立《元詩選》云十卷，恐誤也。其詩思深旨遠，多感時之作。

《四庫全書總目》卷一百六十八集部二十一別集類二十一。1455 上

雲陽集十卷

元李祁撰。祁，字一初，茶陵人。舉元統元年左榜第二人進士。應奉翰林文字，授婺源州同知，遷江浙副提舉，歸隱永新山中。元亡，自稱不二心老人，力辭徵辟，年七十餘乃卒。祁爲詩沖融和平，自合節族，文筆亦雅潔有法。早登科第，與余闕爲同年友，後闕死節，而祁獨轉側兵戈間。嘗爲闕序《青陽集》，以不得乘一障效死如廷心爲恨。又稱"世之貪生畏死，甘就屈辱，靦然以面目視人者，斯文之喪，益①掃地盡矣"。蓋其生平立志如此，故集中詩文類多兵後所作，而惓惓故國，每飯不忘，卒皭然無所屈降，其大節有足稱也。初，祁在永新，爲總制俞茂②所禮重。歿後，茂爲刻其遺集十卷。至弘治間，其五世從孫東陽搜輯佚稿，屬吉安守顧天錫重鋟行之。康熙間，嶺南釋大汕復刪爲四卷，棄取未當，自不若原本之詳善也。

《四庫全書總目》卷一百六十八集部二十一別集類二十一。1458 下

【校記】①益，文淵閣《四庫全書》書前提要、《總目》同。按：此爲李祁《青陽先生文集序》，見《雲陽集》卷三。《四庫全書》本、國家圖書館藏清抄本《雲陽集》均作"蓋"。《四部叢刊續編》景明本余闕《青陽先生文集》卷首李祁《青陽先生文集序》，同樣寫作"蓋"。"蓋"與"益"形近，《初目》等誤抄。　②俞茂，《總目》作"俞子茂"，文淵閣《四庫全書》書前提要作"李子茂"。俞子茂即俞茂，明程敏政撰《新安文獻志先賢事略》上略云："俞子茂（茂），一名榮，休寧溪西人。早歲讀書授徒，通兵法。……（入國朝）授武德將軍，守禦永新，正千户。茂修城池，興廟學，刻陳定宇《三傳通略》、李一初《文集》以示學者。"明凌迪知撰《萬姓統譜》卷十二有《俞茂傳》，所記事略同《新安文獻志先賢事略》。是俞子茂即俞茂，書前提要作"李子茂"則誤。

傲軒吟稿一卷

元胡天游撰。天游，名乘龍，以字行，號松竹主人，又號傲軒，岳之平江人。當元季之亂，隱居不仕。邑人艾科爲作傳，稱其七歲能詩，已具作者風力，名籍籍①一世，視伯生、子昂，不輸一籌。其著作兵燹之餘，僅存什一。雖悲壯激烈，微有傷於粗豪。而發乎情，止乎禮義，身

處末季,惓惓然想見太平,猶有詩人之遺焉。科以爲"使天假其年,遇明太祖,必爲劉基、宋濂",恐未必然也。集中《陌上花詩小序》,誤以錢鏐爲梁元帝,蓋興酣落筆,記憶偶踈。庾信"桂華"之語,誤讀《漢書》;王維"垂楊"之句,訛解《莊子》。論古人者正不在尋章摘句間耳。

《四庫全書總目》卷一百六十八集部二十一別集類二十一。1454 上

【校記】①籍籍,《總目》同,文淵閣《四庫全書》書前提要作"藉藉",義同,均謂聲名顯著。

蘭雪集一卷

元松陽女子張玉孃撰。玉孃明慧知書,少許字沈佺。既而父母有違言,玉孃不從。適佺屬疾,玉孃折簡貽佺,以死自誓。佺卒,玉孃遂以憂死。葉子奇《草木子》深以通問爲非。至嘉靖中,邑人王詔得其遺詩於《道藏》中,乃爲作傳,以表其事,而引無鹽、孟光爲比。要其失禮之愆,自不可掩,而其志則可哀已。詩格淺弱,不出閨閣之態。卷首題張獻集錄,蓋玉孃之族孫也。

《四庫全書總目》卷一百七十四集部二十七別集類存目一。1548 中

黃楊集三卷補遺一卷

元無錫華幼武彥清撰。幼武篤于孝友,不樂仕進,搆春草堂以奉母。凡力可以娛其親者,無不爲之。性好吟詠。友人陳方題其集曰《黃楊》。蓋謂其愛詩甚篤,而奪於多事,故勉其無厄於閏。詩殊淺易,俞貞木以爲"句不苟造,章不漫成",殆不免溢美云。

《四庫全書總目》卷一百七十四集部二十七別集類存目一。1547 上

書林外集七卷

元鄞人袁士元彥章撰。士元即珙之父,以孝行稱,以薦授縣學教諭。尋擢翰林國史院檢閱官,不赴。其詩危素序之,稱其清麗可喜。然往往粗淺多累句,如《壽呂瀛海詩》云:"我方而立足先弱,公到者稀鬐未蒼①。"又其甚者也。

《四庫全書總目》卷一百七十四集部二十七別集類存目一。1546 下

【校記】①公到者稀鬐未蒼,《總目》作"公到古稀鬢未蒼"。"鬐"與"鬢"同。者稀,《總目》作"古稀",則非是。《書林外集》今有明正統刻本,此詩見卷四,句作"公到者稀顏未蒼"。可見《初目》不誤。《總目》作"古稀"者,或以"者稀"少見而以爲"者"是誤字,或以"者"、"古"形近而誤認"者"字。《總目》提要與《初目》基本相同,頗疑《總目》編者並未核對原書,僅據《初目》抄錄而已,因有此誤。"者稀"之"者",有"這般"之意。又,《初目》、《總目》作"鬐(鬢)未蒼",查袁士元此詩原作"顏未蒼"。施閏章《學餘堂詩集》卷四十《阮懷攜酒饌就發若客館夜集》詩云:"邸舍曲坐如山堂,怪君別久顏未蒼。"是自有"顏未蒼"之說。《初目》等引用有誤。

漢泉集十卷①

元曹伯啓撰。伯啓,字士開,碭山人。官至御史中丞,分司陝西,諡文貞。其前九卷詩,第十卷皆樂府。語多質直,未爲名家。曹鑑神道碑稱所著詩文名《漢泉漫稿》,今本乃其子

江南御史臺管勾復亨類集,有詩無文。末有《後錄》一卷。

《四庫全書總目》卷一百六十六集部十九別集類十九。1434 上

【校記】①《漢泉集》十卷,《總目》作《曹文貞詩集》十卷《後錄》一卷,文淵閣《四庫全書》作《曹文貞公詩集》十卷《後錄》一卷。

清江碧嶂集一卷

元杜本撰。本,字伯原,清江人。父謙,在文天祥幕中,嘗毀家以佐軍。本博學,善屬文。吳越歲饑,本上救荒策。江浙行省丞相布呼密用其言,米價頓平,遂薦於武宗。召至京。已而去,居武夷山。文宗即位,以幣徵,不就,學者稱爲清碧先生。嘗輯宋遺民《谷音》一卷,今傳於世,而所自作詩乃粗淺不入格。顧嗣立選元詩,譏其多應酬俚近之作,非苛論也。

《四庫全書總目》卷一百七十四集部二十七別集類存目一。1545 中

佩玉齋類稿十二卷

元楊翮撰。翮,字文舉,上元人。父剛中,大德間翰林待制,著《霜月集》,今不傳。翮初爲江浙行省掾,至正中,官休寧主簿,歷江浙儒學提舉,遷太常博士。所作詩集,顧嗣立《元詩選》取之,是編其文集也。虞集、陳旅、吳復興、楊維楨四《序》,皆盛相推許。然其文間雜排偶,不能戛戛單行,流易有餘,精深渾厚則未也。

《四庫全書總目》卷一百六十八集部二十一別集類二十一。1459 中

襄陽遺集一卷

元嘉興范明泰輯。宋米芾之遺文也。芾以書畫名世,其詩文本無專集,明泰蒐采各書,裒爲此編,用力亦勤。然如倒書《心經》咒語一則,本佛書舊文,非芾所撰,亦登簡牘,則乖剌之甚矣。

《四庫全書總目》卷一百七十四集部二十七別集類存目一。1538 下

存復齋集十卷

元朱德潤撰。德潤,字澤民,睢陽人,著籍吳中。善屬文,工書畫。延祐末,以薦授翰林應奉文字,兼國史院編修官。尋授鎮東行省儒學提舉。召見,獻《雪獵賦》稱旨。時集善書者以金泥寫梵書,德潤實綜其事。後移疾歸。至正間,起爲江浙行中書省照磨官,參軍事,定杭、湖二郡,攝守長興。集有虞集題詞、黃溍《序》,皆見微詞。惟合沙俞焯《序》稱其文理到而辭不凡,差得其實。詩則膚淺少深致,蓋非所長。

《四庫全書總目》卷一百七十四集部二十七別集類存目一。1546 下

松鄉文集十卷

元任士林撰。士林,字叔實,號松鄉,奉化人。以郝天挺薦,授安定書院山長。制行端實,文詞淳雅。趙孟頫見其《蘭芎山寺碑文》,甚推許之,後誌其墓。杜本亦稱其《謝翱傳》、《胡烈婦傳》,能使秉彝好德之心千載著明。是集所錄,碑志居多。然其文學韓愈而未就,多故爲拗澀之句,而實無深理,又間雜偶句,爲例不純。其《自然道士傳》、《正一先生傳》、《壽

光先生傳》,又剿襲《毛穎傳》而爲之,益卑俗矣。
《四庫全書總目》卷一百六十六集部十九別集類十九。1427 下

淮陽集一卷附錄詩餘一卷

元張宏範撰。宏範,字仲疇,河內人。事跡具《元史》。淮陽,其封爵號也。是集爲其里人金臺王氏所刊,其曾孫江南諸道行御史臺監察御史旭重刊。明正德中,公安知縣周鉞又重刊之。前有鄧光薦、許從宣二《序》,末有鉞跋。宏範生於元初,頗染宋末江湖集派,其詩流連光景而未能比興深微,佳者不過"中酒未醒過似病,搜詩不得勝如愁"之類而已。
《四庫全書總目》卷一百六十六集部十九別集類十九。1422 中

藏春集四卷

元劉秉忠撰。秉忠,字仲晦,邢州人。事蹟具《元史》。史稱有集十卷,此本僅存七言律詩三卷,樂府一卷①,已非完書。其詩頗染宋季江湖之派,又兼有《擊壤集》體。如小詩中"鳴鳩喚住西山雨,桑葉如雲麥始花"者,不多見也。前有至正丁亥閻復《序》,亦稱"裁雲縫月之章,陽春白雪之曲,乃其餘事",史乃謂其詩"蕭散閒淡,類其爲人",似非篤論矣。
《四庫全書總目》卷一百六十六集部十九別集類十九,作六卷。1422 上
【校記】①此本僅存七言律詩三卷,樂府一卷,文淵閣《四庫全書》書前提要、《總目》作六卷,提要云:"今此本祇六卷,乃明處州知府馬偉所刊。前五卷爲各體詩,末一卷附錄誥敕誌文行狀,而不及所著雜文。"

江月松風集十二卷

元錢惟善撰。惟善,字思復,錢唐人。領至正鄉薦。官至副提舉。張士誠據吳,退隱吳江之筒川,又移居華亭。明洪武初卒。惟善應鄉試題曰《羅刹江賦》,鎖院三千人,不知出處。獨惟善引枚乘《七發》,證錢唐之曲江即羅刹江,大爲主司所稱。由是知名,號曲江居士,又自號心白道人。是集皆古今體詩,前有陳旅《序》,稱其"妥適清蒨,娓娓乎有唐之流風"。又有至元五年淳安夏溥《序》,以宋末四靈爲晚唐人,紕繆殊甚。
《四庫全書總目》卷一百六十八集部二十一別集類二十一。1456 中

山林清氣集一卷續集一卷

元釋德淨撰。德淨,字如鏡,錢塘人。在泰定、天歷間,嘗與仇遠、馮子振、白珽諸人遊。其詩皆五七律,無古體一篇,又《續集》僅詩七十六首,而詠物者至五十三首。格調淺薄,亦緇流之喜於噉名者。末有《附集》一卷,皆同時諸人酬贈之作。前有三山王都中題五言律詩一首。又一首署"蒙古作",亦和王韻,蓋即集中所稱"錢蒙古松壑僉事"也。
《四庫全書總目》卷一百七十四集部二十七別集類存目一。1545 下

南湖集七卷

元貢性之撰。性之,字友初,宣城人。元季爲閩省理官。明初隱於浙之山陰,更名悅。其從弟仕於朝,迎歸金陵、宣城,俱不往,遂卒於越。門人私謚貞晦先生。世家於宣城之南

湖,故以南湖名集。其詩古體未能成家,近體頗流逸,然格亦不高,以其人而重之耳。

《四庫全書總目》卷一百六十八集部二十一别集類二十一。1459 上

啽囈集一卷

元宋无撰。此集皆詠宋事,於《翠寒集》、《鯨背吟》外别行。每篇先敍始末,而斷以七言絶句一章。詠史之作肇於班固,厥後詞人間作,往往一唱三歎,托意於語言之外。至周曇作《詠史詩》二卷,詞旨淺近,古法遂微。无此詩格意差勝於曇,然終不免於以論爲詩之目也。

《四庫全書總目》卷一百七十四集部二十七别集類存目一。1546 下

論範二卷

題元進士歐陽起鳴撰。起鳴不知何許人。其書雜取經史諸子之語爲題,各繫以論,而史事爲多,共六十篇。所見多乖謬,不足採錄。

《四庫全書總目》卷一百七十四集部二十七别集類存目一。1546 下

半軒集十四卷

明王行撰。行,字熙仲,吳縣人。元末授徒吳門。洪武初,有司延爲學校師。後館涼國公藍玉家。玉薦之太祖,得召見。玉誅,行亦坐死。行與高啓同居北郭,詩文並稱於時,爲北郭十子之一。其文根柢經術,詩亦與高啓相頡頏。

《四庫全書總目》卷一百六十九集部二十二别集類二十二。1473 中

胡仲子集十卷

明胡翰撰。翰,字仲申,金華人。入明爲衢州府教授,學者稱長山先生。翰少從吳師道及吳萊學,爲古文,復登同邑許謙之門。其文章多見經濟大略,又嘗與修《元史·五行志》,序論乃其所撰。今見集中《犧尊辨》、《宗法論》諸篇,頗邃經術。同時黃溍、柳貫以文章名,天下見翰文輒推服之。集凡文九卷,韻語一卷,乃洪武十四年其門人劉剛及浦陽王懋溫所編次付梓者也。今僅存抄本。

《四庫全書總目》卷一百六十九集部二十二别集類二十二。1469 上

荆川集十二卷

明唐順之撰。順之,字應德,一字義修,武進人。嘉靖己丑進士,歷官右僉都御史,巡撫淮陽。天啓中追諡襄文。《明史》有傳。順之學問淵博,自天文、地理、樂律、兵法以至勾股、壬奇之術,無所不通。晚而受任禦倭,勤事以死,可謂有志於功業者[①]。所爲文洸汪浩瀚,議論醇實,多有體有用之言,詩律亦皆清整典麗。始與晉江王慎中論文不合,後乃舍所學而從之,集中與慎中書云:"近來將四十年前伎倆頭頭放捨,四十年前見解種種抹殺,始得見些影子。"其語雖涉講學人氣習,然晚年得力之處亦槩可見矣。集爲無錫安如石所編刻,而慎中序之,傾許至之。今所傳本則嘉靖癸丑衢州葉氏所重刊也。

《四庫全書總目》卷一百七十二集部二十五别集類二十五。1505 下

【校記】①晚而受任禦倭,勤事以死,可謂有志於功業者,《薈要提要》同,文淵閣《四庫全

集部　別集類　　　　　　　　　　　　　　　　　　　　　　　　　　　　　　四庫全書初次進呈存目

書》書前提要、《總目》作："雖晚年再出當禦倭之任，不能大有所樹立，其究也仍以文章傳。"評價不同。

備忘集十卷

明南京右都御史海瑞撰。按《明史·藝文志》載海瑞文集七卷，今海南所行本與邱濬合刻者止六卷。是編載瑞所行條式、申參之文，較爲全備。國朝康熙間，其六代孫廷芳編次付梓，有跋云："共一十二卷，分爲十冊。"今書至十卷而止，每卷自爲一冊，每冊前各具目錄，又似非缺軼，未喻其故。瑞之所長不在文藝，而在施設興革諸條，故以"備忘"名①。

《四庫全書總目》卷一百七十二集部二十五別集類二十五。1509下

【校記】①按：《初目》此下原有"土苴矣。象晉，字藎臣，山東新城人。萬歷甲辰進士。官至浙江右布政使。王士正之祖也"一段文字，另起一頁。此爲明王象晉《羣芳譜》提要中語，《初目》錯錄於此。今將此段文字另立"羣芳譜"一條目，按《總目》順序排列。

白蘇齋類集二十二卷①

明袁宗道撰。宗道，字伯修，號石浦，公安人。萬歷丙戌進士。歷官庶子，贈禮部侍郎。嘗與陶望齡、黃輝諸人講學於京師之蒲桃林。爲文自鬮性靈，頗傷纖巧。論明詩派別者，於三袁蓋有遺議焉。三袁者，宗道及弟宏道、中道也。

【校記】①按：此書《總目》不載，《四庫全書》未收錄。本書後來遭到了禁毀，乾隆五十五年五月初七日浙江巡撫琅玕奏查繳違礙書籍情形摺，所附清單列有此書（《纂修四庫全書檔案》一三五〇）。

水天閣集十三卷①

明陶望齡撰。望齡，字周望，會稽人。萬歷己丑進士。歷官國子監祭酒。以母老乞養，卒。諡文簡。所著詩文，其門下士喬時敏等刻之。望齡在詞垣，日與同官焦竑、袁宗道、黃輝講性命之學。然晚耽禪悅，故其說多出入釋氏焉，其祭②李贄文見一斑矣。集尾附《明功臣傳草》一冊，蓋史館未成之本，後人存之者也。

【校記】①按：陶望齡文集《總目》未著錄。今存陶望齡文集有兩種版本，明萬曆喬時敏等刻《歇庵集》二十卷，有陶奭齡等撰《附錄》三卷，收入《續修四庫全書》。另一種爲明天啓七年陶履中刻《陶文簡公集》十三卷，收入《四庫禁燬書叢刊》。《兩淮商人馬裕家呈送書目》著錄《水天閣集》十三卷《功臣傳》一卷，四本。乾隆年間其書被列爲禁書。

②祭，《初目》原作"蔡"，誤。天啓刻本《陶文簡公集》卷九有《祭李卓吾先生》，今據改。

篁墩集九十三卷

明程敏政撰。敏政，字克勤。成化丙戌進士第二。歷官禮部右侍郎。篁墩，所居地名也。敏政學問淹通，詩文皆具見根柢，非遊談無根者比。雖意見間有偏駁，如《奏考正祀典》欲黜鄭康成祀於其鄉，論"五祀"欲以"竈"易"行"之類，皆於義未允。然其他考證及議論之文，類多精博。

《四庫全書總目》卷一百七十一集部二十四別集類二十四。1491 下

空同集六十六卷

明李夢陽撰。夢陽,字獻吉。弘治癸丑進士。以奏劾劉瑾致仕,起江西提學副使。事詳《明史》本傳。夢陽以氣節著名當時,而才力雄傑,以復古自命,大變一代之文體,一時文士翕然從之。平心以論,其詩雄瀾富健,寔足以籠罩當時;而摹杜大過,流弊至於剽竊,亦間有之,所謂利鈍互見者也。其文則徒為聲牙,略無真氣。明人以詩文並推,已非篤論。而學其詩者,又久而沿為窠臼,金玉其外,敗絮其中。遂併其詩其文,均為後人所詬厲。殆亦推崇過當,有以激而致之歟。

《四庫全書總目》卷一百七十一集部二十四別集類二十四。1497 上

文肅集二十三卷

明趙貞吉撰。貞吉,字孟靜,內江人。嘉靖乙未進士。歷官文淵閣大學士,與高拱相忤,告歸。卒,贈少保,諡文肅。是集凡詩六卷,文十七卷。貞吉學以釋氏為宗。姜寶為之序,曰:"今世論學者多陰采二氏之微妙,而陽諱其名。公於此能言之,敢言之,又訟言之,昌言之,而不少避忌。蓋其所見真,所論當,人固莫得而訾議也。"其持論可謂悍矣。

《四庫全書總目》卷一百七十七集部三十別集類存目四。1589 中

被褐先生稿十七卷

明無錫華善述仲達撰。末一卷為雜文,餘皆詩也。善述與王世貞同時,所著篇什甚多,不事持擇。世貞為作序,云其詩"或並比興而忘之,大概不可為典要"。其譏之深矣。

《四庫全書總目》卷一百七十八集部三十一別集類存目五。1604 下

魯望集十二卷

明袁尊尼撰。尊尼,字魯望,吳縣人。僉事褧之子。嘉靖乙丑進士。官至山東提學副使。是集純為七子之體,故王世貞《序》極稱之。

《四庫全書總目》卷一百七十八集部三十一別集類存目五。1603 上

容臺文集九卷詩集四卷別集四卷

明董其昌撰。其昌,字元宰,華亭人。萬曆己丑進士。官至禮部尚書。事蹟詳《明史》列傳。其昌以書畫擅名,深通禪理,尤精賞鑒。生平求乞者盈戶,限寸縑尺幅,得者爭寶藏之。嫁女賚所作書畫兩箱為奩具,婿家或售以致富。其風流為一時之冠,論者比之趙孟頫殆無愧色。然其詩文多率爾而成,不暇研鍊。集中偉搆甚屬寥寥,以視孟頫殊不逮也。

《四庫全書總目》卷一百七十九集部三十二別集類存目六。1617 中

解弢集一卷

明鄧雲霄撰。雲霄作《冷邸小言》,論詩以妙悟為宗,以自然為用。故茲集所載,多仿王孟之音,而醞釀深厚則未及古人。昔嚴羽作《滄浪詩話》,標舉盛唐,而所作乃惟存浮響。雲

霄所論所作,蓋均似之矣。

《四庫全書總目》卷一百七十九集部三十二別集類存目六。1620 中

莊肅公集八卷①

明胡松撰。松,字汝茂,滁州人。嘉靖乙丑進士。官至南京吏部尚書。其集凡文六卷,詩二卷。武進薛應旂爲之序。

《四庫全書總目》卷一百七十七集部三十別集類存目四。1585 上

【校記】①按:《總目》著錄《胡莊肅集》六卷;又著錄《別本胡莊肅集》八卷,提要云:"是集凡文六卷,詩二卷。與六卷之本稍有增删,而大致相同。"《初目》著錄之本即《總目》之《別本胡莊肅集》。

青箱堂集三十三卷

國朝王崇簡撰。崇簡,字敬哉,宛平人。登明崇禎癸未進士。入國朝,選庶吉士,官至禮部尚書,謚文貞。大學士王熙即其子也。崇簡練習掌故,爲禮官多所建白。嘗議移祀北嶽於渾源州,今其疏具在集中。然所爲詩文類皆平近流易,徐乾學稱其文謂"卮詞讕語,無非仁義道德",殆不免於微詞矣。

《四庫全書總目》卷一百八十一集部三十四別集類存目八,作《青箱堂文集》三十三卷《詩集》三十三卷。1634 下

端肅公集十卷

明葛守禮撰。守禮,字與立,德平人。嘉靖己丑進士。歷官戶部尚書。卒,贈太子太保,謚端肅。其集凡文九卷,詩一卷,前有邢侗《序》。

《四庫全書總目》卷一百七十七集部三十別集類存目四。1585 下

世經堂集二十六卷

明徐階撰。階,字子升,華亭人。嘉靖癸未進士。歷官禮部尚書,武英殿大學士,贈太師,謚文貞。事蹟具《明史》。是集文二十四卷,賦頌詩詞二卷。其中敷陳治體之文,皆能不詭於正,餘則未見所長。

《四庫全書總目》卷一百七十七集部三十別集類存目四。1580 中

翠屏集四卷

明張以寧撰。是集爲宣德三年所刊,陳璉爲之序,稱以寧文集爲其子孟晦所編,宋濂序之;詩集爲其門人石光霽所編,劉三吾、陳南賓序之;其孫南雄教官隆復以《安南藁》續板行世。今三《序》皆冠集首,而詩文總題"光霽編次,嗣孫德慶州訓導淮續編",與《序》不同,未喻其故。其文神鋒雋利,稍乏渾涵深厚之氣。其詩五言古體意境清逸,七言古體亦遒警。惟《倦繡篇》、《洗衣曲》等數章,稍未脱元季綺縟之習。近體皆清新,間有涉於纖仄,如《次李宗烈韻》之"浮生萬古有萬古,濁酒一杯復一杯"者,然偶一見之,不爲全編之累也。以寧於元泰定丁卯以春秋登第,所著有《春王正月考》,引據詳賅,一正夏時冠周月之惑。別見《經

部·春秋類》中。

《四庫全書總目》卷一百六十九集部二十二別集類二十二。1466 上

鳴盛集四卷

明林鴻撰。鴻,字子羽,福清人。洪武初以人才薦,歷膳部員外郎。年未四十,自免歸,時閩中善詩者號十才子,鴻爲之冠。論詩專主唐音,所作以格韻勝。明代閩中詩派,皆鴻倡之也。此本爲成化初,鴻郡人溫州知府邵銅所編,末有銅跋,稱"覽其舊稿,慨然興思,因詳加校勘,補其闕略"。然如張紅橋唱和詩詞事之有無不可知,即才人放佚,容或有之,決無存諸本集之理,此必銅摭小説妄增之。《夢遊仙記》一首,疑亦寓言紅橋之事。觀其名目,乃襲元稹《夢遊春》詩,可以意會。銅亦附之簡末,無識甚矣。

《四庫全書總目》卷一百六十九集部二十二別集類二十二。1472 下

類稿十卷

明涂幾撰。幾,字守約,又字孟規,宜黃人。以隱居著述稱。朱彝尊《詩話》謂幾"嘗撰《時事策》十九篇,上書孝陵","大言不怍",蓋"非安於遯世者"。今觀其集,亦殊不稱其名也。

《四庫全書總目》卷一百七十六集部二十九別集類存目三。1570 上

鳥鼠山人集二十九卷

明胡纘宗撰。纘宗,字世甫,別號可泉,秦州人。正德三年進士。官至山東、河南巡撫。隴西本用武地,纘宗以文學顯,與湛若水、康海、李夢陽諸人友善。著有《正德集》四卷,《嘉靖集》七卷,《鳥鼠山人小集》①十六卷,《後集》二卷。王慎中《序》以爲慎中"乃周之舊","幸周風之猶有存也",豈以其尚囿於土風歟?

《四庫全書總目》卷一百七十六集部二十九別集類存目三。1571 中

【校記】①《鳥鼠山人小集》,《初目》原作"《鳥鼠山人水集》",誤。此書今存明嘉靖刻本,今據書名改。《總目》不誤。

椒邱文集四十四卷①

明何喬新撰。《外集》一卷,婺源②余崇③編輯。喬新,字廷秀,廣昌人。景泰④時進士。官終刑部尚書。考《明史》本傳,喬新歷仕中外,多著偉節,有古大臣風範。是集前三卷爲策略,蓋科舉之學也。次五卷爲史論,次十二卷爲雜文,次十四卷爲詩集,次六卷爲碑誄,次三卷爲奏議,末一卷則往來贈答之文,題曰《外集》,誤也。喬新不以文章爲重,而學問經濟亦頗見於是焉。世蓋以人重其文也。

《四庫全書總目》卷一百七十集部二十三別集類二十三。1489 中

【校記】①《椒邱文集》四十四卷,《總目》同,文淵閣《四庫全書》書前提要作三十四卷,另有《外集》一卷。其差異在《初目》、《總目》謂"十四卷爲詩集",書前提要則謂"五卷爲詩"。又《初目》等將末一卷往來贈答之文(即所謂《外集》)一卷並入正文計算,文淵閣《四庫全書》書前提要則未計入正文,故實際爲三十五卷。按:《初目》、《總目》所記

或有誤。此書今存明嘉靖元年余瑩刻本、清咸豐元年刻本,卷次均與文淵閣《四庫全書》書前提要同。嘉靖本卷首嘉靖元年舒芬《序》云"共三十五卷",卷末余瑩跋云"搜檢編輯類爲三十四卷,並附公之傳贊碑文奏章爲《外集》一卷",所言甚明。《兩淮商人馬裕家呈送書目》、《浙江省第四次汪汝瑮家呈送書目》均著錄《椒邱文集》三十四卷《外集》一卷,《浙江採集遺書總錄》癸集上著錄《文肅公文集》三十四卷,提要云:"明刑部尚書廣昌何喬新撰。一名《椒邱集》。"可見並無四十四卷本存世。　　②婺源,《初目》原作"燊源",今據文淵閣《四庫全書》書前提要、《總目》改。　　③余瑩,《總目》、文淵閣《四庫全書》書前提要作"余瑩"。按:《初目》作余瑩不誤,上述嘉靖刻本《椒邱文集》卷末余瑩跋可證。明過庭訓《本朝分省人物考》卷三十七(明天啓刻本)有《余瑩傳》,黄虞稷《千頃堂書目》卷二十一著錄余瑩《北山稿》。作"瑩"非是。瑩、瑩義有別,《總目》等以其形近而誤。　　④景泰,《初目》原缺"景"字,今據《明史》本傳補。

未齋集二十六卷①

明顧鼎臣撰。鼎臣,字九和,號未齋,崑山人。弘治乙丑進士第一。官至武英殿大學士。諡文康。集凡《疏草》、《文草》十卷、《詩草》六卷、《續稿》六卷、《三集》四卷。鼎臣在世宗時入閣,頗著聲望,而詩文失之率易,非其所長。

《四庫全書總目》卷一百七十六集部二十九別集類存目三。1568 中

【校記】①《未齋集》二十六卷者,今存明萬曆至清順治顧氏家刻本《顧文康公文草》十卷《詩草》六卷《續稿》六卷《三集》四卷《首》一卷,卷末有《文康府君三集跋》,署作"乙酉嘉平朔旦不肖孫晉璠謹識",收入《四庫全書存目叢書》。此較《初目》多《卷首》一卷(收錄詔、御表、制諭、誥勒),當即《初目》所見之本。《總目》作二十二卷,提要云:"《明史·藝文志》載鼎臣集二十四卷,今所存者凡二本。一爲其孫晉璠等輯,凡文稿六卷,詩六卷,又續稿六卷,其題曰《顧文康集》,較史少六卷。此本多《三集》四卷,亦止二十二卷,不足二十四卷之數。或集本殘缺,或史文偶誤,則莫之詳矣。"按:《總目》所説凡二本者,當即一本,均爲晉璠等輯二十六卷本之不全本,並非另有其他刻本。翁方綱分纂稿有《文康集》二十六卷,提要云:"凡爲《文草》十卷、《詩草》六卷,又三集文與詩四卷,又續集六卷。内惟《疏草》略見時事,其餘皆無甚關於稽考者。"當爲《初目》提要之所本。《文康集》即《未齋集》,同治《蘇州府志》卷一百三十七著錄《文康公集》二十四卷,注釋云:"《四庫總目》:《未齋集》二十二卷。"

何燕泉詩四卷

明何孟春撰。孟春,字子元,郴州人。弘治進士。累官吏部左侍郎。以議禮削籍歸。晚居燕泉山,因以自號。後追贈禮部尚書,諡文簡。孟春少遊李東陽之門,傳其詩派,而才力不及其富贍,故往往失之平衍。是編乃嘉靖間署郴州事蔣文化選錄刊行,非其全集也。

《四庫全書總目》卷一百七十六集部二十九別集類存目三。1565 中

祝氏集略三十卷①

明祝允明撰。允明,字希哲,長洲②人。弘治五年舉人。官終應天府通判。以善書名,

故詩文不爲世所稱,然大致雅潔,非俗筆也。《明史》謂允明初"授廣東興寧縣,捕戮盜魁三十餘人,邑以無警"。今集中《上俞都憲論捕賊事宜狀》具見經濟才,然則允明又非僅文士矣。

《四庫全書總目》卷一百七十一集部二十四別集類二十四。1496 下

【校記】①《祝氏集略》三十卷,《總目》未載此集,所收爲《懷星堂集》三十卷,文淵閣《四庫全書》書前提要同《總目》。當時進呈四庫館圖書,查吳慰祖校訂《四庫採進書目》,可見《兩淮商人馬裕家呈送書目》著錄《祝氏集略》三十卷,《江蘇省第一次書目》、《浙江第四次孫仰曾家呈送書目》、《江蘇採輯遺書目錄》、《浙江採集遺書總錄》均著錄《懷星堂集》。今人研究,均認爲《懷星堂集》即《祝氏集略》,係此集重新刊刻所改書名。參見王重民《中國善本書目提要》(上海古籍出版社,1983 年出版,第 579 頁)、邱曉平《祝允明詩文集版本考辨》(《古籍整理研究學刊》2004 年第 6 期)、徐慧《祝允明著述考辨》(《古籍整理研究學刊》2009 年第 4 期)。 ②長洲,《初目》原作"長州",誤。此據《明史》卷二百八十六《徐禎卿傳》附《祝允明傳》著錄籍貫改。

王氏家藏集六十八卷

一曰《浚川集》,明王廷相撰。廷相,字子衡,儀封人。弘治十五年進士。選庶吉士,授兵科給事中,歷官至兵部尚書兼左都御史,提督團營。以郭勛事斥免。卒,復故官,贈少保,諡肅敏。廷相列名七子之中,其詩文亦不出北地、信陽門戶。

《四庫全書總目》卷一百七十六集部二十九別集類存目三。1567 下

矯亭存稿十八卷續稿八卷

明方鵬撰。鵬,字時舉,號矯亭,崑山人。正德間進士。官終太僕寺卿。是集詩文多應酬之作,又以筆記介乎其中,編錄亦殊叢脞。

《四庫全書總目》卷一百七十六集部二十九別集類存目三。1571 中

海釣遺風集四卷①

明蕭鳴鳳所輯。鳴鳳父顯,字文明,別號海釣。與李東陽諸人善,於其卒也,爲詩以哀之,題曰《海釣遺風》。鳴鳳遂取其平生詩及東陽等所爲作詩序傳諸篇都爲一集。顯,山海衛人。舉進士。官給事中,時有直聲。

《四庫全書總目》卷一百九十一集部四十四總集類存目一。1742 上

【校記】①海釣遺風集,《初目》原作"海鈞遺風集",今據《總目》改。明李東陽《懷麓堂集》卷二十八有《送蕭海釣詩序》等。《初目》下文下文"別號海鈞"、"題曰《海鈞遺風》",今並改。

呆齋集四十五卷

明劉定之撰。定之,字主靜。正德丙辰進士第三人。成化初,以太常寺少卿兼侍讀學士,直內閣,尋進侍郎。卒,諡文安。是集前稿十六卷,存稿二十四卷,皆分類編錄,如《代祀錄》、《永新人物錄》、《經筵講章策略》,皆在其中。而鄉會三場試藝亦附列焉。續稿五卷,則

自成化乙酉以後所作,不復分類,以一歲爲一卷。前有正德癸酉李東陽《序》。
　　《四庫全書總目》卷一百七十五集部二十八別集類存目二。1557 上

桃谷遺稿一卷
　　明陸俸撰。俸,字天爵,吳縣人。正德辛未進士。爲刑部郎,以諫南巡受杖,官終寶慶知府。詩多應酬牽率之作,而時露風格。岳岱《今雨瑤華》謂其"晚就操觚,靈心夙搆,穎悟居多"。蓋天姿高而學力未至者也。
　　《四庫全書總目》卷一百七十六集部二十九別集類存目三。1573 下

文起堂集十卷
　　明張獻翼撰。獻翼,字幼于,長洲人。與兄鳳翼、弟燕翼皆有時名,號曰"三張"。李攀龍、王世貞等皆與之遊。老而狂甚,爲怨家所戕。所著詩文集,皇甫汸、徐縉爲之序。
　　《四庫全書總目》卷一百七十八集部三十一別集類存目五。1603 上

少石集十三卷
　　明陸釴撰。釴,字舉之,鄞人。正德辛巳進士第二,仕至山東提學副使。是集詩五卷,文七卷,雜著一卷,嘉靖癸亥孫繼元付雕。前有張時徹《序》,稱其"華不近浮,質不近俚",而惜其志之未艾。蓋具體而未成家者,故《序》有微詞云。
　　《四庫全書總目》卷一百七十六集部二十九別集類存目三。1577 下

楚辭集解八卷蒙引二卷考異一卷
　　明汪瑗撰。瑗,字玉卿,歙縣人。其《集解》八卷,惟註屈原諸賦,而宋玉、景差以下諸篇弗與。《蒙引》二卷皆辨證文義。《考異》一卷則以王逸、洪興祖、朱子三本互校其字句也。《楚詞》一書,文重義隱,寄托遙深。自漢以來,訓詁或有異同,而大旨不相違舛。瑗乃以臆測之見,務爲新説,排詆諸家,穿鑿支離,不可殫數。其尤舛者,以"何必懷故都"一語爲《離騷》之綱領①,謂寔有去楚之志,而深闢洪興祖等謂原"惓惓宗國"之非。又謂原爲聖人之徒,必不肯自沉於水,而痛斥司馬遷以下諸家言死於汨羅之誣,亦可謂好自用矣。
　　《四庫全書總目》卷一百四十八集部一楚辭類存目。1269 中
　　【校記】①綱領,《初目》原作"剛領",誤。今據《總目》改。

搶榆館集六卷①
　　明段爲袞撰。爲袞,字補之,順天人。由貢生官至考城縣知縣。詩一卷,雜文五卷,前有劉文琦《序》。
　　【校記】①《搶榆館集》六卷,《總目》未著錄。按:此書見吳慰祖校訂《四庫採進書目》中《武英殿第一次書目》,著錄《搶榆館集》,三本。是此書曾進入四庫館。後遭禁,姚覲元《清代禁毀書目四種》(清光緒刻《咫進齋叢書》本)著錄《搶榆館集》三本,明段爲袞撰,與《武英殿第一次書目》著錄相合。《四庫全書》本雍正《河南通志》卷三十三《職官四》考城縣:"段爲袞,北直順天人。恩貢,萬歷間任。"

海桑集十卷

明陳謨撰。謨，字一德，號心吾，別號海桑，泰和人。元末不仕。洪武初，徵詣京師宋濂、王禕等請留爲國學師。辭歸，屢應聘爲廣東江西考試官。謨猶及宋元遺老之門，學有本原，文亦有前代風格。今集乃其門人楊士奇所編也。

《四庫全書總目》卷一百六十九集部二十二別集類二十二。1476 上

練中丞集二卷

明練子寧撰。子寧，名安，以字行，號松月居士，新淦人。洪武乙丑進士。建文時官左副都御史。燕兵入，殉節死。事蹟具《明史》。方孝孺稱其"多學善文"，今觀集中對策諸篇及謁余闕祠詩，已定終身大節，非臨時激烈比也。當日詩文之禁甚於元豐，逮弘①治中王佐始輯其遺文，名曰《金川玉屑》。此本乃泰和郭子章重編，附以遺事一卷，其裔孫綺復增輯之。黃溥《簡籍遺聞》嘗記集中可疑者三事：一曰《送花狀元歸娶詩》，謂洪武辛亥至建文庚辰，狀元但有吳伯宗、丁顯、任亨泰、許觀、張信、陳㢴、胡靖七人，無所謂狀元花綸。綸乃洪武十七年浙江鄉試第二人，不應有奉詔歸娶事。一曰《故耆老理庭黃公墓誌》，謂子寧及第在洪武十八年，此誌後題洪武丙辰三月之吉，乃洪武九年，不應結銜稱賜進士及第，授翰林院修撰。一曰《集後雜考》，引葉盛《水東日記》載長樂鄭氏有手卷練子寧賦，張顯宗跋，稱顯宗狀元及第，洪武時亦無此狀元。其言頗核。蓋子寧一代偉人，人爭依託，因而影撰者有之，然終不以僞廢其真也。

《四庫全書總目》卷一百七十集部二十三別集類二十三。1480 中

【校記】①弘，《初目》原文如此，未去末筆以避乾隆帝名諱。文淵閣《四庫全書》書前提要、《總目》均作"宏"。

杜詩分類五卷

明傅振商編。杜詩編年始於黃伯思，而魯訔、黃鶴輩因之；分類始於王洙，而《千家註》本因之。然編年猶曰考其功候之淺深，證其時事之同異，分類則毫無所取，惟爲剽剟計矣。此編又因《千家註》而小更定之，不足取也。

《四庫全書總目》卷一百七十四集部二十七別集類存目一。1533 上

老泉文妙①無卷數

明泰和郭祥鵬于蘇洵集中摘取《權書》十篇、《衡論》十篇、《幾策》①二篇，別爲一集。按：洵全集具存，其文章之妙，豈僅止此？此選無謂甚矣。

《四庫全書總目》卷一百七十四集部二十七別集類存目一。1536 下

【校記】①老泉文妙，殿本《總目》同，浙本《總目》作"老泉文鈔"，誤。《總目》著錄此書爲"編修勵守謙家藏本"，查吳慰祖校訂《四庫採進書目》中《編修勵第一次至六次交出書目》，正著錄有《蘇老泉文妙》，二本。明晁瑮《晁氏寶文堂書目》（明抄本）亦著錄《老泉文妙》。其書有明嘉靖二年施山刻本，國家圖書館藏。按：提要謂"其文章之妙，豈僅止此"云云，是正就"妙"字而論。　②幾策，殿本《總目》同，浙本《總目》作"筴策"，

非是。《幾策》見蘇洵《嘉祐集》卷一。蘇洵集中多次將《幾策》等篇並提,如《嘉祐集》卷十《上皇帝十事書》云:"臣所著《權書》、《衡論》、《幾策》二十二篇。"卷十三《答雷太簡書》云:"嚮者《權書》、《衡論》、《幾策》,皆僕閒居之所爲。"卷十一《上田樞密書》云:"作策二道,曰《審勢》、《審敵》。"此即提要所說"《幾策》二篇"。

楊忠愍集三卷附錄一卷

明楊繼盛撰。繼盛,字仲芳,號椒山,容城人。嘉靖丁未進士,官至兵部武選司員外郎。事迹具《明史》。繼盛生平以經濟氣節自許,不屑屑於文字間。後人重其人品,掇拾成編。仰蒙世祖章皇帝御製序文,表其忠藎。一經褒予,曠世猶生。故雖朽蠹陳編,彌深寶惜。此本乃康熙間蕭山章鈺所校。凡奏疏一卷,雜文一卷,詩一卷,而行狀碑記別爲一卷附焉。繼盛頗究心樂律,嘗從韓邦奇學之。所自記夜夢虞舜一事,頗涉怪異。然繼盛非妄語者,蓋覃思之極,緣心搆象。《世說》載衛玠以夢問樂廣,廣云"是想"。管子所謂"思之思之,鬼神通之"者,固亦理所當有耳。

《四庫全書總目》卷一百七十二集部二十五別集類二十五。1508 上

青城山人集八卷

明王璲①撰。璲,字汝玉,長洲人。洪武中,舉浙江鄉試,以薦攝府學教授,改應天訓導,擢翰林五經博士,官至春坊贊善。下詔獄死。洪熙初,贈太子賓客,謚文靖。所著詩稿散佚。正統十二年,其孫鎧②始裒次爲編。其姻家華靖刪定爲八卷,即此本也。朱彝尊《詩話》稱其詩"不費冥索斤斤唐人之調"。吳人徐用理集永樂後詩家三百三十人,以璲壓卷。今觀其詩,音節色澤,皆合古格。誠有擬議而不能變化者,然當元季詩格靡麗之餘,能毅然以六代三唐爲模楷,亦卓然特立之士。又不以王、李流弊預繩明初人矣。

《四庫全書總目》卷一百七十集部二十三別集類二十三。1483 下

【校記】①王璲,《初目》作"王燧",文淵閣《四庫全書》著錄本書書前提要及卷端亦作"王燧",《總目》作"王璲"。按:其集今存明景泰四年華靖刻本,卷首魏驥《青城山人詩集序》云:"先生名璲,字汝玉。"王重民《中國善本書提要》著錄《青城山人詩集》八卷,即作"王璲撰"(上海古籍出版社,1983年出版,第561頁)。張廷玉等奉敕修《明史》卷一百五十二《鄒濟傳》附傳云:"王汝玉,名璲,以字行。"今據改。《初目》下文云"燧,字汝玉",亦改。　②鎧,《初目》原作"鐘",文淵閣《四庫全書》書前提要、《總目》亦同作"鐘"。按:王重民《中國善本書提要》稱是集爲汝玉孫鎧分類編次,並著錄有王鎧序。所說甚是。華靖刻本卷首徐理《青城山人詩集序》即云:"公之孫鎧繕寫,藏於篋笥。""鎧"與"鐘"字形接近,《初目》等因誤。今據改。

玉茗堂集二十九卷

明湯顯祖撰。顯祖,字若士,臨川人。萬歷十一年進士。歷官禮部主事,終於遂昌縣知縣。顯祖以詞曲擅名,於王世貞爲後進。世貞與李攀龍持上追秦漢之説,奔走天下。歸有光獨訛爲庸妄,顯祖亦毅然不附,至塗乙其四部稿,使世貞見之。然有光才不逮世貞,而學問過之;顯祖則才與學皆不逮,而議論識見則較世貞爲篤實,故排王、李者亦稱焉。是集凡詩十三

卷,文十卷,又尺牘六卷。前有南豐朱廷誨《序》,稱其解《陰符》五賊禽制之法,序《春秋輯略》發仁孝動天下之旨,記《小辨》明復小乾大之一致。非無根據之學者,然終非有光匹也。

《四庫全書總目》卷一百七十九集部三十二別集類存目六。1621 上

妙遠堂集四十卷

明馬之駿撰。之駿,字仲良,新野人。萬曆庚戌進士。官戶部主事。其集凡詩十四卷,文二十六卷。之駿與鍾惺同舉進士,亦微染其習氣,又年僅三十八而卒,故體格皆未成就云。

《四庫全書總目》卷一百八十集部三十三別集類存目七。1622 下

龍湖集十四卷①

明張治撰。治,字文邦,茶陵人。正德辛巳進士。授編修。以左贊善使交南,進學士。歷拜禮部尚書兼文淵閣大學士,加太子太傅。卒,贈少保,諡文隱,改諡文毅,萬曆初復改諡文肅。是集詩十卷,文四卷。論其詩者,以才思雄贍稱,其古文昌博浩瀚,亦頗有法度。然陸游作《南園記》、《閱古泉記》不肯編之《渭南集》,而治爲嚴嵩作《鈐山堂集序》,又壽嵩七十生辰詩悉載於集,固不免於後來之議矣。

《四庫全書總目》卷一百七十六集部二十九別集類存目三。1578 上

【校記】①《龍湖集》十四卷,《總目》作"《龍湖文集》十五卷"。歷代書目著錄此書,稱"龍湖集"或"龍湖文集"者都有。其十四卷與十五卷之區別在前者錄詩四卷,後者錄詩五卷。《初目》稱"是集詩十卷,文四卷",頗疑當爲"是集文十卷,詩四卷"之誤。其集文不可能有六卷之差。十四卷本爲原刻本,十五卷本爲重編刻本。十五卷本今有清雍正四年彭思眷刻本,卷首彭思眷撰《重刻張龍湖先生文集凡例》云:"是集之傳於世者多非先曾叔祖治中公原刻,余嘗以家藏原刻斷編數卷對校,其篇目後先、詩文多寡與字句增減,往往互異。""凡例"具體提及其他作品混入的情形道:"翻本中有……《鈐山堂集序》、《壽序》,皆原本及抄本所無,定屬贋作,借名混入者,今仍照原本刪去。""凡例"所説之《鈐山堂集序》、《壽序》,即《初目》所説"治爲嚴嵩作《鈐山堂集序》,又壽嵩七十生辰詩"。十五卷本已不見這兩篇,《初目》所見猶"悉載於集"。當年呈送四庫館圖書中,既有十四卷本,也有十五卷本。《初目》與《總目》著錄此集卷數的差異,應是所據底本的不同。

退庵遺稿七卷

明鄧林撰。林,初名彝,又名觀善,字士齋,後成祖爲改今名。新會人。洪武丙子舉人,任廣西潯貴縣教諭,秩滿,入京預修《永樂大典》,凡五年。出,爲南昌教授。後又秩滿,試高等,遷吏部主事。宣宗時,以事謫杭州。在杭多湖山之遊,倡和甚盛。田汝成作《西湖志》,多採之。此本乃太常少卿會稽陳贄爲廣東參議時所編梓。語殊平淺,不稱其名。

《四庫全書總目》卷一百七十五集部二十八別集類存目二。1551 中

坦齋文集三卷①

明劉三吾撰。三吾,字如孫,一字坦坦翁,茶陵人。洪武中,官翰林學士。典司文章,頗

被恩遇。鄭曉、雷禮、王世貞並謂三吾於洪武三十年以罪誅死。蔣一葵又謂三吾以作大誥漏言賜死。《明史》稱以考試不實戍邊,建文初召還。今集有《敕下御製大明一統賦》,實建文初撰者,是曉等所載皆不實。後朱睦㮮又謂永樂中命三吾修《春秋大全》,則三吾尚及事成祖,未知睦㮮何所據也。其文支棘淺近,無典重之風,去宋濂等遠甚。集分上下二卷,成化中,桐江俞藎官茶陵始刻之。萬曆戊寅,知州韓城賈緣重梓以行。

《四庫全書總目》卷一百七十五集部二十八別集類存目二。1550 上

【校記】①《坦齋文集》三卷,疑"三卷"爲"二卷"之誤,提要下文云"集分上下二卷",是其證。《總目》著錄作《坦齋文集》二卷。

金蘭集三卷附錄一卷

明徐達左編輯。達左,字良夫,家蘇州之光福里。於所居築耕漁軒,名流多爲題詠。入明後嘗應聘爲建寧訓導。此集乃所輯一時酬贈之作。附錄一卷,則達左兄子濟出守邵武及歸田後友朋唱和詩。其十一世孫翀校梓以行。前有正統九年徐珵所作《耕漁子傳》。珵,即有貞也。

《四庫全書總目》卷一百九十一集部四十四總集類存目一。1739 中

光庵集二卷

明王賓撰。賓,字仲光,長洲人。博聞強記,尤精醫學。隱居奉母,以孝行稱,爲吳中高士之首。與姚廣孝同里相善。世傳廣孝既貴,賓不復與通。廣孝還吳中,往見之,大爲賓所詆斥。今觀賓集,有所作《賑灾記》,稱廣孝爲少師,鋪陳功德甚至。賓歿後,廣孝爲之傳,亦極稱譽。是兩人交契如一,蓋流俗欲推尊賓者造爲此言,殊非事實。集爲文一卷,後附名人贊頌及《吳中古蹟詩》一卷。詩共一百三十七首,各有小序。賓秉操孤介,故其文務爲奇崛之語,間傷冗贅,未能成家,詩詞亦頗近流易。卷首紀唐鈺、林德暘二事,全錄舊文而無論斷。疑嘗手書此二節,而後人誤編入之者也。

《四庫全書總目》卷一百七十五集部二十八別集類存目二。1552 中

槎翁集八卷

明劉崧撰。崧,字子高,江西泰和人。舊名楚。元至正間舉於鄉。洪武三年以人材舉,授職方郎中。官終國子司業。崧七歲能賦詩,清江劉永之稱其日課一詩,多至數千篇。敿隔轉側二十餘年,不爲少折,年愈老而詩愈工。蓋明初江西派實崧倡之,以和雅舂容爲標的,當時奉爲正宗。是集乃明羅允升校正,而吉安知府徐士元爲之付刊者。所錄銘、贊、傳、說、序、記,諸體略備而獨無詩,蓋以其詩已別有專集行世也。然崧文頗傷流易,未能具體,非詩之比。士元等顧錄文而遺詩,殆不免寧其艾蕭而遺其蘭蕙矣。

《四庫全書總目》卷一百七十五集部二十八別集類存目二。1549 中

雙桂集六卷

明徐環及其子允所著之詩。環,字伯樞,無錫人。元兵部侍郎憲之子。洪武間,以茂才擢上元縣主簿,終臨桂縣丞。所著有《臨桂集》。允,字邦孝,所著有《水南集》。允之子堁合

梓之，統名曰"雙桂"。朱彝尊《詩綜》蒐羅明詩至三千四百餘家，而環父子之詩不著于錄。然其詩皆未成家，疑彝尊刪之，未必不見也。

《四庫全書總目》卷一百九十一集部四十四總集類存目一。1740 下

節庵集八卷續稿一卷①

明高得暘撰。得暘，字孟升，錢塘人。洪武中，以文學薦。永樂初，召爲宗人府經歷，與修《大典》。嘗進講東宮，故集中多應制之作。然詩文頗近淺俗，殊乏傑搆。

《四庫全書總目》卷一百七十五集部二十八別集類存目二。1553 上

【校記】①續稿一卷，《總目》作"續編一卷"。按：此書今存清抄本，作"續稿一卷"，與《初目》同。

黃給諫遺稿一卷①

明黃鉞撰。鉞，字叔揚，常熟人。建文二年進士。授刑科給事中。《明史》本傳云：永樂初被召，在道投水死。今集後楊儀所書事蹟則云：鉞以憂歸，蘇州守姚善起兵勤王，召鉞同行，未赴而善被執，尋見誅。鉞聞問登琴川橋投水死。儀與鉞同里，而所書不同如此。蓋革除中事，當時諱言之，故傳聞異詞也。萬曆中曾孫拱斗等蒐輯遺集，爲文一首，近體詩六十八首。前有建文三年敕命一道，後附祠記、墓記及墓竹詩數篇。鉞以大節傳，詩則多淺近不經意之作，固不藉是爲重耳。

【校記】①按：《黃給諫遺稿》一卷，當年曾進呈四庫館。《兩淮商人馬裕家呈送書目》著錄："《給諫遺稿》一卷，明黃鉞，一本。"是《初目》得以著錄。《總目》不載此書，《四庫全書》亦未收錄，惟粵刻本《四庫全書簡明目錄》著錄有此書，提要云："明黃鉞撰。文一首，詩六十八首，多不經意之作，未足名家。然完節捐生，其人不朽，其文亦理在必傳。"

竹居集一卷

明王珙撰。珙，字廷珪，常熟人。《明詩綜》未載其名①，蓋向來未行於世也。集爲其曾孫仲申所輯，而六世孫古刻之②。其詩出入於月泉吟社一派，亦時有秀句，而才思單窘，格力不高，數首以後語意略同。卷中絕無古體，知其根柢淺薄矣。中用《洪武正韻》者，凡十八首。蓋明太祖銳意必行是書，賞罰甚峻，故珙亦時時用之，以明遵制耳。

《四庫全書總目》卷一百七十五集部二十八別集類存目二。1550 中

【校記】①《明詩綜》未載其名，《總目》云："朱彝尊《明詩綜》不載其名，蓋偶未見也。"按：《四庫全書》本《明詩綜》卷十六收其《溪橋晚步》詩一首，不能謂"未載其名"。

②六世孫古刻之，《總目》作"六世孫古始刊板"。按：王珙《竹居詩集》一卷，國家圖書館藏清嘉慶六年王氏十萬卷樓鈔本，收入《四庫全書存目叢書》。本書卷末有正德九年王卞跋，云："是編乃卞六世祖竹居公所著也。舊板散失，先君水部公既後無傳，求大宗伯李先生序文將重刻，弗果而歿。嗚呼痛哉！卞生不肖，凡於祖宗所志所事不敢不勉，謹命工鋟梓。"末署"正德九年九月九日六世孫卞百拜謹識"。是"六世孫古"爲"六世孫卞"之誤。王卞，字循甫，號竹里。良翰子。貢生。考城知縣。民國《重修常昭合志》卷十八《藝文志》著錄其有《王氏世德錄》一書，是亦留意家族文獻，如其《竹居詩集》跋

中所說"凡於祖宗所志所事不敢不勉"者。另著有《考城詩集》。

野莊集六卷

明王鈍撰。鈍,字士魯,太康人。登至正丙午進士。洪武初,徵授禮部主事,歷官浙江布政使。建文中,召爲戶部尚書。永樂元年,遣巡行山東,還,致仕歸。集爲詩二卷,文四卷,皆未入格。前有劉如孫《野莊賦》、黃淮所撰《墓碑》一通。王崇慶《序》謂:嘉靖中,其後裔曰朝獻者,始謀梓之。蓋集中多稱建文爲"今上皇帝",故靖難後其家恐觸語禁,久而不敢出也。

《四庫全書總目》卷一百七十五集部二十八別集類存目二。1549 下

逃虛子集十一卷類稿補遺八卷

明姚廣孝撰。廣孝,長洲人。初爲僧,名道衍,字斯道。後以佐成祖興靖難兵復姓,賜今名。《明史》有傳。廣孝爲高啓北郭十友之一。啓稱其詩能兼採衆家,不事拘狹。所著初名《獨庵集》,殁後吳人合刻其詩文曰《逃虛子集》。其詩清新婉約,頗存古調。惟附載《道餘錄》二卷,尊崇釋氏,排詆程朱。雖原係緇流自張其教,然亦恣橫之甚矣。

《四庫全書總目》卷一百七十五集部二十八別集類存目二。1552 中

文穆集六卷①

明許國撰。國,字維楨,歙人。官至建極殿大學士,贈太保。是集刊於萬曆辛亥,爲其子立言所輯,其門人焦竑校而序之。此本乃題門人葉向高、方從哲編,而卷首復列校閱門人姓氏朱國楨、李廷機以下數十人,皆明末位望通顯者。蓋其曾孫芳、萱、蓮、苓等重梓之時,增以爲重也。

【校記】①按:《總目》不載此書,《四庫全書》亦未收錄。明代《文穆公集》傳本有兩個版本。一是萬曆三十九年刻本,六卷;一天啓五年刻本,二十卷。六卷本與二十卷本當年都曾進呈四庫館。《兩淮商人馬裕家四次呈送書目》著錄有:"明許國集六卷,六本。"(《兩淮商人馬裕家四次呈送書目》僅見於臺灣"中研院"傅斯年圖書館藏《四庫館進呈書籍底簿》,吳慰祖校訂《四庫採進書目》只收錄兩淮商人馬裕家三次呈送書目,六卷本《文穆集》不在其中)《浙江省第四次汪汝瑮家呈送書目》著錄:"《許文穆集》二十卷,明許國著。十本。"《浙江採集遺書總錄》癸集上著錄道:"《許文穆集》二十卷,刊本。右明大學士歙縣許國撰。國與李維楨齊名,館中爲之語曰:'記不得問老許,做不得問老李。'爲人木強,廉慎自守,攻擊雖多,汙名不被。"是《初目》得以著錄。其書乾隆年間被列爲禁書,乾隆五十四年十月浙江巡撫琅玕奏呈查繳禁書清單,有明許國撰《許文穆集》六本(《纂修四庫全書檔案》一三四〇)。

高閑雲集六卷

舊本題董養性先生《高閑雲集》。前有洪武中王翊、何淑二《序》,亦皆稱董君養性,王景彰《序》則稱高閑先生,似養性其字、高閑其號,而其名偶佚不傳也。養性家於江西,至正間仕爲昭化令,攝劍州事,入明不仕。自名其詩集曰《高閑雲集》,作《高閑雲賦》以自見。集凡

六卷,王翊《序》盛譽其文及詩。此本僅詩五卷、賦一卷,文則已佚。其詩頗清遒,而淺於比興,往往意言並盡,少含蓄深婉之致。

《四庫全書總目》卷一百七十四集部二十七別集類存目一。1547 下

高子遺書十二卷附錄一卷

明高攀龍撰。攀龍,字存之,號景逸,無錫人。萬曆己丑進士。官至左都御史,諡忠憲。事跡具《明史》。攀龍出趙南星之門,與顧憲成爲友。其學以格物爲先,兼取朱、陸兩家之長。初,自輯其語錄文章爲《就正錄》。後其門人嘉善陳龍正編爲此集。凡分十二類:一曰語,二曰劄記,三曰經、說、辨、贊,四曰備義①,五曰語錄,六曰詩,七曰疏、揭、問,八曰書,九曰序,十曰碑、傳、記、譜、訓,十一曰誌、表、狀、祭文,十二曰題跋雜書。附錄誌狀、年譜一卷。其講學之語,類多切實。詩意沖澹,文格清遒,均無明末纖詭之習。

《四庫全書總目》卷一百七十二集部二十五別集類二十五。1513 中

【校記】①備義,文淵閣《四庫全書》書前提要、《總目》作"備儀",均非是。其書作"講義",是也。此集由陳龍正編次。明崇禎五年錢士升、陳龍正刻本卷首有陳龍正撰"小序",解釋各卷大意,其謂卷四講義道:"先生于經無不通……講義甚多,先生自擇五十餘章,廣惠同志。"又謂:"先生固云:不敢求聖人之言於聖人矣,讀講義者,又可求先生之講義於先生乎?"(《四庫全書》本無此"小序")所言甚明。今據改。

方麓集十六卷

明王樵撰。樵,字明逸,金壇人。嘉靖丁未進士。仕至南京右都御史。方麓,其別號也。是集凡詩文十四卷,又《戊申筆記》一卷,《紫薇堂劄記》一卷。樵研心著述,於五經皆有解,其文雍容平暢,頗似成宏以前舊體。

《四庫全書總目》卷一百七十二集部二十五別集類二十五。1509 上

文遠集二十八卷補遺一卷秋旻集十卷秋旻二刻一卷秋旻續刻一卷①

明姚希孟撰。希孟,字孟長,吳縣人。萬曆四十七年進士。官至詹事。少與其舅文震孟同學,名亦相亞。所著有《公槐》、《響玉》、《棘門》、《沆瀣》、《秋旻》、《文遠》、《循滄》、《松瘦》、《伽陵》、《風吟》諸集。此本惟《文遠》、《秋旻》二集。《文遠集》皆書牘,《秋旻集》皆歌詩也。

【校記】①按:《總目》不載此書,《四庫全書》亦未收錄。姚希孟著作總名爲《清閟全集》,八十九卷,明崇禎刻本,國家圖書館等有藏。子目包括:《薇天集》二卷、《丹黃集》二卷、《公槐集》六卷、《響玉集》十卷餘一卷、《棘門集》八卷、《沆瀣集》五卷、《秋旻集》十卷《二刻》一卷《秋旻續刻》一卷、《文遠集》二十八卷《補遺》一卷、《循滄集》二卷、《松瘦集》二卷、《迦陵集》四卷、《風唫集》六卷,共十二種。《總目》卷七十八史部三十四地理類存目七著錄其《循滄集》二卷,提要云:"是編乃所作游記。"其餘各種均未著錄。乾隆年間其書遭到禁毀。如乾隆四十年二月二十二日江蘇巡撫薩載奏遵旨查辦僞妄遺籍摺附清單有《清閟全集》十五本(不全)(《纂修四庫全書檔案》二四一),乾隆四十三年十月初四日湖廣總督三寶等奏六次查獲應毀各書摺附清單,列有《沆瀣集》一部,稱"策

內語多干礙",又有《公槐集》一部,稱"內載建州事實,語多干礙"(同上五四八),乾隆四十三年湖廣總督三寶等奏呈查繳應毀各書清單,內有《清閟全集》一部,稱"內奏疏、策論、尺牘,語多干犯"(同上五七九)。是以此書未收入《總目》。

王忠文公集二十四卷

明王禕撰。禕,字子充,義烏人。事蹟具《明史》。是集前十二卷題"鄱陽劉傑編輯,廬陵劉同校正",十三卷以下則編輯者改題同,校正者改題傑,意二人各刊其半歟。傑即正統六年爲義烏丞時,表禕之忠於朝,得贈官賜諡者也。禕有《華川前集》十卷,《後集》十卷,此本卷端胡翰、胡行簡二《序》,皆爲《前集》作。宋濂①、蘇伯衡二《序》,皆爲《後集》作。其楊士奇一《序》,則爲此本作也。禕師黃溍、友宋濂,學有淵源,故其文醇朴宏肆,有宋人軌範。濂《序》稱其文凡三變:初年所作,"幅程廣而運化宏";壯年出游之後,"氣象益以沉雄";暨四十以後,乃"渾然天成,條理不爽"。可謂知禕之深矣。集中多代擬古人之作,蓋學文之時設身處地以殫揣摩之功者,非游戲筆也。

《四庫全書總目》卷一百六十九集部二十二別集類二十二。1465下

【校記】①宋濂,《初目》原作"字濂",今據本書序文改。

龐眉生集十六卷

明于慎思撰。慎思,字無妄,號航隱,東阿人。是編詩七卷,雜文八卷,樂府一卷,前有其兄慎行《序》。詩文皆有縱橫排奡之氣,而頗涉粗豪。

《四庫全書總目》卷一百七十九集部三十二別集類存目六。1609中

草閣集六卷拾遺一卷附筠谷詩一卷

明國子監助教李曅①著。曅,字宗表,號草閣,錢塘人。元季避地永康東陽間,館于胡氏,故集中與胡伯宏兄弟贈答之什最多。此集乃曅没後,伯宏及其友徐孟璣、陳公明所輯。《拾遺》一卷則其門人唐光祖所輯。《拾遺》後附雜文四篇,題曰《文集》,不知何人所輯,疑亦出光祖之手。朱彝尊稱曅"長篇聳高奔軼,堪與劉伯溫、高季迪鼎足"。今觀近體,亦足名家,不獨長篇爲優也。末附《筠谷詩》一帙,未詳姓氏,疑即曅之子名轅者所作。詩內有《冬至前日侍文謙胡伯奇濟生堂》七律一章,是其明証。又集有宋濂《序》稱:"轅,字公載,爲詩能繼其家。"而彝尊跋《草閣集》後竟未之及,豈當時所見本有異同耶?

《四庫全書總目》卷一百六十九集部二十二別集類二十二。1474下

【校記】①李曅,《初目》原缺末筆,文淵閣《四庫全書》書前提要、《總目》作"李昱"。"曅"作"昱",係避清聖祖名諱改。

方洲集二十六卷附讀史錄①四卷

明張寧撰。寧,字靖之,海鹽人。景泰甲戌進士。官給事中,蹇諤自持。六科章奏多出其手。每有大議,必"問張給事中云何"。石亨、曹吉祥惡之,會有邊釁,奏使宣撫,竟諭定而還。卒以建言忤李賢,與岳正同調外,得汀州府知府。乞歸,卒於家。言論丰采,天下重之。集首有弘治四年仁和夏時正《序》,稱《方洲集》四十卷。又有餘姚謝丕《續集序》,稱夏雲復

拾林下之作②爲四卷。又有錢陞《募刻疏》,稱:"僭作《補遺》,是又在四十四卷外矣。"而今本乃止三十二卷③,或錢陞重刊改併歟。奏疏偉言正論,通達國體,不愧其名,他文亦磊落有氣。詩則頗雜浮聲,然亦無齷齪萎弱之氣也。

《四庫全書總目》卷一百七十集部二十三別集類二十三。1488下

【校記】①讀史錄,《初目》原作"續史錄",非是。今據該書改。文淵閣《四庫全書》書前提要、《總目》不誤。　②夏雲復拾林下之作,《總目》作"夏復拾林下之作"。按:謝丕《續集》序(明萬曆錢世垚、錢陞重刻本作《方洲後集序》)云:"海鹽方洲張公文集四十卷行世已久,兹義士夏君雲復拾遺得四卷,皆公晚年林下之作也。"又謂:"雲將鋟梓。"是輯《後集》四卷並謀刊刻者爲夏雲,《總目》略去"雲"字,易使人認爲"夏復拾林下之作"者爲上文所説爲《方洲集》作序之夏時正。　③今本乃止三十二卷,按:南京圖書館藏明萬曆錢世垚、錢陞重刻本正文二十六卷,《讀史錄》六卷,合爲三十二卷。本條條目作"方洲集二十六卷附讀史錄四卷",兩者相加爲三十卷。明萬曆錢世垚、錢陞重刻本兩者相加才合三十二卷之數。然《初目》云"今本乃止三十二卷,或錢陞重刊改併歟",是推測之言,似乎並未見到錢刻本。《總目》云:"今本乃止二十六卷,合以所附《讀史錄》,僅三十卷,或錢陞重刊改併歟?"也是未見到錢刻本之言。文淵閣《四庫全書》書前提要、正文均作《方洲集》二十六卷附《讀史錄》六卷,與《初目》所説"今本乃止三十二卷"合。

王襄敏集四卷①

明王越撰。越,字世昌,濬縣人。景泰辛未進士。天順中累官兵部尚書,封威寧伯。後奪爵除名。尋起原官,總制甘涼軍務。卒,贈太傅,謚襄敏。越籌邊靖寇諸略,詳見本傳。因依附汪直,遂爲清議所譏。所爲詩平易通暢,不事雕琢,而搖筆輒就,率略之處亦多。

《四庫全書總目》卷一百七十五集部二十八別集類存目二。1558下

【校記】①按:《總目》著錄王越詩文集有兩部。一部題《王太傅集》二卷,浙江汪汝瑮家藏本。此爲明嘉靖九年刻本。另一部題《王襄敏集》二卷《續集》一卷,浙江汪汝瑮家藏本。此本由王越曾孫王紹思輯,有明嘉靖三十二年中山徐氏刻本。《初目》著錄未知何本,據其提要,似爲明嘉靖九年刻本。此本《總目》作二卷,但實際上此本卷次並不分明,約略以五言絕句、五言律詩、七言絕句、七言律詩、五言雜體、七言並長短句雜體、詩餘、雜體、雜文等體裁爲據,分爲四卷。各省進呈書目中,《兩淮商人馬裕家呈送書目》有《襄敏集》四卷,《浙江省第四次汪啓淑家呈送書目》有《襄敏公集》四卷,《浙江省第四次汪汝瑮家呈送書目》作《王太傅集》二卷。

雙溪集八卷

明杭淮撰。淮,字東卿,宜興人。弘治己未進士。累官南京總督糧儲右副都御史。淮與徐禎卿、顧璘齊名。是集乃其弟洧所刻,晉江王慎中序之。其詩刻意學杜甫而未能成就,嘉隆時詩派如斯也。

《四庫全書總目》卷一百七十一集部二十四別集類二十四。1499上

西山類稿五卷

明謝復撰。復，字一陽，祁門人。少聞吳與弼講學，棄科舉業從之游。心體力行，寒暑弗懈。學者稱西山先生。復所著詩文皆留心道學，不以詞章求工，而其義皆平正通達。其孫洌、溉等校刻，別有《附錄》一卷。與陳獻章爲同門友，集中有《題獻章詩後》一篇，頗詆獻章晚涉于佛老，蓋其學較切實云。集初有王栩《序》，今已佚之。

《四庫全書總目》卷一百七十五集部二十八別集類存目二。1560 中

緱山集二十七卷

明王衡撰。衡，字辰玉，號緱山，太倉人。大學士錫爵之子。萬曆十六年，舉順天鄉試第一，越十四年成進士。官編修。時錫爵家居，請假歸養，尋病，卒。衡自以宰相子，頗留心世務。與王世貞同里居，然詩文各自名家。其集陳繼儒等序刻之。

《四庫全書總目》卷一百七十九集部三十二別集類存目六。1620 中

誠意伯文集二十卷

明劉基撰。基，字伯溫，青田人。元至順間舉進士。以平山寇功授總管府判，辭歸。佐明太祖，以開國勳封誠意伯，追謚文成。集首《翊運錄》一卷，其孫廌等所輯。集凡《郁離子》四卷，《覆瓿集》十卷，《寫情集》二卷，《春秋明經》二卷，《犁眉公集》二卷。楊守陳《序》謂："子房之策不見詞章，元齡之文僅辦符檄，未見樹開國之勳業，而兼傳世之文章，可謂千古人豪矣！"又按《明史》本傳，"洪武二十四年三月襲其孫廌伯爵。"今集首《翊運錄》載"襲封誠意伯券誥"曰："惟洪武二十三年歲次庚午十月二十七日乙酉。"與本傳所載前後有一年之差，疑本傳誤也。

《四庫全書總目》卷一百六十九集部二十二別集類二十二。1465 上

宋學士全集三十六卷

明宋濂撰。濂，字景濂，浦江人。元至正末召爲國史院編修官，不就。後應明太祖徵官，終學士承旨。其文根柢醇茂，爲明初儒臣之冠。嘗著《孝經新說》、《周禮集注》，今皆不傳。而集中說經之文，若《河洛說》、《章服辨》諸篇，均有發明，可以想見其所學。其《孔子生卒年月考》一篇，推襄公二十一年十一月無庚子，正《公羊》"十一月庚子孔子生"之誤；推哀公十一年四月無己丑，正《左氏》"夏四月己丑孔子卒"之誤，考証尤精。惟《孔子廟堂議》一篇，謂"七十二子但當祀於太學，不當祀於郡縣"，其說似偏。全璧微瑕，固可無容置喙矣。

《四庫全書總目》卷一百六十九集部二十二別集類二十二。1464 中

覆瓿集七卷附錄一卷

明朱同撰。同，字大同，休寧人。翰林學士升之子。承其家學，自號紫陽山樵。范檟跋稱洪武中，以人材[①]舉爲東宮官，尋進禮部侍郎。而同時范準作《雲漢歸隱圖[②]跋》則云由吏部員外郎陞禮部侍郎。準，字平仲，嘗受業於升，與同交至契，所記宜得其寔。又《明史》載同坐事死，不詳其由。蔣一葵《堯山堂外紀》乃云："同以詞翰受知，宮人多乞書便面。一日，御溝有浮尸，帝疑之，遂賜死。"其說頗荒唐，未可信也。集凡詩三卷，多元末之

作,爽朗有格。文四卷,議論純粹,不愧儒者之言。惟以七言古體之八句者列爲律詩,則編者之惧耳。

《四庫全書總目》卷一百六十九集部二十二別集類二十二。1467 下

【校記】①人材,文淵閣《四庫全書》書前提要、《總目》同。今查范檿跋,實作"異材"。②雲漢歸隱圖,《總目》同,文淵閣《四庫全書》書前提要作"雲溪歸隱圖",是也。《覆瓿集》卷三有《契友汉口范平仲寫雲溪歸隱圖成題此》詩,又有《雲溪歸隱圖》詩,有句"雲溪歸隱終難隱"云云。卷八附錄有《范平仲書雲溪歸隱圖後》(名準)一文,均可爲證。

毅齋詩文集八卷附錄一卷

明王洪撰。洪,字希範,錢塘人。年十八舉進士。授行人,尋擢吏科給事中。以薦入翰林,由檢討歷官修撰、侍講。爲《永樂大典》副總裁官,預修國史。會大臣欲載其家瑞異入日歷中,洪持不可。至聞于成祖前,坐謫禮部主事以卒。胡儼爲作《墓誌》,諱其事,惟劉公潛輓詩序及莫琚跋中詳言之。曾棨輓洪詩所謂"玉堂分職見孤忠"者,亦指是也。此集即琚所編。雜文皆朴雅,駢體亦工,詩尤具有唐格,而不爲林羽、高棅之鉤摹。其《序文》及《序書》二篇,立論具見根柢。其《序胡儼詩集》謂:至元、天歷之間,趙、虞、范、揭"各鳴一時之盛。及其衰也,學者以粗豪爲壯,以尖新爲奇,語言纖薄,音律迠懘。"論元末之弊,至爲切中。則洪之所見,高出當日遠矣。雖名位不昌,要爲有明初年屹然一作者也。

《四庫全書總目》卷一百七十集部二十二別集類二十三。1483 中

子威集三十二卷

明劉鳳撰。前有吳縣魏學禮、四明余寅《序》,爲萬曆四年刊本。鳳,字子威①,長洲人。嘉靖庚戌進士。由御史歷官河南按察使僉事。其文皆僻字奧句,尤澀體之餖飣者,周亮工《書影》記②:鳳以人訕笑其文,訟官,掠治其人。稱願再受笞,不能妄譽劉侍御。則所作可知矣。

《四庫全書總目》卷一百七十八集部三十一別集類存目五。1597 上

【校記】①子威,《初目》原作"子咸",誤。《江南通志》卷一百六十五《人物志·文苑》云:"劉鳳,字子威。"今據改。《總目》不誤。又其書名《子威集》,即以人物字號爲名。②周亮工《書影》記,《總目》作"江左胜談載",此係避用周亮工之人及其著作《書影》之名而改。

迪功集六卷附談藝錄一卷

明徐禎卿,字昌穀,吳縣人①。弘治十八年進士。授大理寺左寺副,貶國子博士。卒,年三十三。禎卿少與祝允明、唐寅、文徵明並有聲。吳中登第後,與李夢陽、何景明等齊名。李夢陽論其詩"守而未化,蹊徑尚存"。然清音獨遠,其品自不俗也。王士正嘗選刻其詩,又論詩絕句極推所作《談藝錄》。蓋禎卿詩格清削,于士正爲近故也。

《四庫全書總目》卷一百七十一集部二十四別集類二十四。1500 中

【校記】①吳縣人,《初目》其下原有"弘縣人"三字,疑爲衍文,今刪去。

集部　別集類　　　　　　　　　　　　　　　　　　　　　　　　　　四庫全書初次進呈存目

宗子相集十五卷

明宗臣撰。臣，字子相，號方城，興化人。嘉靖二十九年進士。官吏部郎，以賄楊繼盛忤嚴嵩，出爲福建參政，尋遷提學副使。卒於官，年三十有六。臣嘗與吳國倫論詩不勝，歸而精思累日夕，卒能卓然成一家，爲"嘉靖七子"之一。在閩中禦倭有方略，作《西門》、《西征》諸記，深中時弊，非但才人之筆也。閩諸生校刻其集，爲十五卷。

《四庫全書總目》卷一百七十二集部二十五別集類二十五。1510 上

滄溟集三十卷附錄一卷

明李攀龍撰。攀龍，歷城人。嘉靖甲辰進士。官至河南按察使。是集凡詩十四卷，文十六卷，附錄誌傳表誄之文一卷。明代文章，初以春容典雅爲宗，久之漸流爲庸熟。正德間李夢陽崛起北地，倡爲復古之學，戒天下無讀唐以後書，風氣爲之一變。攀龍引其緒而暢闡之。殷士儋誌其墓稱："文自西漢以下，詩自天寶以下，若爲其毫素污者，輒不忍爲。"故所作一字一句，摹擬古人。與太倉王世貞遞相唱和，傾動一世。舉以爲班、馬、李、杜復生於明。至萬歷間，公安袁宏道兄弟始以贋古詆之。天啟中，臨川艾南英排之尤力。今觀其集，古樂割剝字句，誠不免剽竊之譏。諸體亦亮節較多，微情差少。雜文亦故詰屈其詞，塗飾其字，誠不免如諸家所譏。然攀龍資地本高，記誦亦博，其才力富健，凌轢一時，亦有不可磨滅者。汰其膚廓，擷其英華，固亦豪傑①

《四庫全書總目》卷一百七十二集部二十五別集類二十五。1507 下

【校記】①固亦豪傑，《初目》以下原缺，《薈要提要》、文淵閣《四庫全書》書前提要與《初目》其下作："之士。譽者過情，毀者亦或太甚也。"

桂洲集十八卷

明夏言撰。言，字公謹，號桂洲。事詳《明史》本傳。此集凡賦、詩、詞八卷，文十卷，首有年譜。言未相時以詞曲擅名，然集內詞亦未甚工，詩文宏整而平易。蓋有明中葉體格如斯也。

《四庫全書總目》卷一百七十六集部二十九別集類存目三。1577 上

泰泉集十卷①

明黃佐撰。佐，字才伯，香山人。正德十六年進士。官終少詹事，贈禮部右侍郎，謚文裕。學以程朱爲宗，嘗因省親便道謁王守仁，與論難"知行合一"之旨，守仁亦稱其直諒。平生譔述至二百六十餘卷，《樂典》一書自謂"洩造化之秘"。有賦一首，各體詩若干首，名《泰泉集》。佐官南京時，其門人李時行刻於嘉興。其詩位置嚴整，而韻調諧協，論者以爲雅音焉。

《四庫全書總目》卷一百七十二集部二十五別集類二十五。1503 下

【校記】①泰泉集十卷，《總目》同，《千頃堂書目》、《明史·藝文志》作六十卷。

陶學士集二十卷

明陶安撰。安，字主敬，當塗人。元至正八年中浙江鄉試。後佐明太祖，官江西行省參

414

知政事。是集詩與文各十卷。安以儒臣典著作，郊社、宗廟皆有議，若明初分祭南北郊及四代各一廟之制皆定於安。又刑律亦安所裁，而其議論均不詳著於集，未審其故，意當時祕不欲宣耶。其詩一曰《辭達集》，一曰《知新近稿》，一曰《黃崗寓稿》，一曰《鶴沙小記》，一曰《江行雜詠》。今分體編之，與所作賦詞共爲十卷。文亦十卷，而送人之序引居其半。豈以安當時宿望，求贈言者多耶？世言祝壽之序自歸有光始入集，然此已有二篇，則不自有光始矣。其詞皆平正典甍，有先正之遺風焉。開國之初氣象，固不侔也。

《四庫全書總目》卷一百六十九集部二十二別集類二十二。1465 中

說學齋稿無卷數

明危素撰。素，字太樸，金谿人。元至正中官至禮部尚書、參知政事、翰林學士承旨。出爲嶺北行省左丞，後退居房山。淮王監國，起爲承旨如故。明洪武二年授翰林侍講學士，後因御史王著等論素不宜列侍從，謫居和州以卒。素晚節有虧，爲世僇笑。其人本不足重，然文章爾雅，寔獨繼歐、虞之後。此本凡文一百三十三篇，皆在元時所作。嘉靖三十八年，歸有光從吳氏得素手藁，傳抄其文。不分卷帙，但於紙尾記所作年歲，以賦、頌、贊、記、序爲次，蓋已佚其半矣。有光跋又稱素尚有集五十卷，有光時已未之見云。

《四庫全書總目》卷一百六十九集部二十二別集類二十二，作四卷。1466 中

莊渠遺書十二卷①

明魏校撰。校之學以體仁爲主，集中多味道之言、考據之作，頗爲詳核。但校學術雖醇，議論不無偏執。若所著《郊祀論》謂見於經者獨有南郊無北郊，而以社當地祇之祭。不知《大司樂》"方邱"之文與"圜邱"相對，圜邱爲郊天，方邱爲祭地可知。未聞祭社於澤中之方邱，且于夏日之至也。又《祭法》"瘞埋于泰折，祭地也"，與"燔柴于泰壇，祭天"之文相對，皆北郊祭地之顯證。而校乃引《周禮》陰祀用黝牲，駁《祭法》祭地用騂犢爲附會。不知《周禮》、《禮記》不能強合，先儒辨之甚明。校乃攻詆經文，並欲廢漢以來數千年大祀，其論殊不足存。他若"御札問經義"諸條所對，皆甚精允。全集文律亦正，不失儒者之言也。

《四庫全書總目》卷一百七十一集部二十四別集類二十四。1500 上

【校記】①莊渠遺書十二卷，《總目》卷數同，文淵閣《四庫全書》書前提要作十六卷。書目亦有著錄十二卷本、十六卷本者，如清葉昌熾《緣督廬日記抄》卷七著錄《莊渠遺書》十二卷，清丁仁《八千卷樓書目》卷十六集部著錄《莊渠遺書》十二卷，明刊，又一部十六卷本。

家藏集七十卷①

明吳寬撰。寬，字原博，號匏庵，長洲人。成化八年廷試第一人。官至禮部尚書。是集凡詩三十卷，文四十卷，皆以舂容恬雅爲宗，與李東陽體格略近。太平和樂之氣、館閣風流之盛，舉見於文字之間。蓋其時信陽、北地之學未興，士大夫習尚樸實，類如是也。前有東陽及王鏊二《序》。

《四庫全書總目》卷一百七十一集部二十四別集類二十四。1493 上

【校記】①《家藏集》七十卷，文淵閣《四庫全書》書前提要、《總目》作"《家藏集》七十七

卷"。文淵閣《四庫全書》書前提要、《總目》云："疑七十卷以上乃寬原編,而其後七卷則出(寬子)奭等所附益也。"

滄螺集六卷

明孫作撰。作,字大雅,以字行,一字次知,江陰人。元至正末,避兵於吳。張士誠致廩祿,謝去,居松江。洪武初,以牛諒薦之於宋濂。尋授編修,蓋濂所薦。濂為作傳,隱其詞,謙不自居也。尋乞外,除太平教授,擢國子司業。以事廢為民,後復官長樂教諭。學者稱清尚先生。作嘗著《東家子》二十篇。此集詩一卷,雜文五卷。其詩力追黃庭堅,見于《與陳檢校》一詩,而材與學皆不逮。濂為作傳無一字及其詩,蓋不以為工也。文則磊落奇偉,足以自傳,濂所許為不誣云。

《四庫全書總目》卷一百六十九集部二十二別集類二十二。1470 上

馬文莊集選十五卷[①]

明馬自強撰。自強,字體乾,陝西同州人。嘉靖癸丑進士。授翰林院檢討,歷官少保、大學士。明《藝文志》載其集,目為二十卷,其門生盛訥《後序》亦稱其遺集二十卷。此本十五卷,蓋其從子協所刪汰者。自強詩文類皆平易,惟第十一卷內,《沙苑虛賦議》一篇,言頗可采,餘無足觀。

【校記】①按:《總目》不載此書,《四庫全書》亦未收錄。按:馬自強諡號文莊,《明史·藝文志》著錄《馬自強文集》二十卷,《千頃堂書目》卷二十四著錄馬自強《馬文莊公集》二十卷。此書當年曾進呈四庫館,臺灣"中研院"傅斯年圖書館藏《四庫館進呈書籍底簿》所載《兩淮商人馬裕家四次呈送書目》著錄道:"明馬自強《文莊集》十五卷,五本。"沈津《校理〈四庫全書總目提要〉殘稿的一點新發現》一文所附《被毀殘存及未收書目提要》(《中華文史論叢》一九八二年第一輯)中有此書提要,文字與此略有不同。該《提要》著錄此書來源於"兩淮馬裕家藏本",又作"十五卷",與《兩淮商人馬裕家四次呈送書目》也完全吻合。此書乾隆年間被禁,見英廉等編《全燬書目》。

九芝集選十二卷

明龍膺撰。膺,字君御,武陵人。集中皆所作詩賦,而其伯兄襄為之選定者。以卷首冠以《九芝賦》,遂名之。

《四庫全書總目》卷一百七十九集部三十二別集類存目六。1615 中

瞿文懿集二十卷[①]

明瞿景淳撰。淳,字師道,常熟人。嘉靖甲辰進士及第。歷官禮部侍郎[②]。《明史·藝文志》載其《內制集》一卷,又《文集》十六卷。此本十六卷外有《制科集》三卷,《制敕稿》一卷,與《藝文志》卷數少有異同。所謂《制敕稿》者,或即《藝文志》之《內制集》。而《制科》一集,《志》偶失載歟。集中惟《讀易雜著》數則稍可,附《參易解》,餘皆無關體要。蓋景淳本以制藝名也。

《四庫全書總目》卷一百七十七集部三十別集類存目四。1593 中

【校記】①《瞿文懿集》二十卷,《總目》作"《瞿文懿制敕稿》一卷《制科集》四卷《詩文集》十六卷"。《初目》著錄二十卷中,《制科集》爲三卷,《總目》爲四卷,所以有一卷之差。臺灣"中研院"傅斯年圖書館藏《四庫館進呈書籍底簿》所載《兩淮商人馬裕家四次呈送書目》著錄道:"明瞿景淳《文懿集》二十卷。"是進呈書本即二十卷。　②歷官禮部侍郎,《總目》作"官至南京吏部右侍郎",非是。《明史》卷二百十六本傳云:"領南京祭酒事,就遷吏部右侍郎。隆慶元年,召爲禮部左侍郎。用總校《永樂大典》勞,兼翰林院學士。"是其所官非至南京吏部右侍郎。《總目》有誤。

檀雪齋集四十卷

明胡敬辰撰。敬辰,字直卿,餘姚人。天啓壬戌進士。歷官江西驛傳道,終光祿寺錄事。是集以所著詩賦、雜文及官縣令時讞牘並編,已爲猥雜。其文艱深險怪,幾不可句讀。詩格鄙淺,更出鍾、譚之下。

《四庫全書總目》卷一百八十集部三十三別集類存目七。1627 上

宗伯文集十六卷①

明曹勳撰。勳,字允大,號羲雪,華亭人。崇禎戊辰進士。官至左庶子,兼翰林院侍讀。福王時,官禮部侍郎,故其集以宗伯稱云。

【校記】①按:《總目》不載此書,《四庫全書》亦未收錄。沈津《校理〈四庫全書總目提要〉殘稿的一點新發現》一文所附《被毀殘存及未收書目提要》(《中華文史論叢》一九八二年第一輯)中有此書提要,文字與此略有不同。此書乾隆年間被禁,見英廉等編《全燬書目》。

益齋存稿一卷

明翁任春①撰。任春初名允璹②,字克生,金華人。明季遊江湖間,爲詩頗近復社流派,且多哀厲之音。集中詩凡一百十三首,其子煊烘錄之。附編宋翁卷《西巖集》後,疑爲卷之後裔③也。前有王思任《序》。

《四庫全書總目》卷一百八十集部三十三別集類存目七。1626 中

【校記】①翁任春,殿本《總目》同,浙本《總目》作"翁正春",非是。《續通志》卷一百六十二《藝文略》、《續文獻通考》卷一百九十六《經籍考》著錄此書,均名翁任春。作"正"者,因"任"、"正"形近而誤。　②任春初名允璹,按:阮元《兩浙輶軒錄》卷八、孫詒讓《溫州經籍志》卷三十集部、光緒《永嘉縣志》卷十七《人物志》等,均作"翁應春"。應春當是其原名,因避清世宗胤禛嫌名諱,改名允璹,後又改爲任春。　③疑爲卷之後裔,按:《兩浙輶軒錄》卷八云:"翁應春,字克生。"注引《溫州府志》云:"應春,爲宋詩人翁靈舒之後。……僅遺《益齋存稿》,與靈舒《西巖集》彙刻一編。"靈舒即宋代詩人翁卷。翁卷,字續古,一字靈舒。

天啓宮中詞一卷

明陳悰撰。悰,字次杜,常熟人。前有悰自敍。其詩仿王建《宮詞》,雜咏天啓軼事,凡

集部　別集類　　　　　　　　　　　　　　　　　　　　　　　　　　　四庫全書初次進呈存目

一百首。自註亦極詳悉,頗足以廣異聞。朱彝尊嘗錄入《明詩綜》,其《靜志居詩話》述徐昂發之言,以爲本秦徵蘭撰,惊攘而有之。徵蘭,字楚芳,亦常熟人。

《四庫全書總目》卷一百八十集部三十三別集類存目七。1628 中

瀨籟集二十四卷①

明卓發之著。發之,字左車,又字能儒,號蓮旬居士,仁和人。其詩文皆以才自豪,時出入內典,未諧雅則。

【校記】①按:《總目》不載此書,《四庫全書》亦未收錄。《千頃堂書目》卷二十六、《佩文齋書畫譜》卷首"纂輯書籍",均著錄有此書。此書當年曾進呈四庫館,《武英殿第二次書目》著錄此書,八本。此書乾隆年間被禁,乾隆四十五年九月初八日浙江巡撫李質穎奏查繳違礙書籍摺附第十九次查繳應毀各書清單(《纂修四庫全書檔案》七〇八)、乾隆四十六年二月三十日山東巡撫國泰奏繳應毀違礙書籍板片摺附清單(同上七六七二),均著錄此書。其書今收入《四庫禁燬書叢刊》。

雲鴻洞續稿四卷①

明官撫辰撰。撫辰,字凝之,鄖陽人。由恩貢生以史可法薦,授桃源縣知縣。明亡爲僧。集中前二卷詩賦雜文。第三卷別名《桃笑跡》,即官桃源時所作。第四卷名《壬機握筭》,即談兵之文。

【校記】①按:《總目》不載此書,《四庫全書》亦未收錄。清鈔本萬斯同《明史‧藝文志》著錄官撫辰《雲鴻洞集》一書,《千頃堂書目》卷十三《五行類》著錄官撫辰《三式全書》一書。官撫辰著作乾隆年間被禁。乾隆四十三年湖廣總督三寶等奏呈查繳應毀各書清單記道:"《雲鴻洞稿》並《續稿》四部。刊本。是書官撫辰著。一部計八本,又一部計七本,又一部計一本,俱不全;又一部計四本,全。內載明末事蹟,語多干礙。"(《纂修四庫全書檔案》五七九)。乾隆四十七年十月初七日湖北巡撫姚成烈奏解第十一次查繳應禁各書摺附清單記錄有官撫辰著《桃笑集》一部(同上九二一)。其書今存清抄本,存卷一、卷二,收入《四庫禁燬書叢刊補編》。

何長人集八卷①

明何慶元撰。慶元,六安人,長人其字。萬歷戊戌進士。歷官雲南按察副使。集八②四種,曰《蓬來室存稿》,曰《近稿》③,《南游草》④,曰《甓社游草》。詩文皆傷率易。

【校記】①按:《總目》不載此書,《四庫全書》亦未收錄。《千頃堂書目》卷二十五著錄其《蓬來室存稿》。此書曾進四庫館,《武英殿第二次書目》著錄《何長人集》八本。乾隆年間被禁,見英廉等編《全燬書目》。其書今存明萬曆刻本,收入《四庫禁燬書叢刊》。②集八,於義無解,或爲"集八卷"之意。　　③《近稿》,其書作《蓬來室近稿》。
④《南游草》,按提要體例,書名前當有"曰"字。又其書書名作《南北游草》。

半江集十五卷

明趙寬撰。寬,字栗夫,吳江人。成化辛丑進士,官至廣東按察使。半江,其別號也。集

418

初爲其邑人王思誠所刊,王守仁、費宏皆爲之序。守仁序不載卷數,但惜其遺稿散佚。宏序稱詩六卷,文如之。此本凡詩八卷,文七卷,蓋其仲子檜所掇拾補緝也。

《四庫全書總目》卷一百七十五集部二十八別集類存目二。1562下

大復集三十八集

明何景明撰。景明,字仲默,信陽人。弘治壬戌進士。歷官陝西提學副使。事詳《明史》本傳。景明與李夢陽俱倡爲復古之學,世稱爲"何李"。景明之詩雄奇遜於夢陽,而俊逸過之,世或遂謂何勝於李。然較其長短,適相當耳。惟於文則與夢陽並爲不工。此集辭賦三卷,詩二十六卷,文九卷。首有王廷相、唐龍、康海、王世貞四《序》,後附傳誌行狀之類共一卷。

《四庫全書總目》卷一百七十一集部二十四別集類二十四。1499下

東田漫稿六卷

明馬中錫撰。中錫,字天祿,別號東田,故城人。成化乙未進士。歷官左都御史。是集爲其子師言所編。同邑孫緒序之,稱其詩"卑者亦邁許渾,高者當在劉長卿、陸龜蒙之列[①]",而其末力詆"竊片語、摶數字,規規於聲韻步驟","摹仿愈工,背馳愈遠"。蓋爲李夢陽而發。其排斥北地,未爲不當。然中錫詩格,實出入于《劍南集》中,精神魄力則尚不逮夢陽也。

《四庫全書總目》卷一百七十五集部二十八別集類存目二。1562上

【校記】①列,《初目》原作"例",誤。今據其集卷首孫緒《序》改。《總目》不誤。

考功集十卷

明薛蕙撰。蕙,字君采,亳州人。正德九年進士。官吏部考功司郎中。正嘉之間,北地、信陽聲華方盛,蕙詩獨以清削婉約介乎其間,上挹晉宋,下涉錢郎。核其遺篇,亦不免擬議多而變化少。然當其自得,亦有微情。其《戲成五絕句》有曰"俊逸終憐何大復,粗豪不解李空同",其所尚可知矣。

《四庫全書總目》卷一百七十二集部二十五別集類二十五。1503上

涇野集三十六卷

明呂柟撰。柟,初字大棟,更字仲木,號曰涇野,高陵人。正德戊辰進士第一人。仕至南京禮部侍郎。柟集初刻於西安,既而佚缺。其門人徐紳、吳遵、陶欽重爲刪補編次,刻於真定。此本即真定刻也。柟以講學自任,故其文多與人言學,然亦未嘗不刻意於字句。觀其所作,大抵以詰屈奧澀爲高古。往往離奇不常,掩抑不盡,貌似周秦間子書。其亦漸於[①]空同之說者歟。

《四庫全書總目》卷一百七十六集部二十九別集類存目三。1571上

【校記】①漸於,《總目》作"漸漬於"。

白沙集九卷

明陳獻章著。獻章,字公甫,新會人。正統丁卯舉人。以薦授翰林院檢討。謚文恭,從

祀孔廟。其集爲門人湛若水校定。萬歷間,何熊祥重刊之。文四卷,詩五卷,行狀誌表附於後。獻章雖負一代盛名,而其學問文章至今毀譽者各半。大抵譽者過情,毀者亦過情,皆門戶相軋之見。惟王世貞謂其"詩不入法、文不入體,而其妙處有超出法與體之外者",可謂兼盡其短長矣。近人輯《白沙語錄》,即於此集中摘其論説之文排比而成,非別有一書。

《四庫全書總目》卷一百七十集部二十三別集類二十三。1487 中

梅雪軒詩稿四卷

明朱敬鑣撰。敬鑣,秦愍王樉八世孫,字進父。爲奉國中尉。詩格淺弱,尚未能自名一家。前有王鶴、黃輝、寇學海、南師仲①、馮從吾五《序》,皆萬歷中作。

《四庫全書總目》卷一百七十九集部三十二別集類存目六。1612 下

【校記】①南師仲,《初目》原作"南帥仲",非是。今據其集卷首南師仲《序》改。雍正《陝西通志》卷六十三《人物·儒林》云:"南師仲,字子興,渭南人。萬歷乙未進士。"此與其《序》署銜同。

賜餘堂集十四卷

明吳中行撰。中行,字子道,號復菴,武進人。隆慶五年進士。官編修時,與趙用賢等論張居正,廷杖削籍。後屢起屢廢,卒不大顯,終於侍講學士。是集爲其子大理寺少卿亮所編。中行以鯁直稱,詞章不甚著於世,而集中《植綱常》、《正朝廷》二疏,氣節凜然,正不徒以文論也。

《四庫全書總目》卷一百七十九集部三十二別集類存目六。1611 下

竹齋集三卷續集一卷附錄一卷

明王冕撰。冕,字仲章,諸暨人。本農家子,然自幼喜讀書,韓性識之,遂傳其學。冕早年落落有大志,行多詭激。泰哈布哈嘗薦爲館職,知元室將亂,辭不就。明太祖下婺州,物色得之,授諮議參軍,未幾卒。宋濂爲作傳。舊本題爲元人,誤也。詩集三卷,其子周所輯,劉基序之。《續集》詩及雜文一卷。又《附錄》呂升所爲王周行狀,則冕女孫之子駱居敬所輯。冕才縱逸,其詩多排奡遒往之氣,古體尤勝尋常。爲詩無絕句,惟畫梅成乃以絕句題之。《續集》所收,皆題畫梅詩也。

《四庫全書總目》卷一百六十九集部二十二別集類二十二。1476 下

周恭肅集十六卷

明周用撰。用,字行之,吳江人。弘治壬戌進士。官至吏部尚書,以節概端亮稱。是集爲其子國南所編,凡詩九卷,詩餘一卷,文六卷,朱希周爲之序。其詩古體多暉緩之音,近體音節頗宏整,文則平實坦易,縱其筆之所如。

《四庫全書總目》卷一百七十六集部二十九別集類存目三。1568 上

東海文集五卷①

明張弼撰。弼,字汝弼,華亭人。弘治丙戌進士。官南安府知府。此本凡五卷,前四卷

皆雜文,後一卷乃時人弔輓銘讚之作。而吳鉞《序》則謂其子輯錄詩若文若干卷②,蓋其文原與詩合刻以行,而此本偶佚之也。彌爲人朴直有守,在南安多惠政,民至今尸祝之。尤工草書,得之者寶若拱璧。詩文則直抒胸臆,不事鍛鍊。平日嘗自云:"書不如詩,詩不如文。"論者以爲此"英雄欺人"之語,非篤論也。

《四庫全書總目》卷一百七十五集部二十八別集類存目二。1561 上

【校記】①《東海文集》五卷,《總目》同。按:張彌著《張東海先生詩集》四卷《文集》五卷,有明正德十三年周文儀福建刻本。各地呈送張彌著作,據採進書目著錄,有詩文都有之全本,也有僅有文集之不全本。《兩淮鹽政李呈送書目》著錄《東海集》五卷,四本,此當爲僅有文集之不全本。《江蘇省第一次書目》著錄《張東海集》,五本,未知是否齊全。《浙江第四次孫仰曾家呈送書目》著錄《張東海集》詩文共九卷,六本。《江蘇採輯遺書目錄》云:"《張東海集》,南安知府華亭張彌著。按彌爲兵部郎,以言事出守南安。時各郡收兵議賞,彌以翰墨代此集,共九卷。"《浙江採集遺書總錄》癸集上云:"《張東海詩集》四卷《文集》五卷,刊本。右明南安知府華亭張彌撰。彌幼善文,工草書,號東海居士。張東海之名流播外裔。李東陽、王廷相序,四世孫以誠跋。"此均爲全本。《初目》所見爲僅有文集之不全本。《總目》亦未檢核原書,僅據《初目》抄錄。　②詩若文若干卷,《總目》作"詩文若干卷"。按:吳鉞《序》(實爲吳鉞《後序》)原文作"詩若文凡若干卷"。《總目》所說其意同,但不若《初目》更近原文。

白陽集不分卷

明陳淳撰,原本未分卷。淳,字道復,後以字行,別字復甫,號白陽山人。長洲諸生,援例入北監。卒業歸,不復就選。少時從同里文徵明游,書畫特妙,志行亦高潔。有詩若干首,曰《白陽集》,其五世從孫編修仁錫與沈周集合刻之,以兩人詩皆爲畫掩也。卷末附錄一冊,則徵明諸人爲淳而作者。

《四庫全書總目》卷一百七十八集部三十一別集類存目五。1606 中

陶詩析義四卷①

明黃文煥撰。文煥,字維章,永福人。天啓五年進士。官右中允。嘗以論事與黃道周同下詔獄。憂患之餘,有慕陶潛之閒適,故取其詩箋釋之。寓意而已,不必盡得潛旨也。後附《赭留集》一卷②,乃文煥自著詩文,亦不甚工。

《四庫全書總目》卷一百七十四集部二十七別集類存目一。1531 中

【校記】①陶詩析義四卷,《總目》作"二卷",提要云:"別本或作四卷。"　②後附《赭留集》一卷,按:《總目》將《赭留集》一卷析出另外著錄。本書提要云:"文煥自作《赭留集》一卷,雖意求附驥,而事類續貂,今析出別著於錄焉。"

抑庵集十三卷後集三十七卷

明王直撰。直,字行儉,泰和人,號抑庵。永樂三年進士。官至吏部尚書。是集爲其子檢討稹所編,《續集》則其子稙所編。其文雅正近古,有宋元之遺風。明自中葉以後,北地、信陽之說興,而古文日趨於僞。直當正統、天順之間,去明初不遠,淳寔之習未漓。雖似平

集部　別集類　　　　　　　　　　　　　　　　　　　　　　　　四庫全書初次進呈存目

易，寔非後來所及也。
　　《四庫全書總目》卷一百七十集部二十三別集類二十三。1484 下

甘泉集三十二卷①

　　明湛若水撰。若水，字元明，增城人。弘治乙丑進士。歷官南京吏禮兵三部尚書。初與王守仁同講學，後各立宗旨。守仁之學主於致良知，若水之學主於格物，嘗以隨處體驗天理誨人。據其門人洪垣記，原集本四十八冊，其刊以行世者十五冊。此本凡《樵語》一卷、《新論》一卷、《雍語》一卷、《二業合一訓》一卷、《大科訓規》一卷、《書》一卷、《新泉問辨錄》一卷、《新泉問辨續錄》一卷、《問疑錄》一卷、《問疑續錄》一卷、《金陵問答》一卷、《金臺問答》一卷、《書問》二卷、《古樂經傳或問》一卷、《序》、《記》、《章疏》三卷、《講章》一卷、《雜著》一卷、《約言》一卷、《語錄》一卷、《楊子折衷略》②一卷、《非老子略》一卷、《詩》二卷、《歸來紀行略》③一卷、《嶽游紀行略》一卷，祭文、碑銘二卷、《外集》一卷。蓋語錄居十之九，詩文其餘贅耳。
　　《四庫全書總目》卷一百七十六集部二十九別集類存目三。1568 下
　　【校記】①《甘泉集》三十二卷，提要中所列僅三十一卷。此書有《四庫全書存目叢書》據山西大學圖書館藏清康熙二十年黃楷刻本《湛甘泉先生文集》影印本，與此相核，《雍語》一卷下，漏列"《知新後語》一卷"。　②楊子折衷略，《總目》作"揚子折衷略"，誤。此楊子，指宋代學者楊簡，著有《楊氏易傳》、《慈湖詩傳》等。湛若水著此篇，專就楊簡之說而指斥之。卷首崔銑《序》云："楊簡者，子靜之徒也，衍說詡章，益無忌憚。"又云："甘泉之於楊，則篇摘而縷數之。"可見湛若水著作此篇宗旨。《總目》作"揚子"者，或以爲指揚雄。　③《歸來紀行略》，《總目》同。按：黃楷刻本《湛甘泉先生文集》作"《歸去紀行略》"。此記述嘉靖十九年致仕令下，湛若水回歸故里之行程，故名"歸去"。《初目》、《總目》均非是。

望雲集五卷

　　明郭奎撰。奎，字子章，巢縣人。朱文正開大都督府於南昌，嘗參其軍事。奎早從元余闕學，慷慨有志節。干戈擾攘之際，仗劍從軍，備嘗險阻，蒼涼激楚，一發於詩。五言古體，源本漢魏，頗得遺意。七言古體，時近李白。五言律體，純爲唐調。七言律體，稍雜宋音。絕句則在唐宋之間。在時流中可謂挺出。趙汸、宋濂皆爲之序，推崇甚至，良不誣矣。五卷之末附短札三篇。嘉靖辛卯吳廷翰重刊是集，但稱五言古詩三十七，詞歌曲十三，五、七言律百有九，排律雜詩四十四，不言有文。豈後人得其手稿附入耶？集中《送陳克明歸茶陵詩》，"瑚"、"璉"字押入平韻，蓋古人三聲之法。古詩《上山采蘼蕪》以"素"、"餘"、"故"同押，劉琨《贈盧諶詩》以"璆"、"叟"同押，蓋即其例，非落韻也。
　　《四庫全書總目》卷一百六十九集部二十二別集類二十二。1474 中

王右丞詩集類箋十卷文集四卷

　　明無錫顧起經註。以各體詩析爲五十四類，爲之箋釋，兼互勘諸本，正其訛異。所列評語則用世傳劉辰翁本。首冠以王縉進表、代宗手敕及本傳、世系、年譜，並諸家詩畫評，復裒

輯遺佚爲外編。又輯與諸家同時賦詠之作者爲《同詠集》，同時投贈之作爲《贈題集》，與雜文四卷並附于末。而雜文則皆無註，蓋以詩爲主也。搜羅補苴，用力頗勤，然以校近時趙殿成本，則刱始者難工矣。

《四庫全書總目》卷一百七十四集部二十七別集類存目一，作《類箋王右丞集》十卷附《文集》四卷。1534 上

鐘台集[①]十二卷

明田一儁撰。一儁，字德萬，大田人。隆慶戊辰[②]進士。仕終禮部侍郎。爲侍講時，以劾張居正救吳中行負直聲。其人自正，而詩文則未能逮古也。

《四庫全書總目》卷一百七十九集部三十二別集類存目六。1610 下

【校記】①鐘台集，《總目》作"鐘臺集"。按：其集有明萬曆二十八年田元振刻本，書名、各卷卷端均作"鐘台集"。其集卷首有黃鳳翔《宗伯鐘台田公文集序》，附錄有《奉鐘台田公神主首入鄉賢祠告文》，又有《哭鐘台田先生詩》二十三首，作者有陶望齡、周如砥、劉日寧等。卷末爲田一儁子元振、元應跋《刻鐘台田先生遺集》。明陶望齡《陶文簡公集》卷一（明天啟七年陶履中刻本）有《輓田鐘台先生》詩，序作"鐘台先生既臥病乞身去，行有日矣"云云。均可證應以"鐘台"爲是。　②戊辰，《總目》原作"戊戌"，誤。隆慶無戊戌年。《總目》作"戊辰"，是也。《明史》卷二百十六《田一儁傳》作"隆慶二年會試第一"。隆慶二年即戊辰年。

洨濱集十卷附錄二卷

明蔡靉撰。靉，字天章，號洨濱，寧晉人。嘉靖己丑進士，官至雲南道監察御史。是集爲其門人李登雲等所編，凡文六卷，詩四卷，銘贊之類附詩末。《附錄》二卷，則其朋友贈答與門人稱頌之作也。靉早師真定張璿，入仕後師朝邑韓邦奇、增城湛若水。平居務講學，立朝務氣節，文章蓋非所留意云。

《四庫全書總目》卷一百七十七集部三十別集類存目四。1586 上

東里全集九十七卷別集四卷[①]

明楊士奇撰。士奇名寓，以字行[②]，泰和人。事跡具《明史》。明初三楊並稱，而士奇文筆特優，制誥碑板多出其手。仁宗雅好歐陽修之文，士奇文亦平正紆餘，得其彷彿，在明人集中猶爲不失古格者。文集凡二十四卷，詩三卷，續集六十二卷[③]。詩文皆有別集，曰《代言錄》，皆制敕之類，曰《聖諭錄》，曰《奏對錄》，曰《附錄》，則士奇之傳誌諸文皆在焉。李東陽《懷麓堂詩話》曰："楊文貞《東里集》，手自選擇，刻之廣東，爲人竄入數首。後其子孫又刻爲《續集》，非公意也。"然則《續集》乃士奇所芟棄者矣。

《四庫全書總目》卷一百七十集部二十三別集類二十三。1484 上

【校記】①東里全集九十七卷別集四卷，《總目》同。文淵閣《四庫全書》書前提要作"《東里集》九十三卷"。《四庫全書》本包括《東里文集》二十五卷、《東里詩集》三卷、《東里續集》六十二卷、《東里別集》三卷。《東里別集》三卷分別題作《代言錄》、《聖諭錄》、《奏對錄》。　②以字行，《初目》原作"以士行"，誤。《明史》卷一百四十八本傳

云：“楊士奇，名寓，以字行。”今據改。　　③文集凡二十四卷，詩三卷，續集六十二卷，此合計共六十九卷，與書名作九十七卷不符。

省中稿二卷二臺稿二卷歸田稿十卷

明許穀撰。穀，字仲貽，上元人。嘉靖中由吏部郎中爲南京太常寺少卿、尚寶司卿，告歸。所作《二臺稿》、《歸田稿》皆詩集，惟《省中稿》兼有雜文。詩格頗爽俊，當其合處，時得古人之意。而失於芟擇，多參以應俗之作，遂不免金屑難披之憾。

《四庫全書總目》卷一百七十七集部三十別集類存目四。1590下

雲邨文集十四卷

明許相卿撰。相卿，字台仲，海寧人。正德丁丑進士。任兵科給事中，引疾歸。間居四十年，累徵不起。是集爲相卿所自定，簡擇頗精。詩多近體，然五言有唐調，七言出入於陳師道、陳與義間，亦綽有舊格。章疏切直，雜文體裁雅潔，亦多有道之言。無明季士大夫求名若渴之習，殆篤實君子也。其歸田後《與王子揚書》，稱"時慮更切，不敢以歸爲幸。乃今傳聞日駭，事勢日危，旦夕念北，如昔之思南"。其惓惓君國之意，視所謂"去國一身輕似葉，高名千古重於山"者，所見相去遠矣。

《四庫全書總目》卷一百七十二集部二十五別集類二十五。1503上

集古梅花詩四卷

明童琥撰。琥，字廷瑞，蘭谿人。弘治庚戌進士。官至工部郎中。集句爲詩，始於晉之傅咸，其詩今載《藝文類聚》中，文義粗貫而已。自宋齊至唐，罕聞嗣響，宋石延年、王安石、孔平仲等始稍稍爲之。平仲所集不傳，延年、安石所集亦不多見。其袞然成編者，惟元李龏《翦綃》一集。是編專詠梅花，疊至五言律詩、七言律詩、七言絕句各百首。又旁及紅梅，得七言律詩十首。所采上及六代，下及明初，排比聯貫，爛然成文，亦可謂好奇之士矣。惜非詩家正格，弊精神於無用之地也。

《四庫全書總目》卷一百七十六集部二十九別集類存目三。1565上

王校書全集四十二卷①

明王穉登撰。穉登，字百穀，先世江陰人，移居長洲。十歲能詩，嘉靖甲子以《賦紫牡丹詩》受知大學士袁煒，薦校秘書。將奏以布衣領史事，竟不果，遂終身無所遇。然文章氣誼奔走一世，擅盛名者三十年，論者謂可繼文徵明。萬歷中，江寧葉氏裒其詩文雜著合刊之，曰《晉陵集》、《金昌集》、《燕市集》、《青雀集》、《客越志》、《竹箭編》、《梅花什》、《明月篇》、《雨航紀》、《青苔集》、《越吟》、《荊溪疏》、《延令纂》、《采真篇》、《法因集》、《丹青志》、《虎苑》、《吳社編》、《生壙志》、《苦言》、《諜野集》，凡二十一種。

【校記】①按：《總目》未收《王校書全集》此書。所列二十一種子目中，除《丹青志》（作《吳郡丹青志》）、《吳社編》見於《總目》外，其餘也未見《總目》著錄，惟在《四庫全書》抄錄圖書中，間有引用其文字者。此書當年曾進呈四庫館，《江蘇採輯遺書目錄》："《王百穀集》，吳縣王穉登著。按此集詩文，隨所遊歷，分手編次，共三十卷，刊本。"沈津《校理

《四庫全書總目提要》殘稿的一點新發現》一文所附《被毀殘存及未收書目提要》(《中華文史論叢》一九八二年第一輯)中有此書提要，文字與此略有不同。此書乾隆年間被禁，乾隆五十四年十月浙江巡撫琅玕奏呈查繳禁書清單中，列有王穉登撰《王百穀集》一本(《纂修四庫全書檔案》一三四〇)。其書今收入《四庫禁燬書叢刊》，名《王百穀集》，收錄上述二十一種著作中除《丹青志》、《吳社編》以外的十九種著作。

楓山集四卷

明章懋撰。懋，字德懋，蘭陵人。成化丙戌進士。入翰林，與莊㫤、黃仲昭以言張燈事杖謫。集中所載第一篇即其原疏也。後歷官南京禮部尚書，學者稱楓山先生。懋爲學恪守先儒義訓，有勸以著述者，曰："先儒之言至矣，刪其繁可也。"故生平所作止於如此。書前有《寔紀》一卷，載誥敕諭祭文以及《行狀》、《祠祀》等篇，乃其子接所編次，門人唐龍爲之序。

《四庫全書總目》卷一百七十一集部二十四別集類二十四。1492 上

琴溪集八卷

明陳寰撰。寰，字原大，常熟人。正德辛未進士。嘉靖中爲南京國子監祭酒。寰與桂萼爲同年，官翰林時乃力斥萼議大禮之非，坐是移南京，旋告歸。其人足重，詩文則皆不入格。

《四庫全書總目》卷一百七十六集部二十九別集類存目三。1574 上

陳文岡集二十卷

明陳棐撰。棐，鄢陵人，文岡其字也。嘉靖乙未進士。官至甘肅巡撫。詩文淺易，奏疏亦多迂踈。

《四庫全書總目》卷一百七十七集部三十別集類存目四。1590 下

宏藝錄[①]三十二卷

明邵經邦撰。經邦，字仲德，號宏齋，仁和人。正德辛巳進士。官至刑部員外郎。以建言廷杖遣戍。此其所著詩文集也。經邦別有講學之書曰《宏道錄》，論史之書曰《宏簡錄》，與此編統名曰《三宏集》。

《四庫全書總目》卷一百七十六集部二十九別集類存目三。1578 下

【校記】①宏藝錄，《初目》原作"宏毅錄"，非是。《總目》作"宏藝錄"，是也。其書今存，卷首作者《自序》，稱"夫藝，聖人所不廢也"云云，即其命名之意。茲據改。

雅宜集十卷

明王寵撰。《明史》：寵，長洲人，字履吉，別號雅宜山人。自正德庚午至嘉靖辛卯，凡八與鄉試，皆見斥。而其名益起。集中詩八卷，分體編列，而各以正德稿、嘉靖稿字繫標題之下，蓋約略編年之意，以自記所造淺深也。其詩才力富贍，而抑鬱之氣激爲沉厲，亦往往失之過悁。雜文二卷附詩後，蓋非所留意也。

《四庫全書總目》卷一百七十六集部二十九別集類存目三。1579 下

集部　別集類　　　　　　　　　　　　　　　　　　　　　　　　　　　四庫全書初次進呈存目

費文通集選要六卷

明費宏弟寀之文，亦劉同升與許穀所選。寀，字子和。正德辛未進士。官至禮部尚書，著有《鍾石集》二十四卷。

《四庫全書總目》卷一百七十六集部二十九別集類存目三。1573 上

赤城集二十三卷

明夏鍭撰。鍭，字德樹，天台人。官南京大理寺左評事。其詩欲爲別調，而轉乖雅則，文亦獷野無古法。

《四庫全書總目》卷一百七十五集部二十八別集類存目二。1564 中

春雨齋文集十卷

明解縉撰。縉，字大紳，吉水人。洪武戊辰進士。永樂初官翰林學士，出爲廣西參政，改交趾。爲高煦所譖，下獄死。《明史》有傳。縉才氣放逸，下筆不能自休，當時有才子之目。至今流俗所傳，少年夙慧者率以縉爲口實。然其詩文寔多率意，遣辭不事持擇，殊乏研錬之功。集爲後人所編。李東陽稱其"詩無全藁"，"真僞相半"。魚目砥砆，雜然並進，其可佚採掇者益以尠矣。

《四庫全書總目》卷一百七十集部二十三別集類二十三，作《文毅集》十六卷。1482 中

獨醉亭集一卷①

明史謹撰。謹，字公謹，崑山人。初以事謫居雲南，故《獨醉亭記》稱爲"滇陽史先生"。後用薦爲應天府推官，降補湘陰縣丞。尋罷歸，僑居金陵，以詩畫自娛。集中多楚蜀詩，蓋其少作，格調頗俊逸。前有陳璉《序》，題洪武壬午。按：壬午爲建文四年②，蓋革除後追改之也。

《四庫全書總目》卷一百六十九集部二十二別集類二十二。1476 下

【校記】①獨醉亭集一卷，文淵閣《四庫全書》書前提要、《總目》作三卷。《總目》曰："是集蓋謹所自編，但以體分，不題卷數。"又曰："今以原本所有亦併存之，與謹所自定諸詩，共釐爲三卷。"　②壬午爲建文四年，《總目》作"壬午爲建文五年"，誤。壬午即建文四年。

少泉集①**三十一卷**②

明王格撰。凡《詩選》八卷，《文選》五卷，《續文選》四卷，皆高岱所定。《詩續選》八卷，李淑所定。又《詩新選》六卷，其子宗寧等所刊也。格，字汝化，別字少泉，京山人。少舉進士，官終太僕少卿。顧璘、王世貞等皆推服之。其詩文不失古人短範③，而病亦失之於摹擬，嘉靖隆慶之間風氣所尚如斯也。

《四庫全書總目》卷一百七十七集部三十別集類存目四。1583 下

【校記】①少泉集，《初目》原作"小泉集"，非是。其提要下云"別字少泉"，《明史·藝文志》、《明詩綜》卷四十五著錄均作"少泉集"，今據改。《總目》不誤。　②三十一卷，《總目》作三十三卷，所多出二卷在《詩選》，《初目》作八卷，《總目》作十卷。按：《浙江

第四次孫仰曾家呈送書目》著錄："《少泉詩選》八卷《詩續》八卷《文選》五卷《文續》四卷，明王格著，十本。"《浙江採集遺書總錄》癸集上同此，並曰："右明太僕寺少卿京山王格撰。其邑人高岱、李淑同選。"所進共二十五卷，王格子宗寧刊《詩新選》六卷不在其中。《初目》據此撰寫，故《詩選》爲八卷。《詩選》有明嘉靖刻本，題《少泉詩集》，十卷。《總目》著錄此書來源於"浙江孫仰曾家藏本"，此與進呈書目相符合。後《總目》或因見《詩選》有十卷，遂作了修改。　　③短範，不詞，或爲"矩範"之誤。

一齋集十六卷

明朱善撰。集首載聶鉉所作墓誌，稱名善繼，然集中自稱曰朱善，而世所傳《詩經解頤》亦題曰朱善，則繼字殆刊本誤也。是編《前集》十卷，《後集》五卷。又《廣游集》一卷，附刊于後。善以文章爲明太祖所知，然其集究不能與宋濂諸人雁行也。

《四庫全書總目》卷一百七十五集部二十八別集類存目二。1550 中

澹軒集八卷①

明馬愉撰。愉，字性和，臨朐人。宣德丁未進士。仕至禮部侍郎。其集初有刊本，已散佚。其鄉人都御史遲鳳翔購得殘本，更於愉家掇拾逸作，補葺刻之。故此本題曰"續刻"。目中注"續刻"字者，皆翔鳳所增也。凡講義及應制詩賦一卷，詩二卷，雜文四卷，墓誌輓詩一卷，皆宦途酬應之作。

《四庫全書總目》卷一百七十五集部二十八別集類存目二，作《別本澹軒集》。1556 上

【校記】①按：《總目》著錄《澹軒集》兩本。一本題《澹軒集》七卷，浙江巡撫採進本，此爲明成化庚子年山東參政邢居正命青州知府劉時勉裒集遺亡而刊刻，有詩賦四卷，雜文三卷。一本題《別本澹軒集》八卷，兩淮鹽政採進本，爲遲翔鳳購得殘本，並於愉家掇拾逸作補葺刻之，因此題曰"續刻"。遲翔鳳刻本即《初目》著錄之本。

石語齋集二十六卷

明鄒迪光撰。迪光，字彥吉，無錫人。萬曆甲戌進士。官至湖廣提學副使。年四十罷歸，築室惠山，風流自賞。一時勝士徵逐觴詠者垂三十年。當王世貞既沒，迪光遂欲爲詞壇執牛耳，然湯顯祖等頗心非之。所著詩文題曰《石語齋集》，用庾信讀溫子昇韓陵山寺碑語也。未免過於自詡矣。

《四庫全書總目》卷一百七十九集部三十二別集類存目六。1613 上

楊忠烈集三卷①

明楊漣撰。漣，字文孺，號大洪，應山人。萬曆三十五年進士，事迹具《明史》。是編爲其孫苞所刊遺記、雜文，無多卷帙，而剛直之氣槩可以想見。削籍後與人書頗有學仙之志，蓋亦與時鑿枘，欲託之方外耳，不足以爲漣病也。

【校記】①按：《總目》不載此書，《四庫全書》亦未收錄。《明史·藝文志》著錄《楊漣文集》三卷，《千頃堂書目》卷二十六著錄《楊忠烈公集》三卷。此書當年曾進呈四庫館，《兩江第一次書目》著錄《楊忠烈集》，六本；《兩淮鹽政李呈送書目》著錄《忠烈集》八

卷,四本。《江蘇採輯遺書目錄》云:"《楊大洪集》,副都御史應山楊漣著。按:漣劾魏璫二十四大罪,下獄死。此集奏疏、雜文共二卷。刊本。"其書在乾隆年間被嚴禁,楊漣家鄉應山縣所在的湖北一地查禁尤嚴。乾隆四十三年十月初四日湖廣總督三寶、湖北巡撫陳輝祖奏六次查獲應毀各書摺附清單有此書,云:"《楊忠烈集》十五部,刊本。是書楊漣著。前已繳過。今續查獲二部各十二本,又三部各八本,又四部各七本,又三部各六本,又一部計四本,俱全。又一部計三本,又一部計一本,俱不全。"(《纂修四庫全書檔案》五四八)由此條可以看到,三寶等在此之前已經查繳過楊漣著作,這次又查繳全本與不全本十五部。乾隆四十三年三寶、陳輝祖奏呈查繳應毀各書清單又記道:"《楊忠烈集》三部。刊本。是書楊漣著。前已繳過,今續查獲。一部計八本,又一部計七本,又一部計六本,俱全。"(同上五七九)乾隆四十七年十月初七日湖北巡撫姚成烈奏解第十一次查繳應禁各書並繕清單記道:"《楊大洪集》一部,刊本。系楊漣撰。計二本,全。應全毀。"(同上九二一)乾隆四十八年九月《應銷毀書籍總檔》記"續辦第三次應毀書四種",其中之一即《楊忠烈公文集》。其文云:"系明楊漣所撰奏疏等文,現存三冊。查此書內,語涉干礙,應毀。"(同上九九七)

王文肅集十二卷

明王㒜撰。㒜,字廷貴,武進人。景泰辛未進士第三人。歷官南京吏部尚書。此集亦名"思軒稿"。卷首載李東陽所作傳,謂其官吏部尚書時,上疏陳八事,多見采納,今其疏不見集中,而止存《經筵進講》、《文華進講》二卷。殆有所避而不載歟,抑東陽隘美也。

《四庫全書總目》卷一百七十五集部二十八別集類存目二。1558 中

古廉集十一卷附錄一卷

明李時勉撰。時勉本名懋,以字行,安福人。永樂二年進士。官至國子監祭酒。成化中追諡忠文,學者稱古廉先生。《明史》有傳。時勉學術剛正而爲文多平易。當時以其人重之,所作每爲好事者求去,所存無幾。成化中,其門人戴難裒輯爲十一卷,復以墓誌行狀傳贊一卷附於後。其孫長樂知縣顒[①]刊行之。

《四庫全書總目》卷一百七十集部二十三別集類二十三。1485 中

【校記】[①]顒,文淵閣《四庫全書》書前提要同。殿本《總目》"顒"缺末筆,浙本《總目》作"容",皆因避清仁宗顒琰名諱改。

嘯臺集二十卷木天清氣集十四卷

明高棅撰。棅,一名廷禮,字彥恢,號漫士,閩之長樂人。永樂間,自布衣徵入,爲翰林待詔、陞典籍。其山居時所作名《嘯臺集》,入仕後作名《木天清氣集》。棅嘗選《唐詩品彙》,專主唐音,而置宋元不道。與三山林鴻齊名,稱爲閩派,當時言詩多宗之。傳習既久,學者惟知剽竊形似,日益卑靡,詩道寖衰。論者亦以是歸咎焉。今觀《嘯臺集》詩八百首,尚稍見風骨。至《木天集》中詩六百六十餘首,大率應酬冗長之作,非惟不及唐人,即宋元亦尚相去懸絕。"清氣"之云,殆名不副實矣。二集首俱有成化間南京戶部尚書黃鎬《序》。

《四庫全書總目》卷一百七十五集部二十八別集類存目二。1555 上

畏庵集十卷

明周旋撰。旋,字中規,別號畏庵,永嘉人。正統元年進士第一。官至左庶子。集有詩賦五卷,雜文五卷。樂清章綸稱其典雅閑淡,然在當時未爲傑出也。

《四庫全書總目》卷一百七十五集部二十八別集類存目二。1556 下

耕石齋石田集九卷

明瞿式耜刪定,沈周所作也。凡詩鈔八卷,文鈔一卷。周,字啓南,別號石田,長洲人,事具《明史·隱逸傳》。周以畫名世,其詩隨意而作,或時出奇譎如韓愈,或時露真率如白居易;其歌行或時似李白,或似溫庭筠,然皆具體而不成就。蓋才有偏長,物不兩大,文章書畫兼工者,王維以下代不數人,固不必以是爲周諱。楊循言乃謂"山林樹石皆其餘事",其亦文人標榜之習歟。

《四庫全書總目》卷一百七十五集部二十八別集類存目二。1559 上

鳴秋集二卷

明趙迪撰。迪,字景哲,懷安人,自號白湖小隱。朱彝尊《詩話》謂:余憲[①]《百家詩》以迪爲山人。徐庸《湖海耆英集》載《元夕應制詩》;徐泰《皇明風雅》[②]云:"迪,宜陽人,官吏部侍郎。"然《鳴秋集》有景泰五年迪仲子壯《後序》,中云:"先人值時多故,投老林泉。"而同時閩人均有《輓鳴秋山人》詩。則二徐所云,自是別一人矣。茲集即其仲子壯所編次,凡二卷。前載林誌《序》,稱其"古詩不下魏晉,而諸作則醇[③]乎唐"。今考其詩,古體頗爲薄弱,誌說殊誣;律詩諧暢,差有唐音。蓋亦晉安一派也。

《四庫全書總目》卷一百七十五集部二十八別集類存目二。1558 中

【校記】①余憲,《總目》同。按:此當作"俞憲"。朱彝尊《詩話》原文作"俞憲"不誤。俞憲《百家詩》,即俞憲輯《盛明百家詩》,其"後編"收有趙迪《趙鳴秋集》一卷。 ②《皇明風雅》,《總目》作"明風雅"。 ③醇,浙本《總目》同,殿本《總目》作"純"。按:趙迪《鳴秋集》有清乾隆三年陳作楫鈔本,林誌《序》正作"醇"字。此處"醇"、"純"相通,要其原文則作"醇"。

費文憲集選要七卷

明徐階、劉同升同選費宏之文。宏,字子充,鉛山人。成化丁未賜進士第一。累官吏部尚書、華蓋殿大學士,謚文憲。宏所著《鵝湖摘藁》本二十卷。此其後人所刊,取其帙簡易行也。

《四庫全書總目》卷一百七十五集部二十八別集類存目二。1563 下

念初堂稿四卷續集二卷

明陳嘉謨撰。嘉謨,廬陵人。嘉靖二十六年進士,授廬州府推官,陞吏科給事中,出爲四川按察司副使。隆慶庚午移疾歸,召爲湖廣布政司左參政,不起。優游林下以終。其詩起於嘉靖丁未,終於萬歷癸卯。往來仕宦者二十三年,而閒居者三十三年,故多自適之言。《序》

引邵子《擊壤集》自擬,而詩中屢引陳獻章語,其旨趣可知也。
《四庫全書總目》卷一百七十七集部三十別集類存目四。1595 上

珂雪齋集二十四卷①

明袁中道撰。珂雪齋命名意取《觀經》,蓋禪學也。中道,字小修,萬曆四十四年進士。歷官南吏部郎中。其詩文集《自序》云:"抒吾意所欲言,第欲以意役法,不以法役意。"其得失具於是矣。

【校記】①按:《總目》不載此書,《四庫全書》亦未收錄。《明史·藝文志》、《千頃堂書目》卷二十六著錄袁中道《珂雪齋集》二十四卷。袁中道又有《珂雪齋近集》十卷。其著作當年都曾進呈四庫館,《兩淮商人馬裕家呈送書目》著錄《珂雪齋集》二十四卷,十二本;《浙江省第十次呈送書目》著錄《珂雪齋近集》十卷,四本。《浙江採集遺書總錄》云:"《珂雪齋近集》十卷。右明南京吏部郎中公安袁中道撰。末附袁祈辛詩一卷。中道十餘歲作《黃山雪賦》五千餘言,長益豪邁。朱彝尊云:'小修才遜中郎,而過于伯氏。'"《珂雪齋集》乾隆年間被禁。乾隆四十七年十月初七日湖北巡撫姚成烈奏解第十一次查繳應禁各書呈覽摺附清單云:"《珂雪齋集》一部,抄本。系袁中道撰。計四本,全。應全毀。"(《纂修四庫全書檔案》九二一)乾隆五十五年五月初七日浙江巡撫琅玕奏查繳違礙書籍情形摺附清單一亦著錄《珂雪齋集》十七本(同上一三五〇)《珂雪齋集》二十四卷有明萬曆四十六年刻本,《珂雪齋近集》十卷有明書林唐振吾刻本,今均收入《四庫禁燬書叢刊》。

梅巖小稿三十卷

明張旭撰。旭字廷曙,休寧人,官至伊陽知縣。是集詩二十二卷,文八卷。辭多淺俚,標題尤極鄙陋。
《四庫全書總目》卷一百七十五集部二十八別集類存目二。1562 上

范文忠公集十二卷①

明范景文撰。景文,字夢章,吳橋人。明萬曆癸丑進士。官至東閣大學士。崇禎十七年殉難。順治九年賜謚文忠。是集爲其子君穎所輯。史稱景文署選事時,羣賢登進,景文力爲多。今觀其《攝銓》、《副銓》諸稿所載奏疏,言皆剴切。而《撫豫》、《出鎮》等稿所載諸疏,於除害剔弊之方,敷陳切至,不獨以忤魏忠賢一事稱爲剛正也。
《四庫全書總目》卷一百七十二集部二十五別集類二十五,作《范文忠集》。1515 下

【校記】①按:明范景文撰《范文忠公集》至明王鏶撰《龍谿全集》共二十二條,原在題元進士歐陽起鳴撰《論範》之下,前後朝代錯亂,今移至此處。

對山集十九卷

明康海撰。海,字德涵,號對山。弘治丙戌進士第一。官翰林院修撰。嘗與李夢陽共倡復古學,而海猶有志於經濟。集中如《擬廷臣論寧夏事狀》及《鑄錢論》諸篇,均切中事理,廷對策亦立言有本末。後以救夢陽事交劉瑾。瑾敗,坐廢,放浪於聲伎之間。以度曲擅名。

《明史·藝文志》載其《樂府》二卷，今不在集中，蓋別行也。

《四庫全書總目》卷一百七十一集部二十四別集類二十四。1499 上

占星堂集十五卷

明唐文獻撰。文獻，字元徵，華亭人。萬曆丙戌進士第一。歷官禮部侍郎，翰林院學士。謚文恪。朱彝尊《靜志居詩話》載文獻未第時，曾見奎宿於堂上，故以"占星"名其堂，因以名集。

《四庫全書總目》卷一百七十九集部三十二別集類存目六。1616 下

甫田集三十五卷附錄一卷

明文徵明撰。徵明，初名璧，以字行，更字徵仲，號衡山，長洲人。以歲貢薦授翰林院待詔。所著詩集十五卷，文集二十卷。附錄《行略》一卷，其仲子嘉所述也。徵明與唐寅、沈周皆以書畫掩其文，然寅詩纖巧，周詩頹唐，而徵明較爲雅飭，故其詩稍顯於二人。朱彝尊《明詩綜》錄徵明詩十五首。其《池上》一篇，集中所無。《靜志居詩話》謂其畫必留題，故集外留傳者多也。

《四庫全書總目》卷一百七十二集部二十五別集類二十五。1503 下

松韻堂集十二卷

明孫七政撰。七政，字齊之，常熟人。與王世貞諸人遊，故詩亦七子之體，而字句時傷于笨滯。

《四庫全書總目》卷一百七十八集部三十一別集類存目五。1605 上

始豐稿六卷①

明徐一夔撰。一夔，字大章，天台人，僑居嘉興。洪武初，徵至都纂修禮書，後王禕薦修《元史》，不赴，署杭州教授。召修《日歷》，授翰林院官。集分前後兩稿，皆雜文無詩。觀其與危素書，知元末曾任建寧教授，而《明史》本傳不載。明陳繼儒嘗稱一夔《宋行宮考》、《吳越國考》研核精確。今集中無此文，又王士正謂其《錢唐鐵箭辨》精於考核。而是集亦闕，則知其遺佚者多矣。其《歐史十國年譜備證》一篇，謂歐陽氏于吳越改元，止據寶石山制稱"寶正六年"爲證。一夔復得錢鏐將許俊墓磚，有"寶正三年"字，以證《歐史》之不誣。又謂元瓘襲位後，不復改元，立説俱有根據。觀一夔此文，始知明嘉靖間錢德洪所撰《吳越世家疑辨》謂"改元之事別無證據者，特自爲其先世諱"，非核實之論也。

《四庫全書總目》卷一百六十九集部二十二別集類二十二。1469 上

【校記】①《始豐稿》六卷，文淵閣《四庫全書》書前提要、《總目》作"始豐稿十四卷"。書前提要云："朱彝尊《靜志居詩話》曰：'大章遺稿罕傳，余於京師見之新城王貽上所，凡四册，比余家藏者倍之。然驗其目無詩，猶未是足本。'案今行世凡二本，其一本六卷，當即朱彝尊家所藏。此本自一卷至三卷爲《前稿》，自四卷至十四卷爲《後稿》，皆雜文無詩，當即王士禎家所藏矣。"

431

朱邦憲集十五卷

明朱察卿撰。察卿,上海人。福州知府豹之子,邦憲其字也。爲太學生,慷慨任俠,與沈明臣、王穉登友善。集凡詩二百五十四首,文一百五十六首,皆明臣所訂定而王世貞序之。

《四庫全書總目》卷一百七十八集部三十一別集類存目五。1606 中

整庵存稿二十卷

明羅欽順撰。欽順,字允升,泰和人。弘治六年進士及第。官至吏部尚書。嘉靖初恥與張璁、桂萼①同列,遂致仕。生平潛心格物致知之學,著有《困知記》八卷。詞章非其所好,選錄家亦罕及之。然集中文皆典雅醇正,詩亦不腐不率。在講學諸人中可稱卓卓者。

《四庫全書總目》卷一百七十一集部二十四別集類二十四。1497 上

【校記】①桂萼,《初目》原作"珪萼",誤。《明史》卷二百八十二《儒林·羅欽順傳》云:"時張璁、桂萼以議禮驟貴,秉政樹黨,屏逐正人。欽順恥與同列,故屢詔不起。"今據改。

于忠肅集十二卷

明太傅于謙撰。謙,字廷益,錢塘人。事迹具《明史》。是集《奏議》凡十卷,分《北伐》、《南征》、《雜行》三類,皆軍國碩畫也。外詩一卷、雜文一卷、附錄一卷。謙不以詩名,而所作風格遒上,興象深遠,轉出一時文士上,見其才無施不可矣。李之藻《忠肅集序》謂謙再疏請復儲,與王世貞《名卿續記》所言合,與徐學聚、黃光昇諸私史所傳互異。今二疏不見集中,或有所避而不存,或之藻、世貞之悮,蓋不可考矣。

《四庫全書總目》卷一百七十集部二十三別集類二十三。1486 中

西村集八卷

明史鑑著。鑑,字明古,號西村,吳江人。隱居不仕,然留心經世之務。三原王恕巡撫江南時聞其名,延見之,訪以時政。鑑指陳利病,恕深服其才,以爲可以當一面。沈周、吳寬、都穆、文徵明咸折節與之交。所著詩四卷,嘉靖間其孫周裒而刊之,而以墓表及諸人哀挽之詩附於後。周用、盧襄各爲之序。其文指陳得失,反復剴切,而於吳中水利尤詳,其他亦多關國計民生者。第五卷皆明初諸臣列傳,敘次簡明,疑其欲爲野史而未就也。其詩亦落落無俗韻。惟古詩不知古音,所註叶韻多謬誤。文中《祭徐有貞文》及文後跋一篇,以私恩之故,爲力辯奪門一事,則未免曲筆耳。

《四庫全書總目》卷一百七十一集部二十四別集類二十四。1495 下

楊文敏集二十五卷

明楊榮撰。榮,字勉仁,建安人。建文二年進士,官終謹身殿大學士。正統間卒,贈太師,諡文敏。榮始終榮遇,委蛇廟廊,非惟應制詩文具有賡颺之體,其他亦皆雍容平易,肖其爲人。雖無深湛幽渺之思與縱橫馳驟之氣足以新人耳目者,而醇雅無疵,意盡言止,亦一代臺閣作手也。後弘正間沿其派者,流爲膚廓,不免歸咎於濫觴,是則榮所不得辭耳。

《四庫全書總目》卷一百七十集部二十三別集類二十三。1484 上

東里文集二十五卷

明楊士奇撰。士奇名寓,以字行,泰和人。建文時以辟召入翰林。永樂初改編修,入直文淵閣,累官少師、華蓋殿大學士,贈太師。諡文貞。是集記二卷,序六卷,題跋四卷,碑銘十卷,雜文三卷。末一卷題曰《方外》,凡爲二氏所作,悉別編焉,意蓋推而遠之,亦向來編文集者未及之例也。

《四庫全書總目》卷一百七十五集部二十八別集類存目二,作《別本東里文集》。1552下

劉彥昺集九卷

明劉炳撰。炳,字彥昺,以字行,鄱陽人。洪武初獻書,任中書典籤,出爲大都督掌記。所著詩文本名《春雨軒集》,危素、宋濂、楊維楨、徐矩皆爲作序,王禕、俞貞木、周象初爲作跋。余闕、周伯琦皆極稱之。此本其門人劉子昇所編次,楊維禎嘗爲評定,亦附刊焉。末有雜文一卷,殊不及其詩,蓋所長不在此也。集中書元國號皆作"原",蓋以明初刊板避太祖諱而然。意其時猶未有"二名不偏諱"之詔歟?

《四庫全書總目》卷一百六十九集部二十二別集類二十二。1470下

震澤集三十卷[①]

明王鏊撰。鏊,字濟之。官大學士,卒諡文恪。事迹具《明史》。其制義爲有明一代冠,而晚乃得第。積學有年,古文亦湛深,經術有唐宋之遺風。集中《尊號議》、《昭穆對》,大旨與張璁、桂萼[②]合,故霍韜爲其集序,極推之。至比於孔門之游、夏,未免過情,然其謂鏊早學於蘇,晚學於韓,折衷於程、朱,則固公論也。其《河源考》一篇,能不信都爾蘇所言,似爲有見。而雜引佛典、道書以駁崑崙之說,考證殊誣。蓋明代幅員至嘉峪而止,徒執故籍以揣摩之,宜其疎耳。

《四庫全書總目》卷一百七十一集部二十四別集類二十四。1493中

【校記】①三十卷,殿本《總目》同。文淵閣《四庫全書》書前提要、浙本《總目》、《四庫全書簡明目錄》作三十六卷。　②桂萼,《初目》原作"珪萼",今據文淵閣《四庫全書》書前提要、《總目》改。參見"整庵存稿"校記。

蘇門集八卷

明高叔嗣撰。叔嗣,字子業,號蘇門山人,祥符人。嘉靖二年進士。仕至湖廣按察使。叔嗣少爲邑人李夢陽所稱。其集詩四卷、文四卷,陳束序之,推其詩優於文。王世貞嘗言高詩"如空山鼓琴[①],沈思忽往,木葉盡脫,石氣自青",可謂善於形容矣。

《四庫全書總目》卷一百七十二集部二十五別集類二十五。1504中

【校記】①空山鼓琴,《總目》、《四庫全書簡明目錄》同。《薈要提要》、文淵閣《四庫全書》書前提要作"高山鼓琴"。按:王世貞語見《弇州四部稿》卷一百四十八《藝苑卮言》五,原文作"高山鼓琴"。

集部　別集類　　　　　　　　　　　　　　　　　　　　　　　　　　　　　　　　　　　四庫全書初次進呈存目

容春堂全集二十卷後集十四卷續集十八卷別集九卷

明邵寶撰。寶，字國賢，無錫人。成化二十年進士。官終禮部尚書，卒贈太子太保，謚文莊。事迹具《明史·儒林傳》。寶爲李東陽鄉試所取士，故其詩文之派多出東陽。雖編集時未能澄汰謹嚴，不免以庸易之作參乎其中，而大致質寔雅潔，有前人之餘風，異乎塗飾字句以爲秦漢者矣。

《四庫全書總目》卷一百七十一集部二十四別集類二十四。1494 下

希澹園詩三卷

明虞堪撰。堪，字克用，一字勝伯，宋丞相允文七世孫、元侍講集之從孫。本蜀人，家長洲。洪武中，爲雲南府學教授。此集卷尾自跋稱丁未長至①前一日，丁未爲元至正二十七年，則此集皆元時作也。古詩磊落有氣格，近體音節諧婉。七言律詩稍薄弱，時效山谷，終不近之，然亦無塵俗氣也。又一本卷數相同，惟題曰《鼓枻集》，未詳孰是。

《四庫全書總目》卷一百六十九集部二十二別集類二十二。1478 中

【校記】①長至，文淵閣《四庫全書》書前提要、《總目》作"冬至"。按：《希澹園詩集跋》署作"丁未歲冬至前一日玉屏山小樵虞堪識"，是本作"冬至"。長至也可指冬至，但通常指夏至。《禮記·月令》仲夏之月："是月也，日長至。"宋張虙《月令解》卷五云："此章與仲冬對文，夏日長至，冬日短至。至之言極也。"元陳澔《禮記集説》卷三云："至猶極也。夏至，日長之極。"《初目》意思不明確。

黃忠宣集八卷

明黃福撰。福，字如錫，號後樂翁，昌邑人。洪武甲子舉人。官至戶部尚書。是集爲其子琮所編，冠以奉使安南水程，殊乖體例。餘多手札及公牘，皆不入格。

《四庫全書總目》卷一百七十五集部二十八別集類存目二。1551 下

芝園定集五十一卷①

明張時徹撰。時徹，字惟靜，鄞縣人。嘉靖癸未進士。官至兵部尚書。是集凡詩二十卷，族譜一卷，書啓四卷，序十卷，記傳各一卷，碑文三卷，墓誌四卷，祭文雜著各一卷，史論四卷。其詩不出常格，樂府喜用古題，而所擬漢魏諸作，皆舍其本詞而仿其增減入樂之調②，則未免逐影而失形矣。史論亦偏駁特甚。

《四庫全書總目》卷一百七十七集部三十別集類存目四。1580 下

【校記】①《芝園定集》五十一卷，《總目》作"芝園定集五十一卷別集十一卷"，提要云："是集凡分二編。一曰《定集》，爲賦詩二十卷，雜文二十七卷，史論四卷；一曰《別集》，爲奏議五卷，公移六卷。"　②調，《總目》作"詞"，是也。作者所擬諸篇舍其本詞，而擬其增減入樂的當爲"詞"而非"調"。

副墨五卷

明汪道昆撰。道昆，字伯玉，歙縣人。嘉靖丁未進士。官終兵部侍郎。其文規倣《史》、《漢》而僅得形似，蓋亦太倉、歷下之派也。道昆好爲高論，官四川提學僉事時，每醜詆蘇軾，

謂當以四等處之。其所見可知矣。

《四庫全書總目》卷一百七十七集部三十別集類存目四。1596 中

袁中郎集四十卷

明袁宏道撰。宏道,字中郎,公安人。萬曆二十年進士。官至吏部稽勳司郎中,與兄宗道、弟中道並有才名,時稱三袁。先是王、李之學盛行,宗道獨力排其說,宏道益矯以清新輕俊,由是學者多宗之,目爲公安體。然矯枉過正,流於纖詭,至鍾惺、譚元春復揚其波,而風雅蕩然矣。謂明季詩學之壞始於公安,未爲過論也。

《四庫全書總目》卷一百七十九集部三十二別集類存目六。1618 下

龍谿全集二十卷

明王畿撰。畿,字汝中,號龍谿,山陰人。嘉靖十一年進士,授兵部主事,進郎中,後謝病歸。自王守仁以"致良知"爲宗,語雜禪理,至畿益衍其師說,從而甚之。如謂"虛寂微密是千聖相傳之祕,從此悟入,乃範圍三教之宗",又謂"佛氏所說本是吾儒大路",是不止陽儒而陰釋矣。是集爲其子應斌、應吉所編,凡語錄八卷,書序、雜著、記說共九卷,詩一卷,祭文、誌狀、表傳二卷。其門人蕭良幹刊之,丁賓又爲重鋟,而益以《大象義述》一卷,傳誌、祭文一卷。

《四庫全書總目》卷一百七十七集部三十別集類存目四。1587 下

寓林集三十八卷[①]

明黃汝亨撰。汝亨,字貞父,仁和人。萬曆戊戌進士。歷官江西提學僉事。退歸西湖,營寓林於南屏之麓。生平著述頗富,中燬於火,此集乃其門人搜輯成編。汝亨以學術負一時重名,干謁其文者極眾,故集中應酬牽率之作,殆什之七。數篇以後,闃荒不足觀矣。

【校記】①按:《總目》不載此書,《四庫全書》亦未收錄。《明史·藝文志》著錄此書三十二卷。此書當年曾進呈四庫館,《兩淮商人馬裕家四次呈送書目》、《浙江第四次孫仰曾家呈送書目》均有著錄。《浙江採集遺書總錄》癸集下云:"《寓林集詩文》三十八卷,刊本。右明江西參議仁和黃汝亨撰。詩六卷,文三十二卷。"《寓林集》乾隆年間被禁,乾隆四十四年四月初八日江蘇巡撫楊魁奏續繳應毀書籍並再實力妥辦摺、乾隆四十五年九月初八日浙江巡撫李質穎奏查繳違礙書籍並繕清單呈覽摺、乾隆四十六年二月十一日江西巡撫郝碩奏解毀書籍板片並請展限檢繳摺、乾隆四十七年二月三十日閩浙總督陳輝祖奏繳應禁書籍摺等所附清單,均列有此書(《纂修四庫全書檔案》六一三、七〇八、七五五、八五七)。

陽明全集二十卷傳習錄一卷語錄一卷

明王守仁撰。守仁事跡具《明史》。初,明錢德洪編守仁所作爲《文錄》,刊于蘇州。以講學明道者爲《正錄》,詞章、酬應者爲《外錄》,奏疏及公移爲《別錄》。此本爲康熙中餘姚俞嶙所編,更易舊第,首載年譜,次以書、序、記、說諸體,不復以理學、文章、經濟分編。後附《傳習錄》、《語錄》二種。體例較爲近古。

集部　別集類　　　　　　　　　　　　　　　　　　　　　　　　　　　　　四庫全書初次進呈存目

《四庫全書總目》卷一百七十六集部二十九別集類存目三。1567 上

甘白集六卷

明張適撰。適，字子宜，蘇州人。明初以儒士徵，授水部郎中，旋放歸，見於洪武十八年所作《妻沈壙志》。而其《祭西平侯文》則自署雲南滇池漁課司大使，是洪武末又嘗官雲南，故集中每自稱"滇池老漁"者是也。文體修潔而未造深厚。正統丁卯，其子收輯而刻之。今祇存抄本。

《四庫全書總目》卷一百七十五集部二十八別集類存目二。1550 中

二須堂詩集十二卷文集二卷①

國朝丁詠淇撰。詠淇，字瞻武，號菉濱，錢塘人。詩文皆無可稱。其自序詩云"得意處直欲與古人爭千秋"，未免過自矜詡矣。

《四庫全書總目》卷一百八十五集部三十八別集類存目十二。1679 下

【校記】①《二須堂詩集》十二卷《文集》二卷，《總目》作"《二須堂集》二卷，戶部尚書王際華家藏本"。按：《總目》著錄即《文集》二卷，其《詩集》十二卷，《總目》謂"今皆未見"。查吳慰祖校訂《四庫採進書目》，此集見於《總裁王交出書目》，作《二須堂詩集》三本，《二須堂文集》二本。此即王際華所交出圖書，與《總目》所著錄圖書來源吻合。《初目》以《二須堂詩集》十二卷《文集》二卷立目，且謂"詩文皆無可稱"，又謂"其自序詩"云云，是當日所見確實既有詩集也有文集，這與採進書目一致。未知《總目》何以未著錄詩集。民國《杭州府志》卷九十一《藝文志》著錄《菉濱詩鈔》，注云："錢塘丁詠淇菉濱撰。一作《二須堂集》。"阮元《兩浙輶軒錄》卷十二收錄其《論詩絕句》二首。

佳山堂集十卷

國朝馮溥撰。溥，字易齋，益都人。順治丁亥進士。歷官大學士。康熙己未，試博學鴻詞，溥與高陽李蔚、寶坻杜立德，昆山葉方藹四人同爲閱卷官，得人最盛。故毛奇齡等爲作集序，皆稱門人。其詩則未爲精詣。

《四庫全書總目》卷一百八十一集部三十四別集類存目八。1641 下

雙溪草堂詩集十卷附游西山詩一卷

國朝汪晉徵撰。晉徵，字涵齋，休寧人。康熙己未進士，官至戶部侍郎。

《四庫全書總目》卷一百八十三集部三十六別集類存目十。1661 下

嬾齋別集十四卷

國朝僧牧雲著。牧雲，名通門，姓張氏①，常熟人。少祝髮於興福禪林，尋主古南、鶴林、天童等寺，頗與士大夫游，故文士往往稱之。其集爲其同里毛晉所刊，凡雜文三卷，書啓三卷，頌贊、偈語二卷，詩六卷。前有嘉興王庭、海寧朱一是序。

《四庫全書總目》卷一百八十一集部三十四別集類存目八。1640 中

【校記】①姓張氏，《初目》原作"姚張氏"，當是形近而誤。喻謙《新續高僧傳四集》卷九

436

《通門傳》云"姓張氏",今據改。《總目》不誤。

赤嵌集四卷

國朝孫元衡撰。元衡,字湘南,桐城人。康熙中官臺灣府同知,遷東昌知府。是集皆其在臺灣時所作。以地有赤嵌城,故以名之。紀海外土風物產爲多,頗逞才氣而未能盡合詩律。王士正爲點定之,謂其"追蹤建安,躡迹長公"。延譽之辭,未免失其實矣。

《四庫全書總目》卷一百八十四集部三十七別集類存目十一。1665 中

笠山詩選五卷

國朝孫蕙撰。新城王士正《序》稱其五七言,"雖古作者無以加焉"。是編爲汪懋麟所選①。詩格清麗,無塵俗之氣,而邊幅微嫌其狹,蓋才分弱也。

《四庫全書總目》卷一百八十二集部三十五別集類存目九。1650 上

【校記】①是編爲汪懋麟所選,《總目》作"是集爲汪懋麟所選定"。按:此集今存,卷一、卷三、卷五之卷端題作"淄川孫蕙樹百著,新城王士禛貽上選",卷二、卷四之卷端題作"淄川孫蕙樹百著,揚州汪懋麟季用選"。是此集由王士禛、汪懋麟合選,且王士禛所選還多出汪懋麟一卷。此書王士禛《序》云:"君(指孫蕙)以予素知君深者,因並屬予論次之。"所謂論次,即編選之意。可見王士禛自己亦說此集爲自己所參與編選。《初目》、《總目》以汪懋麟一人所選,均非是。

貽清堂集十三卷補遺四卷①

國朝張習孔撰。習孔,字念難,號黃岳,歙縣人。順治己丑年進士。官至山東提學僉事。其集有吳偉業、周亮工、施閏章諸人《序》,譽之甚力②。

《四庫全書總目》卷一百八十一集部三十四別集類存目八。1643 下

【校記】①貽清堂集,浙本《總目》同,《總目》、《皇朝文獻通考》卷二百三十一《經籍考》等同。康熙刻本書名作"詒清堂集"。　②"其集"句,殿本《總目》無此句,浙本《總目》作"施閏章序其詩,蓋其趨向爲近也"。

杜詩會粹二十四卷

國朝蕭山張遠撰。其書采撮諸家之註,取其善者錄之,故曰"會粹"。其分析段落,訓釋文意,頗便初學,其弊究失之膚淺。詩依年譜編次,與諸本互有異同,考核亦未爲詳審。

《四庫全書總目》卷一百七十四集部二十七別集類存目一。1533 中

杜詩詳註二十五卷附編二卷

國朝仇兆鰲撰。兆鰲,字滄柱,鄞縣人。康熙乙丑進士,官至吏部侍郎。其書康熙三十二年兆鰲爲編修時嘗奏進之。凡詩註二十三卷,雜文註二卷。後以逸杜、詠杜、補註①、論杜爲《附編》上下二卷。其總目自二十八卷以下,尚有仿杜、集杜諸卷,皆有錄無書,疑欲續爲而未成也。每詩各分段落,先詮釋文義於前,而徵引典故列於詩末。援據亦頗該洽,然亦時有舛誤。如注"忘機對芳草"句,引《高士傳》"葉幹忘機",今《高士傳》無此文。又注"宵旰

437

憂虞軫"句,不知二字本徐陵文,乃引《左傳》注"旰食",引《儀禮》注"宵衣"。考之鄭注,"宵"乃同"綃",非"宵旦"之宵也。至詠杜卷中載徐增一詩[2],本出其《說唐詩》中。所謂"佛讓王維作,才憐李白狂"[3]者,蓋以維詩雜禪趣,白詩多逸氣,以互形甫之謹嚴。兆鰲乃改上句爲"賦似相如逸"[4],乖其本旨。如此之類往往有之,皆不可據爲典要也。

《四庫全書總目》卷一百四十九集部二別集類二。1282 上

【校記】①補註,殿本《總目》同,浙本《總目》作"補杜",非是。《附編》二卷,分别題"杜詩補註卷上"、"杜詩補註卷下"。每卷又各分二類。卷上有"少陵逸詩小序"、"諸家詠杜小序",此即所說"逸杜"、"詠杜"。卷下開頭未另立題目,按卷次列出補充註解,其後題"諸家論杜",此即所說"論杜"。此卷前面部分雖未另立題目,但所補各條註釋下,均有"補註"二字,此表明即爲"補註"。故中華書局一九七九年出版整理本,其"出版說明"即謂:"下卷爲《杜詩補註》和《諸家論杜》。"補註、補杜雖在實質上無區别,但對殿本、浙本《總目》來說,有一個以何者爲是的問題。經查天津圖書館藏紀昀墨筆刪定的《總目》殘存稿本,亦作"補註"(《紀曉嵐刪定四庫全書總目稿本》,國家圖書館出版社,2011 年出版,第 6 冊第 392 頁),是浙本作"補杜",若非無意刻錯,即是有意改動。若是後者,推測浙本可能認爲其他三題分别爲逸杜、詠杜、論杜,均有"杜"字,故此題亦當有"杜"字。再加"註"、"杜"字形相近,且此處文意亦同,故做了改動。　②詠杜卷中載徐增一詩,文淵閣《四庫全書》書前提要、《總目》均作"吟杜卷中載徐增一詩",非是。本書《附編》分爲四類,有"詠杜",無"吟杜"。徐增詩在"詠杜"中。當以《初目》爲是。　③才憐李白狂,文淵閣《四庫全書》書前提要、《總目》同。此書中所錄徐增《讀杜少陵詩》,原文作"才憐太白狂"。　④賦似相如逸,文淵閣《四庫全書》書前提要、《總目》同。徐增原文作"賦羨相如逸"。

禹門集四卷

國朝郭振遐撰。振遐,字中洲,汾陽人,寄居揚州。詩皆淺率,至以大禹、顔回自比,尤爲狂易矣。

《四庫全書總目》卷一百八十五集部三十八別集類存目十二。1684 中

孜堂文集二卷

國朝張烈撰。烈,字武承,大興人。康熙庚戌進士。除恩平縣知縣。己未舉博學鴻詞,授翰林院編修。其學以程朱爲本,然集中如《朱陸異同論》、《王學質疑》,皆過執門戶之見,不及其《賈董同異論》也。

《四庫全書總目》卷一百八十三集部三十六別集類存目十。1657 上

時一吟詩四卷

國朝黎耿然撰。耿然,字介庵,晉江人。以諸生累舉不售,棄而從戎,積功至雲南總兵官。詩旨率意而成,殊不入格。

《四庫全書總目》卷一百八十二集部三十五別集類存目九。1650 中

魏叔子集三十三卷[①]

國朝魏禧撰。禧,字冰叔,寧都三魏之一也。禧兄弟皆傳姚江之學,以經濟爲務。禧文尤縱橫奧衍,不名一格,而大致近乎蘇洵、蘇軾,國初稱古文者首推焉。其集文二十二卷,分十八體,體各冠以題詞。詩八卷,非所擅長。《日錄》三卷中多精確之論,切于實用,亦非諸家語錄空談性命者比。

【校記】①按:《總目》不載此書,《四庫全書》亦未收錄。此書當年曾進呈四庫館,《武英殿第二次書目》著錄《魏叔子文集》,十二本。《魏叔子集》乾隆年間被禁,乾隆四十七年十月初七日湖北巡撫姚成烈奏解第十一次查繳應禁各書並繕單呈覽摺、乾隆五十一年四月十三日安徽巡撫書麟奏繳應禁書籍並懇再予展限一年摺所附清單,均有此書(《纂修四庫全書檔案》九二一、一一四三)。也有魏氏三兄弟魏際瑞、魏禧、魏禮的《寧都三魏集》一起查禁的,乾隆四十七年二月三十日閩浙總督陳輝祖奏繳應禁書籍摺附清單云:"《寧都三魏集》七部,刊本。是書魏際瑞等著。際瑞與叔弟禧、季弟禮號稱三魏。是集皆其兄弟所作詩文,凡序傳志銘論策中,皆多違礙。"(同上八五七)另見乾隆四十七年八月二十八日閩浙總督陳輝祖奏第二十二次繳送應毀書籍摺、乾隆五十四年十月浙江巡撫琅玕奏呈查繳禁書清單、乾隆五十五年五月初七日浙江巡撫琅玕奏查繳違礙書籍情形摺附清單等(同上九一〇、一三四〇、一三五〇)。

西堂全集五十六卷[①]

國朝尤侗撰。侗,字展成,長洲人。由拔貢考選爲永平推官。康熙己未,以博學鴻詞科授檢討,歷官侍講。所著凡《西堂雜組》初集、二集、三集各八卷,《西堂剩稿》二卷,《西堂秋夢錄》一卷,《西堂小草》一卷,《論語詩》一卷,《右北平集》[②],《看雲草堂集》八卷,《述祖詩》一卷,《于京集》五卷,《哀絃集》二卷,《擬明史樂府》一卷,《外國竹枝詞》一卷,《百末詞》六卷,《性理吟》二卷。其未刻者尚有《明史志傳》二十卷、《年譜》一卷,不在此數。其詩早摹溫李,多入綺靡,晚涉元白,頗傷率易。雜文品格亦類其詩,所作湯傳楹遺像贊至以楚岑押入麻韻中。蓋亦風流自命,不屑屑于考證者矣。

【校記】①按:《總目》不載此書,《四庫全書》亦未收錄。此書當年曾進呈四庫館,《武英殿第二次書目》著錄《西堂文集》八本,《江蘇省第一次書目》著錄《西堂雜組》(即《西堂雜組》)六本。書在乾隆年間被禁。乾隆四十四年八月十一日軍機大臣于敏中奏閱看發下高樸名下書籍情形摺云:"前蒙發下高樸名下書籍各種,令臣閱看有無違礙。臣逐加披閱,內尤侗《西堂餘稿》恭載世祖章皇帝與僧人道忞問答語,非臣下所宜刊刻流傳,其餘記載亦多失實,又有引用錢謙益詩話,應行銷毀。"(《纂修四庫全書檔案》六四三)其後,乾隆四十六年二月十一日江西巡撫郝碩奏解毀書籍板片並請展限檢繳摺、乾隆四十六年九月二十八日署雲南巡撫劉秉恬奏遵旨查繳應禁書籍並請展限一年摺所附清單中,列有《尤西堂集》(同上七五五、八〇八)。乾隆五十一年四月十三日安徽巡撫書麟奏繳應禁書籍並懇再予展限一年摺、乾隆五十五年五月初七日浙江巡撫琅玕奏查繳違礙書籍情形摺所附清單中,列有《西堂雜組》(同上一一四三、一三五〇)。　②《右北平集》,《初目》原文如此,據其條目體例,並參稽原書,其下當有"一卷"二字。

集部　別集類　　　　　　　　　　　　　　　　　　　　　　　　四庫全書初次進呈存目

敲空遺響十二卷

國朝僧如乾著。乾,字憨休,四川人。嘗主陝西興善、敦煌等寺。其集碑記、雜文共八卷,詩四卷。

《四庫全書總目》卷一百八十五集部三十八別集類存目十二。1680 上

柳村詩集十二卷

國朝董訥撰。其詩皆訥手自刪定。訥有別墅在城南二里,名曰柳村,因以名集。《平原縣志》稱,康熙四十一年,聖祖南巡,駐蹕柳村之南樓,詢訥詩集。其子思凝繕寫奏進,殆即此本歟。

《四庫全書總目》卷一百八十三集部三十六別集類存目十。1656 中

百尺梧桐閣集二十六卷

國朝汪懋麟撰。懋麟,字季用,號蛟門,江都人。康熙丁未進士。授秘書院中書舍人,歷官刑部主事。

《四庫全書總目》卷一百八十三集部三十六別集類存目十。1655 下

精華錄十卷

國朝王士正撰,其門人曹禾、盛符升所編輯也。其子啓汧跋曰:宋任淵"嘗摘黃魯直詩爲《精華錄》,盛侍御、曹祭酒題先生詩亦曰①《精華錄》,蓋以魯直比先生,而自附于淵②也。"士正後復自編《帶經堂集》,然其平生佳製,此書已括,其大凡不必以多爲貴也。是集初有金榮箋注,後惠棟復爲之訓纂。

《四庫全書總目》卷一百七十三集部二十六別集類二十六。1521 下

【校記】①亦曰,《初目》原作"曰曰",金榮《漁洋山人精華錄箋注》卷首"附錄"後附記引王士禎子《蠶尾集記》作"亦曰",今據改。　　②于淵,金榮《漁洋山人精華錄箋注》卷首"附錄"後附記作"子淵"。《黃山谷精華錄》編者任淵字子淵。

寒香閣詩集四卷

國朝鄧鍾岳撰。詩頗溫厚,得風人之致。而材地稍弱,尚未能頡頏古人。此集所錄亦太隘,似非完本也。

《四庫全書總目》卷一百八十四集部三十七別集類存目十一。1672 下

耕廡文稿十卷①

國朝魏世傚撰。士傚,字昭士,寧都魏禮之子。文亦有家法。其伯父禧爲之序,稱其性稍急②,勇于事,文亦肖之,特少展拓。

【校記】①按:《總目》不載此書,《四庫全書》亦未收錄。此書當年曾進呈四庫館,《江西巡撫海第三次呈送書目》著錄《耕廡稿》,六本。沈津《校理〈四庫全書總目提要〉殘稿的一點新發現》一文所附《被毀殘存及未收書目提要》(《中華文史論叢》一九八二年第一輯)中有此書提要,文字與此略有不同。魏世傚文集無單獨刻本,附刻於伯父輩魏際

440

瑞等三兄弟合集之後。乾隆年間《寧都三魏集》遭禁,世傚其書亦一起被禁。參見"魏叔子集"條。　②稍急,魏禧《序》作"狷急"。

據梧詩集十五卷

國朝管棆撰。棆,字青村,武進人。康熙中歷任餘干、新昌兩縣知縣。凡《吹萬集》二卷,《柏軒草》二卷,《修琴閣集》二卷,《鷗馴集》二卷,《天外集》二卷,《圃華集》二卷,《寓檗集》三卷。"據梧",其總名也。邵長蘅《序》稱其詩先學劍南,後學少陵。今觀所作,大抵先入者爲主也。

《四庫全書總目》卷一百八十四集部三十七別集類存目十一。1672 中

憺園集三十八卷

國朝徐乾學撰。乾學,字原一,號健庵,或稱玉峰,昆山人。康熙庚戌進士第三人。官至刑部尚書。憺園,其別墅也。乾學家富圖籍。聖祖仁皇帝購求遺書,乾學奏進十二部,其疏今在集中。近所藏書雖已散佚,而《傳是樓書目》猶存於世。其學留心經術,所著《讀禮通考》,閎通淹貫,確有可傳。集中考辨議說之類,亦多與傳註相闡發。論其文章,固不失爲一時之作手也。是集刊於康熙丁丑,前有宋犖《序》,稱尚有外集,今未見。

《四庫全書總目》卷一百八十三集部三十六別集類存目十。1656

孝穆集①六卷

陳徐陵撰,國朝吳兆宜箋注。陵,字孝穆,東海郯人。梁太子左衛率摛之子。八歲能屬文。既長,博涉史籍,在梁世已以文章名。入陳後,累官侍中、安右將軍、左光祿大夫、南徐州大中正、建昌縣開國侯。謚曰章。陵爲文綺麗,與庾信齊名,世號徐庾體。原集三十卷,今已久佚,此乃後人②從《藝文類聚》③、《文苑英華》諸書採掇而成。兆宜,字顯令,吳江人。嘗注《玉臺新詠》、《庾信集》、《才調集》、《韓偓集》及書④。此中有未及注者,其同里徐文炳補之。

《四庫全書總目》卷一百四十八別集類一。1276 中

【校記】①孝穆集,《初目》原作"考穆集"。按:此爲南朝陳徐陵文集,陵字孝穆,今因據改書名。文淵閣《四庫全書》書前提要、《總目》作"徐孝穆集箋注"。　②後人,《初目》原作"從人",今據《總目》等改。　③藝文類聚,《初目》原作"藝文類集",今據《總目》等改。　④及書,似當作"及是書"。

薪齋集八卷

國朝吕陽撰。陽,字全五,無錫人。明崇禎庚辰進士。國朝官至浙江布政司參議。詩一卷,文六卷,歌行、賦、詩餘又爲一卷。前有順治戊子黃家舒《序》。

《四庫全書總目》卷一百八十一集部三十四別集類存目八。1634 上

問山詩集十卷文集八卷紫雲詞一卷①

國朝丁煒撰。煒,字澹汝,號雁水,晉江人。由漳平教授累官湖北按察使。煒以長短句擅長,詩文亦清切平典,不涉王、李、鍾、譚之派。然醖釀未深,微傷於薄。

【校記】①按：《總目》不載此書，《四庫全書》亦未收錄。此書當年曾進呈四庫館，《兩淮商人馬裕家二次呈送書目》著錄《問山集》八卷，四本；《福建省呈送第三次書目》著錄《問山詩集》四卷，四本。丁煒著作乾隆年間被嚴禁。先是，乾隆四十八年四月十七日，軍機大臣奏列入全書存目之《問山集》字句謬妄請即撤毀疏，云："前蒙發下丁煒所著《問山集》四本，臣等詳細閱看，其中字句謬妄之處，謹逐一簽出呈覽。查是書經兩淮采進，現在《四庫全書》內列入存目。前此該總纂等因存目書內恐有違礙應毀之本，呈請總裁奏明，派員覆閱辦理。而是書因該館提調遺漏送閱，是以未經列入匯奏應毀之數，應請即行撤毀，其存目之處一併扣除。並行文福建巡撫雅德查出板片，解京銷毀。至從前遺漏之該提調官，應請交部議處。總纂官未經查出，亦屬疏忽，應請一併交部察議。"（《纂修四庫全書檔案》九七八）乾隆四十八年五月二十六日，乾隆帝下諭內閣，要求將遺漏銷毀《問山集》之總纂等官分別罰俸處分。其汪如藻罰俸六個月，孫士毅於現任內罰俸三個月，陸錫熊等各銷去紀錄一次，紀昀罰俸三個月（同上九八三）。乾隆五十五年五月初七日浙江巡撫琅玕奏查繳違礙書籍情形摺附清單，列有《問山詩集》二本，《問山文集》四本（同上一三五〇一）。丁煒此書影響不大，但對該書的處置却值得重視。此書係由《四庫全書》存目中撤除。人們通常習知從四庫著目中撤除圖書，很少了解從存目中也撤除圖書的情形。

鶴侶齋集三卷

國朝孫勷撰。勷，字子未，一字予未，號峩山，又號誠齋，德州人。康熙乙丑進士。改庶吉士。歷官大理寺少卿，終通政司參議。其集凡詩一卷，文二卷。集中《石丈》詩云："山鬼矜伎倆，此老如不聞。或具袍笏拜，此老亦不尊。坦然自高臥，雨蝕青苔痕。"蓋以自寓云。

《四庫全書總目》卷一百八十三集部三十六別集類存目十。1662下

湯子遺書十卷

國朝湯斌撰。斌，字孔伯，號荊峴，一號潛庵，睢州人。順治丙戌進士。授國史院檢討，出爲陝西按察司副使。移疾歸，從容城孫鍾元講學蘇門山中。康熙乙未舉博學鴻詞，授翰林院侍講，歷官工部尚書。卒，諡文正。是編皆其語錄、奏議及詩賦、雜文。斌雖舉詞科而粹然儒者，其學兼持朱、陸之平，期於行己有實修，居官有實政，不規以門戶爲名高。故見於文章，詞有根柢，非迂儒高論之比也。

《四庫全書總目》卷一百七十三集部二十六別集類二十六。1520下

擬故宮詞一卷

國朝徐宇昭[①]撰。凡四十首。《序》稱順治丁亥春月，寓止燕都，遇長春寺僧，乃明宦者，因從聞話，得故宮遺事四十條。其詞不甚工，注亦止寥寥數條。

《四庫全書總目》卷一百八十一集部三十四別集類存目八。1642下

【校記】①徐宇昭，《總目》與《初目》全同，惟在"國朝徐宇昭撰"後，多出"宇昭，不知何許人"七字。按：徐宇昭爲"唐宇昭"之誤。此集卷首《序》作"毗陵半圜外史唐宇昭紀"，所示甚明。提要曾引用其序文，偶因疏忽，未能考知作者。唐宇昭，一名禹昭，字

孔明,號雲客,自號半園居士。江南武進人。生於明萬曆三十年。明崇禎九年進士。明亡,與弟偕隱,逍遙翰墨。清康熙元年,邀惲南田、王石谷會於半園四並堂。康熙十一年卒。傳見《清代毗陵名人小傳》卷一。清吳騫《拜經樓詩話》卷一(清嘉慶刻《愚谷叢書》本)云:"毘陵唐孔明孝廉宇昭,號半園外史,家富藏書,工吟咏,有《擬故宮詞》四十首。"其所引詩句,如"三宮列坐御筵旁,戲謔詼諧總不妨"、"聞道君王宴月樓,諸宮絡繹進珍羞"等,與今存清抄本合(個別文字有差異)。吳騫子吳壽晹《拜經樓藏書題跋記》卷五別集總集(清道光二十七年刻本)"擬故宮詞"條云:"右鈔本四十首,唐宇昭作。"《總目》因《初目》之誤而誤。

蕭亭詩選六卷

國朝張實居撰,王士正所評選也。實居,字賓公,號蕭亭,鄒平人。士正《序》稱其古今詩盈千首,樂府古選尤有神解,為擇其最者三百餘篇。

《四庫全書總目》卷一百八十二集部三十五別集類存目九。1651下

灌研齋集四卷

國朝李元鼎撰。元鼎,字梅公,吉水人。明天啓壬戌進士。國朝官至兵部左侍郎。所著詩文凡三十卷,統名之曰《石園集》。此集雜文四卷,乃其中之一種也。灌研齋者,元鼎家有古研,相傳為灌嬰廟瓦,故以名其齋。

《四庫全書總目》卷一百八十一集部三十四別集類存目八。1632中

臥象山房集三卷

國朝李澄中撰。澄中,字渭清,號漁村,又號雷田,諸城人,原籍成都。康熙己未舉博學宏詞,官至侍讀。是編賦一卷,文一卷,詩一卷,附《滇南集》一卷,又《艮齋文選》一卷。安若訥為作墓誌,記其夢為李攀龍後身。趙執信亦稱其生而父夢攀龍入室,故其詩仍效攀龍體。龐塏論文絕句,則有"壽光安子非知己,強為于鱗認後身"句。今觀其集,殊不類滄溟體格,塏所論者為允。若訥、執信,蓋皆好奇之論耳。

《四庫全書總目》卷一百八十三集部三十六別集類存目十,作《臥象山房集》三卷《附錄》二卷。1660上

芝壇集二卷

國朝連城張鵬翼撰。其詩文皆以濂洛為宗,而體格多近於語錄。

《四庫全書總目》卷一百八十五集部三十八別集類存目十二。1678下

杏村詩集七卷

國朝謝重輝撰。重輝,字千仞,號方山,德州人。大學士陞子。以蔭授中書舍人,官至刑部郎中。王士正嘗取其詩與商丘宋犖、鄧陽王又旦、安邱曹貞吉、曲阜顏光敏、黃岡葉封、德州田雯、晉江丁煒、江陰曹禾、江都汪懋麟為十子詩刻之。今十人之詩或傳或不傳,而所謂十子集者世亦久無行本矣。

《四庫全書總目》卷一百八十二集部三十五別集類存目九。1651下

東山草堂文集二十卷詩集八卷續集一卷

國朝邱嘉穗撰。嘉穗,字實亭,上杭人。康熙庚午舉人。官歸善縣知縣。其文頗條暢,詩則淺弱。集後舊附《陶詩箋注》五卷,《邇言》六卷,又《考定石經大學經傳解》一卷。今各分著於錄,俾從其類。

《四庫全書總目》卷一百八十四集部三十七別集類存目十一。1666下

庾開府集箋注十卷

國朝吳江吳兆宜撰。《庾信集》久佚,今本雖冠以周滕王逌舊序,實從諸書中抄撮而成。其唐張庭芳等三家所注《哀江南賦》,今亦不傳。近胡渭始為作注。兆宜採輯其說,復與昆山徐樹穀等補綴成編,粗得梗概。然六朝人所見之書,《隋志》著錄者今已十不存五。兆宜捃摭殘文,補苴求合,勢不能盡詳所出。如注《哀江南賦》"經邦佐漢"一事,引《史記索隱》誤本,以園公為姓庾,以四皓為漢相,其附會牽合可以概見矣。

《四庫全書總目》卷一百四十八集部一別集類一。1275下

古處齋集十三卷[①]

國朝陳祖法撰。祖法,字湘殷,餘姚人。順治辛卯舉人。官至澤州知州。

【校記】①按:提要僅有人物小傳,缺內容提要,似為未完成稿。《總目》不載此書,《四庫全書》亦未收錄。《武英殿第一次書目》著錄《古處齋全書》,六本。此書乾隆年間被禁。乾隆四十年正月二十八日護湖南巡撫覺羅敦福奏查繳違背遺書請旨銷毀摺云:"今據委員會同茶陵州轉據該州監生譚雲錦呈繳陳祖法所著《古處齋集》四卷四本,由府司繳送到臣。查序文係康熙年間所鋟,第四卷內如《闈中》及《秋感》二詩內有慚纓絡、泣冕旒、無明髮、擊短纓等句,語涉詆毀,不應存留。謹將原書黏簽,固封進呈,請旨銷毀。再,查書內陳祖法係浙江餘姚縣人,由順治辛卯科舉人,任本省教職及山西縣令。臣現在通飭所屬,並分咨浙江、山西等省,一體查繳。"(《纂修四庫全書檔案》二三○)乾隆四十一年四月十六日,敦福在奏查繳違礙遺書請毀摺中又指出:"前經繳出《古處齋集》等書,業經進呈銷毀在案。"(同上三二三)乾隆四十年五月二十二日浙江巡撫三寶奏解繳續收應毀書籍版片摺,謂除繼續查繳違礙圖書外,還起出書版一千二百二十九塊,其中有《古處齋詩文集》書版一副二百塊,"臣逐一檢閱,均有字句觸礙,應行銷毀"。在所附清單中又說:"《古處齋詩文集》一部。刊本。是書係國初陳祖法著,餘姚人。內分文二卷,詩二卷,共四卷。其卷首有呂留良序一篇。今查出書一部,板片一副計二百塊。"(同上二六九)。其書有康熙刻本,今收入《四庫禁燬書叢刊》。

讀史亭詩集十六卷文集二十二卷

國朝彭而述撰。而述,字禹峰,鄧州人。明崇禎庚辰進士。官陽曲縣知縣。國朝官至貴州巡撫,後坐免,再起為雲南布政使。而述久歷邊陲,所為詩文皆雄奇峭拔,不受前人羈勒,而不免才多之患。朱彝尊序之,謂其"人所應有盡有,人所應無不盡無"者,斯評盡之矣。

《四庫全書總目》卷一百八十一集部三十四別集類存目八。1634 上

志壑堂集二十四卷①

國朝唐夢賚撰。夢賚,字濟武,號楓亭,又號豹巖,淄川人。順治己丑進士,官檢討。是編文十二卷,詩十二卷,又附詩餘三卷。王士正《漁洋詩話》稱其詩出於蘇、陸②。士正所作墓誌又稱尚有《後集》八卷,《選集》十四卷,《借鴿樓小集》二卷,今皆未見。

《四庫全書總目》卷一百八十一集部三十四別集類存目八。1643 上

【校記】①《志壑堂集》二十四卷,按提要所說,包括文十二卷,詩十二卷。《總目》著錄《志壑堂詩》十五卷,浙江巡撫採進本,與此不同。按:唐夢賚詩文集有康熙刻本,包括《志壑堂詩集》十二卷《文集》十二卷《詩後集》五卷《文後集》三卷《辛酉同遊倡和詩餘後集》二卷阮亭選《志壑堂詩》十五卷,今收入《四庫全書存目叢書》。《初目》與《總目》著錄均爲不全本。查四庫進呈書目,《山東省呈送書目》著錄《志壑堂集》十六本。書目未具體說明子目名稱,但從有十六本這一數量中,可以想見應包括文集、詩集,《初目》著錄者或即此本。又《浙江省第十一次呈送書目》著錄《志壑堂詩集》十五卷,二本;亦見《浙江採集遺書總錄》閏集著錄。此即《總目》著錄浙江巡撫之採進本。《初目》與《總目》圖書著錄的差異,可能與所見進呈本不同有關。　②詩出於蘇、陸,《總目》引王士禛《序》作"詩近于東坡",與《志壑堂詩序》同。

十笏草堂詩選九卷①

國朝王士祿撰。士祿,字子底,號西樵,新城人。士正之兄也。順治乙未進士。官吏部考功司員外郎。士正嘗取所作擇十之二三,次爲四卷,曰《考功詩》。其生平所作凡二千餘篇,曰《表餘堂集》,曰《十笏草堂集》,曰《辛甲集》,曰《上浮集》。今惟此集行于世,餘三集未有刊本,其存佚不可考矣。

《四庫全書總目》卷一百八十二集部三十五別集類存目九。1645 中

【校記】①《十笏草堂詩選》九卷,《總目》著錄《司勳五種集》二十卷,副都御史黃登賢家藏本,提要云:"是集一曰《表餘堂詩存》二卷,一曰《十笏草堂詩選》九卷,一曰《辛甲集》七卷,一曰《上浮集》二卷,皆古今體詩。曰《炊聞卮語》二卷,則詞也。然《表餘堂詩存》未刻,刻者實止四種耳。"查四庫進呈書目,《山東巡撫呈送第一次書目》著錄《十笏堂詩》二本,《初目》著錄者或即此本。又《都察院副都御史黃交出書目》著錄《王司勳五種》六本,此爲黃登賢交出圖書,《總目》著錄者即此本。《初目》與《總目》圖書著錄的差異,可能也與所見進呈本不同有關。《初目》云"餘三集未有刊本,其存佚不可考矣",可見作者對黃登賢得進呈書情況完全不了解,他只是根據自己手邊所有的圖書來寫提要。

止泉文集八卷

國朝朱澤澐著。澤澐,字湘淘,號止泉,寶應人。其集多闡道學之言。

《四庫全書總目》卷一百八十二集部三十五別集類存目九。1650 下

集部　別集類　　　　　　　　　　　　　　　　　　　　　　　　　　四庫全書初次進呈存目

笑門詩集二十五卷

　　國朝戚玾撰。玾,字後升,泗洲人。以優貢授知縣。所作好爲新語而不免纖仄,公安、竟陵之流派也。

　　《四庫全書總目》卷一百八十五集部三十八別集類存目十二。1684 下

魏興士文集六卷①

　　國朝魏世傑撰。世傑,寧都人。際瑞子,興士其字也。從叔禧學古文。以父爲山賊韓大任所害,哀痛自剄②卒。其集文五卷,詩一卷,大抵與禧文相近而功力未逮。

　　【校記】①按:《總目》不載此書,《四庫全書》亦未收錄。沈津《校理〈四庫全書總目提要〉殘稿的一點新發現》一文所附《被毀殘存及未收書目提要》(《中華文史論叢》一九八二年第一輯)中有此書提要,文字與此略有不同。魏世傑文集無單獨刻本,附刻於伯父輩魏際瑞等三兄弟合集之後。乾隆年間《寧都三魏集》遭禁,世傑其書亦一起被禁。參見"魏叔子集"條。　　②自剄,《初目》原作"自勁",誤。今據《被毀殘存及未收書目提要》所附書影改。

魏季子文集十六卷①

　　國朝魏禮撰。禮,字和公,禧之弟也,故曰季子。凡爲詩六卷,文十卷。禧爲之序,謂其文近柳子厚。然鑪鞲未至,未得與禧肩隨。合其子世俲、世儼集,又名《季子三家集》。

　　【校記】①按:《總目》不載此書,《四庫全書》亦未收錄。魏禮書當年曾進呈四庫館,《直隸省呈送書目》著錄《魏禮集》十本,《江蘇採輯遺書目錄》著錄有《寧都三魏集》五十六卷。沈津《校理〈四庫全書總目提要〉殘稿的一點新發現》一文所附《被毀殘存及未收書目提要》中有此書提要,文字與此略有不同。此書乾隆年間與魏際瑞、魏禧、魏禮撰《寧都三魏集》一起遭禁。

欣然堂集十卷

　　國朝陶孚尹撰。孚尹,字誕仙,江陰人。官桐城訓導。是編詩六卷,詩餘附焉,文四卷。王士正、尤侗爲之序。

　　《四庫全書總目》卷一百八十二集部三十五別集類存目九。1651 上

過江集四卷

　　國朝史申義撰。申義,字叔時,號蕉飲,江都人。康熙丙戌進士。由翰林改給事中。時新城王士正方以詩名海內,嘗稱申義及湯右曾足傳其衣缽,見集中自註。聖祖仁皇帝嘗以後進詩人詢澤州陳廷敬,廷敬以申義及周起渭對,見廷敬《序》中。申義官翰林日有《蕉城集》,典試雲南有《使滇集》。此《過江集》,則官給事中時前後數年作也。

　　《四庫全書總目》卷一百八十三集部三十六別集類存目十。1664 上

飴山詩集二十卷

　　國朝趙執信撰。執信,字伸符,號秋谷,晚號飴山,益都人。康熙己未進士。官右贊善。

同時新城王士正以詩負盛名,學之者惟趨神韻。執信後起,獨持異同之論。其說見於所撰《談龍錄》中,大旨主於詩中有人,彼此不可移換。故其詩刻摯有餘,而邊幅少狹。所著有《并門》、《閑齋》、《還山》、《觀海》等集十四種,茲彙爲一袟,通十九卷。末附詩餘一卷。

《四庫全書總目》卷一百七十三集部二十六別集類二十六,作《因園集》十三卷。1527中

湖海集十三卷

國朝孔尚任撰。尚任,字季重,號東塘,又號岸堂,自稱云亭山人。官至戶部員外郎。康熙二十三年,聖祖東巡至闕里,授國子博士。累官戶部員外郎。尚任爲博士時,隨侍郎孫在豐在淮陽疏浚海口,此集詩文皆入淮以後之作。

《四庫全書總目》卷一百八十四集部三十七別集類存目十一。1665中

古懽堂集三十六卷[1]

國朝田雯撰。雯,字子綸[2],一字綸霞,號山薑子,德州人。康熙甲辰進士。官至戶部侍郎。是集文二十二卷,詩十四卷。順治、康熙之間,宋派初微,唐音競作,王士正之清新,朱彝尊[3]之博雅,均擅價一時。雯欲以奇麗駕其上,故其詩文皆組織繁富,鍛鍊刻苦,不肯規規作常語,其《黔書》、《長河志籍考》諸書至摹擬郭子橫、王嘉之體。王士正《池北偶談》嘗記其好奇,而趙執信作《談龍錄》亦議其詩中無人。然才學富贍,排奡縱橫,雖不諧於中聲,亦岸然自異之士也。

《四庫全書總目》卷一百七十三集部二十六別集類二十六。1526下

【校記】[1]《古懽堂集》三十六卷,《總目》另附《黔書》二卷《長河志籍考》十卷。文淵閣《四庫全書》書前提要同《總目》,但《古懽堂集》正文詩十五卷,文二十二卷,爲三十七卷,加上附《黔書》二種,全書共四十九卷。書前提要與正文有一卷之差。　[2]子綸,《初目》原作"子論"。乾隆《大清一統志》卷一百二十八本傳作"子綸",今據改。文淵閣《四庫全書》書前提要、《總目》不誤。　[3]朱彝尊,《初目》脫"尊"字,兹據意補。

遇集五卷蒞楚學記一卷奏疏四卷

國朝蔣永修撰。永修,字日懷,宜興人。曾官給事中,又嘗官於黔楚,遷督學山東。集平生所爲文,名曰"遇集",言即所遇而成文也。中多記貴州、湖南風土。其《蒞楚學記》及《奏疏》則各自爲編,而附于本集之後。

《四庫全書總目》卷一百八十一集部三十四別集類存目八,作《慎齋遇集》五卷《蒞楚學記》一卷《日懷堂奏疏》四卷。1642上

天門詩集六卷文集六卷

國朝吳盛藻撰。盛藻,字觀莊,和州人。由拔貢歷官廣東按察司副使。詩文俱未能入格。

《四庫全書總目》卷一百八十五集部三十八別集類存目十二。1684下

集部　別集類

彙書六卷

國朝仙遊王鳳九所著詩文集也。《自序》謂仿《笠澤叢書》之例，故以"彙書"名之。中多講《易》之文，其說皆宗程朱，詩則膚淺不入格。

《四庫全書總目》卷一百八十五集部三十八別集類存目十二。1684 下

有懷堂詩文集一卷

國朝田肇麗撰。肇麗，字念始，號蒼厓。戶部侍郎雯之子。官戶部郎中。肇麗負雋才而屢試不第，其入官也以任子，故《述懷詩》有"慚非科名人"句。蓋吟詠之間，嘗以是耿耿云。

《四庫全書總目》卷一百八十四集部三十七別集類存目十一。1674 中

馮舍人遺詩六卷

國朝馮廷櫆撰。廷櫆，字大木，德州人。康熙壬戌進士。官中書舍人。丁卯典試湖廣，作詩一卷，名曰《晴川集》。王士正序之，稱其天才超逸，多頓挫悲壯之詞①。是集爲趙執信所編，凡《京集》三卷，《晴川集》一卷，《雪林集》一卷，《曹村集》一卷。前有執信《序》，謂士正知之不盡。□②恩怨之詞也。

《四庫全書總目》卷一百八十三集部三十六別集類存目十。1662 上

【校記】①稱其天才超逸，多頓挫悲壯之詞，《總目》未引此語。　　②□，《初目》此字壞缺，或爲"明"一類字。

有懷堂詩文稿二十八卷

國朝韓菼撰。菼，字元少，號慕廬，長洲人。康熙癸丑進士第一。官至禮部尚書。乾隆二十一年賜諡文懿。是集爲菼所自編，前有《自序》，詩六卷，分《躑躅》、《歸愚》、《病坊》、《擊迷》四集，文二十二卷。菼以制藝著名，而詩古文亦雍容沖淡，不失大雅之音。

《四庫全書總目》卷一百八十三集部三十六別集類存目十。1657 中

臨野堂文集十卷①

國朝鈕琇撰。琇，字玉樵，吳江人。康熙壬子拔貢。歷任知縣。是集前有潘耒《序》，盛推其四六之工。今觀所撰，踈儁頗勝近人，而渾雅終不逮古人。其外篇俳諧諸作如《商陸侯傳》之類，則不作可也。

《四庫全書總目》卷一百八十三集部三十六別集類存目十。1657 中

【校記】①《臨野堂文集》十卷，《總目》同，爲兩淮馬裕家藏本。按：鈕琇著有《臨野堂文集》十卷《詩集》十三卷《詩餘》二卷《尺牘》四卷，康熙刻本。《兩淮商人馬裕家四次呈送書目》（臺灣"中研院"傅斯年圖書館藏《四庫館進呈書籍底簿》）著錄其《臨野堂集》十七卷，二本，未知具體內容爲何。

竹垞文類二十六卷

國朝朱彝尊撰。彝尊晚年手訂《曝書亭集》八十卷，是集乃其未遇時所刻，中有《曝書亭集》所未錄者，皆悔其少作，自爲刪汰者也。

《四庫全書總目》卷一百八十三集部三十六別集類存目十。1659 上

樂圃詩集七卷

國朝顏光敏撰。光敏,字遜甫,一字修來,曲阜人。康熙丁未進士。官至吏部考功司郎中。施閏章爲作集序。極推其《太華》、《燕子磯》、《麥雨》、《地震》諸篇,以爲出入於工部、昌黎之間。朱彝尊爲作墓誌,亦稱其詩"掯漢魏以來諸家之長"。雖友朋推獎之詞,不無少過,然其詩氣韻修潔,亦頗有雅人之致也。

《四庫全書總目》卷一百八十一集部三十四別集類存目八。1643 中

葛莊詩鈔十三卷

國朝劉廷璣撰。廷璣,字玉衡,號在園,鑲紅旗漢軍。官至溫處道。其詩學陸游而未成。

《四庫全書總目》卷一百八十四集部三十七別集類存目十一。1667 上

寒松堂集九十二卷①

國朝魏象樞撰。象樞,字環溪,蔚州人。順治三年進士。歷官都察院左都御史,遷刑部尚書。以病乞休,聖祖御書"寒松堂"額寵其歸。卒,謚敏果。雍正庚戌入祀賢良祠。是集乃象樞長子學誠所編次,前有熊賜履《序》。

《四庫全書總目》卷一百八十一集部三十四別集類存目八。1641 上

【校記】①寒松堂集九十二卷,《總目》同,作江蘇巡撫採進本。按:《兩淮商人馬裕家三次呈送書目》作《寒松堂集》十二卷,十二本。《江蘇採輯遺書目錄》著錄《寒松堂全集》,謂"此集奏疏詩文共十二卷"。其書今有康熙刻本,亦作十二卷。未知《初目》著錄九十二卷之依據。所見惟清丁仁《八千卷樓書目》卷十七集部著錄《寒松堂集》作九十二卷。

蕉林詩集①

國朝梁清標撰。清標,字玉立,清苑人。崇禎十六年進士。順治六年授編修,歷官保和殿大學士。所著詩稿各以古近體爲分,不列卷次。其詩作於明季者多感慨諷刺之言,及入本朝以後則渢渢乎春容之音矣。

《四庫全書總目》卷一百八十一集部三十四別集類存目八。1634 下

【校記】①按:《初目》未標卷數,《總目》標"無卷數"三字。

香域內外集十二卷①

國朝釋敏膺撰。敏膺,蘇州花山翠岩寺僧,曉青弟子也。是集乃其弟子聖藥等所編,《外集》詩文凡七卷,《內集》五卷皆語錄偈語。蓋釋家以釋爲內學,儒爲外學耳。

《四庫全書總目》卷一百八十五集部三十八別集類存目十二。1680 上

【校記】①《香域內外集》十二卷,《總目》同,作兩淮馬裕家藏本。按:《兩淮商人馬裕家三次呈送書目》著錄《香域內外集》十四卷,四本。今存康熙刻本,內、外集各七卷,另有卷首一卷。未知《初目》、《總目》著錄何以有二卷之差。《清史稿·藝文志》作《香域內

外集》十二卷,當是依據《總目》著錄。

栖雲閣詩十六卷拾遺三卷

國朝高珩撰。珩,字蔥佩,號念東,晚號紫霞道人。明崇禎癸未進士。國朝官至刑部侍郎。王士正《居易錄》稱其生平撰著不減萬篇。是集爲趙執信所編。又《拾遺》三卷,則宋弼所輯也。其詩多率意而成,故往往近長慶元、白之體。

《四庫全書總目》卷一百八十一集部三十四別集類存目八。1634 中

叢碧山房集五十八卷[①]

國朝龐塏撰。塏,字霽公,號雪崖,任邱人。康熙己未舉博學鴻詞。授檢討,降中書舍人,歷官工部、戶部,終建寧府知府。集凡文八卷,雜著三卷,《翰苑稿》十四卷,《舍人稿》六卷,《工部稿》十一卷,《戶部稿》十卷,《建州稿》五卷,皆其所手自編定也。塏爲詩主於平正沖澹,不求文飾。當王士正名極盛時,獨塏戛然與之異,議者不以爲非。然早歲所作頗得深婉清微之致,晚年菁華既竭,流於枯淡。其《舍人稿》不及《翰苑》,《工部稿》不及《舍人》,《戶部稿》不及《工部》,至《建州》以後,頹唐益甚。田雯爲作《戶部稿》序,以白居易、陸游比之,塏意頗慍,然實箴規之言也。所作《詩義固說》二卷,今附載集中,本嚴羽之說而歸之於法律,其持論則多可采云[②]。

《四庫全書總目》卷一百八十三集部三十六別集類存目十。1659 下

【校記】①叢碧山房集五十八卷,《總目》作"叢碧山房集五十七卷附詩義固說二卷",《總目》是。《初目》所述各子目合之,不計《詩義固說》二卷爲五十七卷,若計入《詩義固說》二卷則爲五十九卷。 ②所作《詩義固說》二卷,今附載集中,本嚴羽之說而歸之於法律,其持論則多可采云,《總目》作:"末附《詩義固說》二卷,論亦切實,惟推衍嚴羽之說,以禪談詩,轉至於支離曼衍,是其好高之過矣。"則《總目》對其書批評多矣。

夢吟集一卷續集一卷

國朝王天春撰。天春,字魯源,濟寧人。順治丙戌進士。官至兵部侍郎。致仕後以吟詠自娛,詩多率易。

《四庫全書總目》卷一百八十一集部三十四別集類存目八。1641 中

安雅堂集十卷[①]

國朝宋琬撰。琬,字玉叔,號荔裳,萊陽人。順治丁亥進士。歷官四川按察使。王士正《池北偶談》云:"康熙以來,詩人無出南施北宋之右。"蓋謂琬及閏章也。是集凡文二卷,詩五卷,詞三卷。其詩境澹遠,頗有雅人之致。

《四庫全書總目》卷一百八十一集部三十四別集類存目八。1642 上

【校記】①《安雅堂集》十卷,《總目》著錄《安雅堂詩》、《安雅堂拾遺詩》皆無卷數,《安雅堂拾遺文》二卷附《二鄉亭詞》四卷,大理寺卿陸錫熊家藏本,提要云:"此本題《安雅堂詩》者,不分卷數,有來集之、蔣超二《序》,皆題順治庚子,蓋猶少作。題《安雅堂拾遺詩》者,與其文集、詞集,皆乾隆丙辰其族孫邦憲所刻。"按:《初目》與《總目》所據圖書

版本蓋有異。

堯峰文鈔五十卷

國朝汪琬撰。琬,字苕文,號鈍翁,晚居堯峰,因以自號,長洲人。順治乙未進士,由戶部主事陞刑部郎中,降補北城兵馬司指揮,再陞戶部主事。康熙己未舉博學鴻詞,授翰林院編修。初,裒其文爲《鈍翁類稿》,一名《汪氏傳家集》,晚年手自刪汰,定爲此編。國初稱古文者推寧都魏禧、商邱侯方域及琬三人。禧學近縱橫,朝宗體兼華藻,惟琬經術湛深,言有根柢,尤爲當代所重焉。

《四庫全書總目》卷一百七十三集部二十六別集類二十六。1522 上

在陸草堂集六卷

國朝儲欣撰。欣,字同人,宜興人。康熙庚午舉人。少篤學,以制藝名於時,而古文尤謹潔明暢,有唐宋家法,大致於蘇軾爲近。所作《蜀山東坡書院記》,宗旨可概見也。其中如《周公太公論》①、《撻伯禽辨》、《挾天子辨》皆少近迂。《與齡辨》則先儒久言之,亦不免爲屋下之屋。其《正統辨》②不取帝蜀之説,亦不免失之好辨也。

《四庫全書總目》卷一百八十四集部三十七別集類存目十一。1666 下

【校記】①周公太公論,《總目》同。按:儲欣文集作"周公太公論辨"。　　②正統辨,《總目》同。按:儲欣文集作"正統論"。

萬青閣全集八卷①

國朝趙吉士撰。吉士,字恒夫,號漸岸,又號寄園,徽州人。順治辛卯舉人。由交城知縣累官戶科給事中。是集皆所自編,凡雜文二卷,各體詩一卷,《勘河詩紀》等十三種共一卷②,制藝一卷,平山寇公牘、詩文③一卷,讞牘一卷。交山在交城境,姜瓖平後,餘孽竄伏山中,出沒爲患。吉士以計討平之,材略有足稱者,文章則非所專門也。

《四庫全書總目》卷一百八十二集部三十五別集類存目九。1644 中

【校記】①萬青閣全集八卷,《總目》同,而提要所列子目只有七卷。所差一卷在《勘河詩紀》等共一卷,應爲"共二卷"。　　②《勘河詩紀》等十三種共一卷,《總目》同。按:此處有多處誤記。《勘河詩紀》,本書作《勘河詩記》;又十三種,據本書統計,實爲十二種;又共一卷,應爲共二卷。經查清康熙趙繼抃等刻本《萬青閣全集》,其《勘河詩紀》等九種共一卷,《燕山秋吟》、《林臥遙集》、《萬青閣詩餘》三種共一卷。其書口分別題"弓四"、"弓五",即相當於卷四、卷五。　　③平山寇公牘詩文,《總目》作"平交山寇公牘詩文"。按:《總目》有"交"字是。此卷包括《交山平寇詳文》、《交山平寇書牘》、《交山平寇本末》等文,附《交山平寇詩》,標題均有"交山"字樣。

澹餘軒集八卷

國朝孫光祀撰。光祀,字作庭,號溯玉,歷城人。順治乙未進士。官至兵部侍郎。是集凡文七卷,詩一卷。韓菼、陸葇皆爲之《序》。

《四庫全書總目》卷一百八十二集部三十五別集類存目九。1646 中

集部　奏議類

奏議類

歷代名臣奏議三百五十卷①

舊本不題撰人名氏②。卷前無序例，并無進表年月。據王圻《續文獻通考》載，此書爲永樂十四年成祖命楊士奇等輯，而《明史·藝文志》云"永樂中黃淮等奉敕纂輯"。蓋淮與士奇同預編纂者。每條之下，間有按語，蓋即淮、士奇等所爲耳。其書分門別類，采摭浩博，不免冗雜。而宋元以前大綱大法，崇論閎議，多見於斯。亦記纂之藪，得失之林也。後崇禎間，太倉張溥刪削其文，雖卷帙稍省，而去取未善，不如原本之賅備矣。

《四庫全書總目》卷五十五史部十一詔令奏議類。502 上

【校記】①按：《歷代名臣奏議》、《李忠定奏議》、《左史諫草》、《包孝肅奏議》四條原在《六臣注文選》之下，書口題"集部奏議類"，下又接《古文苑》，部類錯訛，今予以調整。
②舊本不題撰人名氏，文淵閣《四庫全書》書前提要爲"明永樂十四年楊士奇、黃淮等奉敕編"，《總目》作"明永樂十四年黃淮、楊士奇等奉敕編"。

李忠定奏議六十九卷附錄九卷

宋李綱撰。綱事蹟具《宋史》。其危言碩畫，史所不及詳者，則皆見於《奏議》中。綱之生平，與靖康、建炎之時勢，至今皆一一可按。集後《附錄》九卷，前三卷曰《靖康傳信錄》①，曰《建炎進退志》，曰《建炎時政記》；第四卷以下皆綱所爲表制等，即《宋史》所云《建炎制詔表劄集》是也。其所記述皆與奏議相發明。惟所著《靖康奉迎錄》、《宣撫荆廣記》、《制置江右錄》，此本不載，《梁谿集》亦未收入，則其失傳久矣，是編目錄之末，又附有《祭田記》一篇，而書中無之，當亦刊本遺闕也。

《四庫全書總目》卷五十六史部十二詔令奏議類存目。504 中

【校記】①靖康傳信錄，《初目》原作"靖康傳言錄"，誤。今據本書改。《宋史》卷三百五十九《李綱傳》、《總目》均作《靖康傳信錄》不誤。

左史諫草一卷

宋理宗時史院官起居郎呂午撰。凡奏議六首，後附其子沆奏議一首，後又附載家傳、詩文之類。最後載呂氏節女事，皆因家傳附編者也。《諫草》雖不多，而宋末時事頗可考見，其論宋宰相、臺諫之弊，尤極詳切。六奏皆戊戌年所進，理宗嘉熙二年也。子沆一疏，并方回所爲午及沆傳，皆與《宋史》本傳可以相證。回稱午文集未刊行，藏於家，是午固有集矣。茲六疏蓋存於散軼之餘者也，其他遺文則散見於《新安文獻志》諸書中。

《四庫全書總目》卷五十五史部十一詔令奏議類。497 上

包孝肅奏議十卷

宋包拯撰。拯，字希仁，廬州合肥人。天聖五年進士，歷官御史中丞①，知開封府，終禮部侍郎、樞密副使，贈禮部尚書，諡孝肅。《宋史》載拯《奏議》十五卷，今此本爲拯門人張田所編。自《應詔》至《求退》，分三十門②，止有十卷，詳見田序。或原本十五卷，而田併省之。

其間次序多不可曉,如《議河北兵馬》第二章在第八卷,第一章轉在九卷。馬氏《經籍考》嘗言之,疑亦後人亂其篇第耳。史稱拯爲人不苟合,平居無私書,故人、親黨亦皆絕之。故《奏議》以外絕無他作。其攻去張方平、宋祁,仁宗遂命拯代祁爲三司使。歐陽修有《蹊田奪牛》之奏,拯家居避命者久之。今集中並未載劾張、宋二疏,蓋編次時脫佚③,而馬氏遂謂其子孫不欲示人,恐亦臆度之詞也。張田,字公載,澶淵人,嘉祐中嘗知廬州,甚著清譽。拯奏議中有《進張田邊說七篇》,得旨優獎者即此人。

《四庫全書總目》卷五十五史部十一詔令奏議類。496 上

【校記】①御史中丞,《初目》原作"御史中拯",誤。今據《宋史》卷三百十六《包拯傳》改。　②分三十門,文淵閣《四庫全書》書前提要、《總目》同。按:此見本書卷首張田《題辭》,謂:"因取其大者,列三十門,凡一百七十一篇,爲十卷。"文淵閣《四庫全書》本自《應詔》至《求退》,分三十一門。是張田《題辭》等有誤。　③蓋編次時脫佚,《總目》稱"此張田編次之無識,非拯志也"。

文襄公奏疏十五卷[①]

國朝李之芳撰。之芳,字鄴園,武定人。順治丁亥進士。官至文華殿大學士。是編前十一卷,爲總督浙江時所上。又《臺諫集》二卷,係爲御史時所上。康熙甲申[②]耿精忠之變,經理征剿疏稿亦具載集中。《年譜》一卷,爲淄川唐夢賚所編。

《四庫全書總目》卷五十六史部十二詔令奏議類存目。510 下

【校記】①文襄公奏疏十五卷,浙本《總目》作"文襄公奏疏十五卷附年譜一卷",殿本《總目》作"文襄奏疏十五卷附年譜一卷"。　②康熙甲申,《總目》同。按:應作"康熙甲寅"。耿精忠據福建反在康熙十三年甲寅,時李之芳任浙江總督。《清史稿》卷二五七云:"(康熙)十三年,耿精忠反,浙江總督李之芳駐師衢州。"又卷二五七云:"康熙十三年,耿精忠叛,浙東告警,(沃申)與總督李之芳赴衢州禦之。"其有關平叛征剿之奏疏,如《飛報閩變》、《續報閩變並陳調度事宜》等,均作於此時。

河防疏略二十卷

國朝朱之錫總督河道時奏稿也。之錫,字孟九,號梅麓,浙江義烏人。康熙壬辰進士。累官兵部尚書、都察院右副都御史、總督河道,加太子少保。

《四庫全書總目》卷五十六史部十二詔令奏議類存目。512 上

督漕疏草二十二卷

國朝董訥撰。訥,字茲重,號默庵,平原人。康熙丁未進士第三。歷官江南總督。是編乃其督理漕河時所[①]上疏草,皆吏牘之文,不以詞采論也。

《四庫全書總目》卷五十六史部十二詔令奏議類存目。511 下

【校記】①所,《初目》原作"所所",衍一"所"字,今刪去。

華野疏稿五卷

國朝郭琇撰。琇,字瑞甫,號華野,即墨人。康熙庚戌進士。官至湖廣總督。琇在聖祖

集部　總集類

朝以敢言受知,其弹事諸疏,今具載集中,前有孫若彝所撰年譜一卷①。

《四庫全書總目》卷五十五史部十一詔令奏議。501 中

【校記】①前有孫若彝所撰年譜一卷,此句《總目》無。四庫本《華野疏稿》不載孫若彝所撰《年譜》。

總集類

六臣注文選六十卷①

唐李善《文選注》六十卷,呂延祚集呂延濟、劉良、張銑②、呂向、李周翰《五臣文選注》三十卷,本各自爲書。不知何人彙爲一編,列五臣註于前,而退善註于後,其卷數則仍依李善注分析之,題曰《六臣注文選》。今世通行多用此本,實非其舊,然世傳南宋槧本業已如是,則其來亦久矣。

《四庫全書總目》卷一百八十六集部三十九總集類一。1686 上

【校記】①按:《六臣注文選》書口原題"集部奏議類",排在《歷代名臣奏議》之上。部類有誤,今調整於此。　②張銑,《初目》原作"張説",文淵閣、文溯閣、文津閣《四庫全書》書前提要、《總目》作"張詵",均誤。《新唐書》卷二百二《呂向傳》:"(呂向)嘗以李善釋《文選》爲繁釀,與呂延濟、劉良、張銑、李周翰等更爲詁解,時號五臣注。"文淵閣《四庫全書》本此書卷端作"張銑"不誤。今據改。

文選纂註十二卷

明張鳳翼撰。其書雜采諸説,故曰《纂註》。所引多不著所出,然詮釋義理,可以融會羣言,至於考證舊文,豈可不明依據。言各有當,不得以朱子《集傳》、《集註》例也。其論《神女賦》"王"字訛"玉"、"玉"字訛"王",蓋采姚寬《西溪叢語》之説,極爲精審。其註無名氏《古詩》,以"東城高且長"與"燕趙多佳人"分爲兩篇,十九首遂成二十。不知陸機擬作,文義可尋,未免太自用矣。

《四庫全書總目》卷一百九十一集部四十四總集類存目一。1733 下

文選章句二十八卷

明陳與郊編。郊,字嶧陽,海寧人。萬歷甲戌進士。以坊刻《文選》顛倒夢亂,每以李善所注寘入五臣①注中,因重爲釐正,汰其重複,斥五臣而獨存善注。凡善所錄舊注,如《楚辭》之王逸,《兩都賦》之薛綜,《詠懷詩》之顔延之、沈約,皆仍存之,亦時時正其舛誤。較閔齊華、張鳳翼諸本差爲勝。然點竄古人,增附己説,究不出明人積習,不如存其原本之愈也。

《四庫全書總目》卷一百九十一集部四十四總集類存目一。1733 下

【校記】①五臣,《初目》原作"伍臣",誤。今據《總目》改。

文選瀹注三十卷

明烏程閔齊華纂。以六臣註本刪削舊文,分繫於各段之下。復采孫鑛評註語,列於上格。蓋以批點制藝之法施之於古人著作也。

《四庫全書總目》卷一百九十一集部四十四總集類存目一。1734 上

選詩約注十二卷

明林兆珂撰。取《昭明文選》所錄諸詩，重爲編次，以時代先後爲序。其訓釋文義，較舊註稍爲簡約，亦無考證發明。

《四庫全書總目》卷一百九十一集部四十四總集類存目一。1733 下

古文苑二十一卷

不著編次人姓氏。相傳唐人所輯，宋孫巨源①得之佛寺經龕中。所錄詩賦雜文，自東周迄於南齊，凡二百六十餘首，皆史傳、《文選》所不載。然所錄漢、魏詩文，多從《藝文類聚》、《初學記》刪節之本，《石鼓文》亦與近本相同，故學者疑之。淳熙間，韓无咎次爲九卷。至紹定間，章樵爲之注釋。明成化壬寅，福建巡按御史張世用得本刊之。樵《序》稱："有首尾殘闕者，姑存舊編。"復取史冊所遺，"以補其數，釐爲二十卷"。又有雜賦十四首，頌三首，以其文多②不全，別爲一卷，附於書末，共爲二十一卷。已非原目之舊矣。中間王融二詩，題爲謝朓，舛誤顯然。又《文木賦》出《西京雜記》，乃吳均所爲，見張鷟《朝野僉載》③，亦不能辨擇。至於《柏梁》一詩，顧炎武疑爲依託，錢曾謂舊本但稱官位，自樵增註，妄以其人寔之，因啓後人之疑。又如宋玉《釣賦》"元淵"誤作"元洲"④；《曹夫人書》"官綿"誤作"官錦"，皆鐫刻之訛，而註復強爲之解。王應麟曾辨之，此皆樵注之失。至楊彪六言詩曲譽曹操，即樵亦知其妄矣。然唐以前散佚之文，間賴是書以傳，故前人多著於錄，亦過而存之之意也。章樵，字升道，臨安人，嘗以朝奉郎知吳縣事。

《四庫全書總目》卷一百八十六集部三十九總集類一。1691 中

【校記】①孫巨源，文淵閣《四庫全書》書前提要、《總目》作"孫洙巨源"。此語原見《直齋書錄解題》卷十五，彼處正作"孫洙巨源"。《宋史》卷三百二十一《孫洙傳》云："孫洙，字巨源。"　②多，《初目》原作"移"，非是。文淵閣《四庫全書》書前提要、《總目》作"多"，是也。此謂雜賦等類文章大多已不完整，所以單獨成爲一卷。今據改。③見張鷟《朝野僉載》，文淵閣《四庫全書》書前提要、《總目》作"見段成式《酉陽雜俎》"。　④元淵，文淵閣《四庫全書》書前提要、《總目》作"蜎淵"。宋玉《釣賦》本作"玄淵"，此作"元淵"、"蜎淵"，均爲避清聖祖玄燁名諱改。

國秀集三卷

唐國子進士芮挺章選。前有《舊序》，謂是集編于天寶三載，"凡九十人，詩二百二十首"。宋元祐間，曾彥和跋云："名欠一士，詩增一篇。"洎毛晉校刊，復謂虛列三人。今按編內寔八十五人，詩二百十一首，晉未及詳檢也。唐以前編輯衆作，以己詩入選者，始於徐陵《玉臺新咏》①，挺章亦錄己作，蓋仿其例。《舊序》無作者姓氏，陳振孫謂爲樓穎作。穎，天寶進士，其詩亦選入集中。

《四庫全書總目》卷一百八十六集部三十九總集類一。1688 中

【校記】①始於徐陵《玉臺新咏》，文淵閣《四庫全書》書前提要、《總目》作"始於王逸之錄《楚辭》，再見於徐陵之撰《玉臺新咏》"。書前提要等是，王逸《楚辭章句》收錄王逸

集部　總集類　　　　　　　　　　　　　　　　　　　　　　　　　　　　　　四庫全書初次進呈存目

所作《九思》。

篋中集一卷

　　唐元結選。所錄沈千運、王季友、于逖、孟雲卿、張彪、趙微明①、元季川七人之詩,凡二十四首。七人名位不顯,制行矯異,所爲詩皆絕去時蹊,與結同調,因出其篋中所儲,編次成帙,并爲之序。其中沈千運《寄秘書十四兄》一首,較《河岳英靈集》所載少數句②,而遒健勝之,疑爲結所刪定。或謂二十四首皆結所託名,則不然也。季川即結弟元融,獨書其字,未詳其故,或融之子孫所錄,如《玉臺新詠》之稱徐孝穆歟？

　　《四庫全書總目》卷一百八十六集部三十九總集類一。1688 上

　　【校記】①趙微明,文淵閣《四庫全書》書前提要、《總目》同,文溯閣《四庫全書》書前提要、文津閣《四庫全書》書前提要作"趙徵明"。按:《四庫全書》所收錄圖書中,趙微明、趙徵明互見。如《唐才子傳》卷八《張衆甫傳》、《直齋書錄解題》卷十五《篋中集》提要、《文苑英華》卷二百二錄詩、《樂府詩集》卷二十七及卷七十二錄詩、宋范晞文《對床夜語》卷五、明高棅《唐詩品彙》、明胡震亨《唐音癸籤》等,均作趙微明。一九五八年中華書局上海編輯所排印本《唐人選唐詩》亦作"趙微明"。宋計敏夫《唐詩紀事》卷一、《全唐詩錄》、《全唐詩》等,均作趙徵明。即同一書所書也不一致,如文淵閣《四庫全書》書前提要作趙徵明,而書中目錄與正文均作趙微明。　　②"其中"至"數句",文淵閣《四庫全書》書前提要作:"其沈千運《寄秘書十四兄》一首,較《河岳英靈集》所載顛倒一聯,又少後四句,亦小有異同。"《總目》同。按:《初目》等所說皆誤。《篋中集》錄沈千運詩共四首,無《寄秘書十四兄》詩。此爲王季友作,《篋中集》題《寄韋子春》;《河岳英靈集》亦作王季友詩,題《山中贈十四秘書山兄》。余嘉錫《四庫提要辨證》有考辨(中華書局,1980 年出版,第 1552 頁)。

唐御覽詩①一卷

　　唐令狐楚輯。楚事迹具《唐書》。此集乃其元和間官翰林學士時奉敕采新詩備覽,因纂劉方平而下迄於梁鍠,凡三十人,詩二百八十九首,上之。其時風氣屢更,日趨妍艷,故編中澹遠之作寥寥無幾。考陸游跋據盧綸墓碑謂詩本"三百一十篇"②,此多散佚。則在宋時已佚去二十餘首,今亦不可復考。是書一名《唐新詩》③,一名《選進集》④,又名《元和御覽》,並見陸游《跋》及陳振孫《書錄解題》。

　　《四庫全書總目》卷一百八十六集部三十九總集類一。1688 下

　　【校記】①《唐御覽詩》,浙本《總目》同,文淵閣《四庫全書》書前提要、殿本《總目》作《御覽詩》。　　②詩本三百一十篇,文淵閣《四庫全書》書前提要同,《總目》作"詩本三百十一篇"有誤。陸游《渭南文集》卷二十六《跋唐御覽詩》云:"右《唐御覽詩》一卷,凡三十人,二百八十九首,元和學士令狐楚所集也,按盧綸墓碑云:'元和中,章武皇帝命侍臣采詩,第名家得三百一十篇。'"可證。　　③《唐新詩》,文淵閣《四庫全書》書前提要、《總目》均作"唐歌詩"。按:陸游《跋唐御覽詩》、陳振孫《直齋書錄解題》卷十五均云"一名《唐新詩》"。《初目》所言有據。　　④選進集,文淵閣《四庫全書》書前提要、《總目》同。按:陸游《跋唐御覽詩》云"一名《選集》",陳振孫《直齋書錄解題》卷十五云

456

"又名《選進集》"。查《初目》抄本,此處原作"選集",後在"選"下補入一"進"字。

河岳英靈集三卷

唐丹陽進士殷璠選。自常建至閻防二十四人,詩二百三十四首。仿鍾嶸《詩品》之體,姓氏之下,各著品題。雖不顯言次第,然篇數無多,而分上中下卷,其人又不甚敍時代。毋亦隱寓鍾嶸三品之意乎?《通考》作二卷。蓋字誤也。其《序》謂"爰因退迹,得遂宿心",蓋不得志而著書者。故所錄多淹塞之士,所論多感慨之言。而《序》稱"名不副實,才不合道,雖權壓梁、竇,終無取焉",其宗旨可知也。凡所品題,類多精愜。張謂條下稱其《代北州老翁答》、《湖上對酒行》,而集中但有《湖上對酒行》,疑爲脫佚。至儲光羲但以詩傳,而璠稱其有"《正論》十五卷,《九經外義疏》二十卷",亦足以補史所佚矣。

《四庫全書總目》卷一百八十六集部三十九總集類一。1688 上

中興間氣集二卷

唐渤海高仲武選。其《自序》云:"起至德初,迄大歷末,凡二十六人,詩一百四十首。"末有元祐戊辰曾子泓跋,稱獨遺鄭當[①]一人,逸詩八首。蓋在宋時已缺,故陳氏《書錄解題》云所選"詩一百三十二首"也。姓氏下各有品題,拈其警句,而張衆甫、章八元、戴叔倫、孟雲卿、劉灣五人俱闕。考毛晉跋,謂得舊抄本,所缺張、章、戴、孟諸評俱在,獨劉灣無考,故編中於四家姓氏之下,俱註云"評載卷首"。今檢卷首無之,當是久而復佚耳。又按,錢曾《敏求記》謂:"得宋鋟本,如朱灣《詠玉》一首,玉字作三,蓋每句皆藏三字義也,後人不解詩義,翻謂'三'爲訛字,妄改爲《詠玉》。自元至明,刻本皆然。"此本仍襲舊訛,知毛晉所云舊抄本,猶未足據也。仲武持論頗矜慎,其謂劉長卿十首以後,語意略同,落句尤甚,未爲無見。而王士正《論詩絕句》獨非之,殆亦自護之論耶?

《四庫全書總目》卷一百八十六集部三十九總集類一。1689 上

【校記】①鄭當,文淵閣《四庫全書》書前提要、《總目》同。按:其書卷末曾子泓跋作"鄭常",是也。《新唐書·藝文志》著錄《鄭常詩》一卷。其事跡見《唐詩紀事》、《唐才子傳》等。明高棅編《唐詩品彙》卷首《姓氏爵里詳節》著錄道:"鄭常,肅代宗時人,其詩見《中興間氣集》。"與此可比照的是,其上一條即張衆父,云:"其詩見《中興間氣集》。"明胡震亨《唐音癸籤》卷七云:"鄭常省靜婉靡,雖未洪深,如'儒衣荷葉老,野飯藥苗肥',翩翩然有士氣。"下注"高仲武",謂見於高仲武《中興間氣集》。此即《中興間氣集》作者姓氏下之品題。《全唐詩》卷三百十一錄鄭常詩一首。傅璇琮先生等編《唐五代人物傳記資料綜合索引》有鄭常、無鄭當。凡此均證明《初目》等作"鄭當"有誤。

極元集二卷

唐武功令姚合選。合爲詩,刻意苦吟,工於點綴小景,搜求新意。如所謂"縣古槐根出,官清馬骨高"者,摹寫頗工,而刻畫太甚,流於纖仄。如所謂"驢爲騎來瘦,僮因借得頑"者,亦復不少[①]。宋末盛行,稱爲"武功派",又曰"晚唐派"者是也。而所選乃特有鑒裁。是集錄王維至戴叔倫二十一人之詩,凡一百首,今存者凡九十九。合自稱爲"詩家射雕手",亦非虛語。計敏夫《唐詩紀事》凡載集中所錄之詩,皆註曰右"姚合取爲《極元集》",蓋宋人甚重

集部　總集類　　　　　　　　　　　　　　　　　　　　　　　　　四庫全書初次進呈存目

其書矣。後韋莊復撰《又元集》，以續合之書，其本久佚，惟《唐詩紀事》中尚略記所取，亦不完備。明人刻有僞本，然當時即知其依託，衆相排斥，書竟不行。

《四庫全書總目》卷一百八十六集部三十九總集類一。1689 中

【校記】①亦復不少，文淵閣《四庫全書》書前提要、《總目》其下謂"宋末江湖詩派皆從是導源者也"。

詩準三卷附錄一卷詩翼四卷

宋何無適、倪希程同撰，金華王柏合而序之。其書雜撮古謠諲詞一卷，又附錄一卷，復掇漢魏晉宋詩二卷，而以齊江淹一首終焉，命曰《詩準》。雜撮唐杜甫、李白、陳子昂、韋應物、韓愈、柳宗元、權德輿、劉禹錫、孟郊，宋蘇軾、黃庭堅、歐陽修、王安石、陳師道、陳與義、秦觀、張耒、郭祥正、張孝祥爲四卷，而以陸游一首終焉，命曰《詩翼》。蓋影附朱子古詩分爲三等、別爲二端之説，而剽竊真德秀《文章正宗》緒論以爲之。龐雜無章，是非參差，又出劉履《選詩補注》下①，疑爲明人所僞托。觀其《岣嶁山碑》，全用楊慎釋文，而《大戴禮・几銘》並用鍾惺《詩歸》之誤本，其作僞之迹顯然也。

《四庫全書總目》卷一百九十一集部四十四總集類存目一。1736 上

【校記】①又出劉履《選詩補注》下，《總目》作"又出陳仁子《文選補遺》下"。

歷代吟譜五卷

宋莆田蔡傳撰。傳，襄之孫也。此編始前漢，以迄唐宋，凡能詩之人，皆紀其姓字。末載厲鶚跋云："此書嘗有麻沙刻本，節略不全。其敘次當以漢迄唐爲第一卷，宋爲第二卷，名僧爲第①三卷，閨秀爲第四卷，武人爲第五卷。"今本敘次悉依此編次，蓋近人因鶚跋更定也。

《四庫全書總目》卷一百九十七集部五十詩文評類存目。1797 中

【校記】①第，《總目》原作"弟"，《總目》作"第"，今據改。

文苑英華辨證十卷

宋鄉貢進士廬陵彭叔夏撰。太宗命蘇易簡、宋白等纂次《英華》一千卷，多舛譌不可讀。孝宗時，重付校勘，復率意增損，疵謬轉甚。至嘉泰初，周必大致仕退居，因博稽羣籍，悉爲訂正，詳註逐篇之下。時叔夏預與校讐，以其散在本文，恐閱者難徧，乃薈萃其説，勒成十卷。分十九門①：曰用字，曰用韻，曰事證，曰事悞，曰事疑，曰人名，曰官爵，曰郡縣，曰年月，曰名氏，曰題目，曰門類，曰脫文，曰同異，曰離合，曰避諱，曰鳥獸，草木②，曰雜錄。其辨別字義，博考故寔，最爲精核，近代所行《文苑英華》皆明人刻本，校讐疏略，訛舛相仍，又非宋本之舊。得是書以互訂之，猶可考見其八九。叔夏是編，誠有裨于學古者非淺鮮也，抄本有叔夏《自序》一首，明綏城熊祺刊本佚之。

《四庫全書總目》卷一百八十六集部三十九總集類一。1692 上

【校記】①分十九門，文淵閣《四庫全書》書前提要分二十門，是也。《初目》"避諱"後缺"異域"一類。《總目》標注爲二十一類，但其"五曰事疑"後，直接"七曰人名"，漏稱"六曰"，故實際亦是二十類。　　②草木，按《初目》敘述體例，"草木"前當有"曰"字。

續文章正宗二十卷[①]

宋真德秀撰。所錄者皆北宋之文,以續所編《文章正宗》者也。《文章正宗》有敘事、議論、辭命三體,是書僅有敘事、議論,無辭命,末一卷議論之文又缺,僅存其例目,蓋未成之本。然義例之謹嚴,亦未嘗不具見焉。

《四庫全書總目》卷一百八十七集部四十總集類二。1699 中

【校記】①《續文章正宗》二十卷,文淵閣《四庫全書》書前提要、《總目》作"《文章正宗》二十卷《續集》二十卷",將二書合爲一條。今本《初目》中未見有《文章正宗》一書提要。

崇古文訣三十五卷

宋樓昉撰。昉,字暘叔,號迂齋,鄞縣人。紹熙四年進士。歷官守興化軍,卒,追贈直龍圖閣。昉少從呂祖謙學,爲文浩博而有宗要。是編錄秦漢以來至南宋之文,凡二百餘篇,各於題下標明大旨,旁加註釋。《宋史·藝文志》、馬端臨《經籍考》皆不載,蓋當時用課初學,不在著書之列。然宋人古文選本其傳於今者,惟呂祖謙《古文關鍵》、謝枋得《文章軌範》及此書。皆顯標古人矩矱以爲法程,未可以文皆習見而輕之也。

《四庫全書總目》卷一百八十七集部四十總集類二。1698 下

吳都文粹九卷[①]

宋平江鄭虎臣撰。《蘇州府志》:"虎臣,字景兆,爲會稽尉。"是書綜輯頗富,洵東南典章之所繫。其中若李壽朋之《劄補新軍》,汪應辰之《申奏許浦水軍》,趙肅之《三十六浦利害》,鄭寰之《至和塘六得六失》篇,均關兵農大計。他若龔頤正《企賢堂記》曰:"長洲爲縣,肇唐萬歲通天中。"而《吳地記》則云"建自貞觀七年"。考之唐《地理志》,與頤正之記合。又《吳地記》云:"常熟縣改自唐貞觀九年。"而此書中范成大《常熟縣題名記》曰:"縣舊爲毗陵,至梁而改。"皆可以證《吳地記》之非,尤爲有資考證。

《四庫全書總目》卷一百八十七集部四十總集類二。1702 下

【校記】①《吳都文粹》九卷,文淵閣《四庫全書》書前提要、《總目》、《四庫全書簡明目錄》著錄同。然諸家書目著錄,如清孫星衍《平津館鑒藏書籍記》卷三、清張金吾《愛日精廬藏書志》卷三十五、清黃丕烈《士禮居藏書題跋記》卷六、清瞿鏞《鐵琴銅劍樓藏書目錄》卷二十三等,無不作十卷。此書今存,亦均作十卷,未有作九卷者(參見《中國古籍善本書目》卷二十八《集部·總集類·地方藝文》)。《浙江採集遺書總錄》辛集《總集類二》著錄《吳都文粹》,正作十卷。且《四庫全書》本亦爲十卷。文淵閣本《吳都文粹》,書前提要作九卷,而目錄及正文均作十卷。文溯閣《四庫全書》書前提要、文津閣本《四庫全書》書前提要均作十卷。

古文關鍵二卷

宋呂祖謙撰。所取韓、柳、歐陽、三蘇[①]、南豐、宛邱之文,凡六十餘篇。篇中起伏照應、開合虛寔之處,詳悉標示。卷首總論看文作文之法,語簡而明,深中肯綮。考《宋史·藝文志》列是書作二十卷[②],今衹二卷,又按卷首所載《看諸家文法》,王安石、蘇轍、李廌、秦觀、晁

補之諸人俱在論列中,而其文無一篇錄入者,則非全書可知。然即此六十餘篇之評點,已足爲後學準則矣。此本爲明嘉靖時所刊,前有鄭凰翔《序》。又別一本所刻,旁有鉤抹之處,而評論則同。考陳振孫謂其"標抹注釋,以教初學",則原本有之,蓋此本脫漏也。

《四庫全書總目》卷一百八十七集部四十總集類二。1698 上

【校記】①三蘇,《四庫全書》書前提要、《總目》作"蘇洵、蘇軾"。按:其書卷首《古文關鍵總論·看諸家文法》列有"子由文",故《初目》、文淵閣《四庫全書》書前提要、《總目》云"卷首所載《看諸家文法》,王安石、蘇轍、李廌、秦觀、晁補之諸人俱在論列中"。又其書目錄,卷下有《潁濱文》,收《三國論》、《君術》兩篇。是其書本有蘇轍文(蘇轍,字子由,號潁濱遺老)。《初目》作"三蘇"是,文淵閣《四庫全書》書前提要等漏列蘇轍。
②《宋史·藝文志》列是書作二十卷,《總目》同。文淵閣《四庫全書》書前提要作"《宋史·藝文志》載是書作十二卷",誤。

眾妙集一卷

宋趙師秀編。師秀,字紫芝,號靈秀,永嘉四靈之一也,其詩皆追仿姚合,號"四靈體"。是集錄唐人五七言律詩,起沈佺期,訖王貞白,共七十六人。馮武譏其惟取名句,其説信然①。然亦其一家之學也。馬氏《經籍考》不載其名②,此本明季出自嘉興屠用明家,毛晉刊之。其去取確有法度,非明人所能依託,當爲舊本。

《四庫全書總目》卷一百八十七集部四十總集類二。1700 下

【校記】①其説信然,文淵閣《四庫全書》書前提要、《總目》作"殆不盡然"。《初目》肯定了馮武對本書的評價,文淵閣《四庫全書》書前提要等則不同意馮武的評價。《眾妙集》是一部詩歌選本,所以提要主要從選擇這個角度來分析。馮武謂此書"惟取名句",説明此書在選擇上存在問題。《初目》肯定了馮武這一批評。而後面又認爲本書"去取確有法度",這就存在着自相矛盾之處。文淵閣《四庫全書》書前提要等認爲馮武的批評並不恰當,同時肯定此書"去取確有法度",這樣前後統一。　　②馬氏《經籍考》不載其名,文淵閣《四庫全書》書前提要、《總目》作"陳振孫《書錄解題》不載其名"。今所見《直齋書錄解題》、《經籍考》均不載其書。

樂府詩集一百卷

宋郭茂倩撰。《建炎以來繫年要錄》載茂倩爲侍讀學士郭褒①之孫、郭源中之子,其爵位未詳。本鄆州須城人②,此本題曰太原,蓋署郡望也。是集總括歷代樂府,上起陶唐,下迄五代,凡郊廟歌詞十二卷,燕射歌詞三卷,鼓吹曲詞五卷,橫吹曲詞五卷,相和歌詞十八卷,清商曲詞八卷,舞曲歌詞五卷,琴曲歌詞四卷,雜曲歌詞十八卷,近代曲詞四卷,雜謠歌詞③七卷,新樂府詞十一卷。其解題徵引浩博,援據精審。宋以來考樂府者,無能出其範圍。每題以古詞居前,擬作居後,使同一曲調,而諸格畢備,不相沿襲,可以藥剽竊形似之失。其古詞多前列本詞,後列入樂所改,得以考知孰爲則④,孰爲趨,孰爲豔,孰爲增字減字。其聲詞合寫,不可訓詁者,亦皆題下註明,尤可以藥摹擬聱牙之獘,誠樂府中第一善本,明梅鼎祚因是書作《古樂苑》詆茂倩,意務⑤。

《四庫全書總目》卷一百八十七集部四十總集類二。1696 上

【校記】①郭褎,《薈要提要》、《四庫全書》書前提要、《總目》同。陳振孫《直齋書錄解題》卷十五《樂府詩集》解題云:"茂倩,侍讀學士勸仲褎之孫,昭陵名臣也。本鄆州須城人。有子曰源中、源明。茂倩,源中之子也。"馬端臨《文獻通考》卷二百四十八《經籍考》引《直齋書錄解題》同。《宋史》卷二百九十七《郭勸傳》云:"郭勸,字仲褎,鄆州須城人。舉進士。"又云:"召爲翰林侍讀學士。"是"郭褎"本名勸,字仲褎,作"郭褎"者非。　②鄆州須城人,《薈要提要》、文淵閣《四庫全書》提要同,《總目》作"渾州須城人",非是。陳振孫《直齋書錄解題》即作"鄆州須城人"。鄆州,隋開皇十年置,大業初改爲東平郡。宋樂史《太平寰宇記》卷十三《河南道》云:"鄆州,東平郡,今理須城縣。"若渾州,《舊唐書》卷三十八《地理志》云:"渾州,寄治延安郡界,隸延州節度使。"與須城毫無關係。　③雜謠歌詞,《總目》同,非是。《樂府詩集》目錄作"雜歌謠辭"。《薈要提要》、文淵閣《四庫全書》提要作"雜歌謠辭"不誤。　④則,《薈要提要》等作"側"。　⑤意務,按:《初目》以下有缺,已無從補出。文淵閣《四庫全書》書前提要與《初目》基本相同,可參看。

宋文鑑一百五十卷

宋呂祖謙編。案李心傳《建炎以來朝野雜記》稱:"臨安書坊有所謂《聖宋文海》者,近歲江鈿所編。孝宗得之,命本府校正刻版。"周必大言其"去取差謬",遂命祖謙校正。於是盡取"秘府及士大夫所藏諸家文集,旁采傳記他書,悉行編類,凡六十一門"。又稱:"有近臣密啓,所載臣僚奏議,有詆及祖宗政事者,不可示後世。乃命直院崔敦詩更定,增損在留凡數十篇。然訖不果刻也。"此本未知爲祖謙原本、爲敦詩改本。《朱子語錄》稱《文鑑》收蜀人呂陶《論制師服》一篇,爲敦詩所刪。此本六十一卷中有此文,則非敦詩改本確矣。商輅《序》稱當時臨安府及書肆皆有板,與心傳所記亦不合。蓋官未刻而其後私刻之,故仍從原本耳。同時張栻遺朱子書,議祖謙此書"無補於治道,無補於後學",並責其"承當編此等文字,非所以承君之德"。其論似高而實過。朱子①

《四庫全書總目》卷一百八十七集部四十總集類二。1697下

【校記】①按:《初目》以下有缺。《薈要提要》本篇與此基本相同,其下文云:"語錄記其選錄五例,亦微論其去取有未當。然陳振孫記朱子晚年語學者曰:'此書編次,篇篇有意,其所載奏議,亦係當時政治大節。祖宗二百年規模與後來中變之意,盡在其間,非《選》、《粹》比也。'則朱子亦深許之矣。"

江湖小集九十五卷

相傳宋陳起編。所錄凡六十二家:洪邁二卷,僧紹嵩七卷,葉紹翁一卷,嚴粲一卷,毛珝一卷,鄧林一卷,胡仲參一卷,陳鑒之一卷,徐集孫一卷,陳允平一卷,張至龍一卷,杜旃一卷,李龏三卷,施樞二卷,何應龍一卷,沈說一卷,王同祖一卷,陳起一卷,吳仲孚一卷,劉翼一卷,朱繼芳二卷,林尚仁一卷,陳必復一卷,斯植二卷,劉過①一卷,葉茵五卷,高似孫一卷,敖陶孫二卷附詩評,朱南杰一卷,余觀復一卷,王琮一卷,劉仙倫一卷,黃文雷一卷,姚鏞一卷,余桂三卷,薛嵎一卷,姜夔一卷,周文璞三卷,危稹一卷,羅與之二卷,趙希樞一卷,黃大受一卷,吳汝弌一卷②,趙崇鉘一卷,葛天民一卷,張弋一卷,鄒登龍一卷,吳淵二卷,宋伯仁一卷,薛

師石一卷附諸跋及墓誌,高九萬一卷,許棐四卷③,戴復古四卷,利登一卷,李濤一卷,樂雷發四卷④,張蘊斗一卷,劉翰一卷,張良臣一卷,葛起耕一卷,武衍二卷,林同一卷。內惟姚鏞、周文璞、吳淵、許棐有賦及雜文,餘皆詩也。宋自光、寧以後,游士每以詩干謁,如高九萬之類,見於方回所記者甚眾。臨安書賈陳起,字宗之,亦頗能詩,多與諸人游,遂收其詩並己詩,刻爲《江湖集》。寶慶初,史彌遠廢立之際,起有詩云:"秋雨梧桐皇子府,春風楊柳相公橋。"彌遠聞之怒,捕起黥配,遂下詔禁作詩,毀《江湖集》板。彌遠死,詩禁乃解。今世傳此本以爲即起所集,然彌遠死於紹定六年,而集中多載端平、淳祐、寶祐紀年,反在其後。考《永樂大典》所引,尚有《江湖續集》、《江湖後集》,豈後人合併□⑤刪其舊目耶?又如洪邁、姜夔皆孝宗時人,而邁及吳淵、樂雷發等位皆通顯,不應列之"江湖"。則或原書濫收,或後人附益耳。宋末詩格卑靡,所錄不必盡工,然南渡後詩家姓氏不顯者多賴是書以傳。其捃摭之功,亦不可沒矣。

《四庫全書總目》卷一百八十七集部四十總集類二。1701 上

【校記】①劉過,《初目》原誤作"劉遇",今據本書改。《總目》不誤。　②吳汝弋,浙本《總目》同。文淵閣《四庫全書》書前提要、殿本《總目》作"吳汝式"。《江湖小集》卷六十五收錄吳汝式詩一卷,此外,《兩宋名賢小集》卷二百九十一、《宋詩紀事》卷六十九、《御選宋詩》卷三十四,也均收有吳汝式詩。　③許棐四卷,文淵閣《四庫全書》書前提要、《總目》同。《江湖小集》卷七十五至七十七收錄許棐詩,凡三卷。　④樂雷發四卷,文淵閣《四庫全書》書前提要、《總目》同。《江湖小集》卷八十四至八十八收錄樂雷發詩,凡五卷。　⑤□,《初目》原稿此字模糊不清。

論學繩尺十卷

宋鄉貢進士魏天應輯。所載皆南渡以後科舉之文,以十干分集,集各一卷。卷首詳述作論之法,每集分標格式,又各撮題中要旨,謂之類意。京學教諭林子長復箋釋之。舊本散佚,明初提學僉事游明衷輯補綴,復爲完書。

《四庫全書總目》卷一百八十七集部四十總集類二。1702 中

赤城集十八卷

宋林表民撰。表民,字逢吉,其先曲阜人,徙臨海,故集中載吳子良《赤城續志序》稱爲東魯林逢吉。其父師點善藏書,工篆籀,表民能世其學。師點嘗撰《天台集》,而表民續之。又續陳耆卿《赤城志》,而取記志、書傳、銘誄、贊頌之文爲志所不載者,薈而輯之,以成此集。前有淳祐八年吳子良序,稱:"分門會稡,并詩爲一。"今此集僅有文一百八十二首,而無詩。又明謝鐸《赤城新志》載:"《赤城集》二十八卷,有刻本在內閣。"而此本亦祇十八卷,疑原本尚有詩十卷在其後,爲傳抄者所脫佚,已非完本矣。

《四庫全書總目》卷一百八十七集部四十總集類二。1700 上

萬首唐人絕句詩九十一卷

宋洪邁編。邁於淳熙間錄唐五七言絕句五千四百首進御,後復補輯得滿萬首,爲百卷,紹熙三年上之。是時降敕褒嘉,有"選擇甚精,備見博洽"之諭。陳振孫謂其中多採宋人詩,

"如李九齡、郭震、滕白、王嵒[①]、王初之屬。其尤不深考者爲梁何遜。"劉克莊亦謂其但取唐人文集雜說抄類成書,非必有所去取。蓋當時瑣屑摭拾,以足萬首之數,其不能精審,勢所必然,無怪後人之排詆。至程珌《洺水集》責邁不應以此書進御,則論雖正而實迂矣。是書原本一百卷,每卷以百首爲率,而卷十九至卷二十二皆不滿百首。又五言止十六卷,合之七言七十五卷,亦不滿百卷。目錄後載嘉定間紹興守吳格跋,謂原書歲久蠹闕,因修補以永其傳。此本當是修補之後,復又散佚也。

《四庫全書總目》卷一百八十七集部四十總集類二。1697 上

【校記】①王嵒,《初目》原作"王嵓",非是。《直齋書錄解題》卷十五《唐人絕句詩集》敍錄作"王嵒",卷二十又著錄《王嵒集》一卷,可證。文淵閣《四庫全書》書前提要、《總目》作"王嵒"不誤。

唐百家詩選二十卷

舊本題宋王安石編。其去取絕不可解,自宋以來,疑之者不一,曲爲解者亦不一。然大抵指爲安石。惟晁公武《讀書志》云:"《唐百家詩選》二十卷,皇朝宋敏求次道編。次道爲三司判官,嘗取其家所藏唐人一百八家詩選,擇其佳者,凡一千二百四十六首爲一編。王介甫觀之,因再有所去取,且題云'欲觀唐詩者,觀此足矣',世遂以爲介甫所纂。"其說與諸家特異。案《讀書志》作於南宋之初,去安石未遠,又晁氏自元祐以來,舊家文獻,緒論相承,其言當必有自。今本《臨川集》中不載此序,是亦不出安石之一証也。此本爲宋乾道中倪仲傳所刊,前有仲傳《序》。其書世久不傳。國朝康熙中,商邱宋犖始購得重刻之,卷數與晁氏所記同,而詩多十六首,疑傳寫《讀書志》者誤以六十二爲四十六云。

《四庫全書總目》卷一百八十六集部三十九總集類一。1693 下

唐文粹一百卷

宋姚鉉編。陳善《捫蝨新話》以爲徐鉉者,誤也。姚鉉,字寶臣[①],廬州人,自署郡望,故曰吳興。太平興國中第進士。官至兩浙轉運使。詩文儷偶,皆莫盛於唐,盛極而衰,流爲弊格,故亦莫雜於唐。鉉是編,文賦惟取古體,而四六之文不錄,詩歌亦惟取古體,而五七言近體不錄。蓋於歐、梅未出以前,毅然矯五代之弊,與穆修、柳開相應者,寔自鉉始。其中如杜審言《臥病人事絕》一首,較集本少後四句,則鉉亦有所刪削。又如岑文本《請勤政改過疏》之類,皆《文苑英華》所不載。其蒐羅亦云廣博。王得臣《麈史》乃譏其未見《張登集》,殊失之奇[②]。惟文中芟韓愈《平淮西碑》,而仍錄段文昌作,未免有心立異。詩中如陸龜蒙《江湖散人歌》類皆收之,亦未免過求朴野,稍失別裁耳。

《四庫全書總目》卷一百八十六集部三十九總集類一。1692 下

【校記】①寶臣,《薈要提要》、《四庫全書》書前提要、《總目》同。楊武泉認爲"寶臣"乃"寶之"之誤,引《宋史·文苑·姚鉉傳》並雍正《江南通志》卷一八七、光緒《安徽通志》卷二二八人物志本傳均言"字寶之"不言"字寶臣"爲證(《四庫全書總目辨誤》,上海古籍出版社,2001 年出版,第 274 頁)。按:此說可商。《郡齋讀書志》卷四下、《直齋書錄解題》卷十五著錄本書,作者小傳均作"字寶臣"。兩部書志均爲宋人所編,《宋史》爲元人所編,故前者更可採信。宋王應麟《玉海》卷五十四《藝文》著錄《唐文粹》,元馬端臨

《文獻通考》卷二百三十四、卷二百四十八《經籍考》著錄《姚鉉文集》及《文粹》,亦均引晁公武之《志》作字寶臣。　　②殊失之奇,《薈要提要》、《四庫全書》書前提要、《總目》均作"殊失之苛",於義更爲貼切。

五百家播芳大全文粹一百十卷

宋鉅鹿魏齊賢仲賢、南陽葉棻子寔同輯。所採皆宋代之文,駢體居十之七八[①],凡表牋、制誥、簡疏、賦頌、記序、銘跋無不畢備。題曰"五百家",而卷首具列姓氏寔五百二十家,網羅可云極富。然去取無識,每以尋常酬應之作選錄充數,不能精醇。又仿《文選》例,於撰人止書其字,而標題亦時有舛複。考今世所傳宋槧之書,多題建安魏仲舉刊行者,仲賢疑即其弟兄,蓋亦書賈之流,故所選特坊間噉名之本,意主貪多,不免冗濫也。朱彝尊嘗跋此書而惜無人爲之刪其繁而舉其要,則亦嫌其蕪穢矣。又彝尊所見徐炯家宋刻本,稱二百卷。今抄本止一百十卷,尋檢似無闕佚,或彝尊筆誤。首載紹熙庚戌南徐許開《序》。開,字仲啓,以中奉大夫提舉武夷冲祐觀,著有《志隱類稿》,見趙希弁《讀書附志》。

《四庫全書總目》卷一百八十七集部四十總集類二。1698 下

【校記】①居十之七八,文淵閣《四庫全書》書前提要、《總目》作"居十之六七"。又"居十之七八",《初目》原作"居士之七八",兹據書前提要等改。

政府奏議[①]二卷

宋范仲淹撰。分治體、邊事、薦舉、雜奏四類,凡八十五篇。皇祐五年,韓琦爲河東經略安撫史,始序而行之。稱輯之者爲寺丞君,蓋即仲淹子純仁也。《序》又稱《奏議》十七卷,政府論事二卷,當爲十九卷。晁公武《讀書志》作十七卷[②],又云今依原本編二卷。此本亦止二卷,意者即公武所改編歟?

《四庫全書總目》卷五十五史部十一詔令奏議類。495 下

【校記】①《政府奏議》,《總目》同,文淵閣《四庫全書》書前提要作"《范文正奏議》"。又,此條《初目》書口題"集部總集類",《總目》作"史部詔令奏議類"。《初目》有誤。今仍著錄於此,未予移動。　　②晁公武《讀書志》作十七卷,誤,宋趙希弁撰《郡齋讀書志》卷五下《附志》載"《范文正公奏議》十五卷"。

宋文選三十二卷

不知撰人姓氏。所選皆北宋人文,自歐陽修以下十四人,取其文有關於經術、政治者,詩賦碑銘之類不載焉。是本宋刻傳抄,出於崑山徐元文家,蓋必南渡前人所輯。中無三蘇文字,而黃庭堅、張耒之文則錄之,意當時蘇文之禁最嚴,而黃、張之類又稍寬也。又其中無二程文者,蓋不以文士稱之。何焯嘗謂曾鞏佚文如《書魏鄭公傳後》諸篇,皆《元豐類稿》所無,惟見此選。按《宋文鑑》亦載《書魏鄭公傳後》,固非獨此本也。然安知《宋文鑑》非採取出於是編耶?宋人選其本朝人文,在今存者已少,是書宏備,雖不及《文鑑》,然用意嚴慎,非出於無識者也。

《四庫全書總目》卷一百八十六集部三十九總集類一。1695 中

唐三體詩六卷續集八卷

宋汶陽周弼選。弼,字伯弜。嘉定間進士。著有《端平集》①。是書於唐人諸體之中,惟錄七言絕句及五七言律詩,故謂之三體。三體之中,又分寔接、虛接、四寔、四虛、前寔前虛、後寔後虛②諸格,其說頗拘。國朝錢塘高士奇增損其舊注,續選五言古、七言古、五言排律以補所未及,又非伯弜之原書。然均非善本。

《三體唐詩》六卷,《四庫全書總目》卷一百八十七集部四十總集類二,1702 上。《續三體唐詩》八卷,《四庫全書總目》卷一百九十四集部四十七總集類存目四,1773 上
【校記】①《端平集》,文淵閣《四庫全書》書前提要、《總目》作"《汶陽端平詩雋》"。按周弼生前刊有《端平集》十二卷,已佚。寶祐五年,李龏摘其古律體詩近二百首,編爲《汶陽端平詩雋》四卷。事見李龏《汶陽端平詩雋·序》。　②前寔前虛、後寔後虛,文淵閣《四庫全書》書前提要、《總目》作"前虛後實、前實後虛",是也。本書卷首《選例》述七言律詩、五言律詩均有前虛後實、前實後虛之格。

兩宋名賢小集無卷數①

舊本題宋陳思原編,元陳世隆補輯。思,臨安人,鬻書于市,好刊書,今所傳《寶刻叢編》即其所梓。是書有紹定三年魏了翁《序》及本朝朱彝尊二《跋》。考其所載了翁序與《寶刻叢編》之序,字句不易,惟更書名數字,其爲偽托無疑。彝尊跋中謂:是書"又稱爲《江湖集》","刻于寶慶、紹定間。史彌遠疑有謗己之言,牽連逮捕,思亦不免,詩板遂毀。"按方回《瀛奎律髓》謂:"寶慶初,史彌遠廢立之際,錢唐書肆陳起宗之刊《江湖集》行世。後爲言者論列,劈集板,宗之坐流配。"則刊《江湖集》者陳起,非陳思也。且《江湖》所載皆南渡以後之人,而是書起自楊億、宋白,二書迥異。乃牽合爲一,以陳起之被累係之陳思,紕繆甚矣。再按:彝尊文集有高菊磵②《遺稿序》,中述陳起罹禍之事甚悉,未嘗混及陳思,而此跋集中亦未載,當亦近人依托爲之。又跋內稱陳隆爲思從孫,於思所編六十餘家外,增輯百四十家,稿本散逸,曹溶復補綴之。今檢編中所錄,率多漏略。如王應麟詩僅五首,其見於《四明文獻集》者甚多,而曾不採錄,溶不應疎略若此。則謂曹溶補綴,亦不足信也。

《四庫全書總目》卷一百八十七集部四十總集類二。1705 上
【校記】①無卷數,文淵閣《四庫全書》書前提要、《總目》均作"三百八十卷"。　②高菊磵,《初目》原作"高菊坡",非是。文淵閣《四庫全書》書前提要、《總目》作"高菊磵",是也,今據改。高菊磵,即高翥,字九萬,號菊磵,餘姚人。《四庫全書》收入其《菊磵集》一卷。朱彝尊《序》見《曝書亭集》卷三十六,題《信天巢遺稾序》。

聲畫集八卷

宋孫紹遠編。紹遠,字稽仲,紹興間人。所錄皆唐宋人題畫之作,分二十六門。錢曾《讀書敏求記》謂其書不著編者姓氏,後人以卷首有劉莘老題《老子畫像》詩,因誤爲莘老所輯。此本卷首紹遠《自序》,謂"入廣之明年,以所攜前賢詩及借之同官,擇其爲畫而作者編爲一集"。則爲紹遠編輯無疑,意曾所藏本偶佚此《序》耶?

《四庫全書總目》卷一百八十七集部四十總集類二。1697 中

集部　總集類　　　　　　　　　　　　　　　　　　　　　　　　　　　　　四庫全書初次進呈存目

古賦辨體十卷①

宋祝堯編。堯，字君澤，信州人。其書自《楚詞》以下凡兩漢、三國、六朝、唐、宋諸賦，每朝錄取數篇，以辨其體格，凡八卷。其外集二卷，則擬騷及操②、歌等篇，爲賦家流別者也。采摭頗備，于源流正變之間，亦言之頗詳。

《四庫全書總目》卷一百八十八集部四十一總集類三。1708 中。

【校記】①《古賦辨體》十卷，文淵閣《四庫全書》書前提要同，《總目》作"《古賦辨體》八卷《外集》二卷"。　　②及操，文淵閣《四庫全書》書前提要、殿本《總目》同，浙本《總目》作"琴操"，非是。《古賦辨體》卷十特立"操"之一體，其小序謂："《風俗通》云：琴曲曰操。操者，言其窮阨猶不失其操也。"又謂："《離騷》亡，操與詩賦同出而異名。"所選有尹伯奇《履霜操》、韓退之《將歸操》、漢蔡文姬琰《胡笳》等。"操"之下爲"歌"之一體。

文選補遺四十卷

元陳仁子撰。前有廬陵趙文《序》，述仁子之言，謂《文選》："存《封禪書》，何如存《天人三策》；存《劇秦美新》，何如存《更生封事》；存《魏公九錫文》，何如存《蕃、固諸賢論列》①。《出師表》不當刪去《後表》；《九歌》不當止存《少司命》、《山鬼》；《九章》不當止存《涉江》。漢詔令取武帝不取高、文，史論贊取班、范不取司馬遷。淵明詩家冠冕，十不存一二②。"又不當以詩賦先詔令奏疏，使"君臣失位，質文先後失宜"。其排斥蕭統甚至。蓋與劉履《選詩補註》，皆私淑《文章正宗》之説者。然《正宗》主於明理，《文選》原止於論文，言豈一端，要各有當。仁子以彼概此，非通方之論也。且所補司馬談《六家要論》③，則齊黄老於六經；魯仲連《遺燕將書》，則教人以叛主；高帝④《鴻鵠歌》，情鍾嬖愛；揚雄《反離騷》，事異忠貞；蔡琰《胡笳十八拍》，非節烈之言；《越人歌》、《李延年歌》，直淫褻之語；班固《燕然山銘》⑤，寔爲貢諛權臣；董仲舒《火災對》，亦不免附會經義。律以正宗之法，皆爲自亂其例，亦非能恪守真氏者。至於宋王微《咏賦》譌爲宋玉《微詠賦》，則姓名時代並誤；引佛經橫陳之説，以註諷賦，則龐雜已甚；荊軻《易水歌》，與《文選》重出，亦爲不檢。如斯之類，又可置而不論矣。

《四庫全書總目》卷一百八十七集部四十總集類二。1703 下。

【校記】①蕃、固諸賢論列，文淵閣《四庫全書》書前提要、殿本《總目》同，浙本《總目》作"蕃、固諸賢列傳"，非是。趙文《文選補遺序》作"蕃、固諸賢論列"。　　②十不存一二，文淵閣《四庫全書》書前提要、殿本《總目》同。浙本《總目》作"十不存三"，"三"字當係"一二"二字之誤合。趙文《文選補遺序》作"十不存一二"。　　③六家要論，文淵閣《四庫全書》書前提要、《總目》作"六家要旨論"。其書卷二十一所收錄爲《六家指要論》。　　④高帝，《初目》原作"稿帝"，不詞。今據文淵閣《四庫全書》書前提要、《總目》改。漢高帝《鴻鵠歌》收入其書卷三十五。　　⑤班固《燕然山銘》，文淵閣《四庫全書》書前提要、《總目》同。楊武泉云："檢此書卷三七'頌'類中，有《車騎竇將軍北征頌》，班固撰。而'銘'類中，無《燕然山銘》。《總目》謂'貢諛權臣'者，應是此《北征頌》，館臣誤記篇名也。"(《四庫全書總目辨誤》，上海古籍出版社，2001 年出版，第 275 頁)

忠義集七卷

元趙秉善因劉壎父子所錄而增葺之。壎,字起潛,號水村,南豐人。生於宋季,元成宗時以薦授延平教授。追紀宋末死節之士,作《補史十忠詩》。其子麟瑞,字如村,搜討遺事,賦七言律四十首,名《昭忠逸咏》。秉善合爲一編,附同時遺老諸作,以"忠義"名其集。編中詳註事蹟,皆史傳所遺。明弘治間,趙璽得于老農家,浙江僉事王廷光刊之,何喬新爲之序。《序》謂是編有汪水雲、方虛谷諸人傷時悼事之什。水雲名元量,宋末以琴供奉隨德祐北狩者,別有《水雲集》行世。此編寔未錄其詩,喬新悮也。

《四庫全書總目》卷一百八十八集部四十一總集類三。1708 下

唐音十五卷①

元楊士宏編。士宏,字伯謙,襄陽人。論唐詩者分時代,自嚴羽諸人已然。其以初、盛、中、晚排比畛域,如譜牒昭穆之不可亂,則寔士宏首倡之。是書以王、楊、盧、駱爲《始音》,餘爲《正音》、爲《遺響》。《正音》五言古體取盛唐,七言古體、五言近體兼取中唐,七言近體兼取晚唐。《遺響》則不復區別。厥後高棅《品彙》承其餘波,門徑彌嚴,拘礙彌甚。馮班諸人力排之,亦非無故矣。

《四庫全書總目》卷一百八十八集部四十一總集類三。1709 下

【校記】①《唐音》十五卷,文淵閣《四庫全書》書前提要、《總目》作"《唐音》十四卷"。書前提要云:"凡《始音》一卷,《正音》六卷,《遺響》七卷。而士弘自記稱十五卷,蓋《遺響》有一子卷也。"今文淵閣《四庫全書》本卷首楊士弘自誌作"《唐音》九十五卷",當是誤抄。查汧陽盧氏慎始基齋影印明嘉靖刻本《唐音》,作"《唐音》凡十五卷","凡"寫作"九",四庫謄錄因誤寫成"九"。

庚辛唱和詩一卷

元繆思恭等於至正庚子、辛丑間分韻唱和之作。庚子爲張士信亂後,辛丑則游景德寺作也。先後共詩二十八首,重見者二人,共二十六人。明郁嘉慶因考其爵里,爲《考世編》附於後。其《名公手翰》二十二條,則嘉慶以意附編,非其原書也。後朱彝尊亦嘗編訂是書,於每詩之前,人各爲傳,所述與《考世編》相出入。其跋云:"舊本姓名之下,概無爵里事蹟,特一一考而補之。"蓋未見嘉慶本也。中有王綸,字昌言,檇李人,爲嘉興教授,見《劉基集》及邵復孺《懷友詩》注,而嘉慶與彝尊皆未之及。信乎考証之難矣。又鮑恂,字仲孚,彝尊作字仲子,以其名推之,蓋彝尊筆悮云。

《四庫全書總目》卷一百九十一集部四十四總集類存目一。1737 下

古樂府十卷

元左克明撰。其書錄古樂府詞,分爲八類:曰古歌謠,曰鼓吹曲,曰橫吹曲,曰相和曲,曰清商曲,曰舞曲,曰琴曲,曰雜曲。《自序》謂"獨詳於古",故"謂之《古樂府》"。"推本三代而上,下止陳隋,截然獨以爲宗","欲世之作者,泝流窮原,不失本旨"。其命意如此。然郭茂倩《樂府詩集》,自宋時已成書,雖兼及唐以後之作,而採錄較富。克明後出,蓋未之見,故復爲此編,其體例亦略相仿,而解題之詳核,則遠不及矣。克明,江西隆興人,書成于至正丙

集部　總集類

戌。舊有刻本，明嘉靖中，華容蕭一中重刊於浙。

《四庫全書總目》卷一百八十八集部四十一總集類三。1710上

唐詩說二十一卷

　　元釋圓至撰。圓至，字天隱，號牧潛，高安姚氏子。少習舉業，去爲浮屠，以詩名。此書蓋取宋周弼所選《三體唐詩》而爲之註，前有大德九年方回《序》。解釋句義甚爲拿陋。如唐人咏元宗事，每稱武帝，蓋借漢武以托意，非元宗之謚。乃圓至直謂稱元宗爲武皇帝，誤亦甚矣。

《四庫全書總目》卷一百九十一集部四十四總集類存目一。1737中

瀛奎律髓四十九卷

　　元方回撰。其書兼選唐宋二代之詩，分四十九類。所錄皆五七言近體，故名"律髓"。《自序》謂取"十八學士登瀛洲"、"五星聚奎"之義，故曰"瀛奎"。大旨排西崑而主江西，倡爲"一祖三宗"之説。"一祖"者杜甫，"三宗"者黃庭堅、陳師道、陳與義也。其説以生硬爲健筆，以粗豪爲老境，以煉字爲句眼，頗不諧於中聲。其去取之間，如杜甫《秋興》惟選第四首之類，亦多不可解。然宋代諸集不盡傳於今者，頗賴以存，而當時遺聞舊事，亦往往多見其註。故厲鶚作《宋詩紀事》，所采最多。其議論可取者亦尚頗有，故亦未能竟廢之。此書世有二本：一爲石門吳之振所刊，註作夾行，而旁有圈點，前載龍遵敍述傳授源流至詳；一爲蘇州陳士泰所刊，刪其圈點，遂併註中所圈"是句中眼"等句刪去。又以龍遵原序屢言圈點，亦併刪之以滅跡。校讐舛駁，尤不勝乙。之振切譏之，殆未可謂之已甚焉。

《四庫全書總目》卷一百八十八集部四十一總集類三。1707上

谷音二卷

　　元杜本所編宋末遺民之詩，凡三十人。錢曾《讀書敏求記》作二十九人，誤也。人各繫以小傳，皆慷慨志節之士，多史傳所不載者。本詩不甚工，而所錄詩乃古直悲涼，無江湖諸人之習。王士正《論詩絶句》曰："誰嗣《篋中》冰雪句，《谷音》一卷獨錚錚。"其品題當矣。

《四庫全書總目》卷一百八十八集部四十一總集類三。1707中

天下同文集五十卷[①]

　　元周南瑞撰。南瑞不知何許人。觀其目錄末標"隨所傳錄、陸續刊行"九字[②]，則此書殆當時市賈所刊，故體例頗俗。其劉將孫一《序》，亦潦倒淺陋，似乎依託。然其所載，頗有蘇天爵《文類》所未收，而足資當日典故者。如《元史》崔彧上寶璽事，見於《成宗本紀》及彧本傳，未詳得璽月日。是集所載崔彧《獻璽書》文，知爲至元三十一年正月三十日。又《成宗本紀》："元貞元年三月乙巳朔，安南世子陳日燇遣使上表，并獻方物。"而《安南國傳》則紀其事於至元三十一年五月之下，與《本紀》互異。今考是集所載安南國王賀成宗登極表，末云"元貞元年三月初一日"。知《列傳》爲誤書。皆可以旁資考證。其他文亦多有可觀者，其中十七卷、十八卷、三十一卷、三十三卷、三十四卷、三十五卷、四十一卷並闕。蓋麻沙舊式，分卷破碎。傳抄易於佚脱也。

468

《四庫全書總目》卷一百八十八集部四十一總集類三。1708 上

【校記】①五十卷,文淵閣《四庫全書》書前提要同。《總目》作"四十四卷",係據實著錄,所缺六卷未計在內。　②"隨所傳錄、陸續刊行"九字,按:此處爲八字,《初目》作"九字"有誤。文淵閣《四庫全書》書前提要作"八字"不誤。《總目》作"'隨有所傳錄、陸續刊行'九字",非是。此書目錄後原題"隨所傳錄、陸續刊行。廬陵周南瑞敬輯"。清人書目,如張金吾《愛日精廬藏書志》卷三十五、丁丙《善本書室藏書志》卷三十八著錄,亦均作"隨所傳錄、陸續刊行"八字。《初目》所記字數有誤,但題記文字不誤,《總目》則題記文字、所記字數均誤。

元風雅二十四卷①

前集十二卷,元傅習采集時人之詩,而儒學正孫存吾爲之編類。後集十二卷,則存吾所獨輯也。前集首劉因,凡一百十四家。後集首鄧文原,凡一百六十六家。有一人而兩見者。間載作者爵里,俱不甚詳。其中收江西人所作最多,蓋一時隨所見輯錄,故首尾殊無倫序。然世不習見之人與不經見之詩,賴此以得存者亦不少矣。虞集、謝升具爲之序。習,字說卿,清江人。存吾,字如山,廬陵人。

《四庫全書總目》卷一百八十八集部四十一總集類三。1709 下

草堂雅集十二卷①

元顧瑛編。瑛卜築玉山草堂,四方名士嘗主其家,因彙輯所作編爲此集。自陳基至釋自恢,共七十人。仿元好問《中州集》例,各爲小傳,亦有僅載字號、里居,不及文章、行誼者。蓋各據其寔,不虛標榜,猶前輩篤實之遺也。其與瑛唱酬者,即附錄己作於後。其與他人唱酬而其人非與瑛游者,所作可取,亦附其錄焉。皆低書四格以別之。蓋雖以"草堂雅集"爲名,實簡錄其人平生之作。元季菁華,略備於是,勝月泉吟社多矣。

《四庫全書總目》卷一百八十八集部四十一總集類三。1710 下

【校記】①十二卷,《總目》作"十三卷";文淵閣《四庫全書》書前提要作"十三卷",其書則作十四卷。《兩淮商人馬裕家一次呈送書目》有《玉山草堂雅集》十二卷,《浙江省第四次鮑士恭呈送書目》有《玉山草堂雅集》十三卷,《浙江採集遺書總錄》有《玉山草堂雅集》十三卷,題爲知不足齋寫本。

元文類七十卷

元蘇天爵編。天爵,字伯修,真定人。由國子生公試第一,累官至吏部尚書、參議中書省事,出爲浙江行省參知政事。至正十二年,總兵饒信,卒於軍。天爵三居史職,預修武宗、文宗《實錄》,著有《名臣事略》、《松廳章疏》、《春風亭筆記》諸書,嫺於掌故。而所著《滋溪文集》,亦足追蹟前修。故是集去取精嚴,具有體要。自元初以迄延祐,英華採擷,略備於斯,論者以媲姚鉉《文粹》、呂祖謙《文鑑》。有明一代,撰述如林,皆擬追配三書,而論定之餘,終無能比肩而四也。

《四庫全書總目》卷一百八十八集部四十一總集類三。1709 中

春秋詞命三卷

舊本題明王鏊撰，松江王徹註。其書雜采左氏所載應對之詞，釋以通俗之語，似非鏊之所作，疑書肆託名也①。所錄雖源出《春秋》，而於經義無關，於傳義亦不相涉。今以其輯錄舊文，爲童蒙誦讀之用，姑附之總集類。

《四庫全書總目》卷一百九十一集部四十四總集類存目一。1742 中

【校記】①疑書肆託名也，《總目》其下云："然序文乃載鏊集中，朱彝尊《經義考》亦著錄，則事之不可解者也。"

翰苑瓊琚八卷

舊本題明楊慎選。是書餖飣補綴，類鄉塾兔園冊子。其割裂《尚書》，尤爲庸妄。疑非慎之所爲，或書肆依託也。

《四庫全書總目》卷一百九十二集部四十五總集類存目二。1745 下

三蘇文範十八卷

舊本題明楊慎編。然所取皆近於科舉之文，不類慎之所爲，疑出依託。

《四庫全書總目》卷一百九十二集部四十五總集類存目二。1745 下

尺牘清裁六十卷補遺一卷

明王世貞輯。初，楊慎撰是書，自《左》、《史》迄於六朝，共爲八卷，世貞益爲二十八卷。復採唐代至明之作，通爲六十卷。又旁搜稗史，得梁、隋以前佚作四十餘條，爲《補遺》一卷。然真贋錯雜，簡擇未爲盡善也。

《四庫全書總目》卷一百九十二集部四十五總集類存目二。1749 下

文章正論十五卷緒論五卷

明劉祐①選。祐，萊州人，嘉靖三十二年進士，官至大同巡撫。是書錄歷代古文，自《左》、《國》訖於元季。以足垂法戒者爲正論，以詞勝而理未足者爲緒論。《自序》擬諸真德秀《文章正宗》、崔銑《文苑春秋》，其持論未嘗不正。然以李密《陳情表》列諸緒論，義頗未安，又以宋人五經之序升諸《左》、《國》之前，亦涉標榜之習。德秀姑無論，恐尚未能逮銑也。

《四庫全書總目》卷一百九十二集部四十五總集類存目二。1750 中

【校記】①劉祐，《初目》、《總目》均作"劉祐"，非是。徐大軍《〈四庫全書總目〉集部存目提要辨證》謂《四庫全書存目叢書》本所收明萬曆十九年徐圖揚州官署刻本，各卷卷端皆題作"巡撫大同都察院右僉都御史東萊劉祐選，巡按直隸監察御史東萊徐圖校"。又卷首萬曆十九年其《自序》亦署"東萊劉祐"，而非"劉祐"。考《明嘉靖三十二年癸丑科進士題名碑錄》第三甲第一百九十七名正作"劉祐"。明蕭彥《劉公墓誌銘》云，劉祐，字叔（亦作"淑"）修，號拙齋。《山東通志》、《山西通志》等地方志"劉祐"、"劉祐"二名共存，蓋因形似而訛誤已久。現考之諸文獻材料，以作"祐"爲是（南京師範大學碩士學位論文，2006 年打印本，第 16 頁）。所說甚是，今據改。下文"祐"，原亦作"祐"，今並改。

金華文統十三卷

明金華府知府趙鶴編。鶴，字叔鳴，江都人。其書皆錄金華耆舊之文。宋宗澤、梅執禮、潘良貴、鄭剛中、賈廷佐、范浚、陳亮、呂祖儉、徐僑、何恪、時少章、喬行簡等十二人，元柳貫、張樞、吳師道、黃溍、吳萊等六人，明宋濂、王褘、蘇伯衡、胡翰、戴良、吳沉、王紳、章懋等八人，而宋濂所錄獨多。前列呂祖謙修《文鑑》法、朱子取文字法及王柏、吳師道論文之語，大旨欲取關於理學涉於世者，故劉孝綽、駱賓王、舒元輿之文皆所不取。然所錄諸文皆習見之篇，又皆盛名之士，亦無待鶴之表章也。

《四庫全書總目》卷一百九十二集部四十五總集類存目二。1744 上

文苑春秋四卷

明崔銑編。起漢高帝《入關告諭》，迄明太祖《諭中原檄》，凡一百篇。各仿《毛詩小序》之體，篇首綴以數言，而別無詮釋。大旨謂非關世教人心者不錄，故名曰"春秋"，亦《文章正宗》之屋下屋也。

《四庫全書總目》卷一百九十二集部四十五總集類存目二。1744 下

六藝流別二十卷

明黃佐撰。其書大旨以六藝之源皆出於經，因採摭漢、魏以下詩文，悉以六經統之。凡《詩》之流五，其別二十有一；《書》之流八，其別四十有九；《禮》之流二，其別十有六；《樂》之流二，其別十有二；《易》之流十二。分類編敘，去取甚嚴。其《自序》言："欲補摯虞《文章流別》而作。"然文本於經之論，千古不易，特為明理致用而言。至劉勰作《文心雕龍》，始以各體分配諸經，指為源流所自，其說已涉於臆創。佐更推而衍之，剖析名目，殊無所據，固難免於附會之譏也。其本為嘉靖壬戌佐子在素所刻，康熙丁卯，其元孫逵卿重刊行之。

《四庫全書總目》卷一百九十二集部四十五總集類存目二。1746 上

漢魏詩乘二十卷

明宣城梅鼎祚編。鼎祚輯漢、魏、六朝之詩，名《八代詩乘》。六朝詩多所刪削，而漢魏詩則全載。又其書先出，故刊本或亦別行。孫皓、韋昭諸作，別題曰"吳詩"，亦以時代類附焉。此書作於馮惟訥《詩紀》之後，頗亦補其軼缺。然真偽雜糅，不能考正，如蘇武妻詩之類，至今為藝林口實也。

《四庫全書總目》卷一百九十三集部四十六總集類存目三。1764 上

唐詩選七卷

明李攀龍編。攀龍選歷代之詩，本名《詩刪》。後人摘其所選唐詩，別名之曰《唐詩選》。唐汝詢為之註，蔣一葵①又為之直解，由是盛行鄉塾間，即此本也。所錄五、七言古體、律詩以開寶以前為主，絕句始兼收大曆以後，仍其摹擬形似之宗旨，其謂"唐無五言古詩，而有其古詩"，尤似高而寔謬者也。

《四庫全書總目》卷一百九十二集部四十五總集類存目二。1749 下

【校記】①蔣一葵，《初目》作"蔣一蔡"，誤。此書今存明刻本，茲據卷端署名改。《總

集部　總集類

目》作"蔣一葵"不誤。

唐詩類苑二百卷

明張之象編。之象，字元超，華亭人。官浙江布政司經歷。初，宋趙孟奎有《唐古詩類》[1]，佚闕不完，世無刊本。之象蓋未見其書，因有此作。凡分三十六部[2]，以類隸詩。意取博收，不復簡擇，故不免失之冗濫，蓋類書流也。然《文選》及《文苑英華》本有分類之例，故與所作《古詩類苑》仍併入總集。是書未刊之先，其稿爲浙江卓明卿所得，割取初、盛唐詩刊之，遂掩爲己有。華亭王徹重爲辨正釐定，乃復之象之舊，故世有二本，然今皆知爲之象書也。

《四庫全書總目》卷一百九十二集部四十五總集類存目二。1752下

【校記】[1]宋趙孟奎有《唐古詩類》，《總目》作"宋趙孟堅有《分類唐詩》"。考趙孟堅，著有《梅譜》、《彝齋文編》，未見其有編唐詩選本事，不知《總目》所說何據。趙孟奎有《分門纂類唐歌詩》，分門類纂唐詩，《初目》云"《唐古詩類》"，蓋指此書。惟趙孟奎其書有宋刻本、清初毛氏汲古閣影宋抄本等，《初目》謂"世無刊本"，不確，《總目》亦誤。清瞿鏞《鐵琴銅劍樓藏書目錄》卷二十三集部著錄《分門纂類唐歌詩》十二册，宋刊殘本，提要略云："題趙孟奎分門纂。案：孟奎，字文耀，號春谷，宋太祖十一世孫。寶祐丙辰文信國榜進士。官至秘閣修撰。寄貫蘇州。全書百卷，天地山川三十二卷，朝會宮闕八卷，經史詩集三卷，城郭園廬二十卷，仙釋觀寺十二卷，服食器用十一卷，兵師邊塞二卷，草木蟲魚十二卷。每類中又分子目。今存天地山川六册，草木蟲魚六册。卷第俱爲書估掩改，其灼然可考者僅天地山川之卷三十二，草木蟲魚類之卷三四五六而已。"張之象《唐詩類苑》蓋仿趙孟奎其書。　[2]凡分三十六部，《總目》同。按：此書今存明萬曆二十九年曹仁孫刻本，據該書統計，凡分三十九部（其最後一部"雜部"有目無文）。《初目》、《總目》均誤。

唐雅二十六卷

明華亭張之象編。取唐君臣唱酬之作，擇其尤雅其二千餘篇，分部五十有三，以類編次。自武德訖於開元，以天寶而後，風格漸卑，故不與焉。其論似高而無當。且賦雖古詩之流，而自漢以來，體裁久別，雜入《喜雨》諸賦，亦爲例不純。

《四庫全書總目》卷一百九十二集部四十五總集類存目二。1752中

唐詩紀一百七十卷

明吳琯輯。琯嘗校刊馮惟訥《古詩紀》，因準其例輯此書。甫成初唐、盛唐詩，即先刊行，故止一百七十卷，非完書也。其始事者爲黃清甫，同時纂輯者爲陸弼、謝陛、俞體初、俞策諸人，具見於序例。而卷首題滁陽方一元彙編，未喻其故。大抵雜出眾手，非一家之書矣。

《四庫全書總目》卷一百九十二集部四十五總集類存目二。1753中

雅音會編十二卷

明康麟輯。麟，字文瑞，番禺人。官福建按察使僉事。是書以平聲三十韻爲綱，以諸詩

按韻分隸,蓋因元人①《十二先生詩宗》之體稍變通之。所列始音、正音、遺響亦沿楊士宏《唐音》之例,無所發明。

《四庫全書總目》卷一百九十一集部四十四總集類存目一。1741 下

【校記】①元人,《總目》作"宋人"。按:《十二先生詩宗》,即《總目》卷一百三十七子部四十七類書類存目一著錄之《十二先生詩宗集韻》二十卷,作宋裴良甫編。

詩學正宗十六卷

明國子助教浦南金編。起唐虞古辭,至唐人近體。自四言至七言絕句,分體有九,每體中又分正始、正音、正變、附錄四門。然分繫殊多未當。如《孔子去魯》等歌,雖不免或有依託,然如以為偽,則當刪汰,如以為真,則固聖人之作也,降而列之"正變",於義未協。至既分古樂府一體,而《安世房中歌》則列之四言古詩,《長歌行》、《怨歌行》、《苦寒行》、《箜篌引》之類則列之五言古詩,體例亦殊叢脞。又三謝之作雖多偶句,究與唐律不同,而竟入之排律中,尤踵楊慎《律祖》之説而失之者矣。

《四庫全書總目》卷一百九十二集部四十五總集類存目二。1747 中

詩歸五十一卷

明鍾惺、譚元春同輯。凡古詩十五卷曰《古詩歸》,唐詩三十六卷曰《唐詩歸》。其書以纖詭幽渺為宗,點逗一二新雋字句,矜為元妙。又力排選詩惜羣之説,於連篇之詩隨意割裂。古來詩法,於是盡亡。至其考證疏謬,如以魏文帝詩"聖考"為"聖老",《黃臺瓜詞》"四摘"為"摘絕",及《武王銘》"□戕□"語不知為缺文方空為顧炎武所譏者,又其小疵矣。朱彝尊謂是書乃其鄉人託名,今觀二人所作,其門徑不過如是,殆彝尊曲為之詞也。

《四庫全書總目》卷一百九十三集部四十六總集類存目三。1759 上

南華合璧集五卷

明黃魯曾選王寵之詩而附以己作,合為一集。寵所著《雅宜集》,同時顧璘等交口譽之。朱彝尊《靜志居詩話》則謂寵亦中材,譽過其實,魯曾詩更不逮寵,殆欲借寵以行,故有是刻。自敘謂執是編請正於友生,適諷蒙莊之詞,遂命曰《南華合璧集》。其立名尤無所取義,即詩可知矣。

《四庫全書總目》卷一百九十二集部四十五總集類存目二。1746 中

百子金丹十卷

明郭偉編。偉,字士俊,泉州人。其書分《文編》、《武編》、《內編》、《外編》、《奇編》、《正編》。所采上自周秦,下迄明代。詭立名號,不可究詰。如曹植《七啟》設為鏡機子問答,即割其一段,題曰"鏡機子"。其庸陋可知矣。

《四庫全書總目》卷一百三十二子部四十二雜家類存目九。1129 中

詩女史十四卷拾遺二卷

明田藝蘅輯。藝蘅,字子藝,錢塘人。以歲貢官休寧教諭。其書采錄閨閣之詩,上起古

初,下迄明代。《拾遺》二卷則皆宋以前人也。采摭頗富,而考證太疎。如《皇娥歌》出《拾遺記》,本王嘉僞託,乃不能辨別,復妄增"嫘祖"字。蘇伯玉妻本晉人,故《玉臺新詠》列傅元之後,乃承《詩紀》之誤,以爲漢詩。王宋詩本魏文帝擬作,詳載《藝文類聚》,而承《玉臺新詠》誤本,竟署宋名。吳興妖神贈謝覽詩,見《太平御覽》,亦承《詩紀》之誤作吳興伎童。甚至《拾遺》之首,冠以南齊蘇小小詞,乃《減字木蘭花》,尤爲駭怪。藝蘅,田汝成之子,未必謬誤至此,毋乃書肆所托名耶?

《四庫全書總目》卷一百九十二集部四十五總集類存目二。1753 下

皇華集十三卷

明朝鮮國所刻使臣唱酬之作。所錄惟天順元年、二年、三年、四年、八年,成化十二年,弘治元年、五年,正德十六年,嘉靖十六年之詩。考明代遣使往朝鮮者,不僅此十年,似有闕佚。然世所傳本並同,或使臣不盡能詩,其成集者止此耶?

《四庫全書總目》卷一百九十二集部四十五總集類存目二。1747 上

書記洞詮一百十六卷

明宣城梅鼎祚輯。先是楊慎編《尺牘清裁》一書,自左氏至六朝僅八卷。王世貞益之,訖于明代,爲六十卷。是書仍楊慎之舊,起周、秦,訖陳、隋,凡長篇短幅,採錄靡遺。卷帙幾十倍于楊,而真贋並收,殊少甄別。至《左傳》所載問對之辭,並非形諸筆札,非類強附,尤爲不倫。總目載有補遺四卷,此本無之,然今世傳本並同,蓋當日本有錄無書,非缺佚也。

《四庫全書總目》卷一百九十三集部四十六總集類存目三。1764 上

菊坡叢話二十六卷

明單宇撰。宇,字時泰,菊坡其號,臨川人。正統①己未進士。官嵊縣知縣。其書採古今論文之語,編次成帙,分二十六門。凡論詩者二十四卷,論四六②者一卷,論樂府者一卷。所採自樂府古詞以下,宋人居多,元人如薩天錫等亦間引及,然寥寥無幾。每條各註所出,亦有但註"菊坡"二字者,則宇自記其語也。大旨欲配胡仔之書,故仍以"叢話"爲名。然採摭不及其博。又仔書多論文,此書多記事,仔書多所考證,此書但抄撮舊文。例亦小殊。

《四庫全書總目》卷一百九十七集部五十詩文評類存目。1800 上

【校記】①正統,《初目》原作"正德",誤。《明史》卷一百六十四本傳云"正統四年進士",此爲己未年。《總目》作"正統己未進士"。今據改。　②四六,《初目》原作"四十六"。明成化九年刻本卷二十五作"四六類",《總目》作"四六",今據改。

周氏遺芳集五卷

明周沈珂及其子之翰編。沈珂本周子後裔,移居吳縣。先是周子十七世孫與爵輯其先世著述事蹟自周子四世孫興裔以下爲《遺芳集》,凡歷代襃崇詔諭及傳志記序諸作,以次附焉。沈珂父子重爲編次,而與爵以下則仍無所增益。

《四庫全書總目》卷六十史部十六傳記類存目二。544 中

文壇列俎十卷①

明汪廷訥編。廷訥,字昌期,號無我,新都人。其書分十類:一曰《經翼》,二曰《治資》,三曰《鑒林》,四曰《史摘》,五曰《清尚》,六曰《掇藻》,七曰《博趣》,八曰《別教》,九曰《賦則》,十曰《詩概》。所錄上及周秦下迄明代,如無名氏之《雕傳》,佛家之《心經》,俱載入之,特爲冗雜。其《詩概》部序曰:"六朝以上去四言,無四言也;於唐去五言古,無五言古也。"知爲依附太倉、歷下者矣。

《四庫全書總目》卷一百九十三集部四十六總集類存目三。1761 上

【校記】①按:明汪廷訥編《文壇列俎》、明倪元璐編《秦漢文尤》兩書,書口題"集部總集類"。《初目》原排在"集部十一"之首,部類不合,今依類排在此處。

秦漢文尤十二卷

明倪元璐編。元璐氣節、文章震耀一世,而是書龐雜特甚,殊不類其所爲。其以屈原、宋玉列之秦人,非惟乖斷限之例,且名實乖迕亦甚矣。

《四庫全書總目》卷一百九十三集部四十六總集類存目三。1763 上

古文彙編二百三十六卷

明陳仁錫編。以經、史、子、集分部,然所配多不當理。如《水經》屬地理,當列之史,《太元》當列之子。乃因其以經爲名,遂列于經。而《左氏春秋傳》反列諸史,又芟削《周禮》而顛倒其六官。體例龐雜,無足觀者。

《四庫全書總目》卷一百九十三集部四十六總集類存目三。1763 上

新安文獻志一百卷

明程敏政撰。敏政,字克勤,休寧人。弘治間官禮部侍郎。是書采摭浩博,條理淹貫,文章典故,咸備於中。自明以來,推爲鉅製。其中小小缺遺,若凡例曰"朱子詩文錄其涉於新安者",而《通判恭州江君墓銘》①竟爾見遺。又朱子所作其父松《行狀》,松所作其父森《行狀》,是志并登,而松《韋齋集》中有錄曾祖父詩《後序》一篇又復不錄。皆不免于脫略。然司馬光《資治通鑒》已稱"牴牾不能自保",是書卷帙繁重,不能以其少有掛漏,遂掩蒐輯之功也。

《四庫全書總目》卷一百八十九集部四十二總集類四。1715 中

【校記】①通判恭州江君墓銘,《四庫全書》書前提要、《總目》作"通判泰州江君墓銘",誤。此文見朱熹《晦庵集》卷九十二,原篇題作《通判恭州江君墓誌銘》。江君,即江介,字邦直,江西德興人。朱熹文中有"通判恭州事非其志也"之語。雍正《江西通志》卷八十八《人物·饒州府·江介傳》也稱:"轉四川總領司主管,時東川大饑,介請得庫之羨錢往販之,民爭繪像立祠。秩滿,調恭州通判。"均可証江介任職是在恭州而非泰州,《總目》等因"恭"、"泰"二字形近而訛。

吳都文粹續集五十六卷補遺一卷

明錢穀撰。穀,字叔寶,長洲人。朱彝尊《詩話》稱:穀貧,"無典籍,遊文徵明之門,日取

插架書讀之"。"手抄異書最多,至老不倦。仿鄭虎臣《吳都文粹》輯成續編,聞有三百卷。其子功父繼之,吳中文獻藉以不墜。"所稱卷數與此不符,豈合功父續編言之耶?此本第五十三卷、五十四卷俱佚,第五十卷亦殘缺,已非完本。其中所標二十一門,分類亦多未確,蓋能博而未能精者也。

《四庫全書總目》卷一百八十九集部四十二總集類四。1719 上

詩紀一百五十六卷

明臨朐馮惟訥撰。惟訥,字汝言,仕至光祿寺卿。其書《前集》十卷,皆古逸詩。《正集》一百三十卷,則漢魏以下、陳隋以前作者之詩咸在焉。《外集》四卷,旁采仙鬼之著作。《別集》十二卷,則前人論詩之語也。時代綿長,采摭繁富,其中牴牾,所不能無。故馮舒作《詩紀匡謬》以糾其失,而臧懋循作《古詩所》,又網羅隱僻,以補所遺。然並采兼收,彙爲一集,其力至勤,小小闕失,不足爲之累也。是書初甄敬爲刻於陝西,剞劂頗拙,然未改原目。後吳琯等重爲校刊,去其前集、正集、外集、別集之名,通編爲一百五十六卷,即此本也。然刪其名目而未亂其卷第,猶勝乎憑臆妄作者,其所校亦比甄本差詳云。

《四庫全書總目》卷一百八十九集部四十二總集類四,作《古詩紀》。1716 中

漢魏六朝一百三家集

明張溥輯。始於漢賈誼,終於隋薛道衡。漢魏以來全集傳者無幾,此書多採自史傳以及諸家類書,抄撮叢殘,功亦勤矣。然有本係"經説"而入之集者,如《董仲舒集》錄《春秋陰陽》,劉向、劉歆《集》錄《洪範傳》之類是也。有本係"史類"而入之集者,如《褚少孫集》全錄《補史記》、《荀悦集》全錄《漢紀論》之類是也。有本係"子書"而入之集者,如《諸葛亮集》錄《心書》、《蕭子雲集》錄《淨住子》是也。有牴牾顯然而不辨者,如《張衡集》錄《周天大象賦》,稱魏武黃星之類是也。有是非疑似而臆斷者,如《陳琳傳》中有"袁紹使掌書記"一語,遂以《三國志注》"紹冊烏桓單于文"錄之琳集是也。有偽妄無稽而濫收者,如《東方朔集》錄《真仙通鑒》所載《與友人書》及《十洲記序》之類也。有移甲入乙而不覺者,如《庾信集》錄楊炯文二篇之類是也。有采摭未盡者,如《束皙集》所錄《餅賦》,寥寥數語,不知祝穆《事文類聚》所載尚多之類是也。有割裂失次者,如《鍾會集·成侯命婦傳》,《三國志注》截載兩處,遂分其首尾各爲一篇之類是也。特以網羅薈萃,易於循覽,故至今傳之。溥,字天如,太倉人。崇禎四年進士,改庶吉士,乞假歸。與張采倡復社於東南。聲氣交通,傾動天下,門戶轇轕,以迄於明之亡云。

《四庫全書總目》卷一百八十九集部四十二總集類四。1723 中

文璚清娛四十八卷

明華國才編。國才,自號鶴叟,長洲①人。萬曆庚子舉人。是書于諸選本、諸類書采摘其短章小品,故曰"清娛"。上起宋玉、荀卿,下迄于元。詩賦雜文不分體編錄,惟以時代爲後先,間附小傳及評語。觀其見解,蓋陳繼儒一流也。

《四庫全書總目》卷一百九十三集部四十六總集類存目三。1758 上

【校記】①長洲,《初目》原作"長州"。此長洲,當指江蘇蘇州府所屬長洲縣。《總目》作

"長洲",今據改。傳稱其爲萬曆庚子舉人,然《蘇州府志·選舉志》未著錄其人,而見於光緒《無錫金匱縣志》卷十六《選舉志》。其集卷首許令典序云:"舟過梁溪,華君飛糴逆之,途出所梓。""梁溪"爲無錫之舊稱,亦證其人爲無錫人。

漢魏名文乘不分卷

明張運泰、余元熹同編。二人皆閩中書賈也。所錄凡六十家,皆雜采何鏜《漢魏叢書》、張溥《百三家集》二書合併而成。惟增公孫宏文,僞題曰《公孫子》;趙充國文,僞題曰《趙營平集》。又改東方朔文爲"吉雲子"而已。

《四庫全書總目》卷一百九十三集部四十六總集類存目三。1765 上

文致不分卷

明劉世鏻輯。自漢魏六朝以至明代人所著賦詞騷序等作錄爲一書,凡十有七門,不分卷數。詮次蕪雜,無所取裁。

《四庫全書總目》卷一百九十三集部四十六總集類存目三。1764 中

元詩體要十四卷

明姚江宋公傳撰。分三十八體,各體略記數語,以載其源流。入選者共二百九十一人。然所分諸體頗爲猥陋,甚至以選體與五言古體分爲二,又以五言平韻四句爲絕句,而以五言仄韻四句爲側體。蓋茫乎不知詩格者也①。

《四庫全書總目》卷一百八十九集部四十二總集類四。1714 中

【校記】①蓋茫乎不知詩格者也,《總目》謂:"然去取頗有鑒裁,鄧林《序》稱緒深於詩,故選詩如此之精,非溢詞也。"評價有別。

宋十五家詩十六卷

國朝陳訏選。訏,字言揚,海寧人。十五家者,梅堯臣、歐陽修、曾鞏、王安石、蘇軾、蘇轍、黃庭堅、范成大、陸游、楊萬里、王十朋、朱子、高翥、方岳、文天祥也。每集各繫小傳及前人詩話,而以己所評論附焉。

《四庫全書總目》卷一百九十四集部四十七總集類存目四。1776 上

唐詩叩彈集十二卷續集三卷

國朝無錫杜詔、秀水杜庭珠同選。以明高棅《唐詩品彙》所錄皆貞元以前之詩,故選錄元和迄唐末諸作,凡一千八百七十餘篇,以補所遺。名曰《叩彈》,取陸機《文賦》語也。諸人俱系小傳,卷末間有品評。其訓釋考證,亦頗多可採。然如元稹《鶯鶯詩》、李羣玉杜丞相筵中作及韓偓《香奩集》詩,皆所謂靡靡之音。一概濫登,於精審猶有愧焉。

《四庫全書總目》卷一百九十四集部四十七總集類存目四。1774 中

唐宮閨詩二卷

國朝費密選。密,字此度,成都人。後流寓終于吳江,王士正詩所謂"成都跛道士,萬里

集部　總集類

下峨岷"者也。是編錄唐代女子之作，頗有別裁，然皆習見。

《四庫全書總目》卷一百九十四集部四十七總集類存目四。1767 下

漢詩説十卷

國朝沈用濟、費錫璜同撰。取馮惟訥《詩紀》所載漢詩，略爲品評。沿訛踵悮，無所考正，既病潦草，又多舛誤。如魏晉樂府所歌《白頭吟》，其所增"郭東亦有樵"諸句，乃添入以諧聲律，非其本詞。收爲漢詩已謬，又從而曲爲之解，是全不知樂府法矣。用濟，字方舟，錢塘人。錫璜，字滋衡，成都人。

《四庫全書總目》卷一百九十四集部四十七總集類存目四。1775 中

説唐詩二十二卷

國朝徐增撰。增，字子能，長洲人。所錄唐詩三百餘首，一一推闡其作意。其説悠謬支離，皆不可訓。至於分解之説，始於樂府，如《陌上桑》等篇，所注"一解"、"二解"、"三解"字，尚不拘句數。晉魏所歌古詞如《白頭吟》、《塘上行》等篇，乃注四句爲一解，王僧虔《技錄》[①]所謂"古歌以四句爲一解，倫歌以一句爲一解"是也。然所説乃歌之節奏，非詩之格律。增與金若采遊，取其"唐才子書"之説，以分解推之於律詩。穿鑿附會，尤失古人之意。

《四庫全書總目》卷一百九十四集部四十七總集類存目四。1771 上

【校記】①王僧虔《技錄》，《總目》無此五字。

古詩選三十二卷

國朝王士正撰。凡五言詩十七卷，七言詩十五卷。五言自漢魏六朝以下，唐代惟載陳子昂、張九齡、李白、韋應物、柳宗元五人。七言古逸一卷，漢魏六朝一卷。唐則李嶠、宋之問、張説、王翰四人爲一卷，王維、李頎、高適、岑參、李白爲一卷，而王昌齡、崔顥二人則稱附錄。五卷以下則唐杜甫、韓愈，宋歐陽修、王安石、蘇軾、黃庭堅、晁説之、晁補之、陸游，金元好問，元虞集、吳萊十二人之詩。而李商隱、蘇轍、劉迎、劉因四人稱附錄。夫五言肇於漢氏，歷代沿流，晉、宋、齊、梁業已遞變其體格。何以武德之後不容其音響稍殊，使生於隋者如侯夫人《怨詞》之類，以正調而得存，生於唐者如杜甫之流，則以變聲而見廢。且王粲"七哀"，何異杜甫之"三別"？乃以生有先後，使詩有去留。揆以公心，亦何異北地、信陽之説？至七言歌行，惟鮑照先爲別調。其餘六朝諸作，大抵[①]

《四庫全書總目》卷一百九十四集部四十七總集類存目四。1769 中

【校記】①按：《初目》以下有闕，《總目》作："皆轉韻抑揚。故初唐諸人多轉韻，而李白以下始遙追鮑照之體。終唐之世，兩派並行。今初唐所錄寥寥數章，亦未免拘於一格。蓋一家之書，不足以盡古今之變也。至於《越人歌》惟存二句之類，則校刊者之疎。或以是而議士禎，則過矣。"

宋詩鈔原本不分卷[①]

國朝吳之振編。之振，字孟舉，石門人。以宋詩選本叢雜，因蒐羅遺集，共得百家。其本無專集及有集而所選不滿五百首者，皆不錄。每集之首繫以小傳，略如元好問《中州集》例，

而其文加詳。然品題雖善,而簡擇乃不甚精。又刊刻未終即摹印行世,其有錄無書者,凡劉爚、鄧肅、黃榦、魏了翁、方逢辰、宋伯仁、馮時行、岳珂、嚴羽、裘萬頃、謝枋得、呂定、鄭思肖、王柏、葛長庚、朱淑真十六家。

《四庫全書總目》卷一百九十集部四十三總集類五。1731 上

【校記】①原本不分卷,文淵閣《四庫全書》書前提要、《總目》作"宋詩鈔一百六卷"。

宋文鈔無卷數

國朝查志隆選。志隆,字鳴治,海寧人。其書不分卷次,僅從《文鑒》諸書摘錄別裁,亦未能精擇。

《四庫全書總目》卷一百九十二集部四十五總集類存目二。1751 上

皇清詩選三十卷

國朝孫鋐輯。鋐,字思九,江南華亭人。其書采國初諸詩,分體編錄。凡四言詩及古樂府一卷,五言古詩四卷,七言古詩五卷,五言律詩六卷,七言律詩八卷,長律二卷,絕句三卷,離合迴文雜體一卷。大都沿前明詩社餘習,苟鶩一時之名,而不爲千載之計者,故所錄蕪雜特甚。然其凡例有曰:"論詩者,必規摹初、盛,誠類優孟衣冠。然使挾其佻巧之姿,曼音促節,以爲得中、晚之秘,則風斯下矣。"又曰:"數年以來,又家眉山而戶劍南矣。在彼天真爛熳,畦徑都絕,此誠詩家上乘。倘不衫不履,面目頹唐,或大袖方袍,迂潤可厭。輒欲奪宋人之席,幾何不見絕於七子耶?"其持論則未爲不當也。

《四庫全書總目》卷一百九十四集部四十七總集類存目四。1771 上

玉臺新詠箋註十卷

國朝吳江吳兆宜撰。其書引證頗博,然繁而無當,又多以後代之書註前代之事,尤爲刺謬。惟每卷以明人濫增之作退之卷末,註曰"以下宋本所無",較諸本爲善。

《四庫全書總目》卷一百九十一集部四十四總集類存目一。1735 中

宋詩刪二十五卷

國朝顧貞觀輯。貞觀,字華封,無錫人。康熙丙午舉人。官內閣典籍。嘗構積書巖,儲書萬卷,著述頗富。是編蒐採宋代之詩,分體纂集。自謂寬於正變而嚴於雅俗,刪繁就簡,得詩二千五百有奇。然採摭既富,頗不能自守其例,而世所傳名作,往往失收,亦難免於掛漏也。

《四庫全書總目》卷一百九十四集部四十七總集類存目四。1771 中

臨川文獻八卷

國朝臨川縣知縣胡亦堂撰。亦堂,字二齊,慈谿人。是編選臨川一縣之文。宋晏殊、晏幾道、王安石三人,明章袞、陳九川、帥机、湯顯祖、邱兆麟、章世純、艾南英、羅萬藻、陳際泰、揭重熙①十人,國朝游東昇、傅占衡二人,皆有集行世者。每集各爲小序。書中仍各標本集之名,略如張溥《百三家集》例。但溥書全錄其集,此則多所刪削耳。

《四庫全書總目》卷一百九十四集部四十七總集類存目四。1768 下

【校記】①揭重熙，《初目》原作"揭熙"，今據《總目》補。揭重熙，傳見《明史》卷二百七十八。

唐詩掞藻八卷

國朝高士奇編。仿《文選》、《文苑英華》之例，分類選錄，凡三十二門。皆館閣之體，故名曰"掞藻"。

《四庫全書總目》卷一百九十四集部四十七總集類存目四。1773 上

詩觀十四卷別集二卷

國朝鄧漢儀所編國初諸人之作。《別集》則閨閣詩也。漢儀，字孝威，江南泰州人。康熙己未以博學鴻詞徵，因年老不與試，授司經局正字，歸里。

《四庫全書總目》卷一百九十四集部四十七總集類存目四。1772 下

才調集十卷

蜀監察御史韋縠撰。每卷錄詩一百首，共一千首。《自序》稱觀李杜集、元白詩，而集中無杜詩。馮舒謂崇重老杜，不欲芟擇。然實以杜詩高古，與其書體例不同，故不採錄，舒所說非也。其中頗有舛誤。如李白錄《愁陽春賦》，是賦非詩，王建錄《宮中調笑詞》，是詞非詩，皆乖體例。賀知章錄《柳枝詞》，其曲起於中唐，知章時未有其詞，乃劉采春女所歌，亦非知章作。劉禹錫錄《別宕子怨》，乃隨薛道衡《昔昔鹽》。王之渙錄《惆悵詞》，所咏乃崔鶯鶯、霍小玉事，之渙不及見，實王渙作，皆姓名訛異。然頗有諸家逸篇，如白居易《江南贈蕭十九》詩，賈島《贈杜駙馬》詩，皆本集所無。又沈佺期《古意》高棅竄改成律詩，王維《渭城曲》"客舍青青楊柳春"句俗本改爲"柳色新"，賈島《贈劍客詩》"誰爲不平事"俗本改爲"誰有"，如斯之類，此書皆獨存其舊，亦足資考證也。縠生於五代文①

《四庫全書總目》卷一百八十六集部三十九總集類一。1691 上

【校記】①按：《初目》以下有闕，文淵閣《四庫全書》書前提要作："敝之際，故所選取法晚唐，以穠麗宏敞爲宗，救粗疎淺漏之習，未爲無見。至馮舒、馮班意欲排斥宋詩，遂引其書於崑體，推爲正宗。不知李商隱等，《唐書》但有三十六體之目，所謂西崑體者定始于宋之楊億等，唐人無此名也。"

元音十二卷

不題撰人名氏，前有洪武十七年烏斯道《序》，稱寧波孫原理彙輯，則明初本也。目列劉因至龍從雲凡一百七十六人。而十二卷末龍從雲後有無名氏七首，陳益稷一首，程文海四首，滕賓一首，虞集一首。益稷、賓、集又皆複見，蓋校刊者訛也。顧嗣立謂是書與宋公傳《元詩體要》，蔣易皇《元風雅》等集所收不廣。然其中多有今無專集者，元代總集傳世無多，自當存備一家也。

《四庫全書總目》卷一百八十九集部四十二總集類四。1713 上

元音遺響十卷

前八卷爲胡布詩,又名《崆峒樵音》,後二卷則張達、劉紹詩也。三人蓋元之遺老,而他書未有敍述及之者,故其出處莫詳①。今即詩中考之,則紹爲布姻家,曾入汝南王幕。布與紹詩《序》稱俱客閩帥,不遂所志,蓋元末皆嘗參謀軍事者。布又有詩云:"我時瘴癘使,分跡南荒最。"又云:"自我使島夷,銜命出蠻嶂。"是布復嘗奉使海外矣。又布有《入理問所作》②及〔《丙辰歲獄中元夕》,詩注云:"先生以高蹈有忤時政被謫。"又《丙辰十月初五發龍江》。詩云:"羈人得遣如〕③承檄,日暮登舟似到家。"丙辰爲洪武九年,是必明初徵之不屈被囚,繼而得釋者也。至其《近聞》、《自從》諸詩中有"想見霓旌擁行在"之句,當在順帝北狩後所作。故國故君之思,拳拳不置,志有可憫。其他格調亦皆高古,不失漢魏遺音。乃自來選元明詩者多不能舉其姓氏,此本不知誰何輯錄,亦可謂僅而獲存者矣。布,字子申;達,字秀充,皆盱江人。紹,字子憲,黎川人。

《四庫全書總目》卷一百八十八集部四十一總集類三。1711 中

【校記】①"三人蓋元之遺老"句,文淵閣《四庫全書》書前提要同,《總目》作:"三人皆元之遺民,而他書罕稱其詩者,且亦罕稱其人者,故其出處莫之能詳。"《四庫全書簡明目錄》卷十九云:"不著編輯者名氏。"又云:"三人皆元之遺民,入明不仕。"按:朱彝尊《明詩綜》卷五收錄劉紹詩五首,小傳云:"紹,字子憲,後以字行。建昌新城人。洪武中官翰林應奉,詩載《元音遺響》。"《詩話》云:"子憲與盱江胡布子申、張達季充爲郡人,張烈光啓、胡福元澤類編其詩,號《元音遺響》。度其初三人皆不仕于明者,而府志載紹於洪武中官翰林應奉文字,後以國子助教致仕,則不得謂之元音矣。"據朱彝尊所說,《元音遺響》爲張烈、胡福所編。又胡布、張達、劉紹三人中,《明詩綜》未收錄胡布、張達詩,是以兩人爲元遺民。而劉紹在明曾出仕,其詩不得謂"元音"。《明詩綜》收錄其詩,是不以其爲元遺民。《初目》、文淵閣《四庫全書》書前提要稱"三人蓋元之遺老",所說尚較謹慎。而《總目》既稱"出處莫之能詳",而又肯定"三人皆元之遺民",略顯武斷。

②入理問所作,《初目》原作"八理問所作",今據《元音遺響》原書及文淵閣《四庫全書》書前提要改。浙本《總目》作"入理問所作",殿本《總目》作"大理問所作"非是。

③"丙辰"至"遣如",共三十八字,《初目》原缺,此當是謄錄時漏抄二行。文淵閣《四庫全書》書前提要與《初目》提要文字基本相同,今據以補出。

諸儒文要八卷

不著撰人姓氏,所錄周、程、張、朱及陸九淵、張栻、楊簡、陳獻章、王守仁十家之文,凡八十篇,而朱子與守仁居其半。皆闡發理道之言,然朱、陸二家指歸迥別,比而合之,猶未免乎調停之見也。

《四庫全書總目》卷一百九十三集部四十六總集類存目三。1767 上

滄海遺珠四卷①

舊本不載撰人之名。前有正統元年楊士奇《序》,稱都督沐公所選,又稱其字曰景顒,"黔寧王之仲子","佐兄黔國公爲朝廷鎮撫西南一方"。考《明史》黔寧王沐英子三人,長春,字景春,次晟,字景茂,次昂,字景高。其正統元年爲黔國公鎮雲南者晟,爲右都督、領雲

南都司者昂也。《序》云黔寧王仲子則當爲晟，又云佐兄黔國公則當爲昂，又皆不字景顒②，豈史誤耶？未之詳也。所錄凡朱經、方行、朱琳、曾烜、周昉、韓宜可、王景彰、樓璉、王汝玉、逯杲、平顯、胡粹中、楊宗彝、劉叔讓、楊子善、張洪、范宗暉、施敬、僧天祥、機先、大用二十人③之作，共三百余首④。皆明初流寓遷謫于雲南者。每人姓名之下各註其字號里居。以其爲劉仔肩、王偁諸家詩選所不及，故曰"遺珠"。其去取頗爲精審。

《四庫全書總目》卷一百八十九集部四十二總集類四。1714 下

【校記】①四卷，《初目》原缺"四"字，今據文淵閣《四庫全書》書前提要、《總目》補。　　②又皆不字景顒，按：沐昂字景顒。葛萬里撰《別號錄》卷六云："沐昂、景顒。"朱彝尊《明詩綜》卷十九沐昂小傳云："昂，字景顒，黔寧昭靖王之子。"《詩話》云："定邊平麓川之寇，咸著西南。而能以餘暇留情文詠，輯明初名下士官於滇及謫戍者，自郏仲經以下二十一家詩，凡二百五十首，目曰《滄海遺珠》。"《御選明詩姓名爵里一》云："沐昂，字景融，守雲南。""景融"當即"景顒"，作"融"字係避嘉慶帝顒琰名諱改。　　③二十人，《總目》同，文淵閣《四庫全書》書前提要作"二十一人"，是也。提要及本書所列，均爲二十一人。　　④共三百餘首，文淵閣《四庫全書》書前提要、《總目》同，朱彝尊《靜志居詩話》作"凡二百五十首"。按：今據其書統計，共二百七十五首（詩題作"二首"者，即按二首統計）。

諸儒性理文錦八卷

題兵部尚書常挺①編。不詳里居朝代。其書全錄宋儒性理之文，間有上及韓愈、柳宗元者。分六十四類，文以類附。似專爲科舉之用。前有吳登甲、翁以孫《序》，據《序》所言蓋登甲又有所補輯也。按《姓譜》："常挺，字方叔，連江人。宋嘉祐進士②。累官吏部尚書、參知政事。"似乎即此常挺，惟吏部字不同。疑二書當有一誤，或編此書時適官兵部，亦未可知也。

《四庫全書總目》卷一百九十一集部四十四總集類存目一。1736 下

【校記】①常挺，殿本《總目》同，浙本《總目》作"常珽"，非是。史志傳記均作"常挺"。《宋史》卷四百二十一有傳，云："權兵部尚書兼侍讀。權禮部尚書兼同修國史、實錄院同修撰。進《帝學發題》。遷吏部尚書。"　　②嘉祐進士，《總目》同。按：《初目》所據《姓譜》，即明凌迪知撰《萬姓統譜》，常挺見該書卷五十一，作"嘉祐初進士"。此説有誤。《宋史》本傳作"嘉熙二年進士"。宋梁克家撰《淳熙三山志》卷三十二《人物類七·科名》嘉熙二年戊戌周坦榜有常挺名，乾隆《福建通志》卷三十五《選舉志》與《淳熙三山志》同。《四庫全書》本《明一統志》卷七十四作"嘉禧初進士"，古無"嘉禧"年號，當是嘉熙之誤。乾隆《大清一統志》卷三百二十六作"嘉熙進士"。

宋遺民錄一卷

此卷皆宋遺民詩詞雜文，未知誰所編錄。宋之故老入元後多懷故國之思，作詩者眾矣。此所錄僅謝翱、方鳳、迺賢、李吟山、王學文、梁棟、林德暘、王炎午、黃溍、吳師道十人，未免闕略。而迺賢本色目人；黃溍、吳師道又仕元以終，亦免不倫。末附明初唐肅題詩，或即肅所輯耶？

《四庫全書總目》卷六十一史部十七傳記類存目三。548 下

搜玉小集一卷

不著撰人名氏,鄭樵《通志》已載之,則其來舊矣。舊目題凡三十七人,詩六十三首。此本但三十四人,詩六十二首[①],蓋毛晉重刊所釐定。所註考證頗詳。然胡皓等三人,有錄[②]無詩,晉併刪其姓名,已非闕疑存舊之意。又人缺其三而詩僅缺其二,不足分配三人,必有一人之詩淆於他人名下矣,則所訂亦未確也。其次第爲晉所亂,不可復考。既不以人敍,又不以體分,編次參差,重出叠見,莫能得其體例。徒以源出唐人,聊存舊本耳。

《四庫全書總目》卷一百八十六集部三十九總集類一。1691 中

【校記】①舊目題凡三十七人,詩六十三首,文淵閣《四庫全書》書前提要、《總目》同。按:《直齋書錄解題》卷十五著錄《搜玉小集》一卷,云:"自崔湜至崔融三十七人,詩六十一首。" ②錄,《初目》原作"祿",今據文淵閣《四庫全書》書前提要、《總目》改。

宋名臣獻壽集十二卷

不著撰人名氏。前有目錄,所載皆朝士相與獻壽之文詞。編次既無義例,稱名亦無體式。蓋其時書肆所爲也。

《四庫全書總目》卷一百九十一集部四十四總集類存目一。1736 中

詩文評類

詩品三卷

梁鍾嶸撰。嶸,字仲偉,潁川長社人。與兄岏、弟嶼並好學有名。齊永明中爲國子生。王儉舉本州秀才,起家王國侍郎。入梁,仕至晉安王記室,卒於官。嶸學通《周易》,詞藻兼長。所品古今五言詩,自漢魏以來一百有三人,論其優劣,分爲上、中、下三品。每品之首,各冠以《序》,皆妙達文理,可與《文心雕龍》並稱。近王士正極論其品第之間多所違失。然梁代迄今,邈踰千祀,遺篇舊製,什九不存,未可以掇拾殘文,定當日全集之優劣。惟其論某人源出某人,若一一親見其師承者,則不免附會耳。

《四庫全書總目》卷一百九十五集部四十八詩文評類一。1780 上

文心雕龍十卷

梁劉勰撰。其書《原道》以下二十五篇論文章體製,《神思》以下二十四篇論文章工拙,合《序志》一篇爲五十篇。據《序志篇》稱:上篇以下,下篇以上[①],本止二卷。然《隋志》已作十卷,蓋後人所分。又據《程材篇》所言[②],此書實成于齊代,此本署梁通事舍人劉勰撰,亦後人追題也。是書自至正乙未刻于嘉禾,至明弘治、嘉靖、萬歷間,凡經五刻。其《隱秀》一篇,皆有缺文。明末常熟錢功甫稱得阮華山宋槧本鈔補四百餘字。然其書晚出,別無顯證。其詞亦頗不類,如"嘔心吐膽"似摭《李賀小傳》語,"鍛歲煉年"似摭《六一詩話》論周朴語,稱班姬爲"匹婦"亦似摭鍾嶸《詩品》語。皆有可疑。況至正去宋未遠,不應宋本已無一存,三百年後乃爲明人所得。又考《永樂大典》所載舊本,闕文亦同。其時宋本如林,更不應內府

所藏，無一完刻。阮氏所稱，殆亦影撰，何焯等誤信之也。

《四庫全書總目》卷一百九十五集部四十八詩文評類一。1779 上

【校記】①上篇以下，下篇以上，《薈要提要》、文淵閣《四庫全書》書前提要、《總目》同。考《文心雕龍·序志》篇，其原文云："上篇以上，綱領明矣。"又云："下篇以下，毛目顯矣。"　②又據《程材篇》所言，《薈要提要》同，文淵閣《四庫全書》書前提要作"又據其篇中所言"，《總目》作"又據《時序》篇中所言"，是也。《文心雕龍》有《程器》篇，無《程材》篇。而所稱此書成于齊代，乃《時序》篇所言。是《薈要提要》承《初目》而誤。文淵閣《四庫全書》書前提要所說不夠明確。《總目》所改甚是。

本事詩一卷

唐孟棨撰。采歷代詞人緣情之作，叙其本事，分情感、事感、高逸、怨憤、徵異、徵咎、嘲戲凡七類。前有光啓二年《自序》，云"大駕在褒中"，蓋僖宗幸興元時也。棨，字初中，爵里未詳。韓翃條内稱："開成中，余罷梧州。"亦不知梧州何官。《新唐書·藝文志》載此書，題曰"孟啓"①，毛晉《津逮秘書》因之。然諸家稱引並作"棨"字，疑《唐志》有訛。所記惟樂昌公主、宋武帝二條爲六朝事，餘皆唐人。其中士人《代妻答詩》一首，韋縠《才調集》作葛鴉兒。二人相去不遠，蓋傳聞異詞。《薔薇花落》一詩乃賈島刺裴度作，棨所記不載緣起，則傳寫脫誤也。

《四庫全書總目》卷一百九十五集部四十八詩文評類一。1780 下

【校記】①孟啓，《總目》同，文淵閣《四庫全書》書前提要作"孟棨"，未知何據。此謂《新唐書·藝文志》所載之題，查該書，也作"孟啓"。其他文獻中，也可見寫作孟啓的，如《直齋書錄解題》卷十五總集類著錄《本事詩》一卷，云："唐司勳郎中孟啓集。"卷二十二文史類著錄《續廣本事詩》五卷，云："聶奉先撰。雖曰廣孟啓之舊，其實集詩話耳。"《文獻通考·經籍考》著錄《續廣本事詩》五卷，云："陳氏曰：聶奉先撰。雖曰廣孟啓之舊，其實集詩話耳。"明胡應麟《少室山房筆叢》卷十三："他如孟啓《本事》、盧瓌《抒情》(《新唐書·藝文志》作《杼情》)，例以詩話、文評，附見集類。"唐駱賓王撰、明顔文選註《駱丞集》卷末附《記駱賓王遺事》，引宋之問貶黜後至江南遊靈隱寺月夜吟詩事，附記道："右孟啓所著。孟啓唐人，當多得實。"清聖祖御纂《子史精華》試經、明堂火珠詩、永豐柳諸條，所引亦均作"孟啓《本事詩》"。清錢大昕《十駕齋養新錄》卷十四"日知錄"條亦作"考孟啓《本事詩》"云云。其例甚多。

詩品一卷

唐司空圖撰。圖，字表聖，河中人。咸通末進士。官至知制誥、中書舍人。以世亂，歸隱中條山王官谷。嘗與李秀才論詩，謂："詩貫六義，諷諭抑揚，渟蓄淵雅，皆在其中。"惟"近而不浮，遠而不盡，然後可言意外之致①"。其持論非晚唐所及。是書分列諸品。曰雄渾，曰沖淡，曰穠纖②，曰沉著，曰高古，曰典雅，曰洗煉，曰勁健，曰綺麗，曰自然，曰含蓄，曰豪放，曰精神，曰縝密，曰疎野，曰清奇，曰委曲，曰實境，曰悲慨，曰形容，曰超詣，曰飄逸，曰曠達，曰流動，凡二十有四。各以韻語十二句體貌之。諸體畢備，不主一格。後人③但采其"采采流水，蓬蓬遠春"二語，又采其"不著一字，盡得風流"二語，以爲詩家之極則，其實非圖意也。

《四庫全書總目》卷一百九十五集部四十八詩文評類一。1780 下
【校記】①意外之致,《總目》同。司空圖《司空表聖文集》卷二《與李生論詩書》作"韻外之致",宋李昉等編《文苑英華》卷六百八十一、宋姚鉉編《唐文粹》卷八十五等同《文集》。　②穠纖,《總目》作"纖穠",是也,今存《詩品》多作"纖穠"。　③後人,《總目》作"王士禎"。

詩人玉屑二十卷

宋魏慶之編。慶之,字醇甫,號菊莊,建安人。是編前有淳祐甲辰黃易①《序》,稱其有才而不屑科第,惟種菊千叢,日與騷人逸士觴詠於其間。蓋亦宋末江湖一派也。宋人喜爲詩話,裒集成編者至多。傳於今者,惟阮閱《詩話總龜》、無名氏②《詩林廣記》、胡仔《苕溪漁隱叢話》及慶之是編卷帙爲富。然《總龜》蕪雜,《廣記》挂漏,均不及胡、魏兩家之書。仔書作於高宗時,所錄北宋人語爲多;慶之書作於度宗時,所錄南宋時語較備。二書相輔,宋人論詩之概亦略具矣。慶之書以格法分類,與仔書體例稍殊。其兼采齊己《風騷旨格》僞本,詭立句律之名,頗失簡擇。又如"禁體"之中載蒲鞋詩之類,亦殊猥陋。論韓愈《精衛銜石填海詩》"人皆譏造次,我獨賞專精"二句,爲勝錢起"曲終人不見,江上數峰青"二句之類。是非亦未平允。然采摭既繁,菁華斯寓。鍾嶸所謂"披沙簡金,往往見寶"者,亦庶幾焉。固論詩者所必資也。

《四庫全書總目》卷一百九十五集部四十八詩文評類一。1788 上
【校記】①黃易,文淵閣《四庫全書》書前提要同,《總目》作"黃昇",附注云:"案:昇字原本作易,蓋偶從篆體。説在昇《花庵詞》條下。"　②無名氏,文淵閣《四庫全書》書前提要同,《總目》作"蔡正孫"。《總目》同卷著錄《詩林廣記》,作者亦作蔡正孫。此書也收入《四庫全書》,其書前提要作"蔡正孫"。

懷麓堂詩話一卷

明李東陽著。東陽崛起弘正之間,主持一代文柄。其論詩主於音調節奏,而極指剽竊摹擬之非。當時奉以爲宗,至七子出而始變其體。然泥古之病,適中其所詆訶,故後人多抑彼而伸此。其詠古樂府,王世貞晚年亦心折之,蓋其真不可掩也。此編皆所心得之語,雖詩家三昧,不盡於是,然亦可謂知言者矣。後有遼陽王鐸跋語,蓋即其所刊行也。

《四庫全書總目》卷一百九十六集部四十九詩文評類二。1792 上

談龍錄一卷

國朝趙執信撰。執信爲王士正甥婿,初甚相得,後以求作《觀海集》序不得,遂至相失。因士正與門人論詩,謂當如雲中之龍,時露一鱗一爪,遂著此書以排之。大旨謂詩之中①當有人在。其謂士正《祭告南海都門留別》詩"盧溝河上望,落日風塵昏。萬里自兹始,孤懷誰與論"四句,爲類羈臣遷客之詞。又述吳修齡語,謂士正爲"清秀李于鱗"。雖忿悁著書,持論不無過激。然神韻之説,不善學者易流於浮響。施閏章"華嚴樓閣"之喻,汪琬"西川錦匠"之戒,士正亦嘗自記之。則執信此書,亦未始非預防流弊之切論也。

《四庫全書總目》卷一百九十六集部四十九詩文評類二。1794 下

【校記】①詩之中，文淵閣《四庫全書》書前提要、殿本《總目》同，浙本《總目》作"詩中"。

聲調譜一卷

　　國朝趙執信撰。執信，字仲符，號秋谷，晚號飴山老人，益都人。康熙己未進士。官右贊善。執信嘗問聲調於王士正，士正靳不肯言。執信乃發唐人諸集，排比鉤稽，竟得其法，因著爲此書。其例古體詩五言重第三字，七言重第五字，而以上、下二字消息之。大抵以三平爲正格。其四平切脚如李商隱之《咏神聖功書之碑》，兩平切脚如蘇軾之"白魚紫蟹不論錢"者，謂之落調，柏梁體及四句轉韻之體則不在此限焉。律詩以本句平仄相救爲單拗，出句如杜甫之"清新庾開府"，對句如王維之"暮禽相與還"是也。兩句平仄相救爲雙拗，如許渾之"溪雲初起日沉閣，山雨欲來風滿樓"是也。其他變例數條，皆本此而推之，而起句、結句不相對偶者則不在此限焉。其說頗爲精密。惟所列李賀十二月樂府所標平仄不可解，卷末附以《古韻通轉》，其說尤謬。或曰《古韻》一篇，乃其門人所妄增也。

　　《四庫全書總目》卷一百九十六集部四十九詩文評類二。1794 中

䂮溪詩話十卷

　　宋黃徹撰。徹，字常明。陳振孫《書錄解題》作莆田人，《八閩通志》作邵武人①。意振孫時去徹未遠，當得其真也。徹宣和中登進士，仕至嘉魚令，頗著軍功。後忤貴臣罷歸，乃著此書。其論詩以風教爲主，其族人永存跋之，謂其"議論去取，一出於正"，蓋抒其衷也。此書刻本多無序跋②，朱彝尊《曝書亭集》、厲鶚《宋詩紀事》但知其曾官辰州，而不知其爲何職。惟鮑士恭家所藏舊本首尾完具，備載徹始末云。

　　《四庫全書總目》卷一百九十五集部四十八詩文評類一。1785 上

　　【校記】①按：《武英殿聚珍版叢書》本卷首《自序》作"莆田黃徹"，《知不足齋叢書》本卷端作"莆田黃徹常明撰"。　②此書刻本多無序跋，按：《武英殿聚珍版叢書》本卷首有黃徹《自序》、乾道四年陳俊卿《序》，又有徹子廊、黃氏族人永存、徹孫熹及轟棠四《跋》。

優古堂詩話一卷

　　宋吳开撰。开，字正仲，滁州人。紹聖丁丑中宏詞科。靖康中，官翰林承旨，與耿南仲力主割地之議，卒誤國事。又爲金人往來傳道意旨，立張邦昌而事之。建炎後竄謫以死。其人本不足道，而所作詩話乃頗有可采。其書凡一百五十四則，皆記北宋人事，多論詩家句律相承變化之由，亦間有旁及他義者。惟卷末載楊萬里一條，時代殊不相及，疑傳寫有訛，或後人有所竄亂歟？

　　《四庫全書總目》卷一百九十五集部四十八詩文評類一。1782 上

六一詩話一卷

　　宋歐陽修撰。前有自題一行，稱："退居汝陰時集之，以資閒談。"①陳師道《後山詩話》謂修不喜杜甫詩，葉夢得《石林詩話》謂修力矯西崑體。而此編載論蔡都尉詩一條，劉子儀詩一條，殊不盡然。毛晉後跋所辨亦公論也。其中如"風暖鳥聲碎，日高花影重"一聯，今見

杜荀鶴《唐風集》，而修誤作周朴詩。又九僧之名，頓遺其八，司馬光《續詩話》乃爲補之，是則記憶偶疎耳。

《四庫全書總目》卷一百九十五集部四十八詩文評類一。1781 上

【校記】①退居汝陰時集之以資閒談，文淵閣《四庫全書》書前提要、《總目》同。《百川學海》本、《津逮秘書》本、《四庫全書》本均作"居士退居汝陰而集以資閒談也"。

續詩話一卷

宋司馬光續《六一詩話》而作。《傳家集》未載，惟見《百川學海》，毛鳳苞《津逮秘書》亦錄之。前有光自作小引。光德行功業冠絕一時，非斤斤於詞章之末者。而品第諸詩乃極精密。如林逋"疏影橫斜水清淺，暗香浮動月黃昏"，魏野之"數聲離岸櫓，幾點別州山"，韓琦之"花去曉叢蜂蝶亂，雨餘春圃桔槔閒"①、耿仙芝之"草色引開盤馬地，簫聲吹暖賣餳天"，寇準之《江南春》詩，陳堯佐之《吳江》詩，暢當、王之渙之《鸛雀樓》詩，及其父《行色》詩，相沿傳誦，皆自光始表出之。其論魏野詩誤改"藥"字，及說杜甫"國破山河在"一首，尤妙中理解，非他詩話所及。惟"梅堯臣病死"一條與詩無涉，乃載之此書，則不可解耳。

《四庫全書總目》卷一百九十五集部四十八詩文評類一。1781 上

【校記】①花去曉叢蜂蝶亂，雨餘春圃桔槔閒，按：蜂蝶亂，文淵閣《四庫全書》書前提要同，《總目》作"蝴蝶亂"。司馬光《續詩話》作"蜂蝶亂"。又"雨餘"，文淵閣《四庫全書》書前提要、《總目》同，諸書所引均作"雨勻"。

中山詩話一卷

宋劉攽撰。攽素稱博洽，而於《花蕊夫人宮詞》百首，僅見存者三十餘篇，豈全稿出最後耶？其論李商隱《錦瑟》詩，以爲令狐楚青衣之名，頗爲影撰。其論"赫連勃勃蒸土"一條亦不確。論陸機"黃犬"一條亦迂濶，不但晁公武所摘"蕭何功曹"一條也。然其他義論考正率多可取。中間所載嘲謔之詞頗爲冗雜，蓋攽好詼諧，嘗坐是改官，性之所近，不覺濫收，存而不論可矣。

《四庫全書總目》卷一百九十五集部四十八詩文評類一。1781 中

後山詩話一卷

宋陳師道撰。今載《後山集》中，《文獻通考》作二卷，疑後人合併也。魏衍作《師道集記》，稱《詩話》、《叢談》①各自爲集，則此書爲衍所親受於師道，不應有僞。然陸游《老學庵筆記》則以爲必非師道作，其中如論杜甫《九日詩》非力學所致，論王安石暮年爲詩益苦且獨稱之爲公，論《元和聖德詩》於韓文最下，論鮑照之詩華而不弱，陶潛之詩切於事情而不文，誠皆不類師道語。然其中亦往往多微論，未必全出依託。豈原書已佚，好事者掇拾緒論以補之，而又有所竄入耶？

《四庫全書總目》卷一百九十五集部四十八詩文評類一。1781 下

【校記】①《叢談》，即《後山叢談》。《四庫全書總目》卷一百四十子部五十小說家類一著錄《後山談叢》四卷。文獻中既稱《後山叢談》，也稱《後山談叢》。

集部　詩文評類

庚溪詩話二卷

宋陳巖肖撰。巖肖，字子象，金華人。紹興八年以任子中詞科。仕至兵部侍郎。此編成於南渡①之始，多稱引元祐諸人，而論江西詩派一條尤爲後來之藥石。其他綴述見聞，間有宋人詩集所未及者。舊刻《百川學海》中，然佚其名氏。明胡元瑞始考正爲巖肖作云。

《四庫全書總目》卷一百九十五集部四十八詩文評類一。1784 下

【校記】①南渡，《初目》原作"南度"，今據文意改。

彥周詩話一卷

宋許顗撰。顗，襄邑人，彥周，其字也。始末無可考。觀其與惠洪面論《冷齋夜話》，評李商隱之誤，蓋宣和間人。猶及見元祐諸老宿，故議論多有根柢。所盛稱者蘇軾、黄庭堅、陳師道數人，其宗旨可想見也。其引司馬光告程子語，謂"辨正古人說處①，當兩存之，勿加詆訾"；又謂韓愈"齊梁及陳隋，衆作等蟬噪"語，"不敢議，亦不敢從"；又謂"論道當嚴，取人當恕"，其言皆可取。惟譏杜牧《赤壁》詩爲不說"社稷存亡"，惟說二喬。不知大喬孫策婦，小喬周瑜婦，二人入魏即是吴亡。又以"適怨清和"解李商隱《錦瑟》詩，亦未爲確。中雜以神怪夢幻，尤近小說，取其大旨之正可也。

《四庫全書總目》卷一百九十五集部四十八詩文評類一。1782 下

【校記】①辨正古人說處，文淵閣《四庫全書》書前提要同。《彥周詩話》作"辨證古人誤處"。

竹坡詩話一卷

宋周紫芝撰。周必大《二老堂詩話》辨金鎖甲一條，稱《紫芝詩話》百篇，今本惟存八十條。又《山海經》詩一條，稱《竹坡詩話》第一卷，則必有第二卷矣，蓋殘缺也。必大嘗譏其解"緑沉金鎖"之疏失，又譏其論陶潛"刑天舞干戚"句剿襲曾紘之説，又譏其論《譙國集》一條，皆中其失。他如論王維襲李嘉祐詩，亦沿李肇《國史補》之誤。其論柳宗元身在刀山之類，亦近于惡譖。然如辨《嘲鼾睡》非韓愈作，辨"留春不住"詞非王安石作，辨韓愈《調張籍》詩非爲元稹作，皆有特見。其餘亦頗多可采。中有李白、柳公權與文宗論詩一條，時代殊不相及，則傳寫之誤也。

《四庫全書總目》卷一百九十五集部四十八詩文評類一。1786 下

冷齋夜話十卷

宋僧惠洪撰。惠洪，字覺範，俗姓彭，筠州人。以醫識張商英，大觀中，入京，乞得祠部牒爲僧。時有郭天信曉方術，曾識徽宗于潛邸，及即位，遂獲幸。商英頗與交結，而洪往來於其間。未幾張、郭得罪，洪決配朱崖。所著《冷齋夜話》亦詩話之類，間有及于典故者。晁公武謂其多妄誕僞託。陳善指山谷《西江月》詞"日側金盤墜影"一首謂是所贗作，載於《冷齋夜話》。又《宋百家詩選》云："《冷齋夜話》中僞作山谷贈洪詩'韻勝不減秦少觀，氣爽絶類徐師川'。"今本無此兩篇，豈後人刪削之耶？

《四庫全書總目》卷一百二十子部三十雜家類四。1038 下

紫薇詩話一卷

宋呂本中撰。多記交遊間所作及其家世舊聞。本中作《江西宗派圖》，力主黃、陳之學，而此所載詩乃兼采李商隱，不拘一格，馮舒、馮班一以生硬楛詬之，亦不盡然。中亦間及文字，不盡說詩，蓋論詩而泛濫及之。惟吳儔諧謔一賦，可以不載耳。

《四庫全書總目》卷一百九十五集部四十八詩文評類一。1783 上

二老堂詩話一卷

宋周必大撰。後人於《平園集》中摘出別行，凡四十六條。必大學問博洽，又熟於掌故，故所論多主於考證。如"王禹偁不知貢舉"一條，"劉禹錫《淮陰行》"一條，歐陽修詩"報班齊"一條，又陸游說蘇軾詩一條，周紫芝論"金鎖甲"一條，"司空山李白詩"一條，"杜甫詩閖殿闌韻"一條，皆極精審。至於"奚斯作頌"一條偏主①楊雄之說，"梅蒕墜素"一條牽合韓愈之語，則未免偏執。又辨"縹眇"字一條知引蘇軾詩而不知出王延壽《靈光殿賦》，辨"一麾江海"一條知不本顏延之②詩而不知出於崔豹《古今注》，是皆援據偶疎者。然究之非學有本原不能作也。

《四庫全書總目》卷一百九十五集部四十八詩文評類一。1787 中

【校記】①主，《初目》原作"生"，誤。今據文淵閣《四庫全書》書前提要、《總目》改。
②顏延之，《初目》原作"顏壽之"，文淵閣《四庫全書》書前提要、《總目》作"顏延之"，是也。《二老堂詩話》"一麾出守"條謂"顏延年詩"云云，是其證。今據改。

石林詩話一卷

宋葉夢得撰。夢得，蔡京客，故一卷之中推重王安石者不一而足。而於歐陽修詩，一則摘其評《河豚》詩之誤，一則摘其語有不倫亦不復改，一則摭其疑"夜半鐘聲"之誤。於蘇軾，一則譏其"繋懣"①、"割愁"之句為險譁，一則譏其"捐三尺字"及"亂蛙兩部"句為歇後，一則譏其失李廌，一則譏其不能聽文同，一則譏其"石建牏廁"之誤。皆有所抑揚於其間。蓋夢得出蔡京之門，而其婿章冲則章惇之孫，故於公論大明之後，尚陰抑元祐諸人。然夢得詩文，實南北宋間之巨擘，其所評論往往深中窾會，終非他家聽聲之見，隨人為是非者也。

《四庫全書總目》卷一百九十五集部四十八詩文評類一。1783 下

【校記】①繋懣，《總目》同，文淵閣《四庫全書》書前提要作"繁懣"，誤。《石林詩話》作"繋懣"。

滄浪詩話一卷

宋嚴羽撰。首詩辯，次詩體，次詩法，次詩評，次考證，凡五則。末附《與吳景僊論詩書》。大指以盛唐為宗，主於妙悟，故以如空中音，如象中色，如鏡中花，如水中月，如羚羊挂角無迹可尋，為詩家之極則。明胡元瑞比之"達摩西來，獨闢禪宗"。而馮班作《嚴氏糾謬》，至詆為囈語。要其時以宋代之詩競涉論宗，故為一家言，以救一時之弊，後人輾轉承流，漸至于浮光掠影，初非羽之所及知。譽者太過，毀者亦太過也。

《四庫全書總目》卷一百九十五集部四十八詩文評類一。1788 上

集部　詞曲類　　　　　　　　　　　　　　　　　　　　　　　　　　　　四庫全書初次進呈存目

唐詩紀事八十一卷

宋計有功撰。有功,字敏夫,其始末未詳,李心傳《繫年要錄》①載:"紹興五年秋七月戊子,右承議郎新知簡州計有功提舉兩浙西路常平茶鹽公事。有功,安仁人,張浚從舅也。"又考郭印《雲溪集》,有《和計敏夫留題雲溪》詩曰:"知君絕學謝芸編,語默行藏不礙禪。親到雲溪重說偈,天開地闢見純全。"則敏夫爲南渡時人。詳印詩意,蓋躭味禪悅之士。而是集乃留心風雅,採摭繁富,于唐一代詩人或錄名篇,或紀本事,兼詳其世系爵里,凡一千一百五十家。唐人詩集不傳世者,多賴是書以存。其某篇爲某集所取者,如《極元集》、《主客圖》之類,亦一一詳註。今姚合之書猶存,張爲之書獨藉此編以見梗概,猶可考其孰爲主,孰爲客,孰爲及門,孰爲升堂,孰爲入室。則其輯錄之功,亦不可沒也。惟其中多委巷之談,如李白微時曾爲縣吏,併載其牽牛之謔、溺女之篇。俳諧猥瑣,依託顯然,是則榛楛之勿剪耳。

《四庫全書總目》卷一百九十五集部四十八詩文評類一。1785 中

【校記】①繫年要錄,《初目》"錄"字原缺,今據其書補。文淵閣《四庫全書》書前提要、《總目》不誤。

娛書堂詩話一卷

宋趙與虤撰。"虤"字,《集韻》音"牛閑切",《説文》訓爲"虎怒",故其字爲威伯。以《宋史·宗室表》連名次第考之,蓋太祖十世孫也。書中多稱陸游、楊萬里、樓鑰晚年之作,又引《雲谷雜記》,是寧宗以後人矣。觀其所論,大抵以神韻脱灑爲宗。其引楊萬里《千巖摘稿序》及姜夔章《白石詩稿自序》,頗以江西宗派爲未善,其宗旨可知。殆當宋元之交,詩派將變之時乎?

《四庫全書總目》卷一百九十五集部四十八詩文評類一。1788 中

詞曲類

鳴鶴餘音八卷①

舊本題仙游山道士彭致中編。不詳時代。采輯唐以來羽流所著詩餘,至元而止。疑爲明人也②。所錄多方外之言,不以文字工拙論。而寄託幽曠,亦時有可觀。

《四庫全書總目》卷二百集部五十三詞曲類存目。1832 下

【校記】①八卷,《總目》同。明正統十年刻《道藏》本、明鈔本(清黄丕烈鈔補)均作九卷。　②疑爲明人也,《總目》作"朱存理《野航存稿》有此詩跋,疑爲明初人也"。

尊前集二卷

不著撰人名氏。前有萬歷間嘉興顧梧芳《序》,云:"余愛《花間集》,欲播傳之,而余斯編第有類焉。"似即梧芳所輯。故毛晉亦謂梧芳採錄名篇,釐爲二卷。而朱彝尊跋則謂於吳下得吳寬手抄本,取顧本勘之,詞人之先後,樂章之次第,靡有不同,因定爲宋初人編輯。今觀所錄與《花間集》不甚相遠,迥非明季之門徑,彝尊説尚可信云。

《四庫全書總目》卷一百九十九集部五十二詞曲類二。1823 中

花庵詞選十卷[①]

宋黃昇[②]編。昇,字叔暘,號花庵,又號玉林。嘗爲魏慶之作《詩人玉屑序》。自書其名,乃作"昺",未詳孰是也。所選詞自唐迄南宋,凡四千三百餘首,視《花間》、《草堂》諸選搜羅較廣。於作者姓氏下各綴數語,略具始末。《草堂詩餘》刻本多譌字及失名者,此猶舊本,可以互相考證云。

《四庫全書總目》卷一百九十九集部五十二詞曲類二。1824 上

【校記】①《花庵詞選》十卷,文淵閣《四庫全書》書前提要作"《花庵詞選》十卷《續集》十卷。《總目》作二十卷,提要謂:前十卷曰《唐宋諸賢絕妙詞選》,後十卷曰《中興以來絕妙詞》,昇所自作詞三十八首亦附錄於末。　②黃昺,文淵閣《四庫全書》書前提要、《總目》作"黃昇"。書前提要謂作"昺",係毛晉刊刻《六十家詞》時誤認"昇"之篆字而妄改者。

羣賢梅苑十卷

是書錄後唐至宋末詠梅之詞。按調類編,不以世代爲次。卷首題爲國朝吳江朱鶴齡輯。前有鶴齡《自序》。考錢曾《讀書敏求記》載《梅苑》十卷,引宋王炎語,謂爲其友黃載方所輯,又謂《聲聲慢》一調編中俱作《勝勝慢》。今是編卷數篇數悉與符合。其第六卷首列無名氏一闋,亦作《勝勝慢》,殆即載方之書,傳寫者誤題爲鶴齡耶?獨所載鶴齡《自序》一篇,又似非誤。然鶴齡與曾同時,所學雖彼此牴牾,而亦互相考證,未廢往還。使果鶴齡所作,曾不容不知。曾作是記,鶴齡亦不容不見。斷無一以其友新著之書指爲古人,一以其友著錄之書攘爲己有者。疑鶴齡以博洽名,人重其書,好事者僞造是序,託名以售也[①]。

《四庫全書總目》卷二百集部五十三詞曲類存目。1833 中

【校記】①按:《總目》直稱此書"顛倒錯亂,殆書賈售僞者爲之,鶴齡不至於斯也"。

蛻巖詞二卷

元張翥撰,廬陵釋大杼所編。大杼,號北山,與翥友善,即編翥《蛻庵詩集》者也。史稱翥猶工長短句,其詞皆聲情婉麗,有柳、周遺韻。集中惟《止酒·行香子》五首近辛棄疾格。

《四庫全書總目》卷一百九十九集部五十二詞曲類二。1822 下

花間集十卷

後蜀趙崇祚編。崇祚,字宏基,蜀人,官至衛尉少卿。詩餘體變,自唐而盛,行于五代。選本之中,以此集爲最古。陳振孫謂所錄自溫庭筠"而下十八人,凡五百首",今逸其二[①]。坊刻妄有增加,殊失其舊。此爲毛晉以家藏宋鋟本重刊,前有歐陽炯《序》,後有陸游跋。

《四庫全書總目》卷一百九十九集部五十二詞曲類二。1823 上

【校記】①今逸其二,李一氓《花閒集校》附錄《明汲古閣本毛晉跋一》云:"宋本未分首,卷第二《採蓮子》,卷第八《竹枝》,皆兩首混爲一首,總首數確爲五百首,並無逸失,毛氏刻印時未深究,致有'今逸其二'之說。"(《花間集校》,人民文學出版社,一九五八年版一九八一年印本,第239頁)

集部　詞曲類

蕉窗蕙隱詞一卷

元吳琯撰[①]。琯,爵里無考。詞中有《和舒穆爾元帥》、《壽舒穆爾公》及《處州題詠》諸作。蓋至正末,舒穆爾宜孫提兵守處州時,嘗在其幕府者,與明代編《古今逸史》之吳琯同姓名,非一人也。其詞頗工,而世少流傳,朱彝尊選《詞綜》並未著錄。又集句爲詞,惟王明清《揮麈錄》載王安石一首,琯所集《生查子》、《菩薩蠻》詞數十首,組織無跡,似更勝之。彝尊《蕃錦集》即承是體而作也。

《四庫全書總目》卷二百集部五十三詞曲類存目。1831 中

【校記】①元吳琯撰,《總目》以此書爲書賈僞託,抄撮明劉基之詞作以售僞,並嫁名於明代編輯《古今逸史》之吳琯。因集中有舒穆爾元帥之類,不似明人,又增題一元字。

詩餘圖譜三卷附錄二卷

明張綖撰。綖,字世文,高郵人。官至光州知州。是編取宋人歌詞,擇聲調合節者一百十首,彙而譜之。列圖其平仄於前,而綴詞於後。有當平當仄、可平可仄二例。而往往不據古詞,意爲填註。於古人故爲拗句,以取亢墜之節者,多改諧詩句之律。又校讐不精,所謂黑圈爲仄,白圈爲平,半黑半白爲平仄通者,亦多混淆,殊非善本,宜爲萬樹《詞律》所譏。末附秦觀詞及綖所作詞各一卷,尤爲不倫。

《四庫全書總目》卷二百集部五十三詞曲類存目。1835 上

詞林萬選四卷

明楊慎輯。所錄自唐迄宋凡百餘家。任良幹《序》云:"皆《草堂詩餘》所未收者。"今觀集中與《草堂》本互見者,不一而足,良幹殆未詳檢。然蒐羅簡汰,頗較《草堂》本爲善。蓋慎原工於詞章也。

《四庫全書總目》卷二百集部五十三詞曲類存目。1832 下

詞學全書十四卷

國朝海寧查培繼編[①]。以毛先舒《填詞名解》四卷、王又華《古今詞論》一卷、賴以邠《填詞圖譜》六卷《續集》一卷、仲恒《詞韻》二卷彙爲一編,無所發明考正。其中賴氏《圖譜》以私意填註平仄,動乖古法,宜興萬樹作《詞律》摘其紕繆至多,尤不足據爲典要。

《四庫全書總目》卷二百集部五十三詞曲類存目。1835 下

【校記】①查培繼編,《四庫全書總目》卷二百集部五十三詞曲類存目作"查繼超編",並云:"繼超,字隨庵,海寧人。"《總目》是也。此書卷首康熙十八年查培繼《詞學全書序》云:"余家仲隨庵偕毛氏、賴氏、仲子、王子有《詞學》之刻。"《詞學全書總目》下題"東海查王望先生鑒定"。查王望,即查培繼,民國《杭州府志》卷一百三十五本傳云:"查培繼,字王望,海寧人。順治九年進士。"是本書應爲查繼超編。查培繼做過鑒定之事,但全書非其所編。

粵風續九四卷

國朝吳淇編。淇爲潯州推官時,采其土人歌謠,又附猺、狼、獞歌數種,彙爲一編。其云

"續九"者,屈原有《九章》《九歌》,擬以此續之也。前有淇《自序》,卷首有孫芳桂撰《劉三妹傳》,云是始造歌者。其説荒怪,不足信也。

《四庫全書總目》卷二百集部五十三詞曲類存目。1833 下

南曲入聲客問一卷

國朝毛先舒撰。初,先舒撰《南曲正韻》一書,凡入聲俱單押,不雜平、上、去三聲。復著此卷,謂南曲入聲俱可作平、上、去押。設爲客問,以達其説。

《四庫全書總目》卷二百集部五十三詞曲類存目。1836 下

選聲集三卷附詞韻簡一卷

國朝吳綺撰。綺,字薗次,江都人。官至湖州府知府。是編小令、中調、長調各一卷,皆五代、宋人之詞。標舉平仄以爲式。其字旁加方匡者皆可平可仄之字,餘則平仄不可易者也。其法仍自《填詞圖譜》而來,其第一體、第二體之類,亦從其舊。後附《詞韻簡》一卷,皆祖沈謙、毛先舒之説。蓋取便攜閱而已,無大創作也。

《四庫全書總目》卷二百集部五十三詞曲類存目。1833 下

參考文獻

《四庫全書薈要》,臺灣世界書局影印本,1985—1988 年
文淵閣《四庫全書》,上海古籍出版社影印本,1987 年
《四庫存目叢書》及《補編》,齊魯書社影印本,1994—1997 年;《補編》,2000—2002 年
《四庫禁燬書叢刊》及《補編》,北京出版社影印本,1997—1999 年;《補編》,2004 年
《四庫全書薈要總目提要》,江慶柏等整理,人民文學出版社,2009 年
《四庫全書總目》,上海古籍出版社影印武英殿刻本,1987 年
《四庫全書總目》,中華書局影印浙江刻本,1965 年
《金毓黻手定本文溯閣四庫全書提要》,中華全國圖書館文獻縮微複製中心影印本,1999 年
《文津閣四庫全書提要彙編》,商務印書館影印本,2006 年
《紀曉嵐刪定四庫全書總目稿本》,國家圖書館出版社,2011 年
《四庫存目標注》,杜澤遜著,上海古籍出版社,2007 年
《四庫全書總目提要補正》,胡玉縉撰,王欣夫輯,中華書局,1964 年
《四庫提要辨證》,余嘉錫著,中華書局,1980 年
《四庫提要訂誤》,李裕民著,書目文獻出版社,1990 年;增訂本,中華書局,2005 年
《四庫全書總目辨誤》,楊武泉著,上海古籍出版社,2001 年
《纂修四庫全書檔案》,中國第一歷史檔案館編,上海古籍出版社,1997 年
《各省進呈書目》,商務印書館《涵芬樓秘笈》本,1926 年
《四庫採進書目》,吳慰祖校訂,商務印書館,1960 年
《〈四庫全書〉提要稿輯存》,張昇編,北京圖書館出版社影印本,2006 年
《翁方綱纂四庫提要稿》,吳格整理,上海科學技術出版社,2005 年
《四庫全書纂修研究》,黃愛平著,中國人民大學出版社,1989 年
《高宗實錄》,中華書局影印本,1985 年
《明別集版本志》,崔建英輯,賈衛民、李曉亞整理,中華書局,2006 年
《〈四庫全書總目〉研究的新資料》,夏長樸著,北京師範大學古籍與傳統文化研究院主辦《第二屆中國古文獻與傳統文化國際學術研討會會議論文集》,該校"學術活動"網頁,2011—10—18,http://www.bnu.edu.cn/xzhd/39088.htm。《〈四庫全書初次進呈存目〉初探——編纂時間與文獻價值》,夏長樸著,臺北《漢學研究》第 30 卷第 2 期,2012,http://www.docin.com/p-632578575.html。

書名索引

一畫

一山文集　379
一齋集　427
乙巳泗州錄　139

二畫

二老堂詩話　489
二妙集　377
二梅公年譜　137
二程外書　214
二程遺書　218
二須堂詩集、文集　436
二臺稿　424
十一經問答　79
十三經解詁　78
十六國春秋　118
十笏草堂詩選　445
十國春秋　122
七人聯句詩記　145
七克　285
七國考　204
七經小傳　75
八音摘要　88
人代紀要　117
人物志　266
人瑞錄　207
几上語　275
九芝集選　416
九華山志　168　177
九經字樣　93
九經誤字　79
九圜史圖　237
了翁易說　3

三畫

三才藻異　297
三元參贊延壽書　320
三事忠告　187
三易洞璣　21
三易備遺　10
三洞羣仙錄　320
三原縣志　173
三國志辨誤　111
三朝北盟會編　114
三朝要典　135
三楚新錄　119
三禮考注　49
三禮編繹　46
三禮纂注　49
三蘇文範　470
干祿字書　92
于忠肅集　432
土官底簿　189
下學堂劄紀　217
大易衍說　26
大易輯說　12
大呼集　218
大金集禮　202
大政記　116
大政管窺　296
大唐開元禮　198
大唐創業起居注　209
大唐新語　124
大復集　419
大滌洞天記　166
大駕北還錄　132
大樂律呂元聲　88
大學千慮　85

大學本旨　80
大學衍義通略　324
大學發微　80
大藏一覽　324
才調集　480
上天竺山誌　174
上蔡語錄　214
山谷刀筆　376
山谷禪喜集　324
山林清氣集、續集　394
山東通志　170
山海經　159
山海經釋義、圖　180
山窗餘稿　382
山樵暇語　281
千古功名鏡、拾遺　277
千金要方　226
丸經　253
己酉航海記　127
己酉避亂錄　139
女孝經　213
小史摘抄　134
小字錄、補錄　249
小畜集　345
小爾雅　90
小學紺珠　249
子威集　413

四畫

王子安集　331
王氏家藏集　401
王文肅集　428
王右丞詩集類箋、文集　422
王忠文公集　410
王荊公詩注　353

王校書全集　424	五經文字　93	毛詩集解　35
王襄敏集　411	五經説　76	毛詩集解　37
天下同文集　468	五經稽疑　77	毛詩微言　41
天下金石志　192	五經繹　77	仁山集　384
天文大成管窺輯要　239	五經蠡測　77	仁齋直指　228
天台山志　186	五雜組　281	仇池筆記　272
天台縣志　175	支離子集　367	分類補注李太白集　359
天門詩集、文集　447	不繫舟漁集　378	公是集　350
天府廣記　181	太公兵法　222	月令通考　157
天啓宮中詞　417	太平治迹統類　199	月令廣義　157　158
天童寺集　176	太平清話　279	月覽　287
天經或問前集　238	太平惠民和劑局方　228	丹淵集　348
天鑒錄　136	太平經國之書　43	丹溪心法附餘　234
元女經　241	太平廣記　303	丹霞洞天志　185
元文類　469	太平寰宇記　165	六一詩話　486
元史節要　154	太白樓集　176	六臣注文選　454
元史闡幽　197	太岳太和山志　175	六帖補　288
元包　236	太素脈法　239	六匋曼　237
元包數總義　236	太倉稊米集　353	六書本義　106
元羽外編　196	太常總覽　205	六書故　101　102
元典章前集、新集　203	止泉文集　445	六書索隱　106
元和郡縣志　160	止齋文集　343	六書準　108
元品錄　321	止齋論祖　362	六書精蘊、音釋　104
元風雅　469	少石集　402	六書賦音義　107
元音　480	少泉集　426	六朝通鑑博議　194
元音遺響　481	少陽集　339	六經正誤　75
元珠密語　239	少微通鑑節要　114	六經奧論　78
元朝名臣事略　140	日本考　177	六經圖（楊甲）　76
元詩體要　477	中山傳信錄　185	六經圖（江爲龍等）　79
元經　113	中山詩話　487	六藝流別　471
元豐類稿　349	中吳紀聞　164	文璨清娛　476
元韻譜　103	中庸分章　80	文山集　358
木天清氣集　428	中庸指歸　80	文心雕龍　483
五木經　250	中庸衍義　85	文正集、別集、補遺　347
五代名畫補遺　251	中庸輯略　81	文苑英華辨證　458
五代春秋　337	中論　212	文苑春秋　471
五百家播芳大全文粹　464	中興間氣集武　457	文府滑稽　308
五色線　302	内外服制通釋　44	文定集　355
五音集韻　100	毛朱詩説　42	文房四譜　248
五峰集　352	毛詩多識編　39	文起堂集　402
五倫懿範　219	毛詩草木鳥獸蟲魚疏廣要　40	文致　477
五國故事　119	毛詩鳥獸草木考　41	文章正論、緒論　470

文章善戲　306	刊正九經三傳沿革例　76	古樂書　89
文遠集、補遺　409	未齋集　400	古樂經傳　87
文溪存稿　340	示兒編　260	古韻通　110
文肅集　397	正字通　110	古懽堂集　447
文選章句　454	正易心法　240	本事詩　484
文選補遺　466	正楊（正楊集）　263　264	本堂集　360
文選雙字類要　287	正韻彙編　106	可齋雜稿、續稿、續稿後　340
文選纂註　454	甘水仙源錄　320	丙子學易編　6
文選瀹注　454	甘白集　436	左氏君子例　56
文壇列俎　475	甘泉集　422	左氏詩如例　60
文穆集　408	甘澤謠　302	左史諫草　452
文襄公奏疏　453	世經堂集　398	左略　69
文韻考衷六聲會編　104	艾軒集　372	左傳事緯　72
方氏事蹟　133	古今名賢說海　292	左傳紀事本末　124
方是閒居士小稿　362	古今宗藩懿行考　156	左傳補注　72
方洲集　410	古今貞烈維風什　145	左觿　70
方輿勝覽　164	古今通韻　108	石田集　386
方麓集　409	古今疏　297	石林詩話　489
心易　27	古今藝苑談柴　312	石門文字禪　355
心經附注　215	古今韻會舉要　103	石柱記箋釋　182
尺牘清裁、補遺　470	古今齜略、齜略補　205	石屏集　374
引經釋　85	古文孝經指解　74	石渠意見、拾遺、補闕　76
巴西文集　385	古文苑　455	石鼓文正誤　192
孔子編年　140	古文尚書疏證　33	石鼓書院志　180
孔孟事迹圖譜　144	古文彙編　475	石經考　79
孔廟禮樂考　204	古文關鍵　459	石語齋集　427
孔叢子　219	古叶讀　105	平巢事迹考　154
水天閣集　396	古史談苑　152	平番始末　134
水村易鏡　7	古林金石表　193	平齋文集　367
水鏡集　383	古易世學　22	北戶錄　160
	古易考原　17	北河續紀　185
五　畫	古易彙編　18	北郭集　391
玉山璞稿　380	古周禮　47	北堂書鈔　247
玉井樵唱　381	古音獵要　105	北窗炙輠錄　268
玉茗堂集　404	古書世學　32	北夢瑣言　303
玉海　289	古處齋集　444	北新鈔關志　206
玉堂漫筆　280	古雋考略　296	北溪集、外集　375
玉堂雜紀　200	古畫品錄　241	占星堂集　431
玉楮集　359	古詩選　478	甲申雜記　126
玉臺新詠箋註　479	古廉集　428	申鑒　211
玉機微義　235	古賦辨體　466	史記鈔　152
玉瀾集　377	古樂府　467	史記疑問　198

史通 198	司牧馬經痊驥通元論 254	夷白齋稿、外集 389
史通通釋 197	司空表聖文集 332	夷齊考疑 147
史通會要 194	皮子文藪 335	夷齊志 147
史異編 153		夷齊錄 146
史評 195	**六　畫**	至元嘉禾志 167
史詮 197	耒耜經 224	至正直記 306
史說萱蘇 154	考功集 419	邪氛集 134
史緯 156	考古詞宗 392	光庵集 406
史懷 196	老泉文妙 403	曲江集 328
史嚳 155	老學庵筆記、續筆記 269	曲洧舊聞 274
四六標準 343	耳新 311	同人傳 297
四如集 366	芝園定集 434	同文算指前編、通編 238
四易通義 20	芝壇集 443	同異錄 215
四時氣候集解 157	臣鑒 156	回回歷 239
四書通 83	吏部職掌 189	回鑾事實 202
四書通義 85	西山文集 373	朱文公易說 8
四書通證 83	西山羣仙會真記 323	朱邦憲集 432
四書集義精要 84	西山類稿 412	竹友集 372
四書集編 82	西田語略、續集 216	竹坡詩話 488
四書辨疑 84	西村集 432	竹居集 407
四書纂疏 83	西事珥 170	竹垞文類 448
四朝聞見錄 125	西使記 130	竹洲集 336
四聖一心錄 25	西京雜記 298	竹齋集、續集 420
四聲篇海 100	西峰淡話 285	竹齋詩集 339
四禮輯宜 47	西堂全集 439	竹譜 225
乍浦九山補志 183	西湖覽勝志 182	延平答問、附錄 213
仕學規範 274	西塘集 353	延壽寺紀略 174
仙苑編珠 315	西溪叢語 259	仲志 143
仙都志 166	西樵野記 311	伊川粹言 215
白沙集 419	西巖集 354	伊洛淵源續錄 142
白陽集 421	在陸草堂集 451	伊雒淵源錄 139
白雲集 384	百子金丹 473	全蜀藝文志 178
白蓮集 329	百尺梧桐閣集 440	合訂南唐書 122
白醉璅言 312	百官箴 187	名山注 174
白蘇齋類集 396	百將傳 220	名臣碑傳琬琰之集 138
瓜廬詩 376	百寶總珍集 283	名義考 264
印人傳 254	有懷堂詩文集 448	多能鄙事 253
句股引蒙 239	有懷堂詩文稿 448	米芾志林 141
包孝肅奏議 452	存復齋集 393	次山集 334
半江集 418	列子 314	江月松風集 394
半軒集 395	列卿年表 188	江邨銷夏錄 255
半農禮說 51	成化杭州府志 170	江南星野辨 184

江南野史　129	杏村詩集　443	宋史全文續資治通鑑長編　114
江湖小集　461	李忠定奏議、附錄　452	宋史紀事本末　120
江湖長翁文集　342	甫田集　431	宋四家外紀　144
江漢叢談　179	吾汶稿　345	宋先賢讀書法　215
汝南圃史　224	吾汶稿摘抄　345	宋名臣言行錄　138
汝南遺事　175	酉陽雜俎、續集　300	宋名臣獻壽集　483
宅經　241	折肱漫錄　232	宋季三朝政要　115
安南志略　167	抑庵集、後集　421	宋紀受終考　196
安南使事紀要　207	求古錄　193	宋紹興十八年同年小錄　207
安雅堂集（陳旅）　388	盱江集、年譜　376	宋詩刪　479
安雅堂集（宋琬）　450	呆齋集　401	宋詩鈔原本　478
字孿　108	困學記聞　261	宋遺民錄（程敏政）　145
字通　99	困學齋雜錄　276	宋遺民錄（佚名）　482
字韻合璧　106	呂溫集　333	宋學士全集　412
字鑑　102	吹劍錄　275	宏藝錄　425
七　畫	吳中水利書　171	君鑒　152
攻媿集　369	吳都文粹　459	阿育王山志　180
赤城集（夏鍭）　426	吳都文粹續集、補遺　475	附釋文互注禮部韻略、貢舉條式　97
赤城集（林表民）　462	吳越備史　128	妙遠堂集　405
赤雅　179	吳越順存集、外集　208	孜堂文集　438
赤嵌集　437	吳興備志　179	**八　畫**
均藻　293	何氏語林　307	玩易意見　23
孝經大義　74	何長人集　418	玩齋集、拾遺　382
孝經刊誤　74	何燕泉詩　400	武夷山詩集　186
孝穆集　441	佛祖通載　323	武林西湖高僧事略　323
志雅堂雜鈔　275	佛國記　161	武備志略　222
志壑堂集　445	近思錄　213	武溪集　346
志齋醫論　231	巵林　265	武經總要　220
却掃編　125	希姓補　208	青村遺稿　382
花史　224	希賢錄　150	青郊雜著　104
花史左編　225	希澹園詩　434	青油史漫　197
花庵詞選　491	谷音　468	青城山人集　404
花間集　491	言行拾遺事錄　151	青原志略　184
芥隱筆記　259	冷齋夜話　488	青陽集　380
芳谷集　385	汾上續談　282	青蓮舫琴雅　292
杜天師了證歌　227	汴京遺跡志　178	青溪暇筆　278
杜陽雜編　300	宋十五家詩　477	青瑣高議、前集、後集　304
杜解補正　72	宋九朝編年備要　114	青箱堂集　398
杜詩分類　403	宋元通鑑　116	青羅歷　240
杜詩會粹　437	宋文鈔　479	
杜詩詳註　437	宋文選　464	
	宋文鑑　461	

長安志　164
長安志圖　167
長河志籍考　184
長溪瑣語　175
長興集　341
坦齋文集　405
茆亭客話　305
范文正公尺牘　341
范文正年譜、補遺　140
范文正遺迹　151
范文忠公集　430
林子分內集　324
林屋山人集　383
來齋金石刻考略　194
松垣集　363
松鄉文集　393
松漠紀聞　128
松韻堂集　431
述異記　299
枕上語　275
杇山集　335
東山草堂文集、詩集、續集　444
東田漫稿　419
東里文集　433
東里全集、別集　423
東祀錄　142
東林列傳　150
東林同志錄　136
東林朋黨錄　136
東林點將錄　131
東林籍貫　137
東京夢華錄　127
東南防守利便　162
東萊集　372
東海文集　420
東萊詩集　336
東塾農歌集　342
東越文苑　146
東溪日談錄　217
東觀餘論　258
臥象山房集　443

事文類聚前集、後集、續集、別集、新集、外集、遺集　289
事物紀原　248
事編內篇　154
兩宋名賢小集　465
兩晉南北奇談　157
兩漢刊誤補遺　111
兩漢博聞　296
雨航雜錄　282
奇字韻　104
奇器圖說　246
抱朴子　312
肯綮錄　258
尚友錄　293
尚書通考　30
尚書揆一　33
尚書疏衍　32
尚書詳解　28
尚書說　29
尚書纂傳　32
昌平山水記　181
明一統志　171
明堂灸經　226
明遺事　117
明儒林錄　151
明璫彰癉錄　148
易十三傳　17
易小傳　4
易互體例　28
易本義附錄纂疏　13
易占經緯　238
易林　236
易林疑說　23
易修墨守　16
易通　11
易象大旨　22
易象鈎解　16
易象與知編　28
易筌、附論　19
易就　25
易測　24
易發　25

易筮通變　15
易傳　27
易義古象通　22
易禪傳　6
易經勺解　20
易經頌　25
易經澹窩因指　19
易圖通變　15
易說　26
易璇璣　3
易學古經正義　23
易學啟蒙小傳　9
易學啟蒙翼傳　13
易學飲河　20
易學濫觴　15
易窺　22
易纂言　14
迪功集　413
迪吉錄　279
忠宣文集、奏議、遺文、附錄、補編　336
忠節錄　121
忠義集　467
忠義錄　142
忠肅集　364
忠經　213
知非堂稿　386
知非錄　217
和靖集　366
和靖詩集　347
季漢五志　151
季漢書　122
佳山堂集　436
使交錄　173
佩玉齋類稿　393
佩韋齋集　344
佩韋齋輯聞　273
佩觿　98
欣然堂集　446
徂徠集　346
金石文字記　193
金石錄　192

金華文統　471	周禮注疏刪翼　48	居竹軒集　383
金華府志　173	周禮訂義　44	居家必用事類全集　286
金陵古金石考　192	周禮集説　45	居業錄　216
金壺記　252	周禮傳　48	陋巷志　143
金臺紀聞　280	周禮圖説　50	姑蘇名賢小記　144
金蘭集　406	周禮説　47	始豐稿　431
念初堂稿、續集　429	周禮翼傳　46	孟子集疏　83
周元公集　370	京氏易傳　236	孟東野集　327
周氏遺芳集　474	夜行燭　216	
周易大全　17	庚子銷夏記　246	九　畫
周易口義　2	庚申外史　120	春王正月考　66
周易文詮　14	庚辛唱和詩　476	春雨齋文集　426
周易正解　19	庚溪詩話　488	春秋三傳同異考　71
周易古文鈔　24	法言　211	春秋三傳纂凡表　71
周易古本　18	法帖釋文考異　254	春秋凡例　68
周易本義原本　26	法書要錄　242	春秋王霸列國世紀編　52
周易本義通釋　14	河上楮談　282	春秋五傳平文　68
周易本義集成　12	河防疏略　453	春秋五論　58
周易全書　17	河東集、別集、外集（柳宗元） 329	春秋五禮例宗　58
周易玩辭　5		春秋分記　59
周易訂疑、序例　26	河東集（柳開）　348	春秋以俟錄　66
周易旁注前圖　21	河岳英靈集　457	春秋孔義　67
周易冥冥篇　16	河南集　337	春秋本例　54
周易象義　24	河紀　183	春秋本義　60
周易參同契考異　316	注山谷詩集　370	春秋左氏傳補注　64
周易參同契發揮、釋疑　319	治河通考　177	春秋左氏傳説　52
周易參義　14	宗子相集　414	春秋左傳句解　64
周易集傳　15	宗伯文集　417	春秋左翼　69
周易集解　1	宗忠簡集　354	春秋四傳私考　66
周易集説　10	定宇集、別集　384	春秋地名考略　70
周易傳義附錄　9	定遠縣志　169	春秋地理考實　73
周易義海撮要　4	空山易解　27	春秋列國諸臣傳　55
周易説略　27	空山堂春秋傳　71	春秋列傳　69
周易輯聞、易雅、筮宗　7	空同集　397	春秋名臣傳　64
周易舉正　1	宛邱集　369	春秋別典　152
周易獨坐談　24	宛陵集　350　371	春秋私考　68
周易塵談　28	建文朝野彙編　121	春秋直解　69
周易贊義　23	建炎以來朝野雜記　202	春秋或問（呂大圭）　61
周恭肅集　420	建炎復辟記　129	春秋或問（程端學）　58
周禮因論　49	建康實錄　119	春秋事義全考　67
周禮述註　51	建陽縣志、雜志、續志　173	春秋明志錄　67
周禮注疏合解　48	居士集　347	春秋指掌、前事、後事　72

春秋後傳 57	政和五禮新儀 199	省括編 153
春秋紀傳 157	政府奏議 464	星經 240
春秋師説 63	政監 135	昭陵六駿贊辨 193
春秋通説 52	荊川集 395	畏庵集 429
春秋國華 68	荊川稗編 294	毗陵人品記 146
春秋貫玉 65	革朝志 120	毘陵志 170
春秋提綱 73	草莽私乘 151	幽怪錄、續幽怪錄 309
春秋程傳補 70	草堂雅集 469	矩山存稿 341
春秋集註、綱領 53	草閣集、拾遺 410	香域內外集 449
春秋集傳 62	荀子楊倞註 210	香雪林集 225
春秋集傳釋義大成 61	故宮遺錄 172	秋仙遺譜 257
春秋集解（呂本中） 54	胡子易演 22	秋旻集、秋旻二刻、秋旻續刻 409
春秋集解（蘇轍） 56	胡仲子集 395	
春秋集解、緒餘、提要補遺（應撝謙） 71	胡宗憲行實 144	秋堂集 340
	荔支通譜 225	秋澗集 390
春秋詞命 470	南中志 186	科場條貫 159
春秋尊王發微 59	南北史合註 111	重修玉篇 90
春秋傳 53	南夷書 172	重修廣韻 95
春秋傳註 73	南曲入聲客問 493	修真捷徑 321
春秋傳議 73	南宋元明僧寶傳 324	修辭指南 295
春秋詳説 58	南京工部志 189	保越錄 131
春秋意林 55	南華合璧集 473	俗書刊誤 105
春秋經筌 58	南華真經新傳 319	皇王大紀 115
春秋説志 65	南華真經義海纂微 318	皇元聖武親征錄 123
春秋輯傳 68	南軒集 374	皇祐新樂圖記 86
春秋衡庫 70	南軒論語解 82	皇華集 474
春秋錄疑 69	南部新書 304	皇清詩選 479
春秋辨義 67	南康府志 169	皇綱論 55
春秋闕疑 62	南陽集 366	泉志 288
春秋闡義 70	南詔事略 169	禹門集 438
春秋纂言 60	南湖集 394	禹貢山川郡邑考 33
春秋權衡 55	南渡錄 127	待制集 390
春秋屬辭 63	南塘四六 362	待軒詩記 39
春秋續義發微 65	南園漫錄 264	待清遺稿 383
春秋讀意 68	南遷日記 148	律呂正聲 86 87
春秋麟寶 69	柳村詩集 440	律呂古義 87
春秋讞義 62	咸平集 345	律呂考注 88
春渚記聞 301	咸淳臨安志 164	律呂纂要 89
春寒閒記 278	括異志 310	後山詩話 487
珂雪齋集 430	貞觀政要 118	後村集 341
珊瑚木難 246	虐政集 134	後梁春秋 116
封長白山記 185	省中稿 424	後畫錄 250

後漢紀 113	集 271	秘笈新書、別集 296
後觀石錄 285	紀古滇説 162	秘書志 188
逃虚子集、類稿補遺 408		秘閣元龜政要 117
胎息經 322	## 十　畫	笑門詩集 446
負暄野錄 252	耕石齋石田集 429	倚松老人集 342
風后握奇經 220	耕廉文稿 440	倒戈集 134
風俗通義 307	馬文莊集選 416	倭患考原 132
急救良方 232	秦漢文尤 475	倭情考略 132
急就篇 89	泰泉集 414	師子林紀勝 174
彥周詩話 488	珩璜新論 263	師友談記 267
奕史 254	素問病機氣宜保命集 230	師宗州志 183
音韻日月燈 107	素問鈔補正 233	徑山集 176
帝皇龜鑑 198	素問運氣圖括定局立成 230	針灸節要 234
帝學 214	素園石譜 286	針灸聚英 231
帝鑒圖説 153	素履子 213	脈訣刊誤、附錄 230
恒岳志 176	袁中郎集 435	烏衣佳話四卷 312
洞天清錄 245	耆舊續聞 269	留溪外傳 149
洞天福地嶽瀆名山記 316	華野疏稿 453	留臺雜記 189
洞仙傳 316	華陽宮記事 162	記纂淵海 290
洞庭君山集 173	華陽集 358	高子遺書 409
洗心齋讀易述 26	華嶽全集 168	高峰文集 344
洛陽名園記 163	莊渠遺書 415	高閑雲集 408
洛陽伽藍記 159	莊靖集 377	唐三體詩、續集 465
洺水集 375	莊肅公集 398	唐大詔令集 137
洨濱集 423	真靈位業圖 323	唐六典 188
洲課條例 204	桂林風土記 160	唐文粹 463
宣和書譜 244	桂洲集 414	唐史論斷 194
宣和集古印史 193	桂隱文集 389	唐百家詩選 463
宣和畫譜 243	栲栳山人集 382	唐昌玉蘂 259
宮省賢聲錄 144	栖雲閣詩、拾遺 450	唐音 467
客途偶記 279	梃擊始末 131	唐宮閨詩 477
祐山雜説 308	桃谷遺稿 402	唐國史補 299
神仙通鑑 321	格齋四六 362	唐雅 472
神仙感遇傳 316	連文釋義 110	唐御覽詩 456
神異經 284	破山興福寺志 174	唐會要 201
神隱志 283	原始秘書 295	唐詩叩彈集、續集 477
祝氏集略 400	哲匠金桴 291	唐詩紀 472
退庵遺稿 405	追旃瑣語 283	唐詩紀事 490
屏山集 371	時一吟詩 438	唐詩掞藻 480
眉山集 357	時令彙紀 158	唐詩説 468
盈川集 328	晏子春秋 266	唐詩選 471
癸辛雜識、前集、後集、續集、別	峴山志 174	唐詩類苑 472

唐闕史 301	書畫題跋記 256	黃谷瑣談 282
唐類函 293	書傳纂疏 31	黃忠宣集 434
唐鑑 113	書經直解 33	黃帝素問 227
悟真篇 318	書蔡傳旁通 31	黃給諫遺稿 407
益部方物略記 165	書説（呂祖謙） 29	黃楊集、補遺 392
益部談資 179	書説（鄭伯熊） 30	著作集 352
益智錄 151	書輯 254	黃梁遺迹志 146
益齋存稿 417	書學正韻 102	菊坡叢話 474
兼明書 257	書錄三卷 243	乾道臨安志 166
剡源集 348	書齋夜話 276	菰中隨筆 265
涑水紀聞 125	書纂言 30	梧溪集 389
浙西水利書 186	陸士龍集 326	桯史 126
涇野集 419	陵陽集（韓駒） 356	梅山續稿 343
涉史隨筆 195	陵陽集（牟巘） 359	梅雪軒詩稿 420
涉覽屬比 196	陳文岡集 425	梅巖小稿 430
海外紀事 182	陳拾遺集 331	副墨 434
海防纂要 221	陰符經考異 221	雪航膚見 196
海岳名言 244	陰符經注 220	雪溪集 356
海珠小志 148	陶淵明集 326	雪樓集 384
海桑集 403	陶詩析義 421	雪牕集 340
海釣遺風集 401	陶學士集 414	雪履齋筆記 277
海運新考 205	娛書堂詩話 490	雪磯叢稿 354
海語 177	通元觀志 185	挪蝨新話 275
海錄碎事 289	通州志 180	授經圖 76
浪語集 369	通祀輯略 201	敝帚軒剩語、補遺 308
家藏集 415	通鑑地理通釋 165	野谷詩稿 351
容春堂全集、後集、續集、別集 434	通鑑問疑 195	野客叢書 261
容臺文集、詩集、別集 397	能改齋漫錄 258	野莊集 408
容齋隨筆、續筆、三筆、四筆、五筆 262	純白齋類稿 379	野航雜著 253
袖珍小兒方 233	**十一畫**	野記 133
被褐先生稿 397	理學宗傳傳心纂要 218	問山詩集、文集 441
冥通記 314	理學類編 216	晞髮集、晞髮遺集、遺集補 345
書苑菁華 245	琅琊漫抄 283	異苑 299
書林外集 392	埤雅 96	鄂州小集 373
書法鈎元 253	埤雅廣要 306	國秀集 455
書記洞詮 474	硈溪詩話 486	國朝諡法考 207
書帷別記 33	培塿居雜錄 282	國寶新編 142
書敍指南 249	崑山志 183	眾妙集 460
書畫記 255	黃氏日抄 210	崇古文訣 459
書畫彙考 247	黃氏書奕 279	過江集 446
	黃文獻集 387	符司紀 189

笠山詩選 437	320	搜玉小集 483
偶得紺珠 281	紹陶錄 361	搜神後記 298
停驂錄、續錄 280	紹熙州縣釋奠儀圖 200	搜神記 298
鳥鼠山人集 399	紹興內府古器評 191	揮塵新談 312
象山文集 368	紹興正人論 135	揮塵前錄、後錄、第三錄、餘話 126
逸史搜尋 312		雅宜集 425
逸民史 146	**十二畫**	雅音會編 473
逸周書 123		雅樂考 88
猗覺寮雜記 258	琴溪集 425	雅樂發微 86
庾開府集箋注 444	琬琰錄、續錄 142	紫岩易傳 3
庸齋日記 216	瑯嬛記 305	紫雲詞 441
翊聖保德傳 317	堯山堂外紀 309	紫薇詩話 489
商子 222	堯峰文鈔 451	貽清堂日抄 132
望雲集 422	越嶠書 171	貽清堂集、補遺 437
剪桐載筆 308	博物要覽 277	閑者軒帖考 255
清江碧嶂集 393	博學彙書 292	遇集、蒞楚學記、奏疏 447
清江縣志 180	壺山四六 368	景迂生集 337
清波雜志、別志 270	壺天玉露 149	景定建康志 163
清獻集 349	壺史 256	景定嚴州續志 161
清獻集 373	壺譜 256	貴耳集、二集、三集 304
淮封日記 148	葬經 241	蛟峰集 363
淮南子 313	萬世太平書 284	喻林 292
淮郡文獻志、補遺 141	萬青閣全集 451	喑囈集 395
淮海易譚 16	萬首唐人絕句詩 462	無事編 311
淮海集、後集、長短句 365	萬曆四川總志 162	無爲集 355
淮陽集、詩餘 394	萬曆開封府志 180	程氏經說 78
淮關志 206	萬曆廣東通志 173	程朱闕里志 144
涪陵紀善錄 138	萬曆嚴州府志 168	程書 217
淙山讀周易記 11	葛莊詩鈔 449	筍梅譜 225
梁谿集 344	朝野類要 202	筆史 309
梁谿漫志 273	焚椒錄 129	筆記 308
梁谿遺稿 361	椒邱文集 399	傲軒吟稿 391
啓雋類函 293	極元集 457	備忘集 396
將苑 219	殘本唐語林 301	備忘錄 283
將將紀 221	雲邨文集 424	傅與礪詩文集 390
將鑑論斷 220	雲林集 385	順天府志 169
陽明全集、傳習錄、語錄 435	雲笈七籤 317	集千家註杜詩 334
隆平集 119	雲峰集 388	集古梅花詩 424
參同契集解 322	雲陽集 391	集古隸韻 106
終南山祖庭仙真內傳 320	雲巢集 368	集韻 97
終南山説經臺歷代仙真碑記	雲溪友議 300	焦山古鼎考 194
	雲鴻洞續稿 418	
	雲麓漫鈔 259	

復齋易説 7	寓簡 268	筠谷詩 410
爲臣不易編 155	補後漢書年表 111	筠軒清秘錄 284
爲善陰隲 283	補疑獄集 158	筠溪集 356
貂璫史鑑 133	補漢兵志 200	節孝集 356
飲膳正要 203	畫史 242	節宣輯 158
註釋啓蒙對偶續編 294	畫禪室隨筆 280	節庵集、續稿 407
詞林萬選 492	畫繼 244	傳信適用方 229
詞學全書 492	費文通集選要 426	像抄 25
詞韻簡 493	費文憲集選要 429	像象管見 20
就正錄禮記會要 50	巽齋四六 360	粵風續九 492
遊城南記 163	賀監紀略 147	會昌一品集、別集、外集 327
童蒙習句 105	絲綸捷要便覽 205	會稽志 165
童溪易解 5	幾何論約 238	會稽續志 165
善行錄 152		飴山詩集 446
普陀山志（周應賓） 175	**十三畫**	腳氣集 271
普陀山志（朱謹等） 182	聖賢羣輔錄 286	解弢集 397
普濟方 231	聖駕南巡日錄 132	解莊 322
尊前集 490	聖學宗傳 148	詩人玉屑 485
尊聖集 143	聖學嫡派 149	詩女史、拾遺 473
道教靈驗記 315	夢占類考 237	詩考 34
道鄉集 352	夢吟集、續集 450	詩地理考 35
道德指歸論 313	夢溪筆談、續筆談、補筆談 307	詩宗集韵 291
道德經解 317	夢梁錄 128	詩品（鍾嶸） 483
遂初堂書目 190	楚辭集註、後語、辨証 326	詩品（司空圖） 484
馮舍人遺詩 448	楚辭集解、蒙引、考異 402	詩律武庫前後集 287
湛然居士集 388	楊大年全集 368	詩紀 476
湛淵靜語 277	楊公筆錄 274	詩集傳 36
湖州府志 169	楊氏塾訓 278	詩集傳名物鈔 38
湖海搜奇 312	楊文敏集 432	詩補傳 42
湖海集 447	楊仲宏集 387	詩傳 41
湘山志 182	楊忠烈集 427	詩傳通釋 37
湯子遺書 442	楊忠愍集 404	詩解頤 40
渭南文集、劍南詩、逸稿 338	楊誠齋集 339	詩意 42
淵穎集 387	楓山集 425	詩準、附錄、詩翼 458
游西山詩 436	槎翁集 406	詩經世本古義 39
滋溪文稿 388	搶榆館集 402	詩經叶音辨譌 42
寒松堂集 449	督漕疏草 453	詩經通義 43
寒夜錄 279	歲華紀麗 248	詩經疏義 37
寒香閣詩集 440	蛻巖詞 491	詩經傳說取裁 43
寓林集 435	蜀中廣記 178	詩經圖史合考 39
寓圃雜記 133	蜀漢本末 120	詩疑問 37
寓意編 256		詩說 41

詩說解頤 40	經驗良方 233	僑吳集 382
詩餘圖譜 492	彙書 448	僞豫傳 138
詩緝 36	彙雅 103	銅人針灸經 229
詩學正宗 473		銀海精微 227
詩總聞 35	十四畫	鄱陽集 350
詩歸 473		鄱陽遺事錄 140
詩觀、別集 480	碧雞漫志 244	鳳洲綱鑑 116
誠意伯文集 412	趙氏連城 279	疑獄集 158
誠齋易傳 2	趙仲穆遺稿 379	說文解字 94
誠齋雜記 305	嘉禾徵獻錄 150	說文解字篆韻譜 94
詮敘管子成書 223	嘉定赤城志 163	說苑 212
詳注史略補遺大成 154	嘉靖倭亂備抄 132	說圃識餘 312
廉吏傳 137	嘉興府志 170	說唐詩 478
靖炎兩朝見聞錄 130	埤城集仙錄 316	說頤 282
新安文獻志 475	壽親養老新書 228	說學齋稿 415
新序 211	蔣說 284	敲空遺響 440
新書 212	蔡中郎集 326	廣川書跋 243
義門讀書記 265	蔡忠惠集 351	廣川畫跋 251
義莊規矩 273	榕陰新檢 146	廣仁品二集 324
義豐集 348	爾雅注 95	廣祀典議 50
慈湖遺書、續集 374	爾雅翼 96	廣卓異記 288
煙霞小說 311	對山集 430	廣胎息經 320
滇行日記 183	夥壤封疆錄 131	廣陵集 365
滇程記 178	聞見近錄 126	廣博物志 291
滇載記 178	聞見後錄 270	廣雅 90
源流至論前集、後集、續集、別集 248	聞見前錄 200	廣韻 100
	閤阜山志 168	瘞鶴銘辨 193
溪山琴況 257	鳴秋集 429	端肅公集 398
滄海遺珠 481	鳴盛集 399	齊民要術 223
滄浪詩話 489	鳴鶴餘音 490	齊東野語 271
滄溟集 414	嘯堂集古錄 191	頖宮禮樂全書 206
滄螺集 416	嘯臺集 428	精華錄 440
滏水集 378	圖書合解 28	漢上易集傳、卦圖、叢說 8
塞程別紀 184	圖書紀愚 20	漢甘泉宮瓦記 194
羣芳譜 226	圖書辨惑 27	漢武洞冥記 297
羣書集事淵海 295	圖註脈訣、附方 233	漢制考 201
羣書纂類 295	圖註難經 234	漢泉集 392
羣賢梅苑 491	圖畫見聞志 243	漢紀 112
遜國君記抄、臣事抄 121	圖繪寶鑑 245	漢唐宋名臣錄 155
經世環應編 155	圖繪寶鑑續編 245	漢唐秘史 133
經序錄 190	種植部 224	漢詩說 478
經典釋文 75	篋卉 225	漢隸分韻 102
	算法統宗 237	

漢隷字源　99	儀禮集說　45	澄懷錄　305
漢魏六朝一百三家集　476	儀禮鄭注句讀、監本正誤、石經	選詩約注　455
漢魏名文乘　477	正誤　51	選聲集　493
漢魏詩乘　471	衛生集　233	樂府詩集　460
漢雜事秘辛　145	餘日事文　158	樂律纂要　87
漕書　204	餘庵雜錄　285	樂軒集　361
漱石閒談　312	滕王閣續集　181	樂圃詩集　449
滹南遺老集　377	魯府秘方　232	樂圃餘藁　367
漫塘文集　360	魯望集　397	樂書　88
漉籬集　418	魯詩世學　41	樂經元義　87
演山集　354	劉子　267	樂經內編　89
賓退錄　270	劉氏類山　292	練中丞集　403
隨手雜錄　126	劉彥昺集　433	緱山集　412
翠屏集　398	劉給事集　357	
綱鑑正史約　118	劉賓客文集、外集　328	**十六畫**
網山集　360	劉豫事迹　150	靜春堂集　389
維揚巡幸記　130	劉凝韻原表　109	靜修集　385
	諸史品節　152	駱丞集　330
十五畫	諸葛書　141	駢雅　294
慧山記　178	諸器圖說　246	據梧詩集　441
增訂廣輿記　184	諸儒文要　481	操縵錄　256
增補武林舊事　168	諸儒性理文錦　482	燕石集　381
增節音註資治通鑑　114	諸儒要語　216	燕雲錄　125
蕉林詩集　449	論孟或問　81	燕閒部　224
蕉窗薏隱詞　492	論孟精義　81	薪齋集　441
蕉窻雜錄　276	論語全解　81	蕭亭詩選　443
蕊閣集　364	論語孟子考異　83	翰苑羣書　186
樊川文集　331	論語集說　82	翰苑瓊琚　470
輟耕錄　307	論語意原　80	翰墨大全　287
遼載前集　183	論範　395	頤庵心言　280
震澤集　433	論學繩尺　462	樹畜部　224
劇談錄　300	談龍錄　485	橫谿錄　168
賜餘堂集　420	談藝錄　413	樵雲獨唱　386
閱史約書　153	談纂　306	橘山四六　362
遺山集　378	褒賢集　151	整庵存稿　432
墨林快事　256	慶湖遺老集　355	歷代山陵考　181
墨客揮犀　267	毅齋詩文集　413	歷代不知姓名錄　250
墨經　246	養生雜纂　287	歷代內侍考　155
稽神錄　302	養生類要　232	歷代名臣奏議　452
篋中集　456	養蒙集　390	歷代名畫記　242
篁墩集　396	養餘月令　157	歷代守令傳　149
篆字彙　108	潛夫論　211	歷代吟譜　458

歷代制度詳說 249 288	濂溪志（李嵊慈） 143	優古堂詩話 486
歷代循良錄 156	憲章錄 117	儲光羲詩 334
歷代畫家姓氏韻編 257	寰有詮 277	龜巢集 381
厲齋續集 371	禪月集、補遺 330	龜溪集 358
曉庵新法 238	閹黨逆案 131	徽州府志 170
戰國策談枘 222	避暑漫筆 280	鍼灸問對 234
圜容較義 238	避暑錄話 268	鍼灸資生經 229
默記 127		鍼灸大成 234
默堂集 338	**十七畫**	謝皋羽年譜 150
默庵集 380	戴記緒言 51	襄陽遺集 393
穆天子傳 208	聲律發蒙 295	鴻慶居士集 335
學古編 252	聲畫集 465	禮記集說 44
學史 197	聲調譜 486	禮記輯覽 48
學林 263	聲韻叢說 109	禮記纂言 45
學易記 15	藏一話腴 260	禮部集 388
學易舉隅 21	藏春集 394	禮書 45
學庸啓蒙 84	韓子迂評 222	禮經會元 44
學蔀通辨 215	韓氏事蹟 133	禮樂合編 47
儒志編 214	韓忠獻遺事 140	
儒林公議 126	韓詩外傳 34	**十八畫**
儒宗理要 217	韓魏公別錄 140	騎省集 367
錢塘遺事 136	韓魏公家傳 139	瓊花譜 225
錄異記 310	隸辨 110	職方外紀 181
歙硯志 256	隸續 191	藝文類聚 247
獨醉亭集一卷 426	檢蠹隨筆 281	覆瓿集 412
獨醒雜志 269	檜亭集 387	醫方選要 231
龍川文集 370	檀弓疑問 52	醫史 235
龍門子凝道記 323	檀雪齋集 417	醫津筏 235
龍洲集 351	擊壤集 351	醫開 232
龍筋鳳髓判 247	臨川文獻 479	醫說 229
龍湖集 405	臨野堂文集 448	醫學正傳 232
龍谿全集 435	邇訓 134	豐川春秋原經 70
龍龕手鑑 101	擣堅錄 278	豐坊春秋世學 65
憺園集 441	擬故宮詞 442	豐潤縣志 180
糖霜譜 224	嶺海見聞 184	叢碧山房集 450
營造法式 250	矯亭存稿、續稿 401	瞿文懿集 416
潞公集 350	魏叔子集 439	闕里書 143
澹軒集 427	魏季子文集 446	蟲天志 293
澹庵文集 352	魏鄭公諫錄 138	簡齋集 369
澹餘軒集 451	魏興士文集 446	雙桂集 406
澹齋內言、外言 278	輿地名勝志 176	雙溪草堂詩集 436
濂溪志（李楨） 143	輿識隨筆 296	雙溪集（王炎） 374

雙溪集（杭淮） 411	韻會小補 107	顧氏譜系考 208
歸田稿 424	韻經 93	鶴年集 381
歸愚集 364	韻學事類 293	鶴侶齋集 442
雞肋編 270	韻學淵海 286	續文章正宗 459
顏山雜記 181	懷麓堂詩話 485	續夷堅志 306
顏氏家訓 267	類音 109	續宋編年資治通鑑 115
雜俎 294	類証普濟本事方 228	續畫品 241
雜學辨、記疑 214	類經 235	續畫品錄 253
離騷草木疏 261	類稿 399	續詩話 487
	類篇 99	

十九畫

	類編古今事林羣書一覽 290	## 二十二畫以上
難經本義 230	瀛奎律髓 468	巖下放言 273
蘧說 281	孋真子 268	朧軒四六 363
蘆浦筆記 260	孋齋別集 436	讀史快編 155
蘇米志林 145	繪事備考 246	讀史亭詩集、文集 444
蘇門集 433		讀史蒙拾 156
蘇詩摘律 333	## 二十畫	讀史漫錄 196
麗澤論說 219	蘭亭考 244	讀史錄 410
關中陵墓志 175	蘭亭續考 251	讀朱隨筆 218
關氏易傳 28	蘭雪集 392	讀易考原 12
羅江東外紀 148	蘭畹居清言 311	讀春秋編 62
羅浮山志 182	籌海重編 221	讀書一得 265
羅浮山志會編 185	鐘台集 423	讀書日記 218
羅經頂門針 237	釋名 89	讀書偶然錄 285
辭學指南 289	灌研齋集 443	讀書管見 31
蠏略 288	寶刻叢編 191	讀書樂趣 286
譚槩 310	寶峰集 383	讀書叢說 30
識遺 274		讀詩質疑 43
譎觚 185	## 二十一畫	讀禮問 50
廬山通志 183	權文公文集 329	讀禮疑圖 48
廬陵集 379	露書 281	竊憤錄 127
龐眉生集 410	攝生眾妙方 231	麟角集 329
韻府羣玉 291	疊庵雜述 217	麟原文集 378
韻略易通 104	鐵庵集 361	蠹齋鉛刀編 375
韻問 109	鐵網珊瑚（朱存理） 245	鹽梅志 156
韻雅 109	鐵網珊瑚（都穆） 284	靈衛廟志 147
韻補 91	饌堂考故 206	讕言長語 264
韻補正 109	爛柯山志 176	

作者索引

二　畫

丁　度	97	97
丁　復	287	
丁　煒	441	
丁　瓚	233	
丁詠淇	436	
丁鶴年	381	

三　畫

干　寶	298	
于奕正	192	
于慎行	196	
于慎思	410	
于　謙	432	
大　汕	182	
大　然	184	
兀欽仄	241	
万俟卨	202	

四　畫

王　令	365	
王　行	395	
王　冰	227	239
王　阮	348	
王　言	110	
王　灼	224	244
王　直	421	
王　侹	204	
王　炎	374	
王　勃	331	
王　俅	191	
王　洪	413	
王　珙	407	
王　格	426	
王　逢	389	
王　涣	157	
王　恕	23	76
王　通	113	
王　冕	420	
王　符	211	
王　越	411	
王　雱	319	
王　鼎	129	
王　鈍	408	
王　惲	390	
王　榮	329	
王　蓁	142	
王　晳	55	
王　棩	261	
王　當	55	
王　路	225	
王　溥	201	
王　褘	410	
王　銍	127	356
王　賓	406	
王　鞏	126	
王　邁	363	
王　震	69	
王　篆	189	
王　質	35	361
王　徹	246	
王　諍	85	
王　畿	435	
王　璲	404	
王　樵	33	68　409
王　懊	428	
王　衡	412	
王　錡	133	
王　懊	170	
王　禮	378	
王　鏊	433	570
王　蘋	352	
王　寵	425	
王　鑑	33	
王　謙	301	
王士正	207	440　478
王士禄	156	194　445
王士點	188	
王子俊	362	
王天春	350	
王天與	32	
王元杰	62	
王化振	216	
王方慶	138	
王心敬	70	
王世相	232	
王世貞	116	470
王申子	12	
王邦直	86	87
王在晉	181	221
王光魯	153	
王廷相	401	
王兆雲	312	
王充耘	31	
王守仁	435	
王安石	463	
王志長	48	
王若虛	377	
王松年	315	
王明清	126	
王炎午	345	
王宗傳	229	
王思義	180	
王禹偁	398	

王執中	229	卞管勾	254	史 游	89
王崇慶	180	文 同	348	史 謹	423
王崇簡	398	文 林	283	史 鑑	432
王象晉	226 308	文天祥	358	史申義	446
王紹徽	131	文彥博	250	白 珽	277
王朝瞔	158	文震孟	144	白 瑜	147
王開祖	214	文徵明	431	令狐楚	456
王復禮	151	方 仕	106	包 拯	452
王欽若	198 317	方 回	468	司空圖	332 484
王與之	44	方 廣	234	司馬光	74 99 125
王毓賢	246	方 鵬	401		487
王鳳九	448	方九功	189	皮日休	335
王學曾	173	方大琮	361		
王錫闡	238	方日升	107	**六　畫**	
王穉登	254 424	方逢辰	363	西方子	226
王應電	46 48 50	方象瑛	185	有 麟	292
王應麟	34 35 83	方實孫	11	列禦寇	314
	165 201 149	方學漸	134	成廷珪	383
	261 289	尹 洙	337	朱 文	196
王巖叟	140	尹 焞	366	朱 申	64
王觀國	263	尹廷高	381	朱 弁	274
天散道人	38	孔 齊	306	朱 同	412
元 淮	383	孔 鮒	219	朱 昱	173
元 敬	323	孔平仲	263	朱 倬	37
元 復	323	孔尚任	217 447	朱 翌	258
元 結	334 456	幻真先生	322	朱 虛	297
元好問	306 378			朱 善	40 427
太 公	220	**五　畫**		朱 震	8
尤 侗	439	甘 復	382	朱 熹	74 81 81
尤 袤	190	艾儒略	181		81 138 139
尤 褒	361	左克明	467		200 213 213
牛 衷	306	石 介	346		214 214 218
牛運震	27 71	石邦政	180		221 316 326
牛僧孺	309	田 玉	175	朱 樨	377
毛 晉	40 145	田 況	126	朱 濂	158
毛一公	155	田 琯	169	朱 橚	231
毛先舒	109 493	田 雯	184 447	朱 謹	182
毛奇齡	108 285	田 錫	345	朱 權	133 283 295
毛居正	75	田一儁	423	朱 鑑	8
仇兆鰲	437	田肇麗	348	朱之錫	453
公孫宏	220	田藝蘅	473	朱元昇	10
卞永譽	247	史 容	370	朱公遷	37

朱允升	21		牟巘	359		李翱	250	
朱存理	245					李韡	148	
朱存理	246	253	**七　畫**			李之芳	453	
朱廷旦	278					李之藻	138	
朱廷煥	168		芮挺章	355		李元鼎	443	
朱長文	367		杜本	393	468	李文仲	102	
朱孟震	282		杜牧	331		李文利	88	
朱常㳛	156		杜詔	477		李文鳳	171	
朱國楨	116		杜範	373		李文察	88	
朱象先	320		杜大珪	138		李心傳	6	175
朱敬鑑	420		杜光庭	227	310 315	李正民	207	
朱朝瑛	217			316	316 316	李本固	18	175
朱睦㮮	76 77 190		杜知耕	238		李仙根	207	
朱察卿	432		杜庭珠	477		李吉甫	160	
朱德潤	393		李石	28	56 60	李光坡	51	
朱謀㙔	294		李祁	391		李廷忠	362	
朱澤澐	445		李材	221		李廷機	155	
朱彝尊	448		李昉	303		李延興	379	
朱鶴齡	43 491		李紀	154		李安仁	180	
朱顯祖	150		李泰	157		李好文	167	
伍涵芬	256		李清	111	122 250	李孝元	256	
任昉	299		李琪	52		李言恭	177	
任淵	370		李筌	220		李長科	324	
任廣	249		李善	254		李茂春	156	
任士林	393		李裒	282		李林甫	188	
自融	324		李楨	143		李東陽	142	485
伊世珍	305		李鷹	267		李周翰	454	
行均	101		李曄	410		李昂英	240	
危昭德	360		李誠	250		李俊民	377	
危素	415		李肇	299		李格非	163	
米芾	242 244		李綱	344	452	李時勉	428	
江永	73		李樗	37		李從周	99	
江貞	256		李賢	171		李鼎祚	1	
江贄	114		李確	183		李復言	309	
江之蘭	235		李劉	343		李道謙	320	320
江爲龍	79		李衡	4		李曾伯	340	
安熙	380		李濂	178		李夢陽	397	
安世鳳	256		李濂	235		李嗣京	181	
祁光宗	155		李壁	353		李嗣真	253	
阮逸	86 113		李覯	376		李嶧慈	143	
阮琳	20		李轅	410		李鳳雛	157	
如乾	440		李燾	194		李德裕	327	
			李簡	15				

七畫

李澄中	183	443		吳中行	420		鄒迪光	308	
李彌遜	356			吳仁傑	111	261	辛棄疾	127	276 364
李攀龍	286	293	414	吳允嘉	208		況叔祺	292	
	471			吳正倫	232		汪琬	451	
李鵬飛	320			吳任臣	122		汪瑗	402	
車若水	271			吳自牧	128		汪機	234	
車垓	44			吳兆宜	444	479	汪廷訥	475	
吾邱衍	252			吳汝惺	26		汪珂玉	205	
呂午	452			吳其貞	255		汪晉徵	436	
呂向	454			吳彥匡	224		汪浩然	88	
呂柟	65	419		吳師道	388		汪雲程	312	
呂陽	441			吳陳琰	71	185	汪舜民	170	
呂溫	333			吳盛藻	447		汪道昆	434	
呂懷	87			吳道南	296		汪懋麟	440	
呂大圭	58			吳肅公	50	50	汪應辰	355	
呂本中	54	336	389	岑安卿	382		沐昂	481	
呂延濟	454			邱雍	95		沈周	429	
呂祖謙	29	52	219	邱光庭	257		沈括	307	341
	249	287	288	邱嘉穗	494		沈約	93	
	372	459	461	何中	386		沈該	4	
呂維祺	107			何焯	265		沈遼	368	
呂調陽	153			何楷	39		沈用濟	478	
吳山	177			何薳	301		沈作喆	268	
吳开	486			何宇度	179		沈宏正	293	
吳沆	3			何良俊	307		沈長卿	281	
吳若	162			何孟春	400		沈明臣	180	
吳雨	41			何異孫	79		沈朝陽	143	
吳亮	146			何景明	419		沈與求	358	
吳萊	387			何無適	458		沈德符	308	
吳菘	225			何喬新	399		沈應文	169	
吳淇	492			何熊祥	189		宋无	395	
吳琯	472	492		何慶元	419		宋祁	165	
吳棫	91			佟世男	108		宋翊	224	
吳曾	258			余寀	184		宋琬	450	
吳兢	118			余靖	346		宋褧	381	
吳儆	336			余闕	380		宋濂	323	412
吳寬	415			余元熹	477		宋公望	224	
吳綺	493			余文龍	155		宋公傳	437	
吳澄	14	30	45	余敷中	69		宋敏求	137	154
	49	60		余懋學	282		宋廣業	185	
吳大有	277			余覺華	321		邵博	270	
吳之振	478			谷泰	277		邵雍	351	

514

邵　寶	70	178	197	東方朔	284		周敦頤	370	
	434			郁逢慶	256		周嘉棟	106	
邵伯溫	200			卓發之	418		周應合	163	
邵泰衢	52			卓爾康	67		周應賓	175	
邵泰衢	198			門無子	222		京　房	236	
邵經邦	425			明宣宗	156		法　顯	161	
				明景帝	152		宗　臣	414	
八　畫				和　嶸	158		宗　周	50	
幸元龍	363			和　凝	158		宗　淨	176	
耶律楚材	388			季　本	40	48	68	宗　澤	354
范　坰	128				87	144		定　暠	183
范　攄	300			岳　珂	76	126	359	官撫辰	418
范　蠡	220			金　涓	382			郎兆玉	47
范光宙	195			念　常	323			孟　郊	327
范仲淹	273	341	347	金履祥	384			孟　絿	284
	464			金贇仁	205			孟　榮	484
范明泰	141	393		周　用	420			孟元老	127
范祖禹	114	214		周　孚	275				
范純仁	336			周　宏	233			**九　畫**	
范景文	430			周　祈	264			郝　敬	69
茅　坤	152			周　旋	429			郝　敬	19
茅元儀	154	197	285	周　淙	166			荊之琦	206
林　至	6			周　密	271	271	275	荀　況	210
林　坤	305				305			荀　悅	112	211
林　佶	194	194		周　琦	217			胡　布	481
林　侗	194			周　弼	465			胡　仔	140
林　禹	128			周　煇	270			胡　助	379
林　逋	347			周　嬰	265			胡　宏	115	353
林　鴻	399			周之翰	474			胡　松	398
林本裕	183			周子良	314			胡　瑗	2	86
林有麟	286	292		周文采	231			胡　經	22
林光世	7			周文華	224			胡　銓	352
林光朝	372			周必大	200			胡　廣	17
林兆珂	39	452		周必大	259	489		胡　翰	395
林兆恩	324			周汝登	148			胡一桂	13	13
林亦之	360			周守忠	387			胡天游	391
林希逸	371			周羽翀	119			胡世安	256
林表民	462			周沈珂	474			胡亦堂	479
林欲楫	20			周南瑞	468			胡安國	214
來行學	193			周亮工	254			胡其久	147
來集之	292			周紫芝	353	488		胡來聘	175
杭　淮	411			周復俊	178			胡居仁	216

胡炳文	83	洪适	191	貢性之	394		
胡炳文	14 389	洪皓	128	貢師泰	382		
胡桂奇	144	洪邁	262 462	袁宏	113		
胡敬辰	417	洪遵	156 288	袁易	389		
胡舜申	139 139	洪化昭	24	袁郊	302		
胡纘宗	399	洪咨夔	367	袁銛	173		
查志隆	479	祖秀	162	袁士元	392		
查培繼	492	祝堯	466	袁中道	430		
柳貫	490	祝淵	289	袁均哲	295		
柳琰	170	祝穆	164 289	袁宏道	435		
柳開	348	祝允明	133 400	袁昌祚	173		
柳宗元	329	胥文相	173	袁宗道	396		
韋煥	88	姚合	457	袁尊尼	397		
韋毅	480	姚咨	64	都穆	256 284 306		
哈斯罕	203	姚旅	281	華幼武	392		
段公路	160	姚最	241	華兆登	18		
段成己	377	姚鉉	463	華國才	476		
段成式	300	姚福	278	華善述	397		
段克己	377	姚寬	259	莫休符	160		
段昌武	35	姚士粦	116	莊季裕	270		
段爲衮	402	姚文蔚	153	真一	225		
鬼谷子	220	姚希孟	409	真德秀	82 215 373		
侯甸	311	姚廣孝	408		459		
俞弁	281			連鑛	308		
俞松	251	**十畫**		夏言	414		
俞琰	10 276 319 383	馬理	23	夏基	182		
		馬愉	427	夏寅	135		
俞策	168	馬融	213	夏寶	147		
俞皐	61	馬驌	72	夏鍭	426		
俞文豹	275 312	馬麟	206	夏文彥	245		
俞文龍	153	馬之駿	405	夏良勝	85		
俞安期	293 293	馬中錫	419	柴望	340		
俞德鄰	273 344	馬永卿	268	柴紹炳	110		
計有功	490	馬自強	416	時瀾	29		
彥悰	250	馬明卿	168	晁氏	246		
施宿	165	馬祖常	386	晁説之	337		
施何牧	109	馬從聘	47	晏嬰	266		
施肩吾	323	秦鏞	180	倪元璐	475		
施清臣	275	秦觀	365	倪希程	458		
施德操	268	敖繼公	45	徐允	406		
姜寶	67	貢奎	385	徐沁	152		
姜特立	343	貢汝成	49	徐泌	182		

徐 度	125		高 誘	313		陸 釴	170	402
徐 浦	66		高 鶴	169		陸 深	132	148 148
徐 陵	441		高士奇	70	124 255		159	215 254
徐 階	398			380			254	280 280
徐 幹	212		高曰化	144		陸 雲	326	
徐 鉉	302	367	高仲武	457		陸 游	269	338
徐 祺	257		高似孫	288		陸九淵	368	
徐 炆	146		高叔嗣	433		陸元朗	75	
徐 碩	167		高彥休	301		陸奎勳	51	
徐 增	478		高得暘	407		陸唐老	114	
徐 積	356		高攀龍	67	409	陸貽孫	311	
徐 環	406		郭 京	1		陸夢龍	131	
徐 鍇	94		郭 奎	422		陸龜蒙	224	
徐一夔	431		郭 琇	453		陸隴其	218	
徐三重	210		郭 偉	473		陳 均	114	
徐之鏌	237		郭 棐	173		陳 克	162	
徐元太	292		郭 璞	159	208	陳 直	228	
徐日炅	176		郭 憲	297		陳 東	130	339
徐世淳	25		郭 翼	277		陳 郁	260	
徐用宣	233		郭子章	180		陳 建	215	
徐用誠	235		郭元鴻	256		陳 思	191	245 249
徐宇昭	442		郭光復	132			465	
徐即登	47		郭若虛	243		陳 亮	370	
徐明善	385		郭茂倩	460		陳 恂	285	
徐乾學	441		郭忠恕	98		陳 起	461	
徐達左	406		郭振遐	438		陳 造	342	
徐葆光	185		郭祥鵬	403		陳 訐	239	477
徐朝文	142		唐 庚	357		陳 高	378	
徐夢莘	114		唐 樞	16	49 68	陳 旅	388	
徐養相	48			169		陳 基	389	
徐禎卿	413		唐元度	93		陳 著	360	
徐經孫	341		唐文獻	431		陳 第	32	
徐鳴時	168		唐玄宗	188		陳 悰	417	
殷 璠	457		唐順之	294	395	陳 淳(宋)	375	
翁 卷	354		唐夢賚	445		陳 淳(明)	421	
翁任春	417		浦南金	295	473	陳 深	62	78 152
高 士	231		浦起龍	197		陳 棐	425	
高 武	231		海 瑞	396		陳 鼎	149	150 225
高 武	234		涂 幾	399		陳 善	275	
高 承	248		家鉉翁	58		陳 淵	338	
高 珩	450		陸 佃	96		陳 寔	324	
高 棅	428		陸 俸	402		陳 經	28	

陳　樉	252			陰時夫	291	黃　鼎	239
陳　寰	425			陶　安	414	黃　鉞	407
陳　謨	403			陶　滋	192	黃　潛	387
陳　璿	182			陶　潛	286　298　326	黃　福	434
陳　鵠	269			陶元柱	324	黃　裳	354
陳　鎬	143			陶孚尹	446	黃　廣	47
陳　藻	361			陶宏景	323	黃　震	210
陳　櫟	31　384			陶宗儀	151　307	黃　徹	486
陳　瓛	3			陶望齡	322　396	黃　澤	15
陳士元	16　179			陶敬益	182	黃　璿	173
陳子昂	331			通　門	436	黃　樞	37
陳天祥	84			桑世昌	244	黃文煥	421
陳仁子	466			桑紹良	104	黃以陞	154
陳仁錫	25　475			孫　甫	194	黃廷鵠	155
陳允錫	156			孫　作	416	黃休復	305
陳世隆	465			孫　奕	260	黃仲元	366
陳仕賢	233			孫　復	59	黃仲炎	52
陳邦瞻	120			孫　蕙	156　437	黃汝亨	435
陳宏緒	279			孫　鋐	479	黃伯思	258
陳性定	166			孫　勷	442	黃希旦	367
陳則通	73			孫　覿	335	黃秉石	279　281
陳禹謨	85			孫七政	431	黃宗炎	27
陳祖法	444			孫元衡	437	黃承昊	232
陳耆卿	163			孫存吾	469	黃俁卿	132
陳師文	228			孫光祀	451	黃庭堅	376
陳師凱	31			孫光憲	303	黃道周	21
陳師道	487			孫廷銓	181	黃魯曾	296　473
陳祥道	45　81			孫奇逢	218	黃養蒙	189
陳祥裔	297			孫承澤	70　151　181	黃履翁	248
陳堯道	143				183　246　255	黃鎮成	30
陳彭年	95			孫思邈	226　227	梅　純	283
陳葆光	320			孫紹遠	465	梅　鷟	17
陳貽範	140			孫夢觀	340	梅士享	223
陳傅良	57　343　362			孫慎行	154	梅堯臣	350　371
陳與郊	454			孫應鰲	16	梅鼎祚	471　474
陳與義	369			**十一畫**		曹　安	264
陳嘉謨	429					曹　金	180
陳鳴鶴	146			黃　佐	414　471	曹　溶	150　193
陳獻章	419			黃　昃	491	曹　端	216
陳耀文	263　264			黃　度	29	曹　勳	417
陳繼儒	146　279			黃　訓	265	曹伯啓	392
陳巖肖	488			黃　衷	177	曹學佺	70　176　178

戚 珅	446	張 旭	430	張大齡	196
盛 楓	150	張 良	220	張之象	472　472
常 挺	482	張 玭	146	張介賓	235
常 璩	186	張 雨	321	張文爟	222
婁 機	99	張 昊	229	張以誠	41
崔 銑	471	張 采	48	張以寧	66　398
崔 鴻	118	張 治	405	張玉孃	392
崔子方	54	張 弧	213	張世則	133
過庭訓	149	張 邵	193　193	張世賢	233　234
符 驗	189	張 昱	379	張存中	83
敏 膚	449	張 恒	151	張自烈	110
皎 然	335	張 洪	172	張次仲	39
逸 齋	42	張 洽	53	張汝霖	19
許 浩	197	張 栻	82　215　374	張安茂	206
許 恕	391	張 烈	438	張志淳	264
許 國	408	張 浚	3	張岐然	68
許 進	134	張 敔	86	張伯淳	390
許 嵩	119	張 掄	191	張伯端	318
許 慎	94	張 溴	165	張宏範	394
許 縠	424	張 參	93	張君房	317
許 謙	30　38　384	張 達	481	張居正	33　153
許 顗	488	張 萱	103	張彥遠	242　242
許月卿	187	張 揖	90	張宣猷	89
許有穀	145	張 景	158	張時徹	152　231　232
許叔微	228	張 弼	420		434
許相卿	120　424	張 綖	492	張師正	310
麻衣道者	240	張 遠	437	張師曾	137
康 海	430	張 溥	476	張能鱗	43　217
康 騈	300	張 預	220	張納陛	20
康 麟	473	張 壽	491	張國維	171
鹿門子	219	張 銑	454	張習孔	437
章 潢	24	張 適	436	張朝瑞	121
章 懋	425	張 寧	410	張道宗	162
商 鞅	222	張 蕭	206	張運泰	477
商企翁	188	張 綱	358	張爾岐	27　51　73
梁 寅	14	張 鎡	274	張睿卿	174
梁清標	449	張 禮	163	張鳴鳳	204
梁夢龍	205	張 鷟	247	張鳳翼	237　454
梁顯祖	218	張九韶	154　216	張端義	304
屠叔方	121	張九齡	328	張寰居	443
屠粹忠	297	張士佩	107	張養浩	187
張 耒	369	張大亨	58	張鵬翼	443

張獻翼	402	單隆周	208	馮　溥	436
貫　休	339	程　珌	375	馮廷櫆	448
		程　湛	217	馮汝弼	308

十二畫

		程　頤	27	214	215	馮忠恕	138
			218			馮時可	282
項　真	311						
項安世	5	程　顥	214	218		馮惟訥	476
彭　乘	267	程一枝	197			馮夢龍	70	310
彭百川	199	程大位	237			馮調鼎	108
彭而述	444	程公說	59			馮應京	157	158
彭汝礪	350	程玉潤	22			湛若水	87	422
彭叔夏	458	程正揆	285			湘山樵夫	135
彭致中	490	程敏政	145	196	396	湯　斌	442
葉　時	44		475			湯顯祖	404
葉　菜	464	程鉅夫	384			滑　壽	230
葉　燮	184	程嘉燧	174			游　樸	162
葉　顒	386	程端學	60	61		游　藝	238
葉廷珪	289	程觀生	20			富大用	289
葉秉敬	108	稅與權	9			強　至	140
葉紹翁	125	喬大凱	280			費　宏	429
葉夢得	53 268 273	喬中和	103			費　宷	426
	489	傅　禹	222			費　袞	273
葛　洪	195 298 312	傅　察	364			費　密	477
葛立方	364	傅汎際	277			費　樞	137
葛守禮	398	傅若金	390			費錫璜	478
董　更	243	傅振商	403			賀　鑄	355
董　逌	243 251	焦　竑	19	105			

十三畫

董　訥	440 453	焦　贛	236				
董　鼎	74	鈕　琇	448			楊　甲	76
董　楷	9	鄒　浩	352			楊　明	176
董　說	25 204	鄒　鉉	228			楊　炯	328
董其昌	280 284 397	鄒元芝	23			楊　桓	102
董斯張	179 291	鄒迪光	208 427			楊　倞	210
董養性（清）	26	鄒期楨	33			楊　雄	211
董養性（明）	408	童　良	162			楊　傑	355
惠　洪	488	童　琥	424			楊　載	387
惠　棟	72	道　恂	174			楊　慎	104 105 106
惠士奇	51	曾　益	69				178 178 291
閔元衢	148	曾　鞏	119 349				291 470 470
閔齊華	454	曾公亮	220				492
閔麟嗣	183	曾敏行	269			楊　漣	427
景　星	84	曾朝節	24			楊　端	225
單　宇	474	勞大與	284			楊　榮	432

楊 億	368		63 64	蔣悌生	77
楊 翩	393	趙 昇	202	蔣景祁	72
楊 簡	374	趙 迪	429	蔡 邕	326
楊士宏	467	趙 恒	69	蔡 節	82
楊士奇	423 433 452	趙 偕	383	蔡 傳	458
楊士瀛	228	趙 弼	196	蔡 模	83
楊四知	146	趙 雍	379	蔡 鍊	176
楊光訓	143	趙 滂	144	蔡 襄	351
楊延齡	274	趙 寬	418	蔡 靉	423
楊兆坊	278	趙 蕤	28	蔡方炳	184
楊克弼	138	趙 鶴	471	裴良甫	291
楊伯岩	288	趙之韓	176	聞性善	147
楊忍本	309	趙子砥	125	聞性道	147
楊宗吾	281	趙以夫	11	管 槅	183 441
楊時偉	141	趙世顯	279	廣 賓	174
楊時喬	17	趙吉士	351	廖 剛	344
楊衒之	159	趙汝楳	7	廖用賢	293
楊萬里	2 339	趙汝談	362	適 之	252
楊循吉	145	趙汝鐩	351	齊 己	329
楊齊賢	359	趙希鵠	245	鄭 元	213
楊德周	296	趙叔問	258	鄭 氏	213
楊瞿崍	23	趙明誠	192	鄭 玉	62
楊繼洲	234	趙秉文	378	鄭 俠	353
楊繼益	278	趙秉善	467	鄭 瑚	161
楊繼盛	404	趙居信	120	鄭 樵	78 95
賈 誼	212	趙貞吉	397	鄭元祐	382
賈思勰	223	趙彥肅	7	鄭元慶	182
雷 禮	188	趙彥衛	259	鄭仲夔	311 311
雷思齊	15	趙師秀	460	鄭汝諧	80
裘萬頃	339	趙宦光	237	鄭伯熊	30
虞 堪	434	趙執信	446 485 486	鄭伯謙	43
虞 摶	232	趙崇祚	491	鄭良弼	65
虞世南	247	趙順孫	83	鄭虎臣	459
圓 至	468	趙與峕	270	鄭居中	199
圓 復	174	趙與麃	490	鄭持正	306
解 縉	426	趙維寰	155	鄭與僑	279
溫大雅	209	趙撝謙	105 106	鄭端允	282
褚伯秀	318	趙鵬飛	58	熊 方	111
		蔣 超	284	熊 忠	103
十四畫		蔣一彪	322	熊 過	67
趙 抃	349	蔣一葵	309	熊良輔	12
趙 汸	14 64 63	蔣永修	447	熊朋來	76

熊宗立	230	劉 基	253 412	劉義仲	195		
熊賜履	217	劉 崧	406	劉應李	287		
鄧 林	402	劉 過	351	劉應泰	232		
鄧 牧	166	劉 畫	267	劉麟瑞	467		
鄧 椿	244	劉 紹	481	諸葛亮	219 220		
鄧 鍾	221	劉 敞	55 55 75 350	談 修	280		
鄧元錫	46 77			潛庵子	121		
鄧文原	385	劉 節	69 295	潛說友	164		
鄧玉函	246	劉 詵	389	潘 耒	109		
鄧雲霄	397	劉 肅	124	潘 音	383		
鄧漢儀	480	劉 熙	89	潘 塤	141		
鄧慶寀	225	劉 鳳	294 423	潘士藻	26		
鄧鍾岳	217 440	劉 瑾	37	潘之恒	174		
		劉 璁	483	潘自牧	290		

十五畫

		劉 凝	109	樂 史	165 288		
樓 昉	459	劉 濂	87	樂雷發	354		
樓 鑰	140 369	劉 壎	467	練子寧	403		
樊 深	226	劉一清	136				
歐陽修	347 486	劉三吾	405				

十六畫

歐陽詢	247	劉子翬	371	駱賓王	330		
歐陽起鳴	395	劉天和	143	薛 甲	22		
黎 崱	167	劉日升	189	薛 收	113		
黎立武	80	劉文進	133	薛 蕙	419		
黎耿然	438	劉世鏻	437	薛大訓	321		
德 洪	355	劉廷璣	349	薛季宣	369		
德 淨	394	劉安上	357	薛師石	376		
衛 湜	44	劉克莊	341	薛虞畿	152		
衛元嵩	236	劉完素	230	薛應旂	116 117		
劉 因	84 385	劉昌詩	260	蕭士贇	359		
劉 向	211 212	劉知幾	198	蕭 洵	172		
劉 安	313	劉秉忠	394	蕭 嵩	198		
劉 宏	333	劉宗周	24	蕭 韻	185		
劉 良	454	劉定之	401	蕭鳴鳳	401		
劉 邵	266	劉禹錫	328	蕭漢中	12		
劉 郁	130	劉時舉	115	盧 軒	71		
劉 斧	304	劉惟謙	42	盧 翰	157		
劉 攽	487	劉敬叔	299	穆孔暉	85		
劉 炳	433	劉敬純	42	錢 易	304		
劉 祜	470	劉道醇	251	錢 陞	149		
劉 剡	85	劉嗣昌	292	錢 溥	173		
劉 宰	360	劉源淥	218	錢 穀	475		
劉 純	235	劉學箕	362	錢一本	20 25 25		

錢文子	200	魏慶之	485	蘇天爵	469
錢以塏	184	魏樸如	162	蘇易簡	248　287
錢世揚	152	魏應嘉	131	關　朗	28
錢惟善	394	魏顯國	149	嚴　羽	489
錢養廉	132	儲　欣	72　451	嚴　訥	68
錢繼登	155	儲光羲	334	嚴啓隆	73
鄺　露	179	鍾　惺	39　196　473	嚴　粲	36
龍　袞	129	鍾　嶸	483	嚴虞惇	43
龍　膺	416	鮮于樞	276	嚴　遵	313
龍仁夫	15	謝　杰	169	羅欽順	432
閻廷謨	185	謝　陞	122	羅　璧	274
閻若璩	33　42	謝　復	412	羅　願	96　373
		謝　赫	241	譚元春	473
十七畫		謝　藎	372	龐　塏	450
		謝　翶	345	龐迪我	285
戴　侗	101　102	謝　鐸	142		
戴　昺	342	謝重輝	443	**二十畫**	
戴　羲	157	謝肇淛	175　281		
戴天恩	27	謝應芳	381	蘭廷秀	104
戴少望	220	應　劭	307	饒　節	342
戴廷槐	21	應撝謙	71　89		
戴表元	348	繆思恭	467	**二十一畫**	
戴啓宗	230				
戴復古	374	**十八畫**		權德輿	329
韓　昂	245			權　衡	120
韓　菼	448	豐　坊	22　32　41	顧元鏡	168
韓　鄂	248		41　41　65	顧元鏡	177
韓　維	366	顏　鯨	65	顧仲清	57
韓　駒	356	瞿九思	66　204	顧　充	296
韓　嬰	34	瞿景淳	416	顧炎武	72　79　79
韓　爌	131	顏之推	267		109　181　185
韓邦奇	238	顏光敏	449		193　193　208
韓孝彥	100	顏茂猷	279		265
韓道昭	100	顏元孫	92	顧貞觀	479
魏　校	104　415			顧起元	192
魏　禧	439	**十九畫**		顧起經	422
魏　濬	22　170			顧野王	90
魏　禮	446	蘇　佑	283	顧從義	254
魏天應	462	蘇　軾	272	顧　瑛	380
魏世傑	446	蘇　霖	253	顧　瑛	469
魏世俲	440	蘇　澹	16	顧鼎臣	400
魏象樞	449	蘇　轍	36　56　317	顧爾邁	148
魏齊賢	464	蘇　鶚	300	顧　璘	142
		蘇天爵	140　388	顧錫疇	118

顧應祥	117　169		
顧藹吉	110	龔　黃	105
		龔頤正	259

二十二畫

龔明之　164

後　　記

　　本書是南京師範大學文學院古典文獻專業古籍整理研究實踐成果之一。專業 2008 級全體同學參加了整理。丁林、李佩、宋雨婷、高中正、張念協助本人做了許多後期的校對工作。
　　本書的整理得到了南京師範大學文學院的支持，被列入"江蘇高校優勢學科建設工程資助項目"。文學院中國古典文獻學系副主任方向東教授特爲撰序，對本書的整理給予了鼓勵。臺灣"中研院歷史語言研究所"陳鴻森研究員、南開大學文學院楊洪升教授給予了指導。此外還得到了相關單位與專家學者的幫助。在此一併致以衷心的感謝。
　　衷心感謝人民文學出版社接受本書的出版。衷心感謝責任編輯李俊先生的精心工作。對本書存在的問題，敬請各位專家學者批評指正。

江慶柏　二〇一四年十月
南京師範大學古文獻整理研究所